Uni-Taschenbücher 1955

UTB FÜR WISSENSCHAFT

Eine Arbeitsgemeinschaft der Verlage

Wilhelm Fink Verlag München
Gustav Fischer Verlag Jena und Stuttgart
A. Francke Verlag Tübingen und Basel
Paul Haupt Verlag Bern · Stuttgart · Wien
Hüthig Fachverlage Heidelberg
Leske Verlag + Budrich GmbH Opladen
Lucius & Lucius Verlagsgesellschaft Stuttgart
J. C. B. Mohr (Paul Siebeck) Tübingen
Quelle & Meyer Verlag · Wiesbaden
Ernst Reinhardt Verlag München und Basel
Schäffer-Poeschel Verlag · Stuttgart
Ferdinand Schöningh Verlag Paderborn · München · Wien · Zürich
Eugen Ulmer Verlag Stuttgart
Vandenhoeck & Ruprecht in Göttingen und Zürich

Rolf Walter (Hrsg.)

Wirtschaftswissenschaften. Eine Einführung

Ferdinand Schöningh

Paderborn · München · Wien · Zürich

Die Deutsche Bibliothek – CIP-Einheitsaufnahme

Wirtschaftswissenschaften: eine Einführung / Rolf Walter (Hrsg.). –
Paderborn; München; Wien; Zürich: Schöningh, 1997
(UTB für Wissenschaft: Uni-Taschenbücher; 1955)
ISBN 3-506-99490-5 (Schöningh) kart.
ISBN 3-8252-1955 -0 (UTB) kart.
NE: Walter, Rolf [Hrsg.]: UTB für Wissenschaft / Uni-Taschenbücher

Gedruckt auf umweltfreundlichem, chlorfrei gebleichtem Papier
(mit 50 % Altpapieranteil)

© 1997 Ferdinand Schöningh, Paderborn
(Verlag Ferdinand Schöningh GmbH, Jühenplatz 1, D-33098 Paderborn)
ISBN 3-506-99490-5

Das Werk, einschließlich aller seiner Teile, ist urheberrechtlich geschützt. Jeder Verwertung außerhalb der Grenzen des Urheberrechtsgesetzes ist ohne Zustimmung des Verlages unzulässig und strafbar. Das gilt insbesondere für Vervielfältigungen, Mikroverfilmungen und die Einspeicherung und Verarbeitung in elektronischen Systemen.

Printed in Germany.
Herstellung: Ferdinand Schöningh, Paderborn
Einbandgestaltung: Alfred Krugmann, Freiberg am Neckar

UTB-Bestellnummer: 3-8252-1955-0

Inhaltsverzeichnis

Prolog 19
Der erste Blick: Nachschlagewerk 27

I. Übergreifende Fächer

Rolf Walter
**Wirtschafts- und Unternehmensgeschichte
in der Wirtschaftswissenschaftlichen Fakultät** 29

1.	Wozu Wirtschafts- und Unternehmensgeschichte? .	29
2.	Periodisierungshinweise und Begriffe	31
3.	Drei ausgewählte Teildisziplinen der Wirtschaftsgeschichte	35
3.1	Unternehmens- und Unternehmergeschichte; Firmengeschichte (Business History)	35
3.2	Technik- und Innovationsgeschichte	36
3.3	Dogmengeschichte (Geschichte wirtschaftlicher Lehrmeinungen)	40
3.3.1	Allgemeine Bemerkungen	40
3.3.2	Volkswirtschaftliche Dogmengeschichte	41
3.3.2.1	Klassische Nationalökonomie	41
3.3.2.2	Historische Schule	43
3.3.2.3	Grenznutzenschule	45
3.3.2.4	Neoklassik	45
3.3.2.5	Welfare Economics	46
3.3.3	Betriebswirtschaftliche Dogmengeschichte	47
3.3.3.1	Wirtschaftslehre – Privatwirtschaftslehre – Betriebswirtschaftslehre	48
3.3.3.2	Bedeutende Betriebswirte	48
3.3.4	Mikroökonomische Theorie und Interdependenzen VWL-BWL	50
3.3.5	Wirtschaftswissenschaftliche Faktoren in der wirtschaftshistorischen Forschung	51

Annotierte Auswahlbibliographie 55

Peter Kischka
**Die Rolle der Statistik
in den Wirtschaftswissenschaften** 58

1.	Einleitung	58
2.	Übersicht	58
3.	Deskriptive Statistik	61
4.	Wirtschaftsstatistik	65
5.	Aspekte der Wahrscheinlichkeitstheorie	67
6.	Testen von Hypothesen	70
7.	Zeitreihenanalyse	73
8.	Ökonometrie	75
9.	Zum Ruf der Statistik	76
10.	Zur Aussagekraft der Statistik	79
11.	Schlußbemerkungen	80

Grundlagen- und weiterführende Literatur 81

Johannes Ruhland
**Aufgabengebiete und Leistungspotential
der Wirtschaftsinformatik** 83

1.	Einleitung	83
2.	Hardwaremäßige Grundlagen	87
3.	Systemsoftware	89
3.1	Begriffsklärung	89
3.2	Systemprogramme	90
3.2.1	Betriebssystem (Operating System)	90
3.2.2	Kommandosystem	91
3.2.3	Programmiersystem	92
4.	Rechnervernetzung	94
4.1	Definition und Bestandteile	95
4.2	Klassifizierungen	96
4.3	Netzleistungen und typische Dienste	97
5.	Datenorganisation	98
5.1	Einführung und Grundbegriffe	98
5.2	Ordnung in Datenbeständen durch Schlüsselattribute	99
5.3	Logische Datenorganisation	99
5.4	Physische Datenorganisation	101
5.5	Datenbankmodelle	101
5.6	Information Retrieval Systeme	103

6.	Anwendungssysteme	104
6.1	Standardsoftware als Querschnittssystem	104
6.2	Branchenneutrale IV-Anwendungen	106
6.2.1	Rechnungswesen	106
6.2.1.1	Finanzbuchhaltung	106
6.2.1.2	Kosten- und Leistungsrechnung	108
6.2.1.3	Perspektiven der Integration	109
6.2.2	Marketing	110
6.2.2.1	Außendienstunterstützung	110
6.2.2.2	Zentrale Marketingfunktionen	111
6.2.2.3	Elektronische Marktforschung	112
6.2.2.4	Produktpräsentation und Marketing-Kommunikation	112
6.2.3	Beschaffung	113
6.2.4	Zahlungsverkehr	114
6.3	IV-Anwendungen in einzelnen Branchen	115
6.3.1	Systeme des Handels	115
6.3.2	Systeme des güterproduzierenden Gewerbes	117
6.3.2.1	Technische Komponenten des CIM-Konzeptes: CAx Technologien	117
6.3.2.2	Betriebswirtschaftliche Seite: PPS-Systeme	119
6.4	Führungsinformationssysteme	121
7.	Methoden und Anwendungen der Künstlichen Intelligenz	123
7.1	Expertensysteme	123
7.2	Neuronale Netze	125
8.	Datenschutz und Datensicherung	126

Annotierte Auswahlbibliographie ... 127
Grundlagen- und weiterführende Literatur ... 128

Peter F. E. Sloane
Wirtschafts- und Berufspädagogik ... 129

1.	Vorbemerkung	129
2.	Standort der Wirtschafts- und Berufspädagogik in der wirtschaftswissenschaftlichen Ausbildung	131
3.	Wirtschaftspädagogische Aufgabenfelder	132
3.1	Wer ist Wirtschaftspädagoge?	132
3.2	Aufgaben, Ziele und Interessen von Wirtschaftspädagogen	133
4.	Schwerpunkte der Wirtschafts- und Berufspädagogik als wissenschaftlicher Studiengang	135

4.1	Grundfragen der Wirtschafts- und Berufspädagogik: zwischen Wirtschaft und Pädagogik	136
4.2	Institutionenlehre: die Ordnung des Lehrens und Lernens im Wirtschafts- und Beschäftigungssystem	144
4.3	Didaktik wirtschaftsberuflicher Bildung: die Gestaltung des Lehrens und Lernens durch professionelles wirtschaftspädagogisches Handeln	151
5.	Schlußbemerkung	158

Grundlagen- und weiterführende Literatur 159

II. Betriebswirtschaftliche Fächer

Kurt-Dieter Koschmieder
Betriebswirtschaftliche Steuerlehre.
Grundzüge der Unternehmensbesteuerung 163

1.	Lehr- und Forschungsgegenstand	163
2.	Grundzüge der betriebswirtschaftlichen Steuerartenlehre	165
2.1	Betriebswirtschaftliche Einteilung der Steuerarten und Rechtsquellen	165
2.2	Entscheidungsträger im Besteuerungsverfahren	167
2.3	Besteuerung der finanziellen Ergebnisse unternehmerischer Tätigkeiten	169
2.3.1	Einkommensteuer	169
2.3.2	Körperschaftsteuer	174
2.3.3	Gewerbeertragsteuer	178
2.4	Besteuerung der im Unternehmen eingesetzten Mittel	179
2.5	Besteuerung der Leistungen des Unternehmens	180
2.5.1	Umsatzsteuer	180
2.5.2	Spezielle Verbrauch- und Verkehrsteuern	185
3.	Erste betriebswirtschaftliche Folgerungen und Wirkungsanalysen	185
3.1	Interdependenzen der Steuerarten	185
3.2	Bemessungsgrundlagen-Interdependenzen	186
3.3	Tarif-Interdependenzen und Ertragsteuer-Gesamtbelastung	187
3.4	Belastungsunterschiede zwischen Personen- und Kapitalgesellschaften	189

4.	Anforderungsprofil und Berufsperspektiven	193

Grundlagen- und weiterführende Literatur 194

Joachim Krag
Rechnungslegung 195

1.	Einführung	195
2.	Grundlagen	197
3.	Einzelabschluß	200
3.1	Vorschriften für alle Kaufleute	201
3.1.1	Ansatzvorschriften	201
3.1.2	Bewertungsvorschriften	203
3.2	Ergänzende Vorschriften für Kapitalgesellschaften	210
4.	Konzernabschluß	213
5.	Prüfung	217
6.	Ausblick	217

Grundlagen- und weiterführende Literatur 218

Volkmar Botta
Einführung in das Controlling – wirtschaftswissenschaftliches Studium und praktische Relevanz 220

1.	Einleitung	220
1.1	Zur Entstehung von Controlling	220
1.2	Controlling als Steuerungsinstrument	221
1.3	Controlling, Wirtschaftlichkeit und Führung	221
2.	Struktur von Unternehmen und Controlling	222
2.1	Organisationsbezüge des Controlling	222
2.2	Produktionsfaktoreinsatz als Bezugspunkt des Controllings	223
2.3	Strategisches und operatives Controlling	224
3.	Grundlagen des Controlling	225
3.1	Ertragskraft, Liquidität und Bonität	225
3.2	Sach-, Dienstleistungs- und Finanzströme	226
3.3	Buchhaltung, Rechnungswesen und Controlling	228
3.4	Planung	233
3.5	Steuerung	242
4.	Kostenarten-, -stellen-, -träger- und Prozeßkostenrechnung	244

4.1	Kostenarten-, Kostenstellen- und Kostenträgerrechnung	244
4.2	Prozeßkostenrechnung	246
4.3	Target-Costing	249
4.4	Break-Even-Analyse	250
4.5	Informationsmanagement	251
5.	Ausblick	252

Grundlagen- und weiterführende Literatur 253

Manfred Jürgen Matschke
Finanzwirtschaft 254

1.	Zur Entstehung von Kreditierungs- und Finanzierungsvorgängen	254
2.	Finanzierungs- und Investitionsbegriffe	257
2.1	Finanzierungs- und Investitionsbegriff i.e.S.	257
2.2	Finanzierungs- und Investitionsbegriff i.w.S.	259
3.	Finanzierungsformen	260
3.1	Gliederung der Finanzierungsformen	260
3.2	Einlagen- oder Beteiligungsfinanzierung der Personenunternehmen	262
3.3	Einlagen- oder Beteiligungsfinanzierung der Kapitalgesellschaften	264
3.4	Kurzfristige Fremdfinanzierung	268
3.4.1	Handelskredite	268
3.4.2	Kurzfristige Bankkredite	270
3.5	Langfristige Fremdfinanzierung	274
3.5.1	Darlehensfinanzierung	274
3.5.2	Anleihenfinanzierung	279
3.6	Innenfinanzierungsformen	282
4.	Investitionsarten und Verfahren der Investitionsbeurteilung	286
4.1	Investitionsarten	286
4.2	Verfahren der Investitionsbeurteilung	289
4.2.1	Amortisationsrechnungen	289
4.2.2	Dynamische Investitionsrechnungsverfahren	290
4.2.2.1	Einführung	290
4.2.2.2	Kapitalwertmethode	292
4.2.2.3	Vermögensendwertmethode	295
4.2.2.4	Annuitätenmethode	297
4.2.2.5	Methode des internen Zinsfußes	299

Grundlagen- und weiterführende Literatur 305

Fred G. Becker
**Einführung in die betriebswirtschaftliche
Personal- und Organisationslehre** 306

1.	Personallehre	306
1.1	Grundlagen und Begriff	306
1.2	Personalsysteme	308
1.2.1	Personalforschung	308
1.2.2	Personalbedarfsdeckung	313
1.2.3	Personalfreisetzung	317
1.2.4	Anreiz- und Entgeltsysteme	318
1.2.5	Arbeitsbedingungen	321
1.2.6	Personalorganisation	322
1.2.7	Personalplanung und Controlling	324
1.2.8	Personalverwaltung	325
1.3	Verhaltenssteuerung	325
1.3.1	Motive, Motivation und Leistungsdeterminanten ..	325
1.3.2	Mitarbeiterführung	328
1.3.3	Menschenbilder	332
1.3.4	Handhabung der Personalsysteme	332
2.	Organisationslehre	334
2.1	Organisationsbegriff	334
2.2	Objekte der organisatorischen Gestaltung	335
2.3	Aufbauorganisation	338
3.	Ablauforganisation	342
4.	Organisationsentwicklung	345

Grundlagen- und weiterführende Literatur 347

Reinhard Haupt
Produktionsmanagement 349

1.	Zur Einführung: Der Fall der Profisynthetics GmbH	349
2.	Grundfragen des Produktionsmanagements	352
3.	Produkt- und Programmgestaltung (Outputmanagement)	354
3.1	Produktgestaltung	354
3.2	Programmgestaltung	357
4.	Potentialgestaltung (Inputmanagement)	364
4.1	Anlagenwirtschaft	364
4.2	Materialwirtschaft	368

5.	Zukunftsorientiertes Produktionsmanagement	374

Annotierte Auswahlbibliographie 375
Grundlagen- und weiterführende Literatur 375

Manfred Bruhn
Marketing 377

1.	Grundkonzept des Marketing	377
1.1	Begriff und Entwicklungsphasen des Marketing	377
1.2	Merkmale und Aufgaben des Marketing	380
1.3	Marketing als marktorientierte Unternehmensführung	382
1.4	Branchenspezifische Besonderheiten	383
2.	Marketing als systematischer Managementprozeß	385
2.1	Grundlagen des Marketingmanagements	385
2.2	Phasen im Marketingmanagementprozeß	387
3.	Marketingforschung als Prozeß der Informationsgewinnung	392
3.1	Funktionen und Methoden der Marketingforschung	392
3.2	Konsumentenverhalten als Grundlage der Marketingforschung	394
4.	Einsatz der Marketinginstrumente	396
4.1	Produktpolitik	396
4.2	Preispolitik	399
4.3	Kommunikationspolitik	401
4.4	Vertriebspolitik	405
5.	Zusammenfassung und Ausblick	406

Grundlagen- und weiterführende Literatur 408

Dodo zu Knyphausen-Aufseß
Internationales Management 410

1.	Initialfragen & Überblick	410
2.	Bedeutung der Internationalisierung	411
3.	Multinationale Unternehmen	417
4.	Theorieunterstützung im Internationalen Management	421

4.1	Gibt es ein genuines Theoriefeld für das Internationale Management?	422
4.2	Forschungsentwicklung im Überblick	427
4.3	Theorie der Direktinvestition im Ausland	430
4.4	Internationalisierungsprozesse	434
5.	Markteintritt	438
5.1	Varianten des Markteintritts	438
5.2	Gründung von Tochtergesellschaften durch M & A und Greenfield Investments	442
5.3	Strategische Allianzen	445
5.4	Markteintritt in einzelne Regionen: Das Beispiel Japan	447
6.	Post-entry-Management Multinationaler Unternehmen	451
6.1	Organisation Multinationaler Unternehmen	451
6.2	Rollen von Unternehmenszentrale und ausländischen Einheiten	456
6.3	Führungsunterstützung durch Managementsysteme	459
6.4	Besonderheiten der Gewinnplanung: Transferpreise, Wechselkurs- und Inflationsmanagement	464
7.	Zusammenfassung und Ausblick	467

Annotierte Auswahlbibliographie 467

Jürgen Bolten
Interkulturelle Wirtschaftskommunikation 469

1.	Interkulturelle Wirtschaftskommunikation: Zur Vorgeschichte eines Faches	469
2.	Grundbegriffe interkultureller Wirtschaftskommunikationsforschung	471
2.1	Kultur	471
2.1.1	Materiale Kulturtheorie	472
2.1.2	Mentalistische Kulturtheorie	473
2.1.3	Funktionalistische Kulturtheorie	473
2.1.3.1	Lebenswelt-Modell und kultureller Wissensvorrat	474
2.1.3.2	Intrakulturalität und Interkulturalität	475
2.1.3.3	Vergleichende Kulturforschung	475
2.2	Kommunikation	477

2.2.1	Kultur und Kommunikation	483
2.2.1.1	Kulturelle als kommunikative Stile	484
2.3	Interkulturalität	485
3.	Bedarf, Forschungs- und Lehrgegenstände	490
3.1.	Interkulturelle Trainings	491
3.2.	Betriebswirtschaftliche Anwendungsgebiete	492
3.2.1	Interkulturelles Marketing	493
3.2.2	Interkulturelles Management	494
3.2.3	Interkulturelles Personalwesen	495

Annotierte Auswahlbibliographie 495
Grundlagen- und weiterführende Literatur 496

III. Volkswirtschaftliche Fächer

Günter Hesse/Lambert T. Koch
Volkswirtschaftliche Theorie wirtschaftlichen Wandels . 499

1.	Wandel, Entwicklung und Wachstum: Reflexionen zum Erklärungsgegenstand	499
2.	Innovation und gerichteter Wandel aus mikroökonomischer Sicht	502
3.	Innovation und Diffusion auf Märkten	508
4.	Gerichteter Wandel von Volkswirtschaften	514
5.	Ausblick: Wirtschaftspolitik, Wandel und Entwicklung	531

Grundlagen- und weiterführende Literatur 533

Hans-Walter Lorenz
Makroökonomik, Konjunktur und Wachstum 537

1.	Einleitung	537
2.	Zur Geschichte makroökonomischen Denkens	539
2.1	Klassik und Neoklassik	539
2.2	Keynesianismus	543
2.3	Neuere Entwicklungen und Alternativen zum Keynesianismus	545
3.	Die kurzfristige Makroökonomik	547
3.1	Die Volkswirtschaftliche Gesamtrechnung	547
3.1.1	Kreislaufdarstellungen	547
3.1.2	Kontendarstellungen	549

3.2	Das einfachste keynesianische Modell	553
4.	Die mittelfristige Konjunkturtheorie	557
4.1	Das Konjunkturphänomen aus stilisierter Sicht	559
4.2	Das Konjunkturphänomen auf unterschiedlichen Zeitskalen	562
4.3	Theoretische Ansätze zur Erklärung des Konjunkturphänomens	564
5.	Die langfristige Wachstumstheorie	567
6.	Abschließende Bemerkungen	570

Annotierte Auswahlbibliographie 571
Grundlagen- und weiterführende Literatur 572

Peter Oberender/Sabine Büttner
Was heißt und zu welchem Ende studiert man Mikroökonomie? 573

1.	Einführung	573
2.	Die Konsumenten und ihre Bedürfnisse	574
3.	Die Rolle des Unternehmers	577
4.	Der Markt als Instrument der Koordination	580
4.1	Der homogene Markt	581
4.2	Das Gleichgewicht	582
4.3	Funktionen der Preise	584
4.4	Staatliche Eingriffe in die Marktpreisbildung	591
4.5	Die abgeleitete Nachfrage	594
5.	Praxisrelevanz	596

Grundlagen- und weiterführende Literatur 597

Wolfgang Kerber
Wirtschaftspolitik 598

1.	Einführung	598
2.	Institutionelle Grundlagen arbeitsteiliger Gesellschaften	599
2.1	Knappheit, Arbeitsteilung und die Teilsysteme einer Gesellschaft	599
2.2	Die ökonomische Ordnung	601
2.2.1	Die Zentralverwaltungswirtschaft	601
2.2.2	Die Marktwirtschaft	603
2.3	Die politische Ordnung	608
2.3.1	Staat, Demokratie und Diktatur	608

2.3.2	Politische Prozesse in der Demokratie: Parteienwettbewerb, Verfassung und Föderalismus	609
3.	Der Prozeß der Wirtschaftspolitik	614
3.1	Wirtschaftspolitik im institutionellen Kontext	614
3.2	Elemente, Phasen und Probleme des wirtschaftspolitischen Prozesses	615
3.3	Ordnungs- und Prozeßpolitik als zwei Formen der Wirtschaftspolitik	621
3.4	Die Rolle der Wissenschaft im wirtschaftspolitischen Prozeß	622
4.	Spezielle Bereiche der Wirtschaftspolitik	624
4.1	Überblick	624
4.2	Geld- und Währungspolitik als Beispiel eines speziellen Bereichs der Wirtschaftspolitik	629
4.2.1	Geldfunktionen, Geldmenge und die Instrumente der Geldpolitik	629
4.2.2	Geldpolitik als Mittel der Inflationsbekämpfung	630
4.2.3	Währungspolitik	632
5.	Zentrale Probleme heutiger Wirtschaftspolitik	634

Annotierte Auswahlbibliographie 635
Grundlagen- und weiterführende Literatur 636

Rupert Windisch
Finanzwissenschaft 638

1.	Perspektiven finanzwissenschaftlicher Analyse des Wohlfahrtsstaates	638
1.1	Gegenstand der Finanzwissenschaft	638
1.2	Föderaler Staatsaufbau der Bundesrepublik Deutschland	641
1.2.1	Theorie des fiskalischen Föderalismus	642
1.2.2	Finanzverfassung der Bundesrepublik Deutschland	644
1.3	Produktivitätsprobleme im Wohlfahrtsstaat: Zwei Beispiele	648
1.4	Finanzierungsprobleme des Wohlfahrtsstaates	653
1.5	Konsequenzen zunehmender Realtransfers	654
1.6	Normative Ansatzpunkte für die Analyse der Staatstätigkeit	655
2.	Ökonomischer Wettbewerb und politischer Wettbewerb	656

2.1	Ökonomischer Wettbewerb	656
2.2	Exkurs zur Theorie der politischen Willensbildung	660
2.3	Politischer Wettbewerb	661
2.4	Vergleich von wirtschaftlichem und politischem Wettbewerb	664
2.5	Zum säkularen Wachstum der Staatstätigkeit	666
3.	Produktive vs. redistributive Staatstätigkeit	668
3.1	Traditionelle Klassifikation der Staatstätigkeit	668
3.2	Theorie des Kollektivgutes	669
3.3	Öffentliche Bereitstellung von Kollektivgütern: Kritik	669
3.4	Kollektivgüter, Infrastruktur, Versicherung: Allokative Begründung	671
3.5	Externe Effekte als staatlicher Interventionsgrund	672
3.6	Verteilungsprobleme	673
4.	Ausblick: Wie können konstitutionelle Schranken staatlicher Wirksamkeit begründet werden?	675
4.1	Grenzen der Besteuerung?	675
4.2	Die Sklerose-Hypothese	676
4.3	Chancen für ein Effizienzregime	677
4.4	Ausblick	679

Annotierte Auswahlbibliographie 681
Grundlagen- und weiterführende Literatur 682

Sachregister 684

Namenregister 693

Autorenverzeichnis 694

Prolog

Bei vorliegender Einführung in die Wirtschaftswissenschaften geht es darum, Studienanfängern, aber auch Abiturienten, Studienwechslern etc., eine leichtverständliche Vorstellung darüber zu vermitteln, mit welchen Inhalten sich das Studienfach auseinandersetzt. Es ist also einerseits daran gedacht, den Abiturienten „abzuholen", andererseits den Studienanfänger grundsätzlich anzuleiten. Für fortgeschrittene Semester (Hauptstudium) ist vorliegendes Werk nicht gedacht. Allerdings enthält es Hinweise, wo Leser, die an einer Vertiefung interessiert sind, mit ihrem Studium fortfahren sollten.

Die Darstellung folgt der Idee, sämtliche an *einer* Wirtschaftswissenschaftlichen Fakultät lehrenden Wissenschaftler (in diesem Falle jene der Wirtschaftswissenschaftlichen Fakultät der Friedrich-Schiller-Universität Jena) mit ihren Lehrbereichen in einem kompakten Band zu versammeln, wobei in der Regel eine ähnliche Strukturierung von Stoff und Inhalt an jeder anderen Wirtschaftsfakultät vorhanden sein dürfte. Insofern ist die Zusammenstellung durchaus repräsentativ und keinesfalls jena-spezifisch. Wenn man also von einem „Fakultätslehrbuch" sprechen wollte, so vor allem deshalb, weil sich darin die Grundidee („Alle Professoren in einem Band") am besten widerspiegelt.

Im Prinzip durchschreitet der Leser des Buches mit der Lektüre das Grundstudium. Er soll die wesentlichsten Inhalte, Begriffe, Methoden und Denkweisen kennenlernen, um schließlich zu einer überblickartigen gesamtheitlichen Vorstellung vom Wesen der Ökonomie zu gelangen.

Stark vereinfacht sind es zwei große Gegenstandsbereiche, mit denen sich der zukünftige Ökonom während seines Studiums auseinanderzusetzen hat: Einerseits mit der in ökonomischen Kategorien strukturierten Gesamtwirtschaft und andererseits mit den auf unterschiedlichen Märkten agierenden Unternehmen. Im Bezug auf gesamtwirtschaftliche Zusammenhänge spricht man auch von Makroökonomie, bei markt- und unternehmensbezogenen Sachverhalten von Mikroökonomie. Beide Bereiche vermittelt die Volkswirtschaftslehre (VWL). Dagegen sind sämtliche unternehmensrelevanten Elemente, Strukturen und Prozesse Gegenstand der Betriebswirtschaftslehre (BWL).

Jeder Student der BWL oder VWL benötigt ein solides Fundament an allgemeinbildenden (z. B. Wirtschafts- und Unternehmensgeschichte) sowie statistischen und informations- bzw. kommunikationswissenschaftlichen Kenntnissen. Auch sie werden deshalb in vorliegender Einführung angemessen berücksichtigt.

Es kann nicht das Anliegen des Buches sein, jede spezifische Ausdifferenzierung aller wirtschaftswissenschaftlichen Fächer flächendeckend zu präsentieren. Dazu gibt es genügend Handbücher, Handwörterbücher und sonstige zusammenfassende Nachschlagewerke. Jedoch sollte es gelingen, den interessierten Lesern eine fundierte Vorstellung von den einzelnen Fachangeboten zu geben, sie gewissermaßen in dem immer tiefer und dichter werdenden Dschungel der ökonomischen Wissenschaft an die Hand zu nehmen und zu verhindern, daß sich die hoffnungsvollen Nachwuchsakademiker bereits in den ersten Semestern hoffnungslos verirren.

*

Die gegenwärtige gesellschaftliche und wirtschaftliche Realität ist oft besser zu verstehen, wenn man sich ihrer Genese bewußt ist. Dasselbe gilt für das Verstehen aktueller Wirtschaftstheorie: man begreift sie am besten, indem man sie von ihren Wurzeln her verfolgt, d. h. Dogmengeschichte betreibt. Dies allein genügt jedoch nicht. Es muß auch darum gehen, die gegenwärtige ökonomische Realität in ihrer historischen Bedingtheit begreifen zu lernen. Aus diesen und anderen Gründen empfiehlt es sich, im Rahmen der Wirtschaftswissenschaften auch die *Wirtschafts-, Sozial- und Unternehmensgeschichte* angemessen zu berücksichtigen. Der Beitrag von Rolf *Walter* soll hierzu eine Anregung geben.

Wirtschaftswissenschaften zu studieren schließt im allgemeinen die Bereitschaft ein, gegebenenfalls lebenslang mit Zahlen in Form von Rechnungen, Bilanzen, Tabellen und Statistiken zu tun zu haben. Man könnte auch sagen, daß beim Kaufmann oder Manager die Fähigkeit, Statistiken zu verstehen oder richtig mit ihnen umzugehen, von ganz besonderer Tragweite ist. Dies unterstreicht die zentrale Bedeutung, die dem Fach *Statistik* im Rahmen des wirtschaftswissenschaftlichen Studiums zukommt. Peter *Kischka* unternimmt daher den Versuch, durch eine leichtverständliche Einführung in die allgemeine und Wirtschaftsstatistik den Anfängern vor falschem Umgang mit oder Mißbrauch von Statistik zu bewahren. Für Ökonomen sind fundierte statistische Kenntnisse „lebenswichtig".

Ähnliches läßt sich auch von der *Informatik* sagen. Sie gehört (mit zunehmendem Stellenwert) zu den unabdingbaren Voraussetzungen beim Umgang mit ökonomischen Sachverhalten. Im Unterschied zu einem Studienanfänger vor dreißig Jahren hat der gegenwärtige keine Chance mehr, sich dem Fach zu entziehen. Zu dicht ist heute der globale Markt, der die Welt zum Dorf werden läßt, vernetzt, als daß sich wirtschaftlicher Erfolg noch ohne präzise Sachkenntnisse (zumindest in Bezug auf die Anwendung) in den neuesten EDV-Technologien erzielen ließe. Johannes *Ruhland* hat es daher unternommen, die möglicherweise nur rudimentär vorhandenen Vorkenntnisse der „Öko"-Studenten so „aufzumöbeln", daß beruhigende Aussicht für sie besteht, nicht völlig in der Flut informationstechnischer Innovationen unterzugehen, sondern sie selektiv und adäquat projekt- und zielbezogen anwenden zu können. So ist heute kein Unternehmensbereich mehr ohne umfassenden Einsatz der Informatik denkbar.

Die *Wirtschafts- und Berufspädagogik* operiert in einem wohldefinierten Beziehungsfeld zwischen Staat und Wirtschaft. Sie ist gleichermaßen theoretisch wie pragmatisch angelegt, indem sie nicht nur neue Perspektiven und Konzepte entwickelt, sondern auch deren Umsetzung zu realisieren hat. Neben soliden pädagogischen Grundkenntnissen vermittelt die Wirtschafts- und Berufspädagogik didaktische, wissenschaftstheoretische und methodische Kenntnisse und Fertigkeiten. Peter F. E. *Sloane* verdeutlicht, welche Möglichkeiten und Gestaltungsspielräume dem Wirtschafts- und Berufspädagogen gegeben sind und wie sich diese in den bildungspolitischen Gesamtkontext einordnen lassen.

Ein kosten- und ertragsorientiert disponierender Unternehmer wird den wirtschaftlichen Erfolg nicht nur durch Kostenminimierung usw. zu erreichen versuchen, sondern auch durch optimales *„Steuer-Engineering"*. Er wird, wie sich Kurt-Dieter *Koschmieder* einmal ausdrückte, das Unternehmen „durch Steuern zu steuern" versuchen. Dieser Prozeß beginnt bei Gründung bereits mit der Wahl der geeigneten Rechtsform und endet in der Ausschöpfung aller steuerrechtlichen und bilanziellen Möglichkeiten. Die präzise Kenntnis derselben bedeutet in der Regel bares Geld.

Zur Messung des Erfolgs eines Unternehmens und seiner Leitung und zur realistischen Einschätzung der finanziellen Lage ist eine detaillierte *Rechnungslegung* handelsrechtlich verpflichtend vorgeschrieben. Wie sich eine Bilanz organisch über die Gewinn- und

Verlustrechnung, d. h. über Aufwand und Ertrag entwickelt und welche Spielräume sich nutzen lassen, verdeutlicht Joachim *Krag* in seinem Überblick. Auch hier sollte sich der Blick des rechnungslegenden Unternehmers – ähnlich wie im Bereich Steuern und Controlling – weit über eine Periode bzw. eine Bilanz hinaus auf einen längeren Zeitraum richten, also strategisch angelegt sein.

„Vertrauen ist gut, Kontrolle ist besser". So kommt oft umgangssprachlich lapidar zum Ausdruck, was eigentlich ein sehr ernsthaftes (weil kostensparendes und wettbewerbsbefähigendes) Anliegen eines jeden Unternehmens ist. *Controlling* ist mehr denn je ein „Muß" kostenorientierter und strategischer Unternehmensführung geworden und wird gegenwärtig zurecht auch Verwaltungen und Institutionen wie Krankenhäusern usw. verordnet. Volkmar *Botta* gibt einen fundierten Einblick in das kostenübergewichtige und rotzahlige Nischen unerbittlich aufspürende Metier der Controller, die man allerdings nicht erst befragen sollte, wenn es für das Unternehmen zu spät ist. Botta zeigt, daß Controlling auch eine Präventiv-Funktion wahrzunehmen hat.

Zentralbereiche ökonomischer Entscheidungen, wie z. B. das Rechnungswesen und die Investitionen, hängen eng mit *finanzwirtschaftlichen* Fragestellungen zusammen. Keine wesentliche Kreditentscheidung kann gefällt werden ohne feinste Abwägung der Faktoren Rentabilität, Liquidität, Sicherheit und Unabhängigkeit. Welche Vielfalt an Kredit- und Finanzierungsformen es gibt und wie sie am besten auf spezifische Fälle zugeschnitten werden, darüber gibt der Beitrag von Manfred Jürgen *Matschke* profunde Auskunft. Dies schließt die Vermittlung von Kenntnissen über die Rechtsformen der Unternehmen und ihre unterschiedlichen Finanzierungsfunktionen ein.

Ähnlich wie das Marketing greift auch die professionelle *Personalwirtschaft* und *Unternehmensorganisation* auf einen fundierten sozial- und kognitionswissenschaftlichen Wissensbestand zurück. Weder die konkreten Bedürfnisstrukturen der Konsumenten noch jene der Mitarbeiter sind ohne stringente Methoden der Psychologie, Psychoanalyse und speziellen Soziologie zu ergründen. Fred G. *Becker* verdeutlicht diesen Sachverhalt in seinem Beitrag, indem er der Personalforschung und den Anreizsystemen ebenso wie dem komplizierten Bereich der Verhaltenssteuerung das gebührende Gewicht beimißt. Der Nukleus der modernen Leistungsgesellschaft liegt immer noch in der Leistungsfähigkeit und -bereitschaft des Individuums im spezifischen betrieblichen Kontext. Wer den Betrieb als Leistungsgemeinschaft effizient gestalten möchte, bedarf profunder Kenntnisse des personal- und organisationswissenschaftlichen Funktionszusammenhangs.

Mit dem Geisterwort „lean" verbanden sich in jüngerer Zeit viele Hoffnungen auf unternehmerischer und Befürchtungen auf Arbeitnehmerseite. Für die Produktionswirtschaft und Industriebetriebslehre wurde die Verschlankung zum Kernanliegen, wie Reinhard *Haupts* Beitrag über *Produktionsmanagement* unterstreicht. Wer technik- und ingenieurwissenschaftliche Kenntnisse gerne mit betriebswirtschaftlichen zu einer Synthese verdichten will, sollte dieses Fach studieren. Es bietet Logistikern, Ablaufstrategen und Verfahrensanalytikern im mehrfachen Sinne „lohnende" Einsatzmöglichkeiten. Das Spektrum reicht von der elektronischen Steuerung und Automatisierung bzw. Robotik bis hin zum Menschen im Betrieb und seinen manuellen Möglichkeiten. Bis zu einem gewissen Grad ist auch das Controlling Teil der Produktionswirtschaft.

Ähnlich wie die Informatik gehört auch das *Marketing* zu den sich am stärksten dynamisch entwickelnden Fächern, d. h. das aktuelle Marketing-Wissen hat eine der niedrigsten „Halbwertzeiten" im wirtschaftswissenschaftlichen Fächerkanon. Der Betriebswirt hat heute nicht mehr nur die Instrumentarien der Marktforschung und der Kommerzialisierung von Produkten zu beherrschen, sondern hat sich auch mit der Kreation von Neuheiten und dem Marketing von Ideen und Weltanschauungen zu befassen, wie Manfred *Bruhns* Einführung zeigt. Möchte ein Konsumartikelhersteller nicht „aus dem Markt fallen", hat er sich zuverlässiger demoskopischer Daten und hochdifferenzierter Verbraucheranalysen zu bedienen und virtuos auf das Instrumentarium zurückzugreifen, das zunehmend die Errungenschaften modernster Kommunikations- und Informationstechniken einschließt.

Wer heute BWL zu studieren beginnt, wird sich an das unternehmerische Denken in ganz anderen Dimensionen gewöhnen müssen als der Student der 60er Jahre. Die Managementtätigkeit in bestimmten Branchen (z. B. Elektronik, Automobil- und Flugzeugbau usw.) erfordert globales Denken und die professionelle Auseinandersetzung mit Fremdkultur. Dies schließt Sprachbeherrschung und Kenntnisse in der Konzernrechnungslegung ebenso ein wie das Beherrschen währungs- und außenwirtschaftstheoretischer Grundlagen. Dodo *zu Knyphausen-Aufseß* weist mobilen Zeitgenossen den Weg ins *internationale Management* und macht zugleich deutlich, wie sehr es in diesem Bereich nicht nur betriebswirtschaftlicher

Grundtechniken, sondern der Vision und des strategischen Denkens bedarf.

Die *interkulturelle Wirtschaftskommunikation* bietet eine sinnvolle Ergänzung bei der Ausbildung insoweit, als sie sich um Sprachkompetenz und auf ausgewählte Fremdkulturen zielendes Verhandlungstraining konzentriert. Jürgen *Bolten* weist nachdrücklich auf die Bedeutung der Auseinandersetzung mit Eigen-, Fremd- und Interkultur hin und auch darauf, wie sehr es im internationalen Geschäft oft auf die Berücksichtigung außerökonomischer Faktoren (Usancen, Riten, Kulturtechniken, Denk- und Handlungsgewohnheiten usw.) ankommt.

Die sehr langfristige, also evolutorische, Entwicklungsperspektive wird von Günter *Hesse* und Lambert T. *Koch* aufgegriffen. Dabei präsentieren sie ein erst in jüngerer Zeit gereiftes *Theorie*angebot zur Erklärung globalen und säkularen *Wandels*. Theoretisch wird erläutert und empirisch belegt, daß und wie kreative Anpassung an einen säkularen Strukturwandel erfolgt. Der Beitrag zeigt auch überzeugend die Wichtigkeit, neben exogenen Variablen (Konjunktur, Politik, Wirtschaftssystem, Konflikt etc.) den endogenen, d. h. auch den selbstgenerierten Strukturwandel (U. *Witt*) in die Betrachtung einzubeziehen, d. h. Elemente wie Lernen, Kreativität, Bildung, (Regel-)Vertrauen oder Erwartungen (man denke nur an deren Bedeutung für die Einschätzung der Kapitalmarkt- bzw. Börsenentwicklung). Spätestens hier wird deutlich, wie wesentlich es ist, die Wirtschaftswissenschaften im interdisziplinären und interfakultären Zusammenhang zu begreifen. Dies ist auch eine der „Visionen", die wir unseren Studierenden mit auf den Weg geben wollen. Das interdisziplinäre Denken ergibt sich nicht von selbst; auch dieses will geübt sein!

Hans-Walter *Lorenz* zeigt am *makroökonomischen Beispiel Konjunktur und Wachstum* die Wirkungsmechanismen der Ökonomie jenseits individueller Aktivitäten. In einer dogmenhistorischen Retrospektive zeichnet er die Entwicklung der „Makro" von der „Klassik" bis zur Gegenwart nach und gibt darüber hinaus Anschauungsunterricht in Sachen Modellierung makroökonomischer Aggregate. Er versetzt den Leser in die Lage, mit Größen wie (Gleichgewichts-)Einkommen, Konsum, Investition, Sozialprodukt, Wachstum etc., aber auch mit „mainstreams" und herrschenden Lehrmeinungen bzw. Theorien souverän umzugehen und ihre Wirkungsweise im konjunkturellen Zusammenhang zu begreifen.

Peter *Oberender* und Sabine *Büttner* analysieren in ihrem Beitrag das individuelle Handeln Einzelner (Haushaltsführender, Konsumenten, Produzenten etc.) im Kontext bestimmter Märkte. Wovon hängt deren Nachfrage ab? Wie verhalten sich Unternehmer angesichts spezifischer Markt- und Wettbewerbssituationen, wenn sie z. B. Alleinanbieter oder nur Anbieter unter vielen sind? Welche Funktion hat der Preis im Marktmechanismus? Hier werden elementare Überlegungen und Zusammenhänge aufgezeigt, ohne deren solide Kenntnis ein vertieftes *mikroökonomisches Studium* schlechterdings unmöglich wäre.

Diese Grundkenntnisse im Rahmen des obwaltenden Verfassungs-, Gesetzes- und institutionellen Systems operativ anwenden zu können, wird im Fach *Wirtschaftspolitik* gelernt und geübt. Wolfgang *Kerber* erklärt nicht nur die Funktionsfähigkeit unterschiedlicher Systeme wie etwa ihre Fähigkeit, mit Knappheiten (z. B. an Rohstoffen und Gütern) umzugehen, sondern gibt auch eine Vorstellung davon, mit welcher ungeheuren Vielfalt und Komplexität es die faktische Wirtschaftspolitik zu tun hat. Von ihm werden auch die zentralen Probleme aktueller Wirtschaftspolitik namhaft gemacht. Klar wird auch: eine erfolgreiche Wirtschaftspolitik bedarf – nicht zuletzt aufgrund ihrer komplizierten Vielgestaltigkeit – der theoretischen Fundierung. Eine vernünftige Geldpolitik wird sich ohne quantitätstheoretische Einsichten nicht betreiben lassen.

Mit der Wirtschaftspolitik ist bereits der Staat angesprochen, d. h. auch der Staatshaushalt und die Ökonomie des öffentlichen Sektors. Mit ihrem Wesen und ihrer Funktionsweise setzt sich Rupert *Windisch* auseinander. Hier geht es zunächst um die Erläuterung der Finanzverfassung im Rahmen der politischen Grundordnung und andererseits um Effekte und Effizienz verteilungspolitischer Maßnahmen, wie etwa um die Auswirkung der Grenzbelastungssätze von Steuern und Sozialabgaben auf das Angebot an Arbeit oder um das Für und Wider wohlfahrtsstaatlicher Systeme, wie etwa das einer umlagefinanzierten Sozialversicherung im Unterschied zur kapitalmäßig fundierten. Wer Windischs Beitrag zur *Finanzwissenschaft* gelesen hat, müßte eigentlich zutiefst von der Notwendigkeit des Politikers überzeugt worden sein, ökonomisch zu denken, und des Ökonomen, immer auch politisch zu denken. Der Beitrag bietet geradezu ein Musterbeispiel für die theoretische Erfassung des Zusammenwirkens und gegenseitigen Auseinandersetzens von Ökonomie und Politik, etwa im Rahmen von Besteuerungsgrundsätzen und Budgetausgleichsregelungen.

Die Idee zu diesem „Fakultätslehrbuch" entsprang einem gemeinsamen Nachdenken und konstruktiven Gespräch mit Herrn Michael Werner vom Verlag Schöningh, der das Entstehen des Buches mit angemessener Kritik und sanftem Nachdruck begleitet hat, wofür ihm Dank gebührt. Daß die Idee auf Anhieb bei fast allen angesprochenen Kollegen sehr regen Zuspruch und bemerkenswerte Kooperationsbereitschaft hervorrief, sei an dieser Stelle mit Freude und Dank, auch an deren Mitarbeiter, zum Ausdruck gebracht.

Trotz ausgezeichneter Zuarbeit der einzelnen Autoren blieben am Ende noch eine Reihe von Koordinations- und Abschlußarbeiten zu erledigen, die Frau Gudrun Töpel in enger Zusammenarbeit mit Frau Sandra Lortz und den Herren Olaf Backhaus und Jörg Erler in akribischer und dankenswerter Weise bewältigten.

Bleibt schließlich zu wünschen, daß dieses in die Wirtschaftswissenschaften einführende Lehrbuch eine echte Hilfe für zahlreiche Anfänger und Studienbeginner sein und eine breite und günstige Aufnahme finden möge.

Jena, im Herbst 1996   Rolf Walter

Der erste Blick:
Eine Auswahl grundlegender Nachschlagewerke zur raschen Orientierung

Finanzlexikon (Hrsg.: Beyer, Horst-Thilo), 2. Aufl., München 1989.
Gablers Volkswirtschaftslexikon, Wiesbaden 1996.
Gablers Wirtschaftslexikon, 4 Bde., 13. Aufl., Wiesbaden 1992.
Gablers Banklexikon – Handwörterbuch für das Geld-, Bank- und Börsenwesen (Hrsg.: Müssig, Karlheinz), Wiesbaden 1988.
Handbuch der Finanzwissenschaft (Hrsg.: Neumark, Fritz u. a.), 4 Bde., 3. Aufl., Tübingen u. a. 1977-1983.
Handwörterbuch der Betriebswirtschaft (Hrsg.: Wittmann, Waldemar u. a.), 5. Aufl., Stuttgart 1993.
Handwörterbuch Export und Internationale Unternehmung (Hrsg.: Macharzina, Klaus u. a.), Stuttgart 1989.
Handwörterbuch der Führung (Hrsg.: Kieser, Alfred u. a.), 2. Aufl., Stuttgart 1995.
Handwörterbuch des Marketing (Hrsg.: Tietz, Bruno u. a.), 2. Aufl., Stuttgart 1995.
Handwörterbuch der Organisation (Hrsg.: Frese, Erich u. a.), 3. Aufl., Stuttgart 1992.
Handwörterbuch des Personalwesens (Hrsg.: Gaugler, Eduard u. a.), 2. Aufl., Stuttgart 1992.
Handwörterbuch der Planung (Hrsg.: Szyperski, Norbert u. a.), Stuttgart 1989.
Handwörterbuch des Rechnungswesens (Hrsg.: Chmielewicz, Klaus u. a.), 3. Aufl., Stuttgart 1993.
Handwörterbuch der Revision (Hrsg.: Coenenberg, Adolf G. u. a.), 2. Aufl., Stuttgart 1992.
Handwörterbuch der Sozialwissenschaften (HdSW), 12 Bde, Stuttgart 1956-1965.
Handwörterbuch der Wirtschaftswissenschaften (HdWW), (Hrsg.: Albers, Willi u. a.), 9 Bde., Stuttgart 1988.
Lexikon der Volkswirtschaft (Hrsg.: Geigant, Friedrich u.a.), 6. Aufl., Landsberg/Lech 1994.

May, Hermann (unter Mitarbeit von *May, Ulla*): Wirtschaftsbürger-Taschenbuch. Wirtschaftliches und rechtliches Grundwissen, München/Wien 1994.

Mette, Günter/Schöppl, Eva: Wie finde ich Literatur zu den Wirtschaftswissenschaften? (Orientierungshilfen Bd. 13), Berlin 1995.

Vahlens Großes Wirtschaftslexikon (Hrsg.: Dichtl, Erich u. a.), 2 Bde., 2. Aufl., München 1993.

Vahlens Kompendium der Betriebswirtschaftlehre (Hrsg.: Bitz, Michael u. a.), 2 Bde., 3. Aufl., München 1993.

Wirtschaftslexikon (Hrsg.: Woll, Artur), 8. Aufl., München/Wien 1996.

Wörterbuch der Wirtschaft (Hrsg.: Grüske, Karl-Dieter u. a.), 12. Aufl., Stuttgart 1995.

I. Übergreifende Fächer

Rolf Walter

Wirtschafts- und Unternehmensgeschichte in der Wirtschaftswissenschaftlichen Fakultät

1. Wozu Wirtschafts- und Unternehmensgeschichte?

Wozu Wirtschafts- und Unternehmensgeschichte im wirtschaftswissenschaftlichen Studium? – Man könnte zunächst einfach behaupten, daß, wer die Vergangenheit nicht kenne, auch die Gegenwart nicht zu verstehen und die Zukunft nicht einzuschätzen vermag. Geschichtslosigkeit würde Gesichtslosigkeit bedeuten, und man würde daraus das Plädoyer formulieren: Schaffen Sie sich *Perspektive durch Retrospektive*, respektive: es gibt *keine Perspektive ohne Retrospektive*.

Es ist die Rede von der *historischen Bedingtheit unserer Gegenwart*. Geschichtskenntnis kann vor Kurzsichtigkeit schützen, kann bewahren vor Fehlern, die in der Vergangenheit begangen wurden. Im übrigen lernt man durch die Beschäftigung mit Geschichte den *professionellen Umgang mit dem Faktor Zeit*. Letzterer spielt in der Wirtschaftsgeschichte eine besondere Rolle, denn Zeit ist im Laufe der Jahrhunderte zur wichtigsten Ressource geworden und Zeitknappheit verteuerte deren Preis beträchtlich.

Hierin liegt der wesentliche Ansatzpunkt. Der Wirtschaftsgeschichte geht es primär darum, *wirtschaftliche Ereignisse und Prozesse in ihrer zeitlichen Abfolge zu erfassen*. Dies geschieht in *Längs- und Querschnitten*, die geeignet sind, die dahinter sich verbergenden Zustände und Strukturen freizulegen und zu fragen, inwieweit diese langfristigen Trends (Konjunkturen, langen Wellen etc.) oder – weit weniger flexibel – einfach der Bewegung der Natur folgten.

Bei aller Wertschätzung für die Detailforschung und das akribische Festhalten von Tatsachenmaterial einer bestimmten Epoche inner- oder außerhalb von Archiven kann es damit jedoch noch nicht sein Bewenden haben. Das Streben sollte darauf gerichtet sein, ein *Gesamtbild der wirtschaftlichen Vergangenheit* zu erfassen und dieses wiederum in den großen *Kontext der menschlichen Kulturleistung* einzufügen. In diesem Sinne ist der Wirtschaftshistoriker Architekt der Geschichte. Er kann es aber nur sein, wenn er auch das Handwerk beherrscht, die Fundamente zu mauern und zu zimmern. Dieses Fundament besteht aus *historischen Realitäten* und ist feiner strukturiert, als es aus allgemeiner, zu grobkarierter Geschichtsdeutung hervorgeht. Historiker und Wirtschaftstheoretiker brauchen den Wirtschaftshistoriker gleichermaßen. Er liefert nicht nur Materialien, sondern Gesichtspunkte, *Möglichkeiten der Revision (Hermann Kellenbenz)*. Kurzum: Er ist ein *unverzichtbares Korrektiv*.

Als Subjekt der Gegenwart hat es der Wirtschaftshistoriker mit Veränderungen seines Gesichtsfeldes und Erfahrungsraumes zu tun, mithin einer Veränderung des Beziehungsfeldes Vergangenheit – Gegenwart. *Erfahrungen* – Bestärkungen und Enttäuschungen – prägen seinen Standpunkt wie den jedes anderen Zeitgenossen. Jenseits der obligatorischen Subjektivität geht es jedoch darum, belegbare *Einschätzungen* vorzunehmen: Welche Rolle spielten materielle Dinge in der Geschichte? Welche Gefahren gehen von der Geringschätzung des menschlichen Elements im Wirtschaftsprozeß aus? Wie entsteht Kreativität, Invention, Innovation? Wie sind bestimmte Wirtschafts- oder Gesellschaftsordnungen entstanden und ethisch begründet? Welchen *Eigenwert* oder *Stil* hat eine bestimmte Epoche entwickelt? Wie kam es zu *Paradigmenwechseln* und *historischen Zäsuren*?

Es gibt höchst unterschiedliche (methodische) *Zugangsmöglichkeiten zur Wirtschaftsgeschichte*, z. B. über eine bestimmte Person (Biographie, *oral history*), eine Gruppe (Prosopographie), eine Organisation (Verein, Verband, Firma etc.), einen Ort (historische Kartographie), ein Bauwerk ((Industrie-)Archäologie), ein Produkt (z. B. Fahrzeuge, Maschinen, Konsumgüter etc.), einen Rechtszustand (kollektives oder privates Eigentum, Verfügungsrechte), Naturzustand (Knappheit, Wachstum, Konstitution, Befinden, Umwelt), Weltanschauung (Philosophie, Ethik, Stil, Ideologie etc.), eine Technik, Energieform oder ein Zahlungs- bzw. Tauschmittel.

Wer mit Wirtschaftstheorie in Berührung kommt, wird zwangsläufig mit der Frage konfrontiert: Wie sind Theorien, Modelle, Gedankensysteme überhaupt zustandegekommen? Indem man versucht, diese Frage zu beantworten, betreibt man bereits Wirtschaftsgeschichte: volks- oder betriebswirtschaftliche *Dogmengeschichte.* Indem wir eine Theorie von ihrem Ursprung bis zu ihrer gegenwärtigen Gestalt verfolgen, lernen wir die Etappen ihrer Entwicklung erkennen, lernen sie zu verstehen und prägen sie uns tiefer ein. Deshalb erfüllt das Fach Wirtschaftsgeschichte auch eine wichtige *propädeutische Funktion.* Sie hilft, das wirtschaftswissenschaftliche Ganze von seiner *Wurzel* her zu erschließen.

Der Wirtschafts- und Sozialgeschichte kommt neben der propädeutischen auch eine wesentliche *erklärende Funktion* zu. Wenn neuerdings die Volkswirtschaftslehre beginnt, sich verstärkt der ganz langfristigen wirtschaftlichen Entwicklung zuzuwenden, also der sog. *evolutorischen Ökonomik ("Evolutorik"),* dann sollte dies nichts anderes heißen als die Einbeziehung (wirtschafts-)historischer Elemente in die Nationalökonomie. Dazu gehören etwa Fragen wie die folgenden: Inwieweit haben *veränderte Weltanschauungen* (Paradigmen) Einfluß auf die langfristige wirtschaftliche und gesellschaftliche Entwicklung? Inwieweit bewirken *bestimmte Inventionen und Innovationen* (wie die Erfindung des Rads, des Buchdrucks, der Schule, der Dampfmaschine, des Motors, des elektrodynamischen Prinzips, des Telegraphen, des Fließprinzips in der industriellen Fertigung usw.) eine fundamentale Veränderung von Wirtschaft und Gesellschaft?

Die Wirtschaftshistoriker sollten bemüht sein, ihr reiches Angebot zur *Erklärung historischer Zäsuren* wirksam und interdisziplinär in dieses richtungsweisende evolutorische Forschungskonzept einzubringen. Dies gilt für die historische Ausbildungs- und Kognitionsforschung ebenso wie für die unternehmerhistorische, institutionenhistorische und die historische Krisen-, Konjunktur- und Entwicklungsforschung. Ohne Zuhilfenahme wirtschafts- und gesellschaftshistorischer Forschungserträge wird man die evolutorische Ökonomik kaum betreiben können. Insbesondere wird sich die Geschichte des technischen Fortschritts und seiner gesellschaftlichen Implikationen nicht hinreichend erklären lassen, wenn es nicht gelingt, die Voraussetzung dafür, den Prozeß der *kognitiven Kreation,* präziser zu fassen.

2. Periodisierungshinweise und Begriffe

Im Rahmen von Lehrveranstaltungen im Fach Wirtschafts- und Sozialgeschichte ist permanent von Zeitperioden die Rede, die einer kurzen einleitenden Erläuterung bedürfen. Wenn das *Mittelalter* (auch häufig: *Feudalzeitalter*) erwähnt wird, ist gemeinhin die Zeit vom Ende Westroms 476 n. Chr. bis um 1500 gemeint, wobei man als Zäsur, die das Mittelalter von der Neuzeit trennt, die Jahre *1492* (Kolumbus, Entdeckung Amerikas) oder *1517* (Thesenanschlag Luthers, Beginn der Reformation) ansehen könnte. Das Mittelalter wird üblicherweise wiederum unterteilt in das Früh-, Hoch- und Spätmittelalter. Das *Frühmittelalter* umfaßt die Zeit vom 5. bis 11. Jahrhundert, das *Hochmittelalter* das 12. und 13. und das *Spätmittelalter* das 14. und 15. Jahrhundert. Danach folgt die *Frühe Neuzeit*, die in der Regel das 16. bis 18. Jahrhundert einschließt und mit der Französischen Revolution 1789 bzw. mit dem Wiener Kongreß 1815 endet. Danach kommt die *Neuzeit*, gelegentlich auch als „Moderne" apostrophiert.

Dem *Mittelalter* (der Periode in der *Mitte* zwischen Altertum und Neuzeit) begegnen wir tagtäglich. Wir sehen die Stadtmauern, Türme, Brücken, Kirchen und Burgruinen, feiern Feste und gehen durch Straßen, die mittelalterlichen Ursprungs sind. – Auch viele Namen deuten auf das Mittelalter hin. Warum heißen viele Personen *Neumann*? Weil das 12. bis 15. Jahrhundert eine ungewöhnliche Häufigkeit an Wanderungs- und Siedlungsvorgängen aufwies. Warum heißen so viele *Schulze* und *Vogt*? Sie kommen aus einem Dorf, das einen Richter und einen Beauftragten des Dorfherren hatte (Vogt war meist Gerichtsherr bzw. übte die Gerichtsbarkeit aus; Schultheiß = Schulze war ursprünglich der Vollstreckungsbeamte des ordentlichen Richters, später allgemein einer der häufigsten Beamten der verschiedenen weltlichen und geistlichen Gewalten; oft waren Schulzen auch Amtmänner, Bürgermeister etc.). Ähnlich verbreitet war der Beruf des *Meiers*, worunter man im Mittelalter Verschiedenes verstand: Amtmann, Amtsmeier, Amtsschulze, Bauernvogt, Grundmeier, Hofmeister, Hofschultheiß, Meiervogt, Kämmerer usw. Man kennt den Namen auch im Französischen (maire), meist in der Bedeutung von Stadtoberhaupt/Bürgermeister.

Andere Namen deuten auf *Berufe* hin, die heute kaum mehr ausgeübt werden oder ausgestorben sind, wie z. B. *Müller, Schmied* (später oft Schmidt o.ä.), *Faßbinder, Gildemeister* (Gilden ursprünglich: Vereinigungen zum gegenseitigen Schutz; später oft Kaufmannsvereinigungen = Kaufmannsgilden). Wieder andere verdanken ihren Namen Verwaltungsämtern oder Positionen in der Verwaltung: *Graf* (im Mittelalter militärischer und richterlicher Herr eines Gaues[1]). Anderen Ursprungs ist der Name *Herzog*. Darunter verstand man zunächst einen Heerführer. Später war es eine erbliche Würde, die von den Karolingern beseitigt, danach aber wieder von anderen seit dem 9. Jahrhundert als oberste Reichsfürstenwürde eingeführt wurde. Und natürlich sind auch die Namen *König* und *Kaiser* heute häufig anzutreffende bürgerliche Namen.

Viele Begriffe leiten sich auch aus der mittelalterlichen *Geographie* ab, so z. B. der Name *Österreich*, der bereits in der Karolingerzeit als geographische Bezeichnung für im Osten liegende Landstriche auftauchte. Es folgte eine Phase mit der Gründung zahlreicher Siedlungen, wozu das Land gerodet wurde, was die Namen später erkennen lassen. Aus dieser Zeit stammen *Orte* die auf *-rode*, *-roda* (z. B. Zeulenroda), *-rade*, *-reuth* (z. B. Bayreuth), oder auf *-hagen* (Bedeutung: besondere planmäßige Anlage) enden. Dagegen deutet die Endung (*-brand*) auf die Rodungsmethode hin und die Endungen *-moor*, *-wald*, oder *-ried* erinnern an den früheren Zustand der Siedelfläche.[2]

Und was ist mit den *Jahrmärkten*, die jeder von uns kennt? Sie heißen deshalb so, weil vor neunhundert Jahren die Menschen ihren Lebensbedarf noch selbst erzeugten, der professionelle Warenhandel noch selten war und z. B. einmal jährlich, als Jahrmarkt stattfand, so auch rechtliche Verankerung erlangte und bis in die Gegenwart existiert.

Auch die *Kaufmanns- und Handelstechnik* ist etwas, das im Mittelalter zu einer gewissen Blüte gelangte. Zunehmend hielten die Kaufleute ihre Transaktionen schriftlich fest, d. h. sie begannen Buch zu führen. Zunächst konzentrierte sich die Aufzeichnung auf Schuld, Schuldner und Verschuldungstermin. Daraus entwickelte sich bald das Gegeneinanderaufrechnen von Schulden, mithin der *bargeldlose Zahlungsverkehr*. Noch heute werden vielfach die wesentlichen Geschäftsvorgänge in ein *Hauptbuch* eingetragen, das Kernstück kaufmännischer Buchhaltung. Schon im späten Mittelalter wurden die einzelnen Vorgänge im Hauptbuch nicht mehr einfach hintereinander verzeichnet, sondern geordnet nach Geschäftspartnern, d. h. auf Konten. In Italien waren *Konten* seit dem 13. Jahrhundert üblich, d. h. seit dem Hochmittelalter. So war der Kaufmann in der Lage, besser zu disponieren. Er hatte mehr Transparenz und

---

[1] An der Grenze Markgraf, in der Kaiserpfalz Pfalzgraf, als Befehlshaber einer Burg Burggraf, seit dem 12. Jahrhundert Reichsgrafen; seit 1803 nur noch Titel, aber auch als bürgerlicher Name geläufig.
[2] Boockmann, H.: Einführung in die Geschichte des Mittelalters, 5. durchges. Aufl., München 1992, S. 54.

konnte etwa seine Liquidität und Verhandlungsposition besser einschätzen. Bald kamen zu den Aufzeichnungen über Zahlungen und Kreditaufnahmen, also Kreditoren und Debitoren, auch noch die Notierungen der Warenbewegungen hinzu, d. h. es wurden auch Warenkonten geführt und somit jeder Geschäftsvorgang zweimal festgehalten. So wurde etwa der Kauf eines Ballens Baumwolle nicht nur als Geldausgabe verbucht, sondern auch als eine Vermehrung des Warenbestandes Baumwolle und beim Verkauf buchte man umgekehrt. Als Ergebnis dieser *Doppelten Buchführung* ergab sich die *Bilanz*, d. h. die Möglichkeit, sich allzeit über den Stand der Geld- und Warenbestände zu informieren und entsprechend präzise zu planen und zu handeln. Die früheste Bilanz ist in Deutschland aus dem Jahre *1484* bekannt, und zwar von dem Nürnberger Kaufmann *Langhans Tucher*. Doch keineswegs läßt sich sagen, die Doppelte Buchführung habe den Kapitalismus befördert, wie dies von Werner Sombart vorgetragen wurde. Erst der *kameralistische Soll-Ist-Vergleich* schaffte hier den eigentlichen Durchbruch.

In der ökonomischen Dogmengeschichte, die im Abschnitt 3.3 im Überblick behandelt wird, ist häufig die Rede von der *„unsichtbaren Hand"*, oft auch von *„Neomerkantilismus"*. In beiden – gegensätzlichen – Fällen ist ein Blick in die Wirtschaftsgeschichte der *Frühen Neuzeit* vonnöten, um den begrifflichen Ursprüngen „auf die Schliche" zu kommen, genauer: auf das 17. und 18. Jahrhundert. *Adam Smith*, der berühmteste Nationalökonom des 18. Jahrhunderts, der oft als „Vater" der Marktwirtschaft tituliert wurde, glaubte noch an die *natürliche Ordnung*, also daran, daß durch die *Bedingung offener Märkte* der *Wettbewerb schon gesichert* sei. So verließ sich also das 18. Jahrhundert noch stark auf die *invisible hand*, die *unsichtbare Hand*, und glaubte, die Welt bzw. der Markt ordne sich von selbst, wenn man ihn nur frei gewähren lasse.

Zuweilen findet in der wirtschaftspolitischen Diskussion der Begriff Neomerkantilismus Verwendung. Hier wäre zunächst zu fragen, was *Merkantilismus* bedeutet? – Darunter versteht man das wirtschaftliche *Gegenstück zum politischen Absolutismus* des 17. und 18. Jahrhunderts. Er ist weder Wirtschaftstheorie noch Wirtschaftssystem, sondern einfach die *Summe konkreter wirtschaftspolitischer Handlungen*, die ergriffen werden sollten, um dem absolutistischen Herrscher bzw. dem Fürstenstaat Bevölkerungszuwachs, Edelmetall und Wohlfahrt zu sichern. Und vom *Neomerkantilismus* sprach man vor allem in Bezug auf die *Außenhandelspolitik*, wie sie in den 1920er und 1930er Jahren die weltwirtschaftlichen Beziehungen prägte. Sie war dadurch gekennzeichnet, daß an die Stelle eines freien, ungehinderten Güteraustausches zunehmend protektionistische Tendenzen traten wie z. B. die staatliche Lenkung des Außenhandels. Ursächlich dafür war nicht zuletzt das kriegsbedingte Wiedererwachen des Nationalismus. Allgemein taucht der Begriff Merkantilismus immer dann wieder auf, wenn *„Staatsräson"* und nationale Machtsteigerung die Handels- und Wirtschaftspolitik erneut zu dominieren beginnen.

Es wird deutlich: Um die vielen alltäglich aufscheinenden Begriffe wirtschaftshistorischen Charakters zu verstehen, müssen wir uns wohl oder übel der Unbequemlichkeit der Retrospektive hingeben.

3. Drei ausgewählte Teildisziplinen der Wirtschaftsgeschichte

Zu den vielen Möglichkeiten, die Gesamtwirtschaft in organische Teile zu gliedern, gehört die sektorale. Aus der Volkswirtschaft und Statistik kennt man die Unterteilung in den *Primären* (Land- und Gartenwirtschaft, Bergbau), *Sekundären* (Gewerbe, Handwerk, Industrie) und *Tertiären Sektor* (Dienstleistungen). Im Grunde eignet sich diese auch zum Aufbau einer wirtschaftshistorischen Darstellung, zumal sich die wirtschaftshistorische Entwicklung hier chronologisch widerspiegelt: Von der überwiegenden *Agrargesellschaft* (bis in die zweite Hälfte des 19. Jahrhunderts) zur *Industriegesellschaft* und schließlich zur *Dienstleistungsgesellschaft*. Diese einführende Betrachtung folgt solchen Überlegungen, stellt aber freilich nur eine von vielen Möglichkeiten dar, das Fach und seinen Stoff sinnvoll zu strukturieren. Anhand der folgenden drei Beispiele sollen einige Facetten des weiten Lehr- und Forschungsfeldes der Wirtschaftsgeschichte etwas näher beleuchtet werden, nämlich die Unternehmensgeschichte, die Technik- und Innovationsgeschichte sowie die Dogmengeschichte.

3.1 Unternehmens- und Unternehmergeschichte; Firmengeschichte (Business History)

Die *Institutionenökonomik* positioniert sich zunehmend im Gebiet der Nationalökonomie und der Wirtschaftsgeschichte. Sie behandelt in aller Regel das Unternehmen als Institution und hinterfragt die Wirkung institutioneller Entwicklungen bzw. Veränderungen. Die

Unternehmen als institutionell-korporative Einheit bilden den *Motor der konjunkturellen Entwicklung*. Ihnen kommt eine hohe *gesellschaftliche Bedeutung* zu. Auch aus diesem Grunde ist es angezeigt, die unternehmenshistorische Forschung zu verstärken.

Es wird heute in der Wirtschaftspraxis mehr und mehr gesehen, daß die *corporate history* ein wesentliches Element der *corporate identity* und des *good will* schlechthin ist. *Corporate history* ist vielfach fester Bestandteil der Öffentlichkeitsarbeit von Unternehmen. Dieser Bereich erlangt in der sich entwickelnden Kommunikations- und Informationsgesellschaft zunehmende Bedeutung.

Im Zusammenhang mit Diskussionen um die Globalisierung und Internationalisierung der Wirtschaft bzw. der Geschäftswelt werden zunehmend Forschungen nachgefragt, die sich mit dem Entstehen des „*Big Business*" auseinandersetzen. Wie entstanden multinationale Unternehmen? Die Unternehmensgeschichte kann einen wichtigen Beitrag zur Klärung dieser Frage leisten.

In dem Maße, wie die Gesellschaft der Gegenwart wieder das Individuelle (anstelle des Kollektiven) als wesentlichen Faktor sieht und hervorhebt bzw. weltanschaulich untermauert, wird auch die einzelne Unternehmerpersönlichkeit wieder stärker ins Blickfeld der Wirtschafts- und Sozialwissenschaften gerückt. Da strategische Entscheidungen in erster Linie Individualentscheidungen von Unternehmern und Spitzenmanagern sind, kommt der einzelnen Führungspersönlichkeit für die wirtschaftliche Entwicklung hohe Bedeutung zu. Dies gilt insbesondere für den Innovator, den Prototyp, den *Joseph Alois Schumpeter* herausgearbeitet hat.

Unternehmensgeschichte ist *ein wesentlicher Bestandteil der empirischen Unternehmensforschung.* Mehr noch: Sie ist ausschließlich Bestandteil derselben, da das Unternehmen von gestern bereits Gegenstand der Unternehmensgeschichte ist. Und auch hier gilt: *Keine Perspektive ohne Retrospektive. Ein geschichtsloses Unternehmen ist ein gesichtsloses Unternehmen!* Das Element der „Erfahrung", d. h. die unternehmenshistorische Detailkenntnis, ist eine der wichtigen Komponenten bei der Formulierung der Zukunftsstrategie jedes Unternehmens.

3.2 Technik- und Innovationsgeschichte

Einige theoretische Ansätze sehen in den *Innovationen*, d. h. im *technischen Fortschritt* und in der *Kreativität*, den entscheidenden Motor der wirtschaftlichen Entwicklung. Innovationen stehen für den *engen Zusammenhang* zwischen technischer und wirtschaftlicher Entwicklung, *zwischen Technik- und Wirtschaftsgeschichte.*

Innovationen sind im Unterschied zu Inventionen nicht einfach Erfindungen, sondern *Erfindungen, die am Markt durchgesetzt werden.* Nicht marktfähige Erfindungen haben also mit Innovationen zunächst nichts zu tun, es sei denn, sie würden irgendwann später Marktfähigkeit erlangen.

Allgemeine Angaben über eine *durchschnittliche Vorlaufzeit für Innovationen*, d. h. über den Zeitraum zwischen Invention und Marktdurchsetzung, werden sich kaum machen lassen, obwohl sich im Laufe der Zeit zumindest Erfahrungswerte herausbildeten und man weiß, daß der *Marktreifezyklus* umso *kürzer wird,* je mehr der Innovationsprozeß an die Gegenwart heranreicht. Es ist auch davon auszugehen, daß das erheblich verfeinerte Instrumentarium im Bereich Marketing eine wesentlich *präzisere Prognostik* über den Markteinführungszyklus gewährleistet. Dennoch: Zunächst muß es zu *Erfindungen* kommen, und diese *erfordern ein bestimmtes „Milieu"*, ein geistig anregendes, aktives und kreatives Umfeld, das immer wieder in historischen Phasen in besonderer Weise als Resultat günstiger intellektuell-kulturell-politischer Konstellationen und Bildungsvoraussetzungen an nicht zufälligen Orten vorhanden gewesen sein mag. Vielleicht war die neuhumanistische Phase gegen Ende des 18. und im frühen 19. Jahrhundert eine solche Rüstzeit, in der eine völlig *neue Antriebsenergie,* die *Dampfkraft,* von der Invention zur Innovation wurde und sich bald auf breiter Ebene durchsetzte, sowohl in der Fabrikproduktion als auch auf der Schiene. Es bedarf wohl an dieser Stelle keiner zusätzlichen Beweisführung, daß diese Basisinnovation, der viele *Verbesserungsinnovationen folgten,* der wirtschaftlichen Entwicklung, insbesondere der Territorialisierung des Gewerbes, zum entscheidenden Durchbruch verholfen hat und die Bestückung von Produktionszentren mit dampfbetriebenen Aggregaten einen recht zuverlässigen Indikator für deren Fortschrittlichkeit darstellte, wenigstens solange, bis die nächste Basisinnovation, sagen wir der *Elektroantrieb* oder der *Gasmotor,* eine evolutorische Fundamentalzäsur einleitete.

Auch der „time-lag" für die Übernahme von *Produkt- und Verfahrensinnovationen* wurde immer kürzer. Betrug er bei der Übernahme des Puddleverfahrens noch vierzig Jahre, so waren es beim Bessemerverfahren nur noch sechs, und das Thomasverfahren wurde gar schon 1879, also im Jahr seiner Entwicklung in England, in Deutschland angewandt.

Viele historische und wirtschaftliche Prozesse sind ohne die Kenntnis des technischen Fortschritts nicht zu verstehen und/oder zu erklären. Je weiter wir uns der Gegenwart nähern, desto veränderlicher und für die Erklärung der Gesamtentwicklung möglicherweise bedeutsamer wird dieser Faktor Technik. *Die Überlegenheit einer Zivilisation* über die andere war oft verbunden *mit technischer Überlegenheit*. Die vermeintliche europäische Vorherrschaft im tausendjährigen Mittelalter und ihr Ausgreifen über die Grenzen der zeitgenössisch bekannten Welt ist ohne entscheidende technische Errungenschaften schlechterdings nicht vorstellbar. Aber ebenso galt dies für die vorausgegangenen Hochkulturen. Berühmte Denkmäler, heute noch oft als „Weltwunder" angesehen, sind sichtbarer Ausdruck hochtechnischen Know-hows in der Antike Asiens, Mittel- und Südamerikas sowie Europas.

Von fundamentaler Bedeutung für das Verstehen früherer Epochen, insbesondere der evolutorischen Wirtschaftsentwicklung, sind die Kenntnisse über die *Technik in der Landwirtschaft*. Bestimmte Formen des Ackerbaus sowie die Ausbildung und Spezialisierung der Urformen der Arbeit wie Spinnen, Weben, Schmieden und Bauen wurden als technische Errungenschaften vom Mittelalter „geerbt" und verfeinert. Das Mittelalter fügte den Steigbügel, das Joch, den vierrädrigen Wagen, die Mühlentechnik, den Nocken, Feder, Pedal, Kurbel, Pleuelstange, Regler, wichtige nautische Instrumente, den Buchdruck und das Schießpulver hinzu, um nur einige Innovationen zu nennen. Besonders bedeutend waren die mittelalterlichen Fortschritte im Bereich der *Handelstechnik*, die *Rationalisierung des Rechnungswesens* und die rechenhafte Durchdringung der Wirtschaft, die meist von Italien ausgingen. Genannt seien die Einführung des Notariats, der Wechselbrief, die Doppelte Buchführung, der Gebrauch arabischer Ziffern sowie der neuen Organisations- und Rechtsformen von Gesellschaften. *Schriftlichkeit* und *Meßbarkeit mit verfeinerten Instrumentarien* waren schließlich *beschleunigende Entwicklungsfaktoren* und Wesensbestandteile dessen, was man später als „kapitalistischen Prozeß" bezeichnen sollte und worauf die zunehmende Beschleunigung der wirtschafts-, technik- und sozialhistorischen Entwicklung beruhte.

Zu den wesentlichsten *Sachgebieten der Technikgeschichte* gehören die Bergbau- und Hüttentechnik, der Maschinenbau und die Verfahrenstechnik, die Schiffstechnik, die Elektro-, Nachrichten-

und Informationstechnik, die Kriegs- und Wehrtechnik, architektonische und Bautechnik, der Technologietransfer, technische Normen und das Patentwesen, technische Berufe, Biographien von Technikern, Studien technischer Auswirkungen (Wirkungsanalysen), die Geschichte des technischen Bildungswesens, der technischen Entwicklung, der technischen Wissenschaft bzw. wissenschaftlichen Technik sowie die technische Inventions- und Innovationsforschung.

Mit der allmählichen Verbreitung der *Uhren* wurde der Alltag meßbarer, planbarer, im ökonomischen Sinne effizienter nutzbar. Man lernte, mit der immer knapper werdenden *Ressource Zeit* besser umzugehen.

Durch *Johannes Gutenbergs* Erfindung des *Buchdrucks* mit beweglichen gegossenen Typen war nicht nur eine *neue Möglichkeit verbesserter und breiterer* (um 1500 kannte man ihn bereits in 12 Ländern) *Kommunikation* gegeben, sondern in der zweiten Hälfte des 15. Jahrhunderts auch eine neue Industrie entstanden. Von größter Bedeutung war *Gutenbergs* Erfindung für die *allgemeine Bildung* in der frühen Neuzeit, wenn man an die bemerkenswerte Zunahme der Lese- und Schreibfähigkeit und damit eine qualitative Verbesserung des *„human capital"* denkt oder an die politischen Wirkungen infolge der immens erleichterten Vermittelbarkeit der reformierten Religion. In diesem Zusammenhang verwundert es nicht, daß gerade die stark reformerischen und aufstrebenden Staaten Holland und England um die Wende zum 18. Jahrhundert die in bezug auf die Lese- und Schreibfähigkeit höchstentwickelten Länder der Welt waren.

Was die *Vereinheitlichung der Normen* anbelangt, hatte die Französische Revolution mit ihrem Gleichheitsgrundsatz auch hier revolutionierend gewirkt. Das einheitliche französische Maßsystem nach Kilogramm und Meter wurde in vielen Teilen Deutschlands bald, in anderen später übernommen. Es ist leicht einsichtig, was es bedeutete, daß etwa der bayrische Zentner 120, der württembergische 104 bzw. 108 und der badische 100 Pfund zählte. Entsprechende Vorsicht ist dem Historiker bei der Verwendung von Statistiken des 18. und früherer Jahrhunderte geboten. 1848 kam es zu einer ersten Maß- und Gewichtsordnung für weite Teile Deutschlands.

Im übrigen griffen technische Verbesserungen immer wieder stark in die soziale Entwicklung ein, insbesondere in die Arbeitszeitgestaltung. Hier kann auf richtungsweisende Beiträge von *Wilhelm Schröder* und *Gerhard Mensch* verwiesen werden. Mensch wies nach, daß *zwischen Basisinnovationen und Arbeitszeitverkürzungen ein enger Zusammenhang* besteht. *Schröder* folgte diesem Konzept und kam zu dem Schluß, daß *innovatorische Industriezweige eine Leitfunktion bei den Arbeitszeitverkürzungen* haben. Das Thema genießt ja permanente Aktualität.

3.3 Dogmengeschichte (Geschichte wirtschaftlicher Lehrmeinungen)

3.3.1 Allgemeine Bemerkungen

Da die Dogmengeschichte in besonderer Weise dazu beiträgt, wirtschaftswissenschaftliche Sachverhalte und Lehrinhalte von ihrer Wurzel her zu verstehen, sei dieser Gegenstandsbereich hier aufgegriffen und etwas vertieft.

Ganz allgemein läßt sich feststellen, daß der Wirtschaftshistoriker in dem Maße verstärkt auf wirtschaftswissenschaftliche Methoden und Ansätze zurückgreifen muß, je jünger der Zeitraum ist, den er erforschen will.

Mit der Komplexität des Wirtschaftsgeschehens in der Praxis sind auch die theoretischen Anforderungen gewachsen. Ein Wirtschaftshistoriker, der über das 20. Jahrhundert arbeitet, kommt nicht umhin, sich fundamentale Kenntnisse, Methoden und Instrumente der Betriebs- und Volkswirtschaftslehre anzueignen, bis tief hinein in die Spezialdisziplinen der Ökonomie.

Stellen wir uns einmal die Aufgabe, einen Beitrag über die deutsche Wirtschaftsgeschichte des Spätmittelalters und einen weiteren über die Weimarer Zeit zu schreiben. Einmal abgesehen von anderen entscheidenden Unterschieden wird es im ersten Fall z. B. große Schwierigkeiten bereiten, quantifizierbares Quellenmaterial aufzufinden und dieses dann auszuwerten. Die Forschung muß hier weit mehr im Bereich der Vermutung und Thesenhaftigkeit liegen, qualitative Faktoren müssen in hohem Maße quantitative ersetzen, d. h. der *Hermeneutik* kommt hervorragende Bedeutung zu, und ebenso wichtig ist es, jeden noch so kleinen und zunächst vielleicht nichtssagenden Aspekt in Wort oder Zahl aufzunehmen, zu deuten und einzubauen. Darüber hinaus erfordert die Auseinandersetzung mit der früheren Vergangenheit eine verstärkte Kenntnis und Anwendung der Rand- und Hilfsdisziplinen.

Auf ganz anderem – genau entgegengesetztem – Feld liegen die Probleme im zweiten Fall, der Weimarer Republik. Eine komplexe, mit einer Überfülle von Daten beladene Wirtschaft macht ein weitaus feineres und vielseitigeres Instrumentarium zur Erfassung der wirtschaftshistorischen Realität notwendig. Infolgedessen empfiehlt es sich, in wesentlich stärkerem Maße auf Methoden und Mittel zurückzugreifen, die den Wirtschaftswissenschaften entstammen. Das Theorieangebot der Wirtschaftswissenschaften ist umfangreich. Wie es entstanden und welches vorhanden ist, versuchen die folgenden Abschnitte zu vermitteln. Die „vorwissenschaftliche" Zeit bleibt dabei aus Platzgründen ausgespart.

3.3.2 Volkswirtschaftliche Dogmengeschichte

3.3.2.1 Klassische Nationalökonomie

Die moderne Wirtschaftswissenschaft basiert, wie angedeutet, auf einem Fundament, das im 18. und 19. Jahrhundert geschaffen wurde. Diese wichtige Phase ökonomischen Denkens ist verbunden mit den Namen *David Hume* (1711-1776), *Adam Smith* (1723-1790*), Robert Malthus* (1766-1834), *Jean Baptiste Say* (1767-1831), *David Ricardo* (1772-1823), *Johann Heinrich von Thünen* (1783-1850) *und John Stuart Mill* (1806-1873). Insbesondere der Schotte *Adam Smith* lieferte mit seiner *Politischen Ökonomie* einen richtungweisenden Ansatz zur Theorie individueller Entscheidung. Sie kann als Antwort auf den kollektivistisch orientierten Merkantilismus angesehen werden und verhalf dem Liberalismus zum Durchbruch. Dieser wiederum erfuhr später im „Manchestertum" seinen höchsten Entfaltungsgrad.

Die Tatsache, daß die klassische Nationalökonomie das *Selbstinteresse* als Leitmotiv im gesellschaftlichen und wirtschaftlichen Leben betonte, kann nicht hoch genug eingeschätzt werden, finden sich hier doch die Wurzeln für die ethisch-philosophische Begründung des heute bedeutendsten Wirtschaftssystems, der Marktwirtschaft. Die Betonung der wirtschaftlichen *Selbstverantwortung* der Individuen (z. B. die Bereitschaft, Risiko und Konsequenzen zu tragen) anstelle des zünftig-genossenschaftlichen Gedankens war eines der wesentlichen Elemente im Reformkonzept des ausgehenden 18. und des 19. Jahrhunderts. Die *Idee der freien Konkurrenz* als Grundlage einer Wettbewerbswirtschaft hielt mit den Klassikern Einzug in die Lehrgebäude der Wirtschaftswissenschaft, ohne daß sie in der Wirtschaftspraxis des 18. Jahrhunderts schon allenthalben zum Durchbruch gekommen wäre. Antiquierte Einrichtungen wie die Zünfte im gewerblichen und die Grund- bzw. Gutsherrschaft im agrarischen Bereich ließen sich – zumal im Kontext der Französischen Revolution – jedenfalls nicht mehr mit dem neuen Individualitätsgedanken in Übereinstimmung bringen. Allerdings erstreckte sich der Reformprozeß der *sog. Gewerbefreiheit* und *Bauernbefreiung* in Deutschland noch über Jahrzehnte hinweg. Bayern, Württemberg und Baden beispielsweise erlangten gar erst in den 1860er Jahren die Gewerbefreiheit.

Das Selbstinteresse findet seine Grenzen in einem ethisch bestimmten Ordnungsrahmen und einem System positiver Gesetze. Tausch und Nutzen sind durch diesen Ordnungsrahmen gesteuert wie von unsichtbarer Hand *(invisible hand)*. Dabei spielt das Eigentumsrecht (oder im weiteren Sinne die *property rights*, die Verfügungsrechte) eine wesentliche Rolle, ebenso wie geordnete Hierarchien und Institutionen. Das Prinzip der Arbeitsteiligkeit, der auf Angebots- und Nachfragemechanismen beruhende Marktpreis sowie grundsätzliche Überlegungen zu den Marktformen gehörten ebenfalls zum Repertoire der *Klassiker* wie Einsichten in die Zusammenhänge zwischen Konsum, Investition, Sparen und Kapital im Kreislauf der Wirtschaft. Zusammenhänge zwischen Geldmenge und Preisniveau, die sich bei angenommener Vollbeschäftigung proportional verschieben, finden sich in der klassischen Quantitätstheorie. Auch die moderne Außenwirtschaftstheorie verdankt der klassischen Nationalökonomie, insbesondere *David Ricardo und John Stuart Mill*, wesentliche Einsichten. So fand der Gedanke der Arbeitsteilung in der Freihandelstheorie bzw. in *Ricardos* Theorie der komparativen Kosten seinen Niederschlag, indem erkannt wurde, daß unter dieser Voraussetzung internationaler Handel auch bei relativem Kostenvorteil sinnvoll sein kann.

Selbstverständlich dachten die Klassiker auch über die Rolle des Staates nach, zumal sie ihn aus seiner bis dahin im Absolutismus, Merkantilismus und Kameralismus dominanten Funktion lösen wollten. Sie billigten ihm durchaus Funktionen zu, die sogar – wenn man Smith folgt – über die des *Nachtwächters* in jedem Fall hinausgehen sollten; doch andererseits wollte man dem Staat keine unmittelbare Eingriffsmöglichkeit in den Markt gewähren, forderte aber von ihm geradezu die Festlegung von Rahmenbedingungen zur Regelung des gesellschaftlichen und wirtschaftlichen Miteinander.

Viele Überlegungen der Klassischen Nationalökonomie finden sich später in der Volkswirtschaftslehre wieder, nicht nur in der Neoklassik, die stark auf die ordnungstheoretischen Überlegungen der

Klassiker aufbaut, sondern auch im Konzept der *Sozialen Marktwirtschaft* und in der *Neuen Politischen Ökonomie*.

3.3.2.2 Historische Schule

Im 19. Jahrhundert war es in der Nationalökonomie üblich, sich mit den Wurzeln (moral-)philosophischen Denkens, historischen Bedingungskonstellationen und der *Staatskunst* intensiv auseinanderzusetzen sowie – gewissermaßen als Kontrastprogramm zu den Klassikern – das Individuelle wieder in Frage zu stellen. Zu den Vorläufern dieser *als Historische Schule der Nationalökonomie* titulierten Richtung gehörten originelle Denker wie der Romantiker *Adam Müller* (1779-1829) und der Reutlinger *Friedrich List* (1789-1846). *Müller* gehörte zu den ersten, die eine *Geldlehre* entwickelten und sich für die Einführung von Papiergeld als Tauschmittel einsetzten. *List* war ein strategischer Denker und sah frühzeitig die Notwendigkeit einer Integration der deutschen Staaten, wobei er an eine politische Neustrukturierung ebenso dachte wie an eine infrastrukturelle (Eisenbahnnetz). Im übrigen äußerte er – in genauer Kenntnis der amerikanischen und englischen Situation – richtungweisende Gedanken zur Zollpolitik, wobei seine Forderung nach einem Schutz- bzw. *Erziehungszoll* in keinerlei Widerspruch stand zu der grundsätzlich freihändlerischen Einstellung. Der Erziehungszoll sollte nur so lange erhoben werden, bis die junge Industrie international wettbewerbsfähig war. Danach sollte der Handel von diesem Hemmnis wieder frei sein. *Lists* besonderes Augenmerk im Hauptwerk *Das nationale System der politischen Ökonomie* (1841) galt den „produktiven Kräften", die zum Reichtum führten und die nach seiner Auffassung wesentlicher waren als der Reichtum selbst. Außerdem betonte *List* neben der Bedeutung des Individuums, das ja, wie erwähnt, durch die *Klassiker* besondere Hervorhebung erfuhr, die schöpferische Kraft gesellschaftlicher und sozialer Gruppen für das wirtschaftliche Ganze und zeigte somit einen Weg der Wirtschaftswissenschaft hin zur politischen und Sozialwissenschaft.

Die sog. *Ältere Historische Schule der Nationalökonomie* setzte sich in der Person ihres Begründers *Wilhelm Roscher* (1817-1894) mit der *Lehre von den Entwicklungsgesetzen der Volkswirtschaft* auseinander. In diesem Zusammenhang nahm er *Lists Stufenlehre* auf und untersuchte die Bedeutung der einzelnen Produktionsfaktoren („Natur", Kapital, Arbeit) für die Genese der Volkswirtschaft.

Der zweite bedeutende Vertreter der Älteren Historischen Schule, *Bruno Hildebrand* (1812-1886), orientierte sich nicht weiter an der klassischen Theorie mit ihrer vernunftbetonten Weltläufigkeit, sondern arbeitete stärker „realitätsbezogen" und versuchte, damals brennende Gegenwartsfragen theoretisch zu durchleuchten und statistisch zu belegen bzw. zu widerlegen.

Mit *Karl Knies* (1821-1878) gelang der entscheidende Brückenschlag von der Älteren zur Jüngeren Historischen Schule, indem er die „Entwicklungsgesetze" als Analogien entlarvte und bemerkte, daß es eine völlige Gleichheit von Kausalitäten nicht gab. Demzufolge kann auch keine „historische" Gesetzmäßigkeit existieren.

Hier liegt der Ansatzpunkt der *Jüngeren Historischen Schule*, die in *Gustav Schmoller* (1838-1917) ihre herausragende Persönlichkeit hatte und mit ihm davon ausging, daß die Kenntnis der historischen Realität dem Begreifen wirtschaftlicher Zusammenhänge vorausgehen müsse. *Schmollers* Bedeutung gründete sich nicht nur auf sein akribisches und umfassendes wissenschaftliches Werk zu Kameralismus, Gewerbewesen, Rechts-, Verfassungs- und Verwaltungsgeschichte, Demographie und Statistik, sondern auch auf sein organisatorisches und politisches Wirken im Brennpunkt intellektueller Auseinandersetzungen des kaiserlichen Deutschland. Er war nicht nur Mitbegründer des bedeutenden *Vereins für Socialpolitik* (1872), sondern auch Mitglied des preußischen Staatsrats. Schmoller hielt, wie kein Nationalökonom vor ihm, an der gründlichen historischen, enorm materialreichen Bestandsaufnahme und einer über diese gewonnenen Realitätsnähe fest, bevor daraus Verallgemeinerungen formuliert wurden. Er trat, wie es *Schumpeter* einmal ausdrückte, mit einer *Minimalbelastung an Apriori* an seinen Untersuchungsgegenstand heran und dies unter Berücksichtigung der Erkenntnisse aller relevanten Nachbar- oder Hilfswissenschaften, zu denen besonders auch die Psychologie gehörte.

Diese Auffassung, Anschauung habe der Theorie vorauszugehen (Induktion) stand die Position *Carl Mengers* gegenüber, der die Deduktion favorisierte und sich über diese Grundsatzfrage im berühmten „Methodenstreit" mit *Schmoller* auseinandersetzte.

Das Werk der *Jüngeren Historischen Schule*, zu der neben Schmoller vor allem *Karl Bücher, Lujo Brentano, Held, Knapp, Conrad* und *Herkner* zu zählen sind, fand Kontinuität in seinen Schülern, unter denen *Werner Sombart* (1863-1941) wohl der bedeutendste war.

3.3.2.3 Grenznutzenschule

Mit dem erwähnten Österreicher *Carl Menger* (1840-1921) sowie mit *Stanley Jevons* (1835-1882) und *Léon Walras* (1834-1910) gelang der Durchbruch der sog. Grenznutzenschule, die in *Hermann Heinrich Gossen* ihren gewichtigsten Vorläufer hatte. Nach *dem Ersten Gossenschen Gesetz* nimmt der Nutzen eines beliebig teilbaren Gutes mit zunehmendem Verbrauch ab (*Sättigungsgesetz*), wobei die jeweilige Nutzenabnahme als Grenznutzen bezeichnet wird. Der Preis richtet sich dabei nach der letzten noch begehrten Einheit. Das *Zweite Gossensche Gesetz* macht in Erweiterung des Ersten Aussagen über die Nutzenmaximierung bei einer Vielzahl von Gütern (*Nutzenausgleichsgesetz*). Als Problem stellte sich die Nutzenmessung heraus, eine Schwierigkeit, die heute noch nicht gelöst ist und die in der neueren Theorie mit dem Aufstellen von Präferenzskalen umgangen wird.

Wilhelm Röpkes Beispiel des Kofferpackens verdeutlicht *Gossens Nutzenausgleichsgesetz* auf originelle Art: „*Da wir nicht unsere ganze Habe mitnehmen können, überlegen wir uns zunächst, welche Dinge wir am dringendsten brauchen (Auswahl); zugleich aber wägen wir ein Mehr an Hemden gegen ein Weniger an Schuhen, ein Mehr an Büchern gegen ein Weniger an Anzügen so gegeneinander ab, daß alles in einem vernünftigen Verhältnis zueinander steht (Begrenzung). Es klingt ein wenig komisch, aber es ist tatsächlich so, daß der Koffer dann ideal gepackt ist, wenn das Niveau des Grenznutzens für die Anzüge, Hemden, Socken, Taschentücher, Schuhe und Bücher gleich hoch und höher als der Nutzen der zurückgelassenen Gegenstände ist.*"

3.3.2.4 Neoklassik

Gossen und die Grenznutzenschule spielten die Ouvertüre zur *marginalistischen Revolution*, die sich über ein neoklassisches Intermezzo zur modernen ökonomischen Theorie ausformte.

Gemeinsamer Ausgangspunkt der *Klassiker* war die Betonung des von Selbstinteresse geleiteten *Individuums* gewesen, wobei auch der institutionelle Aspekt Berücksichtigung fand. Dieser fand später in den „*Datenkranz*" von *Walter Eucken* (1891-1950) Eingang, wobei dieser dem Staat und den von ihm geschaffenen Rahmenbedingungen besondere Aufmerksamkeit schenkte.

Die zweite neoklassische Grundidee neben dem methodologischen Individualismus war die vom *Gleichgewicht*, womit ein wesentlicher Schritt in Richtung Operationalisierbarkeit von Hypothesen getan und der empirischen Überprüfung neue Möglichkeiten eröffnet wurden. Während im Rahmen der Analysen zum methodologischen Individualismus vom Modell des lernfähigen, abwägenden, maximierenden Menschen (LAMM) ausgegangen wird, wohl einer spezifizierten Form des *homo oeconomicus*, über dessen Nutzenpräferenzen beim Konsum sich interessante Zusammenhänge zwischen Produktions- und Nutzentheorie erschlossen, führte der Gleichgewichtsgedanke zu wesentlichen Differenzierungen bezüglich des Nutzen- und Gewinnmaximierungsverhaltens beim individuellen Gleichgewicht und zu neuen Erkenntnissen über die Gleichgewichtsbedingungen von Märkten. Richtungweisende Forschungen über die Stabilität des Gleichgewichts schlossen sich an. Die Theorie des allgemeinen Gleichgewichts fand sodann Anwendung auf verschiedenen Feldern der modernen Theorie, so im Rahmen der Außenhandelstheorie zur Erklärung internationaler Preiszusammenhänge und deren Ausgleich (*Heckscher-Ohlin-Theorem* etc.).

Die *Neoklassik* brachte darüber hinaus neue theoretische Einsichten in Verteilung und Wachstum, wobei etwa die Grenzproduktivitätstheorie der Verteilung aus den Gesetzen der Produktion heraus erklärt wurde, die man aber wohl besser über die Preistheorie zu verstehen versucht, am besten unter Einschluß der Rechtsordnung und differenziert nach Marktformen.

Die neoklassische Wachstumstheorie gelangte zu der wichtigen Erkenntnis, daß bei gegebener Sparquote und der Gleichheit von Sparen und Investieren die langfristige wirtschaftliche Wachstumsrate durch die Bevölkerungswachstumsrate und die Zuwachsrate der durchschnittlichen Arbeitsproduktivität bestimmt wird. Hier schloß sich dann die Frage nach der optimalen Sparquote an.

3.3.2.5 Welfare Economics

Die Auseinandersetzung mit Fragen des Volkswohlstandes fand bereits in merkantilistischer Zeit, dann unter den Physiokraten und Klassikern statt. Der materiell-technischen Auffassung folgte im Laufe der Zeit, unter dem Einfluß der Grenznutzenschule, eine mehr nutzenorientierte sowie die Frage nach der Verteilung des Volkseinkommens. Der *Volkswohlstand* war zu Beginn des 20. Jahrhunderts Gegenstand reger Diskussionen im Kreise von Nationalökonomen und Wirtschaftshistorikern, allen voran *Werner Sombart, Eugen v. Philippovich* und *Max Weber* (1864-1920), die die Auffassung vertraten, *Wohlstand* sei nicht objektiv meßbar. Hier spielen Fragen des allgemeinen Wohlempfindens, der Konsumentenrente (*Marshall*), das Gesetz des abnehmenden Ertrages und immer wieder in variierter Form die Frage nach der Quantifizierbarkeit des Nutzens und des Maximums der Bedürfnisbefriedigung eine wesentliche Rolle. Im Rahmen der *New Welfare Economics* wurde dann zwischen drei Bedingungskonstellationen differenziert: den Totalbedingungen, den Stabilitätsbedingungen und den Marginalbedingungen.

Im Grunde waren die *Welfare Economics* bestrebt, das ökonomische Optimum herauszufinden, was *Giersch* für utopisch hält. Er versuchte mit seiner *Theorie des Bestmöglichen* dem Absoluten des Optimums das Relative dessen hinzuzufügen, was *Meades* als *Theory of the Second Best* entwickelte bzw. auffaßte. *Bergson* und *Samuelson* sind schließlich zur *Social Welfare Function* gelangt, die jedoch ebenfalls auf interpersonelle Nutzenvergleiche verzichtet. Die Feststellung der Wohlfahrtsfunktion erfolgt hier durch Abstimmung, wobei rationales Handeln der Angehörigen der Gesellschaft unterstellt wird.

3.3.3 Betriebswirtschaftliche Dogmengeschichte

Fragt man sich, was etwa die Wirtschaftsgeschichte von der Betriebswirtschaftslehre lernen oder möglicherweise konzeptiv übernehmen kann, wäre z. B. an die Art und Weise zu denken, wie die BWL ihren Forschungsgegenstand zu strukturieren und zu systematisieren pflegt.

Zu den zentralen Problemfeldern der BWL gehört die hinreichend präzise Formulierung von Kriterien für ökonomische Dispositionen, z. B. für Finanzierungsentscheidungen. Geht man davon aus, daß ein solches Kriteriensystem zeitunabhängig ist (es hat sich im Laufe der Zeit sicher verfeinert, aber nicht grundsätzlich verändert), so heißt dies nichts anderes, als daß es auch als Ansatz für eine historische Studie durchaus adäquat verwendet werden kann. Als hinreichende Kriterien für Finanzierungsentscheidungen, um bei dem Beispiel zu bleiben, gelten heute und galten auch schon im Zeitalter der *Fugger* (wenn auch mit möglicherweise unterschiedlicher Gewichtung) die folgenden vier: *Rentabilität, Liquidität, Sicherheit* und *Unabhängigkeit*. Historische Fragestellungen könnten hier etwa lauten: Ist Rentabilität und war sie schon immer das Leitmotiv wirtschaftlichen Handelns? Welchen Gewinn erwirtschaftete das Unternehmen der Augsburger *Welser* und wie wurde er verwendet? Welche Kreditsicherheiten waren wann üblich? Welche Zusammenhänge bestehen zwischen der historisch-politischen Entwicklung und der Disposition des einzelnen Kaufmanns, und wann tritt, abhängig davon, eines der genannten Kriterien besonders in den Vordergrund?

3.3.3.1 Wirtschaftslehre – Privatwirtschaftslehre – Betriebswirtschaftslehre

Eine systematische und geordnete kaufmännische Lehre ist im Mittelalter noch nicht entstanden, jedoch wurde das betriebswirtschaftliche Denken durch die Verfeinerung der Kaufmannstechnik inspiriert und fand in der *Kameralistik* des 17. und 18. Jahrhunderts seinen Niederschlag.

Die *Wirtschaftslehre* des 18. Jahrhunderts bringt immerhin schon in Ansätzen die kalkulatorische Abschreibung im Rahmen der Kostenrechnung sowie ein intensives Nachdenken über die Umlaufgeschwindigkeit des Kapitals. Ferner wird die Rechnungslegung und Revision verfeinert.

Die *Privatwirtschaftslehre* war in der Auffassung ihres bedeutendsten zeitgenössischen Vertreters, *Karl Heinrich Rau* (1792-1870) Erwerbslehre und Hauswirtschaftslehre in einem und noch stark normativ ausgerichtet.

Bei dem Kameralwissenschaftler *Edward Baumstark* (1807-1889) ist dann erstmals von der *Betriebswirtschaft* die Rede, der es um die Wahrung, Ermittlung und Verwendung des Einkommens und Vermögens der einzelnen Gewerbe ging. Bei ihm wie auch bei anderen „Betriebswirtschaftlern" des 19. Jahrhunderts standen praktisch-gestaltende Handlungen deutlich im Vordergrund vor systematisch-theoretischen Erwägungen, sodaß von einer Wissenschaft im strengen Sinn noch nicht gesprochen werden kann. Sie bildete sich erst im 20. Jahrhundert heraus, wobei an dieser Stelle nur auf einige ihrer bedeutendsten Vertreter kurz eingegangen werden soll.

3.3.3.2 Bedeutende Betriebswirte

Eine besondere Erwähnung der Gedanken von *Eugen Schmalenbach* (1873-1955) ist deshalb angebracht, weil er den Gradmesser allen Wirtschaftens schlechthin, nämlich die Wirtschaftlichkeit im Sinne des Grundsatzes einer sparsamen Mittelverwendung, ins Zentrum seiner Gedanken stellte und dem wichtigen Teilgebiet Rechnungswesen seine bis heute gültige Nomenklatur gab. Seit Schmalenbach unterscheidet der Betriebswirt fixe und variable Kosten, und es wird genau zwischen Ausgaben, Aufwand und Kosten bzw. analog zwischen Einnahmen, Ertrag und Leistungen differenziert.

Er faßte das Fach als realwissenschaftliche, ja technologische *Kunstlehre* auf, die im Gegensatz zur Wissenschaft (die er für philosophisch hielt) genaue Verfahrensregeln erarbeitet. Die Gestaltungsaufgabe stand also bei *Schmalenbach* im Vordergrund.

Wilhelm Rieger (1878-1971) wies dem Fach Betriebswirtschaftslehre im Gegensatz zu *Schmalenbach* primär eine Erklärungsaufgabe zu. In kritischer Auseinandersetzung mit *Schmalenbach* wies er darauf hin, daß es nicht nur auf Wirtschaftlichkeit (z. B. ausgedrückt im Gewinn) ankomme, sondern auf die Rentabilität, wobei diese trotz hohem Grad an Wirtschaftlichkeit nicht notwenig ebenfalls hoch sein müsse.

Ein weiterer Name ist mit der Entwicklung des Fachs Betriebswirtschaftslehre untrennbar verbunden: *Erich Gutenberg* (1897-1984), der nach dem Zweiten Weltkrieg mit seinem faktortheoretischen Ansatz neue Maßstäbe setzte. Die BWL als Wissenschaft sollte nach *Gutenberg* wertfrei und die Theorie rein, d. h. hypothetisch-deduktiv sein. Die Suche nach Gesetzmäßigkeiten, z. B. die Ableitung von Produktionsfunktionen, wie sie die (volkswirtschaftliche) Mikroökonomie verwendet, spielte in Gutenbergs Konzept eine wesentliche Rolle. Im übrigen bereicherte und verfeinerte er das Begriffssystem der Betriebswirtschaft, etwa in der Unterscheidung der Elementarfaktoren (Werkstoffe, Betriebsmittel, objektbezogene Arbeitsleistungen) und dem dispositiven Faktor in Form des originären (Geschäftsleitung) und derivativen (Planung und Organisation). Mit einer derart durchgestalteten Produktionstheorie war auch der Weg zu einer Kostentheorie geebnet, im übrigen aber auch dem OR-Bereich (*Operations Research*) grundlegende Aufmerksamkeit geschenkt. Allerdings hat sich die Geschlossenheit des *Gutenberg*'schen Ansatzes für die weitere Diversifizierung des Fachs eher als Hindernis erwiesen. Anderserseits hat er stark dazu beigetragen, die Theorie in der BWL an die Stelle der Lehren zu setzen, das Fach also einer eigentlich wissenschaftlichen Bestimmung zuzuführen. Er sorgte dafür, daß die Mikroökonomie in die BWL integriert wurde.

Während Gutenberg die faktoralen Kombinationsprozesse hervorhob, stellte *Heinrich Nicklisch* (1876-1946) mehr auf den Betrieb als soziales Gebilde ab, bei dem es ihm um die Aufhebung der Antinomie zwischen Kapital und Arbeit ging. Seine systematische

Suche nach dem gemeinschaftsverbindenden Element im Betrieb führte zu brauchbaren und auch realisierten Ideen, etwa im Bereich der Ertragsbeteiligung von Mitarbeitern in Unternehmen. *Nicklischs* ethisch-normativer Ansatz und seine Grundforderung nach möglichster Konfliktlosigkeit im Sozialkörper Betrieb findet heute vielleicht in der Frage wieder eine Substanz, ob zufriedene Mitarbeiter letztlich nicht die leistungsfähigeren sind. Insofern dachte *Nicklisch* bereits die Grundannahmen des „*job-enrichment*" und „*job-enlargement*" vor.

Im Zuge der Zeit kam es zur Herausbildung der „Zweiglehren", der speziellen Betriebswirtschaftslehren. Die speziellen BWL-Disziplinen stellen nichts anderes dar als ein Abbild der Diversifizierung und Spezialisierung der wirtschaftlichen Realität. Die Möglichkeiten medialer Beeinflussung des Konsums, neue Rechenkapazitäten (EDV), überhaupt der Trend zur Theoretisierung der Realität haben vor der Betriebswirtschaftslehre nicht haltgemacht. Den wohl größten Zuwachs hat der Zweig Marketing und Marktverhalten gehabt, der heute vielfach unterteilt in Erscheinung tritt, etwa in der Form des Verhaltensmarketing und des Erlebnismarketing.

Über diesen und die wichtigsten anderen BWL-Bereiche, Personal und Organisation, Investition und Finanzierung, Controlling, betriebswirtschaftliche Steuerlehre, Produktion und Industriebetriebslehre, internationales Management und Informatik finden sich Überblicksdarstellungen in den anderen Beiträgen zu vorliegendem Buch.

3.3.4 Mikroökonomische Theorie und Interdependenzen VWL-BWL

Wie bereits erwähnt, hat sich *Erich Gutenberg* um die Integration der Mikroökonomie in die BWL verdient gemacht. Was heißt das?

a) Dies bedeutete zunächst die Entwicklung der Kostenlehre zu einer Produktions- und Kostentheorie, wobei man nach 1945 erst den Rückstand gegenüber der angelsächsischen BWL aufzuholen hatte. Die Entwicklung der Plankostenrechnung sowie eine Theorie der Gesamtplanung stehen in der Kontinuität der *Gutenberg*'schen Impulse.

b) Aus der auf die Handelsfunktionen beschränkten Absatzlehre entwickelte *Gutenberg* eine Theorie des Einsatzes absatzpoliti-

scher Instrumente, wobei er jedoch von der Dynamik dieser speziellen BWL-Disziplin, insbesondere durch das angelsächsische Marketing-Schrifttum, überholt wurde.
c) Im Bereich Investition und Finanzierung dauerte es einige Zeit, bis die mikroökonomische Kapitaltheorie aus dem angelsächsischen Bereich übernommen wurde. Der Weg führte hier von einfacheren Konzepten der Wirtschaftlichkeitsrechnung hin zur theoretischen Erfassung des optimalen Finanzplans.
d) Im Bereich Planung, ein elementarer Teil der Technik der Unternehmensführung, differenziert man mit *Erich Schneider* und *Helmut Koch* stärker in Sollplanung und dispositive Planung, entwickelte also präzisere prognostische und Entscheidungsverfahren.
e) Die das personelle Element stärker berücksichtigende Unternehmenstheorie, die auch die Unternehmensphilosophie fortentwickelte und neben Organisations- und Planungsproblemstellungen ebenfalls die in den 70er Jahren stark diskutierten Modelle hervorbrachte (Beispiel: Mitbestimmung), fand ihre Formulierung durch *Karl Hax*, *Wilhelm Hasenack* und *Erich Kosiol* unter starkem Rückgriff auf die Ansätze *Eugen Schmalenbachs*.
f) Im Bereich Rechnungswesen hat die deutsche BWL schon in ihrer frühen Zeit, d. h. bereits vor dem Zweiten Weltkrieg, sehr Wesentliches und Bleibendes geleistet. Aus der Kostenrechnung entwickelte man das *direct costing* hin zur Deckungsbeitragsrechnung, die auf *Paul Riebel* zurückgeht. Schließlich wird die Bilanzlehre „dynamisiert", d. h. für Preis- und Geldwertänderungen anwendbar gemacht, also korrigierbar. Auch hier waren es wieder *Hax* und *Kosiol*, die wesentliche Beiträge leisteten.

3.3.5 Wirtschaftswissenschaftliche Faktoren in der wirtschaftshistorischen Forschung

Die gegenwärtige wirtschaftshistorische Forschung greift im Rahmen interdisziplinärer Zusammenarbeit ausgiebig auf ökonomisches „Rüstzeug", d. h. auf Methoden und Theorieangebote der Wirtschaftswissenschaften zurück. Den Ansätzen der Preis-, Konjunktur- und Wachstumstheorie kommt dabei ebenso Aufmerksamkeit zu wie der Institutionentheorie, der Theorie der wirtschaftlichen Entwicklung und der evolutorischen Ökonomik.

Unverzichtbar für historische Preis-, Konjunktur- und Wachstumsstudien ist nach wie vor das umfassende Werk *Walther G. Hoff-*

manns "Das Wachstum der deutschen Wirtschaft seit der Mitte des 19. Jahrhunderts". Eine Zusammenfassung der wichtigsten europäischen historischen Statistiken bietet *B.R. Mitchell* in *„European Historical Statistics 1750-1988".*

Dem Wirtschaftshistoriker, der diese und andere statistische Daten verwendet, stellt sich immer wieder die Frage der Anwendbarkeit theoretischer Ansätze auf wirtschaftshistorische Analysen. Inwieweit läßt sich beispielsweise die Konjunkturtheorie zur Untersuchung und Erklärung der wirtschaftlichen Entwicklung im 18. oder in der ersten Hälfte des 19. Jahrhunderts anwenden, also auf eine Zeit, für die sich Preise spezieller Produkte oft kaum oder nur sehr lückenhaft finden und sich volkswirtschaftliche Gesamtgrößen wie Brutto- oder Nettosozialprodukt, Volkseinkommen usw. nicht gesichert bestimmen lassen? Ein spezielles Problem stellt sich hier mit der Frage nach der intertemporalen Vergleichbarkeit dieser Maßgrößen, wie überhaupt wir diese Schwierigkeit des Begriffs- und Bedeutungswandels immer wieder gestellt bekommen und zu lösen haben. Es liegt in der Natur der Sache, daß der Wirtschaftshistoriker langfristige wirtschaftliche Entwicklungen untersucht. Dies setzt fundierte Kenntnisse im Bereich der theoretischen und angewandten Statistik voraus. Hier genügt nicht das Wissen über die Existenz von *Juglar-, Kitchin-* oder *Kondratieff-*Zyklen, sondern statistische Untersuchungen müssen selbst vorgenommen werden können. So gehören zum Rüstzeug des Wirtschaftshistorikers z. B. Berechnungen von Entwicklungstrends, wobei sich hier eine interdisziplinäre Zusammenarbeit mit den Wachstums- und Konjunkturtheoretikern empfiehlt und vielerorts praktiziert wird. Vom Statistiker, der nahezu allen Wissenschaftsbereichen wesentliche methodische Grundlagen an die Hand gibt, sind für Wirtschaftshistoriker Trendanalysen, Korrelationsstudien, Index- und Quotenberechnungen bis hin zu spektralanalytischen Verfahren sowie rein deskriptive Darstellungsformen von unverzichtbarer Bedeutung. Beispielhaft hierfür seien die Studien von *Rainer Metz*[3] genannt, dessen Weg von der Mathematik zur Wirtschaftsgeschichte führte. Bedeutende Beiträge zur Konjunkturgeschichte leisteten u. a. *Rainer Gömmel* in seiner modellhaften Studie *Wachstum und Konjunktur der Nürnberger Wirtschaft (1815-*

---

[3] Metz, R.: Geld, Währung und Preisentwicklung. Der Niederrheinraum im europäischen Vergleich: 1350-1800 (= Schriftenreihe des Instituts für bankhistorische Forschung e.V., Bd. 14), Frankfurt/M. 1990.

1914)[4] sowie *Reinhard Spree* mit seiner Arbeit zur Konjunkturgeschichte.[5] Der Wirtschaftshistoriker bietet dem Volkswirtschaftler wichtige Eckdaten der verschiedenen „Wellen", indem er die Krisen und ihre Ursachen und Wirkungen untersucht. Die Konjunkturtheorie ist ja aus der Krisentheorie hervorgegangen, und Mißernten, Seuchen und Kriege als markante Punkte langfristiger Schwankungen waren schon immer ein Hauptgegenstand der Wirtschaftsgeschichte, was *Wilhelm Abels* Werke *Agrarkrisen und Agrarkonjunktur* sowie *Massenarmut* und *Hungerkrisen* im vorindustriellen Europa am eindrücklichsten zeigen.[6] Darüber hinaus bietet die Erfassung historischer Konjunkturen wichtige Anhaltspunkte für die Periodisierung der (Wirtschafts-)Geschichte.

Der Trend als Element der Wachstumstheorie stellt den langfristigen Durchschnitt unter Eliminierung der Konjunkturschwankungen dar. Eine Kombination mit der Konjunkturtheorie fand *J.R. Hicks* mit den zyklischen Wellen, die er um einen Wachstumspfad oszillieren ließ. – Ein neuer Impuls zur Beschäftigung mit dem Wachstumsprozeß und seiner systematischen Analyse entsprang der Diskussion um die Problematik der Entwicklungsländer im Rahmen der Weltwirtschaft. Zur Geschichte der Wachstumstheorie und des wirtschaftlichen Wachstums bot *Walther G. Hoffmann* eine grundlegende Bestandsaufnahme in seinem Beitrag *Wachstumstheorie* und *Wirtschaftsgeschichte* in der Festgabe für *Alfred Müller-Armack*. Zu *Hoffmanns* Verdienst gehört die Verbindung quantitativer Verfahren mit historischen Komponenten, wobei er der Wirtschaftsgeschichte Selbständigkeit neben der Rechts- und Kunstgeschichte zubilligte, ohne ihre Rolle im Rahmen der Universalgeschichte zu verkennen. Er begründete die relative Selbständigkeit der Wirtschaftsgeschichte mit dem Hinweis auf die Größe des Einflusses wirtschaftlicher Faktoren auf das gesellschaftliche Leben.

---

[4] Gömmel, R.: Wachstum und Konjunktur der Nürnberger Wirtschaft (1815-1914) (= Beiträge zur Wirtschaftsgeschichte, Bd. 1), Wiesbaden 1978.

[5] Spree, R.: Wachstumstrends und Konjunkturzyklen in der deutschen Wirtschaft von 1820-1913: Quantitativer Rahmen für eine Konjunkturgeschichte des 19. Jahrhunderts, Göttingen 1978.

[6] Abel, W.: Massenarmut und Hungerkrisen im vorindustriellen Europa. Versuch einer Synopsis, Hamburg/Berlin 1974. Ders.: Agrarkrisen und Agrarkonjunktur. Eine Geschichte der Land- und Ernährungswirtschaft Mitteleuropas seit dem hohen Mittelalter, 3. neu bearb. u. erw. Aufl., Hamburg/Berlin 1978.

Zur wissenschaftlichen Diskussion über das Verhältnis Wirtschaftsgeschichte – Betriebswirtschaftslehre ist vor allem auf *Franz Deckers* Beitrag über Betriebswirtschaft und Geschichte sowie auf *Karl Hax'* Studie zur Bedeutung der historischen Methode in der BWL hinzuweisen. Mit der Betriebswirtschaftslehre, die ja – wie erwähnt – eine relativ junge Disziplin ist, ergeben sich eine Reihe gegenseitiger Anregungs- und Bereicherungsmöglichkeiten. Hier ist etwa auf die Lehren von *Schmalenbach*, *Seyffert*, *Gutenberg*, *Vershofen* und *Rieger* und deren Verwendung im wirtschaftshistorischen Bereich hinzuweisen. Ein eindrucksvolles Beispiel für eine derartige Anwendung betriebswirtschaftlicher Erkenntnisse bzw. Methoden gab *Dieter Lindenlaub*, der eine berühmte These *Schmalenbachs* für den Zeitraum 1922-1938 anhand von Unterlagen der Firmen MAN und der Humboldt-Deutz-Motoren AG empirisch überprüfte.[7] Seine Studie bestätigte nicht die Auffassung *Schmalenbachs*, daß der Fixkostendruck die Wettbewerbsordnung gefährde. Auch stellt die Überprüfung all diejenigen Vorstellungen in Frage, welche die fixen Kosten als voll disponibel ansehen. Auch *Volker Hentschels Wirtschaftsgeschichte der Maschinenfabrik Esslingen AG*[8] oder *Lambert Peters* Studie über den Banco Publico in Nürnberg sind Beispiele für die überaus fruchtbare Anwendung betriebswirtschaftlicher Ansätze auf wirtschaftshistorische Forschungsfelder.[9] Darüber hinaus existiert eine Reihe weiterer Publikationen, die die gegenseitige Bereicherung der Betriebswirtschaftslehre und der Wirtschaftsgeschichte eindrucksvoll exemplifizieren. *Dieter Schneiders Allgemeine Betriebswirtschaftslehre*[10] legt darüber – dem Titel nach unvermutet – beredtes Zeugnis ab.

---

[7] Lindenlaub, D.: Die Anpassung der Kosten an die Beschäftigungsentwicklung bei deutschen Maschinenbauunternehmen in der Weltwirtschaftskrise 1928-1932. Unternehmenshistorische Untersuchungen zu Schmalenbachs Theorie der Fixkostenwirkungen. In: Kellenbenz, H. (Hrsg.), Wachstumsschwankungen, Stuttgart 1981, S. 273-311.

[8] Hentschel, V.: Wirtschaftsgeschichte der Maschinenfabrik Esslingen AG, 1846-1918 (= Industrielle Welt 22), Stuttgart 1977.

[9] Peters, L.: Der Handel Nürnbergs am Anfang des Dreißigjährigen Krieges. Strukturkomponenten, Unternehmen und Unternehmer. Eine quantitative Analyse (VSWG-Beih. 112), Stuttgart 1994.

[10] Schneider, D.: Allgemeine Betriebswirtschaftslehre, 3. neu bearb. u. erw. Aufl., München/Wien 1987.

Annotierte Auswahlbibliographie

Einführungen in die Wirtschafts- und Sozialgeschichte

Beutin, Ludwig/Kellenbenz, Hermann: Grundlagen des Studiums der Wirtschaftsgeschichte, Köln 1973.
Faktenreiche, die Wirtschaftsgeschichte in ihrer gesamten Komplexität erfassende Einführung mit internationaler Bibliographie. Neben Wolfgang Zorns „Einführung" als Einstieg in das Fach sehr zu empfehlen.

Boelcke, Willi Alfred: Wirtschafts- und Sozialgeschichte. Eine Einführung. Bibliographie, Methoden, Problemfelder, Darmstadt 1987. Geraffter Problemaufriß mit theoretischen und methodischen Hinweisen sowie internationaler Auswahlbibliographie, die etwa die Hälfte der Seitenzahl beansprucht.

Kirchgässner, Bernhard: Einführung in die Wirtschaftsgeschichte. Grundriß der deutschen Wirtschafts- und Sozialgeschichte bis zum Ende des Alten Reiches, Düsseldorf 1979.
Chronologische Darstellung der wichtigsten wirtschaftshistorischen Prozesse bis zum Beginn des 19. Jahrhunderts unter Verzicht auf Tabellen, Graphiken, Karten o.ä.

Walter, Rolf: Einführung in die Wirtschafts- und Sozialgeschichte, UTB 1717, Paderborn 1994.

Idem: Wirtschaftsgeschichte. Vom Merkantilismus bis zur Gegenwart, Köln/Weimar/Wien 1995.

Zorn, Wolfgang: Einführung in die Wirtschafts- und Sozialgeschichte des Mittelalters und der Neuzeit. Probleme und Methoden, München 1972.
Bündige, anspruchsvolle Darstellung der wesentlichsten Problemfelder und Ergebnisse der Wirtschafts- und Sozialgeschichte durch einen erfahrenen Fachhistoriker mit sehr breiter Perspektive.

Einführung in die Technikgeschichte

Troitzsch, Ulrich/Wohlauf, Gabriele (Hrsg.): Technik-Geschichte. Historische Beiträge und neuere Ansätze, Frankfurt/M. 1980.
Für Studierende der Technikgeschichte vorzüglich geeignetes Taschenbuch mit vielen methodischen Anregungen durch technikhistorische Experten.

Gesamtdarstellungen

Henning, Friedrich-Wilhelm: Wirtschafts- und Sozialgeschichte, Bd. 1: Das vorindustrielle Deutschland 800 bis 1800, UTB 398, 5. Aufl., Paderborn 1994: Bd. 2: Die Industrialisierung in Deutschland 1800 bis 1914, UTB 145, 9. Aufl., Paderborn 1995, 5. Bd. 3: Das industrialisierte Deutschland 1914 bis 1992, UTB 337, 9. Aufl., Paderborn 1997.

Übersichtliche und weit verbreitete, auf das Wesentliche reduzierte, sprachlich unkomplizierte, faktenreiche Taschenbuchdarstellung der deutschen Wirtschafts- und Sozialgeschichte.

Kellenbenz, Hermann: Deutsche Wirtschaftsgeschichte, Bd. I: Von den Anfängen bis zum Ende des 18. Jahrhunderts, München 1977; Bd. II: Vom Ausgang des 18. Jahrhunderts bis zum Ende des Zweiten Weltkrieges, München 1981.

Umfassende, regionale Besonderheiten Deutschlands stark berücksichtigende, ziemlich faktenreiche Darstellung der deutschen Wirtschaftsgeschichte unter Einbeziehung der wesentlichsten sozialgeschichtlichen Zusammenhänge. Grundstruktur nach Epochen, innerhalb dieser sachlich zusammenhängend gegliedert, von der Frühzeit bis zum Zweiten Weltkrieg.

Lütge, Friedrich: Deutsche Sozial- und Wirtschaftsgeschichte. Ein Überblick. 3. Aufl. 1966. Nachdruck, Berlin/Heidelberg/New York 1979.

Fundamentales, gut lesbares und für jeden Studenten des Fachs obligatorisches Werk. Zur Einführung und Vertiefung gleichermaßen geeignet, jedoch teilweise überholt.

Handbücher zur deutschen Wirtschafts- und Sozialgeschichte

Aubin, Hermann/Zorn, Wolfgang (Hgg.): Handbuch der deutschen Sozial- und Wirtschaftsgeschichte, 2 Bde., Stuttgart 1971 u. 1976. Wenn auch inzwischen teilweise überholt, nach wie vor wichtigste und umfassendste Darstellung der deutschen Wirtschafts- und Sozialgeschichte. Unverzichtbar für alle Fachstudierenden.

Henning, Friedrich-Wilhelm: Handbuch der Wirtschafts- und Sozialgeschichte Deutschlands, Bd. 1: Deutsche Wirtschafts- und Sozialgeschichte im Mittelalter und in der frühen Neuzeit, Paderborn 1991; Bd. 2: 19. Jahrhundert, Paderborn 1996.

Umfassende Gesamtdarstellung aus „einer Hand" auf dem neuesten Forschungsstand.

Handbücher zur europäischen Wirtschafts- und Sozialgeschichte

Handbuch der europäischen Wirtschafts- und Sozialgeschichte. 6 Bde; Bd. 1: Römische Kaiserzeit. Stuttgart 1990 (Hg. F. Vittinghoff); Bd. 2: Mittelalter, Stuttgart 1980 (Hg. H. Kellenbenz); Bd. 3: ausgehendes Mittelalter bis Mitte 17. Jh., Stuttgart 1986 (Hg. H. Kellenbenz); Bd. 4: Mitte 17. Jh. bis Mitte 19. Jh., Stuttgart 1993 (Hg. I. Mieck); Bd. 5: Mitte 19. Jh. bis zum Ersten Weltkrieg, Stuttgart 1986 (Hg. W. Fischer); Bd. 6: Vom Ersten Weltkrieg bis zur Gegenwart, Stuttgart 1987 (Hg. W. Fischer, unter Mitarb. v. André Armengaud).

Neben der von Cipolla und Borchardt herausgegebenen deutschen Übersetzung der „Fontana Economic History of Europe" einziges europäisches Handbuch zum Fach. Die Kapitel zu den einzelnen Ländern sind jeweils von Angehörigen dieser Staaten verfaßt und nach einer jeweils gleichen Systematik durchgegliedert.

Cipolla, Carlo M./Borchardt, Knut (Hgg.): Europäische Wirtschaftsgeschichte, 5 Bde., Stuttgart/New York 1983ff.
Umfassende, strukturhistorisch und länderweise gegliederte Darstellung mit Beiträgen recht unterschiedlicher Qualität: Taschenbuchausgabe sehr kleingedruckt und daher schwer lesbar.

Ambrosius, Gerold/Hubbard, William H.: Sozial- und Wirtschaftsgeschichte Europas im 20. Jahrhundert, München 1986.
Strukturhistorische, mit viel graphischem und tabellarischem Datenmaterial aufbereitete Darstellung unter Verzicht auf die übliche chronologische Phasengliederung.

Statistische Gesamtwerke zur deutschen Wirtschafts- und Sozialgeschichte

Hoffmann, Walther G.: Das Wachstum der deutschen Wirtschaft seit der Mitte des 19. Jahrhundert, Berlin/Heidelberg/New York 1965. Bislang größte systematische Erfassung und Indexierung von volkswirtschaftlichen Grunddaten, gegliedert nach der Aufbringungs-, Verteilungs- und Verwendungsrechnung; mit 249 Tabellen und 26 Schaubildern; für makroökonomische Arbeiten über die fragliche Zeit unverzichtbares Grundlagenwerk.

Statistische Gesamtwerke zur europäischen Wirtschafts- und Sozialgeschichte

Mitchell, B. R.: International Historical Statistics, Europe 1750-1988, 3. Aufl., London 1992.

Idem: International Historical Statistics, Africa and Asia, London 1982.

Peter Kischka

Die Rolle der Statistik in den Wirtschaftswissenschaften

1. Einleitung

Es ist nicht möglich, auf ca. 25 Seiten einen auch nur annähernd vollständigen Überblick über die Teilgebiete der Statistik in den Wirtschaftswissenschaften zu geben. Die nachfolgenden Ausführungen verfolgen daher auch kein solch anspruchsvolles Ziel. Statt dessen sollen exemplarisch Methoden und Arbeitsweisen der Statistik dargestellt werden. Relativ großen Raum nehmen auch Überlegungen zur Aussagekraft der Statistik ein; Bonmots der Art: „Mit Statistik läßt sich alles beweisen", sind ebenso beliebt wie falsch. Aktuelle Probleme der Statistikausbildung werden am Ende dieser Ausführungen kurz angesprochen.

Im 2. Abschnitt werden in einer knappen Übersicht die Rolle der Statistik, ihre Stellung und ihre Zielsetzungen in den Wirtschaftswissenschaften dargestellt. Die anschließenden Abschnitte beschäftigen sich mit einigen Teilgebieten der Statistik. Abschnitt 9 gibt Beispiele für die falsche Verwendung statistischer Verfahren bzw. für die falsche Interpretation statistischer Resultate. Im 10. Abschnitt werden dann einige allgemeine Überlegungen zur Aussagekraft der Statistik gemacht. Der 11. Abschnitt enthält Schlußbemerkungen.

2. Übersicht

Statistik in den Wirtschaftswissenschaften umfaßt vielfältige Teilbereiche, die teilweise mit anderen Statistikanwendungen, wie etwa Statistik in der Biologie, mehr oder weniger eng verknüpft sind, die teilweise aber auch spezifisch ökonomischer Natur sind und keine Entsprechung außerhalb der Wirtschaftswissenschaften besitzen. Statistik heißt auch ein Teilgebiet der mathematischen Stochastik, und die dort entwickelten Methoden und Prinzipien prägen viele Anwendungen der Statistik in den Wissenschaften, die empirische Daten auswerten. Gerade in den Wirtschaftswissenschaften ist damit jedoch nur ein – allerdings wesentlicher – Teil dessen erfaßt, was unter „Statistik in den Wirtschaftswissenschaften" zu verstehen ist. Einen aggregierten Überblick über die Rolle der Statistik in den Wirtschaftswissenschaften soll die nachfolgende Abbildung geben.

Abbildung 1

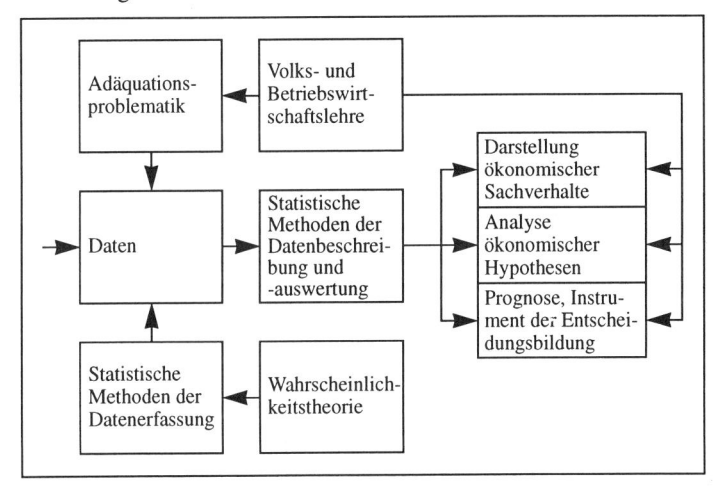

Grundlage statistischer Untersuchungen sind Daten. Hier ist ein fundamentaler Unterschied zwischen Naturwissenschaften einerseits und Wirtschafts- und Sozialwissenschaften andererseits zu bemerken. Während bei ersteren überwiegend Experimente die Grundlage des Datenmaterials bilden, sind derartige kontrollierte Versuche bei letzteren häufig nicht möglich. Statt dessen treten hier Beobachtungen und Erhebungen von Daten in den Vordergrund.

Für die Verarbeitung des Datenmaterials ist die Art der Datenerfassung entscheidend. Eine Stichprobenerhebung erfordert andere Verfahren als eine Vollerhebung, experimentell gewonnene Daten andere als Beobachtungsdaten.

Der zweite, die Datenerfassung direkt beeinflussende, Aspekt der Statistik besteht in der Adäquationsproblematik, der Festlegung des für die untersuchte Fragestellung geeigneten Datenmaterials. Für viele ökonomische Begriffe (z. B. Vermögen, Zins) besteht keine direkt meßbare oder keine eindeutige Entsprechung. In einer empirischen Studie etwa über das Investitionsverhalten ist „der" Zinssatz sicherlich eine wichtige Einflußgröße, und es ist zu klären, welcher der zahlreichen auf dem Markt herrschenden Zinssätze zu verwenden ist; häufig wird in diesem Fall die Umlaufrendite, ein gewogenes Mittel von Renditen längerfristiger, festverzinslicher Wertpapiere, verwendet. Für die Aussagekraft der Ergebnisse statistischer Untersuchungen ist die Lösung des Adäquationsproblems entscheidend.

Das sowohl visuell als auch inhaltlich im Zentrum stehende Feld ‚Statistische Methoden der Datenbeschreibung und -auswertung' läßt sich grob einteilen in Verfahren, in denen Zufallseinflüsse bei Erhebung, Messung und Modellierung von Daten mit berücksichtigt werden (müssen) und solche, bei denen das nicht der Fall ist. Das zuletzt genannte Teilgebiet, die deskriptive Statistik, hat zum Ziel, große Datenmengen durch Kennzahlen, Graphiken etc. mit möglichst geringem Informationsverlust zu beschreiben und auszuwerten. Bei den anderen Verfahren spielen wahrscheinlichkeitstheoretische Überlegungen eine Rolle.

Die rechts stehenden Felder beschreiben die Zielsetzungen statistischer Untersuchungen. Diese sind kein Selbstzweck, sondern stets im ökonomischen Kontext zu sehen. Die Aufgabe, ökonomische Sachverhalte darzustellen, steht insbesondere in der amtlichen Statistik im Mittelpunkt. Dickleibiges Ergebnis dieser Darstellung ist das vom Statistischen Bundesamt in Wiesbaden veröffentlichte Statistische Jahrbuch, in dem die Entwicklung zentraler ökonomischer Größen (Wachstum, Arbeitslosigkeit, Inflation u. a.) festgehalten wird.

Die beiden anderen in der Abbildung 1 aufgeführten Bereiche betreffen die Rolle der Statistik als Grundlage und Hilfsmittel der Entscheidungsfindung zum einen und als Instrument der Überprüfung ökonomischer Theorien zum anderen. Dieser Aufteilung entspricht auch das Begriffspaar ‚empirische Modelle' und ‚erklärende Modelle'.[1] Empirische Modelle haben häufig die Prognose künftiger Entwicklungen als Ziel; diese ist Grundlage für heute zu treffende Entscheidungen. Stichworte in diesem Zusammenhang sind Bedarfsprognose und Portfolioplanung. Erklärende Modelle sollen die ökonomischen Prozessen zugrundeliegenden Mechanismen erklären. Die Wirtschaftswissenschaften stellen überwiegend einen Teil der empirischen Wissenschaften dar. Hypothesen und theoretisch abgeleitete Ergebnisse sind früher oder später „an der Realität"

---

[1] Vgl. Lehmann, E. L., 1990.

zu überprüfen. Diese Überprüfung kann an Hand einfacher statistischer Maßzahlen geschehen, etwa wenn die Hypothese überprüft werden soll, die Sparquote der Unternehmer sei größer als die der Nichtselbständigen. Sie kann aber auch zu aufwendigen und komplexen statistischen Untersuchungen führen, etwa bei der Überprüfung der Hypothese, der Konsum hänge vornehmlich vom erwarteten statt vom laufenden Einkommen ab. Die Komplexität ökonomischer Vorgänge macht es häufig notwendig, sich in einem iterativen Prozeß zwischen Theoriebildung und statistischer Überprüfung an den „wahren" Sachverhalt heranzuarbeiten.

3. Deskriptive Statistik

Ein besonders für die Wirtschaftswissenschaften wesentliches Teilgebiet von Methoden zur Datenbeschreibung und -auswertung ist die deskriptive Statistik. Diese hat das Ziel, große Datenmengen mit möglichst geringem Informationsverlust zu wenigen statistischen Kennzahlen zusammenzufassen oder graphisch darzustellen und auszuwerten. Es ist nicht Ziel, die Ergebnisse zu verallgemeinern oder auf andere Merkmalsträger zu übertragen; derartige statistische Verfahren – früher zuweilen als „echte Statistik" bezeichnet – bauen auf Überlegungen der Wahrscheinlichkeitstheorie auf und werden in den nachfolgenden Abschnitten beispielhaft angesprochen. Die deskriptive Statistik hat in den vergangenen Jahren durch die sogenannte Explorative Datenanalyse wesentliche neue Impulse erhalten; diese kann als Weiterentwicklung der deskriptiven Statistik verstanden werden, deren Instrumentarium erweitert wurde mit dem vornehmlichen Ziel, Strukturen und etwaige Anomalien zu erkennen.
Die einfachste und am meisten verbreitete statistische Kennzahl ist der Mittelwert. Wird bei n Merkmalsträgern (z. B. Haushalten) ein Merkmal x_i, $1 \leq i \leq n$, (z. B. Einkommen) erhoben, so ist der Mittelwert $\bar{x} = \frac{1}{n}\sum_{i=1}^{n} x_i$ eine statistische Kennzahl, die Informationen über das eigentliche Datenmaterial $x_1, \ldots, x_n$ enthält. Der Informationsverlust beim Übergang von $\{x_1, \ldots, x_n\}$ zu $\bar{x}$ ist jedoch i. a. gewaltig und daher sind Aussagen der Art „Das Durchschnittseinkommen in Land A beträgt 100 Dollar." ohne zusätzliche Informationen wertlos: Im Extremfall kann ein Haushalt 1 Million Dollar Einkommen und die 9999 anderen Haushalte ein Einkommen von 0 Dollar auf-

weisen. Die deskriptive Statistik stellt daher eine Reihe weiterer Kennzahlen wie Varianz, Quantile u. a. zur Verfügung, die es erlauben, das Datenmaterial zu verdichten ohne wesentliche Informationen zu verlieren. So gibt das α-Quantil x_a eine Einkommenshöhe an, für die gilt: $\alpha \cdot 100\ \%$ aller Haushalte beziehen ein Einkommen kleiner oder gleich x_a und $(1 - \alpha)\ 100\ \%$ eines größer oder gleich x_a. Die Angabe der Quantile für z. B. a = 0,1, 0,5 und 0,9 enthält daher wesentlich mehr Informationen über die Einkommensverteilung als der Mittelwert. Ein anderes Instrument zur Messung der Konzentration der Einkommen ist die Lorenzkurve, die angibt, wieviel Prozent des Gesamteinkommens auf die z der Haushalte mit den kleinsten Einkommen entfallen ($0 \leq z \leq 1$).

Im oben kurz angesprochenen Beispiel wurde bei jedem Merkmalsträger (Haushalt) ein Merkmal (Einkommen) erhoben; man spricht von univariater Datenanalyse. Werden bei jedem Merkmalsträger mehrere Merkmale erhoben, so liegt eine Fragestellung der multivariaten Datenanalyse vor. Lagemaße wie Mittelwert und Quantile sind für univariate Daten in natürlicher Weise definiert. Das 50 %-Quantil $x_{0,5}$ (der Median) ist eine einfach zu deutende Maßzahl; es kann als mittlere Beobachtung interpretiert werden. Eine solche natürliche Interpretation ist nicht mehr möglich, wenn bei jedem Merkmalsträger zwei Merkmale erhoben werden (x_i, y_i), $1 \leq i \leq n$. Zwar kann man nun für jedes einzelne Merkmal den Median ($x_{0,5}$ und $y_{0,5}$) berechnen, eine Interpretation des zweidimensionalen Medians als mittlere Beobachtung des zweidimensionalen Datenmaterials ist aber i. a. nicht mehr möglich. Ein anderes Konzept zur Verallgemeinerung des Medians wird in der explorativen Datenanalyse benutzt. Ohne hier auf Einzelheiten eingehen zu können, wird der sogenannte Halbraummedian als ein Punkt ($\hat{x}, \hat{y}$) definiert, durch den man eine Gerade legen kann, so daß die minimale Anzahl von Punkten links oder rechts von dieser Geraden maximal ist.

Häufig ist in der multivariaten Datenanalyse das Interesse auf Zusammenhänge zwischen den Merkmalsausprägungen gerichtet. Betrachten wir ein Beispiel.

Ein Unternehmen mit n Filialen möchte den Zusammenhang zwischen Umsatz pro Beschäftigten (y_i) und der Anzahl der Beschäftigten (x_i) feststellen. Bei jedem Merkmalsträger werden also zwei Merkmale erhoben. Eine statistische Kennzahl, die diesen Zusammenhang beschreibt, ist der Korrelationskoeffizient

$$r_{xy} = \frac{\sum_{i=1}^{n}(x_i - \bar{x})(y_i - \bar{y})}{\sqrt{\sum (x_i - \bar{x})^2 \sum (y_i - \bar{y})^2}}.$$

Der Nenner hat die Aufgabe, die Größe auf den Bereich [−1, +1] zu normieren. Entscheidend für die Aussagekraft des Korrelationskoeffizienten ist der Zähler. Gilt für eine Filiale i „$x_i \geq \bar{x}$ und $y_i \geq \bar{y}$" oder gilt „$x_i \leq \bar{x}$ und $y_i \leq \bar{y}$", so ist der entsprechende Summand nicht negativ. In diesen Fällen besteht eine gleichläufige Beziehung zwischen den beiden Merkmalen: Ist der Umsatz pro Beschäftigten größer (kleiner) als der Mittelwert, so gilt dies auch für die Anzahl der Beschäftigten. In den anderen Fällen ist der Summand nicht positiv. Errechnet man also einen positiven Wert r_{xy}, so überwiegen die gleichläufigen Effekte, und umgekehrt. Eine besonders einfache Interpretation erlaubt der Korrelationskoeffizient, wenn er einen seiner Extremwerte annimmt. Gilt etwa $r_{xy} = +1$, so existieren Konstanten a und b mit b > 0, so daß gilt:

$$y_i = a + b\, x_i,$$

d. h. der Umsatz pro Beschäftigten ist eine (affin) lineare Funktion der Anzahl der Beschäftigen. Allgemein gilt: Je größer $|r_{xy}|$ desto eher ist eine solche lineare Beziehung annähernd gegeben.

Der Korrelationskoeffizient ist ein weitverbreitetes Instrument zur Zusammenhangsanalyse und kann – in modifizierter Form – auch dann verwendet werden, wenn nicht wie in obigem Beispiel quantitative Merkmale untersucht werden. Wird etwa nach dem Zusammenhang zwischen Umsatz pro Beschäftigten (x_i) und der Qualitätsstufe der Filiale gefragt, so ist es sinnlos, eine r_{xy} entsprechende Größe zu berechnen, da man keine sinnvollen Differenzen und Quadrate von Qualitätsstufen berechnen kann. In diesem Fall werden die ursprünglichen Daten in Rangziffern umgeformt, und aus diesen wird ein Rangkorrelationskoeffizient berechnet.

Von den zahlreichen anderen Verfahren der deskriptiven Statistik sei hier nur noch auf die lineare Regressionsanalyse hingewiesen. Im Gegensatz zur Korrelationsanalyse wird die Gleichberechtigung zwischen den Merkmalen zugunsten einer Aufteilung in unabhängige (erklärende) und abhängige (erklärte) Variable aufgegeben. Gesucht ist dann eine „beste Gerade" mit der erklärenden Variable auf der Abszisse und der erklärten auf der Ordinate. Betrachten wir hierzu nochmals das obige Beispiel. Das Datenmaterial (x_1, y_1), …,(x_n, y_n) läßt sich in einem Streudiagramm darstellen.

Abbildung 2

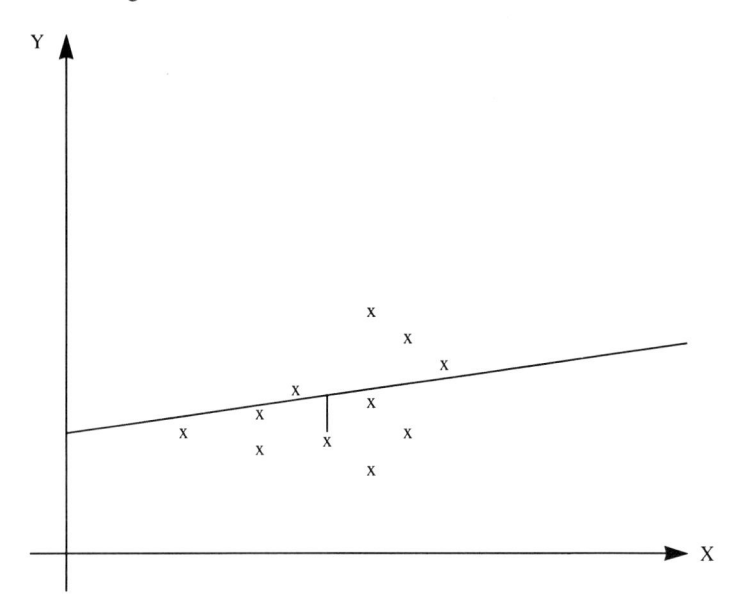

In der Regressionsanalyse werden nun Achsenabschnitt $\hat{a}$ und Steigung $\hat{b}$ der besten Geraden so bestimmt, daß die Summe der quadrierten senkrechten Abstände der Geraden von den Punkten des Datenmaterials minimiert wird. Die Regressionsgerade $y = \hat{a} + \hat{b}x$ legt einen funktionalen linearen Zusammenhang zwischen Beschäftigtenzahl x als unabhängiger bzw. erklärender Variablen und Umsatz pro Beschäftigten fest. Das Quadrat des Korrelationskoeffizienten r_{xy}^2 ist eine erste Maßzahl, die eine Aussage darüber erlaubt, wie gut das Datenmaterial durch die Regressionsgerade erklärt wird.

Viele Begriffsbildungen und Methoden der deskriptiven Statistik finden ihre Entsprechung in der induktiven Statistik und anderen statistischen Verfahren, die auf der Wahrscheinlichkeitsrechnung beruhen. Einige von diesen werden in den kommenden Abschnitten angesprochen. Neuere Lehrbücher speziell zur deskriptiven Statistik sind Assenmacher (1996), Schulz (1994), zur explorativen Datenanalyse Heiler/Michels (1994). Darüber hinaus wird die deskriptive Statistik in den allgemeinen Statistik-Lehrbüchern (vgl. Abschnitt 6) behandelt.

4. Wirtschaftsstatistik

Der Begriff Wirtschaftsstatistik ist nicht exakt abgegrenzt. Dazu zählt in jedem Fall die sogenannte amtliche Statistik, von manchen Autoren werden auch Erhebungsverfahren, von anderen Zeitreihenverfahren u. a. hinzugezählt. Der Kernbereich ‚Amtliche Statistik' beschäftigt sich mit der Darstellung ökonomischer Sachverhalte (vgl. Abbildung 1) und findet seinen Ausdruck in Statistischen Jahrbüchern der Statistischen Landesämter oder des Statistischen Bundesamtes. Die Methoden der amtlichen Statistik sind im Gegensatz zu denen der deskriptiven Statistik spezifisch ökonomischer Natur. Während Korrelation, Quantile etc. auch in anderen Wissenschaften zum Einsatz kommen, sind Inflationsraten, Produktionsindices u. a. ausschließlich in den Wirtschaftswissenschaften beheimatet.

Exemplarisch soll im folgenden auf die Berechnung der Inflationsrate eingegangen werden, einer monatlich über die Medien verbreiteten Zahl, die ab einer gewissen Höhe zu starken Emotionen in der Bevölkerung führt. Die Inflationsrate soll die Entwicklung der Preise beschreiben, die für die Lebenshaltung eines bestimmten Haushaltstyps bestimmend sind. Diese Aufgabe stellt den Statistiker vor mindestens zwei Herausforderungen: Zunächst ist ein Adäquationsproblem zu lösen, in dem bestimmt wird, welche Preise mit einbezogen werden sollen. In einem zweiten Schritt ist zu klären, wie diese Preisentwicklungen zusammengefaßt werden können.

Das Adäquationsproblem wird gelöst, indem durch Befragung, Führung von Haushaltsbüchern etc. die Ausgaben für die Lebenshaltung z. B. eines „4-Personen-Haushalts von Arbeitern und Angestellten mit mittlerem Einkommen" in einer bestimmten Periode ermittelt werden. Es werden für das frühere Bundesgebiet derzeit ca. 750 Güter berücksichtigt, ausgewählt aufgrund der Verbrauchsgewohnheiten des Jahres 1985. Zusammen mit den ausgewählten Gütern (Waren und Dienstleistungen) werden deren verbrauchte Mengen q_j und Durchschnittspreise p_j im Basisjahr (1985) festgestellt.

Die Zusammenfassung der Preisentwicklung geschieht nun dadurch, daß man den Wert des Warenkorbs im Jahr 1985 $\sum_{j=1}^{750} p_j q_j$ in Beziehung setzt zum Wert des gleichen Warenkorbs in einer Periode t. Sind p_j^t die Preise der betrachteten Güter in der Periode t, so bildet das Statistische Bundesamt den sogenannten Laspeyres-Preisindex

$$\frac{\sum p_j^t q_j}{\sum p_j q_j} \cdot 100,$$

der den Wert des (durch die q_j aus dem Jahre 1985) bestimmten Warenkorbs in der Periode t, ausgedrückt in Prozenten des Wertes in der Basisperiode, angibt. Für den 4-Personen-Haushalt mit mittlerem Einkommen ist der Laspeyres-Index des Jahres 1994 (früheres Bundesgebiet) 122,8, d. h. der Warenkorb ist gegenüber 1985 um 22,8 % teurer geworden. Für die neuen Bundesländer werden die zweite Jahreshälfte 1990 und die erste 1991 als Basisjahr verwendet. Der entsprechende Laspeyresche Preisindex beträgt für 1994 134,1. Die Preisindices werden nicht nur für den gesamten Warenkorb, sondern auch für zusammengehörende Gruppen von Gütern berechnet. Daraus wird erkenntlich, daß die starke Steigerung des Preisindexes in den neuen Bundesländern von 34,1 % in $3^1/_2$ Jahren wesentlich auf die Steigerung der Ausgaben für Wohnungsmieten zurückzuführen ist. (Der entsprechende Preisindex beträgt im Jahr 1994 ca. 700.)

Die Inflationsrate ist die Wachstumsrate des Laspeyres-Preisindexes. Sie gibt an, um wieviel Prozent der Warenkorb gegenüber dem Vergleichsmonat des Vorjahres teurer geworden ist. Eine Inflationsrate von 1,8 % im Dezember 1995 berechnet sich also durch

$$\frac{\sum p_j^{t+1} q_j - \sum p_j^t q_j}{\sum p_j^t q_j} \cdot 100,$$

wobei p_j^{t+1} bzw. p_j^t die Preise der ausgewählten Güter im Dezember 1995 bzw. im Dezember 1994 sind.

Dieser kurze Abriß der Berechnung der Inflationsraten macht deutlich – und das trifft für viele Probleme der Wirtschaftsstatistik zu –, daß ihre Form nicht logisch zwingend vorgegeben ist; es lassen sich auch andere „vernünftige" Vorgehensweisen denken. So könnte man Preisindices verwenden, die die augenblicklichen Verbrauchsgewohnheiten berücksichtigen und nicht die des Basisjahres (Paasche-Index):

$$\frac{\sum p_j^t q_j^t}{\sum p_j q_j^t} \cdot 100$$

Laspeyres- und Paasche-Index verlieren an Aussagekraft, wenn die Verbrauchsgewohnheiten sich stark verändern. Der Paasche-Index hat den zusätzlichen Nachteil, daß die Mengen q_j^t stets neu bestimmt werden müssen. Eine Diskussion über Vor- und Nachteile der verschiedenen Preisindices und ihre theoretischen Eigenschaften findet sich z. B. in dem Buch Schaich/Schweizer (1995). Derartige theoretische Abwägungen sind wichtig für die Wirtschaftsstatistik; unabhängig davon muß jedoch die Wirkungsweise der tatsächlich benutzten Berechnungsarten bekannt sein, um die veröffentlichten statistischen Kenngrößen verstehen zu können. Weitere Literatur zur Wirtschaftsstatistik: Abels (1993), Krug u. a. (1994), v. d. Lippe (1990), Rinne (1994). Im zuletzt genannten Buch wird insbesondere ausführlich auf statistische Datenerhebungen eingegangen. Datenerhebungsverfahren, auf die in diesem Aufsatz nicht näher eingegangen werden kann, werden auch ausführlich in Särndal u. a. (1992) behandelt.

5. Aspekte der Wahrscheinlichkeitstheorie

Verläßt man den Bereich der deskriptiven Statistik und der amtlichen Statistik und berücksichtigt zufällige Einflüsse, so sind die dann anzuwendenden statistischen Methoden auf der Wahrscheinlichkeitstheorie gegründet, die dementsprechend Teil der Statistik-Ausbildung ist. Für Studierende der Wirtschaftswissenschaften genügen hierbei Teile des Stoffes, der in speziellen Lehrbüchern über Wahrscheinlichkeitstheorie behandelt wird, und es ist auch nicht notwendig, diese in ihrer vollen Allgemeinheit zu behandeln. Auf der anderen Seite ist es aber notwendig, sich mit Wahrscheinlichkeitstheorie auseinanderzusetzen, um statistische Methoden verstehen zu können und einem Rezeptcharakter statistischer Vorgehensweisen entgegenzuwirken.

Im Rahmen einer Einführung ist es nicht möglich, die formalen Grundlagen der Wahrscheinlichkeitstheorie zu beschreiben; einen einfach zu lesenden ersten Zugang findet man z. B. in Kapitel 2 des Buches von Bamberg/Baur (1995). Statt dessen sollen im folgenden ein grundlegender Begriff – Unabhängigkeit von Ereignissen bzw. von Zufallsvariablen – und eine grundlegende Aussage – zentraler Grenzwertsatz – angesprochen werden, um eine Vorstellung vom Gegenstand der Wahrscheinlichkeitstheorie zu vermitteln.

Betrachten wir einen einfachen zufallsabhängigen Vorgang: Mit einem Würfel wird nacheinander zweimal gewürfelt. Die möglichen Ergebnisse dieses Zufallsvorgangs können beschrieben werden als

$\{(i, j) | 1 \leq i \leq 6, 1 \leq j \leq 6\}$.

Dabei ist i die Augenzahl beim ersten und j die Augenzahl beim zweiten Wurf. Ist der Würfel fair, d. h. jede Augenzahl hat die gleiche Wahrscheinlichkeit geworfen zu werden, so kann man die Wahrscheinlichkeit eines bestimmten Ergebnisses, z. B. (2,3), ausrechnen; da es 36 Möglichkeiten gibt, ist diese Wahrscheinlichkeit $1/36$. In diesem Fall lassen sich, da jedes Ergebnis (i, j) die gleiche Wahrscheinlichkeit besitzt, auch die Wahrscheinlichkeiten von komplizierteren Ereignissen einfach berechnen. So besitzt das Ereignis A „die Augensumme ist kleiner als 4" die Wahrscheinlichkeit $3/36$ (es gibt 3 günstige Fälle (1,1), (1,2), (2,1)) und das Ereignis B „der erste Wurf zeigt eine ungerade Zahl" die Wahrscheinlichkeit $18/36 = 1/2$.

Nehmen wir nun an, die Würfel seien verdeckt und dem Spieler wird nur mitgeteilt, daß die Augensumme kleiner als 4 ist. Damit ist eine Information über das Vorliegen des Ereignisses B gegeben: es gibt nun drei mögliche und zwei günstige Fälle, (1,1) und (1,2). Die Wahrscheinlichkeit des Ereignisses B unter der Bedingung, daß das Ereignis A vorliegt, ist $2/3$. A und B sind nicht unabhängig.

Betrachten wir nun das Ereignis C „die Augensumme ist ungerade". Die Wahrscheinlichkeit dieses Ereignisses ist $1/2$. Unter der Bedingung, daß das Ereignis A vorliegt, hat C die Wahrscheinlichkeit $2/3$, die Ereignisse A und C sind wiederum nicht unabhängig. Dagegen enthält die Aussage, das Ereignis B liegt vor, keine Information für das Vorliegen des Ereignisses C. Wenn dem Spieler bei verdeckten Augenzahlen nur mitgeteilt wird, daß der erste Wurf eine ungerade Augenzahl zeigt, so ist nach wie vor die Wahrscheinlichkeit, daß das Ereignis C vorliegt, gleich $1/2$. B und C sind unabhängige Ereignisse.

Die Unabhängigkeit läßt sich in obigem Beispiel leicht überprüfen, da alle Ergebnisse des Zufallsexperiments die gleiche Wahrscheinlichkeit ($1/36$) aufweisen. Die Wahrscheinlichkeitstheorie liefert Instrumente, um Unabhängigkeit auch bei allgemeineren Zufallsvorgängen zu überprüfen. Der Begriff der unabhängigen Wiederholung von Experimenten ist für die Statistik von besonderer Bedeutung. Wird ein Experiment unter den exakt gleichen Bedingungen wiederholt, so kann man davon ausgehen, daß die Ergebnisse unabhängig voneinander sind. Man erhält Realisationen eines Vorgangs, dessen Ergebnisse als zufällig angesehen werden und der durch eine sogenannte Zufallsvariable beschrieben wird. Wir werden diesen Ansatz im folgenden Abschnitt aufgreifen.

Statistik in den Wirtschaftswissenschaften 69

In obigem Beispiel wurde die Augensumme betrachtet, die jedem möglichen Ergebnis (i, j) des Würfelexperiments dessen Summe zuordnet. Eine solche Abbildung von zufälligen Ergebnissen auf die reellen Zahlen ist eine Zufallsvariable. Unter der Verteilung einer Zufallsvariablen versteht man die Angabe der Wahrscheinlichkeiten, mit denen diese bestimmte Werte annimmt. In obigem Beispiel kann die Verteilung leicht berechnet werden. (Die Wahrscheinlichkeit, daß die Augensumme 3 auftritt, ist $^2/_{36}$ etc.) Für viele reale zufallsabhängige Vorgänge läßt sich die Verteilung nicht so einfach bestimmen.

Betrachten wir ein Beispiel aus dem Bereich Produktion. Die Flüssigkeitsmenge einer von einer Maschine gefüllten Flasche schwankt aufgrund der zahlreichen, nicht vollständig deterministischen Einflüsse beim Abfüllvorgang. Die Flüssigkeitsmenge wird daher als Zufallsvariable angesehen. Als Verteilung einer solchen Zufallsvariable kann häufig aufgrund des zentralen Grenzwertsatzes eine sogenannte Normalverteilung angenommen werden. Die Wahrscheinlichkeit, daß die Flüssigkeitsmenge $\leq x_0$ ist, ist dann gleich der Fläche unter einer Glockenkurve links von x_0.

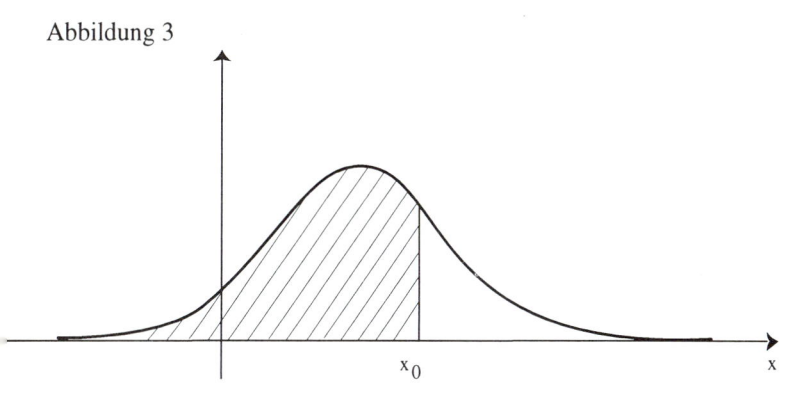

Abbildung 3

Die Funktion lautet $f(x) = \dfrac{1}{\sqrt{2\pi \cdot \sigma^2}}\, e^{\frac{1}{2\sigma^2}(x-\mu)^2}$, dabei gibt μ die Lage der Glockenspitze und σ^2 die „Breite" der Glocke an.

Diese Gauss'sche Glockenkurve (vgl. die Abbildung auf dem 10-Mark-Schein) ist ein wesentliches Instrument der Statistik. Die Lage und Form der Glockenkurve kann durch Experimente statistisch bestimmt werden. Der zentrale Grenzwertsatz selbst ist die theoretische Grundlage für die häufige Verwendung der Normalverteilung in der Statistik. Der Satz besagt, daß ein Zufallsvorgang, der sich additiv aus „vielen" unabhängigen Zufallsvorgängen zusammensetzt, unter Zusatzvoraussetzungen approximativ durch eine normalverteilte Zufallsvariable beschrieben werden kann. Inwieweit eine solche Approximation für einen realen zufallsabhängigen Vorgang gerechtfertigt ist, kann mit statistischen Methoden (Anpassungstest) überprüft werden.

Kommen wir zum Abschluß nochmals auf das eingangs erwähnte Würfelbeispiel zurück und betrachten die Zufallsvariable „Augensumme bei 100-maligem Würfeln". Die Wahrscheinlichkeit, daß die Augensumme größer als 337 ist, kann – mühsam – direkt berechnet werden, sie kann aber auch über den zentralen Genzwertsatz approximativ bestimmt werden; die Augensumme setzt sich additiv aus der Summe der einzelnen Zufallsvorgänge (Würfe) zusammen. Der Satz besagt in diesem Fall, daß die Augensumme approximativ einer Normalverteilung mit $\mu = 350$ und $\sigma^2 = 291{,}7$ genügt. Die gesuchte Wahrscheinlichkeit ist daher die gestrichelte Fläche unter der entsprechenden Kurve f. Diese kann aus Tabellen entnommen werden; man erhält die gesuchte Wahrscheinlichkeit ($\sim 0{,}776$).

Die Wahrscheinlichkeitstheorie wird einführend in den meisten Statistik-Büchern für Wirtschaftswissenschaftler behandelt. Eine auf die Bedürfnisse von Wirtschaftswissenschaftlern zugeschnittene Einzeldarstellung liefert das Buch von Bol (1992).

Statistische Methoden, die zufällige Einflüsse berücksichtigen, beruhen auf der Wahrscheinlichkeitstheorie. Die folgenden drei Abschnitte behandeln anhand von Beispielen einige dieser Methoden.

6. Testen von Hypothesen

Das Aufstellen und Testen von Hypothesen ist eine zentrale Anwendung der statistischen Methoden; Formulierungen wie „die Aussage XY ist statistisch signifikant" sind in den Wirtschaftswissenschaften weit verbreitet und beruhen meist auf der Durchführung von Hypothesentests. Statt einer allgemeinen Beschreibung soll das nachfolgende Beispiel die Grundidee illustrieren.

Ein Unternehmer bezieht von einem Lieferanten N Produkte. Die Lieferung wird einer Eingangskontrolle unterzogen, um die Funktionsfähigkeit der Produkte zu überprüfen. Aus Zeit- und Kostengründen ist eine Totalkontrolle unmöglich, und statt dessen werden zufällig n der Produkte ausgewählt und untersucht. Aus dem Ergebnis dieser Stichprobe soll eine Schlußfolgerung über den Anteil der Produkte 2. Wahl in der Gesamtlieferung und damit über die Annahme oder Ablehnung der Lieferung gezogen werden. Dies ist eine typische Problemstellung der induktiven Statistik. Im Rahmen der Abbildung aus Abschnitt 2 liegt hier eine Situation aus dem Bereich ‚Instrument der Entscheidungsfindung' vor, eine operative Anwendung statistischer Analyse.

Nehmen wir an, daß vom Unternehmen ein Anteil von bis zu 10 % Produkten 2. Wahl noch toleriert wird. Aufgrund der Stichprobe ist also zu entscheiden, ob der Anteil mindestens 10 % ist und die Lieferung retourniert wird oder nicht.

In der Sprache der Testtheorie testet das Unternehmen die Hypothese „der Anteil defekter Teile ist größer oder gleich 10 %" gegen die Alternative „der Anteil ist kleiner als 10 %". Ist der Stichprobenumfang n wesentlich kleiner als der Lieferumfang N, so kann man annehmen, daß die Ergebnisse der Stichprobe aus unabhängigen Wiederholungen des Experiments „Entnehme zufällig ein Produkt und untersuche es" aufgefaßt werden können. Bei der Auswertung der Stichprobe können zwei Arten von Fehlern gemacht werden: Man kann die Hypothese ablehnen, obwohl sie zutrifft (Fehler 1. Art) oder man kann die Hypothese nicht ablehnen, obwohl sie nicht zutrifft (Fehler 2. Art). Derartige Fehler können natürlich nicht vollkommen ausgeschlossen werden, aber es zeigt sich, daß man die Wahrscheinlichkeit α, einen Fehler 1. Art zu begehen, begrenzen kann. In unserem Beispiel führt dies zu folgendem Testablauf:

a) Lege ein α fest, z. B. $\alpha = 5\,\%$.
b) Entnehme eine Stichprobe vom Umfang n und bestimme den Anteil z der Teile 2. Wahl in der Stichprobe.
c) Lehne die Nullhypothese ab, falls

$$\frac{z - 0{,}1}{\sqrt{2\pi \cdot \sigma^2}} \cdot \sqrt{n} < -1{,}96.$$

Die Vorschrift c) sichert, daß die Wahrscheinlichkeit, die Hypothese abzulehnen, obwohl sie zutrifft, kleiner oder gleich $\alpha = 5\,\%$ ist (vgl. hierzu auch Abschnitt 10). Dagegen liegen keine entsprechenden Aussagen über die Möglichkeit, einen Fehler 2. Art zu begehen, vor. Durch die Festlegung der Hypothese wird also entschieden, welche Art von Fehler begrenzt werden kann. Bei der Verwendung des Tests müssen zusätzliche Bedingungen erfüllt sein ($nz \geq 5$, n(1−z) ≥ 5); dadurch wird die Anwendbarkeit des zentralen Grenzwertsatzes und damit die Verwendung der Normalverteilung ermöglicht. −1,96 ist das sogenannte 5 %-Fraktil der Standardnormalverteilung.

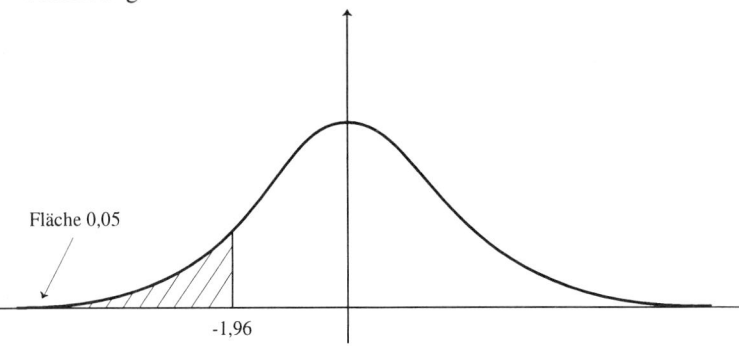

Abbildung 4

Fläche 0,05

−1,96

Die Vorschrift c) besagt, daß, falls der Anteil z in der Stichprobe größer oder gleich 10 % ist, die Hypothese nicht abgelehnt wird. Aber auch für z < 0,1 wird sie nicht notwendig abgelehnt. Sei etwa z = 0,08, d. h. 8 % der Produkte in der untersuchten Stichprobe sind 2. Wahl, dann wird die Hypothese abgelehnt, falls

$$\frac{-0,02}{0,27} \sqrt{n} < -1,96.$$

Für n = 400 erfolgt somit keine Ablehnung, für n = 900 wird die Hypothese abgelehnt. Mit wachsendem Stichprobenumfang wächst die Aussagekraft des Stichprobenergebnisses: Wird z = 0,08 aufgrund von 900 untersuchten Teilen erhalten, so erlaubt dies statistisch gesichertere Rückschlüsse als das gleiche Ergebnis bei n = 400.

Tests werden nicht nur zur Überprüfung quantitativer Hypothesen eingesetzt, sondern z. B. auch für den Nachweis eines linearen Zusammenhangs, von Trends etc. Sie kommen im Marketing, in der Produktionsplanung, in der Ökonometrie und in vielen anderen ökonomischen Disziplinen zum Einsatz. Wesentlich für die Anwendung dieser Testverfahren ist die – zumindest approximativ gültige – Annahme, daß das verwendete Datenmaterial sich als Realisation unabhängiger Zufallsvariablen ergibt.

Induktive Statistik und damit insbesondere die Behandlung von Testverfahren stehen im Mittelpunkt der folgenden Bücher: Bamberg/Baur (1995), Bosch (1992), Hartung (1995), Schlittgen (1994). Für den mathematisch interessierten Leser sei hier auch auf das Buch von Rohatgi (1976) hingewiesen.

7. Zeitreihenanalyse

Zeitreihendaten (z. B. Umsatzentwicklung eines Betriebes, Entwicklung des Wechselkurses DM/Dollar) spielen in den Wirtschaftswissenschaften anders als in vielen naturwissenschaftlichen Disziplinen eine große Rolle. Die Analyse einer Zeitreihe soll strukturelle Eigenschaften der Reihe aufzeigen und dient i. a. dazu, künftige Werte zu prognostizieren.

Betrachten wir den Wechselkurs. Es gibt vielfältige Bestimmungsgründe für die Höhe des Wechselkurses und, man modelliert den Wechselkurs zu einem Zeitpunkt t (X_t) daher als Zufallsvariable. Beobachtete Wechselkurse der Vergangenheit sind Realisationen dieser Zufallsvariablen. Die Unabhängigkeitsannahme kann für die Zufallsvariablen X_t nicht aufrechterhalten werden: Die Höhe des Wechselkurses zum Zeitpunkt t bestimmt X_{t+1} nicht deterministisch, aber X_{t+1} ist sicherlich nicht unabhängig von X_t; es besteht stochastische Abhängigkeit zwischen den Variablen X_t und X_{t+1}.

Den Rahmen zur Untersuchung von Zeitreihen bildet die Theorie stochastischer Prozesse, ein Teilgebiet der Wahrscheinlichkeitstheorie, mit dem insbesondere die hier vorhandenen Abhängigkeiten modelliert werden können. Die Umsetzung dieser Theorie erfordert zahlreiche spezielle Techniken, die nicht zuletzt bedingt durch ökonomische Fragestellungen entwickelt wurden (Box-Jenkins-Verfahren, spektralanalytische Verfahren u. a.).

Ein solches Verfahren sei anhand der Wechselkursanalyse kurz dargestellt. Sei X_t der Wechselkurs zum Zeitpunkt t. Ein autoregressives Modell der Ordnung p zur Beschreibung der Wechselkursentwicklung ist

$$X_t = a_1 X_{t-1} + ... + a_p X_{t-p} + U_t,$$

d. h. X_t wird aus den p vergangenen Wechselkursen und einer oft Störterm genannten Zufallsvariablen U_t erklärt. Die Konstanten $a_1,...,a_p$ werden aus den vergangenen Beobachtungen geschätzt. Die

Zufallsvariable X_t ist, wie direkt erkennbar ist, nicht unabhängig von $X_{t-1},...,X_{t-p}$.

Zum Zeitpunkt t−1 liegen die Realisierungen von $X_{t-1}, X_{t-2},...,X_{t-p}$ vor. Diese erlauben eine Prognose für den Wechselkurs zum Zeitpunkt t; bezeichnet man die Realisierungen mit $x_{t-1},..., x_{t-p}$, so ist die Prognose zum Zeitpunkt t-1 für den Wechselkurs zum Zeitpunkt t

$$\hat{x}_t = a_1 x_{t-1} + a_2 x_{t-2} +...+ a_p x_{t-p},$$

für den Zeitpunkt t+1 prognostiziert man im Zeitpunkt t-1

$$\hat{x}_{t+1} = a_1 \hat{x}_t + a_2 x_{t-1} +...+ a_p x_{t-p+1}.$$

Die Konstruktionsvorschrift macht die Wirkungsweise der geschätzten Parameter a_i klar. Ist etwa $a_1 > a_2 > 0$, so gehen die Wechselkurse des letzten und vorletzten Zeitpunkts positiv in die Prognose ein, d. h. die Prognose für $\hat{x}_t$ ist um so größer, je größer x_{t-1} und x_{t-2}; dabei ist der Einfluß von x_{t-2} geringer als der von x_{t-1}.

Die statistische Analyse solcher Prozesse erlaubt auch Aussagen über die Variabilität der Prognose und über die Prognosesicherheit. Ob ein autoregressives Prognosemodell geeignet ist, die Wechselkursbewegungen zu prognostizieren, muß am Erfolg bei der praktischen Umsetzung gemessen werden. Als Einsatzfeld für derartige, auf Zeitreihen beruhende, Prognoseverfahren ist vor allem die für den Devisenhandel wichtige kurzfristige Analyse zu sehen. Es gibt einfachere Verfahren (z. B. die Verwendung von gleitenden Durchschnitten) und komplexere Verfahren (z. B. ARIMA-Modelle), die ebenfalls eingesetzt werden.

Die Brauchbarkeit bzw. Güte eines Verfahrens hängt auch von der Handlungsstrategie ab, d. h. von der Art und Weise, wie eine Prognose bei Kauf- oder Verkaufsentscheidungen berücksichtigt wird. Damit ist eine auch bei anderen statistischen Anwendungen auftretende Problematik angesprochen. Die Güte einer statistischen Methode hängt wesentlich auch davon ab, wie ein Entscheidungsträger das mit dieser Methode gefundene Ergebnis nutzt. Die statistische Entscheidungstheorie, auf die hier nicht eingegangen wird, ist ein Teilgebiet bzw. eine Weiterentwicklung der Statistik, die die Umsetzung statistisch gefundener Ergebnisse mit in die Analyse einbezieht.[2]

Die Prognose von Zeitreihendaten beruht auf einer Auswertung der vergangenen Entwicklung der Zeitreihe. Sie kann nur so lange

---

[2] Vgl. Berger, J. O., 1985.

zufriedenstellende Resultate liefern, so lange die Struktur der Zeitreihe im Prognosezeitraum von ähnlicher Art wie im Schätzzeitraum (dem Abschnitt der Zeitreihe, aufgrund dessen die unbekannten Parameter geschätzt werden) ist. Untersuchungen auf Strukturänderungen müssen daher ebenfalls Gegenstand der Zeitreihenanalyse sein. Spezielle Bücher zur Zeitreihenanalyse sind: Harvey (1990), Leiner (1991), Schlittgen/Streitberg (1994).

8. Ökonometrie

Die Zeitreihenanalyse als Technik zur Behandlung von sogenannten Längsschnittdaten benutzt vergangene Beobachtungen der untersuchten Variablen, um diese zu prognostizieren; man spricht auch von einem autoprojektiven Ansatz. Die Ökonometrie, die zumeist ebenfalls zur Analyse von Längsschnittdaten eingesetzt wird, benutzt auch andere Variablen als erklärende Größen.

Die Ökonometrie wird häufig getrennt von der Statistik gesehen und in eigenen Lehrbüchern behandelt. Da in diesem Buch kein Abschnitt über Ökonometrie vorgesehen ist, muß sie hier – zumindest kurz – angesprochen werden, da die Statistik wesentlicher Bestandteil von ihr ist. „Ökonometrie ist die quantitative Analyse ökonomischer Phänomene unter Verwendung ökonomischer Theorien, empirischen Beobachtungsmaterials und der Methoden des statistischen Schlusses."[3] Zur Aufgabe der Ökonometrie zählen die Aufstellung von Modellen, die Schätzung der Parameter, das Testen von Hypothesen über ökonomische Zusammenhänge sowie die Prognose.

Die Vorgehensweise der Ökonometrie sei exemplarisch an einem Modell zur Erklärung des privaten Konsums C_t in einer Periode t erläutert. Die ökonomische Theorie liefert verschiedene Ansätze für die Bestimmungsgründe von C_t. C_t ist die erklärte Variable, als erklärende Variable kommen das Einkommen, der Zinssatz, der Konsum der Vorperiode u. a. in Frage. In einem 1. Schritt werden aufgrund ökonomischer Überlegungen erklärende Variablen ausgewählt und ein (meist lineares) Modell mit diesen gebildet. Im 2. Schritt werden die Parameter aus vergangenen Beobachtungen dieses Modells (ähnlich dem Vorgehen bei der Regression in Abschnitt 3) geschätzt. Im 3. Schritt wird dann die Güte des Modells überprüft.

---

[3] Frohn, J., 1995, S. 1.

Es wird z. B. getestet, ob eine bestimmte erklärende Variable, etwa der Zinssatz, einen statistisch signifikanten Einfluß auf den Konsum hat. Wird die Hypothese „es liegt kein Einfluß vor" abgelehnt, so stützt das vorhandene Datenmaterial also eine Theorie, die die entsprechende Variable als bestimmend für C_t ansieht. Liegt ein durch das Datenmaterial bestätigtes Modell vor, so kann dieses zu Prognosezwecken verwendet werden. Anders als bei den Zeitreihenmodellen in Abschnitt 7 ist eine Prognose zum Zeitpunkt t-1 für die erklärte Variable zum Zeitpunkt t häufig nicht direkt möglich. Die erklärte Variable, z. B. C_t, hängt von kontemporären erklärenden Variablen, z. B. dem Zinssatz der Periode t, ab. Eine Prognose von C_t im Zeitpunkt t−1 erfordert also, auch wenn alle Parameter des Modells geschätzt sind, zunächst eine Prognose der kontemporären erklärenden Variablen für die Periode t. Aufgrund des ökonometrischen Modells alleine sind nur sogenannte bedingte Prognosen möglich, d. h. Prognosen, die von den unbekannten künftigen Ausprägungen der kontemporären erklärenden Variablen abhängen.

Neben den hier kurz angedeuteten Eingleichungsmodellen sind sogenannte interdependente Mehrgleichungssysteme Gegenstand ökonometrischer Untersuchungen. Mit diesen wird versucht, den komplexen ökonomischen Wechselbeziehungen Rechnung zu tragen.

Ökonometrische Modelle werden auch für Querschnittsuntersuchungen eingesetzt, etwa zur Untersuchung des Konsumverhaltens der privaten Haushalte in einer Periode in Abhängigkeit von Einkommen, Zinssatz u. a. Die Ökonometrie wird in einer Reihe von eigenständigen Lehrbüchern dargestellt. Genannt seien die Bücher von Frohn (1995), Griffith u. a. (1993), Schips (1990), Schneeweiß (1990).

9. Zum Ruf der Statistik

Das in der Einleitung zitierte, weitverbreitete Bonmot „Mit Statistik läßt sich alles beweisen" ist ein Beleg für den eher schlechten Ruf der Statistik. Natürlich können statistische Untersuchungen und Ergebnisse manipuliert werden; dies unterscheidet die Statistik jedoch von anderen Wissenschaftsbereichen nur insoweit, daß statistische Daten und die Argumentation mit diesen Tag für Tag in den Medien genutzt werden und somit stärker im Bewußtsein der Öffentlichkeit verankert sind. Wahrscheinlich wichtiger als die bewußte Manipulation ist der unbewußt falsche Einsatz statistischer Methoden und – dies erscheint besonders wichtig – die falsche Interpretation statistischer Aussagen aufgrund mangelnder Kenntnisse über diese. Insbesondere Methoden der deskriptiven Statistik sind leicht einsetzbar, werden daher häufig auch von Nicht-Statistikern verwendet und – möglicherweise falsch – ausgewertet.

Die beiden nachfolgenden Beispiele sollen mögliche Mißverständnisse und Folgen eines „unbedachten" Umgangs mit dem Datenmaterial illustrieren. Tabelle 1 gibt die Steuerbelastung in den USA in den Jahren 1974 und 1978 differenziert nach Einkommensklassen und insgesamt wieder:[4]

Tabelle 1

	1974	**1978**
< 5 000	5,4	3,5
5 000 – 9 999	9,3	7,2
10 000 – 14 999	11,1	10,0
15 000 – 99 999	16,0	15,9
> 100 000	38,4	38,3
insgesamt:	14,1	15,2

Zum Beispiel wurden im Jahr 1978 10 % der Einkommen zwischen 10 000 und 14 999 als Steuern gezahlt. Tabelle 1 weist aus, daß in allen Einkommensklassen die Steuerbelastung gesunken ist, zugleich die gesamte Steuerbelastung jedoch von 14,1 % auf 15,2 % gestiegen ist. Dieses Ergebnis mag zunächst überraschen. Es erklärt sich aus der Tatsache, daß die Steuerbelastung in den höheren Einkommensklassen weniger als in den niedrigeren gefallen ist. Findet nun eine Umschichtung zugunsten der höheren Einkommensklassen (z. B. aufgrund inflationärer Entwicklungen) statt, so tritt der in Tabelle 1 aufgezeigte Effekt ein.

Das zweite Beispiel ist fiktiv. Bei je 1 000 Unternehmen wurden zwei Sanierungskonzepte angewandt und später eine Erfolgskontrolle durchgeführt. Die Ergebnisse sind in Tabelle 2 zusammengefaßt.

---

[4] Vgl. Wagner, C. R., 1983.

Tabelle 2

	Konzept 1	Konzept 2
Erfolg kein Erfolg	495 505	109 891
Erfolgsquote	49,5 %	10,9 %

Die nachfolgende Tabelle 3 zeigt, wie sich die Resultate aus Tabelle 2 auf zwei Regionen verteilen.

Tabelle 3

	Region A		Region B	
	Konzept 1	Konzept 2	Konzept 1	Konzept 2
Erfolg kein Erfolg	490 450	29 21	5 55	80 870
Erfolgsquote	52,1 %	58,0 %	8,3 %	8,4 %

In beiden Regionen war Konzept 2 überlegen; die Aggregation beider Regionen führt jedoch zu einer gravierenden Überlegenheit von Konzept 1, wie Tabelle 2 ausweist. Der Grund hierfür liegt offensichtlich darin, daß in Region B die Erfolgsaussichten an sich wesentlich geringer sind. Die Aufteilung der Konzepte muß keine Manipulation sein, sondern kann durch exogene Umstände bedingt sein. Die falsche Interpretation ergibt sich in jedem Fall durch Aggregation der Daten aus Tabelle 3 zu denen der Tabelle 2.

Eine beeindruckende Sammlung von Beispielen für einen falschen Umgang mit Statistik gibt W. Krämer (1995). Dort findet man insbesondere zahlreiche Beispiele für „statistische Lügen" durch graphische Darstellungen, eine Darstellungsweise des Datenmaterials, die aufgrund geeigneter PC-Programme immer stärkere Bedeutung gewinnt, aber durch ihre Zielsetzung, einen u. U. komplexen Zusammenhang in ein schnell erfaßbares Bild zu überführen, naturgemäß sowohl für Manipulationen als auch für Fehlinterpretationen besonders geeignet ist.

10. Zur Aussagekraft der Statistik

In der deskriptiven Statistik und in weiten Teilen der Wirtschaftsstatistik ist die Frage nach der Aussagekraft beantwortet, wenn das Adäquationsproblem gelöst ist und der Umgang mit dem Datenmaterial sowie die Interpretation der Ergebnisse statistisch korrekt durchführt wurden. Die Frage erhält eine zusätzliche Dimension, wenn man den Bereich, in dem Aussagen nur für die untersuchten Merkmalsträger getroffen werden, verläßt.

Betrachten wir nochmals das Beispiel aus Abschnitt 6. Die zusätzliche Dimension besteht darin, daß aus dem Untersuchungsergebnis der Stichprobe ein Rückschluß auf die gesamte Lieferung gemacht werden soll. Die Durchführung des Testverfahrens sichert, daß die Wahrscheinlichkeit, einen Fehler 1. Art zu begehen, d. h. die Lieferung zurückzuweisen, obwohl der Anteil der Produkte 2. Wahl kleiner als 10 % ist, nicht größer als 5 % ist. Es ist also nicht ausgeschlossen, die Lieferung fälschlicherweise zu retournieren; das Unternehmen kann jedoch damit rechnen, daß es, wenn es immer wieder Lieferungen einer Eingangskontrolle unterzieht, in 95 % aller Fälle, in denen es die Lieferung aufgrund des Tests retourniert, keinen Fehler macht.

Die Frage nach der Aussagekraft der Statistik beinhaltet insbesondere die Frage nach der Gültigkeit von Kausalitätsaussagen, die auf statistischen Verfahren beruhen. Hier macht sich wiederum der Unterschied zwischen Naturwissenschaften auf der einen und Wirtschafts- bzw. Sozialwissenschaften auf der anderen Seite bemerkbar. Wie bereits bemerkt, sind in ersteren i. a. kontrollierte Experimente möglich. Dies gilt nicht für den gesamten naturwissenschaftlichen Bereich, man denke etwa an die Meteorologie. Es trifft jedoch häufig zu und erlaubt dann in vielen Fällen statistisch begründete, kausale Aussagen. In der Statistik-Enzyklopädie findet man zum Stichwort Kausalität die Aussage „If over a long series of repetitions under widely different circumstances changes in the input variables are found to be associated with changes in the values or in the distribution of the output variables, then causal relations can be said to be established"[5]. In anderen Fällen, d. h. insbesondere bei Vorliegen von Beobachtungsdaten, sei eine kausale Interpretation nur möglich, wenn exogene Informationen vorliegen, die der Folge von Experimenten entsprechen. Fehlt die Experimentiermög-

---

[5] Barnard, G. A., 1982, S. 388.

lichkeit so ist die Frage, ob kausale Aussagen getroffen werden können, wesentlich schwieriger zu beantworten. Häufig wird man sich mit Aussagen der Form „zwischen dem Auftreten eines Merkmals X und dem eines Merkmals Y besteht eine starke Korrelation" zufrieden geben müssen, ohne hieraus kausale Abhängigkeiten ableiten zu können.

Aus diesen Anmerkungen ergibt sich, daß die Frage, ob statistische Untersuchungen kausale Zusammenhänge belegen können, nicht einheitlich beantwortet wird. Weitverbreitet ist – auch unter Statistikern – die Meinung, daß kausale Aussagen nicht aus Daten gewonnen werden, sondern exogen gegeben sind bzw. als Hypothesen eines theoretischen Modells vorliegen. Die Gefahr von Scheinkorrelationen verbietet es dem Statistiker, Korrelationsmaße ohne Zusatzinformationen kausal zu interpretieren. Andererseits eröffnet diese Überlegung die Möglichkeit, auf kausale Ursachen zu schließen, wenn Scheinkorrelationen ausgeschlossen sind. H. Simon schreibt hierzu: „The very distinction, between ‚true' and ‚spurious' correlation appears to imply that while correlation in general may be no proof of causation, ‚true' correlation does constitute such proof."[6]

Es ist in einem einführenden Aufsatz nicht möglich, diese Problemstellung ausführlich zu behandeln; Ziel der vorangegangenen Ausführungen ist es, Studierende auf diese Problematik aufmerksam zu machen, die auch in den Medien immer wieder zur Sprache kommt. Ein Beispiel: Bei der Besprechung eines Buches, das mit statistischen Methoden ethnisch begründete Intelligenzunterschiede nachzuweisen angab, schrieb am 8.7.95 ein Kritiker in der Neuen Zürcher Zeitung „(Die Autoren) ... haben den Kardinalfehler aller Statistik begangen, indem sie Korrelation mit Kausalität verwechseln." Das ist falsch; die Statistik unterscheidet sehr wohl, nur manche Statistikbenutzer machen diesen Fehler.

11. Schlußbemerkungen

Die Statistikausbildung ist in der jüngeren Vergangenheit durch zwei Entwicklungen entscheidend geprägt worden. Zum einen macht sich der Trend zu kürzeren Studiendauern, zu strafferen Studienplänen natürlich auch bei der Statistikausbildung bemerkbar. In

---

[6] Simon, H., 1971, S. 5.

einem zweisemestrigen Vorlesungszyklus, wie er an wirtschaftswissenschaftlichen Fakultäten im Grundstudium heute üblich ist, müssen Entscheidungen über das Gewicht von Wirtschaftsstatistik, deskriptiver Statistik, der Wahrscheinlichkeitstheorie und der auf sie aufbauenden statistischen Verfahren getroffen werden. Unumgänglich ist der Mut zur Lücke, wobei Lücken so gewählt werden sollten, daß Studierende diese gegebenenfalls selbständig schließen können. Dies impliziert, daß vorrangig grundsätzliche Denk- und Vorgehensweisen vermittelt werden.

Zum anderen hat die Entwicklung des Computers und der zugehörigen Software im Bereich Statistik die Einsatzmöglichkeiten statistischer Verfahren entscheidend erleichtert und auch erweitert. Dies impliziert zwei Dinge: Studierende müssen die Möglichkeit haben, sich mit dem Einsatz des Computers zur Lösung statistischer Aufgaben vertraut zu machen, sie müssen aber auch auf die möglichen Fehlentwicklungen hingewiesen werden. Der bequeme Einsatz von Statistik-Software verführt zur Benutzung von Verfahren, deren Voraussetzungen und Implikationen nicht genau bekannt sind und deren Ergebnisse dann nicht richtig interpretiert werden können.

Mit den vorangegangenen Ausführungen sollte Studierenden die Breite der Statistik und ihre Bedeutung als Entscheidungsgrundlage und für das Verständnis ökonomischer Zusammenhänge deutlich gemacht werden. Die Statistik ist für die Wirtschaftswissenschaften zum einen eine Hilfswissenschaft, die immer dort zum Einsatz kommt, wo empirisch gearbeitet und entschieden wird, sie ist zum anderen in Teilen auch ein eigenständiges wirtschaftswissenschaftliches Teilgebiet, in dem spezifisch ökonomische Arbeitsweisen und Methoden entwickelt werden. Das Grundstudium soll hierüber einen Überblick geben. An vielen Fakultäten wird in Ergänzung zum Grundstudium ein Vertiefungs- oder Schwerpunktfach Statistik angeboten, häufig in Form eines Wahlpflichtfaches. Für viele Teildisziplinen der Wirtschaftswissenschaften (z. B. Marketing, Finanzierung, empirische Wirtschaftsforschung) sind vertiefte Kenntnisse, wie sie in solchen Veranstaltungen vermittelt werden, notwendig.

Grundlagen- und weiterführende Literatur

Die nachfolgende Literaturliste faßt die im Text angegebenen Quellen zusammen. Die Auswahl ist subjektiv und aufgrund der großen und schnell wachsenden Zahl von Statistikbüchern partiell auch zufällig. Die Inhalte der genannten Bücher gehen teilweise über die Anforderungen des Grundstudiums hinaus; als typisch für die Lehrinhalte des Grundstudiums kann z. B. das Buch von Bamberg/Baur genannt werden.

Abels, Heiner: Wirtschafts- und Bevölkerungsstatistik, Wiesbaden 1993.
Assenmacher, Walter: Deskriptive Statistik, Berlin 1996.
Bamberg, Günter/Baur, Franz: Statistik, München 1995.
Barnard, G. A.: Causation, in: Kotz, S.; Johnson, N. L. (eds.), Encyclopaedia of Statistical Sciences Vol. 1, New York 1982.
Berger, James O.: Statistical Decision Theory and Bayesian Analysis, Berlin 1985.
Bol, Georg: Wahrscheinlichkeitstheorie, München 1992.
Bosch, Karl: Statistik Taschenbuch, München 1992.
Frohn, Joachim: Grundausbildung in Ökonometrie, Berlin 1995.
Griffiths, William/Hill, Carter/Judge, George: Learning and Practicing Econometrics, New York 1992.
Hartung, J. : Statistik, München 1995.
Harvey, Andrew C.: Forecasting, Structural Time Series Models and the Kalman Filter, Cambridge 1990.
Heiler, Siegfried/Michels, Paul: Deskriptive und explorative Datenanalyse, München 1994.
Krämer, Walter: So lügt man mit Statistik, Frankfurt/New York 1995.
Krug, Walter/Nourney, Martin/Schmidt, Jürgen: Wirtschafts- und Sozialstatistik, München 1994.
Lehmann, E. L.: Model Specification: The Views of Fisher and Neyman, and Later Developments, Statistical Science Vol. 5, 1990.
Leiner, Bernd: Einführung in die Zeitreihenanalyse, München 1991.
Lippe, Peter v. d.: Wirtschaftsstatistik, Stuttgart 1990.
Rinne, H.: Wirtschafts- und Bevölkerungsstatistik, München 1994.
Rohatgi, K. K.: An Introduction to Probability Theory and Mathematical Statistics, New York 1976.
Särndal, Carl-Erik/Swensson, Bengt/Wretman, Jan: Model Assisted Survey Sampling, New York 1992.
Schaich, Eberhard/Schweitzer, Walter: Ausgewählte Methoden der Wirtschaftsstatistik, München 1995.
Schips, Bernd: Empirische Wirtschaftsforschung, Wiesbaden 1990.
Schlittgen, Rainer/Streitberg, Bernd: Zeitreihenanalyse, München 1994.
Schneeweiß, Hans: Ökonometrie, Würzburg 1990.
Schulze, Peter: Beschreibende Statistik, München 1994.
Simon, Herbert: Spurious Correlation: A Causal Interpretation, in: H. M. Blalock (ed.), Causal Models in the Social Sciences, London 1971.
Wagner, C. R.: Simpson's Paradox in Real Life, American Statistician Vol. 36, 1983.

Johannes Ruhland

Aufgabengebiete und Leistungspotential der Wirtschaftsinformatik

1. Einleitung

Im Gegensatz zur „reinen Informatik" befassen sich die sog. „Bindestrich-Informatiken" mit der unmittelbaren Anwendung der Erkenntnisse der Informatik in den Realwissenschaften. Gegenstand der Wirtschaftsinformatik (WI) als einem der wichtigsten Vertreter sind Informationssysteme in allen Bereichen von Wirtschaft und Verwaltung, insbesondere den klassischen Fertigungsbetrieben, im Dienstleistungssektor, Handel und öffentlichen Betrieben.

Die Wirtschaftsinformatik plant, implementiert, kontrolliert und dokumentiert diese Systeme. Ultimatives Ziel muß dabei für betriebswirtschaftliche Anwendungen stets die Schaffung von Wettbewerbsvorteilen (bzw. die Vermeidung von Nachteilen), nicht die technische Perfektion sein.

Traditionell wird ein Aufgabenfeld der WI nur dann gesehen, wenn in diesen Systemen Datenverarbeitungsanlagen als letztlich technische Hilfsmittel zum Einsatz kommen, jedoch ist das reine Abprogrammieren von Lösungen mit dem Erscheinen leistungsfähiger Standardsoftware und unterstützender Hardware mehr und mehr in den Hintergrund getreten. Gleichzeitig werden die Grenzen sog. „Insellösungen", isolierter Softwaresysteme zur Lösung einzelner spezieller Aufgaben, immer deutlicher. Fragen der *Integration betrieblicher Abläufe* in DV-gestützten Prozeßsystemen treten in Wissenschaft und Praxis immer mehr in den Vordergrund. Die Informationsverarbeitung in hard- und softwaremäßig vernetzten Computern bietet dabei die Chance, Prozeßabläufe dramatisch zu rationalisieren und in ihrer Leistung zu steigern.

Hierzu ein Beispiel aus dem Einzelhandelssektor: Moderne Scannerkassen rationalisieren nicht nur die Abfertigung an den Kassen; sie dienen mit ihrer minutengenauen Erfassung der Abverkaufsdaten gleichzeitig Warenwirtschaftssystemen als Informationsbasis für Nachbestellungen und liefern dem Marketing Informationen zur Wirksamkeit von Werbeaktionen oder Sonderverkaufsmaßnahmen (z. B. Preiskampagnen). Gleichzeitig kann in der Mittelung über einige Wochen eine sortimentspezifische Bewertung der Verkaufsleistung einzelner Filialen erfolgen und damit die Basis für das Filialcontrolling gelegt werden, wobei hier mit den Standardverfahren der Kostenrechnung gearbeitet wird. Schließlich können – oft mit recht aufwendigen statistischen Verfahren – Planungsinformationen, etwa zur Bewertung neuer Standorte abgeleitet werden.

Das Beispiel illustriert, daß betriebliche Informationsverarbeitungs (IV)-Systeme hinsichtlich mehrerer fallspezifisch unterschiedlich bedeutsamer Dimensionen zu betrachten und zu integrieren sind[1]:
- der Datendimension (alias: Datensicht. Welche Daten werden eingesetzt, wo werden sie erhoben und wie werden sie zwischen den einzelnen Komponenten ausgetauscht?)
- der Funktionensicht (Mit welchen Methoden werden welche betriebswirtschaftlichen Fragestellungen von der Software bzw. ihren Komponenten angegangen?)
- der Organisationssicht (Wie werden die Abläufe organisatorisch geregelt?)
- der Ressourcensicht (quantitative und qualitative Anforderungen an Personal, Hardware und Kommunikationssysteme)
- der Steuerungssicht, die einen Abgleich der anderen Sichten zum Ziel hat.

Das Beispiel zeigt auch, daß in den Unternehmen sehr verschiedene Ebenen betrieblicher Entscheidung existieren, die auch in entsprechend unterschiedlichen IV-Systemen zu unterstützen sind:
- Administrationssysteme (z. B. Rechnungserstellung der Scannerkasse) unterstützen den täglichen Betrieb der ausführenden Ebene. Sie sind durch die Verarbeitung großer Datenmengen („Massen-DV") nach einfachen, einheitlichen Regeln gekennzeichnet. Im Vordergrund stehen Effekte der Rationalisierung und der Vereinheitlichung der Abwicklung. Weder Funktionalität, noch Datenstrukturen sind besonders komplex; Effizienz der Abwicklung und Datenversorgung aufbauender Systeme sind wichtige Entwurfskriterien.
- Dispositionssysteme unterstützen Managemententscheidungen des Tagesgeschäfts (z. B. Nachbestellung von Artikeln in Abhängigkeit vom Lagerbestand und der Abverkaufsgeschwindigkeit).

---
[1] Vgl. Scheer, A.W.: Architektur integrierter Informationssysteme, 2. Auflage, Berlin u. a. 1992.

Auch diese Entscheidungen sind wohlstrukturiert, jedoch in der Entscheidungsfindung erheblich komplexer (kostenoptimale Lagerdisposition unter realen Bedingungen ist z. B. häufig ein mathematisch unerwartet komplexes Problem) und auf Daten unterschiedlicher Herkunft gestützt.
- Führungs-Informationssysteme versorgen mittleres und oberes Management mit den Informationen für taktische und strategische Entscheidungen (z. B. Filialcontrolling). Die automatisierte Entscheidung schließt sich aufgrund der Tragweite, politischen Natur und Vernetztheit derartiger Entscheidungen fast immer aus; im Vordergrund steht die übersichtliche Präsentation von unternehmensinternen und externen Daten unterschiedlichster Quellen und Formen (numerisch, textuell, bildlich ...) sowie deren rasches Auffinden in großen Beständen.
- Planungssysteme als Spezialsysteme bereiten diese Entscheidungen vor (Beispiel Standortplanung neuer Filialen). Sie fußen auf Daten fallweise sehr verschiedener Herkunft (meist einer Verknüpfung interner und externer Daten) und arbeiten vornehmlich mit Methoden der Statistik, Prognostik und des Operations Research.

Die Bedeutung eines Systems für ein Unternehmen muß mit dieser Ebeneneinteilung nicht konform gehen: große Einzelhandelsketten können mit ihren Warenwirtschaftssystemen zwei- und dreistellige Millionenbeträge sparen.

Durch IV Wettbewerbsvorteile (in Gestalt kostengünstiger oder kundennäherer Leistung) zu erringen, setzt nicht unbedingt ein hochtechnisiertes Produkt voraus, wenn der *Prozeß der Leistungserstellung* entsprechend informationsintensiv ist. So können Ölgesellschaften durch eine hochoptimierte Steuerung ihrer Raffinerien beträchtliche Kostenvorteile gegenüber dem Wettbewerber erzielen, obwohl das Produkt selbst eine absolute commodity darstellt.

Bei der Erstellung erfolgreicher Informationssysteme ist die Kooperation unterschiedlicher Disziplinen gefordert. Die Beschreibung realer Probleme erfolgt zunächst in der Sprache des Anwenders, besteht also aus wirtschaftswissenschaftlichen Begriffen häufig großer inhaltlicher Mächtigkeit aber gleichzeitig Unschärfe („Ich will ein System zur Lagerbestandsverwaltung, das leicht zu bedienen ist und auch bei stark schwankendem Bedarf noch gut funktioniert"). Die EDV-Systeme müssen letztlich als Folge von 0/1 Bits dem Rechner zur Ausführung übergeben werden, wobei neben dem Standardablauf auch alle Eventualitäten (z. B. Sonderfälle und Fehleingaben) in 100%iger Präzision vorab geregelt sein müssen. Aus obigem Satz werden so viele Tausend Zeilen Programm und letztlich einige Hundert Millionen Bits. Dieser Prozeß stellt keine reine 1:1 Übersetzung dar, sondern beinhaltet auch eine zunehmende Konkretisierung und Abstraktion vom realen Problem (vgl. Abbildung 1).

Abbildung 1: *Phasen des Umsetzungsprozesses*

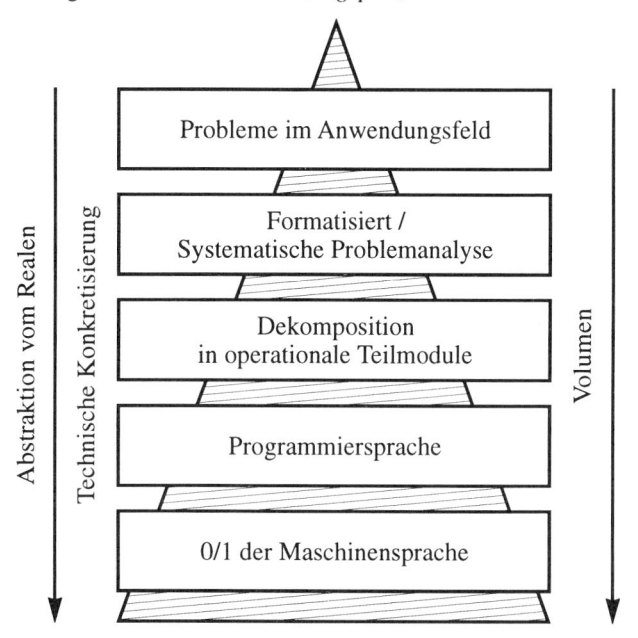

```
                    ▲
                   ╱ ╲
       ┌──────────────────────────┐
       │  Probleme im Anwendungsfeld │
       └──────────────────────────┘
              Formatiert /
         Systematische Problemanalyse
              Dekomposition
          in operationale Teilmodule
              Programmiersprache
            0/1 der Maschinensprache
```

(Abstraktion vom Realen ↓ / Technische Konkretisierung ↓ / Volumen ↓)

Der Wirtschaftsinformatiker[2] ist zentraler Träger dieses Transformationsprozesses. Die von ihm geforderten Kenntnisse ergeben sich damit aus dieser Mittlerrolle. Sie bestimmen gleichzeitig die Gliederung der folgenden Abschnitte:
1) Grundkenntnisse des Funktionierens und des Leistungspotentials der eingesetzten Hardware als Trägersystem betrieblicher IS-Anwendungen.

---
[2] Es ist schon Tradition, daß WI-Schriften an dieser Stelle darauf hinweisen, daß die Verwendung der männlichen Form nur aus den pragmatischen Überlegungen einer flüssigeren stilistischen Darstellung geschieht und die jeweils weibliche Form stets implizit mit erwähnt gelten soll.

2) Wissen um Aufbau und Funktionieren der Systemsoftware, ohne die die Hardware nicht benutzbar wäre.
3) Kenntnisse der hard- und softwaremäßigen Grundlagen der Kommunikation zwischen Rechnersystemen, da integrierte, geschäftsprozeß-begleitende Anwendungssysteme ohne sie nicht realisierbar wären und heute bereits über 90% der installierten Hardware in den Unternehmen vernetzt ist.
4) Vertrautheit mit den Grundlagen der Datenmodellierung und des Designs von Datenbanken, da die Komplexität wirtschaftlich orientierter IS-Anwendungen häufig in der Datensicht begründet ist.
5) Ein Überblick über die Möglichkeiten und Anwendungsgebiete von IV-Systemen, wie sie in der betrieblichen Praxis existieren. Dabei ist ein Trend weg von unternehmensindividuellen Lösungen und hin zur unternehmensspezifischen Anpassung von marktgängigen Standardprodukten unverkennbar.
6) Kenntnisse der wichtigsten juristischen Vorschriften, unter denen sich Entwicklung und Einsatz von IV-Systemen abspielt.

Andere Gebiete der Wirtschaftsinformatik stellen fortgeschrittene Themen dar und würden den Rahmen dieser Einführung sprengen. Wir verweisen hier auf die Spezialliteratur, so z. B. auf Balzert[3] für Fragen des Software-Engineering, Scheer[4] für Fragen der Geschäftsprozeßmodellierung und Vetschera[5] für das Informationsmanagement.

2. Hardwaremäßige Grundlagen

Als Hardware bezeichnet man alle Geräte, die der Benutzer „anfassen" kann, die also in materieller Form vorliegen. PC-Arbeitsplätze besitzen typischerweise die Hardware-Komponenten
- PC-Gehäuse mit Zentraleinheit (Prozessor und Hauptspeicher) und externem Speicher (Magnetplatte) sowie Laufwerken für weitere – wirkliche – externe Speicher (Magnetplatten in Servern u. a., Disketten)
- Tastatur und Maus als Dateneingabegeräte

---

[3] Vgl. Balzert, H.: Die Entwicklung von Software-Systemen, Mannheim u. a. 1982.
[4] Vgl. Scheer, A.W.: Wirtschaftsinformatik, 4. Auflage, Berlin u. a. 1995.
[5] Vgl. Vetschera, R.: Informationssysteme der Unternehmensführung, Berlin u. a. 1995.

- Bildschirm und Drucker als Datenausgabegeräte
- Netzkarte und/oder Modem als Datenübertragungseinheiten.

Der prinzipielle Ablauf jeder EDV-Anlage besteht zunächst aus der Eingabe (über Tastatur, optische Lesegeräte oder externe Speicher) von Daten, die dann verarbeitet und schließlich (z. B. über Bildschirm oder Drucker) ausgegeben oder über Kommunikationsgeräte an andere Rechner weitergeleitet werden. Dieser EDV-Grundablauf wird als Eingabe-Verarbeitungs-Ausgabe-Prinzip (EVA) bezeichnet.

Die Zentraleinheit besteht bei den meisten Rechnern aus einem Haupt- oder Arbeitsspeicher und einem Zentralprozessor. Im Hauptspeicher sind das auszuführende Programm und die benötigten Daten während der Verarbeitung gespeichert. Der Zentralprozessor oder die CPU (central processing unit) interpretiert die Befehle und führt sie aus. Er besteht wiederum aus den Komponenten Rechenwerk und Steuerwerk. Das Steuerwerk regelt den Datenfluß in der Zentraleinheit, die eigentliche Ausführung des Befehls erfolgt im Rechenwerk. Aus technischer Sicht besteht die Zentraleinheit aus sogenannten Chips. Ferner erfolgt der Datentransfer zwischen der Zentraleinheit und den peripheren Geräten auf internen Datenwegen, die aus Datenbussen oder Kanälen bestehen. Abbildung 2 stellt den Aufbau der Zentraleinheit dar.

Abbildung 2: *Aufbau der Zentraleinheit*[6]

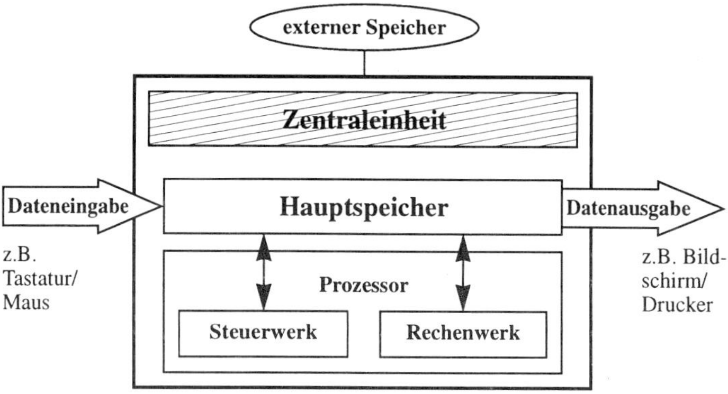

---
[6] Vgl. Mertens, P./Bodendorf, F. et al.: Grundzüge der Wirtschaftsinformatik, 3. Aufl., Berlin u. a. 1995.

Rechner dieser Architektur werden nach dem gleichnamigen Entwickler als von-Neumann- oder speicherprogrammierte Rechner bezeichnet.

Die Größe des Hauptspeichers wird i.a. in Megabyte (MB) oder Gigabyte (GB) (Mio.- oder Mrd.-Zeichen) gemessen. Die Geschwindigkeit von Rechnern läßt sich ebensowenig eindeutig messen wie der Benzinverbrauch eines Autos. Noch am ehesten für Vergleiche zwischen verschiedenen Rechnern geeignet ist das – dem Drittelmix beim Benzinverbrauch vergleichbare – Benchmarking, bei dem standardisierte, an reellen Anwendungen des Feldes angelehnte Programme verwendet werden.

3. Systemsoftware

3.1 Begriffsklärung

Ein datenverarbeitendes (DV)-System, ein Computer, ist nur in der Einheit von Hard- und Software betriebsfähig. Auf der Hardware setzt die Software auf. Deshalb spricht man oft von einem Schalen- oder Schichtenaufbau beim Einsatz des Systems[7]:

Anwendungssoftware (Lösung des Anwenderproblems)
Benutzeroberfläche
Dateiverwaltungssystem
Ein-Ausgabe-System
Hardware

Software wird danach eingeteilt in
- Systemsoftware und
- Anwendungssoftware.

Anwendungsprogramme sind Lösungen für fachliche Aufgaben und werden vom Anwender oder in dessen Auftrag entwickelt. Sie treten in verschiedenen Kategorien auf und laufen in der Regel auf mehreren Hardwareplattformen.[8]

---

[7] Siehe auch Goldammer, G.: Informatik für Wirtschaft und Verwaltung, Wiesbaden 1994, S. 162.

[8] Vgl. Abschnitt 6.

Systemprogramme steuern den Betrieb der DV-Anlage und unterstützen den Anwender bei der Programmierung und Bedienung. Sie sind auf die Hardware abgestimmt und zum Betrieb unbedingt notwendig. Das Betriebssystem stellt die Umgebung bereit, in der ein Anwendungssystem abläuft.

3.2 Systemprogramme

Zu den Systemprogrammen gehören
- das Betriebssystem, welches den produktiven Betrieb der DV-Anlage steuert,
- das Kommandosystem, womit der Nutzer Aufträge an die DV-Anlage formuliert,
- das Programmiersystem, bestehend aus Programmierwerkzeugen und den dazugehörigen Übersetzungs- und Dienstprogrammen.[9]

3.2.1 Betriebssystem (Operating System)

Ohne das Betriebssystem ist die DV-Anlage nicht funktionsfähig. Es wird beim Starten des Rechners durch ein besonderes Ladeprogramm „hochgefahren" oder geladen. Das Betriebssystem hat folgende Aufgaben:
- Auftragsverwaltung: D. h. gleichzeitig zur Verarbeitung anstehende Aufträge werden mit einer Priorität versehen, angenommen, weitergeleitet und nach Abschluß aus dem System entfernt. (Job-Management)
- Prozeßverwaltung: Dabei werden Aufträge in Verarbeitungsprozesse (Tasks) aufgeteilt, es werden die zugehörigen Verarbeitungsschritte (Threads) gebildet und die DV-Betriebsmittel zugeteilt, z. B. Speicherplatz im RAM, CPU-Zeit, Geräte der Peripherie. (Task-Management)
- Datenverwaltung: Das betrifft das Speichern und Transferieren der Datenbestände auf den Datenträgern.[10] In den gängigen Betriebssystemen wird dabei durch eine hierarchische Dateiordnung eine Ähnlichkeit zu ineinander verschachtelten „Ordnern" erreicht und die Dateiverwaltung auch nutzerfreundlich gemacht.

Das Betriebssystem bestimmt weiterhin die Betriebsart einer DV-Anlage, das betrifft die Anzahl der gleichzeitig verarbeiteten Pro-

---
[9] Vgl. Fischer, J. et. al.: Bausteine der Wirtschaftsinformatik, S. 94.
[10] Vgl. s.o. S. 107.

gramme, die Anzahl der Nutzer, die an der DV-Anlage gleichzeitig arbeiten und die Art der Interaktion mit dem System.
- Kann eine DV-Anlage nur eine Aufgabe bearbeiten, spricht man von Single Programming bzw. nur einen Prozeß abarbeiten, von Single Tasking. Mehrere Aufgaben gleichzeitig sind Multi Programming bzw. Multi-Tasking.
- Bezogen auf die Anzahl der Nutzer, die ein Betriebssystem bedienen kann, werden Single User Betrieb und Multi User Betrieb unterschieden. Im Multi User Betrieb gibt es zwei Möglichkeiten. Zum Beispiel wird ein Flugbuchungssystem von verschiedenen Nutzern gleichzeitig benutzt, spricht man von Teilhaberbetrieb, da alle das gleiche Programm verwenden. Wenn im Multi User Betrieb Nutzer unterschiedliche Programme benutzen, spricht man vom Teilnehmerbetrieb.
- Die Interaktion zwischen dem Nutzer und der DVA während des Betriebs unterscheidet den Stapelbetrieb (Batch) und den Dialogbetrieb, bei dem der Nutzer in den Ablauf durch die Führung eines Dialoges am Bildschirm eingreift.

3.2.2 Kommandosystem

Wie weit ein Benutzer von den Eigenheiten der Hardware und dem Betriebssystemkern abgeschirmt wird und wie „bedienerfreundlich" das System ist, hängt von der Schnittstelle zwischen Benutzer und Betriebssystem ab, der Benutzeroberfläche.
Sie hat folgende Aufgaben:
- Zugang des Nutzers zum System regeln
- Verwaltung von Dateien erleichtern
- Ausführen von Programmen ermöglichen
- Hilfe bei Bedienungsfehlern und Diagnose geben.

Die Art der Oberfläche ist abhängig vom eingesetzten Betriebssystem und wird in der Regel von diesem bereitgestellt. Zur Zeit existieren drei Möglichkeiten:
- Befehlsorientierte Oberfläche,
  d. h. der Benutzer gibt auf einer zeichenorientierten Oberfläche am PROMPT (Eingabestelle) sprachliche Befehle ein.
- Menüorientierte Oberfläche,
  dabei wählt der Benutzer aus einer Liste oder Tabelle die Befehle, die er realisieren möchte.
- Grafische Oberfläche (GUI = grafic user interface)
  Die grafischen Oberflächen sind besonders benutzerfreundlich,

da sie intuitiv gestaltet sind. Daten und Funktionen werden durch bildhafte Darstellung (Icons) realisiert. Dabei wird mit der Maus auf Menüpunkte oder Symbole (Icons) gezeigt und die Ausführung in der Regel durch Klick mit der Maustaste erreicht. Die Benutzerfreundlichkeit zeigt sich auch durch die Drag and Drop-Funktion, indem durch Ziehen und Fallenlassen eine Funktion ausgeführt wird. Für die einheitliche Gestaltung von grafischen Oberflächen gibt es Standardisierungsvorschläge, den CUA-Standard (Common User Access), der Hinweise zur Fenstergestaltung oder Tastenbelegung gibt.[11]

Ordnet man die gebräuchlichen Betriebssysteme in das Raster der Betriebsarten und der Oberflächen ein, dann entsteht folgendes Bild:
- Das Betriebssystem DOS (Disk Operating System) ist ein Single User, Single Tasking System mit einer zeichenorientierten Oberfläche. Mit dem Aufsatz WINDOWS erhält der Nutzer die Möglichkeit, mehrere Anwendungen laufen zu lassen und erhält eine grafische Oberfläche.
- Windows NT und Windows 95 sind Multitasking- und Multi User-Systeme mit grafischer Oberfläche.
- das Betriebssystem Unix ist ein Mehrbenutzer- und Multitaskingsystem, es stellt sowohl eine zeichenorientierte als auch eine grafische Oberfläche bereit.

3.2.3 Programmiersystem

Das Programmiersystem besteht aus den Komponenten
- Programmiersprachen
- Übersetzer
- Dienstprogramme.

Eine Programmiersprache ist eine formale Sprache, mit der auf einer Hardware ablaufende Software, also auch das Betriebssystem erstellt wird. Bisher wird in Generationen gezählt, es gibt aber neue Ansätze, die sich nicht so formal dort einordnen lassen.
> wissensbasierte Ansätze
> objektorientierte Ansätze

1. Generation: Maschinensprache
In der Maschinensprache (0/1 Codierung) werden einzelne Verarbeitungsschritte mit den „echten" Adressen festgelegt und für den

---
[11] Goldammer, G.: Informatik für Wirtschaft und Verwaltung, S. 175.

momentan verwendeten Prozessor programmiert. Sie findet Verwendung bei zeitkritischen Steuerungen, z. B. dem Autopiloten eines Flugzeuges.

2. Generation: Assembler
Der Aufbau ist wie bei der Maschinensprache, nur werden jetzt zur Erleichterung für den Programmierer symbolische Adressen (Variablennamen) und Anweisungen in Form von „Memotechnischen Abkürzungen" verwendet, z. B. ADD AX,5. Das bedeutet, der geschriebene Text muß in Maschinensprache übersetzt, assembliert werden.

3. Generation: Prozedurale Programmiersprachen
Bei diesen Sprachen wird der Weg zur Lösung in einer der Mathematik angelehnten Sprache beschrieben, z. B. SUM:=SUM + 5.

Diese Sprachen sind problemabhängig definiert und haben einen bestimmten Wortschatz (vordefinierte Begriffe) und eine bestimmte Grammatik (Syntax), die eingehalten werden müssen. Die Übersetzung in die maschinenlesbare Sprache übernimmt ein Compiler oder ein Interpreter.

Ein Compiler liest die Lösungsbeschreibung, die der Programmierer gefunden hat (den Quelltext) und macht daraus den letztlich ausführbaren Maschinencode. Eine Alternative zum Compiler ist ein Interpreter, der immer einen Befehl der Quellsprache liest und sofort ausführt.

Vorteile dieser Sprachen sind: Sie dokumentieren sich selbst, die Programme sind auf andere Rechner portabel, wenn man für die entsprechende Maschine einen Compiler hat und durch vorherige Strukturierung des Problems kann das Programm in Module zerlegt werden.

Es gibt viele Sprachen in dieser Generation, die oft auf bestimmte Verarbeitungsprobleme zugeschnitten sind:
Kommerzielle Probleme: COBOL, RPG
Mathematische Probleme: C, Pascal, FORTRAN
Universell: PL/1, ADA.
Heute haben sie leicht sinkende Bedeutung für den end-user, da sie oft
- keine einheitliche Anbindung an das Behandeln großer einheitlicher Datenstrukturen (Datenbanken) beinhalten
- und keine oder nur geringe Hilfsmittel zur Gestaltung moderner Benutzeroberflächen enthalten.

4. Generation: deskriptive Sprachen
Diese Sprachen beschreiben die Eigenschaften der Lösung, nicht den Weg zur Lösung, und sind typisch für Datenbanksprachen. Bei-

spiel: Mit einem SQL-Befehl können aus beliebig langen Tabellen die der Bedingung entsprechenden Datensätze gefunden und angezeigt werden.

Z. B. select Max (Alter) from Personal where Sex = ‚M' wählt den ältesten männlichen Mitarbeiter aus der Personalliste aus. Oft wird aber solch ein deklarativer Befehl in eine Programmprozedur einbezogen. Die Sprachen bringen einen enormen Produktivitätsgewinn durch menü- und mausgesteuerte Programmierung, die auch vom Nichtspezialisten realisiert werden kann. Dadurch können in den Fachabteilungen schnelle Anwenderlösungen erstellt werden, der Nachteil ist jedoch: die Programme sind langsam und der Weg ist nicht immer gangbar.

Neuere Ansätze in der Programmierung werden mit wissensbasierten Sprachen erreicht[12] und objektorientierten Sprachen, bei denen die Welt in den Programmen als Menge interagierender Objekte abgebildet wird, die aus statischen und dynamischen Teilen bestehen (Daten und Prozeduren = Methoden der Verarbeitung). Sie erhalten in letzter Zeit immer größere Bedeutung, da in diesen Sprachen ein großer Produktivitätsgewinn durch die Wiederverwendbarkeit von Objekten erreicht wird.

4. Rechnervernetzung

Im noch nicht sehr lange währenden Zeitalter der Computer gehört die Vernetzung zu einer der Hauptentwicklungsrichtungen der letzten zehn Jahre. Nachdem die notwendigen hard- und softwareseitigen Grundlagen geschaffen worden waren, nahm der praktische Einsatz in den 90er Jahren in breitem Maße zu. Gekoppelte Rechner gehören in vielen Unternehmen und Einrichtungen zum Standard, die weltweite Vernetzung von Millionen von Einzelrechnern, insbesondere im vielzitierten Internet, ist Realität. Die Möglichkeiten der vernetzten Systeme verändern die Arbeitsweise auf vielen Gebieten.
Die Vernetzung der Wirtschaftswissenschaftlichen Fakultät bietet dafür praktisches Anschauungsmaterial: Drei lokale Netze (hauptsächlich mit PC's aber auch mit UNIX-Workstations versehen) sind ihrerseits mit dem Rückgratnetz (backbone) der Universität verbunden. An diesem Backbone-Netz sind Dutzende andere Systeme

---

[12] Vgl. Abschnitt 7.

der FSU angeschlossen, des weiteren besteht über dieses Ringnetz ein Anschluß an das deutsche Wissenschaftsnetz WIN und damit auch an das Internet.

Abbildung 3: *Fakultätsnetze der WiWi Fak im Uni-Netz*

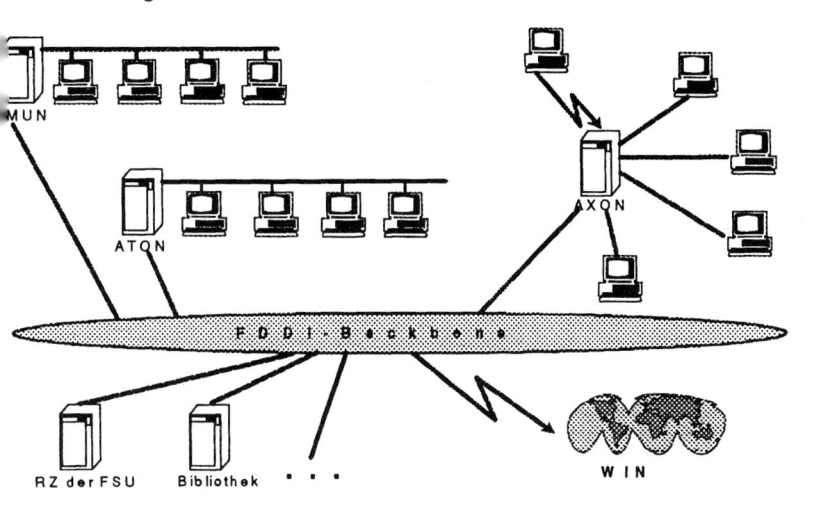

Die stürmische Entwicklung der Rechnervernetzung hat in der kurzen Zeit ein buntes Bild hervorgebracht, daß nachfolgend ordnend und beschreibend skizziert werden soll. Schließlich sind Definition und Klassifizierung der Anfang aller Wissenschaft.

4.1 Definition und Bestandteile

Unter Vernetzung wird hier die On-Line-Verbindung von räumlich verteilten Rechnersystemen zum Zweck des Datenaustauschs verstanden. Wesentliche Bestandteile derartiger Datenübertragungssysteme sind:
- Datenendgeräte (hier Rechner verschiedener Größenklassen, im weiteren Sinn auch andere Peripheriegeräte, wie z. B. Drukker)
- Datenübertragungseinrichtungen (Geräte zum Anpassen, Senden, Weiterleiten und Empfangen der Signale, wie z. B. Netzadapter, Modems, Verstärker usw.).

4.2 Klassifizierungen

Unter den vielfältigen Kriterien für die angekündigte Klassifizierung seien die wesentlichen hervorgehoben, die den gleichen Gegenstand – Rechnernetze – aus recht unterschiedlichen Sichten gliedern:

Schon im obigen Beispiel der Fakultätsvernetzung drängt sich eine Unterscheidung nach der räumlichen Ausdehnung der Verbindung auf, drei Klassen werden gewöhnlich unterschieden:
- Local Area Networks (LAN): Die räumliche Entfernung ist gering, meist nur wenige hundert Meter, nicht über 10 km zwischen den Knotenrechnern, meist nur auf einem Grundstück (Postmonopol). Diese Netze zeichnen sich durch hohe Übertragungsgeschwindigkeiten (meistens 4 bis 16 Mbps (Megabits pro Sekunde, neuerdings bis 100 Mbps) und geringe Fehlerhäufigkeit aus. Rechner sind vor allem PC's und/oder Workstations. Die Übertragungsstandards (in der Hardware realisiert) sind meist Ethernet oder Token Ring. Die LAN's der Fakultät sind in der Abbildung im oberen Teil umrissen.
- Metropolitan Area Networks (MAN): Verbinden lokale Netze und Einzelrechner in Unternehmen bzw. entsprechenden Einrichtungen, bis zum Stadtbereich. Sie arbeiten meist auf Basis Ethernet, Token Ring, teilweise auch Wählleitungen (u. a. ISDN). Oft wird ein leistungsfähiges Rückgratnetz eingesetzt. Die Basis ist oft ein FDDI-Netz (Fiber Distributed Data Interface, Norm für Glasfasernetze), wie auch das Uni-Backbone-Netz.
- Wide Area Networks (WAN): Sie realisieren großflächige bis globale Kopplungen von LAN's und MAN's über vielfältige analoge und digitale Medien. Geringe Übertragungskapazitäten für den Einzelnutzer und geringe Geschwindigkeiten sind charakteristisch. Üblicherweise sind sie öffentlich, z. B. das weltweite Internet als größtes Computernetz.

Weitere Unterscheidungen seien nur angerissen, lassen aber die Vielfalt der Materie erkennen, nach der räumlichen Anordnung der Verbindung können z. B. weiter unterschieden werden:
- Punkt-zu-Punkt-Verbindungen,
- Mehrpunktverbindungen, dort wiederum nach der räumlichen Anordnung der Rechner und ihrer Verkabelung (Sterntopologie, wie am Server AXON),
- Ringtopologie (wie im Backbone), Bustopologie (wie am Server AMUN) und Mischformen,

nach der Art der Rechnerhierarchie:

- Bei einem serverbasierten Netzwerk existieren Rechner, die gesonderte Netzwerkfunktionen übernehmen (bei PC's meist dediziert (zweckgebunden)). Bei den am weitesten verbreiteten Dateiserversystemen (wie zum Beispiel AMUN/AXON und ATON) sind dies vor allem die gemeinsame Nutzung von Plattenkapazität auf dem Fileserver (einschließlich der Nutzung der darauf installierten Software) und die gemeinsame Nutzung von Geräten (Drucker, Plotter usw.).
- In einem peer-to-peer-Netzwerk sind nichtdedizierte Rechner mit einem Netzwerkfunktionen unterstützenden Betriebssystem ausgestattet. Die wichtigsten Funktionen sind die gemeinsame Nutzung von Geräten (insbesondere Druckern), Plattenkapazität und Nachrichtendiensten. Die verbreitetsten Systeme sind UNIX, Windows for Workgroups und Personal NetWare. Bei PC's eignen sich diese besonders für kleinere Netze mit geringem Netzwerkverkehr.

4.3 Netzleistungen und typische Dienste

Für den Nutzer stehen die verfügbaren Leistungen in einem Netz im Vordergrund, das Netz soll selber im Hintergrund bleiben. Allgemein werden folgende Aspekte hervorgehoben:
- Ressourcenverbund von Hard- und Software:
  - Dateiserver-Dienste, einschließlich der darüber verfügbaren Software
  - Gemeinsame Nutzung von Hardware, insbesondere Drucker oder Spezialhardware
- Kommunikationsverbund (E-Mail, Informationssysteme usw.)
- Datenverbund (Daten können über das Netz verteilt gespeichert und gemeinsam verarbeitet werden, Trennung der logischen und physischen Speicherung)
- Last- und Leistungsverbund (Verteilung der Aufträge auf verschiedene Rechner zur besseren Auslastung und zur Umgehung von Leistungsgrenzen)
- Sicherheitsverbund (Ausgleich von gestörten Komponenten durch Umschalten auf andere vernetzte Rechner).

Von großer Bedeutung ist die verteilte Datenverarbeitung, wo Clients Anforderungen an Server stellen, die diese Anforderungen erfüllen können und ihr Ergebnis an den Client rückübermitteln. Diese Begriffe widerspiegeln vielfältigste Formen der Arbeitsteilung zwischen Rechnern bzw. auch auf einem Rechner und werden nicht nur in einem engen Sinn gebraucht. Sie reichen von der Darstellung einer Arbeitsoberfläche (Text oder auch Grafik) bis zur Verteilung von Datenzugriff oder auch Rechenleistung. Die Begriffe Client und Server sind dabei relativ.

Die Gewichtung der einzelnen Punkte unterscheiden sich natürlich für konkrete Netze. Während z. B. in den lokalen Netzen die Fragen des Ressourcen- und Datenverbunds im Vordergrund stehen, gewinnt naturgemäß die Rolle der Kommunikation in Weitverkehrsnetzen an Bedeutung. Die typischen Dienstangebote (herkömmliche Arten der Kommunikation sind zum Vergleich aufgeführt) in WAN's sind:

- E-Mail (Electronic Mail) – Post, Briefverkehr
- FTP – Software zum Datentransfer – (Software) Paketverkehr
- Listserver – Rundschreiben
- Netnews – Schwarze Bretter
- Talk – Telefonieren.

5. Datenorganisation

5.1 Einführung und Grundbegriffe

Datenorganisation bedeutet die Zusammenfassung aller Verfahren zur logischen und physischen Behandlung von Daten bzw. Datenbeständen. Unter der logischen Datenorganisation versteht man das Analysieren und Ordnen der Daten nach ihren Zusammenhängen. Die physische Datenorganisation bezieht sich auf die Speicherung der Daten auf Datenträgern. In beiden Teilen sind folgende Ziele zu beachten: es ist ein schneller Zugriff zu gewährleisten, die Daten müssen leicht aktualisierbar sein, sie müssen sich beliebig auswerten lassen und müssen deshalb flexibel miteinander verknüpft werden können.

Ein wichtiger Begriff in diesem Zusammenhang ist die Redundanzfreiheit. Damit wird ausgesagt, daß Daten nicht mehrmals in einem System gespeichert werden dürfen. Daten werden in der logischen Struktur eines Datenfeldes gespeichert. Dieses Element ist die kleinste Einheit innerhalb einer Datenorganisation. Ein Datensatz besteht aus einer Menge von Datenfeldern. Gleichartige und logisch zusammengehörige Datensätze bilden eine Datei. Die Ordnung innerhalb einer Datei erfolgt über einen Ordnungsbegriff. So wird zum Beispiel in einer Datei ein Primärschlüssel verwendet, der jeden Datensatz eindeutig kennzeichnet. Eine Datenbank ist die Zusammenfassung mehrere Dateien, die in einer logischen Abhängigkeit zueinander stehen. Um dies zu verdeutlichen, sei ein Beispiel angeführt: In einer Datei werden die Informationen zu Ärzten gespeichert. Jeder Datensatz in dieser Datei enthält Informationen zu jeweils einem Arzt. Der Name des Arztes wird im Datensatz in einem Feld „Arztname" gespeichert. Um ein Datenbanksystem für Pharmareferenten zu erstellen, werden die Datei der Ärzte mit Dateien über Praxen und Pharmareferenten, die die Ärzte betreuen, in Beziehung zueinander gebracht. Datenbanksysteme legen sich wie ein Vermittler zwischen Nutzeranwendungen und physischen Daten. Der Endnutzer kommuniziert nur noch mit dem Datenbanksystem, das seinerseits alle Aufgaben der physischen Speicherung und Datensicherung übernimmt.

5.2 Ordnung in Datenbeständen durch Schlüsselattribute

Um Daten effizient zu organisieren muß sichergestellt sein, daß das Speichern und Wiederauffinden von Daten schnell und flexibel erfolgt. Hierzu müssen die inhaltlich zusammengehörigen Daten auch eindeutig gekennzeichnet sein. Als Ordnungsbegriff für die Datei „Praxis" kann im obigen Beispiel eine Praxisnummer als Primärschlüssel verwendet werden. Dieser Primärschlüssel stellt sicher, daß alle Daten einer bestimmten Praxis immer unter der einen Praxisnummer gefunden werden können.

In der Datei „Ärzte" wird ein Feld mit der Praxisnummer eingeführt, in der der Arzt arbeitet. Hier stellt die Praxisnummer einen sogenannten Fremdschlüssel in der Datei „Ärzte" dar, quasi eine Verbindung zur Datei Praxis.

Diese Schlüssel können nun unterschiedlich aufgebaut sein. Sind sie nur als identifizierend konzipiert, reicht ein einfacher Zähler aus. Soll auch ein klassifizierender Teil enthalten sein, um zum Beispiel schon im Schlüssel zu kennzeichnen, welchem Fachbereich der Arzt angehört, wird zum identifizierenden Teil ein klassifizierender hinzugefügt, z. B. P001 für einen Praktischen Arzt.

5.3 Logische Datenorganisation

In der logischen Datenorganisation wird der Aufgabenstellung entsprechend ein Abbild von der Realität erstellt: es wird ein Datenmodell aufgebaut. Besteht die Aufgabe darin, ein Informationssystem für einen Pharmareferenten zu erstellen, so müssen die relevanten Objekte identifiziert werden. In unserem Fall könnten dies die Ärzte, die Praxen, die Pharmareferenten und – um regionale Betrachtungen vornehmen zu können – die Landkreise sein. Objekte werden auch als Entitäten bezeichnet. Gleichstrukturierte Objekte bilden einen Entitäts(Objekt)typ. Zu jedem Objekt müssen Attribute definiert werden, die später die Datenfelder in einem Datensatz kennzeichnen.

Zwischen Entitäten können, wie zwischen den Objekten der realen Welt, Beziehungen bestehen. Eine Beziehung besteht zwischen Ärzten und Praxen. Die Kardinalität dieser Beziehung ist 1:n, was heißt, daß in einer Praxis mehrere Ärzte arbeiten können, aber ein Arzt immer nur in einer Praxis. Andere Kardinalitäten sind 1:1 und n:m. Wird eine Beziehung mit n:m Kardinalität identifiziert, so muß diese in einer eigenständigen Entität aufgelöst werden, um unnötige Datenredundanzen zu vermeiden.

Dargestellt werden können diese logischen Zusammenhänge mit Hilfe eines Entity-Relationship-Diagramms. Entitäten werden dabei als Rechtecke, die Attribute als ovale Kreise und die Beziehungen als Rauten dargestellt.

Abbildung 4: *Logische Zusammenhänge mit Hilfe eines Entity-Relationship-Diagramms*

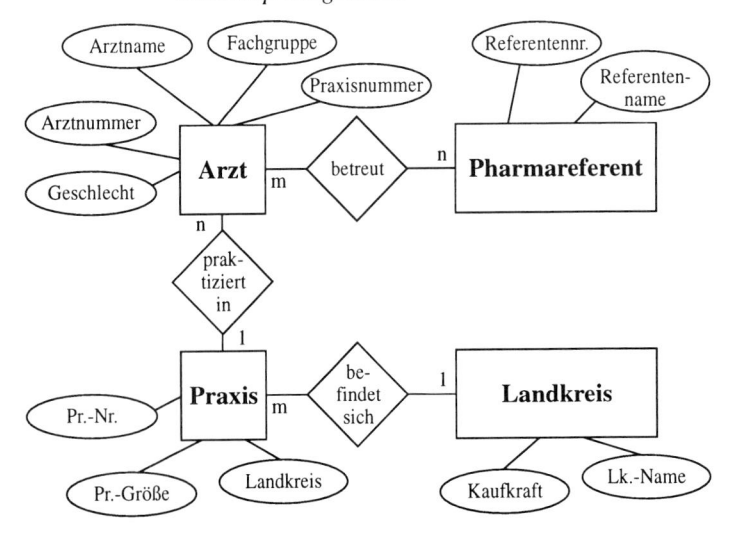

5.4 Physische Datenorganisation

Um einmal gespeicherte Daten wiederzufinden, müssen sie mit einer eindeutigen Identifikation (Primärschlüssel) abgespeichert werden. Für alle Datenoperationen zur Datenmanipulation wie Einfügen, Sortieren, Löschen oder Aktualisieren ist diese Eigenschaft vonnöten. Der Zugriff auf die Daten kann zum einen sequentiell erfolgen oder aber wahlfrei (random access). Bei der sequentiellen Speicherung werden alle Datensätze lückenlos hintereinander gespeichert und nach dem Ordnungsbegriff (Primärschlüssel in der Datei) geordnet. Suchvorgänge beginnen am Anfang der Datei und hangeln sich anhand einer Bedingung (z. B. der Name eines Arztes) sukzessive von einem Datensatz zum anderen durch. Es wird immer die gesamte Datei durchgearbeitet. Dies ist sowohl bei nur geringen Datenbewegungen als auch bei zu vielen Datenbewegungen hinsichtlich der benötigten Zeit problematisch. Es stellt aber die einzige Möglichkeit der Speicherung bei Magnetbändern dar. Bei wahlfreiem Zugriff wird über den originären Datenbestand eine Indextabelle aufgestellt, die, vergleichbar mit einem Inhaltsverzeichnis in einem Buch, das schnelle Finden von Daten ermöglicht. Wird in der Datei Ärzte ein Index auf den Namen der Ärzte gelegt, so werden in einer Indextabelle die Namen mit ihren zugehörigen Speicheradressen abgespeichert (ähnlich der Vorgehensweise in einem Buch: dort werden die unterschiedlichen Begriffe mit ihren „Adressen", den Seitenzahlen, niedergeschrieben). Sucht man nun nach einem bestimmten Arzt, so wird nicht mehr im gesamten Datenbestand nachgesehen, sondern das Programm sucht in der Indextabelle und bewegt sich sofort zu der dort angegebenen Adresse.

5.5 Datenbankmodelle

Bei der Beschreibung von Datenbanksystemen unterscheidet man die konzeptionelle, die interne und die externe Sicht auf die Daten. Die logische Struktur von Daten wird in der konzeptionellen Datensicht abgebildet, es ist letztlich Abbild des entwickelten ERD. Man beschreibt diese Struktur mit Hilfe eines semantischen Datenmodells, von denen heute drei geläufig sind: das hierarchische Modell, das Netzwerkmodell und das relationale Modell. Von praktischem Interesse ist vornehmlich das relationale Datenbankmodell. Die interne Sicht der Daten betrifft deren physische Datenorganisation auf Datenträgern. Dazu gehört z. B. die Auswahl der geeigneten Speicherungsform. Die externen Sichten auf eine Datenbank beziehen sich darauf, wie der Benutzer sie aus dem Blickwinkel seiner Anwendung sieht. Hierbei handelt es sich darum, wie der Benutzer auf die Daten zugreifen kann. Es gehören sowohl die benutzerspezifische Auswahl von Teilmengen aus den originären Daten, als auch der gesamte Aspekt der Datensicherheit und des Datenschutzes zu diesem Gebiet. So können verschiedene externe Sichten eingerichtet werden, um unterschiedlichen Benutzern unterschiedliche Teile der Datenbank zugänglich zu machen.

Bei einem relationalen Datenbankmodell als dem bei weitem flexibelsten und einzig aktuellen der Modelle, werden die Daten nach Themengruppen geordnet in Tabellen gespeichert. In unserem Beispiel eine Tabelle für Ärzte, eine für die Praxen, eine für die Landkreise usw. Eindeutige Kennzeichnungen erhalten die logischen Datensätze (Tupel) hier auch durch Schlüssel, was weiter oben schon besprochen wurde. Die Beziehungen werden über Referenzfelder in den Tabellen hergestellt. In der Tabelle Ärzte existiert ein Feld Praxisnummer, welches die Verbindung zu der Tabelle Praxis herstellt. Der Entitytyp wird als Relation bezeichnet, deshalb auch der Name Relationales Datenbanksystem. Es lassen sich sowohl hierarchische als auch Netzwerkstrukturen im Relationenmodell beschreiben.

Die wichtigsten Komponenten, mit denen der Benutzer in den Dialog mit der Datenbank eintritt, sind unter anderem die Datenbeschreibungssprache (DDL) und die Datenmanipulationssprache (DML). Die DDL beschreibt für das konzeptuelle Schema die Daten, die in einer speziellen Bibliothek, dem Data Dictionary, abgelegt werden. Im Data Dictionary werden je nach ihrer Art alle in der Datenbank gespeicherten Daten und Dateien aufgeführt und ihre Sätze und Segmente beschrieben. Die Sprache, mit der der Benutzer auf den Datenbestand zugreift, heißt DML. Die DDL und DML für relationale Datenbanken schlechthin ist SQL (Structured Query Language). Sie ermöglicht das strukturierte Suchen, Einfügen, Aktualisieren und Löschen von Daten auf einem sehr hoch aggregierten Standard. Für 1986 ist der ANSI-Standard für SQL beschlossen worden. Es gibt auch Datenbanksprachen, die eine einfache datenbankbezogene Erweiterung einer höheren Programmiersprache sind, und so die Interaktion mit der Datenbank in einer Programmiersprache der 3. Generation gestatten.

Ein Beispiel für eine Befehlszeile einer Programmiersprache der 4. Generation, zu der auch SQL gehört, selektiert zum Beispiel alle Ärzte, die Internisten sind:

SELECT Name FROM Arzt WHERE Fachgruppe="Internist";

Es werden die Namen ausgegeben. In der Tabelle „Arzt" sind „Name" und „Fachgruppe" Datenfelder.

5.6 Information Retrieval Systeme

Im Gegensatz zu Datenbanksystemen greifen Information Retrieval Systeme auf einen Bestand von unformatierten Daten zurück. Hauptaufgaben sind hier die Speicherung und Verwaltung von formatfreien Texten. Ein neuartiges und bequemes Werkzeug in dieser Richtung steht uns mit dem WWW zur Verfügung. Das WWW ist ein Dienst im weltumspannenden Informationssystem Internet, mit dessen Hilfe man eine Vielzahl von Informationen aus Dokumenten, aber auch lauffähige Programme erhalten kann. Inhaltlich werden im Internet Informationen zu allen möglichen Interessengebieten durch akademische, kommerzielle und nichtkommerzielle Anbieter hinterlegt. Vornehmlich werden von Internetprovidern formatfreie Dokumente im Internet abgelegt und bestimmten Themen und Kategorien zugeordnet. Mit Suchmaschinen wie der AltaVista-Searchengine oder WebCrawler kann man direkt nach diesen Themengruppen suchen, und sich die entsprechenden Dokumente mit ihrer Adresse auflisten lassen. Des weiteren ist die Suche nach Begriffen oder Schlagwörtern möglich, wobei die unterschiedlichen Suchmechanismen sowohl in den Dokumententiteln als auch in den vollen Texten suchen können.

Mit dem Internetdienst Archie ist auch eine Suche in Deskriptorendateien möglich. Hier werden die Dateinamen (egal ob Texte oder Programme) und kurze Beschreibungen gespeichert und regelmäßig aktualisiert. Die Informationsaufbereitung erfolgt im WWW mit Hilfe eines WWW-Browsers. Dies ist ein Programm, daß das spezielle WWW-Format (HTML) lesen kann. Beispiele sind hier Netscape und Mosaic.

Neben dem Internet gibt es eine Vielzahl von Online-Anbietern, die gegen Entgelt Zugriff auf Patent-, Literatur- oder Unternehmensdatenbanken gestatten. Diese Informationen sind gerade als Wettbewerbsfaktor ein nicht zu unterschätzendes Instrumentarium, können doch Informationen wie Umsatzentwicklung auch von Mitwettbewerbern abgerufen werden. Große Anbieter in Deutschland, wie zum Beispiel Genios, bieten unter anderem auch Zugriff auf Patentdatenbanken an, in denen neue Produkt- und Verfahrensentwicklungen zukünftige Trends verdeutlichen können.

6. Anwendungssysteme

6.1 Standardsoftware als Querschnittsystem

Bürotätigkeiten werden durch aufgabenbezogene Standardsoftware (Bürowerkzeuge[13], Endbenutzertools) unterstützt. Insbesondere betrifft das die Aufgaben
- Textbe- und -verarbeitung,
- Tabellenkalkulation,
- Grafikerstellung und -verarbeitung und
- Datenbankanwendungen.

Die Gruppenarbeit an vernetzten Computern wird einerseits durch Kommunikationssysteme[14] (z. B. Electronic Mail) und andererseits durch Workflowmanagementsysteme realisiert.

Moderne Textverarbeitungsprogramme (z. B. Word für Windows, WordPerfect oder AmiPro) bieten neben der Texterfassung und -änderung und umfangreichen Formatierungsmöglichkeiten u. a. auch die Funktionen Thesaurus und Rechtschreibprüfung, die Serienbrieffunktion mit einer Schnittstelle zu Datenbanken oder Administrationssystemen und die Nutzung von Dokumentvorlagen.

Die Tabellenkalkulation (Excel, Lotus) ist auf Datenanalysen unter unterschiedlichen Bedingungen, sog. „Was Wäre Wenn"-Analysen ausgerichtet. In Tabellenarbeitsblättern werden Texte, Zahlen und Formeln erfaßt, für die Berechnungsvorschriften stehen oft eine Vielzahl „eingebauter" Funktionen zur Verfügung. Grafische Darstellungen der Daten in Diagrammen unterstützen die Datenpräsentation. Optimierungsmodelle, iterative Berechnungen zur Suche von Ausgangswerten bei vorgegebenen Endwerten und die Möglichkeit, Szenarien zu erstellen, abzuspeichern und zu vergleichen oder die Schnittstelle zur Datenbank kennzeichnen die Leistungsfähigkeit eines Tabellenkalkulationsprogrammes.

Bei den Grafikprogrammen unterscheidet man Zeichenprogramme (z. B. PaintBrush) und Präsentationssoftware (z. B. MS Powerpoint, CorelDraw). In der letzteren Kategorie besteht die Möglichkeit, Datenmaterial auszuwerten und grafisch aufzubereiten. Vielfältige Layouts werden als Vorlagen angeboten und können je nach Bedarf gewechselt werden oder eigene mit geringem Aufwand ent-

---

[13] Siehe dazu: Stahlknecht. P.: Einführung in die Wirtschaftsinformatik, 7. Auflage, S. 426 ff.
[14] Vgl. Abschnitt 4.

wickelt werden. Bildschirmpräsentationen können oft auch mit Animationen untersetzt werden.

Datenbanksysteme wie Access oder dBase ermöglichen den schnellen Aufbau einer eigenen kleinen Datenbank am Arbeitsplatz. Im Dialog und durch sog. Assistenten unterstützt, können schnell Tabellen angelegt, mit Daten gefüllt und flexibel abgefragt und ausgewertet werden.[15]

Die Vorteile bei der Anwendung dieser Standardsoftware unter einer einheitlichen Benutzeroberfläche (z. B. Windows) sind klar zu erkennen:

- Die Oberflächen der Programme sind standardisiert und bieten damit für den Nutzer eine schnelle Einarbeitungsmöglichkeit.
- Sie besitzen Kreuzfunktionalität, d. h. einfache Grafiken und einfaches Rechnen sind auch im Textverarbeitungsprogramm möglich. Textformatierungen sind auch in die Tabellenkalkulation oder Präsentationssoftware integriert.
- Die Programme enthalten eine einfache intelligente Script-Sprache zur Programmierung von Standardaufgaben: sog. Makrosprachen, mit denen der End-user auch ohne spezielle Programmierkenntnisse kleine Anwendungen erstellen kann. Der Datenaustausch zwischen den Programmen wird über OLE (Object Linking and Embedding) und DDE (Dynamic Data Exchange) realisiert.

Der Trend geht inzwischen zur sogenannten Componentware: verschiedene Standardsoftware wird mit einigen wenigen Skriptbefehlen zu einer (fast) individuellen Lösung verbunden. Das ergibt einen enormen Zeit- und Kostenvorteil in der Programmierung, man bleibt unter der bekannten Benutzeroberfläche und hat trotzdem nur minimal eingeschränkte Funktionalität.

Beispiele dafür sind Management Informationssysteme (MIS) auf Basis von Datenbank- oder Controlling-Systemen aus Tabellenkalkulationssoftware.

Workflow-Systeme unterstützen den Arbeitsablauf insbesondere von Bürotätigen, die

- an mehreren Arbeitsplätzen
- in mehreren Arbeitsschritten
- nach festgelegten Regeln

eine bestimmte Aufgabe bearbeiten.[16] Das System ist dabei auf die Bearbeitung von Standardfällen ausgelegt. Wichtige Funktionen

---

[15] Vgl. Abschnitt 5.
[16] Vgl. Stahlknecht, P.: Einführung in die Wirtschaftsinformatik, 7. Auflage, S. 435.

sind Bearbeitung, Speicherung und Archivierung, Weiterleitung und Wiedervorlage des Dokumentes, Information des Management über den Stand der Bearbeitung und die Auslastung der Abteilung. Dabei werden vom System Vorlagefristen, Zeitrahmen für die Bearbeitung, Reihenfolgebedingungen oder Parallelisierbarkeit von Einzelaufgaben beachtet. Entscheidungen, die an Funktionen gebunden sind, werden auch nur den Funktionsträgern zugeordnet, aber auch Ausnahmeregelungen und Vertretungsregeln können hinterlegt werden. Typische Anwendungsfälle sind die Schadensbearbeitung in der Versicherungsbranche oder die Auftragsbearbeitung in der Versicherung.

6.2 Branchenneutrale IV-Anwendungen

6.2.1 Rechnungswesen

Die Systeme des Rechnungswesens gliedern sich in Systeme der Finanzbuchhaltung und Systeme der Kosten- und Leistungsrechnung.

6.2.1.1 Finanzbuchhaltung

Aus funktionaler Sicht stellt sich dieser Bereich relativ einfach dar. Die Struktur der Programme zur Führung des Hauptbuchs ist durch das System der doppelten Buchführung und die Grundsätze ordnungsgemäßer Buchführung bestimmt. Die Funktionalität konzentriert sich auf Datenverwaltung, Belegverarbeitung und -kontrolle, sowie Auskunftsbereitschaft.

Im wesentlichen ergeben sich *Rationalisierungsvorteile* aus der datenmäßigen Integration mit anderen Bereichen. Eine Untersuchung bei Mertens[17] zeigt, daß bei konsequenter Integration nur noch 30% der Vorgänge manuell gebucht werden müssen, der Rest ergibt sich aus der Integration mit (u. a.) Materialverwaltungsprogrammen, Lohn-, Gehalts- und weiterer Entgeltabrechnung, sowie in zwischenbetrieblicher Integration mit den Bankbuchhaltungen.

Die Identität zwischen den Buchungen auf den Nebenbüchern (Debitoren- und Kreditorenkonten) und den zugeordneten Hauptbuchkonten wird vom System buchungssatz- und taggenau garantiert. Doppeleingaben, Fehlbuchungen und entsprechende aufwendige Suchaktionen, die beim manuellen Verfahren einen ganz er-

---

[17] Vgl. Mertens, P./Griese, F.: Integrierte Informationsverarbeitung II, 6. Auflage, Wiesbaden 1994.

heblichen Teil der Tätigkeit ausmachen können, werden so weitgehend vermieden. Auch dort, wo noch manuelle Eingaben erforderlich sind, führt das System den Buchhalter durch eine Reihe von Bildschirmmasken, die aus den abgespeicherten Stammdaten zu Kunde oder Lieferant heraus oft mit überschreibbaren Voreinstellungen (Default-Werten) gefüllt sind, und nimmt nach dem Ausfüllen aller Felder eine Plausibilitätsprüfung der Eingaben vor.

Aufgrund der Aktualität der Verbuchungen ist im Prinzip ein taggenauer Abschluß der Buchhaltung möglich. Da Entscheidungen über bilanzrechtliche Bewertungsspielräume politischer Natur sind und daher nicht vollautomatisch getroffen werden können, bedürfen derartige Abschlüsse, sofern sie für einen externen Adressatenkreis bestimmt sind, i.d.R. manueller Nacharbeit. Für interne Zwecke und hier insbesondere den Periodenvergleich sind sie aber unmittelbar geeignet.

Konsolidierungsrechnungen in Konzernen können unter Berücksichtigung gesetzlicher Vorschriften weitgehend automatisch erfolgen; Gleiches gilt für den Fremdwährungsausgleich in internationalen Unternehmen. Bei externen Abschlüssen ist aber meist wieder in gewissem Umfang manuelle Nacharbeit erforderlich.

Von den Nebenbuchhaltungen sind insbesondere Kreditoren- und Debitorenbuchhaltung durch IV-Systeme zu unterstützen. Bei den *Debitoren* führen Lieferungen automatisch zum Eintrag der Forderung in die Offene Posten-Liste. Werden die Zahlungstermine nicht eingehalten, können ein nach Kundenwertigkeit und Forderungshöhe differenzierendes Mahnprogramm automatisch gestartet und die Mahngebühren dem Kundenkonto belastet werden. Die vollautomatische Verbuchung von Kundenzahlungen wird in einem erstaunlichen Maße durch mangelnde Mitwirkung seitens der Kunden behindert (Zusammenfassung von einigen Zahlungen ohne Angabe der Referenzbelege, Kundennummer statt Rechnungsnummer, Abschlagszahlungen ohne Angaben zur Zuordnung ...), so daß man wieder auf manuelle Zuarbeit angewiesen ist, die allerdings durch das System unterstützt werden kann[18].

Bei den *Kreditoren* bietet insbesondere die automatische Begleichung von Rechnungen große Rationalisierungsvorteile. Rechnungen werden zum jeweils spätesten Termin der Skonto- oder regulären Zahlungsfrist beglichen, wobei das Programm Zahlungs-

---

[18] Vgl. Mertens, P.: Integrierte Informationsverarbeitung I, 9. Auflage, Wiesbaden 1993, S. 269 ff.

verkehrsbelege automatisch erstellt oder im Datenaustausch die entsprechenden Anweisungen direkt an die eigene Hausbank übermitteln kann.

Die Möglichkeiten der *Anlagenbuchhaltung* konzentrieren sich auf die automatisierte Durchführung von Abschreibungen. Abb. 5[19] zeigt das Zusammenspiel der Komponenten nochmals auf.

Abbildung 5: *Programme der Finanzbuchhaltung mit internen und externen Schnittstellen*

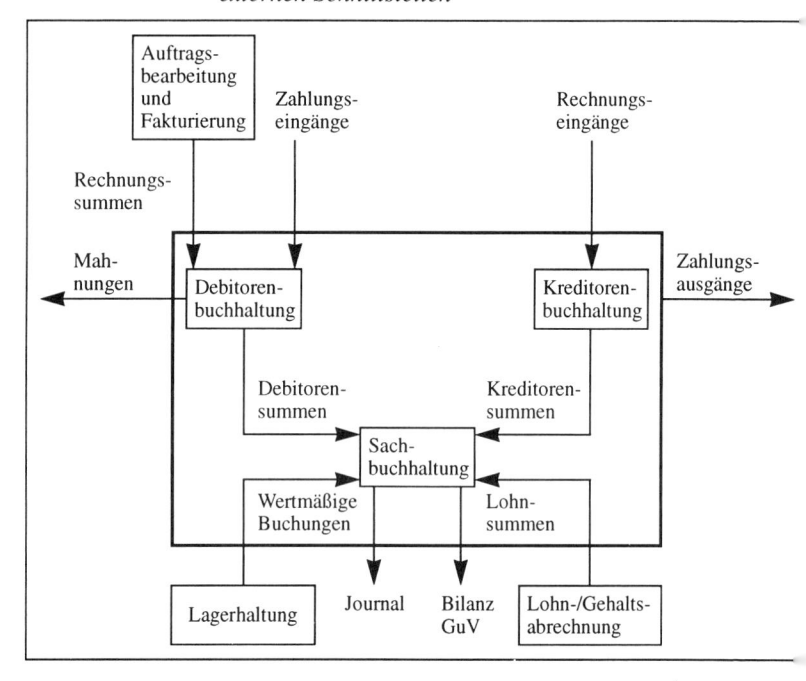

6.2.1.2 Kosten- und Leistungsrechnung

Die IV-Unterstützung konzentriert sich hier auf die Kostenstellen- und die Kostenträgerrechnung; die Kostenartenrechnung ist weitgehend synonym mit einer entsprechend fein gegliederten Datenerfassung zu sehen. Die technische Realisierung verschiedenster Voll-

---

[19] Siehe dazu aus Stahlknecht, P.: Wirtschaftsinformatik, 7. Auflage, Berlin u. a. 1995.

und Teilkostenrechnungssysteme macht keine Probleme. Rechnungen in unterschiedlichem Detaillierungsgrad, alternativen Schlüsselungsvarianten oder Zwischensummen können problemlos erfolgen. Verfahren der Prozeßkostenrechnung halten langsam Einzug.

Bei der Vor- und Nachkalkulation von Produkten werden die funktionsübergreifenden Möglichkeiten genutzt. Stücklisten aus PPS-Systemen (vgl. Abschnitt 6.3.2.2) und Arbeitszeitvorgaben aus CAP-Systemen können, mit Standardkostensätzen versehen, fast vollautomatisch ein Produkt kalkulieren; die Zeiten und Verbrauchsdaten aus der Betriebsdatenerfassung bei der tatsächlichen Produktion geben Input-Daten für die Nachkalkulation.

6.2.1.3 Perspektiven der Integration

Zur Vermeidung einer redundanten Zweit-Erfassung innerhalb des Bereichs Rechnungswesen stellt Fischer[20] folgende Prinzipien mit unternehmensweiter Geltung auf:

1. Auf jedem Schritt des Güter-/Leistungsflusses sollen gleichzeitig die verbrauchten und erzeugten Gütermengen (Mengengerüst) und der resultierende Werte- bzw. Geldfluß (Wertgerüst) erfaßt werden.
2. Auf jedem Prozeßschritt soll erfaßt werden, WER, WELCHE Güter WOFÜR verbraucht hat (m.a.W. wird jeder Vorgang möglichst sofort und simultan auf einen Kostenträger und eine Kostenstelle gebucht).
3. Die gesamte Vorgangskette von der Entwicklung bis zur Entsorgung ist zu erfassen und verursachungsgerecht auf einen Kostenträger zu buchen.

Auf der daten-abgebenden Seite stellt das Rechnungswesen u. a. Informationen bereit für
- die Finanz- und Liquiditätsplanung der Unternehmung (Zahlungsfälligkeiten, ausstehende Forderungen nach Fristigkeit ...)
- die Produktionsplanung (Kostendaten)
- das Marketing (Kostendaten, Auftragseingang, Kundengrößenklassen ...).

---

[20] Vgl. Fischer, J. et al.: Bausteine der Wirtschaftsinformatik, Steuer- und Wirtschaftsverlag 1995, S. 13 ff.

6.2.2 Marketing

6.2.2.1 Außendienstunterstützung

Außendienstmitarbeiter vieler Branchen können durch Laptops wirkungsvoll in ihrer Tätigkeit unterstützt werden. Die Datenbank auf dem Gerät ersetzt die Kundenkartei des Mitarbeiters, speichert Daten zum besuchten Unternehmen und zum Ansprechpartner. Gleichzeitig ersetzt das Gerät u.U. mehrere tausend Seiten starker Technischer Handbücher und enthält tagesgenau die Preislisten. An Funktionalität bieten die Geräte vor allem:

- Serienbrief- und -fax-Funktionen mit direkter Anbindung an die Kundendatenbank.
- Angebotserstellungssysteme und Beispielrechnungen, wie sie gerade in der Versicherungswirtschaft typisch sind.
- Konfigurationssysteme, mit denen ein individuelles Angebot gemäß den Erfordernissen des Kunden baukastenartig aus Leistungspaketen des Herstellers zusammenstellt und kalkuliert wird (Beispiel: Mercedes-Benz-Nutzfahrzeuge, die hinsichtlich Kabine, Antriebsart, Ladefläche, Krananbau ... individuell nach Kundenwünschen zusammengestellt werden). An dieser Stelle werden Methoden der Künstlichen Intelligenz[21] eingesetzt. Finanzierungsalternativen können hinsichtlich steuerlicher, liquiditäts- und ertragsmäßiger Konsequenzen bewertet werden.
- Anbindung an eine know-how-Datenbank bereits ausgearbeiteter Lösungsvorschläge für die technischen Probleme anderer Kunden. Der dort getriebene Aufwand kann so mehrfach genutzt und die technische Kompetenz des Unternehmens gegenüber dem Kunden unter Beweis gestellt werden.

Täglich bis einmal wöchentlich findet ein Datenabgleich mit der zentralen Datenbank des Unternehmens statt.[22] Dieser Abgleich erschließt zusätzliche Möglichkeiten:

- Die rasche Übertragung von neu akquirierten Auftragsdaten an das Unternehmen; diese können ggf. direkt in die Produktionsplanung[23] eingeschleust werden.
- Die Rückspielung von Daten zum Bearbeitungsstand von Aufträgen demnächst zu besuchender Kunden; der Mitarbeiter kann so kompetent Auskunft geben. Gleichzeitig kann die Bedeutung des

---

[21] Vgl. Abschnitt 7.
[22] Zu den Techniken der Übertragung siehe Abschnitt 5.
[23] Siehe Abschnitt 6.3.2.2.

Kunden übermittelt werden, so daß der Mitarbeiter den Spielraum bei Preisverhandlungen und Sonderwünschen individuell abstecken kann.
- Ansprechpartner-Verfolgungssysteme. In vielen Branchen wechseln Mitarbeiter des Kunden innerhalb derselben Branche. Häufig ist der neue Arbeitgeber zu ermitteln. Der für diesen zuständige Außendienstmitarbeiter kann einen Hinweis auf den Wechsel und einen Teil der erfolgreichen Vorgeschichte des Kontaktes erhalten.

6.2.2.2 Zentrale Marketingfunktionen

Insbesondere bei Unternehmen, die mit ihren Endkunden direkt in Kontakt treten (z. B. der Versandhandel), kann die Kundendatenbank zur Drehscheibe eines hochgradig kundenspezifisch gestalteten quasi-individuellen Marketing werden. Man spricht vom Database-Marketing.

Aus datenmäßiger Sicht setzt dies die systematische und kundengenaue Erfassung jedes Kundenkontaktes und jeder Kundenreaktion – im Idealfall nicht nur der Bestellungen – über Jahre (und ggf. auch Adreßwechsel etc.) hinweg voraus, was in großen Unternehmungen auch tatsächlich geschieht.

Funktionsmäßig ergeben sich damit als Möglichkeiten u. a.:
- Eine stark personalisierte Kundenansprache („gerade Sie, die Sie seit über 10 Jahren bei uns Oberbekleidung kaufen ...").
- Die Planung des angebotenen Produktmixes in Abhängigkeit von Kundendaten (z. B. planen Versandhändler die Übersendung von Katalogen zu Spezialsortimenten auf Basis des bisherigen Einkaufsverhaltens und der darin dokumentierten Produktpräferenz und Kaufkraft).
- Controlling der Erfolgsquote einzelner Aktionen. Der Rücklauf auf Angebote zeigt zum einen, wo deren Zielgruppen sitzen und gibt zum anderen neue Information über den Kunden, so daß der in Abbildung 6 dargestellt Regelkreis entsteht.
- Laufende Überwachung des Sortiments (Wenn einige Sortimente bei einzelnen Kundengruppen an Umsatz verlieren, sollte die Sortimentsqualität überprüft werden).

Abbildung 6: *Regelkreis*

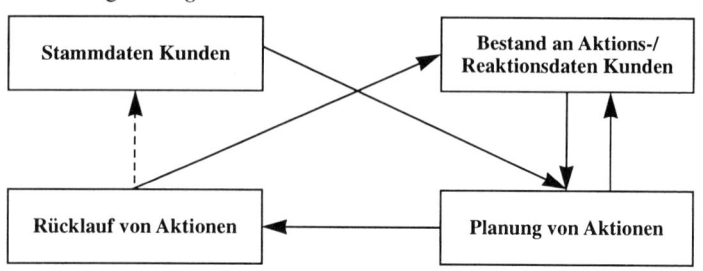

```
┌─────────────────────┐         ┌─────────────────────────┐
│  Stammdaten Kunden  │────────▶│   Bestand an Aktions-/  │
│                     │    ╲ ╱  │   Reaktionsdaten Kunden │
└─────────────────────┘     ╳   └─────────────────────────┘
           ▲             ╱   ╲              │
           ┆           ╱       ╲            ▼
┌─────────────────────┐         ┌─────────────────────────┐
│  Rücklauf von Aktionen │◀────│    Planung von Aktionen │
└─────────────────────┘         └─────────────────────────┘
```

Die an dieser Stelle eingesetzten Verfahren reichen von einfachen Punktebewertungsschemata bis hin zu komplexen Analysen der mulivariaten Statistik.

6.2.2.3 Elektronische Marktforschung

Auf die Möglichkeit, Marktexperimente in Supermärkten durchzuführen und die resultierenden Abverkaufsdaten tagesgenau zu erfassen, wurde in der Einleitung bereits hingewiesen. Empirische Befunde zeigen dabei, daß sich in der ganz überwiegenden Anzahl der Fälle anhand der ersten zwei Wochen über Erfolg oder Mißerfolg einer Kampagne entscheiden läßt. Fragen der Geheimhaltung künftiger Aktionen gegenüber dem Wettbewerb werden vor dem Hintergrund solcher Aktionsgeschwindigkeiten sekundär.

6.2.2.4 Produktpräsentation und Marketing-Kommunikation

Für die Erstellung von Print-Medien stehen heute Layout-Programme zur Verfügung, die auf Rechnern der PC- und Workstation-Klasse (fast) die Qualität von voll professionellen Systemen des typographischen Gewerbes erzielen. Kleine und mittlere Auflagen können damit unmittelbar im Unternehmen druckreif gestaltet werden.

Multimedia-Systeme, bei denen textuelle, Audio- und piktorale Präsentationselemente (Stand- und Bewegtbild) in einer, oft interaktiv steuerbaren Präsentation verschmolzen sind, erregen – zumindest im Moment noch – hohe Aufmerksamkeit, sind aber teilweise nur unter erheblichen Kosten professionell zu erstellen.

Produktpräsentation und -vertrieb im Internet sind als Marketingzweig gerade im Entstehen. Da die Prinzipien des Netzes die unaufgeforderte Übermittlung von Informationen an große Personenkreise ausschließen, handelt es sich nicht um Werbung im eigentlichen Sinne, sondern eher um Produktkataloge, die auf den Servern der Unternehmen zur Verfügung gehalten werden. Da die Übertragungsgeschwindigkeiten eine sinnvolle Übertragung von Bewegtbildern meist nicht zulassen, beschränkt man sich zur Zeit i.d.R. auf Standbild und Texte, ergänzt, den Möglichkeiten des Netzes entsprechend, aber oft um interaktive Berechnungs- und Beratungsfunktionen (etwa Rentenberechnung online). Entschließt sich der Kunde zum Kauf, können viele Dienstleistungen und Software sofort über das Netz übermittelt werden, bei körperlichen Produkten liegt letztlich Versandhandel vor. Da sich der Kunde mit seiner Netzwerkadresse identifiziert, können große Teile der in Abschnitt 6.2.2.2 geschilderten Möglichkeiten des Database-Marketing zum Einsatz kommen. Bezüglich der Abwicklung des Zahlungsverkehrs in einem gegen Hacker kaum gesicherten Netz mit unbeschränktem Zugang existieren noch viele ungelöste Fragen.

6.2.3 Beschaffung

Große praktische Bedeutung besitzt das elektronische Bestellwesen, da
- durch die gleichzeitige Anfrage bei vielen Anbietern große Markttransparenz erreicht werden kann.
- hohe Rationalisierungs- und Zeitvorteile bei Kunden und Lieferanten zu erringen sind.
- beim Lieferanten Bestellungen unmittelbar in dessen Produktions- und Vertriebsplanung einfließen können.

Daten- und funktionsmäßig ist dieser Bereich einfach strukturiert; im Vordergrund stehen Aspekte der zwischenbetrieblichen Kommunikation, des electronic data interchange (EDI). In vielen Branchen existieren mittlerweile Übertragungsstandards (z. B. ODETTE der Automobilindustrie), die eine eindeutige Übertragung von Bestellanfragen, Bestellungen, Lieferabrufen etc. über verschiedene Hardwareplattformen hinweg gestatten. Mit EDIFACT ist unter den Auspizien der UN die Entstehung eines branchenübergreifenden Regelwerks zum standardisierten Austausch aller wichtigen Geschäftspapiere (einschließlich Angebotsanforderung und Angebotsabgaberechnung, Zahlungsavis, Überweisungsauftrag, Frachtbrief etc.) weitgehend abgeschlossen.

Da die hard- und softwaremäßigen Erfordernisse zur Nutzung dieser Standards relativ gering sind, lassen sich auch Klein- und Handwerksunternehmen in das elektronische Bestellwesen integrieren. Mertens[24] gibt ein Beispiel aus der Wohnungswirtschaft. Branchen wie die Automobilindustrie kommunizieren mit allen Vorlieferanten nun mehr auf elektronischem Weg.

Weitere Rationalisierungsvorteile ergeben sich, wenn im Rahmen der Beschaffungslogistik auch z. B. Spediteure, Bahngesellschaften und Behörden (z. B. Zoll- und Hafenämter) in dieses Netzwerk eingebunden werden können. Derartige Systeme sind zur Zeit im Aufbau.

6.2.4 Zahlungsverkehr

Die Automatisierung der Zahlungsverkehrsabwicklung ist zwingend erforderlich, wenn die Vorteile integrierter IV im Bestell- und Rechnungswesen voll genutzt werden sollen. Im Verkehr zwischen Unternehmen und Banken gibt es eine Reihe technischer Alternativen. Die Informationsübermittlung kann durch den Austausch von Datenträgern erfolgen; mehr und mehr setzt sich aber die online-Übermittlung durch. Viele Banken sind z. B. über den T-online-Dienst erreichbar. Die Fixkosten dieses Datenübertragungsweges sind sehr gering, so daß auch kleinen Unternehmen bis hin zum Privatmann diese Möglichkeit offensteht.

Bezüglich der Datenformate existieren wieder etliche Standards für den deutschsprachigen Raum und international, die unmittelbar in die entsprechenden Systeme der Finanzbuchhaltung integriert werden können.

Die Zahlungsverkehrsabwicklung im Handel kann über Scheck-, Kredit- und Cashkarten und ihre Derivate unter Verwendung von POS (point-of-sales) terminals erfolgen. Kernproblem ist die Autentisierung der Zahlung, wobei unterschiedlich aufwendige und sichere Methoden (zum Teil mit Zahlungsgarantie der Kreditwirtschaft) existieren.

In allen Fällen kann aus der elektronischen Zahlung auf die Identität des Kunden geschlossen werden, sofern dies datenschutzrechtlich erlaubt ist. Dies ist bei Kundenkarten, die von den einzelnen Unternehmen für Einkäufe in den eigenen Häusern ausgestellt werden, i.d.R. der Fall. In diesem Fall erschließt die Bezahlung mit der Karte dem stationären Einzelhandel die Möglichkeiten des Database Marketing (vgl. 6.2.2.2).

---

[24] Siehe dazu Mertens, P.: Integrierte Informationsverarbeitung I, 9. Auflage, Wiesbaden 1993, S. 93.

6.3 IV-Anwendungen in einzelnen Branchen

Von der fast unübersehbaren Zahl an Branchenlösungen können hier nur die wichtigsten kurz andiskutiert werden.

6.3.1 Systeme des Handels

Auf die Bedeutung und den Integrationswert von Warenwirtschaftssystemen, in deren Zentrum die Erfassung der Abverkäufe via Scannerkasse steht, wurde in der Einleitung bereits eingegangen (vgl. Abb. 7 zum Warenwirtschaftssystem nach Picot[25]).

Abbildung 7: *Informationsflüsse vom Point of Sale aus*

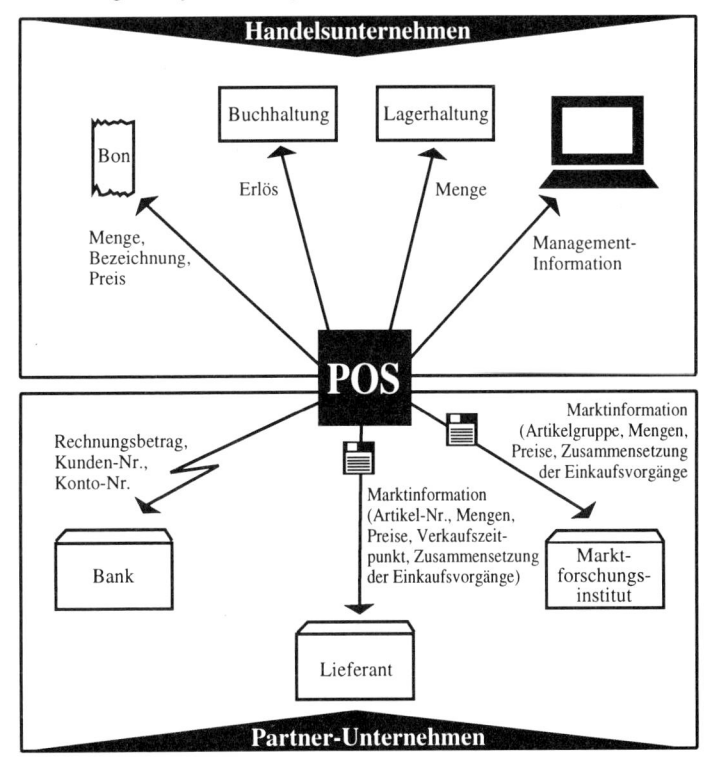

---
[25] In: Mertens, P./Bodendorf et al.: Grundzüge der Wirtschaftsinformatik, 3. Auflage, Berlin u. a. 1995, S. 113 ff.

Zentral ist hier wieder die Datensicht. Mit der Einführung einer europaweit eindeutigen Identifizierung von Einzelhandelsartikeln durch die Europäische Artikelnummer EAN und ihrer entsprechend einheitlichen Strichcodierung (vgl. Abb. 8)[26] wird die Grundlage für die integrierte Verfolgung der Abverkäufe, das Nachbestellen und statistische Erfassen gelegt. Hardwaremäßig bieten intelligente Waagen, die beim Abwiegen von Frischware neben dem Gewicht auch gleich eine Identifikationsnummer strichvercodet ausgeben, die Möglichkeit, auch diese Lücke in der EAN-Vercodung zu schließen. Desgleichen ermöglichen tragbare Strichcode-Leser deren Verwendung im Rahmen der Inventur.

Abbildung 8: *Beispiel einer EAN*

4 0   1 2 3 4 5   0 0 3 1 5   4

Länderkennzeichen ("flag") des Produktionslandes; (BRD: 40-43)

Betriebsnummer des Herstellers (BRD:"bundeseinheitliche Betriebsnummer" bbn)

Artikelnummer je Hersteller (BRD: in der Verantwortung des Herstellers)

Prüfziffer

Auch bei der Kundenberatung helfen IV-Systeme. So können mit entsprechenden CAD-Systemen Kücheneinrichtungen nicht nur vom Grundriß her geplant, sondern im Rahmen einer Computeranimation im „Virtuellen Raum" auch begangen werden. Dabei können z. B. am Bildschirm die zweckmäßige Anordnung der Geräte oder die Lichtverhältnisse überprüft werden. Unterschiedliche Dekorfronten können in der Wirkung im Raum und nicht anhand weniger Quadratzentimeter Musterholz verglichen werden. Wieder bringt eine Vernetzung mit dem Hersteller zur Klärung von Preisen, Lieferzeiten, Sonderwünschen u.ä. zusätzliche Wettbewerbsvorteile.

---

[26] Mertens, ebenda, S. 112.

6.3.2 Systeme des güterproduzierenden Gewerbes

Moderne IV-Unterstützung im produzierenden Gewerbe wird mit dem Schlagwort CIM (computer integrated manufacturing) belegt. Dabei wird eine daten- (und teilweise auch funktionen-) mäßige Integration aller Bereiche der Produktion und Produktionsvorbereitung angestrebt. Dabei ist die technische (Entwurf des Produkts, Planen der einzelnen Bearbeitungsschritte ...) und die betriebswirtschaftliche Seite (Welche Teile sollen wann und in welchen Stückzahlen produziert werden?) zu unterscheiden[27].

6.3.2.1 Technische Komponenten des CIM-Konzeptes: die CAx Technologien

Die IV-mäßige Unterstützung ingenieurmäßiger Tätigkeiten ist unter dem Namen CAx -Technologien (Computer Aided ...) bekannt. Im einzelnen unterscheidet man:

CAD (computer aided design) – Unterstützung des technischen Zeichnens. Die Produktivität des Ingenieurs bei der Erstellung technischer Zeichnungen wird hier durch Computerunterstützung enorm erhöht. Daneben ergeben sich Vorteile in der Verwaltung der Zeichnungen (von der Datenbank wird bei Bedarf stets die aktuelle Version der Zeichnung abgezogen; unterschiedliche Versionen in unterschiedlichen Abteilungen und die resultierende Verwirrung werden eliminiert) und in der Gruppenarbeit (mehrere Ingenieure können simultan an einem Teil arbeiten; das CAD-System unterstützt sie bei der Koordination ihrer Arbeiten).

CAE (computer aided engineering) – Unterstützung bei der Berechnung technischer Eigenschaften eines Entwurfs. Typische Beispiele sind statische Berechnungen (wie stark biegt sich eine Brücke oder ein Träger unter Verkehrslast durch?) oder die Simulation elektronischer Schaltungen (Arbeitet die entwickelte Schaltung auch bei hohen Betriebstemperaturen noch einwandfrei?). Durch die Simulation bzw. Berechnung dieser Effekte im IV-System können die oft um einige Zehnerpotenzen teureren real-life Experimente weitgehend eingespart werden. Gleichzeitig wird enorm Zeit gespart, so daß eine Optimierung der Entwürfe durch Bewertung alternativer Lösungen wirtschaftlich gangbar wird. Im Automobilbau erfolgt heute der ganz überwiegende Teil aller Crash-tests im Computer.

---
[27] Vgl. Scheer, A. W.: CIM, Berlin u. a. 1990.

CAP (computer aided planning) – Unterstützung bei der Erstellung von Arbeitsplänen. Die Herstellung von Teilen muß, ehe sie tatsächlich stattfinden kann, bis auf die Ebene der einzelnen Arbeitsgänge genau geplant werden („Spanne Rohteil auf Maschine xx, Bohre Loch 6 mm mit HSS-Bohrer, Dauer: 5 min pro Teil und 20 min für die Einrichtung der Maschine am Anfang unabhängig von der Anzahl produzierter Stück). Die Computerunterstützung ist hier in erster Linie eine Datenbankfunktion, mit der die Arbeitspläne ähnlicher Teile aufgesucht werden können, so daß sich der Arbeitsplan für ein neues Teil oft nur noch als vergleichsweise unaufwendige Änderung an einem existierenden Plan darstellt.

CAM (computer aided manufacturing) – Computergestützte Fertigung. Moderne Fertigungsmaschinen lassen sich in Sprachen, die denen der 3. Generation Computersprachen[28] nicht unähnlich sind, programmieren. Diese Programme werden zunächst am Arbeitsplatz eines Produktionsingenieurs entwickelt, und dort auch im Rahmen von Computersimulationen ausgetestet und archiviert. Bei Bedarf werden die Programme via Lokales Datennetzwerk an die Werkzeugmaschine übermittelt (sog. DNC-Technologie).

CAQ (computer aided quality control) – Computergestützte Qualitätskontrolle.

Die *Integration der CAx-Bereiche* konzentriert sich bisher auf den Austausch von Geometrie- (oder allgemeiner: Design-) Daten, da diese im CAD entstehen, aber in *allen* anderen CAx Technologien benötigt werden. Aus diesem Grund sind Standardschnittstellen entwickelt und genormt worden, die den Datenaustausch zwischen den Programmen beliebiger Hersteller gestatten. Beispiele sind IGES der Automobilindustrie oder das vom Ziel her universell einsetzbare Projekt STEP der Europäischen Gemeinschaft[29].

Daneben strebt man die Durchführung von CAD und CAE-Operationen durch dieselbe Person an. Auch sollte ein Entwicklungsingenieur im CAD im Laufe seines Karriereweges auch einmal im CAP gearbeitet haben. Denn es hat sich gezeigt, daß die Berücksichtigung von Kriterien der Herstellbarkeit bereits in der Entwurfsphase erhebliche Ersparnisse realisieren hilft. Es zeigt sich hier sehr deutlich, daß die Idee der Daten- und Vorgangsintegration nicht nur die DV-Seite erfassen darf.

---

[28] Vgl. Abschnitt 3.2.3.
[29] Siehe hierzu etwa Fischer, J. et al.: Bausteine der Wirtschaftsinformatik, Hamburg 1995.

6.3.2.2 Betriebswirtschaftliche Seite: PPS-Systeme

Das fundamentale Problem der Produktions Planungs- und Steuerungssyteme ist die Entscheidung, wann welche Fertigungsaufträge auf welchen Maschinen abzuarbeiten sind.

Dieses Problem kann eigentlich nur im Rahmen einer simultanen Planung aller Aufträge und Maschinen präzise gelöst werden, wird in der Praxis aber auf mehrere Teilprobleme aufgeteilt, die dann sukzessive angegangen werden, da in realen Unternehmungen erst durch dieser Serialisierung handhabbare Planungsaufgaben erzielt werden.

Die wichtigsten Komponenten sind im einzelnen:

Materialbedarfsplanung (MRP I): Die MRP I startet mit einer Prognose des künftigen Endproduktbedarfs (eine Datenintegrationsschnittstelle zum Marketing) und löst diesen Bedarf zunächst unter Verwendung von gespeicherten *Stücklisten* in den Bedarf nach den Baugruppen und Einzelteilen auf, die *unmittelbar* in das Endprodukt eingehen. Für jene Baugruppen, die ihrerseits aus im Unternehmen gefertigten Vorprodukten bestehen, wird das Vorgehen wiederholt, bis der am Markt zu deckende Bedarf nach Zukaufsteilen aller Fertigungsstufen ermittelt ist. Berücksichtigt man den zeitlichen Verlauf des Endproduktbedarfs und den Zeitbedarf, der auf einzelnen Produktionsstufen entsteht, kann man durch Rückwärtsterminierung feststellen, wann spätestens die entsprechenden Rohmaterialien und Zwischenprodukte gefertigt werden müssen, damit die Endproduktbedarfe gedeckt werden können[30].

Kapazitätsausgleich (MRP II): Die geplanten Fertigungen belasten die Maschinenkapazitäten, so daß auf Basis der Bedarfsauflösung aller Teile (und einer Terminierung expliziter Kundenaufträge) die Kapazitätsauslastung prognostiziert werden kann. Es entsteht ein Auslastungsgebirge, wie in Abbildung 9. Zum Abbau der Auslastungsspitzen kommen eine Reihe von Maßnahmen in Betracht, z. B.:

---

[30] Ein einfaches Beispiel: Produkt X wird aus je 2 Stück Baugruppe A und B gefertigt, was 3 Tage dauert. Baugruppe A wird in 4 Tagen aus 1 Teil A1 und 4 Teilen A2 zusammengebaut; diese und Baugruppe B werden am Markt gekauft.
Ein Bedarf von 40 Teilen X in 14 (Arbeits-)Tagen löst einen Bedarf nach $40 \cdot 2 = 80$ Teilen B und A in spätestens $14 - 3 = 11$ Tagen aus. Für die Teile vom Typ A müssen $80 \cdot 1 = 80$ Teile A1 und $80 \cdot 4 = 320$ Teile A2 spätestens in $11 - 4 = 7$ Tagen (von heute an) zur Verfügung stehen. Lagerbestände und Liegezeiten wurden im Beispiel vernachlässigt.

- Verlagerung in Zeiten der Unterauslastung; dabei ist eine Vorverlagerung der Fertigungs-Termine tendentiell vorzuziehen
- Beschleunigung einzelner Arbeitsgänge
Parallelbearbeitung auf mehreren Maschinen.

Abbildung 9: *Kapazitätsauslastung*

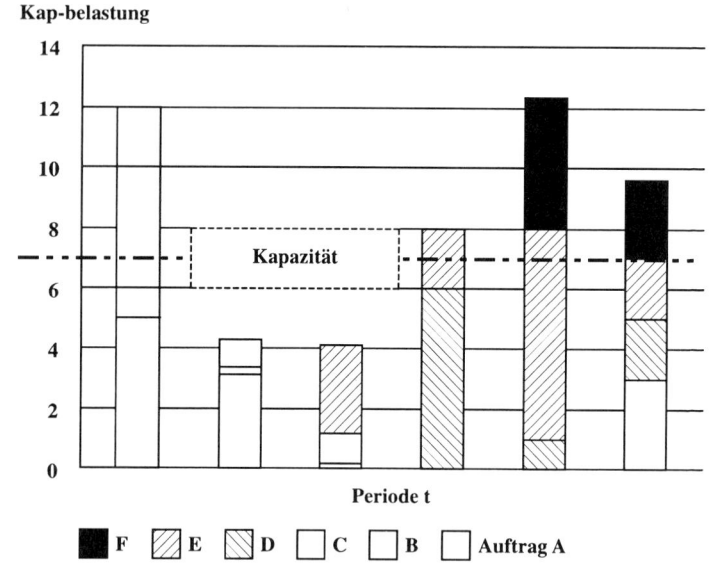

Kap-belastung

■ F ▨ E ▧ D ☐ C ☐ B ☐ Auftrag A

In aller Regel beeinflussen diese Maßnahmen nicht nur die momentan betrachtete Maschine, sondern auf dem Weg über die Produktionsverflechtung auch andere Kapazitäten[31], so daß nach einer derartigen Verlagerung die Auslastung aller Kapazitäten neu zu berechnen ist. Unter Umständen muß dann das Verfahren wiederholt werden, und man verschiebt besser einen anderen Auftrag.

Verfahren zur vollautomatischen Auswahl der Verschiebe-Kandidaten und des Kapazitätsausgleichs haben sich nicht bewährt. Gän-

---

[31] In Fortführung des Beispiels werde festgestellt, daß die Maschine zum Zusammenbau A,B ⇨ X in 11 Tagen schon belegt ist. Wenn man schon in 8 Tagen (in einem Auslastungstal) mit dem Zusammenbauen beginnen will, muß der Arbeitsgang A1 A2 ⇨ A jetzt spätestens in 8 − 4 = 4 Tagen starten und es ist zu prüfen, ob hier die entsprechende Maschine freie Kapazität hat.

giges Verfahren ist der Computerdialog an einem (graphischen) Fertigungsleitstand, bei dem ein menschlicher Planer auf dem Bildschirm mittels Mouse-Click die betrachtete Maschine und einen möglichen Verschiebekandidaten auswählt und eine Umverlagerung zunächst versuchsweise vornimmt. Das System berechnet dann die Konsequenzen für das gesamte Auftragsnetzwerk und präsentiert die Ergebnisse in Form veränderter Fertigstellungstermine und Auslastungen. Bei befriedigendem Ergebnis wird die Änderung festgeschrieben, sonst verworfen und ein neuer Verschiebekandidat gesucht.

Kurzfristige Fertigungssteuerung Diese Systeme wollen auf einem Zeithorizont von u. U. wenigen Minuten die Frage beantworten, welcher Auftrag von mehreren wartenden als nächstes auf eine Maschine genommen werden soll. Für eine Erläuterung der Verfahren, die heute i.d.R. dezentral, d. h. unmittelbar an der betroffenen Maschine arbeiten, verweisen wir auf die Literatur sowie den Beitrag von Haupt in dieser Schrift.

Generell ist festzuhalten, daß die IV-gestützte Produktionsplanung ein sehr komplexes und variantenreiches Gebiet darstellt, bei dem daten- und funktionsmäßige Aspekte gleichermaßen komplex sind und bei dem die Grenzen zum Produktionsmanagement häufig verschwimmen. (Für eine genauere Behandlung: siehe die zahlreiche Spezialliteratur, etwa Geitner[32] und Zäpfel.[33])

6.4 Führungsinformationssysteme

Führungsinformationssysteme bilden die Spitze der Pyramide betrieblicher IV-Systeme von Abbildung 10.[34] Sie sind für die mittlere und obere Managementebene gedacht.

Primäres Ziel der Systeme für das *mittlere Management* (MIS = Managementinformationssystem) ist die Plan-Ist-Kontrolle. Im Managementkreislauf von Zielbildung, Planung, Entscheidung, Umsetzung und Kontrolle sind diese Systeme also am Ende angesiedelt. Die Datenversorgung erfolgt meist durch Anbindung an die geschilderten operativen Systeme. Dabei erfolgt eine erhebliche Aggregation (Bildung von wenigen Kundengruppen an Stelle

---

[32] Vgl. Geitner, U. W.: CIM-Handbuch, 2. Auflage, Braunschweig 1991.
[33] Vgl. Zäpfel, G.: Produktionswirtschaft I, Operatives Produktions-Management, Berlin u. a. 1982.
[34] Vgl. Fischer, J. et al.: Bausteine der Wirtschaftsinformatik, Hamburg 1995.

der Betrachtung eines Kundenkontos, Betrachtung der durchschnittlichen Kapazitätsauslastung auf der Ebene ganzer Werke ...).

Abbildung 10: *Informationssystemebenen*

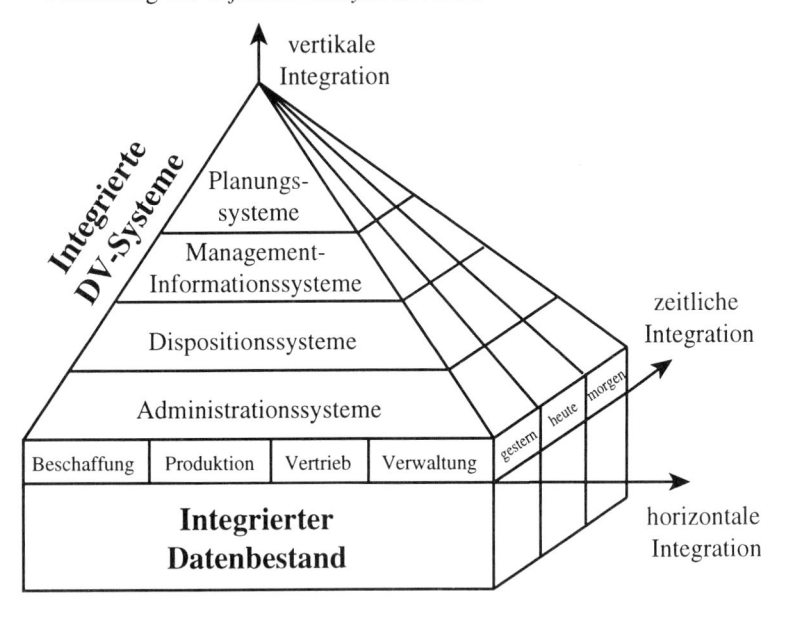

Die Präsentation der Ergebnisse erfolgt hochkomfortabel und weitgehend graphisch; das System macht auf Wunsch durch entsprechende Einfärbung auf jene Stellen im Datenmaterial aufmerksam, die besonders auffällige Abweichungen enthalten (color coded exception reporting). Zur Ursachenforschung erkannter Abweichungen dient das sog. drill down (oder top-down Vorgehen), bei dem nach Benutzer-Anforderung eine Abweichung hinsichtlich ihrer Entstehung weiter analysiert werden kann. So kann eine Abweichung vom prognostizierten Gewinn einer Produktgruppe z. B.:
- in einer Aufgliederung nach den einzelnen Produkten der Gruppe
- in der Aufgliederung nach Umsatz und Kostenentwicklung
- in einer Aufgliederung nach Produktmanagern

analysiert werden.

Die Aufgaben für das Top-Management (Executive Information Systems EIS) sind im Gegensatz zu den MIS wesentlich schlechter strukturiert. Stehen beim mittleren Management Kriterien der Effizienz der Leistungserstellung und damit die Sicht nach innen im Vordergrund, erfordern insbesondere die strategischen Entscheidungen im Top-Management den Blick in die Unternehmensumwelt. Dabei sind Trends bei Kunden und Wettbewerbern, aber auch im allgemeinen Umfeld aufzuspüren und in Chancen für das Unternehmen umzumünzen.

Hieraus ergibt sich, daß Informationen zu unterschiedlichsten Sachverhalten und aus unterschiedlichsten Quellen Relevanz erlangen können. Insbesondere werden die meisten Informationen in verbaler Form vorliegen. Kommerzielle Informationsanbieter, die etwa über das Internet erreicht werden können, sammeln beispielsweise die Artikel aller wichtiger Wirtschaftszeitschriften und versehen sie mit Schlagworten. Konkurrenz- oder Kundenbeobachtung kann an diesen Schlagworten (die meist auch eine Liste der erwähnten Firmennamen umfaßt) den Einstieg finden[35]. Derartige Recherchestrategien müssen aber sehr stark problemindividuell ergänzt werden. Ein allgemeines Vorgehensmodell existiert bei diesem Problemkreis nicht.

7. Methoden und Anwendungen der Künstlichen Intelligenz

Unter dem Begriff „Künstliche Intelligenz" (kurz: KI; englisch: AI = Artificial Intelligence) werden alle die Hard- und Softwaresysteme zusammengefaßt, mit denen versucht wird, ein Verhalten nachzubilden, das bei Menschen als intelligent bezeichnet würde.

Für Anwendungen in der Wirtschaftsinformatik werden innerhalb der KI vor allem die Techniken der Expertensysteme und Neuronalen Netze benutzt.

7.1 Expertensysteme

Expertensysteme (kurz: XPS, englisch: Expert Systems) sind spezielle Softwaresysteme, in denen das Wissen und die Problem-

---
[35] Vgl. Abschnitt 5.

lösungsstrategie von Experten bezüglich eines derzeit noch meist eng abgegrenzten Wissensgebietes abgebildet wird.

Dadurch werden die Fähigkeiten der Experten konserviert und einem breiteren Nutzerkreis zugänglich gemacht und, der Experte selbst kann durch solche Systeme von Routineaufgaben entlastet werden.

- In der Wissensbasis (englisch: knowledge base) wird das Expertenwissen in einer soweit wie möglich natürlichsprachlichen, aber trotzdem vom Computer auswertbaren Form (sehr häufig Wenn-Dann-Regeln) abgelegt.

Die Wissensbasis wird im Ideal von einem Spezialisten, dem Wissensingenieur, gefüllt, der sich z. B. durch Befragung bzw. Beobachtung des Fachexperten das entsprechende Wissen aneignet und die Auswahl einer geeigneten Darstellungsform dieses Wissens treffen muß. Aufgrund der nahezu natürlichsprachlichen Darstellung des Wissens kann die Wissensbasis i.a. dann auch direkt durch den Fachexperten erweitert oder verändert werden. Durch eine spezielle Wissenserwerbskomponente kann der Aufbau und die Pflege der Wissensbasis unterstützt werden.

Die Problemlösungskomponente (Inferenzmaschine) wertet bei einer Konsultation des Expertensystems durch den Endbenutzer das in der Wissensbasis gespeicherte Wissen mit Hilfe spezieller Suchstrategien und Schlußfolgerungsregeln aus, um eine konkrete Problemstellung oder Anfrage des Endbenutzers zu klären. Rückfragen des Systems an den Endnutzer werden dabei nur soweit gestellt, wie diese zur Lösung des aktuellen Problems noch notwendig sind und bei der Erstellung des Systems für zulässig erklärt wurden.

Eine besondere Eigenschaft der meisten Expertensyteme ist ihre Erklärungsfähigkeit. So kann sich der Endbenutzer erklären lassen, warum das System eine bestimmte Rückfrage an ihn stellt und auch wie das System zu einer bestimmten Lösung gekommen ist.

Moderne Expertensysteme zeichnen sich auch dadurch aus, daß auch nicht-sicheres Wissen integriert und verarbeitet werden kann.

Zur Erstellung von Expertensystemen wurden zunächst spezielle KI-Programmiersprachen benutzt, wie z. B.: LISP oder PROLOG.

Diese werden jedoch zunehmend durch spezielle Expertensystemshells und Entwicklungsumgebungen verdrängt, die bewährte Schablonen für Wissensdarstellung bereitstellen und quasi ein komplettes Expertensystem ohne fachspezifisches Wissen darstellen.

Anwendungen von Expertensystemen gibt es z. B. für folgende betriebliche Aufgaben:

- Interpretation betrieblicher Daten

- Steuer- und Anlageberatung
- Fehlerdiagnose technischer Systeme
- Konfiguration komplexer Systeme aus verfügbaren Komponenten unter Beachtung verschiedenster Verträglichkeitsbedingungen und Zielstellungen.

7.2 Neuronale Netze

Unter Neuronalen Netzen (kurz: NN; englisch: neural networks) versteht man solche Hard- und Softwaresysteme, die ähnlich wie das Gehirn aus vielen, vielfach miteinander verbundenen Verarbeitungselementen (Neuronen) aufgebaut sind, von denen jedes einzelne das bei ihm eintreffende Signal in einfacher Weise verarbeitet und das Ergebnis an andere Neuronen weiterleitet.

Die Art und Weise, wie ein Neuron die eintreffenden Signale zusammenfaßt, verarbeitet und weiterleitet, wird bei den Neuronalen Netzen durch mathematische Formeln und Funktionen bestimmt, die jedoch einstellbare Parameter enthalten. Durch die wiederholte Vorlage von Eingabedaten aus Beispieldatensätzen an die Eingabeneuronen und eine Bewertung der jeweiligen Ausgabedaten des Neuronalen Netzes (z. B. durch einen Vergleich mit eventuell in den Beispieldatensätzen enthaltenen Wunsch-Ausgabedaten) können die Parameter der einzelnen Neuronen und Verbindungen durch Lernalgorithmen gezielt verändert werden, bis die Ausgabedaten des Neuronalen Netzes gewissen Zielvorgaben entsprechen.

Ein Neuronales Netz kann also automatisiert aus Beispielen lernen.

Erfolgreiche Anwendungen Neuronaler Netze bestehen vor allem in der Erkennung von Mustern aller Art; so zum Beispiel in der Erkennung gesprochener oder geschriebener Worte, aber auch der Erkennung von Mustern in Aktienkursverläufen, worauf Kursprognosen aufgebaut werden können.

Der Hauptnachteil von traditionellen Neuronalen Netzen besteht meist in der mangelnden Interpretierbarkeit und damit Verifizierbarkeit des in Form der Parameterwerte der einzelnen Neuronen und Verbindungen erlernten Wissens. Diesen Nachteil versucht man mit sogenannten Neuro-Fuzzy-Systeme auszuschalten, in denen nur solche Netzstrukturen für das Neuronale Netz und nur solche lernbare Parameterwerte zugelassen werden, für die das Verhalten des Gesamtsystems stets in Form von linguistischen WENN-DANN-Regeln Interpretierer ist.

8. Datenschutz und Datensicherung

Unter Datenschutz versteht man den Schutz von Daten (Datenschutz i.e.S.) und von EDV-Anlagen und Programmen vor mißbräuchlicher Nutzung, d. h. unberechtigte Einsichtnahme, Benutzung von Hard- und Software oder der Verfälschung von Daten oder Programmen.

Zu den Maßnahmen gehören neben der Realisierung ordnungsgemäßer Arbeitsabläufe der EDV die Sicherung von EDV-Anlagen, Daten und Programmen vor Beschädigung oder Verlust. Neben den eher punktuell anfallenden baulichen, technischen und personellen Maßnahmen sind die (ständigen) organisatorischen Maßnahmen zu nennen. Hierzu gehören u. a. Prüfungen bei der Datenerfassung und Eingabe (z. B. durch Prüfziffern), die Sicherung von Plattendateien mittels Generationsprinzip (von einem Datenbestand werden stets 2-3 frühere Generationen als Sicherheitskopie – meist auf Magnetbandkassette – gehalten), Maßnahmen zur Zugriffskontrolle und kryptographische (datenverschlüsselnde) Verfahren. Einer „risikoeindämmenden" Prioritätenliste von Datensicherungsmaßnahmen werden die Kosten der einzelnen Maßnahmen gegenübergestellt, um zu entscheiden, welche der nicht dringend notwendigen Maßnahmen getroffen werden sollen.

Zugriffsberechtigungen und -kontrollen spielen in dem Trend zur Vernetzung von PCs und Terminals mit den EDV-Anlagen („client-server-Betrieb") eine zentrale Rolle, die noch durch die zunehmende Anbindung an öffentliche Netze verstärkt wird. Unterscheiden lassen sich die für jeden Nutzer individuell festzulegenden Zugriffsberechtigungen in Authentifizierung (Identifizierung des Benutzers meist mittels „login"-Kennzahlen und „password") und Autorisierung (Zuweisen von individuellen Zugriffsrechten nach „login").

Die Kryptographie verschlüsselt zu übertragende Zeichen durch komplizierte Algorithmen, die anschließend beim Empfänger nur durch Kenntnis des verwendeten Verfahrens dechiffriert werden können.

Rechtliche Regelungen im Umgang mit personenbezogenen Daten enthält das Bundesdatenschutzgesetz (BDSG). Das BDSG regelt Erhebung, Verarbeitung und Nutzung der personenbezogenen Daten (d. h. persönliche und sachliche Verhältnisse natürlicher Personen betreffend). Es wird zwischen öffentlichen und nicht-öffentlichen Stellen unterschieden. Letztere dürfen Daten nur für geschäftliche Zwecke nutzen. Im Gesetz wird festgelegt, unter welchen Voraussetzungen es erlaubt ist, personenbezogene Daten zu speichern (Datenschutz), und welche Vorkehrungen zu treffen sind, um den unerlaubten Zugriff auf die Daten zu verhindern (Datensicherung). Das BDSG schreibt Kontrollen durch einen Datenschutzbeauftragten unternehmensintern und einen Landesdatenschutzbeauftragten extern vor. Näheres siehe etwa bei Stahlknecht[36].

Annotierte Auswahlbibliographie

Stahlknecht, Peter: Wirtschaftsinformatik, 7. Auflage, Berlin 1995.
Ein „Klassiker" unter den Standardwerken, der alle gängigen Themengebiete der Wirtschaftsinformatik-Einführungen abdeckt. In der Tiefe der Darstellung geht das Werk über eine reine Einführung oftmals deutlich hinaus. Das Werk ist in neueren Auflagen nicht mehr so stark an Fragen der Hardware- und Softwaretechnik orientiert wie früher, ist aber nicht so stark fallstudienorientiert wie Mertens (1993). Besonders auffällig ist die klare Gliederung des Stoffes.

Mertens, Peter: Integrierte Informationsverarbeitung I, 9. Auflage, Wiesbaden 1993.
Im Vordergrund dieses Werkes stehen betriebliche Anwendungssysteme in allen Funktionalbereichen, die bis hin zu konkreten Implementierungsbeispielen diskutiert werden. Das Werk ist für diesen Zugang richtungsweisend. Dabei liegt das Thema „Integration in Daten" (und in gewissem Umfang: Funktionen) dem Autor besonders am Herzen. Ein gewisses Maß an grundsätzlicher Vertrautheit mit dem Gebiet wird vorausgesetzt; technologische Fragen bleiben weitestgehend ausgeklammert.

Mertens, Peter/Bodendorf, Freimut et al.: Grundzüge der Wirtschaftsinformatik, 3. Aufl., Berlin u. a. 1995.
Das Werk lehnt sich in den Kernkapiteln stark an Mertens (1993) an, wendet sich aber bewußt an Anfänger der Materie und versucht, den Grundstudiumsstoff in allen Gebieten der Wirtschaftsinformatik voll inhaltlich abzudecken. Gerade wegen dieser Beschränkung liest es sich besonders flüssig.

Hansen, Hans Robert: Einführung in die Wirtschaftsinformatik, 6. Aufl., Stuttgart u. a. 1992.
Ein Nachschlagewerk mit einer unerhörten Fülle an Detailwissen und Fakten, das auf technologisch-informatorische Grundlagen und betriebswirtschaftlichen Bezug etwa gleiches Gewicht legt.

Scheer, August-Wilhelm: Wirtschaftsinformatik, 4. Aufl., Berlin u. a. 1995.
Scheers Schwerpunkt liegt in den neueren Auflagen ganz auf der Mo-

---

[36] Stahlknecht, P.: Wirtschaftsinformatik, 7. Auflage, Berlin u. a. 1995.

dellierung von Geschäftsprozessen (ARIS-Konzept) als der Grundlage einer Daten, Funktionen und (Ablauf-)Organisation einschließenden Integration der IV im Unternehmen. Das Werk implementiert dieses Konzept in einigem Detail in allen Bereichen der Unternehmnung, wobei auf Fragen der Produktionswirtschaft ein gewisser Schwerpunkt liegt.

Janko, Wolfgang H.: Informationswirtschaft I, Berlin 1993. Ein sehr stark an Problemen der Kerninformatik (Wie implementiert man Suchverfahren in binären Bäumen?) und der Technik orientiertes Werk.

Grundlagen- und weiterführende Literatur

Balzert, Helmut: Die Entwicklung von Software-Systemen, Mannheim u. a. 1982.

Dworatschek, Sebastian: Grundlagen der Datenverarbeitung, 8. Auflage, Berlin u. a. 1989.

Ferstl, Otto K./Sinz, Elmar J.: Grundlagen der Wirtschaftsinformatik I, München 1993.

Eidem: Grundlagen der Wirtschaftsinformatik II, München 1996.

Fischer, Joachim et al.: Bausteine der Wirtschaftsinformatik, Hamburg 1995.

Geitner, Uwe W.: CIM Handbuch, 2. Auflage, Braunschweig1991.

Glaser, Horst/Geiger, Werner/Rohde, Volker: PPS- Produktionsplanung und -steuerung, Wiesbaden 1991.

Goldammer, Gerd: Informatik für Wirtschaft und Verwaltung, Wiesbaden, Compact 1994.

Hanssmann, Friedrich: Quantitative Betriebswirtschaftslehre, 4. Auflage, München 1995.

Heinrich, Lutz J.: Wirtschaftsinformatik, 4. Aufl., München 1993.

Lehner, Franz. et al.: Wirtschaftsinformatik – theoretische Grundlagen, München 1995.

Mertens Peter/Griese Joachim: Integrierte Informationsverarbeitung II, 6. Auflage, Wiesbaden 1994.

Müller-Ettrich, G. (ed.) et al.: Fachliche Modellierung von Informationssystemen, Bonn 1993.

Scheer, August Wilhelm: Architektur integrierter Informationssysteme, 2. Auflage, Berlin u. a. 1992.

Idem: CIM, Berlin u. a. 1990.

Idem: Handbuch Informationsmanagement, Wiesbaden 1993.

Vetschera, Rudolf: Informationssysteme der Unternehmensführung, Berlin u. a. 1995.

Zäpfel, Günther: Produktionswirtschaft I, Operatives Produktions-Management, Berlin u. a. 1982.

Zilahi-Szabo, Miklós Géza.: Wirtschaftsinformatik, München 1993.

Peter F. E. Sloane

Wirtschafts- und Berufspädagogik

1. Vorbemerkung

Die Wirtschafts- und Berufspädagogik ist eine Wissenschaft in der Schnittstelle von Wirtschafts- und Erziehungswissenschaft. Wirtschafts- und Berufspädagogen beschäftigen sich mit allen pädagogischen Fragen, die im Wirtschafts- und Beschäftigungssystem auftreten.[1] In der Geschichte des Faches findet sich dabei eine Vielzahl von Auseinandersetzungen um seine genaue Bezeichnung. So wird u. a. von Wirtschaftspädagogik, Wirtschafts- und Berufspädagogik, aber auch von Berufs-, Wirtschafts- und Sozialpädagogik gesprochen.[2] Daneben finden sich noch weitere Teildisziplinen wie Betriebspädagogik oder Arbeitspädagogik.[3] Es handelt sich hierbei um Versuche, den genauen Gegenstand der Wirtschafts- und Berufspädagogik zu bestimmen, wobei es immer um den arbeitenden bzw. berufstätigen Menschen geht.[4] Daher sind auch die einzelnen Abgrenzungen zwischen den Objekten »Arbeit«, »Beruf«, »Wirtschaft« nicht so zentral, entscheidend ist vielmehr, daß es immer um die Erziehung bzw. Bildung in ökonomisch determinierten Lebenssituationen geht. Auf diese ökonomische Dimension verweist der Begriff »Wirtschaft-«, der mit Absicht demjenigen des »Berufs-« vorangestellt ist. Dieser zweite Aspekt bringt zum Ausdruck, daß der einzelne Mensch über ein Bündel von Qualifikationen verfügen muß, um in ökonomischen Lebenssituationen bestehen zu können.[5] »-pädagogik« schließlich bestimmt die Perspektive. Beruf und Arbeit, die im ökonomischen Modell auf Erwerbstätigkeit und/oder wirtschaftliche Leistungsfähigkeit bezogen sind, werden aus dieser

---

[1] Zuweilen wird hierbei eine Unterscheidung in der Form getroffen, daß die Wirtschaftspädagogik sich auf die kaufmännisch-verwalterischen und die Berufspädagogik sich auf die gewerblich-technischen Berufe bezieht.
[2] Vgl. Abraham, K., 1966; Dörschel, A., 1975b; Schlieper, F., 1963; Lipsmeier A. / Nölker, H. / Schönfeld, E., 1975; Löbner, W., 1961; Linke, W., 1967.
[3] Vgl. Abraham, K. u. a., 1973, Löbner W., 1961; Linke, W., 1967; Dörschel, A., 1975a.
[4] Vgl. Schannewitzky, G., 1978, S. 256.
[5] Vgl. Schmiel, M., 1976; Preyer, K., 1978; Hobbensiefken, G., 1980.

Perspektive heraus im wirtschafts- und berufspädagogischen Modell[6] in ihrer Bedeutung für die individuelle Entwicklung von Menschen gesehen.[7]

Es ist offen, was auf der einen Seite mit Bildung und Erziehung und auf der anderen Seite mit Beruf, Arbeit u. ä. gemeint ist und wie das genaue Verhältnis eben zwischen dieser pädagogischen Absicht und dem ökonomisch-technischen Gegenstand auszusehen hat. Aus der Präzisierung dieses Verhältnisses wiederum ergibt sich das, was die Berufs- und Wirtschaftspädagogik als Wissenschaft kennzeichnet. Hier sind ganz unterschiedliche Möglichkeiten denkbar, die zu verschiedenen wirtschafts- und berufspädagogischen Positionen führen. So kann man z. B. sehr verengend Wirtschafts- und Berufspädagogik als eine didaktische Wissenschaft verstehen, die auf die Verbesserung von wirtschaftlichem Wissen in der Praxis ausgelegt ist. Ihre Aufgabe bestände dann in der Verbindung von betriebswirtschaftlicher Theorie und Praxis. Dies wäre eine sehr verkürzte Position, die man dahingehend erweitern muß, daß es um die Persönlichkeitsentwicklung der Menschen geht, die in Lebensumwelten leben, die durch technische, ökonomische, soziale und kulturelle Einflüsse und Gegebenheiten gekennzeichnet sind.

Das Umsetzungs- bzw. Praxisfeld der Wirtschafts- und Berufspädagogik ist das beruflich strukturierte Wirtschafts- und Beschäftigungssystem. Hiermit wird vor allem zum Ausdruck gebracht, daß es um die Berufs- und Erwerbstätigkeit von Menschen geht. Die Berufsvorbereitung und Berufsausbildung, die berufliche Weiterbildung und ggf. der Berufsausstieg sind die Praxisfelder dieser Disziplin.[8]

Im folgenden soll als erstes der Standort der Wirtschafts- und Berufspädagogik in der wirtschaftswissenschaftlichen Ausbildung beschrieben werden (2.). Hieran schließen sich dann Überlegungen zu den Aufgabengebieten der Wirtschafts- und Berufspädagogik an. Es geht um die Praxisfelder der Wirtschaftspädagogik (3.). Aus diesen Überlegungen zum Anwendungsgebiet der Disziplin resultiert dann als grundsätzliche Frage, was Gegenstand der Wirtschafts- und Berufspädagogik ist (4.). Dies wird exemplarisch an drei Schwerpunkten erläutert: an den Grundfragen der Wirtschafts- und Berufspädagogik (4.1), an der Institutionenlehre (4.2) und an der Didaktik (4.3).

---

[6] Vgl. Dörschel, A., 1960.
[7] Vgl. Dörschel, A., 1975b, S. 22f.; Sloane, P. F. E., 1992, S. 65.
[8] Vgl. Schmiel, M. und Sommer, K.-H., 1985.

Die Ausführungen zu 2. und 3. informieren den Leser über die Bedeutung und über die Praxisfelder des Faches, während Kapitel 4 Informationen zu den inhaltlichen Schwerpunkten des Studienganges Wirtschafts- und Berufspädagogik liefert.

2. Standort der Wirtschafts- und Berufspädagogik in der wirtschaftswissenschaftlichen Ausbildung

Die Wirtschafts- und Berufspädagogik ist Hauptfach im Studiengang »Wirtschaftspädagogik« und i. d. R. Wahlfach in den anderen wirtschaftswissenschaftlichen Studiengängen. Das Studium der Wirtschafts- und Berufspädagogik soll doppelqualifizierend ausgerichtet sein. Es bereitet sowohl auf Tätigkeiten im Schuldienst (Lehramt an berufsbildenden Schulen) als auch auf eine Tätigkeit im Bereich der Aus- und Weiterbildung, einschließlich des Bildungsmanagements, vor. Die Ausbildung von Wirtschaftspädagogen findet überwiegend an Wirtschaftswissenschaftlichen bzw. Wirtschafts- und Sozialwissenschaftlichen Fakultäten statt. Nachfolgend werden daher Überlegungen vorgestellt, die sich auf eine in den Wirtschafts- und Sozialwissenschaften verankerte wirtschafts- und berufspädagogische Ausbildung beziehen. Dies führt dazu, daß das Schwergewicht auf dem ‚klassischen' Studiengang der Wirtschaftspädagogik aufbaut, der mit der Diplomprüfung für Wirtschaftspädagogen abschließt. Die Bezeichnung des Abschlusses – Diplom-Handelslehrer (Dipl.-Hdl. Univ.) – verweist auf die Tradition dieses universitären Bildungsganges. In den zur Jahrhundertwende gegründeten Handelshochschulen (u. a. 1898 Leipzig, 1901 Köln und Frankfurt a. M.) wurden Kaufleute und Handelslehrer gemeinsam ausgebildet.[9] Anfänglich unterschieden sich Kaufleute und Handelslehrer lediglich dadurch, daß die Handelslehrer zusätzlich einen fachmethodischen Schwerpunkt studierten, damit sie eine Lehrbefähigung für das Handelslehramt erhielten. Mit der Zeit entwickelte sich hieraus ein eigenständiger Studienschwerpunkt, der ab 1912 (federführend an der Handelshochschule Berlin) zur Etablierung des Diplom-Handelslehrers neben dem Diplom-Kaufmann führte.[10] Der Studiengang war seinerzeit eine Handelsschulpädagogik, denn im Mittelpunkt stand die Vorbereitung auf den Dienst in Fachschulen und Handelsschulen.

---

[9] Vgl. Pleiß, U., 1988, S. 391.
[10] Vgl. Pleiß, U., 1988, S. 396.

Eine Erweiterung des Fachverständnisses setzte erst im Jahr 1928 ein, als Friedrich Feld die Bezeichnung »Wirtschaftspädagogik« einführte, die seit den 30er Jahren durchgängig verwandt wird.[11] Hiermit beginnt sich die Wirtschaftspädagogik bzw. Wirtschafts- und Berufspädagogik aus der Verengung auf die Schule hin zu lösen und öffnet sich grundlegend für ihre nicht-schulischen und gleichwohl wirtschaftspädagogischen Bereiche.

Grundlegend für die Verankerung in den wirtschaftswissenschaftlichen Studiengängen ist die seit der Zeit der Handelshochschulen anzutreffende hohe Identität zwischen den Studiengängen »Betriebswirtschaftslehre« und »Wirtschaftspädagogik«. Gegenüber den Anfängen hat sich die Wirtschaftspädagogik jedoch aus der Rolle einer fachmethodischen Ergänzung der Betriebswirtschaftslehre gelöst. Dies geschah zum einen durch die Herausbildung eigener Begriffe und Erklärungsmodelle, zum anderen durch die Ausarbeitung des Erziehungsgedankens als zentrale Kategorie, die durch erziehungswissenschaftliche Ideen geprägt ist. So gesehen, transportiert die Wirtschafts- und Berufspädagogik erziehungswissenschaftliche Modelle, Theorien, Vorstellungen in das Lehr- und Forschungsgebäude der Wirtschaftswissenschaft.[12]

Die Wirtschafts- und Berufspädagogik ist eine Handlungswissenschaft, d. h. sie bezieht sich auf ein konkretes gesellschaftliches Handlungsfeld, welches sie beschreibt und in dem die Modelle und Konzepte, die sie entwickelt, umgesetzt werden. Sie kann sich von diesem Feld nicht lösen. Vielmehr muß sie sich auf die aktuellen Entwicklungen, die sich in diesem Feld abzeichnen, einlassen und diese berücksichtigen. Für die Wirtschafts- und Berufspädagogik als Wissenschaft heißt dies, daß sie sich der wirtschafts- und berufspädagogischen Praxis versichern muß. Somit stellt sich die Frage, wer in der Praxis wirtschafts- und berufspädagogische Aufgaben wahrnimmt und wie diese aussehen.

3. Wirtschaftspädagogische Aufgabenfelder

3.1 Wer ist Wirtschaftspädagoge?

Peter S. ist Berufsschullehrer an den Kaufmännischen Schulen West der Stadt Wuppertal. Er unterrichtet in der Berufsfachschule die

---
[11] Vgl. Pleiß, U., 1986, S. 86f.
[12] Vgl. Sloane, P. F. E., 1995, S. 9.

Fächer »Rechnungswesen«, »Mathematik« und »Deutsch« sowie im Wirtschaftsgymnasium den Leistungskurs »Deutsch«. In einigen Berufsschulklassen gibt er »Rechnungswesen«, »Finanzmathematik« und »Warenkunde«. Außerdem ist er Klassenlehrer in einer Einzelhandelsfachklasse ...

Herta G. ist wissenschaftliche Mitarbeiterin im Bundesinstitut für Berufsbildung (BiBB) in Berlin. Ihr Aufgabengebiet ist die Qualifizierung von Ausbildern. Momentan arbeitet sie unter anderem in einer Arbeitsgruppe der Europäischen Union mit, welche neue länderübergreifende Ausbildungswege konzipieren soll ...

Inge-Lore K. ist Berufsberaterin bei der Arbeitsverwaltung in einer Kleinstadt in Bayern. Ihre Aufgabe besteht vor allem darin, Berufswahlhilfen zu geben ...

Marianne P. ist Referentin bei einer Industrie- und Handelskammer. Sie ist dort zuständig für die Organisation und Durchführung von Weiterbildungsveranstaltungen ...

Frank R. ist freiberuflicher Dozent. Er arbeitet vorwiegend mit freien Bildungsträgern sowie mit der Akademie des Handwerks in Thüringen zusammen. Dort gibt er vor allem Kurse zum Rechnungswesen, zur Personalführung im Handwerksbetrieb, zur Existenzgründung. Sein zweites berufliches Standbein sind Führungskräfteseminare, die er mit Kollegen in einer Beratungs- GmbH anbietet...

Dr. Walter R. ist Ausbildungsleiter der Fein & Groß KG. Er bezeichnet sich selbst als Bildungsmanager. Seine Aufgabe ist die Planung und Kontrolle der innerbetrieblichen Ausbildung. Die Fein & Groß KG bildet pro Jahr 26 Auszubildende in kaufmännischen und 53 Auszubildende in gewerblich-technischen Berufen aus. Außerdem ist Dr. R. noch Prüfer im Prüfungsausschuß der IHK für die Ausbildereignungsprüfung ...

Die skizzierten Personen lösen Aufgaben, die in berufsbildenden Schulen, Betrieben, in Verwaltungen, aber auch in Forschungseinrichtungen, Bundes- und Landesinstituten bewältigt werden müssen.

3.2 Aufgaben, Ziele und Interessen von Wirtschaftspädagogen

Um ein Verständnis zu gewinnen, was das Besondere an diesen Tätigkeiten ist, muß man die Tätigkeitsfelder genauer betrachten und fragen,
- was für Aufgabenstellungen und
- welche Absichten und Interessen

dort realisiert werden.

Aufgabenstellungen: Wirtschaftspädagogen sind als Lehrende, Berater, Moderatoren, Ausbilder, Bildungsmanager usw. tätig. Ihre besondere Kompetenz liegt darin, daß sie über fachliche und pädagogische Fähigkeiten verfügen. Die generelle Aufgabenstellung kann als Förderung von anderen Menschen bezeichnet werden. Dabei ist die ‚Nähe' zu den zu fördernden Menschen ganz unterschiedlich.

So haben der Bildungsmanager Dr. Walter R., die Wissenschaftlerin Herta G. oder die Referentin Marianne P. eine andere Beziehung zu dieser Aufgabe als der Berufsschullehrer Peter S. oder der freiberufliche Dozent Frank R.

Gemeinsam aber ist allen Beispielen, daß die Aufgaben, die wahrgenommen werden, sich immer in irgendeiner Form auf die Aus- und Weiterbildung von Menschen auswirken.

Absichten und Interessen: Bei den obigen Beispielen gibt es Unterschiede in den Absichten, d. h. Zielen und Interessen der jeweiligen Wirtschafts- und Berufspädagogen. So ist schon zu vermuten, daß es zwar Gemeinsamkeiten zwischen dem Lehrer Peter S. und dem Dozenten Frank R. gibt, daß es aber gleichzeitig hier auch große Unterschiede geben wird, die sich daraus ergeben, daß der eine in beruflichen Schulen arbeitet, während der andere seine Arbeitskraft auf dem Bildungsmarkt freiberuflich anbietet. Dies gilt auch für die anderen Beispiele und so kann gefragt werden:

Wie wirken sich die betrieblichen Gegebenheiten bei der Fein & Groß KG auf die Arbeit des Bildungsmanagers Dr. Walter R. aus? Was übernimmt er als Prüfer, der regelmäßig die Ausbildereignungsprüfung abnimmt, von diesen Besonderheiten in dieses pädagogische Aufgabenfeld? – Welche Interessen vertritt die Referentin Marianne P.; nach welchen Gesichtspunkten organisiert sie Weiterbildungsmaßnahmen, welche Themen bietet sie an, welche Lehrkräfte sucht sie aus usw.? – Welche bildungspolitische Position vertritt Herta G., z. B. in ihrer Kommissionsarbeit im Rahmen der Europäischen Union? – Und auch die Tätigkeit der Berufsberaterin zeigt spezifische Interessenlagen: Welche Hilfen gibt sie als Beraterin? Wie begründet sie diese?

Für die Wirtschafts- und Berufspädagogik hat all dies große Bedeutung, denn man muß zur Kenntnis nehmen, daß die einzelnen pädagogischen Aufgaben in ganz spezielle gesellschaftliche und organisatorische Bedingungen eingebunden sind, die sich auf diese Aufgaben und die Art ihrer Wahrnehmung durch den einzelnen Menschen auswirken. Faßt man die Überlegungen zusammen, so lassen sich drei wesentliche Schwerpunkte bestimmen:

(1) Die Zielperspektive der Wirtschafts- und Berufspädagogik (Grundfragen): Hierbei geht es um das Grundverständnis von Erziehung bzw. pädagogischer Arbeit in wirtschaftlich-technischen Lebenssituationen. Für die Wissenschaft von der Wirtschafts- und Berufspädagogik resultiert daraus das Anliegen, pädagogische und wirtschaftliche Aufgabenstellungen und damit verbundene Zielsetzungen untersuchen zu müssen. Dieses Teilgebiet der Wirtschaftspädagogik wird als »Grundfragen der Wirtschafts- und Berufspädagogik« bezeichnet.

(2) Die Organisation der wirtschafts- und berufspädagogischen Praxis (Institutionenlehre): Diese Fragestellung bezieht sich auf den organisatorischen Aufbau der beruflichen Aus- und Weiterbildung. Es geht vor allem darum, die einzelnen Arbeitsfelder zu lokalisieren und ihr Zusammenwirken zu beschreiben. Dieses Gebiet wird als »Institutionenlehre« definiert. Es greift vor allem bildungspolitische und -organisatorische Fragen auf.

(3) Die Gestaltung pädagogisch-didaktischer Prozesse (Didaktik wirtschaftsberuflicher Bildung): Dieser Teilbereich beschäftigt sich mit den Fragen der Gestaltung von Unterrichts- und Unterweisungs-, aber auch von Beratungssituationen und -prozessen.

Auf diese drei Teilgebiete der Wirtschafts- und Berufspädagogik soll als nächstes eingegangen werden.

4. Schwerpunkte der Wirtschafts- und Berufspädagogik als wissenschaftlicher Studiengang

Gemäß der obigen Überlegungen lassen sich für die universitäre Ausbildung in Wirtschafts- und Berufspädagogik drei Zielsetzungen bestimmen:

(1) Der Studierende der Wirtschafts- und Berufspädagogik soll sich ein pädagogisches Grundverständnis erarbeiten, welches sein Handeln in wirtschafts- und berufspädagogischen Feldern intentional und wissenschaftsmethodisch leitet.

(2) Der Studierende der Wirtschafts- und Berufspädagogik soll sich ein bildungspolitisches Grundverständnis sowie bildungsorganisatorische Kenntnisse erarbeiten, welche es ihm ermöglichen, wirtschafts- und berufspädagogische Felder bildungspolitisch und -organisatorisch beschreiben, analysieren und bewerten zu können.

(3) Der Studierende der Wirtschafts- und Berufspädagogik soll sich ein didaktisches Grundverständnis erarbeiten, welches es ihm ermöglicht, in wirtschafts- und berufspädagogischen Feldern pädagogische Prozesse planen, durchführen und bewerten zu können.

4.1 Grundfragen der Wirtschafts- und Berufspädagogik: zwischen Wirtschaft und Pädagogik ...

Die Wirtschafts- und Berufspädagogik ist eine Wissenschaft, die sich – sehr allgemein gesprochen – mit der Erziehung von Menschen im und durch das Wirtschafts- und Beschäftigungssystem beschäftigt. Eine Grundfrage ist, ob die Erziehung oder ob das Wirtschaftliche im Vordergrund stehen soll: Betrachtet man die Erziehung als ein Mittel, um wirtschaftliche Ziele zu erreichen, oder reflektiert man die pädagogischen Möglichkeiten des Wirtschafts- und Beschäftigungssystems, um deren pädagogische Relevanz zu bestimmen. Diese grundsätzliche Überlegung hat die wirtschaftspädagogische Theorie immer wieder beschäftigt und ist nicht abschließend zu beantworten. Es geht um die Bestimmung des Verhältnisses von pädagogischen Zielen und pädagogischen Mitteln zu ökonomischen Zielen und ökonomischen Mitteln.

Für das wirtschaftspädagogische Denken und Handeln resultiert hieraus letztlich eine Ambivalenz, die darin besteht, das pädagogisch Wünschbare und das ökonomisch Machbare immer wieder in Bezug setzen zu müssen. Dabei ist wesentlich, daß ökonomische und pädagogische Vorstellungen sich letztlich hinsichtlich dessen, was erzielt werden soll, unterscheiden.

(1) Wirtschaftliche Überlegungen sind dadurch gekennzeichnet, daß wirtschaftliche Leistungsfähigkeit und wirtschaftlicher Erfolg, die sich in Größen wie Gewinn, finanzielle Stabilität, Wachstum, Sicherung von Marktanteilen u. ä. niederschlagen, erzielt werden. Die pädagogische Frage kann dem untergeordnet werden. Sie würde dann beispielsweise lauten: Wie muß ein Ausbildungssystem konzipiert werden, damit leistungsfähige und innovative Fachkräfte entwickelt werden?

(2) Umgekehrt ist das Erfolgskriterium der Pädagogik eben nicht unmittelbar in der Leistungsfähigkeit des wirtschaftlichen Systems begründet, sondern in der Förderung der individuellen Persönlichkeit. Eine Pädagogik ist dann erfolgreich, wenn sie die Selbständigkeit des Menschen fördert. Dies konsequent an-

gewandt heißt wiederum, daß man fragt, ob und in welchem Umfang dieses System als Erziehungsfaktor geeignet ist, die Selbständigkeit eines Menschen zu fördern. Und es wäre stimmig, eine Veränderung des Wirtschaftlichen zu fordern, wenn dieses die Selbständigkeit verhindert. Die pädagogische Frage würde daher lauten: Wie muß ein Wirtschaftssystem konzipiert sein, damit die Selbständigkeit des einzelnen Menschen möglich wird?

Genau hier ist die Ambivalenz von Pädagogik und Ökonomie spürbar. Die Folge sind z. T. gegensätzliche Mutmaßungen über Wirtschaft und Erziehung: Mit Wirtschaft wird in der Umgangssprache häufig Wirtschaftlichkeit, entgeltliche Tätigkeit, Arbeitssituation usw. verbunden, demgegenüber wird Pädagogik stärker i. S. eines Schonraums, welcher mit Erziehen, Bildungssystem, Lernsituation usw. assoziiert wird[13], aufgefaßt:

Abbildung 1: *Bedeutungshöfe von Wirtschaft und Pädagogik im Alltag*

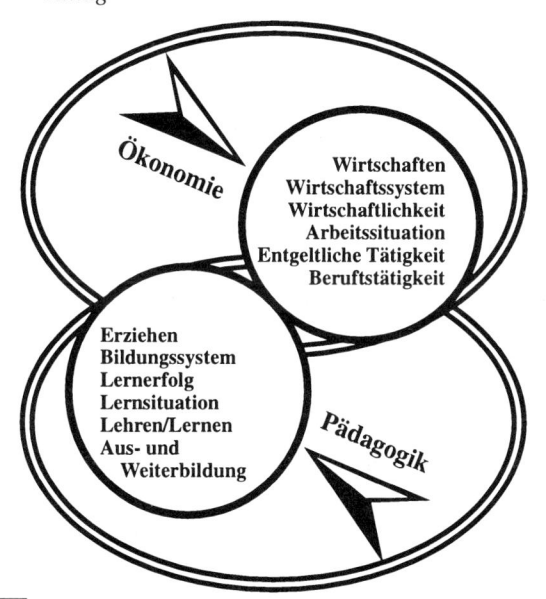

---
[13] Vgl. auch Arnold, R., 1990.

Wissenschaft zeigt sich nun darin, daß solche „Gegenstände", die oben sprachlich fixiert sind, wie etwa Wirtschaften, Wirtschaftssystem, Wirtschaftlichkeit, aber auch Erziehen, Bildungssystem, Lernerfolg usw. in Theorien, Konzepten und Modellen beschrieben und erklärt werden. So gesehen hat die Theorie einen Erklärungsanspruch gegenüber dem Alltag. Theorien erklären die Welt!

An dieser Stelle ist dann die Unterscheidung in Wirtschaft und Pädagogik auch neu zu sehen, denn es finden sich jetzt für die oben erwähnten Bedeutungshöfe von Wirtschaft und Pädagogik prinzipiell zwei Erklärungszugänge: man kann die Phänomene wirtschaftswissenschaftlich und man kann sie erziehungswissenschaftlich erläutern. Erziehungswissenschaft und Wirtschaftswissenschaft sind somit zwei Erklärungsversuche für möglicherweise gleiche Sachverhalte.

Ein wissenschaftlicher Zugang kann dabei durch drei Aspekte bestimmt werden
- durch das Objekt
- durch die Methoden und
- durch das Erkenntnis- und Handlungsinteresse.

Objekt: Es handelt sich hier um den Gegenstand, der untersucht wird. Prinzipiell können von der Erziehungs- und von der Wirtschaftswissenschaft gleiche Objekte betrachtet werden. So können beide Bezugswissenschaften sich jeweils der Phänomene annehmen, die in Abb. 1 dem Bedeutungsbereich »Pädagogik« bzw. dem Bedeutungsbereich »Wirtschaft« zugeordnet werden. Der Unterschied liegt jedoch in der Perspektive, die zu diesen Phänomenen eingenommen wird; nämlich, ob man diese unter dem Gesichtspunkt des Ökonomischen oder des Pädagogischen sieht. Dies wird weiter unten geklärt.

Methoden: Hierbei geht es darum, wie Theorien entwickelt werden. Wissenschaftliche Theorien basieren immer auf wissenschaftlichen Methoden, die angewandt werden. Sehr grob unterscheidet man hier zwischen[14]
- erfahrungswissenschaftlichen und
- geisteswissenschaftlichen Verfahren.

Erfahrungswissenschaftliche Methoden sind Beobachtungen, Befragungen und Experimente, bei denen Theorien systematisch im

---

[14] Vgl. Jongebloed, H.-C./Twardy, M., 1983a; Sloane, P. F. E., 1983; Bunk, G., 1982.

Alltag überprüft werden. Der Einsatz dieser Methoden führt zu einer Beschreibung der Wirklichkeit, wie sie ist. Geisteswissenschaftliche Methoden zielen hingegen auf den Sinnzusammenhang in der Welt. Der Gegensatz wird an zwei Beispielen deutlich:
- Wenn man untersuchen möchte, welche Lernschwierigkeiten Erwachsene in der beruflichen Weiterbildung haben, so bieten sich hierfür z. B. erfahrungswissenschaftliche Methoden an. Man könnte z. B. Expertenbefragungen durchführen oder Unterrichtsexperimente realisieren.
- Will man hingegen untersuchen, welche Vorstellungen vom Menschen sich in der Gesellschaft allgemein und in der Ausbildung speziell niederschlagen (Menschenbild in der pädagogischen Arbeit), so ist man darauf angewiesen, insbesondere schriftliche (textliche) Dokumente und andere kulturelle Erscheinungsformen (wie Filme, Bilder usw.) zu interpretieren.

Man sagt daher auch häufig, daß empirische Verfahren dazu dienen, Zusammenhänge, die man messen kann, zu erklären (Was geschieht? – know how), während geisteswissenschaftliche Vorgehensweisen darauf zielen, diese Zusammenhänge zu verstehen (Warum geschieht etwas? – know why). In beiden Fällen besteht die Aufgabe der Wissenschaft darin, methodisch gestützt, Wissen zu produzieren. Eine Besonderheit wissenschaftlichen Arbeitens ist, daß die jeweilige Vorgehensweise aufgedeckt wird. Damit wird nachvollziehbar gemacht, wie bestimmte Theorien, Konzepte, Modelle gewonnen werden. Die Rechtfertigung und/oder Begründung des methodischen Weges führt wiederum zu einer Theorie der wissenschaftlichen Methoden, die als »Methodologie« bezeichnet wird.

Erkenntnis- und Handlungsinteresse: Genau auf diese methodologische Begründung wissenschaftlichen Handelns zielt wiederum der Begriff des Erkenntnis- und Handlungsinteresses. So gibt es Neigungen zu bestimmten Methoden. Somit ist auch der Ausgangspunkt für eine wissenschaftliche Arbeit niemals objektiv, sondern immer Ausdruck eines bestimmten Interesses. Dieses wirkt sich nicht nur auf die Wahl der Methoden, sondern auch auf die Auswahl von Problemstellungen und Fragestellungen aus, die wissenschaftlich untersucht werden sollen. Auch dies kann an Beispielen verdeutlicht werden:

Der Forscher Hermann K. beschäftigt sich vorrangig mit Fragen der Strukturförderung in wirtschaftlich schwächeren Gebieten. Momentaner Schwerpunkt ist die Region Mecklenburg-Vorpommern.

Ihn interessiert dabei u. a., ob über Bildungsinvestitionen (Bau von Berufsakademien, verstärkte Ausbildung von Berufsschullehrern etc.) eine Verbesserung der Infrastruktur möglich ist. Er entwickelt hierfür auf der Grundlage von vergleichbaren Fragestellungen in anderen Gebieten und den dort gesammelten Erfahrungen ein Konzept. Auch die Forscherin Hildegard L. interessiert sich für wirtschaftliche Strukturschwächen in Mecklenburg-Vorpommern. Ihr Interesse gilt dabei aber den Konsequenzen solcher Schwächen für Frauen. Sie hält es für wichtig zu untersuchen, ob Frauen besonders betroffen sind und welche Frauenförderungsprogramme initiiert werden sollen. Ihre Untersuchung basiert zum einen auf psychologischen und soziologischen Erklärungsansätzen sowie auf einer Befragung von 50 erwerbstätigen und 50 arbeitslosen Frauen in der besagten Region.

Faßt man diese Überlegungen zusammen, so wird folgendes deutlich: Wissenschaften untersuchen Gegenstände mit Hilfe spezifischer und als adäquat angesehener Methoden. Diese Methoden werden in den Wissenschaften begründet (methodologischer Diskurs). Gleichzeitig sind die zu bearbeitende Problemstellung und der Methodeneinsatz Ausdruck eines ganz speziellen Erkenntnis- und Handlungsinteresses, welches von Wissenschaftlern in einer Wissenschaftsdisziplin vertreten wird. Für die Wirtschaftspädagogik hat dies unmittelbar Konsequenzen, denn als interdisziplinäres Konzept zwischen Erziehungs- und Wirtschaftswissenschaft ist sie von den Vorstellungen geprägt, die in diesen beiden ‚Heimat'-Wissenschaften bezüglich Gegenständen, Methoden und Interessen entwickelt werden. Sehr vereinfachend kann dabei schon festgehalten werden, daß die Wirtschaftswissenschaft von der Interessenlage her das formale Prinzip des Wirtschaftlichen betont, während die Erziehungswissenschaft an dieser Stelle den Erziehungsgedanken bzw. das Erzieherische hervorhebt. Dies wiederum bedeutet, daß die Wirtschafts- und Berufspädagogik zwar den Blick auf wirtschaftswissenschaftlich relevante Gegenstände wirft, ihre entscheidende konstruktive Kraft bekommt sie aber nur, wenn sie dies aus einer erziehungswissenschaftlichen Perspektive vornimmt,[15] die den Erziehungs- bzw. Bildungsgedanken betont[16], und zwar als erziehungswissenschaftlich-normative Orientierung in den Wirtschaftswissenschaften.[17]

---

[15] Vgl. hierzu u. a. Dörschel, A., 1971, S. 86f., S. 100f.
[16] Vgl. Baumgardt, J., 1976.
[17] Vgl. Sloane, P. F. E., 1995, S. 11.

Die nachfolgende Abbildung verdeutlicht, daß Wirtschafts- und Erziehungswissenschaft durchaus die gleichen materialen Objekte (Bildung, Beschäftigung, Lernen, Arbeiten etc.) betrachten, daß diese Disziplinen dies jedoch unter ganz unterschiedlichen Perspektiven vornehmen, die im Erkenntnis- und Handlungsinteresse verankert sind. Für die Wirtschafts- und Berufspädagogik heißt dies wiederum, daß es zum einen eine gleichsam horizontale begriffliche Abstimmung zwischen pädagogischen und wirtschaftswissenschaftlichen Vorstellungen gibt. Dies wird in der Abbildung durch den horizontalen Pfeil dargestellt. Daneben ist es zum anderen auch erforderlich, die methodischen Zugänge, Erkenntnis- und Handlungsinteressen sowie Theorien, Konzepte und Modelle der beiden Wissenschaften miteinander zu vergleichen und abzustimmen. Dies wird durch die vertikalen Pfeile veranschaulicht. Von zentraler Bedeutung sind dabei dann die leitenden Prinzipien der beiden Wissenschaftsgebäude, da diese letztlich formal bestimmen, welche Ausrichtung das jeweilige pädagogische resp. ökonomische Denkmodell bekommt.

Abbildung 2: *Das Konzept der Wirtschafts- und Berufspädagogik*

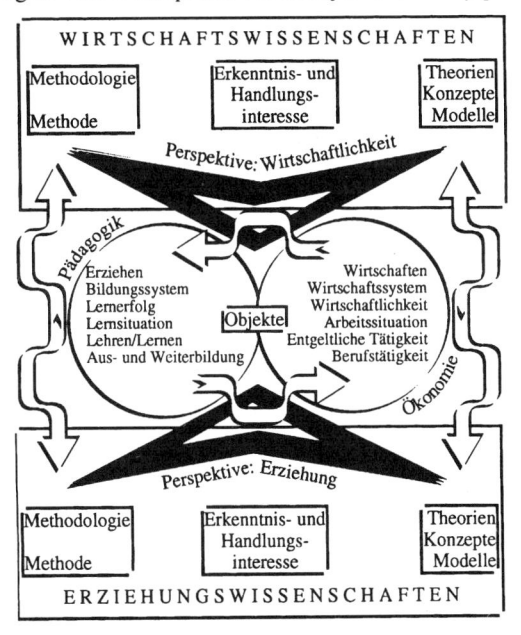

Sehr deutlich wird diese formale Ausrichtung, wenn man die Menschenbildkonzeptionen von Erziehungs- und Wirtschaftswissenschaft miteinander vergleicht. Hierbei handelt es sich um Grundvorstellungen über den Menschen, die Eingang finden in die Theoriebildung von Wirtschafts- resp. Erziehungswissenschaft. So geht die Pädagogik u. a. vom Bild des homo educandus aus, des erziehungsfähigen und erziehungsbedürftigen Menschen. Hieraus resultiert die Idee der Pädagogik als eine Wissenschaft von dem, was aus einem Menschen werden soll und wie dies herbeigeführt werden kann, darf und soll.[18] Demgegenüber geht man in vielen ökonomischen Modellen vom homo oeconomicus, einem rational handelnden und auf Nutzenmaximierung hin ausgerichteten Menschen aus, der unter alternativen Möglichkeiten immer diejenige wählt, die für ihn am vorteilhaftesten ist. Hieraus erwächst die Idee des Wirtschaftens als ein planmäßiges Handeln zur Befriedigung von menschlichen Bedürfnissen, und zwar dergestalt, daß man entweder mit bestimmten Mitteln versucht, maximale Ergebnisse zu erzielen oder bestimmte Ergebnisse so realisiert, daß die einzusetzenden Mittel minimiert werden (Ökonomisches Prinzip).

Es gibt also sowohl eine ökonomische als auch eine pädagogische Rationalität und es wäre zu fragen, ob man rational i. S. des ökonomischen oder des pädagogischen Modells handeln soll. Im ersten Fall geht es darum, den Nutzen zu optimieren und hierfür die richtigen Entscheidungen zu treffen; im zweiten Fall ist angesagt, den Educanden zu fördern und ihm zu helfen, seine Persönlichkeit zu entfalten.

Dies sind wissenschaftliche Grundüberlegungen der Wirtschafts- und Berufspädagogik. Sie machen sich aber immer auch im konkreten Handeln von Wirtschaftspädagogen bemerkbar. Kehren wir hierfür kurz zu den Berufsvertretern zurück, die eingangs vorgestellt wurden.

Da ist die Berufsberaterin Inge-Lore K. Sie erfüllt eine pädagogische Aufgabe. Ihr Ziel ist es, einem Educanden bei der Berufswahl zu helfen, ihn dabei zu unterstützen, den Beruf zu finden, der seinen Neigungen entgegenkommt und ihm hilft, seine Fähigkeiten zu entfalten. Gleichzeitig muß der Beruf die Erwerbsmöglichkeit des einzelnen Menschen sichern. Zwischen diesen Aspekten der Neigung und der Erwerbssicherung, die sich nicht widersprechen müssen, aber widersprechen könnten, bewegt sich die pädagogische Beratung.

---
[18] Vgl. Roth, H., 1966, S. 48.

Dann war dort der Lehrer Peter S. Als Erzieher und Pädagoge geht es ihm um die Entwicklung der Persönlichkeit des Schülers; als Ökonom verfolgt er das Herausbilden von technischen, ökonomischen und sozialen Fähigkeiten, die die Berufskompetenz am Standort Deutschland verbessern.

Schließlich ist da die Bildungsreferentin Marianne P., die Weiterbildung anbietet. Diese kann pädagogisch begründet sein. Es wäre aber auch möglich, daß im Mittelpunkt ihres Interesses ein eher ökonomisches Kalkül, nämlich die Entwicklung eines marktfähigen Angebots steht. Aus ordnungspolitischer Sicht stellt sich hierbei z. B. die Frage, ob alle gesellschaftlichen Bildungsbedürfnisse über den Markt befriedigt werden oder ob bestimmte Bildungsangebote staatlich reguliert und garantiert werden müssen.

Es geht hier auf keinen Fall darum, pädagogische Prinzipien den ökonomischen voranzustellen oder umgekehrt. Vielmehr ist es wichtig, die einleitend festgestellte Ambivalenz des Ökonomischen und des Pädagogischen, die die Wirtschafts- und Berufspädagogik in Theorie und Praxis durchzieht, nochmals festzuhalten.

Dies ist gleichsam auch ein Ziel der Wirtschaftspädagogik: Es geht darum, zwischen unterschiedlichen erziehungswissenschaftlichen und wirtschaftswissenschaftlichen Konzepten bzw. zwischen pädagogischer und ökonomischer Rationalität immer wieder Standpunkte zu formulieren, bei denen nicht das Ökonomische gegen das Pädagogische oder das Pädagogische gegen das Ökonomische gestellt wird, sondern bei dem es möglich wird, gleichermaßen pädagogisch wie ökonomisch vernünftig zu handeln.

Abschließend muß hierzu kritisch angemerkt werden: Dieses Abwägen ist nicht immer möglich. Es gehört auch zum Geschäft des Wirtschafts- und Berufspädagogen, daß er eine Unvereinbarkeit ökonomischer und pädagogischer Ideen erlebt. Dann ist man genau wieder bei dem Bild des ökonomisch Machbaren und pädagogisch Wünschbaren.

Schließlich täuschen die bisherigen Überlegungen vor, daß es *eine* Erziehungswissenschaft und *eine* Wirtschaftswissenschaft gibt. Genaugenommen ist es aber so, daß beide Wissenschaftsbereiche sehr heterogen sind. Dies bedeutet vor allem, daß die erwähnten Zusammenhänge noch komplizierter werden. Für das Studium der Wirtschafts- und Berufspädagogik resultiert hieraus, daß u. a. die wissenschaftstheoretische Reflexion gepflegt wird. Mit anderen Worten: der Studierende muß sich ganz unterschiedliche wirtschafts- und erziehungswissenschaftliche Zugriffsweisen erarbeiten.

4.2 Institutionenlehre: die Ordnung des Lehrens und Lernens im Wirtschafts- und Beschäftigungssystem

Die wirtschaftspädagogische Institutionenlehre zielt auf die Ordnung, die für das berufliche Lehren und Lernen geschaffen werden muß. Die Institutionenlehre geht dabei über die Frage des organisatorischen Aufbaus von Berufsbildung hinaus und thematisiert den Aspekt der Gestaltung der Bildungsorganisation durch die entsprechenden bildungspolitischen Mechanismen. Hierbei sind eigentlich sehr differenzierte Ausführungen zur Ausbildung und zur Weiterbildung erforderlich. Aus Darstellungsgründen wird im folgenden lediglich der Bereich der beruflichen Erstausbildung und in diesem Zusammenhang die sogenannte duale Ausbildung berücksichtigt. Diese ist für Deutschland aber von sehr großer Bedeutung, denn zwischen 60 und 70 % der Menschen einer Generation absolvieren diese Ausbildung.

Das Kennzeichen der dualen Ausbildung ist, daß diese an zwei Lernorten stattfindet: in der Schule und im Betrieb. Die Berufsausbildung findet somit in privater und in öffentlicher Trägerschaft statt. Dies dokumentiert sich in der öffentlichen Trägerschaft der Schule. Aufgrund der im Grundgesetz verankerten Kulturhoheit der Länder heißt dies wiederum, daß der Berufsschulanteil nach Ländergesetzen zu erfolgen hat. Demgegenüber wird der betriebliche Anteil der Ausbildung von Betrieben wahrgenommen, die auch Vertragspartner der Auszubildenden im Ausbildungsvertrag sind. Dies klammert jedoch nicht die betrieblichen Ausbildungsanteile als hoheitliche Aufgabe aus. Vielmehr zeigt sich das öffentliche Interesse in der Aufsicht sogenannter Zuständiger Stellen, denen nach dem Berufsbildungsgesetz die Förderung der beruflichen Ausbildung durch Beratung und Überwachung zukommt. Zuständige Stellen sind die Industrie- und Handelskammer, die Handwerkskammer, die Landwirtschaftskammer usw. Diese Stellen sind gleichzeitig als Körperschaften des öffentlichen Rechts Selbstverwaltungsorganisationen der Wirtschaft, deren Organe sich über die Willensbildung der Mitglieder ergeben.

Die Besonderheit der Organisation der Berufsausbildung in Deutschland ist daher darin zu sehen, daß diese immanenter Bestandteil des Wirtschafts- und Beschäftigungssystems ist. Man kann dies an einem Mehrebenenmodell verdeutlichen[19]:

---
[19] Vgl. hierzu Kell, A., 1995.

Abbildung 3: *Das Ebenenmodell wirtschafts- und berufspädagogischer Praxis*

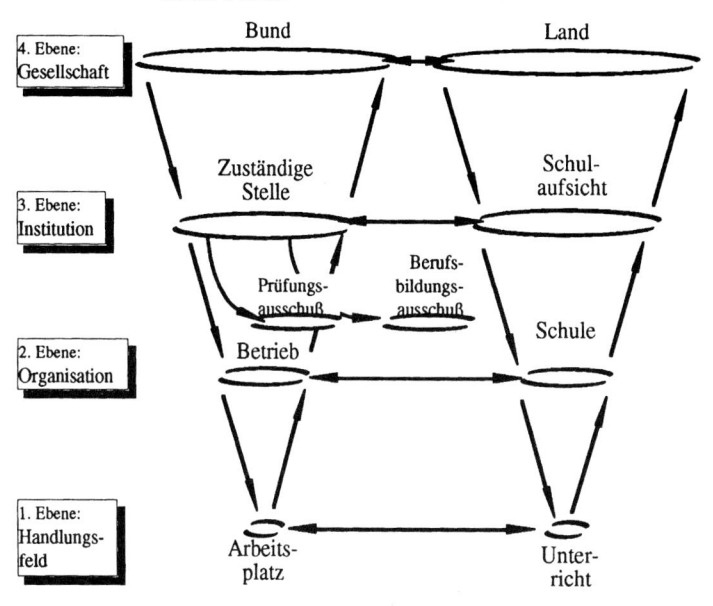

4. Ebene: Gesellschaft	Bund	Land
3. Ebene: Institution	Zuständige Stelle	Schulaufsicht
2. Ebene: Organisation	Prüfungsausschuß — Berufsbildungsausschuß — Betrieb	Schule
1. Ebene: Handlungsfeld	Arbeitsplatz	Unterricht

Die Handlungsebene beruflicher Ausbildung ist der Arbeitsplatz im Betrieb und der Unterricht in der Schule. Von der didaktischen Grundidee her wird dabei davon ausgegangen, daß im Betrieb ein praktisch-anwendungsorientiertes Lernen und in der Schule ein theoretisch-reflektierendes Lernen stattfindet. Dies entspricht aber weder der schulischen und betrieblichen Realität, noch ist dieses Modell nach heutigem Verständnis didaktisch begründet. Genaugenommen wird in Schulen und in Betrieben jeweils sowohl praktisch als auch theoretisch gearbeitet.

Die Besonderheit der dualen Ausrichtung ist daher wohl eher darin zu sehen, daß der Auszubildende in zwei sehr unterschiedlichen Lebensbereichen geformt wird. Hier kommt es vor allem auf die jeweilige organisatorische Umgebung an: Während der Auszubildende im Betrieb in Sachzwänge eingebunden ist, wo sich jede pädagogische Arbeit immer wieder durch ökonomische Funktionalitäten begrenzen lassen muß, erlebt er die Schule tendenziell eher als einen Schonraum, in dem genau die ökonomische Rationalität in den

Hintergrund treten kann und muß. So steht die Arbeit im Betrieb immer eher unter dem Ziel, die berufliche Tüchtigkeit i. S. einer beruflichen Leistungsfähigkeit zu formen, während berufliche Mündigkeit, verstanden als Fähigkeit, sich selbständig und eigenverantwortlich beruflich entscheiden zu können, häufig wohl des zusätzlichen Korrektivs schulischer Ausbildungsumgebungen bedarf.

Die gesetzliche Normierung der Schule erfolgt durch Ländergesetze und Erlasse der jeweiligen Kultusministerien, wobei zwischen den Bundesländern über die Kultusministerkonferenz (KMK) eine Abstimmung und Harmonisierung angestrebt wird. Die Überwachung erfolgt durch die Schulaufsichtsbehörde. Dies hat konkrete Konsequenzen für die Tätigkeit von Wirtschafts- und Berufspädagogen in der Schule:

Gehen wir zurück zu unserem Beispiel des Berufsschullehrers Peter S. Grundlage seines Unterrichts sind Rahmenlehrpläne, die vom zuständigen Landesminister (dies ist i. d. R. der Kultusminister) erlassen werden. Diese beruhen auf empfehlenden Vereinbarungen der Kultusministerkonferenz. Die Rahmenlehrpläne enthalten eine Präambel mit grundsätzlichen Hinweisen zur Zielsetzung, eine Stundentafel und (Einzel-)Lehrpläne. Die konkreten Stoffverteilungspläne und Stundenpläne werden an den Schulen entwickelt, und zwar auf der Grundlage dieser Rahmenlehrpläne. Hierfür werden an den Schulen Kommissionen eingerichtet.

Die betriebliche Ausbildung ist durch Bundesgesetze, vorrangig durch das Berufsbildungsgesetz (BBiG) geregelt. Ordnungsgrundlagen für die einzelnen Ausbildungsgänge sind dabei die Ausbildungsordnungen, die vom jeweiligen Fachminister erlassen werden. Diese enthalten die Bezeichnung des Ausbildungsberufs, die Ausbildungsdauer, die Fertigkeiten und Kenntnisse, die Gegenstand der Berufsausbildung sind (Ausbildungsberufsbild), eine Anleitung zur sachlichen und zeitlichen Gliederung der Fertigkeiten und Kenntnisse (Ausbildungsrahmenplan) und die Prüfungsanforderungen (§ 25 BBiG).

Den Zuständigen Stellen kommen hierbei folgende Aufgaben zu: Einrichtung und Führen eines Verzeichnisses von Berufsausbildungsverhältnissen, Überprüfen der eingetragenen Ausbildungsverhältnisse, Erlaß von Prüfungsordnungen, Errichten von Prüfungsausschüssen, Überwachung der Berufsausbildung durch Beratung, wozu Ausbildungsberater zu bestellen sind, und Errichten des Berufsbildungsausschusses.

Besondere Bedeutung hat hierbei der Berufsbildungsausschuß, dem sechs Beauftragte der Arbeitgeber, sechs Beauftragte der Arbeitnehmer und sechs Lehrer angehören. Die letzte Gruppe hat eine beratende Stimme. Der Berufsbildungsausschuß ist gemäß § 58 I BBiG in allen wichtigen Angelegenheiten der beruflichen Bildung zu unterrichten und zu hören. Alle Rechtsvorschriften zur Durchführung der Berufsbildung sind von diesem Ausschuß zu beschließen (§ 58 II BBiG).

Für die Abschlußprüfung muß die Zuständige Stelle außerdem Prüfungsausschüsse einrichten (§ 36 BBiG), die aus mindestens drei Mitgliedern zu bestehen haben, die in den Prüfungsgebieten sachkundig und für die Mitwirkung im Prüfungswesen geeignet sein müssen. Mitglieder sind jeweils in gleicher Zahl Beauftragte von Arbeitgeber und Arbeitnehmer sowie ein Lehrer einer berufsbildenden Schule (§ 37 I, II BBiG). – Betrachten wir auch dies vor dem Hintergrund der Berufsbeispiele:

Dr. Walter R. ist in einem größeren Betrieb für die Ausbildung zuständig. Ordnungsgrundlage für die Ausbildung in einem anerkannten Ausbildungsberuf ist die entsprechende Ausbildungsordnung. Diese liegt vor. Für Dr. R. stellt sich nun die Aufgabe, diese betrieblich umzusetzen. Mit dem Ausbildungsberufsbild und dem Ausbildungsrahmenplan hat er Vorgaben, die er in der Ausbildung realisieren muß. Zu planen wären nun die makrodidaktischen Grundlagen für die Ausbildung. Hiermit sind alle betrieblich-organisatorischen Vorgaben gemeint, die berücksichtigt werden müssen. Hierzu gehören: Einsatzpläne für die Ausbilder vor Ort, Einsatzpläne für die einzelnen Auszubildenden, Berücksichtigung des Berufsschulunterrichts, ggf. Einbeziehung betrieblichen Zusatzunterrichts, bei gewerblich-technischen Ausbildungsberufen die Berücksichtigung der zusätzlichen Unterweisung in der überbetrieblichen Ausbildungsstätte.

Daneben ist Dr. R. für die Arbeitgeberseite Mitglied im Berufsbildungsausschuß der zuständigen Industrie- und Handelskammer. In diesem Gremium trifft er möglicherweise mit Herrn Peter S. zusammen. Beide müssen miteinander kooperieren, wobei sie immer aber auch unterschiedliche Interessen vertreten.

Die Gestaltung des beruflichen Ausbildungssystems geschieht nicht ausschließlich durch staatliche Hoheitsakte. Die Besonderheit des dualen Systems besteht darin, daß es gleichsam von innen heraus gesteuert wird, und zwar durch ein sehr differenziertes Gremien- und Abstimmungsverfahren der Arbeitgeber und Arbeitnehmer.

An dieser Stelle ist die Einbindung der Berufsausbildung in das Wirtschafts- und Beschäftigungssystem immanent deutlich. Berufsbildungspolitik folgt daher strukturell der Beschäftigungspolitik. Es geht aus staatlicher Sicht dabei vorrangig darum, Möglichkeiten zu schaffen, damit die das Wirtschafts- und Beschäftigungssystem tragenden gesellschaftlichen Mächte kooperieren können.

Betrachtet man das Berufsausbildungssystem unter dieser Perspektive, so werden drei zentrale Gestaltungsideen deutlich[20]:
- Verschränkung von Markt- und Staatssteuerung,
- Föderalismus und
- Korporatismus.

Verschränkung von Markt- und Staatssteuerung: Die duale Berufsausbildung ist eine Mischform zwischen einem bürokratischen und einem liberalistischen Modell. Bürokratische Modelle gehen von einem Ausbildungsmonopol des Staates aus. Beispiele hierfür sind die französischsprachigen Länder, dort wird Berufsausbildung überwiegend über staatlich gelenkte und verschulte Einrichtungen organisiert. Bei Marktmodellen hingegen, diese findet man v. a. im englischsprachigen Raum, wird die Berufsausbildung von den Betrieben allein geleistet. Während im bürokratischen Modell häufig eine Loslösung von ökonomischen und technischen Erfordernissen der Betriebe stattfindet, gleichwohl der Erziehungsgedanke ausreichend berücksichtigt wird, sind Marktmodelle häufig dadurch gekennzeichnet, daß betriebliche Bedürfnisse zum alleinigen Maßstab für die Durchführung von Berufsausbildung werden. Dieser Ansatz führt tendenziell zur Ausklammerung des Erziehungsgedankens und etabliert sich als reine Anpassungsausbildung.

Das deutsche System ermöglicht vom Grundsatz her eine Verbindung von Verwendungsorientierung, die sich aus der Marktsteuerung ergibt, mit der Stabilisierung erziehungsrelevanter Überlegungen, die aus der staatlichen Steuerung resultieren.

Föderalismus: Die föderale Struktur zeigt sich unmittelbar in der Verteilung von Kompetenzen auf Bund und Länder. Grundidee ist die Machtaufgliederung, die u. a. dann auch territoriale Eigenständigkeiten innerhalb der Bundesrepublik zuläßt.

Korporatismus: Korporatismus wird häufig negativ ausgelegt als Einflußnahme von Verbänden auf staatliche Politik. Im Rahmen der beruflichen Ausbildung innerhalb des Wirtschafts- und Beschäfti-

---

[20] Vgl. zusammenfassend Greinert, W.-D., 1993.

gungssystems ist der Korporatismus ein Verfahren, welches es den Verbänden ermöglicht, den (bildungs-)politischen Willen ihrer Mitglieder zu artikulieren. Hierbei muß aber immer eine Wettbewerbssituation zwischen den Verbänden möglich sein. Das Abschaffen des Wettbewerbs oder seine Unterdrückung, z. B. indem staatliche Instanzen sich einseitig und ggf. sogar parteiisch einem Verband zuwenden, würde die konstruktive Kraft des Korporatismus zerstören. Eine so verstandene Verbandsarbeit führt zur Aussonderung (Selektion) von nicht-mehrheitsfähigen Interessen. Daneben dient sie der Information staatlicher Organe und einer ständigen Legitimation staatlicher Aktivitäten.

Eine zentrale Instanz zur föderalen und korporativen Steuerung der beruflichen Ausbildung ist das Bundesinstitut für Berufsbildung (BiBB). Es wurde 1970 auf der Grundlage des Berufsbildungsgesetzes gegründet. Heutige Rechtsgrundlage ist das Berufsbildungsförderungsgesetz (BerBiFG) von 1981. Das BiBB hat zwei Organe: den Generalsekretär und den Hauptausschuß. Letzterer beschließt über alle Angelegenheiten des Bundesinstituts. Ihm gehören an: 16 Angehörige der Arbeitgeberverbände (Dachverbände, Handwerkskammern, Industrie- und Handelskammern), 16 Beauftragte der Arbeitnehmer (Gewerkschaften), 16 Beauftragte der Länder und 5 Beauftragte des Bundes, die jedoch 16 Stimmen haben (§ 8 BerBiFG).

Das Bundesinstitut bezeichnet sich selbst als die ‚gemeinsame Adresse der Berufsbildung'. Seine zentralen Aufgaben, die aufgrund seiner Struktur letztlich korporativ wahrgenommen werden, sind u. a. die Vorbereitung der Ausbildungsordnungen, das Vorbereiten des Berufsbildungsberichts der Bundesregierung, die Förderung von Modellversuchen, die Beratung der Bundesregierung, Erstellen von Berufsbildungsstatistiken usw.

Zusammenfassend ergibt sich folgende korporative Struktur der Berufsbildung im Wirtschafts- und Beschäftigungssystem:

Abbildung 4: *Die korporative Struktur der wirtschafts- und berufspädagogischen Praxis*

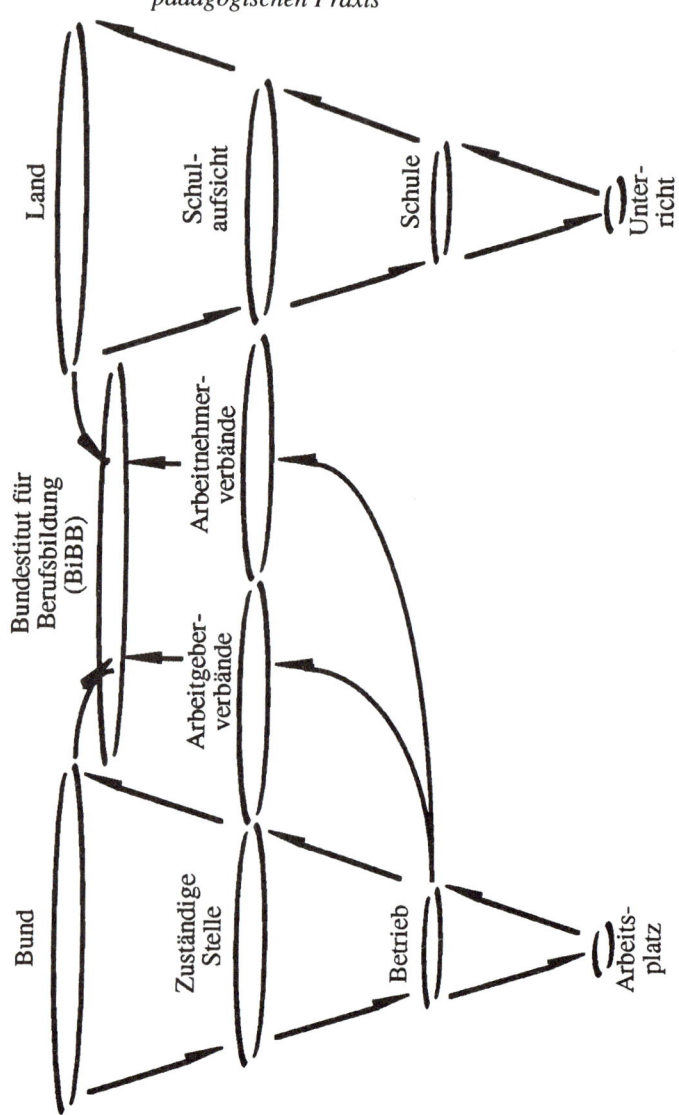

Hiermit zeigt sich abschließend zu diesem Unterkapitel die bildungspolitische Dimension der Wirtschaftspädagogik. Auch hier kann wieder auf die Berufsbeispiele verwiesen werden:

Herta G. ist wissenschaftliche Mitarbeiterin im BiBB. Ihre Aufgabengebiet ist die Qualifizierung von Ausbildern. Ihr momentaner Schwerpunkt, nämlich die Erarbeitung von internationalen Ausbildungsmodulen, wird in einem Arbeitsschwerpunkt realisiert, der vom Hauptausschuß bewilligt worden ist. Somit sind bereits bildungspolitische Weichen gestellt worden. Dabei ist es aber nicht so, daß die Mitarbeiterin des BiBB auf einfache Anweisung hin agiert. In der bildungspolitischen Praxis ist es häufig so, daß die Mitarbeiter des BiBB aus ihrer Tätigkeit heraus Informationen in den Hauptausschuß liefern und der Hauptausschuß und die dort agierenden Beauftragten auf diese Weise Entwicklungen erfahren.

4.3 Didaktik wirtschaftsberuflicher Bildung: die Gestaltung des Lehrens und Lernens durch professionelles wirtschaftspädagogisches Handeln

Die bisherigen Überlegungen bezogen sich auf die intentionale und wissenschaftsmethodische Grundposition der Wirtschafts- und Berufspädagogik als Disziplin innerhalb einer wirtschaftswissenschaftlichen Ausbildung sowie auf die bildungspolitisch-institutionelle Struktur des beruflichen Bildungssystems. Der erste Bereich liefert Hinweise zum Grundverständnis wirtschafts- und berufspädagogischer Arbeit, der zweite zu den ordnungspolitischen Grundvorstellungen im Arbeitsfeld von Wirtschafts- und Berufspädagogen. Diese beiden Aspekte sind letztlich wissenschaftliche und gesellschaftliche Voraussetzungen einer Tätigkeit als Wirtschafts- und Berufspädagoge. Der Kernbereich dieser Tätigkeit ist jedoch das Lehren und Lernen im beruflichen Bildungssystem. Aufgabe der Pädagogen ist dabei die Steuerung von beruflichen Bildungsprozessen.[21]

Didaktik kann allgemein als Lehre vom Lehren und Lernen bezeichnet werden. Zentral ist dabei der Begriff des Lernens, der als ein Prozeß der Auseinandersetzung eines Menschen (Lernsubjekt) mit einem Lerngegenstand (Lernobjekt) verstanden werden kann, der zur Veränderung des Subjekts führt. Man spricht hier auch von einer dauerhaften Verhaltensänderung und meint damit u. a. neues Wissen, veränderte Einstellungen, neue Bewegungsabläufe.

---
[21] Vgl. Deutsche Forschungsgemeinschaft (DFG) 1990, u. a., S. 63.

In der Unterrichts- und Unterweisungspraxis spricht man auch von Kenntnissen, Fertigkeiten und Einstellungen. Hiermit sind lernpsychologisch gesehen kognitive (das Denken betreffende), affektive (die Einstellungen betreffende), sozial-kommunikative (die Kommunikation bzw. allgemein zwischenmenschliche Beziehungen betreffende) und psychomotorische (die Bewegungsabläufe betreffende) Verhaltensweisen gemeint. Sie sind immer das Ergebnis von Lernprozessen. Außerdem sollte noch unterschieden werden zwischen beabsichtigten und unbeabsichtigten Lernergebnissen. Die wirtschaftspädagogische Arbeit bezieht sich vorrangig auf beabsichtigtes (intentionales) Lernen, kann aber nicht den Bereich unbeabsichtigten (funktionalen) Lernens vollständig ausklammern.

Wenn Lernen nun ein Vorgang der Verhaltensänderung ist, so muß Lehren immer als beabsichtigte Unterstützung dieses Lernprozesses durch Lehrer, Ausbilder, Berater, Vorgesetzte etc. angesehen werden. Diese oben als wirtschaftspädagogische Tätigkeiten untersuchten Verhaltensweisen müssen professionell bewältigt werden. Diese Forderung nach professionalisiertem Handeln der Wirtschafts- und Berufspädagogen führt zur Forderung nach didaktischer Kompetenz[22], die sich darin bekundet, daß man

- über Kenntnisse (Theorien) zum Lernen und Lehren verfügt (pädagogische Fachkompetenz),
- in der Lage ist, diese Kenntnisse in Lehr-/Lernsituationen umzusetzen (fachdidaktische Anwendungskompetenz),
- über das gefühlsmäßige Vermögen verfügt, mit Unterrichts- und Unterweisungssituationen (bzw. allgemein mit Kommunikationssituationen) offen und verantwortlich umzugehen (emotio-soziale Kompetenz).

Diese Hinweise verweisen auf einen sehr komplexen theoretischen (Theorie des Lehrens und Lernens) und praktischen Zusammenhang (Anwendung der Theorie in Situationen).[23] An dieser Stelle kann daher nur ein allgemeiner und eher theoretischer Überblick gegeben werden.

Wirtschaftspädagogisches Handeln findet in sogenannten pädagogischen Situationen statt, die in der Literatur[24] als offen, störbar

---

[22] Vgl. Sloane, P. F. E., 1985.
[23] Ebenda, 1995.
[24] Vgl. Lewin, K., 1963, S. 69; Mey, H., 1965, S. 181ff.; Winnefeld, F., 1957, S. 32; 1972a; 1972b.

und teleologisch[25] strukturiert bezeichnet werden. Eine Lernsituation ist ein Interaktionsgefüge, in dem die Elemente der Situation sich gegenseitig beeinflussen. Die Offenheit dieses Feldes impliziert schließlich, daß die genauen Veränderungen in diesem Geschehen nicht prognostizierbar sind. Für Lehrende heißt dies, daß sie nicht vollständig planen können, wie sie in Lernsituationen zu handeln gedenken, sondern daß sie offen sein müssen für sogenannte situative Handlungen.

Zentrale Merkmale pädagogischer Felder sind:
(1) Die Lernsubjekte, wobei es auf deren spezifische Vorerfahrungen ankommt. Man unterscheidet hier anthropogene (innere Entwicklungsfaktoren) und sozial-kulturelle (äußere Entwicklungsfaktoren) als Voraussetzungen des Lernens.
(2) Das Lernobjekt, womit vorrangig der Gegenstand (das Thema) gemeint ist, an dem gelernt wird.
(3) Die Situationsbedingungen; hierzu gehören Aspekte wie die Raumgestaltung, die Einrichtung, die Akustik etc.
(4) Die institutionellen Rahmenbedingungen, zu diesen gehören die Akquisition des Lehrkörpers, die äußere Organisation des Unterrichts (Stundeneinteilung u. ä.), die Prüfungsformen usw.
(5) Die gesellschaftlichen Rahmenbedingungen, zu denen u. a. die ökonomischen, kulturellen, technologischen und sozialen Gegebenheiten in einem Sozialkörper zählen.
(6) Der Lehrende, der in gleichem Maß wie die Lernsubjekte vorgeprägt ist, also über spezifische anthropogene und sozialkulturelle Voraussetzungen verfügt.

Diese Elemente kennzeichnen sicherlich auch die Tätigkeitsfelder der Wirtschafts- und Berufspädagogen, die eingangs erwähnt wurden:

So stellt sich für den Lehrer Peter S. die Frage nach den Lernvoraussetzungen seiner Schüler sowie seinen eigenen Lehrvoraussetzungen. So ist von Bedeutung, welche Musik seine Schüler hören, welche Zeitschriften sie lesen. Kennt er diese als Lehrer oder sind seine spezifischen Interessen in diesem Bereich so anders als die seiner Schüler, daß dabei zwei Welten aufeinander stoßen? Wie sieht es mit dem Leistungsvermögen der Schüler aus? Wie kann ihr ko-

---

[25] Teleologie [griech./lat.] ist die Lehre von der Zielgerichtetheit bzw. Zielstrebigkeit jeder Entwicklung; teleologisch bedeutet daher soviel wie „auf einen Zweck ausgerichtet sein".

gnitiver Entwicklungsstand eingeschätzt werden? Sind die Schüler in der Lage, im Betriebswirtschaftslehreunterricht mit mathematischen Modellen zu arbeiten? Wenn dies nicht der Fall ist, welche anderen Darstellungsformen können gewählt werden? Wie reagiert die Klasse montags, wie reagiert sie an anderen Tagen? Hat der Unterricht beim Kollegen V., der vor ihm in der Klasse ist, Einfluß auf seinen Unterricht? Reicht die Tafelfläche für die Erarbeitung einer Problemstellung? usw.

Es wird deutlich, daß der Lehrer in Hinblick auf den Unterricht eine Vielzahl von Fragen hat, die er zumindest grob beantworten muß. Im übrigen stellen sich diese Fragen nicht nur für die Unterrichtsvorbereitung von Peter S. Auch die anderen Wirtschafts- und Berufspädagogen haben ähnliche Fragestellungen, wenn auch jeweils unterschiedlich akzentuiert. Dies ist genau die Stelle, an der pädagogisch-didaktische Theorie einsetzt, die eine Erklärungs- und Planungshilfe darstellen kann. Didaktische Theorien sind daher Strukturmodelle, die dazu dienen, daß eigene Handeln zu steuern, indem sie für die pädagogische Arbeit Wissen systematisieren, beispielsweise über sogenannte didaktische Strukturmerkmale, zu denen
- die Thematik: Was wird unterrichtet/vermittelt?
- die Methodik: Wie wird unterrichtet/vermittelt?
- die Intention: Wozu dient der Unterricht? Was soll prinzipiell erreicht werden?
- der Medieneinsatz: Wie werden Thematik, Intention, Methodik präsentiert/transportiert?
- die Zielgruppe: Wer wird unterrichtet? Über welche Voraussetzungen verfügt der Lehrer bzw. die Gruppe?

gehören. Diese didaktischen Strukturmerkmale bündeln eine Vielzahl von Theorien, Modellen, Konzepten, die aus verschiedensten Bezugswissenschaften gewonnen werden, so kann man z. B. dem Teilbereich »Zielgruppe« u. a. entwicklungspsychologische Modelle zur Entwicklung kognitiver Fähigkeiten oder sozialpsychologische Modelle zur Entstehung der Ich-Identität von Menschen zuordnen. Das unter den Strukturmerkmalen gebündelte Wissen steht immer in einer Wechselbeziehung zueinander, die als Implikationszusammenhang bezeichnet wird.[26]

Schließlich ist dieses Wissen immer über die Komponente »Intention« normativ. Diese Normativität, auch zu verstehen als An-

---
[26] Vgl. Blankertz, H., 1986; Terhart, E., 1983.

knüpfung an die erziehungswissenschaftliche Perspektive und der damit verbundenen Vorstellung, Erziehung formal betreiben zu wollen, ist aber nur ein Bezugspunkt für das pädagogische Handeln von Lehrern, Beratern, Moderatoren etc. Der zweite Bezugspunkt ist das Lerngeschehen bzw. der Lernprozeß. „Didaktisches Handeln – ganz allgemein verstanden als Lehren – bezieht sich in diesem Gesamtkonzept thematischer, medialer und intentionaler Überlegungen auf die Bewirkung von Lernprozessen."[27]

Dies fordert wiederum, daß Wirtschafts- und Berufspädagogen über Vorstellungen (Theorien) zum Lernprozeß verfügen müssen. Ein sehr einfaches und erstes Modell des Lernens sind sogenannte Artikulationsschemata[28], demnach findet die Auseinandersetzung des Lernsubjekts mit einem Lernobjekt in einem dreistufigen Prozeß statt:
- Motivationsphase (Entstehen einer zielgerichteten Lernbereitschaft),
- Erarbeitungsphase (Auseinandersetzung mit einem Problem),
- Festigungsphase (Einüben des Gelernten).

Es handelt sich hierbei um Dispositionen von Lernsubjekten, die nicht linear abgearbeitet werden, sondern in einem zirkulären Verhältnis zueinander stehen.

Die Ausrichtung des Lehrerhandelns auf Lernprozesse wird hier als innere (mikrodidaktische) Steuerung von pädagogischen Prozessen bezeichnet. In der nachfolgenden Abbildung wird sie durch den inneren Kreis dargestellt. Daneben gibt es noch äußere (makrodidaktische) Steuerungsinstrumente. Diese haben die Funktion, die innere Prozeßsteuerung zu ermöglichen. Ziel der äußeren Steuerung ist es, die organisatorischen und institutionellen Voraussetzungen für das Lehren und Lernen zu schaffen. Hierzu gehören Faktoren wie: Lehrerauswahl, Stundenverteilungspläne, Zeit und Ablauf der Lehrveranstaltung, Raumbedingungen usw. In diesem makrodidaktischen Bereich sind die Unterschiede zwischen den Bildungsträgern von großer Bedeutung.

So hat der Lehrer Peter S. organisatorische und institutionelle Vorgaben, die sich durch die Einbindung in die Schulorganisation ergeben. Seine makrodidaktischen Vorgaben sind ziemlich starr und

---

[27] Sloane, P. F. E., 1995, S. 19.
[28] Vgl. zusammenfassend: Sloane, P. F. E., 1984, S. 64; 1992, S. 166. Böllert, G./Twardy, M., 1983, S. 526ff.; Stratenwerth, W., 1980, S. 61ff.

beziehen sich auf Aspekte wie Stundenverteilung, Wochenlehrplan, Ort der Veranstaltung etc.

In berufsbildenden Schulen sind diese makrodidaktischen Aspekte z. T. reglementiert durch die Vorgaben aus der Schulorganisation sowie aus der Kultusbürokratie (Verordnungen, Lehrpläne usw.)[29]. Daneben ist aber trotzdem ein Gestaltungsspielraum gegeben, der gefüllt werden kann. Möglichkeiten sind hier sowohl die Einrichtung von Beauftragten, vor allem aber der Aufbau einer entsprechenden Schulorganisation, in der solche Fragen durch Bildungsgangkommissionen bzw. -konferenzen u. ä. geregelt werden.

Bei einem Bildungsträger, wie z. B. der Industrie- und Handelskammer, stellen sich andere makrodidaktische Aufgaben:

So wird Marianne P. als zuständige Referentin makrodidaktische Fragen wie das Bildungsmarketing ihrer Einrichtung, die Auswahl geeigneter Lehrkräfte, das Zertifizieren von Leistungen u. ä. in den Blick nehmen.

Bei diesem zweiten Beispiel deutet sich eine Trennung zwischen mikrodidaktischer und makrodidaktischer Steuerung, und zwar personell wie institutionell, an. Diese ist auch für betriebliche Ausbildung kennzeichnend:

Ein Beispiel hierfür ist der Bildungsmanager Dr. Walter R. Seine Aufgabe besteht letztlich darin, die Voraussetzungen für die pädagogische Arbeit im Betrieb zu schaffen. Die mikrodidaktischen Aufgaben werden dann nach Maßgabe dieser Vorgaben von Ausbildern vor Ort realisiert.

---

[29] Vgl. hierzu die Ausführungen unter 4.2.

Abbildung 5: *Die didaktische Gesamtbetrachtung*

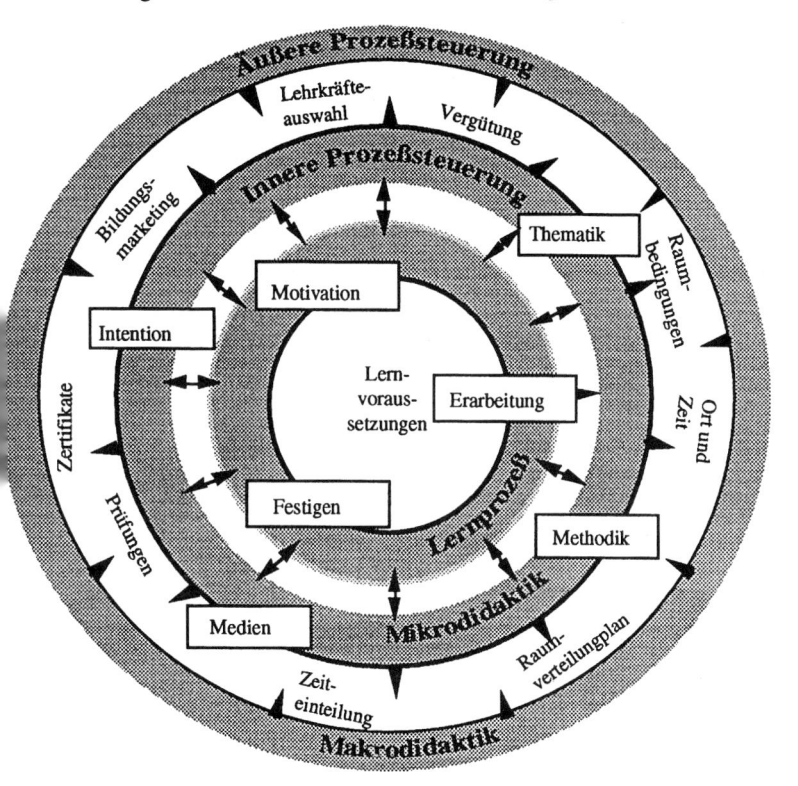

Dieses Bild verdeutlicht die komplexe Abstimmungs- und Planungsarbeit, die von Wirtschafts- und Berufspädagogen geleistet werden muß. Dabei verbergen sich hinter den jeweiligen Komponenten wie Mikrodidaktik und Makrodidaktik sowie hinter den Subkomponenten wie Medien, Methodik usw., aber auch Prüfungen, Zertifikate usw. – selbst wiederum hochkomplexe und sehr differenzierte Teilkonzepte. Diese gilt es, im Studium theoretisch zu durchdringen und i. S. eines Gesamtsystems zusammenzufügen.

5. Schlußbemerkung

Hauptanliegen der hier vorgenommenen Überlegungen war es, die Grundzüge der Wirtschafts- und Berufspädagogik als Studiengang bzw. als wissenschaftliches Fach innerhalb der Wirtschafts- und Sozialwissenschaften darzustellen. Dabei kam es darauf an, von den möglichen Tätigkeitsbereichen von Wirtschafts- und Berufspädagogen ausgehend, drei Schwerpunkte der wirtschafts- und berufspädagogischen Forschung und Lehre darzustellen, nämlich
- die Grundlagen der Wirtschafts- und Berufspädagogik,
- die Institutionenlehre und
- die Didaktik wirtschaftsberuflicher Bildung.

Die dabei vorgenommenen Erläuterungen sind sehr allgemein. Und es wären sicherlich vielschichtigere und differenziertere Aussagen notwendig, um das Fach umfassend zu würdigen, was aber aufgrund der Kürze der Darstellung, und den damit verbundenen Möglichkeiten, nicht möglich ist.

So gibt es zu den einzelnen angeschnittenen Bereichen durchaus unterschiedliche Positionen. Es ist aber eben das Besondere einer wissenschaftlichen Ausbildung, daß man sich solchen unterschiedlichen Positionen annähert, sie reflektiert, um so zu einem eigenen Standpunkt zu finden. Dies wäre ein formales Ziel, welches in einem Studium der Wirtschafts- und Berufspädagogik erreicht werden soll.

Vor dieser Zielstellung von Studium können sich daher die gemachten Ausführungen nur als eine Hinführung zur Wirtschafts- und Berufspädagogik und ein eher prinzipielles Aufreißen der diese Wissenschaft leitenden Fragestellungen verstehen.

Schließlich muß auch gesehen werden, daß die drei skizzierten Bereiche, nämlich Grundfragen der Wirtschafts- und Berufspädagogik, Institutionenlehre und Didaktik, ein sehr grobes Netzwerk darstellen, welches sich dann in Hinblick auf konkrete weitergehende Fragestellungen präzisieren läßt. So entstehen dann weitere Teilgebiete, wie z. B. die Betriebspädagogik, die Vergleichende Wirtschafts- und Berufspädagogik, die Interkulturelle Wirtschafts- und Berufspädagogik, die Historische Wirtschafts- und Berufspädagogik, die wirtschafts- und berufspädagogische Anthropologie usw. Man kann dabei aber schon davon ausgehen, daß die erwähnten drei prinzipiellen Aspekte sowohl eine ordnende Funktion für solche Teilgebiete als auch eine relevante Perspektive in den jeweiligen Gebieten darstellen.

Dies ergibt sich vorrangig aus der Zielsetzung des wirtschafts- und berufspädagogischen Studiums, bildungspolitische, didaktische und wissenschaftsmethodische Fähigkeiten für die Tätigkeit im Aufgabenfeld wirtschafts- und berufspädagogischer Praxis zu erarbeiten. Dabei besteht die spezifische Leistung des wissenschaftlichen Studiums nicht darin, abschließende und endgültige Antworten für vorbereitete und bereits strukturierte Probleme zu liefern, vielmehr bekundet sich die Qualität der wissenschaftlichen Ausbildung darin, Probleme der wirtschafts- und berufspädagogischen Praxis erfassen und bearbeiten zu können:

„Thus science starts from problems, and not from observations; though observations may give rise to a problem, especially if they are unexpected; that is to say, if they clash with your expectations or theories" (Karl R. Popper 1965, S. 222).

Grundlagen- und weiterführende Literatur

Im folgenden wird neben der zitierten Literatur noch Literatur empfohlen, die dem interessierten Leser eine Weiterbeschäftigung bietet. Diese ist kursiv hervorgehoben:

Abraham, Karl: Wirtschaftspädagogik. Grundfragen der wirtschaftlichen Erziehung, 2. Aufl., Heidelberg, 1966.
Idem u. a.: Wirtschaftspädagogik. I. Allg. Theorie, in: Wörterbuch der Berufs- und Wirtschaftspädagogik 1973, S. 290-292.
Achtenhagen, Frank: Didaktik des Wirtschaftslehreunterrichts, Opladen 1985.
Arnold, Rolf: Betriebspädagogik, Berlin 1990.
Idem/Lipsmeier, Antonius (Hrsg.): Handbuch der Berufsbildung, Opladen 1995.
Baumgardt, Johannes: Entwicklung und Stand der Berufs- und Wirtschaftspädagogik, in: Schanz 1976, S. 23ff.
Idem/Heid, Helmut (Hrsg.): Erziehung zum Handeln. Festschrift für Martin Schmiel, Trier 1978.
Becker, Hellmut/Pleiß, Ulrich (Hrsg.): Wirtschaftspädagogik im Spektrum ihrer Problemstellung. Festschrift zum 65. Geburtstag von Joachim Peege, Baltmannsweiler 1988, S. 389-433.
Blankertz, Herwig: Theorien und Modelle der Didaktik, 12. Aufl., Weinheim/ München 1986.
Böllert, Günther/Twardy, Martin: Artikulationsschemata, in: Twardy 1983, S. 497-531.

Bunk, Gerhard P.: Einführung in die Arbeits-, Berufs- und Wirtschaftspädagogik, Heidelberg 1982.
Deutsche Forschungsgemeinschaft: Berufsbildungsforschung an den Hochschulen der Bundesrepublik Deutschland. Denkschrift der Senatskommission Berufsbildungsforschung unter dem Vorsitz von F. Achtenhagen, Weinheim 1990.
Dörschel, Alfons: Beruf und Arbeit in wirtschaftspädagogischer Betrachtung, Freiburg im Breisgau 1960.
Idem: Einführung in die Wirtschaftspädagogik, 3. Aufl., München 1971.
Idem: Betriebspädagogik, Berlin 1975a.
Idem: Einführung in die Wirtschaftspädagogik, 4. Aufl., München 1975b.
Dohmen, Günther u. a.: Unterrichtsforschung und didaktische Theorie, 2. Aufl., München 1972.
Greinert, Wolf-Dietrich: Das „deutsche System" der Berufsausbildung. Geschichte, Organisation, Perspektiven. (Studien zur vergleichenden Berufspädagogik, 1), Baden-Baden 1993.
Groothoff, Hans- Hermann/ Stallmann, M. (Hrsg.): Pädagogisches Lexikon, Stuttgart, 1961.
Hobbensiefken, Günter: Berufsforschung, Opladen 1980.
Jongebloed, Hans-Carl/Twardy, Martin: Strukturmodell Fachdidaktik, in: Twardy 1983a, S. 163-203.
Idem: Wissenschaftstheoretische Voraussetzungen, in: Twardy 1983b, S. 1-73.
Kaiser, Franz-Josef/Kaminski, Hans: Methodik des Ökonomieunterrichts. Grundlagen eines handlungsorientierten Lernkonzepts mit Beispielen, Bad Heilbrunn 1994.
Kell, Adolf: Organisation, Recht und Finanzierung der Berufsbildung, in: Arnold und Lipsmeier 1995, S. 369-397.
Lassahn, Rudolf/Ofenbach, B. (Hrsg.): Arbeits-, Berufs- und Wirtschaftspädagogik im Übergang, Festschrift zum 60. Geburtstag von Gerhard P. Bunk, Frankfurt a. M./Bern/New York 1986.
Lewin, Kurt: Feldtheorie in den Sozialwissenschaften, Bern/ Stuttgart 1963.
Linke, Werner: Gegenstand und Standort der wirtschaftspädagogischen Forschung, in: Röhrs 1967, S. 117-129.
Lipsmeier, Antonius/*Nölker, Helmut/Schönfeld, E.*: Berufspädagogik. Eine Einführung in die bildungspolitische und berufspädagogische Situation und Diskussion von Berufsausbildung und Gesellschaft, Stuttgart/ Berlin/ Köln/ Mainz 1975.
Löbner, W.: Wirtschaftspädagogik, in: Groothoff und Stallmann, 1961, Sp. 1043-1044.
Mey, Harald: Studien zur Anwendung des Feldbegriffs in den Sozialwissenschaften, München 1965.
Pleiß, Ulrich: Wirtschafts- und Berufspädagogik als wissenschaftliche Disziplin. Eine wissenschaftstheoretische Modellstudie, in: Lassahn und Ofenbach 1986, S. 79-130.

Idem: Der Handelslehrer und sein Diplom, in: Becker und Pleiß 1988, S. 389-433.
Popper, Karl R.: Conjectures and Refutations. The Growth of Scientific Knowledge, 2nd ed., London 1965.
Preyer, Klaus: Berufs- und Betriebspädagogik. Einführung und Grundlegung, München 1978.
Röhrs, Hermann (Hrsg.): Die Wirtschaftspädagogik – eine erziehungswissenschaftliche Disziplin?, Frankfurt/M. 1967.
Roth, Heinrich : Pädagogische Anthropologie, Bd. 1, Hannover 1966.
Schannewitzky, Gerhard: Die Wirtschaftspädagogik unter berufspädagogischem Aspekt, in: Baumgardt und Heid 1978, S. 252-267.
Schanz, Heinrich (Hrsg.): Entwicklung und Stand der Berufs- und Wirtschaftspädagogik (Beiträge zur Berufs- und Wirtschaftspädagogik Bd. 3), Stuttgart 1976.
Schlieper, Friedrich: Allgemeine Berufspädagogik, Freiburg im Breisgau 1963.
Schmiel, Martin: Berufspädagogik. Band I: Grundlagen, Trier 1976.
Idem: Berufs- und Arbeitspädagogik. Handbuch für die Praxis der Berufsausbildung, 4. Aufl., Düsseldorf 1980.
Idem/Sommer, Karl-Heinz: Lehrbuch Berufs- und Wirtschaftspädagogik, München 1985.
Sloane, P. F. E.: Theoretische und praktische Aspekte der Zielbestimmung, Düsseldorf 1983.
Idem: Methodik des Erwachsenenunterrichts, Köln 1984.
Idem: Pädagogische Kompetenz von Weiterbildnern im Handwerk, Köln 1985.
Idem: Modellversuchsforschung, Köln 1992.
Idem: Von der Erkenntnis zur Anwendung, Baden-Baden 1995.
Idem/Twardy, Martin: Einführung in die Wirtschafts-, Berufs- und Sozialpädagogik, Paderborn 1996.
Stratenwerth, Wolfgang: Planung und Durchführung der Ausbildung, in: Schmiel 1980, S. 35-123.
Terhart, Ewald: Unterrichtsmethoden als Problem, Weinheim, Basel 1983.
Twardy, Martin (Hrsg.): Kompendium Fachdidaktik Wirtschaftswissenschaften, Band I – III, Düsseldorf 1983.
Winnefeld, Friedrich und Mitarbeiter: Pädagogischer Kontakt und pädagogisches Feld. Beiträge zur pädagogischen Psychologie, München 1957.
Idem : Pädagogisches Feld als Faktorenkomplexion, in: Dohmen u. a. 1972a, S. 35-39.
Idem: Zur Gesetzmäßigkeit pädagogischen Geschehens, in: Dohmen u. a. 1972b, S. 4-48.
Wörterbuch der Berufs- und Wirtschaftspädagogik, Freiburg i. Breisgau 1973.

II. Betriebswirtschaftliche Fächer

Kurt-Dieter Koschmieder

Betriebswirtschaftliche Steuerlehre
Grundzüge der Unternehmensbesteuerung

1. Lehr- und Forschungsgegenstand

Die Betriebswirtschaftliche Steuerlehre ist mit rund 75 Jahren zwar schon eine gestandene, aber immer noch junge Teildisziplin der Betriebswirtschaftslehre. Im interdisziplinären Kontext zählt sie neben den Steuerrechtswissenschaften und der Finanzwissenschaftlichen Steuerlehre zu den Steuerwissenschaften. Es besteht ein breiter Konsens der Fachvertreter für Betriebswirtschaftliche Steuerlehre über die Hauptaufgaben des Faches. Lehr- und Forschungsgegenstand ist das *Wirtschaften unter besonderer Berücksichtigung der steuerrechtlichen Rahmenbedingungen*. Es sollen aufgedeckt und analysiert werden die aus den Steuergesetzen und den Verwaltungsanweisungen resultierenden *Verpflichtungen*, die *Steuerwirkungen* und die steuerlichen *Handlungsmöglichkeiten*. Im einzelnen ergeben sich folgende Hauptaufgaben des Faches:
- Betriebswirtschaftliche und rechentechnische Darstellung und Analyse des Steuerrechts de lege lata und de lege ferenda (Betriebswirtschaftliche Steuerartenlehre unter besonderer Berücksichtigung der Aufzeichnungs-, Ermittlungs-, Erklärungs-, Zahlungs- und Auskunftspflichten sowie der Ermittlung der Bemessungsgrundlagen und der Steuerzahllast),
- Untersuchungen der Wirkungen der Besteuerung auf die einzelnen Entscheidungsfelder im Unternehmen, auf bestehende oder gestaltbare betriebswirtschaftliche Sachverhalte (Betriebswirtschaftliche Steuerwirkungslehre),
- Adressaten- und zielorientierte Analyse der steuerlichen Handlungsalternativen (Betriebswirtschaftliche Steuergestaltungslehre und Steuerplanung),

– Untersuchung der Steuerberatungs- und Betriebsprüfungsprobleme.

Bei der Aufdeckung der Steuerpflichten wird primär Steuerrechtswissen vermittelt und transformiert in Steuerzahllasten (Höhe/Zeitpunkt) und in indirekte Steuerbelastungen (Steuerverwaltungskosten der Unternehmen), resultierend aus den Personal- und Sachmittelkosten für die Ermittlung, Abführung und Planung der eigenen und fremden Steuern. Hier setzt dann die Steuerwirkungsanalyse an mit dem Ziel, die Einflüsse des Steuerrechts auf das Handeln der Entscheidungsträger zu erläutern (erklärende Theorie) und zu messen (metrisierende Theorie) sowie darauf aufbauend Handlungsempfehlungen zu erarbeiten (gestaltende Theorie).[1] Dabei können die Wirkungen und Handlungsempfehlungen sowohl aus Sicht der Steuerpflichtigen (Unternehmung, Anteilseigner, Kapitalgeber) auf der Basis ihrer Zielvorstellungen als praktisch-normative Theorien als auch aus der Sicht des Steuerpolitikers auf der Basis gesamtwirtschaftlicher oder gesellschaftspolitischer Zielvorstellungen als gesellschaftlich verpflichtende Theorien formuliert werden und sich auf das bestehende Recht (de lege lata) oder auf Reformvorschläge (Recht de lege ferenda) beziehen.

Das Lehrprogramm zur Betriebswirtschaftlichen Steuerlehre ist traditionell dreigeteilt in:
– Steuerartbezogene Basisvorlesungen zur Einkommen-, Körperschaft-, Gewerbe-, Umsatz- und Vermögensteuer unter Einschluß von Steuerbilanz und Vermögensaufstellung;
– Einzelproblemorientierte Vorlesungen zu den Kernbereichen der Steuerwirkungs- und Steuergestaltungslehre mit den Schwerpunkten Organisations- und Rechtsform, Finanzierung, Investition und Steuerbilanzpolitik und Steuerplanung;
– Vorlesungen zu Spezial- und Sonderbereichen der Betriebswirtschaftlichen Steuerlehre, wie z. B. Internationale Besteuerung, Steuerberatung, Betriebsprüfung oder Steuerinformatik.

---

[1] Vgl. Schneider, D.: Grundzüge der Unternehmensbesteuerung. 6. Aufl., Wiesbaden 1994, S. 70-72.

Hieraus läßt sich folgendes Strukturbild ableiten:

Strukturbild der Betriebswirtschaftlichen Steuerlehre

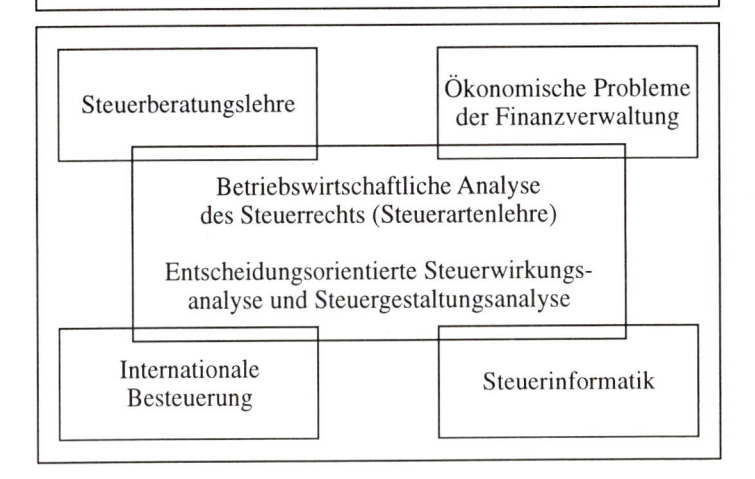

Steuerberatungslehre	Ökonomische Probleme der Finanzverwaltung
Betriebswirtschaftliche Analyse des Steuerrechts (Steuerartenlehre)	
Entscheidungsorientierte Steuerwirkungsanalyse und Steuergestaltungsanalyse	
Internationale Besteuerung	Steuerinformatik

Auch die Standardliteratur zur Betriebswirtschaftlichen Steuerlehre[2] folgt dieser Dreiteilung.

Ziel der folgenden Ausführung ist es, dem am Studium der Betriebswirtschaftlichen Steuerlehre interessierten Studienanfänger einen Einblick in die Bausteine und Grundzüge der Unternehmensbesteuerung zu vermitteln und hieraus erste Folgerungen und Wirkungsanalysen im Hinblick auf die Belastungsunterschiede von Personen- und Kapitalgesellschaften abzuleiten.

2. Grundzüge der betriebswirtschaftlichen Steuerartenlehre

2.1 Betriebswirtschaftliche Einteilung der Steuerarten und Rechtsquellen

Steuern sind nach § 3 der Abgabenordnung (AO) Geldleistungen (keine Sachleistungen), die ohne Gegenleistung auf Grund staatlicher Finanzhoheit (Art. 105 GG) per Gesetz erhoben werden. Dabei

---
[2] Vgl. hierzu die Zusammenstellung im Literaturverzeichnis.

können auch außerfiskalische Zwecke – wie z. B. struktur- und konjunkturpolitische Ziele – verfolgt werden. Zölle und Abschöpfungen zählen zu den Steuern. Als steuerliche Nebenleistung werden im § 3 III AO explizit aufgezählt Verspätungszuschläge, Zinsen auf Steuerforderungen, Säumniszuschläge, Zwangsgelder und Kosten.

In Abhängigkeit von den gewählten Einteilungskriterien lassen sich 40 bis 50 nationale Steuerarten unterscheiden. Diese Steuerarten belasten mit unterschiedlicher Intensität Unternehmen, Arbeitnehmer, Unternehmenseigner und Kapitalgeber. Anknüpfungspunkte für die Besteuerung sind dabei das wirtschaftliche Ergebnis des Unternehmens, der Gewinn, das Vermögen, der Umsatz, der Gebrauch und Verbrauch von Produktionsfaktoren (Betriebsmittel), das Arbeitseinkommen und der Kapitalertrag. Unter Berücksichtigung dieser wirtschaftlichen Anknüpfungspunkte lassen sich die Steuerarten einteilen in:
– Steuern auf das finanzielle Ergebnis der wirtschaftlichen Betätigung: Einkommensteuer (ESt), Körperschaftsteuer (KSt) und Gewerbeertragsteuer (GewErtrSt),
– Steuern auf die im Unternehmen eingesetzten Mittel: Vermögensteuer (VSt), Gewerbekapitalsteuer (GewKapSt), Grundsteuer (GrSt), Kraftfahrzeugsteuer (KfzSt), fallweise Erbschaft- und Schenkungsteuer (Erb-/SchSt) und Grunderwerbsteuer (GrErwSt),
– Steuern auf die Leistungen des Unternehmens: Umsatzsteuer (USt), fallweise Mineralölsteuer, Tabaksteuer, Versicherungsteuer und weitere spezielle Verkehr- oder Verbrauchsteuern.

Es existiert kein geschlossenes Steuergesetzbuch. Rechtsquellen der Besteuerung sind:
– Allgemeine Steuergesetze (steuerliche Mantelgesetze) wie Abgabenordnung (AO), Bewertungsgesetz (BewG) und Außensteuergesetz (AStG), die für alle oder mehrere Steuerarten einheitliche Regelungen zum Besteuerungsverfahren, zur Bewertung und zur Abgrenzung des Steueranspruchs enthalten,
– Einzelsteuergesetze mit den spezifischen Regelungen für bestimmte Steuerarten,
– EU-Richtlinien und EU-Verordnungen mit durch die Umsetzungsverpflichtung in nationales Recht mittelbarer, fallweise auch unmittelbarer Wirkung,
– Durchführungsverordnungen zu Einzelsteuergesetzen, durch die Exekutive auf Grund besonderer gesetzlicher Ermächtigungen erlassen,

- Finanzrechtsprechung der Finanzgerichte sowie steuerliche Grundsatzentscheidungen des Bundesverfassungsgerichts und des Europäischen Gerichtshofs,
- Verwaltungsanweisungen, als nur die Finanzbehörden bindende Anordnung, in Form von Richtlinien zu einzelnen Steuerarten, Erlassen zu bestimmten Sachverhalten und Verfügungen.

Gesetzes-, Richtlinien- und Rechtsprechungssammlungen werden in unterschiedlicher Zusammenstellung als gebundene oder Loseblattsammlungen von Fachverlagen angeboten. Der persönliche Besitz von Gesetzen und Richtlinien ist für das Studium der Betriebswirtschaftlichen Steuerlehre unentbehrlich. Sie sollten sich parallel bei der weiteren Lektüre dieser Einführung einen Überblick über Gliederung und Aufbau der angegebenen Gesetze verschaffen und sich den Wortlaut der angegebenen Paragraphen vergegenwärtigen.

2.2 Entscheidungsträger im Besteuerungsverfahren

Entscheidungen im Besteuerungsverfahren treffen die Steuerpflichtigen, fallweise unterstützt durch ihre Berater, die Steuerbeamten der Finanzverwaltung und die Richter der Finanzgerichte. Die Befugnisse dieser Entscheidungsträger, ihre Rechte und Pflichten sind zentral in der Abgabenordnung sowie in ergänzenden Spezialgesetzen (Finanzverwaltungsgesetz, Finanzgerichtsordnung, Steuerberatungsgesetz) geregelt.

Steuerpflichtiger ist, wer durch die Steuergesetze auferlegte Verpflichtungen zu erfüllen hat (§ 33 AO). Zu den unternehmensbezogenen Pflichten zählen dabei im einzelnen

- die Anmeldung der gewerblichen oder freiberuflichen Tätigkeit bei der Gemeinde und/oder direkt beim Finanzamt (§§ 134-139 AO),
- die allgemeinen Aufzeichnungspflichten (§§ 140-147 AO) und die speziellen Buchführungspflichten (§ 140 AO, §§ 238 ff. HGB),
- die Pflicht zur Abgabe der Steuererklärung (§ 149 AO),
- die Pflicht zur Zahlung der geschuldeten Steuer bei Fälligkeit (§ 220 AO),
- die Pflicht, Steuern für Rechnung eines Dritten einzubehalten und abzuführen (z.B. bei der Lohnsteuer nach § 41a EStG, bei der Kapitalertragsteuer nach § 44 EStG),

– die weitere Mitwirkung bei der Sachverhaltsermittlung (§ 90 AO) sowie die weiteren Auskunftspflichten auf Anfrage (§ 93 AO).

Die Unternehmen und Unternehmer können sich zur Erfüllung dieser Pflichten der Unterstützung Bevollmächtigter (§ 80 AO) bedienen. Hierfür kommen primär angestellte Steuerfachleute oder externe Berater in Frage. Die externe, freiberufliche Tätigkeit als *steuerliche Berater* ist allerdings streng reglementiert durch das Steuerberatungsgesetz (StBerG). Es weist die Hilfeleistung in Steuersachen bestimmten Berufsgruppen zu, deren Angehörige durch Vorbildung (i.d.R. ein wirtschafts- oder rechtswissenschaftliches Studium), durch ergänzende mindestens 3jährige Praxis und durch ein Examen nachgewiesen haben, daß sie die fachlichen Voraussetzungen hierfür erfüllen. Zur Steuerberatung befugt sind Steuerberater, Steuerbevollmächtigte (ein auslaufender Beruf), Rechtsanwälte allgemein und Fachanwälte für Steuerrecht im speziellen, Wirtschaftsprüfer und vereidigte Buchprüfer (dieser Titel kann nur in Verbindung mit dem Titel Rechtsanwalt oder Steuerberater erworben werden) sowie die Steuerberatungs-, Buchprüfungs- und Wirtschaftsprüfungsgesellschaften (§ 3 StBerG).

Adressat der Steuererklärung ist das für den Wohnsitz- oder Betätigungsbezirk „zuständige" *Finanzamt* (§ 17-29 AO). Die Finanzbehörde ermittelt die Bemessungsgrundlage von Amts wegen auf der Basis der Steuererklärungen und der eingereichten Unterlagen (§ 88 AO). Dabei sind auch die für den Steuerpflichtigen günstigen Umstände zu berücksichtigen. Buchführung und Aufzeichnungen besitzen die Vermutung sachlicher Richtigkeit, soweit keine Umstände vorliegen, die dem entgegenstehen (§ 158 AO).

Im Regelfall ergehen die *Steuerbescheide* nach einer überschlägigen Prüfung „unter dem Vorbehalt der Nachprüfung" (§ 164 AO). Dies ermöglicht dem Sachbearbeiter dann mehrere Veranlagungszeiträume parallel im Detail zu überprüfen oder die Betriebsprüfung (Außenprüfung, §§ 193-203 AO) einzuschalten. Soweit der Vorbehalt der Nachprüfung besteht, kann auch der Steuerpflichtige noch Änderungen seiner Erklärung beantragen. Sind einzelne Sachverhalte in ihrer Beurteilung rechtsstreitig, kann für diesen Teilbereich eine vorläufige Steuerfestsetzung erfolgen (§ 165 AO). Es erübrigt sich der Einspruch des Steuerpflichtigen.

Der Vorbehalt der Nachprüfung ist nach einer Betriebsprüfung, spätestens nach Ablauf der 4jährigen Festsetzungsfrist (§§ 164, 169 AO), die vorläufige Steuerfestsetzung bei Klärung des Sachverhalts

(Entscheid des BFH) aufzuheben. Ein endgültiger Steuerbescheid erlangt nach Ablauf eines Monats Rechtskraft (§ 355 AO). Er kann vor Ablauf dieser Frist durch Einspruch (§ 347 AO) angefochten werden. Über den Einspruch entscheidet die Finanzverwaltung selbst; wird dem Einspruch nicht stattgegeben, bleibt nur das gerichtliche Rechtsbehelfsverfahren (Klage beim Finanzgericht). Änderungen der Steuerbescheide nach Ablauf der Rechtsbehelfsfrist sind nur noch in eng begrenzten Ausnahmefällen (z. B. bei neuen Tatsachen und bei widerstreitenden Steuerfestsetzungen; §§ 172-177 AO) und insbesondere bei Steuervergehen möglich.

Vierte Gruppe von Entscheidungsträgern im Besteuerungsverfahren sind die *Richter der Finanzgerichte und des Bundesfinanzhofs*, fallweise werden steuerrechtliche Entscheidungen mit unterschiedlicher Bindungswirkung für Gesetzgeber, Finanzverwaltung und Steuerpflichtigen auch vom Bundesverfassungsgericht und vom Europäischen Gerichtshof getroffen. Abgesehen hiervon ist die Finanzrechtsprechung nur zweistufig organisiert. Im ersten Rechtsgang entscheiden die auf Länderebene eingerichteten Finanzgerichte. Die Klage beim Finanzgericht ist grundsätzlich erst zulässig, wenn ein Einspruch im außergerichtlichen Rechtsbehelfsverfahren abgelehnt wurde. Urteile der Finanzgerichte können unter bestimmten Voraussetzungen vom Bundesfinanzhof (Sitz München) als Revisionsinstanz auf Rechts- und Verfahrensfehler hin überprüft werden. Die Tatsachenfeststellung erfolgt allein durch die Finanzgerichte. Die Entscheidungen des Bundesfinanzhof besitzen Bindungswirkung grundsätzlich nur für den Einzelfall. Im Massenverfahren der Besteuerung werden sie jedoch regelmäßig auf gleichgelagerte Sachverhalte angewendet und entfalten somit Breitenwirkung in der Gesetzesinterpretation. Fallweise reagiert die Finanzverwaltung jedoch mit „Nicht-Anwendungserlassen", das Urteil wird über den entschiedenen Einzelfall hinaus nicht angewendet.

2.3 Besteuerung der finanziellen Ergebnisse unternehmerischer Tätigkeiten

2.3.1 Einkommensteuer

Der „Gewinn" aus unternehmerischer Betätigung wird bei Einzelunternehmen und Personengesellschaften von der Einkommensteuer, bei Kapitalgesellschaften von der Körperschaftsteuer erfaßt. Zusätzlich und unabhängig von der Rechtsform greift die Gewerbeertragsteuer. Wie der „Gewinn" zu ermitteln ist, wird zum Teil detailliert und unter Verwendung spezieller steuerrechtlicher Begriffe (z. B. Einkünfte, zu versteuerndes Einkommen, Gewerbeertrag) je Steuerart gesondert festgelegt.

Die Einkommensteuer erfaßt aber nicht nur die Einzelunternehmen und Personengesellschaften. Sie ist umfassender angelegt. Sie unterwirft alle natürlichen Personen, die in der Bundesrepublik ihren Wohnsitz oder gewöhnlichen Aufenthalt haben einer unbeschränkten Einkommensteuerpflicht (§ 1 EStG) mit ihren sämtlichen Einkünften, die sie aus einer der sieben Einkunftsarten (§ 2 EStG) erzielen. Wie aus dem Einkommensteuer-Ermittlungsschema ersichtlich, können darüber hinaus bestimmte Frei- und Abzugsbeträge (insbesondere Sonderausgaben, außergewöhnliche Belastungen, Verlustabzüge) geltend gemacht werden.

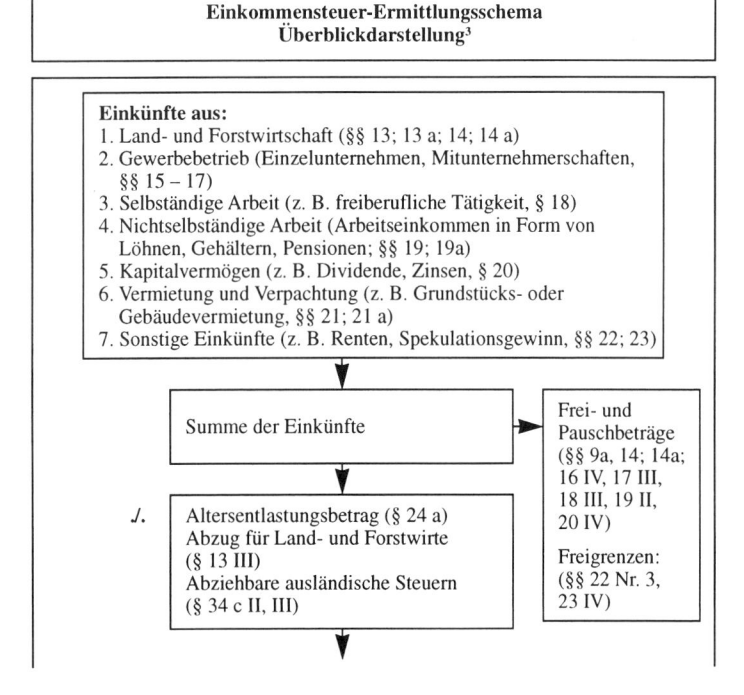

Einkommensteuer-Ermittlungsschema
Überblickdarstellung[3]

Einkünfte aus:
1. Land- und Forstwirtschaft (§§ 13; 13 a; 14; 14 a)
2. Gewerbebetrieb (Einzelunternehmen, Mitunternehmerschaften, §§ 15 – 17)
3. Selbständige Arbeit (z. B. freiberufliche Tätigkeit, § 18)
4. Nichtselbständige Arbeit (Arbeitseinkommen in Form von Löhnen, Gehältern, Pensionen; §§ 19; 19a)
5. Kapitalvermögen (z. B. Dividende, Zinsen, § 20)
6. Vermietung und Verpachtung (z. B. Grundstücks- oder Gebäudevermietung, §§ 21; 21 a)
7. Sonstige Einkünfte (z. B. Renten, Spekulationsgewinn, §§ 22; 23)

Summe der Einkünfte → Frei- und Pauschbeträge (§§ 9a, 14; 14a; 16 IV, 17 III, 18 III, 19 II, 20 IV)

./. Altersentlastungsbetrag (§ 24 a)
Abzug für Land- und Forstwirte (§ 13 III)
Abziehbare ausländische Steuern (§ 34 c II, III)

Freigrenzen: (§§ 22 Nr. 3, 23 IV)

---
[3] Das vollständige Ermittlungsschema ist in R. 3 und 4 EStR abgedruckt.

Betriebswirtschaftliche Steuerlehre

```
          Gesamtbetrag der Einkünfte (§ 2 III)
                        │
                        ▼
./.    Sonderausgaben
       (§§ 10; 10b; 10c; 10e-h)
       Außergewöhnliche Belastungen
       (§§ 33 – 33 c)
                        │
                        ▼
       Verlustabzug nach § 10 d
                        │
                        ▼
       Einkommen (§ 2 IV)
                        │
                        ▼
./.    Kinder- und Sonderfreibeträge            Tarifbegrenzung für
       (§§ 31; 32)                              gewerbliche Einkünfte
                        │                       (§ 32 c)
                        ▼
       Zu versteuerndes Einkommen (§ 2 V)
                        │
                        ▼
       Tarif (§ 32 a)                           Tarifermäßigung
                        │                       (§§ 34 – 35)
                        ▼
Solidaritäts-  Festzusetzende ESt (§ 2 VI)
zuschlag in             │
Höhe                    ▼
von 7,5 %      ESt-Vorauszahlung, LSt, KapESt
seit    ./.    KSt-Anrechnung (§ 36)
01.01.95                │
                        ▼
               ESt-Schuld (Erstattung)
```

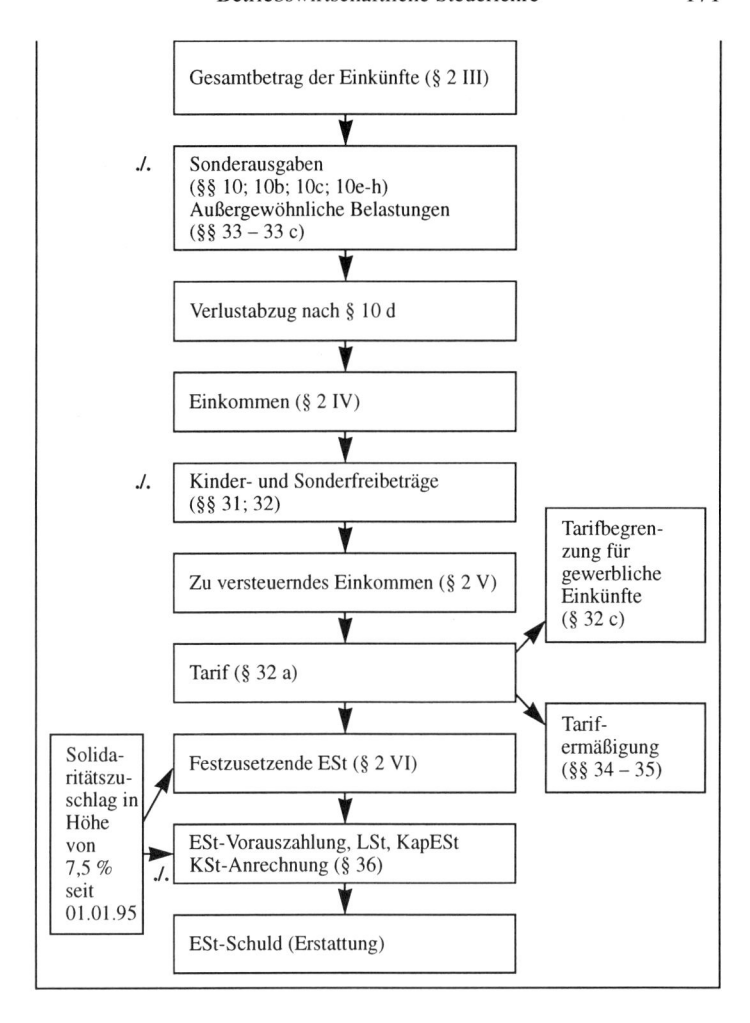

Bei den ersten drei Einkunftsarten ist der jeweilig ermittelte Gewinn oder Verlust anzusetzen (Gewinneinkunftsarten); bei den restlichen vier Einkunftsarten sind die Differenzen (kann fallweise auch negativ sein) von Einnahmen und Werbungskosten (§ 9 EStG) zu ermitteln.

Folgende *unternehmensbezogene Besonderheiten* lassen sich herausstellen:
- Die Einzelunternehmen und gewerblichen Personengesellschaften sind nicht selbständig Steuerrechtssubjekt im Sinne des § 1 EStG. Der ESt unterliegen nur der Unternehmer oder die Mitunternehmer als natürliche Person; sie erzielen Einkünfte aus Gewerbebetrieb (§ 15 EStG).
- Zum Zwecke der Ermittlung der Einkünfte aus Gewerbebetrieb sind die Einzelunternehmen und Personengesellschaften nach § 5 EStG verpflichtet, den Periodengewinn auf der Basis der Handelsbilanz zu ermitteln. Dabei dürfen bestimmte Aufwendungen nicht oder nicht vollständig abgezogen werden (z. B. Bewirtungsaufwendungen, Werbegeschenke, Geldbußen; § 4 V EStG). Soweit einzelne Gesellschafter Geschäftsführerbezüge oder Vergütungen für die Hingabe von Darlehen oder die Vermietung von Grundstücken und Gebäuden von der Gesellschaft erhalten, werden diese Vergütungen auch den Einkünften aus Gewerbetrieb zugerechnet (§ 15 EStG).
- Gewinne aus der Veräußerung ganzer Betriebe, von Betriebsteilen oder bei Betriebsaufgabe (§ 16 EStG) sind unter Berücksichtigung von Freibeträgen und Steuersatzermäßigungen (§ 34 EStG) ebenfalls als Einkünfte aus Gewerbebetrieb zu erfassen.
- Für wesentliche Teile der Einkünfte aus Gewerbebetrieb existiert eine Tarifbegrenzung, die bei einem Grenzsteuersatz von 47 % greift, soweit die begünstigten gewerblichen Einkünfte 100.224 DM bei Ledigen bzw. 200.448 DM bei Verheirateten überschreiten (§ 32c EStG).
- Gewinne und Verluste aus mehreren Gewerbebetrieben können saldiert, negative Einkünfte aus Gewerbebetrieb mit positiven Einkünften anderer Einkunftsarten verrechnet werden. Darüber hinaus ist bei einem negativen Gesamtbetrag der Einkünfte ein Verlustrücktrag auf die beiden vorangegangenen Perioden oder ein Verlustvortrag möglich (§ 10d EStG).
- Kommanditisten dürfen eine Verlustverrechnung jedoch nur bis zur Höhe ihrer Haftungseinlage vornehmen; darüber hinausgehende Verluste sind mit zukünftigen Gewinnen aus der KG zu saldieren (§ 15a EStG).
- Die gesamten Einkünfte aus Gewerbebetrieb (also auch die Gesellschafterbezüge oder Darlehens- und Mietvergütungen) unterliegen zusätzlich der Gewerbeertragsteuer.

- Alle Unternehmen haben für ihre Arbeitnehmer auf der Basis der Lohnsteuer-Karte und der Gehaltszahlungen nach den Lohnsteuer-Tabellen die Lohnsteuer zu berechnen, einzubehalten und an das Finanzamt abzuführen (§§ 38-42f EStG). Die Lohnsteuer ist eine besondere Erhebungsform der Einkommensteuer, vergleichbar der Vorauszahlung auf die endgültige Einkommensteuerschuld (§ 36 EStG).
- Gewinnausschüttungen von Kapitalgesellschaften (GmbH, AG) an die Gesellschafter als natürliche Person werden unter Einschluß der anrechenbaren Körperschaftsteuer als Einkünfte aus Kapitalvermögen erfaßt (§ 20 EStG). Einkünfte aus Kapitalvermögen sind insgesamt bis zu einem Betrag von 6.000 DM zuzüglich 100 DM Werbungskostenpauschbetrag (12.200 DM bei Zusammenveranlagung) von der Besteuerung freigestellt. Die ausschüttende Gesellschaft oder das zahlende Kreditinstitut haben auf den Ausschüttungsbetrag 25 % Kapitalertragsteuer einzubehalten und an das Finanzamt abzuführen (§§ 43, 44 EStG). Die Kapitalertragsteuer und die anzurechnende Körperschaftsteuer werden auf die endgültige Einkommensteuerschuld angerechnet (§ 36 EStG).
- Insbesondere Zinsen auf Kapitaleinlagen bei Kreditinstituten unterliegen einer 30 %igen Kapitalertragsteuer. Diese Zinsabschlagsteuer ist von den Kreditinstituten – soweit kein Freistellungsauftrag vorliegt (§ 44 EStG) – einzubehalten und an das Finanzamt abzuführen. Auch die Zinsabschlagsteuer wird beim Zinsempfänger auf die endgültige Einkommensteuerschuld angerechnet (§ 36 EStG).
- Die Veräußerungsgewinne von Anteilen an Kapitalgesellschaften unterliegen als Einkünfte aus Gewerbebetrieb der Besteuerung, wenn eine wesentliche Beteiligung (> 25 %) besteht (§ 17 EStG), oder als sonstige Einkünfte, wenn die Veräußerung innerhalb einer 6monatigen Spekulationsfrist erfolgt; Spekulationsverluste dürfen nur mit Spekulationsgewinnen derselben Periode verrechnet werden (§ 23 EStG).

Standardformen der *Einkommensteuer-Veranlagung* sind die Einzelveranlagung für Ledige (§ 25 EStG) und die Zusammenveranlagung für Verheiratete (§ 26b EStG); Kinder mit eigenen Einkünften werden getrennt von den Eltern und einzeln veranlagt. Besonderes Kennzeichen der Zusammenveranlagung ist der Splitting-Tarif: Das zu versteuernde Einkommen der Eheleute wird halbiert und der aus der Einkommensteuer-Grundtabelle für das hälftige Eheeinkommen sich ergebende Steuerbetrag verdoppelt. In der Splitting-Tabelle ist diese Ermittlung berücksichtigt, so daß sich aus ihr über das Eheeinkommen unmittelbar die Steuerschuld ablesen läßt. Wegen des progressiven Einkommensteuertarifs führt das Splitting-Verfahren im Regelfall zu einer geringeren Steuerbelastung gegenüber zwei Einzelveranlagungen, insbesondere wenn die Eheleute Periodeneinkünfte in unterschiedlicher Höhe erzielen.

Der *Einkommensteuer-Tarif* ist in zwei Stufen progressiv ausgestaltet (§32a EStG). Steuerfrei bleibt ein Existenzminimum von (1997) 12.365 DM bei Ledigen und 24.730 DM bei Verheirateten. Der Spitzensteuersatz von 53 % wird bei 120.042/240.082 DM erreicht. Für begünstigte Einkünfte aus Gewerbebetrieb greift die *Tarifbegrenzung* von 47 % bei 100.224/200.448 DM.

Veranlagungszeitraum für die Einkommensteuer ist das Kalenderjahr. Soweit die Einkommensteuer vorab nicht durch Quellensteuer (Lohnsteuer, Kapitalertragsteuer) erhoben wird, sind Vorauszahlungen auf der Basis der voraussichtlichen Einkommensteuerschuld am 10.03., 10.06., 10.09. und 10.12. zu entrichten (§ 37 EStG). Dies gilt insbesondere auch für Einkünfte aus Gewerbebetrieb. Das Finanzamt setzt die Zahlungen mittels Vorauszahlungsbescheid fest. Voraussetzung für die endgültige Einkommensteuerveranlagung ist die Einkommensteuererklärung. Sie muß 5 Monate nach Ablauf des Kalenderjahres auf amtlichem Vordruck beim Finanzamt eingereicht werden (§§ 149, 150 AO, Hinweis auf Verlängerungsmöglichkeiten). Nach Prüfung der Erklärung erläßt die Finanzverwaltung einen Steuerbescheid über die festgesetzte Einkommensteuer; er weist nach Abzug der schon geleisteten Steuerzahlungen auch die Nachzahlung oder den Erstattungsbetrag aus.

Die Einkommensteuerschuld ist – unter Berücksichtigung von Kinderfreibeträgen – Maßstab für den Solidaritätszuschlag in Höhe von 7,5 % (SolZG) und für die Kirchensteuer von i.d.R. 9 % (§ 51a EStG). Die tatsächliche Kirchensteuerbelastung verringert sich in Höhe des Einkommensteuer-Grenzsteuersatzes durch die Abzugsfähigkeit der Kirchensteuer als Sonderausgabe bei der Einkommensteuer.

2.3.2 Körperschaftsteuer

Im Gegensatz zu den Einzelunternehmen und Personengesellschaften werden Kapitalgesellschaften (insbesondere GmbH und AG) nicht von der „allgemeinen Einkommensteuer", sondern von einer „speziellen Einkommensteuer", der Körperschaftsteuer, erfaßt. Die Körperschaftsteuer greift auf die in der Gesellschaft erwirtschafteten Gewinne zu; die an die Gesellschafter ausgeschütteten Gewinne werden (soweit sich die Anteile nicht in einem Betriebsvermögen befinden) als Einkünfte aus Kapitalvermögen der Einkommensteuer (zusätzlich) unterworfen. Es kommt damit grundsätzlich zu einer Doppelbesteuerung mit Körperschaftsteuer und Einkommensteuer. Das körperschaftsteuerliche (Voll-) Anrechnungsverfahren bewirkt jedoch, daß die auf der Gewinnausschüttung lastende Körperschaftsteuer auf die Einkommensteuerschuld des Anteilseigners angerechnet wird. Weiteres Charakteristikum der deutschen Körperschaftsteuer ist der gespaltene Steuersatz von 45 % auf einbehaltene (thesaurierte) Gewinne und von 30 % auf ausgeschüttete Gewinne.

Unbeschränkt körperschaftsteuerpflichtig sind neben den Kapitalgesellschaften u. a. Erwerbs- und Wirtschaftsgenossenschaften, Versicherungsvereine auf Gegenseitigkeit, Vereine, Stiftungen und öffentliche Betriebe, soweit sie ihre Geschäftsleitung oder ihren Sitz im Inland haben; ansonsten sind die aufgeführten Körperschaften beschränkt steuerpflichtig mit ihren inländischen Einkünften (§ 2 KStG). Der Körperschaftsteuer unterliegt das gesamte „Einkommen" des Kalenderjahres der jeweiligen Körperschaft. Es ist nach den einkommensteuerlichen Vorschriften zu ermitteln (§ 8 KStG). Auf die Körperschaften nicht anzuwenden sind dabei die auf natürliche Personen zugeschnittenen Vorschriften, wie die Einkünfte aus nichtselbständiger Arbeit, Sonderausgaben, außergewöhnliche Belastungen oder persönlichen Freibeträge. Das Einkommen setzt sich für Körperschaften folglich grundsätzlich aus der Summe der Einkunftsarten des EStG unter Berücksichtigung des Verlustabzugs nach § 10d EStG zusammen. Bei Kapitalgesellschaften werden alle diese Einkünfte als Einkünfte aus Gewerbebetrieb qualifiziert (§ 8 II KStG). Sie unterliegen zusätzlich der Gewerbeertragsteuer.

Das *Trennungsprinzip* zwischen Gesellschafts- und Gesellschaftersphäre bewirkt, daß Vertragsbeziehungen zwischen Gesellschaft und Gesellschafter auch steuerlich grundsätzlich anerkannt werden. Als Aufwand (Betriebsausgaben) abzugsfähig sind deshalb (im Gegensatz zu Einzelunternehmen und Personengesellschaften) u. a. Gehaltszahlungen an Gesellschafter-Geschäftsführer, Mietzahlungen für der Gesellschaft vom Gesellschafter überlassene Grundstücke oder Gebäude sowie Darlehenszinsen an Gesellschafter.

Kommt es dabei allerdings zu „unangemessenen" Zahlungen, wird der überhöhte Teil als verdeckte Gewinnausschüttung (§ 8 III KStG) behandelt, der Abzug und damit die Vermögensminderung bei der Kapitalgesellschaft entsprechend korrigiert. Gleiches gilt, wenn der Gesellschafter einen Vorteil ohne entsprechende Gegenleistung erhält (z. B. Lieferung mit Preisnachlässen, Verzicht auf Schadensersatzansprüche); der Betrag der „verhinderten Vermögensmehrung" erhöht das körperschaftsteuerpflichtige Einkommen. Die Körperschaftsteuer selbst ist – wie auch die Vermögensteuer – nicht als Betriebsausgabe abzugsfähig; bei Aufsichtsratvergütungen darf nur der hälftige Betrag als Aufwand angesetzt werden. Stiftungs- und Satzungspflichtaufwendungen sowie Geldstrafen dürfen den steuerpflichtigen Gewinn nicht mindern (§ 10 KStG).

Das zu versteuernde Einkommen unterliegt der *Körperschaftsteuer-Tarifbelastung* von 45 % (§ 23 KStG). Diese Belastung bleibt bestehen, solange die Gewinne im Unternehmen verbleiben (Thesaurierungs- oder Interimsbelastung). Werden Gewinnanteile an die Gesellschafter ausgeschüttet, so verringert sich die Tarifbelastung von 45 % auf die *Ausschüttungsbelastung* von 30 % (§ 27 KStG). Für den Fall, daß der gesamte Gewinn unter Abzug der Körperschaftsteuer ausgeschüttet werden soll, ergibt sich folgende Rechnung auf Ebene der Kapitalgesellschaft:

		TDM
Gewinn der Kapitalgesellschaft (Zu versteuerndes Einkommen)		100
KSt-Tarifbelastung 45 %		45
Für Ausschüttung verwendbares Eigenkapital (EK_{45})		55
+ KSt-Minderung (15/55 des EK_{45})		
Tarifbelastung	45 %	
– Ausschüttungsbelastung	30 %	15
Bardividende (70/55 des EK_{45})		70
– KapErtrSt (25 % der Bardividende)		17,5
Ausgezahlte Dividende		52,5

Die Ausschüttungsbelastung (ohne KapErtrSt) entspricht 3/7 der Bardividende. Die Kapitalgesellschaft führt an das Finanzamt 30 TDM (55-15) Körperschaftsteuer und 17,5 TDM Kapitalertragsteuer ab.

Beim Gesellschafter wird die Gewinnausschüttung der Einkommensteuer wie folgt unterworfen:

	TDM			
Einkünfte aus Kapitalvermögen (§ 20 I Nr. 1 und 3 EStG)				
• Bardividende	70			
• Anzurechnende KSt (3/7 der Bardividende)	30 100			
ESt-Schuld des Gesellschafters bei unterstellten Steuersätzen von		TDM 50 % = 50		TDM 35 % = 35
./. KapErtrSt ⎫ ⎬ § 36 EStG ./. Anzurechnende KSt ⎭		17,5 30		17,5 30
		Nachzahlung 2,5		Erstattung 12,5

Im Fall 1 (Steuersatz von 50 %) beläuft sich die Nettodividende (nach Abzug der Einkommensteuer bei Anrechnung der Körperschaftsteuer) auf 50 TDM (ausgezahlte Dividende 52,5 TDM – 2,5 TDM Nachzahlung); im Fall 2 (Steuersatz von 35 %) auf 65 TDM (52,5 TDM + 12,5 TDM Erstattung). Damit entspricht die Steuerbelastung dem jeweiligen persönlichen Einkommensteuersatz. Die Körperschaftsteuer-Belastung wird vollständig aufgehoben. Die Netto-Rendite (Rendite nach Steuern) ist folglich abhängig von dem individuellen Einkommensteuersatz des Gesellschafters; sie sinkt mit steigenden Einkommensteuersätzen.

Der Solidaritätszuschlag wird auch auf die Körperschaftsteuerschuld erhoben. Er nimmt auch am Anrechnungsverfahren teil.

Der *Interimscharakter* der Körperschaftsteuer-Tarifbelastung bedingt, daß die Belastung der durch Thesaurierung entstandenen Eigenkapitalteile jährlich gesondert festgestellt werden muß. Das KStG sieht hierfür eine differenzierte Einteilung vor (§§ 29, 30 KStG) in EK_{45} (tarifbelastetes Eigenkapital) und EK_0 (nicht belastete Eigenkapitalteile). Darüber hinaus können Belastungen zwischen

0 und 45 % entstehen, z. B. bei Tarifermäßigungen für inländische Einkünfte oder bei ausländischen Einkünften durch die Anrechnung der ausländischen Steuern. In diesen Fällen wird dann eine Verhältnisaufteilung auf EK_{45} und EK_{30} bzw. auf EK_{30} und EK_0 vorgenommen (§ 32 KStG).

2.3.3 Gewerbeertragsteuer

Die Gewerbesteuer ist keine Personensteuer wie die Einkommen- oder Körperschaftsteuer, sondern eine *Objekt- oder Realsteuer*, die an der Existenz des Gewerbebetriebs als Steuergegenstand anknüpft. Erhebungsberechtigt sind die Gemeinden (§ 1 GewStG). Steuerschuldner ist bei Einzelunternehmen der Unternehmer, bei Personen- und Kapitalgesellschaften die Gesellschaft selbst (§ 5 GewStG).

Besteuerungsgrundlagen der Gewerbesteuer sind der *Gewerbeertrag* und das *Gewerbekapital* (§ 6 GewStG). Gewerbesteuerpflicht besteht für gewerbliche Tätigkeiten, für Gewerbebetriebe kraft Rechtsform (insbesondere Personengesellschaften und Kapitalgesellschaften) sowie für Gewerbebetriebe kraft wirtschaftlichen Geschäftsbetriebes (§ 2 GewStG). Damit unterliegen die gewerblichen Einkünfte von Einzelunternehmen und Personengesellschaften neben der Einkommensteuer und die Einkünfte der Kapitalgesellschaften neben der Körperschaftsteuer einer zusätzlichen Ertragsbesteuerung. Auch das Vermögen dieser Unternehmen wird (zumindest) zweifach belastet: Mit der (allgemeinen) Vermögensteuer und mit der speziellen Gewerbekapitalsteuer. Wegen dieser doppelten Erfassung von Ertrag und Vermögen ist die Gewerbesteuer nachhaltiger Kritik ausgesetzt. Andererseits unterliegen Erträge und Vermögen der freiberuflichen Tätigkeit sowie der land- und forstwirtschaftlichen Tätigkeit nicht der Gewerbesteuer, soweit sie nicht aus auch zusätzlich gewerblich tätigen Personengesellschaften oder aus Kapitalgesellschaften heraus betrieben werden.

Grundlage der *Berechnung der Gewerbeertragsteuer* sind die sich aus dem Einkommensteuergesetz ergebenden Einkünfte aus Gewerbebetrieb oder das körperschaftsteuerliche Einkommen (§ 7 GewStG). Dieser Ausgangswert wird um gewerbesteuerspezifische Hinzurechnung (§ 8 GewStG) und Kürzung (§ 9 GewStG) modifiziert. Materiell bedeutendste Hinzurechnung sind die Dauerschuldzinsen für langfristige Schulden und für Schulden, die tatsächlich über das ganze Jahr bestanden haben (so z. B. dann auch Kontokorrent-Verbindlichkeiten). Die hierauf entfallenden Zinsen gehen zur Hälfte zusätzlich in den Gewerbeertrag ein. Weitere Modifikationen betreffen die Gewinnanteile stiller Gesellschafter, bestimmte Miet- und Pachtzinsen sowie die Abgrenzung ausländischer Verluste und Erträge, da nur der inländische Gewerbeertrag besteuert werden soll. Gekürzt wird der Gewerbeertrag u. a. um 1,2 % des Einheitswertes des zum Betriebsvermögen gehörenden Grundbesitzes.

Weitere Besonderheiten der Gewerbeertragsteuer ergeben sich aus der Ertragshoheit und der *Hebesatzberechtigung* der Gemeinden:

– Mit Hilfe von Meßzahlen werden der Gewerbeertrag (5 %) und das Gewerbekapital (2) durch Multiplikation „vergleichbar" gemacht und zum einheitlichen Steuermeßbetrag zusammengerechnet (§ 14 GewStG). Hierüber ergeht auf der Basis der Gewerbesteuererklärung ein Steuermeßbescheid von dem zuständigen Finanzamt.
– Die endgültige Gewerbesteuerschuld ergibt sich durch Multiplikation des Steuermeßbetrages mit dem von der Gemeinde festgesetzten Hebesatz (§ 16 GewStG). Die Hebesätze variieren in der Bundesrepublik für die Mehrzahl der Betriebe zwischen 380 und 540 %. Hierdurch kommt es zu standortspezifischen nationalen Belastungsunterschieden.
– Befinden sich Betriebsstätten eines Gewerbebetriebes in mehreren Gemeinden, so wird der einheitliche Steuermeßbetrag auf diese Gemeinden aufgeteilt (Zerlegung, § 28 GewStG). Dabei erfolgt die Aufteilung nach dem Verhältnis der Betriebseinnahmen und/oder der Arbeitslöhne (§§ 29, 30, 33 GewStG).

Zur Milderung der Gewerbeertragsteuerbelastung für Einzelunternehmen und Personengesellschaften sieht das Gesetz einen Freibetrag von 48 TDM sowie darüber hinaus eine Eingangsstaffelung der Steuermeßzahl bis zu einem Gewerbeertrag von 96 TDM vor (§ 11 GewStG).

2.4 Besteuerung der im Unternehmen eingesetzten Mittel

Die im Unternehmen eingesetzten Mittel unterliegen derzeit der (allgemeinen) Vermögensteuer, der Gewerbekapitalsteuer, der Grundsteuer und der Kraftfahrzeugsteuer sowie fallweise der Erbschaft- und Schenkungsteuer oder der Grunderwerbsteuer. Diese Steuerarten sollen hier nicht im Detail vorgestellt werden; Gründe sind:

- Die Erhebung der Vermögen- und Gewerbekapitalsteuer ist in den neuen Bundesländern derzeit (1996) noch ausgesetzt.
- Das Bundesverfassungsgericht hat mit zwei Beschlüssen vom 22.06.1995 (BStBl. II 1995, S. 655-675) im Ergebnis die für den Grundbesitz geltenden Einheitswerte für verfassungswidrig erklärt und dem Gesetzgeber aufgegeben, bis zum 31.12.1996 verfassungskonforme Änderungen der Vermögen- und Erbschaftsteuer zu verabschieden.
- Folgewirkungen aus der erzwungenen Neuregelung ergeben sich auch für die Gewerbesteuer und die Grundsteuer.

Der Auftrag des Verfassungsgerichts bietet dem Gesetzgeber die Chance zu einer grundlegenden Reform der für Unternehmen und Steuerverwaltung äußerst arbeits- und kostenintensiven Einheitswertfeststellung sowie zur Beseitigung kumulativer gewinnunabhängiger Steuerbelastungen. So werden derzeit Betriebsgrundstücke beim Erwerb mit Grunderwerbsteuer und dann jährlich mit Vermögensteuer (nicht abzugsfähige Betriebsausgabe) und Grundsteuer belastet. Fuhrunternehmen zahlen neben der Vermögen- und Gewerbekapitalsteuer auf den Bestand von Fahrzeugen zusätzlich Kraftfahrzeugsteuer, beim Betrieb Mineralölsteuer und Straßenverkehrsabgaben. Diese gegenwärtigen Belastungen müssen in die Preiskalkulation eingehen. Zudem unterliegen derzeit die Kapitalgesellschaften mit ihrem Betriebsvermögen und zusätzlich die Gesellschafter mit ihrem Anteil der Vermögensteuer; es kommt zu einer vermögensteuerlichen Doppelerfassung. Bei Personenunternehmen wird der Anteil am Betriebsvermögen dem Gesellschafter direkt zugerechnet und nur einmal von der Vermögensteuer erfaßt.

Für die Steuerexperten – und natürlich auch für die Studenten der Steuerlehre – gilt es, die Änderungen auch schon im Beratungsstadium sorgfältig im Hinblick auf die Belastungswirkungen zu untersuchen.

2.5 Besteuerung der Leistungen des Unternehmens

2.5.1 Umsatzsteuer

Der Umsatzsteuer unterliegen grundsätzlich alle von Unternehmen getätigten Lieferungen und Dienstleistungen. Bezogen auf ein bestimmtes Produkt bedeutet dies, daß bei jedem Verkaufsakt (z. B. Produzent an Großhändler, Großhändler an Einzelhändler, Einzelhändler an Endverbraucher) auf den Verkaufspreis Umsatzsteuer

anfällt (Allphasen-Umsatzsteuer). Um die konzentrationsfördernde Kumulationswirkung zu vermeiden, wird jede Umsatzstufe durch Abzug der auf der Vorstufe erhobenen Umsatzsteuer (Vorsteuer) entlastet (Nettoumsatzsteuer). Begrifflich sind aus Sicht eines Unternehmens zu unterscheiden:
- Die *Umsatzsteuer auf Ausgangsleistungen* an Abnehmer und Kunden (i.d.R. 15 % auf das Nettoentgelt);
- Die *Vorsteuer*, definitorisch die Umsatzsteuer, die dem Unternehmer für empfangene Lieferungen und Leistungen (Eingangsleistungen) von anderen Unternehmern als Lieferanten oder Leistungserbringer in Rechnung gestellt wurde.

Der Vorsteuerabzug bewirkt, daß nur der „Mehrwert" der jeweiligen Stufe steuerlich belastet wird (Mehrwertsteuer). Ein Beispiel soll dies verdeutlichen:

G (Großhändler) liefert eine Waschmaschine zu 800 DM netto an E (Einzelhändler), die dieser zu 1.200 DM netto an den Kunden X verkauft			
	G →	E →	X
Netto-Verkaufspreis	800	1.200	
USt (15 %)	<u>120</u>	<u>180</u>	
Brutto-Verkaufspreis	920	1.380	
USt-Schuld	120	180	
Vorsteuerabzug		− <u>120</u>	
USt-Zahllast		60	
Die von E an das Finanzamt zu zahlenden 60 DM entsprechen 15 % auf den Mehrwert von 400 DM. Steuerschuldner ist das den Umsatz ausführende Unternehmen; wirtschaftlich belastet wird grundsätzlich der Endverbraucher.			

Neben den Lieferungen und sonstigen Leistungen erfaßt das Umsatzsteuergesetz den Eigenverbrauch, die Einfuhr und den innergemeinschaftlichen Erwerb. Die Eigenverbrauchstatbestände sollen sicherstellen, daß auch der private Endverbrauch des Unternehmers oder Gesellschafters aus dem eigenen Unternehmen der Umsatzsteuer unterliegt. Soweit keine Steuerbefreiung greift (§ 4 UStG enthält einen umfangreichen Katalog von Steuerbefreiungen), unterliegen die steuerpflichtigen Umsätze i.d.R. in der Höhe ihres Entgelts dem Normalsteuersatz von 15 %. Der ermäßigte Steuersatz für z. B. Nahrungsmittel, Bücher, Kunstgegenstände, bestimmte Personenbeförderung im Nahverkehr, kulturelle und gemeinnützige Leistungen beträgt derzeit 7 % (§ 12 UStG). Es ergibt sich folgendes Ermittlungsschema der Umsatzsteuer:

Steuerbare Umsätze			
Leistungen (§ 1 I Nr. 1)	Eigenverbrauch (§ 1 I Nr. 2a, 2b, 2c, 3)	Einfuhr (§ 1 I Nr. 4)	Innergemeinschaftlicher Erwerb (§ 1 I Nr. 5)
– Lieferungen u. sonstige Leistungen (§ 3) – Unternehmer (§ 2) – Inland (§ 1 II) – Entgelt (§ 10 I) – Im Rahmen seines Unternehmens (§ 2)	– Gegenstandsentnahme – Leistungsentnahme – Nicht abzugsfähige Betriebsausgaben – Eigenverbrauchsähnliche Tatbestände (Gesellschafterverbrauch)	Einfuhr von Gegenständen aus dem Drittlandsgebiet in das Zollgebiet (Einfuhrumsatzsteuer)	– Lieferungen und Werkleistungen (einschl. Innenumsätze) – vom Gemeinschaftsgebiet in das Inland – durch Unternehmer an inländische Unternehmer (§ 1a)

./. Steuerfreie Umsätze (§ 4)
= Steuerpflichtige Umsätze

Bemessungsgrundlagen			
Entgelt (§ 10 I – III) (Einkaufspreis/ Selbstkosten bei Lieferung an Arbeitnehmer, § 10 IV)	– Einkaufspreis – Selbstkosten – Kosten (§ 10 IV) – Aufwendungen	Zollwert oder Entgelt (§ 11)	Entgelt (§ 10 I – III) (Einkaufspreis/Selbstkosten bei Innenumsätzen, § 10 IV)

x	Normalsteuersatz (15 %; § 12 I) Ermäßigter Steuersatz (7 %; § 12 II)
=	Umsatzsteuer
./.	Vorsteuer (§ 15 I Nr. 1) für – steuerpflichtige Umsätze – steuerbefreite Umsätze mit Vorsteuerabzugsrecht – der Steuerpflicht unterworfene steuerbefreite Umsätze
./.	Einfuhrumsatzsteuer (§ 15 I Nr. 2)
./.	Steuer für innergemeinschaftlichen Erwerb (§ 15 I Nr. 3)
=	Zahllast oder Erstattungsanspruch

Weltweit existieren sehr unterschiedliche Ausgestaltungsformen der Umsatzsteuer. Für die EU-Staaten ist das Allphasen-Netto-Umsatzsteuersystem mit Vorsteuerabzug vorgeschrieben. Auch die Eigenverbrauchstatbestände, die Steuerbefreiungen und die Bemessungsgrundlagen sind weitestgehend harmonisiert. Allerdings differieren derzeit allein die Normal-Steuersätze zwischen 15 % (Bundesrepublik und Luxemburg) und 25 % (Schweden, Dänemark). Ermäßigte Steuersätze liegen zwischen 1 % und 21 %. Eine wettbewerbsneutrale Ausgestaltung der *Umsatzsteuer bei grenzüberschreitenden Umsätzen* erfordert, daß der Verbrauch von Waren- und Dienstleistungen innerhalb einer Volkswirtschaft in gleicher Höhe belastet wird. Dem entspräche eine Besteuerung nach dem *Bestimmungslandprinzip*. Hiernach stellt das Exportland die Ausfuhren von der eigenen Umsatzsteuer frei und erstattet die Vorsteuer; das Importland erhebt bei der Einfuhr seine Umsatzsteuer. Diese Verfahrenstechnik greift gegenüber *Drittländern* (nicht EU-Länder). Dabei unterscheidet das deutsche UStG zwischen der Lieferung im Drittland als nicht umsatzsteuerbare Lieferung und der Lieferung in das Drittland als steuerbefreite Ausfuhrlieferung (§§ 4 Nr. 1, 6 UStG) mit Vorsteuerabzug (§ 15 III UStG). Beim Import von Waren aus Drittländern fällt Umsatzsteuer generell an in Höhe des deutschen Steuersatzes auf das Entgelt, fallweise den Zollwert. Diese *Einfuhrumsatzsteuer* wird erhoben unabhängig davon, ob ein in- oder ausländischer Unternehmer oder eine Privatperson die Ware einführt. Befreiungen von der Einfuhrumsatzsteuer enthalten der § 5 UStG und die Einfuhrumsatzsteuer-Befreiungsverordnung. Sowohl die Steuerfreistellung beim Export als auch die Erhebung der Einfuhrumsatzsteuer setzen Grenzkontrollen zur Sicherung der Besteuerung voraus.

Mit der Einführung des *EU-Binnenmarktes* zum 1.1.1993 sind die Grenzkontrollen entfallen. Für die Umsatzsteuer wäre ein paralleler Übergang zum *Ursprungslandprinzip* mit einer Umsatzbesteuerung nach dem Recht des Exportlandes und einem grenzüberschreitenden Vorsteuerabzug folgerichtig gewesen. Dem hat sich jedoch die Mehrheit der Mitgliedstaaten verweigert; wegen der unterschiedlichen Steuersätze werden Exportverzerrungen und Verschiebungen im Steueraufkommen befürchtet. Vor diesem Hintergrund wurde eine „Mischregelung" von Bestimmungsland- und Ursprungslandprinzip für eine Übergangszeit (bis 31.12.1996; Verlängerung ist absehbar) beschlossen und zwei neue Tatbestände, der innergemeinschaftliche Erwerb und die innergemeinschaftliche Lieferung, eingeführt.

Ein *innergemeinschaftlicher Erwerb* (§ 1a UStG) liegt vor, wenn ein Unternehmer Lieferungen oder Werkleistungen vom Gemeinschaftsgebiet in das Inland an einen inländischen Unternehmer ausführt. Für diesen Fall greift die Erwerbsbesteuerung, vergleichbar der Einfuhrumsatzsteuer: Es findet das Bestimmungslandprinzip weiter Anwendung. Ein innergemeinschaftlicher Erwerb liegt auch bei Innenumsätzen von einer Betriebsstätte in einem EU-Land in die inländische Muttergesellschaft vor.

Der Beibehaltung des Bestimmungslandprinzips bei Unternehmerumsätzen innerhalb der EU entspricht es, daß bei einer *innergemeinschaftlichen Lieferung* von einem inländischen Unternehmer an einen Unternehmer mit Sitz in einem EU-Land diese – wie die Ausfuhrlieferungen in Drittländer – mit Vorsteuerabzug steuerfrei gestellt wird (§ 4 Nr. 1b UStG). Da über Grenzkontrollen die Warenbewegungen nicht bescheinigt werden können, erhält jeder Unternehmer eine Umsatzsteuer-Identifikationsnummer, die vom Bundesamt für Finanzen deutscherseits ausgegeben wird (§ 27a UStG). Sie dient dem Lieferanten als Indiz für die Unternehmereigenschaft des ausländischen Abnehmers; auf der Rechnung über die innergemeinschaftliche Lieferung sind die Umsatzsteuer-Identifikationsnummern des in- und ausländischen Unternehmers anzugeben (§ 14a UStG). Zusätzlich hat jeder Unternehmer über seine innergemeinschaftlichen Lieferungen für jedes Vierteljahr eine „Zusammenfassende Meldung" unter Angabe der Liefersumme je ausländischen Abnehmer mit Umsatzsteuer-Identifikationsnummer zu erstellen (§ 18a UStG).

Demgegenüber greift ab 01.01.1993 das Ursprungslandprinzip bei Privateinkäufen (Käufen von Nicht-Unternehmern) innerhalb der EU; es verbleibt die Umsatzsteuerbelastung des Staates, in dem der Einkauf getätigt wurde. Ausnahmen hiervon existieren für den Versandhandel (§ 3c UStG) und für die Einfuhr neuer Fahrzeuge (§§ 1b, 2a UStG), für die unter bestimmten Voraussetzungen das Bestimmungslandprinzip Anwendung findet.

2.5.2 Spezielle Verbrauch- und Verkehrsteuern

Während die Umsatzsteuer nahezu alle Unternehmensleistungen steuerlich erfaßt, werden einzelne Produkte oder Leistungen gesondert von speziellen Verbrauch- oder Verkehrsteuern erfaßt. Hierzu zählen z. B. die Biersteuer, die Branntweinsteuer, die Grunderwerbsteuer, die Kaffeesteuer, die Mineralölsteuer, die Rennwett- und Lotteriesteuer, die Schaumweinsteuer, die Tabaksteuer und die Versicherungsteuer. Die Doppelbelastung mit der (allgemeinen) Umsatzsteuer und den speziellen Verbrauch- und Verkehrsteuern wird nur in Ausnahmefällen durch Umsatzsteuerbefreiungen für Umsätze, die unter die Grunderwerbsteuer und die Rennwett- und Lotteriesteuer fallen sowie für Umsätze von Versicherungsvertretern und -maklern (§ 4 Nr. 9-11 UStG) beseitigt. Einzelheiten zur Ausgestaltung und zur Belastungswirkung der speziellen Verkehr- und Verbrauchsteuern sind Spezialbeiträgen und Spezialveranstaltungen vorbehalten.

3. Erste betriebswirtschaftliche Folgerungen und Wirkungsanalysen

3.1 Interdependenzen der Steuerarten

Die aus einer Steuerart resultierende Steuerbelastung ergibt sich für die skizzierten Hauptsteuerarten aus der Multiplikation der Bemessungsgrundlage mit einem aus den Tarifvorschriften abgeleiteten Steuersatz. Die Höhe eines Steuersatzes besitzt folglich keine Aussagekraft über die tatsächliche Steuerbelastung. Im internationalen Vergleich kann sie höchstens für eine erste Einordnung als Hoch- oder Niedrigsteuerland dienen. „Breite" Bemessungsgrundlagen mit wenigen Abzugsmöglichkeiten können auch bei einem niedrigen Steuersatz zu einer vergleichsweise höheren Belastung führen, gegenüber einem hohen Steuersatz, dessen Bemessungsgrundlage durch zahlreiche Abzugsmöglichkeiten gemindert wird.

Darüber hinaus ist zu berücksichtigen, daß die Steuerarten eines Staates untereinander wechselseitig verknüpft sind. Auch für internationale Sachverhalte existieren ergänzende unilaterale oder bilaterale Regelungen mit fallweise Anrechnungs-, Freistellungs- oder Hinzurechnungsvorschriften. Ohne Kenntnis dieser Interdependenzen zwischen den einzelnen Steuerarten läßt sich die Gesamtsteuerbelastung eines Unternehmens – alternativ einer Investitions- oder Finanzierungsentscheidung – nicht ermitteln. In einem ersten Zugriff sind national Bemessungsgrundlagen- und Tarifinterdependenzen zu unterscheiden.

3.2 Bemessungsgrundlagen-Interdependenzen

Das Körperschaftsteuergesetz und das Gewerbesteuergesetz beziehen sich zur Ermittlung des körperschaftsteuerlichen und des gewerbesteuerlichen Gewinns jeweils auf die Gewinnermittlungsvorschriften des Einkommensteuergesetzes (vgl. § 8 I KStG, § 7 GewStG). Gleiches gilt für die Ermittlung des Einheitswertes des Betriebsvermögens; auch hier sind mit wenigen Ausnahmen – Betriebsgrundstücke, Wertpapiere und Anteile – die Wirtschaftsgüter mit den Werten anzusetzen, die sich aus der steuerlichen Gewinnermittlung ergeben (Steuerbilanzwerte, Übernahmewerte; § 109 BewG). Dieser aus der Einkommensteuerbilanz abgeleitete Einheitswert des Betriebsvermögens ist Bemessungsgrundlage der (betrieblichen) Vermögensteuer und der Gewerbekapitalsteuer.

Die Einkommensteuervorschriften greifen ihrerseits für Gewerbebetriebe auf die handelsrechtlichen Grundsätze ordnungsmäßiger Buchführung zurück (§ 5 EStG). Damit sind die handelsrechtlichen Vorschriften der §§ 238-283 HGB maßgebend für die steuerliche Gewinnermittlung, den Bilanzansatz und die Bewertung, soweit nicht steuerliche Spezialvorschriften der §§ 5-7 EStG dem entgegenstehen (Maßgeblichkeit der Handelsbilanz für die Einkommensteuerbilanz). Andererseits können steuerliche Wahlrechte (z. B. steuerliche Sonderabschreibungen) bei der Gewinnermittlung nur in Übereinstimmung mit dem handelsrechtlichen Jahresabschluß ausgeübt werden (§ 5 EStG; umgekehrte Maßgeblichkeit).

Die Bemessungsgrundlagen-Interdependenzen lassen sich wie folgt darstellen:

```
┌─────────────────────────────────────────────────────────────┐
│            Bemessungsgrundlagen-Interdependenzen            │
├─────────────────────────────────────────────────────────────┤
│                                                             │
│                         Handelsbilanz                       │
│                         (§§ 238-283 HGB)                    │
│                                                             │
│   Maßgeblichkeit              Umgekehrte Maßgeblichkeit     │
│   (§ 5 EStG)                  (§ 5 EStG, § 254 HGB)         │
│                                                             │
│                      Einkommensteuerbilanz                  │
│                         (§§ 4-7 EStG)                       │
│                                                             │
│                       Basisbilanz für                       │
│                                    Verlängerte              │
│                                    Maßgeblichkeit           │
│                                                             │
│   KSt-Gewinn                  Einheitswert des              │
│   (§ 8 KStG)                  Betriebsvermögens             │
│                               (§ 109 BewG)                  │
│                                                             │
│   GewErtr                     VSt         GewKap            │
│   (§ 7 GewStG)                (4 VStG)    (§ 12 GewStG)     │
└─────────────────────────────────────────────────────────────┘
```

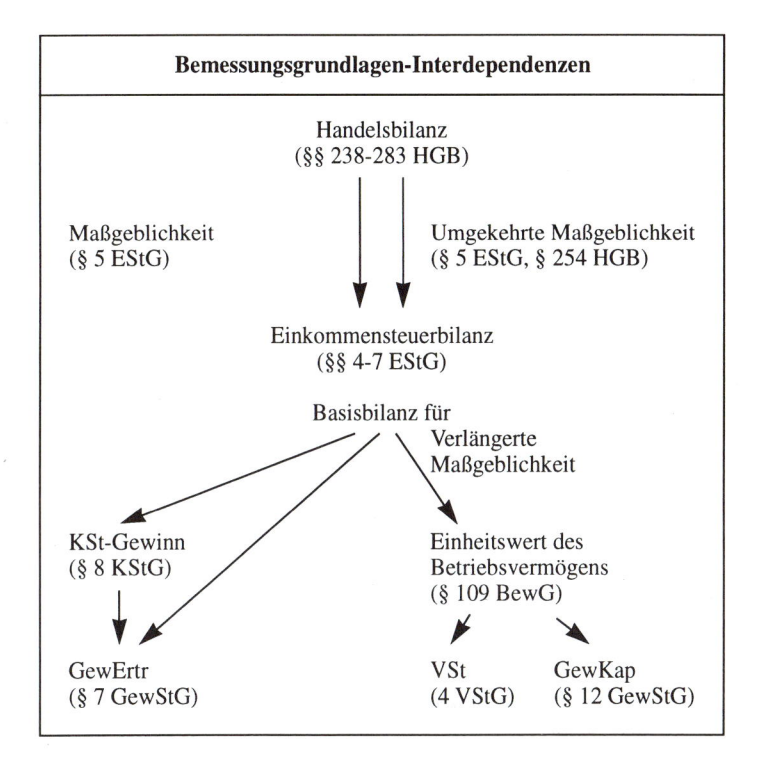

3.3 Tarif-Interdependenzen und Ertragsteuer-Gesamtbelastung

Die Personensteuern – Einkommensteuer, Körperschaftsteuer, Vermögensteuer – sind *nicht abzugsfähige Steuern* (§ 12 EStG, § 10 KStG), mindern also nicht als Aufwand den steuerpflichtigen Gewinn. Demgegenüber ist die Gewerbesteuer als Aufwand abzugsfähig. Bezogen auf die Gewerbeertragsteuer bedeutet dies, daß sie von der eigenen Bemessungsgrundlage und von der Bemessungsgrundlage der Einkommensteuer oder Körperschaftsteuer abgezogen werden muß. Hieraus ergeben sich rechentechnische Schwierigkeiten, da einerseits der einkommensteuerliche bzw. körperschaftsteuerliche Gewinn Basis für die Ermittlung des Gewerbeertrags ist, der Gewinn andererseits erst nach Berücksichtigung der Gewerbesteuer ermittelt werden kann. In der Praxis wird dieses Problem durch die Bildung einer *Gewerbesteuerrückstellung* in Höhe von 5/6 des Betrags, der sich als Gewerbeertragsteuer ohne Berücksichtigung der Abzugsfähigkeit ergäbe, gelöst (R 20 EStR).

Für eine *exakte Berechnung der Gewerbeertragsteuer* gilt folgendes: Der Gewerbeertragsteuersatz ergibt sich nicht durch einfache Multiplikation von Meßzahl (für Kapitalgesellschaften 5 %) mit dem Hebesatz und beträgt für Hebesätze von 400 % bzw. 450 % nicht 20 bzw. 22,5 %. Diese nominellen Sätze verringern sich durch die Abzugsfähigkeit von der eigenen Bemessungsgrundlage:

$$G_E = s_{ge} (B - G_E)$$

$$G_E = \frac{s_{ge}}{1 + s_{ge}} B$$

G_E = Gewerbeertragsteuer
B = Bemessungsgrundlage (Gewerbeertrag)
s_{ge} = Gewerbeertragsteuersatz (5% x Hebesatz)

Bei vorgegebenen Hebesätzen von 400 % und 450 % verringert sich der nominelle Gewerbeertragsteuersatz von 20 % auf effektive 16,67 % und der nominelle Gewerbeertragsteuersatz von 22,5 % auf 18,37 %. Bei einem Hebesatz von 400 % entspricht die Reduktion von 20 % auf 16,67 % exakt $1/6$. Vereinfachte Gewerbeertragsteuerermittlung nach der $5/6$-Methode und exakte Ermittlung stimmen überein.

Durch die Abzugsfähigkeit der Gewerbeertragsteuer von dem einkommensteuer- oder körperschaftsteuerpflichtigen Gewinn läßt sich die gesamte Ertragsteuerbelastung bestehend aus Einkommensteuer bzw. Körperschaftsteuer und Gewerbeertraggsteuer nicht rein additiv (z.B. 47 % ESt + 16,67 GewErtrSt oder 45 % KSt + 16,67 % GewErtrSt) ermitteln. Wird die Abzugsfähigkeit unmittelbar im Steuersatz berücksichtigt, so reduziert sich der Gewerbeertragsteuersatz (s_{ge}) um den entsprechenden Prozentsatz des Einkommensteuer- bzw. Körperschaftsteuersatzes (s_e):

Tatsächliche Gewerbeertragsteuerbelastung = $s_{ge} - s_{ge} \cdot s_e$

Da die „tatsächlichen" Gewerbeertragsteuersätze die Abzugsfähigkeit voll berücksichtigen, lassen sie sich additiv mit den entsprechenden ESt-/KSt-Sätzen zur Ertragsteuer-Gesamtbelastung (vereinfachend ohne Solidaritätszuschlag und Kirchensteuer) zusammenfassen:

"Tatsächliche" Gewerbeertragsteuersätze und Ertragsteuer-Gesamtbelastung

GewErtrSt-Satz nach Abzug von Gewerbeertrag	ESt-Sätze			KSt-Sätze	
	47 %	35 %	0 %	45 %	30 %
16,67 % *Ertragsteuer-* *belastung*	8,83 % *55,83 %*	10,83 % *45,83 %*	16,67 % *16,67 %*	9,16 % *54,16 %*	11,66 % *41,66 %*
18,37 % *Ertragsteuer-* *belastung*	9,74 % *56,74 %*	11,94 % *46,94 %*	18,37 % *18,37 %*	10,10 % *55,10 %*	12,86 % *42,86 %*

Die Ertragsteuer-Gesamtbelastung (ohne Solidaritätszuschlag und Kirchensteuer) erreicht im Spitzenbereich für Einzelunternehmen und Personengesellschaften bei Hebesätzen von 450 % fast 57 %, bei Kapitalgesellschaften liegt sie über 55 %. Werden die Ergänzungssteuern mit einbezogen, so liegt die Spitzenbelastung für gewerbliche Personenunternehmen unter Einschluß von Solidaritätszuschlag und Kirchensteuer bei 60,5 % und bei Kapitalgesellschaften unter Einschluß des Solidaritätszuschlages bei 57 %. Diese Belastung dürfte damit die vom Bundesverfassungsgericht gesetzte Grenze – 50 % des Soll-Ertrags – überschritten haben, zumal die Vermögensteuerbelastung noch nicht berücksichtigt wurde.

Weitere Tarif-Interdependenzen ergeben sich aus dem körperschaftsteuerlichen Anrechnungsverfahren, aus der Nichtabzugsfähigkeit der Vermögensteuer sowie durch die Anrechnung oder den Abzug ausländischer Steuern (§ 34c EStG, § 26 KStG).

3.4 Belastungsunterschiede zwischen Personen- und Kapitalgesellschaften

Die ersten Einblicke in die Hauptsteuerarten und in die Bemessungsgrundlagen- und Tarif-Interdependenzen müßten verdeutlicht haben, wie variantenreich die Liquiditäts- und Kostenbelastung, wie ermittlungsintensiv und wie intransparent der Belastungszugriff auf Unternehmen und Investoren (Kapitalgeber) durch die Besteuerung ist. Dabei ergeben sich zentrale Belastungsunterschiede zwischen Personen- und Kapitalgesellschaften, primär angelegt in der dualen Rechtsformbesteuerung von Einkommen- und Körperschaftsteuerrecht.

Das EStG erfaßt im § 1 die Einzelunternehmen und Personengesellschaften nicht als selbständiges Steuerrechtssubjekt; steuerpflichtig sind hiernach die Betriebsinhaber und die Gesellschafter (Mitunternehmer). Unternehmen und Unternehmer werden als Einheit gesehen (Einheitstheorie). Dementsprechend wird der ermittelte Gewinn unmittelbar bei den Unternehmern erfaßt, unabhängig davon, ob er im Unternehmen verbleibt oder dem Unternehmer zufließt. Basis für die Gewinnermittlung ist die nach dem Maßgeblichkeitsprinzip aus der Handelsbilanz abgeleitete Steuerbilanz. In der Praxis wird eine „Einheitsbilanz" erstellt, die die strengen Vorschriften der §§ 5-7 EStG unmittelbar berücksichtigt. Die Gewinnermittlung obliegt der Geschäftsleitung des Unternehmens; insofern ist das Unternehmen auch Steuerpflichtiger im Sinne des EStG. Darüber hinaus werden alle weiteren Vergütungen, die der Unternehmer aus dem Unternehmen erhält, als Einkünfte aus Gewerbebetrieb qualifiziert (§ 15 EStG). Dies betrifft insbesondere die Geschäftsführergehälter, die Darlehens- und Pachtzinsen für dem Unternehmen überlassene Kredite und Wirtschaftsgüter. Diese sind dem Gewinn oder Gewinnanteil des Gesellschafters hinzuzurechnen, da sie als handelsrechtlicher Aufwand den Gewinn gemindert haben. Es erfolgt also eine *zweistufige Ermittlung der Einkünfte aus Gewerbebetrieb*:
1. Stufe: Ermittlung des Gewinns oder Gewinnanteils
2. Stufe: Ermittlung und Hinzurechnung der zusätzlichen Vergütungen.

Die so für jeden Gesellschafter (Mitunternehmer) gesondert ermittelten Einkünfte aus Gewerbebetrieb werden zum Zwecke der Ermittlung der Ausgangsbasis der Gewerbeertragsteuer zusammengerechnet. Folge ist, daß auch die zusätzlichen Vergütungen der Gewerbeertragsteuer unterliegen.

Bei der Besteuerung von Kapitalgesellschaften gehen das Einkommensteuer- und Körperschaftsteuerrecht von der Trennung von Gesellschafts- und Gesellschaftersphäre aus (Trennungsprinzip). Die Kapitalgesellschaften (GmbH, AG) werden als selbständige Steuerrechtssubjekte von der Körperschaftsteuer erfaßt. Auf die Anteilseigner (Gesellschafter) greift die Einkommensbesteuerung erst zu, wenn die Gewinne an sie ausgeschüttet werden. Darüber hinaus erkennt auch das Steuerrecht schuldrechtliche Beziehungen zwischen Gesellschaft und Gesellschafter grundsätzlich an; zu Umqualifizierungen kommt es nur, wenn die Tatbestände der verdeckten Gewinnausschüttung vorliegen.

Basis der Gewinnermittlung von Kapitalgesellschaften ist – wie bei Personengesellschaften – die Handelsbilanz unter Beachtung der §§ 5-7 EStG (Maßgeblichkeitsprinzip). Ergänzend können Spezialvorschriften der §§ 8-10 KStG (z. B. Hinzurechnung wegen verdeckter Gewinnausschüttung, hälftige Aufsichtsratvergütungen) greifen. Die aufgrund schuldrechtlicher Verträge an einzelne Gesellschafter gezahlten Vergütungen sind handelsrechtlicher Aufwand und bleiben auch aus steuerlicher Sicht als abzugsfähige Betriebsausgaben gewinnmindernd wirksam. Beim Gesellschafter werden diese Vergütungen von der Einkommensteuer über die entsprechende Einkunftsart erfaßt: Geschäftsführergehälter als Einkünfte aus nichtselbständiger Arbeit, Darlehen als Einkünfte aus Kapitalvermögen und Mietzinsen als Einkünfte aus Vermietung und Verpachtung. Aus Sicht der Unternehmenssphäre bedeutet dies, daß die Körperschaftsteuerbelastung und dem folgend auch die Gewerbeertragsteuerbelastung durch die Abzugsfähigkeit reduziert wird (Vorteil der Kapitalgesellschaft gegenüber der Personengesellschaft). Aus Sicht des Gesellschafters unterliegen die zusätzlichen Bezüge – wie auch die Gewinnausschüttung – dem Einkommensteuerspitzensatz von 53 %, während im Falle einer Personengesellschaft die Tarifbegrenzung von 47 % greifen würde (Vorteil der Personengesellschaft im Bereich der Spitzenbelastung). Die *gewerbesteuerlichen Vorteile* der Kapitalgesellschaft basieren auf der Abzugsfähigkeit der zusätzlichen Gesellschaftervergütungen. Dieser Vorteil reduziert sich durch die Hinzurechnung der Hälfte der Darlehenszinsen zum Gewerbeertrag (§ 8 GewStG) sowie durch den Freibetrag von 48 TDM und die Meßzahlenstaffelung, die nur für Personengesellschaften greifen.

Weitere Belastungsdifferenzen ergeben sich aus den *Tarifvorschriften* von EStG und KStG. Die Steuerbelastung thesaurierter Gewinne ist im Spitzenbereich bei Kapitalgesellschaften um 2 %-Punkte (45 % versus 47 %) günstiger; unter Berücksichtigung der Gewerbeertragsteuer reduziert sich dieser Vorteil auf 1,6 %-Punkte (Vorteil der Kapitalgesellschaft). Bei geringeren Einkünften aus Gewerbebetrieb (oder Verlusten aus anderen Einkunftsarten) greifen allerdings niedrigere Einkommensteuersätze, während die Belastungshöhe des thesaurierten Gewinns bei Kapitalgesellschaften unverändert bleibt (Vorteil der Personengesellschaft). Zu berücksichtigen ist aber, daß bei Thesaurierung der Gesellschafter einer Kapitalgesellschaft nicht zur Besteuerung herangezogen wird, während der Gesellschafter einer Personengesellschaft die Einkommensteuer zu entrichten hat auf seinen Gewinnanteil unabhängig von Thesaurierung oder Ausschüttung.

Bei *Gewinnausschüttungen* trägt die Kapitalgesellschaft die Ausschüttungsbelastung; die Personengesellschaft ist hingegen selbst nicht Steuerschuldner der Einkommensteuer. Aus der Sicht des Gesellschafters kommt es über das körperschaftsteuerliche Anrechnungsverfahren bei von Kapitalgesellschaften ausgeschütteten Gewinnen zu einer *Einmalbesteuerung* mit dem persönlichen Steuersatz des Anteilseigners. Dieser greift grundsätzlich auch für den Gewinnanteil der Personengesellschaft. Vorteile ergeben sich hier für den Gesellschafter der Personengesellschaft im Bereich der Spitzenbelastung durch die Tarifbegrenzung auf 47 %, während die Gewinnausschüttung von Kapitalgesellschaften als Einkünfte aus Kapitalvermögen im Spitzenbereich mit 53 % besteuert wird.

Verluste einer Personengesellschaft werden anteilig direkt beim Gesellschafter als negative Einkünfte aus Gewerbebetrieb erfaßt; sie sind – dem Einheitsprinzip folgend – mit anderen positiven Einkünften der Periode ausgleichsfähig. Verluste der Kapitalgesellschaft bleiben dagegen in der Kapitalgesellschaft verhaftet (Trennungsprinzip) und sind nicht auf die Gesellschaftersphäre übertragbar (Ausnahme Organschaft).

Hingewiesen sei ferner auf die *vermögensteuerliche Doppelerfassung* der Kapitalgesellschaft mit ihrem Betriebsvermögen und der Gesellschafter mit ihrem Anteil; ein Nachteil der Kapitalgesellschaft, da bei Personengesellschaft das anteilige Betriebsvermögen dem Gesellschafter direkt zugerechnet wird.

Wegen der Wechselseitigkeit von Vor- und Nachteilen können Entscheidungen nur in Kenntnis des konkreten Einzelfalls getroffen werden. Tendenziell haben sich durch die Rechtsänderungen der letzten Jahre die Belastungsunterschiede verringert. Die Rechtsformwahl sollte unter Berücksichtigung aller betriebswirtschaftlichen Faktoren getroffen werden. Fallweise bieten sich aber auch Mischformen (GmbH & Co. KG, Betriebsaufspaltung) zur stärkeren Nutzung der steuerlichen Vorteile bei Vermeidung einzelner Nachteile an.

4. Anforderungsprofil und Berufsperspektiven

Steuerliche Grundkenntnisse werden heute von jedem Absolventen der Wirtschaftswissenschaften erwartet, sind Voraussetzung, um die unterschiedlichen Einflußfaktoren auf betriebliche Entscheidungen entsprechend ihrem jeweiligen Gewicht zu würdigen. Es besteht immer noch der Verdacht, daß das steuerliche Argument unreflektiert in die Entscheidungsprozesse einfließt[4]: Fallweise dominieren steuerliche Belastungen und Steuervergünstigungen die Entscheidung, da von Experten erarbeitet und von den Entscheidungsträgern oft nicht nachvollziehbar; fallweise wird die Besteuerung bei Entscheidungen mangels Sensibilität gänzlich ignoriert.

Die Besteuerung wirkt ein und steht in Abhängigkeit von der betrieblichen *Aufbaustruktur* (Organisation und Rechtsform, Standort, Vermögen-, Kapital- und Personalstruktur, Branche und Wirtschaftszweig) und den *betrieblichen Funktionen und Prozessen* (Beschaffung, Produktion, Absatz; Investition, Finanzierung, Liquidität). Spezialvorschriften greifen an den Eckpunkten unternehmerischer Tätigkeit (Gründung, Betriebsveräußerung, Konkurs, Liquidation) und in Umbruchphasen (Umwandlung, Beteiligungserwerb, Gründung von Betriebsstätten oder Tochterkapitalgesellschaften, Spaltung, Sanierung). Das hierfür erforderliche Wissen sowie die Fähigkeiten, aus dem Steuerrecht die Belastungswirkungen und Handlungsspielräume herauszufiltern, kann nur von Experten bereitgestellt werden; es erfordert das Studium des Spezialfaches Betriebswirtschaftliche Steuerlehre.

An der Wirtschaftswissenschaftlichen Fakultät der Friedrich-Schiller-Universität Jena sind die Teildisziplinen *Betriebswirtschaftliche Steuerlehre und Wirtschaftsprüfung* zu einem Studienfach zusammengefaßt. Das Studium dieser speziellen Betriebswirtschaftslehre bereitet schwerpunktmäßig auf folgende Einsatzfelder vor:
- Beratende und prüfende Berufe: Steuerberater, Wirtschaftsprüfer, vereidigter Buchprüfer, Unternehmensberater,
- Tätigkeiten in den „kaufmännischen" Bereichen von Unternehmen: im Rechnungs- und Finanzwesen, im Controlling, in der internen Revision oder in den Steuerabteilungen.

Absolventen mit Spezialkenntnissen der Betriebswirtschaftlichen Steuerlehre und Wirtschaftsprüfung werden auch in der Kredit- oder

---
[4] Vgl. hierzu schon Wacker, W./Hauschildt, J.: Zum angemessenen Gewicht steuerlicher Gesichtspunkte in unternehmenspolitischen Entscheidungsprozessen. In: StuW 1974, S. 252-254.

Versicherungswirtschaft, Vermögensanlageberatung, Software-Entwicklung sowie in Lektoraten von Steuerfachverlagen gesucht.

Das Studium der Betriebswirtschaftlichen Steuerlehre und Wirtschaftsprüfung sowie die praktische Tätigkeit als Steuerexperte, als Unternehmensberater, als interner oder externer Prüfung erfordern ein hohes Maß an Einfühlungsvermögen sowohl in die eher nüchterne, aber komplexe Rechtsmaterie als auch in ein äußerst lebendiges Wirtschaftsgeschehen. Die juristischen Subsumtions- und Auslegungsmethoden und das rechtliche Faktenwissen sind zu kombinieren mit ökonomischem Sachverstand, konzeptionellen Fähigkeiten und konkreten Abrechnungs-, Planungs-, Entscheidungs- und Prüfungsmethoden. Es erwartet sie ein arbeitsintensives Studium. Die Herausforderung dieser Kombination gepaart mit Eigeninitiative und unbändigem Weiterbildungsdrang sind Grundlage für eine anspruchsvolle und abwechslungsreiche berufliche Tätigkeit.

Grundlagen- und weiterführende Literatur

Heigl, Anton: Unternehmensbesteuerung – Grundriß. 2. Auflage, München, Wien 1996.

Heinhold, Michael: Unternehmensbesteuerung. 2 Bände. Stuttgart 1995.

Koschmieder, Kurt-Dieter: Steuerberatung. In: Lexikon der Betriebswirtschaftslehre, (Hrsg.) von Hans Corsten. 3. Aufl., München 1995, S. 895-901.

Rose, Gerd: Betrieb und Steuern. Band 1-5. Wiesbaden 1993-1996.

Rose, Gerd: Betriebswirtschaftliche Steuerlehre. 3. Aufl., Wiesbaden 1992.

Rose, Gerd/Haase, Klaus Dittmar (Hrsg.): Steuerfall und Lösung. 10. Aufl., Wiesbaden 1994.

Rose, Gerd: Einführung in den Beruf des Steuerberaters. 2. Aufl., Köln 1995.

Schneeloch, Dieter: Besteuerung und betriebliche Steuerpolitik. 2 Bände. München 1994.

Schneider, Dieter: Grundzüge der Unternehmensbesteuerung. 6. Aufl., Wiesbaden 1994.

Tipke, Klaus/Lang, Joachim: Steuerrecht. 14. Aufl., Köln 1994.

Wacker, Wilhelm H.: Lexikon der deutschen und internationalen Besteuerung. 3. Aufl., München 1994.

Wacker, Wilhelm H./Hauschildt, Jürgen: Zum unangemessenen Gewicht steuerlicher Gesichtspunkte in unternehmenspolitischen Entscheidungsprozessen. In: StuW 1974, S. 252-254.

Wöhe, Günter/Bieg, Hartmut: Grundzüge der Betriebswirtschaftlichen Steuerlehre. 4. Aufl., München 1995.

Joachim Krag

Rechnungslegung

1. Einführung

Als entscheidendes Motiv ökonomischen Handelns gilt unstrittig die Einkommenserzielung[1]. Nur ist das Wissen um die jeweiligen Einkommensquellen unvollständig und häufig zwischen den Akteuren im Unternehmen und auf den Märkten ungleich verteilt. Prinzipiell gilt ohnehin, daß die Planung zukünftiger Entwicklungen mit Unsicherheit behaftet ist und daher viele wirtschaftliche Entscheidungen vor dem Hintergrund nicht eindeutig abschätzbaren Datenmaterials erfolgen müssen. So übernimmt beispielsweise ein neu in ein Unternehmen eintretender Gesellschafter in hohem Maße Einkommensunsicherheiten, die er abmildern und möglichst überschauen möchte. Es ist für ihn wichtig, das in seiner Gesellschaft verwirklichte Einkommen, das vereinfachend mit dem Begriff Gewinn umschrieben werden kann, zu erkennen und über geplante Einkommensentwicklungen möglichst zuverlässig informiert zu sein. Dazu muß die Messung der Einkommensgrößen geregelt und einer externen Überprüfung zugänglich sein. Mit diesen beiden Aspekten sind auf einer sehr abstrakten Ebene die zentralen Aufgaben der betrieblichen Rechnungslegung und ergänzend die der Wirtschaftsprüfung umrissen.

Um den Begriff Rechnungslegung zu konkretisieren, sei auf den im Handelsrecht geregelten Jahresabschluß verwiesen, der über die Vermögens-, Finanz- und Ertragslage eines Unternehmens, d.h. über die Bestimmungsfaktoren des dort in einem Geschäftsjahr erzielten Gewinns berichten soll[2]. Die Wirtschaftsprüfung liefert hierzu eine aus unabhängiger, außenstehender Position erarbeitete Bestätigung der Einhaltung (bei positivem Befund) des bei der Aufstellung des Jahresabschlusses zu beachtenden Regelwerkes.

---

[1] Vgl.Schneider, D.: Betriebswirtschaftslehre, Band 1: Grundlagen, München – Wien, 1993, S. 1 ff. und Band 2: Rechnungswesen, München – Wien 1994, S. 1 ff. In beiden Bänden wird Einkommensaspekt bzw. die Übernahme von Einkommensunsicherheiten zum entscheidenden Erklärungsansatz für das Rechnungswesen und seine Einbindung in die Allgemeine Betriebswirtschaftslehre.

[2] Vgl. hierzu Schildbach, T:. Der handelsrechtliche Jahresabschluß, 3. Aufl., Herne – Berlin 1992, S. 26-39.

Die externe, veröffentlichte und geprüfte Rechnungslegung dient vor allem als Basis für Entscheidungen über den individuellen Kapitaleinsatz und zugleich als ein Instrument für die Kontrolle über eine zweckgebundene Kapitalverwendung. In vielen Unternehmen üben die Eigner die Unternehmerfunktion selbst nicht mehr aus, sondern haben sie an Manager abgetreten. Von denen werden sie Rechenschaft verlangen, um ihnen weiterhin ihr Kapital anzuvertrauen und um sie auch adäquat entlohnen bzw. sich wieder von ihnen trennen zu können. Auf der anderen Seite müssen aber auch der Unternehmensleitung Entscheidungsrechte zur Führung des Unternehmens übertragen werden. Die Rechnungslegung ist zugleich auch ein Instrument, um die Kompetenzen zwischen den verschiedenen Unternehmensträgern, vor allem hinsichtlich der Kapitalverwendung, abzugrenzen[3]. Dies gilt nicht nur für das Verhältnis von Eignern und Managern, sondern auch für die Ansprüche von Gläubigern einerseits und Eignern bzw. Managern andererseits[4]. Denn neben den Kapitaleignern haben auch die Gläubiger ein Interesse, über die Verwendung und damit zugleich über die potentielle Bedienung ihrer zur Verfügung gestellten Mittel informiert zu sein. Arbeitnehmer, Fiskus und die Öffentlichkeit sind weitere Interessenten an zuverlässigen Unternehmensdaten.

Die betriebliche Rechnungslegung dient zusammenfassend vor allem den Zwecken:
(1) Der Messung des im Unternehmen erzielten Einkommens (Gewinns).
(2) Der Kontrolle der mit der Kapitalverwendung beauftragten Unternehmensleitung und generell der Regelung von Kompetenzabgrenzungen unter den Unternehmensträgern.
(3) Der Information über die finanzielle Lage des Unternehmens.

Verständlicherweise lassen sich diese drei Punkte nicht scharf voneinander trennen und bedingen einander teilweise. Adressaten der Rechnungslegung sind in erster Linie die außerhalb der Unternehmensleitung Stehenden, die möglichst genau über ihre Rechte und Pflichten, d.h. auch über ihre Ansprüche, die sie gegenüber den Unternehmen geltend machen können, informiert werden müssen.

---

[3] Ebenda, (Anm. 2), S. 26-39.
[4] In einem erweiterten Verständnis sind auch die Kompetenzen bzw. die Ansprüche des Gesetzgebers zu berücksichtigen. Vgl. Schneider, D., 1994 (Anm. 1). S. 128.

Hierzu bedarf es zunächst eines umfassenden Regelsystems in Form einer Rechnungswesenverfassung, die denn auch im Handels- und daneben im Steuerrecht[5] konkretisiert wurde. Über die vor allem im Handelsrecht verankerten Vorschriften zum Jahresabschluß, die als Gebote, Verbote und Wahlrechte ausgestaltet wurden, gibt der folgende Abschnitt einen Überblick.

2. Grundlagen

Nachdem zunächst aus einer übergeordneten ökonomischen Perspektive, die unabhängig von gesetzlichen Vorgaben entwickelt wurde, der Themenkomplex Rechnungslegung generell vorgestellt wurde, wird im folgenden der Blick auf den institutionellen Rahmen gerichtet, innerhalb dessen sich der Ersteller eines Jahresabschlusses bewegen kann. Der Jahresabschluß selbst besteht aus den Grundelementen Bilanz sowie Gewinn- und Verlustrechnung, die zunächst kurz beschrieben werden[6].

Die Bilanz ist die zum Ende eines jeden Geschäftsjahres vorzunehmende Gegenüberstellung von Vermögen (Aktiva) und Kapital (Passiva) eines Unternehmens. Unter Vermögen wird die Gesamtheit der Gegenstände verstanden (u.a. die Gebäude, die Maschinen, die Vorräte, die Guthabensalden auf den Bankkonten), die mit Hilfe des Kapitals (u.a. Kredite, eigene Mittel) beschafft wurden. Die Differenz zwischen Vermögen und Schulden wird als Eigenkapital des Unternehmens bezeichnet.

Abbildung 1: *Bilanz*

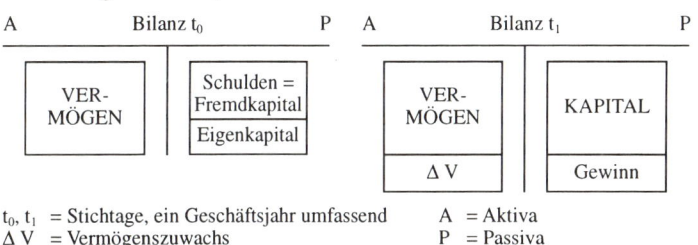

A	Bilanz t_0	P	A	Bilanz t_1	P
VER-MÖGEN	Schulden = Fremdkapital		VER-MÖGEN	KAPITAL	
	Eigenkapital				
			ΔV	Gewinn	

t_0, t_1 = Stichtage, ein Geschäftsjahr umfassend A = Aktiva
ΔV = Vermögenszuwachs P = Passiva

---
[5] Vgl. hierzu den Beitrag von Koschmieder, K.-D. in diesem Band.
[6] Ausführliche Abhandlungen finden sich in den einschlägigen Lehrbüchern, auf die im Literaturverzeichnis verwiesen wird.

Die Bilanz liefert somit Informationen über die Herkunft (Passiva) und die Verwendung (Aktiva) der Finanzierungsmittel des Unternehmens; sie ist eine Bestandsrechnung, die den Wert der Positionen zum Bilanzierungszeitpunkt angibt und die den Jahreserfolg (Gewinn bzw. Verlust) als Resultat von Bestandsänderungen ausweist[7].

Die Gewinn- und Verlustrechnung hingegen berichtet über das Zustandekommen dieses Erfolges durch eine detaillierte Gegenüberstellung der Aufwendungen (u.a. Materialaufwand, Personalaufwand, Abschreibungen) und der Erträge (u.a. Umsatzerlöse, Zinserträge) einer Periode. Sie ist eine zeitraumbezogene Rechnung, die die einzelnen Positionen kumulativ auf die Abrechnungsperiode bezogen erfaßt[8].

Abbildung 2: *Gewinn- und Verlustrechnung*

Gewinn- und Verlustrechnung $t_0 - t_1$

AUFWAND	ERTRAG
Gewinn	

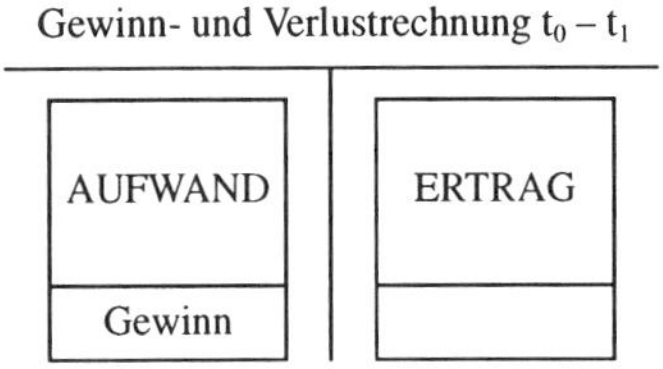

Zusätzlich wird Kapitalgesellschaften vorgeschrieben, den Jahresabschluß um einen Anhang zu erweitern und um einen Lagebericht zu ergänzen (§ 264 Abs. 1 Handelsgesetzbuch). Der Anhang dient vor allem der Erläuterung der gewählten Bewertungsmethoden und der zusätzlichen Aufgliederung einzelner Positionen. So soll die Lesbarkeit von Bilanz und Gewinn- und Verlustrechnung erhöht werden. Der Lagebericht informiert über den Geschäftsverlauf und die wirtschaftliche Situation des Unternehmens. Jahresabschluß und Lagebericht, zumindest von Kapitalgesellschaften, unterliegen grundsätzlich der externen Prüfung[9].

---

[7] Das Grundschema der Bilanzgliederung ist im § 266 HGB geregelt. Die in den Abbildungen 1 und 2 skizzierte Gewinnfeststellung läßt sich auch differenzierter darstellen. Vgl. hierzu Coenenberg, A. G: Jahresabschluß und Jahresabschlußanalyse, 15. Aufl., Landsberg/Lech 1994, S. 6 f.

[8] Die G + V-Gliederung in den zwei zulässigen Varianten Gesamtkostenverfahren und Umsatzkostenverfahren ist im § 275 HGB geregelt.

[9] Zu Einzelheiten der Durchführung einer Jahresabschlußprüfung vgl. u.a. Lück, W.: Jahresabschlußprüfung, Stuttgart 1993; Wysocki K. v.: Wirtschaftliches Prüfungswesen Band I, München 1995.

Voraussetzung für die Erstellung eines handelsrechtlichen Jahresabschlusses sind Buchhaltung und Inventar. §§ 238, 239 HGB verlangen die Erfassung sämtlicher Geschäftsvorfälle, die für den Umfang oder die Zusammensetzung des kaufmännischen Vermögens und der Schulden bedeutsam sind. Hierzu wurde vor allem in der Praxis eine spezifische Buchhaltungstechnik entwickelt, die in gesonderten, häufig propädeutischen, Lehrveranstaltungen unterrichtet und deren Beherrschung auch zum Abschluß einer kaufmännischen Lehre erwartet wird[10]. Mit dem Begriff Inventar wird ein detailliertes Verzeichnis aller Vermögensgegenstände und Schulden zu einem Stichtag eines Kaufmanns bzw. eines Unternehmens beschrieben. §§ 240, 241 HGB regeln hierzu Einzelheiten, u.a. auch die Methoden, die bei der Aufstellung des Inventars, der Inventur, angewendet werden können.

Sowohl für die Buchführung als auch für die Inventur gelten formelle Grundsätze zu ihrer ordnungsgemäßen Durchführung (GoB). Es handelt sich dabei um Rahmengrundsätze, die überwiegend im HGB niedergelegt sind. Mit ihrer Hilfe soll eine vollständige, systematische und nachprüfbare Erfassung der einzelnen Geschäftsvorfälle bzw. Aufzeichnung der Vermögens- und Schuldenbestände sichergestellt werden. So wird die Unternehmensrealität, d.h. das Geschehen im Unternehmen und die ökonomischen Aktivitäten des Unternehmens mit seiner Umwelt, sowohl in der Buchhaltung als auch im Inventar abgebildet. Damit wird auch eine Kontrolle der in der Buchhaltung ausgewiesenen Bestände angestrebt, so daß die abgestimmten Zahlen der Buchführung dann die Basis für den Jahresabschluß bilden können.

Nun ist aber der Ersteller eines Jahresabschlusses nur bedingt an die Zahlen aus Buchhaltung und Inventar gebunden. Der Gesetzgeber hat ihm auch Spielräume zur Abbildung der realen Sachverhalte im Handelsrecht gewährt. Im Rahmen der zulässigen Bilanzpolitik gibt es Gestaltungsrechte, die auf die Höhe des ausschüttbaren Betrages zielen, die die Information nach außen und die steuerlichen Aspekte betreffen. Näheres zu diesen entscheidenden Rechten enthält der nächste Abschnitt. Doch zuvor noch einige Anmerkungen zum Zusammenhang von Handels- und Steuerbilanz, der ebenfalls für die Aufstellung des Jahresabschlusses bedeutsam ist.

---

[10] Die Kenntnis der Technik der Buchführung ist grundlegend für das Verständnis der Rechnungslegung. Vgl. hierzu u.a. Buchner, R.: Buchführung und Jahresabschluß, 3. Aufl., München 1991, Heinhold, M.: Buchführung in Fallbeispielen, 5. Aufl., Stuttgart 1991.

Im deutschen Steuerrecht ist der Begriff der selbständigen Steuerbilanz nicht bekannt. Vom steuerpflichtigen Betrieb wird nur verlangt, daß dem Finanzamt eine unter Beachtung der steuerlichen Vorschriften korrigierte Handelsbilanz eingereicht wird, aus der die steuerlichen Größen Gewinn und Betriebsvermögen (§§ 4 und 5 Einkommensteuergesetz) hervorgehen. Folgerichtig gelten grundsätzlich die handelsrechtlichen Vorschriften auch für die Aufstellung der Steuerbilanz, soweit keine zwingenden steuerlichen Vorschriften eine andere Bilanzierung erfordern. Dieser Zusammenhang wird unter der Bezeichnung „Maßgeblichkeit" erfaßt. Der Grundsatz der Maßgeblichkeit wurde jedoch durch den Bundesfinanzhof und verschiedene einzelne steuerliche Vorschriften differenziert[11]. Will nun der Steuerpflichtige bestimmte Steuervergünstigungen, für die es ein Wahlrecht gibt (z.B. Sonderabschreibungen), in Anspruch nehmen, so muß er wegen der prinzipiell geforderten Übereinstimmung von Handels- und Steuerbilanz auch in der Handelsbilanz eine entsprechende Handhabung vornehmen. Hieraus folgt materiell eine Umkehrung des Maßgeblichkeitsprinzips und damit das zwingende Erfordernis, auch bei der Aufstellung der Handelsbilanz steuerliche Vorschriften zu beachten. Die Zusammenhänge sind jedoch sehr kompliziert und teilweise unübersichtlich. Für die Betriebe führt der Maßgeblichkeitsgrundsatz aber prinzipiell zu einer Arbeitsvereinfachung, da, im Gegensatz zur im überwiegenden Ausland geltenden Regelung nur eine Bilanz aufgestellt werden muß. Grundsätzlich zu bedenken ist jedoch die im Vergleich zur Handelsbilanz unterschiedliche Zielsetzung der Steuerbilanz[12], die über die umgekehrte Maßgeblichkeit die Handelsbilanz gewissermaßen verfälscht. Daher ist die Regelung des Zusammenhanges von Handels- und Steuerbilanz in der Literatur auch stark kritisiert worden[13].

3. Einzelabschluß

Im externen Rechnungswesen werden grundsätzlich der Einzelabschluß und der Konzernabschluß unterschieden, wobei die Beschäftigung mit dem Einzelabschluß dann erst die Basis für die

---

[11] Zu Einzelheiten vgl. u.a. Schildbach, T. 1992 (Anm. 2), S. 100 ff.
[12] Vgl. hierzu den Beitrag von Koschmieder K.-D. in diesem Band.
[13] Vgl. u.a. Schildbach, T. 1992 (Anm. 2), S. 115 ff.

Auseinandersetzung mit den Vorschriften zur Erstellung von Konzernbilanzen bildet. Deshalb sollen im folgenden auch die Regelungen für den Einzelabschluß ausführlicher behandelt werden. Im akademischen Unterricht ist üblicherweise die Beschäftigung mit dem Einzelabschluß Pflichtbestandteil des Grundstudiums. Der Konzernabschluß wird dagegen erst im Hauptstudium vorgestellt.

Im Vorfeld einige kurze Anmerkungen zum Aufbau dieses Kapitels. Dem HGB folgend sollen im ersten Schritt die für alle Kaufleute geltenden Vorschriften angesprochen werden, bevor im zweiten Schritt auf die ergänzenden Vorschriften für Kapitalgesellschaften verwiesen wird. Dabei ist jeweils zwischen den Ansatzvorschriften, die bestimmen was in die Bilanz aufzunehmen ist, und den Bewertungsschriften, die regeln mit welchem Betrag der jeweilige aufgenommene Posten zu versehen ist, zu unterscheiden. Da in diesem Beitrag keinerlei Vollständigkeitsanspruch verwirklicht werden kann, soll nur ein grober Überblick zu den umfangreichen, differenzierten und teilweise auslegungsbedürftigen Gesetzesregelungen gegeben werden.

3.1 Vorschriften für alle Kaufleute

3.1.1 Ansatzvorschriften

Der vorgestellten Dreiteilung des Jahresabschlusses entsprechend, richtet sich der Blickwinkel zunächst auf die Bilanz. Sie enthält, wie in der Abbildung 1 dargestellt, sämtliche dem Unternehmen zuordenbare Vermögensgegenstände und Schulden (Fremdkapital) sowie dessen Eigenkapital.

Was unter einem Vermögensgegenstand zu verstehen ist, wird nicht im Handelsgesetz definiert. Nach herrschender Meinung zählen hierzu alle einzelveräußerbaren nachweisbaren wirtschaftlichen Güter. Das sind im einzelnen Sachwerte (z. B. Gebäude, Maschinen, Vorräte) und Rechte (z. B. Aktien, GmbH-Anteile) sowie immaterielle Werte (z. B. erworbene Patente). Diese Posten sind prinzipiell auszuweisen – sie sind aktivierungspflichtig[14]. Entscheidend für den Bilanzausweis ist aber nicht das rechtliche Eigentum, sondern ob der Bilanzierende die wirtschaftliche Verfügungsmacht

---
[14] Allerdings gilt für selbsterstellte bzw. unentgeltlich erworbene immaterielle Vermögensgegenstände des Anlagevermögens ein Aktivierungsverbot (§248 Abs. 2 HGB).

über den betreffenden Gegenstand ausübt. Diesbezüglich sind verschiedene Abgrenzungs- bzw. Zuordnungsprobleme zu entscheiden. Wichtig ist in diesem Zusammenhang auch die Rechtsprechung, die beispielsweise bei der Zurechnung von Leasinggütern entweder zum Leasingnehmer oder zum Leasinggeber[15] eine klare Regelung geschaffen hat[16].

Die Vermögensgegenstände werden entweder im Anlage- oder im Umlaufvermögen gezeigt. Zum Anlagevermögen zählen Gegenstände, die dauernd dem Geschäftsbetrieb dienen (z. B. Gebäude, Maschinen). Alle anderen Vermögensgegenstände (z. B. Vorräte) werden im Umlaufvermögen erfaßt.

Die bilanziellen Schulden umfassen zum einen die sicheren Verbindlichkeiten des Bilanzierenden; das sind sämtliche rechtlich einklagbaren Leistungsverpflichtungen (z. B. Bankschulden, Verbindlichkeiten aus Lieferungen und Leistungen) sowie die faktischen Verpflichtungen. Nicht wichtig ist dabei, ob die Ansprüche des Dritten bereits fällig sind. Entscheidend ist vielmehr, ob sie am Bilanzstichtag als wirtschaftlich verursacht gelten können.

Zum anderen zählen auch ungewisse Verpflichtungen, für die Rückstellungen gebildet werden, zu den Schulden in der Bilanz. Dabei kann es sich gem. § 249 HGB um Außenverpflichtungen eines Betriebes handeln (z. B. aus Bürgschaften) oder aber um Verpflichtungen des Betriebes gegen sich selbst (z. B. um unterlassene Aufwendungen für Instandhaltung des Maschinenparks).

Mit den Vermögensgegenständen und den Schulden sind aber nicht alle Positionen der Aktiv- und Passivseite der Jahresbilanz beschrieben. Hinzu kommen noch die Rechnungsabgrenzungsposten und das Eigenkapital. Für den Ausweis des Eigenkapitals hat der Gesetzgeber nur für Kapitalgesellschaften klare Vorschriften erlassen; auf sie wird später eingegangen. Die Rechnungsabgrenzungsposten sind entweder aktivisch oder passivisch zu erfassen. Mit ihrer Hilfe soll eine streng auf das Geschäftsjahr bezogene Aufwands- und Ertragsverrechnung erfolgen, um so den Gewinn der Abrechnungsperiode möglichst exakt zu ermitteln.

---

[15] Zum Leasing vgl. den Beitrag von Matschke, M. J.
[16] Vgl. hierzu Heinhold, M.: Der Jahresabschluß, 3. Aufl., München – Wien 1995, S. 89 ff.

Abbildung 3: *Rechnungsabgrenzung*

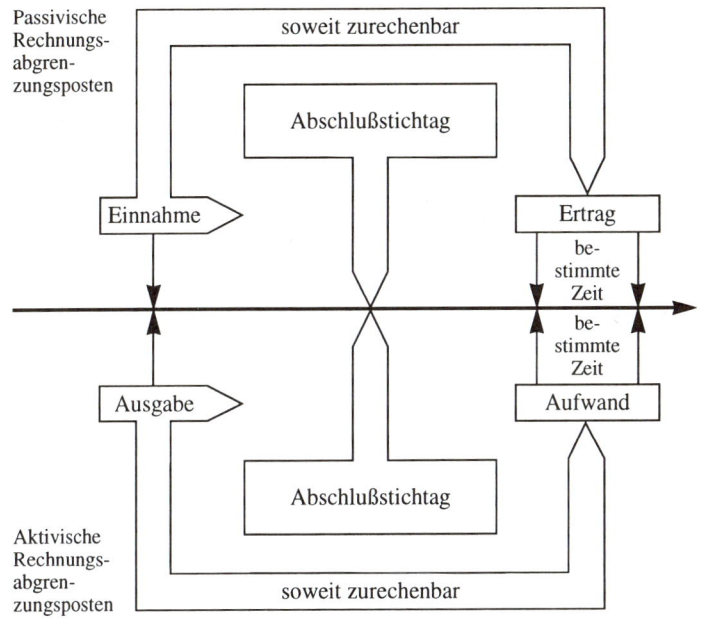

Passivische Rechnungsabgrenzungsposten	soweit zurechenbar — Abschlußstichtag — Einnahme / Ausgabe — Abschlußstichtag — soweit zurechenbar	Ertrag (bestimmte Zeit) / Aufwand (bestimmte Zeit)
Aktivische Rechnungsabgrenzungsposten		

Quelle: *Baetge, Jörg: Bilanzen, 2. Aufl., Düsseldorf 1992, S. 418.*

Als Beispiel für einen passivischen Rechnungsabgrenzungsposten mag eine Vorauszahlung von einem Mieter für im nächsten Geschäftsjahr gemietete Räume dienen. Ohne Bildung eines Rechnungsabgrenzungspostens würde die Mieteinnahme bereits im abgeschlossenen Geschäftsjahr gewinnerhöhend verbucht. Mit Hilfe der Periodenabgrenzung wird diese Mieteinnahme aber erst im nächsten Geschäftsjahr und damit periodengerecht erfaßt. Als Beispiel für einen aktivischen Rechnungsabgrenzungsposten ließe sich der gleiche Fall aus der Sicht des Mieters darstellen.

3.1.2 Bewertungsvorschriften

Im folgenden Abschnitt sollen die grundlegenden Bewertungsvorschriften vorgestellt und hieraus folgend einzelne Bewertungsvorgänge erläutert werden. Die handelsrechtlichen Bewertungsvorschriften legen den Betrag fest, mit dem die Vermögensgegenstände, die Schulden und alle anderen Positionen in die Bilanz aufzunehmen sind. Ziel der Regelungen ist die Verhinderung willkürlicher Wertansätze, um so zugleich eine Nachprüfbarkeit des Bewertungsvorganges zu ermöglichen.

Im § 252 Abs. 1 des HGB sind die überwiegenden generellen Grundsätze, die den Rahmen der Bewertung abstecken, modifiziert bzw. genannt. Es handelt sich dabei um:
(1) Das Going Concern Prinzip,
(2) Den Grundsatz der Einzelbewertung,
(3) Die Grundsätze der Bewertungsstetigkeit und Bilanzidentität,
(4) Das Stichtagsprinzip.

Das Going Concern Prinzip besagt, daß bei der Bewertung grundsätzlich von der Fortführung der Unternehmenstätigkeit auszugehen sei. Eine genaue Definition der Fortführungswerte gibt der Gesetzgeber nicht. Vielmehr ergeben sich die einzelnen Beträge durch Anwendung der in den §§ 253 ff. HGB modifizierten Vorschriften unter Beachtung der Grundsätze ordnungsmäßiger Buchführung.

Um die Wertansätze exakter und leichter nachprüfbar zu machen, sind Vermögensgegenstände und Schulden einzeln zu bewerten. Damit werden zugleich Saldierungen zwischen diesen Aktiv- und Passivposten ausgeschlossen. In bestimmten Fällen hat der Gesetzgeber jedoch Ausnahmen zugelassen, die den Bewertungsvorgang vereinfachen. So können gleichartige Vermögensgegenstände des Vorratsvermögens mit ihrem gewogenen Durchschnitt bewertet werden (§ 240 Abs. 4 HGB). Ferner sind unter bestimmten Voraussetzungen eine Bewertung beispielsweise der Rohstoffe mit einem festen Preis (§ 240 Abs. 3 HGB) und die Unterstellung bestimmter Verbrauchsfolgen im Vorratsvermögen (§ 256 HGB) zulässig. Letzteres ist dann sinnvoll, wenn gleichartige Vermögensgegenstände in Teillieferungen eingegangen sind und gemeinsam gelagert werden (z. B. Flüssigkeiten). So kann der Bilanzierende u.a. von der Fiktion ausgehen, daß die zuerst angeschafften Vorräte auch zuerst verbraucht wurden (First in first out → Fifo) und der Endbestand mit den Preisen der zuletzt gekauften Mengen zu ermitteln ist. Denkbar wäre auch, daß die zuletzt angeschafften Vorräte zuerst verbraucht wurden (Last in first out → Lifo) und der Endbestand mit den Preisen der zuerst gekauften Mengen berechnet wird. Bei schwankenden Preisen nimmt daher die unterstellte Verbrauchsfolge einen erheblichen Einfluß auf den Wertansatz in der Bilanz, und der Gesetzgeber hat die Wahl zwischen den verschiedenen Verbrauchsfolgefiktionen auch eingeschränkt[17].

Die Grundsätze der Bewertungsstetigkeit und der Bilanzidentität haben das Ziel, verschiedene Periodenabschlüsse vergleichbar zu machen. So verlangt der formelle Identitätsgrundsatz, daß die Wertansätze in der Bilanz, die zu Beginn des Geschäftsjahrs aufgestellt wird (Eröffnungsbilanz), mit denen der Schlußbilanz des vorangegangenen Jahres übereinstimmen muß. Der Stetigkeitsgrundsatz fordert, daß die angewandten Bewertungsmethoden des vorangegangenen Jahresabschlusses beizubehalten sind. Dies ist insofern bedeutsam, als der Bilanzierende über eine Vielzahl von Bewertungswahlrechten verfügt, die durch diese Vorschrift eine gewisse Einschränkung erfahren.

Das Stichtagsprinzip schließlich verlangt, daß alle Vermögensgegenstände und Schulden zum Abschlußstichtag bewertet werden müssen. Es kommt also auf die Sachverhalte am Abschlußstichtag an. Fallen, wie in der Praxis häufig, Abschlußstichtag und Bilanzaufstellungstermin auseinander, so sind Tatsachen, die die Abrechnungsperiode betreffen, aber erst nach dem Abschlußstichtag bekannt werden (wertaufhellende Tatsachen), bei der Bewertung zu berücksichtigen. Im Gegensatz dazu werden Tatbestände, die den Zeitraum nach dem Abschlußstichtag betreffen (wertbeeinflussende Tatsachen), nicht mehr erfaßt.

Von großer Bedeutung für den handelsrechtlichen Bewertungsvorgang sind die folgenden, unmittelbar auf die Höhe des Jahreserfolges wirkenden Grundsätze[18], die ebenfalls in dem § 252 Abs. 1 des HGB aufgenommen wurden:
(1) Das Realisationsprinzip,
(2) Das Imparitätsprinzip,
(3) Das Vorsichtsprinzip.

---

[17] Zu dem Komplex der Verbrauchsfolgefiktionen und ihrer handels- und steuerrechtlichen Zulässigkeit vgl. u.a. Baetge, J., 1992 (Anm. 17), S. 265 ff.

[18] Hierzu gibt es in der Literatur verschiedene Systematisierungen. So subsummiert beispielsweise Heinhold unter dem Oberbegriff „Vorsichtige Bewertung" den Grundsatz der Vorsicht, das Imparitätsprinzip, das Realisationsprinzip, das Niederstwertprinzip und das Höchstwertprinzip. Vgl. Heinhold, M., 1995 (Anm. 16), S. 186. Die folgende Systematik ergibt sich aus der Konzeption des Artikels und orientiert sich an Streim, H.: Grundzüge der handels- und steuerrechtlichen Bilanzierung, Stuttgart/Berlin/Köln/Mainz 1988.

Das Realisationsprinzip besagt in allgemeiner Form, daß Gewinne erst dann ausgewiesen werden dürfen, wenn sie durch einen Umsatzakt zustande gekommen sind. Als Realisationszeitpunkt gilt unstreitig der Zeitpunkt der Bezahlung durch den Vertragspartner. Nach herrschender Meinung ist aber auch der Zeitpunkt der Lieferung oder Leistung akzeptabel, während der Zeitpunkt eines etwaigen Vertragsabschlusses noch nicht den Ausweis eines Gewinns rechtfertigt. Das Realisationsprinzip gilt damit zugleich als zentraler Abgrenzungsgrundsatz, denn er regelt, wann ein Erzeugnis bzw. eine Leistung als verwirklicht gilt und nimmt so Einfluß auf die Höhe des Periodenerfolges.

Dies gilt gleichermaßen auch für das Imparitätsprinzip, demzufolge nicht realisierte Gewinne und Verluste in der Bilanz unterschiedlich, d.h. imparitätisch, behandelt werden. Im Gegensatz zu den Gewinnen sind Verluste bereits vor ihrer Realisation zu berücksichtigen. Konkrete Gestalt nimmt das Imparitätsprinzip zum einen durch die Verpflichtung zur Bildung von Rückstellungen für drohende Verluste aus schwebenden Geschäften (§ 249 Abs. 1 HGB) und zum anderen durch das Niederstwertprinzip (§ 253 Abs. 2 und 3 HGB) an. Das Niederstwertprinzip ist in einer strengen und in einer gemilderten Form definiert. In strenger Form regelt es für die Bewertung des Umlaufvermögens, daß ein Vergleich zwischen den gegebenenfalls durch Abschreibungen fortgeführten Anschaffungs- und Herstellungskosten[19] und dem am Bilanzstichtag beizulegenden Wert zu erfolgen hat, und der niedrigere Wert in die Bilanz aufzunehmen ist. Als beizulegender Wert kommt vor allem der Börsen- oder Marktpreis, beispielsweise eines Rohstoffes oder eines Wertpapiers, in Frage. In gemilderter Form besagt das Niederstwertprinzip für das Anlagevermögen, daß bei einer nur vorübergehenden Wertminderung, beispielsweise einer Maschine, der niedrigere Wertansatz gewählt werden kann (Wahlrecht), bei einer dauernden Wertminderung der niedrige Wertansatz hingegen gewählt werden muß. Ziel des Niederstwertprinzips ist es, eine verlustfreie Bewertung des Vermögens zu erreichen.

Im Gegensatz zum Realisationsprinzip und dem Imparitätsprinzip ist das Vorsichtsprinzip sehr vage formuliert. Es bezieht sich auf die Bilanzierung künftiger Sachverhalte, für die Schätzwerte eingesetzt werden müssen (beispielsweise für Rückstellungen oder für

---

[19] Die Begriffe Abschreibungen sowie Anschaffungs- und Herstellungskosten werden im folgenden noch konkretisiert.

zweifelhafte Forderungen). Im idealen Fall müßte der Bewertende eine Wahrscheinlichkeitsverteilung der erwarteten Größen ermitteln und dann einen Wert unterhalb des Erwartungswertes dieser Verteilung für Aktiva bzw. oberhalb des Erwartungswertes für Passiva ansetzen. So würde im entscheidungstheoretischen Sinn eine risikoaverse Bewertung realisiert. Generell verlangt das Vorsichtsprinzip aber nicht den Ansatz des niedrigsten aller denkbaren Aktivwerte bzw. des höchsten aller denkbaren Passivwerte. Dies würde zur Bildung stiller Reserven und zwangsläufig zur Minderung der Ausschüttungskompetenz der Gesellschafter führen.

Für die einzelnen Vermögensgegenstände bestimmt das HGB im § 255 Abs. 1 und 2 die Anschaffungs- und Herstellungskosten als Basiswerte. Dazu werden auch die Begriffe recht genau umschrieben. So gelten als Anschaffungskosten alle Aufwendungen, die zum Erwerb des Vermögensgegenstandes erforderlich sind und die den Vermögensgegenstand in einen betriebsbereiten Zustand versetzen. Dabei ist es erforderlich, daß diese Aufwendungen auch dem Vermögensgegenstand einzeln zugeordnet werden können. Darüber hinaus werden noch etwaige Nebenkosten sowie nachträgliche Anschaffungskosten addiert und Anschaffungspreisminderungen abgezogen. Es gibt nun eine Reihe von Abgrenzungsproblemen, auf die nur ein kurzer Hinweis erfolgen soll[20]. So ist der Anschaffungsvorgang zu definieren ebenso wie der Begriff „Betriebsbereiter Zustand". Ferner sind Fragen der Behandlung von eingetauschten Gegenständen, des unentgeltlichen Erwerbs und von Zuschüssen und Subventionen zu klären.

Den Begriff „Herstellungskosten" definiert das Handelsgesetzbuch in Anlehnung an steuerliche Regelungen. Es sind die Aufwendungen, die durch den Verbrauch von Gütern und die Inanspruchnahme von Diensten für Herstellung eines Vermögensgegenstandes, seine Erweiterung oder für eine über seinen ursprünglichen Zustand hinausgehende wesentliche Verbesserung entstehen. Dabei geht es sowohl um Güter, die verkauft werden sollen als auch um Gegenstände, die für die Nutzung im Betrieb vorgesehen sind. Entscheidend ist der Umfang der einzubeziehenden Aufwendungen. Aktivierungspflichtig sind sämtliche pagatorischen Einzelkosten[21].

---

[20] Vgl. hierzu u.a. Baetge, J., 1992 (Anm. 17), S. 194 ff.
[21] Zu grundlegenden kostenrechnerischen Begriffen vgl. den Beitrag von Botta, V., Pkt. 4. Kostenarten-, stellen-, träger- und Prozeßkostenrechnung.

Aktivierbar sind angemessene Teile der Gemeinkosten, soweit sie auf den Zeitraum der Herstellung entfallen. In diesem Punkt hat der Gesetzgeber ausdrücklich dem Bilanzierenden einen großen Ermessensspielraum zugestanden.

Einen besonderen Stellenwert im Rahmen handelsrechtlicher Bewertung nimmt die Abschreibung ein, die die Wertminderung des Vermögens erfaßt. Darüber hinaus dient die Bildung einer Abschreibung der periodengerechten Aufwandsverteilung und indirekt der nominellen Kapitalerhaltung. Dies läßt sich an dem einfachen Fall einer planmäßigen linearen Abschreibung für einen Gegenstand des Anlagevermögens illustrieren. Es möge in t_0 eine Maschine zum Preis von DM 100.000,- angeschafft worden sein, deren Nutzungsdauer auf 5 Jahre veranschlagt wird und einer gleichmäßigen Abnutzung unterliegt. In der Abbildung 4 wird der Bilanzansatz für die ersten 5 Jahre abgebildet, der gleichzeitig die Kapitalbindung in dieser Maschine verdeutlicht.

Abbildung 4: *Abschreibung*

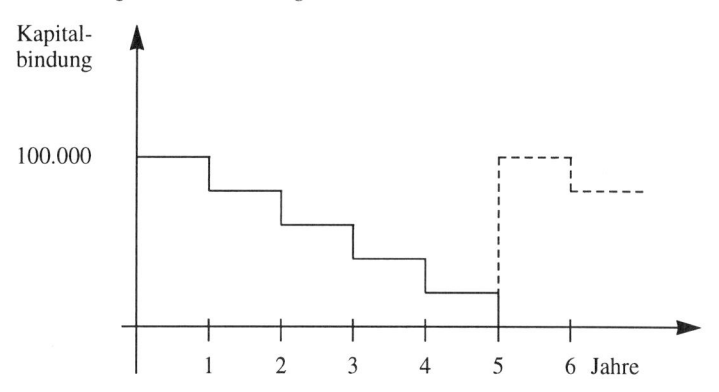

Nachdem die Maschine vollständig abgeschrieben wurde, steht dem Unternehmen in Höhe des Anschaffungspreises Geld zu einer Reinvestition zur Verfügung, denn der Abschreibungsvorgang verhinderte den Abfluß dieser Beträge zu Ausschüttungszwecken. Die Abschreibung selbst ist nicht direkt zahlungswirksam. Es handelt sich bei dieser Bewertungsmaßnahme um einen buchtechnischen Vorgang, der allerdings soweit steuerlich zulässig, die Zahlung des Unternehmens an den Fiskus mindert.

Abschreibungen können prinzipiell nach einem Plan oder aufgrund unvorhergesehener, wertmindernder Ereignisse erfolgen. Daneben sind sie sowohl im Anlage- wie auch im Umlaufvermögen im Rahmen vernünftiger kaufmännischer Beurteilung und auch auf ausschließlich steuerlich zulässige Werte möglich (umgekehrte Maßgeblichkeit). Einzelheiten regeln die §§ 253, 254 HGB, §§ 6 und 7 EStG sowie die unterschiedlichen steuerrechtlichen Bestimmungen zu den oft politisch motivierten Sonderabschreibungen. Es gibt verschiedene Abschreibungsmethoden, deren Zulässigkeit im Handels- und Steuerrecht auch zum Teil unterschiedlich geregelt ist[22]. Die einfachste Form ist die lineare Abschreibung für Gegenstände des Anlagevermögens, die im vorausgegangenen kleinen Zahlenbeispiel dargestellt wurde. Daneben werden degressive, an der Leistung der Aggregate orientierte und progressive Verläufe der Abschreibungsbeträge methodisch unterschieden. Zulässig sind prinzipiell die lineare Abschreibung, bestimmte Formen der degressiven Abschreibung und die Leistungsabschreibung für Gegenstände des Anlagevermögens als planmäßige Verfahren. Im Umlaufvermögen bestimmt das Niederstwertprinzip die Höhe der Abschreibungsbeträge. Daneben ist gem. § 253 Abs. 3 HGB auch die Abschreibung auf den nahen Zukunftswert erlaubt.

Mit dem Instrument der Abschreibung wurde dem Bilanzierenden ein wichtiges Mittel zur Gestaltung des Jahresabschlusses an die Hand gegeben. Es gibt eine Vielzahl von Ermessensspielräumen, die es gestatten, durch eine sehr vorsichtige Bewertung in Form hoher Abschreibungen bewußt stille Reserven im Unternehmen aufzubauen, die dann bei ungünstiger Geschäftslage wieder aufgelöst werden können. Dies mag für das Management reizvoll sein – der Informationsfunktion des Jahresabschlusses ist es aber kaum dienlich. Denn selbst wenn die Gründe für eine außerplanmäßige Abschreibung im Anlagevermögen, für eine Abschreibung im Umlaufvermögen oder eine Abschreibung aufgrund vernünftiger kaufmännischer Beurteilung entfallen sind, muß nicht entsprechend zugeschrieben werden (§ 253 Abs. 5 HGB).

Abschließend noch ein kurzer Hinweis auf die Bewertung der Schulden eines Unternehmens. Hier gilt gem. § 253 Abs. 1 HGB, daß die Verbindlichkeiten mit ihrem Rückzahlungsbetrag, die Rentenverpflichtungen mit ihrem Barwert und die Rückstellungen nach

---

[22] Vgl. hierzu u.a. Baetge, J., 1992 (Anm. 17), S. 214 ff.

vernünftiger kaufmännischer Beurteilung anzusetzen sind. Grundsätzlich gilt das Höchstwertprinzip, d. h. sofern mehrere Wertansätze für eine Schuldenposition möglich sind, ist aus Vorsichtsgründen stets der höhere Wert zu passivieren. Somit können auch auf der Passivseite der Bilanz stille Reserven geschaffen werden.

3.2 Ergänzende Vorschriften für Kapitalgesellschaften

In § 264 Abs. 1 HGB wird vom Jahresabschluß der Kapitalgesellschaften verlangt, daß er unter Beachtung der GoB ein den tatsächlichen Verhältnissen entsprechendes Bild der Vermögens-, Ertrags- und Finanzlage des Unternehmens vermitteln soll. Diese Generalklausel verweist damit ausdrücklich auf die Informationsfunktion der Rechnungslegung. Der Gesetzgeber definiert allerdings nicht den Inhalt der drei Teilaspekte der wirtschaftlichen Lage einer Gesellschaft. Letztlich ließe sich die Vermögenslage nur aus dem Potential des Unternehmens ableiten, in Zukunft Zahlungen an die Eigner zu ermöglichen oder im Zerschlagungsfall Gläubigerforderungen befriedigen zu können. Eng hiermit verbunden ist dann auch die betriebswirtschaftliche Vorstellung von der Ertragslage, die vom aktuellen Erfolgsausweis des Unternehmens nur höchst unzureichend widergespiegelt wird. Die Finanzlage ließe sich ohnehin nur konsequent aus einem Finanzplan ersehen. Insofern ist von vornherein vor überzogenen Vorstellungen über die Aussagekraft von Jahresabschlüssen zu warnen[23].

Schon aus diesem Blickwinkel heraus wird die Bedeutung der Generalnorm stark relativiert. Darüber hinaus gehen klare Einzelnormen in ihrer Wirksamkeit stets vor; allerdings ist bei der Ausübung von Wahlrechten und der Erfüllung der Informationspflichten im Anhang sowie im Lagebericht die Generalklausel gewissermaßen als (unbestimmte) Leitlinie zu beachten.

Für Kapitalgesellschaften gelten gegenüber den Vorschriften für alle Kaufleute ergänzende Einzelvorschriften, die der Intention der Generalnorm Rechnung tragen sollen. Hierzu zählen einerseits Gewinnermittlungsregeln und andererseits Informationsregeln. Unter den Gewinnermittlungsregeln lassen sich wiederum Ansatz- und Bewertungsvorschriften trennen.

Die Ansatzvorschriften betreffen:
- die Aufwendungen für die Ingangsetzung und Erweiterung des Geschäftsbetriebs,

---
[23] Vgl. auch Schildbach, T., 1992 (Anm. 2), S. 22 ff.

– den Sonderposten mit Rücklageanteil,
– und die latenten Steuern.

Mit der Möglichkeit, Aufwendungen für die Ingangsetzung und Erweiterung des Geschäftsbetriebes zu aktivieren (§ 269 HGB), wird den Kapitalgesellschaften eine Bilanzierungshilfe geboten, mit deren Hilfe ein starker Einbruch des Gewinnausweises oder gar des Ausweises eines negativen Eigenkapitals verhindert werden kann. Die Bildung von Sonderposten mit Rücklageanteil ist immer dann zulässig (§ 273 HGB), wenn das Steuerrecht die Bildung einer steuerfreien Rücklage in der Steuerbilanz davon abhängig macht, daß sie auch in der Handelsbilanz gebildet wird. Dies entspricht dem Prinzip der umgekehrten Maßgeblichkeit. In der Position werden sowohl unversteuerte Rücklagen als auch Differenzbeträge zwischen handelsrechtlichen und lediglich steuerrechtlich zulässigen Wertansätzen passiviert, die in späteren Jahresabschlüssen wieder aufgelöst werden.

Die latenten Steuern (§ 274 HGB) dienen der aktiven und passiven Steuerabgrenzung. Ziel ist es, in der Handelsbilanz den Steueraufwand auszuweisen, der sich fiktiv ergeben hätte, wenn das handelsrechtliche Ergebnis besteuert worden wäre. Allerdings werden keine permanenten Differenzen zwischen Handels- und Steuerbilanz erfaßt, sondern nur zeitlich begrenzte Differenzen. Sofern das handelsrechtliche Ergebnis den nach steuerlichen Vorschriften ermittelten Gewinn übersteigt, ist eine Rückstellung für latente Steuern zu bilden. Ist der Handelsbilanzgewinn kleiner als der Steuerbilanzgewinn, können aktivische latente Steuern ausgewiesen werden.

Die ergänzenden Bewertungsvorschriften betreffen vor allem die Abschreibungen, während das Wertaufholungsgebot (§ 280 HGB) aufgrund des Prinzips der umgekehrten Maßgeblichkeit in ein Beibehaltungswahlrecht gewandelt wurde[24]. Gegenüber Personengesellschaften und Einzelkaufleuten sind die zulässigen Abschreibungen bei Kapitalgesellschaften eingeschränkt worden. Vor allem das in § 279 Abs. 1 HGB ausgesprochene Verbot, Abschreibungen im Rahmen vernünftiger kaufmännischer Beurteilung vornehmen zu dürfen, folgt der Intention, den Informationsgehalt des Jahresabschlusses zu verbessern und eine etwaige Manipulation des Gewinnausweises zu verhindern.

---
[24] Vgl. hierzu u. a. Baetge, J., 1992 (Anm. 17), S. 193 f.

Nach der Skizzierung der Gewinnermittlungsregeln soll abschließend noch eine Übersicht zu den Informationsregeln gegeben werden. Sie betreffen:
- die Gliederung der Bilanz,
- die Gliederung der Gewinn- und Verlustrechnung,
- den Anhang
- und den Lagebericht.

Das HGB verlangt von Kapitalgesellschaften, daß sie ihre Bilanz in Kontoform aufzustellen haben (§ 266). Darüber hinaus werden unternehmensgrößenabhängige Mindestbilanzgliederungen vorgeschrieben. Für große und mittelgroße Kapitalgesellschaften schreibt der § 266 Abs. 2 und 3 die Gliederung im einzelnen dezidiert vor. Ergänzend müssen die Entwicklungen der einzelnen Positionen des Anlagevermögens sowie des Postens „Aufwendungen für die Ingangsetzung und Erweiterung des Geschäftsbetriebes" in einem Anlagespiegel, der zweckmäßigerweise im Anhang plaziert wird, gezeigt werden. Ausgehend von den ursprünglichen Anschaffungs- und Herstellungskosten erfaßt der Anlagespiegel sämtliche späteren Zu- und Abgänge sowie die Bewertungen und die Restbuchwertentwicklung des laufenden Geschäftsjahres.

Besondere Bedeutung für die Bilanzleser besitzt der Eigenkapitalausweis. Er ist im § 266 Abs. 3 in seine Hauptkomponenten gegliedert. So lassen sich das Nominalkapital, die Rücklagen und das Unternehmensergebnis im einzelnen aus der Bilanz ersehen. Dem Eigenkapital werden wichtige Funktionen zuerkannt. So ist es Voraussetzung für die Gründung und die Kontinuität des Unternehmens, es bestimmt die Höhe der Gewinnbeteiligung und der Haftung der einzelnen Gesellschafter und dient als etwaiger Verlustausgleich.

Die Gewinn- und Verlustrechnung der Kapitalgesellschaften darf nur in Staffelform aufgestellt werden (§ 275 HGB), wobei der Gesetzgeber zwei Gliederungsalternativen, das Gesamtkostenverfahren und das Umsatzkostenverfahren, zuläßt und die jeweils auszuweisenden Posten gesondert auflistet. Bei dem Gesamtkostenverfahren handelt es sich um eine Produktionserfolgsrechnung, die sämtliche Aufwendungen der betrachteten Periode den Umsatzerlösen gegenüberstellt. Dabei werden auch Bestandsveränderungen an fertigen und unfertigen Erzeugnissen sowie Eigenleistungen mit ihren Anschaffungs- oder Herstellungskosten den Umsatzerlösen hinzugerechnet. Das Umsatzkostenverfahren hingegen ist eine Absatzerfolgsrechnung, die den Umsatzerlösen nur die für den Umsatz angefallenen Aufwendungen gegenüberstellt. Die Aufwendungen werden verursachungsgerecht den verschiedenen Funktionsbereichen Herstellung, Verwaltung und Vertrieb zugeordnet. In der Literatur sind Vor- und Nachteile der beiden Verfahren, die prinzipiell zum selben Jahresergebnis führen, ausführlich erörtert worden[25]. In der deutschen Rechnungslegungspraxis dominiert eindeutig das Gesamtkostenverfahren.

Bilanz und Gewinn- und Verlustrechnung werden ergänzt durch die Informationen des Anhanges, der Einzelangaben zu bestimmten Posten enthält, über die Ausübung von Wahlrechten berichtet und die gewählten Bewertungsmethoden erläutert. Ohne eine bestimmte Gliederung vorzuschreiben, erwartet der Gesetzgeber jedoch, daß mit Hilfe des Anhanges im Sinne der Generalnorm des § 264 Abs. 2 HGB ein entsprechendes Bild von der wirtschaftlichen Lage des Unternehmens geschaffen wird. So sind auch diesbezüglich wichtige Informationen, die nicht aus der Bilanz und der Gewinn- und Verlustrechnung ersichtlich sind, in den Anhang aufzunehmen.

Der Jahresabschluß insgesamt muß von Kapitalgesellschaften um den Lagebericht ergänzt werden (§ 289 HGB), der eine vorwiegend verbale Darstellung der geschäftlichen Entwicklung im abgelaufenen Geschäftsjahr enthält und über die erwartete zukünftige Entwicklung des Unternehmens berichtet. Daneben ist auf Vorgänge von besonderer Bedeutung nach Schluß des Geschäftsjahres und auf den Bereich Forschung und Entwicklung gesondert einzugehen sowie eine Angabe bestehender Zweigniederlassungen anzufertigen.

4. Konzernabschluß

Unter einem Konzern wird ein Zusammenschluß rechtlich selbständiger Unternehmen unter einheitlicher Leitung verstanden. Wesentliche Motive für das Zustandekommen dieser Koordinationsform von Unternehmen sind die Senkung von Transaktionskosten[26], die Verminderung von Unsicherheiten und die Erweiterung von Hand-

---

[25] Vgl. u. a. Baetge, J./Fischer, T. R.: Zur Aussagefähigkeit der Gewinn- und Verlustrechnung nach neuem Recht, in: Zeitschrift für Betriebswirtschaft 1987, Ergänzungsheft 1, S.175-201.
[26] Zum Begriff der Transaktionskosten vgl. den Beitrag von Knyphausen-Aufseß, D. zu, Abschnitt 5.1.

lungsspielräumen für die Unternehmensleitung[27]. Das Konzernrecht unterscheidet den Unterordnungskonzern (§ 18 Abs. 1 AktG), der eine klare hierarchische Struktur aufweist, von dem Gleichordnungskonzern (§ 18 Abs. 2 AktG). Fast alle deutschen börsennotierten Unternehmen stehen in einem Konzernverhältnis, überwiegend in Unterordnungskonzernen, die zentral geleitet werden. Rechtlich entstehen Konzerne durch den Erwerb von Beteiligungen und häufig ergänzend durch den Abschluß von Unternehmensverträgen, die dann die Untergesellschaften eng an die herrschende Obergesellschaft binden[28].

Die vielfältigen Lieferungs- und Leistungsbeziehungen sowie die Kapitalverflechtungen innerhalb des Konzerns bewirken, daß der Einzelabschluß der Unternehmen gewissermaßen verzerrt wird und den Rechnungslegungsadressaten kein zutreffender Einblick in die Lage des betreffenden Konzernunternehmens möglich ist. Daher ergibt sich die Notwendigkeit, zusätzlich einen Konzernabschluß aufzustellen, der die Verzerrungen der Einzelabschlüsse aufhebt und den Konzern als ein einheitliches Unternehmen darstellt. Der handelsrechtliche Konzernabschluß dient in der Bundesrepublik Deutschland denn auch ausschließlich der Information externer Interessenten und nicht der Ausschüttungsbemessung.

Die Vorschriften zur Aufstellung des Konzernabschlusses sind umfangreich und bieten eine Reihe von Gestaltungsmöglichkeiten. Ebenso wie die Vorschriften zum Einzelabschluß sind auch die Regelungen zum Konzernabschluß stark von den Richtlinien der EG geprägt, die sich im HGB niedergeschlagen haben. Im folgenden sollen aber nur wenige markante Punkte angesprochen und das Prinzip der Konzernbilanz kurz vorgestellt werden.

Für den Konzernabschluß gilt analog zum Einzelabschluß eine bis auf den Terminus Kapitalgesellschaft, der durch den Begriff Konzern ersetzt wird, wortgleiche Generalnorm (§ 297 Abs. 2 S. 2 HGB). Die Struktur des Konzerns erfordert aber ergänzend, daß zur Erfüllung der Informationsaufgabe die konzerninternen Abhängigkeiten berücksichtigt und demzufolge die Mängel der Einzelabschlüsse kompensiert werden. Dazu sind insbesondere alle konzerninternen Verflechtungen durch Konsolidierungen zu eli-

---

[27] Vgl. Schildbach, T.: Der handelsrechtliche Konzernabschluß, 3. Aufl., München – Wien 1994, S. 1 ff.

[28] Zu Einzelheiten des Konzernrechts sowie zum Zusammenhang von Konzernrechnungslegung und Konzernrecht vgl. ebenda, S. 15 ff.

minieren, eine Verfahrensweise, die im Grundsatz noch vorgestellt wird.

In der Literatur wurden Grundsätze ordnungsmäßiger Konzernrechnungslegung systematisiert[29], die den Rahmen für die drei Arbeitsschritte zur Ermittlung eines Konzernabschlusses abstecken. In einem ersten Schritt sind Handelsbilanzen II aus den Handelsbilanzen I der Einzelunternehmen aufzustellen. Die Handelsbilanzen II werden durch Anwendung konzerneinheitlicher Ansatz- und Bewertungsverfahren gewonnen, die aus dem Grundsatz der Einheitlichkeit folgen. In einem zweiten Schritt werden die Handelsbilanzen II horizontal zu einer Summenbilanz addiert.

Der dritte Schritt schließlich umfaßt alle Konsolidierungsvorgänge, die der Aufrechnung konzerninterner Verflechtungen dienen.

Der Gesetzgeber hat im HGB und im Publizitätsgesetz die Pflicht zur Aufstellung eines Konzernabschlusses sowie mögliche Befreiungen dezidiert geregelt (§§ 290 – 296 HGB, § 11 PublG). Ergänzend wird auch der Kreis der jeweils einzubeziehenden Unternehmen (insbesondere in den §§ 290, 295, 296, 319 und 311 HGB) und die Form, nach der die Konsolidierung zu erfolgen hat, bestimmt. Ohne auf Einzelheiten eingehen zu wollen, sei darauf verwiesen, daß der Gesetzgeber die Form der Konsolidierung nach den Einflußmöglichkeiten der Konzernobergesellschaft auf das Beteiligungsunternehmen festlegt. Die Spanne reicht von der Vollkonsolidierung von Tochterunternehmen bis zur Bewertung einer reinen Kapitalbeteiligung mit deren Anschaffungskosten[30].

Der bereits angesprochene Grundsatz der Einheitlichkeit erfordert zunächst, daß die Einzelabschlüsse nach konzerneinheitlichen Bilanzierungsgrundsätzen „umgeschrieben" werden müssen. Dies bedeutet vor allem eine Vereinheitlichung von Ansatz, Bewertung und Ausweis der jeweiligen Abschlußpositionen. Für international strukturierte deutsche Konzerne ist darüber hinaus auch die Recheneinheit zu vereinheitlichen. Dazu werden die Einzelabschlüsse ausländischer Konzernunternehmen in DM umgerechnet, was bei schwankenden Wechselkursen erhebliche Probleme aufwirft[31]. Sind

---
[29] Vgl. hierzu u. a. Baetge, J.: Konzernbilanzen, 2. Aufl., Düsseldorf 1995, S. 60 ff.
[30] Ebenda (Anm. 31), S. 105 ff.
[31] Vgl. zum Problem der Währungsumrechnung u. a. Busse von Colbe W./Ordelheide, D.: Konzernabschlüsse, 6. Aufl., Wiesbaden 1993, S. 123 ff.

dann die Handelsbilanzen II erstellt und horizontal zum Summenabschluß addiert, erfolgt die Konsolidierung. Das Prinzip soll mit Hilfe eines einfachen Beispiels zur Kapitalkonsolidierung erläutert werden. Es sei von einer Vollkonsolidierung einer Tochtergesellschaft, die zu 100% der Muttergesellschaft gehört, ausgegangen.

Beispiel: *Kapitalkonsolidierung*

A Bilanz der Mutterunternehmung P				A Bilanz der Tochterunternehmung P			
Anlagevermögen	500	Eigenkapital	300	Anlagevermögen	300	Eigenkapital	100
Umlaufvermögen	400	Fremdkapital	700	Umlaufvermögen	200	Fremdkapital	400
Beteiligung TU	100						
	1.000		1.000		500		500

A	Konzernbilanz	P	
Anlagevermögen	800	Eigenkapital	300
Umlaufvermögen	600	Fremdkapital	1.100
	1.400		1.400

Durch die Aufrechnung des Beteiligungsbuchwertes mit dem Eigenkapital des Tochterunternehmens wird eine Bilanzaufblähung bzw. eine Doppelzählung vermieden. Die Konzernbilanz stellt die beiden Unternehmen als Einheit dar und geht dabei von der Fiktion aus, daß das Mutterunternehmen nicht nur die Anteile an Kapital, sondern auch die Vermögensgegenstände und Schulden des Tochterunternehmens übernommen hat.

In diesem einfachen Beispiel wird davon ausgegangen, daß keine Minderheitsaktionäre bei der Tochtergesellschaft zu berücksichtigen sind und daß der Beteiligungsbuchwert exakt dem Eigenkapital des Tochterunternehmens entspricht. Im allgemeinen werden aber zumindest Unterschiedsbeträge auftreten. Hinzu tritt die Forderung des Gesetzgebers, die einzelnen Bilanzposten neu mit Zeitwerten zu bilanzieren, wobei allerdings die Summe der Zeitwerte nicht die Anschaffungskosten beim Erwerb des Tochterunternehmens überschreiten darf (§ 301 HGB). Hierdurch können stille Reserven oder stille Lasten aufgedeckt werden, die zu einer Veränderung des Eigenkapitalausweises führen.

Diese Hinweise sollen genügen, um zumindest eine Vorstellung von den Problemen der Kapitalkonsolidierung entstehen zu lassen. Es sind aber nicht nur diese Fragen zu lösen, sondern auch noch die Komplexe der Schulden-, Zwischenergebnis- und Aufwands- und Ertragskonsolidierung sowie eine Vielzahl von Einzelaspekten im Rahmen der Konzernrechnungslegung zu behandeln[32].

5. Prüfung

Der Jahresabschluß und gegebenenfalls der Konzernabschluß unterliegen bei Erfüllung gewisser Voraussetzungen der Pflichtprüfung durch einen externen Abschlußprüfer. Rechtsform, Größe und Geschäftszweig bestimmen, welche Unternehmen regelmäßig im Hinblick auf die Ordnungsmäßigkeit ihrer Jahresabschlüsse überprüft werden müssen. Einzelheiten regeln das HGB, das Genossenschaftsgesetz, das Publizitätsgesetz sowie branchenspezifische Gesetze (z. B. für Versicherungen, Bausparkassen, Wohnungsunternehmen). Die Ergebnisse der Prüfungen werden in einem Prüfungsbericht festgehalten, der den Vertretungsorganen des Unternehmens vorgelegt wird. Dritten gegenüber wird das Ergebnis der Prüfung lediglich in einem Bestätigungsvermerk (Testat) zusammengefaßt, der auch eingeschränkt oder ganz verweigert werden kann. Spezifische Aspekte der Planung der Prüfung, der zweckmäßigerweise anzuwendenden Prüfungstechniken und der abschließenden Urteilsbildung werden im Fach „Wirtschaftsprüfung" bzw. „Revisions- und Treuhandwesen" im Hauptstudium unterrichtet[33].

6. Ausblick

Abschließend soll kurz der Blick auf einige ausgewählte Fragestellungen gerichtet werden, mit denen sich das Fach Rechnungslegung auch künftig intensiv beschäftigen dürfte. Aus einem eher theoreti-

---

[32] Vgl. hierzu die einschlägigen Lehrbücher, die im Literaturverzeichnis aufgeführt sind.
[37] Vgl. hierzu die einschlägigen Lehrbücher im Literaturverzeichnis.

schen Blickwinkel sind zwei informationsökonomische Fragestellungen hochinteressant:
1) Wie kann man das Management hinreichend kontrollieren und zugleich Anreize schaffen, damit eine den Zielvorstellungen vor allem der Eigentümer entsprechende Unternehmenspolitik verfolgt wird?
2) Wie weit sollen Rechnungslegungsvorschriften ausformuliert werden, um den Unternehmen auch Freiheitsgrade zu verschaffen, mit denen sie dem Markt ihre Bonität signalisieren können?

Beide Fragen zielen auf den Nutzen der veröffentlichten Informationen für die Unternehmensbeteiligten und den Kapitalmarkt.

Eine weitere vieldiskutierte Frage gilt der theoretischen Fundierung der Jahresabschlußanalyse, die in der Praxis zum Teil unter dem Einsatz modernster formaler Techniken (statistische Verfahren, neuronale Netze u. a.) erfolgt. Von großer praktischer Relevanz ist die zunehmende Angleichung der internationalen Rechnungslegungsvorschriften, die eher der anglo-amerikanischen Zielsetzung der Erhöhung der Kapitalmarkteffizienz folgt und die vorsichtigen, zumindest vordergründig das Management schützenden, deutschen Vorschriften verdrängen dürfte.

Diese kleine Auflistung kann keineswegs erschöpfend sein. Sie soll aber andeuten, daß das Fach Rechnungslegung weit über die Beherrschung vorgeschriebener Regelungen hinausgreift und vielfältige, theoretische hochanspruchsvolle Problemfelder einschließt.

Grundlagen- und weiterführende Literatur

A. Die Technik der Buchführung wird ausführlich dargestellt in:
Buchner, Robert: Buchführung und Jahresabschluß, 3. Aufl., München 1991.
Eisele, Wolfgang: Technik des betrieblichen Rechnungswesens, 5. Aufl., München 1993.
In sehr übersichtlicher knapper Form wird die Buchführung abgehandelt von:
Heinhold, Michael: Buchführung in Fallbeispielen, 5. Aufl., Stuttgart 1991.

B. Sehr empfehlenswerte Lehrbücher zum Einzelabschluß sind:
Baetge, Jörg: Bilanzen, 2. Aufl., Düsseldorf 1992.
Heinhold, Michael: Der Jahresabschluß, 3. Aufl., München – Wien 1995.

Schildbach, Thomas: Der handelsrechtliche Jahresabschluß, 3. Aufl., Herne – Berlin 1992.

C. Sehr empfehlenswerte Lehrbücher zum Konzernabschluß sind:
Baetge, Jörg: Konzernbilanzen, 2. Aufl., Düsseldorf 1995.
Busse von Colbe, Walther/Ordelheide, Dieter: Konzernabschlüsse, 6. Aufl., Wiesbaden 1993. Diese Monographie gilt als das Standardwerk zur Konzernrechnungslegung. Sie handelt das Stoffgebiet auch am intensivsten ab.
Scherrer, Gerhard: Konzernrechnungslegung, München 1994.
Schildbach, Thomas: Der handelsrechtliche Konzernabschluß, 3. Aufl., München – Wien 1994.

D. Einen guten Überblick zur betriebswirtschaftlichen Prüfungslehre geben:
Buchner, Robert: Wirtschaftliches Prüfungswesen, München 1991.
Lück, Wolfgang: Wirtschaftsprüfung und Treuhandwesen, 2. Aufl., Stuttgart 1991.

E. Die Gebiete Einzelabschluß, Konzernabschluß und Jahresabschlußanalyse sind in didaktisch sehr gelungener Konzeption in dem Standardwerk von Coenenberg zusammengefaßt.
Coenenberg, Adolf G.: Jahresabschluß und Jahresabschlußanalyse, 15. Aufl., Landsberg/Lech 1994.
Für die an weiterführenden theoretischen Analysen zur Rechnungslegung Interessierten sei darüber hinaus verwiesen auf:
Ewert, Ralf: Rechnungslegung, Gläubigerschutz und Agency-Probleme, Wiesbaden 1986.
Schneider, Dieter: Betriebswirtschaftslehre, Band 2: Rechnungswesen, München – Wien 1994.

Volkmar Botta

Einführung in das Controlling –
wirtschaftswissenschaftliches Studium
und praktische Relevanz –

1. Einleitung

Die zunehmende Beschleunigung technologischer Entwicklungen bei gleichzeitiger Verkürzung der Produktlebenszyklen, die Globalisierung und Intensivierung des Wettbewerbs sowie die wachsende Komplexität von Produkten, betrieblichen Strukturen und Aufgaben stellen das Management von Unternehmen an der Schwelle des 21. Jahrhunderts vor kaum abschätzbare Herausforderungen. Daher steigt unübersehbar der Bedarf nach schneller verfügbaren, empfängerorientiert aufbereiteten, transparenten und entscheidungsrelevanten Informationen auf allen Managementebenen. Diesen Bedarf hat Controlling für Planung, Steuerung, Überwachung und Koordination im Unternehmen zu befriedigen. Dazu ist eine enge Verzahnung von Buchhaltung, Rechnungswesen und Controlling erforderlich.

Dieser Beitrag führt in den Facettenreichtum der damit verbundenen Aufgaben- und Problemstellungen sowie in Grundlagen, Ziele, Aufgaben, Methoden, Verfahren und Arbeitsweisen des Controllings ein. Aspekte der Organisation des Unternehmens, der unternehmensinternen Leistungs- und Informationsprozesse sowie die Verknüpfungen des Unternehmens zur Umwelt werden nur, soweit im Kontext erforderlich, ansatzweise berücksichtigt.

1.1 Zur Entstehung von Controlling

Entwicklungsstufen von Controlling können bis in das ausklingende 19. Jahrhundert zurückverfolgt werden. Eine Vielzahl von Definitionsversuchen wurde seither unternommen, ohne daß man sich bisher verbindlich auf eine Definition einigen konnte. Die bekannten Begriffsbildungen unterscheiden sich jedoch teils nur marginal. Deshalb wird hier davon abgesehen, die Vielzahl bereits vorhandener Definitionen um eine Variante zu bereichern.
Praktisch alle Definitionen gehen zurück auf den anglo-amerikanischen Wortstamm „control". Steuern und Beherrschen sind deshalb

zentrale Merkmale von Controlling. Es repräsentiert im weitesten Sinn Konzept, Institution und Instrument der wirtschaftlichen Steuerung von Unternehmen.

1.2 Controlling als Steuerungsinstrument

Als Grundlage dieser Steuerung muß Controlling im Unternehmen Transparenz schaffen sowie zuverlässig und zeitnah Informationen bereitstellen. Diese müssen sich eignen, die wirtschaftliche Situation geschäftlicher Aktivitäten nach ökonomischen und juristischen Verantwortungsbereichen oder sonstigen Abgrenzungsmerkmalen schnell und zuverlässig darzustellen und zu beurteilen, damit darauf aufbauend fundierte Entscheidungen getroffen werden können. Dies setzt die Erfassung und Bewertung aller Güter-, Leistungs- und Finanzströme im Unternehmen und des Unternehmens mit seiner Umwelt durch Buchhaltung und interne Rechnungslegung voraus.

Die geeignete, konkrete Ausgestaltung des Controllings ist fallspezifisch vorzunehmen. Sie wird bestimmt von der Größe des Unternehmens, seiner Komplexität und nicht zuletzt von dem praktizierten Führungsstil. Deshalb ist kaum eine in der Wirtschaft realisierte Controlling-Konzeption unbedingt die einzig richtige.

Steuern ist zielorientiertes Handeln. Zum Steuern bedarf es der Vorgabe von Zielen, von Kursen, auf denen sie erreicht werden sollen und der Bereitstellung der zur Erreichung erforderlichen Mittel. Außerdem werden Informationen über eventuelle Abweichungen sowie Verfahren zur Analyse ihrer Ursachen benötigt. Schließlich sind geeignete Maßnahmen zu bestimmen, um entweder Kursabweichungen vorbeugend zu verhindern oder eingetretene Abweichungen zu korrigieren.

Steuern beruht auf dem Konzept des Regelkreises. Erschwert wird das Steuern beim Vorliegen mehrerer, unter Umständen konkurrierender oder gar konträrer Zielsetzungen, die in ein Zielsystem integriert werden sollen. Daraus resultierenden Problemen wird durch Prioritätenregeln begegnet.

1.3 Controlling, Wirtschaftlichkeit und Führung

Ressourcen sind knapp. Deshalb sollten sie auf dem Weg zum Ziel sparsamst verwendet werden. Dieses „wirtschaftliche" Verhalten beruht auf dem Rationalprinzip. Es impliziert, daß entweder das vorgegebene Ziel mit minimalem Einsatz von Ressourcen (Minimumprinzip) oder das größtmögliche Ausmaß an Zielerreichung (Maximumprinzip) mit vorab limitierten Mitteln angestrebt wird.

Wirtschaftliches Verhalten ist unabhängig von Wirtschaftsordnungen. Es ist Wesenselement nach Gewinn strebender Organisationen, sollte aber auch die Handlungsweisen in Organisationen bestimmen, die sich darauf beschränken können, die Deckung der anfallenden Kosten nachzuweisen.

Die Eigentümer legen die Ziele ihrer Organisation fest oder sie vereinbaren sie mit der Geschäftsleitung. Zu ihrer Erreichung hat diese das Unternehmen, das ist die Rechtsform, unter der die Unternehmung ihre Geschäfte führt, zielkonform zu gestalten, zu lenken und zu entwickeln. Diese facettenreiche Geschäftsführungsaufgabe wird mit zunehmender Größe und Komplexität von Unternehmen arbeitsteilig organisiert.

2. Struktur von Unternehmen und Controlling

2.1 Organisationsbezüge des Controlling

Zweckmäßigkeitskriterien sollten die organisatorische Strukturierung der Unternehmung bestimmen. Traditionell orientiert sie sich an Funktionen (Aufgaben) wie Beschaffung, Forschung und Entwicklung, Produktion, Vertrieb, Personal, Finanzen und Verwaltung. Hieran geknüpft werden Beschaffungs-, Forschungs- und Entwicklungs-, Produktions-, Vertriebs-, Personal-, Finanz- und Verwaltungs-Controlling unterschieden. Auch das Controlling kann organisatorisch verselbständigt werden und ist deshalb einem entsprechenden Controlling zu unterziehen. Diesbezügliche Aktivitäten lassen sich als „Self-Controlling" des Controllings charakterisieren.

Größere Unternehmungen sind oftmals räumlich auf mehrere Betriebsstätten verteilt. Dieser Dezentralisierung wird durch standortbezogene Controlling-Ansätze entsprochen. Direkt an den jeweiligen Standort verlagertes Controlling wird dezentrales Controlling genannt.

Marktorientierte Strukturierungen des Unternehmens werden an Spartengliederungen, beispielsweise an der Unterscheidung von Investitions- und Konsumgütern, erkennbar. Hierauf Bezug nehmende Controlling-Ansätze werden daher als Sparten-Controlling bezeichnet. Auch an regionalen oder divisionalen Gliederungskriterien kann die Ausgestaltung von Controlling-Aktivitäten orientiert werden.

Weitere Ansatzpunkte für Controlling-Aktivitäten sind Produkte, Projekte und insbesondere Prozesse. Entsprechend werden Produkt-Controlling, Projekt-Controlling sowie Prozeß-Controlling unterschieden.

2.2 Produktionsfaktoreinsatz als Bezugspunkt des Controllings

In allen Funktionen, an allen Standorten, in allen Sparten, Divisionen, bei den Prozessen der Erstellung und Vermarktung von Leistungen sowie zur Aufrechterhaltung der Funktionsfähigkeit der Unternehmung als Ganzem oder bei der Durchführung von Projekten sind Ressourcen erforderlich. Diese beschafft das Unternehmen von außen. Ihr Verbrauch ist entweder direkt oder nur indirekt von der Menge der erzeugten Sach- oder Dienstleistungen abhängig. Deshalb unterscheidet man direkte und indirekte Kosten beziehungsweise Einzel- und Gemeinkosten.

Einzelkosten variieren mit der Leistungsmenge des Unternehmens. Deshalb bezieht sich Einzelkosten-Controlling stets auf variable Kosten.

Die Gemeinkosten weisen neben beeinflußbaren, variablen Anteilen auch fixe, kurzfristig nicht veränderliche Bestandteile auf. Das Fixkosten-Controlling fokussiert die wirtschaftliche Gestaltung der fixen Kosten.

Fixe und variable Kosten werden außerdem nach Kostenarten differenziert. Beispiele für Kostenarten sind Telefon, Licht, Personalkosten, Materialkosten, Tranportkosten, Versicherungen, Fremdkapitalzinsen etc. Die fixen Anteile an Kosten für Telefon und Licht sind Grundgebühren und Zählermieten, die variablen Anteile die Gebühren je Einheit und der Verbrauch in Kilowattstunden. Auf den wirtschaftlichen Umgang mit bestimmten Kostenarten spezialisieren sich entsprechende Kostenarten-Controllings, so zum Beispiel das Materialkosten-Controlling und das Transportkosten-Controlling.

Die von externen Lieferanten in Rechnung gestellten Leistungen werden nach Sachverhalten abgegrenzt. Das führt zur Unterscheidung von Kostenarten, die erstmalig in das Unternehmen gelangen. Deshalb werden sie Primärkosten genannt. Sich hierauf beziehende Controlling-Ansätze werden als Primärkosten-Controlling bezeichnet.

Bei der Verrechnung innerbetrieblicher Leistungen zwischen den Organisationseinheiten des Unternehmens werden primär bereits erfaßte Kostenarten leistungsspezifisch vermischt. Dies führt zum Entstehen unternehmensspezifischer, sekundärer Kostenarten.

Kosten fallen an für die Entwicklung, Herstellung und Vermarktung von Produkten und die Durchführung von Projekten. Diese werden abgerechnet. Dabei möchte man auch in Erfahrung bringen, ob daran verdient wurde. Dazu sind die Kosten von Produkten oder Projekten mit den Erlösen als korrespondierenden Gegenwerten im Sinne des Wirtschaftlichkeitsprinzips zu betrachten. Die wirtschaftliche Steuerung dieser Aktivitäten erfolgt im Rahmen des Produkt- und Projekt-Controllings.

Beispiel für das Ergebnis eines Geschäftsprozesses mag die Erstellung einer Gehaltsabrechnung mit abschließender Überweisung auf das Konto des Betroffenen sein. Der Prozeß entsteht durch Zusammenfügen der notwendigen Arbeitsschritte, die im Zuge arbeitsteiliger Organisation eventuell in verschiedenen Funktionsbereichen abzuarbeiten sind. Insbesondere im Hinblick auf die wirtschaftliche Gestaltung der Struktur- und Ablauforganisation komplexer Organisationen gewinnt das am Geschäftsprozeß orientierte Prozeß-Controlling künftig an Bedeutung.

Die Palette der angesprochenen Controlling-Bezugspunkte kann nahezu beliebig erweitert werden. Deshalb ist die Menge weiterer Controlling-Ansätze kaum einzugrenzen.

2.3 *Strategisches und operatives Controlling*

Bei Planung, Steuerung, Kontrolle, Koordination und Informationsmanagement hat Controlling strategische und operative Aufgaben zu erfüllen.

Den operativen Fragestellungen sind Zeiträume mit Zeithorizonten zwischen einem Monat und maximal fünf Jahren zugeordnet. Sie sind also mit Zeithorizonten verknüpft. Strategische Ansätze sollten dagegen zeitlich unbefristet sein. Sie überlagern und beeinflussen die Wahrnehmung operativer Aufgaben.

Strategische Zielsetzungen sind Ausgangspunkt für die Ausrichtung und Vorbereitung des Unternehmens auf die Zukunft. Dazu sind die strategischen Stärken und Schwächen zu bestimmen, strategische Potentiale und Erfolgsfaktoren aufzuzeigen. Insbesondere sind künftig strategisch relevante Fragestellungen zu erkennen und ihre Auswirkungen auf den Handlungsspielraum und die Wettbewerbsposition des Unternehmens richtig zu analysieren und treffend zu beurteilen.

Zur Erreichung der Unternehmensziele hat das Controlling die strategische und operative Planung, Steuerung, Überwachung und Informationsversorgung zu koordinieren und sicherzustellen. Die erforderlichen Aktivitäten betreffen notwendigerweise das Unternehmen als Ganzheit. Deshalb ist Controlling als echte Querschnittsfunktion zu bezeichnen. Es soll die Mitarbeiter aller Organisationseinheiten auf allen hierarchischen Ebenen beraten, um sie zu wirtschaftlicherer Verhaltensweise zu befähigen. Dies geschieht losgelöst von der Integration des Controllings in operative Linienverantwortung.

3. Grundlagen des Controlling

3.1 Ertragskraft, Liquidität und Bonität

Gewirtschaftet wird in Haushalten und Betrieben. Betriebe zielen auf die Befriedigung fremden Bedarfs. Sie sind die Keimzelle kommerziellen Wirtschaftens.

Betriebe in marktwirtschaftlich organisierten Volkswirtschaften sind Unternehmungen. Sie können ihre Ziele autonom fixieren, selbständig ihre Aktivitäten planen und über Vermögenswerte disponieren. Sie können, von bestimmten, gesetzlich geregelten Ausnahmen abgesehen, auch die Rechtsform frei wählen, unter der sie ihre Geschäfte betreiben wollen. In Verbindung mit dieser Rechtsform wird die Unternehm**ung** zum Unternehm**en**.

Um nachhaltig existenzfähig zu sein, müssen Unternehmen zahlungsfähig, erfolgreich und kreditwürdig sein.

Zahlungsfähig (liquide) sind Unternehmen, die ihre Zahlungsverpflichtungen jederzeit termingerecht erfüllen können. Erfolgreich sind sie, wenn sie Erträge (Gewinne) erwirtschaften. Dazu müssen die Erlöse aus den vermarkteten Leistungen den Wert der dazu erforderlichen Einsatzfaktoren übersteigen, so daß die verbrauchten Ressourcen jederzeit aus dem Umsatzprozeß ersetzt werden können. Kreditwürdigkeit (Bonität) resultiert aus solider Finanzierung. Traditionell ist dies mit Vorstellungen verbunden, welche einerseits eine bestimmte Art der Kapitalstruktur (Kapitalherkunft) des Unternehmens sowie andererseits die Bindung desselben in Vermögenspositionen (Kapitalverwendung, Investition) betreffen. Die Fristigkeit der Kapitalbereitstellung sollte demzufolge nach Möglichkeit die Verwendungsdauer übersteigen.

Zwischen Kreditfähigkeit, Ertragskraft und Liquidität bestehen Wechselbeziehungen. Ertragskraft ist Voraussetzung für positiven Erfolg (Gewinn). Dazu müssen die Kunden ihren Zahlungsverpflichtungen gegenüber dem Unternehmen nachkommen, sonst bewirkt der Umsatzprozeß keinen Zufluß an flüssigen Mitteln (Liquidität). Bis dahin muß das Unternehmen aber seine Verbindlichkeiten gegenüber Lieferanten etc. erfüllen. Bei unzureichenden eigenen liquiden Mitteln ist zwecks Aufrechterhaltung der Zahlungsfähigkeit Liquidität durch Finanzierungsmaßnahmen bereitzustellen.

Liquidität sollte nachhaltig der Geschäftstätigkeit des Unternehmens entspringen. Dann ist auch Bonität gewährleistet. Zahlungsmittelüberschüsse, die eventuell verbleiben, ermöglichen den Ersatz befristet zur Verfügung gestellten Fremdkapitals durch unbefristet verfügbares Eigenkapital. Dies trägt zur Entschuldung des Unternehmens bei. Der Anteil des Eigenkapitals am Gesamtkapital steigt, und die langfristigen Finanzierungsvoraussetzungen verbessern sich.

3.2 Sach-, Dienstleistungs- und Finanzströme

Zur Aufrechterhaltung von Leistungsbereitschaft und -fähigkeit, zur Durchführung der Leistungserstellung und zur Vermarktung von Leistungen benötigen Unternehmen Produktionsfaktoren. Das sind Dienstleistungen, die Leistungen von Arbeitskräften, Betriebsmittel, Roh-, Hilfs- und Betriebsstoffe und Kapital. Mit der Beschaffung verpflichtet sich das Unternehmen gegenüber den jeweiligen Vertragspartnern. Es entstehen Verbindlichkeiten oder Schulden. Sie sind durch Zahlung entsprechender Beträge zu tilgen.

Die Faktoren werden in den betrieblichen Prozessen verbraucht oder abgenutzt. Der finanzielle Gegenwert von Verbrauch und Nutzung zur Erstellung und Verwertung von Leistungen und zur Aufrechterhaltung der Leistungsbereitschaft sind die bereits angesprochenen Kosten. Ergebnis des betrieblichen Wertschöpfungsprozesses sind Sach- und/oder Dienstleistungen. Sie sind zum Verkauf und bedingt zur internen Verwertung bestimmt. Durch den Verkauf an Dritte entstehen Umsatzerlöse. Sie begründen Forderungen des Unternehmens in gleicher Höhe. Die Abnehmer/Kunden verschulden sich dadurch gegenüber dem Unternehmen bis zur Tilgung dieser Verbindlichkeiten durch entsprechende Zahlungen.

Einführung in das Controlling

Abbildung 1: *Die Unternehmung und ihre Umweltbeziehungen*

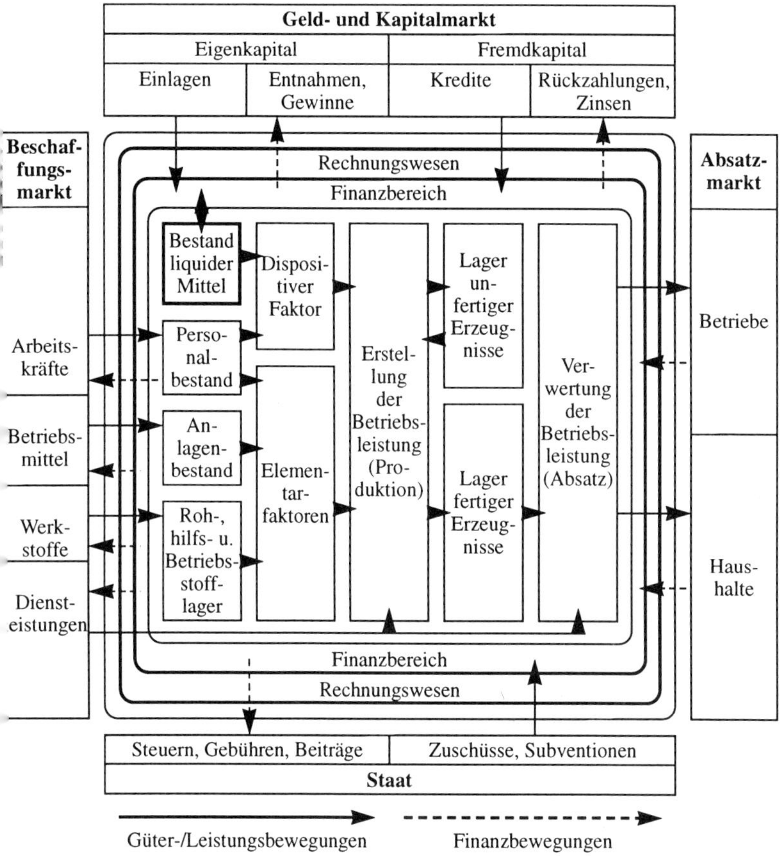

Geld- und Kapitalmarkt			
Eigenkapital		Fremdkapital	
Einlagen	Entnahmen, Gewinne	Kredite	Rückzahlungen, Zinsen

Beschaffungsmarkt

- Arbeitskräfte
- Betriebsmittel
- Werkstoffe
- Dienstleistungen

Rechnungswesen
Finanzbereich

Bestand liquider Mittel — Dispositiver Faktor

Personalbestand
Anlagenbestand
Roh-, hilfs- u. Betriebsstofflager

Elementarfaktoren

Erstellung der Betriebsleistung (Produktion)

Lager unfertiger Erzeugnisse

Lager fertiger Erzeugnisse

Verwertung der Betriebsleistung (Absatz)

Finanzbereich
Rechnungswesen

Absatzmarkt

- Betriebe
- Haushalte

Steuern, Gebühren, Beiträge	Zuschüsse, Subventionen
Staat	

⟶ Güter-/Leistungsbewegungen   ---▶ Finanzbewegungen

Nicht abgesetzte, aufbewahrungsfähige Leistungen werden zu Beständen. Sie können gelagert und in Folgeperioden als Einsatzfaktoren oder Produkte verwertet werden.

Abbildung 2 skizziert schematisch die vielfältigen Beziehungen des Unternehmens mit seinem Umfeld sowie Verknüpfungen im Leistungserstellungsprozeß innerhalb des Unternehmens.

Die physisch bei der Geschäftstätigkeit anfallenden Abwicklungen sind monetär zu bewerten und gemeinsam mit den finanziellen

Transaktionen nach den Grundsätzen ordnungsmäßiger Buchführung zu erfassen, zu verarbeiten und zu dokumentieren.

Die Öffentlichkeit interessiert sich für Informationen über das Unternehmen. Öffentlichkeit sind Lieferanten, Kunden, Wettbewerber, Arbeitnehmer und -vertretungen, Institutionen sowie die öffentliche Hand. Geschäftspartner, Fiskus, Eigentümer, leitende und andere Mitarbeiter haben aufgrund ihres Verhältnisses zum und/oder ihrer Stellung im Unternehmen jedoch spezifischen Informationsbedarf.

3.3 Buchhaltung, Rechnungswesen und Controlling

Die Buchhaltung ist Grundlage der externen und der internen Rechnungslegung und Informationsbereitstellung. Sie verarbeitet die verfügbaren Informationen und bereitet sie auf, um einerseits externen Informationsverpflichtungen nachzukommen. Andererseits muß sie aber insbesondere umfassend die zur Planung, Steuerung, Kontrolle, Koordination unabdingbaren Informationen bereitstellen. Grundlage ist das Zusammenspiel der die Dienstleistungs- und Sachleistungsströme sowie die finanziellen Aktivitäten finanziell abbildenden Rechnungen. Dies sind die Liquiditäts-, die Bilanz-, die Erfolgs- und die Investitionsrechnung. Diese Rechnungen und ihre Bezüge verdeutlicht Abbildung 2.

Liquiditäts-, Bilanz- und Erfolgsrechnung werden als Planungs- und als Istrechnungen erstellt. Durch Gegenüberstellung der Positionen im Plan und Ist werden Abweichungen erkennbar. Sie sind Ausgangspunkt von Analysen zur Bestimmung von Ursachen und der Entwicklung von Maßnahmen, um unerwünschten Einflußgrößen zu begegnen.

Die Investitionsrechnung ist Planungsrechnung. Sie wird deshalb auch als Entscheidungsrechnung bezeichnet. Sie ist der Realisierung von Investitionen vorgeschaltet. Sie bezweckt Überwachung und Sicherstellung von Wirtschaftlichkeit oder Vorteilhaftigkeit anstehender Investitionsvorhaben. Dazu wurden eine Vielzahl statischer und dynamischer Verfahren entwickelt. Letztere berücksichtigen den Einfluß des Faktors Zeit auf den Wert der das jeweilige Kalkül kennzeichnenden Zahlungsströme. Sie ermöglichen somit eine qualifiziertere Beurteilung der Vorteilhaftigkeit von Investitionen als statische Verfahren. Zur Berücksichtigung des Zeitfaktors werden die zu verschiedenen Zeiten anfallenden Zahlungen der Investition mittels Auf- oder Abzinsung auf einen festzulegenden Bezugszeitpunkt gleichwertig gemacht.

Abbildung 2: *Wechselbeziehungen zwischen den vier betriebswirtschaftlichen Grundrechnungen*

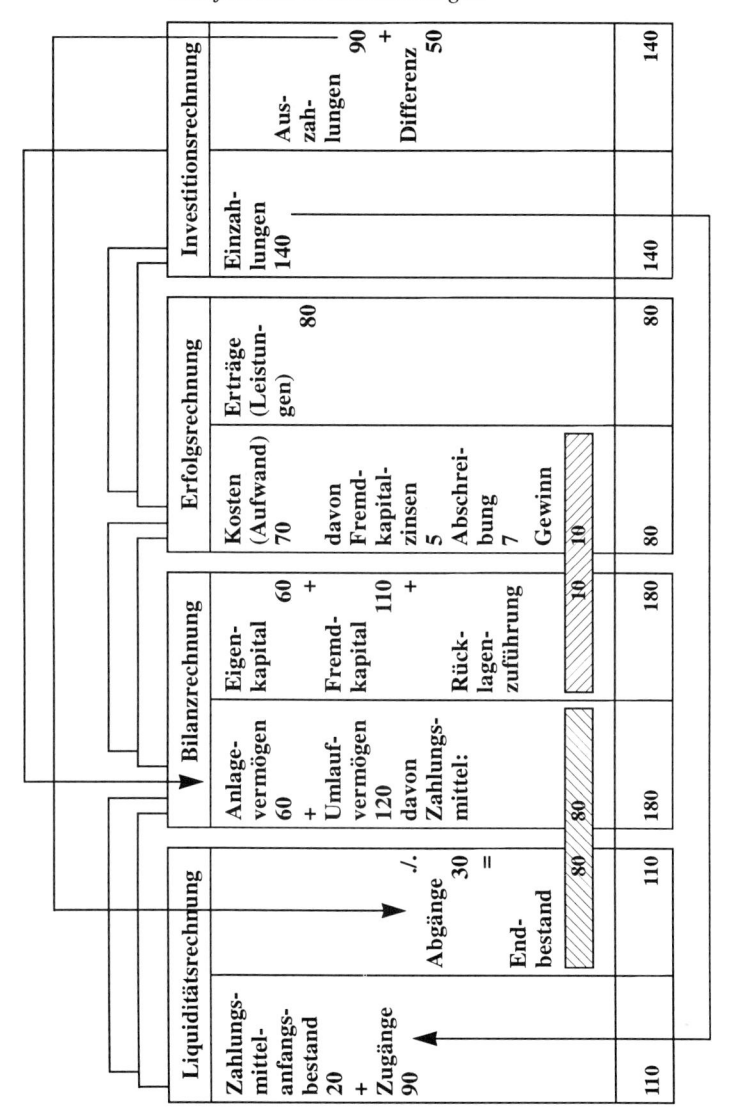

Liquiditätsrechnung	Bilanzrechnung		Erfolgsrechnung		Investitionsrechnung	
Zahlungsmittelanfangsbestand 20 + Zugänge 90 ./. Abgänge 30 = Endbestand	Anlagevermögen 60 + Umlaufvermögen 120 davon Zahlungsmittel: 80	Eigenkapital 60 + Fremdkapital 110 + Rücklagenzuführung 10	Kosten (Aufwand) 70 davon Fremdkapitalzinsen 5 Abschreibung 7 Gewinn 10	Erträge (Leistungen) 80	Einzahlungen 140	Auszahlungen 90 + Differenz 50
110	180	180	80	80	140	140

Die Durchführung der Investitionsrechnung, die Beurteilung der Wirtschaftlichkeit, die Befürwortung der Durchführung, die Freigabe und Verfügbarmachung der für die Durchführung der Investition erforderlichen finanziellen Mittel sowie die Verfolgung der Investitionstätigkeit und die Überwachung der Planrealisierung sind Aufgaben des Investitions-Controllings.

Investitionen in das Anlagevermögen oder das Umlaufvermögen werden von der Vermögensrechnung erfaßt. Dabei konzentriert sich die Anlagenbuchhaltung auf das Anlagevermögen. Sie unterscheidet nicht abnutzbare und abnutzbare Vermögensgegenstände. Letztere verschleißen infolge Nutzung. Ihre Substanz mindert sich dabei und ihr Wert reduziert sich entsprechend.

Jeder Vermögensgegenstand wird buchhalterisch bis zu seinem Ausscheiden aus dem Unternehmen geführt und vom Anlagen-Controlling „verwaltet". Bei Inbetriebnahme wird er aktiviert und wenn er der Abnutzung unterliegt, über die Nutzungsdauer abgeschrieben. Der Vermögensgegenstand wird gewartet, instand gehalten und repariert. Die wirtschaftliche Beurteilung der damit verbundenen Nutzen und Opfer ist Gegenstand des Instandhaltungs-Controllings.

Abbildung 3: *Finanzierungsquellen des Unternehmens*

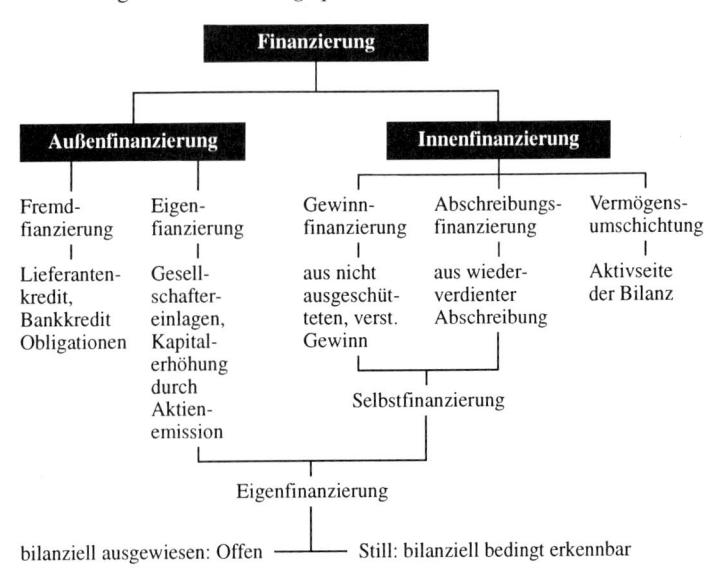

```
                         Finanzierung
                              |
            ┌─────────────────┴─────────────────┐
      Außenfinanzierung              Innenfinanzierung
            |                               |
      ┌─────┴─────┐           ┌─────────────┼─────────────┐
   Fremd-      Eigen-       Gewinn-      Abschreibungs-  Vermögens-
   fianzierung fianzierung  finanzierung finanzierung    umschichtung
      |           |             |             |             |
   Lieferanten- Gesell-      aus nicht    aus wieder-    Aktivseite
   kredit,     schafter-     ausgeschüt-  verdienter     der Bilanz
   Bankkredit  einlagen,     teten, verst. Abschreibung
   Obligationen Kapital-     Gewinn
                erhöhung
                durch
                Aktien-
                emission
                                  Selbstfinanzierung
                                         |
                              Eigenfinanzierung
                                         |
   bilanziell ausgewiesen: Offen ——— Still: bilanziell bedingt erkennbar
```

Die Anschaffung des Vermögensgegenstandes ist zu finanzieren. Die wirtschaftliche Planung, Steuerung und Kontrolle der Finanzierungsaktivitäten ist Gegenstand des Finanz- oder Finanzierungs-Controllings.

Die Anschaffung bewirkt zunächst eine Verschuldung beim Lieferanten. Sie kann, wie aus Abbildung 3 zu ersehen, aus versteuerten Gewinnen, aus wiederverdienten Abschreibungen und durch Aufgabe anderer Vermögenspositionen (Innenfinanzierung) ausgeglichen werden oder ist durch Zuführung zusätzlichen Eigen- oder Fremdkapitals von außen herbeizuführen (Außenfinanzierung).

Die Finanzierung der Investition kann entweder ausschließlich durch flüssige Mittel aus der Kasse oder von der Bank sichergestellt werden, oder die Zahlung durch das Unternehmen wird aus der Umschichtung von Forderungen gegenüber Lieferanten in flüssige Mittel ermöglicht. Die Außenfinanzierung bewirkt dagegen den Zufluß der erforderlichen Mittel als Eigen- (Eigenfinanzierung) oder Fremdkapital (Fremdfinanzierung). Die Wahl der Finanzierung wirkt auf Erfolgs- und Bilanzrechnung. Sie beeinflußt Erfolg, Kapitalstruktur und Bilanzsumme. Planung, Steuerung und Überwachung der Finanzierungsaktivitäten sowie die finanzielle Koordination verschiedener Investitionsvorhaben und/oder -projekte sind Aufgabe des Finanz-Controllings und insbesondere des Finanzierungs- und Liquiditäts-Controllings.

Abbildung 4: *Maßnahmen zur kurzfristigen Beeinflussung der Liquidität*

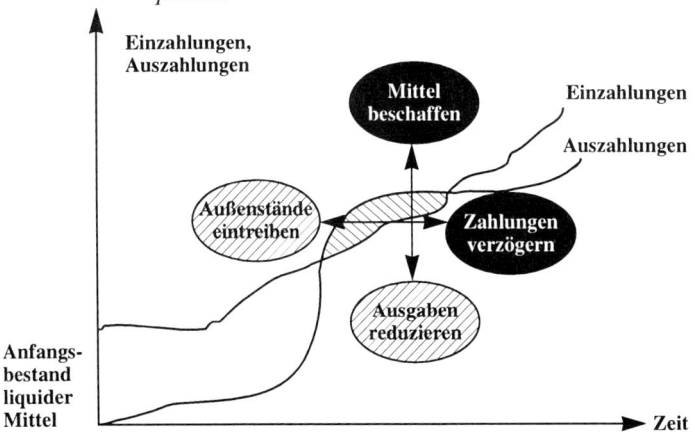

Die wirtschaftliche Entwicklung kann zu Liquiditätsengpässen führen. Dann würden die kumulierten Auszahlungen die Summe aus erwarteten Einzahlungen zuzüglich Anfangsbestand liquider Mittel übersteigen.

Um potentielle, temporäre Illiquidität abzuwenden, müßte das Liquiditäts-Controlling beispielsweise das Unternehmen rechtzeitig auf eine der in Abbildung 4 angedeuteten Verhaltensweisen oder eine Kombination derselben einstimmen. Finanz- und Liquiditäts-Controlling hätten das Finanz-Management für die Bereitstellung zusätzlicher Liquidität durch Inanspruchnahme geeigneter Finanzierungsinstrumente, die Intensivierung des Forderungs-Managements sowie die Verzögerung von Zahlungen an Gläubiger zu gewinnen.

Illiquidität kann auch durch Senkung von Ausgaben, die in der Regel Auszahlungen nach sich ziehen, vermieden werden. Hieran müssen sich jedoch alle operativen Bereiche des Unternehmens beteiligen. Dies verlangt faktisch nach funktionsübergreifend abgestimmten Controlling-Aktionen.

Funktionale Controlling-Ansätze sind demgegenüber an organisatorischen Abgrenzungen innerhalb des Unternehmens orientiert. In Übereinstimmung mit den Bezeichnungen der betrieblichen Funktionsbereiche werden demzufolge beispielsweise Forschungs- und Entwicklungs-Controlling, Beschaffungs-, Produktions-, Vertriebs-, Finanz-, Logistik- und ...-Controlling unterschieden.

Der Erfolg funktionsübergreifend ausgerichteter Controlling-Aktivitäten fällt umso überzeugender aus, je umfassender bestehende Bereichsegoismen abgebaut werden können.

Die Durchführung von Investitionen kann zur Aufnahme von Fremdkapital führen. Das beeinflußt einerseits die Bilanzsumme und andererseits die Kapitalstruktur. Die Zinsen für Fremdkapital müssen entrichtet werden. Deshalb handelt es sich um eine zahlungswirksame Größe. Sie beeinträchtigt die Liquidität. Die Zinsen sind aber auch Gegenwert der Kapitalüberlassung. Als Kosten-/Aufwandskategorie belasten sie die Erfolge derjenigen Perioden, in denen die Investition mit Fremdkapital finanziert wird.

Da die Investition auf Kapital- und Kostenstrukturen, auf Erfolg und Liquidität wirkt, ist sie zwangsläufig auch Gegenstand von Kapital-, Kosten-, Erfolgs- und Liquiditäts-Controlling.

Schafft das Unternehmen einen der Abnutzung unterliegenden Vermögensgegenstand an, so werden seine Anschaffungskosten über die Nutzungsdauer in Form von Abschreibungen als periodisiertes Nutzungsentgelt verrechnet. Die Abschreibungen sind Gegenwerte des Verzehrs je Periode. Sie führen nicht zu Auszahlungen, da die Finanzierung bei der Anschaffung des Objekts losgelöst von seinem Verschleiß während der betrieblichen Nutzung erfolgt. Die Abschreibungen wirken daher in der Erfolgsrechnung. Sie senken den Erfolg in dem Umfang, in dem sie die Kosten treiben. Jede Investition in abnutzbare Vermögensgegenstände wirkt also via Abschreibungen auf alle Erfolgsrechnungen während des Nutzungszeitraumes der Investition im Unternehmen. Dies begründet das Interesse des Kosten- und Erfolgs-Controllings an der Investition.

Der aktuelle, buchmäßige Wert eines der Abnutzung unterworfenen Vermögensgegenstandes ist der Buchwert. Er wird als Differenz von Anschaffungswert und aufgelaufenen Abschreibungen ermittelt. Die in der Erfolgsrechnung gezeigten Abschreibungen reduzieren also den ursprünglichen Wert des angeschafften Vermögens. Der Ausweis der Vermögenswerte auf der Aktivseite der Bilanz kann dabei entweder nach der Brutto- oder der Netto-Methode erfolgen. Bei der Brutto-Methode werden die Vermögensgegenstände zu Anschaffungswerten und die verrechneten Abschreibungen gesondert ausgewiesen. Bei Anwendung der Netto-Methode dagegen wird als Vermögensposition nur die aktuelle Differenz der um die verrechneten Abschreibungen verminderten Anschaffungswerte gezeigt. Die Investition ist deshalb auch Bezugsobjekt für das Vermögens-Controlling.

Die Beherrschung dieser betriebswirtschaftlichen Zusammenhänge ist grundlegend für die Konzeption von Controlling.

3.4 Planung

Ausgangspunkt der Planung im Unternehmen sollten die strategischen Ziele sein. Diese haben gelegentlich visionären Charakter. Beispielsweise könnte strategisches Ziel die Erreichung der Marktführerschaft auf dem xy-Markt zum Jahr 2000 sein. Die Zielformulierung ist also eher als global, komplex, längerfristig und qualitativ zu kennzeichen.

Bündel aufeinander abgestimmter Maßnahmen sind erforderlich, um das strategische Ziel zu erreichen. Daher ist das unspezifizierte Ziel zunächst zu konkretisieren. Dazu sind Annahmen über das künftige Marktvolumen, eventuelle Preise, Vertriebswege und Partner, die agierenden Wettbewerber und ihre Marktanteile zu treffen.

Hierauf aufbauend sind Zwischenziele festzulegen. Ihre Realisierung zu bestimmten Zeitpunkten ist Voraussetzung zur Umsetzung des strategischen Plans. Die konkreten Maßnahmen zur Realisation der Zwischenziele sind zu definieren und operativ auszuplanen. Dabei sind alle Details des Mengen- und Wertgerüsts zu berücksichtigen. Operativ sind Formal-, Sach-, Bereichs- und Individualziele zu unterscheiden. Sie sind für alle organisatorischen Einheiten des Unternehmens und über alle hierarchischen Ebenen mit den jeweils Verantwortlichen möglichst in bilateralen Zielvereinbarungsprozessen zu erarbeiten. Dabei sollte es im sogenannten Gegenstromverfahren, einem wechselseitigen Abstimmungsprozeß zwischen vor- und nachgeordneten Verantwortungsstufen, zu zielkonformer Konsensbildung kommen. Dies verdeutlicht Abbildung 5.

Abbildung 5: *Vom strategischen Ziel zu operativen Zielvereinbarungen*

Strategische Ziele
Global
Komplex
Längerfristig
Qualitativ

Operative Ziele
Formalziele
Sachziele
Bereichsziel
Inividualziele

Zielvereinbarung

Anschließend sind die Maßnahmen zur Realisierung der vereinbarten operativen Ziele zu planen und umzusetzen. Die Ausführung ist zu koordinieren und zu steuern. Abweichungen sowohl zeitlicher, quantitativer oder qualitativer Art, welche die Erreichung der vereinbarten Ziele gefährden könnten, sind durch geeignete Überwachungsmaßnahmen rechtzeitig aufzudecken und auf Ursachen zu analysieren. Ihnen ist durch Einleitung geeigneter Gegenmaßnahmen konsequent entgegenzuwirken.

Der integrale Zusammenhang der Ziele läßt sich relativ gut an dem in Abbildung 6 in Anlehnung an das Kennzahlensystem von Du Pont dargestellten, pyramidal konzipierten Zielsystem erkennen. Es ist von rechts nach links so konzipiert, daß grundsätzlich alle sich finanziell auswirkenden Sachverhalte erfaßt werden.

Abbildung 6: *Die Zielpyramide*

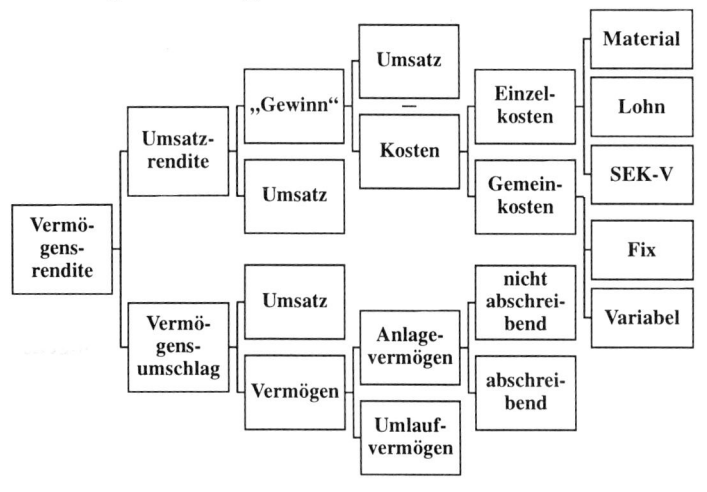

Vermögensrendite	Umsatzrendite	"Gewinn"	Umsatz		Material
			−	Einzelkosten	Lohn
			Kosten		SEK-V
		Umsatz		Gemeinkosten	
					Fix
	Vermögensumschlag	Umsatz	Anlagevermögen	nicht abschreibend	Variabel
		Vermögen		abschreibend	
			Umlaufvermögen		

Die Vermögens- beziehungsweise Kapitalrendite beherrscht die Pyramide als oberstes Formalziel. Die Vermögensrendite konzentriert sich auf die Verwendung des im Unternehmen eingesetzten Vermögens, die Kapitalrendite auf die Herkunft desselben. Beides bestimmt sich aus der Multiplikation der Einflußfaktoren Umsatzrendite und Vermögens- beziehungsweise Kapitalumschlag.

Die Umsatzrendite betrifft die Erfolgswirksamkeit des Umsatzes; sie zeigt den im Durchschnitt mit jeder umgesetzten Geldeinheit erwirtschafteten Erfolg. Die Umschlagshäufigkeit drückt die Intensität der Nutzung des verfügbaren Vermögens/Kapitals als Häufigkeit seines Umschlags durch den Umsatz aus. Abbildung 7 verdeutlicht exemplarisch für 16 %, daß jede Vermögens-/Kapitalrendite mittels alternativer Kombinationen von Umsatzrendite und Vermögens-/Kapitalumschlagshäufigkeit darstellbar ist.

Abbildung 7: *Kompensation von Umsatzrendite und Vermögens-/ Kapitalumschlag in bezug auf Vermögens-/Kapitalverzinsung*

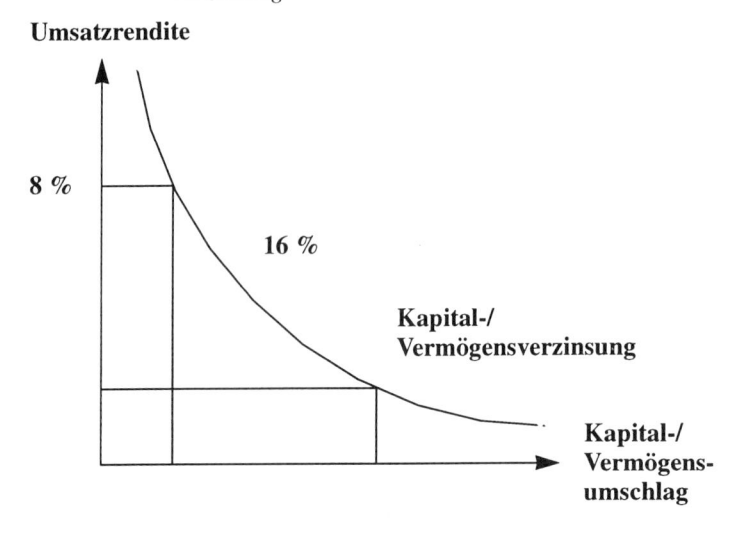

Umsatzrendite

8 %

16 %

Kapital-/ Vermögensverzinsung

Kapital-/ Vermögensumschlag

Die Erreichung von Formalzielen setzt die Realisierung der unterlagerten Sachziele voraus. Diese sind in Abbildung 8 eingebettet in die Gewinn- und Verlustrechnung sowie in die Bilanz und über beide Rechnungen miteinander verknüpft.

Sachziele beispielsweise sind im Hinblick auf Einzel- und Gemeinkosten zu vereinbaren. Einzelkosten sind je Produkt-/Leistungseinheit zu bestimmen. Zur Beeinflussung der Gemeinkosten sind Zielvereinbarungen zur Aufbau- und Ablauforganisation des Unternehmens und bezüglich des Verhaltens des einzelnen Mitarbeiters zu treffen. Insofern hängt die Realisierung der Sachziele bereits mittelbar oder direkt von den zuständigen Organisationsbereichen des Unternehmens ab.

Solche Abhängigkeit sei am Sachziel Umsatz beschrieben. Zuständig für den Umsatz ist der Vertrieb. Er ist verantwortlich für den Absatz der geplanten Mengen zu den geplanten Preisen in den geplanten Zeiträumen. Darüber hinaus beeinflußt der Vertrieb häufig auch die Spezifikation der Ausstattungsmerkmale von Produkten. Sie implizieren unterschiedliche Einzelkosten der Produkte. Die endgültige Auswirkung von Ausstattungswünschen des Vertriebs wird aber mitbestimmt vom Ergebnis der vom Einkauf durchzuführenden Preisverhandlungen mit Lieferanten. Insofern nehmen Vertrieb und Einkauf Einfluß auf die Einzelkosten.

Abbildung 8: *Verknüpfung von Formal-, Sach- und Bereichszielen*

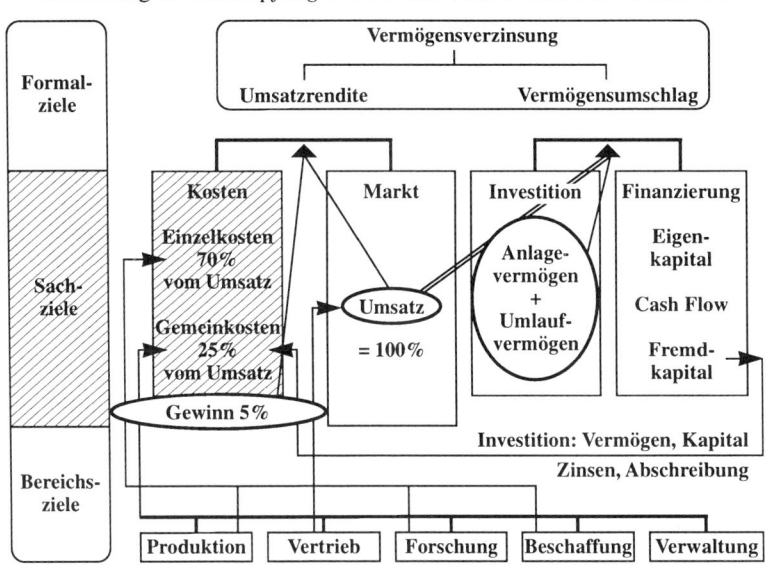

| Formalziele | Vermögensverzinsung |
| | Umsatzrendite — Vermögensumschlag |

Sachziele	Kosten	Markt	Investition	Finanzierung
	Einzelkosten 70% vom Umsatz		Anlagevermögen + Umlaufvermögen	Eigenkapital
	Gemeinkosten 25% vom Umsatz	Umsatz = 100%		Cash Flow
	Gewinn 5%			Fremdkapital

Bereichsziele: Investition: Vermögen, Kapital / Zinsen, Abschreibung

| Produktion | Vertrieb | Forschung | Beschaffung | Verwaltung |

Verlangen Mitarbeiter des Vertriebs im Interesse des Unternehmens aus Prestigegründen nach neuer, aufwendigerer Ausstattung ihrer Ausstellungsräume, so werden Investitionen erforderlich. Diese belasten den Erfolg infolge zusätzlicher Abschreibungen und Zinsen bei Fremdkapitalfinanzierung der Investition. Außerdem verlängert die Aufnahme zusätzlichen Fremdkapitals die Bilanzsumme. Dies reduziert zwangsläufig den Anteil des Eigenkapitals am Gesamtkapital.

Gewinn und Umsatzrendite sinken, wenn die infolge verbesserter Ausstattung auftretenden Mehrkosten nicht als Bestandteil der Kosten im Preis an den Kunden weitergegeben werden können. Da der Kapitaleinsatz annahmegemäß infolge Aufnahme von Fremdkapital steigt, wird auch die Umschlagshäufigkeit vermindert. Deshalb wird die Vermögens-/Kapitalrendite sowohl durch nachlassende Ertragswirksamkeit des Umsatzes als auch durch sinkende Intensität der Vermögens-/ Kapitalnutzung negativ beeinflußt.

Steigende Wirtschaftlichkeit dagegen würde entweder infolge Verminderung des Ressourcenverzehrs als Erhöhung der Ertragswirksamkeit des Umsatzes sichtbar und/oder, bei gleicher Umsatzleistung, in der Senkung des dazu erforderlichen Vermögens-/Kapitaleinsatzes.

Zur Vermeidung gegenläufiger Entwicklungen einzelner Zielgrößen ist eine simultan integrierte Einbindung aller Einflußgrößen in den Planungsprozeß unerläßlich. Einen solchen Planungsansatz verdeutlicht Abbildung 9. Dabei sind die strategischen Ziele Ausgangspunkt für alle Mengenplanungen. Dabei bestehen wechselseitige Abhängigkeiten zwischen der Planung des Produktionsprogramms und den Planungen der darin enthaltenen Produkte. Hieraus wird unter Berücksichtigung der in verschiedenen Standorten verfügbaren Kapazitäten die zeitliche und mengenmäßige Verteilung der Produktion auf Standorte als Produktionsprogramm festgelegt. Hierauf setzt die Planung des Personalbedarfs auf. Nachhaltig entstehende Lücken zwischen den der Produktion vom Vertrieb abgeforderten Produktionsmengen und den verfügbaren Produktionskapazitäten sind durch Investitionen auszugleichen.

Die finanziellen Planungen bauen auf den Mengenplanungen auf. Die Umsätze ergeben sich durch Bewertung der Absatzmengen mit Preisen. Die Kosten ermitteln sich aus der Bewertung des Ressourcenverbrauchs zur Aufrechterhaltung der Betriebsbereitschaft, Durchführung der Leistungserstellung und der Vermarktung. Ein Teil dieses Verbrauchs resultiert aus der Verrechnung von Investitionen als Abschreibungen. Als nicht auszahlungswirksame Größe sind sie häufig wesentlicher Bestandteil des Zahlungsmittelüberschusses der Periode.

Einführung in das Controlling 239

Abbildung 9: *Integrierte Unternehmensgesamtplanung*

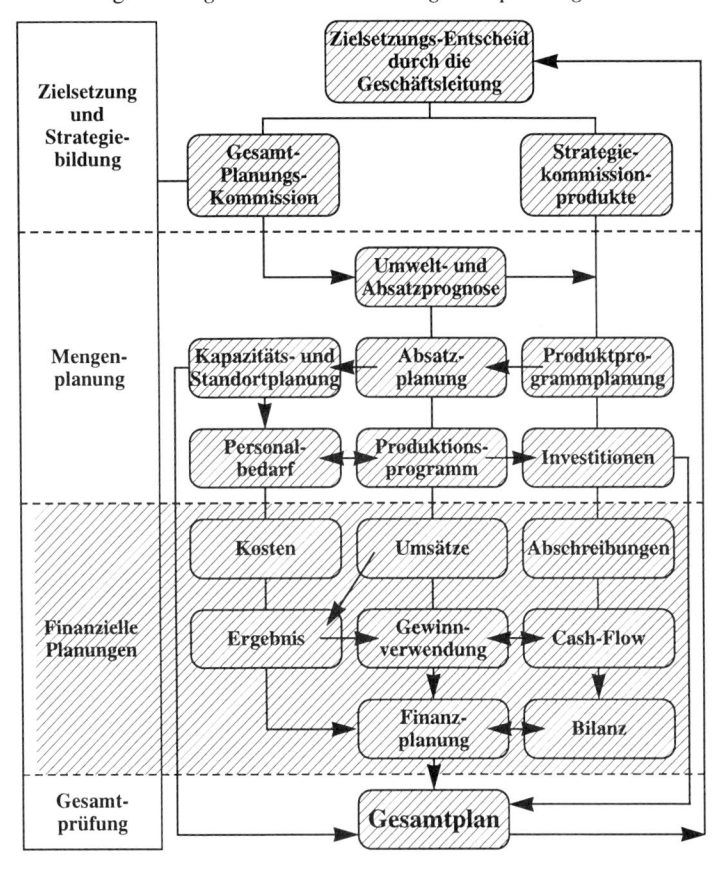

Zielsetzung und Strategiebildung	Zielsetzungs-Entscheid durch die Geschäftsleitung → Gesamt-Planungs-Kommission, Strategiekommissionprodukte
Mengenplanung	Umwelt- und Absatzprognose → Kapazitäts- und Standortplanung, Absatzplanung, Produktprogrammplanung → Personalbedarf, Produktionsprogramm, Investitionen
Finanzielle Planungen	Kosten, Umsätze, Abschreibungen → Ergebnis, Gewinnverwendung, Cash-Flow → Finanzplanung, Bilanz
Gesamtprüfung	**Gesamtplan**

Diese Größe wird Cash Flow genannt. Sie ist ein Maß für die Fähigkeit des Unternehmens, selbst Mittel für Investitionen aus der Geschäftstätigkeit der laufenden Periode zu erwirtschaften. Der Cash Flow kann auf direkte oder indirekte Weise berechnet werden. In der Planungsphase sind die tatsächlichen Zahlungsströme aber nicht definitiv bekannt. Deshalb wird der Cash Flow hier auf indirekte Art anhand zahlungsverwandter Kosten- und Leistungsgrößen abgeleitet. Zahlungsverwandtschaft besteht, wenn zwischen dem zeitlichen und betragsmäßigen Anfall von Kosten und Leistungen und dem

Auftreten der tatsächlichen Zahlungen deutliche Beziehungen existieren.

Schließlich ist die Gesamtplanung mit den Zielsetzungen abzugleichen. Dabei sind im Hinblick auf die Finanzplanung auch Gesichtspunkte von Liquidität und bilanziellem Ausweis unter Berücksichtigung der Gewinnverwendungspolitik zu bedenken. Ist sichergestellt, daß die Planungen die Realisierung der Ziele ermöglichen, wird die Gesamtplanung verabschiedet und damit Grundlage der zu erstellenden Budgets.

Das Jahresbudget des Unternehmens besteht aus den Budgets für alle in der Planung berücksichtigten Sachverhalte. Mindestens besteht es aus den nach Organisationseinheiten differenzierten Kostenbudgets, dem Erlös- und dem Investitionsbudget. Letzteres beinhaltet die genehmigten Investitionsumfänge. Die Budgets werden in der Regel nach Monaten differenziert. Entspricht der Gesamtplan den Zielvorstellungen, so ist der Planungsprozeß abgeschlossen, andernfalls sind zumindest Teilplanungen entsprechend zu modifizieren.

Kosten- und Investitionsbudgets repräsentieren jeweils die Obergrenzen zulässiger Kosten. Erlösbudgets dagegen sind eher als Untergrenzen zu definieren.

Das Investitionsbudget ist der für Investitionen zur Verfügung gestellte finanzielle Gesamtrahmen. Einbezogen werden nur solche Investitionsprojekte, die entweder aus Sicht des Unternehmensbestands unerläßlich sind oder bestimmte Anforderungen erfüllen.

Anforderungen an Investitionsprojekte sind in der Regel der Verzinsungsanspruch für das eingesetzte Kapital bei einem bestimmten Zinssatz, welcher der Wirtschaftlichkeitsanalyse zugrundezulegen ist, eine gewisse Unempfindlichkeit gegen Verteuerung der Finanzierung und die Überschaubarkeit des Abwicklungszeitraums. Das Zusammenspiel dieser Größen sei an Abbildung 10 beschrieben.

Die Objekte 1, 2 und 3 repräsentieren alternative Investitionsvorhaben. Um die Rangfolge der Vorteilhaftigkeit vernünftig beurteilen zu können, sind die Objekte zunächst vergleichbar zu machen. Insbesondere sind Unterschiede bezüglich Investitionsdauern und zu investierender Beträge zu beseitigen. Nachdem Laufzeiten und Investitionsbeträge mittels Differenzinvestitionen vergleichbar gemacht sind, unterscheiden sich die dargestellten Objekte nur in der zeitlichen Verteilung der Investitionsbeträge und bezüglich Höhe und zeitlicher Verteilung der dem Betrieb der Investitionsobjekte zugeordneten sonstigen Ein- und Auszahlungen. Aus diesen und den

Investitionszahlungen ergibt sich jeweils ein Strom der ein Objekt kennzeichnenden Zahlungsdifferenzen. Dieser wird mit dem kalkulatorischen Zinsfuß i_k, das ist der Zinssatz, der für die Finanzierung des Objekts mit Fremdkapital zu veranschlagen wäre, auf einen festgelegten Bezugszeitpunkt abgezinst. Dabei ergeben sich die Kapitalwerte C_1, C_2 und C_3 und die Nullstellen i^*_1, i^*_2 und i^*_3. Die Kapitalwerte repräsentieren die auf den Bezugspunkt umgerechneten Gegenwartswerte der Investitionen. Hiernach ist Objekt 2 am vorteilhaftesten, weil es den höchsten Kapitalwert hat und damit die Erwirtschaftung des höchsten diskontierten Überschusses an Zahlungsdifferenzen in Aussicht stellt.

Abbildung 10: *Kapitalwertmethode und interne Zinsfußmethode*

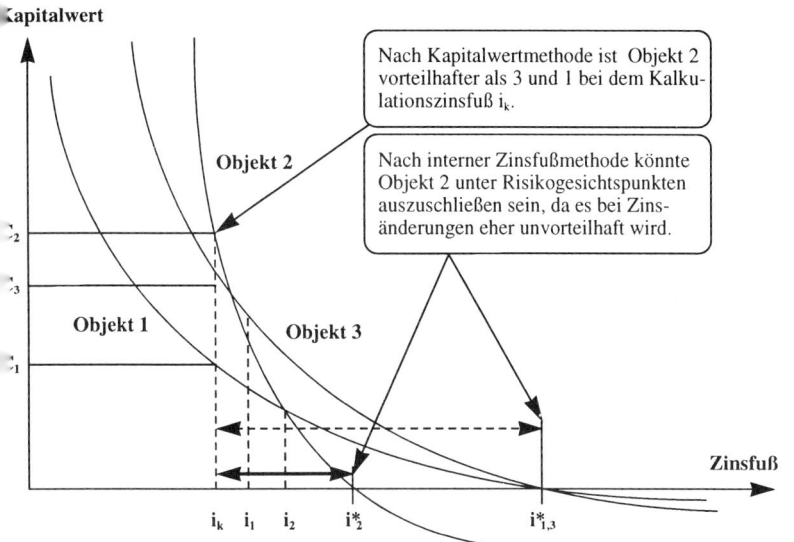

Wird jedoch der für Fremdkapitalfinanzierung angenommene Zinssatz zwischen 0 und $i > i^*$ variiert, so ändert sich die Rangfolge der Vorteilhaftigkeit. Ab dem Zinssatz i_1, von dem an die Kapitalwertkurve des Objekts 3 die von Objekt 2 überlagert ist Objekt 3 in bezug auf den Kapitalwert vorteilhafter als Objekt 2. Analog wird Objekt 1 vorteilhafter als Objekt 2 bei Zinssätzen größer als i_2.

Die interne Zinsfußmethode dagegen nimmt Bezug auf den internen Zinsfuß der Investition. Das ist der Zinsfuß, bei dem der Kapitalwert einer Investition gerade den Wert Null annimmt. Kritisch beziehungsweise unvorteilhaft werden die Investitionen, wenn der Finanzierungszinssatz ihren jeweils internen Zinssatz i* erreicht oder ihn übersteigt. Diese kritischen Zinssätze sind in Abbildung 10 mit $i*_1$, $i*_2$ und $i*_3$ gekennzeichnet. Offensichtlich ist gemäß «h» die Investition 2 demzufolge in bezug auf Zinssatzschwankungen wesentlich anfälliger als die Investitionen 1 und 3. Besteht also die Gefahr entsprechender Zinsschwankungen auf der Finanzierungsseite, so ist die Wichtigkeit der Chance auf den größten Überschuß gegenüber der Sicherheit gegen potentielle Verluste infolge von Zinssatzschwankungen abzuwägen.

3.5 Steuerung

Ein Instrument zur Steuerung von Kostenstellen ist der in Abbildung 11 dargestellte Kostenstellenbericht. In der Kopfzeile sind die „Stammdaten" der Kostenstelle und der Zeitraum ausgewiesen, für den der Bericht angelegt ist. Die Tabelle und die darunter angeordneten Graphiken sind in zwei Bereiche für Mengendaten und Wertgrößen unterteilt. Befund, Analyse und Empfehlung sind Platzhalter, die von Controlling, gegebenenfalls in Zusammenarbeit mit den operativ Verantwortlichen, zu erarbeiten sind. Der Feststellung unerwünschter Abweichungen (Befund) hat sich eine Ursachenanalyse (Analyse) anzuschließen. Hieraus sind Maßnahmen abzuleiten (Empfehlung), mit den Verantwortlichen abzustimmen und zu initiieren.

Mengen- und Werteteil sind in den Zeilen nach Positionen gegliedert. Links beginnend zeigt die erste Spalte Vorjahreswerte, die zweite Spalte Budgetwerte des Jahres, die dritte Spalte monatliche Istwerte. Die Werte der vierten Spalte zeigen das monatliche Ist im Vergleich zum Budget. Kostenwerte oberhalb des Budgetansatzes sind schlechter (schl.) als Budget, Kostenwerte geringer als der Budgetansatz, sind besser (bs.) als Budget.

Die fünfte Spalte führt die über den Berichtszeitraum kumulierten Werte. Spalte sechs zeigt das Verhältnis zu den für den Kumulativzeitraum budgetierten Größen.

Spalte sieben gibt die Erwartung zum Jahresende als Hochrechnung. Sie ist monatlich zu überprüfen und gegebenenfalls zu aktualisieren.

Die Graphiken visualisieren die Entwicklung der in den Bericht eingestellten Größen. Insbesondere die links angeordnete Graphik ermöglicht die Beurteilung der Budgeteinhaltung auf einen Blick. Die vier Graphiken rechts daneben zeigen die wichtigsten Kostenarten gemäß obiger Wertetabelle.

Abbildung 11: *Kostenstellenbericht*

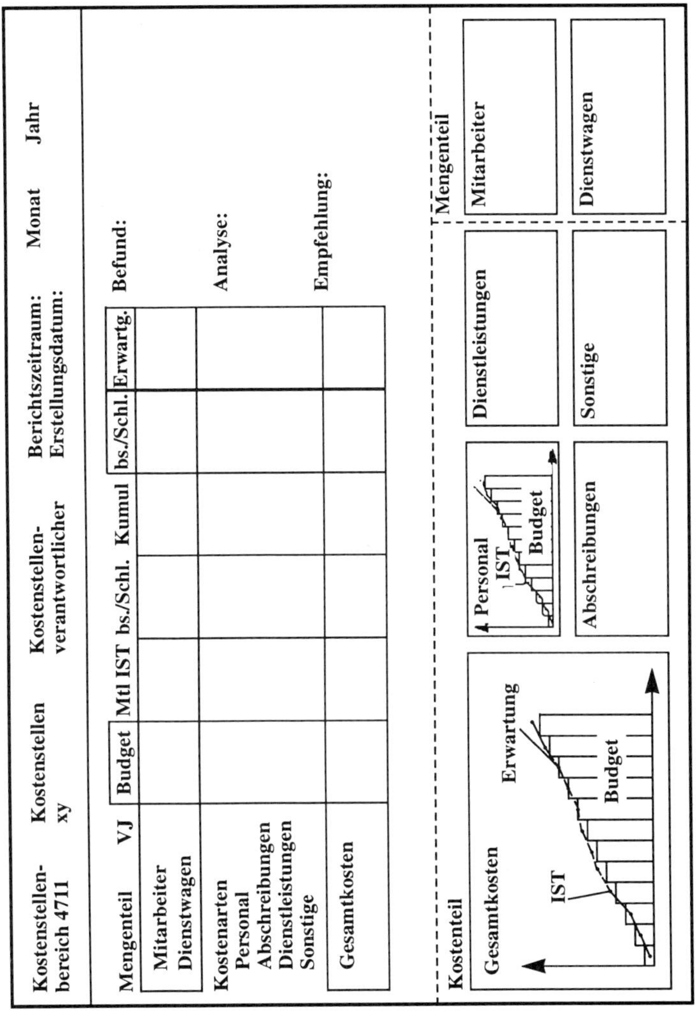

Dieses Steuerungsinstrument kann sowohl für einzelne Kostenstellen als auch summarisch auf Kostenstellenbereiche angewendet werden.

Abbildung 12: *Kostenlücke*

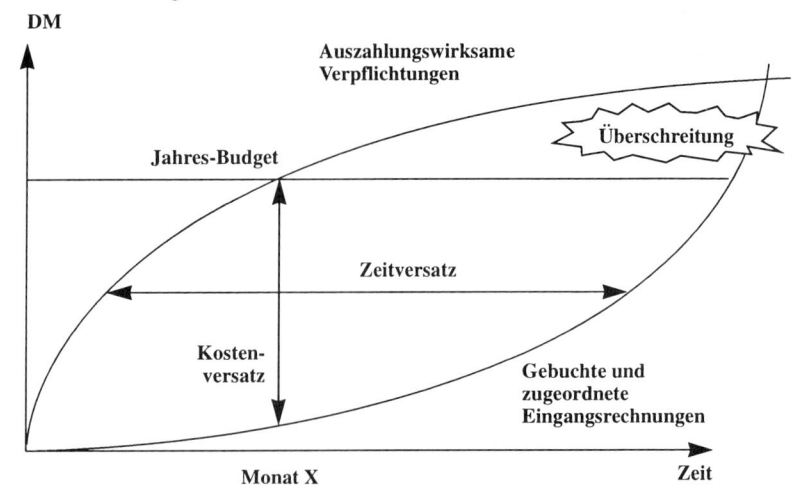

Nachteil jedes Kostenstellenberichts ist jedoch, daß er buchhalterisch bereits erfaßte Engagements des Unternehmens, die den Kostenstellen kostenrechnerisch noch nicht angelastet sind, keinesfalls erkennen läßt. Dadurch kommt es zur Überschätzung der noch verfügbaren Budgetmittel und gegebenenfalls zu der in Abbildung 12 dargestellten Situation. Dabei wird in der Regel erst zu spät festgestellt, daß die Budgets überschritten sind und das geplante Ergebnis deshalb nicht erreicht wurde.

4. Kostenarten-, -stellen-, -träger- und Prozeßkostenrechnung

4.1 Kostenarten-, Kostenstellen- und Kostenträgerrechnung

Die traditionelle Kostenrechnung erfaßt die Kosten nach Arten. Sie leitet die erfaßten Kosten entweder als Einzelkosten direkt an Kostenträger weiter oder verteilt sie gemäß Verursachung auf Hilfs-

und Hauptkostenstellen. Diese Zuordnung basiert teilweise auf Schlüsselungen, die keineswegs die tatsächliche Inanspruchnahme reflektieren.

In den Leistungserstellungsprozessen werden die Kostenstellen in bestimmten Folgen tätig. Entsprechend verrechnen vorgelagerte Kostenstellen ihre Kosten auf nachgelagerte Kostenstellen, bis die so verrechneten indirekten Kosten schließlich auf sogenannte Endkostenstellen zugerechnet sind. In Abbildung 13 sind dies die Kostenstellen III, IV, V und VI.

Von hier aus werden sie den Produkten auf der Basis von Gemeinkostenverrechnungssätzen so zugeschlagen, daß sich die Kostenstellen gänzlich entlasten.

Abbildung 13: *Kostenarten-, Kostenstellen- und Kostenträgerrechnung*

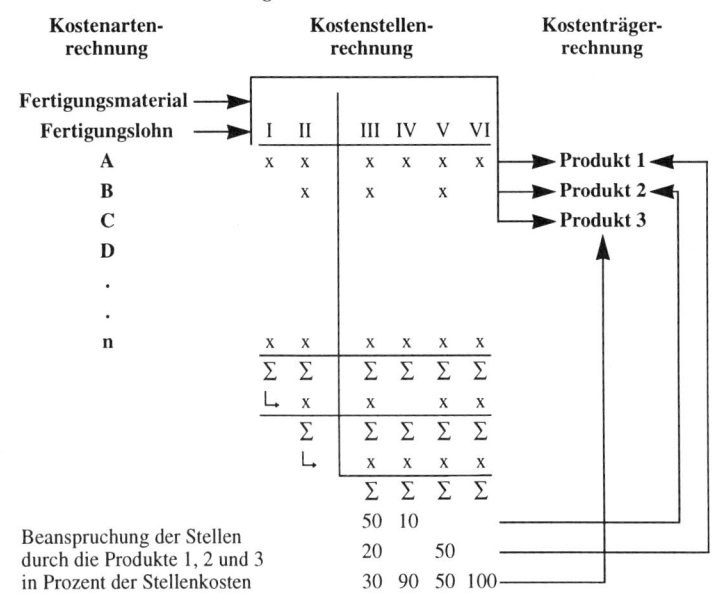

Kostenarten-rechnung	Kostenstellen-rechnung						Kostenträger-rechnung
	I	II	III	IV	V	VI	
Fertigungsmaterial →							
Fertigungslohn →							
A	x	x	x	x	x	x	→ Produkt 1 ←
B		x	x		x		→ Produkt 2 ←
C							→ Produkt 3
D							
.							
.							
n	x	x	x	x	x	x	
	Σ	Σ	Σ	Σ	Σ	Σ	
	↳	x	x		x	x	
		Σ	Σ	Σ	Σ	Σ	
			↳	x	x	x	x
			Σ	Σ	Σ	Σ	

Beanspruchung der Stellen
durch die Produkte 1, 2 und 3
in Prozent der Stellenkosten

		50	10		
		20		50	
		30	90	50	100

Dieses Zuschlagsprinzip berücksichtigt in keiner Weise die tatsächliche Arbeitslast, die eine Kostenstelle durch das Produkt erfährt. Sie bewirkt in der Regel eine kostenmäßige Überfrachtung von in großen Mengen erstellten Leistungen bei gleichzeitiger Subventionierung von kleinen Mengen, da Verrechnungsgrundlagen nicht die Inanspruchnahmen der Kostenstellen, sondern die Material- und Lohnwerte der Leistungen sind.

Bei Preiskalkulationen mittels Zuschlagskalkulation werden auf die Kosten der Leistungen Gewinnzuschläge erhoben. Auf Grund ungeeigneter Entscheidungsgrundlagen führt das in aller Regel zu Preispolitiken, mit der sich Unternehmen gerade mit solchen Leistungen aus dem Markt kalkulieren, die ihnen den höchsten Beschäftigungsanteil bescheren.

Durch Controlling sind also Instrumente bereitzustellen, die der Unternehmensleitung zuverlässig zweckmäßigere Informationen für Führungsentscheidungen bereitstellen. Ein Ansatz ist die Prozeßkostenrechnung, ein zweiter Target-Costing.

4.2 Prozeßkostenrechnung

Selbst komplexe Unternehmen lassen sich durch eine überschaubare Anzahl ordentlich abgegrenzter Geschäftsprozesse abbilden. Prozesse, auch Geschäftsprozesse genannt, kennzeichnen die umfassende Abwicklung wohldefinierter Arbeitsumfänge durch Zusammenführung aller Arbeitsschritte, die durch Arbeitsteilung auseinandergerissen und dabei unter Umständen auf verschiedene Organisationseinheiten des Unternehmens verteilt wurden. Die Prozesse erhalten dadurch den Charakter innerbetrieblicher Leistungsbezugsgrößen.

Den Prozessen zurechenbare Kosten werden dadurch zu Einzelkosten. Die Möglichkeit, jedes Tun oder Unterlassen mit Kosten oder Einsparpotentialen zu belegen, steigert die Kostentransparenz gerade in indirekten Bereichen.

Die Ermittlung von Prozeßkosten erfolgt durch prozeßorientierte Zusammenstellung kostenrechnerisch nach Kostenarten erfaßter und auf Kostenstellen verrechneter Kosten.

Dazu werden die Mitarbeiter befragt, die Ergebnisse je Kostenstelle zusammengeführt, die Kosten der indirekten Leistungsbereiche den elementaren Arbeitsverrichtungen zugeordnet und in Erfassungsbögen analog Abbildung 14 dargestellt. Anschließend werden diese Kosten verdichtet auf übergeordnete Geschäftsprozesse, die „neuen" Kostenträger. Zur Bestimmung des Prozeßkostenanteils je Leistungseinheit sind die Prozeßkostensätze dann jeweils durch die Anzahl mit einem Prozeß abgewickelter Mengeneinheiten zu dividieren.

Einführung in das Controlling

Abbildung 14: *Exemplarisch ausgefülltes Erhebungsblatt zur Bestimmung von Prozeßkosten auf Kostenstellenebene*

PROZESSKOSTENRECHNUNG
– Festlegung von Teilprozessen und Kosten –

Kostenstellenbezeichnung:
Kostenstellen-Ident-Nr.: 4711
LABOR:

Lfd. Nr.	Teilprozeß	Maßgrößen "Anzahl der …"	Teilprozeß- mengen	Mitarbeitereinsatz			Teilprozeßkosten in TDM			TPK Satz in TDM	
				lmi	Umlage-lmn	lmi + lmn	lmi	Umlage-lmn	lmi + lmn	lmi	lmi + lmn
1	Bemusterung Kunststoffteile	Mat.-Prüfungen	858	4,00	0,35	4,35	587,30	51,45	638,75	0,685	0,744
2	Bemusterung …	Mat.-Prüfungen	800	2,00	0,17	2,17	293,65	24,99	318,64	0,367	0,398
3	Sonderuntersuchungen	Analysen Xy	184	6,00	0,52	6,52	880,96	76,44	957,40	4,788	5,203
4	Beanstandungen	Analyse B	868	9,00	0,78	9,78	1.323,00	114,66	1.437,66	1,524	1,656
5	Fertigungsüberwachung	Prüfung Q 1	2.020	2,00	0,18	2,18	293,65	26,46	320,11	0,145	0,158
Summe leistungsmengeninduzierter Teilprozesse (lmi)				23,00	2,00	25,00	3.377,00	294,00	3.673	7,509	8,161
6	Abteilung leiten			1,00			147,00				
7	Erstellung technischer Berichte/Unterlagen			1,00			147,00				
Summe leistungsmengenneutraler Teilprozesse (lmn)				2,00			294,00				
Summer repetitiver Prozesse (Lmi + lmn)				25,00			3.671,00				

Abbildung 15: *Traditionelle und prozeßkostenorientierte Gemeinkostenverrechnung von Planungsprozessen*

Annahmen
- Planungsaufwand für Produkt A und B je DM 250.000,-
- Gesamtkosten für Planung   DM 500.000,-
- Material- und Lohnkosten je Einheit von A und B gleich   geteilt durch

Stückzahlen:
Produkt A:	100.000	
Produkt B:	1.000	
	101.000	101.000
Einheitlicher Zuschlagsatz für A und B (DM/Stück)		4,95

Verrechnungssätze nach Prozeßkostenrechnung:

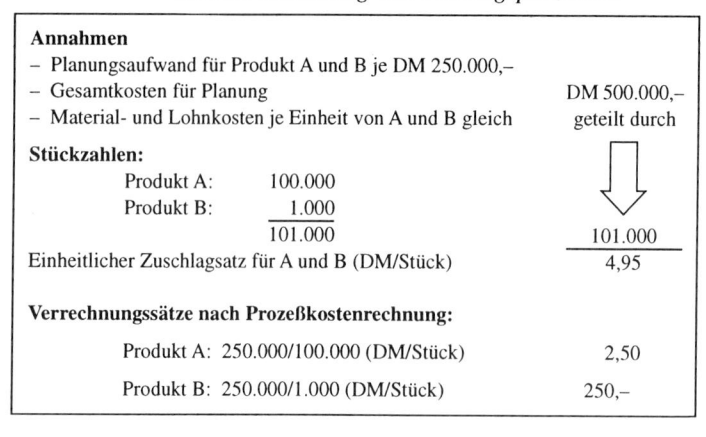

Produkt A: 250.000/100.000 (DM/Stück)   2,50

Produkt B: 250.000/1.000 (DM/Stück)   250,-

Abbildung 16: *Verknüpfung von Kostenarten-, Kostenstellen- und Kostenträgerrechnung mit der Prozeßkostenrechnung*

Abbildung 15 verdeutlicht den Unterschied zwischen der traditionellen Verrechnung von Gemeinkosten und dem Verrechnungsansatz der Prozeßkostenrechnung anhand eines für unterschiedliche Mengen ausgeführten Planungsprozesses, der eine deutliche Reduzierung der Gemeinkostenbelastung des großvolumigen Produkts bewirkt.

Abbildung 16 läßt in Verbindung mit Abbildung 13 erkennen, daß die Prozeßkostenrechnung nahtlos an die traditionelle Kostenarten-, Kostenstellen- und Kostenträgerrechnung anschließt.

4.3 Target-Costing

Eine traditionelle Art zur Festlegung von Verkaufspreisen ist die Zuschlagskalkulation. Dabei wird auf die Kosten noch ein angemessener Gewinnaufschlag erhoben.

Weder Kostenstrukturen noch die Angemessenheit des Gewinnaufschlags werden dabei in Frage gestellt. Die Verschärfung des Wettbewerbs konfrontiert die Unternehmen jedoch zunehmend mit der Notwendigkeit, Preise zu akzeptieren, die sich aufgrund von Marktmechanismen herausgebildet haben und deutlich geringer sind als diejenigen, die das Unternehmen bisher gefordert hat. Die Ausrichtung auf den Kunden und auf realistische Preis-Leistungsverhältnisse am Markt verlangt, daß die Marktpreise als Preisobergrenze begriffen werden müssen. Die Unternehmen sind daher zur Anpassung ihrer Kostenstrukturen gezwungen, um trotz niedriger Marktpreise und deshalb in der Regel geringerer Erlöse je Einheit angemessene Gewinne zu erzielen.

Abbildung 17: *Vom Anspruchsdenken zum Leistungsdenken durch Target-Costing*

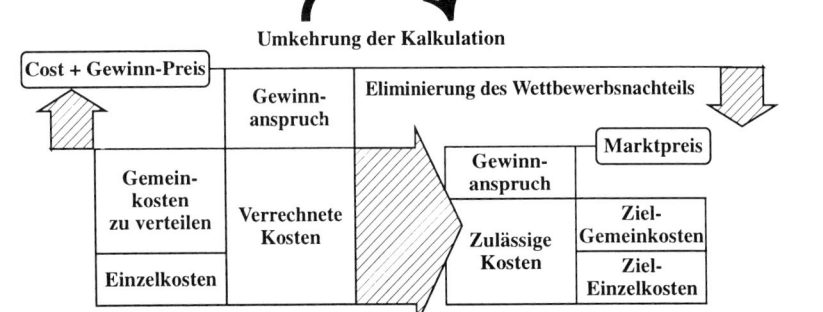

Ein Ansatz dazu ist die in Abbildung 17 als Prinzipskizze dargestellte Denkumkehrung des Target-Costing, auch Zielkostenrechnung genannt. Die Zielkostenrechnung versucht die Einzel- und Gemeinkosten des Unternehmens so zu beeinflussen, daß künftig auch bei Marktpreisen noch Gewinne erzielt werden können. Target-Costing setzt also einen kontinuierlichen Verbesserungsprozeß in Gang. Dieser hat die permanente Optimierung von Strukturen, Abläufen und Produkten zum Ziel.

4.4 Break-Even-Analyse

Zur Beurteilung der aktuellen Kosten- und Erlössituation des Unternehmens sowie seiner Fähigkeit, sich an Beschäftigungsschwankungen verlustfrei anpassen zu können, werden Break-Even-Analysen gemäß Abbildung 18 verwendet.

Break-Even-Analysen lassen, unter Bezug auf die gleich 100 gesetzte Planbeschäftigung, gegebene Strukturen von Erlösen sowie von variablen und fixen Kosten erkennen, bei welcher Beschäftigung das Unternehmen bei Konjunktureinbrüchen aus der Gewinn- in die Verlustzone wechseln würde.

Dem ist durch Beeinflussung der Struktur von fixen und variablen Kosten entgegenzuwirken. Dabei ist zu bedenken, daß fixe Kosten in der Regel Gemeinkosten sind. In die variablen Kosten dagegen fließen die Einzelkosten der Produkte und die variablen Gemeinkostenanteile ein. Diese Strukturen sind permanent zu optimieren.

Abbildung 18: *Break-Even-Analyse*

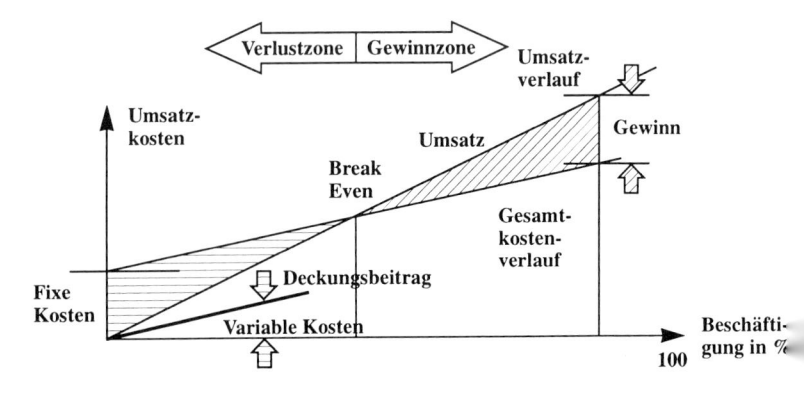

Die Absenkung der Break-Even-Beschäftigung eröffnet dem Unternehmen nicht nur größere Flexibilität für verlustfreie Anpassung an Beschäftigungsschwankungen, sondern erweitert darüber hinaus seinen preispolitischen Handlungsspielraum im Wettbewerb.

4.5 Informationsmanagement

Controlling hat das Unternehmen mit Informationen zu versorgen. Dazu sind die vielfältigen Informationen widerspruchsfrei und transparent in führungsrelevante Informationen zu transformieren und den Entscheidungsträgern zeitnah und empfängerorientiert bereitzustellen.

Zu diesem Zweck sind im Unternehmen alle Begriffe auf Inhalte und Einheitlichkeit zu überprüfen. Die verschiedenen Informationssysteme und Datenbasen sind so aufeinander abzustimmen, daß verschiedene Sichtweisen derselben Information nicht zu unterschiedlichen Zahlen, sondern höchstens zu unterschiedlicher Wichtung führen. Dies veranschaulicht beispielsweise Abbildung 19 anhand der Sichtweisen des Personal- und des Produktionsbereichs zur Beschäftigtenzahl im Produktionsbereich. BD repräsentiert danach die Beschäftigtenzahl des Produktionsbereichs zum einen aus eigener Sicht und zum anderen aus Sicht des Personalwesens. Aus der einen Sicht kann die Beschäftigtenzahl als angemessen, aus der anderen als zu hoch angesehen werden. Dennoch: Um glaubwürdig zu sein, darf es keine zwei verschiedenen Zahlenwerte zu einem Sachverhalt geben.

Abbildung 19:   *Das Unternehmensdatenmodell*

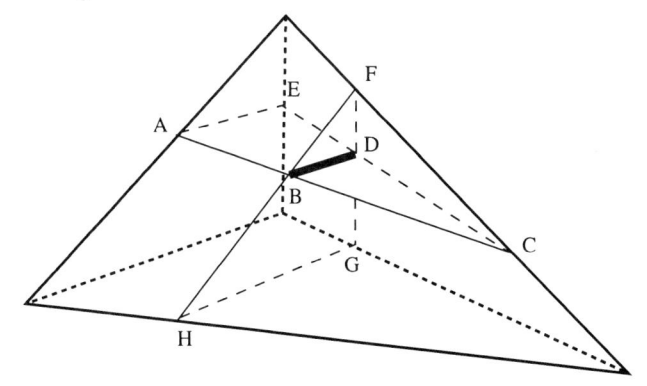

Deshalb sind auch die Datenbasen und Verarbeitungsregeln für die Aufbereitung von Informationen zwingend zu vereinbaren.

Diese Anforderungen an die Informationsaufbereitung gelten für das Unternehmen als juristische Einheit. In besonderem Maße sind sie in komplexeren Wirtschaftseinheiten wie Konzernen zu beachten, die in vielfältiger Form nach unterschiedlichsten Gesichtspunkten aufgegliedert werden können. In derart komplexen Systemen muß das Informationsmanagement über die wirtschaftliche Position des Konzerns widerspruchsfrei und schnell Auskunft geben können nach Regionen, strategischen Geschäftseinheiten, Sparten, Standorten, Produkten, über Vertriebkanäle, Absatzmittler, Marktanteile, Kunden, Produktions- und Absatzmengen, Liquidität, Kapital- und Vermögensstrukturen oder die Kosten bestimmter konzerninterner Abwicklungen.

Um künftig möglichst umfassend auf neue, steuerungsrelevante Fragen antworten zu können, muß das Informationsmanagement schon heute den künftigen Informationsbedarf zumindest insoweit antizipieren, daß heute verfügbare Informationen in geeigneter Form in Data-Warehouses für Managementfragestellungen vorgehalten werden.

5. Ausblick

Bestehende Kostenstrukturen sind stets nur die Folge dessen, was das Management in der Vergangenheit getan oder unterlassen hat. Wirtschaftliche Gestaltung von Strukturen darf nicht mit der Einhaltung von Budgets verwechselt werden, deren Ursprünge auf Entscheidungen vergangener Perioden zurückzuführen sind.

Die Unternehmen müssen zukünftig andere Verhaltensweisen als bisher an den Tag legen. Kurzfristige Maßnahmen zur Kostenbeeinflussung sind oft kurzsichtig. Wohlüberlegtes Management über alle hierarchischen Ebenen des Unternehmens, quer über alle Bereiche, Funktionen, Projekte und strategische Geschäftseinheiten ist gefordert. Zukunftsträchtige Produkte und äußerste Wirtschaftlichkeit sind unerläßlich in allen Strukturen und Abläufen. Außerdem ist die Vermeidung von Kosten wesentlich ergiebiger als die Bewirtschaftung ineffizienter Kostenstrukturen. Untersuchungen belegen, daß bis zu 70 % der Kosten zukünftiger Produkte in ihrer Konzeptionsphase wesentlich beeinflußt werden können. Danach schrumpfen die Manövriermassen drastisch. Demnach kommt es mehr und mehr darauf an, nicht nur gleich das Richtige zu machen, sondern dieses auch gleich richtig zu machen. Komplexität, Schnellebigkeit, Wettbewerb und Kunde vermindern den Spielraum für unternehmerische Experimente. Management by objectives, Führen mit Fakten und Zahlen, ist angesagt. Der Stellenwert von Controlling als Transparenzmanager und Berater im Unternehmen wird daher weiter steigen.

Profunde Vertrautheit mit betriebswirtschaftlichen Zusammenhängen, sicheres betriebswirtschaftliches Urteilsvermögen und Kreativität sind Voraussetzung für Controlling, wenn es künftig kompetenter Gesprächspartner und Berater des Managements bei der Bewältigung neuer Herausforderungen und der Gestaltung einer erfolgreichen Unternehmenszukunft sein soll.

Grundlagen- und weiterführende Literatur

Bühner, Rolf: Betriebswirtschaftliche Organisationslehre, 5. Aufl., München, Wien 1991.
Bramsemann, Rainer: Handbuch Controlling. Methoden und Techniken, 2. Aufl., München, Wien 1990.
Coenenberg, Adolf G.: Kostenrechnung und Kostenanalyse, 2. Aufl., Landsberg am Lech 1993.
Eschenbach, Rolf (Hrsg.): Controlling, Stuttgart 1995.
Horváth, Pétér: Das Controllingkonzept. Der Weg zu einem wirkungsvollen Controllingsystem, München 1991.
Idem: Controlling, 5. Auflage, München 1994.
Küpper, Hans-Ulrich: Controlling-Konzepte, Stuttgart 1995.
Kilger, Wolfgang: Flexible Plankostenrechnung und Deckungsbeitragsrechnung, 10. Aufl., Wiesbaden 1993.
Klenger, Franz: Operatives Controlling, 3. Aufl., München, Wien 1994.
Kosmider, Andreas: Controlling im Mittelstand, 2. Aufl., Stuttgart 1994.
Preißler, Peter R. (Hrsg.): Controlling, 5. Aufl., Landsberg am Lech 1993.
Reichmann, Thomas: Controlling mit Kennzahlen und Managementberichten, 3. überarb. u. erw. Aufl., München 1993.
Weber, Joachim: Einführung in das Controlling, 6. Aufl., Stuttgart 1995.

Manfred Jürgen Matschke

Finanzwirtschaft

1. Zur Entstehung von Kreditierungs- und Finanzierungsvorgängen

In Marktwirtschaften ist die Unternehmung über ihre Marktbeziehungen mit anderen Wirtschaftseinheiten verknüpft, die ihr die benötigten Realgüter für den Produktionsprozeß zur Verfügung stellen und die ihr die hervorgebrachten Realgüter abnehmen. Letztlich tauscht die Unternehmung ihre Realgüter, die sie hervorbringt, gegen Realgüter, die sie einsetzt. Entwickelte Marktwirtschaften sind indes keine Naturaltauschwirtschaften, sondern Geldwirtschaften. Der reale Tausch zwischen zwei Gütern läßt sich durch die Verwendung von Geld in zwei zeitlich, räumlich und personell völlig unabhängige Vorgänge zerlegen: 1. in einen Verkaufsakt: Ware (hervorgebrachtes Gut) gegen Geld und 2. in einen Kaufakt: Geld gegen Ware (einzusetzendes Gut). Bezogen auf eine Unternehmung ergibt sich ein Güterstrom vom Beschaffungsmarkt über die Unternehmung zum Absatzmarkt, dem wegen der Tauschbeziehungen ein Geldstrom vom Absatzmarkt über die Unternehmung zum Beschaffungsmarkt entgegengerichtet ist. Der güterwirtschaftliche Prozeß verläuft in der Realität nicht zeitlos. Beschaffungs-, Produktions- und Absatzvorgänge benötigen Zeit. Dieser Zeitbedarf führt dazu, daß zeitlich vor und parallel zu Fertigungsvorgängen ablaufende Beschaffungsvorgänge (hier im Sinne der Bereitstellung aller Produktionsfaktoren verstanden) in Leistung und Gegenleistung marktmäßig schon abgeschlossen werden müssen, bevor es zu einem marktmäßigen Abschluß der Absatzvorgänge gekommen ist. Diese zeitliche Verwerfung zwischen Beschaffung und Produktion einerseits und dem Absatz andererseits führt auch zu einer zeitlichen Verwerfung im Geldstrom, d.h., **geldwirtschaftlicher** und **güterwirtschaftlicher Transformationsprozeß** sind zeitlich verschoben. Der güterwirtschaftliche Transformationsprozeß kann nur dann störungsfrei ablaufen, wenn finanzielle Mittel bereitstehen, um die zeitlich vor oder parallel zum Produktionsprozeß verlaufenden Beschaffungsvorgänge durch Erbringung ihrer geldwirtschaftlichen Gegenleistung marktmäßig abschließen zu können.

Abbildung 1: *Erläuterung der zeitlichen Verwerfung zwischen güter- und geldwirtschaftlicher Transformation*

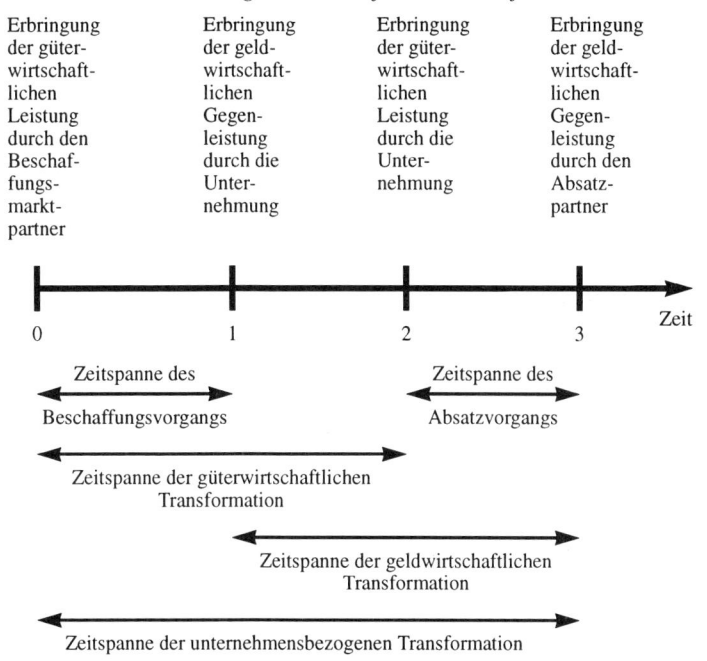

Erbringung der güterwirtschaftlichen Leistung durch den Beschaffungsmarktpartner	Erbringung der geldwirtschaftlichen Gegenleistung durch die Unternehmung	Erbringung der güterwirtschaftlichen Leistung durch die Unternehmung	Erbringung der geldwirtschaftlichen Gegenleistung durch den Absatzpartner

```
|-----------|-----------|-----------|-----------| Zeit
0           1           2           3
```

    ←——— Zeitspanne des ———→   ←——— Zeitspanne des ———→
       Beschaffungsvorgangs   Absatzvorgangs

    ←—————— Zeitspanne der güterwirtschaftlichen ——————→
                     Transformation

              ←—————— Zeitspanne der geldwirtschaftlichen ——————→
                              Transformation

    ←——————————— Zeitspanne der unternehmensbezogenen Transformation ———————————→

In Abbildung 1 sind die geschilderten Zusammenhänge am Beispiel eines einzigen unternehmensbezogenen Transformationsprozesses erläutert, der im Zeitpunkt 1 beginnt und im Zeitpunkt 3 endet. Die güterwirtschaftliche Transformation (Umwandlung von Einsatz- zu Ausbringungsgütern) beginnt mit der Bereitstellung der Produktionsfaktoren durch Beschaffungsmarktpartner im Zeitpunkt 0 und endet im Zeitpunkt 2 durch die Veräußerung der Ausbringungsgüter an Absatzmarktpartner. Der geldwirtschaftliche Transformationsprozeß (Einsatz und Wiedergewinnung von Geld) beginnt im Beispiel im Zeitpunkt 1 mit der Bezahlung der beschafften Einsatzgüter durch die Unternehmung und endet im Zeitpunkt 3 mit der Bezahlung der Absatzgüter durch die Absatzmarktpartner der Unternehmung.

In diesem Beispiel gibt es Kreditierungen. Zu **Kreditbeziehungen** kommt es automatisch, wenn Leistung und Gegenleistung in bezug auf ein und denselben Tauschvorgang zeitlich versetzt erfolgen. Derjenige Marktpartner, der seine Leistung zuerst erbringt, gewährt dem anderen einen Kredit. Er ist **Kreditgeber** (Kreditor, Gläubiger). Zugleich erhält er einen Anspruch auf Gegenleistung, d.h. eine Forderung gegenüber seinem Marktpartner, der der **Kreditnehmer** (Debitor, Schuldner) ist und der seinerseits eine Verpflichtung übernimmt, die Gegenleistung zu erbringen; er geht eine Verbindlichkeit gegenüber seinem Marktpartner ein. Betrachtet man die Kreditbeziehung aus der Sicht des Kreditgebers, so spricht man vom **aktiven Kreditgeschäft**; aus der Sicht des Kreditnehmers handelt es sich um ein **passives Kreditgeschäft**. Im Beispiel ist die Unternehmung sowohl in ein passives (gegenüber ihrem Beschaffungsmarktpartner im Zeitpunkt 0) als auch in ein aktives Kreditgeschäft (gegenüber ihrem Absatzmarktpartner im Zeitpunkt 2) eingebunden. In beiden Fällen liegt ein Warenkredit vor, weil die gewährte Kreditleistung eine Ware (Realgut) ist. Ist die Kreditleistung hingegen Geld, so spricht man vom Geldkredit. Die Unternehmung kann auch in bezug auf Beschaffungsvorgänge Kreditgeber sein, nämlich dann, wenn sie ihre geldwirtschaftliche Gegenleistung ganz oder teilweise zeitlich vor der güterwirtschaftlichen Leistung des Beschaffungsmarktpartners erbringt (z. B. bei einer Anzahlung oder Vorauszahlung). Ebenso könnte die Unternehmung von ihrem Absatzmarktpartner einen Anzahlungs- oder Vorauszahlungskredit erhalten, d.h. Kreditnehmer sein.

Mit Blick auf Leistungen und Gegenleistungen lassen sich **vier Arten von Kreditbeziehungen** unterscheiden: 1. Ware-Ware-Beziehungen, 2. Ware-Geld-Beziehungen, 3. Geld-Ware-Beziehungen und 4. Geld-Geld-Beziehungen. In Geldwirtschaften sind Ware-Ware-Beziehungen untypisch, kommen aber bei wechselseitigen Lieferbeziehungen vor. Im Beispiel der Abb. 1 liegen hinsichtlich der Kreditbeziehungen jeweils Ware-Geld-Beziehungen zugrunde.

Die Unternehmung muß im Beispiel zum Zeitpunkt 1 ihre geldwirtschaftliche Gegenleistung an ihren Beschaffungsmarktpartner erbringen, erhält aber erst zum Zeitpunkt 3 eine geldwirtschaftliche Gegenleistung durch ihren Absatzmarktpartner. Weil dieser geldwirtschaftliche Transformationsprozeß nicht zeitlos verläuft, ergibt sich für die Unternehmung eine Finanzierungsnotwendigkeit im Sinne der Bereitstellung von Zahlungsmitteln zum Zeitpunkt 1. Der nicht zeitlose geldwirtschaftliche Transformationsprozeß ist ein wesentlicher Grund, der Unternehmung finanzielle Mittel von außen zuzuführen und so zugleich die Durchführung von güterwirtschaftlichen Prozessen abzusichern. Daneben gibt es aber in der Realität weitere Bedarfe, die eine Bereitstellung von finanziellen Mitteln erfordern. Umgekehrt ist deren Bereitstellung und Verwendung nur ein Aspekt der betrieblichen Finanzwirtschaft als Synonym für „Finanzierung und Investition" einer Unternehmung. Hierzu ist es zweckmäßig, den Ausführungen ein differenzierteres Begriffssystem hinsichtlich „Finanzierung und Investition" zu geben, als dies bisher geschehen ist.

2. Finanzierungs- und Investitionsbegriffe

2.1 Finanzierungs- und Investitionsbegriff i.e.S.

In Übereinstimmung mit den einführenden Bemerkungen kann der Begriff der **Finanzierung i.e.S.** umschrieben werden als Gesamtheit von Entscheidungen, die im Zusammenhang mit dem geldwirtschaftlichen Transformationsprozeß der Unternehmung stehen und zur **Bereitstellung von finanziellen Mitteln** (Zahlungsmittel in Form von Noten- und Buchgeld sowie Geldsurrogaten, effektive Kaufkraft) führen, so daß die Unternehmung ihren in Geld zu erbringenden Verpflichtungen, unabhängig vom Grund ihres markt- oder nichtmarktmäßigen Zustandekommens, nachkommen kann. In diese Definition ist schon einbezogen, daß in der Realität die Unternehmung auch zu geldwirtschaftlichen Leistungen verpflichtet sein kann, ohne daß dafür Marktbeziehungen die Grundlage bilden; zu denken ist etwa an Beziehungen der Unternehmung zum Fiskus und zu Parafisci (z. B. Sozialversicherungen). Auch müssen die Gründe für die Bereitstellung finanzieller Mittel nicht in Gütermarktbeziehungen liegen, sondern können auch durch Aktionen der Unternehmung auf Finanzmärkten hervorgerufen sein. Die Bereitstellung finanzieller Mittel führt i.d.R. künftig zu kontrakt- (gegenüber Fremdkapitalgebern) oder residualgrößenbestimmten (gegenüber Eigenkapitalgebern) finanziellen Leistungspflichten (bei Fremdkapital) der Unternehmung oder Leistungserwartungen (bei Eigenkapital) gegenüber der Unternehmung. Werden diese Auszahlungspflichten/-erwartungen mit berücksichtigt und wird von einer Konkretisierung der Quellen des Zahlungsmittelzuflusses und der Richtung des Zahlungsmittelabflusses abgesehen, so kann Finanzierung i.e.S. allgemein als Gesamtheit von Entscheidungen definiert werden, die einen **Zahlungsstrom** auslösen, **der mit Einzahlungen** (Einzahlungsüberschüssen gemäß $E_t-A_t>0$ mit E als Einzahlungen, A als Auszahlungen und t als Zeitindex) **in die Unternehmung beginnt und Auszahlungen** (Auszahlungsüberschüsse gemäß $E_t-A_t\leq 0$) **aus der Unternehmung nach sich zieht.** Diese Abstraktion von Quell- und Zielort des Zahlungsmittelstroms ist insofern zweckmäßig, als nicht bloß Finanzmarktpartner in Frage kommen, sondern auch andere, wie z. B. Absatzmarktpartner und Staat. Ebenso ist es zweckmäßig, beim Auszahlungsüberschuß die Nullvariante ($E_t-A_t=0$) nicht auszuschließen; der Zahlungsstrom kann möglicherweise nur aus anfänglichen Einzahlungen (Einzahlungsüberschüssen) bestehen, wie dies bei der Subventionsfinanzierung in Form direkter staatlicher Zuschüsse der Fall ist.

Diesen Varianten des Finanzierungsbegriffs i.e.S. lassen sich spiegelbildlich Varianten des **Investitionsbegriffs i.e.S.** gegenüberstellen. Nach der ersten Variante ist Investition i.e.S. die **Verwendung der bereitgestellten finanziellen Mittel** für güterwirtschaftliche oder – allgemeiner – unternehmerische Zwecke. Will die Unternehmung dauerhaft tätig sein, so muß eine solche Verwendung ihr letztlich erlauben, sich zu regenerieren. Sie muß in die Lage versetzt werden, auf diese Weise diejenigen Zahlungsmittel zu erwirtschaften, die es ihr gestatten, die aus Finanzierungsvorgängen und aus anderen Gründen resultierenden finanziellen Leistungspflichten zu erfüllen sowie auch den finanziellen Leistungserwartungen ihrer Eigner gerecht zu werden. Berücksichtigt man die aus einer Verwendung finanzieller Mittel folgenden finanziellen Einzahlungserwartungen der Unternehmung, so kann die Investition i.e.S. auch als Gesamtheit von Entscheidungen definiert werden, die einen **Zahlungsstrom** auslösen, **der mit Auszahlungen** (Auszahlungsüberschüssen gemäß $E_t-A_t<0$) **aus der Unternehmung beginnt und Einzahlungen** (Einzahlungsüberschüsse gemäß $E_t-A_t\geq 0$) **in die Unternehmung nach sich zieht.** Auch hier ist es zweckmäßig, beim Einzahlungsüberschuß die Nullvariante ($E_t-A_t=0$) nicht auszuschließen, so daß der Zahlungsstrom möglicherweise nur aus anfänglichen Auszahlungen (Auszahlungsüberschüssen) besteht. Auch eine andere praktisch bedeutsame Möglichkeit hinsichtlich der Gestalt des künftigen Zahlungsstroms sei eingeschlossen, nämlich daß die anfänglichen Auszahlungen im Vergleich zum Verzicht auf die Investition zwar nicht zu Einzahlungen, aber doch zu verminderten Auszahlungen in der Zukunft führen.

2.2 Finanzierungs- und Investitionsbegriff i.w.S.

Geld als allgemeines Tausch- und Zahlungsmittel ist effektive Kaufkraft, das heißt, wer Geld hat, besitzt ein Anrecht auf einen Teil des volkswirtschaftlichen Sozialprodukts, d.h. auf materielle wie immaterielle Realgüter. Wenn jemand über solche Güter direkt verfügt, die veräußerbar, produktiv nutzbar oder beleihbar sind, so kann er sich über ihren Verkauf, über ihre produktive Nutzung oder über ihre Beleihung auch solche effektive Kaufkraft verschaffen. Solche Güter (darunter auch sehr abstrakte, wie die Gewährung einer Sicherheit durch Dritte) stellen dann für ihn potentielle Kaufkraft dar. Werden einer Unternehmung solche Realgüter bereitgestellt, so hat dies ökonomisch durchaus vergleichbare Wirkungen wie die Bereitstellung von Geld, mit dem man solche benötigten Güter beschaffen kann. Der **Finanzierungsbegriff i.w.S.** stellt daher auf die Gesamtheit von Entscheidungen ab, die zur **Bereitstellung von effektiver und potentieller Kaufkraft** (Kapitalbeschaffung) führen. Der Begriff des Kapitals wird hierbei im bilanziellen Sinne als ein Abstraktum verstanden, durch das auf der Passivseite einer Bilanz der Unternehmung die Zurverfügungstellung von Kaufkraft von seiten der Eigner (Eigenkapital) und/oder von seiten der Geld- und Warenkreditgeber (Fremdkapital) dokumentiert wird (Kapitalherkunft). Das Konkretum steht auf der Aktivseite der Bilanz und ist das Vermögen (Sachvermögen, Finanzvermögen, Kasse) der Unternehmung. Die Aktivseite der Bilanz gibt Auskunft darüber, wie die Unternehmung aufgrund der Zurverfügungstellung von Kaufkraft mit Vermögensgegenständen aller Art „eingekleidet" ist, d.h., in was sie dieses Kapital investiert hat, so daß der Begriff der **Investition i.w.S.** die **Verwendung des bereitgestellten Kapitals** beinhaltet.

Abbildung 2: *Varianten des Begriffs der Finanzierung*

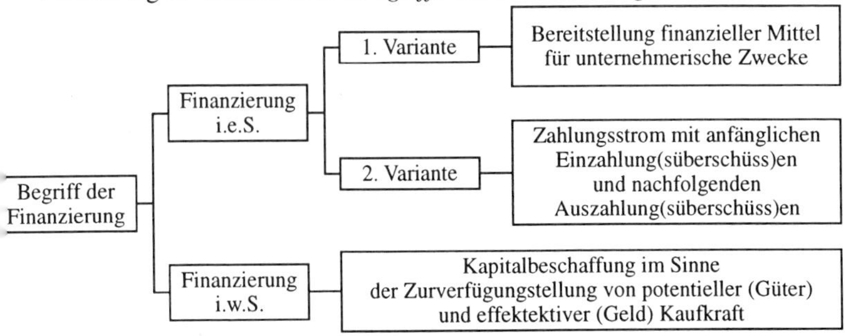

Begriff der Finanzierung			
	Finanzierung i.e.S.	1. Variante	Bereitstellung finanzieller Mittel für unternehmerische Zwecke
		2. Variante	Zahlungsstrom mit anfänglichen Einzahlung(süberschüss)en und nachfolgenden Auszahlung(süberschüss)en
	Finanzierung i.w.S.		Kapitalbeschaffung im Sinne der Zurverfügungstellung von potentieller (Güter) und effektekiver (Geld) Kaufkraft

Abbildung 3: *Varianten des Begriffs der Investition*

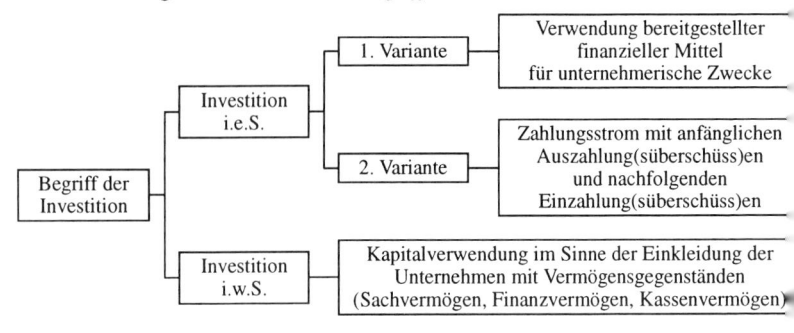

```
                              ┌─────────────┐   Verwendung bereitgestellter
                          ┌───┤ 1. Variante ├── finanzieller Mittel
                          │   └─────────────┘   für unternehmerische Zwecke
              Investition │
              i.e.S.      │
                          │   ┌─────────────┐   Zahlungsstrom mit anfänglichen
              ────────────┤───┤ 2. Variante ├── Auszahlung(süberschüss)en
Begriff der                   └─────────────┘   und nachfolgenden
Investition                                     Einzahlung(süberschüss)en

              Investition     Kapitalverwendung im Sinne der Einkleidung der
              ────────────    Unternehmen mit Vermögensgegenständen
              i.w.S.          (Sachvermögen, Finanzvermögen, Kassenvermögen)
```

In den Abbildungen 2 und 3 sind die unterschiedenen Finanzierungs- und Investitionsbegriffe zusamenfassend dargestellt.

3. Finanzierungsformen

3.1 Gliederung der Finanzierungsformen

Finanzierungsformen lassen sich prinzipiell nach beliebig vielen Kriterien gliedern, drei häufig gebrauchte Unterscheidungsmerkmale und die zugehörigen Finanzierungsformen sollen kurz vorgestellt werden: Kapitalquellen, Rechtsbeziehungen, Fristigkeit der Kapitalüberlassung.

Die Unterscheidung in Außenfinanzierung (externe Finanzierung, exogene Finanzierung) und in Innenfinanzierung (interne Finanzierung, endogene Finanzierung) knüpft an die Quellen an, aus denen das der Unternehmung zur Verfügung gestellte Kapital stammt. Bei der **Außenfinanzierung** stammt das Kapital von juristischen oder natürlichen Personen außerhalb der Unternehmung, die als Kapitalgeber auftreten und mit denen die Unternehmung über Rechte und Pflichten aufgrund der Kapitalüberlassung (Finanzierungstitel) und i.d.R. als Nachfrager auf Beschaffungsmärkten (z. B. Liefererkredit) und auf Finanzmärkten (z. B. Darlehensfinanzierung, Beteiligungsfinanzierung), seltener als Anbieter auf Absatzmärkten (z. B. Kundenkredit) verbunden ist. Die Kapitalüberlassung kann dabei formlos (wie zumeist beim Liefererkredit) geschehen, mit einem vorgeschalteten Antragsverfahren (wie bei Darlehensfinanzierung, Leasing, Factoring) verbunden sein oder die Beachtung spezieller Rechtsvorschriften (wie bei der Beteiligungsfinanzierung einer AG) verlangen. Bei der **Innenfinanzierung** ist der (revolvierende) Unternehmungsprozeß selber die Kapitalquelle. Hier sind vor allem die Beziehungen der Unternehmung zu Absatzmärkten zu nennen, auf denen die Unternehmung ihre laufend hervorgebrachten Produkte und Dienstleistungen anbietet und finanzielle Gegenleistungen empfängt. Üblicherweise wird dabei nicht die jeweilige Gegenleistung selber als Finanzierungsquelle angesehen, sondern wegen des Bezugs zu Vorgängen innerhalb einer Periode (Jahr) eine Überschußgröße der zahlungswirksamen Erträge über die zahlungswirksamen Aufwendungen in dieser Periode (Cash-Flow-Finanzierung, Innenfinanzierung i.e.S.). Die Unternehmung kann aber auch (betriebsnotwendiges oder nicht (mehr) betriebsnotwendiges) Nichtgeldvermögen veräußern und die erzielten Veräußerungserlöse nutzen (Umschichtungsfinanzierung). Zum Bereich der Innenfinanzierung gehören ferner Maßnahmen, durch die der mit dem Unternehmensprozeß verbundene Kapitalbedarf gesenkt werden soll, so daß es zur Kapitalfreisetzung kommt und damit eine anderweitige Nutzung möglich wird (Rationalisierungen aller Art).

An die Rechtsbeziehungen zwischen Unternehmung und Kapitalgebern knüpft die Unterscheidung in Eigen- und Fremdfinanzierung an. Bei einer **Fremdfinanzierung** (Kreditfinanzierung) wird dem Kapitalgeber eine Gläubigerposition eingeräumt, so daß er einen einklagbaren Anspruch auf Gegenleistungen hat. Die Gesamtheit der Rechte und Pflichten bei einer Fremdfinanzierung nennt man Forderungstitel. I.d.R. wird das Kapital bei einer Geldkreditfinanzierung nur zeitlich befristet zur Verfügung gestellt; neben der Rückzahlung (Tilgung) muß regelmäßig ein (laufendes oder einmaliges) Nutzungsentgelt (in Form von Zinsen, Damnum, sonstigen Gebühren) geleistet werden, so daß Geld-Geld-Beziehungen typisch sind. Neben der Fremdfinanzierung mittels Geldkredit gibt es noch die Fremdfinanzierung mittels Warenkredit. Wird das Kapital ohne einklagbare und die Unternehmung verpflichtende Gegenleistung zur Verfügung gestellt, so liegt eine **Eigenfinanzierung** (Einlagenfinanzierung) vor; dem Kapitalgeber wird eine Eignerposition (Beteiligungstitel) eingeräumt (Beteiligungsfinanzierung). I.d.R. steht das Kapital der Unternehmung unbefristet zur Verfügung. Wird das Kapital in Geldform zur Verfügung gestellt, so liegt eine Einlagenfinanzierung mittels Bareinlagen vor, bei der Einbringung in Nichtgeldform (wie Sachvermögen, Forderungen, Rechte) spricht man von einer Einlagenfinanzierung mittels Sacheinlagen. Im Extrem und bezogen auf alle Eigner wird der Finanzierungsvorgang bei einer Einlagenfinanzierung erst am Ende der Unternehmungsdauer durch Beteiligung am Erlös aus einer Liquidation der Unternehmung beendet. Aus der Sicht eines einzelnen Eigners kann der Finanzierungsvorgang aber schon früher beendet sein, etwa durch Kündigung und Austritt (bei Personenunternehmen und eG) oder durch Veräußerung der Beteiligung (bei GmbH, AG, KGaA). Finanzierungstitel können zugleich Merkmale der Eigen- und Fremdfinanzierung aufweisen (Hybridfinanzierung), so daß sie (je nach Ausgestaltung) eher der Fremdfinanzierung (z. B. partiarisches Darlehen) oder eher der Eigenfinanzierung (z. B. Einlage eines stillen Gesellschafters) zuzurechnen sind.

Mit Blick auf die Fristigkeit der Kapitalüberlassung wird zwischen kurz- und langfristiger Finanzierung oder zwischen kurz-, mittel- und langfristiger Finanzierung unterschieden. Anknüpfungspunkt zur Konkretisierung der Fristigkeit kann die vertragliche (ursprüngliche) Kapitalüberlassungsdauer oder die tatsächliche (noch verbleibende) Restüberlassungsdauer sein. Mit Bezug auf die nach § 268 Abs. 4 und 5 HGB zu machenden Bilanzvermerke zu Forderungen und Verbindlichkeiten sowie mit Bezug auf die im Anhang von Kapitalgesellschaften nach § 285 Nr. 1 a) und Nr. 2 HGB verlangten Pflichtangaben zu Verbindlichkeiten (sog. Verbindlichkeitsspiegel) können die Begriffe konkretisiert werden: 1. **kurzfristige Finanzierung**: Restlaufzeit von bis zu einem Jahr, 2. **mittelfristige Finanzierung**: Restlaufzeit von einem bis zu fünf Jahren, 3. **langfristige Finanzierung**: Restlaufzeit von mehr als fünf Jahren. Entsprechend dem **Grundsatz der Fristenkongruenz** (Goldene Finanzierungsregel) sollen Kapitalüberlassungsdauer und Kapitalbindungsdauer einander entsprechen, um aus der Finanzierung herrührende Risiken (Prolongations-, Substitutions-, Zinsänderungsrisiko) zu vermeiden.

3.2 Einlagen- oder Beteiligungsfinanzierung der Personenunternehmen

Unter dem Begriff der Personenunternehmen werden die einzelkaufmännische Unternehmung (Einzelkaufmann, Einzelunternehmung) und die Personengesellschaften (offene Handelsgesellschaft (oHG), Kommanditgesellschaft (KG)) gefaßt. Von einer **Einlagen- oder Beteiligungsfinanzierung** spricht man, wenn bisherige Eigner der Unternehmung weiteres Eigenkapital zur Verfügung stellen oder wenn neues Eigenkapital durch neue Gesellschafter in die Unternehmung gelangt. Die Zuführung geschieht in Form von Bareinlagen oder Sacheinlagen. Durch dieses neue Eigenkapital können die bisherigen Entscheidungsrechte, Erfolgsverteilungsrechte sowie Liquidationserlösverteilungsrechte unter den Gesellschaftern verändert werden.

Bei der **Einzelunternehmung** ist die Eigenkapitalbasis durch das Vermögen des Eigners begrenzt, das er seiner Unternehmung zur Verfügung stellen will oder kann. Er kann eigene Mittel zuführen, indem er Mittel seiner Konsumtion (Privatsphäre) entzieht und für investive Zwecke (Betriebssphäre) nutzt. Wegen der unbeschränkten Haftung ist die Trennung in Privat- und Betriebssphäre wenig bedeutsam. Eine über sein Vermögen hinausgehende Eigenkapitalbasis hat der Einzelunternehmer grundsätzlich nicht. Eine eigenständige Beteiligungsfinanzierung der Einzelunternehmung gibt es dementsprechend nicht. Das der Unternehmung zur Verfügung stehende Eigenkapital kann jederzeit durch Einlagen erweitert, aber auch durch Entnahmen verkürzt werden. Will der Einzelunternehmer darüber hinaus Eigenkapital zuführen, so muß er eine **stille Gesellschaft** eingehen (§ 230 HGB). Der stille Gesellschafter tritt nach außen nicht in Erscheinung, sondern leistet seine Bar- oder Sacheinlage in das Vermögen des Einzelkaufmanns. Er nimmt am Gewinn und Verlust teil, wobei die Verlustbeteiligung ausgeschlossen werden kann (§ 231 HGB). Im Konkursfall ist der stille Gesellschafter grundsätzlich hinsichtlich seiner Einlage Gläubiger, soweit sie seinen zu tragenden Verlustanteil übersteigt. Die Einlage des stillen Gesellschafters weist somit Merkmale des Eigen- und Fremdkapitals auf (Hybridfinanzierung). Ein stilles Gesellschaftsverhältnis kann bei allen Rechtsformen entstehen, worauf im weiteren nicht mehr hingewiesen wird.

Die Grundform der Zusammenarbeit zwischen Kaufleuten ist die **offene Handelsgesellschaft**, bei der kein Haftungsausschluß erfolgt. Alle Gesellschafter einer oHG sind gleichberechtigt tätig und zur Führung der Geschäfte gleichermaßen berechtigt und verpflichtet, es sei denn, die Geschäftsführung wäre vertraglich nur auf einen Teil der Gesellschafter beschränkt. Bei der oHG kann die Beteiligungsfinanzierung über zusätzliche Kapitaleinlagen der bisherigen Gesellschafter und durch die Aufnahme neuer Gesellschafter erfolgen. Die Beteiligungsfinanzierungsmöglichkeiten sind zwar breiter als bei der Einzelunternehmung, aber doch beschränkt, weil häufig nur ungern der Kreis der Gesellschafter vergrößert wird. Der beliebigen Vergrößerung des Gesellschafterkreises sind einerseits durch eine sinnvolle Aufteilung der Geschäftsführung zwischen den Gesellschaftern Grenzen gesetzt, andererseits auch wegen der bestehenden gesamtschuldnerischen Haftung der Gesellschafter.

Die **Kommanditgesellschaft** weist zwei Gesellschaftergruppen auf (Komplementäre, Kommanditisten), was die Beteiligungsfinanzierung gegenüber der oHG erleichtert. Bezogen auf die Beteiligungsfinanzierung durch alte oder neue Komplementäre gilt das zur oHG Gesagte entsprechend. Erleichtert wird die Beteiligungsfinanzierung durch die Zuführung weiteren Kommanditkapitals durch alte und neue Kommanditisten. Die Aufnahme von Kommanditisten ist gesetzlich nicht beschränkt, so daß der Kreis der Kommanditisten recht groß werden kann (Publikums-KG).

3.3 Einlagen- oder Beteiligungsfinanzierung der Kapitalgesellschaften

Für Kapitalgesellschaften (GmbH, AG und KGaA) gelten gesetzliche Vorschriften, die die Mindestausstattung an Eigenkapital regeln.

Das Mindeststammkapital der **Gesellschaft mit beschränkter Haftung** beträgt 50.000 DM bei einer Mindeststammeinlage von 500 DM (§ 5 Abs. 1 GmbHG). Die Gesellschafter sind verpflichtet, mindestens 25% ihrer Stammeinlage einzuzahlen, wobei der gesamte Mindesteinzahlungsbetrag 25.000 DM (§ 7 GmbHG) beträgt. Es kann sich hierbei um Bar- oder Sacheinlagen handeln. Der Gesellschaftsvertrag kann vorsehen, daß die Gesellschafter über den Betrag ihrer Stammeinlage hinaus weitere Einzahlungen (Nachschüsse) leisten, wobei diese Nachschußpflicht insgesamt betragsmäßig begrenzt sein kann und im Verhältnis der Geschäftsanteile zu erfolgen hat (§ 26 GmbHG). Durch diese Nachschußpflicht besteht die Möglichkeit, der GmbH weiteres Eigenkapital zuzuführen, ohne daß es zu einer Erhöhung des festen Stammkapitals kommt. Neben den Nachschüssen kann neues Eigenkapital auch im Wege der Kapitalerhöhung (§ 55 GmbHG) der GmbH zugeführt werden. Dies kann dadurch geschehen, daß die bisherigen Gesellschafter weitere Geschäftsanteile erwerben oder neu der Gesellschaft beitretende Gesellschafter solche übernehmen. Die GmbH-Einlagenfinanzierung leidet unter der Tatsache der mangelnden Fungibilität der Geschäftsanteile, weil es dafür keinen organisierten Kapitalmarkt gibt.

Die **Kommanditgesellschaft auf Aktien** ist eine Gesellschaft mit eigener Rechtspersönlichkeit (juristische Person), weist jedoch mindestens einen Komplementär auf, der persönlich und unbeschränkt haftet, so daß das Haftungskapital nicht auf das Grundkapital der KGaA begrenzt ist. Für die Eigenkapitalaufbringung des Komplementärs gilt grundsätzlich das zur oHG und KG Gesagte. Neben den Komplementären, die die Geschäftsführungsbefugnis innehaben, gibt es noch die Kommanditaktionäre, die an dem Grundkapital beteiligt sind, das in Aktien zerlegt ist. Die Einlagen der Komplementäre bestehen neben dem Grundkapital, an dem sie außerdem beteiligt sein können. Zugleich besteht die Möglichkeit, Finanzierungsfunktion einerseits und Geschäftsführungs- und persönliche Haftungsfunktion andererseits vollständig zu trennen, so daß die Komplementäre gar kein Eigenkapital der KGaA zur Verfügung stellen.

Die **Aktiengesellschaft** weist unter den privaten Rechtsformen die vielfältigsten und gesetzlich am weitesten geregelten Beteiligungsfinanzierungsmöglichkeiten auf. Die AG ist eine Gesellschaft mit eigener Rechtspersönlichkeit und haftet für ihre Verbindlichkeiten ausschließlich mit ihrem Gesellschaftsvermögen. Die Aktionäre haben nur Mitgliedschaftsrechte und -pflichten. Die AG weist ein festes Grundkapital auf, dessen Mindestbetrag 100.000 DM (§ 7 AktG) ist und das in Aktien zerlegt ist (§ 1 Abs. 2 AktG). Das Kapital kann in Form von Bar- oder Sacheinlagen aufgebracht werden. Für die Aktien gilt ein Mindestnennbetrag von 5 DM, höhere Aktiennennbeträge müssen auf volle 5 DM lauten (§ 8 AktG). Mindestens 25% des Grundkapitals zuzüglich eines Agios ist einzuzahlen (§ 36a AktG). Ein Agio ergibt sich immer dann, wenn der Emissionskurs der Aktie über ihrem Nennbetrag liegt. Hinsichtlich der Aktien kann es neben Stammaktien mit den normalen gesetzlichen Rechten und Pflichten auch noch Vorzugsaktien geben, die geänderte Rechte aufweisen. Solche Änderungen können das Stimmrecht (Mehrstimmrechtsaktien, stimmrechtslose Vorzugsaktien) oder das Dividendenrecht (z. B. prioritätischer oder nachzuzahlender (kumulativer) Dividendenvorzug, Überdividende oder limitierte Dividende), grundsätzlich aber auch das Liquidationserlösanteilsrecht (Verteilung des Gesellschaftsvermögens) betreffen. Die Aktien können Inhaber- oder Namensaktien sein und hinsichtlich ihrer Übertragbarkeit Restriktionen unterliegen (vinkulierte Namensaktien; § 68 AktG). Stimmrechtslose Vorzugsaktien sind nur dann zulässig, wenn sie zugleich mit einem Dividendennachtragsrecht ausgestattet sind (§ 139 AktG).

Die Grundkapitalerhöhung kann durch die Ausgabe neuer Aktien gegen Einlagen von seiten der Aktionäre oder durch die Ausgabe neuer Aktien gegen Rücklagen erfolgen, die die Gesellschaft gebildet hatte (vgl. Abb. 4). Im ersteren Fall unterscheidet man zwischen der Kapitalerhöhung gegen Einlagen (ordentlichen Kapitalerhöhung), der bedingten Kapitalerhöhung und dem genehmigten Kapital. Im letzteren Fall spricht man von Kapitalerhöhung aus Gesellschaftsmitteln.

Abbildung 4: *Formen der Grundkapitalerhöhung einer AG*

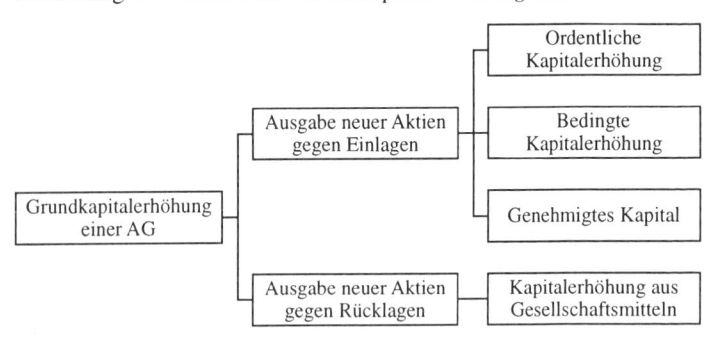

```
                                         ┌─ Ordentliche Kapitalerhöhung
                    ┌─ Ausgabe neuer ────┼─ Bedingte Kapitalerhöhung
                    │  Aktien gegen      │
Grundkapitalerhöhung┤  Einlagen          └─ Genehmigtes Kapital
einer AG            │
                    └─ Ausgabe neuer ───── Kapitalerhöhung aus
                       Aktien gegen         Gesellschaftsmitteln
                       Rücklagen
```

Die **Kapitalerhöhung gegen Einlagen** ist der gesetzliche Normalfall der Grundkapitalerhöhung. Es werden neue Aktien gegen Bar- und Sacheinlagen ausgegeben (§ 182 I AktG). Eine Erhöhung des Nennwerts der bisherigen Aktien ist nicht zulässig. Da die Höhe des Grundkapitals Satzungsbestandteil ist, ist eine Satzungsänderung erforderlich. Die Durchführung der Kapitalerhöhung beinhaltet die Zeichnung, d.h. eine schriftliche Verpflichtungserklärung zur Übernahme von neuen Aktien. Grundsätzlich gilt, daß die alten Aktionäre ein Recht zum Bezug von neuen Aktien haben. Das Bezugsrecht gehört zu den allgemeinen Mitgliedschaftsrechten eines Aktionärs, ist aber kein unentziehbares Recht (§ 186 III AktG). Es dient dem Schutz des Vermögens- und Herrschaftsinteresses der Altaktionäre. Würden diese kein Bezugsrecht erhalten, so verringerte sich einerseits ihr Stimmenanteil in der Hauptversammlung, aber auch ihre Vermögensposition würde geschmälert, weil die jungen Aktien an dem bisherigen Unternehmungswert teilhaben.

Die **bedingte Kapitalerhöhung** stellt eine Grundkapitalerhöhung dar, die nur so weit durchgeführt werden soll, wie von einem Umtauschrecht oder einem Bezugsrecht Gebrauch gemacht wird, das die Gesellschaft auf die neuen Aktien (Bezugsaktien) einräumt (§ 192 I AktG). Eine solche bedingte Kapitalerhöhung ist nur für folgende Zwecke vorgesehen (§ 192 II AktG): 1. zur Ermöglichung der Ausgabe von Wandelschuldverschreibungen, 2. zur Vorbereitung einer Verschmelzung und 3. zur Ermöglichung der Ausgabe von Belegschaftsaktien, bei der die Arbeitnehmer Forderungen aus einer ihnen von der Gesellschaft gewährten Gewinnbeteiligung als Einlage einbringen dürfen. Der Nennbetrag des bedingten Kapitals darf die Hälfte des Grundkapitals zur Zeit der Beschlußfassung über die bedingte Kapitalerhöhung nicht übersteigen (§ 192 III AktG).

Beim **genehmigten Kapital** handelt es sich um eine satzungsmäßige Ermächtigung an den Vorstand, das Grundkapital bis zu einem bestimmten Betrag (genehmigtes Kapital) durch Ausgabe neuer Aktien gegen Einlagen zu erhöhen (§ 202 I AktG), wobei die Zeitspanne der Ermächtigung bis zu fünf Jahren reichen kann (§ 202 II AktG). Die genauen Ausgabebedingungen werden in Abhängigkeit von der jeweiligen konkreten Kapitalmarktsituation zum Zeitpunkt der Inanspruchnahme festgelegt. Durch das genehmigte Kapital erhält der Vorstand die Möglichkeit, günstige Kapitalmarktsituationen für die Ausgabe neuer Aktien zu nutzen, so daß die Finanzierungsflexibilität erhöht wird.

Bei der **Kapitalerhöhung aus Gesellschaftsmitteln** werden junge Aktien ausgegeben, ohne daß es zu Bar- oder Sacheinlagen der Aktionäre kommt. Die aktienrechtlich notwendige Deckung (Verbot der Unterpariemission) der Aktienausgabe wird dadurch erreicht, daß auf der Passivseite der Bilanz ausgewiesene offene Rücklagen (Kapitalrücklagen und Gewinnrücklagen) in Grundkapital umgewandelt werden (§ 207 AktG). Es findet eine Umbuchung aus einer Eigenkapitalposition (Rücklagen) in eine andere (Grundkapital) statt. Die Kapitalerhöhung aus Gesellschaftsmitteln ist daher eine Form der Umfinanzierung. Der für die Aktienemission notwendige Mittelzufluß ist schon in Form der früheren Zuführungen zu den Rücklagen erbracht, die zu Grundkapital umgewandelt werden. Die neuen Aktien werden folglich ohne Ausgabekurs als Gratis- oder Berichtigungsaktien an die alten Aktionäre als Bezugsberechtigte (§ 212 AktG) abgegeben, und zwar im Verhältnis ihrer Anteile am bisherigen Grundkapital.

3.4 Kurzfristige Fremdfinanzierung

3.4.1 Handelskredite

Unter dem Begriff des **Handelskredits i.w.S.** (vgl. Abbildung 5) sollen alle Kreditbeziehungen im Zusammenhang mit Waren- und Dienstleistungsgeschäften verstanden werden. Kreditgeber wie Kreditnehmer sind Nicht-Banken. Der Begriff umfaßt den Naturalkredit, den Liefererkredit sowie den Kundenkredit.

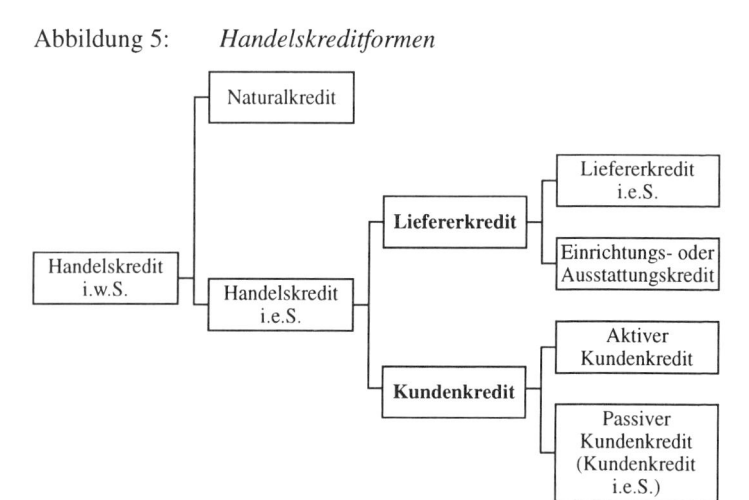

Abbildung 5: *Handelskreditformen*

```
                              ┌─ Naturalkredit
                              │
                              │                    ┌─ Liefererkredit i.e.S.
                              │      ┌─ Liefererkredit ─┤
                              │      │             └─ Einrichtungs- oder
Handelskredit i.w.S. ─ Handelskredit │                Ausstattungskredit
                         i.e.S. ─────┤
                                     │             ┌─ Aktiver Kundenkredit
                                     └─ Kundenkredit ─┤
                                                   └─ Passiver Kundenkredit
                                                      (Kundenkredit i.e.S.)
```

Auf den Naturalkredit, bei dem Kreditleistung und Gegenleistung Waren (Nicht-Geld) sind, wird nicht weiter eingegangen; eine bedeutsame Variante davon sind die Kompensationsgeschäfte im Außenhandel.

Die **Liefererkredite i.e.S.** (Lieferantenkredite) sind eine Folge der Lieferbeziehungen des Kreditgebers zu Kunden, die Leistungen des Kreditgebers aus dessen (laufendem) Absatzprogramm abnehmen. Ein solcher Liefererkredit i.e.S. hat eine große praktische Bedeutung. Er kommt in den meisten Fällen in unproblematischer, unbürokratischer und informeller Weise zustande, nämlich dadurch, daß der Verkäufer dem Käufer einen Zielkauf offeriert. Von der eingeräumten Kreditmöglichkeit macht der Käufer in dem Moment Gebrauch, in dem er das Zahlungsziel in Anspruch nimmt. Der Kaufpreis wird dem Käufer vom Verkäufer gestundet (Stundungskredit). Der Liefererkredit des Verkäufers (Kreditgeber) dient beim Käufer (Kreditnehmer) je nach Zahlungszieldauer der Finanzierung von Phasen des güterwirtschaftlichen (Beschaffung, Produktion) oder unternehmungsbezogenen (Beschaffung, Produktion, Absatz) Transformationsprozesses. Seinem Zweck nach deckt der Liefererkredit einen Großteil des kurzfristigen Kapitalbedarfs solcher Transformationsprozesse durch Zurverfügungstellung von Realgütern. Da in der Praxis zeitlich versetzte und revolvierende Transformationsprozesse ablaufen, wird der Liefererkredit bildlich gesehen über die Veräußerungserlöse erfolgreicher Transformationen beim Kreditnehmer (Käufer) zurückgezahlt (sich selbst liquidierender Kredit). Die Kosten des Liefererkredits lassen sich in Form der bei seiner Inanspruchnahme entgangenen Skontoabzugsmöglichkeit (Differenz zwischen Bar- und Zielkaufpreis) und als Jahreszinssatz gemäß folgender Formel ermitteln:

$$i_T = \left(1 + \frac{S}{100-S}\right)^{\frac{365,25}{z-s}} - 1 = \left(1 + \frac{2}{100-2}\right)^{\frac{365,25}{30-14}} - 1 = 0{,}58596$$

mit i_T als (dezimaler) äquivalenter Jahreszinssatz, S als Skontosatz in Prozent (z. B. 2%), 100-S als in Anspruch genommener Kreditbetrag in Prozent des Zielkaufpreises, 365,25 als (durchschnittliche) Anzahl von Tagen pro Jahr, z als eingeräumtes Zahlungsziel in Tagen (z. B. 30 Tage) und s als eingeräumte Skontofrist in Tagen (z. B. 14 Tage); d.h., der Verzicht auf Skontoabzug entspricht (im Beispiel) der Inanspruchnahme eines Kredits mit einem effektiven (Jahres-)Sollzinssatz von 58,6% für 16 Tage.

Vom Liefererkredit i.e.S. ist der **Einrichtungs- oder Ausstattungskredit** zu unterscheiden, der vom Lieferer in Vorbereitung oder Sicherung von dauerhaften Lieferbeziehungen gewährt wird. Während der Liefererkredit i.e.S. ein Warenkredit ist, kann der Einrichtungs- oder Ausstattungskredit ein Waren- oder auch ein zweckgebundener Geldkredit sein. Wenn es sich um einen Warenkredit handelt, dann besteht die Kreditleistung aus Gegenständen, die typischerweise nicht Bestandteil des laufenden Absatzprogramms des Kreditgebers sind. Die zur Verfügung gestellten Gegenstände oder Zahlungsmittel beim Einrichtungs- oder Ausstattungskredit dienen dazu, den Geschäftsbetrieb des Kunden einzurichten oder mit bestimmten Gebrauchsgegenständen auszustatten, und verpflichten den Kunden regelmäßig für die Zukunft, langfristig Waren aus dem laufenden Absatzprogramm des Kreditgebers abzunehmen. Die langfristige Bindung des Kreditnehmers an einen bestimmten Lieferanten und eine damit häufig zusammenhängende Verpflichtung, in bestimmtem Umfang Waren abzunehmen, sind die vorrangigen Gegenleistungen des Kreditnehmers beim Einrichtungs- oder Ausstattungskredit. Sie spielen insbesondere im Gaststättenbereich eine Rolle und führen zu langfristigen Braucreibindungen dieser Gaststätten.

Beim **Kundenkredit** ist der Käufer einer Ware oder der Abnehmer einer Dienstleistung der Kreditgeber. Eine Finanzierungsmöglichkeit der Unternehmung stellt der passive Kundenkredit (Kundenkredit i.e.S.) dar, bei dem die Unternehmung (Kreditnehmer) eine Vorauszahlung oder Anzahlung vom Abnehmer (Kreditgeber) erhält. Aus der Sicht der liefernden Unternehmung ist der Kundenkredit i.e.S. ein Vorausfinanzierungs- (z. B. bei langfristiger Fertigung mit hohem Kapitalbedarf), ein Abnahmesicherungs- (z. B. bei Spezialanfertigung) und ein Zahlungssicherungsinstrument (z. B. bei unbekanntem Abnehmer). Die Abnahmesicherung, Zahlungssicherung und Vorausfinanzierung ergänzen und verstärken einander, wenn es sich um eine langfristige Spezialanfertigung mit hoher Kapitalbindung handelt. Kundenkredit i.e.S. ist daher im Schiffbau, beim Groß- und Spezialmaschinenbau sowie in der Bauwirtschaft häufig anzutreffen.

3.4.2 Kurzfristige Bankkredite

Es handelt sich um kurzfristige Geldkredite der Kreditinstitute wie Kontokorrent-, Wechseldiskont- und Lombardkredit.

Der **Kontokorrentkredit** ist ein Kredit aus laufender Rechnung i.S.v. § 355 HGB, bei der die aus einer (auf Dauer angelegten) Geschäftsverbindung sich ergebenden gegenseitigen Ansprüche und Leistungen (einschließlich Zinsen) in regelmäßigen Zeitabschnitten durch Verrechnung und Feststellung des für den einen oder anderen Geschäftspartner sich ergebenden Überschusses (Saldos) ausgeglichen werden. Beim Kontokorrentkredit als kurzfristigem Bankkredit gewährt das Kreditinstitut einem Kunden als Kreditnehmer auf einem laufenden Konto (Kontokorrentkonto) in bestimmter Höhe einen Kredit, so daß dieses Konto bis zur vereinbarten Kredithöhe (Kreditlinie, Kreditlimit) debitorisch (mit Soll-Saldo) geführt werden kann. Der Kunde als Kreditnehmer kann über diesen Kredit bis zur Höhe des Kreditlimits (normaler Kontokorrentkredit) in wechselndem Umfang entsprechend seinem Zahlungsmittelbedarf hinsichtlich Zeitpunkt, Höhe und Verwendung frei verfügen. Der Kontokorrentkredit ist nicht bloß hinsichtlich seiner Verfügung, sondern auch hinsichtlich seiner Rückführung und Wiedernutzung äußerst flexibel. Zahlungseingänge auf dem Kontokorrentkonto führen den Kredit unmittelbar zurück und lassen bis zum Kreditlimit einen Kreditspielraum im Sinne einer Liquiditätsreserve entstehen. Erneute Zahlungsausgänge bei einem schon debitorischen Konto führen zu einer entsprechenden Wiedernutzung des Kredits, ohne daß es zuvor einer erneuten Kreditbewilligung bedarf. Die Abrechnung (Zinsstellung) erfolgt banküblich in vierteljährlichem Abstand (z.Z. noch) auf der Basis einer unterjährigen linearen Zinsrechnung (Staffelmethode). Der Kontokorrentkredit ist ein kurzfristiger Buchkredit, aber mit durchaus mittel- bis langfristigen Finanzierungswirkungen, wenn die vereinbarte Kredithöhe von seiten des Kreditinstituts ständig aufrecht erhalten bleibt oder verlängert wird und ein entsprechender Sockel ständig als Kreditbetrag in Anspruch genommen wird. Von ihrem gedachten Verwendungszweck her dienen Kontokorrentkredite der Finanzierung der Produktion und des Warenumschlags und werden daher auch Betriebsmittelkredite, Produktionskredite sowie Umsatz-, Umschlags- oder Umlaufkredite genannt.

Formell und materiell kurzfristige Kontokorrentkredite sind die sog. Überbrückungskredite. Mit Hilfe eines mit dem Kreditgeber vereinbarten und eingeräumten zusätzlichen Kontokorrentkredits sollen zeitlich und betragsmäßig eingegrenzte, aber nicht voraussehbar gewesene Finanzmittelbedarfe abgedeckt werden. Für eine gewisse Zeit und einen gewissen Zweck wird daher ein höheres Kreditlimit vereinbart, das danach wieder auf die normale Höhe zurückgeführt wird. Ist der zusätzliche Finanzmittelbedarf voraussehbar, so spricht man je nach dem Zweck solcher zusätzlichen Kontokorrentkredite von Saisonkrediten und Zwischenkrediten. Diese kann man auch als spezielle Überbrückungskredite auffassen.

Saisonkredite finanzieren einen periodisch wiederkehrenden und über die normale Höhe des Betriebsmittelkredits hinausgehenden Kapitalbedarf bei hinsichtlich Produktion oder Absatz saisonabhängigen Unternehmen. Solche jahreszeitlich bedingten Saisonkredite treten etwa mit Blick auf die Saisonabhängigkeit der Produktion in der Landwirtschaft und in der Zuckerrübenindustrie, mit Blick auf die Saisonabhängigkeit des Absatzes etwa in der Spielwarenindustrie auf, die ihren höchsten Absatz in der Vorweihnachtszeit hat, so daß bis dahin die zunehmenden Lagerbestände finanziert werden müssen. Ein solcher Saisonkredit wird dann zum Saisonende wieder aufgrund des Umsatzprozesses abgebaut.

Mit Zwischenkrediten oder Vorfinanzierungskrediten (Vorschaltdarlehen) wird die Zeitphase zwischen der tatsächlichen Entstehung eines langfristig gegebenen Kapitalbedarfs und seiner tatsächlichen Deckung durch zugesagte langfristig verfügbare Finanzmittel überbrückt. Solche Zwischenkredite kommen bei Investitionsprojekten mit längeren Fertigstellungszeiten vor. Zur Vorfinanzierung von Bauvorhaben sind Zwischenkredite mit einer Laufzeit bis zu zwei Jahren gebräuchlich. Wenn eine mit dem Kreditgeber nicht vereinbarte, aber von ihm hingenommene, über das eingeräumte Kreditlimit oder über die vereinbarte Kreditzeit hinausgehende Kontoüberziehung vorliegt, so spricht man vom Überziehungskredit. Die Banken akzeptieren ein solch eigenmächtiges Vorgehen des Kreditnehmers in aller Regel dann, wenn die Überziehung ausnahmsweise erfolgt, wenn die Überziehung relativ unbedeutend ist und insbesondere wenn sie keine gravierenden Bedenken hinsichtlich der Bonität des Kreditnehmers hegen. Sie verlangen jedoch dafür höhere Kreditkosten (Überziehungsprovision).

Der **Wechseldiskontkredit** ist ein kurzfristiger Bankkredit. Er kommt dadurch zustande, daß ein Kreditinstitut einen Wechsel vor seiner Fälligkeit unter Abzug von Zinsen und Spesen ankauft. Der Wechselverkäufer erhält auf diesen bis zur Fälligkeit des Wechsels einen Kredit. Während beim Kontokorrentkredit der nachschüssig fällige Zins als Zinsaufschlag berechnet wird, wird beim Wechseldiskontkredit der ebenfalls nachschüssig fällige Zins als Zinsabschlag (Diskont) beim Ankauf des Wechsels verrechnet. Rechtlich gesehen liegt dem Wechseldiskontkredit ein Ankauf eines Wertpapiers (Wechsel) zugrunde. Dem Kreditinstitut (Wechselkäufer) wird der indossierte Wechsel vom Kreditnehmer (Wechselverkäufer) übergeben, so daß das Kreditinstitut alle Rechte des Wechselinhabers erhält, und zwar gegen Zahlung der Wechselsumme abzüglich der Wechseldiskontkreditkosten. Da der Wechselverkäufer gegenüber dem Wechselbezogenen selber als Kreditgeber aufzufassen ist, stellt der Verkauf aus seiner Sicht eine Refinanzierungsmöglichkeit dar. Charakteristisch für den normalen Wechseldiskontkredit ist, daß bei planmäßiger Abwicklung die Kreditrückzahlung (Wechseleinlösung) nicht durch den Wechselverkäufer, sondern durch einen Dritten (Wechselbezogenen) erfolgt. Bei Nichteinlösung kann sich der Wechselinhaber (Kreditinstitut) an jeden der weiteren Wechselbeteiligten, also auch an den Wechselverkäufer, wenden, die dem jeweiligen Wechselinhaber gesamtschuldnerisch haften. Der Ankauf von akzeptierten Handelswechseln stellt den Normalfall des Wechseldiskontkredits dar. Solchen Handelswechseln liegen Waren- und Dienstleistungsgeschäfte zugrunde. Durch den Verkauf von Handelswechseln will sich der Warenverkäufer als Wechselaussteller (oder ein sonstiger Indossatar) refinanzieren. Das ursprüngliche Warenkreditverhältnis zwischen Wechselaussteller und Bezogenem (Akzeptanten) wird auf diese Weise in ein Geldkreditverhältnis zwischen Wechselverkäufer und Kreditinstitut überführt. Von einem Ankauf eines Akzeptantenwechsels (Umkehrwechsel) spricht man, wenn der Wechselbezogene (Akzeptant, Warenkäufer) selber den Wechsel zur Diskontierung einreicht, wobei zuvor der Aussteller (Warenverkäufer, Lieferant) den Wechsel auf den Akzeptanten indossiert hat. Sofern der Wechselaussteller (Lieferant) im Gegenzug einen Scheck seines Kunden (Wechselbezogenen, Akzeptanten) zur Bezahlung der Lieferung (mit Skontoabzug) entgegennimmt, so liegt ein sogenannter Scheck/Wechsel-Tausch vor. Kennzeichen dieser Wechseldiskontkreditvariante ist, daß der Bezogene der Wechselverkäufer und mithin der Kreditnehmer ist und den Wechsel bei Fälligkeit einlöst und damit den Wechseldiskontkredit zurückzahlt.

Der **Lombardkredit** ist ein kurzfristiger, auf einen festen Betrag lautender Kredit auf der Basis der Verpfändung von marktgängigen Sachen, Rechten oder Wertpapieren. Diese Art der Kreditgewährung gegen Faustpfänder ist im Mittelalter in der Lombardei entwickelt worden, worauf der Name hinweist. Der Lombardkredit ist ein gesicherter Kredit. Das Faustpfand wird beliehen, und zwar ist der Kreditbetrag je nach Faustpfand ein unterschiedlicher Prozentsatz des Wertes des Faustpfandes am Tage der Kreditgewährung. Sollte der Wert des Faustpfandes während der Kreditdauer unter den gewährten Kreditbetrag absinken, so muß der Kreditnehmer den Kreditbetrag entsprechend den Beleihungsbedingungen zurückführen oder zusätzliche Faustpfänder beibringen, damit der Beleihungsrahmen gesichert bleibt. Neben dem Faustpfand selber wird vielfach noch eine weitere Kreditsicherung (z. B. Bürgschaft, Mithaftung, Garantie, Wechselhaftung) verlangt. Zu den unmittelbaren Kreditkosten in Form des Lombardkreditzinssatzes (z. B. Lombardsatz der Deutschen Bundesbank + 1%) können für den Kreditnehmer noch weitere Kosten aus der Feststellung des Beleihungswertes (z. B. Sachverständigenkosten), der Sicherung des Pfandobjektes (z. B. Versicherungskosten) sowie aus der Verwaltung und Verwahrung des Pfandobjektes (z. B. Depotkosten) hinzukommen. Je nach Art des Faustpfandes unterscheidet man zwischen 1. Effektenlombardkredit (Aktien, Schuldverschreibungen), 2. Wechsellombardkredit (Wechsel), 3. Warenlombardkredit (Lagerschein bei auf den Namen der Bank eingelagerten Waren; Ladeschein oder Seefrachturkunde (Konnossament) bei rollender oder schwimmender Ware), 4. Edelmetallombardkredit (Edelmetallbarren, Münzen) und 5. Forderungslombardkredit (Forderungen aller Art insbesondere Spargutbaben, Bausparguthaben, Lebensversicherungen, Hypothekenforderungen, Grund- und Rentenschulden, Guthaben bei anderen Kreditinstituten).

3.5 Langfristige Fremdfinanzierung

3.5.1 Darlehensfinanzierung

Das **Darlehen** (§§ 607-610 BGB) ist die Grundform der langfristigen Fremdfinanzierung. Ein Darlehen ist definierbar als Hingabe von Geld oder anderen vertretbaren Sachen mit der Vereinbarung zwischen Darlehensgeber (Darleiher) und Darlehensnehmer, Sachen von gleicher Art, Güte und Menge zurückzugeben. Der Darlehensnehmer empfängt vom Darleiher die Darlehenssumme mit einer Zurückerstattungsverpflichtung. Es ist möglich, jede andere Forderung in ein Darlehen durch Vereinbarung umzuwandeln (Vereinbarungsdarlehen, § 607 Abs. 2 BGB). Ein solches Vereinbarungsdarlehen ist nicht durch die Hingabe der Darlehenssumme entstanden, sondern durch nachträgliche Umwandlung einer Forderung (z. B. Kaufpreisforderung). In der Praxis wird der Begriff des Darlehens häufig mit dem Begriff des Kredits synonym gebraucht. Jedes Darlehen führt zwar zu einem Kreditverhältnis, aber nicht jedes Kreditverhältnis ist rechtlich gesehen ein Darlehen. Ein Darlehen kann verzinslich oder unverzinslich sein. Die Darlehenszinsen sind grundsätzlich nachschüssig am Ende eines jeden Darlehensjahres fällig. Bei unterjähriger Darlehenslaufzeit sind die Zinsen zum Ende der Laufzeit mit der Rückerstattung (Tilgung) zu zahlen. Ein Darlehen kann unbefristet oder befristet gegeben werden. Beim befristeten Darlehen hat der Gläubiger ein ordentliches Kündigungsrecht nur aufgrund einer ausdrücklichen Vertragsvereinbarung.

Für die nicht emissionsfähigen (börsengängigen) Unternehmen stehen als Kapitalquellen drei Institutionen zur Verfügung: 1. die Kreditinstitute, 2. die Gesellschafter und 3. die sonstigen Kapitalsammelstellen (wie Versicherungsunternehmen). Bezogen auf diese Kapitalquellen unterscheidet man verschiedene Darlehensarten: 1. das langfristige Bankdarlehen, 2. das Gesellschafterdarlehen und 3. das Schuldscheindarlehen.

Langfristige Bankdarlehen sind für kleine und mittlere Unternehmen die gängige, vorherrschende oder sogar ausschließliche Quelle langfristiger Fremdfinanzierung. Aber auch bei emissionsfähigen Großunternehmen haben sie eine große Bedeutung, weil es kostengünstiger sein kann, sich über die Kreditinstitute und nicht unmittelbar über den organisierten Kapitalmarkt zu finanzieren.

Langfristige Bankdarlehen werden aufgenommen, um langfristig wirksame Kapitalbedarfe zu decken. Solche langfristigen Kapitalbedarfe ergeben sich insbesondere aus der Investitionstätigkeit der Unternehmung. Langfristige Bankdarlehen dienen daher vielfach der Investitionsfinanzierung (Investitionskredite). Sie werden unmittelbar zur Finanzierung bestimmter Sachanlagen (z. B. Gebäude, Maschinen) genutzt, und die Laufzeit, die Zins- und die Tilgungsmodalitäten können auf die Verhältnisse der zu finanzierenden Objekte abgestellt werden, so daß (weitgehend) ein Objektkredit gegeben sein kann. Langfristige Bankdarlehen können aber auch unabhängig von konkreten Investitionsvorhaben aufgenommen werden, etwa um eine Umfinanzierung vorzunehmen, d.h., bisher zur Finanzierung langfristiger Kapitalbedarfe (Dauerbedarfe) genutzte kurz- oder mittelfristige Kredite abzubauen und durch langfristige Darlehen zu ersetzen, um insgesamt eine der tatsächlichen Struktur der Kapitalbedarfe besser angepaßte Struktur der Finanzierung zu erreichen (Fristenkongruenz). Langfristige Bankdarlehen sind gewöhnlich durch Grundpfandrechte oder andere Sachsicherheiten gesichert (Realkredite i.w.S.), sie werden aber auch als gedeckte Personalkredite vergeben. Wegen der vorherrschenden grundpfandrechtlichen Sicherung werden solche langfristigen Bankdarlehen auch als Immobiliarkredit, Bodenkredit, Grundkredit sowie als Realkredit i.e.S. bezeichnet. Beim Realkredit i.e.S. handelt es sich um Beleihungen von Grund und Boden. Die Darlehen sind durch Grundpfandrechte auf Wohngrundstücke oder gewerbliche Objekte gesichert. Ist das Darlehen durch eine (Verkehrs-)Hypothek gesichert, so spricht man auch vom Hypothekarkredit oder Hypothekendarlehen. Nach dem Kriterium der Tilgung des Darlehens unterscheidet man zwischen 1. dem Fest- oder Blockdarlehen, bei dem das Darlehen am Ende der Laufzeit in voller Höhe (en bloc) zurückgezahlt wird, also ohne Tilgung während der Darlehenslaufzeit, 2. dem Abzahlungsdarlehen, bei dem während der Laufzeit eine Tilgung in vereinbarter Höhe stattfindet, 3. dem Ratendarlehen, bei dem das Darlehen während der Laufzeit in gleich großen Raten getilgt wird, und 4. dem Annuitätendarlehen, bei dem Zins- und Tilgungsleistung in gleicher Höhe während der Kreditlaufzeit erbracht werden. Die Annuität wird so berechnet, daß der sinkende Zinsanteil durch den in Höhe der ersparten Zinsen steigenden Tilgungsanteil genau ausgeglichen wird. Das Ratendarlehen und das Annuitätendarlehen sind spezielle Varianten des Abzahlungsdarlehens, bei dem z. B. vereinbart sein kann, daß der Schuldner das Darlehen in jeder ihm genehmen Höhe jederzeit während der Laufzeit tilgen kann oder daß der Schuldner einen Mindesttilgungsbetrag in den einzelnen Perioden der Laufzeit zu leisten hat und weitere Tilgungen jederzeit in beliebiger Höhe vornehmen kann oder daß der Schuldner ganz bestimmte festgelegte Beträge zu bestimmten Zeitpunkten während der Laufzeit zu tilgen hat, um nur einige denkbare Möglichkeiten aufzuzeigen. Neben den Grundvarianten gibt es weitere Darlehensformen hinsichtlich der Tilgung, die Elemente der Grundvarianten verknüpfen, etwa daß eine teilweise Tilgung während der Kreditlaufzeit vorgenommen wird und der noch nicht getilgte Restbetrag zum Laufzeitende zurückzuerstatten ist. Weitere Tilgungsvarianten ergeben sich, wenn bei grundsätzlicher Tilgung während der Laufzeit einige tilgungsfreie Jahre zu Beginn der Darlehenslaufzeit vorgeschaltet werden. Die verschiedenen Tilgungsformen erlauben bei Objektkrediten eine den erwarteten Zahlungsströmen des zu finanzierenden Objekts angepaßte Gestaltung der Tilgungsmodalitäten, um Liquiditätsanspannungen durch die Tilgung weitgehend zu vermeiden. Die Darlehenskosten werden in der Praxis von vielen, sehr unterschiedlichen Kosteneinflußgrößen bestimmt, von denen der Nominalzinssatz und der Unterschied zwischen dem geschuldeten Kapital und dem zu Beginn der Darlehenslaufzeit nutzbaren Kapital (Damnum) am wichtigsten sind. Das Damnum kann als Auszahlungskursdifferenz (Disagio, Abgeld) oder Rückzahlungskursdifferenz (Agio, Aufgeld) gestaltet sein. Damnen können als abgezinste (Disagio) oder als aufgezinste (Agio) Darlehenskostenbestandteile interpretiert werden, die zu Beginn (Disagio) oder zum Ende (Agio) der Darlehenslaufzeit fällig werden. Praktisch bedeutsam ist das Damnum vor allem als Disagio. Die Darlehenskosten können als Kostensatz finanzmathematisch (als sog. interner Zins) bestimmt werden.

Die Gesellschafter einer Unternehmung, gleich welcher Rechtsform, können der Unternehmung neben Eigenkapital auch Fremdkapital als **Gesellschafterdarlehen** zur Verfügung stellen. Solche Gesellschafterdarlehen werden, sofern ihre Bedingungen der Kapitalmarktlage angepaßt sind, bei Kapitalgesellschaften auch steuerlich anerkannt. Anderenfalls würden zu hohe, also marktunübliche Zinsen steuerlich als verdeckte Gewinnausschüttung angesehen werden. Bei den Eignern sind die Darlehenszinsen zu versteuerndes Einkommen, bei der Kapitalgesellschaft grundsätzlich steuerlich anerkannte Betriebsausgaben im Rahmen der Gewinnermittlung. Für die Eigner der Kapitalgesellschaft bringt die Aufspaltung ihres Einkommens keine Vorteile, weil sie die Zinsen aus Gesellschafterdarlehen mit zu versteuern haben. Bei Personengesellschaften sind die an die Gesellschafter zu zahlenden Darlehenszinsen nicht abzugsfähig. Dennoch kann es bei einer Personenunternehmung wie bei einer Kapitalgesellschaft sinnvoll sein, der eigenen Unternehmung Gesellschafterdarlehen zu geben, 1. wenn der Kapitalbedarf nur für einen überschaubaren Zeitraum auftreten wird, 2. wenn nicht alle Gesellschafter im Verhältnis ihrer bisherigen Eigenkapitalanteile sich an der Finanzierung beteiligen wollen oder können oder 3. wenn die Abstimmung zwischen den Gesellschaftern bei einer Personenunternehmung nicht allein nach Köpfen, sondern abweichend von der gesetzlichen Regelung (auch) nach Kapitalverhältnissen (mit) erfolgt. Als Fremdkapital stellen Gesellschafterdarlehen Verbindlichkeiten der Unternehmung und Forderungen der Gesellschafter gegen die eigene Unternehmung dar. Dies ist solange unproblematisch, wie die Gesellschaft solvent ist. Im Insolvenzfall, also wenn die Unternehmung Konkurs oder Vergleich anmelden muß, sind grundsätzlich auch Gesellschafterdarlehen Gläubigerforderungen, aber ihre Behandlung ist unterschiedlich, je nachdem, welche Rechtsform vorliegt und welche Gesellschafter das Darlehen gegeben haben. Bei den Personenunternehmungen und bei der KGaA gilt, daß Gesellschafterdarlehen der vollhaftenden Eigner (Einzelkaufmann, oHG-Gesellschafter, KG-Komplementäre, KGaA-Komplementäre) im Insolvenzfall unberücksichtigt bleiben, solange irgendein Drittgläubiger, der kein vollhaftender Eigner ist, noch irgendeine unerfüllte (Teil-)Forderung geltend machen kann. In diesem Falle würden die Ansprüche aus einem Gesellschafterdarlehen selber als Vermögen des vollhaftenden Eigners anzusehen sein, das er zur Befriedigung der Drittgläubiger einsetzen muß, so daß sein Darlehensanspruch nicht zum Tragen kommen kann. Bei den

KG-Kommanditisten muß unterschieden werden, ob sie ihren Kommanditkapitalanteil schon eingezahlt haben oder nicht. Haben sie ihren Kommanditkapitalanteil voll eingezahlt, so gehört ihre Forderung aus einem Gesellschafterdarlehen zu den berechtigten Gläubigerforderungen und wird grundsätzlich wie vergleichbare Forderungen sonstiger Drittgläubiger behandelt. Bei den Kapitalgesellschaften (AG, GmbH) gilt, daß Forderungen aus Gesellschafterdarlehen grundsätzlich den Drittgläubigerforderungen gleichgestellt sind, wobei für die GmbH eine wichtige Ausnahmeregelung besteht, nämlich für die sog. kapitalersetzenden Darlehen (§32a GmbHG).

Beim **Schuldscheindarlehen** handelt es sich um ein langfristiges (Groß-)Darlehen, das die Unternehmung direkt oder indirekt über ihre Bank von Kapitalsammelstellen (insbesondere Lebensversicherungsunternehmen, Pensionskassen) aufnimmt und über das zur Beweissicherung (oftmals, aber nicht zwingend) ein Schuldschein ausgestellt wird. Die Schuldscheindarlehen sind wegen ihrer Beträge vorwiegend für größere Unternehmen ein weiteres Fremdfinanzierungsinstrument ohne Inanspruchnahme des organisierten Kapitalmarktes und stehen hierbei in Konkurrenz zur Industrieobligation. Für die kleinen und mittleren Unternehmen stehen Schuldscheindarlehen allenfalls indirekt zur Verfügung, wenn die kreditvergebende Bank sich selber über ein größeres Schuldscheindarlehen refinanziert und die Gelder in kleineren Darlehensgrößen weitervergibt. Zur Geltendmachung der Darlehensforderung ist der Schuldschein nicht erforderlich. Er erleichtert dem Gläubiger lediglich die Beweisführung. Der Schuldner muß dann nämlich beweisen, daß die Darlehensforderung nicht besteht, d.h., durch den Schuldschein wird die Beweislast umgekehrt.

Unter dem Begriff des Schuldscheindarlehens werden sehr verschiedenartige Darlehenskonstrukte zusammengefaßt. Gemeinsam ist ihnen, daß der organisierte Kapitalmarkt (Börse) nicht zwischengeschaltet wird, sondern daß die Kreditvergabe von den Kapitalsammelstellen direkt oder (zumeist) indirekt über Kreditinstitute an die gewerbliche Wirtschaft (oder an die öffentliche Hand) erfolgt. Schuldscheindarlehen sind nicht börsenmäßig handelbar, aber sie können über Zession und (zumeist) mit Zustimmung des Darlehensnehmers an andere abgetreten werden, so daß sie auf diese Weise beschränkt mobilisierbar sind. Schuldscheindarlehen werden insbesondere nach drei Kriterien untergliedert: 1. nach der Art der Vergabe (indirekte und direkte Schuldscheindarlehen), 2. nach der Art der Mittelaufbringung (Einzel- und Konsortialschuldscheindarlehen), 3. nach der Abstimmung auf den Finanzmittelbedarf des Darlehensnehmers (Schuldscheindarlehen mit laufzeitkonformer und laufzeitinkonformer Plazierung).

3.5.2 Anleihenfinanzierung

Unter dem Begriff der **Anleihenfinanzierung** wird die langfristige Finanzierung einer Unternehmung über die Emission von verbrieften, auf kleinere Teilbeträge lautenden fungiblen Nicht-Beteiligungstiteln verstanden, d.h., die emittierten Finanzierungstitel sind keine Aktien (Stammaktien, Vorzugsaktien). Der organisierte Kapitalmarkt (Börse) kann als Primär- und/oder Sekundärmarkt in Anspruch genommen werden (Börsenfinanzierung), muß aber nicht (Privatplazierungen). Als Finanzierungsform für Nicht-Banken (gewerbliche Unternehmen) ist die Anleihenfinanzierung bedeutsam nur für große AGs und sehr große GmbHs (emissionsfähige Unternehmen). Zur Anleihefinanzierung gehört die Emission reiner Fremdfinanzierungstitel (z. B. Industrieobligationen, Null-Kupon-Anleihen) sowie die Emission von Zwischenformen (z. B. Wandelschuldverschreibungen, Gewinnschuldverschreibungen, Genußscheine), die Elemente von Fremd- und Eigenfinanzierungstiteln aufweisen.

Unter dem Begriff **Industrieobligation** (Industrieanleihe, Industrieschuldverschreibung) wird ein verbrieftes, in Teilschuldverschreibungen gestückeltes (Gesamt)Darlehen verstanden, das ein gewerbliches Unternehmen aufgenommen hat. Mit Hilfe einer Anleihe nimmt die Unternehmung einen Großkredit auf. Das Gesamtdarlehen wird durch die Stückelung in Teilforderungen (Teilschuldverschreibungen) für den organisierten Kapitalmarkt handelbar gemacht. Die Forderung des Obligationärs als Gläubiger wird in einer Urkunde verbrieft. Die Ansprüche aus der Forderung können nur unter Vorlage dieses Wertpapiers geltend gemacht werden (§ 797 BGB). In den letzten Jahren sind (insbesondere öffentliche) Emittenten dazu übergegangen, bei Schuldverschreibungen keine Einzelurkunden (effektive Stücke) mehr auszugeben, sondern diese in Form von Globalurkunden (Sammelurkunden) zu verbriefen. Von technischen Globalurkunden spricht man, wenn auf Verlangen effektive Stücke nachgeliefert werden, von reinen Globalurkunden, wenn dies ausgeschlossen ist. Anleihen von Bund und von anderen öffentlich-rechtlichen Emittenten treten heute zumeist nur noch als sog. Schuldbuchforderungen in Erscheinung, d.h., es gibt keine Verbriefung, sondern nur noch eine Eintragung in ein öffentliches Schuldbuch des Emittenten. Für die Industrieobligation gilt aber heute noch, daß es sich um eine in Einzelurkunden verbriefte Schuldverschreibung handelt. I.d.R. sind Industrieobligationen Inhaber- und keine Namensschuldverschreibungen. Die früher erforderliche staatliche Emissionsgenehmigung ist inzwischen entfallen. In ihrer äußeren Gestalt besteht eine Industrieobligation aus dem sog. Mantel (Schuldurkunde) und dem sog. Bogen (Zinsscheine, Coupons); bei sehr langfristigen Obligationen weist der Bogen noch einen sog. Talon (Erneuerungsschein) auf, der für den Empfang eines neuen Bogens erforderlich ist. Industrieanleihen sind zumeist mit einem festen Nominalzinssatz ausgestattet, der in der Urkunde ausgewiesen wird und für die gesamte Laufzeit in bezug auf die Zinszahlungen gilt (Festzinsanleihen). Daneben gibt es aber auch Anleihen mit variierenden Nominalzinssätzen, bei denen entweder schon in den Ausgabebedingungen eine fixierte Veränderung des Zinssatzes vorgesehen ist (Staffelanleihen) oder bei denen die Verzinsung in bestimmten Abständen an die zwischenzeitliche Entwicklung der Marktzinsen angepaßt wird (variabel verzinsliche Anleihen). Gesichert sind Industrieobligationen durch erststellige Grundpfandrechte oder auch andere Sicherheiten (z. B. Bürgschaft der Muttergesellschaft, Negativerklärung). Die Tilgung kann als Gesamttilgung am Laufzeitende, als Ratentilgung oder auch als Annuitätentilgung erfolgen. Die technische Abwicklung der Tilgung geschieht durch Auslosung oder durch freihändigen Rückkauf an der Börse. Beim Auslosungsverfahren (etwa bezogen auf die Ratentilgung) wird die Anleihe z. B. in verschiedene Serien eingeteilt, und zwar entsprechend der vorgesehenen Anzahl von Raten, und es wird dann die zur Rückzahlung kommende Serie ausgelost. Durch freihändigen Rückkauf kann die Unternehmung jederzeit zusätzlich und auf stille Weise eine Tilgung vornehmen. Sie kann sich jedoch auch verpflichtet haben, in den jeweiligen Tilgungsjahren über die Börse mindestens einen bestimmten Betrag (Tilgungsfonds) zum Rückkauf der Anleihe aufzuwenden oder einen bestimmten Anleihenennbetrag an der Börse aufzukaufen.

Wandelschuldverschreibungen sind nur ein Instrument der langfristigen Anleihefinanzierung der AG und KGaA. Das AktG versteht darunter unterschiedliche Typen von Schuldverschreibungen, deren Gemeinsamkeit darin besteht, daß es rechtlich Fremdfinanzierungstitel sind, die jedoch Elemente aufweisen, die ansonsten Beteiligungstiteln (Aktien) zustehen. Nach § 221 AktG sind

Wandelschuldverschreibungen solche Schuldverschreibungen, bei denen den Gläubigern ein Umtauschrecht oder ein Bezugsrecht auf Aktien eingeräumt wird. D.h., neben den normalen Gläubigerrechten auf Zinsen und Tilgungen weisen diese Obligationen ein zusätzliches Recht zum Umtausch der Obligation in Aktien (Wandelanleihen, Convertible Bonds) oder ein zusätzliches Recht zum Bezug von Aktien (Optionsanleihen, Warrants) auf. Bei der Ausgabe von Wandelschuldverschreibungen müssen die aktienrechtlichen Vorschriften beachtet werden (§ 221 AktG). Zugleich muß entsprechend den gewährten Umtauschrechten oder Bezugsrechten eine bedingte Kapitalerhöhung durchgeführt werden. Zum Schutz der Vermögensposition der Obligationäre weisen Wandelschuldverschreibungen sogenannte Kapitalverwässerungsschutzklauseln auf, etwa Anpassung des Wandlungsverhältnisses (Wandelanleihen) oder des Bezugsverhältnisses (Optionsanleihen) entsprechend den Kapitalerhöhungen. Bezogen auf die Ausstattungsmerkmale (z. B. Zinssatz, Tilgung) gelten die Ausführungen zu den Industrieobligationen, da es sich lediglich um Varianten handelt. Bei den Wandelanleihen hat jeder Obligationär das Recht, während einer im voraus festgelegten Wandlungsfrist seine Schuldverschreibungen in einem festgelegten Wandlungsverhältnis in Aktien der Emittentin umzutauschen, wobei oft noch Zuzahlungen zusätzlich zur Hingabe der Wandelschuldverschreibungen zu entrichten sind. Wandlungsverhältnis und Zuzahlungen bestimmen dabei den Wandlungspreis. Macht ein Obligationär von diesem Wandlungsrecht Gebrauch, so gehen seine Wandelschuldverschreibungen entsprechend dem Wandlungsverhältnis unter. Er wird in dem Maße zum Aktionär. In Abhängigkeit von den Umtauschbedingungen unterscheidet man zwei Typen von Wandelanleihen: 1. den Aktientyp und 2. den Obligationentyp (vgl. Abbildung 6):

Bei den **Optionsanleihen** kommt zu den Gläubigerrechten der Obligationäre noch ein Bezugsrecht auf Aktien hinzu. Innerhalb eines festgelegten Bezugszeitraums können die Obligationäre in einem festgelegten Bezugsverhältnis Aktien zu einem festgelegten Bezugskurs erwerben. Macht der Obligationär vom Bezugsrecht Gebrauch, so bleibt seine Obligation jedoch weiterhin bestehen. Das Optionsrecht ist in einem Optionsschein (Warrant) verbrieft, der selber börsengängig ist.

Gewinnschuldverschreibungen (Income Bonds) sind Schuldverschreibungen, bei denen die Rechte der Gläubiger mit Gewinnanteilen der Aktionäre in Verbindung gebracht werden (§ 221

AktG). Gewinnschuldverschreibungen verbriefen also keinen Anteil am Gewinn, sondern nur einen schuldrechtlichen Anspruch, der sich am Gewinnanteil der Aktionäre orientiert. Der Standardtyp ist eine Anleihe mit festem Zinsanteil (z.B. 5% p.a.) und einem von der Dividendenhöhe abhängigen, d.h. bedingten variablen Anspruch auf eine gewinnabhängige Zusatzrendite („Gewinnanteil") (z. B. zusätzlich 1% p.a. für je 2 DM Dividende pro Aktie von 50 DM). Dieser bedingte Gewinnanteil kann nach oben begrenzt sein oder erst ab einer bestimmten Dividendenhöhe beginnen oder nur für einen bestimmten Dividendenbereich gelten. Es ist möglich, den festen Zinsanteil zugunsten des zu erwartenden variablen Gewinnanteils auszuweiten oder gar auf einen festen Zinsanteil ganz zu verzichten, so daß nur noch der Rückzahlungsanspruch an die Schuldverschreibung erinnert.

Abbildung 6: *Typen von Wandelanleihen*

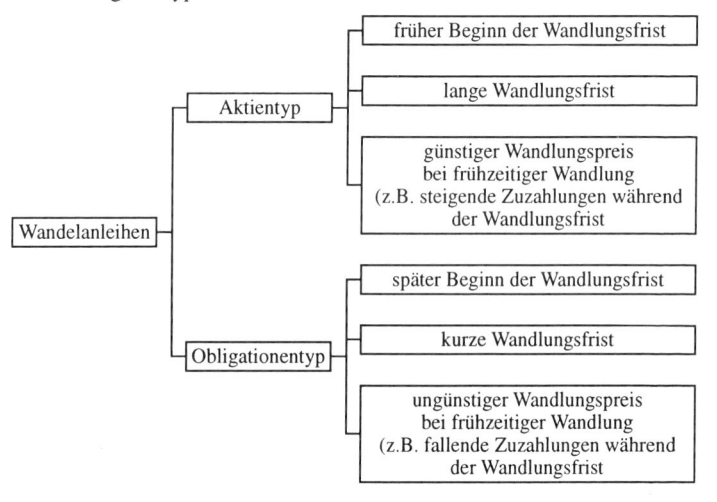

```
                    ┌── früher Beginn der Wandlungsfrist
                    │
         ┌─ Aktientyp ─┼── lange Wandlungsfrist
         │          │
         │          └── günstiger Wandlungspreis
         │              bei frühzeitiger Wandlung
         │              (z.B. steigende Zuahlungen während
Wandelanleihen        der Wandlungsfrist)
         │
         │              ┌── später Beginn der Wandlungsfrist
         │              │
         └─ Obligationentyp ─┼── kurze Wandlungsfrist
                        │
                        └── ungünstiger Wandlungspreis
                            bei frühzeitiger Wandlung
                            (z.B. fallende Zuahlungen während
                            der Wandlungsfrist)
```

3.6 Innenfinanzierungsformen

Bei der Innenfinanzierung wird das Kapital durch den unternehmerischen Transformationsprozeß neu gebildet oder erneut disponibel gemacht. Ihre Erscheinungsformen sind die Cash-Flow-Finanzierung (Innenfinanzierung i.e.S.) und die Umschichtungsfinanzierung (vgl. Abbildung 7).

Abbildung 7: *Formen der Innenfinanzierung*

```
                          Innenfinanzierung
                                 │
              ┌──────────────────┴──────────────────┐
       Cash-Flow-                              Umschichtungs-
       Finanzierung                            finanzierung
              │                                       │
      ┌───────┴───────┐                       ┌───────┴───────┐
   durch normale                           durch sonstige
   Geschäfts-                              Kapital-
   tätigkeit                               freisetzungen
      │                                       │
  ┌───┴───┐   durch verdiente           über außer-      über
  durch      aber noch nicht            gewöhnliche      betriebliche
  Einbehaltung  zahlungs-               Verkaufsakte     Rationalisie-
  von Gewinnen  wirksame                                 rungs-
                Aufwendungen                             maßnahmen

  Selbst-    Rück-        Abschrei-
  finanzierung  stellungs-   bungs-
             finanzierung finanzierung
```

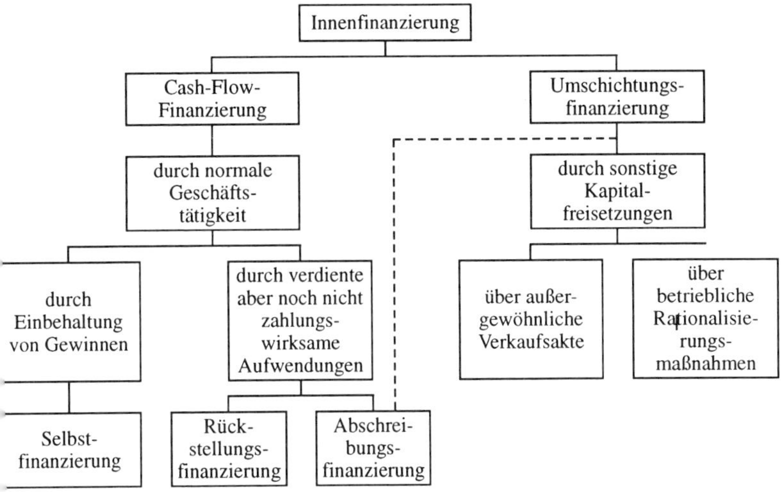

Die übliche Einteilung der **Innenfinanzierung** i.e.S. in Selbstfinanzierung, Abschreibungsfinanzierung und Rückstellungsfinanzierung knüpft an die indirekte Messung des Cash Flows an:
Cash Flow = Periodenerfolg
+ nicht zahlungswirksame Aufwendungen
− nicht zahlungswirksame Erträge
(wegen Periodenerfolg = Erträge − Aufwendungen und Aufspaltung der Erfolgselemente „Ertrag" und „Aufwand" in zahlungswirksame und nicht zahlungswirksame Bestandteile folgt daraus auch die Formel der direkten Messung: Cash Flow = zahlungswirksame Erträge − zahlungswirksame Aufwendungen), und zwar an eine gängige Variante der indirekten Cash-Flow-Messung an, bei der die nicht zahlungswirksamen Erträge als vernachlässigbar angesehen und außerdem werden nur die wichtigsten und am häufigsten anzutreffenden nicht zahlungswirksamen Aufwendungen, nämlich Abschreibungen, Rückstellungsänderungen, beachtet:
Cash Flow = Periodenerfolg
+ nicht zahlungswirksame Aufwendungen
= Jahresüberschuß/Jahresfehlbetrag
+ Abschreibungen
+ Rückstellungsänderung.

Der Cash Flow mißt, wieviel finanzielle Mittel während einer Periode (i.d.R. ein Jahr) nicht zur unmittelbaren Reproduktion der unternehmerischen Prozesse benötigt wurden und für sonstige Zwecke wie Investitionen oder Kreditrückzahlungen als Finanzierungsmittel bereitstanden.

Durch die Beziehungen zu Absatzmärkten im Rahmen ihrer Geschäftstätigkeit gelangen bei erfolgreichen Geschäften über den erwirtschafteten Gewinn (Jahresüberschuß) finanzielle Mittel zusätzlich in die Unternehmung und können dort solange verwendet werden, wie sie nicht an die Eigner ausgeschüttet werden. Durch offene oder verdeckte (stille) Einbehaltungen können Gewinnteile auch längerfristig in der Unternehmung verbleiben. Die Bereitstellung von Eigenkapital über einbehaltene Gewinne nennt man **Selbstfinanzierung**, wobei davon nur dann gesprochen werden soll, wenn durch diese Einbehaltung von Gewinnen nicht zugleich ansonsten gegebene Außenfinanzierungsmöglichkeiten (Einlageverpflichtungen der Eigner) substituiert werden. Kann die Selbstfinanzierung aus der Bilanz ersehen werden, so liegt eine offene Selbstfinanzierung vor, ansonsten eine stille Selbstfinanzierung. Die offene Selbstfinanzierung drückt sich bei allen Rechtsformen in einer Erhöhung des bilanziellen Eigenkapitals der Unternehmung aus. Stille Selbstfinanzierung erfolgt bei der Gewinnermittlung. Sie entsteht durch die bewußte Nutzung von gesetzlich eingeräumten Bilanzierungswahlrechten mit dem Zweck der Ermittlung eines möglichst niedrigen Gewinns und außerdem stets durch (bewußte oder unbewußte) vorsichtige (pessimistische) Bewertung von Aktiv- und Passivposten im Falle von Beurteilungs- und Ermessensspielräumen, die der Gesetzgeber dem Bilanzierenden einräumt und gewähren muß, weil er nicht alle individuell möglichen Verhältnisse eindeutig regeln kann.

Wenn der Unternehmung über ihre Erträge Einzahlungen als Gegenwerte für in den Preisen verrechnete, aber nicht in dieser Periode auszahlungswirksame Aufwendungen zufließen, so verbleiben der Unternehmung in Höhe dieser nicht zahlungswirksamen Aufwendungen disponible finanzielle Mittel. Die Unternehmung kann über diese verdienten Aufwandsgegenwerte bis zur Auszahlungswirksamkeit der entsprechenden Aufwendungen verfügen. Diese Form der Innenfinanzierung i.e.S. wird entsprechend den wichtigsten nicht zahlungswirksamen Aufwendungen als **Abschreibungsfinanzierung** und als **Rückstellungsfinanzierung** bezeichnet. Dabei ist zu beachten, daß die Abschreibungen Verrechnungen früher beschaffter und schon finanzierter Betriebsmittel darstellen. Bezogen auf diese Betriebsmittel lagen in früheren Perioden Auszahlungen vor, die mit Hilfe von Abschreibungen in den späteren Nutzungsjahren zu nicht zahlungswirksamen Aufwendungen verrechnet werden. Werden Rückstellungen in der Periode gebildet, so findet in dieser Periode eine Aufwandsverrechnung statt, ohne daß es in dieser Periode schon zu einer Auszahlung kommt, d.h., Rückstellungsbildungen führen zu vorverrechneten nicht zahlungswirksamen Aufwendungen. Die Finanzierungswirkung verdienter Abschreibungs- und Rückstellungsgegenwerte hängt im wesentlichen davon ab, wie lange es dauert, bis Ersatzinvestitionen vorzunehmen sind, oder wann es zu Leistungspflichten aus den Rückstellungen kommt.

Während bei der Innenfinanzierung i.e.S. (Cash-Flow-Finanzierung) die finanziellen Mittel über die Produkt-Absatzmärkte aufgrund der normalen Geschäftstätigkeit zufließen, ergeben sich die finanziellen Mittel bei der **Umschichtungsfinanzierung** über Kapitalfreisetzungsmaßnahmen im Sinne von sonstigen, insbesondere auch außergewöhnlichen Veräußerungsakten (z. B. Veräußerung von nicht mehr betriebsnotwendigem Vermögen, von als Liquiditätsreserve gehaltenen Wertpapieren, generell: Veräußerung von Nicht-Produkten der Unternehmung) sowie im Sinne von betrieblichen Rationalisierungsmaßnahmen (z. B. Optimierung der Bestellmengen und der Sicherheitsbestände, Beschleunigung der Durchlaufzeiten). Während durch die sonstigen Veräußerungsakte Nichtgeld-Vermögen in Geld-Vermögen gewandelt und so wieder disponibel gemacht wird, ergibt sich durch betriebliche Rationalisierungsmaßnahmen unter sonst gleichen Umständen eine Reduktion des Kapitalbedarfs, so daß die so freigesetzten Mittel einer anderweitigen Verwendung zugeführt werden können. Kapitalfreisetzungen erhöhen den bisherigen Kapitalfonds nicht, sondern betreffen nur dessen Disponibilität. Gebundenes Kapital wird für neue Verwendungen verfügbar gemacht. Da planmäßig beim betrieblich genutzten Anlagevermögen vorgenommene Abschreibungen ebenfalls eine Vermögensumschichtung in der Bilanz bewirken, ist die Abschreibungsfinanzierung zugleich auch eine Erscheinungsform der Umschichtungsfinanzierung.

4. Investitionsarten und Verfahren der Investitionsbeurteilung

4.1 Investitionsarten

Es sollen zwei Gliederungen der Investitionsarten kurz vorgestellt werden: 1. Gliederung nach dem Investitionsobjekt und 2. Gliederung nach dem Investitionszweck.

Die Unterscheidung in Realinvestitionen und Finanzinvestitionen (Nominalinvestitionen) knüpft an das **Investitionsobjekt** an. Auf der Basis der 1. Variante des Begriffs der Investition i.e.S. heißt dies, daß danach unterschieden wird, ob die finanziellen Mittel zum Erwerb von Realgütern oder von Nominalgütern eingesetzt worden sind. Realgüter können materieller oder immaterieller Art sein, so daß sich die **Realinvestitionen** weiter in materielle Realinvestitionen (Sachinvestitionen) und immaterielle Realinvestitionen untergliedern lassen. Der Begriff der Sachinvestition wird dabei häufig auf denjenigen Mitteleinsatz eingeschränkt, der zum Erwerb von Vermögensgegenständen des Sachanlagevermögens ((Sach-)Anlageinvestitionen) führt. Er kann aber auch die Erhöhung des Vorratsvermögens (Vorrats- oder Lagerinvestitionen) einschließen. Der Begriff der Bruttoinvestition in der volkswirtschaftlichen Gesamtrechnung umfaßt etwa Anlage- und Lagerinvestitionen (Vorratsänderungen). Auch der Begriff der immateriellen Realinvestition kann enger und weiter gefaßt werden. Im engeren Sinn bezieht er sich auf den Erwerb solcher Vermögensgegenstände, die als immaterielle Vermögensgegenstände unter dem Anlagevermögen zu bilanzieren sind. Im weiteren Sinne umfaßt der Begriff der immateriellen Realinvestitionen die Schaffung von nicht bilanzierungsfähigen ökonomischen Nutzleistungen. Hierzu gehören sog. Organisationsinvestitionen, (Personal(aus/fort/weiter-)Bildungsinvestitionen, Forschungs- und Entwicklungsinvestitionen, Werbeinvestitionen.

Als Nominalgüter (Nominalrepräsentanten) gelten neben dem Geld alle Rechte, die Gläubigerpositionen (Forderungstitel) und Eignerpositionen (Beteiligungstitel) beinhalten, gleichgültig, ob sie verbrieft oder unverbrieft sind. Der Begriff der **Finanzinvestition** (Nominalinvestition) bezieht sich auf den Erwerb von Forderungstiteln und Beteiligungstiteln. Finanzinvestitionen im Sinne des Erwerbs von Forderungstiteln entsprechen dem Bild der Investition als Zahlungsstrom am ehesten (2. Variante der Investition i.e.S.). Dies gilt insbesondere für den Erwerb einer Obligation. Im Erwerbszeitpunkt fallen Auszahlungen an, aufgrund der Emissionsbedingungen lassen sich die künftigen Einzahlungen in Form von Zinszahlungen und Tilgungszahlungen zeit- und betragsgenau abschätzen. Noch eindeutiger sind die Verhältnisse in bezug auf sog. Termingeldanlagen, die durch eine einmalige Auszahlung und durch eine einmalige, zeitlich und betragsmäßig genau bestimmbare spätere Einzahlung charakterisierbar sind. Für sie würde zudem gelten, daß die in der Theorie oftmals unterstellte Eigenschaft der (beliebigen) Teilbarkeit einer Investition in idealer Weise erfüllt wird. Gleiches gilt auch in bezug auf die Annahme der Unabhängigkeit der einzelnen Investitionen voneinander. Bezogen auf den Erwerb von Forderungstiteln gilt ferner, daß die Charakterisierung der Auszahlungen und Einzahlungen als unmittelbare Zielgrößen kaum Probleme bereitet, weil nicht erkennbar wird, daß mit einer solchen Investition andere als monetäre Ziele verfolgt werden könnten.

An den **Investitionszweck** der Realinvestitionen knüpft die Unterscheidung zwischen Investitionen im Zusammenhang mit dem Aufbau der Unternehmung, mit der Fortführung der Unternehmung und mit dem Wachstum der Unternehmung an. **Investitionen im Zusammenhang mit dem Aufbau der Unternehmung** werden mit den Begriffen Erst-, Errichtungs-, Gründungs- und auch Anfangsinvestition umschrieben. Bei Investitionen im Zusammenhang mit dem Aufbau der Unternehmung steht nicht ein einzelnes Investitionsobjekt, sondern der gesamte aufzubauende Betrieb im Blickfeld, so daß für eine nähere Umschreibung der Investitionsbegriff i.w.S. zugrundezulegen ist. **Investitionen im Zusammenhang mit der Fortführung der Unternehmung** werden als Ersatz-, Re- oder Erhaltungsinvestitionen bezeichnet. Im Vordergrund stehen einzelne Investitionsobjekte, die durch den Gebrauch oder durch Alterung sowie aufgrund unvorhersehbarer Ursachen nicht mehr im Sinne der bisherigen, von ihnen geforderten leistungswirtschaftlichen Aufgaben genutzt werden können und die bei der vorgesehenen Fortführung der Unternehmung im bisherigen quantitativen und qualitativen Leistungsumfang wiederbeschafft, ersetzt werden müssen. Im strengen Sinne gehen von Ersatzinvestitionen keine kapazitätsmäßigen Wirkungen aus. Dies ist unter dem Aspekt der Wiederbeschaffung indes nur für den Fall des identischen Ersatzes gegeben. Unter dem Aspekt der Erhaltung stellt die sog. Großreparatur wegen ihrer ähnlichen Wirkungen wie ein identischer Ersatz eine reale Variante der Ersatzinvestition (ohne Kapazitätswirkungen) dar. Wegen des technischen Fortschritts ist ein leistungswirtschaftlich gesehen identischer Ersatz von Investitionsobjekten indes eher die Ausnahme denn die Regel. Werden bei technischem Fortschritt nicht mehr nutzbare Investitionsobjekte durch hinsichtlich ihrer leistungswirtschaftlichen Funktionen gleiche oder vergleichbare Investitionsobjekte ersetzt, so sind damit Rationalisierungs- oder Verbesserungseffekte verbunden. Auf solche Wirkungen weisen die Begriffe Rationalisierungs-, Verbesserungs- und Modernisierungsinvestitionen hin. Sie sind die vorrangigen realen Varianten der Ersatzinvestition, haben aber anders als etwa Großreparaturen meist auch kapazitätsmäßige Wirkungen, die jedoch nicht im Vordergrund des Interesses stehen, nicht den Investitionszweck dominieren.

Für **Investitionen im Zusammenhang mit dem Wachstum der Unternehmung** stehen die Begriffe Erweiterungsinvestitionen und Diversifikationsinvestitionen. Ähnlich wie bei Investitionen im Zusammenhang mit dem Aufbau der Unternehmung steht auch bei Investitionen im Zusammenhang mit dem Wachstum der Unternehmung nicht ein einzelnes Investitionsobjekt, sondern ein Investitionskomplex im Blickfeld. Nach der Art der Realisierung des Wachstums wird zwischen internem und externem Wachstum unterschieden. Bezogen auf externes Wachstum wird meist von Beteiligungserwerb, Unternehmungserwerb, Akquisition, Fusion gesprochen. Die Begriffe Erweiterungsinvestition und Diversifikationsinvestition stehen für Vorgänge des internen Wachstums. Nach der Richtung des Unternehmungswachstums unterscheidet man zwischen horizontalem, vertikalem und diagonalem Wachstum. Mit dem Begriff Erweiterungsinvestition werden Vorgänge des horizontalen und vertikalen Wachstums umschrieben. Erweiterungsinvestitionen im Zusammenhang mit horizontalem Wachstum zielen auf (multiple und/oder mutative) Vergrößerungen der Kapazitäten im bisherigen Produkt-Marktspektrum. Man investiert und erweitert die Kapazität, um ein neues Absatzmarktgebiet mit bisherigen Produkten beliefern zu können oder um die Angebotspalette um technisch oder marktlich ähnliche Produkte zu vergrößern (Produktbreite). Erweiterungsinvestitionen im Zusammenhang mit vertikalem Wachstum dienen dazu, die Kapazität im Sinne einer Ausdehnung der Produktionstiefe in vor- oder nachgelagerte Produktionsstufen zu vergrößern. Mit dem Begriff der Diversifikationsinvestition werden Vorgänge des diagonalen Wachstums umschrieben. Diversifikationsinvestitionen dienen dazu, die Produktpalette um Produkte zu erweitern, die mit den bisherigen keine oder nur eine geringe Verwandtschaft aufweisen. Es werden mit Diversifikationsinvestitionen die Voraussetzungen geschaffen, um aus der Sicht der Unternehmung neue Märkte mit neuen Produkten zu erobern. Hierbei stehen Rendite- und Risikoaspekte im Sinne eines ausgeglichenen Markt-Produkt-Portfolios im Vordergrund des Investitionszwecks (Portfolioinvestitionen). Freilich ist darauf hinzuweisen, daß ein solches diagonales Wachstum in der Praxis eher auf externem Wege durch Unternehmungskäufe und Fusionen als auf internem Wege versucht wird.

4.2 Verfahren der Investitionsbeurteilung

Werden die Investitionen ausschließlich auf der Basis ihrer monetären Konsequenzen beurteilt, so werden traditionell drei Klassen von Investitionsbeurteilungsverfahren unterschieden: 1. dynamische Investitionsrechnungsverfahren, 2. statische Investitionsrechnungsverfahren und 3. Amortisationsrechnungen. Die statischen Investitionsrechnungen (Kosten-, Gewinn- und Rentabilitätsvergleichsrechnung) lassen sich als Vereinfachungen der dynamischen Verfahren interpretieren, wobei die Kosten- und Gewinnvergleichsrechnungen als Vereinfachungen der Annuitätenmethode und die Rentabilitätsvergleichsrechnung als Vereinfachung der Internen-Zinsfuß-Methode anzusehen sind. Auf die statischen Investitionsrechnungsverfahren soll im weiteren nicht eingegangen werden.

4.2.1. Amortisationsrechnungen

Beurteilungskriterium der Amortisationsrechnungen ist die Amortisationszeit (Kapitalrückflußzeit, Pay-off-Zeit, Pay-out-Zeit). Die Amortisationszeit ist derjenige Teil der Nutzungsdauer, in dem, gemessen vom Investitionszeitpunkt, das investierte Kapital vollständig aus den laufenden Einzahlungsüberschüssen wiedergewonnen (zurückgeflossen) ist. Eine Investition wird um so besser beurteilt, je kürzer die Amortisationszeit ist. Die einzelnen Varianten der Amortisationsrechnungen unterscheiden sich in der Art der Berechnung der Amortisationszeit. Bei der Durchschnittsrechnung (statische Amortisationsrechnung) erhält man die Amortisationszeit als Relation zwischen Investitionsvolumen und durchschnittlichem Cash-Flow der Investition pro Jahr. Bei der Kumulationsrechnung (dynamische Amortisationsrechnung) wird die Amortisationszeit als diejenige Zeit bestimmt, zu der die über die Zeit summierten Einzahlungen die summierten Auszahlungen erreichen (oder überschreiten). Bei der finanzmathemischen Amortisationsrechnung ist die Amortisationszeit erreicht, wenn in Abhängigkeit von der Zeit die Summe der Barwerte der Einzahlungen (mindestens) gleich der Summe aus Investitionsanfangsauszahlung und Barwerten der sonstigen Auszahlungen ist. Dies bedeutet, daß zu diesem Zeitpunkt nicht bloß die bis dahin angefallenen Auszahlungen betragsmäßig gedeckt sind, sondern daß die bis dahin angefallenen Einzahlungen auch noch eine Verzinsung des gebundenen Kapitals in Höhe des Kalkulationszinssatzes erbracht haben. Die Amortisationszeit nach der finanzmathematischen Amortisationsrechnung stellt eine kritische Zeit dar, bei der der Kapitalwert gerade Null wird. In Abb. 8 werden an einem Zahlenbeispiel die verschiedenen Verfahren der Amortisationsrechnung erläutert.

Abbildung 8: *Beispiel zur Bestimmung der Amortisationszeit*

Zeit	Auszahlungen	Einzahlungen	Cash-Flow	Kumulierte Auszahlungen	Kumulierte Einzahlungen	Abzinsungsfaktor	Kumulierte Barwerte der Auszahlungen	Kumulierte Barwerte der Einzahlungen	Kapitalwert
0	1000000			1000000		1,000000	1000000		−1000000
1	500000	450000	−50000	1500000	450000	0,909091	1454545	409091	−1045455
2	300000	600000	300000	1800000	1050000	0,826446	1702479	904959	− 797521
3	350000	700000	350000	2150000	1750000	0,751315	1965440	1430879	− 534560
4	400000	800000	400000	**2550000**	**2550000**	0,683013	2238645	1977290	− 261355
5	379000	799915	420915	2929000	3349915	0,620921	**2473974**	**2473974**	0
6	310915	750000	439085	3239915	4099915	0,564474	2649477	2897330	247852
durchschnittlicher Cash-Flow			310000						
Kalkulationszinssatz					0,1				
Statische Amortisationszeit					3,23				
Dynamische Amortisationszeit					4				
Finanzmathematische Amortisationszeit					5				

4.2.2 Dynamische Investitionsrechnungsverfahren

4.2.2.1 Einführung

Der Begriff der dynamischen Investitionsrechnungsverfahren umfaßt traditionell die Kapitalwert-, die Vermögensendwert-, die Annuitätenmethode sowie die Methode des internen Zinsfußes. Bei diesen Methoden werden die erwarteten Ein- und Auszahlungen der zu beurteilenden Investition zeitgenau im Kalkül berücksichtigt. Soweit im weiteren nichts anderes gesagt wird, werden die Begriffe „Einzahlungen" und „Auszahlungen" stets im Sinne von Überschußgrößen gebraucht. Inhaltlich basieren die dynamischen Investitionsrechnungsverfahren auf einen Vergleich zwischen der zu beurteilenden Investition (im weiteren auch Sachinvestition genannt) und Marktoperationen (Kapitalaufnahme, Kapitalanlage; im weiteren auch Finanzinvestition genannt) auf einem vollkommenen Kapitalmarkt, die vom Investor alternativ zur beurteilenden Investition im Bewertungszeitpunkt (t=0) durchgeführt werden können. Der Begriff des vollkommenen Kapitalmarkts beinhaltet die Aussage, daß der Investor beliebig viel Kapital zu übereinstimmenden Konditionen aufnehmen oder anlegen kann; bezogen auf gleiche Laufzeiten (und Risiken) stimmen Habenzinssatz (Kapitalanlagezinssatz) und Sollzinssatz (Kapitalaufnahmezinssatz) überein. Bei unterschiedlichen Laufzeiten (und Risiken) kann es folglich unterschiedliche (Soll=Haben-)Zinssätze i_{0t} auf dem Kapitalmarkt geben; diese Zinssätze können bei längeren Laufzeiten steigen (normale Zinsstruktur), fallen (inverse Zinsstruktur) oder aber laufzeitunabhängig (stabile oder flache Zinsstruktur) sein. Die für die Berechnung von Kapitalwert, Vermögensendwert und Annuität heranzuziehenden Zinssätze i_{0t} geben die Verzinsung von Kapitalmarktoperationen an, die nur im Zeitpunkt 0 und im Zeitpunkt t zu Zahlungen führen (sog. Null-Kupon-Zinssätze). Die Null-Kupon-Zinssätze i_{0t} lassen sich aus sog. Forward-Rates $i_{t,t+1}$ herleiten. Die Forward-Rates sind Zinssätze, auf deren Basis auf dem Kapitalmarkt im Bewertungszeitpunkt (t=0) einperiodige Termingeschäfte abgeschlossen werden, die zu den Zeitpunkt t und t+1 zu erfüllen sind. Im Kapitalmarktgleichgewicht gilt zwischen den Null-Kupon-Zinssätzen und den Forward-Rates die folgende Beziehung:

$$(1 + i_{0t})^t = \prod_{\tau=0}^{t-1} (1 + i_{\tau,\tau+1}) \text{ oder } i_{0t} = \sqrt[t]{\prod_{\tau=0}^{t-1} (1 + i_{\tau,\tau+1})} - 1.$$

Bei der Kapitalwert-, der Vermögensendwert- und der Annuitätenmethode wird gemessen, ob die zu beurteilende Investition im Vergleich zu alternativen Kapitalmarktoperationen dem Investor einen Vorteil bietet. Das ist der Fall, wenn Kapitalwert, Vermögensendwert oder Annuität positiv sind. Bei der Methode des internen Zinsfußes geht es um die Ermittlung eines Äquivalenzfaktors (interner Zins genannt), der zur Gleichbeurteilung von zu beurteilender Investition und alternativen Kapitalmarktoperationen führt. Dieser Äquivalenzfaktor kann unter bestimmten Umständen inhaltlich als effektive Verzinsung des eingesetzten Kapitals gedeutet werden.

4.2.2.2 Kapitalwertmethode

Bei der Kapitalwertmethode wird der **Vorteil** der zu beurteilenden Investition (Sachinvestition) im Vergleich zu den Kapitalmarktoperationen (Finanzinvestition) am **Auszahlungsminderbetrag** der Sachinvestition gegenüber der einzahlungsgleichen Finanzinvestition gemessen; bei der zu beurteilenden Investition braucht man diesen Betrag weniger im Bewertungszeitpunkt t= 0 auszugeben und erhält dennoch die gleichen künftigen Einzahlungen wie aus der alternativen Finanzinvestition. Die **Definitionsgleichung des Kapitalwerts** einer zu beurteilenden Investition lautet daher:

$$K_{S0} = a_{F0} - a_{S0} \text{ bei } (e_{F1},...,e_{Ft},...,e_{FT}) = (e_{S1},...,e_{St},...,e_{ST})$$

Es bedeuten: K=Kapitalwert, a=Auszahlungen, e=Einzahlungen, S=Sachinvestition, zu beurteilende Investition, F=Finanzinvestition, alternative Kapitalmarktoperationen, t=Zeitindex, 0=Bewertungszeitpunkt.

Bei übereinstimmenden Einzahlungen wird diejenige Investition (Handlungsalternative) vorgezogen, die die geringere Anfangsauszahlung aufweist. Die Sachinvestition ist vorteilhaft, wenn der Kapitalwert positiv ist: $K_{S0}>0$. Ist der Kapitalwert hingegen negativ, also $K_{S0}<0$, so wird ein rational handelnder Investor sich für die alternativen Kapitalmarktoperationen (Finanzinvestition) entscheiden. Bei einem Kapitalwert $K_{S0}=0$ sind für den Investor beide Handlungsalternativen gleichwertig. Die Realisation der Sachinvestition ist mit rationalem Handeln vereinbar, wenn der Kapitalwert nicht negativ ist, also bei $K_{S0} \geq 0$. Gibt es mehrere alternative Sachinvestitionen, so ist diejenige mit dem höchsten Kapitalwert am vorteilhaftesten.

Die Definitionsgleichung des Kapitalwerts gibt an, was als Vorteil angesehen wird. Aus ihr läßt sich eine **Berechnungsgleichung** herleiten, die beschreibt, auf welche Weise der Vorteil anhand der Zahlungen der Investition gemessen werden kann:

$$K_{S0} = a_{F0} - a_{S0} \text{ bei } (e_{F1},...,e_{Ft},...,e_{FT}) = (e_{S1},...,e_{St},...,e_{ST})$$

oder – wegen $e_{F1} = a_{F01} \cdot (1 + i_{01})$, $e_{F2} = a_{F02} \cdot (1 + i_{02})^2$, usw. oder

allgemein $e_{Ft} = a_{F01} \cdot (1 + i_{0t})^t$ oder $a_{F0t} = \dfrac{e_{Ft}}{(1 + i_{0t})^t}$ für $t = 1,..., T-$

$$K_{S0} = (a_{F01} + a_{F02} + ... + a_{F0T}) - a_{S0} = \sum_{t=1}^{T} a_{F01} - a_{S0} \text{ mit } \sum_{t=1}^{T} a_{F01} = a_{F0}$$

oder

Finanzwirtschaft

$$K_{S0} = \left(\frac{e_{F1}}{(1+i_{01})^1} + \frac{e_{F2}}{(1+i_{02})^2} + \ldots + \frac{e_{FT}}{(1+i_{0T})^T}\right) - a_{S0} = \sum_{t=1}^{T} \frac{e_{Ft}}{(1+i_{0t})^t} - a_{S0}$$

oder – wegen $e_{F1} = e_{S1}$, $e_{F2} = e_{S2}$ usw. oder allgemein $e_{Ft} = e_{St}$ für t = 1,..., T und grundsätzlich variabler Zinsstruktur –

$$K_{S0} = \left(\frac{e_{S1}}{(1+i_{01})^1} + \frac{e_{S2}}{(1+i_{02})^2} + \ldots + \frac{e_{ST}}{(1+i_{0T})^T}\right) - a_{S0} = \sum_{t=1}^{T} \frac{e_{St}}{(1+i_{0t})^t} - a_{S0}$$

oder – wegen $i_{01} = i_{02} = \ldots = i_{0T} = i$ bei flacher Zinsstruktur –

$$K_{S0} = \left(\frac{e_{S1}}{(1+i)^1} + \frac{e_{S2}}{(1+i)^2} + \ldots + \frac{e_{ST}}{(1+i)^T}\right) - a_{S0} = \sum_{t=1}^{T} \frac{e_{St}}{(1+i)^t} - a_{S0}.$$

In den vorstehenden Formeln ist a_{F0t} derjenige Investitionsbetrag, der auf dem Kapitalmarkt bei der zugrunde gelegten Zinsstruktur in t=0 angelegt werden muß, um die Einzahlung e_{Ft} im Zeitpunkt t zu erhalten. a_{F0t} kann durch Abzinsung der Einzahlung e_{Ft} mit Hilfe des Zinssatzes i_{0t} bestimmt werden und entspricht dem Barwert $e_{Ft} \cdot (1+i_{0t})^{-t}$ der künftigen Zahlung e_{Ft}. Den Gesamtbetrag a_{F0} erhält man durch Summation der Einzelbeträge a_{F0t}. a_{F0} gibt zugleich den maximal zahlbaren Preis P_{max} für die Sachinvestition in t=0 an. Formal läßt sich P_{max} als Summe der Barwerte der künftigen Zahlungen e_{St} oder als Summe aus Kapitalwert K_{S0} und Anfangsinvestitionsbetrag a_{S0} der zu beurteilenden Investition bestimmen: $P_{max} = S\ e_{St}(1+i_{0t})^{-t} = K_{S0} + a_{S0}$. Der tatsächlich zu zahlende Preis P für die zu beurteilende Investition in t=0 ist a_{S0}. Ein positiver Kapitalwert besagt also, daß der Investor für die zu beurteilende Investition mehr zahlen könnte, als er zahlen muß. Sein Vorteil ist ein Auszahlungsminderbetrag. Rechnerisch ermittelt werden kann dieser Auszahlungsminderbetrag, indem die Summe der Barwerte der künftigen Zahlungen e_{St} um den Anfangsauszahlungsbetrag a_{S0} gekürzt wird.

Für den Fall einer stabilen Zinsstruktur, wenn anstelle der Zinssätze i_{0t} ein einheitlicher Zinssatz i als Kalkulationszinsfuß verwendet werden kann, lassen sich einige vereinfachte Berechnungsgleichungen für den Kapitalwert angeben. Stimmen alle künftigen Zahlungen überein, also bei $e_{S1} = e_{S2} = \ldots = e_{ST} = e_S$, so erhält man:

$$K_{S0} = e_S \cdot \left(\frac{1}{(1+i)^1} + \frac{1}{(1+i)^2} + \ldots + \frac{1}{(1+i)^T}\right) - a_{S0} = e_S \cdot \sum_{t=1}^{T} \frac{1}{(1+i)^t} - a_{S0}$$

oder mit der Summenformel für die Abzinsungsfaktoren $(1+i)^{-t}$

$$K_{S0} = e_S \cdot \frac{(1+i)^T - 1}{[(1+i)-1] \cdot (1+i)^T} - a_{S0} = e_S \cdot \frac{(1+i)^T - 1}{i \cdot (1+i)^T} - a_{S0}.$$

Der Ausdruck für die Summe der Abzinsungsfaktoren wird **Rentenbarwertfaktor** genannt; der Zinsfuß i ist der **Kalkulationszinssatz**. Falls der Betrachtungszeitraum T→ ∞ strebt, erhält man:

$$\lim_{T\to\infty} K_{S0} = \lim_{T\to\infty} e_S \cdot \frac{(1+i)^T - 1}{i \cdot (1+i)^T} - a_{S0} = \lim_{T\to\infty} e_S \cdot \left[\frac{1}{i} - \frac{1}{i \cdot (1+i)^T}\right] - a_{S0}$$

oder

$$K_{S0} = e_S \cdot \frac{1}{i} - a_{S0} = \frac{e_S}{i} - a_{S0}.$$

Der Faktor 1/i ist der Grenzwert des Rentenbarwertfaktors und damit ein Ausdruck für die Summe aller Abzinsungsfaktoren bei T→ ∞. Man nennt diesen Faktor die **kaufmännische Kapitalisierungsformel**. Falls die zu beurteilende Investition zunächst Zahlungen unterschiedlicher Höhe und anschließend Zahlungen gleicher Höhe erwarten läßt, so kann man Teile der bisherigen Berechnungsformeln miteinander verknüpfen:

a) bei endlicher Investitionsdauer von $\tau + n$:

$$K_{S0} = \sum_{t=1}^{T} \frac{e_{St}}{(1+i)^t} + e_S \cdot \frac{(1+i)^n - 1}{i \cdot (1+i)^n} \cdot \frac{1}{(1+i)^\tau} - a_{S0}$$

b) bei unendlicher Investitionsdauer von $\tau + n \to \infty$:

$$K_{S0} = \sum_{t=1}^{T} \frac{e_{St}}{(1+i)^t} + e_S \cdot \frac{1}{i} \cdot \frac{1}{(1+i)^\tau} - a_{S0}.$$

Wenn die Einzahlungen e_{St} als Überschußgröße in laufende Einzahlungen e^*_{St} und laufende Auszahlungen a^*_{St} zerlegt werden und am Ende der Investitionsdauer in t=T ein Liquidationserlös L_T erwartet wird, erhält man folgende Berechnungsgleichung:

$$K_{S0} = \left[\sum_{t=1}^{T} \frac{e^*_{St}}{(1+i)^t} + L_T \cdot \frac{1}{(1+i)^T}\right] - \left[\sum_{t=1}^{T} \frac{a^*_{St}}{(1+i)^t} + a_{S0}\right].$$

Der erste Klammerausdruck stellt den Gegenwartswert aller Einzahlungen, der zweite den Gegenwartswert aller Auszahlungen dar. Der Kapitalwert der zu beurteilenden Investition ist also dann positiv, wenn der Gegenwartswert ihrer Einzahlungen den Gegenwartswert ihrer Auszahlungen übersteigt.

Die Kapitalwertmethode soll am folgenden Zahlenbeispiel unter Zugrundelegung einer stabilen Zinsstruktur mit i=0,1 erläutert werden:

Abbildung 9: *Beispiel zur Kapitalwertmethode*

Zeit t	Zahlungen der zu beurteilenden Investition	Abzinsungs- faktoren $(1+i)^{-t}$ bei $i = 0,1$	Barwerte der Zahlungen
0	−2800	1	−2800
1	1200	0,909091	1090,91
2	1000	0,826446	826,45
3	1000	0,751315	751,31
4	1000	0,683013	683,01
Kapitalwert K_{S0} der Investition:			551,68

Der Kapitalwert der zu beurteilenden Investition ist positiv. Die Investition könnte durchgeführt werden. Gegenüber alternativen Kapitalmarktoperationen weist sie einen Vorteil (Auszahlungsminderung) in Höhe von 551,68 auf:

Abbildung 10: *Gegenüberstellung von Finanzplänen*

Finanzplan der zu beurteilenden Investition:

t = 0	t = 1	t = 2	t = 3	t = 4
−2800	1200	1000	1000	1000

Finanzplan der alternativen Kapitalmarktoperationen:

t = 0	t = 1	t = 2	t = 3	t = 4
−1090,91	1200			
− 826,45		1000		
− 751,31			1000	
− 683,01				1000
−3351,68	1200	1000	1000	1000

4.2.2.3 Vermögensendwertmethode

Der **Vermögensendwert** der zu beurteilenden Investition (Sachinvestition) ist ihr **Einzahlungsmehrbetrag im Zeitpunkt T** gegenüber investitionsvolumensgleichen Kapitalmarktoperationen (Finanzinvestition), die nur in T zur Einzahlung führen, während die zu beurteilende Investition in allen Zeitpunkten t =1,... T Zahlungen $e_{St}>0$ aufweisen kann:

$V_{ST} = e^*_{ST} - e_{FT}$ bei $a_{S0} - a_{F0}$ und $e_{Ft} = 0$ für t = 1,2,..., T – 1.

Der Vermögensendwert stellt diejenige **Vermögensmehrung**, gemessen zum Zeitpunkt T, im Vergleich zu demjenigen Vermögen dar, das der Investor im Zeitpunkt 0 hat, wenn die betrachtete Investition nicht durchgeführt wird. Diese Vermögensmehrung könnte in voller Höhe Konsumzwecken zugeführt werden, ohne daß der Investor sein im Bewertungszeitpunkt t=0 vorhandenes Vermögen angreifen muß. Der Vermögenswert V_{ST} ist daher zugleich derjenige **maximale Entnahmebetrag**, den die zu beurteilende Investition im Zeitpunkt T ermöglicht.

Die Größe e^*_{ST} in der angegebenen Definitionsgleichung entspricht nur dann der Einzahlung e_{ST}, wenn auch die zu beurteilende Investition nur in T eine Einzahlung $e_{ST}>0$ aufweist, ansonsten aber $e_{St}=0$ für t=T/ gilt. Die Größe e^*_{ST} läßt sich mit Hilfe des maximal zahlbaren Preises für die zu beurteilende Investition berechnen:

$e^*_{ST} = P_{max} \cdot (1 + i_{0T})^T = (K_{S0} + a_{S0}) \cdot (1 + i_{0T})^T$.

Die Berechnungsgleichung für den Vermögensendwert lautet dann:

$V_{ST} = e^*_{ST} - e_{FT}$
oder
$V_{ST} = (K_{S0} + a_{S0}) \cdot (1 + i_{0T})^T - e_{FT}$
oder wegen $e_{FT} = a_{F0} \cdot (1 + i_{0T})^T$
$V_{ST} = (K_{S0} + a_{S0}) \cdot (1 + i_{0T})^T - a_{F0} \cdot (1 + i_{0T})^T$
oder wegen $a_{S0} = a_{F0}$
$V_{ST} = (K_{S0} + a_{S0}) \cdot (1 + i_{0T})^T - a_{S0} \cdot (1 + i_{0T})^T = K_{S0} \cdot (1 + i_{0T})^T$.

Das heißt, der Vermögensendwert als Einzahlungsmehrbetrag kann über die Aufzinsung des Kapitalwerts K_{S0} der zu beurteilenden Investition berechnet werden. Der Vermögensendwert ist ein mit Hilfe des Aufzinsungsfaktors $(1+i_{0T})^T$ transformierter Kapitalwert. Die Vermögensendwertmethode ist folglich eine Variante der Kapitalwertmethode.

Bei der bisherigen Erläuterung der Vermögensendwertmethode wurde stillschweigend der Bezugszeitpunkt T mit dem Ende der Investitionsdauer gleichgesetzt. Dies ist bei Betrachtung einer einzigen Investition durchaus sinnvoll und auch üblich, aber nicht zwingend. Die Wahl des Bezugszeitpunkts hat freilich Auswirkungen auf die Größe des gemessenen Vorteils. Grundsätzlich kann jeder beliebige Zeitpunkt als Bezugszeitpunkt T gewählt werden. Sollen mehrere alternative Investitionen auf der Basis der Vermögensendwertmethode beurteilt werden, so muß ein für **alle** Investitionsobjekte **übereinstimmender** Bezugszeitpunkt T gewählt werden, etwa das Ende desjenigen Investitionsobjekts mit der längsten Investitionsdauer oder aber ein aus der Konsumplanung des Investors hergeleiteter Bezugszeitpunkt.

4.2.2.4 Annuitätenmethode

Die **Annuitätenmethode** kommt dem in der Praxis weit verbreiteten Denken in Durchschnittsgrößen entgegen. Inhaltlich knüpft die Annuität an den Vermögensendwert an. Die Annuität ist ein **durchschnittlicher Einzahlungsmehrbetrag** der zu beurteilenden Investition (Sachinvestition), bezogen auf T Betrachtungsperioden, im Vergleich zu investitionsvolumensgleichen Kapitalmarktoperationen (Finanzinvestition):

$$A_{S0T} = \overline{e_{S0T}} - \overline{e_{F0T}} = \text{const. für T Perioden bei } a_{S0} = a_{F0}$$

mit

A_{S0T} = Annuität der Sachinvestition für den Zeitraum 0 bis T

$\overline{e_{S0T}}$ = durchschnittliche Einzahlungen aus der Sachinvestition im Zeiraum 0 bis T

$\overline{e_{F0T}}$ = durchschnittliche Einzahlungen aus der Finanzinvestition im Zeiraum 0 bis T

Wegen ihres Bezugs zur Anzahl T der Betrachtungsperioden ist die Größe der Annuität von T unmittelbar abhängig. Die Annuität ist jedoch anders als der Vermögensendwert um so kleiner, je größer der Betrachtungszeitraum, d.h., je größer die Anzahl T der zugrunde gelegten Perioden ist. Für die Berechnung der Annuität kann man an den Kapitalwert oder an den Vermögensendwert anknüpfen. Bei Anknüpfung an den Kapitalwert erhält man:

a) bei beliebiger Zinsstruktur:

$$A_{S0T} = K_{S0} \cdot \frac{1}{\sum_{t=1}^{T} \frac{1}{(1+i_{0t})^t}} = K_{S0} \cdot \frac{1}{\frac{1}{\sum_{t=1}^{T}(1+i_{0t})^t}} = K_{S0} \cdot \sum_{t=1}^{T}(1+i_{0t})^t$$

b) bei stabiler Zinsstruktur:

$$A_{SOT} = K_{S0} \cdot \frac{1}{\frac{(1+i)^T - 1}{i \cdot (1+i)^T}} = K_{S0} \cdot \frac{i \cdot (1+i)^T}{(1+i)^T - 1}.$$

Den Multiplikator des Kapitalwerts in der letzten Formel nennt man **Wiedergewinnungs- oder Annuitätenfaktor**. Er ist formal gleich dem Kehrwert des Rentenbarwertfaktors und inhaltlich gleich der Summe der Aufzinsungsfaktoren. Für den Fall beliebiger laufender, als nachschüssig behandelter Einzahlungen e^*_{St} und Auszahlungen a^*_{St} und der gesonderten Berücksichtigung eines Liquidationserlöses L_T erhalten wir die folgende Berechnungsformel für die Annuität der Sachinvestition:

$$A_{SOT} = \left\langle \left[\sum_{t=1}^{T} \frac{e^*_{St}}{(1+i)^t} + L_T \cdot \frac{1}{(1+i)^T} \right] - \left[\sum_{t=1}^{T} \frac{a^*_{St}}{(1+i)^t} + a_{S0} \right] \right\rangle \cdot \frac{i \cdot (1+i)^T}{(1+i)^T - 1}.$$

Mit dieser Formel kann die Aussage illustriert werden, daß bei der Ermittlung der Annuität eine beliebige Ein- und Auszahlungsreihe in eine dazu äquivalente (=kapitalwertgleiche) Reihe von uniformen (=gleichbleibenden) und zu äquidistanten (=zu gleich weit entfernten) Zeitpunkten erwarteten Zahlungen in Höhe der Annuität A_{SOT} transformiert wird. Äquivalent zur gerade aufgeführten Berechnungsformel sind die folgenden:

$$A_{SOT} = \left[\sum_{t=1}^{T} \frac{e^*_{St}}{(1+i)^t} + L_T \cdot \frac{1}{(1+i)^T} \right] \cdot \frac{i \cdot (1+i)^T}{(1+i)^T - 1} - \left[\sum_{t=1}^{T} \frac{a^*_{St}}{(1+i)^t} + a_{S0} \right]$$
$$\cdot \frac{i \cdot (1+i)^T}{(1+i)^T - 1}$$

oder

$$A_{SOT} = \overline{\overline{e^*_{SOT}}} - \overline{\overline{a^*_{SOT}}}.$$

Die Annuität A_{SOT} der Sachinvestition kann also auch als Differenz aus Einzahlungsannuität (Annuität aller Einzahlungen)

$$\overline{\overline{e^*_{SOT}}} = \left[\sum_{t=1}^{T} \frac{e^*_{St}}{(1+i)^t} + L_T \cdot \frac{1}{(1+i)^T} \right] \cdot \frac{i \cdot (1+i)^T}{(1+i)^T - 1}$$

und Auszahlungsannuität (Annuität aller Auszahlungen)

$$\overline{\overline{a^*_{SOT}}} = \left[\sum_{t=1}^{T} \frac{a^*_{St}}{(1+i)^t} + a_{S0} \right] \cdot \frac{i \cdot (1+i)^T}{(1+i)^T - 1}$$

berechnet werden. Eine Investition ist vorteilhaft, wenn ihre durchschnittlichen Einzahlungen (Einzahlungsannuität) ihre durchschnittlichen Auszahlungen (Auszahlungsannuität) übersteigen. Sind mehrere Investitionen miteinander zu vergleichen, so müssen sie alle auf der Basis des **gleichen** Betrachtungszeitraums OT beurteilt werden; falsch ist es folglich, die Annuität für jede Investition auf der Basis ihrer Investitionsdauer zu berechnen und miteinander zu vergleichen.

4.2.2.5 Methode des internen Zinsfußes

Bei der **internen Zinsfuß-Methode** werden einer zu beurteilenden Investition mit ihren erwarteten Zahlungen ($a_{S0}, e_{S1}, e_{S2}, ..., e_{ST}$) denkbare Kapitalmarkttransaktionen zu einem (noch zu bestimmenden) Zinssatz gegenübergestellt, wobei die Kapitalmarkttransaktionen dazu führen sollen, die Zahlungsreihe der zu beurteilenden Investition vollständig zu rekonstruieren: ($a_{S0}, e_{S1}, e_{S2}, ..., e_{ST}$) = ($a_{F0}, e_{F1}, e_{F2}, ..., e_{FT}$). Der einheitliche Zinssatz, zu dem die Kapitalmarkttransaktionen abgewickelt werden müßten, um diese vollständige Übereinstimmung der Zahlungsreihen zu erreichen, ist der interne Zinsfuß r_S der zu beurteilenden Investition. Vergleicht man die Vorgehensweise mit derjenigen der Kapitalwertmethode, so gilt, daß bei der Kapitalwertmethode bei gegebener Kapitalmarktzinsstruktur eine teilweise Rekonstruktion der Zahlungsreihe der Sachinvestition erfolgt, nämlich nur bezogen auf die Einzahlungsüberschüsse ($e_{S1}, e_{S2}, ..., e_{ST}$) = ($e_{F1}, e_{F2}, ..., e_{FT}$), so daß der Kapitalwert sich als Auszahlungsdifferenzgröße ergibt. Bei der internen Zinsfuß-Methode wird hingegen eine vollständige Rekonstruktion der Zahlungsreihe der zu beurteilenden Investition durch Kapitalmarkttransaktionen auf der Basis eines gesuchten Zinses r_S durchgeführt. Das Vergleichsobjekt (Finanzinvestition) wird also so festgelegt, daß sich eine Gleichbeurteilung mit der Sachinvestition ergeben muß. Der gesuchte **interne Zinsfuß** r_S ist daher allgemein als **Äquivalenzfaktor** anzusehen. Die Gleichbeurteilung (Äquivalenzrelation) von zu beurteilender Investition und Kapitalmarktoperationen tritt ein, wenn der Kapitalwert der Sachinvestition gleich Null ist. Dies ist wegen der Beziehung ($a_{S0}, e_{S1}, e_{S2}, ..., e_{ST}$) = ($a_{F0}, e_{F1}, e_{F2}, ..., e_{FT}$) gegeben. Man kann wegen der zu erfüllenden Bedingung der Gleichbeurteilung den internen Zinsfuß daher auch als denjenigen (imaginären) Kapitalmarktzins bestimmen, bei dessen Anwendung als Kalkulationszinsfuß der Kapitalwert der Sachinvestition Null wird:

$$K_{S0} = \sum_{t=1}^{T} \frac{e_{St}}{(1 + r_S)^t} - a_{S0} = 0.$$

Während die Kapitalwertmethode und die daraus ableitbaren Varianten (Vermögensendwertmethode, Annuitätenmethode) mit einem vorgegebenen Kalkulationszinsfuß arbeiten, steht bei der internen Zinsfuß-Methode die Ermittlung eines Zinssatzes im Mittelpunkt der Betrachtung. „Intern" heißt dieser Zinsfuß, weil zu seiner Berechnung ausschließlich Daten des betrachteten Investitionsobjekts benutzt werden, während etwa zur Berechnung von Kapitalwert, Vermögenswert oder Annuität stets eine externe Größe, nämlich der **geltende** Kapitalmarktzins i (bei stabiler Zinsstruktur), mit einfließt.

Nach der Methode des internen Zinsfußes wird eine Investition als vorteilhaft angesehen, wenn ihr interner Zinsfuß r_S als imaginärer Kapitalmarktzins größer als der tatsächliche Kapitalmarktzins i ist. Durchführung und Unterlassung der Investition werden als äquivalent beurteilt, wenn der interne Zinsfuß r_S mit dem Kapitalmarktzins i übereinstimmt. Die Investition sollte unterlassen werden, wenn ihr interner Zinsfuß r_S kleiner als der Kapitalmarktzins i ist. Diese Handlungsempfehlungen sind jedoch nur unter engen Anwendungsvoraussetzungen unproblematisch. Sofern mehrere Investitionsobjekte zu beurteilen sind, wird deren Rangfolge nach der Höhe ihres internen Zinsfußes gebildet. Solange es sich dabei um keine Investitionen handelt, die sich gegenseitig ausschließen, ist diese Handlungsempfehlung unproblematisch.

Zur Berechnung des internen Zinsfußes kann an die Kapitalwertfunktion in Abhängigkeit vom Kalkulationszinsfuß i angeknüpft werden:

$$K_{S0}(i) = \sum_{t=1}^{T} \frac{e_{St}}{(1 + i)^t} - a_{S0}.$$

Im Rahmen einer Kurvendiskussion sind die Nullstellen (internen Zinsfüße) von $K_{S0}(i)$ zu bestimmen. Die Kapitalwertfunktion $K_{S0}(i)$ hat bei $i=-1$ stets eine Polstelle; ökonomisch interpretierbar sind nur interne Zinsfüße $r>-1$.

Es soll die in Abbildung 11 dargestellte Investition betrachtet werden. Es ergeben sich zwei Nullstellen: $r_{S1}=0,2$ und $r_{S2}=0,125$. Bei einem geltenden Kapitalmarktzins $i=0,1$ wäre die Investition, gleichgültig auf Basis welchen internen Zinsfußes der Vergleich durchgeführt würde, nach der erwähnten Handlungsempfehlung als vorteilhaft einzustufen, da stets gilt: $r_{S1}=0,2>i=0,1$ und $r_{S2}=0,125>i=0,1$. Ein Blick auf die Kapitalwertfunktion zeigt freilich auch, daß dieser Schluß des Investors falsch ist. Denn bei einem Kalkulationszinssatz von $i = 0,1$ ist der Kapitalwert -1,239669; der maximal zahlbare Preis liegt also in der geltenden Kapitalmarktsituation mit $i=0,1$ unter der Anfangsauszahlung $a_{S0}=600$.

Abbildung 11: *Kapitalwertfunktion für eine zweiperiodige Investition*

Zeitpunkte t	0	1	2
Sachinvestition	-600	1395	-810
Interner Zinsfuß 1 Interner Zinsfuß 2	0,2 0,125		

Kalkulations- zins	Kapitalwert
0,09	-1,944281
0,1	-1,239669
0,11	-0,657414
0,12	-0,191327
0,125	0
0,13	0,164461
0,14	0,415512
0,15	0,567108
0,16	0,624257
0,17	0,591716
0,18	0,474002
0,19	0,275404
0,2	0
0,21	-0,348337
0,22	-0,765923
0,23	-1,249256

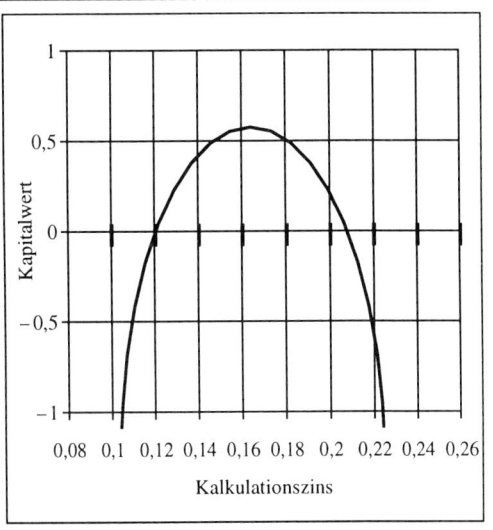

Dieses Beispiel sollte zeigen, daß die Vorstellung, ein über dem Kalkulationszins liegender interner Zinsfuß führe zwangsläufig zur Beurteilung als vorteilhafte Sachinvestition, problematisch ist. Die Problematik dieser Ansicht ergibt sich aus der Ermittlung des internen Zinsfußes über die Kapitalwertfunktion. Die Kapitalwertfunktion $K_{S0}(i)$ ordnet jedem Kalkulationszinsfuß i (und damit jedem **möglichen** Kapitalmarktzins!) innerhalb des ökonomisch relevanten Definitionsbereichs (i > –1) bei **stabiler** Zinsstruktur (und nur in dieser Situation!) einen Kapitalwert zu. Sofern die Kapitalwertfunktion in Abhängigkeit vom Kalkulationszinsfuß die Abszisse schneidet, trennt der interne Zinsfuß als Nullstelle der Kapitalwertfunktion in einem **lokalen** Bereich die möglichen Kapitalmarktzinsfüße, bei denen die Investition vorteilhaft ist, von denjenigen, bei denen die Investition nicht vorteilhaft ist, wobei der Begriff „Investition" hier als „jede beliebige Zahlungsreihe" zu verstehen ist. Ob die Kalkulationszinsfüße (und damit die **möglichen** Kapitalmarktzinssätze!), bei denen eine Investition vorteilhaft ist, kleiner oder größer als der interne Zinsfuß (Nullstelle!) sind, hängt vom Verlauf der Kapitalwertfunktion in dem jeweiligen **lokalen** Bereich um die Nullstelle ab. Schneidet die Kapitalwertfunktion die Abszisse von oben nach unten, wie dies beim internen Zinsfuß $r_{S1}=0,2$ der Fall ist, so liegen diejenigen Kalkulationszinssätze und damit möglichen Kapitalmarktzinssätze, bei denen die Investition vorteilhaft ist, links von der Nullstelle ($=r_{S1}=0,2$), d.h., im Bereich $0,125<i<0,2$. Die Kalkulationszinssätze und möglichen Kapitalmarktzinssätze, bei denen die Investition nicht vorteilhaft ist, liegen im Fall, daß die Kapitalwertfunktion die Abszisse von oben nach unten schneidet, rechts von der Nullstelle, d.h., im Bereich $i>0,2$.

Schneidet die Kapitalwertfunktion die Abszisse von unten nach oben, wie dies beim internen Zinsfuß $r_{S2}=0,125$ der Fall ist, so liegen diejenigen Kalkulationszinssätze und damit möglichen Kapitalmarktzinssätze, bei denen die Investition vorteilhaft ist, rechts von der Nullstelle ($=r_{S2}=0,125$), d.h., im Bereich $0,125<i<0,2$. Die Kalkulationszinssätze und möglichen Kapitalmarktzinssätze, bei denen die Investition nicht vorteilhaft ist, liegen im Fall, daß die Kapitalwertfunktion die Abszisse von unten nach oben schneidet, links von der Nullstelle, d.h., im Bereich $-1<i<0,125$.

Da eine Kapitalwertfunktion mathematisch ein Polynom T-ten Grades ist, hat sie grundsätzlich T Nullstellen, wobei aber Mehrfachnullstellen oder Nullstellen außerhalb des Bereichs der reellen Zahlen (komplexe Zahlen) vorkommen können. Es kann auch sein, daß es keine reelle Nullstelle gibt. Allgemein lassen sich drei Fälle bei einer Beurteilung einer Investition mit Hilfe des internen Zinsfußes unterscheiden:
1. Es gibt keine reelle Nullstelle und damit **keinen** internen Zinsfuß: Dann ist zu prüfen, ob die Kapitalwertfunktion im positiven oder im negativen Bereich verläuft. Verläuft die Kapitalwertfunktion im positiven Bereich, so ist die Investition im Vergleich zur Un-

terlassensalternative vorteilhaft. Anderenfalls sollte man sie nicht durchführen.

2. In der **lokalen** Nachbarschaft des **geltenden** Kapitalmarktzinses gibt es nur **eine** reelle Nullstelle: Diese Situation bedeutet nicht, daß es überhaupt nur eine einzige reelle Nullstelle (internen Zinsfuß) gibt, sondern daß der geltende Kapitalmarktzins nicht von zwei reellen Nullstellen (internen Zinsfüßen) eingerahmt wird. In dieser Situation wird die Investition anhand des dem geltenden Kapitalmarktzins benachbarten internen Zinsfußes der Sachinvestition beurteilt. Bei dieser Beurteilung ist auf den Verlauf der Kapitalwertfunktion und die Größenrelation von herangezogenem internen Zinsfuß und geltendem Kapitalmarktzins abzustellen. Es sind dann grundsätzlich vier Beurteilungssituationen möglich:

Abbildung 12: *Entscheidungstabelle zum internen Zinsfuß*

Kapitalwertfunktion schneidet die Abszisse	Verhältnis von geltendem Kapitalmarktzins und lokalem internen Zinsfuß	
	i < r	i > r
von oben nach unten	Investition vorteilhaft	Investition nicht vorteilhaft
von unten nach oben	Investition nicht vorteilhaft	Investition vorteilhaft

3. Der **geltende** Kapitalmarktzins liegt **zwischen** zwei reellen Nullstellen (internen Zinsfüßen): In dieser Situation wird der geltende Kapitalmarktzinsfuß durch zwei benachbarte interne Zinsfüße eingerahmt. Die Investition kann auf der Basis jedes dieser internen Zinsfüße zutreffend mit Hilfe des geltenden Kapitalmarktzinses beurteilt werden. Bei der Beurteilung ist wie im Fall 2 auf den Verlauf der Kapitalwertfunktion und auf die Größenrelation des herangezogenen internen Zinsfußes im Vergleich zum geltenden Kapitalmarktzins abzustellen. Wir erhalten dann bezogen auf den herangezogenen internen Zinsfuß im Vergleich zum geltenden Kapitalmarktzins die gleichen Beurteilungssituationen wie im Fall 2 und die gleichen Schlußfolgerungen für die Beurteilung der Investition.

Abschließend sollen einige Situationen betrachtet werden, in denen der interne Zinsfuß in einfacher Weise bestimmt werden kann:

a) bei einer einperiodigen Investition:

$$\frac{e_{S1}}{1+r_S} - a_{S0} = 0 \rightarrow r_s = \frac{e_{S1}}{a_{S0}} - 1 = \frac{e_{S1} - a_{S0}}{a_{S0}},$$

b) bei einer Investition mit Null-Kupon-Anleihenstruktur:

$$\frac{e_{S1}}{(1+r_S)^T} - a_{S0} = 0 \rightarrow r_s = \pm \sqrt[T]{\frac{e_{ST}}{a_{S0}}} - 1 = \frac{\pm \sqrt[T]{e_{ST} \cdot a_{S0}} - a_{S0}}{a_{S0}},$$

c) bei einer zweiperiodigen Investition:

$$\frac{e_{S1}}{1+r_S} + \frac{e_{S2}}{(1+r_S)^2} - a_{S0} = 0 \rightarrow r_s = \pm \frac{\sqrt[2]{e_{S1}^2 + 4 \cdot a_{S0} \cdot e_{S2}}}{2 \cdot a_{S0}} + \frac{e_{S1}}{2 \cdot a_{S0}} - 1$$

$$\text{oder } r_s = \frac{\left[\frac{1}{2} \cdot \left(e_{S1} \pm \sqrt[2]{e_{S1}^2 + 4 \cdot a_{S0} \cdot e_{S2}}\right)\right] - a_{S0}}{a_{S0}},$$

d) bei einer endlichen Investition mit gleichbleibenden Einzahlungen und einem Liquidationserlös in Höhe der Anfangsauszahlung:

$$e_S \cdot \frac{(1+r_S)^T - 1}{r_S \cdot (1+r_S)^T} + L_T \cdot \frac{1}{(1+r_S)^T} - a_{S0} = e_S \cdot \frac{(1+r_S)^T - 1}{r_S \cdot (1+r_S)^T} + a_{S0} \cdot \frac{1}{(1+r_S)^T}$$

$$- a_{S0} = 0 \rightarrow r_S = \frac{e_S}{a_{S0}},$$

e) bei einer unendlichen Investition mit gleichbleibenden Einzahlungen:

$$e_S \cdot \frac{1}{r_S} - a_{S0} = 0 \rightarrow r_S = \frac{e_S}{a_{S0}},$$

f) bei einer endlichen Investition mit gleichbleibenden Einzahlungen:

$$e_S \cdot \frac{(1+r_S)^T - 1}{r_S \cdot (1+r_S)^T} - a_{S0} = 0 \rightarrow \frac{a_{S0}}{e_S} = \frac{(1+r_S)^T - 1}{r_S \cdot (1+r_S)^T} \text{ oder } \frac{e_S}{a_{S0}} = \frac{r_S \cdot (1+r_S)^T}{(1+r_S)^T - 1}.$$

Während in den Fällen a) bis e) der interne Zinsfuß eindeutig bestimmt werden kann, läßt er sich anhand der Beziehungen im Fall f) näherungsweise mit Hilfe finanzmathematischer Tabellenwerke bestimmen. Der Quotient a_{S0}/e_S (e_S/a_{S0}) gibt den Zahlenwert des Rentenbarwertfaktors (Wiedergewinnungsfaktors), der zu einem Kapitalwert $K_{S0}=0$ führt. Ausgehend von diesem Zahlenwert ist in einem finanzmathematischen Tabellenwerk für die gegebene Investitionsdauer T der entsprechende Rentenbarwertfaktor (Wiedergewinnungsfaktor) zu suchen. In der Regel wird man den für die Investition ermittelten Zahlenwert nicht genau finden, so daß man bezogen auf die im Tabellenwerk angegebenen Zinssätze interpolieren muß. Eine näherungsweise Bestimmung des internen Zinsfußes ist auch mit Hilfe des Newton-Verfahrens möglich:

$$r_1 = r_0 - \frac{K(r_0)}{K'(r_0)},$$

wobei r_0 eine erste Schätzung des internen Zinsfußes r_S ist. $K(r_0)$ ist der Kapitalwert bei r_0, $K'(r_0)$ ist der Wert der ersten Ableitung der Kapitalwertfunktion bei r_0. r_1 ist die verbesserte Schätzung des internen Zinsfußes. Der Prozeß wird so lange wiederholt, bis die Näherung gut genug erscheint. Angesichts leistungsfähiger analytischer Mathematikprogramme und Tabellenkalkulationsverfahren ist die Ermittlung des internen Zinsfußes für Investitionen mit beliebigen Zahlungsstrukturen heutzutage kein besonderes Problem mehr.

Grundlagen- und weiterführende Literatur

Altrogge, Günter: Investition, 2. Aufl., München-Wien 1991.
Blohm, Hans/Lüder, Klaus: Investition, 7.Aufl., München 1991.
Drukarczyk, Jochen: Finanzierung. Eine Einführung, 4. Aufl., Stuttgart 1989.
Gerke, Wolfgang/Steiner, Manfred (Hrsg.): Handwörterbuch des Bank- und Finanzwesens, 2. Aufl., Stuttgart 1995.
Kern, Werner: Investitionsrechnung, Stuttgart 1974.
Kilger, Wolfgang: Zur Kritik am internen Zinsfuß, in: Zeitschrift für Betriebswirtschaft 1965, S. 765-798.
Kruschwitz, Lutz: Investitionsrechnung, 6. Aufl., Berlin-New York 1995.
Matschke, Manfred Jürgen, unter Mitwirkung von Matschke, Xenia: Investitionsplanung und Investitionskontrolle, Herne-Berlin 1993.
Matschke, Manfred Jürgen: Finanzierung der Unternehmung, Herne-Berlin 1991.
Perridon, Louis/Steiner, Manfred: Finanzwirtschaft der Unternehmung, 6. Aufl., München 1991.
Witten, Peer/Zimmermann/Horst-Günther: Zur Eindeutigkeit des internen Zinssatzes und seiner numerischen Bestimmung, in: Zeitschrift für Betriebswirtschaft 1977, S. 99-114.
Vormbaum, Herbert: Finanzierung der Betriebe, 9. Aufl., Wiesbaden 1995.
Wöhe, Günter/Bilstein, Jürgen: Grundzüge der Unternehmensfinanzierung, 7. Aufl., München 1994.

Fred G. Becker

Einführung in die betriebswirtschaftliche Personal- und Organisationslehre

1. Personallehre

1.1 Grundlagen und Begriff

Personalmanagement hat den personellen Aspekt der Systemgestaltung eines Betriebes und der Verhaltenssteuerung zum Inhalt (siehe Abbildung 1):

Abbildung 1: *Übersicht über die Bereiche des Personalmanagements*

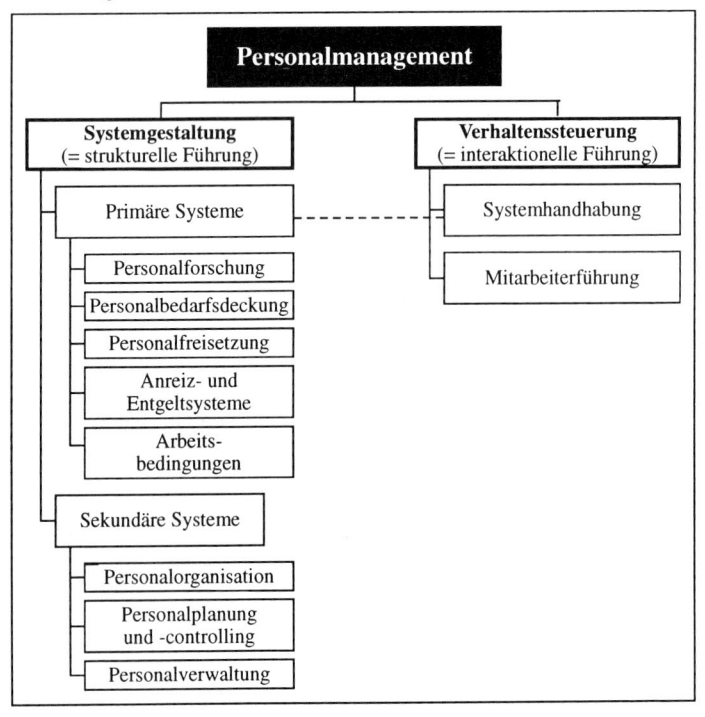

```
                         Personalmanagement
                    ┌────────────┴────────────┐
              Systemgestaltung           Verhaltenssteuerung
           (= strukturelle Führung)    (= interaktionelle Führung)
                    │                           │
            ┌─ Primäre Systeme ──────────── Systemhandhabung
            │                                   │
            │    ├─ Personalforschung      Mitarbeiterführung
            │    ├─ Personalbedarfsdeckung
            │    ├─ Personalfreisetzung
            │    ├─ Anreiz- und
            │    │  Entgeltsysteme
            │    └─ Arbeits-
            │       bedingungen
            │
            └─ Sekundäre Systeme
                 ├─ Personalorganisation
                 ├─ Personalplanung
                 │  und -controlling
                 └─ Personalverwaltung
```

- Systemgestaltung betrifft die Schaffung organisatorischer Regeln und Bedingungen zur Umsetzung personeller Teilsysteme, z. B. Personalbedarfsdeckung u. ä., sowie die bewußte Setzung von Stimuli durch die Gestaltung der Führungskonzeption und die Formulierung wie Implementierung von betrieblichen Strategien. Alle diese Personalsysteme bieten mit zielgerichteten inhaltlichen, strukturellen und prozessualen Regelungen speziell in der Führungs- und Arbeitsorganisation Stimuli zum Leistungsverhalten. Als strukturelle Mitarbeiterführung dient sie insofern der mittelbaren Verhaltensbeeinflussung. Die Personalsysteme lassen sich nach ihrer Bedeutung in primäre und sekundäre Systeme aufgliedern.
- Verhaltenssteuerung meint die direkte Führung des Personals mittels zum einen der direkten Mitarbeiterführung und zum anderen der Handhabung der primären Personalsysteme durch die Vorgesetzten. Diese eher interaktionelle Mitarbeiterführung steht als Vorgesetztenfunktion bei der situativen Beeinflussung der zwischenmenschlichen Beziehungen im betrieblichen Kombinationsprozeß im Mittelpunkt.

Unter der interaktionellen und der strukturellen Mitarbeiterführung sind letztlich zwei Seiten einer Medaille zu verstehen. Die strukturelle Dimension (Personalsystem) ersetzt, beeinflußt und substituiert dabei teilweise die interaktionelle Führung (Verhaltenssteuerung) et vice versa. Letztere hat zudem Spielraum zur Modifikation der strukturellen Führung.

Die Vertreter des Begriffs „Personalmanagement" legen viel Wert auf ein Verständnis der Personalfunktion als verhaltenswissenschaftlich fundierte Disziplin. Nicht allein ökonomische Analysen sind ausreichend zur Bestgestaltung, auch Erkenntnisse aus (Sozial-) Psychologie, Soziologie, Arbeitswissenschaften u. a. sind unabdingbar, um treffende Aussagen formulieren zu können. Daneben wird die betriebliche Personalarbeit als Teil des übergreifenden Managementsystems und -prozesses aufgefaßt. Diese Integration der Personalfunktion in den obersten Managementbereich intendiert, daß die Formulierung der betrieblichen Strategien, die Gestaltung der Organisationsstruktur, die Bestimmung von personeller Verantwortung u. a. m. durch Personalmanager auf der obersten Ebene mitbestimmt werden sowie Personalaufgaben nicht allein eine Angelegenheit der Personalabteilung sind. Seit Anfang der 80er Jahre hat sich insofern eine Neuorientierung der Personalarbeit hin zu einer integrativen, proaktiven und strategischen Auffassung der Personalfunktion ergeben. Dies sehen i. d. R. auch solche Fachvertreter, die von „Personalwirtschaftslehre" oder „Personalökonomie" sprechen, dabei aber verstärkter ökonomische Fragestellungen thematisieren.

Im allgemeinen kommt dem Personalmanagement funktionsübergreifender Charakter zu, d. h. es beschäftigt sich in seinen Grundfunktionen mit allen betrieblichen Funktionsbereichen und den dort beschäftigten Mitarbeitern. Im Rahmen des situativen Paradigmas der Organisationsforschung kann es sinnvoll sein, für spezifische Aufgabenstellungen – bspw. den F&E-Bereich, ältere Arbeitnehmer, Nachwuchskräfte – zu analysieren, ob gesondert zu berücksichtigende Bedingungen vorliegen, die eine funktionsspezifische Ausgestaltung sinnvoll erscheinen lassen. Dies ermöglicht ein stärkeres Eingehen auf mitarbeiter(gruppen)spezifische Besonderheiten.

Das Personal wird als Mittel zur betrieblichen Zielerreichung eingesetzt. I. d. R. werden die ökonomischen Ziele den individuellen übergeordnet, wobei die Erreichung der Mitarbeiterziele vielfach die ökonomische Zielerreichung fördert. Regelungen des Betriebsverfassungsgesetzes tragen jedoch dazu bei, daß gewisse allgemeine Mindestrechte der Mitarbeiter gesichert bleiben. Die Rechte der Arbeitnehmer eines Betriebes nimmt dabei vor allem der Betriebsrat wahr.

Im Anschluß werden einzelne Elemente des Personalmanagements näher erläutert. Die Auswahl wurde so getroffen, daß die Komplexität sowie die gegenseitige Bedingtheit der einzelnen Elemente möglichst gut zur Geltung kommt. Sie stellt keinerlei Wertung hinsichtlich der – situationsspezifisch schwankenden – Bedeutung der einzelnen Elemente dar.

1.2 Personalsysteme

1.2.1 Personalforschung

Personalbezogene Aktivitäten werden in einem Entscheidungsprozeß festgelegt. Dieser Prozeß sollte – z. T. – ein systematischer Vorgang der Gewinnung und Verarbeitung von relevanten Informationen sein, die Entscheidung auf einer systematisch ermittelten Informationsbasis getroffen werden. Es bedarf keiner näheren Begründung, daß die Qualität einer betrieblichen Personalarbeit wesentlich von den verfügbaren Informationen abhängt, also von zielorientierten Kenntnissen über inner- wie außerbetriebliche Sachverhalte.

Personalforschung ist eine wissenschaftlich gestützte Informationsgewinnung und -verarbeitung durch betriebliche Stellen bzw. in deren Auftrag durch beauftragte Externe v. a. über Personen (Mitarbeiter und Bewerber), Arbeitsplätze, Arbeitsmärkte, Personalbedarf, Arbeitsbeziehungen sowie über die Personalarbeit selbst zur zielbezogenen Fundierung personalwirtschaftlicher Entscheidungen. Als Ziele gelten: 1. Ermittlung personalwirtschaftlicher Problemstellungen (Chancen und Risiken), 2. Gewinnung und Analyse von Informationen zur Durchführung von Personalaufgaben, 3. Prognose der voraussichtlichen Folgen des Einsatzes personalwirtschaftlicher Instrumente, 4. Bewertung personalwirtschaftlicher Handlungen und Systeme. Handelnde sind Mitarbeiter des Betriebes (z. B. aus der Personal- oder Personalentwicklungsabteilung) oder externe (z. B. Berater, wissenschaftliche Institute) Personen.

Abbildung 2 veranschaulicht verschiedene Teilbereiche der betrieblichen Personalforschung, ihre Objekte und einige Instrumente, die im folgenden näher erläutert werden.

Abbildung 2: *Inhalte der Personalforschung*

Personalforschung					
Arbeitsmarktforschung	*Arbeitsforschung*	*Qualifikations- und Eignungsforschung*	*Personalbedarfsentwicklung*	*Evaluierungsforschung*	*Erforschung der Arbeitsbeziehungen*
Objekte: betriebliche und gesamtgesellschaftliche (Teil-) Arbeitsmärkte	*Objekte:* Arbeitsplätze, Arbeitssituation, Arbeitsgruppen, Anforderungen	*Objekte:* aktuelle wie potentielle Qualifikationen bzw. Leistungen der Mitarbeiter und Bewerber	*Objekte:* Bruttopersonalbedarf in Quantität, Zeit und Örtlichkeit; Personalbestand, Nettopersonalbedarf	*Objekte:* Personalarbeit insgesamt, Einsatz personalwirtschaftlicher Instrumente, Auswirkungen auf Personalarbeit	*Objekte:* Gesetze und Arbeitsgerichtsbarkeit; Tarifveränderungen, Mitbestimmung, unternehmerische Mitbestimmung
Instrumente: Statistiken, statist. Analysen; Primär- und Sekundäranalysen; Mitarbeiterbefragungen	*Instrumente:* Arbeitsanalyse, Anforderungsbewertung, Anforderungsanalyse, Arbeitsplatzanalyse	*Instrumente:* Leistungsbeurteilung, Potentialbeurteilung; Instrumente der Personalauswahl	*Instrumente:* Kennziffern, Arbeitsstudien, Zeitstudien, betriebliche Pläne	*Instrumente:* Kosten-Nutzen-Analysen, Bewertungen, Befragungen	*Instrumente:* Gespräche, Lektüre

- Die betriebliche Arbeitsmarktforschung analysiert und prognostiziert von daher interne wie externe, für den Betrieb aktuell wie zukünftig relevante Arbeitsmärkte. Wer „seine" Arbeitsmärkte nicht kennt, gefährdet die erfolgreiche Beschaffung von Personal, bewirkt ggf. die Fehlallokation von Ressourcen beim Aufbau akquisitorischer Potentiale und verspielt Chancen der Beeinflussung des Arbeitsmarktes. Gewonnen werden sollen Informationen darüber, in welcher Anzahl, mit welcher Qualifikation, wo und wann interessierende Arbeitnehmer am Arbeitsmarkt und im Betrieb für die Erfüllung verschiedener Aufgaben zur Verfügung stehen. Darüber hinaus wird noch die Konkurrentenanalyse am Arbeitsmarkt sowie die innerbetriebliche Meinungsforschung hierzu gezählt (siehe Abbildung 3). Die Informationen beeinflussen vor allem Personalbeschaffung, -entwicklung und Entgelte.

Abbildung 3: *Objekte der betrieblichen Personalforschung*

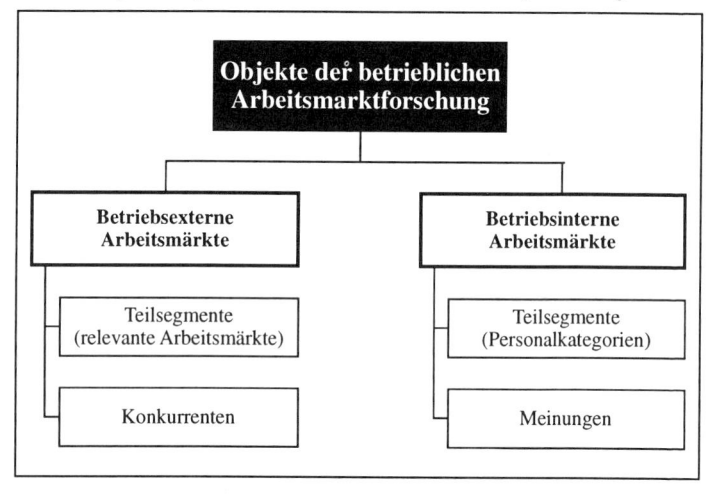

```
                    Objekte der betrieblichen
                    Arbeitsmarktforschung
                            |
            ┌───────────────┴───────────────┐
      Betriebsexterne                 Betriebsinterne
       Arbeitsmärkte                   Arbeitsmärkte
            |                               |
      ┌─────┤                         ┌─────┤
   Teilsegmente                    Teilsegmente
(relevante Arbeitsmärkte)      (Personalkategorien)
      │                               │
   Konkurrenten                    Meinungen
```

- Die Arbeitsforschung beschäftigt sich mit der Analyse und Prognose der Arbeitssituation (Arbeitsplatzanalyse), der vom Arbeitsplatz ausgehenden Qualifikationsanforderungen (Anforderungsanalyse) sowie der Bewertung des Schwierigkeitsgrades der Aufgabenerfüllung (Arbeitsbewertung) (siehe Abbildung 4). Die Informationen werden zur Personalentwicklung und -auswahl sowie Entgeltfindung benötigt.

Abbildung 4: *Teilbereiche und Objekte der Arbeitsplatzanalyse*

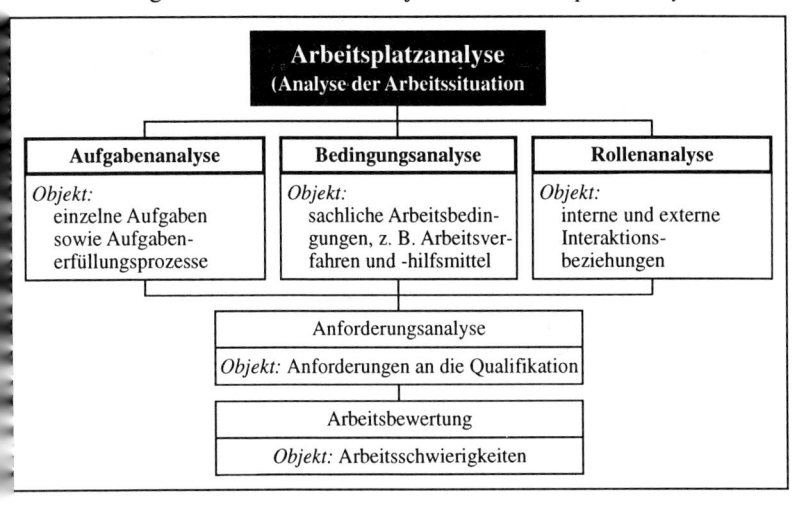

```
┌─────────────────────────────────────────────────────────┐
│            Arbeitsplatzanalyse                          │
│         (Analyse der Arbeitssituation)                  │
└─────────────────────────────────────────────────────────┘
```

Aufgabenanalyse	Bedingungsanalyse	Rollenanalyse
Objekt: einzelne Aufgaben sowie Aufgabenerfüllungsprozesse	*Objekt:* sachliche Arbeitsbedingungen, z. B. Arbeitsverfahren und -hilfsmittel	*Objekt:* interne und externe Interaktionsbeziehungen

Anforderungsanalyse
Objekt: Anforderungen an die Qualifikation

Arbeitsbewertung
Objekt: Arbeitsschwierigkeiten

- Die Qualifikationen bzw. Handlungskompetenzen der Mitarbeiter und der Stellenbewerber werden mittels Qualifikations- und Eignungsforschung ermittelt. Als Instrumente dienen vor allem die Personalbeurteilung und verschiedene Auswahlverfahren. Die durch sie ermittelten Informationen sind unabdingbar für die Personalauswahl, die Fortbildung und Karriereentscheidungen, wenngleich die Instrumente nur Hilfestellungen bieten können. Abbildung 5 gibt einen Überblick über verschiedene Objekte:

Abbildung 5: *Objekte der Qualifikations- und Eignungsforschung*

Analyseebenen	externe Bewerber	Mitarbeiter		
		Individualebene	Gruppenebene	Betriebsebene
	Ermittlung der Eignungen von Bewerbern für vakante Position	Ermittlung von • Leistungen • Qualifikationen • Qualifikationspotentialen • Eignungen	Ermittlung von • Gruppenleistungen • Gesamtqualifikation und -eignung der Gruppen	Ermittlung von • Nachwuchs-„Portfolio" • Gesamtqualifikation und -eignung der Belegschaften

- Die Personalbedarfsermittlung bezieht sich auf vier Komponenten: „Quantität" (Anzahl der Mitarbeiter), „Qualität" (Qualifikationen der Mitarbeiter), „Ort" (Beschäftigungsort der Mitarbeiter) und „Zeit" (Planungshorizont). Die Gesamtheit der Planstellen macht den Brutto-Personalbedarf aus. Er ist aus der Bereichsplanung – in Verbindung mit den Ergebnissen der Arbeitsforschung – abzuleiten. Bei der Ermittlung des erwarteten Personalbestandes sind Schätzungen basierend auf Erfahrungswerten über Fluktuationen notwendig. Wird vom Bruttopersonalbedarf der zum gleichen Zeitpunkt erwartete Personalbestand subtrahiert, ergibt sich der Nettopersonalbedarf. Er kann positiv ausgeprägt sein, dann zeigt er für die Aufgabenstellung überflüssige Stellen an (Personalüberdeckung), die eine Personalfreisetzung nach sich zieht. Er kann auch negativ ausgeprägt sein (Personalunterdeckung) und eine Personalbedarfsdeckung zur Folge haben. Siehe dazu Abbildung 6.

Abbildung 6: *Schematischer Ablauf der Personalbedarfsermittlung*

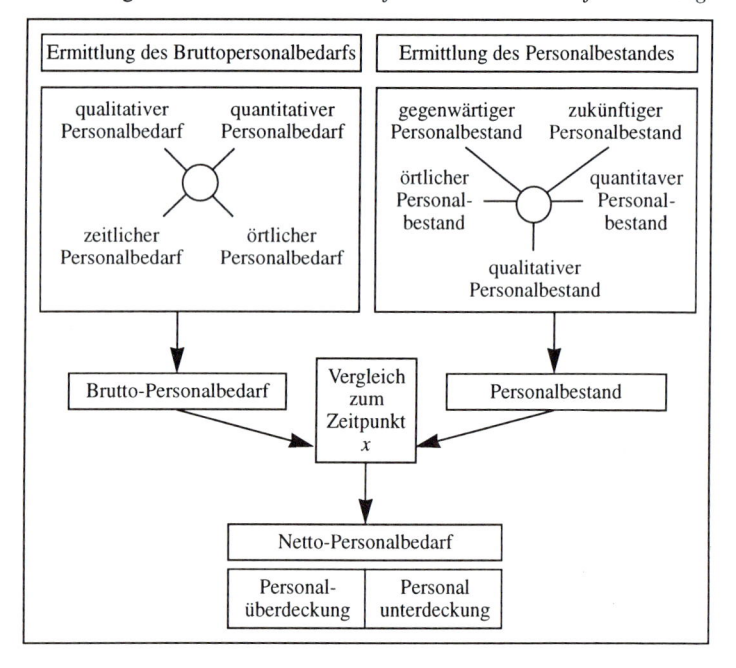

- Die Evaluationsforschung betrifft die Beurteilung der betrieblichen Personalarbeit (im Gesamten wie von Teilaufgaben): Standortbestimmung (Wie gut sind wir?) und Zukunftsorientierung (Was können wir besser machen?) steht im Vordergrund. Daneben können der Einsatz einzelner personalwirtschaftlicher Instrumente (z. B. Einsatz vorzeitiger Pensionierungen) sowie die abgeleiteten Personalprobleme aufgrund anderweitiger Entscheidungen (z. B. personelle Folgewirkungen von Sachinvestitionen) Objekt der Evaluierungsforschung sein.
- Die Erforschung der Arbeitsbeziehungen betrifft die analytische und prognostische Auseinandersetzung mit folgenden Objekten: Gesetzgebung und Arbeitsgerichtsbarkeit, Tarifpartner und Tarifvertragsinhalte, betriebliche Mitbestimmung und ihre Organe sowie unternehmerische Mitbestimmung. Die Informationen dienen als Basis v. a. für die Gestaltung von Arbeitsverträgen, personelle Einzelmaßnahmen, Entgeltsysteme und Arbeitszeitgestaltung, die Personalplanung sowie das Verhalten gegenüber dem Betriebsrat.

1.2.2 Personalbedarfsdeckung

Die Personalbedarfsdeckung besteht i. w. aus Beschaffung, Auswahl, Einführung, Einsatz und Entwicklung von Mitarbeitern. Die Personalbeschaffung hat zum Ziel, möglichst qualifizierte Personen zu einer Bewerbung auf eine vakante Stelle zu bewegen:
- Bei der internen Beschaffungsstrategie (Versetzungen) werden vakante Stellen im Betrieb beschäftigten Mitarbeitern allgemein oder individuell angeboten. Dieses Angebot (nicht die letztendliche Besetzung) kann durch einen Betriebsrat erzwungen werden (Innerbetriebliche Stellenausschreibung). Zumindest bei hierarchisch mittleren und höheren Stellen ergeben sich Aufstiegschancen für Mitarbeiter.
- Die externe Beschaffungsstrategie betrifft die Neueinstellung von Mitarbeitern mittels Stellenanzeige, Arbeitsamtnachfrage, Auftrag an Personalberater oder Arbeitsvermittler, College Recruitment, Personalleasing u. a. Sie ist sinnvoll, wenn in Aufgabenbereichen eine hohe Fluktuation vorliegt, wenn Stellen intern nicht besetzt werden können, wenn verstärkt neue Ideen gesucht werden (z. B. Verhinderung von Betriebsblindheit) und wenn es sich um Einstiegspositionen bzw. Positionen auf unteren hierarchischen Rängen handelt. Ein Personalmarketing hilft, den Betrieb

v. a. am externen Arbeitsmarkt als attraktiven Arbeitgeber darzustellen.

Die Personalauswahl gestaltet sich inhaltlich, nicht jedoch prozessual in den einzelnen Organisationseinheiten oft sehr unterschiedlich, da die Berufsbilder der Mitarbeiter heterogen sind. Verschiedene Instrumente können eingesetzt werden, siehe Abbildung 7.

Nachdem die Bewerbungsunterlagen vorliegen, wird auf Basis einer Analyse eine Auswahl über diejenigen Bewerber getroffen, die zu einem Vorstellungsgespräch eingeladen werden. Zur gegenseitigen Information und Bildung eines Urteils eignen sich v. a. Mehr-

Abbildung 7: *Instrumente der Personalauswahl*

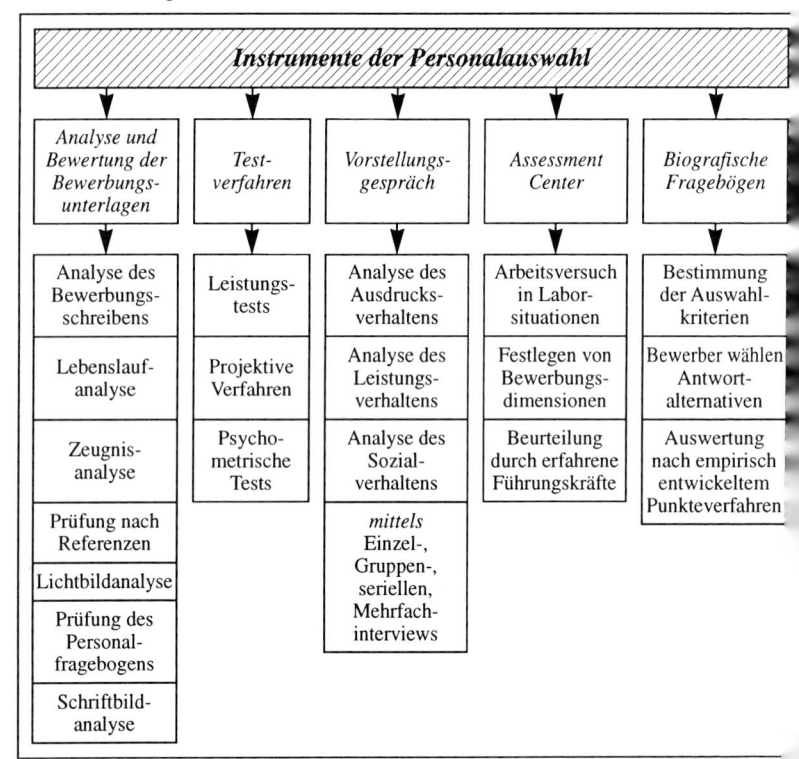

Instrumente der Personalauswahl				
Analyse und Bewertung der Bewerbungsunterlagen	*Testverfahren*	*Vorstellungsgespräch*	*Assessment Center*	*Biografische Fragebögen*
Analyse des Bewerbungsschreibens	Leistungstests	Analyse des Ausdrucksverhaltens	Arbeitsversuch in Laborsituationen	Bestimmung der Auswahlkriterien
Lebenslaufanalyse	Projektive Verfahren	Analyse des Leistungsverhaltens	Festlegen von Bewerbungsdimensionen	Bewerber wählen Antwortalternativen
Zeugnisanalyse	Psychometrische Tests	Analyse des Sozialverhaltens	Beurteilung durch erfahrene Führungskräfte	Auswertung nach empirisch entwickeltem Punkteverfahren
Prüfung nach Referenzen		*mittels* Einzel-, Gruppen-, seriellen, Mehrfachinterviews		
Lichtbildanalyse				
Prüfung des Personalfragebogens				
Schriftbildanalyse				

Quelle: In Anlehnung an Oechsler 1994, S. 142.

fach- und serielle Gespräche mit unterschiedlichen Verantwortlichen (Personalsachbearbeiter, Fachvorgesetzter). Wichtig ist v. a., daß die direkten Vorgesetzten mit in den Auswahlprozeß einbezogen sind. Für den Führungskräftenachwuchs werden oft verhaltensorientierte Assessment-Center eingesetzt, mit denen versucht wird, die Auswahlproblematik durch stellen- und verhaltensbezogene Mehrfachtests sowie den Einsatz höherrangiger Manager als Entscheider zu erleichtern. Von psychologischen Tests, graphologischen Gutachten und biographischen Verfahren ist abzuraten, da sie wenig Bezug zu den Qualifikationsanforderungen einer Stelle haben und/oder sehr aufwendig sind.

Die Personaleinführung ist für manche Mitarbeitergruppen (z. B. für Kundenmanager, Produktionsarbeiter) von besonderer Bedeutung. Sie stellt die beste Möglichkeit dar, um die Aufgabenbewältigung mit Kunden und Kollegen sowie die Gewöhnung an betriebsspezifische Usancen zu erleichtern. Zur Vermeidung von Frühfluk-

Abbildung 8: *Personalentwicklungssystem*

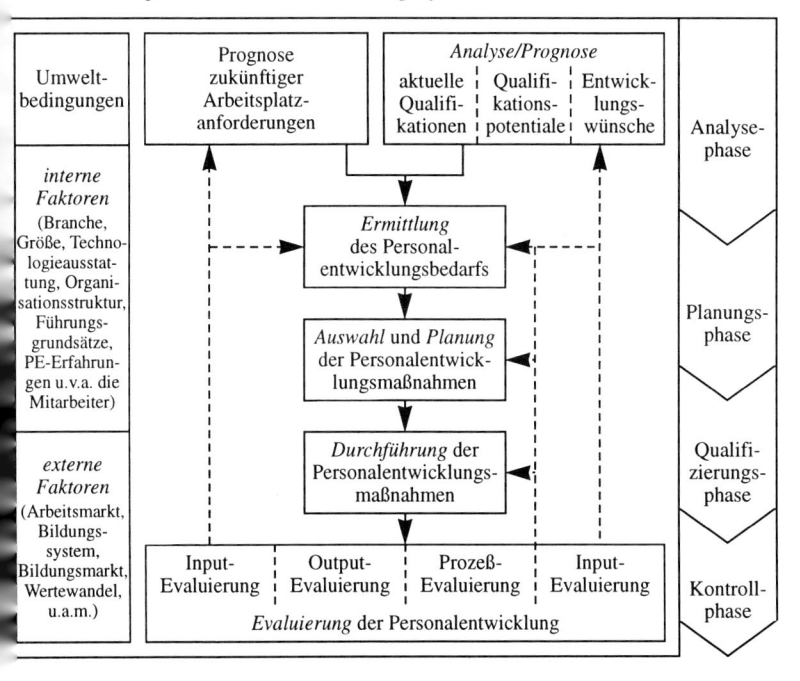

Umweltbedingungen	Prognose zukünftiger Arbeitsplatzanforderungen	*Analyse/Prognose*			Analysephase
		aktuelle Qualifikationen	Qualifikationspotentiale	Entwicklungswünsche	
interne Faktoren (Branche, Größe, Technologieausstattung, Organisationsstruktur, Führungsgrundsätze, PE-Erfahrungen u.v.a. die Mitarbeiter)	↓ *Ermittlung des Personalentwicklungsbedarfs* ↓ *Auswahl* und *Planung* der Personalentwicklungsmaßnahmen ↓				Planungsphase
externe Faktoren (Arbeitsmarkt, Bildungssystem, Bildungsmarkt, Wertewandel, u.a.m.)	*Durchführung* der Personalentwicklungsmaßnahmen ↓				Qualifizierungsphase
	Input-Evaluierung	Output-Evaluierung	Prozeß-Evaluierung	Input-Evaluierung	Kontrollphase
	Evaluierung der Personalentwicklung				

tuation wie zur schnelleren Nutzung des Mitarbeiterpotentials sind Einführungsprogramme für die jeweiligen Mitarbeitergruppen anzubieten.

Unter Personaleinsatz ist entweder die kurzfristige Zuweisung der Arbeitsaufgaben je nach aktuellem Bedarf oder die durchaus auch längerfristige Zuweisung einer spezifischen Stelle angesprochen.

Unter Personalentwicklung sind betriebliche Qualifizierungsmaßnahmen der Mitarbeiter zu verstehen, mit denen deren Leistungsfähigkeit für aktuelle wie zukünftige Aufgaben erhalten und erweitert werden sollen. Der Prozeß der Personalentwicklung (s. Abbildung 8) besteht dabei aus: der Analysephase (Ermittlung) des Personalentwicklungsbedarfs, der Planungsphase der Personalentwicklungsmaßnahmen, der Durchführungsphase der einzelnen Maßnahmen und der Evaluierungsphase zur Bewertung und zum Controlling von Input, Prozeß und Output der Personalentwicklung.

Die Personalentwicklung läßt sich, wie in Abbildung 9 schaubildlich dargestellt, in verschiedene Teilbereiche differenzieren:

Abbildung 9: *Teilbereiche der Personalentwicklung*

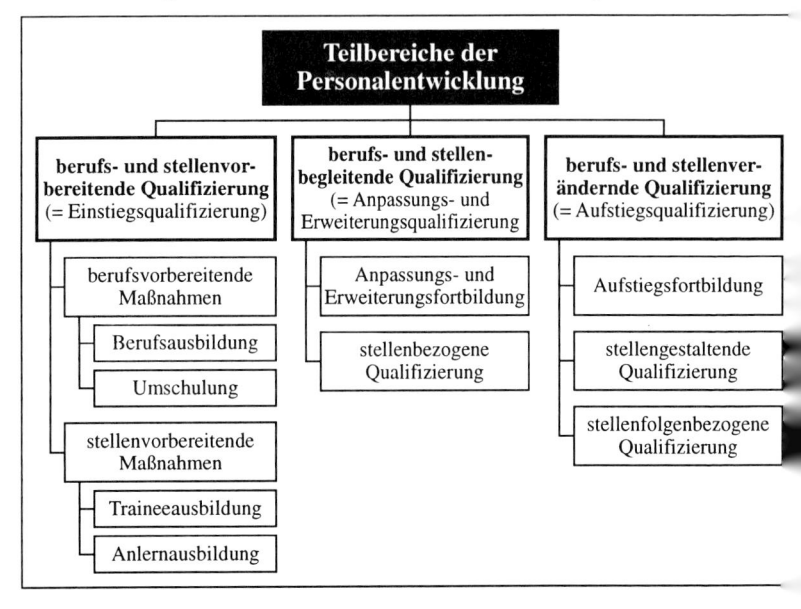

Teilbereiche der Personalentwicklung

- **berufs- und stellenvorbereitende Qualifizierung** (= Einstiegsqualifizierung)
  - berufsvorbereitende Maßnahmen
    - Berufsausbildung
    - Umschulung
  - stellenvorbereitende Maßnahmen
    - Traineeausbildung
    - Anlernausbildung

- **berufs- und stellenbegleitende Qualifizierung** (= Anpassungs- und Erweiterungsqualifizierung
  - Anpassungs- und Erweiterungsfortbildung
  - stellenbezogene Qualifizierung

- **berufs- und stellenverändernde Qualifizierung** (= Aufstiegsqualifizierung)
  - Aufstiegsfortbildung
  - stellengestaltende Qualifizierung
  - stellenfolgenbezogene Qualifizierung

1. Berufs- und stellenvorbereitende Qualifizierung: Darunter sind all jene Maßnahmen zu verstehen, die den Mitarbeitern die Qualifikationen für die von ihnen zu erfüllenden Aufgaben erstmalig vermitteln. Hierunter zählt die Berufsausbildung (kaufmännische oder gewerbliche Berufe, 2 – 3$^1/_2$ Jahre), die Anlernausbildung (spezifische, relativ komplexe Einzeltätigkeiten, 1 – 3 Monate), die Traineeausbildung (i. d. R. für neu eingestellte Akademiker, $^1/_2$ – 2 Jahre) sowie die Umschulung (i. d. R. Erlernen eines 2. Berufes, $^1/_2$ – 2 Jahre).

2. Berufs- und stellenbegleitende Qualifizierung: Diese Art der Personalentwicklung baut auf bereits vorhandenen Qualifikationen auf und konzentriert sich auf die Vermittlung spezifischer Qualifikationen (bspw. Verhandlungs- und Verkaufstraining, Strategieentwicklung), damit die Mitarbeiter für aktuelle wie zukünftige Anforderungen ihrer aktuellen Arbeitsplätze – i. S. einer Anpassungs- und Erweiterungsqualifizierung – qualifiziert werden. Einen Teilbereich stellt die Fortbildung als die Fortsetzung oder Wiederaufnahme des intendierten organisierten Lernens dar. Aber auch durch die stellenbezogene Qualifizierung sollen aufgrund veränderter Aufgabenmerkmale Qualifizierungseffekte ausgelöst werden.

3. Berufs- und stellenverändernde Qualifizierung: Hier steht die Vermittlung von Kompetenzen, die zu einer Veränderung des Berufs oder der Stelle mit dem Ziel eines hierarchischen Aufstiegs führen, im Mittelpunkt. Spezielle Fortbildungsmaßnahmen (bspw. Führungskräfteseminare), stellenfolgenbezogene Qualifizierung (Job Rotation und v. a. Karriereplanung) aber auch die bereits o. g. stellenbezogenen Maßnahmen können in diesem Sinne eingesetzt werden.

1.2.3 Personalfreisetzung

Personalfreisetzung bedeutet den Abbau von betrieblichen Überkapazitäten. Sie ist nicht gleichzusetzen mit einem Personalabbau i. S. der Reduzierung der Belegschaft durch Kündigungen o. ä. (quantitative Freisetzung i. e. S.). Auch andere Anpassungsmaßnahmen zeitlicher Art (individuelle, gruppenbezogene, kollektive Arbeitszeitverkürzungen), örtlicher Art (Versetzungen infolge von Betriebsstillegungen, Aufgabe eines Absatzgebietes) und qualitativer Art (Qualifizierung und Versetzung von Mitarbeitern) zählen dazu. Das Spektrum ist breit und enthält eine Vielzahl verschiedener Möglichkeiten, siehe Abbildung 10. Eine antizipative Planung kann helfen, individuelle Härten und betriebliche Nachteile bspw. durch einen gezielten Aufbau einer Randbelegschaft zu mildern.

Abbildung 10: *Betriebliche Maßnahmemöglichkeiten zur Personalfreisetzung*

Personalfreisetzungsmaßnahmen			
Politische Maßnahmen	Qualitative Anpassungsmaßnahmen	Quantitative Anpassungsmaßnahmen	
zur Vermeidung von Freisetzungsbedarf	ohne Reduzierung der Mitarbeiterzahl		mit Reduzierung der Mitarbeiterzahl
• Unternehmungspolitische Maßnahmen, z. B.: – staatliche Beschäftigungsgarantien – Verschiebung von Rationalisierungen – Hereinnahme und Rücknahme von Fremdaufträgen • Personalpolitische Maßnahmen, z. B.: – Förderung regionaler Mobilität – Aufbau einer Randbelegschaft – Gestaltung der Altersstruktur	• Umschulung • Fortbildung • Aufgabenstrukturierung	• Örtliche Anpassungsmaßnahmen – Versetzung – Umsetzung – Änderungskündigung • Zeitliche Anpassungsmaßnahmen – Urlaubsgestaltung – Abbau von Mehrarbeit, Überstunden, Sonderschichten – Arbeitszeitverkürzungen – Kurzarbeit	• Quantitative Anpassungsmaßnahmen i. e. S. – Einstellungsstop – Aufhebungsverträge – vorzeitige Pensionierung – Kündigungen – Beendigung von Personalleasing, Nichtverlängerung befristeter Arbeitsverhältnisse

1.2.4 Anreiz- und Entgeltsysteme

Um Mitarbeiter gewinnen und halten zu können, bedarf es der Entwicklung eines attraktiven Anreizsystems i. S. der Anreiz-Beitrags-Theorie. Es kann in ein materielles und ein immaterielles Anreizsystem untergliedert werden (siehe Abbildung 11).

Abbildung 11: *Elemente eines betrieblichen Anreizsystems*

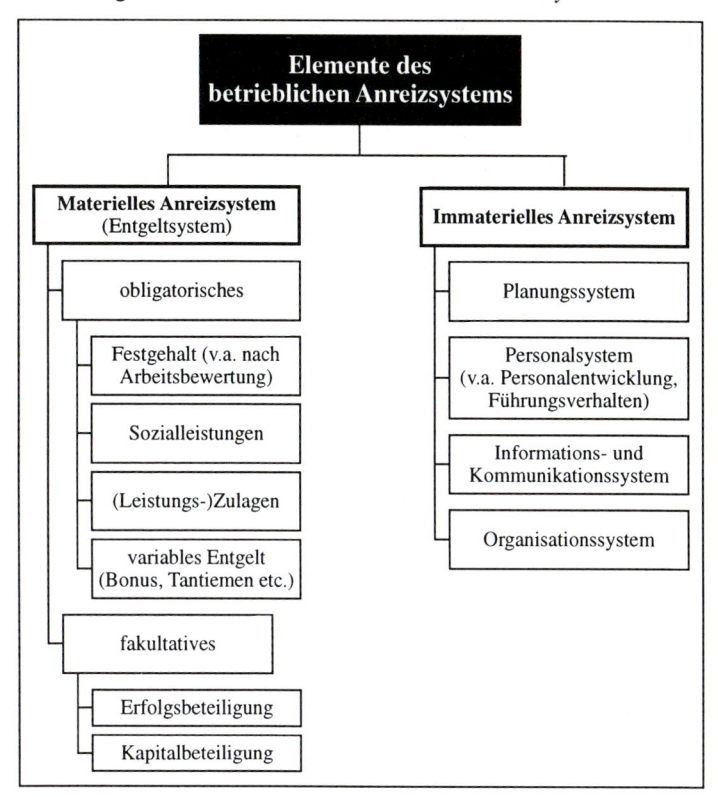

```
                    Elemente des
              betrieblichen Anreizsystems
         ┌──────────────┴──────────────┐
  Materielles Anreizsystem        Immaterielles Anreizsystem
      (Entgeltsystem)
   ├─ obligatorisches              ├─ Planungssystem
   │    ├─ Festgehalt (v.a. nach   ├─ Personalsystem
   │    │   Arbeitsbewertung)      │   (v.a. Personalentwicklung,
   │    ├─ Sozialleistungen        │    Führungsverhalten)
   │    ├─ (Leistungs-)Zulagen     ├─ Informations- und
   │    └─ variables Entgelt       │    Kommunikationssystem
   │        (Bonus, Tantiemen etc.)└─ Organisationssystem
   └─ fakultatives
        ├─ Erfolgsbeteiligung
        └─ Kapitalbeteiligung
```

Unter dem materiellen Anreizsystem wird die Summe aller vom Betrieb angebotenen finanziellen Belohnungen und deren Administration für die von Mitarbeitern erbrachten Arbeitsleistungen verstanden. Es wird zwischen dem obligatorischen und dem fakultativen Entgeltsystem unterschieden:

- Festgehaltssysteme als Element des obligatorischen Anreizsystems stellen eine zeitorientierte Entgeltform dar, indem sie eine pauschale, oft tarifliche Vergütung (Fixum) für die in einem bestimmten Zeitraum (i. d. R. monatlich) ausgeführten Aktivitäten, unabhängig von deren Ergebnis, darstellen. Es gibt verschiedene Formen des Festgehalts: „normale" anforderungsorientierte

Zeitlöhne und qualifikationsorientierte Polyvalenzlöhne. Daneben existieren als Grundformen des Arbeitsentgeltes noch Akkord- sowie Prämienlöhne, die das Entgelt deutlicher als die o. g. Formen an das unmittelbare Leistungsergebnis des Mitarbeiters koppeln. Weiterhin kann die Gewährung von Sozialleistungen wie Altersversorgung, Urlaubs-/Weihnachtsgeld und sonstiges zu den materiellen Entgelten gezählt werden. Auch Zusatzleistungen in Form von (Leistungs-)Zulagen und variablen Lohnkomponenten wie Provisionen, Boni, Tantiemen etc. können so gestaltet werden, daß die von der Unternehmung intendierte Anreizwirkung optimiert wird.
- Neben den diskutierten Entgeltformen kommen als Möglichkeiten innerhalb des fakultativen Entgeltsystems noch verschiedene Formen der Mitarbeiterbeteiligung wie Erfolgs- und Kapitalbeteiligungen in Frage. Die Anreizwirkung dieser Elemente ist allerdings nicht hoch anzusehen, da keine unmittelbare Beziehung zwischen Anreiz und individueller Leistung besteht.

Das immaterielle Anreizsystem umfaßt verschiedene Kategorien immaterieller Anreize: v. a. soziale Anreize (durch Kontakte mit Kollegen, Vorgesetzten und Mitarbeitern, Anreize der Arbeit selbst (Arbeitsinhalte, Autonomie, mitarbeiterorientiertes Vorgesetztenverhalten), Karriereanreize (Möglichkeiten zur Qualifizierung, zum betrieblichen Aufstieg) sowie Anreize des Umfeldes (bspw. durch das Image des Betriebes). Die Anreize werden durch Führungssubsysteme gesetzt. V. a. mit folgenden sind immaterielle Wirkungen verbunden:
- Die Partizipation im Planungssystem bezieht sich v. a. auf die individuelle Mitwirkung am gruppenspezifischen oder betrieblichen Entscheidungsprozeß. Für entsprechend motivierte Mitarbeiter ist dies von nicht zu unterschätzendem Wert.
- Innerhalb des Personalsystems werden Anreize durch dessen Teilsysteme gesetzt: Viele Mitarbeiter schätzen zum ersten die Förderung durch eine Personalentwicklung. Im Rahmen des Karrieresystems bietet zum zweiten die Übernahme höherwertiger Positionen verschiedene der o. g. Anreize. Mitarbeiterbezogenes Führungsverhalten, d. h. ein individuelles Vorgehen, wird zum dritten vielfach als Anreiz wahrgenommen.
- Regelmäßige, rechtzeitige, umfassende Information(-ssysteme) über aufgaben- und betriebsrelevante Entwicklungen (z. B. Feed-

back, Produktentwicklung) können dazu beitragen, die Wertschätzung des Betriebes auszudrücken.
- Im Rahmen des Organisationssystems werden manche der immateriellen Anreize strukturell verankert. Bspw. sind Kompetenzregelungen oder Aufgabeninhalte festzulegen, die unmittelbar Anreizwirkungen zur Folge haben.

Letztendlich läßt sich die Wirkung der Anreizsysteme trotz einer Anzahl empirischer Studien aufgrund der Vielfalt und Vielzahl möglicher Einflußfaktoren nur schwer isolieren. Materielle Anreize sind weiterhin unverzichtbar, wenngleich ihre Bedeutung stark nachgelassen hat. Ihre Betonung führt schnell zu einer Überformung anderer Motive und zu einer Abkehr von Arbeitsverhalten hin zu Einkommenssteigerungsorientierung. Die genannten immateriellen Anreize, Interessen in Familie und Freizeit, aber auch Ansprüche an leistungs-, betriebs- bzw. marktgerechte Entgelte haben an Gewicht gewonnen. Zudem bietet die Einrichtung eines sog. Cafeteria-System, in dem Mitarbeitern die Wahl zwischen mehreren Entgeltoptionen gegeben wird, die Möglichkeit eines individuellen Zuschnittes der Anreize und einer daraus resultierenden höheren Anreizwirkung.

1.2.5 Arbeitsbedingungen

Bei den Arbeitsbedingungen handelt es sich um solche Faktoren der gesamten Arbeitssituation, die die Leistung eines Mitarbeiters wie die des Betriebes in einer bestimmten Situation positiv oder negativ beeinflussen. I. d. R. sind die einzelnen Determinanten weder inhaltlich gleichbleibend noch statisch; sie verändern sich vielmehr in ihrer Art und Ausprägung sowie dementsprechend in ihrer situativen Wirkung. Darüber hinaus sind sie z. T. kontrollierbar und z. T. nicht kontrollierbar. Im Rahmen des Personalmanagements sind die Arbeitsbedingungen v. a. bei der Arbeitsplatzanalyse (Bedingungsanalyse), bei der Leistungsbeurteilung (als Leistungsbedingungen) sowie bei der Arbeitsplatzgestaltung zu beachten. Kompliziert wird es bei der jeweiligen Erfassung der gesamten betriebs- und zeitspezifischen Arbeitssituation oder gar bei der Bildung einer sinnvollen konkreten Taxonomie für die jeweils leistungsrelevanten Determinanten eines Arbeitsplatzes. In Abbildung 12 wird eine allgemein anwendbare, grob differenzierende Taxonomie vorgestellt.

Abbildung 12: *Grobtaxonomie von Arbeitsbedingungen*

Grobtaxonomie von Arbeitsbedingungen		
Sachliche Arbeitsbedingungen		Personelle Arbeitsbedingungen
Endogene Faktoren	Exogene Faktoren	
Endogene Arbeitsbedingungen betreffen solche Faktoren, die im Betrieb selbst vorliegen und von den betriebliche Entscheidungsträgern – wenn auch in unterschiedlichem Ausmaß – direkt beeinflußt werden können. Beispielhaft zu nennen sind: ● zur Verfügung stehende sachliche (Maschinen, Ausstattung) und finanzielle Ressourcen (Budgets), ● die Arbeitsorganisation (bspw. Fließ-, Werkstatt- oder Inselfertigung; Formalisierung), ● die Arbeitsplatzumgebung (z. B. Klima, Lärm; Großraumbüro), ● betriebs- und personalpolitische Faktoren (z. B. Entgeltformen, Arbeitszeit; Erfolgs- oder Leistungsprinzip; organisatorische Regeln), ● die Aufgabengestaltung (Vielfalt, Termindruck, Verantwortung, Selbständigkeitsgrad, Innovationsgrad u. ä.)	Exogene Arbeitsbedingungen betreffen solche Faktoren, die im außerbetrieblichen Umfeld vorliegen und die Erbringung der Arbeitsleistung wesentlich beeinflussen. Sie beziehen sich bspw. ● auf konjunkturelle und branchenbezogene Entwicklungen sowie ● auf singuläre Ereignisse wie z. B. den Konkurs eines Mitwettbewerbers, ● staatliche Eingriffe und Maßnahmen, ● die Produkteinführung eines Konkurrenten, ● die Vorgehensweise von Kunden, Lieferanten und anderen externen Interaktionspartnern u. ä. Sie sind i. d. R. kaum kontrollierbar.	Personelle Arbeitsbedingungen sind stets endogene Faktoren. Sie beziehen sich auf die zeitspezifische Eignung (Fähigkeiten, Gesundheit, Motive, Arbeitskenntnis u. a.) der anderen im Kombinationsprozeß tätigen Arbeitnehmer, also ständig oder zeitweise beschäftigte Untergebene, Vorgesetzte, Projektmitglieder u. a. deren Eignung sowie die gemeinsamen internen Interaktionsbeziehungen in ihrer Art und Weise beeinflussen die Leistung. Ihre Kontrollierbarkeit ist z. T. eingeschränkt.

1.2.6 Personalorganisation

Die Personalorganisation umfaßt zum einen den Gestaltungsbereich der Aufbauorganisation im Personalbereich eines Betriebes. Zum anderen sind aber auch die besonderen Probleme der organisatorischen Gestaltung des funktionalen Ablaufs von Arbeitsprozessen sowohl an einzelnen Arbeitsplätzen als auch im gesamten Betrieb,

also die Ablauforganisation, Gegenstand organisatorischer Überlegungen.
- Die Gestaltung des Personalbereichs im Rahmen der Aufbauorganisation betrifft dabei den Bereich, der häufig in einem engeren Sinne als die Personalorganisation bezeichnet wird. Hierunter ist die funktionale Gliederung des Personalbereichs sowie seine hierarchische Einordnung in die gesamte Organisationsstruktur des Betriebes zu verstehen. In der betrieblichen Praxis dominieren für die Strukturierung der in den Personalabteilungen zentralisierten Aufgaben zum ersten die Gliederung nach Teilfunktionen (bspw. Personalsachbearbeiter für Aus- und Fortbildung, Personalbearbeiter für Engeltfragen usw.), zum zweiten das sog. Referentensystem mit der Zuständigkeit eines Personalreferenten für eine abgegrenzte Personengruppe (z. B. Personalreferent für Außendienstmitarbeiter, Personalreferent für Innendienstmitarbeiter und jeweils für andere Mitarbeitergruppen) sowie zum dritten eine Kombination beider Konzepte, bei denen i. d. R. die zentralisierten Personalaufgaben in Stellen oder Abteilungen mit Stabscharakter zusammengefaßt werden. Weiterhin werden im Rahmen der Aufbauorganisation bspw. auch Vorschläge wie die Verselbständigung der Personalabteilung als Gewinnzentrum bzw. „Profit-Center" diskutiert. Für Teile der Personalaufgaben, z. B. die an ein Bildungszentrum übertragenen Weiterbildungsaufgaben des Betriebes, haben sich derartige Lösungen bewährt.
- Im Rahmen der Ablauforganisation ist die Prozeßgestaltung aller personalwirtschaftlich relevanten Entscheidungsprozesse (v. a. hinsichtlich des Ablaufes und der Beteiligten) festzulegen. Die Diskussion über Zentralisation bzw. Dezentralisation im Personalbereich zielt v. a. auf den Umfang der Kompetenzzuordnung zwischen (Personal-)Fachabteilung und direkten Vorgesetzten ab. Hier wird deutlich, daß Personalmanagement nicht als eine Funktion betrachtet wird, die alleine durch die Personalabteilung zu erfüllen ist, sondern auch alle Vorgesetzten bis hin zur Geschäftsleitung direkte Personalaufgaben zu erfüllen haben (s. z. B. die Systemhandhabung weiter unten). Somit ist i. S. der Managementlehre nicht allein die Personalabteilung Gegenstand personalorganisatorischer Regelungen.

Eine optimale Organisationsalternative bzw. deren Kombination bezüglich Aufbau- und Ablauforganisation existitiert nicht. Die Optimierung der Organisationsform ist vielmehr abhängig von der

Berücksichtigung einer Reihe von Faktoren, wie der Anzahl der Mitarbeiter(-gruppen), dem bzw. den Beschäftigungsort(en) und der personalpolitischen Ausrichtung des Betriebes etc.

1.2.7 Personalplanung und -controlling

Personalplanung bedeutet die systematische und gedankliche Vorwegnahme zukünftiger personeller Entscheidungen. Diese basieren i. d. R. auf personellen Grundsatzentscheidungen im Rahmen der Personalpoltik und -strategie, die quasi die „Marschrichtung" der Personalplanung bestimmt. Ihre Hauptaufgabe ist es, Ziele und Maßnahmen festzulegen, damit zur richtigen Zeit am richtigen Ort die richtigen Mitarbeiter in der erforderlichen Anzahl – unter Berücksichtigung individueller Erwartungen und betrieblicher Erfordernisse – beschäftigt sind. Daneben existieren einige speziellere Aufgaben je nach Planungsbereich. Das Personalcontrolling hat nun die Aufgabe, die Umsetzung der Ziele und Pläne in konkrete Maßnahmen zu überwachen sowie ggf. Abweichungen zu korrigieren oder notwendige Änderungen zu initiieren. Es ist daher für die Steuerung der betrieblichen Personalarbeit von Bedeutung. Siehe dazu Abbildung 13.

Abbildung 13: *Personalplanungs- und -controllingsystem*

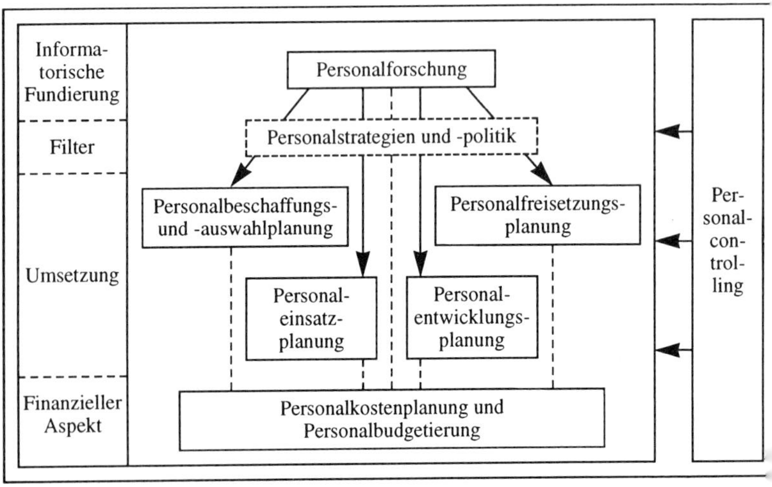

1.2.8 Personalverwaltung

Unter Personalverwaltung lassen sich solche Tätigkeiten wie Führung der Personalakte, formale Einstellungsaktivitäten, Entgeltabrechnung, Pflege eines Personalinformationssystems u. ä. zusammenfassen. Sie werden i. d. R. speziellen Stellen der Personalabteilung zugeordnet.

1.3 Verhaltenssteuerung

1.3.1 Motive, Motivation und Leistungsdeterminanten

Motive sind Verhaltensbereitschaften, unter denen zeitlich relativ überdauernde, psychische Dispositionen von Personen verstanden werden. Sie legen fest, was Personen wollen oder wünschen, wie auf einem inhaltlich bestimmten Gebiet der Person-Umwelt-Bezug aussehen muß, um befriedigend für eine Person zu sein. Ein einzelnes Motiv ist Teil einer individuell und zeitspezifisch durchaus variablen Motivstruktur. Es gilt als aktiviertes Motiv, wenn es durch Anreize (wahrgenommene attraktive Umweltbedingungen bzw. Stimuli) angesprochen wird. Sind zudem die Erwartungen positiv ausgeprägt, entsteht Motivation. Der Zugang zu Motivation und zu Motiven ist schwierig, da sie einer Beobachtung kaum zugänglich sondern eher theoretische Konstrukte sind.

Die im Rahmen der Personallehre interessierende Arbeitsmotivation entsteht dann, wenn ein Arbeitnehmer Anreize in der ihn umgebenden Arbeitssituation wahrnimmt, die dazu geeignet sind, individuelle Motive so zu aktivieren, daß dadurch ein Arbeits- bzw. Leistungsverhalten ausgelöst bzw. beeinflußt wird. Die Arbeitsmotivation wird üblicherweise aufgegliedert:

1) Unter Teilnahme- (bzw. Bleibe-)motivation werden jene Bedingungen verstanden, die eine Person veranlassen, einem Betrieb als Arbeitnehmer „beizutreten", die Mitgliedschaft bzw. das Arbeitsverhältnis aufrechtzuerhalten und insbes. bestimmte Arbeitsaufgaben zu übernehmen.
2) Die Leistungsmotivation in dem hier verwendeten Sinne betrifft diejenigen Bedingungen, die sich auf die Entstehung der und das Vorhandensein von Leistungsbereitschaft zur guten und aktiven Erfüllung der übernommenen Arbeitsaufgaben – jenseits eines „Dienstes nach Vorschrift" – beziehen.

Es gilt, die gesamte Arbeitssituation bewußt und zweckmäßig so zu gestalten, daß diese eine für die Mitarbeiter geeignete Anreizstruktur aufweist und so zur Motivation führt. Dies ist möglich, wenn neben den Kenntnissen über die Umwelt die motivationalen Grundlagen des Verhaltens von Mitarbeitern in Betrieben näher untersucht werden und bekannt sind. Eine einzige, allgemein akzeptierte Motivationstheorie, mit der erklärt wird, wie menschliches Verhalten in Betrieben in Antrieb und Richtung bestimmt („motiviert") wird, gibt es allerdings nicht. Verschiedene motivationstheoretische Erklärungsansätze basieren auf unterschiedlichen Annahmen. Manche von diesen Ansätzen sind trotz ihrer Popularität nur als zeitlich überholt zu bezeichnen (z. B. Bedürfnishierarchie von Maslow, Zwei-Faktoren-Theorie von Herzberg, ERG-Modell von Alderfer), andere haben einen höheren Aussagewert (z. B. Erwartungs-Valenz-Modelle; Theorien der Leistungsmotivation). Ein relativ umfassendes Modell der Arbeitsmotivation, welches eine Vielzahl relevanter, das Leistungsverhalten bestimmender Faktoren einbezieht, ist das „Leistungsdeterminantenkonzept" in Abbildung 14. Dieses basiert auf den sog. Erwartungs-Valenz-Modellen und beschreibt den Prozeß der Leistungsmotivation bzw. des -verhaltens wie folgt:

Die Einsatz- und Leistungsbereitschaft von Mitarbeitern und damit deren Motivation wird v. a. von zwei Konstrukten beeinflußt: Beim ersten Konstrukt handelt es sich um die Motivstruktur, die die individuellen Motive und Einstellungen eines Mitarbeiters zu bestimmten Zeitpunkten beinhaltet. Im Rahmen des zweiten Konstrukts sind drei Determinanten im Zusammenhang zu berücksichtigen: Valenzen + Normen, Anstrengungserwartung und Konsequenzerwartung. Als Valenz wird der von der betroffenen Person angenommene Nutzen der Zielerreichung oder des Verhaltens bezeichnet; Normen hingegen spiegeln die Vorstellungen des Umfeldes (privates wie betriebliches) wider. Die Anstrengungserwartung bezeichnet das Ausmaß, in dem Mitarbeiter ihre Leistung als Ergebnis ihres Einsatzes und nicht als fremdbestimmt ansehen. Konsequenzerwartungen drücken den Grad aus, in dem geleistete Arbeit zu den angestrebten Zielen bzw. Konsequenzen führt. Erst wenn die drei Determinanten positiv ausgeprägt und die Motive durch Anreize angesprochen sind, kann eine individuelle Bereitschaft zum Leistungseinsatz erwartet werden. Das Leistungsverhalten in Art, Intensität und Güte wird zusätzlich von der Eignung der Mitarbeiter für eine bestimmte Tätigkeit, den geltenden Arbeitsbedingungen sowie der Arbeitskenntnis von bestimmten Aufgaben determiniert. Die Komponenten wirken zudem über die individuelle Wahrnehmung auf die Erwartungen ein, indem sie im Rahmen von Lernpro-

Abbildung 14: *Leistungsdeterminantenkonzept*

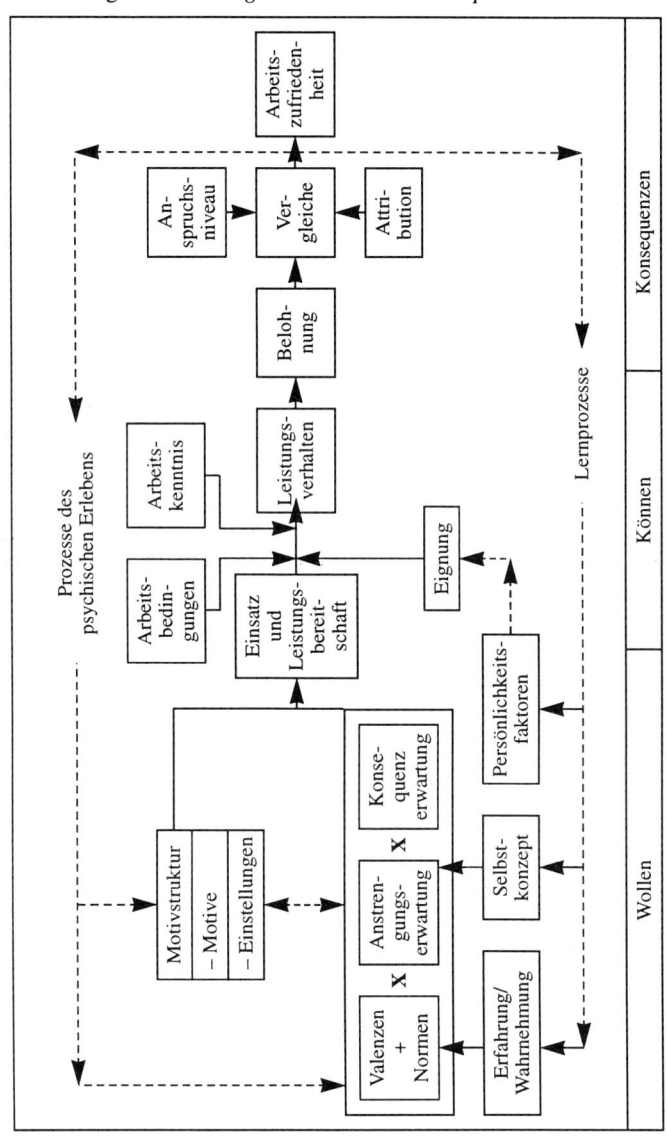

Quelle: In Anlehnung an Berthel 1995, S. 39.

zessen deren Ausprägung beeinflussen (z. B. erhöht eine empfundene Eignung die Anstrengungserwartung). Individuelles Ergebnis eines Leistungsverhaltens ist die Belohnung immaterieller oder materieller Art. Je nachdem, wie diese Belohnung im Vergleich zum eigenen Anspruchsniveau oder zu den Belohnungen anderer Personen wahrgenommen wird, entsteht danach Arbeitszufriedenheit. Vielfältige tatsächliche und/oder antizipative Rückkopplungen nehmen weiteren Einfluß auf Erfahrungen, Selbstkonzept sowie letztendlich auf die Leistungsbereitschaft und auf das Verhalten. In Kenntnis dieser Motivationsfaktoren kann nun eine entsprechende Mitarbeiterführung darauf hinwirken, das erwünschte Leistungsverhalten zu fördern.

1.3.2 Mitarbeiterführung

Der Begriff der Führung wird i. a. in zwei verschiedenen Zusammenhängen verwendet: Zum einen als Unternehmungsführung, d. h. als Management eines Betriebes; zum anderen als Mitarbeiterführung, d. h. Einflußnahme auf Mitarbeiter. Mitarbeiterführung hat die Tätigkeiten zum Inhalt, die das Verhalten der Mitarbeiter steuern sollen. Ihr Verständnis wird in der Literatur kontrovers diskutiert. Ein gemeinsamer Nenner der Begriffsbestimmungen läßt sich wie folgt formulieren: Mitarbeiterführung ist ein irgendwie gearteter Versuch der Einflußnahme oder Einwirkung auf das Verhalten anderer Personen in Betrieben. Die Funktion der Mitarbeiterführung kann dabei – wie weiter vorne ausgeführt – zum einen durch unmittelbaren Kontakt zwischen Vorgesetzten und untergebenen Mitarbeitern (= interaktionelle Mitarbeiterführung) und zum anderen durch eine nur mittelbar wirkende Gestaltung der Bedingungen erfüllt werden (= strukturelle Mitarbeiterführung). Nachfolgend steht die interaktionelle Mitarbeiterführung im Mittelpunkt der Diskussion.

Führungstheorien haben die Beschreibung, Erklärung und Prognose von Bedingungen, Strukturen, Prozessen und Konsequenzen der Mitarbeiterführung zum Inhalt. Ziel ist es letztlich, daß sie Gestaltungsempfehlungen für Führungsprozesse geben können. Es liegt eine Vielzahl an verschiedenen, teilweise sich ausschließenden und/oder in ihren Kernaussagen veralteten, teilweise aufeinander aufbauenden bzw. weiterentwickelten theoretischen Ansätze vor. Bislang fehlen allerdings Führungstheorien, die erklären könnten, wie bspw. Vorgesetzte in bestimmten Situationen ihre Mitarbeiter beeinflussen müßten, um vorher definierte Ziele zu erreichen. Mitarbeiterführung ist ein multifaktorielles Geschehen, bei dessen Erforschung man bei jedem der relevanten Faktoren (Führer, Geführte, betriebliche Strukturen und Prozesse, Aufgaben, externes Umfeld etc.) ansetzen kann. Insofern ist die Berücksichtigung einer Vielzahl von Variablen und deren Interaktionen eine conditio sine qua non im Rahmen der Führungsforschung, selbst wenn dies mit zur Verhinderung einer einheitlichen Führungstheorie beiträgt.

Eine wichtige im Rahmen der interaktionellen Mitarbeiterführung diskutierte Frage betrifft den Führungsstil des Vorgesetzten. Als Führungsstil (zumeist synonym: Führungsverhalten) wird i. d. R. die Art und Weise verstanden, in der Führungskräfte sich ihren Mitarbeitern gegenüber verhalten, d. h. ihre Führungsfunktion ausüben. Es handelt sich hierbei um ein zeitlich relativ überdauerndes und in bezug auf verschiedene Situationen konstantes Führungsverhalten der Vorgesetzen gegenüber ihren Untergebenen. Hinsichtlich der Beschreibung des Führungsverhaltens existieren eine Reihe von Typologien, die im Kern jedoch auf eine Dichotomisierung des Führungsstils hinauslaufen.

- Der sog. eindimensionale Ansatz knüpft an die Unterscheidung zwischen „autoritärem" und „demokratischem" Führungsstil (Iowa-Studien) an. Die auf diesen Unterscheidungen beruhenden Ansätze untersuchen i. d. R. nur den Grad der Entscheidungspartizipation. Diese Dimension wurde von Tannenbaum/Schmidt anhand eines Kontinuums schematisch dargestellt (siehe Abb. 14). Je nachdem, welche der Verhaltensmöglichkeiten ein Führer wählt, übt er einen mehr oder weniger autoritären bzw. partizipativen Führungsstil aus. Der Vorteil des eindimensionalen Ansatzes ist zweifellos seine Verständlichkeit. Eine eindimensionale Differenzierung allein anhand unterschiedlicher Entscheidungskompetenzen ist allerdings unzureichend. Sie vernachlässigt wesentliche Parameter der Arbeits- und damit Führungssituation.
- Die sog. zweidimensionalen Ansätze orientieren sich an zwei Verhaltensweisen von Vorgesetzten. Dabei wird in mehr aufgabenorientierte und in mehr mitarbeiterorientierte Führungsstile unterschieden. Die beiden Verhaltensdimensionen stehen in einer Wechselwirkung zueinander. Eine solche Differenzierung wurde – mit unterschiedlichen Bezeichnungen und z. T. auch mit voneinander abweichenden Thesen über die Zusammenhänge – in verschiedenen, v. a. empirischen Forschungsansätzen und -modellen aufgegriffen (v. a. Ohio-Schule, Michigan-Schule, Füh-

rungsmodell von Blake/Mouton). Eine umfassende Beschreibung und Analyse der Führungsprozesse ist auch mit den zweidimensionalen Ansätzen nicht möglich. Es wird fast ausschließlich das Verhalten der Führer ohne Beachtung des situationalen Kontextes untersucht.

Abbildung 14: *Führungsstile nach Tannenbaum/Schmidt*

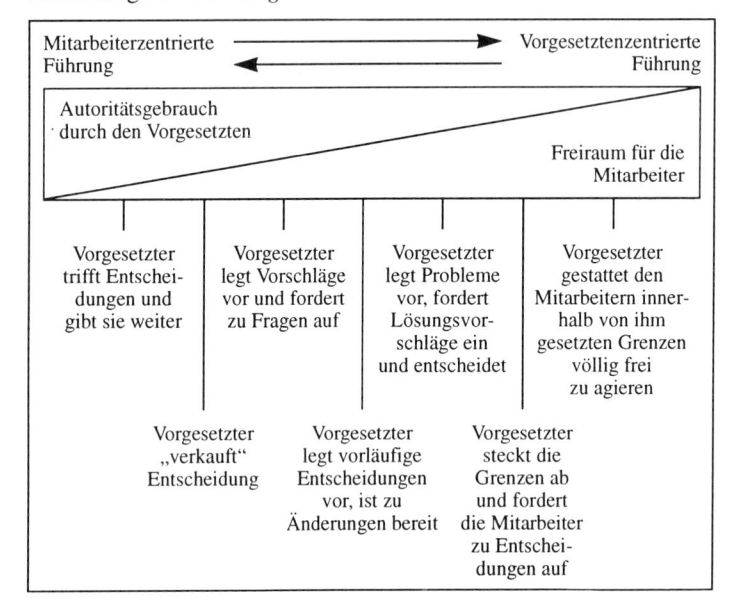

| Mitarbeiterzentrierte Führung | ⟶ ⟵ | Vorgesetztenzentrierte Führung |

| Autoritätsgebrauch durch den Vorgesetzten | | Freiraum für die Mitarbeiter |

| Vorgesetzter trifft Entscheidungen und gibt sie weiter | Vorgesetzter legt Vorschläge vor und fordert zu Fragen auf | Vorgesetzter legt Probleme vor, fordert Lösungsvorschläge ein und entscheidet | Vorgesetzter gestattet den Mitarbeitern innerhalb von ihm gesetzten Grenzen völlig frei zu agieren |

| Vorgesetzter „verkauft" Entscheidung | Vorgesetzter legt vorläufige Entscheidungen vor, ist zu Änderungen bereit | Vorgesetzter steckt die Grenzen ab und fordert die Mitarbeiter zu Entscheidungen auf |

- Die Vertreter vieldimensionaler Ansätze haben den Grundgedanken von Tannenbaum/Schmidt weiterentwickelt. Sie führen ein System abgestufter organisatorischer Elemente ein. Dies sind die Merkmale, mit denen die Führungssituation unmittelbar handlungsbezogen definiert werden kann. Sie kennzeichnen je nach Ausprägung, dargestellt durch ein Polaritätsprofil, einen mehr partizipativen oder autoritären Führungsstil. Siehe hierzu Abbildung 15. Es ist der Nachteil des vieldimensionalen Ansatzes, daß die einzelnen Führungselemente lediglich auf Plausibilität und Intuition der Verfasser beruhen. Als Heuristik für die Wahl des Führungsstils und die Analyse der Führungssituation sind sie jedoch sehr hilfreich.

Abbildung 15: *Vieldimensionaler Analyseansatz von Führungssituation und -stil*

		1 2 3 4 5 6 7	
Formalisierungsgrad	stark		schwach
Organisationsgrad	stark		schwach
Informationsbeziehung	bilateral		multilateral
Häufigkeit der Vorgesetzten-Mitarbeiter-Kontakte	selten		oft
Art der Willensbildung	individuell		kollegial
Verteilung der Entscheidungsaufgaben	zentral		dezentral
Art der Willensdurchsetzung	bilateral		multilateral
Verteilung der Implementierungsaufgaben	zentral		dezentral
Aufgabencharakter	generell		speziell
Art der Kontrolle	Fremdkontrolle		Selbstkontrolle
Verteilung der Kontrollaufgaben	zentral		dezentral
Handlungsmotive des/r Vorgesetzten	Pflicht; Leistung		Integration
Einstellung des/r Vorgesetzten zu Mitarbeitern	Mißtrauen		Offenheit
Handlungsmotive des/r Mitarbeiter/in	Sicherheit; Zwang		Selbständigkeit; Einsicht
Einstellung der Mitarbeiter zu Vorgesetzten	Respekt; Abwehr		Achtung; Vertrauen
Bindung der Mitarbeiter an das Führungssystem	schwach		stark
Mitarbeiterqualifikation	niedrig		hoch
soziales Gruppenklima	gespannt		stark
Grundlage des Kontraktes zwischen Vorgesetzten und Mitarbeiter	Abstand		Gleichstellung

Fast sämtliche führungstheoretischen Ansätze gehen von der impliziten Annahme einer hierarchischen Führung (Mitarbeiterführung) und damit interaktionellen Führung aus, wenn es darum geht, Mitarbeiter zu überzeugen oder zu bestimmten Verhaltensweisen zu bewegen. Andere Perspektiven sind aber ergänzend hinzuzufügen.

Die Theorie der Führungssubstitute weist nun darauf hin, daß an Stelle dieser direkten Führung quasi alternativ ein „Führungsersatz" in Form von Strukturelementen bzw. Mechanismen der Führungskonzeption treten kann (i. S. der o. g. strukturellen Führung). Als Führungssubstitute gelten bspw.: Qualifikation der untergebenen Mitarbeiter, Aufgabencharakter (routinemäßig, invariabel, befriedigend, monoton u. ä.), organisatorische Regelungen bspw. bez. Formalisierung, Spezialisierung, Örtlichkeiten. Diese „ersetzen" und/ oder unterstützen Vorgesetztenverhalten. Die hierzu durchgeführten empirischen Studien können lediglich zur Ideenfindung dienen. Desweiteren ist auch Führung von unten durch die Mitarbeiter, laterale Führung durch Gleichgestellte sowie Führung durch nächsthöhere Vorgesetzte in beschränktem Ausmaß möglich. Nicht zu vernachlässigen ist zudem der mit der Führung von Mitarbeitern vielfach verbundene psychische Streß der Vorgesetzten. Rollendilemmata führen zu nicht zu unterschätzenden individuellen Problemen.

1.3.3 Menschenbilder

Hilfreich zur Motivation und zur Mitarbeiterführung ist die Kenntnis von Menschenbildern. Menschenbilder sind vereinfachte und standardisierte Muster von menschlichen Verhaltensweisen. Sie dienen hauptsächlich der Komplexitätsreduktion. Dabei reduzieren sie die Vielfalt der vorkommenden Menschentypen auf wenige Grundformen und erlauben so die schnelle Feststellung, auf welche Grundform eine gegebene Person zuordnenbar ist. Die Verwendung von Menschenbildern durch den Vorgesetzten wirkt sich dabei direkt auf dessen Führungsverhalten aus. Nachfolgend wird ein Überblick über eine eingängige Differenzierung und die jeweiligen organisatorischen Konsequenzen gegeben:

1.3.4 Handhabung der Personalsysteme

Vorgesetzte sind in vielfältige personalbezogene Prozesse zur Handhabung der Personalsysteme eingebunden. Sie definieren ihren quantitativen, qualitativen und zeitlichen Personalbedarf, sie sind Entscheidungsträger der Personalauswahl und verantwortlich für die Personaleinführung, sie bestimmen die von Freisetzungsmaßnahmen betroffenen Mitarbeiter mit, sie führen Beurteilungs- und Entgeltgespräche, sie sind verantwortlich für viele immaterielle Belohnungen und auch für die Personalentwicklung ihrer unmittelbaren Untergebenen u. a. m. Die diesbezüglichen Verhaltensweisen steuern – ob gewollt oder nicht – das Mitarbeiterverhalten. Es handelt sich von daher um interaktionelle Mitarbeiterführung i. w. S.

Abbildung 17: *Menschenbilder und organisatorische Konsequenzen nach Schein*

Menschenbild	Organisatorische Konsequenzen
1. rational-economic man Ist in erster Linie durch monetäre Anreize motiviert; ist passiv und wird von der Organisation manipuliert, motiviert und kontrolliert; sein Handeln ist rational.	Klassische Managementfunktionen: Betrieb und dessen Effizienz stehen im Mittelpunkt; Organisation hat die Aufgabe, irrationales Verhalten zu neutralisieren und zu kontrollieren.
2. social man Ist in erster Linie durch soziale Bedürfnisse motiviert; als Folge der Sinnentleerung der Arbeit wird in sozialen Beziehungen am Arbeitsplatz Ersatzbefriedigung gesucht; wird stärker durch soziale Normen seiner Arbeitsgruppe als durch Anreize und Kontrollen des Vorgesetzten gelenkt.	Aufbau und Förderung von Gruppen; soziale Anerkennung der Mitarbeiter durch Manager und Gruppe; die Bedürfnisse nach Anerkennung, Zugehörigkeitsgefühl und Identität müssen befriedigt werden; Gruppenanreizsysteme treten an die Stelle von individuellen Anreizsystemen.
3. self-actualizing man Mensch strebt nach Autonomie und bevorzugt Selbst-Motivation und -Kontrolle; es gibt keinen zwangsläufigen Konflikt zwischen Selbstverwirklichung und betrieblicher Zielerreichung.	Manager sind Unterstützer und Förderer (nicht Motivierer und Kontrolleure); Delegation von Entscheidungen; Übergang von Amts-Autorität zu Fach-Autorität; Übergang von extrinsischer zu intrinsischer Motivation; Mitbestimmung am Arbeitsplatz.
4. complex man Ist äußerst wandlungsfähig; die Dringlichkeit der Bedürfnisse unterliegt Wandel; der Mensch ist lernfähig, erwirbt neue Motive; in unterschiedlichen Systemen werden unterschiedliche Motive bedeutsam.	Manager sind Diagnostiker von Situationen; sie müssen Unterschiede erkennen und Verhalten situationsgemäß variieren können; es gibt keine generell richtige Organisation.

2. Organisationslehre

2.1 Organisationsbegriff

Wie in der Alltagssprache wird der Organisationsbegriff auch in der Wissenschaftssprache inhaltlich unterschiedlich verwendet. Es lassen sich v. a. 3 Grundauffassungen unterscheiden:
1. Organisation in institutionaler Begriffsauffassung wird als zielgerichtetes, offenes, sozio-technisches System bzw. soziales Gebilde aufgefaßt. Organisation ist ein Oberbegriff für Institutionen aller Art, wie z. B. Unternehmungen, Krankenhäuser. Die Unternehmung ist eine Organisation!
2. Der instrumentale Organisationsbegriff versteht unter Organisation die Gesamtheit aller generellen expliziten Regelungen zur Gestaltung von Aufbau- und Ablaufstrukturen des Betriebes. Er setzt die Struktur als ein System formaler Regeln mit der Organisation gleich. Die Unternehmung hat eine Organisation!
3. Der funktionale Organisationsbegriff beinhaltet das Organisieren. Er umfaßt die Strukturierung bzw. die Organisation als Tätigkeit. Es geht um die Gestaltungsfunktion der Führung. Die Unternehmung organisiert!

Im Rahmen der Organisationslehre wird insbesondere der zweite Begriff verwendet. Betriebe sind dabei der Intention nach rational gestaltete Gebilde und Prozesse (s. Abbildung 18), die sich wie folgt beschreiben lassen:.

Abbildung 18: *Unterschiede von Aufbau- und Ablauforganisation*

Differenzierung in Aufbau- und Ablauforganisation	
Aufbauorganisation	Ablauforganisation
Strukturierung des betrieblichen Gebildes und seiner inneren Zusammenhänge	Strukturierung der Informations- und Arbeitsprozesse, also des prozessualen Geschehens
Gestaltungsfelder (z. B.) • Spezialisierung (horizontale Aufgabenteilung) • Konfiguration (vertikale Aufgabenteilung) • Koordination (aufgabenübergreifende Gebildestruktur, v. a. Entscheidungszentralisationsgrad und Formalisierung)	Gestaltungsfelder (v. a.) • Arbeitsteilung (Zuweisung der Arbeit zu einzelnen Stellen) • Zeit (Zeitpunkt und -bedarf der Aufgabenerfüllung) • Raum (Erfüllungsort der Aufgabenbestimmung)

- Unter der Aufbauorganisation wird die Festlegung des Gebildes „Betrieb" nach den Merkmalen der Verrichtung und des Objekts verstanden. Dies betrifft die Gliederung des Betriebes in arbeitsteilige Einheiten (Spezialisierung) und hierarchische Elemente (Konfiguration) sowie ihrer Koordination.
- Die Ablauforganisation ist durch die Festlegung der spezifischen Arbeitsteilung der Zeit und des Raums im Arbeitsprozeß gekennzeichnet. Sie strukturiert somit das prozessuale Geschehen und determiniert das in der Aufbauorganisation festgelegte Handeln weiter.

Bei der Aufbau- und Ablauforganisation handelt es sich um zwei Betrachtungsweisen des gleichen Gesamtproblems der Organisation nach verschiedenen Gesichtspunkten. Sie stehen dabei einem Wechselverhältnis zueinander, so daß in der konkreten Organisationsarbeit keine der beiden Betrachtungsseiten vernachlässigt werden kann.

2.2 Objekte der organisatorischen Gestaltung

Die Charakteristik der organisatorischen Gestaltung wird deutlich, wenn man sich die zu klärenden Fragestellungen vor Augen führt. Hiermit sind die Objekte bzw. Subsysteme angesprochen, die in Abbildung 19 veranschaulicht werden.

(1) *Aktionssystem & Aufgabe: Was, Wann, Wo?*
Die skizzierte Aufbau- und Ablauforganisation werden als Aktionssysteme verstanden. Die wesentlichste organisatorische Frage lautet vereinfacht: „Was ist zu tun?" Es gilt, die durchzuführenden Aufgaben festzustellen. Aufgaben stellen dabei die „Verpflichtung, Verrichtungen an Objekten durchzuführen" dar. Sie sind durch die Art und Menge der durchzuführenden Verrichtungen (z. B. „Montieren", „Buchen") und der zu bearbeitenden Objekte (z. B. „Lkw", „Kundenaufträge") determiniert. In einem Industriebetrieb betrifft dies v. a. die Aufgabengebiete Forschung & Entwicklung, Beschaffung, Produktion, Marketing sowie den weiten Bereich der Verwaltung. Die Untersuchung von Aufgaben (= Aufgabenanalyse) sowie die zielwirksame Aufgabenverknüpfung (Aufgabensynthese) stellen dabei den Kern der organisatorischen Gestaltung dar (= Organisation als Strukturierungsprozeß). Dieser Prozeß führt auf dem Wege der Neuorganisation oder Reorganisation eines Betriebes zu einem organisatorischen Strukturergebnis (= Organisation als Strukturierungsergebnis).

Abbildung 19: *Elemente, Subsysteme und Zuordnungsformen der Organisation*

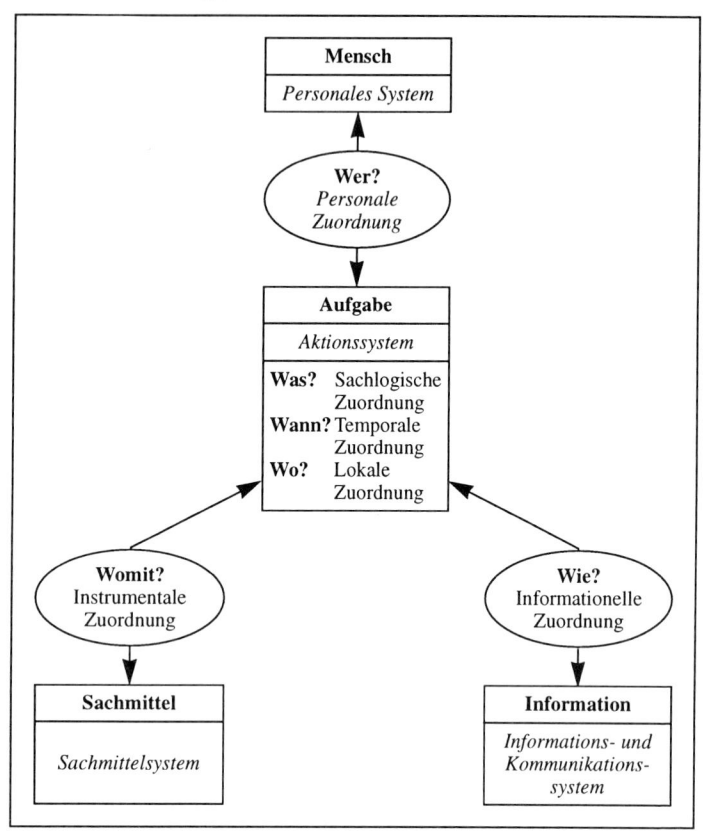

```
                    ┌─────────────────────┐
                    │      Mensch         │
                    │  Personales System  │
                    └─────────▲───────────┘
                              │
                         ╭────┴────╮
                         │  Wer?   │
                         │ Personale│
                         │Zuordnung │
                         ╰────┬────╯
                              ▼
                    ┌─────────────────────┐
                    │      Aufgabe        │
                    │   Aktionssystem     │
                    │ Was?  Sachlogische  │
                    │       Zuordnung     │
                    │ Wann? Temporale     │
                    │       Zuordnung     │
                    │ Wo?   Lokale        │
                    │       Zuordnung     │
                    └─────────────────────┘
                       ▲               ▲
              ╭────────╯               ╰────────╮
         ╭────┴────╮                       ╭────┴────╮
         │ Womit?  │                       │  Wie?   │
         │Instrumen│                       │Informat.│
         │ tale    │                       │Zuordnung│
         │Zuordnung│                       │         │
         ╰────┬────╯                       ╰────┬────╯
              ▼                                 ▼
     ┌────────────────┐               ┌──────────────────┐
     │   Sachmittel   │               │   Information    │
     │ Sachmittelsystem│              │ Informations- und│
     │                │               │ Kommunikations-  │
     │                │               │     system       │
     └────────────────┘               └──────────────────┘
```

Quelle: Krüger 1994, S. 16.

Die Frage „Was ist *wann* in welcher Reihenfolge *wo* zu erledigen?" fokussiert dagegen die Regelung von Prozessen. Aspekte der räumlichen und zeitlichen Gestaltung (lokale und temporale Zuordnung) werden für gewöhnlich der Ablauforganisation zugerechnet. Betroffen sind z. B. Fragen der Formulierung von Arbeitsanweisungen, die räumliche Anordnung von Arbeitsplätzen u. ä.

(2) *Personales System & Mensch: Wer?*
Ein weiterer organisatorischer Schwerpunkt wird durch die Frage „Wer macht was?" betont. Sie fokussiert die quantitative und qualitative Zuordnung von Aufgaben auf Mitarbeiter (personale Zuordnung). Im Mittelpunkt stehen Probleme der Hierarchie, Aspekte der horizontalen und vertikalen Verteilung von Aufgaben/Kompetenzen sowie der Breite und Tiefe der Aufbaustruktur. Gerade im Organisationsprozeß ist Bezug zu nehmen auf die Mitarbeiter und ihre Beziehungen. So sind v. a. die individuellen Motivationen und Qualifikationen bei organisatorischen Regelungen zu berücksichtigen. Organisatorische Regelungen greifen zudem in das persönliche und hierarchische Beziehungsgeflecht ein, das z. B. durch Autoritäts- und Machtmechanismen geprägt ist. Von daher ist es ratsam, die Besonderheiten des personalen Systems zu kennen und bei der personalen Zuordnung zu bedenken.
(3) *Sachmittelsystem & Sachmittel: Womit?*
Vor dem Hintergrund der andauernden technologischen Entwicklung treten die Merkmale der sachtechnischen Hilfsmittel der Aufgabenerfüllung hinzu. Im Produktionsbereich ist hier z. B. an die Entwicklung von Fertigungsrobotern zu denken, im Verwaltungsbereich an den Einsatz der Informations- und Kommunikationstechnologie. Solche Sachmittel verändern das Aufgabenbild einer Stelle und das diesbezügliche Anforderungsprofil der Mitarbeiter z. T. sehr tiefgreifend. Gerade wenn durch die Organisation die technischen Möglichkeiten effizient genutzt werden sollen, sind die durch technologische Entwicklung sich ergebenden Gestaltungsfragen aktiv zu bearbeiten. Im Vordergrund steht dabei die Frage „Womit ist die Aufgabe zu erfüllen?". Sie intendiert u. a. die Klärung der Aufgabenteilung zwischen Mensch und Maschine. Grundsätzlich gilt dabei als Prinzip, daß die Organisation die Technik prägen soll („Organisation vor Technik") und nicht umgekehrt.
(4) *Informations- und Kommunikationssystem & Information: Wie?*
Die herausragende Bedeutung der Information und Kommunikation in den letzten Jahren führt dazu, das Element „Information" besonders hervorzuheben. Die Informationsintensität von Produkten und Prozessen ist vielfach ein kritischer Erfolgsfaktor. Die Eigenarten der betrieblichen Informations- und Kommunikationsprozessen bilden einen eigenen organisatorischen Gestaltungsbereich (informationelle Zuordnung). Zur Aufgabenerfüllung benötigen die Mitarbeiter vielfältige Informationen (z. B. Steuerungsinformationen wie Planzahlen, Ziele und Budgets). Zudem sind sie gehalten, In-

formationen für andere Mitarbeiter zu bearbeiten und an sie weiterzuleiten. Die entsprechende Problematik der informationellen Zuordnung läßt sich wie folgt formulieren „Wie ist die Aufgabe zu erledigen?"

Wechselwirkungen betreffen sämtliche organisatorischen Objekte und Zuordnungen. Die analytisch getrennt diskutierten organisatorischen Objekte fokussieren unterschiedliche Facetten einer Strukturierungsproblematik. In der theoretischen Analyse sind alle diese Perspektiven speziell und gleichgewichtig zu behandeln, um allen Problemperspektiven Rechnung zu tragen. In der betrieblichen Praxis weisen organisatorische Probleme i. d. R. je nach Anlaß, Zielsetzung und Engpaßsituation allerdings unterschiedliche Schwerpunkte auf.

2.3 Aufbauorganisation

Die konkrete Aufbauorganisation eines Systems (synonym: Strukturorganisation) besteht aus verschiedenartigen Organisationseinheiten als den strukturellen Subsystemen. Die Gesamtheit der Organisationseinheiten zur Erfüllung von Daueraufgaben wird im folgenden als Primärorganisation bezeichnet. Sie umfaßt insbesondere die jeweilige Abteilungsstruktur (Thema der folgenden Ausführungen) sowie dauerhaft eingerichtete Ausschüsse. Alle Einheiten, die der Bewältigung von (komplexen und neuartigen) Spezialaufgaben dienen, bilden die Sekundärorganisation. Sie umfaßt v. a. die vielfältigen Projektteams, aber auch die verschiedenen Formen der Konferenzen und Workshops, sofern sie organisiert sind und nicht ad hoc entstehen. Auf sie wird hier nicht näher eingegangen.

Die Weisungsbeziehungen innerhalb der Aufbauorganisation werden i. a. in drei Idealtypen dargestellt (s. Abbildung 20):
- Im Einliniensystem gibt jede Instanz (= Leitungsstelle) Weisungen jeweils nur an die ihr direkt unterstellten Stellen.
- Im Stabliniensystem wird darauf aufgebaut. Die Instanzen haben lediglich eine fachliche Beratung und Entlastung durch Stabsstellen, die selbst wiederum keine Weisungsbefugnisse haben.
- Im Mehrliniensystem werden die Weisungsbefugnisse aufgabenspezifisch geregelt, d. h. daß Spezialisten für ihr spezielles Aufgabengebiet – und nur für dieses – Weisungsrechte erhalten und daß Stellen dadurch verschiedene vorgesetzte Instanzen haben.

Abbildung 20: *Weisungsbeziehungen*

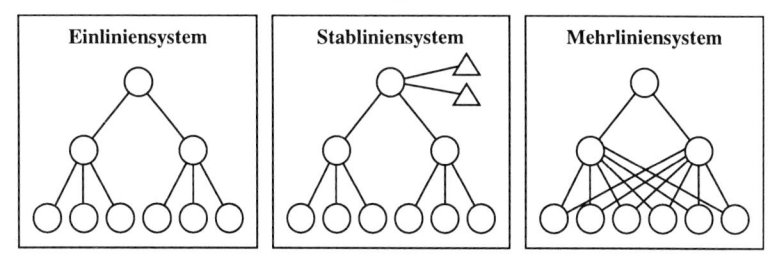

| Einliniensystem | Stabliniensystem | Mehrliniensystem |

(1) Funktionale Organisation
Die funktionale („klassische") Organisation ist eine verrichtungsorientierte Einlinienorganisation mit einer Tendenz zur Entscheidungszentralisation. Die Gliederung der 2. Ebene (nach der Geschäftsführung = 1. Ebene) erfolgt nach unterschiedlichen Verrichtungen (z. B. Beschaffung, Produktion, Absatz). Siehe zum Grundmodell Abbildung 21. Jeder Mitarbeiter erhält Weisungen nur von einem Vorgesetzten. Wenn ein Übergang bspw. zu divisionalen Strukturen nicht sinnvoll ist, kommt eine marktnahe Ausgestaltung des Absatzbereichs in Betracht, verwirklicht durch objektorientierte Teilbereiche. Je nach dominantem Gesichtspunkt kann dann eine Untergliederung nach Produkten, Kundengruppen oder Regionen erfolgen. Zwischen den Verrichtungen bzw. Funktionen bestehen zahlreiche produkt- und marktbezogene Interdependenzen, die vielfältige Koordinationsaufgaben zur Folge haben. Um Teilprobleme und -ziele zu klären, muß die Unternehmungsspitze relativ stark eingreifen.

Abbildung 21: *Grundmodell der funktionalen Organisation*

(2) Divisionale Organisation
Die divisionale Organisation stellt eine objektorientierte Einlinienorganisation mit einer Tendenz zur Entscheidungsdezentralisation dar. Die Gliederung der zweiten Ebene erfolgt nach den Objektmerkmalen Produkt(gruppen), Regionen oder Kunden(gruppen). Die objektbezogenen Organisationseinheiten werden als Sparten, Divisionen oder Geschäftsbereiche bezeichnet. Siehe hierzu Abbildung 22. Den Divisionen sind die Kernfunktionen (v. a. Marketing, Produktion) zuzuordnen. Durch die Schaffung einiger Zentralbereiche (z. B. Finanzen) auf der nächsthöheren Ebene wird eine koordinative und zentrale Nutzung von Ressourcen in einer modifizierten divisionalen Struktur intendiert. Die Weisungskompetenzen sind i. d. R. ungeteilt. Um divisionsspezifische Politik machen zu können, ist ein relativ hoher Grad an Dispositionsfreiheit erforderlich. Vielfach wird die Division als Profi-Center geführt, aber auch organisatorische Gliederungen als Cost- und als Investment-Center sind möglich.

Abbildung 22: *Grundmodelle der divisionalen Organisation*

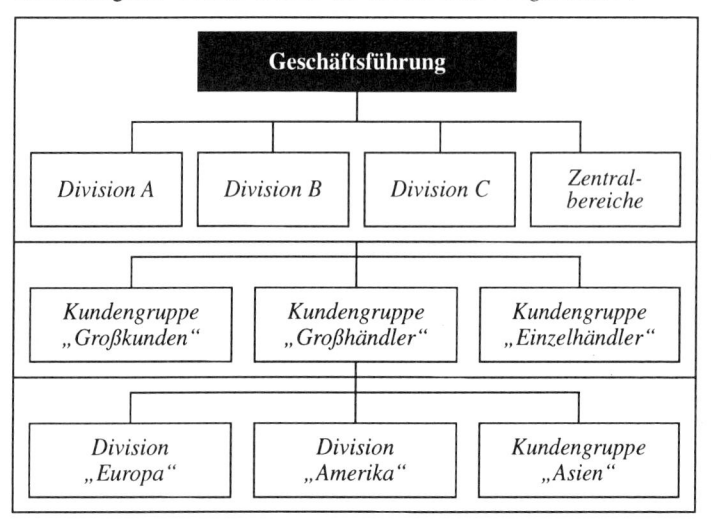

```
                    ┌─────────────────────┐
                    │  Geschäftsführung   │
                    └──────────┬──────────┘
         ┌────────────┬────────┴────┬─────────────┐
    Division A    Division B    Division C    Zentral-
                                              bereiche

      Kundengruppe      Kundengruppe      Kundengruppe
      „Großkunden"      „Großhändler"     „Einzelhändler"

        Division          Division        Kundengruppe
        „Europa"          „Amerika"          „Asien"
```

(3) Matrixorganisation
Die Matrixorganisation stellt eine Mehrlinienorganisation mit Verrichtungs- und Objektorientierung sowie einer Tendenz zur Ent-

scheidungsdezentralisation dar. Abbildung 23 veranschaulicht das Grundmodell. Auf der zweiten Hierarchieebene wird gleichzeitig die Objekt- und Verrichtungsgliederung umgesetzt. Eine funktionale Organisation bildet die vertikale Verrichtungs- bzw. Grunddimension, über die eine z. B. nach Produkten, Regionen oder Projekten gegliederte Objektdimension gelegt wird. Die ursprünglich ungeteilten Weisungsbefugnisse spalten sich gleichberechtigt auf, es entstehen zwei sich kreuzende Weisungslinien (Mehrliniensystem), so daß die betroffenen Mitarbeiter gleichberechtigte Weisungen vom zuständigen Funktions- und vom Matrixmanager erhalten. Im Verhältnis erster zu zweiter Hierarchieebene liegt Entscheidungsdezentralisation vor. Eine weitergehende Dezentralisation ist allerdings kaum möglich, ohne die Funktionsfähigkeit zu gefährden. Wird eine Matrixorganisation dauerhaft eingerichtet, so sind zusätzlich Stellen für Matrixmanager (z. B. Produkt-Manager) zu schaffen.

Abbildung 23: *Grundmodell der Matrixorganisation*

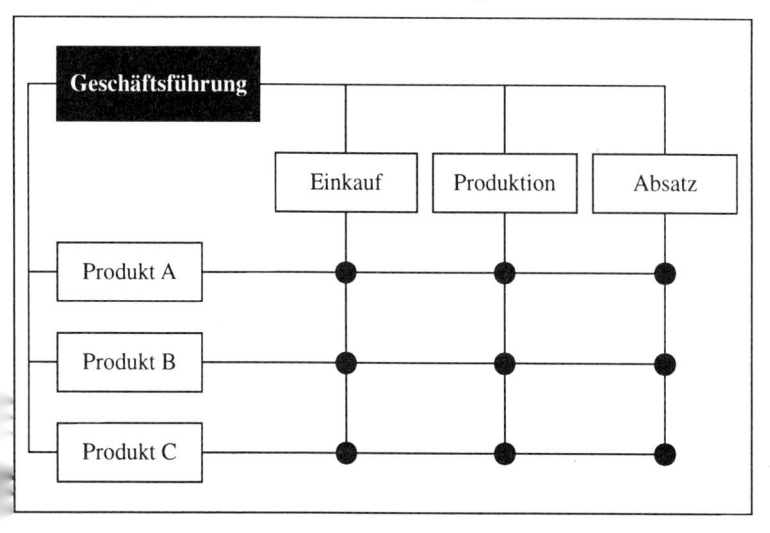

Wird auf der zweiten Hierarchieebene eine gleichberechtigte Gliederung nach mehr als zwei Dimensionen vorgenommen, so entsteht eine sog. Tensororganisation. Denkbar wäre z. B. die dreidimensionale Gliederung nach Funktionen, Produkten und Regionen.

3. Ablauforganisation

Die Organisation von betrieblichen Prozessen wird traditionell als Ablauforganisation (synonym: Prozeßorganisation) bezeichnet und der Aufbauorganisation gegenübergestellt. Die Zusammengehörigkeit beider Systeme verdeutlicht folgende Abbildung 24, die den Ablauf einer Auftragsabwicklung innerhalb einer gegebenen Struktur veranschaulicht.

Die innerhalb der Ablauforganisation festzustellenden relevanten Prozesse lassen sich nach verschiedenen Perspektiven analysieren und beschreiben. Grundsätzlich kann in eine Makro- sowie eine Mikroanalyse differenziert werden.

Abbildung 24: *„Struktur" und „Prozeß" am Beispiel einer funktionalen Organisation*

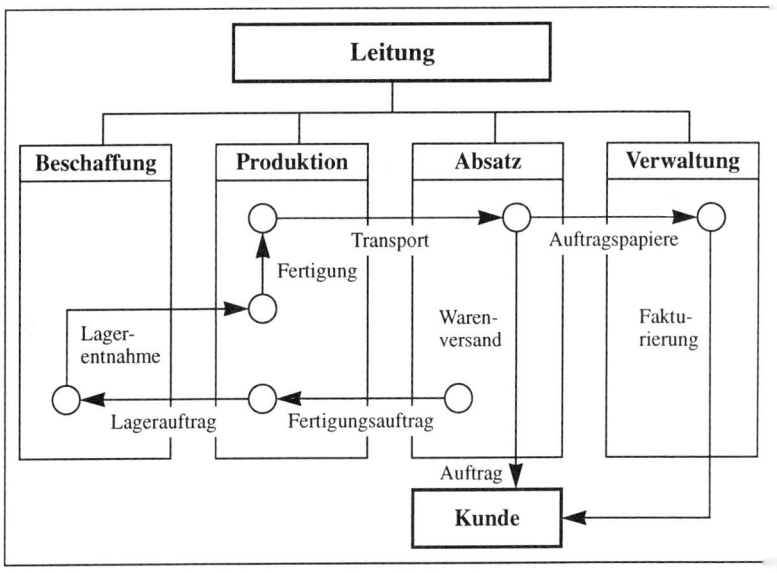

Quelle: Krüger 1994, S. 119.

Als ein hilfreiches Instrument für die Makroanalyse von Organisationsprozessen erweist sich die Wertschöpfungskette. Dabei werden v. a. die verschiedenen Funktionsbereiche einer Unternehmung in primäre und sekundäre Aktivitäten sowie in die Infrastruktur der Unternehmung differenziert. Jede Unternehmung entscheidet selbst, wo sie die Grenze zwischen primären und sekundären Aktivitäten sieht. Primäre Aktivitäten stellen solche dar, die mit den kritischen Erfolgsfaktoren zusammenhängen. Das Produkt-/Marktkonzept, die Definition der angestrebten Wettbewerbsvorteile sowie ähnlich bedeutsame Entscheidungen entscheiden über die Zugehörigkeit. So ist – anders als bei folgender Abbildung 25 – die Beschaffung oft eine primäre Aktivität. In forschungsintensiven Branchen gehört auch der Bereich „Technologieentwicklung" dazu. Zur Infrastruktur zählen die administrativen und technischen Systeme, die Organisation, die bauliche und technische Ausstattung sowie die qualitative und quantitative Personalausstattung.

Abbildung 25: *Modell einer Wertschöpfungskette*

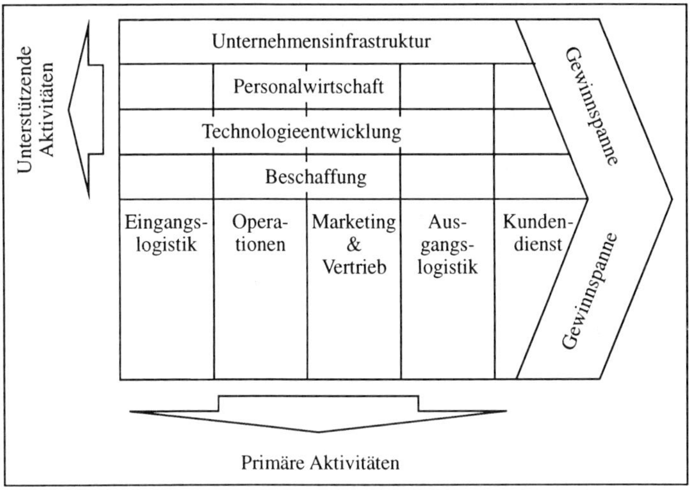

Unterstützende Aktivitäten	Unternehmensinfrastruktur				Gewinnspanne
	Personalwirtschaft				
	Technologieentwicklung				
	Beschaffung				
	Eingangslogistik	Operationen	Marketing & Vertrieb	Ausgangslogistik	Kundendienst
	Primäre Aktivitäten				

Quelle: In Anlehnung an Porter 1989, S. 59ff., und Krüger 1994, S. 122.

Die primären Aktivitäten sowie ihre jeweilige Verbindung zu den sekundären Aktivitäten stellen verschiedene Prozeßebenen bzw. -phasen dar. Sie gilt es, in sich und insbesondere an den jeweiligen Schnittstellen effizient zu gestalten. Gerade die besonders kritischen Prozeßphasen und Schnittstellen sind im Rahmen der Makroanalyse herauszufinden, um ein starkes Augenmerk auf ihre Gestaltung zu legen. Das Denken in kritischen Prozessen ist auf beliebigen Aggregationsebenen relevant; die Unternehmungsprozesse insgesamt, einzelne Geschäftsfelder oder verschiedene Funktionsbereich sind zu nennen.

Zur effizienten Gestaltung der Ablauforganisation ist zudem die Analyse der Mikrostrukturen erforderlich. Aus dieser Sichtweise betrachtet, sind Abläufe eine raum-zeitliche Abfolge von Aufgaben. Die Prozeßorganisation schafft bzw. verbessert die Regelung der analysierten Abläufe. Anknüpfungspunkte der Gestaltung sind:

- Die sachlogische Struktur betrifft die sich relativ unabhängig von Zeit und Raum ergebende logische Folge von Aktivitäten bzw. Teilprozessen. Mit ihr läßt sich eine Arbeitsvereinfachung sowie Standardisierung umsetzen. Die sachlogische Prozeßstruktur kann eine unverzweigte Folge (= Kette) sein oder auch Verzweigungen aufweisen, Verkopplungen sind genauso möglich wie Rückkopplungen. Mit Ablaufdiagrammen und ähnlichen Techniken lassen sich solche Strukturen visualisieren.
- Mit der zeitlichen Struktur werden Dauer, Lage, Termine sowie Häufigkeiten von Aktivitäten festgelegt. Zeit- und Mengenangabe bedürfen einander. Bereits die einfache Unterscheidung von Bearbeitungs-, Transport- und Liegezeiten kann zu überraschenden Ergebnissen führen. Die sich ergebenden Aufgaben der zeitlichen Gestaltung (temporale Zuordnung) sind: Bestimmung von Dauer und Terminen der Aufgabenerfüllung, Festlegung der Reihenfolge, Bearbeitungsstationen, Bündelung von Aufgaben (z. B. Zusammenfassung von Einzelaufträgen zu einem Fertigungslos), die Regelung von Lage, Dauer und Aufteilung der Arbeitszeit.
- Im Rahmen der räumlichen Struktur werden räumliche Folgestrukturen zur Dokumentation von Transportwegen sowie der damit verbundenen Frage nach Transportmitteln festgelegt. Die Standorte von Arbeitsplätzen, Abteilungen oder Sachmitteln innerhalb des Betriebes sind Teil einer solchen räumlichen Prozeßanalyse. Auch der Raumbedarf, bspw. bei Um- und Neubauten, wird bestimmt. Die räumliche Gestaltung (lokale Zuordnung) beschäftigt sich aufbauend auf der Analyse mit der Arbeitsplatzgestaltung, der Raumgestaltung, der Standortwahl sowie den Transportwegen.

Um die Gestaltungsziele der Ablauforganisation, z. B. Verkürzung der Prozeßdauer, zu erreichen, reicht es nicht aus, eine einzelne Prozeßphase für sich zu verbessern. Alle wesentlichen Geschäftsprozese sind dadurch charakterisiert, daß sie die Grenzen von Organisationseinheiten überschreiten. So entstehen sog. Schnittstellen. An jeder Schnittstelle wechseln Bearbeiter, treten Übermittlungs- und Wartezeiten auf. Unterschiedliche Einheiten, Mitarbeiter und Hierarchieebenen haben z. T. unterschiedliche Ziele und Werte: Während der Marketingbereich bspw. rasch jeden individuellen Kundenwunsch berücksichtigt haben möchte, achtet der Produktionsbereich auf möglichst standardisierte Produkte und präferiert die Bündelung von Aufträgen zu gleichartigen Losen an. Dadurch stellt jede Schnittstelle auch einen Punkt dar, an dem emotionale Barrieren entstehen sowie Informationen bewußt oder unbewußt gefiltert und verzerrt werden. Prozeßorganisation stellt dadurch zu einem erheblichen Teil Schnittstellenorganisation dar.

Das Denken in vernetzten Systemen sollte nicht an der Unternehmensgrenze halt machen. Auch manche Umsysteme sind in die Prozeßanalyse und -gestaltung einzubeziehen. Die Kopplung von Unternehmungsprozessen mit Umsystemen wird als externe Prozeßvernetzung bezeichnet. Die Zusammenarbeit der Unternehmung insbesondere mit Lieferanten und Kunden ist hier zu organisieren. Bei der Just-in-Time-Produktion ist die technische Vernetzung mit den Lieferanten vielfach bereits verwirklicht, z. T. wird der wöchentliche Teilebedarf Online bei bestimmten Lieferanten bestellt. Der Gedanke der Vernetzung läßt sich auch auf der Kundenseite umsetzen. Einzelne Großhändler sind bspw. dazu übergegangen, ihren Kunden Terminals zur Verfügung zu stellen, mit denen Bestellungen direkt vom Lager abgerufen werden können. Konsumgüterindustrie und Handel arbeiten an sog. Warenbewirtschaftungssystemen, mit denen die Regalbestückung im Einzelhandel ebenfalls Online verbessert werden soll.

4. Organisationsentwicklung

Organisationsentwicklung (OE) steht als Sammelbegriff für eine intendierte, systematische, zielorientierte Veränderung der organisatorischen Strukturen und Prozesse sowie des Verhaltens, der Werte und Einstellungen der Mitarbeiter eines Betriebes mit Hilfe des koordinierten Einsatzes sozialwissenschaftlicher Methoden auf Basis eines gemeinsamen Lernprozesses aller Beteiligten („Hilfe zur Selbsthilfe"). Insofern ist OE als ein langfristiger Lern- und Entwicklungsprozeß zu verstehen, der eine mehr evolutionäre Veränderung von betrieblichen Ziel-, Entscheidungs- und Machtstrukturen nach sich zieht. Ziel ist die Steigerung der Leistungsfähigkeit des Betriebes sowie eine Humanisierung der Arbeit in einer sich wandelnden Umwelt. Diese Zielsetzungen werden meist als gleichwertig angesehen, wobei hinsichtlich der oft angenommenen Zielharmonie berechtigte Zweifel bestehen. Weiterhin führte die inbesondere in den Anfängen der OE (über)betonte Humanisierung der Arbeit zum Vorwurf der „Sozialromantik" und damit Realitätsferne seitens der OE.

In der Literatur und in der Praxis sind unterschiedliche Ansätze und Instrumente der OE vorzufinden:
- Der strukturelle Ansatz konzentriert sich insbes. auf eine Veränderung von Organisationsstrukturen und deren Auswirkungen auf das Mitarbeiterverhalten.
- Der personelle Ansatz setzt dagegen direkt beim Mitarbeiter an und versucht durch Lernprozesse deren Verhalten zu ändern.
- Zudem existieren noch sog. integrative Ansätze, die sowohl personelle als auch strukturelle Variablen in den Veränderungsprozeß einbeziehen. Prinzipiell scheinen die integrativen Ansätze am geeignetsten für einen umfassenden Wandel, da Veränderungen einer Ebene stets auch Veränderungen der anderen Ebene bedingen.

Die einzelnen Instrumente der OE (bspw. T-Gruppen, Drittparteien-Intervention und Arbeitsstrukturierung) lassen sich den einzelnen Ansätzen entsprechend zuordnen, wobei außer der hier genannten noch eine Vielzahl weiterer Systematisierungen existieren. Vielfach werden zudem externe OE-Berater mit einbezogen, wobei der Einsatz solcher OE-Berater wiederum vom eingesetzten Instrument abhängt: Einige Instrumente erfordern beträchtliches Spezialwissen.

Die OE ist vielfach kritisiert worden. Einmal ist die in den meisten Konzepten der OE enthaltene Notwendigkeit zur Inanspruchnahme externer OE-Berater ins Kreuzfeuer der Kritik geraten, da dies ein Abhängigkeitsverhältnis begründet und letzlich zum Gegenteil der angestrebten „Hilfe zur Selbsthilfe" führt. Weiterhin ist die fehlende theoretische Begründung der OE sowie deren Wandelverständnis (Wandel als stetiger, beherrschbarer und klar abgrenzbarer Sonderfall) wiederholt angegriffen worden. In den letzten Jahren wird daher das Konzept der Lernenden Organisation als Weiterentwicklung der OE diskutiert. Allerdings wirft auch dieses Konzept eine Reihe von Fragen auf.

Sollte die Einführung in die betriebswirtschaftliche Personal- und Organisationslehre Interesse an weiterführenden Fragen geweckt haben, so kann sich der Leser an die nachfolgend genannten Quellen wenden. Sie vermitteln tiefergehendes Wissen und liegen den hier getroffenen Aussagen zugrunde.

Grundlagen- und weiterführende Literatur

Becker, Fred G.: Anreizsysteme als Führungsinstrumente, in: Handwörterbuch der Führung (HWFü), hrsg. v. Kieser, A./Reber, G./Wunderer, R., 2. neu gest. und erg. Aufl., Stuttgart 1994, Sp. 34-46.

Idem: Lexikon des Personalmanagements. München 1994.

Idem: Personalentwicklung, in: Handwörterbuch der Produktion (HWProd), hrsg. v. Kern, W. /Weber, J. /Schröder, H., Stuttgart 1995, Sp. 1372-1381.

Becker, Horst/Langosch, Ingo: Produktivität und Menschlichkeit. OE und ihre Anwendung in der Praxis. 4., erw. Aufl., Stuttgart 1995.

Berthel, Jürgen: Personalmanagement. Grundzüge für Konzeptionen betrieblicher Personalarbeit. 4., überarb. und erw. Aufl., Stuttgart 1995.

Bleicher, Knut: Organisation. Strategien-Strukturen-Kulturen. 2., vollst. neu bearb. u. erw. Aufl., Wiesbaden 1991.

Drumm, Hans-Jürgen: Personalwirtschaftslehre. 3., neu bearb. und erw. Aufl., Berlin u. a. 1995.

Frese, Erich (Hrsg.): Handwörterbuch der Organisation (HWO). 3., völlig neu gest. Aufl., Stuttgart 1992.

Gaugler, Eduard/Weber, Wolfgang (Hrsg.): Handwörterbuch des Personalwesens (HWP). 2., neubearb. und erg. Aufl., Stuttgart 1992.

Kieser, Alfred/Kubicek, Herbert: Organisation. 3., völlig neubearb. Aufl., Berlin/New York 1992.

Kieser, Alfred/Reber, Gerhard/Wunderer, Rolf (Hrsg.): Handwörterbuch der Führung (HWFü). 2. neu gest. und erg. Aufl., Stuttgart 1994.

Krüger, Wilfried: Organisation der Unternehmung. 3., verb. Aufl., Stuttgart/Berlin/Köln 1994.

Neuberger, Oswald: Führen und geführt werden. 3., völlig überarb. Aufl. von „Führung", Stuttgart 1990.

Oechsler, Walter A.: Personal und Arbeit. 5., überarb. und erw. Aufl., München/Wien 1994.

Schanz, Günther (Hrsg.): Handbuch Anreizsysteme in Wirtschaft und Verwaltung. Stuttgart 1991.

Idem: Personalwirtschaftslehre. Lebendige Arbeit in verhaltenswissenschaftlicher Perspektive. 2., völlig neu bearb. Aufl., München 1993.

Idem: Organisationsgestaltung. Management von Arbeitsteilung und Koordination. 2., neubarb. Aufl., München 1994.

Scholz, Christian: Personalmanagement. Informationstheoretische und verhaltenswissenschaftliche Grundlagen. 4., verb. Aufl., München 1994.

Staehle, Wolfgang H.: Management. Eine verhaltenswissenschaftliche Perspektive. 7. Aufl. (überarb. von P. Conrad u. J. Sydow), München 1994.

Weber, Wolfgang (Hrsg.): Entgeltsysteme. Lohn, Mitarbeiterbeteiligung und Zusatzleistungen. Festschrift zum 65. Geburtstag von Eduard Gaugler. Stuttgart 1993.

Idem/Mayrhofer, Wolfgang/Nienhüser, Werner: Grundbegriffe der Personalwirtschaft. Stuttgart 1993.

Weinert, Ansfried B.: Lehrbuch der Organisationspsychologie. 3. Aufl., Weinheim 1992.

Wunderer, Rolf: Führung und Zusammenarbeit. Beiträge zu einer Führungslehre. Stuttgart 1993.

Reinhard Haupt

Produktionsmanagement

1. Zur Einführung: Der Fall der Profisynthetics GmbH

Die *Profisynthetics GmbH*, ein Unternehmen der Kunststoffverarbeitung, wurde vor wenigen Jahren als Ausgründung aus einem ehemaligen Kombinat der chemischen Industrie in einem Gewerbepark einer Großstadt in den Neuen Bundesländern errichtet. Das Leistungsprogramm umfaßt Kunststoffprodukte des Industrie-, Haushalts- und Freizeitbedarfs. Gegenwärtig ist der Betrieb (abgesehen von einigen Sonderartikeln) in 3 Geschäftsbereiche (Sparten) gegliedert:
- *Planen & Folien:* für Bautenschutz, Fassadenverkleidung, Industrieverpackung usw.,
- *Hobby & Freizeit:* Automobilzubehör wie Kühlergrill, Front- und Heckspoiler usw. sowie Haus- und Gartenartikel wie Blumenkästen, Gartenstühle, Weinregale usw. und
- *Audio & Video:* Boxenverkleidungen, diverse Einbauteile für Geräte der Unterhaltungselektronik wie Gehäuse für Kassettenrecorder, CD-Player usw.

Im folgenden sei die Produktpalette des PKW-Zubehörs in der Sparte *Hobby & Freizeit* genauer betrachtet. Die Fertigung umfaßt, vereinfacht gesehen, 2 Arbeitsvorgänge. Auf der *Spritzgußanlage* wird Kunststoff-Granulat erhitzt und in die dem Zubehörteil entsprechende Gußform gepreßt. In einer *Nachbearbeitung* wird das gegossene Teil entgratet, gebohrt (für die Montierung am Fahrzeug) und u.a. auf Qualitätsansprüche hin kontrolliert.

Die *Profisynthetics GmbH* legt gegenwärtig Zubehörartikel für die gängigsten Typen von 6 großen PKW-Marken auf. Anfänglich hatte sie sich auf 1 PKW-Marke konzentriert, aber im Laufe der Zeit ist ein Artikelprogramm entstanden, das eine ganze Reihe von marken- und typindividuellen Ausführungen umfaßt. Die auf diese Weise gewachsene Variantenvielfalt gibt Anlaß zu Überlegungen für ein grundsätzliches Redesign des gesamten Zubehörprogramms, mit dem Ziel, typen- und markenunabhängige Artikel zu konstruieren, die ggf. allerdings durch kleinere Anpassungsvorrichtungen für das jeweilige PKW-Modell kompatibel gemacht werden müßten.

Der Charakter einer über die Zeit gewachsenen Fertigungsstruktur zeigt sich auch darin, daß für eine Reihe von PKW-Zubehörartikeln jeweils eigene Spritzgußanlagen eingesetzt werden. Dagegen arbeitet ein junger Konkurrent der *Profisynthetics GmbH* mit einigen wenigen CNC-Universalanlagen, die sehr zügig auf verschiedene Zubehörteile und deren unterschiedliche Varianten umgerüstet werden können.

Im Fall der 3 Varianten des Kühlergrills für den *VW Golf*, nämlich „*Surf*", „*Tremolo*" und „*Mega*", rechnet die *Profisynthetics GmbH* mit den Artikeln direkt zurechenbaren („variablen") Stückkosten und Absatzerlösen in folgender Höhe:

	variable Kosten [DM/Stck.]	Absatzerlöse [DM/Stck.]
Surf	15,–	20,–
Tremolo	20,–	40,–
Mega	35,–	60,–

Während die beiden Varianten *Surf* und *Tremolo* auf der Spritzgußmaschine *SG01* bzw. am Nachbearbeitungs-Arbeitsplatz *NB01* gefertigt werden, sind die Spritzgußanlage *SG02* bzw. der Nachbearbeitungs-Arbeitsplatz *NB02* ausschließlich für die Variante *Mega* reserviert. Die gesamten fixen Kosten der Fertigung von *Surf* und *Tremolo* gemeinsam, d. h. die Kosten, die auch entstehen, wenn die Varianten nicht aufgelegt werden, betragen 25.000,- DM pro Monat, diejenigen von *Mega* 21.000,- DM pro Monat. Die Inanspruchnahme (in Minuten pro Stück) der Fertigungseinrichtungen *SG01* und *NB01* durch die beiden Varianten *Surf* und *Tremolo* und ihre zeitliche Verfügbarkeit (Kapazität) (in Stunden pro Monat) sind im folgenden gegeben:

	Inanspruchnahme durch		Kapazität [Std./Monat]
	Surf [Min/Stck.]	*Tremolo* [Min/Stck.]	
SG01	2	3	120
NB01	2	4	140

Das Absatzpotential von *Surf* wird auf maximal 4.000 Stück pro Monat, dasjenige von *Tremolo* auf maximal 1.500 Stück pro Monat und dasjenige von *Mega* auf maximal 800 Stück pro Monat geschätzt.

Das Granulat *G70* ist der Basis-Rohstoff für die gesamte PKW-Zubehörpalette sowie für einige Artikel des Haus- und Gartenbereichs. In jüngster Zeit wurde, zur Ausnutzung von Beschaffungspreis-Vorteilen, im Rahmen eines langfristigen Abruf-Liefervertrages ein monatlicher Bezug von 24 Tonnen des Granulats *G70* vereinbart. Die tatsächlichen Verbrauchsmengen (in Tonnen) betrugen in den ersten 8 Monaten des laufenden Jahres:

Monat	Jan.	Febr.	März	April	Mai	Juni	Juli	Aug.
Verbrauch [t]	26	18	30	19	26	25	19	29

Bei derartigen längerfristigen Abrufverträgen mit periodischen, konstanten Abrufmengen kann ein Beschaffungspreis von 2.100,– DM pro Tonne anstelle des Marktpreises in Höhe von 2.350,– DM pro Tonne bei veränderlichen Abrufmengen durchgesetzt werden. Eine Anlieferung verursacht bei einem Bezugsvolumen unter 50 Tonnen einheitlich 840,- DM beschaffungsfixe Anlieferungskosten. Für die Lager- und Kapitalbindung muß man mit einem jährlichen Zinssatz von 12 % rechnen.

Der Assistent des kaufmännischen Geschäftsführers, der vor wenigen Wochen, unmittelbar im Anschluß an sein Examen als Diplom-Kaufmann an der Friedrich-Schiller-Universität Jena, bei der *Profisynthetics GmbH* begonnen hat, hatte seinerzeit das Pflichtpraktikum seines Studiums hier im Hause absolviert. Die Erfahrungen aus seinem Praktikum hatten ihn später dazu angeregt, seine Diplomarbeit zum Themenkreis „Produktivitätsorientierter Betriebsvergleich in der kunststoffverarbeitenden Industrie" zu schreiben.

Im Rahmen seiner Einarbeitung bei der *Profisynthetics GmbH* legt ihm der kaufmännische Geschäftsführer die folgenden Fragen zum strategischen, taktischen und operativen Produktionsmanagement vor, zu denen er in ca. 2 Wochen Lösungsvorschläge vorlegen soll:
1. Welche Vor- und Nachteile sind bei einer strafferen *Standardisierung* des PKW-Zubehör-Programms zu berücksichtigen?
2. Wie steht es um die Sicherheit der *Profisynthetics GmbH* gegenüber konjunkturellen, saisonalen oder strukturellen Krisen? Mit anderen Worten, wie ist die *Diversifikation* des Leistungsprogramms des Unternehmens zu beurteilen?

3. Genügt der Spritzgußanlagenpark modernen *Flexibilitäts*erfordernissen, besonders im Blick auf kurzlebige Markttrends des Absatzprogramms, vor allem im Bereich *Hobby & Freizeit*?
4. Sollen die 3 Kühlergrill-Ausführungen für den *VW Golf*, nämlich *Surf*, *Tremolo* und *Mega*, auch weiterhin im Programm geführt werden? Wenn ja, mit welchem monatlichen Volumen? Wo liegt der „Break-even-Punkt" *(Gewinnschwelle)* für die 3 Varianten?
5. Soll der Liefervertrag mit monatlichen Abrufmengen für das Granulat *G70* von jeweils 24 Tonnen aus Anlieferungs- sowie Lager- und Kapitalbindungskosten-Gründen beibehalten werden? Mit anderen Worten: in welcher Menge sollte *G70 optimal bestellt* werden?

2. Grundfragen des Produktionsmanagements

Die Fallstudie der *Profisynthetics GmbH*, ein Kurzportrait eines fiktiven, aber für die heutige Wirtschaftswelt charakteristischen Unternehmens, spricht typische Sachverhalte des modernen Produktionsmanagements an: Fragen der „Standardisierung" und der „Diversifikation" des Fertigungsprogramms, der „Flexibilität" der Fertigungseinrichtungen, der „Gewinnschwelle" einzelner Produkte, der kostengünstigsten Bestell- und Lieferpolitik usw. Dazu gehören sowohl strategisch-langfristige als auch operativ-kurzfristige Fragen, sowohl grundsätzlich-qualitative als auch speziell-quantitative Problemstellungen, sowohl Aufgaben, die vorwiegend die Ergebnis- oder Outputseite, als auch solche, die vorwiegend die Einsatz- oder Inputseite des Produktionsgeschehens betreffen[1].

Was hat man eigentlich unter *„Produktion"* bzw. unter den synonymen Begriffen „Fertigung", „Herstellung", „Erzeugung", „Fabrikation" usw. zu verstehen? In einem sehr weiten Verständnis kann man jede wirtschaftliche Wertschöpfung darunter fassen, also z. B. auch die Vertriebstätigkeiten in einem Unternehmen. Auf der anderen Seite kann man darunter sehr eng nur die Leistungserstellung in einer materiellen oder Sachgüter-Branche, z. B. in der Industrie oder im Handwerk, verstehen. Während die erste Bedeutung als zu weit empfunden wird, weil die betrieblichen Funktionsgrenzen verwischt werden, erscheint die zweite Bedeutung zu eng, da demnach

---

[1] Die Fragen 1. – 5. in der Fallstudie der *Profisynthetics GmbH* werden bei der jeweiligen Stoffbehandlung beantwortet.

z. B. Dienstleistungsvorgänge etwa der Bank, der Versicherung, des Beratungswesens usw. ausgeschlossen wären. Als Kompromiß kann man „Produktion" als Kombination von Inputs und deren Transformation in Outputs definieren[2].

So abstrakt diese Definition auch sein mag, so allgemeingültig ist sie doch zugleich; denn mindestens dies wird man von jedem Produktionsvorgang, ob z. B. im Schiffbau oder bei einer ärztlichen Behandlung, sagen können, daß dabei Inputleistungen (z. B. menschliche Arbeit oder der Betrieb technischer Anlagen) Einsatz finden und zu absatzfähigen materiellen (z. B. Schiffe) oder immateriellen (z. B. Gesundheit) Outputleistungen veredelt werden. Folgerichtig hat das Management der Produktion daher u. a. mit der Gestaltung der Input- sowie der Outputseite zu tun. Im Sinne einer marktorientierten Unternehmensführung dürfte dabei der Outputgestaltung (Abschnitt 3.) eine vorrangige Bedeutung zukommen, von ihr hängen die Inputgestaltung (Abschnitt 4.) und die eigentliche Durchführung der Produktion, die Gestaltung des „Throughputs", ab.

Der Ausdruck „Produktionsmanagement" betont den Charakter der produktionswirtschaftlichen Steuerung des Unternehmens. Die Produktionspolitik des Unternehmens reicht dabei von grundsätzlichen, strategischen über detailliertere, taktische bis zu alltäglichen, operativen Managementaufgaben[3]. So hat z. B. der strategische Entscheidungsprozeß zum Aufbau einer neuen Sparte weitreichendere Konsequenzen als etwa der taktische Übergang zu einem Just-in-time-Beschaffungssystem oder vor allem als die operative Maschinenbelegungsplanung für die Folgeschicht. Dem Gefälle vom strategischen bis zum operativen Produktionsmanagement entspricht zugleich eine Abstufung des Planungshorizontes von der Lang- bis zur Kurzfristigkeit, der verantwortlichen Managementebene von der Unternehmensleitung bis zur Sachbearbeiterebene, der Genauigkeit der Planungsdaten von der qualitativen bis zur quantitativen Planung usw. Die Fragen am Schluß der Fallstudie der *Profisynthe-*

---

[2] Vgl. z. B. ähnlich *Corsten, H.,* 1995, S. 1f., *Günther, H.-O./Tempelmeier, H.,* 1995a, S. 1ff.

[3] Diese Dreiteilung in strategisches, taktisches und operatives Produktionsmanagement (z. B. *Zäpfel, G.,* 1982; *Zäpfel, G.* 1989a und *Zäpfel, G.* 1989b sowie *Corsten, H.,* 1995, S. 31) wird verschiedentlich durch eine Zweiteilung, nämlich strategisch-taktisch (z. B. *Heizer, J./Render, B.,* 1993, S. 30f.), oder auch durch eine Vierteilung, nämlich strategisch-taktisch-operativ-dispositiv (z. B. *Günther, H- O./Tempelmeier, H.,* 1995c, S. 3), ersetzt.

tics GmbH folgen ebenso diesem abnehmenden Bedeutungsgewicht: Die Fragen 1. *(Standardisierung),* 2. *(Diversifikation)* und 3. *(Flexibilität)* könnten dem strategischen Produktionsmanagement, die Frage 4. *(Produktionsprogramm)* dem taktischen Produktionsmanagement und schließlich die Frage 5. *(Bestellpolitik)* dem operativen Produktionsmanagement zugeordnet werden – wenn auch die Grenzen zwischen den 3 Entscheidungsebenen nicht scharf definiert sind.

3. Produkt- und Programmgestaltung (Outputmanagement)

In der Marktwirtschaft, besonders auf Käufermärkten, also in Liefer-Abnehmer-Beziehungen, bei denen der Abnehmer der dominante Marktpartner ist, richtet sich die ganze Unternehmensführung, auch das Produktionsmanagement, konsequent an Absatz- und Kundeninteressen aus. Das gibt dem Output- im Vergleich zum Input- und Throughputmanagement seine erstrangige Stellung. Hier hat man zunächst Überlegungen, die das einzelne Produkt betreffen, anzustellen (Produktgestaltung), anschließend solche, die das Zusammenspiel der einzelnen Produktarten im Produktionsprogramm betreffen (Programmgestaltung).

3.1 Produktgestaltung

Die Produktgestaltung steht vor ganz unterschiedlichen Problemen, je nachdem mit welcher Ausprägung des Fertigungstyps man es zu tun hat, nämlich mit der Einzel- (und Kleinserien)fertigung oder mit der (Großserien- und) Massenfertigung.

Lange Zeit hat man Rationalisierungsreserven und Einsparpotentiale bei der Produktgestaltung in der *Einzelfertigung* unterschätzt. Mit „design to cost" umschreibt man heute die Kostensenkungsbemühungen bei der Entwicklung von kundenindividuellen Produkten. Zwar fordert die Absatzmarkt-Orientierung höchste Priorität für kundenwunschabhängige Produktindividualität, aber diese muß nicht unbedingt eine kostensenkende Uniformität auf Teile- und Komponentenebene ausschließen. Dieser Kostensenkungseffekt stellt sich dann ein, wenn die Komponentenvielfalt durch Vereinheitlichung bzw. Standardisierung verringert und die Stückzahl gleicher Komponenten erhöht werden kann. Dies darf aber, wie angedeutet, nicht zu Lasten der kundenwunschspezifischen Endausführung des Produkts gehen.

Als erste Möglichkeit des „design to cost" bzw. des „design for manufacturability", d.h. der fertigungsgerechten Produktgestaltung, bietet sich die *Normung* an. Für einen Getriebehersteller z. B. ergibt sich ein beträchtliches Einsparpotential, wenn Einbauteile wie Zahnräder, Schrauben, Ringe usw. nicht eigens für einen bestimmten Auftrag konstruiert werden, sondern einem begrenzten Eigensortiment entnommen werden, das standardmäßig am Lager gehalten wird. M. a. W. verfährt man günstiger, wenn statt 100 verschiedener Zahnräder, die jeweils 10-mal im Jahr in der Konstruktion Verwendung finden, nur 10 Ausführungsformen zur Verfügung stehen, die dafür jeweils 100-mal im Jahr Eingang in die Produktgestaltung finden. Dieser offensichtliche Vorteil von weniger aber stückzahlreicheren Serien, d. h. von einer Wiederholteile- oder Mehrfachverwendungspolitik, steht hinter den Bemühungen um (innerbetriebliche) Normung.

Eine weitreichendere Vereinheitlichung liegt vor, wenn ganze Baugruppen standardisiert werden. Dies ist der Fall der *Typung* oder *Typnormung*, d. h. einer Normung von Teilekomplexen statt einzelner Teile. So wird z. B. im Einzelfertigungs-Werkzeugmaschinenbau mit sehr reduzierten Typreihen solcher Komponenten wie Motor, Getriebe, Arbeitstisch usw. konstruiert.

Schließlich beschreibt die *Baukastentechnik* oder *Modulbauweise* den weitestgehenden Standardisierungsansatz in der Produktgestaltung. Nach dem Vorbild des Spielzeug-Baukastens, bei dem durch genormte Bausteine und kompatible Anschlußstellen eine kombinatorische Unzahl von fertigen Spielzeugbauten möglich wird, kann eine Vielfalt von Endausführungen durch Verknüpfung verschiedener Varianten einzelner Komponenten generiert werden. Am Beispiel der Abb. 1[4] erlaubt das Baukastensystem für Fräs-, Bohr- und Schleifmaschinen mit 7 möglichen Arbeitstischen und 8 möglichen Arbeitseinheiten den Betrieb von $7 \cdot 8 = 56$ alternativen Werkzeugmaschinenvarianten. Selbst wenn zu bedenken ist, daß die beliebige Kompatibilität einer Bausteinreihe mit einer anderen eingeschränkt sein kann, ahnt man, welche Produktvielfalt trotz Straffung des Komponentenprogramms denkbar ist. Es gelingt tatsächlich mit diesem entwickelten Standardisierungsansatz, Individualitätsansprüche des Endprodukts mit Uniformitätsansprüchen der Komponentenfertigung annähernd zu versöhnen und den Interes-

---

[4] Vgl. *Haupt*, R., 1994, S. 20.

sengegensatz zwischen *Ver*trieb und *Be*trieb, zwischen Konsument und Produzent, kurz: zwischen Absatz und Produktion, zu mildern.

Antwort zu Frage 1. (Profisynthetics GmbH):
Die Standardisierung des PKW-Zubehörprogramms mit dem Ziel, vom PKW-Modell unabhängige Zubehörteile zu entwickeln, hätte den großen Vorteil von wenigen, aber stückzahlreicheren Serien. Dagegen ist aber der Nachteil eines eventuellen Anpassungsaufwandes zu rechnen, der durch die modellspezifischen Kompatibilitätserfordernisse entsteht.

Bei der *Serien-* und *Massenfertigung* ist die Variantenstraffung mit hohen Auflagen je Artikel, die in der Einzelfertigung auf Komponentenebene angestrebt wird, bereits vom Fertigungstyp her gegeben. Die Suche nach Einsparpotentialen konzentriert sich in diesem Fall darauf, die Funktionen, die das Produkt erfüllt, zu überprüfen: Ist ein bestimmter Nutzen, den das Produkt stiftet, überhaupt erforderlich? Welche Ersparnis wäre zu erzielen, wenn auf ihn verzichtet würde? Welchen zusätzlichen Nutzen könnte das Produkt stiften, wenn es, ggf. mit geringem Aufwand, umkonstruiert würde? Derartige Fragen werden bei der *Wertanalyse* (*value analysis* oder *value engineering*) gestellt, die man weniger irreführend besser „Funktions(kosten)analyse" nennen sollte.

Abbildung 1: *Baukastensystem für Fräs-, Bohr- und Schleifmaschinen*

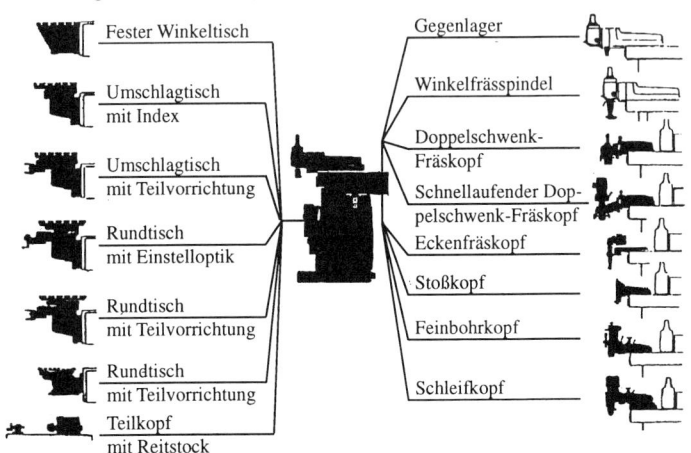

- Fester Winkeltisch
- Umschlagtisch mit Index
- Umschlagtisch mit Teilvorrichtung
- Rundtisch mit Einstelloptik
- Rundtisch mit Teilvorrichtung
- Rundtisch mit Teilvorrichtung
- Teilkopf mit Reitstock

- Gegenlager
- Winkelfrässpindel
- Doppelschwenk-Fräskopf
- Schnellaufender Doppelschwenk-Fräskopf
- Eckenfräskopf
- Stoßkopf
- Feinbohrkopf
- Schleifkopf

3.2 Programmgestaltung

Die strategische (und ggf. taktische) Programmgestaltung fragt nach dem langfristigen Betätigungsraum der Unternehmung am Absatzmarkt bzw. nach deren Fertigungsrepertoire. Die (taktische oder) operative Programmgestaltung bestimmt das Mengen- und Zeitgerüst des Produktangebots. Strategisch geht es um die Konkretion des *Arten*programms, operativ um die Konkretion des *Auftrags*programms, im ersten Fall um die Festlegung des *potentiellen*, im zweiten Fall um die Festlegung des *tatsächlichen* Leistungsspektrums[5].

Zur Zukunftssicherung hat die *strategische* Programmgestaltung von Zeit zu Zeit zu prüfen, ob eine Veränderung der gegenwärtigen Produktfelder angeraten ist. Man kann dabei 3 Entwicklungsrichtungen unterscheiden:

- Bei *vertikaler* Integration oder Ausdehnung der Programm*tiefe* wird das bisherige Produktfeld in der Richtung der Wertschöpfungs- oder Veredelungskette, nach vorwärts oder rückwärts, ausgedehnt. Vorwärtsintegration meint dabei die Einbeziehung einer nachgelagerten Produktionsstufe, Rückwärtsintegration die einer vorgelagerten Produktionsstufe. Am Beispiel der Abb. 2[6] wird das aktuelle Produktfeld „Automobilbau" im ersten Fall um Wertschöpfungs-Folgestufen, z. B. um den Automobilhandel oder -service, erweitert, im zweiten Fall um Zulieferstufen, wie die Stahlproduktion.
- Bei der *horizontalen* Integration oder Ausdehnung der Programm*breite* findet eine zusätzliche Betätigung auf dem Gebiet einer anderen (aber verwandten) Wertschöpfungskette, und zwar bei vergleichbarem Wertschöpfungsstadium oder Veredelungsgrad, statt, z. B. ausgehend vom Automobilbau das zusätzliche Engagement auf dem Gebiet der PC-Fertigung.
- Bei der *lateralen* Integration erstreckt sich die Erweiterung auf ganz fremde Wertschöpfungsketten und ggf. zugleich andersartige Wertschöpfungsstufen, z. B. vom Automobilbau aus auf die Mikrochipherstellung oder gar den Getreideanbau.

Die Gründe für eine vertikale Programmexpansion liegen bei Energie- oder Transportkostenvorteilen der Verbundproduktion, z. B.

---

[5] Im folgenden wird von den 2 Basisextremen der *strategischen* und *operativen* Programmgestaltung ausgegangen, während der *taktischen* Programmgestaltung von Fall zu Fall mehr die Nähe zum einen oder anderen Pol zugeordnet wird.

[6] In Anlehnung an *Tersine, R., 1985*, S. 211.

zwischen der Eisen- und der Stahlproduktion. Dazu treten im Fall der Vorwärtsintegration Absatzüberlegungen der größeren Kundennähe zum Konsumenten und im Fall der Rückwärtsintegration Beschaffungsüberlegungen einer besseren Rohstoffqualität und -beschaffungssicherheit. Das wichtige Argument für eine horizontale oder laterale Expansion ist die *Diversifikation* oder Branchenrisikostreuung und Krisensicherung gegen konjunkturelle, saisonale oder strukturelle Umbrüche. Hinzu tritt im Fall der horizontalen Integration das Motiv der Nutzung von Synergieeffekten bei Beschaffung oder Absatz und im Fall der lateralen Integration das Motiv der Finanzanlage. Markante Beispiele in der deutschen Unternehmensgeschichte sind etwa die Firmen *Krupp* für ein vertikales, *Siemens* für ein horizontales und *Oetker* für ein laterales Konzernwachstum.

Abbildung 2: *Entwicklungsrichtungen der strategischen Programmintegration*

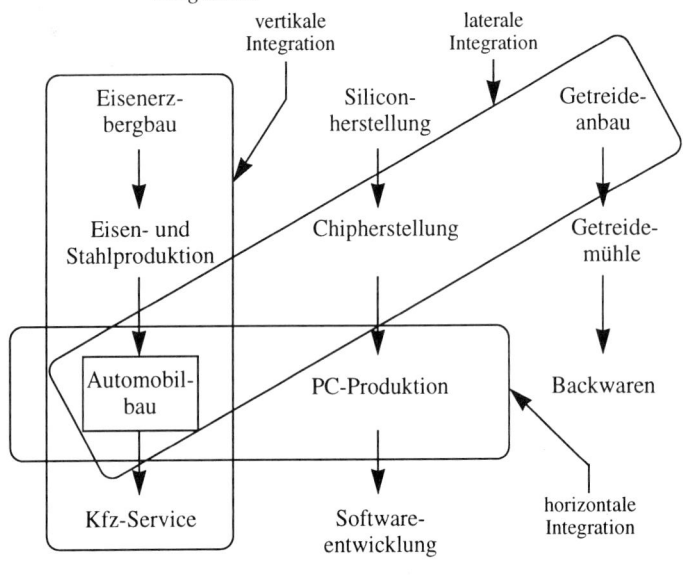

Antwort zu Frage 2. (Profisynthetics GmbH):
Diversifikation und damit Krisensicherung wird durch horizontale oder laterale Integration erreicht. Die 3 Sparten *Planen & Folien*, *Hobby & Freizeit* sowie *Audio & Video* betreffen Produktfelder von

unterschiedlichen Wertschöpfungsketten. Die beiden letztgenannten Sparten haben dabei noch eine gewisse Verwandtschaft und Wertschöpfungsstufen-Ähnlichkeit, während die 1. Sparte demgegenüber eher aus dem Rahmen fällt. Insgesamt spricht vieles dafür, mit Blick auf die 2. und 3. Sparte von einer horizontalen Programmausrichtung und mit Blick zusätzlich auf die 1. Sparte von einer lateralen Programmausrichtung zu sprechen. In jedem Fall ist die *Profisynthetics GmbH* damit günstig diversifiziert. Und es ist daher eher unwahrscheinlich, daß eine Krise in einer der Sparten auch auf die beiden anderen Sparten durchschlägt.

Die Diskussion um die vertikale Programmgestaltung ist auch als Frage der *„Fertigungstiefe"* oder als Problem des *„make or buy?"* bekannt. Während früher vor allem die Vorteile der Verbundfertigung entlang der Wertschöpfungskette, nicht zuletzt in der Kombinatsstruktur der ehemaligen DDR, betont wurden, schätzt man heute eher den Abbau der Fertigungstiefe, das „Outsourcing", d. h. die Ausgründung von nicht zum Kerngeschäft gehörenden Aktivitäten, höher ein: Aller Erfahrung nach, so lehren die Erkenntnisse des *Lean Managements*, sind Unternehmenseinheiten geringerer Fertigungstiefe marktmobiler und krisenflexibler.

Im Rahmen der *operativen* Programmgestaltung liegen bei Auftragsfertigung, d. h. bei Fertigung auf Kundenbestellung hin, ganz andere Bedingungen als bei Marktfertigung, d. h. bei Fertigung ohne Kundenbestellung und Verkauf vom Lager, vor. *Die Auftragsfertigung* konfrontiert das Unternehmen mit einer schwankenden Auslastung der Kapazitäten. Hier versucht man, durch ein flexibles Kapazitätsangebot oder durch Vorhaltung einer Kapazitätsreserve eine Verstetigung der Auftragsbelastung zu erreichen.

Bei *Marktfertigung* stellt sich der operativen Programmgestaltung vielfach ein Problem, das im *Operations Research*, d. h. bei der quantitativen, mathematisch orientierten Betriebswirtschaftslehre, eine umfassende Behandlung gefunden hat. Die Frage lautet: In welchen Mengen sollen verschiedene Produkte der Sortenproduktion, also artverwandte Erzeugnisse, die auf den gleichen umrüstfähigen Anlagen gefertigt werden, bei der Planung des Auftragsprogramms eines folgenden Zeitabschnitts aufgelegt werden, so daß insgesamt der größte Deckungsbeitrag bzw. Gewinn erzielt wird? Man mag hier an ein Sortiment verwandter Artikel der Bekleidungsindustrie, d. h. an (nach Größe, Farbe oder Muster) verschiedenartige, aber ähnliche Ausführungen eines Modells der neuen Modekollektion, denken. Ein ähnlicher Fall liegt auch beim PKW-Zubehör-Programm der *Profisynthetics GmbH*, insbesondere bei den beiden Ausführungen „*Surf*" und „*Tremolo*" des Kühlergrills für den *VW Golf*, vor. Die Variante „*Mega*" kann in diesem Zusammenhang außer Betracht bleiben, weil sie auf eigens dafür reservierten Anlagen bzw. Arbeitsplätzen (*SG02* und *NB02*) gefertigt wird. Dagegen muß für *Surf* und *Tremolo* gerade die Frage der günstigsten Aufteilung der gemeinsamen Kapazitäten (*SG01* und *NB01*) für die eine oder andere Variante gelöst werden. Die Lösung dieser Frage wird am Beispiel der Beantwortung der Aufgabe 4. der obigen Fallstudie erläutert.

Antwort zu Frage 4. (Profisynthetics GmbH):
Die Spritzgußanlage *SG01* steht im Folgemonat 120 Std. bzw. 120 · 60 = 7.200 Min. zur Verfügung. Würde Sie ausschließlich zur Fertigung der Variante *Surf* eingesetzt, könnten insgesamt 3.600 Stück dieser Sorte aufgelegt werden, da jeder Kühlergrill 2 Min. Bearbeitungszeit auf *SG01* erfordert. Entsprechend könnten bei ausschließlicher Fertigung von *Tremolo* 7.200 : 3 = 2.400 Stück produziert werden, da 1 Stück *Tremolo* die Anlage *SG01* 3 Min. beansprucht. Oder man denkt wahrscheinlicher an ein Mix aus beiden Sorten, aber unter Beachtung der Restriktion, daß die 7.200 verfügbaren Minuten von *SG01* nicht überschritten werden. Formal ist diese Bedingung zu schreiben als:

$$2S + 3T \leq 7.200,$$

wobei S das monatliche Volumen der Sorte *Surf* und T dasjenige der Sorte *Tremolo* bezeichnen.

Diese Beziehung läßt sich umformen zu

(1) $T \leq -\frac{2}{3} S + 2.400.$

Diese Ungleichung (1) entspricht in Abbildung 3 der Fläche unterhalb und einschließlich der Geraden SG. Ein mögliches, zulässiges Programm aus *Surf* und *Tremolo* ist z. B. der Fall des Punktes B mit S = 1.800 und T = 1.200, der die Kapazität von 7.200 Min. gerade voll in Anspruch nimmt:

$$1.800 \cdot 2 + 1.200 \cdot 3 = 7.200.$$

Aber auch Punkt C lastet die Anlage *SG01* mit S = 3.600 und T = 0 voll aus:

$$3.600 \cdot 2 + 0 \cdot 3 = 7.200.$$

Abbildung 3: *Optimales Produktionsprogramm der Kühlergrill-Varianten Surf (S) und Tremolo (T)*

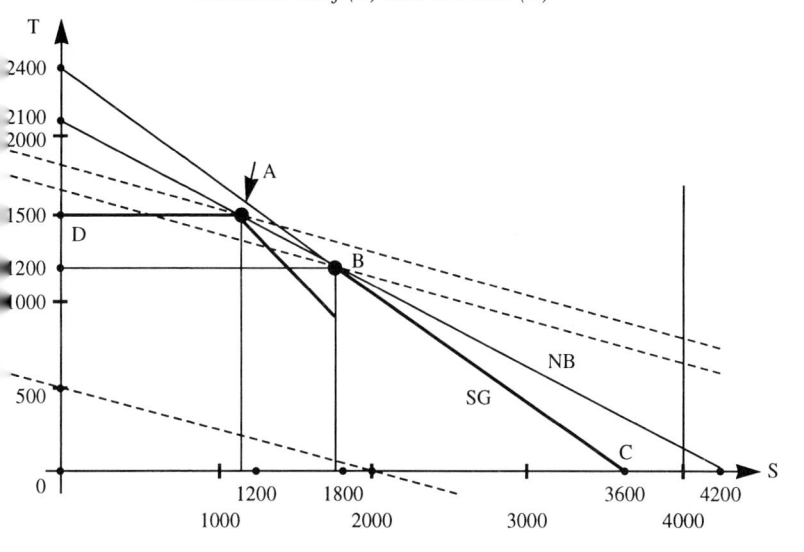

[Diagramm mit T-Achse (Werte 500, 1000, 1200, 1500, 2000, 2100, 2400) und S-Achse (Werte 1000, 1200, 1800, 2000, 3000, 3600, 4000, 4200); Punkte A, B, C, D sowie Geraden NB und SG.]

In gleicher Weise muß die Kapazität des Nachbearbeitungsplatzes *NB01* auf beide Sorten aufgeteilt werden. Man erhält entsprechend:

$$2S + 4T \leq 140 \cdot 60 = 8.400$$

bzw.

(2) $\quad T \leq -\frac{1}{2} S + 2.100$.

Die Ungleichung (2) entspricht in Abb. 3 der Fläche unterhalb und einschließlich der Geraden NB. Auch hier wird z. B. im Punkt B die Kapazität von *NB01* gerade voll in Anspruch genommen:

$$1.800 \cdot 2 + 1.200 \cdot 4 = 8.400.$$

Neben den beiden Beschränkungen (1) und (2) sind die Obergrenzen der Absatzpotentiale beider Varianten zu beachten:

(3) $\quad S \leq 4.000$

(4) $\quad T \leq 1.500$.

Wenn man dann noch die selbstverständliche Bedingung berücksichtigt, daß keine negativen Mengen von S und T geplant werden können, ergibt sich daraus der endgültige Lösungsbereich oder zulässige Raum mit der gleichzeitigen Beachtung aller 4 Restriktionen (1) – (4) aus dem Vieleck ODABC in Abb. 3. Dabei fällt auf, daß Gleichung (3) redundant ist, m. a. W. das Absatzpotential von *Surf* ist so groß, daß es die Produktionsbeschränkungen nicht tangiert.

Bisher ist nur von zulässigen oder möglichen Programmen die Rede gewesen. Aber welche von den unendlich vielen Produktkombinationen ist die beste, nämlich diejenige mit dem maximalen Deckungsbeitrag des Gesamtprogramms? Dazu muß auf die Absatzerlöse pro Stück und die variablen Stückkosten zurückgegriffen werden. Deren Differenz ist der Deckungsbeitrag pro Stück, also für *Surf* 20 – 15 = 5,– DM und für *Tremolo* 40 – 20 = 20,– DM. Der Deckungsbeitrag (DB) des gesamten Programms ist dann bestimmt mit der Zielfunktion:

$$DB = 5S + 20T$$

bzw.

(5) $\quad T = -\frac{1}{4} S + \frac{DB}{20}.$

Gleichung (5) wird durch die gestrichelte Schar paralleler Geraden, jeweils mit der Steigung $-\frac{1}{4}$, repräsentiert. Der Optimalpunkt ist dort gegeben, wo eine Gerade dieser parallelen Schar gerade noch den zulässigen Lösungsraum respektiert, d. h. schneidet oder berührt. Dies ist im Punkt A der Fall: Hier wird der größt mögliche, aber noch zulässige DB erzielt. Dagegen ist z. B. die DB-Gerade, die durch B läuft, *nicht* die maximal mögliche, d. h. die am weitesten nach rechts verschobene Parallele.

In A wird ein Deckungsbeitrag von

$$DB = 5 \cdot 1.200 + 20 \cdot 1.500 = 36.000,-$$

erzielt. Zieht man davon die für *Surf* und *Tremolo* gemeinsam anfallenden fixen Kosten in Höhe von 25.000,– ab, ergibt sich ein maximaler Gewinn für das optimale Programm aus 1.200 Stück *Surf* und 1.500 Stück *Tremolo* in Höhe von G = 36.000 – 25.000 = 11.000,– DM.

Sollen nun die Varianten *Surf* und *Tremolo* weiterhin im Programm geführt werden? M. a. W. wo liegt der „Break-even-Punkt" (Deckungspunkt, Gewinnschwelle) für beide Varianten? Da *Surf* und *Tremolo* um gemeinsame Kapazitäten konkurrieren, und da sie damit voneinander abhängen, kann eine für *Surf* oder *Tremolo* getrennte Gewinnschwelle nicht ausgewiesen werden. Werden sie nun mit dem optimalen Programm (Punkt A in Abb. 3, d. h. S = 1.200 und T = 1.500) aufgelegt, wird die Gewinnschwelle überschritten (G = 11.000,–). Würde das Programm lt. Punkt B (S = 1.800 und T = 1.200) geplant, ergäbe sich ein Gewinn von

$$G = 5 \cdot 1.800 + 20 \cdot 1.200 - 25.000 = 8.000,-.$$

Damit liegt auch das Programm (S = 1.800; T = 1.200) oberhalb der Gewinnschwelle. Dagegen liegt z. B das Programm lt. Punkt C (S = 3.600; T = 0) unterhalb der Gewinnschwelle:

$$G = 5 \cdot 3.600 + 20 \cdot 0 - 25.000 = -7.000,-.$$

In der Aufgabe 4. ist schließlich weiterhin nach dem Break-even-Punkt für das Modell *Mega* gefragt. Da *Mega* auf eigens für diese Variante reservierten Anlagen bzw. Arbeitsplätzen gefertigt wird, kann eine isolierte Gewinnschwelle ermittelt werden. Als Stückdeckungsbeitrag ergibt sich 60 – 35 = 25,–. Daraus errechnet sich ein Deckungsbeitrag für M Stück *Mega* in Höhe von DB = 25 M bzw., unter Berücksichtigung der fixen Kosten für *Mega* von 21.000,–, ein Gewinn in Höhe von

$$G = 25 M - 21.000.$$

Gesucht ist diejenige Auflage von *Mega*, bei der gerade ein Gewinn von 0 erreicht wird:

$$G = 25 M - 21.000 = 0.$$

Daraus:

$$25 M = 21.000$$

bzw.

$$M = \frac{21.000}{25} = 840.$$

Die Gewinnschwelle liegt damit bei 840 Stück *Mega*. Andrerseits ist das Absatzpotential von *Mega* auf 800 Stück begrenzt, so daß sich das Programmmanagement vor dem folgenden Konflikt findet: Aus Produktionsgründen müßten mindestens 840 Stück aufgelegt werden, aber aus Absatzgründen können höchstens 800 Stück aufgelegt werden. Die Konsequenz lautet daher: *Mega* sollte nicht weiter im Programm geführt, sondern eliminiert werden.

4. Potentialgestaltung (Inputmanagement)

Die Potentialgestaltung widmet sich der Bereitstellung der Inputs für die Produktion. Dabei ist an die 3 großen Gruppen von Inputleistungen der
– menschlichen Arbeit,
– Betriebsmittel (zur Nutzung) und
– Betriebs- und Werkstoffe
zu denken. Zu den Einsatzfragen der menschlichen Arbeit wird auf das Kapitel zur *Personalwirtschaft* verwiesen. Hier soll vom Inputmanagement der Betriebsmittel, d. h. der technischen Potentialfaktoren (*Anlagenwirtschaft*), und der stofflichen Repetierfaktoren (*Materialwirtschaft*) die Rede sein.

4.1 Anlagenwirtschaft

Eine Basiserkenntnis des Managements technischer Anlagen spiegelt sich im sog. *„Gesetz der Massenproduktion"* wider. Dieses Gesetz befaßt sich mit zwei Typen von „Kostendegressionen", also Kostensenkungen, nämlich einer Beschäftigungs- und einer Betriebsgrößendegression (vgl. Abbildung 4[7]).

Die *Beschäftigungsdegression* stellt sich aufgrund sinkender stückfixer Kosten ein. Bei den fixen Kosten an sich ist an den Entwicklungsaufwand für eine neue Serie, an die Einrichtung der Maschinen, an den Aufbau von Erfahrungspotentialen und Lerneffekten dieser Serie usw. zu denken. Derartige fixe Kosten üben eine Tendenz zur großen Stückzahl aus, denn durch eine hohe Auflage kann sich diese konstante Kostensumme auf eine große Stückzahl verteilen.

Zusätzlich bewirkt die *Betriebsgrößendegression* einen weiteren Kostenschub nach unten: Durch eine schrittweise Automatisierung wird jeweils ein technisches Verfahren durch ein leistungsfähigeres ersetzt. Dabei beinhaltet der höhere Automationsgrad höhere fixe Kosten, aber zugleich auch geringere stückvariable Kosten. Dies drückt sich in Abb. 4 in einer auf höherem Niveau, aber mit schwächerer Steigung verlaufenden Kostengerade aus. Z. B. kann man sich den Übergang von einer zur anderen Kostengerade durch den Ersatz der traditionellen Fertigung durch eine fließbandgestützte Fertigung vorstellen. Ein solcher grundlegender Zusammenhang

---

[7] Vgl. *Haupt, R.,* 1994, S. 11.

zwischen steigenden fixen und sinkenden stückvariablen Belastungen findet sich in vielen Gegebenheiten des wirtschaftlichen Alltags wieder, z. B. bei der Gestaltung des Stromtarifs des örtlichen Elektrizitätsversorgers: Während bei der Kleinabnahme ein geringer *Grundpreis* (d. h. fixe Kosten) und ein relativ hoher *Arbeitspreis* (d. h. stückvariable Kosten) berechnet werden, wird bei der Großabnahme mit höheren Grundpreisen, aber dafür niedrigeren Arbeitspreisen kalkuliert.

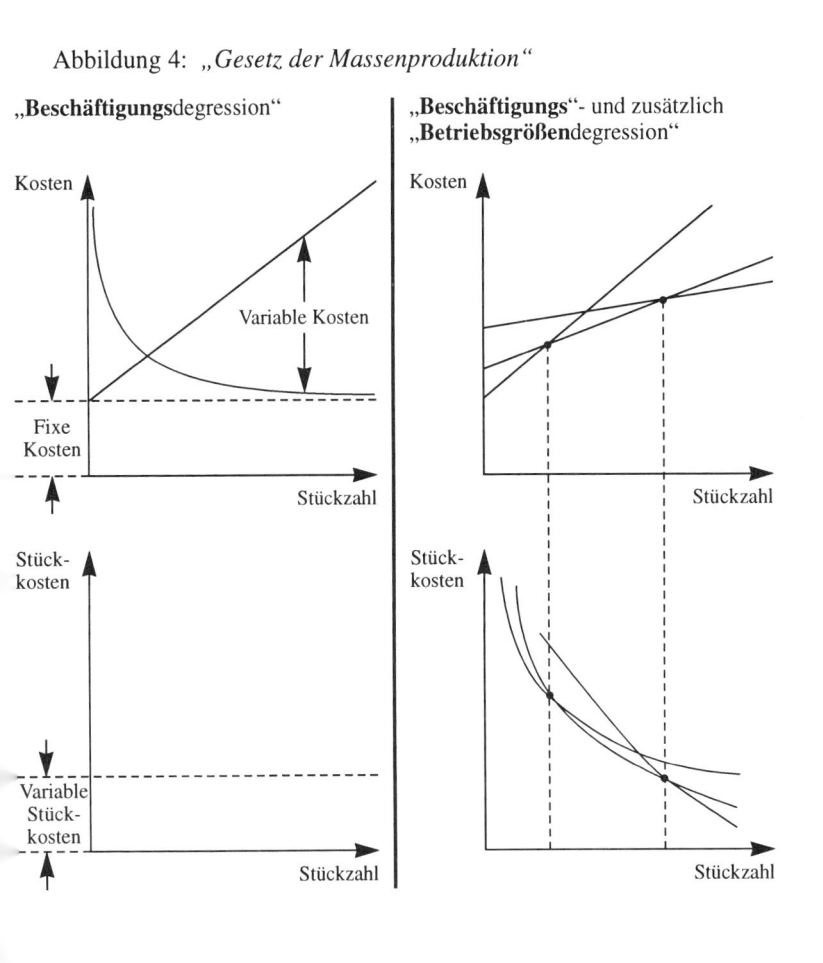

Abbildung 4: *„Gesetz der Massenproduktion"*

„**Beschäftigungs**degression"

„**Beschäftigungs**"- und zusätzlich „**Betriebsgrößen**degression"

Wenn die unbestreitbaren Kostenvorteile des *Gesetzes der Massenproduktion* so offensichtlich sind, muß man sich fragen, wie geringe Stückzahlen überhaupt mit hohen Stückzahlen konkurrieren können. Abbildung 5[8] veranschaulicht den Kostentrend des Gesetzes der Massenproduktion als Entwicklungsrichtung zu immer produktiveren, stückkostengünstigeren Anlagensystemen. Auf der anderen Seite ist dieses Wachstum mit einer inflexibleren, starreren Fertigung verbunden. Offensichtlich besteht ein Spannungsfeld zwischen Spezial- oder Einzweckmaschinen (z. B. Transferstraßen) mit geringer Einsatzbreite und Universal- oder Mehrzweckmaschinen (z. B. Fertigungseinrichtungen der Werkstattfertigung) mit einem großen Spektrum an Bearbeitungsmöglichkeiten: Hier hohe Produktivität und geringe Flexibilität, dort hohe Flexibilität und geringe Produktivität.

Abbildung 5: *Fertigungskapazitäten zwischen Produktivität und Flexibilität*

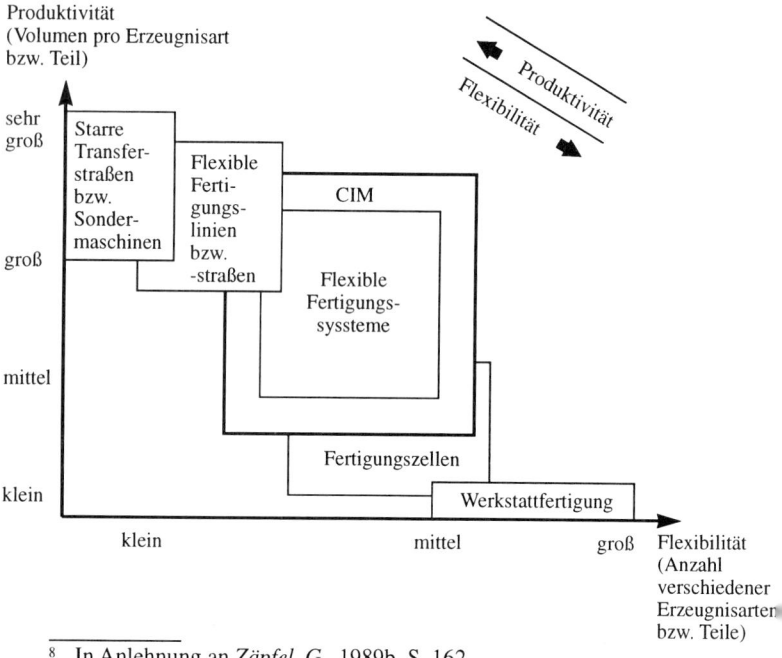

---
[8] In Anlehnung an *Zäpfel, G.,* 1989b, S. 162.

In Abschnitt 3.1 ist dargelegt worden, daß kundenwunschabhängige Produktvielfalt ein größeres Gewicht als früher gewonnen hat. Damit müssen auch die Rollen zwischen den Zielen „Produktivität" und „Flexibilität" neu verteilt werden. Das an der Produktivität orientierte „Gesetz der Massenproduktion" muß durch ein an der Flexibilität orientiertes „Gesetz der Wechselproduktion"[9] ergänzt werden. Die kostenseitigen Vorteile großer Stückzahlen und produktiver Spezialanlagen müssen gegen die erlösseitigen Vorteile großer Produktvielfalt und flexibler Universalanlagen gerechnet werden. Nicht nur der *größen*bedingte Nutzen („economies of scale"), sondern auch der *wechsel*bedingte Nutzen („economies of scope") der Anlagenwirtschaft verdient höchste Beachtung.

Man kann nun den säkularen Durchbruch und Technologiesprung gar nicht zu hoch einschätzen, der sich durch die informations- und computergestützte Automation angebahnt hat. Es scheint mehr und mehr realistisch, daß das traditionelle Dilemma zwischen der Produktivität und Automatisierung von Fertigungsanlagen einerseits und deren Flexibilität andrerseits durch Entwicklungen des „Computer Integrated Manufacturing" (CIM), d. h. der computerintegrierten Fertigung, überwunden werden kann. Diese neue Form der Automation wird bezeichnenderweise auch als *„flexible Automation"* (in Abgrenzung zur konventionellen und starren Automation) beschrieben. Dazu zählen „Flexible Fertigungssysteme" (FFS), „CNC-Maschinen", „CAM-Einrichtungen"[10] u. a.

Diese informationstechnische Revolution konzentriert sich nicht nur (wie die klassische Automation) auf die Verringerung von Hauptzeiten bzw. Bearbeitungskosten, sondern auch und vor allem auf die Verringerung von Rüst- und Nebenzeiten bzw. Werkzeug- und Werkstückwechselkosten. Sie erlaubt den Einsatz von vielzweckfähigen Universalanlagen, die dennoch dem Leistungsvermögen von kostengünstigen Spezialanlagen nicht nachstehen. Sie versöhnt, zumindest näherungsweise, das Ziel der *Produktivität* mit dem der *Flexibilität* der Produktion.

Antwort zu Frage 3. (Profisynthetics GmbH):
Der Spritzgußanlagenpark wird ausgesprochen spezialisiert eingesetzt, da nahezu jeder Zubehör-Variante eine eigene Maschine zur

---
[9] *Ellinger, Th.,* 1985.

[10] CNC = computer numerical control; CAM = computer aided manufacturing.

Verfügung steht (mit Ausnahme etwa der Spritzgußmaschine *SGO1*, die sowohl für *Surf* als auch für *Tremolo* herangezogen wird). Eine derartige Nutzung von zwar kostengünstigen, aber hochspezialisierten Sondermaschinen ist in jedem Fall fraglich. Hier kommt noch hinzu, daß das Artikelprogramm in der Sparte *Hobby & Freizeit* besonders kurzlebigen Markttrends unterliegt, so daß die Flexibilität der Anlagenwirtschaft ganz besonderen Vorrang vor der Produktivität haben müßte. Ein Übergang zu CNC-Universalaggregaten würde aber ganz organisch einen deutlichen Flexibilitätsgewinn *ohne* spürbaren Produktivitätsverlust erlauben. Eine solche Anlageninvestition scheint für die *Profisynthetics GmbH* unausweichlich zu sein, zumal auch ihr Konkurrent auf diese Technologiemanagement-Strategie gesetzt hat.

4.2 Materialwirtschaft

Die Materialwirtschaft, das Management der Repetierfaktoren wie Rohstoffe, fremdbezogene Einbauteile, Betriebsstoffe usw., umfaßt Aufgaben der Bereitstellung dieser Inputs (Ermittlung des Bedarfs, Einkauf u. a.) und deren Logistikgestaltung (Transport, Lagerhaltung u. a.). Hier soll beispielhaft der logistikorientierten Frage der *Beschaffung* von Materialien nachgegangen werden.

Die Problemstellung, auch unter dem Begriff der *„optimalen Bestellmenge"* bekannt, ist die folgende: In welcher Menge soll ein Einkaufsteil in regelmäßigen konstanten Rhythmen geordert werden, so daß die Bezugskosten pro Jahr oder pro Stück möglichst gering sind? Man mag hier an einen längerfristigen Liefervertrag denken, im Rahmen dessen feste Abrufmengen in gleichen Zeitabständen bezogen werden. Grundsätzlich könnte natürlich auch eine Einkaufspolitik verfolgt werden, bei der in unregelmäßigen Zeitabständen schwankende Bestellmengen bedarfsentsprechend angeliefert werden. Da aber eine Politik fester Abrufmengen und -intervalle eine deutlich bessere Planungsgenauigkeit für den Lieferanten bedeutet, wird sie mit für den Abnehmer günstigeren Lieferkonditionen (z. B. Beschaffungspreis) verbunden sein.

Welches ist nun die logistikkostengünstigste Liefermenge und das damit verbundene Lieferintervall? Es sind vor allem 2 Kostenkomponenten, die hier zu einem Logistikoptimum verbunden werden müssen:

– Zum einen sind anlieferungs- oder *beschaffungsfixe* Kosten zu berücksichtigen, also solche Kosten, die in konstanter Höhe bei *einer* Anlieferung, unabhängig von der Liefermenge, anfallen: z. B. die Kosten der Lieferauslösung, der Transportversicherung und (in den Grenzen *einer* Frachtstaffel) die Kosten des Materialtransports.

– Zum anderen fallen Kosten der *Lagerhaltung und Kapitalbindung* ins Gewicht, also Kosten für den Lagerungsvorgang (Lagerraum, -klimatisierung, -kontrolle usw.) und für das im Lagervolumen gebundene Kapital. Die Sensibilität und das Bewußtsein gegenüber diesen Kostenkomponenten hat in den vergangenen Jahren besonders zugenommen – eine Entwicklung, die durch „Just-in-time"-Liefersysteme und „Lean Production"-Strategien begünstigt worden ist.

Würde man nur auf die *beschaffungsfixen* Kosten Rücksicht nehmen, wäre es naheliegend, so selten wie möglich abzurufen bzw. mit einer einmaligen Anlieferung so große Liefermengen wie möglich zu verbinden, denn damit würden sich die je Liefervorgang fixen Kosten auf eine möglichst große Versandmenge verteilen. Wären umgekehrt nur die *Lager- und Kapitalbindungskosten* von Interesse, wäre man mit kleinsten Abrufmengen bzw. kürzest möglichen Lieferintervallen gut beraten, weil kleinere Versandmengen geringe Lagerhaltung und Kapitalbindung bedeuten würden. Je nach Gewicht der beiden Kostenargumente im praktischen Fall wird sich der Kostenkompromiß zwischen den Extremen einer kleinst- oder größtmöglichen Abrufmenge bewegen.

Die weitere Erläuterung und Lösung dieses beschaffungspolitischen Optimalproblems folgt beispielhaft der Beantwortung der Frage 5. der obigen Fallstudie.

Antwort zu Frage 5. (Profisynthetics GmbH):
Folgende Einflußgrößen, Annahmen und Definitionen spielen bei der Suche nach der optimalen Abrufpolitik eine Rolle[11]:

x: die gesuchte regelmäßige Abrufmenge des Granulats *G70*, also des betreffenden Einkaufsartikels;

V: der mittlere Bedarf bzw. Verbrauch von *G 70* in der weiteren Fertigung, d. h. die mittlere Rate (Geschwindigkeit) der Lagerentnahme des Granulats;

---

[11] Siehe Abbildung 6.

z: die Zykluszeit, d. h. die Zeit der Lagerung einer Lieferung vom Zeitpunkt des Lagereingangs bis zum vollständigen Lagerabgang:

$z = \frac{x}{tg\alpha} = \frac{x}{V}$;

K_B: die beschaffungsfixen Kosten, d. h. die fixen Kosten einer Anlieferung;

π: der Beschaffungspreis einer Mengeneinheit des Artikels, d. h. einer Tonne *G 70*;

c: der Lager- und Kapitalbindungskostensatz pro Jahr;

k_L: der Lager- und Kapitalbindungskostensatz pro Jahr und Mengeneinheit des Granulats: $k_L = \pi \cdot c$;

SB: der Sicherheitsbestand, die „eiserne Reserve", des Lagers.

Daraus ermitteln sich der durchschnittliche Lagerbestand ($\varnothing$ LB) mit:

$\varnothing \text{LB} = \frac{x}{2} + \text{SB}$;

und die Lager- und Kapitalbindungskosten einer Lieferung K_L) mit:

$$\begin{aligned}K_L &= \left(\frac{x}{2} + SB\right) \cdot z \cdot k_L \\ &= \left(\frac{x}{2} + SB\right) \cdot \frac{x}{V} \cdot k_L \\ &= \frac{k_L}{2V} \cdot x^2 + \frac{SB \cdot k_L}{V} \cdot x.\end{aligned}$$

Unter Berücksichtigung der fixen Kosten einer Liefermenge (K_B) ergeben sich daraus die gesamten Kosten einer Lieferung (K):

$$K = K_B + \frac{k_L}{2V} \cdot x^2 + \frac{SB \cdot k_L}{V} \cdot x$$

und die gesamten Logistikkosten pro Tonne Granulat (k), die zu minimieren sind:

(6) $\quad k = \frac{K_B}{x} + \frac{k_L}{2V} \cdot x + \frac{SB \cdot k_L}{V} \Rightarrow \min!$

Abbildung 6: *Lagerbestandsentwicklung beim Problem der „optimalen Bestellmenge"*

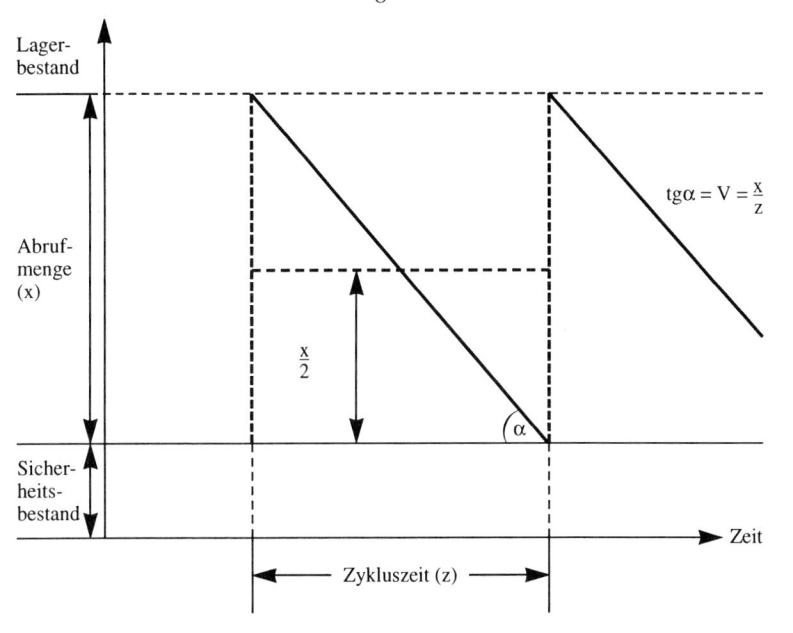

$tg\alpha = V = \frac{x}{z}$

Lagerbestand

Abrufmenge (x)

$\frac{x}{2}$

Sicherheitsbestand

Zykluszeit (z)

Zeit

Die 3 einzelnen Kostenkomponenten von k sowie deren Addition zu den gesamten Stückkosten k sind in Abb. 7 in Abhängigkeit von der Liefermenge (x) aufgeführt: Anfangs fällt der deutliche Rückgang der beschaffungsfixen Stückkosten $\left(\frac{K_B}{x}\right)$ ins Gewicht; nach deren Schnittpunkt mit den Lagerhaltungs- und Kapitalbindungskosten je Stück überkompensiert das lineare Wachstum dieser Kosten den hyperbelartigen Rückgang der beschaffungsfixen Stückkosten. Das Optimum der Abrufpolitik stellt sich bei x_0 ein.

Die optimale, d. h. stückkostenminimale Beschaffungsmenge x_0 findet man durch Differenzieren nach x und Nullsetzen von Gleichung (6):

(7) $k' = \frac{K_B}{x^2} + \frac{k_L}{2V} = 0$

   $(k'' = \frac{2 \cdot K_B}{x^3} > 0 \Rightarrow \text{Minimum})$

Abbildung 7: *Bestimmung der optimalen Bestellmenge* (x_0)

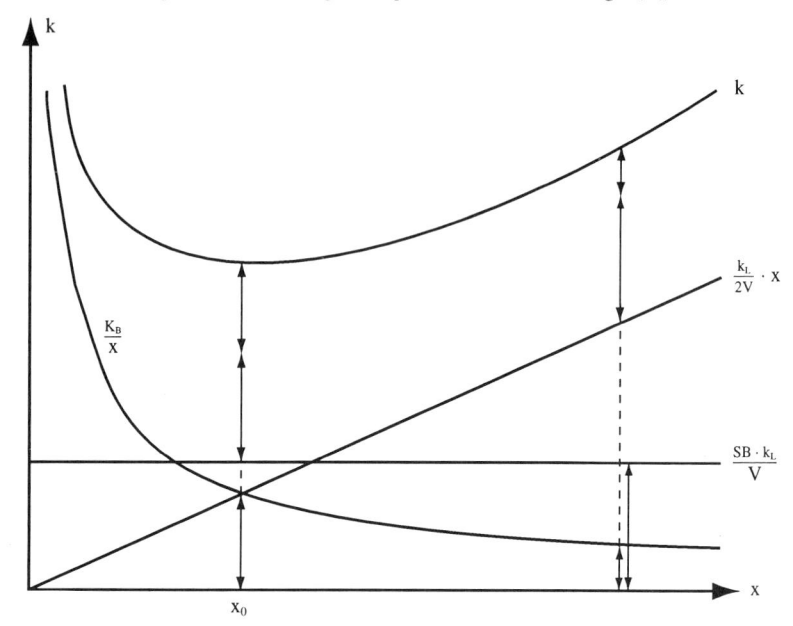

Aus (7) ergibt sich schließlich:

$$\frac{K_B}{x^2} = \frac{k_L}{2V}$$

und

(8) $\quad x_0 = \sqrt{\dfrac{2 \cdot K_B \cdot V}{k_L}}$.

Es fällt auf, daß die Höhe des Sicherheitsbestandes die günstigste Bezugspolitik nicht berührt: Zwar hängen die gesamten Stückkosten der Logistik (k) durchaus auch von SB ab (s. Gleichung (6)), aber die optimale Abrufmenge (x_0) wird von SB nicht beeinflußt (s. Gleichung (8)).

Die einzelnen Größen in (8) nehmen hier folgende Werte an:
- $K_B = 840$ (sofern $x < 50$);
- $k_L = \pi \cdot c$; allerdings ist c auf eine mit den Bedarfsmengen gemeinsame Zeiteinheit, nämlich einen *Monat*, umzurechnen, daher beträgt c hier: $c = \frac{0{,}12}{x} = 0{,}01$, so daß für k_L gilt: $k_L = 2.100 \cdot 0{,}01 = 21$;
- V ermittelt sich aus dem Durchschnitt des Verbrauchs an Granulat in den vergangenen 8 Monaten:

$$V = \frac{26 + 18 + \ldots + 29}{8} = 24;$$ bei der bisherigen Lieferpolitik wird also genau nach dem mittleren Bedarf monatlich fest angeliefert.

Aus diesen 3 Größen erhält man nach (8) für x_0:

$$x_0 = \sqrt{\frac{2 \cdot K_B \cdot V}{k_L}} = \sqrt{\frac{2 \cdot 840 \cdot 24}{21}} = \sqrt{1.920} = 43{,}82^{[12]}.$$

Das Ergebnis $x_0 = 43{,}82$ besagt, daß nicht monatlich konstant 24 Tonnen, sondern im knapp 2-monatigen Rhythmus 43,82 Tonnen Granulat *G 70* abgerufen werden sollten.

Wie groß ist die jährliche Kostenersparnis, wenn die alte ($x_a = 24$) zugunsten der optimalen Logistikpolitik ($x_0 = 43{,}82$) aufgegeben wird? Die entsprechende Kostendifferenz pro Tonne Granulat (Δk) beträgt nach Gleichung (6):

$$\Delta k = \frac{KB}{x_a} + \frac{k_L}{2V} \cdot x_a + \frac{SB \cdot k_L}{V} - \left(\frac{KB}{x_0} + \frac{k_L}{2V} \cdot x_0 + \frac{SB \cdot k_L}{V}\right)$$

$$= K_B \cdot \left(\frac{1}{x_a} - \frac{1}{x_0}\right) + \frac{k_L}{2V} \cdot (x_a - x_0)$$

$$= 840 \cdot \left(\frac{1}{24} - \frac{1}{43{,}82}\right) + \frac{21}{2 \cdot 24} \cdot (24 - 43{,}82)$$

$$= 7{,}16 \left[\frac{DM}{t}\right].$$

Damit ergibt sich bei einem Jahresverbrauch von $12 \cdot 24 = 288$ Tonnen *G70* ein jährliches Logistik-Einsparpotential von immerhin

---
[12] Da $x_0 = 43{,}82 < 50$, ist zu Recht mit $K_B = 840$ gerechnet worden.

288 · 7,16 = 2.062,08 DM, und zwar nur aufgrund eines modifizierten Lieferrhythmus nur dieses einen Rohstoffs.

5. Zukunftsorientiertes Produktionsmanagement

Das Produktionsmanagement hat sich, wie alle anderen Funktionsbereiche der Unternehmensführung auch, den großen Zukunftsherausforderungen unserer Zeit zu stellen. Die gegenwärtigen weltwirtschaftlichen und technologischen Umbrüche lassen auch die Produktionsfragen aus dem Winkeldasein der Innenwelt des Betriebes heraustreten: Das Zusammenwachsen der Wirtschaftsräume, die informations- und kommunikationstechnische Vernetzung, die mobileren Logistikprozesse, der allgegenwärtige Wettbewerb auf weltweiten Märkten, die kurzen Produktlebens- und Marktreaktionszeiten – all dies unterstreicht den Trend zum „global manufacturing", d. h. zu einem Denken in umfassenden Produktionsmanagement-Zusammenhängen. Am Ende einer Einführung sollte kurz anklingen, welche Fragen jenseits des Horizonts dieser Grundlagen, der Gegenwart und der Grenzen des Faches auftauchen.

Produktionsmanagement-Aufgaben berühren sich besonders mit controllingbezogenen, ingenieurwissenschaftlichen, absatzwirtschaftlichen und wirtschaftsinformatikorientierten Erkenntnisfeldern. Der Bezug der *Produktgestaltung* (Abschnitt 3.1) z. B. zum Marketing ist offensichtlich, ähnlich wie die *Anlagenwirtschaft* (Abschnitt 4.1) technik- und controllingrelevante Aussagen, z. B. zu Investitionsrechnungen oder Instandhaltungssystemen, anschneidet. Schließlich kann man erwarten, daß das (hier ausgeklammerte) *Throughputmanagement*, d. h. die Durchführung der Produktion im operativen Prozeßablauf, von der informatikbezogenen Gestaltung von Softwaresystemen der *Produktionsplanung und -steuerung (PPS)* lebt.

Das vergangene Jahrzehnt hat für eine breite Öffentlichkeit eine Reihe von paradigmatischen Produktionsphilosophien bekannt gemacht, man denke etwa an „*Just-in-time-Systeme*" der Logistik, an das Ideal eines „*Computer Integrated Manufacturing" (CIM)*, an das Managementkonzept der „*Lean Production"*, an Reorganisationsprogramme wie das „*Business Reengineering"*, an den Anspruch eines „*Total Quality Management"* u. a. Alle diese Entwürfe belegen den Fundamentalcharakter der Produktionswirtschaft für innovative, globale Management-Entwicklungen, die eine sowohl funktions- als auch länderübergreifende Bedeutung haben werden.

Annotierte Auswahlbibliographie

Corsten, Hans: Produktionswirtschaft. Einführung in das industrielle Produktionsmanagement, 5. Aufl., München, Wien 1995.
Umfassendes, aktuelles Lehrbuch über den Gesamtbereich des Produktionsmanagements; ausgewogenes Verhältnis zwischen formalen und verbalen Inhalten.
Günther, Hans-Otto/Tempelmeier, Horst: Produktion und Logistik, 2. Aufl., Berlin, Heidelberg usw. 1995a.
Kompaktes, elementares Lehrbuch zum Produktionsmanagement; besondere Betonung der quantitativen Aussagen.
Eidem: Übungsbuch Produktion und Logistik, Berlin, Heidelberg usw. 1995b.
Aufgabensammlung in Anlehnung an *Günther, Hans-Otto/Tempelmeier, Horst*, 1995a.
Heizer, Jay/Render, Barry: Production and Operations Management. Strategies and Tactics, 3. Aufl., Englewood Cliffs (NJ) 1993.
Sehr anschauliches, umfassendes, englischsprachiges Lehrbuch mit Aufgaben, Fällen, Beispielen aus der aktuellen Wirtschaftspresse, Zusammenfassungen; ausgewogenes Verhältnis zwischen formalen und verbalen Inhalten.
Hoitsch, Hans-Jörg: Produktionswirtschaft. Grundlagen einer industriellen Betriebswirtschaftslehre, 2. Aufl., München 1993.
Umfassendes Lehrbuch zu strategisch-taktischen und operativen Fragen des Produktionsmanagements.
Kern, Werner: Industrielle Produktionswirtschaft, 5. Aufl., Stuttgart 1992.
Kompaktes, umfassendes Lehrbuch zum Gesamtstoff des Output-, Input- und Throughputmanagements.
Kern, Werner/Schröder, Hans-Horst/Weber, Jürgen (Hrsg.): Handwörterbuch der Produktionswirtschaft, 2. Aufl., Stuttgart 1996.
Aktuelles Nachschlagewerk in knapp 200 Kurzbeiträgen über den Gesamtbereich des Produktionsmanagements, vorwiegend von produktionswirtschaftlich orientierten Hochschullehrern deutschsprachiger Universitäten.
Schweitzer, Marcell (Hrsg.): Industriebetriebslehre. Das Wirtschaften in Industrieunternehmungen, 2. Aufl., München 1994.
Zehn in sich abgeschlossene Kapitel über verschiedene unternehmerische Funktionsbereiche in Industriebetrieben, von betriebswirtschaftlichen Hochschullehrern deutschsprachiger Universitäten.

Grundlagen- und weiterführende Literatur

Adam, Dietrich: Produktions-Management, 7. Aufl., Wiesbaden 1993.
Bloech, Jürgen/Bogaschewsky, Ronald/Götze, Uwe u. a.: Einführung in die Produktion, Heidelberg 1992.

Corsten, Hans (Hrsg.): Handbuch Produktionsmanagement. Strategie, Führung, Technologie, Schnittstellen, Wiesbaden 1994.

Dyckhoff, Harald: Grundzüge der Produktionswirtschaft. Einführung in die Theorie betrieblicher Produktion, Berlin, Heidelberg usw. 1995.

Ellinger, Theodor: Industrielle Wechselproduktion. Grundprinzipien und Gesetz der Wechselproduktion, Stuttgart 1985.

Ellinger, Theodor/Haupt, Reinhard: Produktions- und Kostentheorie, 3. Aufl., Stuttgart 1996.

Fandel, Günter/Dyckhoff, Harald/Reese, Joachim: Industrielle Produktionsentwicklung. Eine empirisch-deskriptive Analyse ausgewählter Branchen, 2. Aufl., Berlin, Heidelberg usw. 1994.

Günther, Hans-Otto/Tempelmeier, Horst: Produktionsmanagement. Einführung mit Übungsaufgaben, 2. Aufl., Berlin, Heidelberg usw. 1995c.

Gutenberg, Erich: Grundlagen der Betriebswirtschaftslehre, Erster Band: Die Produktion, 24. Aufl., Berlin, Heidelberg usw. 1983.

Haupt, Reinhard: Lean Production. Von der kranken zur schlanken Produktion, Baden-Baden 1994.

Heinen, Edmund: Industriebetriebslehre. Entscheidungen im Industriebetrieb, 9. Aufl., Wiesbaden 1991.

Jacob, Herbert (Hrsg.): Industriebetriebslehre. Handbuch für Studium und Praxis, 4. Aufl., Wiesbaden 1990.

Schneeweiß, Christoph: Einführung in die Produktionswirtschaft, 5. Aufl., Berlin, Heidelberg usw. 1993.

Tersine, Richard, J.: Production/Operations Management. Concepts, Structure and Analysis, 2. Aufl., New York 1985.

Vahrenkamp, Richard: Produktions- und Logistikmanagement, München, Wien 1994.

Zäpfel, Günther: Produktionswirtschaft. Operatives Produktions-Management, Berlin, New York 1982.

Zäpfel, Günther: Strategisches Produktions-Management, Berlin, New York 1989a.

Zäpfel, Günther: Taktisches Produktions-Management, Berlin, New York 1989b.

Manfred Bruhn

Marketing

1. Grundkonzept des Marketing

1.1 Begriff und Entwicklungsphasen des Marketing

Die Situation vieler Unternehmen auf den nationalen und internationalen Märkten ist in zunehmendem Maße durch permanente Veränderungsprozesse gekennzeichnet. Dies führt dazu, daß auch die Anforderungen an eine erfolgreiche Unternehmensführung komplexer werden und ständig zunehmen[1]. Eine Hauptursache ist in der wachsenden Komplexität und Dynamik der Unternehmensumwelt zu sehen, die sich unmittelbar auf die Entscheidungen der Unternehmen auswirkt. Daher verlangt eine erfolgreiche Unternehmensführung, daß alle für das Unternehmen relevanten Marktfaktoren isoliert und auch in ihrem Zusammenwirken beachtet werden.

Zu den wesentlichen Faktoren, welche die gegenwärtige Unternehmenssituation prägen, zählen z.B. der rasche technologische Wandel, das hohe Sättigungsniveau auf vielen Märkten, die Öffnung der Ostmärkte, die Tendenz zur Fragmentierung der Märkte, die steigenden Anforderungen durch Veränderungen und Polarisierung des Konsumentenverhaltens, des Umweltschutzes sowie die intensive nationale und internationale Konkurrenz.

In diesem Sinne stehen die Unternehmen vor der Aufgabe, bei ihren Entscheidungen stets alle direkt und indirekt mit ihren relevanten Märkten zusammenhängenden Faktoren zu berücksichtigen. So kommt es darauf an, Marktveränderungen zu erkennen und zu bewältigen, wobei Bewältigung weniger als Anpassungs- (passiver Aspekt), sondern vielmehr als eine Gestaltungsaufgabe (aktiver Aspekt) zu sehen ist. Diese Aufgaben sind dem Marketing als Unternehmensfunktion zuzuordnen. Es besteht heute weitgehende Einigkeit darüber, daß Marketing als „Denken vom Markte her", aber auch „zum Markt hin" verstanden werden muß[2].

---

[1] Vgl.: Bruhn, M./Meffert, H./Wehrle, F. (Hrsg.): Marktorientierte Unternehmensführung im Umbruch. Effizienz und Flexibilität als Herausforderung des Marketing, Stuttgart 1994.

[2] Vgl. hierzu z.B. Meffert, H.: Marketing. Grundlagen der Absatzpolitik, 7. Aufl., Wiesbaden 1986; Steffenhagen, H.: Marketing. Eine Ein-

Im weiteren soll daher von folgender Definition des Marketing ausgegangen werden[3]:

Marketing ist eine unternehmerische Denkhaltung. Sie konkretisiert sich in der Planung, Organisation, Durchführung und Kontrolle sämtlicher interner und externer Unternehmensaktivitäten, die durch eine Ausrichtung der Unternehmensleistungen am Kundennutzen im Sinne einer konsequenten Kundenorientierung darauf abzielen, absatzmarktorientierte Unternehmensziele zu erreichen.

Dieses umfassende Marketingverständnis ist der Ausdruck einer ständigen Weiterentwicklung des Marketinggedankens, um stets den veränderten Anforderungen gerecht zu werden. Das Konzept des Marketing bezieht sich dabei nicht nur auf gewinnorientierte Unternehmen, sondern auch auf den nicht-kommerziellen Bereich[4]. Bei einer historischen Betrachtung der letzten 50 Jahre können fünf Entwicklungsphasen des Marketing unterschieden werden:

- In der Phase der Produktionsorientierung (fünfziger Jahre) spielte das Marketing kaum eine Rolle, da nach dem Zweiten Weltkrieg zunächst die vorrangige Aufgabe darin lag, die Produktion aufzubauen, um den großen Nachfrageüberhang zu befriedigen. Da das Angebot an Produkten geringer als die Nachfrage war (Situation eines „Verkäufermarktes"), mußte der Verkauf der Produkte nicht durch Vermarktungsmaßnahmen gefördert werden.

---

führung, 2. Aufl., Stuttgart 1991; Zentes, J.: Grundbegriffe des Marketing, 4. Aufl., Stuttgart 1992; Becker, J.: Marketing-Konzeption. Grundlagen des strategischen Marketing-Management, 5. Aufl., München 1993; Berekoven, L.: Grundlagen des Marketing, 5. Aufl., Herne/Berlin 1993; Ahlert, D.: Grundzüge des Marketing, 4. Aufl., Düsseldorf 1994; Böcker, F.: Marketing, 5. Aufl., Stuttgart 1994; Bruhn, M.: Marketing. Grundlagen für Studium und Praxis, 2. Aufl., Wiesbaden 1995; Kotler, Ph./Bliemel, F.: Marketing-Management. Analyse, Planung, Umsetzung und Steuerung, 8. Aufl., Stuttgart 1995.

[3] Bruhn, M.: Marketing. Grundlagen für Studium und Praxis, 2. Aufl., Wiesbaden 1995, S. 16.

[4] Vgl. hierzu z.B. Bruhn, M./Tilmes, J.: Social Marketing. Einsatz des Marketing für nichtkommerzielle Organisationen, 2. Aufl., Stuttgart/Berlin/Köln 1994; Raffée, H./Fritz, W./Wiedmann, K.-P.: Marketing für öffentliche Betriebe, Stuttgart u.a. 1994.

- Die Phase der Verkaufsorientierung (sechziger Jahre) war dadurch gekennzeichnet, daß bei einer zunehmenden nationalen Herstellerkonkurrenz nicht mehr die Produktion den Engpaß darstellte, sondern der Handel, der sich einem verbreiterten Angebot gegenübersah. Hier hatte ein schlagkräftiger Außendienst dafür zu sorgen, daß die Produkte vom Handel abgenommen wurden.
- Bei einem Überangebot an Waren in den Handelsregalen und allgemeinen Sättigungserscheinungen wurden schließlich die Endabnehmer in der Phase der Marktorientierung (siebziger Jahre) zum Engpaß (Situation eines „Käufermarktes"). Es waren insbesondere jene Unternehmen erfolgreich, die es verstanden, die spezifischen Bedürfnisse der Endabnehmer zu erkennen und ihr Leistungsprogramm darauf abzustellen.
- Die Phase der Wettbewerbsorientierung (achtziger Jahre) ist dadurch charakterisiert, daß es bei zunehmend gleichgerichteten Marketing-anstrengungen für das einzelne Unternehmen immer schwieriger wurde, Konkurrenzvorteile zu erlangen. Die Problematik im Absatzmarkt bestand in der mangelnden Profilierung der Unternehmen gegenüber den wichtigsten Wettbewerbern. In diesem Sinne ging es darum, gezielt Wettbewerbsvorteile im Vergleich zu den Hauptkonkurrenten aufzubauen und im Markt durchzusetzen.
- Aufgrund der wachsenden Bedeutung der umfeldbezogenen Faktoren können die neunziger Jahre auch als Phase der Umfeldorientierung verstanden werden. Bei zunehmendem Einfluß ökologischer Faktoren (z.B. Umweltschutz, Ressourcenverknappung), politischer Entwicklungen (z.B. Europäischer Binnenmarkt, Zusammenbruch des sozialistischen Weltsystems), technologischer Tendenzen (z.B. Technologiedynamik, technologische Durchdringung aller Sphären des persönlichen und gesellschaftlichen Lebens), gesellschaftlicher Veränderungen (z.B. Wertewandel in den Industriestaaten sowie in den ehemaligen sozialistischen Staaten) werden jene Unternehmen erfolgreich sein, die diese Entwicklungen frühzeitig erkennen und mit veränderten Unternehmensleistungen darauf reagieren können.

Betrachtet man die Entwicklungsphasen des Marketing in den letzten Jahrzehnten, so wird deutlich, daß das Marketing erheblich an Bedeutung gewonnen hat und heute nicht mehr nur als eine reine betriebliche Funktion in einem Unternehmen verstanden werden kann, sondern als Leitidee für eine marktorientierte Unternehmensführung.

1.2 Merkmale und Aufgaben des Marketing

Für das genauere Verständnis des konzeptionellen Vorgehens im Marketing ist es notwendig, aus der gegebenen Marketingdefinition die wesentlichen Merkmale des Marketing herauszuarbeiten. Hier sollen vor allem fünf Merkmale hervorgehoben werden[5]:

(1) Marktorientierte Unternehmensführung

Marketing stellt die Philosophie einer marktorientierten Unternehmensführung dar. Mittelpunkt dieser Denkweise sind die Erfordernisse des Marktes sowie der Kunden und nicht der Verkauf vorhandener Produkte. Dazu sind die Markterfordernisse zu identifizieren, sämtliche internen und externen Unternehmensaktivitäten darauf auszurichten und das Leistungsprogramm entsprechend zu gestalten.

(2) Ausrichtung am Kundennutzen

Wesentliche Intention der Marktorientierung ist die Entwicklung von Leistungen, die sich am vom Kunden wahrgenommenen Nutzen (Grund- und Zusatznutzen) orientieren. Dabei sind nicht nur rein objektive Leistungsvorteile oder nachvollziehbare Leistungsverbesserungen gegenüber Konkurrenten Grundlage der Planung, sondern ebenso das Streben, durch eine verbesserte Unternehmensleistung den objektiven und subjektiven Kundennutzen zu steigern.

(3) Systematische Planungs- und Entscheidungsprozesse

Marketing ist eine Managementfunktion und bedingt ein Entscheidungsverhalten, das sich an einer systematischen Planung ausrichtet. Deshalb ist es erforderlich, für jeden Entscheidungsbereich im Marketing einen Planungsprozeß zu entwickeln und der Entscheidung zugrundezulegen.

(4) Suche nach kreativen und innovativen Problemlösungen

Markterfolge werden nicht nur durch eine ausschließlich systematische Vorgehensweise im Planungsprozeß erzielt („analytisches Marketing"), sondern darüber hinaus auch durch eine kreative und innovative Problemlösung erreicht („kreatives Marketing"). Marketing bedeutet daher auch eine Suche nach „ungewöhnlichen" und „einzigartigen" Lösungen, um eine Alleinstellung im Markt zu ermöglichen.

(5) Integration sämtlicher Marketingaktivitäten

Im Unternehmen haben eine Vielzahl von Abteilungen direkten oder indirekten Bezug zum Absatzmarkt: Produktentwicklung, Werbung,

---

[5] Vgl. Bruhn, M.: Marketing. Grundlagen für Studium und Praxis, 2. Aufl., Wiesbaden 1995, S. 14.

Marktforschung, Vertrieb, Reklamation, Controlling, Public Relations. Es ist erforderlich, diese einzelnen Funktionsbereiche aufeinander abzustimmen, um ein auf den Absatzmarkt gerichtetes, koordiniertes und integriertes Vorgehen sicherzustellen. Nur ein integriertes Marketing kann Synergiewirkungen im Einsatz der Marketinginstrumente erzielen.

Diese zentralen Merkmale des Marketing sind für alle Branchen und Unternehmenstypen gültig und kennzeichnen die Philosophie des Marketing.

Die Aufgaben des Marketing konzentrieren sich auf zwei wesentliche Problemfelder. Auf der einen Seite geht es darum, die vielfältigen Bedürfnisse der Kunden zu erkennen und mit den entsprechenden Produkten und Leistungen zu befriedigen. Geht man davon aus, daß Bedürfnisse oft nur latent oder aber nur vorübergehend vorhanden sind, steht das Marketing auf der anderen Seite vor der Aufgabe, bisher nicht erkannte Bedürfnisse zu wecken bzw. zu festigen und damit Märkte neu zu schaffen. In letzter Konsequenz steht eine aktive Gestaltung des Marktes im Vordergrund. Es ist das Ziel, über die Gestaltung des Grund- und Zusatznutzens der angebotenen Produkte und Serviceleistungen dem Kunden seinen Bedürfnissen entsprechende, adäquate Problemlösungen zu bieten. Diese werden immer stärker auf die individuellen Anforderungen ausgerichtet.

Insgesamt sind folgende Aufgabenbereiche des Marketing zu unterscheiden[6]:

- Produktbezogene Aufgaben (z.B. Produktinnovationen, -verbesserungen);
- Marktbezogene Aufgaben (z.B. Erschließung neuer Marktpotentiale, Internationalisierung);
- Kundenbezogene Aufgaben (z.B. Schaffung von Kundenzufriedenheit, Erhöhung der Kundenbindung);
- Handelsbezogene Aufgaben (z.B. Ausrichtung auf die Anforderungen des Handels, Erschließung neuer Vertriebskanäle);
- Konkurrenzbezogene Aufgaben (z.B. Aufbau und Absicherung langfristiger Wettbewerbsvorteile);
- Unternehmensbezogene Aufgaben (Koordination sämtlicher marktorientierter Aktivitäten, kundenorientierte Ausrichtung der Mitarbeiter).

---

[6] Vgl. Meffert, H.: Marketing. Grundlagen der Absatzpolitik, 7. Aufl., Wiesbaden 1986; Bruhn, M.: Marketing. Grundlagen für Studium und Praxis, 2. Aufl., Wiesbaden 1995.

1.3 Marketing als marktorientierte Unternehmensführung

In der Literatur existieren unterschiedliche Auffassungen zum Stellenwert des Marketing im Rahmen der Unternehmensführung. Auf der einen Seite wird für das Marketing ein „Dominanzanspruch" erhoben[7]. Dieser Dominanzanspruch beinhaltet unter langfristigen Aspekten die Notwendigkeit der Kundenorientierung als strategische Leitlinie eines Unternehmens. Die Kundenorientierung ist dabei wiederum in ein abgestuftes System von weiteren Umweltbezügen einzubetten (z.B. Beschaffungsmärkte, natürliche und gesellschaftliche Ansprüche). Auf der anderen Seite wird jedoch aufgrund der wachsenden Anforderungen an die Unternehmensführung ein ausschließlicher Dominanzanspruch kritisiert[8]. Dabei wird zwar von der generellen Dominanz des Absatzmarktes abgegangen, jedoch gleichzeitig betont, daß nach wie vor Marktbeziehungen zum Kernproblem der Unternehmensführung zählen.

Trotz der Tatsache, daß Marketing aus Sicht der Unternehmensorganisation als eine gleichberechtigte Unternehmensfunktion angesehen wird, kommt dem Marketing eine besondere Stellung im Unternehmen zu. Diese resultiert daraus, daß der Grundgedanke des Marketing eine Ausrichtung sämtlicher Unternehmensaktivitäten am Markt propagiert, ohne die ein Unternehmen unter den heute vielfach gesättigten Marktbedingungen kaum bestehen kann. Marketing ist daher nicht nur als eine Unternehmensfunktion, sondern als Leitkonzept des Managements im Sinne einer marktorientierten Unternehmensführung zu verstehen. Die gleichzeitige Betonung von Funktion und Denkhaltung des Marketing führt dazu, daß Marketing als ein duales Konzept der marktorientierten Unternehmensführung gesehen werden kann[9].

Diese Sichtweise verdeutlicht, daß zwischen dem Marketing und anderen Funktionsbereichen des Unternehmens vielfältige Interdependenzen bestehen, die im Rahmen einer integrativen Sichtweise eine Abstimmung aller Funktionsbereiche erfordern. Aus

---

[7] Vgl. zu dieser Auffassung u.a. Raffée, H.: Marktorientierung der BWL zwischen Anspruch und Wirklichkeit, in: Die Unternehmung, 38. Jg. (1985), Nr. 1, S. 3-18.
[8] Vgl. hierzu z.B. Böhler, H./Gottschlich, W.: Strategisches Marketing und strategische Unternehmensführung, in: Wirtschaftswissenschaftliches Studium, 14. Jg. (1985), S. 247-252.
[9] Vgl. Meffert, H.: Marketing Management. Analyse, Strategie, Implementierung, Wiesbaden 1994.

der Perspektive eines integrierten Marketing ist z.B. die Forschung & Entwicklung so zu steuern, daß solche Produkte entwickelt werden, die die aktuellen Kundenbedürfnisse befriedigen und somit auch hohe Erfolgsaussichten auf dem Markt haben. Die Produktion ist beispielsweise so zu gestalten, daß nicht nur mit einer hohen Flexibilität den veränderten Markterfordernissen Rechnung getragen werden kann, sondern daß zunehmend auch qualitätsbezogene Ziele gleichzeitig neben kostenbezogenen Zielen verfolgt werden. Im Rahmen der Beschaffung kann es z.B. darum gehen, gezielt Markenprodukte in die eigenen Produkte zu integrieren, um damit eine Aufwertung der Produkte zu erreichen (z.B. Intel inside). Hinsichtlich des Personals muß u.a. sichergestellt werden, daß sich auch hier sowohl im unternehmensinternen als auch im -externen Bereich eine kundenorientierte Sichtweise durchsetzt. Die Kostenrechnung hat für das Marketing die notwendigen Informationen entscheidungsgerecht bereitzustellen, so beispielsweise differenziert nach Produkten, Märkten, Kunden usw. In gleichem Maße geht es auch im Controlling u.a. um die Bereitstellung von Informationen, wobei hier neben der Unternehmensentwicklung insbesondere solche aus der Unternehmensumwelt von Bedeutung sind (z.B. Identifikation von Frühwarnsignalen, Überprüfung der Planungsprämissen). Bezüglich der Organisation ist zu gewährleisten, daß mit der Wahl der Aufbau- und Ablauforganisation nicht nur eine große Marktnähe, sondern auch eine hohe Reaktionsfähigkeit auf Marktveränderungen sichergestellt wird.

1.4 Branchenspezifische Besonderheiten

Der Marketinggedanke hat seinen Ursprung im Konsumgüterbereich und hier insbesondere bei den Verbrauchsgütern. Es waren zunächst Produkte im Lebensmittelbereich, die als Markenartikel vermarktet wurden. Dieser Prozeß begann in der Phase des Übergangs der handwerklichen zur industriellen Fertigung. Noch heute sind viele der bereits über 100 Jahre alten Markenprodukte im Markt erfolgreich (z.B. Nivea, Persil, Knorr, Odol, Asbach Uralt, Erdal).

Vom Verbrauchsgüterbereich ausgehend wurde der Marketinggedanke nach und nach auch für Gebrauchsgüter übertragen. Seit einiger Zeit gehen zunehmend auch Anbieter von Investitionsgütern und Dienstleistungen dazu über, das methodische Instrumentarium des Marketing zu nutzen[10]. Wenn auch der Grundgedanke des Marketing von der Übertragung des Marketing auf andere Branchen unberührt bleibt, so wird doch die Umsetzung durch die Besonderheiten dieser Branchen determiniert.

Betrachtet man diese Besonderheiten, so kennzeichnen sie das Marketing in den einzelnen Branchen wie folgt:

Konsumgütermarketing (z.B. Lebensmittel- oder Haushaltsgerätehersteller)
- Intensive Werbeaufwendungen im Rahmen einer konsequenten Markenpolitik;
- Mehrstufiger Vertrieb unter Berücksichtigung unterschiedlicher Vertriebskanäle;
- Handelsgerichtete Marketingkonzeption, um der zunehmenden Nachfragemacht der Handelsunternehmen gerecht zu werden;
- Preiskämpfe, ausgelöst durch zunehmenden Wettbewerb;
- Kurze Innovationszyklen, die aus einem wachsenden Konkurrenzdruck resultieren;
- „Me too-Produkte" (z.B. Gattungsmarken), mit deren Hilfe Imitatoren bei technologisch ausgereiften Produkten durch niedrigere Preise Marktanteile zu gewinnen versuchen;
- Differenzierter Einsatz von Marketingmethoden (z.B. psychologische Produktdifferenzierung);
- Marketingmaßnahmen richten sich auf Massenmärkte (Massenmarketing);
- Einsatz von Produktmanagern, die sich ausschließlich um die von ihnen betreuten Marken kümmern;
- Einsatz von Kundengruppenmanagern, die sich auf die Zusammenarbeit mit Großkunden (Key Accounts) im Sinne eines Key Account-Managements konzentrieren.

Investitionsgütermarketing (z.B. Rohstofflieferanten, Anlagenhersteller)
- Individuallösungen für den Kunden (Individualmarketing);
- Systemlösungen, die nicht nur aus einem einzelnen Produkt, sondern aus einem Paket von Serviceleistungen wie Beratung, Schulung und Wartung bestehen können;

---
[10] Vgl. z.B.: Backhaus, K.: Investitionsgüter-Marketing, 4. Aufl., München 1995; Meffert, H./Bruhn, M.: Dienstleistungsmarketing. Grundlagen, Konzepte, Methoden. Mit Fallstudien, Wiesbaden 1995.

- Produktentwicklungen finden vielfach in Zusammenarbeit mit dem Kunden statt;
- Organisation der Nachfrager in Form von Einkaufsgremien („Buying Center"), in dem die Kaufentscheidungen der industriellen Abnehmer von mehreren Personen gemeinsam getroffen werden;
- Der Direktvertrieb steht als Absatzweg im Vordergrund;
- Individuelle und persönliche Formen der Kommunikation mit dem Kunden erhalten einen großen Stellenwert;
- Preiskämpfe sind nur selten zu beobachten;
- Spannungsfelder zwischen Technik, Vertrieb und Marketing erfordern spezielle organisatorische Lösungen.

Dienstleistungsmarketing (z.B. Banken, Versicherungen, Touristikunternehmen)
- Dienstleistungen sind immateriell, damit nicht lager- und transportfähig und häufig nicht „sichtbar";
- Die Dienstleistung kommt vielfach ausschließlich durch personellen Einsatz zustande, so daß die Qualifikation und Motivation der Mitarbeiter besonders wichtig sind;
- Kommunikation mit dem Kunden ist Teil der Leistungserstellung;
- Gewährleistung konstanter „Dienstleistungsqualität" ist ein zentrales Marketingproblem;
- Imagemerkmale des Unternehmens und des jeweiligen Leistungserbringers (z.B. Seriosität, Vertrauens- und Glaubwürdigkeit) spielen bei nicht objektiv nachprüfbarer Leistungsqualität eine besondere Rolle;
- „Mund-zu-Mund-Kommunikation" ist eine wesentliche Einflußgröße für die Inanspruchnahme der Dienstleistung;
- Tendenz, bestimmte Leistungstypen als „Markenartikel" aufzubauen (Dienstleistungsmarken), in diesem Zusammenhang können auch „Produktmanager" eingesetzt werden.

2. Marketing als systematischer Managementprozeß

2.1 Grundlagen des Marketingmanagements

Die grundlegende Voraussetzung aller Marketingentscheidungen ist die Bestimmung des relevanten Marktes, d.h. jenen Marktes, auf dem ein Unternehmen seine Leistungen anbieten will. Diese Marktabgrenzung kann dabei anhand der Dimensionen Abnehmer- bzw. Nachfragergruppen (z.B. Haushaltskunden, Gewerbekunden), Funktionserfüllung des Produktes oder der Leistung (z.B. bei Lacken Schutzfunktion oder Dekorfunktion) und der Technologie (z.B. Elektrotauchlacke oder Wasserlacke) erfolgen[11]. Über diese Dimensionen hinaus wird auch in letzter Zeit gefordert, die Frage der räumlichen Marktabdeckung zu berücksichtigen[12]. Mit der Marktabgrenzung eng verbunden ist in einem nächsten Schritt die Frage der Marktsegmentierung. Hierbei geht es darum, anhand von bestimmten Kriterien, wie z.B. soziodemographische Kriterien oder Kaufverhaltenskriterien, den Gesamtmarkt in Teilsegmente zu zerlegen, die untereinander heterogen, in sich aber möglichst homogen sind, um diese mit einem differenzierten Einsatz der Marketinginstrumente zu bearbeiten. Man spricht in diesem Zusammenhang vom Prinzip der differenzierten Marktbearbeitung.

Eine umfassende Lösung der jeweiligen marktsegmentbezogenen Problemstellungen durch das Unternehmen verlangt eine bestimmte marktorientierte Entscheidungssystematik. In diesem Zusammenhang wird ein entscheidungstheoretischer Ansatz herangezogen[13], der den Entscheidungsträger in die Lage versetzt, das spezifische Entscheidungsproblem zu strukturieren, in seine Teilprobleme zu zerlegen und durch eine iterative Vorgehensweise einer Lösung zuzuführen. Der Grundgedanke ist hierbei, daß das Erreichen von Marketingzielen abhängt von der spezifischen Situation, in der sich das Unternehmen befindet, und der sich aus dieser Situation ergebenden Marketingstrategie sowie dem daraus folgenden Einsatz von Marketinginstrumenten. Hierbei können die Ziele als der gewünschte Zustand verstanden werden, zu dem man gelangen möchte, die Strategie als die Richtung bzw. der Weg, der eingeschlagen wird, um den gewünschten Zustand zu erreichen und die Instrumente als die gewählten Mittel[14]. Demzufolge besteht für den

---

[11] Vgl. Abell, D. F.: Defining the Business. The Starting Point of Strategic Planning, Englewood Cliffs, N.J. 1980.

[12] Vgl. Meffert, H.: Marketing Management. Analyse, Strategie, Implementierung, Wiesbaden 1994, S. 44.

[13] Vgl. auch Meffert, H.: Marketing. Grundlagen der Absatzpolitik, 7. Aufl., Wiesbaden 1986; Nieschlag, R./Dichtl, E./Hörschgen, H.: Marketing, 17. Aufl., Berlin/München 1994; Kotler, Ph./Bliemel, F.: Marketing-Management. Analyse, Planung, Umsetzung und Steuerung, 8. Aufl., Stuttgart 1995; Bruhn, M.: Marketing. Grundlagen für Studium und Praxis, 2. Aufl., Wiesbaden 1995.

[14] Becker, J.: Marketing-Konzeption. Grundlagen des strategischen Marketing-Managements, 5. Aufl., München 1993.

Marketingmanager die zentrale Aufgabe darin, in einer bestimmten Situation die richtigen Marketinginstrumente zu definieren, um die festgelegten Marketingziele zu erreichen. Diese Sichtweise führt zu einem Denken in Marktreaktionsfunktionen, die aussagen können, inwieweit die Marketingziele durch alternativen Instrumenteeinsatz in alternativen Marketingsituation neu erreicht werden.

2.2 Phasen im Marketingmanagementprozeß

Im Sinne des entscheidungsorientierten Ansatzes wird im folgenden ein typischer Marketingentscheidungsprozeß zugrundegelegt, der dem Marketingmanager ein systematisches Vorgehen ermöglicht. In Abbildung 1 ist ein solcher Prozeß des Marketingmanagements mit seinen verschiedenen Phasen in einer systematischen Abfolge dargestellt.

Abbildung 1: *Marketing als Managementprozeß*

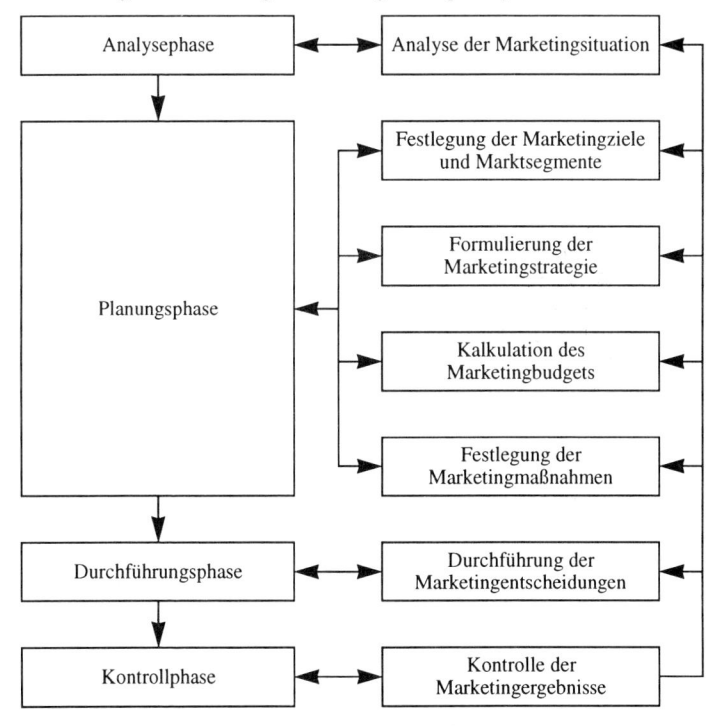

```
Analysephase           ←→   Analyse der Marketingsituation
      ↓
                            Festlegung der Marketingziele
                            und Marktsegmente

                            Formulierung der
                            Marketingstrategie
Planungsphase          ←
                            Kalkulation des
                            Marketingbudgets

                            Festlegung der
                            Marketingmaßnahmen
      ↓
Durchführungsphase     ←→   Durchführung der
                            Marketingentscheidungen
      ↓
Kontrollphase          ←→   Kontrolle der
                            Marketingergebnisse
```

Dieser Marketingmanagementprozeß besteht aus einer Analyse-, Planungs-, Durchführungs- und Kontrollphase, die wiederum Rückschlüsse zur Planungsphase nach sich zieht[15].

(1) Analysephase
Die Situationsanalyse ist Ausgangspunkt jedes Marketingmanagementprozesses und damit die Grundlage für die Erstellung eines Marketingplans. Hier werden die spezifische Situation und die marktbezogene Problemstellung des Unternehmens erfaßt. Ziel ist es, eine prägnante Analyse der Entwicklung sowie eine Prognose der relevanten Einflußfaktoren des Marktes zu erhalten. Als Ergebnis müssen die wichtigsten Chancen und Risiken des Marktes sowie die Stärken und Schwächen des Unternehmens identifiziert und gegenübergestellt werden.

Bezugspunkt der Planung ist stets der relevante Markt, auf dem das Unternehmen mit seinem Leistungsprogramm vertreten ist. In der Phase der Analyse der Marketingsituation sind sämtliche Faktoren zu erfassen, die einen Einfluß auf diesen Markt ausüben. Zur Strukturierung der Analyse der Marketingsituation kann zwischen verschiedenen Situationsebenen unterschieden werden:
- Marktsituation (z.B. Marktvolumen, Sättigungsgrade, technologischer Wandel),
- Kundensituation (z.B. Kundenstruktur, Kaufkraft, Einstellungen),
- Handelssituation (z.B. Handelskonzentration, Machtausübung, Einkaufsentscheidungsverhalten),
- Lieferantensituation (z.B. Anzahl der Lieferanten, Lieferzuverlässigkeit, Kooperationsbereitschaft),
- Konkurrenzsituation (z.B. Anzahl und Größe der Konkurrenten, Wettbewerbsintensität, Machtverhältnisse),
- Umfeldsituation (z.B. Politik, gesamtwirtschaftliche Entwicklung, Umweltprobleme),
- Unternehmenssituation (z.B. Leistungsprogramm, Vertriebsorganisation, Mitarbeiter).

Inhalt, Länge und Form von Situationsanalysen werden dabei von den Unternehmen sehr unterschiedlich gehandhabt. In einem ersten

---

[15] Vgl. z.B. Meffert, H.: Marketing Management. Analyse, Strategie, Implementierung, Wiesbaden 1994; Bruhn, M.: Marketing. Grundlagen für Studium und Praxis, 2. Aufl., Wiesbaden 1995; Kotler, Ph./Bliemel, F.: Marketing-Management. Analyse, Planung, Umsetzung und Steuerung, 8. Aufl., Stuttgart 1995.

Schritt sind die relevanten unternehmensexternen Einflußgrößen des Unternehmens zu erfassen, d.h. jene Faktoren, die das Unternehmen selbst nur bedingt beeinflussen kann. Bei der Analyse sind nicht nur quantitative (z.b. Marktvolumen), sondern auch qualitative Faktoren (z.b. Einstellungen der Kunden) sowie deren Entwicklung im Zeitablauf zu erfassen. Aus diesen Entwicklungstendenzen sind dann in einem zweiten Schritt die unternehmensexternen Chancen und Risiken zu identifizieren, die sich in der unternehmensexternen Umwelt ergeben. So können beispielsweise Marktchancen in einem wachsenden Umweltbewußtsein der Bevölkerung liegen, während Marktrisiken in dem Eintreten neuer Konkurrenten gesehen werden können. Aus der Marktstellung des Unternehmens und den zur Verfügung stehenden Ressourcen sind in einem nächsten Schritt die unternehmensbezogenen Stärken und Schwächen herauszuarbeiten. Solche Stärken können z.B. die Existenz starker Marken sein, als Schwäche kann ein schlechtes Image eines Unternehmens genannt werden. In einem letzten Schritt erfolgt dann die Verknüpfung und Gegenüberstellung der marktbezogenen Chancen und Risiken mit den unternehmensbezogenen Stärken und Schwächen, um die Position des Unternehmens und die spezifische Marketing-Problemstellung zu erkennen.

(2) Planungsphase
Die erste Entscheidung innerhalb der Planungsphase betrifft die Festlegung der Marketingziele und der Marktsegmente. Die *Marketingziele* werden aus den Unternehmenszielen abgeleitet. Dabei können Marketingziele in ökonomische und psychologische Marketingziele unterteilt werden. *Ökonomische Marketingziele*, wie z.B. Gewinn, Rendite, Umsatz, Absatz, Marktanteil oder Distributionsgrad, lassen sich in betriebswirtschaftlichen Kategorien erfassen und messen. Ihre Erreichung ist jedoch nicht allein auf den Einsatz von Marketinginstrumenten zurückzuführen. *Psychologische Marketingziele*, wie z.B. Bekanntheitsgrad, Image/Einstellungen, Informationsstand, Markentreue oder Kundenzufriedenheit, können hingegen nur schwer erfaßt werden, da sie teilweise „theoretische Konstrukte" darstellen, die nicht direkt beobachtbar sind. Im Rahmen der Planung, aber auch der sich anschließenden Realisierung und Kontrolle, ist es wichtig, daß Marketingziele operationalisiert werden. Eine solche Zieloperationalisierung erfolgt durch eine Festlegung der Ziele hinsichtlich des Inhalts, des Ausmaßes, des Zeit- und Segmentbezuges sowie des Zielgebietes.

Sind die Marketingziele formuliert, erfolgt die Entwicklung der *Marketingstrategie*. Sie gibt die mittel- bis langfristigen Schwerpunkte in der Marktbearbeitung des Unternehmens wieder, insbesondere im Hinblick auf die Kundenbearbeitung, die Zusammenarbeit mit den Absatzmittlern und die Abgrenzung gegenüber der Konkurrenz. Einen zentralen Stellenwert nimmt hierbei die Entscheidung für eine kosten- und/oder eine qualitätsorientierte Marketingstrategie ein. Sie beantwortet zunächst die grundlegende Frage, ob mit den Produkten des Unternehmens Wettbewerbsvorteile durch geringe Preise oder eine hohe Qualität auf dem Gesamtmarkt oder auf Teilmärkten erzielt werden sollen.

Nachdem Marketingstrategien entwickelt wurden, sind die fachlichen, personellen und finanziellen Ressourcen zu prüfen, da sie die Möglichkeiten der Umsetzung der Marketingstrategien durch die Marketinginstrumente bestimmen. Inwieweit eine Marketingstrategie durchgesetzt und damit die Marketingziele auch erreicht werden können, hängt also in einem entscheidenden Maße von der Höhe des *Marketingbudgets* ab. Die zur Verfügung stehenden Mittel werden in einem weiteren Planungsschritt auf die verschiedenen Marketingabteilungen und einzelnen Planungsobjekte verteilt. Zielsetzung der Budgetplanung ist es, in einem ersten Schritt die Budgethöhe festzulegen und in einem zweiten Schritt die Budgetverteilung (Verteilung auf die Marketinginstrumente, Produkte, Kundengruppen, Vertriebskanäle) vorzunehmen.

Die Planung der *Marketingmaßnahmen* bezieht sich unmittelbar auf den Einsatz der Marketinginstrumente Produkt-, Preis-, Kommunikations- und Vertriebspolitik, mit denen der Markt bearbeitet werden soll. Sie werden in ihrem Zusammenwirken auch als *Marketingmix* bezeichnet. Während sich die Produktpolitik mit sämtlichen Entscheidungen des Unternehmens zur Gestaltung des Leistungsprogramms beschäftigt, definiert die Preispolitik die Konditionen, unter denen die Leistungen den Kunden angeboten werden. Zur Kommunikationspolitik werden hingegen sämtliche Maßnahmen zusammengefaßt, die einem ein- oder wechselseitigen, zielgerichteten Informationsaustausch (z.B. mit Kunden, Mitarbeitern, Gesellschaft) dienen und den Kommunikationsempfänger beeinflussen sollen. Die Vertriebspolitik umfaßt die Gestaltung der Absatzwege. In Abbildung 2 sind die vier Marketinginstrumente und die jeweiligen Entscheidungs- und Aufgabenfelder dargestellt.

Abbildung 2: *Marketinginstrumente und Marketingmix*

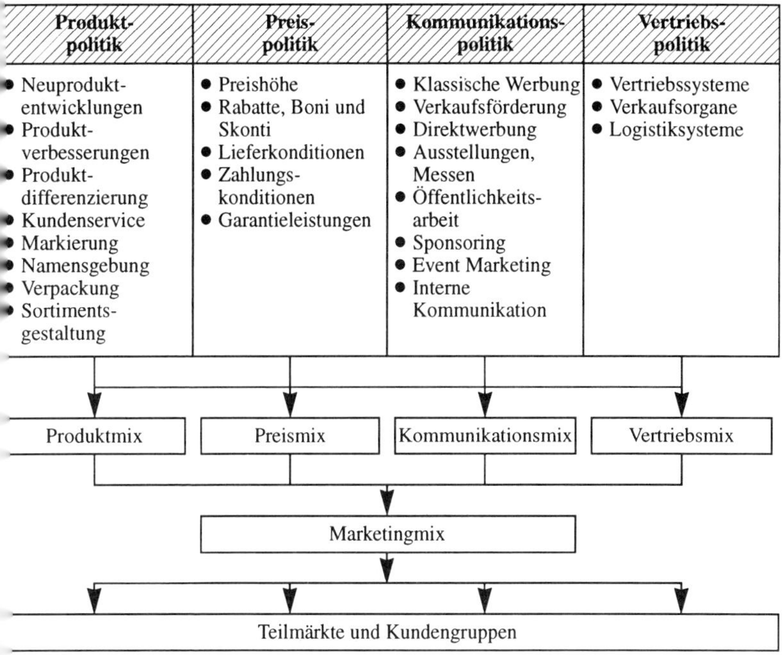

Produkt- politik	Preis- politik	Kommunikations- politik	Vertriebs- politik
• Neuprodukt- entwicklungen • Produkt- verbesserungen • Produkt- differenzierung • Kundenservice • Markierung • Namensgebung • Verpackung • Sortiments- gestaltung	• Preishöhe • Rabatte, Boni und Skonti • Lieferkonditionen • Zahlungs- konditionen • Garantieleistungen	• Klassische Werbung • Verkaufsförderung • Direktwerbung • Ausstellungen, Messen • Öffentlichkeits- arbeit • Sponsoring • Event Marketing • Interne Kommunikation	• Vertriebssysteme • Verkaufsorgane • Logistiksysteme

| Produktmix | Preismix | Kommunikationsmix | Vertriebsmix |

Marketingmix

Teilmärkte und Kundengruppen

(3) Durchführungsphase
Der Analyse- und Planungsphase schließt sich die Durchführung der getroffenen Marketingentscheidungen an, in deren Rahmen insbesondere Fragen der Marketingorganisation und des -personals zu klären sind. So werden Einzelmaßnahmen personell zugeordnet, um sicherzustellen, daß Mitarbeiter für die Durchführung der Marketingmaßnahmen verantwortlich sind. Die Umsetzung der Marketingstrategien kann nur dann kontrolliert werden, wenn sie in Form von Marketingplänen schriftlich formuliert und für die Marketingmanager auf den einzelnen hierarchischen Stufen als verbindlich erklärt werden.

(4) Kontrollphase
Jeder Marketingmanagementprozeß beinhaltet eine laufende Kontrolle der Marketingergebnisse. Hierbei geht es um die Überprüfung der Durchführung der Maßnahmen, der Erreichung der Marketing-

ziele sowie der Effizienz der getroffenen Marketingentscheidungen. Die Kontrollphase kann dabei einen neuen Marketingmanagementprozeß auslösen, d.h., daß aufgrund von Abweichungen oder neuen Situationsbedingungen Marketingziele, Strategien und insbesondere Marketingmaßnahmen angepaßt werden müssen.

Wenn auch der Marketingmanagementprozeß idealtypisch aus den dargestellten, zeitlich und inhaltlich aufeinanderfolgenden Phasen besteht, so gilt es zu berücksichtigen, daß die einzelnen Phasen nicht unabhängig voneinander linear abgearbeitet werden, sondern daß zwischen den einzelnen Planungsphasen Interdependenzen bestehen und Rückkopplungen auftreten können.

3. Marketingforschung als Prozeß der Informationsgewinnung

3.1 Funktionen und Methoden der Marketingforschung

Grundlage für fundierte Marketingentscheidungen sind Informationen über die relevanten unternehmensexternen und -internen Marketingsituationsbereiche. Der zentrale Gegenstand der Marketingforschung ist dabei insbesondere die Gewinnung und Prognose von quantitativen und qualitativen absatzmarktbezogenen Informationen. Im Mittelpunkt der Analyse steht die Entwicklung der Märkte, das Verhalten der Marktteilnehmer, die Wirkung von Marketinginstrumenten sowie die Entwicklung unternehmensbezogener Marketingkenngrößen wie Absatzvolumen oder Marktanteile.

Der Marketingforschung kommen in diesem Zusammenhang verschiedene Funktionen zu[16]. Zunächst geht es mit der Anregungsfunktion darum, Impulse für die Initiierung von Marketingentscheidungen (z.B. Bearbeitung neuer Märkte, Entwicklung neuer Produkte, Preisanpassungen) zu geben. Die Prognosefunktion beinhaltet die Aufgabe, Veränderungen der marketingrelevanten Faktoren in den Situationsbereichen abzuschätzen und deren Auswirkungen auf das eigene Geschäft aufzuzeigen (z.B. Konsequenzen aus einer zunehmenden Marktsättigung, dem künftigen Eindringen neuer Konkurrenten oder einem langfristigen Wertewandel). Im Rahmen der Bewertungsfunktion soll die Marketingforschung die

---

[16] Vgl. Meffert, H.: Marktforschung. Grundriß mit Fallstudien, Wiesbaden 1986.

Entscheidung zwischen Alternativen unterstützen (z.B. bei alternativen Neuprodukten, Preisen oder Vertriebskanälen). Mit der Kontrollfunktion geht es um die systematische Sammlung und Suche von Informationen über die Marktstellung des eigenen Unternehmens sowie über die Wirkung des Einsatzes der Marketinginstrumente. Die Bestätigungsfunktion dient hingegen dazu, Ursachen von Erfolgen bzw. Mißerfolgen aufzuzeigen.

Die Methoden der Marketingforschung können anhand einer Vielzahl von Kriterien differenziert werden[17]. Solche Kriterien sind beispielsweise der Bezugszeitraum (einmalige oder permanente Erhebung), die Art der Informationsgewinnung (Primärforschung, Sekundärforschung), die Art der Erhebungsmethode (Befragung, Beobachtung, Experiment), die Art der Messung (quantitative oder qualitative Marktforschung) oder der Ort der Messung (Labor-, Felduntersuchung).

Die Primärforschung nutzt im Gegensatz zur Sekundärforschung nicht bereits verfügbare und in einem anderen Zusammenhang erhobene Informationen für die eigenen Fragestellungen, sondern erhebt Daten, um spezifische Fragestellungen gezielt beantworten zu können. In diesem Zusammenhang kommt den Methoden der Befragung, Beobachtung und des Experimentes in der Primärforschung eine besondere Bedeutung zu.

Die Befragung gilt als klassisches Instrument der Marketingforschung, bei der durch die Auskunft des Befragten Informationen gewonnen werden. Sie nimmt in der Primärforschung den größten Stellenwert ein und kann persönlich, schriftlich oder telefonisch erfolgen. In der Praxis haben sich ausgehend von diesen drei Grundformen bestimmte Spezialformen der Befragung entwickelt (z.B. „Omnibus"-Befragungen, Spezialbefragungen, Einzelexplorationen oder Gruppeninterviews).

Ein weiteres klassisches Instrument der Primärdatengewinnung ist die Beobachtung. Hier wird versucht, gezielt aus der Analyse des Verhaltens und der Reaktion von Personen Rückschlüsse auf marketingrelevante Sachverhalte zu ziehen. Für die Anwendungsbreite der Beobachtung bedeutet dies, daß sie lediglich auf wenige Problemfelder des Marketing beschränkt bleibt. Typische Spezialfor-

---

[17] Vgl. hierzu z.B. Hüttner, M.: Grundzüge der Marktforschung, 4. Aufl., Berlin 1989; Böhler, H.: Marktforschung, 2. Aufl., Stuttgart u.a. 1992; Berekoven, L./Eckert, W./Ellenrieder, P.: Marktforschung. Methodische Grundlagen und praktische Anwendung, 6. Aufl., Wiesbaden 1993.

men der Beobachtung sind Beobachtungen durch Testverfahren (z.B. Produkttests, Blickaufzeichnung), Verfahren zur Beobachtung des offenen Verhaltens (z.B. Kundenlaufstudien, Kundenreaktionsstudien) und Verfahren zur Messung physiologischer Reaktionen (z.B. Messung der Hirnströme oder der Stimmfrequenz).

Eine spezifische Ausprägung und Anordnung von Befragungen oder Beobachtungen ist das Panel. Mit dem Begriff des Panels verbindet sich eine kontinuierliche Erhebung konsumrelevanter Informationen bei ausgewählten Gruppen von Personen oder Organisationen (Verbraucher-, Handels- oder Spezialpanel). Die Besonderheiten eines Panels bestehen darin, daß der Kreis der Auskunftspersonen konstant ist, die Erhebungen über einen längeren Zeitraum regelmäßig durchgeführt werden und der Untersuchungsgegenstand gleich bleibt.

Ein Experiment ist nicht unmittelbar als eine weitere Methode der Datengewinnung neben der Befragung und der Beobachtung zu verstehen, sondern vielmehr legt ein Experiment ein bestimmtes Untersuchungsdesign bei der Datengewinnung fest, um Ursache-Wirkungs-Zusammenhänge zu identifizieren. Spezialformen des Experiments sind in diesem Zusammenhang der kontrollierte Markttest (probeweiser Verkauf von Produkten in 20 bis 30 Geschäften in Verbindung mit einer speziellen Marketingmaßnahme) und der lokale Testmarkt (eine Marketingmaßnahme, z.B. Preisvariation oder Fernseh- und Anzeigenwerbung, wird in einem ausgewählten Ort unter realen Bedingungen durchgeführt).

Nachdem die Daten erhoben wurden, sind sie zu analysieren und zu prognostizieren. Hier werden die Daten mittels statistischer Verfahren verarbeitet. Bei der Datenanalyse geht es darum, eine Auswertung und Interpretation der erhobenen Daten vorzunehmen.

3.2 Konsumentenverhalten als Grundlage der Marketingforschung

Einen zentralen Stellenwert nimmt in der Marketingforschung das Käuferverhalten ein. Es geht dabei neben der Erklärung und Prognose des Kaufverhaltens aus Marketingsicht insbesondere um die Frage, inwieweit durch den Einsatz der Marketinginstrumente unter bestimmten Situationsbedingungen das Kaufverhalten beeinflußt werden kann[18].

---

[18] Vgl. Kroeber-Riel, W.: Konsumentenverhalten, 5. Aufl., München 1992; Meffert, H.: Marketingforschung und Käuferverhalten, 2. Aufl., Wiesbaden 1992.

Zur Analyse des Käuferverhaltens existieren zwei grundsätzliche Erklärungsansätze. Beim Black-Box-Modell (Stimuli-Response-Modell) wird davon ausgegangen, daß nur beobachtbare Tatbestände des Kaufentscheidungsprozesses betrachtet werden. Wie aber der individuelle Kaufentscheidungsprozeß abläuft, welche psychologischen Prozesse und Faktoren die Kaufentscheidung steuern, wird bei diesen Modellen nicht untersucht.

Die Verhaltensmodelle (Stimuli-Organism-Response-Modelle) ziehen in ihre Betrachtung die Black-Box mit ein. Sie versuchen, den nicht-beobachtbaren Bereich des Kaufentscheidungsprozesses durch theoretische Konstrukte zu erschließen. Solche theoretischen Konstrukte sind beispielsweise Motive, Images oder Einstellungen, die das Kaufverhalten erklären sollen. Diese Verhaltensmodelle stellen dabei die Grundlage der Mehrzahl der Erklärungsansätze des Kaufverhaltens dar. Nach den Verhaltensmodellen wird Kaufverhalten durch verschiedene Determinanten beeinflußt[19]:

(a) Intrapersonale Bestimmungsfaktoren
- Aktivierende Prozesse (Emotionen, Motive, Einstellungen),
- Kognitive Prozesse (Wahrnehmung, Lernen, Problemlösung),
- Prädisponierende Variable (Kommunikation, Persönlichkeit),

(b) Interpersonale Bestimmungsfaktoren
- Einflüsse auf der Ebene der Gesellschaft (kulturelle Einflüsse, Subkulturen, soziale Schichten),
- Einflüsse auf der Ebene der Gruppe (Mitgliedschaften, Familie, Bezugsgruppen).

Zur Erklärung von Ursache-Wirkungs-Zusammenhängen des Kaufverhaltens können verschiedene Erklärungsansätze unterschieden werden. Ökonomische Erklärungsansätze gehen von einer rationalen und bewußten Entscheidung aus, die sich ausschließlich an ökonomischen Größen orientiert. Psychologische Erklärungsansätze greifen z.B. emotions-, motivations-, lern- und informationstheoretische Überlegungen auf. Soziologische Erklärungsansätze berücksichtigen hingegen explizit die Einbindung des Käufers in die soziale Umwelt. In letzter Konsequenz ist jedoch davon auszugehen, daß das Käuferverhalten nicht ausschließlich durch eines dieser

---

[19] Vgl. Meffert, H.: Marketing. Grundlagen der Absatzpolitik, 7. Aufl., Wiesbaden 1986, S. 146 und die dort angegebene Literatur.

Partialmodelle erklärt werden kann, sondern daß eine integrierte Betrachtung zu erfolgen hat.

4. Einsatz der Marketinginstrumente

4.1 Produktpolitik

Die Produktpolitik beschäftigt sich mit sämtlichen Entscheidungen, die im Zusammenhang mit der Gestaltung des Leistungsprogrammes einer Unternehmung stehen. Der Kundennutzen ist auch hier der zentrale Ansatzpunkt. Dabei geht es nicht unmittelbar um das physische Produkt oder die Dienstleistung, sondern vielmehr um das gesamte Leistungsprogramm und wie dieses vom Kunden wahrgenommen wird[20]. Der Träger der Produktpolitik ist dabei das Produktmanagement.

Den Ausgangspunkt für die Zusammenstellung des Leistungsprogrammes bildet die Definition eines einzigartigen Kundennutzens („unique selling proposition"), der durch das Produkt geschaffen werden soll. Er ist so zu wählen, daß er eine nachhaltige Abgrenzung des eigenen Produktes von den Konkurrenzprodukten ermöglicht. Ist die Einzigartigkeit des Produktes definiert, erfolgt die Gestaltung des Produktes (Produktqualität, Design, Markenkennzeichnung, Verpackungsgestaltung usw.). Über das physische Produkt hinausgehend sind weitere Maßnahmen festzulegen, die das Leistungsprogramm vervollständigen und bei den Konsumenten einen Zusatznutzen stiften (z.B. Garantie, Kundendienst, Nachkaufbetreuung).

Der Prozeß des Produktmanagements beginnt, aufbauend auf einem instrumentespezifischen Planungsprozeß, mit der Situationsanalyse des Leistungsprogrammes. Hierzu können verschiedene Verfahren, wie z.B. die Portfolio- oder die Lebenszyklusanalyse, die Produktpositionierung oder ABC-Analysen, eingesetzt werden. Die Entwicklung der produktpolitischen Ziele erfolgt aus den entsprechenden Marketingzielen. Ziele der Produktpolitik sind beispielsweise die Verbesserung der Position gegenüber den Hauptwettbewerbern, die Realisation von Rentabilitäts- und Umsatzzielen, die Sicherstellung der angestrebten Positionierung, die Ausdehnung der Geschäftstätigkeit auf neue Segmente, die Risikostreuung durch

---

[20] Vgl. Kotler, Ph./Bliemel, F.: Marketing-Management. Analyse, Planung, Umsetzung und Steuerung, 8. Aufl., Stuttgart 1995.

eine hohe Leistungsbreite usw. Produktpolitische Strategien beziehen sich insbesondere auf die Frage einer Qualitäts-, Preis- und Markenstrategie. Die Budgetierung umfaßt u.a. Vorschläge und Entscheidungen zu den Budgetbereichen Marketingforschung, F&E oder Prototypen und Vorserien. Mit der Planung der produktpolitischen Instrumente wird darüber entschieden, wie z.B. das Design, die Verpackung oder der Kundendienst verändert werden sollen. Abschließend wird im Rahmen der Kontrolle geprüft, inwieweit die produktpolitischen Ziele erreicht wurden.

Die zentralen Entscheidungtatbestände der Produktpolitik betreffen die Einführung neuer und die Elimination bestehender Produkte. Hierbei ist davon auszugehen, daß zwar diese Entscheidungen zunächst nur einzelne Produkte betreffen, letztlich aber immer das gesamte Sortiment in seiner Gesamtwirkung zu betrachten ist.

(a) Neuproduktentscheidungen
Hinsichtlich der Aufnahme von neuen Produkten in das Sortiment sind drei Möglichkeiten zu unterscheiden. Bei Produktinnovationen handelt es sich um die Entwicklung von Produkten, die für den Markt und/oder das Unternehmen vollständig neu sind. Produktverbesserungen beinhalten hingegen die Veränderung von bestimmten Eigenschaften oder sonstigen Leistungsmerkmalen bestehender Produkte. Hierbei wird zwangsläufig, im Gegensatz zu Produktinnovationen, das alte Produkt durch ein neues abgelöst. Eine Produktdifferenzierung bedeutet die Entwicklung zusätzlicher Produktvarianten aus einem bestehenden Produkt, welche die bisherigen Produkte im Markt ergänzen.

Der Entwicklung von neuen Produkten wird ein fünfstufiger Planungsprozeß zugrundegelegt. Dabei geht es zunächst um die Suche nach Produktideen. Ideen für neue Produkte können hierbei bereits vorhanden sein (Ideenfindung, z.B. durch Kundenbefragung, Konkurrenzbeobachtung oder Ergebnisse aus der F&E) oder sie werden erzeugt (Ideengenerierung, z.B. durch die kreativen Verfahren Brainstorming, Synektik oder Morphologische Analyse). Nachdem die Ideen vorliegen, erfolgt eine Grobauswahl, d.h. sie werden anhand von relevanten Kriterien auf ihre Eignung hin überprüft und selektiert. Im Anschluß daran werden Produktkonzepte entwickelt (Festlegung von Verwendungszweck, Produktvorteile, Kundensegmente sowie Produktpositionierung) und geprüft. Die Feinauswahl, welche die Produktkonzepte auf ihre Wirtschaftlichkeit hin untersucht, nimmt wiederum eine Selektion vor. Das dann letztlich verfolgte Produktkonzept wird in diesem Zusammenhang detailliert, in Prototypen umgesetzt und getestet (Produkt- oder Markttest). Kommt es zu positiven Testergebnissen, wird das neue Produkt in den Markt eingeführt.

(b) Eliminationsentscheidungen
Sind mit bestehenden Produkten die produktpolitischen Ziele nicht mehr erreichbar, muß eine Elimination geprüft werden. Ein Produkt ist dann eliminationsverdächtig, wenn z.B. Umsätze, Absatzmengen, Marktanteile oder Deckungsbeiträge sinken. Neben diesen quantitativen Kriterien müssen auch qualitative, wie z.B. Einführung verbesserter Produkte durch Konkurrenten, veränderte Einstellungen der Konsumenten oder Gesetzesänderungen, beachtet werden. Ungeachtet der Kriterien sind vor einer Herausnahme des Produktes aus dem Sortiment stets die Folgewirkungen einer Produktelimination zu untersuchen. Diese können beispielsweise in negativen Imagewirkungen auf das verbleibende Sortiment, in Verbundwirkungen oder in der Aufgabe eines strategisch relevanten Marktes bestehen.

Zentrale Entscheidungen der Produktpolitik betreffen die Markenpolitik. Ein Markenartikel stellt ein Versprechen dar, die auf den Kundennutzen ausgerichtete Leistung standardisiert in gleichbleibender Qualität zu offerieren[21]. Der Markenartikel ist in der heutigen Zeit nicht nur auf die Herstellermarke beschränkt, auch Dienstleistungsmarken und Handelsmarken werden nach den Prinzipien der Markenpolitik vermarktet. Marken können dabei als Einzelmarken, Markenfamilien und Dach- bzw. Firmenmarken geführt werden. Hinsichtlich des räumlichen Aspektes sind regionale, nationale und internationale Marken zu unterscheiden.

Die Produktpolitik beschäftigt sich weiterhin mit Fragen der Verpackungsgestaltung. Die Verpackungspolitik befaßt sich dabei mit sämtlichen Maßnahmen, die mit der Umhüllung von Produkten verbunden sind. Die Funktionen der Verpackung haben in den letzten Jahrzehnten eine wesentliche Erweiterung erfahren, die mit der Ausbildung der Handelsstrukturen begründet werden kann. Aus

---

[21] Vgl. Bruhn, M.: Begriffsabgrenzungen und Erscheinungsformen von Markenartikeln, in: Bruhn, M. (Hrsg.): Handbuch Markenartikel. Anforderungen an die Markenpolitik aus Sicht von Wissenschaft und Praxis, Stuttgart 1994, S. 3-41.

heutiger Sicht sind folgende Funktionen der Verpackung zu nennen[22]:
- Schutz und Sicherung der Produkte beim Transport und der Lagerung,
- Dimensionierung für den Verkaufsvorgang,
- Präsentation und Verkaufsförderung in der Einkaufsstätte,
- Ge- und Verbrauchserleichterung beim Konsum,
- Vermittlung eines Zusatznutzens,
- Rationalisierung der Warenwirtschaft zwischen Industrie und Handel,
- Erfüllung ökologischer und gesellschaftlicher Anforderungen.

Ebenfalls zum Aufgabengebiet der Produktpolitik zählt der Kundendienst. Unter Kundendienst sind alle Maßnahmen einer Unternehmung zu verstehen, welche die Nutzung und Inanspruchnahme der Unternehmensleistung erleichtern. Er kann dabei als technischer und/oder kaufmännischer Kundendienst vor sowie nach der Inanspruchnahme oder während der Nutzung der Unternehmensleistung erfolgen. Die Ziele des Kundendienstes bestehen dabei z.B. in der Erhöhung der Kundenbindung, der Schaffung positiver Präferenzen beim Kunden, der Verbesserung des Images oder einer Erhöhung der Kundenzufriedenheit. Wichtige Ansatzpunkte sind hierbei die Kundendienstzeit, -bereitschaft und -zuverlässigkeit.

4.2 Preispolitik

Durch preispolitische Entscheidungen werden die Umsatzvolumina von Leistungsprogrammen und dadurch unmittelbar die Gewinnsituation des Unternehmens beeinflußt. Die Preispolitik umfaßt dabei sämtliche Entscheidungen, die mit der Festlegung von Konditionen für Unternehmensleistungen in einem Zusammenhang stehen. Da im Rahmen der Preispolitik auch Entscheidungen über Zahlungs- und Lieferbedingungen sowie preisähnliche Maßnahmen getroffen werden, wird in diesem Zusammenhang auch von der Kontrahierungspolitik gesprochen. Als Instrumente der Preispolitik stehen dabei insbesondere der Preis als monetärer Gegenwert für die Unternehmensleistung, Preisnachlässe (Rabatte, Boni, Skonti), Preiszuschläge (für Sonderleistungen, Mindermengen oder in Abhängig-

---
[22] In Anlehnung an Hansen, U./Leitherer, E.: Produktpolitik, 2. Aufl., Stuttgart 1984, S. 94.

keit von der Zeit) sowie sach- oder geldbezogene Zugaben (z.B. Werbekostenzuschüsse, kostenlose Testware oder Übernahme der Regalpflege) im Vordergrund.

Auch in der Preispolitik kann ein idealtypischer Prozeß der Preisfestlegung zugrundegelegt werden. Den Ausgangspunkt bildet die Analyse des preispolitischen Spielraumes. Hier sind neben Informationen zur Kostensituation des Unternehmens ebenso nachfrager- und konkurrenzbezogene Aspekte (Akzeptanz von Preisen, Preisreaktionen der Konkurrenten) einzubeziehen. Preispolitische Ziele betreffen nicht nur solche Ziele wie die Erhöhung des Absatzes, Umsatzes und Deckungsbeitrages, sondern auch z.B. die Erhöhung der Präsenz der Produkte im Handel oder die Verbesserung der von den Konsumenten wahrgenommenen Preisgünstigkeit und Preiswürdigkeit. Die Preisstrategien beziehen sich auf unterschiedliche Betrachtungsebenen, so daß die folgenden Preisstrategien unterschieden werden können:

- Preispositionierung (Hoch-, Mittel- und Niedrigpreisstrategie),
- Preiswettbewerb (Preisführerschaft, Preiskampf, Preisfolgerschaft),
- Preisabfolge (Penetrations-, Skimmingstrategie),
- Preisdynamik (Festpreisstrategie, flexible, pulsierende Strategie),
- Preisdifferenzierung (nach Nachfragern, Mengen, Zeiten, Produkten, Gebieten).

Bei der Festlegung der preis- und konditionenpolitischen Maßnahmen werden z.B. die konkreten Vorstellungen über die Preishöhe, Formen der Preisnachlässe bzw. -zuschläge oder die Preiszugaben fixiert. Hierbei ist es möglich, daß entweder die Forderungen in Preislisten festgehalten werden oder eine aktive Aushandlung mit den Marktpartnern erfolgt. Die Preiskontrolle erstreckt sich auf die Handelsabgabepreise (z.B. in verschiedenen Vertriebskanälen), Endverbraucherpreise (z.B. differenziert nach Vertriebskanälen und Regionen) und die Konkurrenzpreise (z.B. Unterschiede zu eigenen Preisen).

Für die Festlegung des Preises können im einzelnen drei Methoden der Preisfestlegung unterschieden werden[23]. Bei der kostenorientierten Preisbestimmung wird der Preis auf der Basis von Infor-

---

[23] Vgl. hierzu auch Diller, H.: Preispolitik, 2. Aufl., Stuttgart u.a. 1991, S. 150 ff.

mationen der Kostenrechnung festgelegt. Sie wird auch als progressive Preisbestimmung bezeichnet, da der Preis ausgehend von den Kosten (Voll- oder Teilkosten) einschließlich eines Gewinnzuschlages berechnet wird. Problematisch ist hierbei, daß die konkreten Marktgegebenheiten nicht explizit berücksichtigt werden. Diese finden erst bei der marktorientierten Preisbestimmung Berücksichtigung. Verfahren der marktorientierten Preisfestlegung stützen sich dabei nicht ausschließlich auf die Kosten, sondern vor allem auf die Reaktion der Marktteilnehmer. Von besonderem Interesse sind hierbei die Wirkungen, die alternative Preisforderungen auf preispolitische Zielsetzungen haben. Da bei diesem Verfahren eine Rückrechnung von alternativen Marktpreisen erfolgt, wird diese Vorgehensweise auch als retrograde Kalkulation bezeichnet.

Die Verfahren der marginalanalytischen Preisbestimmung gehen davon aus, daß funktionale Zusammenhänge zwischen der Preishöhe und dem Erreichungsgrad preispolitischer Ziele, insbesondere der Absatzmengen (Preisabsatzfunktion), des Umsatzes (Umsatzfunktion), des Gewinns (Gewinnfunktion) und der Rentabilität (Rentabilitätsfunktion) bestehen und den Unternehmen bekannt sind. Es ist hierbei das Ziel, durch Anwendung der Differentialrechnung eine solche Preishöhe zu bestimmen, die zu einer Maximierung der Zielfunktion führt. Ausgehend von unterschiedlichen Marktformen (Monopol, Oligopol und Polypol) können dann die für die jeweiligen Zielsetzungen (z.B. Gewinn- oder Rentabilitätsmaximierung) optimalen Preise errechnet werden. Marginalanalytische Verfahren sind jedoch an eine Vielzahl von Voraussetzungen gebunden, die ihre Anwendung in der Praxis erschweren (z.B. fehlende Kenntnisse über die genauen Funktionsverläufe).

4.3 Kommunikationspolitik

Die Kommunikationspolitik ist auf die Darstellung der Unternehmensleistung gerichtet. Sie umfaßt sämtliche unternehmensinternen und -externen Maßnahmen, die auf Kenntnisse, Einstellungen und Verhaltensweisen der Marktteilnehmer gegenüber den Unternehmensleistungen einwirken[24]. Sämtliche Kommunikationsaktivitäten zielen darauf ab, das Kaufverhalten der Zielgruppe direkt oder indirekt zu beeinflussen. Die Kommunikationspolitik umfaßt dabei alle

---

[24] Vgl. Bruhn, M.: Integrierte Unternehmenskommunikation. Ansatzpunkte für eine strategische und operative Umsetzung integrierter Kommunikationsarbeit, 2. Aufl., Stuttgart 1995.

Maßnahmen der internen und externen Kommunikation, wobei die interne Kommunikation (Mitarbeiterkommunikation) als Erfolgsvoraussetzung für glaubwürdige externe Kommunikation von Unternehmen in der Praxis häufig vernachlässigt wird. Bei vielfach gesättigten Märkten mit zunehmend homogenen Produktnutzen wird die Kommunikation heute zu einem zentralen Differenzierungsmerkmal im Wettbewerb und damit zu einem strategischen Erfolgsfaktor im Marketing.

Beim Einsatz der Marktkommunikation muß daher ein systematischer Planungsprozeß durchlaufen werden. Die Kommunikationsziele werden aus den Marketingzielen abgeleitet und stellen den Ausgangspunkt der Kommunikationsplanung dar. Ökonomische Kommunikationsziele sind identisch mit den Marketingzielen (z.B. Umsatz, Marktanteil, Rendite). Primär geht es jedoch bei der Kommunikation um das Erreichen von psychologischen Kommunikationszielen. Hierbei ist zwischen folgenden Ebenen zu differenzieren:

- Kognitiv-orientierte Kommunikationsziele (z.B. Aufmerksamkeit, Wahrnehmung, Kenntnis),
- Affektiv-orientierte Kommunikationsziele (z.B. Interesse, Einstellungen, Emotionen),
- Konativ-orientierte Kommunikationsziele (z.B. Kaufabsichten, Informationsverhalten).

In einem nächsten Schritt ist die relevante Zielgruppe zu identifizieren, zu beschreiben und zu analysieren, über welche Medien sie erreicht werden kann. Durch die danach folgende Festlegung der Kommunikationsstrategie erfolgt die Bestimmung der Schwerpunkte der kommunikativen Unternehmensaktivitäten. Sie stellt somit eine Grundsatzentscheidung dar, die im Mittelpunkt der Kommunikationspolitik steht. Auf Basis der Kommunikationsstrategie wird über das zur Verfügung stehende Budget entschieden. Für die Bestimmung des Kommunikationsbudgets existieren dabei verschiedene Methoden, die insbesondere im Zusammenhang mit der Werbeplanung zum Einsatz kommen. Zum einen können Optimierungsansätze herangezogen werden, die auf der Grundlage von z.B. Werbereaktionsfunktionen einen optimalen Instrumenteeinsatz ermöglichen. Zum anderen existieren heuristische Ansätze, die insbesondere durch ihre leichte Handhabung in der Praxis vielfach Anwendung finden (z.B. Prozentsatz vom Umsatz, Ausrichtung an den verfügbaren finanziellen Mitteln, Wettbewerbs-Paritäts-Methode, Ziel-Aufgaben-Methode). Nachdem die Höhe des Kommunikationsbudgets festgelegt ist, muß dieses auf Werbeträgergruppen (Intermediaselektion) und innerhalb dieser auf konkrete Werbeträger (Intramediaselektion) verteilt werden. Zentrale Zielsetzung der Mediaselektion ist die Zielgruppenerreichbarkeit bzw. die Minimierung von Streuverlusten, d.h. es sind z.B. Printmedien auszuwählen, deren Leserschaft auch der Zielgruppe des Unternehmens entspricht. Die Auswahl zwischen den Werbeträgern erfolgt dabei nach quantitativen Größen (Reichweite, Kosten usw.) und nach qualitativen Kriterien (Image einer Zeitschrift, redaktionelles Umfeld u.a.). Bevor die Auswahl der einzusetzenden Kommunikationsinstrumente erfolgt, muß zunächst die Kommunikationsstrategie in eine Kommunikationsbotschaft „übersetzt" werden. Als Kommunikationsinstrumente kommen dann vor allem die Werbung, Verkaufsförderung, Presse- und Öffentlichkeitsarbeit, Direktwerbung, Sponsoring, Messen und Ausstellungen sowie Event-Marketing in Frage. Der Planungsprozeß der Marktkommunikation wird durch die Erfolgskontrolle (z.B. bei der Werbung die Messung der augenblicklichen Reaktion, der dauerhaften Gedächtniswirkungen oder des Verhaltens) abgeschlossen.

Einen zentralen Stellenwert im Rahmen der Kommunikationsinstrumente nimmt die klassische Werbung ein. Werbung ist eine Form der Massenkommunikation, die mittels ausgewählter Medien auf unternehmensspezifische Zielgruppen abzielt, um Kommunikationsziele zu erreichen. Im Vordergrund steht dabei die unpersönliche Kommunikation über die Medien, so daß in diesem Zusammenhang auch von Mediawerbung gesprochen wird. Die Werbung kann verschiedene Erscheinungsformen haben. Diese lassen sich durch die Kriterien Marktstufe (Verbraucher-, Handelswerbung), Werbeobjekt (Produkt-, Sortiments-, Unternehmenswerbung) sowie Werbeträger (z.B. Fernseh-, Hörfunk-, Zeitungs-, Zeitschriften-, Außenwerbung) abgrenzen.

Neben der Werbung zählt die Verkaufsförderung zu den klassischen Instrumenten der Kommunikationspolitik, wobei die Verkaufsförderung nicht ausschließlich der Kommunikationspolitik zuzuordnen ist, sondern auch Vertriebsfunktion wahrnimmt. Das Ziel der Verkaufsförderung ist es, auf nachgelagerten Vertriebsstufen durch zusätzliche Anreize die beabsichtigten Kommunikationsziele zu erreichen. Aus operativer Sicht kommt dabei der kurzfristigen Steigerung des Abverkaufs eine zentrale Bedeutung zu. Die Verkaufsförderung durch den Hersteller kann handels- oder konsumentengerichtet erfolgen. Bei der handelsgerichteten Verkaufsförderung geht es darum, z.B. durch Händlerschulungen oder -treffen den Handel zur Zusammenarbeit zu gewinnen. Die konsumentengerichtete Verkaufsförderung zielt hingegen auf den Endabnehmer. Sie kann entweder direkt (z.b. Versendung von Gutscheinen) oder indirekt (z.b. Kostproben in der Einkaufsstätte) erfolgen.

Mit der Direktwerbung wird versucht, einen möglichst individuellen Kontakt mit den Zielpersonen herzustellen, mit ihnen in einen Dialog zu treten und sie so an ein Unternehmen zu binden. Das Ziel ist dabei, durch eine spezifische, individuell ausgerichtete Ansprache der Zielperson den hohen Streuverlusten bei der Massenkommunikation zu begegnen. Die Direktwerbung wird dabei nicht nur in Consumer-, sondern vor allem in Business-to-Business-Märkten eingesetzt. Maßgeblich ist für die Direktwerbung die Qualität des Adreßmaterials. In diesem Zusammenhang kommt dem Database-Management eine entscheidende Rolle zu.

Beim Sponsoring werden mittels der Bereitstellung von Geld, Sachmitteln oder Dienstleistungen durch ein Unternehmen Personen bzw. Organisationen im sportlichen, kulturellen oder sozialen Bereich gefördert, um damit gleichzeitig kommunikationspolitische Ziele zu erreichen. Damit ist das Sponsoring klar von einem Mäzenatentum zu differenzieren, da es auf dem Prinzip von Leistung (des Sponsors) und Gegenleistung (des Gesponserten) beruht. Durch das Sponsoring wird gezielt der Freizeitbereich der Bevölkerung für kommunikative Aktivitäten genutzt, um die Informationsüberlastung sowie die ablehnende Haltung der Konsumenten gegenüber der Werbung zu umgehen.

Die Presse- und Öffentlichkeitsarbeit umfaßt schließlich sämtliche Aktivitäten, um bei ausgewählten unternehmensexternen oder -internen Zielgruppen um Vertrauen und Verständnis zu werben. So bestehen die Ziele der Öffentlichkeitsarbeit vor allem in der Information über Unternehmensaktivitäten, der Kontaktpflege zu Meinungsführern, einer Verbesserung des Images, der Schaffung eines „Goodwill" im Umfeld der Unternehmung, der Dokumentation von gesellschaftlicher Verantwortung sowie der Stellungnahme zu öffentlichen Konfliktpotentialen. Die Erscheinungsformen der Öffentlichkeitsarbeit sind dabei sehr vielfältig (z.B. Pressemitteilungen, persönliches Engagement in Verbänden, Vortragstätigkeit, Betriebsbesichtigungen, Aufklärungsmaterial). In der Praxis ist die Presse- und Öffentlichkeitsarbeit häufig als Stabsstelle des Vorstands in Unternehmen verankert und auch mit unternehmensumfassenden Kommunikationsaufgaben, wie z.B. die Entwicklung von Corporate Identity-Konzepten, betraut.

Eine zentrale Aufgabe erfolgreicher Unternehmenskommunikation ist die Abstimmung aller eingesetzten internen und externen Kommunikationsinstrumente im Sinne einer integrierten Unternehmenskommunikation. Ziel ist dabei, durch eine inhaltliche, formale und zeitliche Abstimmung des Einsatzes der Kommunikationsinstrumente ein geschlossenes und widerspruchsfreies Bild des Unternehmens zu vermitteln.

4.4 Vertriebspolitik

Die Vertriebspolitik umfaßt sämtliche Entscheidungen, die sich auf die Versorgung der nachgelagerten Vertriebsstufen mit den Leistungen des Unternehmens beziehen. Auch bei der Planung der Vertriebspolitik wird ein idealtypischer vertriebspolitischer Planungsprozeß durchlaufen[25]. Der Ausgangspunkt ist eine Analyse der Situation im Vertrieb. Hierbei geht es darum, vertriebspolitisch relevante Veränderungen aufzuzeigen, die Stellung des Vertriebsweges im Markt sowie die Lage des Unternehmens im Vertriebssystem zu analysieren. Im Anschluß an die Situationsanalyse erfolgt die Festlegung der Vertriebsziele. Diese richten sich sowohl auf den Endabnehmer als auch auf das eingeschaltete Handelsunternehmen. Vertriebsziele können in drei Zielbereiche unterteilt werden:
- Ökonomisch-orientierte Vertriebsziele (z.B. Umsätze, Absatzmengen, Marktanteile),
- Versorgungs-orientierte Vertriebsziele (z.B. Distributionsgrade, Lieferzeiten, Lieferbereitschaft),
- Psychologisch-orientierte Vertriebsziele (z.B. Image des Vertriebskanals, Qualifikation der Beratung, Kooperationsbereitschaft des Handels).

Mit der Vertriebsstrategie wird festgelegt, welche Vertriebswege und -instrumente für welche Produkte eingesetzt werden sollen. Im Rahmen der sich anschließenden Budgetierung können solche Verfahren Anwendung finden, wie sie auch bei der Werbebudgetierung genutzt werden. Steht das Vertriebsbudget fest, ist es im Zusammenhang mit den Vertriebsmaßnahmen auf die einzelnen Produkte

---

[25] Vgl. Specht, G.: Distributionsmanagement, 2. Aufl., Stuttgart u.a. 1992.

und Vertriebswege aufzuteilen. Der Vertriebsplanungsprozeß wird durch die Vertriebskontrolle abgeschlossen.

Vertriebspolitische Entscheidungen beziehen sich auf drei zentrale Bereiche. Ein erster Bereich liegt dabei in der Gestaltung von Vertriebssystemen. Hierbei ist zu entscheiden, ob die Unternehmensleistungen auf direktem oder indirektem Weg zum Verbraucher gelangen. Während beim direkten Vertrieb keine Händler zwischengeschaltet sind und eigene Verkaufsorgane genutzt werden, nimmt das Unternehmen beim indirekten Vertrieb einen oder mehrere Händler (Großhandel, Einzelhandel) in Anspruch. Werden Absatzmittler eingeschaltet, so ist weiterhin eine Entscheidung über die Art und Anzahl der einzubeziehenden Händler zu treffen (z.B. Universalvertrieb, Exklusivvertrieb) sowie festzulegen, wie die Händler vertraglich gebunden werden sollen (z.B. Vertragshändler, Franchising).

Der zweite Bereich betrifft den Einsatz von Verkaufsorganen. Entscheidet sich ein Unternehmen für den Einsatz von Verkaufsorganen, so hat es zwischen unternehmensfremden (z.B. Handelsvertretern) oder unternehmenseigenen (Reisenden) zu wählen. Zur Entscheidung sind quantitative Kriterien (z.B. Kosten, Gewinn) und qualitative Kriterien (z.B. Steuerbarkeit, Möglichkeit der Gewinnung von Marktinformationen, Risiken aus rechtlicher Bindung) heranzuziehen.

Ein dritter Entscheidungsbereich ist die Gestaltung der Logistiksysteme, wobei durch diese die räumlichen und zeitlichen Distanzen zwischen Erstellung und Konsum überbrückt werden sollen. Durch die Gestaltung der Logistiksysteme soll sichergestellt werden, daß das richtige Produkt, in der richtigen Menge, am richtigen Ort, zur rechten Zeit, im rechten Zustand und zu minimalen Logistikkosten zur Verfügung steht. Als Komponenten eines Logistiksystems dienen die Auftragsabwicklung (Erfassung der Auftragsdaten, Umsetzung der Abwicklungsprozeduren), die Lagerung (z.B. in Vorrats-, Umschlags- oder Auslieferungslägern) und der Transport der Unternehmensgüter (z.B. durch eigene oder fremde Transportmittel).

5. Zusammenfassung und Ausblick

Die Ausführungen haben gezeigt, daß dem Marketing nicht nur als Unternehmensfunktion, sondern auch als Leitkonzept einer marktorientierten Unternehmensführung eine entscheidende Bedeutung zukommt. Auf der Grundlage eines systematischen Managementprozesses sind dabei durch den Einsatz der Marketinginstrumente Produkt-, Preis-, Kommunikations- und Vertriebspolitik gezielt Marktchancen zu nutzen, um langfristige Wettbewerbsvorteile gegenüber den Konkurrenten auszubauen.

Für die künftige Entwicklung des Marketing ist zu erkennen, daß sich die marktorientierte Unternehmensführung im Umbruch zu einer ganzheitlich strategischen Ausrichtung befindet. In diesem Sinne sind für die Zukunft insbesondere folgende Anforderungen an das Marketing stärker zu berücksichtigen[26]:

- Richtige Handhabung der Komplexität, Diskontinuität und Dynamik der Umwelt,
- Sicherstellung einer konzeptionellen Gesamtausrichtung des Unternehmens,
- Überbrückung des Spannungsfeldes zwischen Kostenminimierung, Qualitätsorientierung und Individualisierung im weltweiten Wettbewerb sowie
- Berücksichtigung der Wechselwirkungen zwischen Unternehmen, Markt und Umwelt durch eine vernetzte Vorgehensweise.

Um diesen neuen Herausforderungen zu begegnen, werden im Marketing in neuester Zeit Ansätze wie das Interne Marketing und das Beziehungsmarketing diskutiert. Das Interne Marketing geht dabei davon aus, daß die Mitarbeiter zu einer internen Zielgruppe im Marketing werden, die so auszurichten ist, daß die externen Marketingziele effizient erreicht werden. Dem Internen Marketing kommt dabei insbesondere im Dienstleistungsbereich aufgrund der zentralen Bedeutung des Personals für die Erbringung der Leistung eine hohe Bedeutung zu. Beim Beziehungsmarketing hingegen erfolgt ein Wandel der Betrachtungsperspektiven hin zu einem primär interaktionsbezogenen Marketingverständnis. Beziehungsmarketing zielt damit auf eine bewußte Herbeiführung und Gestaltung von Transaktionen ab.

Darüber hinaus hat das Marketing in Zukunft mehr als bisher auch eine soziale Verantwortung wahrzunehmen. Dies betrifft bei-

---

[26] Vgl. Meffert, H.: Marktorientierte Unternehmensführung im Umbruch. Entwicklungsperspektiven des Marketing in Wissenschaft und Praxis, in: Bruhn, M./Meffert, H./Wehrle, F. (Hrsg.): Marktorientierte Unternehmensführung im Umbruch. Effizienz und Flexibilität als Herausforderung des Marketing, Stuttgart 1994, S. 34-36.

spielsweise ethische, ökologische und gesellschaftliche Problemstellungen, die nicht in erster Linie als Restriktionen für das Marketing, sondern vielmehr als Herausforderung gesehen werden müssen.

Grundlagen- und weiterführende Literatur

Abell, Derek F.: Defining the Business. The Starting Point of Strategic Planning, Englewood Cliffs, N.J. 1980.
Ahlert, Dieter: Grundzüge des Marketing, 4. Aufl., Düsseldorf 1994.
Backhaus, Klaus: Investitionsgüter-Marketing, 3. Aufl., München 1992.
Becker, Jochen: Marketing-Konzeption. Grundlagen des strategischen Marketing-Managements, 5. Aufl., München 1993.
Berekoven, Ludwig: Grundlagen des Marketing, 5. Aufl., Herne/Berlin 1993.
Idem/Eckert, Werner/Ellenrieder, Peter: Marktforschung. Methodische Grundlagen und praktische Anwendung, 6. Aufl., Wiesbaden 1993.
Böcker, Franz: Marketing, 5. Aufl., Stuttgart 1994.
Böhler, Heymo: Marktforschung, 2. Aufl., Stuttgart u.a. 1992.
Bruhn, Manfred (Hrsg.): Handbuch des Marketing. Anforderungen an Marketingkonzeptionen aus Wissenschaft und Praxis, München 1989.
Idem (Hrsg.): Handbuch Markenartikel, 3 Bände, Stuttgart 1994.
Idem Integrierte Unternehmenskommunikation. Ansatzpunkte für eine strategische und operative Umsetzung integrierter Kommunikationsarbeit, 2. Aufl., Stuttgart 1995.
Idem: Marketing. Grundlagen für Studium und Praxis, 2. Aufl. Wiesbaden 1995.
Idem (Hrsg.): Internes Marketing. Integration der Kunden- und Mitarbeiterorientierung, Wiesbaden 1995.
Idem/Meffert, Heribert/Wehrle, Friedrich (Hrsg.): Marktorientierte Unternehmensführung im Umbruch. Effizienz und Flexibilität als Herausforderung des Marketing, Stuttgart 1994.
Idem/Tilmes, Jörg: Social Marketing. Einsatz des Marketing für nichtkommerzielle Organisationen, 2. Aufl., Stuttgart/Berlin/Köln 1994.
Diller, Hermann: Preispolitik, 2. Aufl., Stuttgart u.a. 1991.
Idem (Hrsg.): Vahlens Großes Marketinglexikon, München 1992.
Falk, Bernd: Dienstleistungsmarketing, Landsberg am Lech 1980.
Hammann, Peter/Lohrberg, Werner: Beschaffungsmarketing, Stuttgart 1986.
Hansen, Ursula/Leitherer, Eugen: Produktpolitik, 2. Aufl., Stuttgart 1984.
Hill, Wilhelm/Rieser, Ignaz: Marketing-Management, 2. Aufl., Bern/ Stuttgart 1993.
Hüttner, Manfred: Grundzüge der Marktforschung, 4. Aufl., Berlin 1989.

Köhler, Richard: Beiträge zum Marketing-Management Planung, Organisation, Controlling, 3. Aufl., Stuttgart 1993.
Kotler, Philip/Bliemel, Friedhelm: Marketing-Management. Analyse, Planung, Umsetzung und Steuerung, 8. Aufl., Stuttgart 1995.
Kroeber-Riel, Werner: Konsumentenverhalten, 5. Aufl., München 1992.
Meffert, Heribert: Marketing. Grundlagen der Absatzpolitik, 7. Aufl., Wiesbaden 1986.
Idem: Marktforschung. Grundriß mit Fallstudien, Wiesbaden 1986.
Idem: Marketingforschung und Käuferverhalten, 2. Aufl., Wiesbaden 1992.
Idem: Marketing-Management. Analyse, Strategie, Implementierung, Wiesbaden 1994.
Idem: Marktorientierte Unternehmensführung im Umbruch. Entwicklungsperspektiven des Marketing in Wissenschaft und Praxis, in: Bruhn, M./Meffert, H./Wehrle, F. (Hrsg.): Marktorientierte Unternehmensführung im Umbruch. Effizienz und Flexibilität als Herausforderung des Marketing, Stuttgart 1994, S. 3-39.
Idem/Bruhn, Manfred: Dienstleistungsmarketing. Grundlagen, Konzepte, Methoden. Mit Fallbeispielen, Wiesbaden 1995.
Müller-Hagedorn, Lothar: Handelsmarketing, 2. Aufl., Stuttgart u.a. 1993.
Nieschlag, Robert/Dichtl, Erwin/Hörschgen, Hans: Marketing, 17. Aufl., Berlin/München 1994.
Poth, Ludwig G./Poth, Gudrun S.: Marketing. Grundlagen und Fallstudien, München 1986.
Raffée, Hans/Fritz, Wolfgang/Wiedmann, Klaus-Peter: Marketing für öffentliche Betriebe, Stuttgart u.a. 1994.
Scheuch, Fritz: Dienstleistungsmarketing, München 1982.
Idem: Marketing, 4. Aufl., München 1993.
Specht, Günter: Distributionsmanagement, 2. Aufl., Stuttgart u.a. 1992.
Steffenhagen, Hartwig: Marketing. Eine Einführung, 3. Aufl., Stuttgart u.a. 1994.
Tietz, Bruno: Marketing, 3. Aufl., Düsseldorf 1992.
Idem/Köhler, Richard/Zentes, Joachim (Hrsg.): Handwörterbuch des Marketing, Stuttgart 1995.
Zentes, Joachim: Grundbegriffe des Marketing, 3. Aufl., Stuttgart 1992.

Dodo zu Knyphausen-Aufseß

Internationales Management

1. Initialfragen & Überblick

„Internationales Management" ist eine neue spezielle Betriebswirtschaftslehre, die sich mit den Steuerungsproblemen von Unternehmen beschäftigt, die sich in unterschiedlichen nationalen Umwelten (Märkten, Kulturen, Rechtssystemen etc.) engagieren wollen oder dort schon engagiert sind. Typische Fragestellungen sind etwa die folgenden:
- Warum engagieren sich Unternehmen auf ausländischen Märkten? Welche Wettbewerbsvorteile besitzen sie gegenüber den in diesen Märkten beheimateten Unternehmen?
- Welche Form des Markteintritts wählen sie? Begnügen sie sich mit Exporten oder gründen sie eine Tochtergesellschaft? Bauen sie selbst eine Tochtergesellschaft auf oder kaufen sie ein schon bestehendes Unternehmen im Ausland? Aus welchen Gründen? Welche Rolle spielen „Zwischenformen" wie Joint Ventures oder „Strategische Allianzen"?
- Warum ist der amerikanische Markt so wichtig für viele Unternehmen? Welche Möglichkeiten und Hemmnisse bestehen für einen Markteintritt in Japan oder in China? Welchen Beitrag leisten Multinationale Unternehmen für den Aufbau von Volkswirtschaften beispielsweise in den Reformländern Zentral- und Osteuropas?
- Gibt es typische Prozeßmuster der Internationalisierung? Können auch mittelständische Unternehmen erfolgreich im Ausland agieren?
- Wie steuern Multinationale Unternehmen ihre Tochtergesellschaften? Welche Rolle spielt die Muttergesellschaft?
- Welche Aktivitäten sollen ins Ausland verlagert werden, welche sollen im Heimatland verbleiben? Forschung & Entwicklung, Produktion, Marketing & Vertrieb?
- Soll man im Ausland Manager einsetzen, die aus dem Heimatland der Muttergesellschaft, aus dem Gastland oder gar aus einem Drittland stammen? Welche Kommunikationsprobleme können entstehen, wenn Manager aus unterschiedlichen Ländern bzw. Kulturen zusammenarbeiten?

- Welche Möglichkeiten der Finanzierung auf internationalen Kapitalmärkten gibt es? Unter welchen Bedingungen ist es möglich, Aktien beispielsweise an der New Yorker Aktienbörse zu plazieren?
- Wie sieht die Rechnungslegung im Multinationalen Unternehmen aus? Wie kann mit den unterschiedlichen Währungen und/oder mit unterschiedlichen Inflationsraten umgegangen werden?
- Welche Eigenschaften weisen Verhandlungsprozesse zwischen Multinationalen Unternehmen und ausländischen Regierungen auf? Welche Interessen werden verfolgt? Welche Möglichkeiten der Interessendurchsetzung gibt es?

Die folgenden Ausführungen sollen diese Fragestellungen nicht systematisch beantworten, sondern einen Überblick über grundlegende Bausteine des Internationalen[1] Managements und einige illustrierende Beispiele vermitteln. Dazu wird zunächst auf die Bedeutung der Internationalisierung eingegangen (Abschnitt 2) und der Begriff des „Multinationalen Unternehmens" erläutert (Abschnitt 3). In Abschnitt 4 werden Ansätze einer Theorieunterstützung behandelt. Abschnitt 5 beschäftigt sich mit dem Markteintrittsverhalten einer internationalisierenden Unternehmung sowie damit verbundenen Fragestellungen, Abschnitt 6 mit dem „Postentry"-Management. Zusammenfassung und Ausblick schließen die Erörterungen ab (Abschnitt 7).

2. Bedeutung der Internationalisierung

Internationale Wirtschaftsaktivitäten gab es schon in der Antike, im Mittelalter und in der frühen Neuzeit. Die Zeit vor dem Ersten Weltkrieg wird im Nachhinein von manchen Autoren als das „goldene Zeitalter der Internationalisierung" charakterisiert.[2] Vollständig in das Bewußtsein der Öffentlichkeit ist das Internationalisierungs-

---

[1] Die Begriffe „inter-", „multi-" oder auch „transnational" werden häufig synonym verwendet. Die folgenden Ausführungen folgen diesem Sprachgebrauch, sofern es nicht extra anders vermerkt ist.
[2] Vgl. United Nations, World Investment Report 1994, New York & Genf 1994, S. 120 ff.; Dunning, J., Multinational Enterprises and the Global Economy, Wokingham et al. 1993, S. 103 ff.

phänomen aber erst in der Zeit nach dem Zweiten Weltkrieg getreten, in der die internationale Verflechtung der Weltwirtschaft ein so hohes Niveau erreicht hat, daß heute vielfach nur noch von einer „globalen Wirtschaft", von „globalen Märkten" gesprochen wird. Abbildung 1 zeigt, daß hinter diesen Redeweisen reale Entwicklungen stecken: Der Welthandel ist regelmäßig stärker gestiegen als das Weltbruttosozialprodukt. Darüber hinaus haben die im Ausland vorgenommenen Direktinvestitionen[3] ein nie gekanntes Ausmaß erreicht. Unternehmen treten also mit ausländischen Vertragspartnern nicht mehr nur im Zuge von Import- und Exportaktivitäten in Kontakt, sondern engagieren sich weitergehend durch den Aufbau von Vertriebsniederlassungen oder von Produktionsstätten. Auch die Forschung und Entwicklung wird zunehmend im Ausland betrieben. So hat zum Beispiel ein so „deutsches" Unternehmen wie der Daimler-Benz-Konzern angekündigt, daß man in Zukunft auch eine Forschungsstätte im amerikanischen Silicon Valley aufbauen will, um die dort offenkundig vorhandenen Chancen mitzunutzen. Damit wird eine Entwicklung nachvollzogen, die in vielen anderen Industrien – beispielsweise in der Pharmabranche – heute als „normal" angesehen werden muß.

Die Lokalisierung einzelner Wertschöpfungsaktivitäten in verschiedenen Ländern setzt normalerweise voraus, daß diese Aktivitäten miteinander vernetzt werden, um am Ende dann das Ziel zu erreichen – fertige Produkte im Zuge wirtschaftlicher Transaktionen zu vermarkten. Es ist deshalb bemerkenswert, daß ca. 30 % des Welthandels heute als unternehmensinterner Handel abgewickelt wird.[4] In einigen Branchen – solchen, die man als „globale" Branchen bezeichnen muß (z. B. Automobilindustrie, Computerindustrie) – werden sogar noch erheblich höhere Integrationsgrade erreicht. Die Verflechtung der Weltwirtschaft, von der oben gesprochen wurde, ist insofern in weiten Teilen mit der Vernetzung von Unternehmensaktivitäten kongruent.

---

[3] Der Begriff wird in Abschnitt 2 näher erläutert.
[4] Vgl. hierzu Markusen, J., The Boundaries of Multinational Enterprises and the Theory of International Trade, in: Journal of Economic Perspectives 9 (1995), S. 169 – 189 (S. 171), sowie Kobrin, S., An Empirical Analysis of the Determinants of Global Integration, in: Strategic Management Journal 12 (1991), Special Issue (Summer), S. 17 – 32.

Abbildung 1: *Entwicklung von Weltbruttosozialprodukt, Außenhandel und Direktinvestitionen im Vergleich*

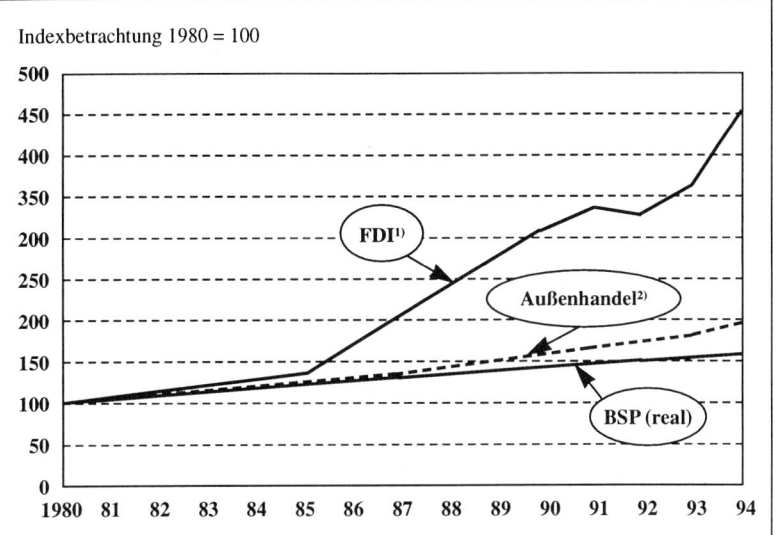

Indexbetrachtung 1980 = 100

[Liniendiagramm mit den Kurven FDI[1], Außenhandel[2] und BSP (real) für die Jahre 1980 bis 1994]

[1] FDI: Arithmetisches Mittel aus ein- bzw. ausfließendem FDI; für die Jahre 1981/85 und 1986/90 sind Durchschnittswerte angegeben.
[2] Außenhandel: Arithmetisches Mittel aus Importen und Exporten (Volumen); für die Jahre 1977/86 sind Durchschnittswerte angegeben.

Quellen: World Economic Outlook, May 1995, S. 121 u. 149, Bank für Zahlungsausgleich, 65, Jahresbericht, S. 72

Die Entwicklung nach dem Zweiten Weltkrieg hat in den USA ihren Ausgangspunkt genommen.[5] Viele amerikanische Unternehmen hatten den Krieg weitgehend unbeschadet überstanden und verfügten über die fortgeschrittensten Technologien. Das Selbstbewußtsein des Kriegsgewinners tat ein Übriges dazu, um diese Technologien nun auch ins Ausland zu bringen, insbesondere nach Europa, wo der Wiederaufbau als zentrale Aufgabe anstand. Europäische Unternehmen verfügten zunächst kaum über eigenständige Wettbe-

---
[5] Vgl. hierzu und zum folgenden Vernon, R., Where Are the Multinationals Headed?, in: Froot, K. (Hrsg.), Foreign Direct Investment, Chicago & London 1993, S. 57 – 79.

werbsvorteile, die als Markteintrittsbarrieren hätten fungieren können. Erst Mitte der fünfziger Jahre begannen auch die europäischen Unternehmen mit einer größer angelegten Internationalisierung, die freilich ihren Ziel-Schwerpunkt wiederum in Europa hatte, in Ländern also, mit denen – nicht zuletzt im Rahmen der neu geschaffenen Europäischen Gemeinschaft – auch auf der politischen Ebene etablierte Beziehungen bestanden. In den sechziger, insbesondere aber in den siebziger und achtziger Jahren trat dann noch der „Latecomer Japan" auf den Plan; viele japanische Unternehmen drängten in Schlüsselindustrien wie der Automobilbranche oder der Unterhaltungselektronik auf die Märkte in Ost- und Südostasien, den USA und Europa und konnten spektakuläre Marktanteilsgewinne für sich verbuchen. Die Erfolge der japanischen Unternehmen führten in den USA und in Europa zunehmend zu dem Bewußtsein, daß, erstens, die relevanten Wettbewerber in ganz verschiedenen Regionen der Welt beheimatet sein können, und, zweitens, man die verschiedenen Märkte gleichzeitig bearbeiten muß, um die oft sehr hohen Forschungs- und Entwicklungskosten möglichst weitreichend verteilen und Größenvorteile (niedrigere Stückkosten bei höherem Produktionsvolumen) realisieren zu können. Insbesondere die Märkte der „Triade" USA, Europa und Japan galten als Aktivitätenfelder, auf denen man in jedem Fall präsent sein müsse.[6] Diese angebotsseitige Überlegung wurde unterstützt durch das nachfragebezogene Argument, daß die Kundenbedürfnisse in den Triade-Ländern ohnehin immer ähnlicher würden: Hamburger und Coca Cola, Blue Jeans und CD-Player seien Produkte, die überall auf der Welt in mehr oder weniger gleicher Weise gewünscht würden.

Seit Anfang der neunziger Jahre haben sich einige Diskussionsschwerpunkte verschoben. Die Märkte der Triade sind nach wie vor von hoher Bedeutung; verstärkt werden jetzt aber auch andere ost- und südostasiatische Märkte (China, Indien, Korea, Indonesien usw.) sowie die Märkte in Zentral- und Osteuropa ins Visier genommen, weil hier die höchsten Wachstumschancen vermutet werden. Die Wettbewerbskraft der japanischen Unternehmen scheint vorübergehend etwas nachgelassen zu haben, während in vielen amerikanischen Unternehmen wieder eine verbesserte Stimmung herrscht. All diese Verschiebungen haben aber nichts daran verändert, daß das Thema „Internationalisierung" heute allgegenwärtig

---

[6] Siehe Ohmae, K., Die Macht der Triade, Wiesbaden 1985.

ist, im Gegenteil: Die Bedeutung hat nur noch zugenommen. Wenn dem aber so ist, dann ist klar, daß Internationalisierung auch aus der Perspektive des einzelnen Unternehmens „etwas bedeutet": Auch wenn es in Teilbereichen die angesprochene „Homogenisierung der Kundenbedürfnisse" geben mag, so ist die grenzüberschreitende Tätigkeit für das Unternehmen doch mit Konsequenzen verbunden, die keineswegs trivial sind: Man muß neue Marktkenntnisse erwerben, in fremden Kulturen agieren, sprachliche Barrieren überwinden, sich an andere Rechtsstrukturen anpassen usw. Es ist offenkundig, daß die mit diesen Gesichtspunkten verbundenen Problemstellungen ein spezifisches Management erfordern, wenn die Internationalisierung einen positiven Beitrag zum Unternehmenserfolg leisten soll. Das Internationale Management als betriebswirtschaftliche Teildisziplin ist wesentlich darauf ausgerichtet, die Realisierung dieses Ziels zu unterstützen.

Die Internationalisierung von Unternehmen ist schließlich auch aus der Perspektive ganzer Volkswirtschaften oder gar Gesellschaften von hoher Bedeutung. In der politischen Linken überwog ursprünglich eine negative Attitüde. So hatte beispielsweise Lenin die Vorstellung entwickelt, daß sich im Zeitalter des Imperialismus – einem Zeitalter, das gleichzusetzen sei mit Unterdrückung und Ausbeutung – „internationale monopolistische Kapitalistenverbände [bilden], die die Welt unter sich teilen."[7] Neomarxistische Theoretiker haben, auf Lenin aufbauend, später postuliert, daß insbesondere in Entwicklungsländern die Aktivitäten multinationaler „Konzerne" das Ende einer jeden nationalen Souveränität bedeute und der wirtschaftliche und gesellschaftliche Fortschritt letztlich behindert würde. Diese Vorstellung hat insbesondere in den siebziger Jahren sehr stark die Diskussion im Bereich der Vereinten Nationen beherrscht.

Inzwischen hat sich das Diskussionsklima liberalisiert und versachlicht. Ökonomische und politikwissenschaftliche Analysen[8] verweisen zum Beispiel auf die Möglichkeit, daß im Zuge der Internationalisierung Arbeitsplätze im Heimatland des Unternehmens verloren gehen, während es im Gastland zu positiven Beschäfti-

---

[7] Lenin, W., Der Imperialismus als höchstes Stadium des Kapitalismus, Werke Bd. 39, Berlin 1965, S. 839.
[8] Vgl. zum folgenden Buckley, P., Direktinvestitionen, Auswirkungen von, in: Macharzina, K./ Welge, M. (Hrsg.), Handwörterbuch Export und Internationale Unternehmenstätigkeit, Stuttgart 1989, Sp. 289 – 307.

gungseffekten kommt. Auch Wachstums- sowie Zahlungs- und Handelsbilanzeffekte sowie die Auswirkungen auf die Wettbewerbsstruktur gelte es zu analysieren. Aus der Perspektive der Gastländer könnten Multinationale Unternehmen einen erheblichen Beitrag zum Transfer von Technologien und Management-Know how leisten und vielleicht auch als Katalysator für die Entwicklung des rechtlichen Rahmens fungieren. Schließlich seien etwaige soziale Folgen (z. B. Veränderungen von Bedürfnisstrukturen und Kulturen – Coca Cola in Thailand!?) und Auswirkungen auf die nationale Souveränität eines Landes von Bedeutung.

Viele dieser Aspekte lassen sich gut illustrieren am Beispiel des Engagements von Multinationalen Unternehmen in Zentral- und Osteuropa seit Beginn der neunziger Jahre. Die Reformländer stehen dem Engagement der Unternehmen grundsätzlich positiv gegenüber und haben rechtliche Rahmenbedingungen und Anreizstrukturen (z. B. Steuererleichterungen) geschaffen, um dieses zu erleichtern. So hat sich etwa die tschechische Regierung im Dezember 1990 entschlossen, Teile des Automobilunternehmens Skoda an ein westliches Unternehmen zu veräußern. Der Zuschlag ging an die Volkswagen AG, die zunächst 2 Mrd. DM bezahlte, um 31 % der Kapitalanteile zu erwerben (positiver Effekt für die Zahlungsbilanz!), und die Option erhielt, diese Anteile bis 1995 auf 70 % auszubauen. Volkswagen versprach, bis zum Jahre 2000 insgesamt 9,5 Mrd. DM zu investieren und dabei die Produktionskapazität von 180.000 auf 390.000 Automobile zu erhöhen, stufenweise eine Aggregatefertigung in Tschechien aufzubauen, das Skoda-Fahrzeugprogramm weiterzuentwickeln sowie die lokale Zulieferindustrie in den Leistungs- und Lieferverbund des Volkswagen-Konzerns einzubeziehen.[9] Nicht alle diese Zusagen konnten eingehalten werden, was die tschechische Regierung dazu veranlaßte, die zugesagten Importrestriktionen für andere Anbieter (Auswirkungen auf die Wettbewerbsstruktur!) zu lockern. Es muß aber festgestellt werden, daß durch das Engagement direkt oder indirekt immerhin 4 % der tschechischen Arbeitskräfte gebunden werden konnten. Darüber hinaus wurden wesentliche Anstöße zur Produktionsmodernisierung bei Skoda, aber auch bei den Zulieferern gegeben, die damit ihre internationale Wettbewerbsfähigkeit erhöhten. Technologi-

---

[9] Siehe hierzu den Geschäftsbericht für das Geschäftsjahr 1990; zum folgenden auch Calbreath, D., Together Forever?, in: Business Central Europe, März 1995, S. 7 – 10.

sches und managementbezogenes Know how konnten auf diese Weise zum Nutzen der volkswirtschaftlichen und sozialen Entwicklung des Landes transferiert werden.

Auch unter volkswirtschaftlichen und sozial-politischen Aspekten kann also, zusammenfassend, der Internationalisierung der Wirtschaft bzw. der Unternehmen hohe Bedeutung zugesprochen werden. Aus betriebswirtschaftlicher Perspektive – der Perspektive des Internationalen Managements – ist dies insofern von großem Interesse, als die Akzeptanz der Unternehmensaktivitäten in der interessierten Öffentlichkeit das Unternehmensergebnis stark beeinflussen kann. Diese Erfahrung machte zum Beispiel der Shell-Konzern, der im Zusammenhang mit der „Brent Spar-Affäre" und politisch brisanten Entwicklungen in Nigeria in der zweiten Hälfte des Jahres 1995 in die Kritik geriet und dies mit starken Umsatzeinbußen bezahlen mußte.

3. Multinationale Unternehmen

Zentraler Gegenstand des Interesses im Internationalen Management sind die „Multinationalen Unternehmen". Der Begriff des Multinationalen Unternehmens kann in unterschiedlicher Weise eingegrenzt werden.[10] Das United Nation Centre on Transnational Corporations zählt dazu „all enterprises which control assets – factories, mines, sales offices and the like – in two or more countries."[11] Andere Autoren heben neben dem Kontroll- auch den Eigentumsaspekt hervor: Multinationale Unternehmen sind Unternehmen „that own and control productive activities (broadly defined to cover any activity that adds value, like manufacturing, extraction, provision of services, Marketing, R & D and so on) in more than one country."[12] E. Penrose schließlich bringt Multinationale Unternehmen mit grenzüberschreitenden Direktinvestitionen in Verbindung, bemerkt aber im Einklang mit anderen Ökonomen, „that this type of

---

[10] Siehe zum folgenden Liansheng, W., Foreign Direct Investment and Transnational Corporations. A Review of Trade-Theoretical Approaches, Arbeitspapier an der Universität Oslo, 1992, S. 8 ff.

[11] United Nations Centre on Transnational Corporations, Transnational Corporations in World Development: A Re-examination, New York 1978, S. 158.

[12] Casson, M./ Pearce, R., Multinational Enterprises in LDCs, in: Gemmel, N. (Hrsg.), Surveys in Development Economies, Oxford 1990, S. 90.

investment .. [is] not to be regarded as simply an international movement of capital but as the movement of a bundle of resources; .. [is] undertaken by firms that .. [are] not international in ownership but ..[are] usually national firms operating in a number of countries through separately incorporated enterprises connected with and responsible to a central headquarters; and, above all, ..[is] administratively organized on such a scale as to displace the ‚market' over wide and varied types of activity."[13] Damit wird deutlich, daß zwischen der Muttergesellschaft und den ausländischen Einheiten (und, wie man hinzufügen kann, zwischen den Einheiten untereinander) operative Arbeitsbeziehungen bestehen, die aus dem „Ganzen mehr machen als die Summe ihrer Teile". Wichtige Ressourcen, die hier eine Rolle spielen, sind finanzielle Ressourcen, mit denen die Muttergesellschaft Aktivitäten der ausländischen Einheiten alimentiert; darüber hinaus können aber auch Technologien übertragen, Markterfahrungen weitergegeben, Personalressourcen zur Verfügung gestellt oder günstige Möglichkeiten der Beschaffung von Vorprodukten (Materialien) organisiert werden.

Unter dem vorhin genannten Begriff der Direktinvestition, der in den Theorien des Multinationalen Unternehmens von großer Bedeutung ist (siehe Abschnitt 4.3), kann ein Investment verstanden werden „that is made to acquire a lasting interest in an economy other than that of the investor, the investor's purpose being to have an effective voice in the management of the enterprise."[14] Die Beziehungen zu den ebenfalls genannten Merkmalen der Ownership und Control sind offensichtlich. Ebenso offensichtlich sollte aber sein, daß es keineswegs 100 %ige Beteiligungen sein müssen, die ein Auslandsengagement ausmachen. Normalerweise geht man schon bei 10 – 25 %igen Beteiligungen davon aus, daß es sich um eine Auslandsinvestition handelt, die nicht nur der Kapitalanlage dient (wenn dieses Motiv im Vordergrund steht, spricht man von einer Portfolioinvestition), sondern der operativen Stärkung des Konzernverbundes dienen soll. Das bedeutet, daß beispielsweise 50:50-Joint Ventures mit einem ausländischen Partner als Bausteine eines Multinationalen Unternehmens angesehen werden können. Neuer-

---

[13] Penrose, E., Multinational Corporations, in: Eatwell, J./ Milgate, M./ Newman, P. (Hrsg.), The New Palgrave. A Dictionary of Economics, Vol. 3, London et al. 1987, S. 563.

[14] International Monetary Fund, Balance of Payments Manual, 1977, S. 136.

dings kommen sogar zunehmend Strategische Allianzen „in Mode", bei denen überhaupt keine Kapitalbeteiligung vorliegt, die aber trotzdem als Aktionsfelder Multinationaler Unternehmen eingeordnet werden müssen.[15] Darauf wird noch zurückzukommen sein (Abschnitt 5.3).

Die vorstehenden Hinweise sollten andeuten, daß der Begriff des „Multinationalen Unternehmens" ebenso wie der der „Direktinvestition" nicht ganz so eindeutig abgrenzbar ist, wie man sich dies vielleicht wünschen mag. In konkreten Zusammenhängen ist es deshalb zweckmäßig, verschiedene Kriterien heranzuziehen, um den „Internationalisierungsgrad" eines Unternehmens zu beschreiben. Abbildung 2 stellt eine Liste mit den 20 „führenden" Multinationalen Unternehmen vor. Das wesentliche Ordnungskriterium stellt dabei die Höhe des Anlagevermögens im Ausland dar. Dieses Kriterium ist aber eben nicht eindeutig – unter den Gesichtspunkten von Auslandsumsatz oder Anzahl der im Ausland beschäftigten Arbeitskräfte ergeben sich durchaus andere Reihenfolgen. Wie dem im einzelnen aber auch sei – die Liste sollte einen Eindruck davon vermitteln, daß das „Internationale Management" schon deshalb eine interessante betriebswirtschaftliche Teildisziplin ist, weil man sich hier offenbar mit den Aktivitäten und Strukturen von Unternehmen auseinandersetzen muß, deren Namen in aller Munde sind. Diesen Unternehmen kann man zwar häufig eine „Herkunft" zuordnen (so sind z. B. die größten „deutschen" Unternehmen auf den Rangplätzen 15, 17 und 18 zu finden); in allen Fällen handelt es sich aber eben um Unternehmen, die einen wesentlichen Teil ihrer Aktivitäten im Ausland vollziehen. Besonders augenfällig ist dies bei Unternehmen, die in kleinen Ländern ihren Hauptsitz haben, wie sich am Beispiel der schweizerischen Nestlé-Gruppe (Rangplatz 7) zeigt, die 1992 98,2 % ihrer Umsätze im Ausland erzielte und 96,9 % ihrer Arbeitskräfte im Ausland beschäftigte.

Abbildung 2 vermittelt auch einen ersten Eindruck über die Branchen, in denen die Internationalisierung eine besondere Rolle spielt. Im Falle der Ölindustrie ergibt sich der hohe Internationalisierungsgrad wesentlich einfach daraus, daß die Ölquellen im Ausland (insbesondere in den arabischen Ländern) liegen und man dort Förderanlagen unterhalten muß, um die Vorkommen optimal nutzen zu

---

[15] Interessanterweise weist das Organigramm des amerikanischen Computerunternehmens IBM solche „Strategischen Allianzen" auch explizit als „Bestandteile" des Unternehmens aus.

Abbildung 2: *Die 20 größten MNU gelistet nach dem Anteil ihres Auslandsvermögens, 1992*

	Unternehmen	Land	Branche	Auslands-vermögen (in Mrd. $)	Gesamt-vermögen (in Mrd. $)	Auslands-umsatz (in Mrd. $)	Gesamt-umsatz (in Mrd. $)	Mitarbeiter im Ausland (in Tsd.)	Mitarbeiter insgesamt (in Tsd.)
1	Royal Dutch/Shell	GB/NL	Mineralöl	69,4	100,8	45,5	96,6	91,0	127,0
2	Exxon	USA	Mineralöl	48,2	85,0	93,1	115,7	59,0	95,0
3	IBM	USA	Computer	45,7	86,7	39,9	64,5	143,9	301,5
4	General Motors	USA	Automobil	41,8	19,0	42,3	132,4	272,0	750,0
5	Hitachi	J	Elektronik	...	66,6	13,9	58,4	...	324,2
6	Matsushita Electric	J	Elektronik	...	74,4	29,9	60,8	94,8	252,1
7	Nestlé	CH	Nahrungsmittel	28,7	31,3	37,7	38,4	211,3	218,0
8	Ford	USA	Automobil	28,0	180,5	33,2	100,1	167,0	325,3
9	Alcatel Alsthom	F	Elektronik	...	44,4	18,0	30,7	106,3	203,0
10	General Electric	USA	Elektronik	24,2	192,9	8,4	57,1	58,0	231,0
11	Philips Electronics	NL	Elektronik	22,9	28,6	31,0	33,3	225,8	257,7
12	Mobil	USA	Mineralöl	22,6	40,6	49,7	64,1	28,2	63,7
13	Asea Brown Boweri	CH	Elektronik	22,4	25,9	26,3	29,6	198,8	213,4
14	Elf Aquitaine	F	Mineralöl	...	45,1	13,2	36,2	...	87,9
15	Volkswagen	D	Automobil	...	46,5	29,4	54,7	109,0	273,0
16	Toyota Motor Co.	J	Automobil	20,7	76,7	22,0	81,3	16,3	108,2
17	Siemens	D	Elektronik	...	44,6	27,0	50,3	160,0	413,0
18	Daimler-Benz	D	Transport/Kommu.	...	52,5	35,8	63,1	74,0	376,5
19	British Petroleum	GB	Mineralöl	...	31,5	34,0	58,6	71,7	97,7
20	Unilever	GB/NL	Nahrungsmittel	19,4	24,2	35,0	43,7	247,9	283,2

Quelle: World Investment Report 1994, S. 6

können. Automobil- und Elektronikindustrie sind demgegenüber Branchen, in denen die Wettbewerbsfähigkeit stark (aber nicht nur) von einer günstigen Kostenposition abhängt, die ihrerseits im Zusammenhang mit der produzierten Stückzahl steht (Economies of Scale). In der Computerindustrie spielen innovative Produkte eine große Rolle, die sich, wenn sie denn vorhanden sind, auch im Ausland profitabel vermarkten lassen. In der Nahrungsmittelindustrie spielen sicherlich mehrere Gesichtspunkte eine Rolle, unter anderem aber eben auch der „Zufall", daß die beiden größten Nahrungsmittelkonzerne – Nestlé und Unilever – aus den besagten „kleinen Ländern" stammen.

Abbildung 2 sollte nicht den Eindruck vermitteln, daß das Thema „Internationalisierung" nur für Großunternehmen à la IBM oder Daimler Benz relevant ist. So hatte zum Beispiel die deutsche Maschinenbauindustrie, in der 98 % aller Unternehmen weniger als 500 Arbeitnehmer beschäftigen (Zahlenangaben für das Jahr 1987), eine Exportquote von durchschnittlich 48,4 % (1989). Für die Thüringer Jenoptik-Gruppe mit ihrer in der Reinraumtechnik engagierten Tochtergesellschaft Meissner & Wurst ist es heute ganz selbstverständlich, daß man in Singapur neue Chip-Fabriken errichtet (ohne sie selbst zu betreiben), Joint Ventures in China gründet und auch auf dem amerikanischen Markt präsent ist.

4. Theorieunterstützung im Internationalen Management

Für jede wissenschaftliche Disziplin stellt sich die Frage, welche theoretischen Beiträge sie zur Beschreibung, Erklärung und auch Gestaltung ihres Untersuchungsgegenstandes leisten kann. Der Versuch, diese Frage zu beantworten, ist nichts anderes als ein Versuch, die zentralen Inhalte des Internationalen Managements abzustecken. Im folgenden soll zunächst in konzeptioneller Weise überlegt werden, worin die „differentia specifica" des Internationalen Managements im Vergleich zu anderen speziellen Betriebswirtschaftslehren oder gar zur „Allgemeinen" Betriebswirtschaftslehre liegen könnte (Abschnitt 4.1). Daran anschließend wird ein Überblick über die einschlägige Forschungsentwicklung gegeben (Abschnitt 4.2), und es werden zwei Forschungsfelder herausgegriffen, die für die Entwicklung eines disziplinären Selbstverständnisses bislang eine besondere Rolle gespielt haben oder die in Zukunft wohl eine besondere Rolle spielen werden: die Theorie der Direktinvestition (Abschnitt 4.3) und die Ansätze zur Analyse der Internationalisierungsprozesse (Abschnitt. 4.4).

4.1 Gibt es ein genuines Theoriefeld für das Internationale Management?

Was sind die Eigenheiten des Internationalen Managements? Was unterscheidet es von anderen betriebswirtschaftlichen Teildisziplinen? Macht es wirklich einen Unterschied aus, ob man einerseits die Aktivitäten eines Unternehmens in verschiedenen, mehrere Tausend Kilometer entfernt liegenden Orten in den USA (nationaler Fall) oder aber die grenzüberschreitenden Operationen eines im Saargebiet ansässigen Unternehmens im nahegelegenen Elsaß (internationaler Fall) betrachtet? Handelt es sich um prinzipielle oder um graduelle Unterschiede? Das sind Fragen, die in der Literatur kontrovers diskutiert werden.[16] Dabei sind natürlich insbesondere die Ansätze von Interesse, die in der Tat eine „differentia specifica" des Internationalen Managements zu identifizieren beanspruchen. Diese Ansätze können durch einen einfachen systemtheoretischen Bezugsrahmen geordnet werden: Es gibt Ansätze, die den Gegenstandsbereich des Internationalen Managements durch eine Betrachtung der spezifischen Umweltsituation festmachen wollen (1), Ansätze, die auf die Interaktionen von (Multinationalen) Unternehmen mit anderen Systemen-in-der-Umwelt abstellen (2), und Ansätze, die die spezifische Koordinationsproblematik im Multinationalen Unternehmen selbst bzw. in dem dadurch definierten Netzwerk an Beziehungen in den Vordergrund stellen (3).

(1) Der erste Ansatz betrachtet die Besonderheiten der Umwelt des Multinationalen Unternehmens, insbesondere die unterschiedlichen Kulturbereiche, in die das Unternehmen eingebettet ist.[17] Damit sind zwei Konsequenzen verbunden.

---

[16] Siehe z. B. Toyne, B., International Exchange: A Foundation for Theory Building in International Business, in: Journal of International Business Studies 22 (1989); Macharzina, K., Internationale Betriebswirtschaftslehre, in: ders./ Welge, M. (Hrsg.), Handwörterbuch Export und Internationale Unternehmung, Stuttgart 1989, Sp. 903 – 914; Ghoshal, S./ Westney, D. E., Introduction and Overview, in: dies. (Hrsg.), Organization Theory and the Multinational Corporation, New York 1993, S. 7 f.

[17] Vgl. zum folgenden Dülfer, E., Internationales Management in unterschiedlichen Kulturbereichen, 3. Aufl., München & Wien 1995,

Zum einen verliert das traditionelle Theorie- und Methodeninstrumentarium der Betriebswirtschaftslehre zumindest in den Teilen an Wert, in denen es auf spezifischen Annahmen über die Verhaltensweisen von Individuen aufgebaut ist. (Man mag hier anmerken, daß Theorien, die von solchen Verhaltensannahmen völlig abstrahieren, überhaupt keinen Wert besitzen können.) So mögen etwa Theorien oder Konzeptionen des Führungsverhaltens, die auf den vergleichsweise „rationalen", auf individuellen Erfolg ausgerichteten Denkweisen amerikanischer Manager aufbauen, nicht mehr anwendbar sein in ostasiatischen Ländern, die durch eine kollektivistische Kultur geprägt sind.[18] Es bedarf zusätzlicher Theorieansätze in den Bereichen, in denen alternative Theorieangebote bislang nicht vorliegen. Das Internationale Management könnte hier, wenn es schon nicht die Theorie selber bereitstellen kann, eine Explorations- und Ordnungsfunktion ausfüllen, die von anderen disziplinären Feldern nicht wahrgenommen wird.

Zum anderen führt die Konfrontation mit unterschiedlichen, „fremden" Kulturen zu einem „subjektiv empfundenen Mangel des Entscheidungsträgers an Informationen, der daraus resultiert, daß dieser die inhaltlichen Auswirkungen von Umwelteinflüssen in den Konsequenzen seiner Entscheidungsalternativen nicht erkennen kann; und zwar weil er die entsprechenden Umwelt-Elemente nicht zutreffend zu interpretieren weiß ('nicht versteht'). ... Daraus folgt aber, daß der Manager weitergehende Informationshilfen benötigt, wenn er sich in einer in dieser Hinsicht strukturell und funktionell wesentlich andersartigen Umwelt befindet."[19] Und eben hier kann, so die Idee, das Management eine Zulieferfunktion erfüllen, indem Beschreibungen fremder Kulturen, darüber hinaus aber auch Erklärungen der zwischen den verschiedenen Kulturschichten existie-

---

S. 177 ff.; Brauchlin, E./ Wiesmann, D., Internationales Management, in: Gabler Wirtschaftslexikon, 13. Aufl., S. 1675 ff. – Den Begriff der Kultur kann man im vorliegenden Zusammenhang weit interpretieren; nach Dülfer (a. a. O., S. 218 f.) umfaßt er den „Stand der Realitätserkenntnis und Technologie", die kulturell bedingten Wertvorstellungen, die sozialen Beziehungen und Bindungen, die rechtlich-politischen Normen und die „Aufgaben-Umwelt" externer Interaktionspartner.

[18] Für einen systematischen Vergleich von Kulturen anhand spezifischer Merkmale vgl. Hofstede, G., Culture's Consequences. International Differences in Work-related Values, Beverly Hills 1980. Siehe hierzu die knappen Hinweise in Abschnitt 3.2, unten.

[19] Dülfer, E. (Fn. 17), S. 180 und S. 201; veränderte Hervorhebung.

renden Wechselwirkungen und den mit einzelnen Entscheidungen bzw. Handlungen verbundenen Folgewirkungen bereitgestellt werden. Für den Forscher führt dies dazu, daß er letztlich auf das in den gesamten Natur- und Sozialwissenschaften angesammelte Wissen zurückgreifen muß, daß also eine Komplexität entsteht, die nicht mehr beherrscht werden kann. In dieser Situation können wirkliche Informationshilfen wohl nur noch in Form von Aussagen über typische Strukturen bzw. typische Einflußfaktoren[20] gegeben werden, von Aussagen, die das „Hintergrundwissen" von Managern insoweit prägen, als hierauf in konkreten Entscheidungssituationen zurückgegriffen werden kann und eine Referenzbasis für Lernprozesse vorhanden ist.

(2) Gegen die Herausstellung der Kultur als konstitutives Merkmal für das Internationale Management kann man einwenden, daß dieser Umweltaspekt auch auf nationaler Ebene relevant wird: Schon innerhalb einer allein inländisch operierenden Organisationseinheit sind Entscheidungen in unterschiedliche kulturelle Kontexte eingebettet, die nur unter großen Mühen ineinander „übersetzt" werden können und darum Verständigungsprobleme implizieren.[21] In Marketingabteilungen beispielsweise denkt und handelt man ganz anders als in Forschungs- und Entwicklungsabteilungen, wo häufig nicht so sehr die Marktgängigkeit der Produkte, sondern deren technische Funktionsfähigkeit im Vordergrund steht. Es muß also ein anderes Kriterium herangezogen werden – eines, das wirklich zwischen unterschiedlichen Länderkontexten differenziert. Ein Ansatzpunkt hierzu wird durch die Fokussierung auf staatliche Aktivitäten bzw. auf die Interaktionen zwischen Unternehmen und Staat gegeben.[22] Zwar sind die staatlich gesetzten Rahmenbedingungen auch im Inland relevant; das Unternehmen ist ihnen sogar notwendig ausgesetzt. Bei Auslandsaktivitäten entstehen aber neue Handlungsspielräume, zum Beispiel weil hier das Unternehmen mehrere Regierungen gegeneinander ausspielen kann, um die gün-

---

[20] Ebenda, S. 204.
[21] Vgl. hierzu grundlegend Kirsch, W., Die Handhabung von Entscheidungsproblemen. Einführung in die Theorie der Entscheidungsprozesse, 3. Aufl., München 1988.
[22] Vgl. hierzu und zum folgenden programmatisch Grosse, R./ Behrman, J., Theory in International Business, in: Transnational Corporations 1 (1992), S. 93 – 126, sowie Boddewyn, J./ Brewer, T., International-Business Political Behavior: New Theoretical Directions, in: Academy of Management Review 19 (1994), S. 119 – 143.

stigsten Investitions- und Operationsbedingungen zu erhalten (vorausgesetzt, die Regierungen empfinden das Engagement ausländischer Unternehmen als attraktiv, weil Arbeitsplätze geschaffen werden, neue Technologien ins Land kommen etc.). Und diese Handlungsspielräume und die damit verbundenen Konsequenzen sowohl für die Multinationalen Unternehmen als auch für die jeweiligen Gastlandregierungen sollten eben das zentrale Thema des Internationalen Managements sein.

Es liegt nahe, den zentralen Bezugsrahmen für eine Bearbeitung dieses Themas zunächst in der Verhandlungstheorie zu suchen, die sich mit der relativen Ressourcenausstattung der Verhandlungspartner (Was hat man anzubieten?), mit der Bedeutung der Situation (Handelt es sich um einen Schlüsselmarkt?, Gibt es Handlungsalternativen? etc.) und mit den jeweiligen Interessen (Was soll erreicht werden?) ebenso auseinandersetzt wie mit der Dynamik des Verhandlungsverlaufs (Gibt es unter den eben genannten Aspekten Veränderungen, wenn ein Unternehmen sich tatsächlich in dem Land engagiert hat und dies nicht ohne größere Verluste rückgängig machen kann?[23]). Darüber hinaus rücken aber auch noch zusätzliche Phänomene ins Blickfeld des Internationalen Managements, nämlich die Auseinandersetzung mit und das Management von (a) gesetzlichen, regulatorischen und institutionellen Unterschieden in den jeweiligen Ländern, (b) Länderrisiken, die aus einer unterschiedlichen Behandlung von Unternehmensaktivitäten in Gast- und Heimatländern resultieren, und (c) Wechselkursrisiken, die zwar nicht nur, aber auch von spezifischen Interventionen staatlicher Regierungen beeinflußt werden. All diese Phänomene setzen Multinationale Unternehmen mit Regierungsinstitutionen in Beziehung und gehören damit notwendig in den Einzugsbereich des Internationalen Managements.[24]

(3) Eine dritte Perspektive zur Identifikation der „differentia specifica" des Internationalen Managements zielt auf die Besonderheiten des Aufbaus und des Managements eines internationalen Unternehmensnetzwerkes ab. Diese Perspektive steht in einem engen Zusammenhang mit dem Versuch, die strategischen Implikationen der

---

[23] Man spricht in diesem Zusammenhang häufig von der sog. „Obsolescing Bargaining"-Hypothese. Siehe hierzu bahnbrechend Vernon, R., Sovereignty at Bay. The Multinational Spread of U.S. Enterprises, New York 1971.

[24] Vgl. Boddewyn & Brewer, a. a. O. (Fn. 22), S. 109 ff.

Internationalisierung herauszuarbeiten. Ausgangspunkt ist zunächst die Überlegung gewesen, daß es zwei Dimensionen sind, die die Grundorientierung des Unternehmens bei seinen Auslandstätigkeiten bestimmen: die Integrationsdimension und die Dimension der nationalen „Responsiveness".[25] Die Integration bezeichnet den Anreiz, Geschäfte in unterschiedlichen Ländern zusammenzuführen und/oder möglichst ähnlich zu behandeln, um auf diese Weise die Effizienz der Operationen zu erhöhen. So sinken zum Beispiel die durchschnittlichen Kosten einer Werbekampagne, wenn das Grundkonzept in mehreren Ländern verwendet werden kann und nur eine Wort-für-Wort-Übersetzung einzelner Begriffe erfolgen muß. Nationale Responsiveness bezeichnet demgegenüber die Notwendigkeit, sich auf die Besonderheiten einzelner Ländermärkte einzustellen.

Freilich kann dieser einfache Bezugsrahmen nicht undifferenziert angewendet werden; vielmehr müssen die einzelnen Wertschöpfungsstufen des Unternehmens genauer betrachtet werden. Es liegt nahe zu vermuten, daß die „Upstream Activities" – insbesondere Forschung & Entwicklung sowie die Produktion – tendenziell einen stärkeren Integrationsanreiz bieten, während die kundennäheren „Downstream Activities" – Marketing & Vertrieb, Service – sich stärker auf die spezifischen Anforderungen der Kunden in den jeweiligen Ländermärkten ausrichten. Das aber bedeutet nichts anderes, als daß die strategische Grundausrichtung des Unternehmens insgesamt nicht durch eine einfache Entweder/oder-Strategie beschrieben werden kann. Letztlich geht es für das Unternehmen immer darum, seine Aktivitäten über verschiedene Ländermärkte (Produkt- und Faktormärkte) hinweg in optimaler Weise einerseits zu konfigurieren (zu verteilen) und andererseits zu koordinieren (zu vernetzen).[26] „In optimaler Weise" heißt: so, daß erstens die Effizienz der Operationen verbessert wird, zweitens die nationalen Unterschiede produktiv für innovative Ideen und Lernerfahrungen genutzt werden und drittens Möglichkeiten der Risikoverteilung und

---

[25] Siehe hierzu grundlegend Fayerweather, J., International Business Management: A Conceptual Framework, London 1969.

[26] Siehe hierzu und zum folgenden Porter, M., Competition in Global Industries: A Conceptual Framework, in: ders. (Hrsg.), Competition in Global Industries, Boston 1986, S. 15 – 60; Ghoshal, S., Global Strategy: An Organizing Framework, in: Strategic Management Journal 8 (1987), S. 425 – 440; Kogut, B., A Note on Global Strategies, in: Strategic Management Journal 10 (1989), S. 383 – 389.

spezifische Reaktionsmöglichkeiten auf die Aktivitäten von Konkurrenten und/oder nationalen Regierungen entstehen.

All die hier genannten Aspekte betreffen Optionen, die dem Unternehmen dadurch offenstehen, daß es ein multinationales Netzwerk konstituiert. Allein national agierenden Unternehmen stehen diese Optionen nicht offen. Das aber bedeutet eben nichts anderes, als daß das Internationale Management auch als Forschungsdisziplin Fragestellungen zu behandeln hat, die in der „traditionellen" Betriebswirtschafts- bzw. Managementlehre noch nicht Gegenstand der Überlegungen sind.

4.2 Forschungsentwicklung im Überblick

Auch wenn es einige Ansätze gibt, die „differentia specifica" des Internationalen Managements zu beschreiben, muß festgestellt werden, daß die tatsächlichen Forschungsaktivitäten, die dem Internationalen Management zuzurechnen sind, sich an solche Abgrenzungsversuche kaum halten. Abbildung 3 gibt einen Überblick über die Forschungsaktivitäten, aus dem die Breite der behandelten Fragestellungen deutlich werden sollte, auch wenn die genannten Punkte hier nicht im einzelnen erläutert werden können. (Einige Punkte werden aber in den nachfolgenden Abschnitten noch aufgegriffen.) Die Initialzündung vieler Arbeiten gab sicherlich die schon 1960 am Massachusetts Institute of Technology fertiggestellte Dissertation von S. Hymer, die zwar erst 1976 (posthum) veröffentlicht wurde, aber schon vorher durch die Arbeiten von Hymers akademischem Lehrer C. Kindleberger bekannt geworden war.[27] Hymer war der erste, der das Phänomen grenzüberschreitender Direktinvestitionen – das Phänomen der Entstehung multinationaler Konzerne – in einem eigenständigen Bezugsrahmen zu erfassen versuchte. Sein Erkenntnisinteresse war, wie vor allem auch spätere Arbeiten zeigen, durchaus kritisch; es ging ihm darum, die Herausbildung multinationaler Konzerne als spezifische Phase des Spätkapitalismus zu beschreiben. Dazu bediente er sich aber nicht, wie die Imperialismustheoretiker früher, eines unmittelbar marxistisch geprägten Instrumentariums; er nutzte vielmehr die Ansätze einer in den fünfzi-

---

[27] Vgl. Hymer, S., The International Operations of National Firms: A Study of Direct Foreign Investment, Cambridge (Mass.) und London 1976; Kindleberger, C., American Business Abroad, New Haven & London 1969.

ger Jahren populär gewordenen Forschungsrichtung, der sogenannten „Industrieökonomik", und stellte dadurch auch die Anschlußfähigkeit für eine managementtheoretische bzw. betriebswirtschaftliche Behandlung der Thematik her.

Abbildung 3: *Theorieentwicklung im Überblick*

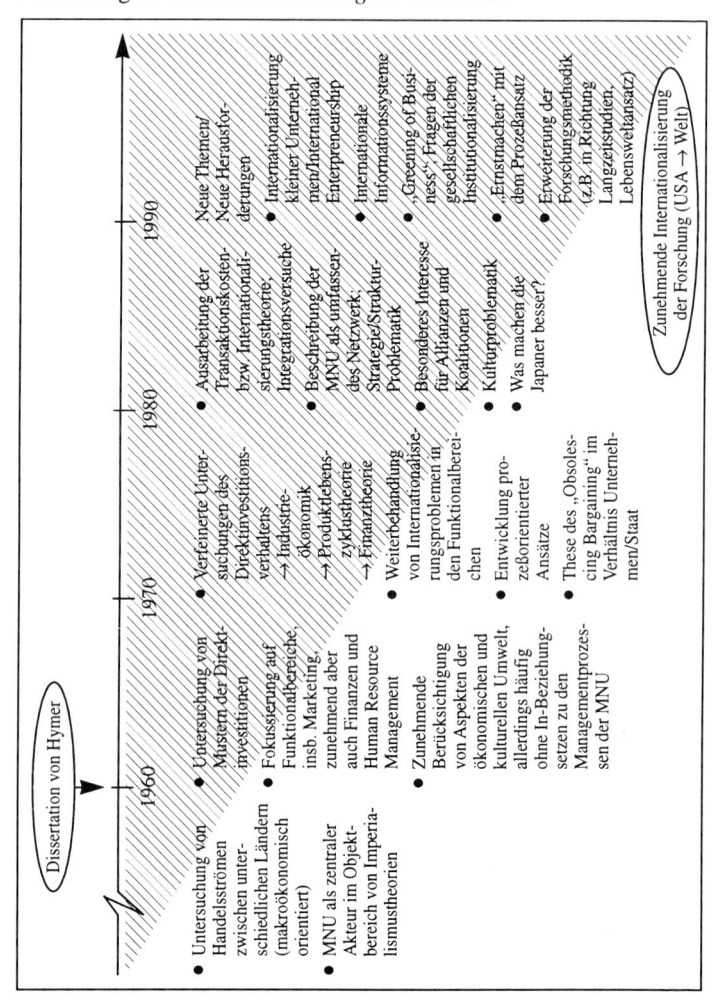

	1960	1970	1980	1990
	Dissertation von Hymer			

vor 1960:
- Untersuchung von Handelsströmen zwischen unterschiedlichen Ländern (makroökonomisch orientiert)
- MNU als zentraler Akteur im Objektbereich von Imperialismustheorien

1960er:
- Untersuchung von Mustern der Direktinvestitionen
- Fokussierung auf Funktionalbereiche, insb. Marketing, zunehmend aber auch Finanzen und Human Resource Management
- Zunehmende Berücksichtigung von Aspekten der ökonomischen und kulturellen Umwelt, allerdings häufig ohne In-Beziehungsetzen zu den Managementprozessen der MNU

1970er:
- Verfeinerte Untersuchungen des Direktinvestitionsverhaltens
  → Industrieökonomik
  → Produktlebenszyklustheorie
  → Finanztheorie
- Weiterbehandlung von Internationalisierungsproblemen in den Funktionalbereichen
- Entwicklung prozeßorientierter Ansätze
- These des „Obsoleszing Bargaining" im Verhältnis Unternehmen/Staat

1980er:
- Ausarbeitung der Transaktionskostenbzw. Internationalisierungstheorie, Integrationsversuche
- Beschreibung der MNU als umfassendes Netzwerk; Strategie/Struktur-Problematik
- Besonderes Interesse für Allianzen und Koalitionen
- Kulturproblematik
- Was machen die Japaner besser?

1990er:
- Neue Themen/Neue Herausforderungen
- Internationalisierung kleiner Unternehmen/International Entrepreneurship
- Internationale Informationssysteme
- „Greening of Business", Fragen der gesellschaftlichen Institutionalisierung
- „Ernstmachen" mit dem Prozeßansatz
- Erweiterung der Forschungsmethodik (z.B. in Richtung Langzeitstudien, Lebensweltansatz)

Zunehmende Internationalisierung der Forschung (USA → Welt)

Der Schwerpunkt der Forschungsbemühungen muß zunächst zweifellos in den USA lokalisiert werden. In den achtziger Jahren kam allerdings langsam ein Bewußtsein dafür auf, daß mit dieser lokalen Fokussierung ein Problem verbunden sein könnte. Ausgangspunkt dieses Bewußtseins sind Arbeiten gewesen, die sich mit der in Abschnitt 3.1 schon angerissenen Kulturproblematik beschäftigten, und zwar insbesondere mit der Frage, ob der kulturelle Kontext, in dem die Aktivitäten der und in den Unternehmen eingebettet sind, einen systematischen Einfluß auf die Art des Managements, auf den vorzufindenden Verhandlungsstil, auf die Humanbeziehungen im Unternehmen etc. besitzt.[28] Besondere Beachtung hat hier eine empirische Untersuchung von G. Hofstede gefunden, in der die Handlungsorientierungen von mehr als 120.000 Mitarbeitern des Unternehmens IBM nach bestimmten Kriterien (z. B.: Individualismus vs. Kollektivismus, Stärke des Wunsches nach Unsicherheitsvermeidung) miteinander verglichen wurden, mit dem Ergebnis, daß hier tatsächlich signifikante Unterschiede bestehen.[29] Wenn dieses Ergebnis zutrifft, ist es aber natürlich naheliegend zu überlegen, ob nicht auch die Forschungen im Bereich des Internationalen Managements (und ebenso aller anderen Fachgebiete) eine kulturelle Verzerrung aufweisen.[30] So könnte man zum Beispiel vermuten, daß amerikanische Forschungen zu stark die Perspektive des Managements hervorheben („Command-and-Control-Mentality"; H. Mintzberg), auf der Annahme eines methodologischen Individualismus (d. h. etwa Bevorzugung der Psychologie gegenüber der Soziologie) aufbauen und darüber hinaus die Bedeutung des Marktes als zentralem Koordinationsmechanismus einer Wirtschaft überbetonen. Entsprechend wäre es im höchsten Maße wünschenswert, wenn die amerikanischen Forschungen zumindest ergänzt würden durch Forschungen, die durch andere kulturelle Grundorientierun-

---

[28] Vgl. als Überblick Boyacigiller, N./ Kleinberg, M. J./ Philips, M./ Sackmann, S., Conceptualizing Culture, in: Punnett, B./ Shenkar, O. (Hrsg.), Handbook for International Management Research, Cambridge (Mass.) & Oxford 1996, S. 157 – 208.

[29] Vgl. Hofstede, G., a. a. O. (Fn. 18). – Die Konzentration der Untersuchung auf ein Unternehmen – IBM – hatte den Zweck, den Einfluß der Unternehmenskultur gegenüber dem Einfluß der nationalen Kultur zu kontrollieren.

[30] Vgl. zum folgenden Knyphausen-Aufseß, D. zu, Theorie der strategischen Unternehmensführung, Wiesbaden 1995, Kap. 3, mit der dort angegebenen Literatur.

gen geprägt sind. Es ist deshalb bemerkenswert, daß genau dies stattgefunden hat: Die Forschung hat sich internationalisiert, die USA sind nicht mehr der alleinige Schwerpunkt der Aktivitäten. Man kann hoffen, daß kulturell bedingte Einseitigkeiten hierduch wenigstens ein Stück weit aufgebrochen werden.

4.3 Theorie der Direktinvestition im Ausland

Die Frage, warum Unternehmen im Ausland investieren, sich also nicht nur auf den Export beschränken, sondern eigene Vertriebs- oder Produktionsstätten gründen oder eigenständige Tochtergesellschaften aufbauen bzw. erwerben – und sich damit zu einem „Multinationalen Unternehmen" entwickeln –, ist, wie schon erwähnt, konsequent zum ersten Mal in der bahnbrechenden Arbeit von S. Hymer behandelt worden. Die vorher die Diskussion bestimmende Außenhandelstheorie, die auf Arbeiten von D. Ricardo, E. Heckscher und B. Ohlin[31] zurückgeht, baute auf zu starren Prämissen auf, um das empirische Phänomen der Direktinvestitionen im Ausland beleuchten zu können: Nur die Güter galten als international mobil (und konnten somit zum Objekt eines Außenhandels werden), nicht aber Produktionsfaktoren wie Arbeit oder Kapital. Darüber hinaus wurde vollkommene Information unterstellt; es sollte kein proprietäres Wissen geben, über das der eine Anbieter verfügt, der andere aber nicht. Es gab dieser Theorie zufolge also keine kompetitiven Wettbewerbsvorteile, die ein Unternehmen zur Grundlage von Aktivitäten hätte nehmen können, zu denen ein Unternehmen in einem anderen Land nicht in der Lage wäre. Daß es hier keine Anreize gibt, lange Transportwege und kulturelle Differenzen zu überwinden, um im Ausland tätig zu werden, ist offensichtlich.

In den Kalkül miteinbezogen wurden statt der kompetitiven allerdings die komparativen Wettbewerbsvorteile zwischen Nationen, also Unterschiede in den Faktorausstattungen bzw. -produktivitäten. Diese Vorteile werden für die Erklärung von Direktinvestitionen bedeutsam, sobald man die Annahme der Immobilität der Produktionsfaktoren aufhebt. So wird in der Unternehmenspraxis häufig ar-

---

[31] Ricardo, D., Principles of Political Economy and Taxation, London 1817; Heckscher, E., The Effect of Foreign Trade on the Distribution of Income (1919), in: Ellis, H./ Metzler, L. A. (Hrsg.), Readings in the Theory of International Trade, London 1950, S. 272 – 300; Ohlin, B.: Interregional and International Trade, Cambridge (Mass.) 1933.

gumentiert,[32] daß die hohen Lohnkosten in Deutschland eine Verlagerung der Produktion ins Ausland (z. B. in fernöstliche Länder) induziert (siehe hierzu die vergleichende Gegenüberstellung in Abbildung 4). Auch unter anderen Gesichtspunkten – insbesondere im Hinblick auf die Ausstattung mit Humankapital bzw. „neuen Ideen" – scheint Deutschland inzwischen ins Hintertreffen geraten zu sein.[33] Die Diskussion um den „Standort Deutschland" besitzt hier sicherlich ihre Berechtigung. Aus theoretischer Sicht ist allerdings festzustellen, daß Standortargumente allein keine ausreichende Basis für die Erklärung von Direktinvestitionen sein können. Die eigentlich interessierende Überlegung ist nämlich, warum, wenn interessante Investitionsbedingungen im Ausland gegeben sind, diese Investition von – um ein Beispiel zu nehmen: – Daimler Benz und

Abbildung 4: *Arbeitskosten je Arbeitsstunde in der verarbeitenden Industrie 1992, in DM*

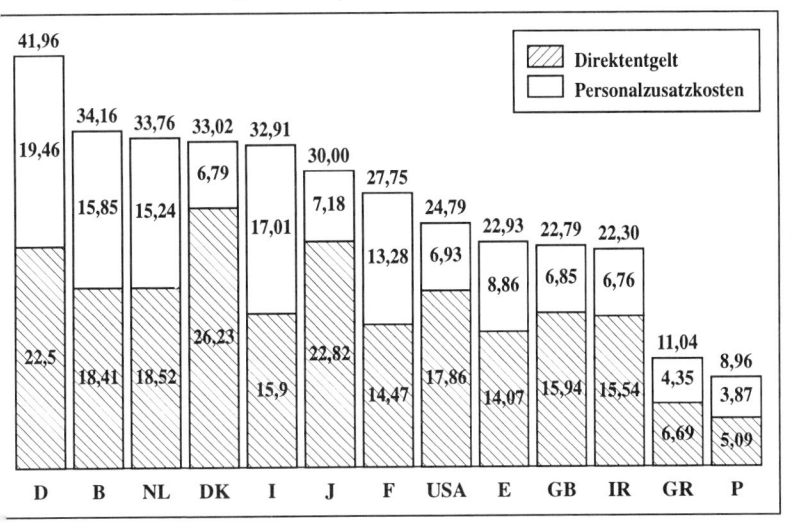

Land	Direktentgelt	Personalzusatzkosten	Gesamt
D	22,5	19,46	41,96
B	18,41	15,85	34,16
NL	18,52	15,24	33,76
DK	26,23	6,79	33,02
I	15,9	17,01	32,91
J	22,82	7,18	30,00
F	14,47	13,28	27,75
USA	17,86	6,93	24,79
E	14,07	8,86	22,93
GB	15,94	6,85	22,79
IR	15,54	6,76	22,30
GR	6,69	4,35	11,04
P	5,09	3,87	8,96

Quelle: iwd, Jg. 19, Nr. 18/6. Mai 1993, S. 3

---

[32] Siehe etwa den Beitrag von Bierich, M., Fertigungsstandorte im internationalen Vergleich, in: Zeitschrift für betriebswirtschaftliche Forschung 40 (1988), S. 824 – 843.

[33] Vgl. dazu Nelson, R. (Hrsg.), National Innovation Systems: A Comparative Study, New York 1993.

nicht von einem anderen Unternehmen getätigt wird. Und hierzu bedarf es dann eben theoretischer Modelle, die über die klassischen Außenhandelstheorien weit hinausgehen.[34]

Abbildung 5 gibt einen Überblick über die wichtigsten Ansätze zu einer Theorie der Direktinvestition im Ausland. Die größte Bedeutung besitzen sicherlich die industrieökonomisch geprägten Ansätze[35] einerseits und die „Internalisierungsschule" bzw. der transaktionskostentheoretische Ansatz auf der anderen Seite. J. Dunning hat wiederholt auf die Komplementarität dieser Ansätze verwiesen und in der Konsequenz einen „eklektischen" Bezugsrahmen vorgeschlagen, der auch noch die angesprochenen Standortargumente berücksichtigt.[36] Demnach müssen drei Bedingungen erfüllt sein, damit es zu Direktinvestitionen kommt: Das investierende Unternehmen muß (1) über „Ownership Advantages" verfügen, das heißt, es muß Wettbewerbsvorteile gegenüber anderen Unternehmen besitzen, die sich auch im Ausland realisieren lassen (dies ist das industrieökonomische Argument aus der Hymer-Schule); es muß (2) Anreize („Internalization Advantages") besitzen, diese Wettbewerbsvorteile nicht über den Markt zu verkaufen (z. B. durch die Vergabe von Lizenzen), sondern statt dessen selbst zu realisieren, das heißt auf die interne Organisation von Transaktionsbeziehungen zu vertrauen (dies ist das Argument des Internalisierungs- bzw. des Transaktionskostenansatzes); und es muß (3) den Ort bestimmen, an dem diese Vorteile am besten zum Tragen kommen („Location Advantages" im Sinne der Standorttheorie).[37]

Der kapitalmarktorientierte Ansatz, der das Argument der Risikodiversifikation als zentralen Anreiz zum Auslandsengagement

---

[34] Ein Versuch, die Standorttheorie zu einer Theorie der Direktinvestition auszubauen, findet sich bei Tesch, P., Die Bestimmungsgründe des internationalen Handels und der Direktinvestition, Berlin 1980. Für einen die (neo)klassische Außenhandelstheorie weiterführenden Ansatz vgl. auch Kojima, K., Direct Foreign Investment, London 1978.

[35] B. Kogut, a. a. O. (Fn. 26), S. 384, spricht hier von einer „Cambridge Axis", da diese Ansätze entweder am Massachusetts Institute of Technology oder an der Harvard University – die beide in Cambridge (Massachusetts) angesiedelt sind – entstanden sind.

[36] Vgl. als neueste Darstellung Dunning, J., Multinational Enterprises and the Global Economy, Wokingham et al. 1993, S. 76 ff.

[37] Der Ansatz von Dunning ist aufgrund seines „eklektischen" Charakters nicht ohne Kritik geblieben. Vgl. zusammenfassend Itaki, M., A Critical Assessment of the Eclectic Theory of the Multinational Enterprise, in: Journal of International Business Studies 22 (1991), S. 445 – 460.

Abbildung 5: *Ansätze zu einer Ökonomie der Direktinvestitionen im Ausland*

	Kapitalmarkttheoretischer Ansatz	Industrieökonomischer Ansatz	Transaktionskostentheoretischer Ansatz/ Internationalisierungstheorie	Verhaltenswissenschaftlicher Ansatz/„Agency"-Theorie
Hauptvertreter	D. Lessard, A. Rugman, G. Ragazzi	S. Hymer, C. Kindleberger, F. Knickerbocker, R. Caves	J. McManus, D. Teece, M. Casson, F. Hennart	Y. Aharoni
Aussagen	Kapitalanleger/Aktionäre haben die Möglichkeit, durch Streuung ihres Kapitals auf verschiedene Aktienwerte bei gleichbleibender Durchschnittsrendite ihre individuelle Risikoposition zu verbessern (dies um so mehr, je weniger die verschiedenen Aktienwerte miteinander korreliert sind). Dies gilt auch im Hinblick auf die Kapitalanlage in verschiedenen Ländern. Die Alternative besteht aber darin, daß der Aktionär nicht in mehrere Unternehmen in mehreren Ländern investiert, sondern in *ein* Unternehmen, das seine Aktivitäten auf diese Länder streut, also Direktinvestitionen vornimmt. Für die Auswahl dieser zweiten Alternative sprechen z. B. Informations- und Suchkostenerwägungen des Aktionärs sowie evtl. Barrieren des Kapitalverkehrs.	Ausländische Unternehmen haben gegenüber inländischen Unternehmen grundsätzlich Nachteile, weil sie die Märkte weniger gut kennen, die Sprache nicht beherrschen usw. Ein Engagement in ausländischen Märkten ist deshalb nur zu erwarten, wenn die Unternehmen über haltbare Wettbewerbsvorteile verfügen, also z. B. ein bestimmtes Know how oder einen besseren Zugang zu Rohstoffen besitzen. Anreize zu Auslandsinvestitionen können darüber hinaus auch von den Möglichkeiten der Ausnutzung von Betriebsgrößenerspamissen und von den Vorhandensein von Handelsbarrieren ausgehen. In einer Oligopolsituation bestehen schließlich auch Anreize zu einem „Follow the Leader"-Verhalten. (Wenn der Marktführer im Ausland investiert, tut dies auch die Konkurrenz, um den Anschluß nicht zu verlieren.)	Die zentrale Frage dieses Ansatzes lautet, warum bzw. unter welchen Umständen Auslandsmärkte statt durch Handelsbeziehungen (Exporte) d) durch andere Formen der Organisation ökonomischer Transaktionen bearbeitet werden (Lizenzvergabe, Gründung von Joint Ventures, Aufbau von 100%igen Tochtergesellschaften etc.), warum also externe Marktbeziehungen durch interne, tendenziell „hierarchische" Beziehungen ersetzt werden („Internalisierung"). Die Antwort wird in den Eigenschaften von Transaktionsbeziehungen, insbesondere in der Möglichkeit spezifischer Abhängigkeit gesehen, die ein Transaktionspartner gegenüber dem anderen zu seinem Vorteil nutzen kann. Auch Bewertungsprobleme können zu einem „Marktversagen" führen. Allgemein gilt: Es wird immer die Organisationsform gewählt, deren „Transaktionskosten" relativ am geringsten sind.	Der verhaltenswissenschaftliche Ansatz baut auf einer allgemeineren Verhaltens- und Organisationstheorie auf, wie sie von H. Simon entwickelt worden ist. Das Internationalisierungsverhalten wird nicht „rational" erklärt, sondern als eine Resultante von spezifischen Interessenlagen einzelner Individuen und aus begrenzten Informationsverarbeitungskapazitäten, die das Entscheidungsverhalten prägen. Zufälle (z. B. Auslandsreise eines Entscheidungsträgers) können eine wichtige Rolle beim Anstoß von Internationalisierungsentscheidungen spielen. – Die „Agency"-Theorie baut demgegenüber stärker auf rationalen Verhaltensannahmen auf, betont aber die individuellen Interessen einzelner „Agenten" (z. B. Manager) gegenüber ihren „Auftraggebern" (z. B. Aktionären).
Empirische Bestätigung/ Kritik	Einige Studien bestätigen, daß die Aktionäre durch das Engagement „ihres" Unternehmens auf Auslandsmärkten eine Wertsteigerung erfahren. Selbst die Vertreter des Ansatzes geben aber zu, daß das Motiv der Risikodiversifikation bestenfalls zur partiellen Erklärung des Internationalisierungsverhaltens von Unternehmen taugt.	Einige Elemente des Ansatzes sind empirisch gut bestätigt. Insgesamt erscheint der Ansatz aber zu allgemein (jedes Unternehmen hat Wettbewerbsvorteile!) und zu wenig auf die Operationsformen etablierter Multinationals ausgerichtet.	Der Ansatz ist gegenwärtig die vorherrschende Grundlage für die empirische Untersuchung von unterschiedlichen Transaktionsformen. Der Ansatz bietet allerdings keine eigenständige *Internationalisierungstheorie*, die Internationalisierung ist nur ein Anwendungsfall für eine allgemeine Theorie ökonomischer Organisation.	Der Ansatz wurde nach der bahnbrechenden Arbeit von Aharoni kaum weiterverfolgt; die „Agency"-Variante liegt zwar vor dem Hintergrund einschlägiger Theorieentwicklungen auf der Hand, ist aber noch nicht systematisch entwickelt worden.

hervorhebt und der verhaltenswissenschaftlich ausgerichtete bzw. „agency"-theoretische Ansatz, der die Eigeninteressen der Manager im Unternehmen betrachtet, besitzen gegenüber den vorhin genannten Ansätzen bislang zweifellos eine geringere Bedeutung, auch wenn zumindest zu dem kapitalmarktorientierten Ansatz doch eine Reihe empirischer Untersuchungen entstanden ist.[38] Der verhaltenswissenschaftliche bzw. „agency"-theoretische Ansatz ist allerdings insofern besonders interessant, als er eine abweichende Erfolgshypothese formuliert: Während die anderen Ansätze davon ausgehen, daß die Internationalisierung des Unternehmens sich positiv auf den Unternehmenserfolg auswirkt, wird nunmehr ein negativer Zusammenhang postuliert.[39] Damit wäre auch eine Erklärung für die Ergebnisse zahlreicher empirischer Studien gefunden, die in der Tat einen solchen negativen Zusammenhang ausweisen.[40] Insgesamt ist allerdings das Bild, das solche Studien vermitteln, zu diffus; den Ergebnissen kann man im allgemeinen schon deshalb wenig trauen, weil die Variable „Internationalisierung" unzureichend operationalisiert ist oder weil ungeeignete Ergebnismaßstäbe verwendet werden. Schlüsse über den Bestätigungsgrad des einen oder anderen Theorieansatzes zur Erklärung des Direktinvestitionsverhaltens im Ausland sind deshalb bislang kaum zu ziehen.

4.4 Internationalisierungsprozesse

Ein gleichsam „natürliches" Gegenstück zu den Theorien der Direktinvestition, die sich im wesentlichen mit den Motiven für eine Ausweitung der Aktivitäten ins Ausland beschäftigen, stellen Theorieansätze dar, die sich mit dem Verlauf von Internationalisierungsprozessen beschäftigen. Der zum Schluß des vorhergehenden Abschnittes angesprochene verhaltenswissenschaftliche Ansatz stellt

---

[38] Siehe für Überblicke Rayome, D./ Baker, J., Foreign Direct Investment: A Review and Analysis of the Literature, in: The International Trade Journal 9 (1995), S. 3 – 38 (S. 22 ff.); Glaum, M., Internationalisierung und Unternehmenserfolg. Eine Diskussion theoretischer Erklärungsanätze und empirischer Untersuchungen zur Erfolgswirkung der Internationalisierung von Unternehmen, Habilitationsschrift, Gießen 1995, S. 175 ff.

[39] Siehe hierzu Glaum, M. (Fn. 38), S. 69 ff., 85 ff.

[40] Siehe wieder Glaum, M. (Fn. 38), S. 159 ff., sowie Sullivan, D., Measuring the Degree of Internationalization of a Firm, in: Journal of International Business Studies 25 (1995), S. 325 – 342 (S. 327 ff.).

dabei schon einige Verbindungen her, werden hier doch die spezifischen Wahrnehmungsmuster der Manager und deren spezifische „Manöver" beschrieben, mit denen der Sprung ins Ausland vorangetrieben wird. Darüber hinaus sind freilich noch verschiedene andere Ansätze entwickelt worden, die in Abbildung 6 überblicksweise dargestellt sind.

Das Niveau ihrer Ausarbeitung ist allerdings noch nicht mit dem vergleichbar, was im Rahmen der Theorie der Direktinvestition vorgelegt worden ist; bei allen Ansätzen liegen verschiedene Kritikpunkte auf der Hand (siehe wieder Abbildung 6). Insbesondere ist noch kein hinreichender Anschluß gefunden worden an die Theorien des „strategischen Wandels" von Unternehmen, denen die Prozeßtheorien der Internationalisierung als Spezialfälle zugeordnet werden können.[41] In diesen Theorien wird beispielsweise die Frage diskutiert, ob der Wandel – hier: die Internationalisierung – revolutionär oder evolutionär verläuft. BMW hat mit dem Anfang 1994 vollzogenen Kauf des britischen Automobilherstellers Rover und dem Aufbau eines Werkes in den USA sicherlich einen Internationalisierungsschub vollzogen, der revolutionäre Züge trägt, für das Unternehmen also einen tiefgreifenden Wandel darstellt. Die in Abbildung 6 wiedergegebenen Ansätze gehen demgegenüber (implizit) von einem graduellen Wandel aus. Das empirisch Mögliche wird bislang also nur zu einem Teil erfaßt, könnte aber durch den Anschluß an die vorhandenen Theorien des strategischen Wandels beleuchtet werden.

Die grundlegenden Fragestellungen der Prozeßtheorien der Internationalisierung können durch die zentrale (auf den Soziologen E. Durkheim zurückgehende) Unterscheidung zwischen Entwicklungslogik und Entwicklungsdynamik strukturiert werden. Beim Konzept der Entwicklungslogik „... the central focus ... is on progressions (i. e. the nature, sequence and order) of activities or events that an organizational entity undergoes as it changes over time."[42]

---

[41] Vgl. hierzu und zum folgenden Knyphausen-Aufseß, D. zu, Theorie der strategischen Unternehmensführung. State of the Art und neue Perspektiven, Wiesbaden 1995, S. 143 ff., mit der dort angegebenen Literatur; darüber hinaus die Beiträge in dem von Ghoshal und Westley herausgegebenen Sammelband (oben, Fn. 16).

[42] Van de Ven, A., Suggestions for Studying Strategy Process: A Research Note, in: Strategic Management Journal 13 (1992), Special Issue (Summer), S. 169 – 188 (S. 172).

Abbildung 6: *Theorie zur Analyse von Internationalisierungsprozessen*

	Phasensätze			Prozeß-Schule
	Lebenszyklusmodell	„Uppsala-Schule"	Strategie/Struktur-Schule	
Hauptvertreter	R. Vernon	J. Johanson & J.-E. Vahlne, J. Johansen & F. Wiedersheim-Paul	J. Stopford & L. Wells, L. Franko, W. Egelhoff (1988)	C. Bartlett & S. Ghoshal, Y. Doz & C. K. Prahalad
Aussagen	Der Ansatz verbindet die traditionelle Handelstheorie mit einer firmenorientierten Investitionstheorie. In der Einführungsphase wird im Inland (USA) für den heimischen Markt produziert. In der Wachstumsphase wird auch exportiert, um Economies of Scale auszunutzen. Zur besseren Marktdurchdringung wird Produktion in anderen Industrieländern aufgebaut. Dieser Trend verstärkt sich in der Schrumpfungsphase, in der sich die Produktion auch auf die Entwicklungsländer mit niedrigen Lohnkosten verlagert. In der Schrumpfungsphase wird nur noch hier produziert; teilweise existiert auch nur noch hier eine Produktnachfrage.	Das Modell ist verhaltens- bzw. lernorientiert. Vier Phasen werden unterschieden: Keine regelmäßigen Exportaktivitäten (1), Export durch unabhängige Handelsvertreter (2), Einrichtung einer ausländ. Vertriebsniederlassung (3) und Aufbau von ausländ. Produktionsstätten (4). Märkte werden nach Maßgabe der „psychischen Distanz" (Unterschiede in Sprache, Kultur etc.) bearbeitet. Die Dynamik der Marktbearbeitung erklärt sich durch das zunehmende Marktwissen einerseits und das zunehmende „Commitment" (Höhe der eingesetzten Ressourcen) in diesen Märkten andererseits.	Im Anschluß an einen bekannten Forschungsansatz von A. Chandler wird postuliert, daß die Struktur multinationaler Unternehmen ihrer Internationalisierungsstrategie folgt. Ausgangspunkt ist ein Unternehmen mit relativ autonomen Tochtergesellschaften im Ausland. Mit wachsender Bedeutung des Auslandsumsatzes und zunehmender Unterschiedlichkeit der im Ausland vertriebenen Produkte werden im Stammhaus typischerweise zunächst Auslandsabteilungen eingerichtet, die die Koordination übernehmen. Dem folgen - je nachdem, welche Dimension überwiegt - die Einrichtung von regionalen Divisionen oder weltweiten Produktsparten. Schließlich wächst auch die Wahrscheinlichkeit einer kombinierten Regional- und Produktspartenstruktur.	Es handelt sich um einen stark managerorientierten Ansatz, der auf verhaltenswissenschaftlichen Erkenntnissen und der Organisationstheorie aufbaut. Die ständig im Unternehmen zu bewältigende Aufgabe besteht in einem Abgleich der Erfordernisse zur weltweiten Integration (Größenvorteile) und lokalen Differenzierung (politische, imperative Kundenanforderungen). Der Abgleichungsprozeß wird strukturiert durch das Zusammenspiel von kognitiven Perspektiven, strategischen Prioritäten und Machtverteilung auf der anderen Seite. Internationalisierung beschreibt also einen *politischen* Prozeß des Interessenausgleichs zwischen zentralen Akteuren.
Empirische Bestätigung/ Kritik	Der Ansatz ist sehr stark auf die Situation der USA nach dem 2. Weltkrieg bezogen. Bei Produkten mit kurzen Lebenszyklen (Halbleiter, Computer etc.) läßt es sich kaum anwenden. Moderne, Transnationale Unternehmen sind nicht mehr so stammlandorientiert wie von Vernon angenommen.	Trotz konzeptioneller Schwächen (mangelnde Operationalisierbarkeit) bestätigen verschiedene Studien das Modell, wenn auch nur in den frühen Phasen der Internationalisierung. Das Verhalten „reifer" Multinationals wird ebenso wenig erklärt wie das von jungen High-Tech-Unternehmen. Insgesamt ist das Modell zu deterministisch.	Studien für amerikanische, europäische und japanische Unternehmen zeigen teilweise unterschiedliche Phasenverläufe; der Determinismus eines „Structure *follows* Strategy" konnte nicht immer nachgewiesen werden. Neue Strukturen sind häufig eher das Resultat von Modeströmungen. Zu starker Focus auf formalen Organisationsstrukturen.	Die empirische Prüfung des Modells ist weitgehend Programm geblieben. Neuere Studien führen von der Betrachtung von Prozeßvariablen eher wieder weg. Starkes Vertrauen in die Möglichkeit von „weichen" Kontrollinstrumentarien (Unternehmenskultur!), deren Beeinflußbarkeit aber gering ist, Integrationsperspektive tendenziell übertont.

Dieses Konzept steht bei den in Abbildung 6 genannten Ansätzen von Vernon, den Vertretern der „Uppsala-Schule" und der „Strategie/Struktur-Schule" im Vordergrund. Bei der „Prozeßschule" überwiegt demgegenüber der Aspekt der Entwicklungsdynamik, geht es hier doch um „statements that explain how and why a process unfolds over time".[43] Allerdings sind die Zuordnungen nicht so eindeutig, wie dies auf den ersten Blick erscheinen mag. Vernon beispielsweise baut auf ein Lebenszyklusmodell auf, das implizit durch die Vorstellung eines „genetischen Codes" geleitet wird, der die Entwicklung in der angegebenen Reihenfolge vorantreibt. Eben damit wird aber, wenn auch etwas vage, die Frage nach der Entwicklungsdynamik berührt. Umgekehrt wird in einer Arbeit von Doz und Prahalad, zwei wichtigen Vertretern der Prozeß-Schule, auch eine Phasenabfolge rekonstruiert („Inkubation", „Varietätsproduktion", „Machtverlagerung" und „System-Refokussierung"), die durchaus Anklänge an eine Entwicklungslogik besitzt.[44]

Mit diesen Hinweisen deutet sich noch einmal an, daß die Theorie der Internationalisierungsprozesse noch einer weiteren Ausarbeitung bedarf. Weder ist die „Logik der Entwicklungslogik" hinreichend geklärt (Müssen die Stufen bzw. Phasen der Entwicklungslogik in einer feststehenden Reihenfolge durchlaufen werden oder sind mehrere Entwicklungspfade denkbar? Besteht zwischen den Stadien eine deterministische oder eine probabilistische Beziehung? Wie bauen die einzelnen Stadien aufeinander auf – werden neue Merkmale hinzugefügt, bisherige Merkmale ersetzt oder modifiziert oder sind die bisherigen Merkmale in den neuen „aufgehoben"? Können sich Entwicklungsmuster im Zeitablauf wiederholen?), noch wird das Spektrum der vorhandenen Entwicklungstheorien – von den dialektischen Theorien („These → Antithese → Synthese") bis zu den Evolutionstheorien („Variation → Selektion → Retention") – ausreichend genutzt. Auch die Möglichkeiten und Grenzen einer Steuerung des Entwicklungsprozesses durch das Management sind bislang nicht ausreichend geklärt worden. Auch unter diesem Aspekt besteht mithin ein Forschungsbedarf, der im Be-

---

[43] Ebenda, S. 174.
[44] Vgl. Doz, Y./ Prahalad, C., A Process Model of Strategic Redirection in Large Complex Firms: The Case of Multinational Corporations, in: Pettigrew, A. (Hrsg.), The Management of Strategic Change, Oxford 1988, S. 63 – 88.

reich des Internationalen Managements in der zweiten Hälfte der neunziger Jahre und wohl auch darüber hinaus gedeckt werden müßte.[45]

5. Markteintritt

Die Internationalisierung von Unternehmen kann man – dies als Nachtrag zu den besprochenen Prozeßtheorien – idealtypisch in zwei Phasen einteilen: in die Phase des Markteintritts und in die Phase des „Post-entry-Managements". Die folgenden Ausführungen beschäftigen sich zunächst mit der Phase des Markteintritts (zum Post-entry-Management vgl. Abschnitt 6). Es werden die grundlegenden Varianten des Markteintritts vorgestellt (Abschnitt 5.1) und zwei Varianten genauer ausgeführt: die Gründung von Tochtergesellschaften durch Unternehmensakquisition einerseits und „Greenfield Investments" andererseits (Abschnitt 5.2) sowie die Vereinbarung von „Strategischen Allianzen" (Abschnitt 5.3). Abschließend werden, um auch regionale Aspekte miteinzubeziehen, (exemplarisch) die vieldiskutierten Probleme eines Markteintritts in Japan behandelt (Abschnitt 5.4).

5.1 Varianten des Markteintritts

Der Eintritt eines Unternehmens in einen ausländischen Markt kann auf unterschiedliche Weise erfolgen: Die Möglichkeiten reichen vom Export von im Inland produzierten Gütern und Dienstleistungen (mit oder ohne Zwischenhändler/ Exportmittler) bis zum Aufbau von 100 %igen Tochtergesellschaften, die eigenständig alle relevanten Wertschöpfungsaktivitäten – von der Forschung bis zum After Sales-Service – durchführen. Abbildung 7 gibt einen Überblick über diese Optionen und zeigt, welche Vor- und Nachteile mit ihnen verbunden sein können.

---

[45] Siehe hierzu auch Melin, L., Internationalization as a Strategy Process, in: Strategic Management Journal 13 (1992), Special Issue (Winter), S. 99 – 118 (S. 110 ff.).

Abbildung 7: *Alternative Strategien für den Eintritt auf Auslandsmärkten*

Alternativen	Ausprägungen	Vorteile	Nachteile
Direkte Strategien für den Absatz im Ausland	Export Turnkey Operations	Marktexpansion Steuerungsfähigkeit Aufrechterhaltung der Produktion im Heimatland	Handelsbarrieren Empfindlichkeit gegenüber Wechselkursschwankungen
Kooperative vertragliche Vereinbarungen	Lizenzierung Franchising Zulieferverträge	Geringe Investition Konzentration auf Kernaktivitäten	Minimierung der Steuerungsfähigkeit
Tochtergesellschaften im Alleineigentum	Greenfield Investment Fusionen und Akquisitionen	Volle Steuerungsfähigkeit Lokalisierung der Produktion	Hohe Investition Evtl. politisch unpopulär
Strategische Allianzen ohne Kapitalbeteiligung	F&E-Kooperationen Technologietausch Vereinbarungen zu Gemeinschaftsproduktion und -marketing Informelle Allianzen	Marktzugang Globale Präsenz Flexibilität Einbindung potentieller Wettbewerber Risikoreduktion	Eingeschränkte Steuerungsmöglichkeit Verlangsamung von Entscheidungen Potentielle Instabilität Gefahr des Technologieverlustes an Wettbewerber
Strategische Allianzen mit Kapitalbeteiligung	Joint Ventures Eigenkapitaltausch Tochtergesellschaften Sonstige Investitionsallianzen	Zugang zu neuen Märkten und Feldern Risikominimierung Geringere Kosten als Tochtergesellschaften im Alleineigentum	Notwendigkeit komplexer und detaillierter Verträge Managementschwierigkeiten

Quelle: James Jr., H.S./Weidenbaum, M., When Businesses Cross International Borders – Strategic Alliances and Their Alternatives, Westport 1993, S. 104.

Die Abwägung der Vor- und Nachteile der einzelnen Optionen erleichtert dem Management die Entscheidung darüber, welche Form des Markteintritts für das Unternehmen die geeignetste ist. Einen systematischeren Zugang zu dieser Frage bietet die (in Abschnitt 4.2 angesprochene) Transaktionskosten- bzw. Internalisierungstheorie, die sich zum Ziel gesetzt hat zu erklären, unter welchen Bedingungen eine „Marktlösung" (Export, Lizenzvergabe) ökonomischen Sinn macht bzw. unter welchen Bedingungen diese Marktlösung durch eine unternehmensinterne, „hierarchische" Lösung (der zentrale Koordinationsmechanismus ist jetzt nicht mehr das Preissystem, sondern die interne, durch Arbeitsverträge legitimierte Weisung) ersetzt wird oder ersetzt werden sollte (auch Zwischenlösungen sind natürlich denkbar).

Als Entscheidungskriterium wird die Höhe der Transaktionskosten veranschlagt. „Transaktionskosten" werden dabei verstanden als Informations- und Kommunikationskosten, die bei der Anbahnung (durch Reisen, Hinzuziehung von Beratern etc.), Vereinbarung (nach aufwendigen Verhandlungen, Hinzuziehung der Rechtsabteilung etc.), Abwicklung (Prozeßsteuerung, Koordinationsaktivitäten), Kontrolle (Qualitäts- und Terminüberwachung) und Anpassung (nachträgliche Änderungen) eines Kauf-, Arbeits- oder sonstigen Vertrages zwischen Geschäftspartnern über einen Leistungsaustausch entstehen.[46]

Wovon nun hängt es ab, ob die Transaktionskosten bei einer marktlichen oder bei einem hierarchischen Transaktionsarrangement (oder bei einer Zwischenform) am niedrigsten sind? Es sind vier Gesichtspunkte, die von Bedeutung sind. Der wichtigste ist die Spezifität einer Transaktionsbeziehung, also die einseitige oder wechselseitige Abhängigkeit eines Partners vom anderen. So ist beispielsweise Japan ein interessanter Markt, auf dem viele Anbieter gerne vertreten sein würden (siehe unten, Abschnitt 5.4), dessen Bearbeitung aber eine hohe Marktkenntnis und etablierte Geschäftsbeziehungen erfordert. Japanische Handelsgesellschaften besitzen diese Kenntnis und Beziehungen. In dem Maße, in dem diese Gesellschaften von ausländischen Anbietern als Handelsmittler (Importeure) eingesetzt werden, besteht (aus Sicht dieser Unternehmen) die Gefahr, daß die Importeure ihre starke Stellung ausnutzen (hohe Handelsspannen verlangen), weil sie wissen, daß der ausländische Anbieter einerseits alleine den Markt nicht

---

[46] Vgl. hierzu und zum folgenden Picot, A., Ein neuer Ansatz zur Gestaltung der Leistungstiefe, in: Zeitschrift für betriebswirtschaftliche Forschung 43 (1991), S. 336–357.

bearbeiten kann und andererseits genügend andere Anbieter darauf warten, ins Geschäft zu kommen, sie also ihrerseits nicht so stark abhängig von der Geschäftsbeziehung mit diesem einen Anbieter sind. Diese (einseitige) Spezifität führt also zu einem Anreiz, sofern das nur geht, in Japan eine eigene Vertriebsgesellschaft aufzubauen, um den „Erpressungen" des Importeurs zu widerstehen. Das aber bedeutet eben nichts anderes, als daß der Marktmechanismus durch einen internen Koordinationsmechanismus ersetzt wird: Die Mitarbeiter der Vertriebsgesellschaft können unmittelbar angewiesen werden, das zu tun, was den Interessen der Muttergesellschaft entspricht.

Eine tendenziell „hierarchische" Lösung bietet sich auch noch aus anderen Gründen an, nämlich dann, wenn ein Markt eine hohe strategische Bedeutung für das Unternehmen besitzt (so werden die USA häufig als Lead-Market angesehen, der intensiver Bearbeitung bedarf), wenn die Transaktionen häufig stattfinden (für ein einmaliges Geschäft mit einem ausländischen Partner benötigt man keine Tochtergesellschaft!) und/oder wenn die Unsicherheit hoch ist, etwa weil die ausländischen Partner nicht so zuverlässig arbeiten und deshalb die Qualität der gelieferten Rohstoffe schwankt.

In Abbildung 8 sind die genannten vier Kriterien auf der vertikalen Achse abgetragen. Die horizontale Achse stellt demgegenüber die Höhe des Eigenkapitaleinsatzes und/oder Know how-Beitrages ausländischer Partner dar. Beides kann sich zunächst einfach auf die Möglichkeit der Implementation bestimmter Geschäfte beziehen. So setzt beispielsweise ein „Subcontracting" bzw. „Outsourcing" voraus, daß der Transaktionspartner die Kapazitäten besitzt, um die vereinbarte Leistung erstellen zu können. Interessanter sind aber die Fälle, in denen Eigenkapital- und/oder Know how-Einsatz die Möglichkeiten von gewinnbringenden Geschäften erst kreieren. Dies geschieht einerseits durch die Entstehung von zusätzlichen Finanzierungsmöglichkeiten, ohne deren Vorhandensein aufwendige Forschungsvorhaben häufig gar nicht durchgeführt werden können, weil Kosten und Risiko zu hoch sind. Andererseits treibt die Zusammenführung von relevanten Wissenspotentialen die Entwicklung neuer Produkte oder Prozesse voran. Beide Motivationen führen Unternehmen dazu, die schon angesprochenen „Zwischenlösungen" anzustreben, nämlich die Gründung von Joint Ventures oder Strategischen Allianzen (mit oder ohne Kapitalbeteiligung).

Abbildung 8: *Varianten des Auslandsengagements:
Ein transaktionskostentheoretischer Bezugsrahmen*

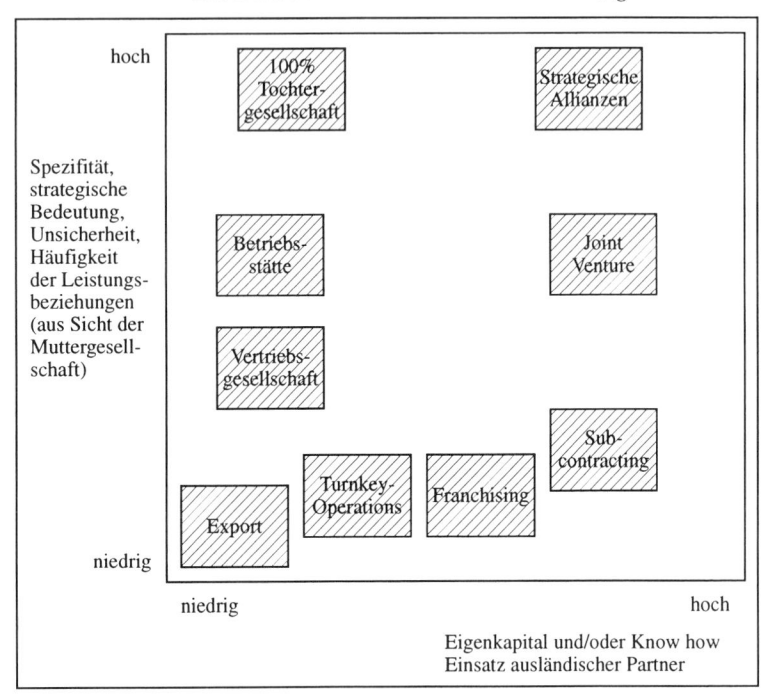

hoch

Spezifität,
strategische
Bedeutung,
Unsicherheit,
Häufigkeit
der Leistungs-
beziehungen
(aus Sicht der
Muttergesell-
schaft)

100% Tochter-gesellschaft		Strategische Allianzen
Betriebs-stätte		Joint Venture
Vertriebs-gesellschaft		
		Sub-contracting
Export	Turnkey-Operations	Franchising

niedrig

niedrig   hoch

Eigenkapital und/oder Know how
Einsatz ausländischer Partner

5.2 Gründung von Tochtergesellschaften durch M & A und Greenfield Investments

Die Gründung von 100 %igen Tochtergesellschaften ermöglicht es dem internationalisierenden Unternehmen, die Aktivitäten in den jeweiligen Ländern, in denen die Tochtergesellschaften tätig sein sollen, vollständig zu kontrollieren, oder genauer gesagt: den Anspruch einer Kontrolle der Aktivitäten in den lokalen Einheiten zu erheben. Nicht selten wird es zweckmäßig sein, den Tochtergesellschaften eine mehr oder weniger weitgehende Autonomie zu gewähren. In Abschnitt 6.2 wird darauf noch zurückzukommen sein.

Grundsätzlich kann die Etablierung einer 100 %igen Tochtergesellschaft auf zwei Wegen erfolgen: durch Akquisition oder durch Neugründung „auf der grünen Wiese" (Greenfield Investment).

Den Weg der Akquisition wählte zum Beispiel die BMW AG, als sie Anfang 1994 für 800 Millionen Pfund den englischen Automobilhersteller Rover übernahm. Länderbezogene Gesichtspunkte – die niedrigen Lohnkosten bei hoher Produktivität – spielten bei dieser Akquisition allerdings eher eine untergeordnete Rolle; es ging vor allem darum, den Einstieg in das Kleinwagen- und in das attraktive Geländewagensegment zu finden, in Segmente, in denen Rover etablierte Marken (Austin, Landrover) besitzt.[47] Bei anderen Akquisitionen sind diese Gesichtspunkte dagegen entscheidend, so etwa bei dem Erwerb des amerikanischen Biotechnologie-Unternehmens Genentech durch den Schweizer Hoffmann-LaRoche-Konzern im Jahre 1990, durch den dieser sich einen systematischen Zugang zur amerikanischen Spitzenforschung sichern wollte,[48] oder auch bei dem Aufkauf des amerikanischen Generika[49]-Herstellers Marion Merrell durch die Hoechst AG (für 7,1 Mrd. US $!), der insbesondere durch die etablierten Vertriebskanäle dieses Unternehmens auf dem amerikanischen Markt hohe strategische Bedeutung besitzt.

Spektakuläre Beispiele für ein Greenfield Investment im Ausland sind die Entscheidungen der beiden deutschen Automobilhersteller BMW und Mercedes Benz zum Aufbau von Produktionskapazitäten für die 3er-Serie und einen neuen Roadster (BMW) bzw. Geländewagen (Mercedes Benz) in den USA. (Mercedes Benz hat sich auch entschlossen, die neue „A-Klasse" in Frankreich zu produzieren.) Die USA gelten als richtungsweisender Markt für „Fun Cars", aber natürlich auch für andere Automobile.[50] Der günstige Dollarkurs so-

---

[47] Allerdings besitzt Rover etablierte Vertriebsstrukturen in einigen südostasiatischen Ländern und in Südamerika, von denen BMW profitieren könnte. Umgekehrt könnten sich für Rover Vorteile aus der starken Position von BMW in den USA ergeben. Diese Aspekte haben aber mit dem Standort England als Heimatbasis von Rover natürlich nichts zu tun.

[48] Hierbei wurden allerdings nicht 100, sondern nur 60 % des Aktienkapitals gekauft. Der Anteil wurde später auf 66 % erhöht, und bis zum Jahre 1999 besteht eine Option, diesen Anteil auf 79,9 % auszubauen (Handelsblatt vom 1.11.1995, S. 22).

[49] „Generika" sind Arzneimittel, bei denen die Patente ausgelaufen sind, und die darum von jedem beliebigen Anbieter vermarktet werden können.

[50] Im Falle von BMW sollen allerdings nur 50 % der Produktion in den USA vertrieben werden; der Rest geht ins Ausland – ein Zeichen für den Versuch des Unternehmens, einen weltweiten Produktionsverbund aufzubauen, der Standortvorteile optimal nutzt.

wie die niedrigen Arbeitskosten im Vergleich zum „Standort Deutschland" (die Unterschiede wurden von BMW auf 50 % geschätzt!) sind ebenfalls wichtige Gründe für diese Investitionsentscheidungen gewesen. Die BMW AG gab darüber hinaus an, daß auch die günstigeren „Work-Relations"- ein geringerer Einfluß der Gewerkschaften! – ausschlaggebend gewesen seien (was einige Kritik hervorgerufen hat). Schließlich sind auch die steuerlichen und sonstigen Anreize von Bedeutung gewesen, die (im Falle von BMW) der Bundesstaat South Carolina gewährt hat.

Akquisitionen haben gegenüber den Investitionen „auf der grünen Wiese" den Vorteil, daß sie einen schnellen Markteintritt ermöglichen. Die Umsätze von Rover konnte sich die BMW AG unmittelbar nach Kaufabschluß zurechnen; der Aufbau eines neuen Werkes dagegen kann Jahre in Anspruch nehmen. (Die Entscheidung von BMW zur Errichtung der Produktionsstätte in South Carolina fiel 1991; im November 1994 wurde das Werk eröffnet. Qualitätsprobleme führten aber dazu, daß der Beginn der regulären Produktion sich erheblich verzögert hat und die ursprünglich geplanten Stückzahlen bislang nicht erreicht werden konnten.) Der relative Nachteil einer Akquisition liegt demgegenüber in den Problemen der Integration in den Konzernverbund. Das übernommene Unternehmen hat häufig eine im Vergleich zum Käufer-Unternehmen sehr andersartige, über lange Jahre gewachsene Unternehmenskultur, die sich nicht ohne weiteres verändern läßt bzw. deren Veränderung auf den Widerstand der Mitarbeiter trifft. Diese Unternehmenskultur kann sich mit Besonderheiten der nationalen Kultur überschneiden, so daß sich gegenüber einer landesinternen Akquisition zusätzliche Probleme ergeben können. Das „nationale Element" kann darüber hinaus auch zu einem eigenständigen Problemfaktor werden. So kommentierte die englische Presse den Verkauf von Rover teilweise als „Ausverkauf des letzten englischen Automobilunternehmens" – und dies ausgerechnet an einen deutschen Hersteller! (Die Boulevardzeitung Today titelte: „BMW = British Motor Wipeout".) Die BMW AG tat aus diesen Gründen wohl gut daran, zunächst die fortgesetzte Eigenständigkeit der Rover-Operationen (zumindest nach außen hin) zu betonen und erst ganz allmählich zu versuchen, beide Unternehmen zusammenzuführen.

Generell wird man mit Post-Akquisitionsproblemen je mehr rechnen müssen, je weniger Gemeinsamkeiten zwischen den vorhandenen Kernkompetenzen und/oder den angebotenen Produkten der Unternehmen vorhanden sind, und je größer die „psychische Distanz" zwischen den Heimatländern des kaufenden und des gekauften Unternehmens ist. Große Unterschiede in den vorhandenen Kernkompetenzen bzw. den angebotenen Produkten führen meist zu sehr unterschiedlichen Unternehmenskulturen, große psychische Distanzen zu national-kulturell bedingten Problemen. Spielen solche Unterschiede eine signifikante Rolle, dürfte sich die „interne Entwicklung" neuer Auslandsaktivitäten, die auf den im Unternehmen vorhandenen Kompetenzen aufbaut, als die vorteilhaftere Lösung erweisen – wenn das „Zeitfenster" hinreichend groß ist.[51]

5.3 Strategische Allianzen

Nicht immer ist es für das auf Internationalisierung bedachte Unternehmen zweckmäßig, eine 100 %ige Tochtergesellschaft zu etablieren. Zunehmend häufig wird versucht, mit anderen Unternehmen in bestimmten Bereichen zusammenzuarbeiten, auch wenn man sich in anderen Bereichen nach wie vor als Konkurrenten betrachten mag. Dies ist insbesondere in Hochtechnologieindustrien der Fall, in denen die Kosten der Marktbearbeitung und/oder der Bereitstellung der relevanten Technologien auch durch Großunternehmen allein nicht mehr zu tragen sind. Nicht selten sind Kooperationen überhaupt der einzige Weg, in einem überschaubaren Zeitraum die notwendigen Kompetenzen zu akquirieren. Man spricht in diesem Zusammenhang vielfach von „Strategischen Allianzen", um zum Ausdruck zu bringen, daß es nicht nur darum geht, kurzfristige Gewinnchancen zu optimieren, sondern darum, durch die Kooperation einen langfristig haltbaren Wettbewerbsvorteil für das eigene Unternehmen zu erlangen.

Ein Beispiel für eine Hochtechnologie-Allianz, bei der insbesondere die gemeinsame Marktbearbeitung im Vordergrund steht, bietet die Telekommunikationsindustrie. Die derzeit weltweit stattfindende Deregulierung dieser Industrie wird nach allgemeiner Einschätzung dazu führen, daß nur relativ wenige „Global Players" sich langfristig auf dem Markt werden halten können. Die Deutsche Telekom und die France Telecom sind deshalb mit dem drittgrößten amerikanischen Long-Distance-Carrier Sprint Corporation übereingekommen, gemeinsam Telekommunikationsdienstleistungen anzubieten. Dazu werden die beiden europäischen Unternehmen ge-

---

[51] Vgl. Kogut, B./ Singh, H., The Effect of National Culture on the Choice of Entry Mode, in: Journal of Business Studies 19 (1988), S. 411 – 432.

meinsam für 4,2 Mrd. US $ 20 % der Eigenkapitalanteile von Sprint übernehmen, und man wird ein Joint Venture namens Phoenix mit gleichen Kapitalanteilen gründen, das verschiedene Märkte bearbeitet. Das Ergebnis dieser Vereinbarung – die derzeit noch nicht von allen einschlägigen Behörden (Kartellamt etc.) genehmigt ist (Die Chancen dafür stehen aber gut!) – wird darauf hinauslaufen, daß die Deutsche Telekom den deutschen, France Telcom den französischen, Sprint den amerikanischen Markt bedient und Phoenix alle anderen Märkte. (Ob sich auch ein fernöstlicher Partner – z. B. die japanische Nippon Telegraph and Telephone – in die Partnerschaft einkauft, ist derzeit noch unklar.) Außerhalb des Joint Ventures hat damit jeder Partner die Möglichkeit, sich auf den eigenen Markt zu konzentrieren; gleichzeitig können aber den Kunden (z. B. Unternehmen, die ihrerseits weltweit tätig sind) durch die Partnerschaft weltweit Dienstleistungen angeboten werden.

Strategische Allianzen können, wie sich hier zeigt, Eigenkapitalbeteiligungen einschließen; sie müssen es aber nicht. Ein Beispiel für eine Allianzbeziehung ohne Kapitalbeteiligung ist die 1992 initiierte Zusammenarbeit von Siemens, IBM und Toshiba zur Entwicklung des 256-Megabit-Chips.[52] Ein Team von mehr als 200 Ingenieuren arbeitete hier unter der Führung eines Toshiba-Managers am Advanced Semiconductor Technology Center von IBM zusammen; die entstehenden Kosten wurden von den drei beteiligten Firmen geteilt. Im Sommer 1995 wurde der erste funktionsfähige Prototyp vorgestellt; mit der Produktion will Siemens in seinem neuen Werk aber erst nach der Jahrtausendwende beginnen. Bis dahin wird freilich schon (unter zusätzlicher Beteiligung von Motorola) das nächste Kooperationsprojekt gestartet: die Entwicklung des 1-Gigabit-Chips.

Allianzbeziehungen im Bereich von Forschung & Entwicklung sind in besonderer Weise dazu geeignet, auf die Bedeutung des Lernens hinzuweisen: Ganz offensichtlich geht es für die Partner darum, neues Wissen zu akquirieren, das allein nicht bereitgestellt werden kann. Eine Problematik internationaler Allianzbeziehungen scheint nun darin zu liegen, daß Partner aus unterschiedlichen Regionen systematisch unterschiedliche Lernerfolge

---

[52] Vgl. zum folgenden United Nations Conference on Trade and Development, World Investment Report 1993, New York 1993, S. 143; diverse Zeitungsmeldungen.

aufweisen.⁵³ Insbesondere scheinen japanische Unternehmen mehr Nutzen aus Allianzen zu ziehen als ihre europäischen Partner, weil sie erstens eine stärkere Lernorientierung aufweisen, sich also nicht damit abfinden, daß die Fähigkeiten der Partner sich lediglich ergänzen, weil zweitens das Wissen dieser Unternehmen in eine Kultur eingebettet ist, die weitgehend „impliziten" Charakter aufweist (Aussagen werden nur verständlich, wenn man den Kontext kennt; in westlichen Sprachen formulierte Aussagen sind hingegen „für sich verständlich"); und drittens weil die Mitarbeiter dieser Unternehmen die Bereitschaft besitzen, bewußt in eine Schüler-Rolle einzutreten, während in den westlichen Unternehmen eher die Attitüde des Lehrers vorhanden ist.

5.4 Markteintritt in einzelne Regionen: Das Beispiel Japan

In den vorhergehenden Abschnitten wurden verschiedene Varianten des Markteintritts diskutiert; die Frage, in welchen Ländern ein Markteintritt versucht wird, wurde demgegenüber nur am Rande behandelt. Es ist offensichtlich, daß einige Ländermärkte für Direktinvestitionen besonders attraktiv sind. Dazu zählen zum Beispiel die USA, die nicht nur ein besonders hohes Kaufkraftvolumen auf sich vereinigen, sondern auch als hochgradig wettbewerbsintensiv gelten (Wer auf den Weltmärkten wettbewerbsfähig sein will, muß auch hier wettbewerbsfähig sein!); dazu zählen aber auch die ost- und südostasiatischen Länder einschließlich der Volksrepublik China, in denen die Wachstumschancen als besonders hoch eingeschätzt werden. Ein interessantes Beispiel ist hier vor allem Japan, und zwar deshalb, weil es sich hier um einen aufgrund seines schieren Volumens offensichtlich attraktiven Ländermarkt handelt, die Direktinvestitionen aber bislang dort ausgesprochen gering geblieben sind. Abbildung 9 verdeutlicht dies für die 80er Jahre in bezug auf die USA: Während japanische Unternehmen sehr massiv in den USA investiert haben, haben US-Unternehmen in Japan kaum Fuß fassen können. Zusammen mit dem Handelsbilanzungleichgewicht zwischen diesen beiden Ländern ist diese Asymmetrie Gegenstand eines nun schon Jahre andauernden „Handelskrieges", dessen Ausgang nach wie vor nicht abzusehen ist.

---

[53] Vgl. hierzu und zum folgenden Hamel, G., Competition for Competence and Inter-Partner Learning Within International Strategic Alliances, in: Strategic Management Journal 12 (1991), Special Issue (Summer), S. 83 – 103.

Abbildung 9: *Die Kreuz-Direktinvestitionen zwischen Japan und den USA*

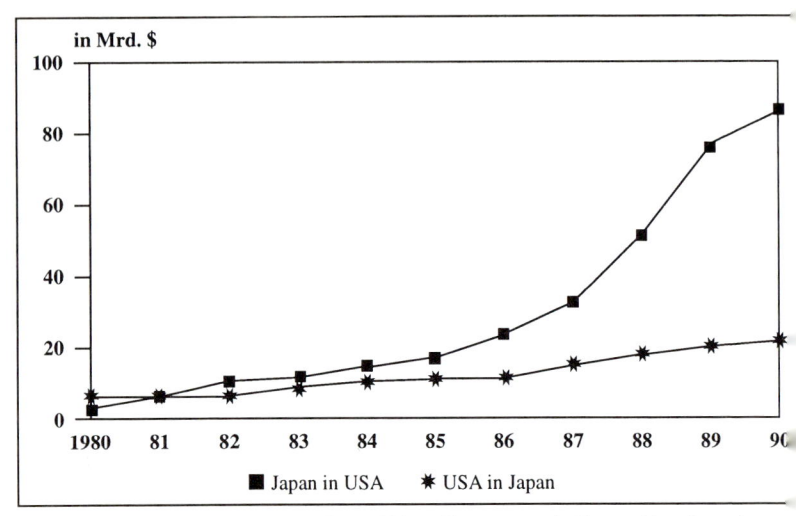

Quelle: Mason, M., United States Direct Investment in Japan: Trends and Prospects, in: California Management Review, 1992, S. 98-115, S. 100.

Woran liegt es, daß amerikanische Unternehmen – ebenso wie Unternehmen aus anderen Ländern – in Japan bislang wenig erfolgreich gewesen sind?[54]
Von japanischer Seite werden meist zwei Argumente vorgetragen: Erstens hätten japanische Unternehmen auf ihren inländischen Märkten einfach eine starke Wettbewerbsposition, die durch den internen Wettbewerb zwischen diesen Unternehmen sogar noch verstärkt würde. Zweitens aber – und dazu komplementär – hätten ausländische Unternehmen in Japan nicht genug Geduld und Ausdauer

---

[54] Vgl. zum folgenden Kester, W. C., Japanese Takeovers: The Global Contest for Corporate Control, Boston 1991; Mason, M., United States Direct Investment in Japan: Trends and Prospects, in: California Management Review, Fall 1992, S. 98 – 115; Encarnation, D., Rivals Beyond Trade: America Versus Japan in Global Competition, Ithaca (N. J.) 1992; Lawrence, R., Japan's Low Level of Inward Investment: The Role of Inhibitions on Acquisitions, in: Froot, K. (Hrsg.), Foreign Direct Investment, Chicago & London 1993, S. 85 – 107.

besessen, um sich den schwierigen Marktanforderungen zu stellen. Die Beispiele für ein erfolgreiches Engagement, die es gebe – IBM, Texas Instruments, Coca Cola usw. – belegten deutlich, daß es grundsätzlich sehr wohl möglich sei, in den Markt hineinzukommen.

Aus amerikanischer Sicht werden diese Argumente meist als wenig überzeugend empfunden; viel wichtiger seien einige „reale" Aspekte, die das Engagement behinderten. Dazu zähle zunächst der gesetzliche Rahmen, der sich zwar durch die Verabschiedung des Foreign Investment Law im Jahre 1980 verbessert habe, der aber immer noch diverse Zulassungsbeschränkungen impliziere – auch und gerade in solchen wichtigen Branchen wie der Banken- und Versicherungsindustrie sowie der Telekommunikation. Im Unterschied zu vielen anderen Ländern setze die japanische Regierung auch keine Anreize für Investitionen ausländischer Unternehmen. Es gebe einen ungenügenden Schutz intellektuellen Eigentums, was insbesondere für Hochtechnologieunternehmen prohibitiv wirke. Diverse gesetzliche Bestimmungen über die erforderlichen technischen Charakteristika wirkten schließlich ebenso restriktiv wie der unzureichende Zugang zu öffentlichen Ausschreibungen.

Neben den hier genannten Aspekten wird auch auf diverse nichtstaatlich induzierte Effekte verwiesen. So sei das japanische Distributionssystem ausgesprochen undurchsichtig, und die japanischen Handelshäuser benachteiligten ausländische Anbieter systematisch. Die Preise für Grund und Boden seien im Vergleich zu westlichen Ländern völlig überhöht;[55] und die Unternehmen seien kaum in der Lage, qualifizierte Arbeitskräfte zu finden, weil diese ein – oftmals lebenslanges – Beschäftigungsverhältnis bei einem japanischen Arbeitgeber vorzögen. Schließlich wird auch verwiesen auf die Besonderheiten des japanischen Keiretsu-Systems, eines Systems strategischer Partnerschaften zwischen den japanischen Unternehmen, ihren Zulieferern und den Banken, das durch eine wechselseitige Kapitalbeteiligung abgestützt sei. Zusammen mit den Kapitalanteilen von Versicherungsgesellschaften und Pensionsfonds ergebe sich damit im allgemeinen eine stabile Kapitalmehrheit, die durch ausländische Bieter nicht aufzubrechen sei. Die japanische Attitüde zu solchen Übernahmeangeboten könne man schon daraus ablesen,

---

[55] Hier hat es in jüngster Zeit allerdings einen Preisrutsch gegeben – eine der Ursachen für die Krise des Bankensystems, die Japan – und auch den Rest der Welt – erschüttert.

daß das japanische Wort für „Übernahmeangebot" (nottori) dasselbe sei wie für „Geiselnahme".

Über die hier angeführten Argumente kann sicherlich nicht abschließend geurteilt werden. Einmal mehr mag es aber zweckmäßig sein, sich Fälle anzusehen. Ein interessanter Fall ist zum Beispiel der des größten Investors in Japan, der Fall IBM. Dieses Unternehmen war schon vor dem Zweiten Weltkrieg in Japan engagiert, wenn auch nur in geringem Umfang. Nach dem Zweiten Weltkrieg wurde die Geschäftstätigkeit zunächst durch die strikten Importrestriktionen behindert, mit deren Hilfe die japanische Regierung die heimische Produktion zu stützen versuchte. In den 50er Jahren kam es aber zu Verhandlungen zwischen IBM und der zuständigen japanischen Behörde, dem Ministerium für internationalen Handel und Industrie (MITI) über die Erlaubnis, eine eigene Produktionsstätte errichten zu dürfen. Die Verhandlungen zogen sich über mehre Jahre hin, endeten aber damit, daß IBM tatsächlich die Erlaubnis zum Aufbau einer 99 %igen Tochtergesellschaft mit Produktionsstätte und Vertriebsnetzwerk gegeben wurde – unter der Bedingung allerdings, daß den japanischen Konkurrenten Lizenzen für den Computerbau gegeben wurde. IBM konnte auf dieser Basis bis in die siebziger Jahre hinein die Marktführerschaft in Japan halten. Der Markteintritt wurde geöffnet – aber sicherlich nicht so, wie dies in anderen Industrieländern üblich ist.

Ein zweites interessantes Beispiel ist das des amerikanischen Arzneimittelherstellers Merck, der 1983 einen Anteil von 50,02 % an dem japanischen Anbieter Banyu akquirierte. Banyu kam als Akquisitionskandidat in Frage, weil das Unternehmen erstens eine gute Position im japanischen Markt innehatte und zweitens nicht in ein Keiretsu eingebunden war. Der entscheidende Punkt für das Gelingen der Akquisition bestand aber wohl darin, daß beide Unternehmen seit mehr als 30 Jahren gemeinsam ein Joint Venture betrieben und auf diese Weise wechselseitiges Vertrauen aufbauen konnten. Der Erwerb der Unternehmensanteile wurde vor diesem Hintergrund nicht als „unfreundliche", sondern als „freundliche" Unternehmensübernahme interpretiert. Dennoch mußte sie natürlich entsprechend vorsichtig gehandhabt werden, um das Problem des „Gesichtsverlustes" durch den Verkauf an ein ausländisches Unternehmen für die Besitzerfamilie tragbar zu machen. Insgesamt war also tatsächlich ein langer Atem notwendig – von den Zeitvorteilen, den eine Akquisition normalerweise bietet (siehe oben, Abschnitt 5.2), konnte keine Rede mehr sein.

6. Post-entry-Management Multinationaler Unternehmen

Nachdem der Markteintritt erfolgt ist, geht es für das Unternehmen darum, die Operationen bestmöglich zu steuern und zu koordinieren, um die in Anschlag gebrachten Ziele zu realisieren. Einige der hiermit verbundenen Aspekte sollen im folgenden näher beleuchtet werden. Abschnitt 6.1 behandelt grundlegende Organisationsstrukturen Multinationaler Unternehmen, Abschnitt 6.2 mögliche Rollen von Unternehmenszentrale und ausländischen Einheiten. Abschnitt 6.3 setzt sich mit Architekturen von „Managementsystemen" auseinander, und zwar insbesondere mit Architekturen von Systemen, die der Planung und Kontrolle von Aktivitäten Multinationaler Unternehmen dienen. Abschnitt 6.4 schließlich greift eines dieser Systeme – nämlich die im Rahmen der Wirtschaftsplanung und -kontrolle stattfindende Gewinnplanung für die Tochtergesellschaften – näher heraus und erläutert kurz einige Probleme der Festlegung von Transferpreisen, der Währungsumrechnung und des „Inflation Accounting", Probleme, die für das Internationale Management wohl als besonders typisch zu gelten haben.

6.1 Organisation Multinationaler Unternehmen

Der Begriff der Organisation kann in sehr unterschiedlicher Weise verwendet werden. Immer geht es dabei um die Koordination von Aktivitäten. Auch die in Abschnitt 6.3 (und 6.4) behandelten Managementsysteme dienen diesem Ziel. Im folgenden stehen aber zwei andere Aspekte im Vordergrund: die formale Aufbauorganisation und die informellen Organisationsstrukturen.[56]

Die formale Aufbauorganisation ist im Zusammenhang mit der „Strategie/Struktur-Schule" in Abbildung 7 schon angesprochen worden. In Abbildung 10 findet sich eine Zusammenstellung einiger ausgewählter Strukturmodelle. Diese Strukturmodelle sind nichts anderes als idealtypische „Organigramme", wie sie in jedem Unternehmen vorzufinden sind. Diese Organigramme können ergänzt werden durch niedergeschriebene Leitlinien für das Handeln, Arbeitsbeschreibungen, standardisierte Prozeduren etc. In dem

---

[56] Nicht behandelt werden damit z. B. Fragen der Ablauforganisation oder der „statutarischen" Organisation, die sich auf den rechtlichen Aufbau des Unternehmens beziehen und insbesondere unter steuerlichen Aspekten von Bedeutung sein können.

Maße, in dem dies der Fall ist, kann man davon sprechen, daß das Unternehmen in einem hohen Maße „formalisiert" und „standardisiert" ist.

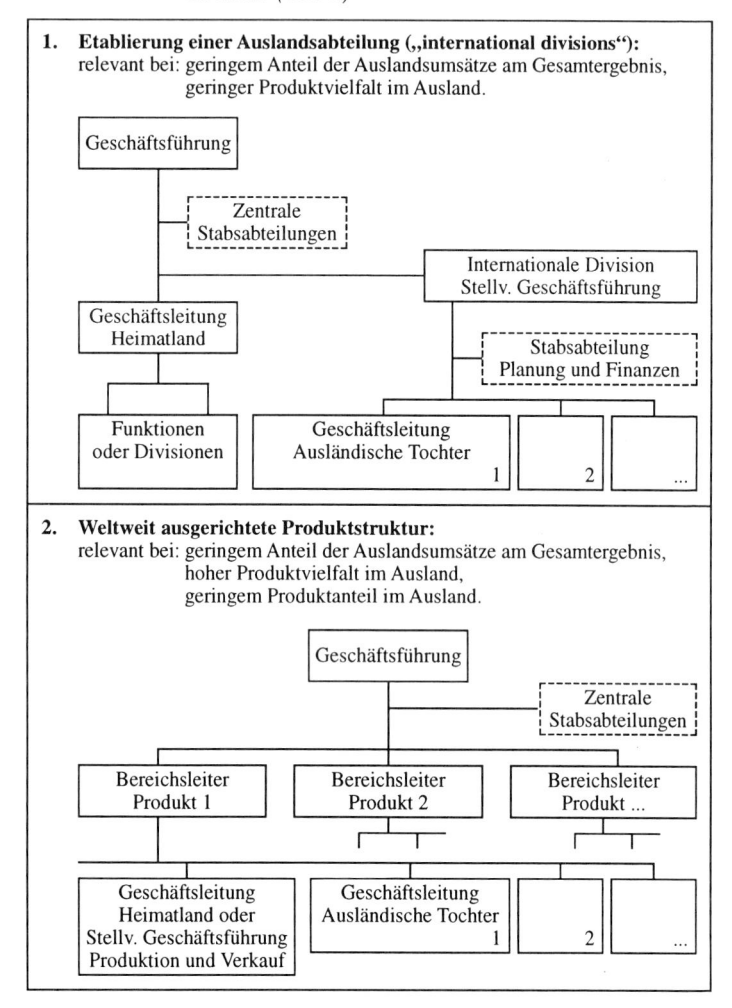

Abbildung 10: *Alternative Gestaltungsformen der Organisationsstruktur (Teil 1)*

1. Etablierung einer Auslandsabteilung („international divisions"):
relevant bei: geringem Anteil der Auslandsumsätze am Gesamtergebnis,
geringer Produktvielfalt im Ausland.

```
Geschäftsführung
├── Zentrale Stabsabteilungen
├── Geschäftsleitung Heimatland
│     └── Funktionen oder Divisionen
└── Internationale Division
      Stellv. Geschäftsführung
      ├── Stabsabteilung Planung und Finanzen
      └── Geschäftsleitung Ausländische Tochter 1, 2, ...
```

2. Weltweit ausgerichtete Produktstruktur:
relevant bei: geringem Anteil der Auslandsumsätze am Gesamtergebnis,
hoher Produktvielfalt im Ausland,
geringem Produktanteil im Ausland.

```
Geschäftsführung
├── Zentrale Stabsabteilungen
├── Bereichsleiter Produkt 1
├── Bereichsleiter Produkt 2
└── Bereichsleiter Produkt ...
      ├── Geschäftsleitung Heimatland oder
      │   Stellv. Geschäftsführung
      │   Produktion und Verkauf
      └── Geschäftsleitung Ausländische Tochter 1, 2, ...
```

Abbildung 10: *Alternative Gestaltungsformen der Organisationsstruktur (Teil 2)*

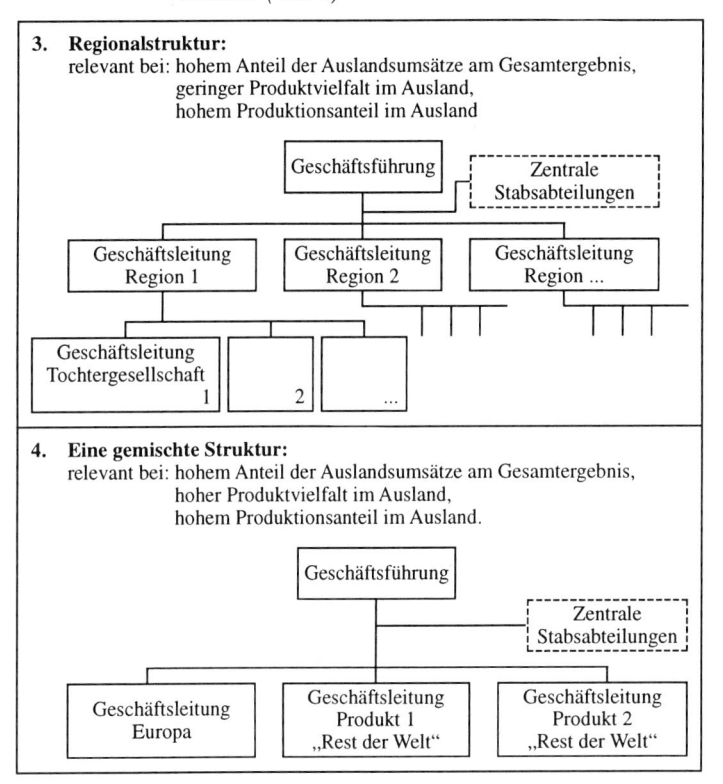

---

3. Regionalstruktur:
relevant bei: hohem Anteil der Auslandsumsätze am Gesamtergebnis,
geringer Produktvielfalt im Ausland,
hohem Produktionsanteil im Ausland

```
                    ┌─────────────────┐┌ ─ ─ ─ ─ ─ ─ ─ ─ ┐
                    │ Geschäftsführung├┤    Zentrale     │
                    └────────┬────────┘│ Stabsabteilungen│
                             │         └ ─ ─ ─ ─ ─ ─ ─ ─ ┘
        ┌────────────────────┼────────────────────┐
┌───────┴─────────┐ ┌────────┴────────┐ ┌─────────┴───────┐
│ Geschäftsleitung│ │ Geschäftsleitung│ │ Geschäftsleitung│
│    Region 1    │ │    Region 2     │ │    Region ...   │
└────────┬────────┘ └─────────────────┘ └─────────────────┘
```

Geschäftsleitung Tochtergesellschaft 1 | 2 | ...

---

4. Eine gemischte Struktur:
relevant bei: hohem Anteil der Auslandsumsätze am Gesamtergebnis,
hoher Produktvielfalt im Ausland,
hohem Produktionsanteil im Ausland.

```
              ┌─────────────────┐
              │ Geschäftsführung│
              └────────┬────────┘
                       │        ┌ ─ ─ ─ ─ ─ ─ ─ ─ ┐
                       ├────────┤    Zentrale     │
                       │        │ Stabsabteilungen│
                       │        └ ─ ─ ─ ─ ─ ─ ─ ─ ┘
   ┌───────────────────┼───────────────────┐
┌──┴──────────────┐ ┌──┴──────────────┐ ┌──┴──────────────┐
│ Geschäftsleitung│ │ Geschäftsleitung│ │ Geschäftsleitung│
│     Europa      │ │    Produkt 1    │ │    Produkt 2    │
│                 │ │  „Rest der Welt"│ │  „Rest der Welt"│
└─────────────────┘ └─────────────────┘ └─────────────────┘
```

Quelle: Franko, L., Organizational Structures and Multinational Strategies of continental European Enterprises, in: Hedlund, G. (Hrsg.), Organization of Transnational Corporations. London, New York 1993, S. 56 f.
Egelhoff, W., Strategy and Structure in Multinational Corporations: A Revision of the Stopford and Wells-Model, in: Strategic Management Journal 9 (1988), S. 1-14.

Ein anderes Merkmal, unter dem sich die Organisationsstrukturen Multinationaler Unternehmen beschreiben lassen, ist die Zentralisierung bzw. Dezentralisierung von Entscheidungen. Ein Spektrum der Möglichkeiten wird hier durch die Unterscheidung von drei

Grundmodellen aufgezeigt.[57] Das dezentralisierte förderative Modell zeichnet sich durch dezentrale Entscheidungs- und Kontrollstruktur aus; die ausländischen Einheiten können mehr oder weniger autonom agieren; die Rolle der Muttergesellschaft beschränkt sich im wesentlichen auf die Zuweisung von (knappen) Finanzmitteln. Dieses Modell ist typisch für die frühe Phase der Internationalisierung (1920 – 1950). Die zentralisierte Knotenstruktur ist demgegenüber typisch für die Ausrichtung japanischer Unternehmen (1950 – 1980): Die wichtigsten strategischen Entscheidungen werden in der Zentrale gefällt; die ausländischen Einheiten sind nur deren „verlängerter Arm". Die ausländischen Einheiten sind darüber hinaus untereinander kaum verbunden. Dies ändert sich erst mit dem Übergang zu einem integrierten Netzwerkmodell (vorzufinden seit 1980), bei dem die wichtigen Entscheidungen auch, aber nicht nur in der Zentrale getroffen werden, und die interdependenten Tochtergesellschaften Technologie, Kapital, Mitarbeiter und Materialien auch untereinander austauschen.

Das integrierte Netzwerkmodell ist ferner dadurch gekennzeichnet, daß die informellen Organisationsstrukturen an Bedeutung gewinnen.[58] Das betrifft zum einen die lateralen Beziehungen zwischen den Einheiten – die direkten Kontakte zwischen den über die Welt verstreuten Führungskräften, die Bildung von temporären oder permanenten Teams, „Task Forces", Kommitees und koordinierenden Einheiten. Zum zweiten sind damit informelle, „private" Kommunikationen angesprochen, die sich außerhalb von Arbeitsbeziehungen, durch Reisetätigkeit, Besprechungen und Konferenzen, Managertransfer usw. ergeben. Und drittens schließlich spielen Aspekte der Sozialisation eine Rolle, das heißt des Aufbaus einer weitgehend geteilten Unternehmenskultur und der Heranführung des Führungsnachwuchses an diese Kultur. Spezifische Karrierepfade, Austauschprogramme und Anreizsysteme können hier eine unterstützende Funktion erfüllen.

Eine gute Illustration für die hier vorgestellten Merkmale und Entwicklungstendenzen im Bereich der Organisation bietet das Au-

---

[57] Vgl. Bartlett, C., Aufbau und Management der transnationalen Unternehmung: Die neue organisatorische Herausforderung, in: Porter, M. (Hrsg.), Globaler Wettbewerb. Strategien der neuen Internationalisierung, Wiesbaden 1989, S. 425 – 464.

[58] Vgl. hierzu und zum folgenden Martinez, J./ Jarillo, J., The Evolution of Research on Coordination Mechanisms in Multinational Corporations, in: Journal of International Business Studies 20 (1989), S. 489 – 514.

tomobilunternehmen Ford.[59] Ford ist eines der ersten Unternehmen gewesen, die die Prinzipien der Massenproduktion mit stark zentralisierten Strukturen realisiert haben („Fordismus"). Schon seit 1911 wurden aber auch Tochtergesellschaften in England, Frankreich (1913), Spanien (1920), Belgien (1922) und Deutschland (1926) aufgebaut, um den aufkommenden Handelsbarrieren und hohen Transportkosten zu begegnen. Diese Tochtergesellschaften agierten zunächst weitgehend autonom. Erst in den sechziger Jahren wurde damit begonnen, die (west-) europäischen Aktivitäten zu integrieren und damit Economies of Scale auszunutzen. 1967 wurde Ford of Europe etabliert, 1969 wurde der Ford Capri als ein speziell für den europäischen Markt konzipiertes Modell herausgebracht. Das Kontrollzentrum für diese Aktivitäten wurde in Warley (Essex) eingerichtet;[60] die Komponenten wurden in Werken in verschiedenen europäischen Ländern gefertigt; die Endmontage erfolgte ebenfalls in mehreren Werken (unter anderem in Saarlouis). In der vorgeschlagenen Terminologie handelt es sich um eine zentralisierte Knotenstruktur, die allerdings regional begrenzt ist: Die Verbindungen zur amerikanischen Muttergesellschaft sind nach wie vor relativ gering.

Eine neue Stufe der weltweiten Integration von Ford wurde Mitte 1994 von Ford-Chef Alex Trotman unter dem Schlagwort Ford 2000 angekündigt: Das gesamte Unternehmen wird aufgespalten in fünf Zentren, die für jeweils eine Produktgruppe – in den Bereichen Forschung und Entwicklung, strategische Planung, Einkauf, Produktion, Marketing und Finanzen/Personalwesen – weltweit verantwortlich sind. So werden frontgetriebene Kompaktautos bis zur Mittelklasse zukünftig von den europäischen Standorten Köln und Dunton (England) aus gesteuert, die Bereiche „frontgetriebene größere PKW", „heckgetriebene Fahrzeuge", „leichte Nutzfahrzeuge" und „schwere Nutzfahrzeuge" hingegen vom amerikanischen Standort Dearborn, an dem auch die Zentrale angesiedelt ist, die allerdings

---

[59] Vgl. zum folgenden United Nations, World Investment Report 1993. Transnational Corporations and Integrated International Production, New York 1993, S. 147 ff.; McKinley, A./ Starkey, K., After Henry: Continuity and Change in Ford Motor Company, in: Business History 34 (1992), S. 184 – 205; Wirtschaftswoche Nr. 32 vom 5.8.1994, S. 35 – 41; The Economist vom 7.1.1995, S. 56 f.

[60] Der damit verbundene relative Bedeutungsverlust der nationalen Tochtergesellschaften wird am Beispiel Ford of Britain anschaulich beschrieben in McDermott, M., Ford of Britain: A Diminishing Role in Ford of Europe, in: European Management Journal 11 (1993), S. 455 – 465.

vergleichsweise geringe Kompetenzen besitzt. Ziel ist es, zur weiteren Kosteneinsparung „Weltautos" (wie den Mondeo) zu produzieren, die auf allen Märkten mehr oder weniger gleich angeboten werden. Jedes Produktzentrum arbeitet dazu intensiv mit den weltweit verteilten Funktionsbereichen und Produktionsstätten zusammen. Dies ist allerdings – so die Vision von Trotman – nur möglich, wenn ein intensives Geflecht von Kommunikationsbeziehungen entsteht, wozu es sämtliche technischen Hilfsmittel (Datenaustausch, Video-Conferencing etc.) zu nutzen gilt. Die formalen Organisationsstrukturen müssen also ergänzt werden durch informale Kommunikationsstrukturen, damit die Idee eines integrierten Netzwerkes realisiert werden kann. Ob dies gelingt, bleibt abzuwarten.

6.2 Rollen von Unternehmenszentrale und ausländischen Einheiten

Im vorhergehenden Abschnitt wurden schon einige Andeutungen gemacht, welche Rollen die Unternehmenszentrale einerseits und die ausländischen Einheiten andererseits im weltweiten Konzernverbund spielen bzw. spielen können. Die Definition dieser Rollen ist aus ökonomischer Perspektive wohl eine der Schlüsselfragen überhaupt; wenn es keine sinnvollen Rollen für Zentrale und/oder Auslandseinheiten gäbe, bestünde keine Notwendigkeit mehr, die Aktivitäten überhaupt unter dem Dach eines Multinationalen Unternehmens zu organisieren.[61] Vertiefende Überlegungen sind deshalb angebracht.

Ausgangspunkt für vertiefende Überlegungen kann die Frage sein, welche Art von Wettbewerbsvorteilen jeweils im Vordergrund steht. In Abschnitt 3 war von „komparativen" und „kompetitiven" Wettbewerbsvorteilen die Rede. Diese Wettbewerbsvorteile werden grundsätzlich auf der Ebene operativer Einheiten, das heißt im vorliegenden Zusammenhang vor allem: der ausländischen operativen Einheiten, realisiert. Dies ist die Ebene, auf der „das Geschäft gemacht wird", man also einerseits Kundenbedürfnisse zu befriedigen versucht, andererseits sich mit den Aktivitäten der Konkurrenten auseinandersetzen muß.[62] Die Unternehmenszentrale ist demgegenüber auf die Realisierung von „Parenting Advantages" ausge-

---

[61] Siehe noch einmal die knappen Hinweise zum Transaktionskosten- bzw. Internalisierungsansatz der Erklärung Multinationaler Unternehmen in Abschnitt 3.3, oben.

[62] Vorausgesetzt ist hier, daß die operativen Einheiten nicht selbst als Bündel unterschiedlicher Geschäfte verstanden werden müssen.

richtet.⁶³ Dazu müssen zwei Bedingungen erfüllt sein. Die erste Bedingung ist, daß die Unternehmenszentrale überhaupt einen Beitrag zur Wertsteigerung leistet, der Aktionär also (im Falle von Aktiengesellschaften) einen Vorteil (in Form höherer Dividenden und/oder eines höheren Börsenkurses) aus der Unterordnung der verschiedenen Geschäfte unter die Konzernzentrale zieht. Die zweite Bedingung ist, daß die Konzernzentrale einen größeren Beitrag zur Wertsteigerung leistet als eine andere Konzernzentrale. Wäre diese Bedingung nicht erfüllt, wäre es für den Aktionär wiederum besser, die operative Einheit (also z. B. eine ausländische Tochtergesellschaft) würde an ein anderes Unternehmen verkauft, und er würde Anteile an diesem Unternehmen erwerben.

Im wesentlichen sind es drei Funktionen, durch deren Erfüllung eine Zentraleinheit (Muttergesellschaft) den Wert des Unternehmens steigern kann.⁶⁴ (Die Frage, ob dies die höchstmögliche Wertsteigerung ist, soll im folgenden nicht weiter betrachtet werden.) Das ist, erstens, die Realisierung von „Synergiepotentialen", die aus spezifischen Gemeinsamkeiten bzw. Ähnlichkeiten zwischen verschiedenen Geschäften herrühren. So können beispielsweise Marketingkonzepte, die sich in dem einen Geschäft bzw. Ländermarkt bewährt haben, in einem zweiten Geschäft bzw. Ländermarkt noch einmal verwendet werden, sofern etwa die kulturell eingespielten Wahrnehmungsweisen der Konsumenten im Hinblick auf Werbekampagnen sich hinreichend überlappen. Zweitens können bestimmte Unterstützungsleistungen, wie etwa die professionelle Organisation der Datenverarbeitung, bisweilen effizienter bewerkstelligt werden, wenn dies in zentraler Weise geschieht, es also keine Duplizierung in den verschiedenen operativen Einheiten gibt. Eine besondere Rolle spielt hier, drittens, die zentrale Erfüllung der Finanzierungsfunktion, die insofern Vorteile bietet, als die Konzernzentrale aufgrund ihres besseren Zuganges zu Eigenkapitalmärkten und ihrer größeren Verhandlungsmacht gegenüber Fremdkapitalgebern günstigere Finanzierungskonditionen erzielen kann.

Konzernzentralen, die im Schwerpunkt auf die Realisierung von Synergiepotentialen ausgerichtet sind, können als Stammhauskon-

---

⁶³ Siehe hierzu Goold, M./ Campbell, A./ Alexander, M., Corporate-Level Strategy, New York 1994.
⁶⁴ Vgl. hierzu z. B. Mirow, M., Wie können Konzerne wettbewerbsfähig bleiben?, in: Zeitschrift für Betriebswirtschaft 64 (1994), Ergänzungsheft 1, S. 9 – 25.

zern oder Managementholding, Konzernzentralen, die sich eher auf die Finanzierungsfunktion konzentrieren, als Finanzholding gekennzeichnet werden. Normalerweise wird man erwarten können, daß der potentielle Wertsteigerungsbeitrag der Managementholding höher ist als der der Finanzholding, weil hier ein spezifischeres Wissen über die Charakteristika der einzelnen Geschäfte bzw. Ländermärkte erforderlich ist. Damit ist typischerweise auch ein vergleichsweise höherer Personalbestand impliziert. Eine Ausnahme mag hier das schwedisch-schweizerische Unternehmen Asean Brown Bovery sein, dessen in der Nähe von Zürich angesiedeltes Hauptquartier keine zweihundert Mitarbeiter umfaßt, dem es aber offenbar gelingt, durch die Organisation eines kommunikativen Austausches zwischen den Führungskräften der 34 Landesgesellschaften zugeordneten, insgesamt ca. 1200 Tochtergesellschaften so viele Synergien freizusetzen, daß das „Ganze tatsächlich signifikant mehr als seine Teile ist".[65]

Die Rollen von Tochtergesellschaften internationaler Konzerne können eingegrenzt werden, wenn man auf der einen Seite die Bedeutung des Ländermarktes und auf der anderen Seite das Ausmaß der in den lokalen Einheiten vorhandenen Fähigkeitspotentiale betrachtet.[66] Handelt es sich um einen kleinen Markt und sind die Fähigkeitspotentiale gering, wird der lokalen Einheit zumeist die Rolle des Implementierers von Zielen der Muttergesellschaft zufallen. Entsprechend straff werden die lokalen Einheiten geführt. Ist der lokale Markt klein, sind aber erhebliche Fähigkeitspotentiale vorhanden, so kann die lokale Einheit die Rolle des Contributors einnehmen, der auch andere lokale Einheiten sowie die Muttergesellschaft selbst mit „überschüssigem" Wissen versorgt. Ein Beispiel mag hier die israelische Tochtergesellschaft des amerikanischen Halbleiterherstellers Intel sein, die aufgrund ihres hohen For-

---

[65] Die „Erfolgsstory" von ABB läßt sich nachlesen z. B. bei Goold et al. (Fn. 63), S. 160 ff., oder Peters, T., Liberation Management. Necessary Disorganization for the Nanosecond Nineties, New York 1994, S. 44 ff. Siehe zu den Erfolgsfaktoren des Unternehmens auch Koerber, E. von, Geschäftssegmentierung und Matrixstruktur im internationalen Großunternehmen – Das Beispiel ABB, in: Zeitschrift für betriebswirtschaftliche Forschung 45 (1993), S. 1060 – 1067, sowie das aufschlußreiche Interview mit dem Chief Executive Officer von ABB, Percy Barnewyk, in: Harvard Business Review 70 (Heft 2, 1991), S. 90 – 105.

[66] Siehe zum folgenden Bartlett, C./ Ghoshal S., Managing Across Borders. The Transnational Solution, Boston 1989, S. 95 ff.

schungs- und Entwicklungspotentials – das unter anderem in der Entwicklung des Pentium-Chips kulminierte – im Konzernverbund eine gewichtige Bedeutung und darum auch vergleichsweise hohe „Freiheitsgrade" gegenüber der amerikanischen Muttergesellschaft besitzt. Bei hoher Marktbedeutung und hohem Fähigkeitspotential kann die lokale Einheit im Konzernverbund sogar die Rolle eines strategischen Führers einnehmen, eine Rolle, die in den achtziger Jahren etwa der britischen Tochtergesellschaft des niederländischen Philips-Konzerns in bezug auf das Btx-Geschäft zukam, das bei eben dieser Tochtergesellschaft weitgehend ohne Unterstützung der Konzernmutter entwickelt wurde und sich nach anfänglichen Schwierigkeiten als sehr erfolgreich erwies. Bei hohem Marktvolumen, aber geringen lokalen Fähigkeitspotentialen kann man schließlich von einem „schwarzen Loch" sprechen. So ist es vielen Unternehmen nicht gelungen, in Japan lokale Einheiten aufzubauen, obgleich es sich hier um einen der größten Märkte der Welt handelt (siehe hierzu noch einmal oben, Abschnitt 4.4).

Folgt man den Ergebnissen einer neueren Untersuchung (für den Zeitraum 1983 – 1987) von S. Ghoshal und N. Nohria[67], so führen nicht alle Konzernzentralen ihre ausländischen Einheiten nach einer solchermaßen differenzierten Rollenzuschreibung. Manche Unternehmen (z. B. Bertelsmann, Kodak, Krupp) folgen – was durchaus erfolgsträchtig sein kann – überhaupt keinem nachvollziehbaren Rollenmuster; andere Unternehmen (Mannesmann, Jacobs Suchard, DuPont) sind offensichtlich einem „UNO-Modell" verpflichtet: Alle werden formal gleich behandelt. Eine letzte Gruppe von Unternehmen (z. B. Volvo, Siemens) schließlich versucht, einerseits die Varietät der Gegebenheiten ihrer Tochtergesellschaften zu berücksichtigen, andererseits aber doch auch eine zentrale Perspektive in den Einheiten zu verankern. Dieses Muster scheint in besonderem Maße auf die Anforderungen der in Abschnitt 5.1 angesprochenen „Transnationalen Unternehmen" (im Sinne von Bartlett & Ghoshal) zugeschnitten zu sein.

6.3 Führungsunterstützung durch Managementsysteme

Die Steuerung und Koordination von Auslandseinheiten durch die Konzernzentrale, oder etwas offener formuliert: die Steuerung und

---

[67] Ghoshal, S./ Nohria, N., Horses for Courses: Organizational Forms for Multinational Corporations, in: Sloan Management Review, Winter 1993, S. 23 – 35.

Koordination eines multinationalen Netzwerkes kann nicht nur durch eine geeignete Organisationsstruktur (Primärorganisation), sondern auch durch „Managementsysteme" (Sekundärorganisation) unterstützt werden. Zu solchen Managementsystemen können beispielsweise Informations- und Dokumentationssysteme, Personalentwicklungs- sowie Anreiz- und Sanktionssysteme, insbesondere aber auch die Planungs- und Kontrollsysteme gerechnet werden.[68] Zu den Planungs- und Kontrollsystemen gehören die Systeme der strategischen sowie der operativen Planung und Kontrolle. Die strategischen Planungs- und Kontrollsysteme sind auf die Generierung von Gesamtorientierungen für das Unternehmen oder für die einzelnen Geschäftsfelder ausgerichtet. Diese Gesamtorientierungen müssen dann „übersetzt" werden in konkrete Vorgaben von Maßnahmen und Ergebniszielen, in Vorgaben, die in ein Budget eingehen und damit die Basis bilden für einen Vergleich von Soll und Ist am Ende einer Planungsperiode.

Die Bedeutung der einzelnen Planungs- und Kontrollsysteme differiert, das zeigen diverse Fallstudien,[69] mit der Art des Unternehmens. Im Stammhauskonzern dominieren gewöhnlich die strategischen Planungs- und Kontrollsysteme (das Gewicht ist hier mehr auf der Planung als auf der Kontrolle); in einem ausgefeilten Prozeß werden die langfristigen Ziele und Grundstrategien von der Zentrale – die mit dem Anspruch auftritt, die Erfordernisse des jeweiligen Geschäfts „am besten zu kennen" – für alle operativen Einheiten festgelegt. In der Finanzholding spielt die strategische Planung demgegenüber eine untergeordnete Rolle; die Steuerung der operativen Einheiten erfolgt über Budgetvorgaben in Form finanzieller Kennzahlen, deren Einhaltung streng kontrolliert wird. Die Managementholding nimmt eine Zwischenstellung ein; das Gewicht liegt hier bei den einzelnen Produktbereichen (Divisionen), die als Profit Center konzipiert sind und denen darum bei der längerfristigen (strategischen) Planung eine gewisse Autonomie eingeräumt wird.

---

[68] Vgl. Kirsch, W./ Maaßen, H. (Hrsg.), Managementsysteme. Planung und Kontrolle, München 1989; zum folgenden insbesondere Seitz, P., Strategische Managementsysteme im internationalen Unternehmen, München 1993.

[69] Vgl. Goold, M./Campbell, Strategies and Styles. The Role of the Centre in Managing Diversified Companies, Cambridge (Mass.) 1987; Chandler, A., The Function of the HQ Unit in the Multibusiness Firm, in: Strategic Management Journal 12 (1991), Special Issue (Winter), S. 31 – 50.

Anders formuliert: Bei den Divisionen liegt die Initiativ- bzw. „Generatorfunktion", während die Unternehmenszentrale sich auf die Rolle des „Verifiers" begrenzt, indem sie sich die Pläne präsentieren läßt und gegebenenfalls Modifikationen verlangt. Die eigentliche Kontrolle findet dann aber ex post statt, indem das strategisch Gewollte mit dem Erreichten verglichen, darüber hinaus aber auch kurzfristige finanzielle Ziele zum Maßstab der Erfolgskontrolle genommen werden.

Betrachten wir zur Illustration (des hier und in Abschnitt 5.2 Gesagten) einen großen deutschen Industriekonzern, der sich nach dem 2. Weltkrieg zu einem diversifizierten, international tätigen Unternehmen entwickelt hat.

Abbildung 11 (oberer Teil) zeigt zunächst die Führungsstruktur des Unternehmens, bei der zwischen drei hierarchischen Ebenen unterschieden werden kann (Geschäftsführung/Zentrale, Divisionen mit inländischen Geschäftsbereichen, Tochtergesellschaften und Beteiligungsgesellschaften sowie ausländischen Regionalgesellschaften und Kooperationen, Werke). Damit verbunden sind drei „Führungskreise" im Sinne unmittelbarer hierarchischer Berichts- und Anweisungslinien.

Was die Frage nach der Steuerung der Regionalgesellschaften angeht, so zeigt der mittlere Teil von Abbildung 11, daß die Relevanz dieser Führungskreise mit der jeweiligen Rolle von Regionalgesellschaften differiert. Es wird ersichtlich, daß immer dann, wenn eine Regionalgesellschaft nur eine Produktsparte bearbeitet, entsprechend also eine eindeutige Zuordnung zu (inländischen) Divisionen möglich ist, der Führungskreis II dominiert. Die Führungsfunktion ist damit wesentlich dezentralisiert. Handelt es sich dagegen um eine Mehrsparten-Regionalgesellschaft, so ist eine eindeutige Zuordnung nicht möglich, und die Geschäftsführung/Zentrale muß einen Teil oder sogar die Gesamtheit der Steuerungsaufgaben übernehmen. Bei reinen Vertriebsgesellschaften und bei autonomen Regionalgesellschaften (eigene Fertigung, eigener Vertrieb auf einem lokalen Markt) erfolgt die Steuerung der regionalen Einheiten allein über Führungskreis I; bei international verbundenen Regionalgesellschaften (die einen lokalen Markt aus Eigen- und Konzernfertigung beliefern und umgekehrt auch für den Konzernverbund produzieren) findet dagegen eine Aufgabenteilung statt. Lediglich die reinen Fertigungs-Regionalgesellschaften (die ausschließlich für den konzerninternen Fertigungsverbund produzieren, mithin also die Funktion von Werken haben) dominiert auch hier der Führungskreis II.

Abbildung 11: *Planung- und Kontrollarchitektur eines deutschen Großkonzerns*

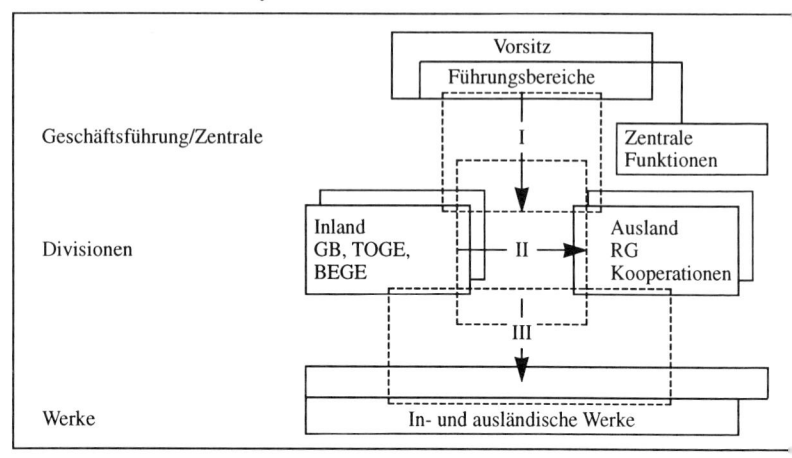

Geschäftsführung/Zentrale — Vorsitz / Führungsbereiche — I — Zentrale Funktionen

Divisionen — Inland GB, TOGE, BEGE — II → Ausland RG Kooperationen

III

Werke — In- und ausländische Werke

Erzeugnisspektrum Aufgabenspektrum / Führungskreis	Einsparten-RG				Mehrsparten-RG			
	Anzahl	I	II		Anzahl	I	II	
reine Vertriebs-RG	3	–	–		10	10	–	–
reine Fertigungs-RG	7	–	7		–	1	–	
international verbundene RG	9	1	7		4	–	–	4
autonome RG	–	–	–		6	6	–	–

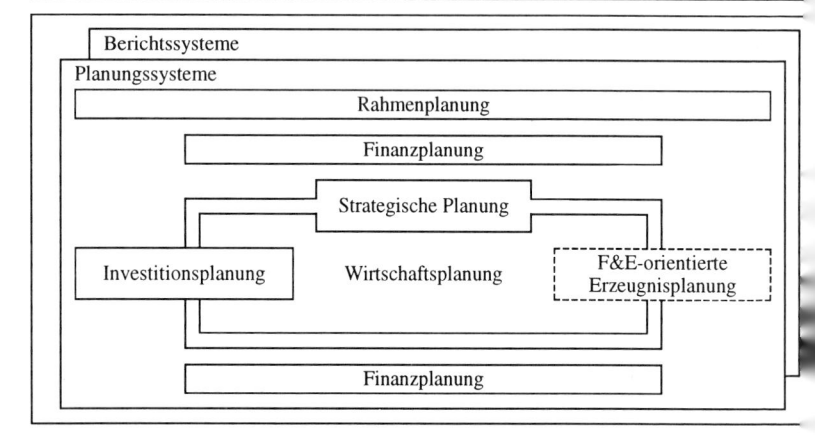

Berichtssysteme
Planungssysteme
Rahmenplanung
Finanzplanung
Strategische Planung
Investitionsplanung — Wirtschaftsplanung — F&E-orientierte Erzeugnisplanung
Finanzplanung

Der untere Teil der Abbildung 11 zeigt schließlich die Gesamtarchitektur der Planungs- und Kontrollsysteme des Unternehmens. Im Zentrum steht eindeutig die Wirtschaftsplanung, die mit dreijährigem Planungshorizont erstellt wird, wobei das erste Jahr verbindlichen Budget- und die beiden anderen Jahre Vorschaucharakter besitzen. Der Planungsablauf entspricht einem Gegenstromverfahren, bei dem die Zentrale zunächst inhaltliche Planungsprämissen und geschäftspolitische Hinweise vorgibt, bevor dann auf der Ebene der Divisionen die eigentlichen Pläne erstellt werden, die mit der Kapazitätsplanung der Werke abzustimmen sind. Der Ablauf der Planungsprozesse in den Regionalgesellschaften ist wiederum abhängig von deren Rollen im Konzernverbund: Autonome Regionalgesellschaften planen zeitlich und inhaltlich unabhängig von den inländischen Divisionen, alle anderen Regionalgesellschaften sind stärker in den Planungsprozeß der inländischen Divisionen eingebunden.

Eine regelmäßige strategische Planung ist in dem betrachteten Unternehmen nur insoweit institutionalisiert, als die Wirtschaftspläne über Verbalteile verfügen, in denen eine strategische Positionsbestimmung erfolgt. In bezug auf die Auslandsaktivitäten existieren darüber hinaus allerdings noch zwei weitere Planungsinstrumente: die Länderkonzepte und die explorativen Länderanalysen. Bei den Länderkonzepten handelt es sich um fallweise durchgeführte Projektstudien zu aktuellen Problemen der strategischen Positionierung in einzelnen Ländermärkten. Diese Studien werden von einer dem zentralen Controlling zugeordneten Einheit unter Beteiligung der lokalen Fachleute durchgeführt. Bei den explorativen Länderanalysen handelt es sich demgegenüber um halbjährlich der Geschäftsführung vorgetragene Überblicke über die in Zukunft möglicherweise zu beachtenden Gefahren und Gelegenheiten in ausgewählten Ländermärkten (z. B. Südostasien).

Die Darstellung der Managementsysteme des hier betrachteten Unternehmens darf nicht zu dem Schluß verleiten, daß diese Systeme tatsächlich in dem Maße steuerungswirksam sind, wie sich dies die Geschäftsführung/Zentrale vielleicht wünschen mag. Es ist durchaus denkbar, daß die Managementsysteme mehr oder weniger als „Artefakte" empfunden werden, mit der Konsequenz, daß die erstellten Planungsunterlagen in „den Schubladen verstauben". Die „eigentliche" Steuerung der regionalen Einheiten könnte statt dessen über informelle Kontakte zwischen den Führungskräften im In- und Ausland erfolgen. Darüber hinaus ist es denkbar, daß es neben den dargestellten Systemen noch andere Managementsysteme gibt, die operative Bedeutung besitzen. Man kann hier zwischen „Vor-" und „Schattensystemen" unterscheiden. Vorsysteme sind Systeme, die auf regionaler Ebene institutionalisiert werden müssen, um jene Ergebnisse zu produzieren, die auf der aggregierten Ebene der System-Gesamtarchitektur benötigt werden. Schattensysteme sind dagegen Systeme, die auf regionaler Ebene verwendet werden, weil man der Ansicht ist, daß die „offiziellen" Planungs- und Kontrollsysteme nicht die Informationen bereitstellen, die man tatsächlich für die Steuerung lokaler Einheiten braucht.

6.4 Besonderheiten der Gewinnplanung: Transferpreise, Wechselkurs- und Inflationsmanagement

Bestandteil einer jeden Planung und Kontrolle ist die Gewinnplanung und -kontrolle für die lokalen Einheiten. Das Management der Muttergesellschaft hat ein Interesse daran zu erfahren, ob die ausländischen Einheiten als ganze gewinnbringend operieren und welcher Anteil an den Ergebnissen auf die Aktivitäten der lokalen Führung zugerechnet werden kann. Als Maßstäbe dafür kommen einerseits kapitalmarktorientierte Erfolgsmaßstäbe (die den Wertzuwachs für die Aktionäre in Form von Aktienkurssteigerungen und/oder Dividendenzahlungen messen) und andererseits rechnungswesenorientierte Maßstäbe wie der „Return on Investment" in Frage, der den Gewinn auf das investierte Kapital bezieht.

Bei der Gewinnplanung und -kontrolle ausländischer Einheiten werden im Vergleich zur Gewinnplanung und -kontrolle inländischer Einheiten drei Problemkreise bedeutsam: das Problem der geeigneten Festlegung von Transferpreisen, das Problem der Währungsumrechnung und das Problem der Berücksichtigung unterschiedlicher Inflationsraten. Einige knappe Hinweise müssen hier genügen.[70]

Das Problem der geeigneten Festlegung von Transferpreisen entsteht durch den internen Leistungsverbund im Konzern: Werden Leistungen der Muttergesellschaft (z. B. Technologielizenzen)

---

[70] Vgl. zum folgenden etwa Choi, F./ Mueller, G., International Accounting, 2. Aufl. Englewood Cliffs (N. J.) 1992; dort findet sich auch eine ausführliche Behandlung dieser Problemkreise in bezug auf das externe Rechnungswesen – die Konzernrechnungslegung. Hierauf kann im folgenden nicht eingegangen werden.

hochpreisig veranschlagt, so sinkt damit automatisch der Gewinn der lokalen Einheit, und umgekehrt. Damit können spezifische Konsequenzen in bezug auf die Kapitalallokation, aber auch in bezug auf die Vergleichbarkeit der Ergebnisse der Konzerntöchter untereinander und die Motivation des (lokalen) Managements verbunden sein.

Eine besondere Problematik im internationalen Konzern entsteht hier dadurch, daß sowohl steuerliche als auch Zollgesichtspunkte eine Rolle spielen können. Wenn der Steuersatz im Ausland höher ist als im Inland, ist es zweckmäßig, den Gewinn der ausländischen Einheit möglichst niedrig zu belassen. Werden im Ausland dagegen hohe Importzölle erhoben, kann es sinnvoll sein, die berechneten Preise für Leistungen der Muttergesellschaft niedrig zu halten, um so die Bewertungsgrundlage für die Zollerhebung zu senken. Beide Beeinflussungsmöglichkeiten werden allerdings beschränkt durch gesetzliche Regelungen, mit denen nationale Regierungen eine nachteilige Reduzierung ihres Einnahmenstromes zu verhindern versuchen. Insofern läuft es in der Praxis doch darauf hinaus, daß auch im internationalen Konzern zumeist die beiden „klassischen" Möglichkeiten der Festlegung von Transferpreisen Anwendung finden, nämlich die Orientierung an Marktpreisen oder an den Kosten der Leistungserstellung (evt. unter Einbeziehung eines Gewinnaufschlages).[71]

Die Wechselkursproblematik trifft das multinationale Unternehmen unter verschiedenen Gesichtspunkten. Im vorliegenden Zusammenhang interessiert insbesondere das sogenannte Translationsrisiko, das die Problematik der Umrechnung von in einer Währung ausgedrückten Ergebnissen in eine andere Währung – meist die Heimatwährung der Unternehmenszentrale – bezeichnet.[72]

---

[71] Siehe hierzu Pausenberger, E., Konzerninterner Leistungsaustausch und Transferpreispolitik in internationalen Unternehmungen, in: Kumar, B./Hausmann, M. (Hrsg.), Handbuch der Internationalen Unternehmenstätigkeit, München 1992, S. 769 – 786.

[72] Das allgemeine ökonomische Risiko bezeichnet den Umstand, daß die Aufwertung der Inlands- gegenüber der Auslandswährung für ein im Inland beheimatetes Unternehmen eine Verschlechterung der Wettbewerbsposition auf den Auslandsmärkten bedeutet. Hiervon sind seit Beginn der neunziger Jahre die deutschen und die japanischen Unternehmen betroffen, deren Exportwaren auf dem amerikanischen Markt infolge des niedrigen Dollarkurses kaum noch profitabel abzusetzen sind. Das Transaktionsrisiko besteht demgegenüber in konkreten Geschäften, die

Aus der Perspektive einer Muttergesellschaft müssen sich die Aktivitäten der Auslandseinheiten letztlich in der Weise „rechnen", daß auch nach Umrechnung in die Heimatlandwährung noch ein positiver Beitrag zur Wertsteigerung festgemacht werden kann. In der Gewinnplanung müssen entsprechend etwaige Währungsschwankungen berücksichtigt werden. Geschieht dies nicht, könnte ein ursprünglich geplanter Periodengewinn einer Tochtergesellschaft sich bei einer hinreichend starken Abwertung der Währung, in der das Tochterunternehmen operiert, sich unter das erträgliche Maß reduzieren oder sich sogar in einen Verlust verwandeln.

Freilich geht es nicht nur um die Gewinnplanung und -kontrolle in bezug auf die Auslandseinheit insgesamt, sondern auch um eine Zurechnung von Verantwortlichkeiten. In einem Multinationalen Unternehmen ist es durchaus üblich, eine Art von „internationalem Währungsmanagement" in der Konzernzentrale zu lokalisieren. In diesem Falle wäre es nicht zielführend, das lokale Management für Währungsschwankungen verantwortlich zu machen. Es wäre angemessener, die Leistungsbeiträge des lokalen Managements auf der Grundlage der in der lokalen Währung ausgedrückten Ergebniskennzahlen zu bewerten.

Auch die Inflationsproblematik spielt im Rahmen der Gewinnplanung und -kontrolle eine Rolle. In einigen Ländern (z. B. in Zentral- und Osteuropa) existieren extrem hohe Inflationsraten, die zu einer Überbewertung von Gewinnen führen können, weil die eingesetzen Produktionsfaktoren zum Zeitpunkt des Verkaufs des produzierten Gutes nicht mehr zum gleichen Preis gekauft werden können. Nimmt man als Gewinnmaßstab den oben erwähnten „Return on Investment", dann kann auch die Bezugsgröße, nämlich das investierte Kapital, zu niedrig bewertet sein, wenn dieses in den Jahren zuvor beschafft worden ist und die ursprünglichen Preise angesetzt werden. Eine zu niedrige Bezugsbasis führt aber eben dazu, daß der auf das investierte Kapital bezogene Gewinn zu hoch erscheint, nicht zuletzt auch im Vergleich zu anderen Tochtergesellschaften, die in weniger inflationären Umwelten agieren, „real" aber möglicherweise wesentlich profitabler arbeiten als die Tochtergesellschaft im Hochinflationsland. Es liegt nahe, diese Verzerrungen

---

zu einem bestimmten Zeitpunkt unter festgelegten Bedingungen abgeschlossen werden, bei denen aber bis zum Zeitpunkt des Zahlungseingangs noch eine Zeitspanne liegt – in der sich der Wechselkurs verschlechtern kann.

zu antizipieren und das Planungs- und Kontrollsystem so zu justieren, daß eine „vernünftige" Bewertung der Aktivitäten der Tochtergesellschaften und/oder des dortigen Managements möglich wird.

7. Zusammenfassung und Ausblick

Die vorstehenden Ausführungen können selbstverständlich nur einen ersten Eindruck davon geben, was im Bereich der „Internationalen Managements" thematisch zu behandeln ist. Zu all den angesprochenen Aspekten existiert eine Vielzahl von Einzelveröffentlichungen, die zu einer Vertiefung beitragen können. Dabei muß freilich in Rechnung gestellt werden, daß das Internationale Management noch eine relativ junge Spezialisierungsrichtung innerhalb der Betriebswirtschaftslehre darstellt, die noch längst nicht an allen bundesdeutschen Fakultäten institutionell verankert ist. (In den USA ist man hier sicherlich schon ein Stück weiter.) Es gibt auch schon einige, auf das Fachgebiet spezialisierte Fachzeitschriften (z. B. das Journal of International Business Studies oder die Management International Review), die aber noch nicht so etabliert sind, wie dies bei den führenden Fachzeitschriften in anderen betriebswirtschaftlichen Teildisziplinen (z. B. Finanzen, Steuerlehre) der Fall ist. Insofern wird man davon ausgehen müssen, daß die Diskussion nach wie vor im Fluß ist und auch die in diesem Beitrag behandelten Themengebiete noch nicht hinreichend ausgeforscht sind.

Klar sollte aber geworden sein: Das Internationale Management ist eine betriebswirtschaftliche Teildisziplin, die eine faszinierende Vielfalt von interessierenden Gesichtspunkten und Perspektiven bietet. Wenn man dann noch berücksichtigt, daß die Internationalisierung eine der wesentlichen Tendenzen unserer modernen – betriebswirtschaftlichen, aber auch „sonstigen" – Welt darstellt, dann sollte diese Teildisziplin entsprechend zu einem lohnenden Studium einladen.

Annotierte Auswahlbibliographie

Im Zusammenhang mit den vorstehenden Ausführungen ist eine Vielzahl von Quellen genannt worden, deren Lektüre zu einer Vertiefung der angesprochenen Fragestellungen führen kann. Im folgenden sollen demgegenüber einige Quellen genannt werden, die den gesamthaften Zugang zum

Thema erleichtern können. Deutschsprachige Lehrbücher sind bislang nur in sehr geringem Umfang veröffentlicht worden.

Perlitz, Manfred: Internationales Management, 2. Aufl., Stuttgart & Jena 1995.
In diesem Buch findet sich eine auf die Generierung von Internationalisierungsstrategien fokussierte Darstellung, die darüber hinaus auch die verschiedenen Funktionalbereiche (Produktion, Marketing etc.) erfaßt, wenn auch etwas ungleichgewichtig.

Schoppe, Siegfried G.: Kompendium der Internationalen Betriebswirtschaftslehre, 3. Aufl., München & Wien 1993.
Das Kompendium enthält mehrere Einzelbeiträge, die freilich keine durchgängige Konzeption verfolgen. Empfehlenswert ist hier insbesondere das Kapitel über die Theorien des Multinationalen Unternehmens.

Dülfer, Eberhard: Internationales Management in unterschiedlichen Kulturbereichen, 3. Aufl., München & Wien 1995.
Das Buch hat stärker monographischen Charakter und betont besonders die kulturelle Perspektive des Internationalen Managements.

Macharzina, Klaus/Welge, Martin K.: Handwörterbuch Export und internationale Unternehmung, Stuttgart 1989.

Kumar, Brij Nino/Haussmann (Hrsg.): Handbuch der Internationalen Unternehmenstätigkeit, München 1992.

Porter, Michael: Globaler Wettbewerb, Wiesbaden 1986.
Das oben genannte Buch vereinigt eine Vielzahl von Beiträgen prominenter internationaler Autoren. Seine Monographie „Nationale Wettbewerbsvorteile", Frankfurt 1991, ist das vielleicht wichtigste Buch zum Thema „Standortdebatte".

Aus der englischsprachigen Literatur ist hervorzuheben:

Dunning, John: Multinational Enterprises and the Global Economy, Addison-Wesley: Addison-Wesley 1993.
Das Buch ermöglicht einen umfassenden Zugang zur theoretischen und empirischen Forschung.

Jürgen Bolten

Interkulturelle Wirtschaftskommunikation

1. Interkulturelle Wirtschaftskommunikation: Zur Vorgeschichte eines Faches

Im Gegensatz zu Fächern, die in wirtschaftswissenschaftlicher Forschung und Lehre schon seit langem fest etabliert sind, ist der Bereich „Interkulturelle Wirtschaftskommunikation" noch sehr jung, so daß er im Grunde genommen gar nicht über eine eigene Geschichte, sondern allenfalls über eine Vorgeschichte – und zwar in anderen Disziplinen – verfügt.

Geprägt wurde der Begriff „Interkulturelle Wirtschaftskommunikation" zuerst in der zweiten Hälfte der achtziger Jahre von nordeuropäischen Linguisten. Sie bezeichnen damit ein Forschungsgebiet, das sich unter kultur-, kommunikations- und wirtschaftswissenschaftlichen Fragestellungen mit der Analyse von Prozessen kommunikativen Handelns im internationalen Wirtschaftsalltag beschäftigt. Methodisch und systematisch konkretisiert wurden die hiermit verbundenen Forschungsaufgaben 1989/90 im Rahmen von Fachsymposien an den Universitäten Bayreuth und Vaasa. 1992 folgte dann an der Universität Jena die erste Gründung eines eigenständigen Fachgebietes „Interkulturelle Wirtschaftskommunikation".

Wie schon die Bezeichnung „Interkulturelle Wirtschaftskommunikation" vermuten läßt, handelt es sich um ein interdisziplinär strukturiertes Fach. Der Gegenstandsbereich ist primär wirtschaftlicher Art und auf internationales Handeln insbesondere in den Bereichen Marketing, Personalwesen und Unternehmensorganisation bezogen. Methodisch werden hingegen eher Instrumentarien eingesetzt, die aus den Geistes- und Sozialwissenschaften stammen.

Bezogen auf die Vorgeschichte des Faches sind es vor allem drei wissenschaftshistorische Traditionslinien, auf denen aufgebaut wird: Erstens die aus der Außenhandelslehre erwachsene und zunächst in angelsächsischen Ländern entwickelte Kulturvergleichende Managementforschung bzw. das seit den achtziger Jahren auch in Deutschland etablierte Fach Internationales Management, zweitens die Wirtschaftslinguistik, die nach einer Blütezeit im ersten Jahrhundertdrittel dann in den siebziger Jahren im Rahmen der kontrastiven Fachsprachenforschung und seit den neunziger Jahren im Kontext der interkulturellen Fachtextpragmatik wieder aufgegriffen wurde und drittens Forschungstraditionen, die, auf kultur- und sozialwissenschaftlichen Handlungstheorien aufbauend, ab den siebziger Jahren in den USA zur interkulturellen Kommunikationsforschung weiterentwickelt wurden.

Mit der interdisziplinären Zusammenführung dieser sehr unterschiedlichen Fachrichtungen zur „Interkulturellen Wirtschaftskommunikation" wird der Handlungszusammenhang der internationalen Wirtschaftspraxis als komplexes Interaktionssystem beschreib- und analysierbar.

Daß dies so spät geschieht, liegt zum einen an der sich erst langsam durchsetzenden Einsicht, daß die Innovationsgeschwindigkeit heute in nahezu allen Lebensbereichen so hoch ist, daß Innovationsentscheidungen in Teilsystemen faktisch nicht mehr verantwortungsbewußt getroffen werden können, ohne Reaktionen des Gesamtsystems qua „Netzwerk" zu reflektieren. Dies zu leisten, gelingt voneinander getrennt arbeitenden Einzelwissenschaften nicht.

Zum anderen ist es zweifellos auch der Praxisdruck, unter dem Wirtschafts-, Kommunikations- und Kulturwissenschaften stehen: Je stärker die Globalisierung der Märkte zu einer internationalen Angleichung von Produkten und Preisen führt, desto weniger ausschlaggebend für den Erfolg sind instrumentalistische oder funktionalistische Marktstrategien. Man spricht in diesem Zusammenhang auch von „harten" Faktoren wie Finanzen, Steuern, Kostenrechnung oder Beschaffung. Immer wichtiger werden dagegen „weiche" kulturelle bzw. kommunikative Faktoren, von denen man annimmt, daß sie heute bereits zu 70% über den internationalen Markterfolg entscheiden.[1]

Auf diesen für die Wirtschaftspraxis signifikanten Wandel vom Was zum Wie sind die traditionellen Wirtschaftstheorien nur unzureichend vorbereitet. Ähnliches gilt auch für die in der Regel mit erheblichen Berührungsängsten gegenüber der Wirtschaft ausgestatteten Kommunikations- und Kulturwissenschaften, so daß internationale Unternehmen mit ihrem zweifellos erheblichen Bedarf an tragfähigen Handlungsmodellen zur Zeit relativ alleingelassen sind.

Dementsprechend wird sich die gerade erst begonnene Geschichte des Fachgebietes Interkulturelle Wirtschaftskommunikation da-

---

[1] Vgl. BWI-Aktuell – SPIDI 2, 1993, S. 1.

nach zu bemessen haben, inwieweit es gelingt, „harte" und „weiche" Faktoren zu integrieren und praxisbezogen theoretische Grundlagen für ein konsensorientiertes internationales wirtschaftliches Handeln aller Beteiligten zu schaffen.

2. Grundbegriffe interkultureller Wirtschaftskommunikationsforschung

Zu den Schlüsselbegriffen interkultureller Wirtschaftskommunikationsforschung zählen „Kultur", „Kommunikation" und „Interkulturalität". Sie lassen sich zunächst verstehen als Eck- und Bezugspunkte eines Forschungsdreiecks, dessen Inhalt durch untereinander verbundene Teilsysteme internationalen wirtschaftlichen Handelns ausgefüllt wird.

Den Begriffen selbst werden in den verschiedenen Einzelwissenschaften, die sich mit ihnen befassen, allerdings zum Teil sehr unterschiedliche Bedeutungen beigemessen. Um ein Beispiel zu nennen: Allein für den Begriff „Kultur" konnten über 250 verschiedene Definitionen nachgewiesen werden. Aus diesem Grund bilden für jeden, der sich mit Interkultureller Wirtschaftskommunikation beschäftigt, definitorische Klärungen eine erste unverzichtbare Grundlage.

2.1 Kultur

Unbeschadet der definitorischen Vielfalt des Kulturbegriffs existieren nur zwei wirklich grundsätzlich unterschiedliche Bedeutungsraster. Das eine ist das des „engen", das andere das des „erweiterten" Kulturbegriffs.

Merkmal des engen Kulturbegriffs ist, daß er stets als Oppositionsbegriff wie z. B. zu „Natur" (u.a. Pufendorf, Schiller, Marx), zu „Zivilisation" (u.a. Kant, Spengler) oder zu „Massenkultur" (u.a. Marcuse) verwendet wird. Durch die Verwendung als Oppositionsbegriff werden notwendigerweise andere Bereiche ausgegrenzt, die als nicht-kulturell verstanden werden. In der Regel sind diese ausgegrenzten Bereiche negativ besetzt, wohingegen Kultur dann oft im Sinne des „Schönen, Wahren und Guten" verabsolutiert wird und damit ungeschichtlich und statisch erscheint.

Obwohl im Alltagssprachgebrauch noch oft auf diesen engen Kulturbegriff Bezug genommen wird, spielt er heutzutage in der

Kulturwissenschaft kaum noch eine Rolle. Verwendet wird hier nahezu ausschließlich der erweiterte Kulturbegriff. „Erweitert" bedeutet, daß alltägliches Handeln in seiner Gesamtheit perspektiviert wird. Dementsprechend wird heute auch häufig mit dem auf die angelsächsische Bedeutung von „culture" verweisenden Begriff „Alltagskultur" gearbeitet.

Öffentliche Geltung erhielt der erweiterte Kulturbegriff in der Bundesrepublik Deutschland erst zur Zeit der sozialliberalen Koalition in den siebziger Jahren. Als Resultat des seinerzeit vollzogenen Wertewandels, der vor dem Hintergrund der „Bildungsoffensive" vor allem auch bildungsbürgerliche Privilegien in Frage gestellt hatte, prägte der neue Kulturbegriff insbesondere die auswärtige Kulturpolitik. Programmatisch formuliert bedeutete dies, „daß der bisher übliche Begriff von ‚Kultur' aus einer gewissen ästhetischen und vergangenheitsbezogenen Enge heraus muß, um für all das Platz zu machen, was man als ‚die ganze Wirklichkeit' unseres Lebens und unserer Zeit bezeichnen kann. Dazu gehören z. B. die Bereiche der sozialen Strukturen, der Massenkommunikation, der Bildungshilfe und Umweltprobleme. Fragen also, auf die der moderne Mensch eine Antwort sucht."[2]

Im Gegensatz zum engen Kulturbegriff wird hier grundsätzlich eine dynamische, gesellschaftsbezogene und Normsetzungen vermeidende Betrachtungsweise gewährleistet – eine Perspektive, die Kulturtheoretiker wie Malinowski oder Elias im übrigen bereits seit den dreißiger Jahren vertreten hatten.

Aber auch in bezug auf den erweiterten Kulturbegriff lassen sich verschiedene Sichtweisen unterscheiden, deren Kenntnis für Forschungen im Bereich „Interkulturelle Wirtschaftskommunikation" grundlegend ist. Es handelt sich im wesentlichen um drei methodologische Richtungen, die als materiale, mentalistische und funktionalistische bezeichnet werden können.

2.1.1 Materiale Kulturtheorie

Materiale Kulturtheorie orientiert sich im wesentlichen semiotisch an der Gesamtheit von Artefakten als real hervorgebrachten sinn-

---

[2] Steltzer, H. G.: Auswärtige Kulturpolitik und internationale Zusammenarbeit. Ein Interview. In: Bulletin des Presse- und Informationsamtes der Bundesregierung. Nr. 111 v. 20.8.1970, 1173-1174, hier 1174. Steltzer, H. G. war seit 1970 Leiter der Kulturabteilung des Auswärtigen Amtes in Bonn.

repräsentierenden Leistungen einer Gesellschaft. Unter Artefakten versteht man Monumente und Denkmäler genauso wie Fabrikgebäude, Handwerkszeug oder Kleidung. Bezogen unter anderem auf Unternehmenskulturen spricht man in diesem Zusammenhang von „kultureller Perceptas", also von dem, was in einem Unternehmen als spezifisches Identifikationsmerkmal „perzipiert" oder wahrgenommen und damit auch beschrieben werden kann. Hierzu zählen u.a. Aspekte der Bürogestaltung, der Architektur, Dokumente sowie Rituale und Anekdoten, die im Betrieb tradiert werden.

2.1.2 Mentalistische Kulturtheorie

Mentalistische Ansätze im Sinne der kognitiven Anthropologie Goodenoughs fassen „Kultur" demgegenüber konsequent immateriell auf. Ihr Interesse gilt weniger der kulturellen „Perceptas" als der kulturellen „Konceptas". Verstanden werden darunter kollektiv geteilte Werte, Einstellungen und Normen, die als Handlungs- und Verhaltensursachen nicht unmittelbar beschrieben werden können, sondern auf die – beispielsweise über die beobachtbare Realität – zurückgeschlossen werden muß. Es ist gleichsam das „kulturelle Gedächtnis" oder der „Wissensvorrat, aus dem sich Kommunikationsteilnehmer, indem sie sich über etwas in der Welt verständigen, mit Interpretationen versorgen".[3]

2.1.3 Funktionalistische Kulturtheorie

Der Aspekt des „Sich-Verständigens" bezeichnet bereits eine funktionalistische Perspektive, aus der sich die Bedeutung des Kulturbegriffs wiederum verändert. Sie erhält eine handlungs-theoretische Fundierung. „Kultur" in funktionalistischer Lesart läßt sich demzufolge verstehen als Orientierungssystem, das für die soziale Praxis einer Gesellschaft, Organisation oder Gruppe konstitutiv und notwendig ist. In engem Zusammenhang hiermit steht der Begriff „Normalität": Erst dadurch, daß bestimmte Konventionen sozialen Handelns bestehen, kann sich konkretes Alltagshandeln auf Normalitätsannahmen berufen, die unhinterfragt vorausgesetzt werden. Wäre dem nicht so, würden selbst einfachste Handlungen wie Begrüßungen blockiert, weil erst einmal überprüft bzw. interpretiert werden müßte, ob z. B. die ausgestreckte Hand nicht auch etwas ganz anderes bedeuten könnte. Prinzipiell ist jedes Zeichen, jede

---
[3] Habermas, J., 1981, Bd. 2, S. 209.

Handlungssequenz mehrdeutig oder „indexikalisch". Gäbe es keine für eine Gesellschaft typischen Orientierungsmuster, wären die Gesellschaftsmitglieder aufgrund der permanent notwendigen Entindexikalisierungstätigkeit schlicht handlungsunfähig.

Zusammenfassend läßt sich in bezug auf die beschriebenen drei Varianten des erweiterten Kulturbegriffs allerdings festhalten, daß sie sich – abgesehen von extremen Forschungsstandpunkten – keinesfalls gegenseitig ausschließen. Im Gegenteil: Man neigt heute eher zu einer integrierenden Sichtweise, derzufolge Kultur als Interaktions- und Orientierungssystem verstanden wird, das über die „Perceptas" beschreibbar und als „Konceptas" erklärbar wird.

2.1.3.1 Lebenswelt-Modell und kultureller Wissensvorrat

Wesentlich ist in diesem Zusammenhang der Begriff „Lebenswelt". In Anlehnung an Habermas' Theorie kommunikativen Handelns bezeichnet er den alltäglichen, selbstreproduzierenden Wirklichkeitsbereich des Menschen. Lebensweltkonstitutiv sind die drei strukturellen Komponenten Kultur, Gesellschaft und Person: „Kultur" ist dabei definiert als „Wissensvorrat, aus dem sich die Kommunikationsteilnehmer, indem sie sich über etwas in einer Welt verständigen, mit Interpretationen versorgen." Unter „Gesellschaft" werden die legitimen Ordnungen verstanden, „über die die Kommunikationsteilnehmer ihre Zugehörigkeit zu sozialen Gruppen regeln und damit Solidarität sichern." „Persönlichkeit" meint „die Kompetenzen, die ein Subjekt sprach- und handlungsfähig machen, also instandsetzen, an Verständigungsprozessen teilzunehmen und dabei die eigene Identität zu behaupten. <...> Die zum Netz kommunikativer Alltagspraxis verwobenen Interaktionen bilden das Medium, durch das sich Kultur, Gesellschaft und Person reproduzieren."[4]

Die Interdependenz von Kultur, Gesellschaft und Persönlichkeit ist aus handlungstheoretischer Sicht offenkundig, da sich z. B. individuelles Handeln immer auf der Folie des gesellschaftlich vermittelten „kulturellen" Wissensvorrates vollzieht und umgekehrt diese Handlungen von Personen erst jene Zeichensysteme bilden, die die Alltagspraxis der gesellschaftlichen Bezugsgruppe konstituieren und die sich – zumindest teilweise – im Wissensvorrat oder „kulturellen Gedächtnis" sedimentieren bzw. dieses erzeugen. Folglich lassen sich Zeichensysteme auch als appräsentative Strukturen be-

---

[4] Habermas, J., 1981, Bd. 2, S. 209.

zeichnen, „die sich intersubjektiv aufbauen, geschichtlich abgelagert und gesellschaftlich vermittelt werden."[5]

2.1.3.2 Intrakulturalität und Interkulturalität

Auf diese Weise ist es möglich, in fundierter Weise und mit der notwendigen Beobachterdistanz Kulturen als komplexe Handlungssysteme zu beschreiben und darüber hinaus zu begründen, warum das Verhalten in einer Kultur so und nicht anders ist.

In räumlicher Hinsicht ist der Kulturbegriff freilich auch in seiner integrativen Form nicht unumstritten. So spricht man von der „Kultur des Abendlands" oder der „westeuropäischen Kultur" ebenso wie von „bayerischer Kultur" oder „Unternehmenskultur". Für den Kulturbegriff der Interkulturellen Wirtschaftskommunikation ist daher eine pragmatische Eingrenzung notwendig, die in der Regel dazu führt, Kultur- und politische Ländergrenzen gleichzusetzen. Dies ist zwar nicht unproblematisch, weil sich politische Ländergrenzen verändern können, ohne daß dies einen unmittelbaren Einfluß auf die Kultur haben muß. Es ist aber für die Operationalisierbarkeit des Begriffs die beste aller schlechten Lösungen, weil auf diese Weise zumindest definitorisch zwischen Prozessen innerhalb eines kulturellen Systems und zwischen kulturellen Systemen unterschieden werden kann. Ersteres bezeichnet man als intrakulturell, letzteres als interkulturell. Paradox mutet hierbei die Situation in Deutschland vor und nach 1989 an. Sie zeigt aber, daß die Grenze zwischen Intrakulturalität und Interkulturalität fließend ist, bzw. daß in politischer Hinsicht unterschiedliche kulturelle Systeme durchaus über historisch bedingte Überschneidungen beispielsweise im Wissensvorrat verfügen. Dies gilt unter anderem für alle Kulturen mit gemeinsamer religiöser Grundlage.

2.1.3.3 Vergleichende Kulturforschung

Die Herausarbeitung von Gemeinsamkeiten bzw. Verschiedenheiten von unterschiedlichen kulturellen Systemen ist Aufgabe der vergleichenden oder der kontrastiven Kulturforschung. Zu den Forschungsrichtungen, die in diesem Zusammenhang Popularität erlangt haben, gehört seit der Erkenntnis der Relevanz „weicher" Managementfaktoren vor allem die „Kulturvergleichende Managementforschung". Zu den Arbeiten mit der nachhaltigsten Wirkung

---

[5] Schütz, A./Luckmann, T., 1979, Bd. 2, S. 208.

zählt eine Studie, die Geert Hofstede zwischen 1968 und 1972 in 53 Ländern unter 116.000 Mitarbeitern des Unternehmens IBM durchgeführt hat. Aufbauend auf sozialanthropologischen Thesen M. Meads ging er davon aus, daß alle Gesellschaften mit den gleichen Grundproblemen konfrontiert seien, nur die Antworten, die sie auf diese Probleme geben, seien unterschiedlich. Zu den weltweit gemeinsamen Grundproblemen zählte Hofstede das Verhältnis zur Autorität, das Selbstverständnis von Individuum – Gesellschaft und Maskulinität – Femininität, die Art und Weise, mit Konflikten umzugehen sowie die Dominanz langfristiger bzw. kurzfristiger Handlungsorientierungen. Hieraus leitete er fünf „Dimensionen kulturellen Denkens" ab, an denen er seine Befragung orientierte. Die Ergebnisse wurden für alle Länder in Punktwerte umgerechnet und graphisch dargestellt, so daß beispielsweise Japan und Deutschland hinsichtlich ihres Indexwertes für „Autoritätsdenken" verglichen werden können. Gleiches gilt für die anderen vier Dimensionen und natürlich für alle in die Studie einbezogenen Länder.

Von international agierenden Unternehmen wurde die Studie nach ihrem Erscheinen (1980) als hilfreiches Kompendium bei der Auswahl ausländischer Kooperationspartner begrüßt. Sie fehlt auch heute in kaum einer Firmenbibliothek, obwohl die Daten längst überholt und für sich genommen nicht unproblematisch sind. Sie haben vielfach dazu verleitet, Ergebnisse eines – letztlich statischen – Vergleichs zweier Kulturen in Regelwerke für „richtiges" Verhalten gegenüber fremdkulturellen Unternehmungen oder Geschäftspartnern umzusetzen, wodurch Vorurteile und Stereotype in vielen Fällen nur verstärkt werden. Abgesehen von vielen Untersuchungen, die an Hofstede angeknüpft und seine Forschungen weitergeführt haben, gibt es gerade in der neueren interkulturellen Kommunikationswissenschaft auch erhebliche Kritik an dem Modell der Kulturdimensionen. Die Argumentation ist hierbei vor allem handlungstheoretisch fundiert. Sie bemängelt, daß das Modell aufgrund intrakultureller Wertewandelprozesse ohnehin nur Gültigkeit für den Zeitraum der Erhebung besitzt, und daß außerdem die Beschreibung von Verhaltensweisen innerhalb einer Kultur noch keinen Aufschluß dahingehend erlaubt, wie sich Mitglieder dieser Kultur im interkulturellen Kontakt, also anderen Kulturen gegenüber, verhalten.

Dieser Vorwurf betrifft allerdings mehr oder minder die meisten kulturvergleichenden Studien, weil sie, durchaus ihrer Zielsetzung entsprechend, den Handlungsaspekt bzw. die Interaktion zwischen den Kulturen unberücksichtigt lassen. Interaktionen können sich

freilich nicht anders als über Kommunikation vollziehen, so daß
diese Perspektive naturgemäß auch eine ist, die den Kommunikationswissenschaften zugeschrieben werden muß.

2.2 Kommunikation

Ähnlich wie für den Kulturbegriff gilt auch für den Kommunikationsbegriff, daß er in verschiedenen Bedeutungen verwendet wird. Obwohl die Anzahl der Bedeutungszuweisungen erheblich geringer ist, wirken sich die vorhandenen Bedeutungsunterschiede gerade in bezug auf die Theoriebildung Interkultureller Wirtschaftskommunikation gravierend aus. Unterschieden werden müssen vor allem zwei Denkmodelle, die „Kommunikation" (a) als Transmissionsbegriff und (b) als Interaktionsbegriff definieren.

(a) Bei der Verwendung von „Kommunikation" als Transmissionsbegriff orientiert man sich primär an der Botschaft, die von einem Sender A an einen Empfänger B übermittelt werden soll. Es geht dann um den Kommunikationsinhalt, nicht so sehr jedoch um die Kommunikationsbeziehung.

Auf diesem Kommunikationsverständnis, das in den Geistes-, Sozial- und Wirtschaftswissenschaften noch bis in die achtziger Jahren eindeutig dominierte, bauen nicht nur Forschungstraditionen wie die frühe Sprechakttheorie, Übersetzungslehren oder Marketingkonzepte auf, sondern letztlich ganze Weltanschauungen einschließlich deren politischer Realisation. Ein aktuelles Beispiel hierfür sind die Transformationsprozesse in Osteuropa: Ökonomische Modelle westlicher Prägung werden in osteuropäische Länder transmittiert und dort verankert, ohne daß über die Verträglichkeit dieser meist sehr individualistischen Modelle mit den (aufgrund der orthodoxen Religion) durchweg kollektivistischen Denk- und Handlungsvoraussetzungen der „Empfänger" reflektiert wird. Gleiches gilt für jede andere Form sog. „globaler" Kommunikation, die versucht, eine Botschaft mit weltweiter Gültigkeit zu verbreiten. Im Grunde genommen ist dieses Verfahren im Sinne einer Einbahnstraßenkommunikation ethnozentrisch – und zwar aus der Sicht des „Senders". Der „Empfänger" verfügt lediglich über die Möglichkeit, den Kommunikationsinhalt zu akzeptieren oder zu verweigern. Letzteres führt automatisch zu einer Verstärkung und Verhärtung der eigenen Standpunkte. Man spricht in diesem Fall auch von der „Dialektik globaler Kommunikation", für die sich

wiederum zahlreiche Beispiele in den ehemaligen Ostblockstaaten finden lassen, wie etwa die Wende von „Test the West" zu „Kost the Ost" im Konsumbereich.
Ähnliches gilt für Definitionen, die den Kommunikationsbegriff im Sinne einer Reiz-Reaktions-Handlung deuten. Stellvertretend sei an dieser Stelle die noch heute im Marketing äußerst populäre Lasswell-Formel genannt: „Wer sagt was auf welchem Wege zu wem mit welcher Wirkung?". Zwar kommen hier außer der Botschaft auch Sender und Empfänger mit ins Spiel; die Kommunikationsrichtung zeigt jedoch, daß es sich nicht um einen symmetrischen Prozeß handelt. Eher schon ist dies der Fall bei Definitionen, die „Kommunikation" als Austauschhandlung definieren. Im Vordergrund stehen aber auch hier wiederum die Botschaften oder Kommunikationsinhalte, die zwischen Sender und Empfänger ausgetauscht werden, nicht jedoch die Kommunikationsbeziehung, die sich zwischen den Kommunikationspartnern während des Kommunikationsprozesses notwendigerweise aufbaut und die ihrerseits einen erheblichen Einfluß auf die Formulierung von Kommunikationsinhalten besitzt.
So kann das berühmte „falsche Wort" oder der „falsche Ton" eines Kommunikationsinhaltes die Beziehung zwischen den Kommunikanden plötzlich verändern, wodurch alle nachfolgenden Kommunikationsinhalte beeinflußt sind.
(b) Wird „Kommunikation" als wechselseitiges Zusammenspiel von Inhalts- und Beziehungsaspekten verstanden und in diesem Sinne als komplexes Prozeß- bzw. Interaktionsgeschehen aufgefaßt, spricht man von einem interaktionalen Kommunikationsbegriff: „Der Inhaltsaspekt vermittelt die ‚Daten', der Beziehungsaspekt weist an, wie diese Daten aufzufassen sind."[6]

Unter diesen Voraussetzungen, auf denen die handlungsorientierte Kommunikationswissenschaft seit den siebziger Jahren aufbaut, läßt sich auch das eindimensionale Sender-Empfänger-Modell nicht aufrechterhalten. Jeder Kommunikator ist durch die Doppelstruktur von Sender/Empfänger geprägt und stellt innerhalb des Kommunikationsprozesses keine feste, sondern eine prozeßbedingt variable Größe dar, die sich (z. B. in ihren Ansichten, Einstellungen etc.) während der kommunikativen Handlung durchaus verändern kann:

---
[6] Watzlawick, P., 1990, S. 55.

Abbildung 1

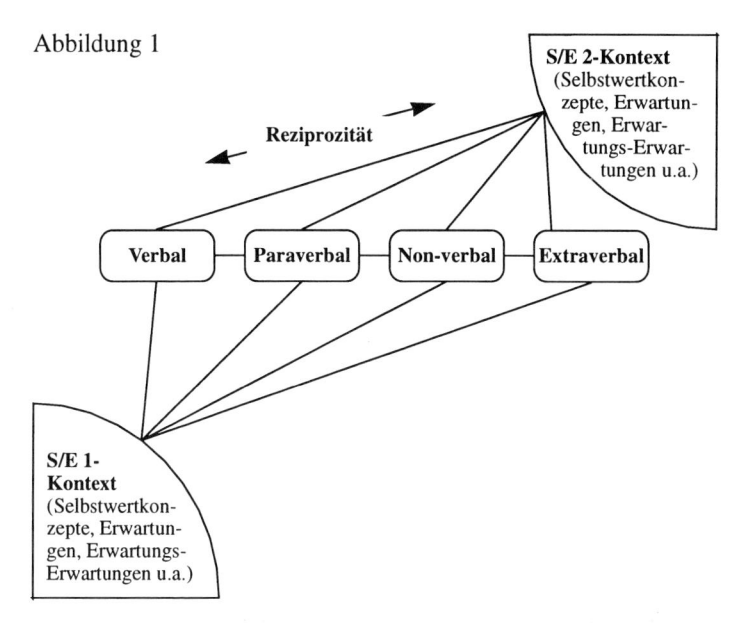

```
                                    ┌──────────────────┐
                                    │  S/E 2-Kontext   │
                                    │ (Selbstwertkon-  │
                                    │  zepte, Erwartun-│
              Reziprozität   →      │  gen, Erwar-     │
                             ←      │  tungs-Erwar-    │
                                    │  tungen u.a.)    │
                                    └──────────────────┘

  ┌────────┐ ┌───────────┐ ┌──────────┐ ┌────────────┐
  │ Verbal │─│ Paraverbal│─│ Non-verbal│─│ Extraverbal│
  └────────┘ └───────────┘ └──────────┘ └────────────┘

┌──────────────────┐
│ S/E 1-           │
│ Kontext          │
│ (Selbstwertkon-  │
│  zepte, Erwartun-│
│  gen, Erwartungs-│
│  Erwartungen u.a.)│
└──────────────────┘
```

Der Beziehungsaspekt besitzt hierbei für den Kommunikationsprozeß eine wesentliche Steuerungsfunktion, weil er die Selbst-, Fremd- und Metabilder der Beteiligten einschließt. Gemeint sind damit Selbstwertkonzepte, Erwartungen und Erwartungs-Erwartungen; in letztgenanntem Fall das, was A glaubt, was B über ihn denkt – und umgekehrt. Daß Kommunikationsinhalte nicht unabhängig hiervon existieren, wird deutlich, wenn man beispielsweise drei verschiedene Personen eines Unternehmens beauftragt, eine Werksbesichtigung zu leiten. Je nachdem, wie selbstbewußt die einzelnen Mitarbeiter sind, wie sie die Besuchergruppe einschätzen oder welchen Eindruck sie im Feedback durch die Gruppe in bezug auf ihre Führung erhalten, werden sie sehr unterschiedliche Erläuterungen geben. Weiterhin spielt ihr eigener Sozialisationskontext inner- und außerhalb der Firma eine Rolle, ihr Alter und nicht zuletzt auch ihre Einstellung zu ihrem Unternehmen. Gleiches gilt für die Teilnehmer der Besuchergruppe. Man spricht in diesem Zusammenhang auch von den Kontexten der Kommunikationsteilnehmer. Durch die permanente Interaktion der Kommunikanden entsteht hieraus fortlaufend ein Kommunikationskontext, den man alltagssprachlich auch als „Gesprächsatmosphäre" bezeichnen könnte und der seinerseits wiederum Auswirkungen auf die Kommunikationsinhalte hat. Konstitutiv für die kommunikative Interaktion selbst ist als Schlüsselkategorie die der Reziprozität: Angesichts des wechselseitigen Zusammenhangs von Inhalts- und Beziehungsebene konstruiert das Subjekt kommunikativen Handelns Realität nur mit anderen zusammen, was bedeutet, „daß Handlungen des Subjekts nicht von denen des Anderen geschieden werden können. Aufgrund von Interaktionen ist das Tun des Subjekts kontingent und abhängig vom Tun des Anderen und umgekehrt. Jede vom Subjekt ausgehende Handlung hat einen Bezugspunkt in der reziproken Handlung des anderen, die Rückmeldung und Kritik bedeutet und auch Zwänge setzt".[7]

In der Forschung ist lange Zeit der Tatbestand vernachlässigt worden, daß verbale Elemente innerhalb des Kommunikationsverlaufs lediglich einen Teilbereich darstellen. Viel entscheidender für die Art und Weise der Konstituierung eines Kommunikationszusammenhangs können beispielsweise nonverbale Elemente wie ein Lächeln oder paraverbale Aspekte wie eine bestimmte Betonung sein. Gleiches gilt für extraverbale Aspekte wie z. B. die Umgebung, in der eine Kommunikation stattfindet: in einer lauten Werkhalle wird sie einen anderen Verlauf nehmen als in einem schallgedämmten Büro. Damit wird aber auch deutlich, daß die genannten vier Kommunikationsebenen (verbal, nonverbal, paraverbal, extraverbal) untereinander in Wechselbeziehung stehen. Sie bilden in ihrem Zusammenspiel ein Kommunikationssystem.

Dies gilt für mündliche und schriftliche Kommunikation ebenso wie für Mischformen:

Daß Kommunikationssysteme in diesem Sinn sowohl beziehungsabhängig als auch beziehungskonstitutiv sind, läßt sich überall nachweisen, wo Kommunikation stattfindet. Ein prägnantes Beispiel bieten im Rahmen der Unternehmenskommunikation vor allem Führungsgrundsätze.

Vergleicht man z. B. die Auszüge aus entsprechenden Publikationen der Karstadt AG von 1967 und der Bertelsmann AG von 1992, fällt vor jeder detaillierten sprachlichen Analyse der erheblich liberalere und kooperativere, womöglich als „locker" zu bezeichnende, Ton der Unternehmensleitlinien von Bertelsmann auf. Den Hintergrund hierfür bilden – extraverbal – die sozialen Wandlungsvorgänge der späten sechziger und frühen siebziger Jahre in Westdeutsch-

---

[7] Youniss, J., 1984, S. 38f.

Tabelle 1

	schriftliche Kommunikation	mündliche Kommunikation
verbal	lexikalische, syntaktische, rhetorisch-stilistische Vertextungsmittel; Direktheit/Indirektheit	lexikalische, syntaktische, rhetorisch-stilistische Vertextungsmittel; Direktheit/Indirektheit
non-verbal	Bilder, Zeichnungen, Diagramme, Form(at), Farbe, Layout, Faltweise, Materialqualität (z.B. Papier)	Mimik, Gestik, Körperhaltung, Blickkontakt, Zuwendung (intentional vs. nicht-intentional)
paraverbal	Typographie, Interpunktion, Schreibweise, Zwischenräume (z.B. Anordnung von Bildelementen), Satzspiegel	Lautstärke, Stimmlage, Sprechrhythmus, Lachen, Hüsteln, Pausen, Akzent
extraverbal	Zeit (z.B. Erscheinungsweise), Raum (Ort und Modi der Textübermittlung: Medienart); Zielgruppenorientierung	Zeit, Ort, symm.-asymm. Kommunikationsbeziehung; Kleidung; Kontexte; taktile (fühlbare), olfaktorische (riechbare) Aspekte

land, in denen auch im unternehmerischen Führungsbereich Pflicht- bzw. Akzeptanzwerte durch Selbstentfaltungswerte abgelöst worden waren.

Was sich verbal unter anderem im Verzicht auf imperativisch verwendete Passivsatzformen und Modalverben oder aber in der Einführung einer auf Partnerschaftlichkeit zielenden Lexik äußert, findet entsprechende Pendants etwa in der paraverbalen Textgestaltung: Flattersatz anstelle von Blocksatz, leserorientierte statt hierarchische Gliederungsprinzipien oder typographische Übersichtlichkeit bekräftigen die Offenheit und Dynamik des Inhalts. Umgekehrt dokumentiert sich die inhaltliche Strenge der Karstadt-Führungsgrundsätze in ihrer strengen gestalterischen Form. Eine Vertauschung von Form bzw. Inhalt der beiden Texte wäre indes undenkbar: die Systemkonsistenz würde gesprengt und die Kommunikation als solche unglaubwürdig.

3. Die Führungsmittel

a) Die Delegation
Jeder Vorgesetzte soll bewirken, daß seine Mitarbeiter im Sinne der geltenden Zielsetzung die besten Leistungen entfalten. Zu diesem Zweck

hat er mit Delegation der Entscheidungsbefugnis und der dadurch bedingten Verantwortung zu führen.
Das Prinzip der Delegation verlangt, daß Aufgaben **und** die dazugehörigen Entscheidungsbefugnisse in der stufenmäßigen Ordnung des Unternehmens der unterstmöglichen Stelle übertragen werden. Die Delegationsbereiche in den Stellenbeschreibungen sind nach diesem Prinzip festgelegt. Dort nicht berücksichtigte Aufgaben und Entscheidungsbefugnisse sind der Stelle zu delegieren, die noch auf Grund ihrer Einordnung und ihrer Zuständigkeit den notwendigen Überblick hat.
Der Mitarbeiter ist verpflichtet, im Rahmen seines Aufgabenbereiches selbständig zu handeln. Die in seinem Delegationsbereich fallenden Entscheidungen hat er selbst zu treffen. Wenn jedoch ein Fall, der an sich (lt. Stellenbeschreibung) in den Delegationsbereich des Mitarbeiters fällt, durch besondere Umstände eine **übergeordnete Bedeutung** erhält, ist die Entscheidung des Vorgesetzten einzuholen.
Dementsprechend kann der Vorgesetzte in Fällen übergeordneter Bedeutung in den Delegationsbereich des Mitarbeiters eingreifen, wenn dies zur Verwirklichung der für den Vorgesetzten geltenden Zielsetzung notwendig ist. Er soll dem Mitarbeiter gegenüber darlegen, warum er in dessen Delegationsbereich eingreift.
Jeder Mitarbeiter hat das Recht, sich beim nächsthöheren Vorgesetzten zu beschweren, wenn sein unmittelbarer Vorgesetzter nachhaltig in seinen Delegationsbereich eingreift und entsprechende Hinweise ihm gegenüber keinen Erfolg hatten.

b) Das Mitarbeitergespräch
Der Vorgesetzte soll sich zur Vorbereitung von Entscheidungen in wichtigen oder schwierigen Fällen des Rates seiner Mitarbeiter bedienen*):
Zu diesem Zweck soll er zumindest mit denjenigen Mitarbeitern, in deren Bereich die zu treffende Entscheidung eingreift, ein Mitarbeitergespräch führen.
Das Mitarbeitergespräch ist vom Vorgesetzten so zu führen, daß die unbeeinflußte und wirkliche Meinung des Mitarbeiters zum Ausdruck kommt."[8]

*) z. B. : Der Geschäftsführer bespricht vor einer Ummöblierung im Verkauf die notwendigen Änderungen mit den betroffenen Abteilungsleitern.

---

[8] Wunderer, R. (Hrsg.): Führungsgrundsätze in Wirtschaft und öffentlicher Verwaltung. Stuttgart 1983, S. 371 <Karstadt>.

„**Partnerschaft im Unternehmen Bertelsmann.**"[9]

Achtung vor dem einzelnen und partnerschaftliche Zusammenarbeit im Unternehmen sind grundlegende Bestandteile unseres Unternehmensverständnisses. Das Partnerschaftsmodell geht von dem Gedanken aus,
- daß der einzelne nach Freiraum und Selbstverwirklichung strebt
- und daß der motivierte Mitarbeiter Motor des Unternehmens ist.

Die Initiative des einzelnen kommt dann zur Entfaltung, wenn er als Partner im Unternehmen anerkannt, in die Meinungsbildung und Entscheidungsfindung einbezogen wird und darüber hinaus persönlichen Anteil am wirtschaftlichen Erfolg des Unternehmens hat.

Partnerschaft bedeutet:
- Rechtzeitige und umfassende **gegenseitige Information** der Mitarbeiter sowie offenen Meinungsaustausch
- **Schaffung von Freiräumen** für den einzelnen zur Erfüllung der übertragenen Aufgaben und Einbeziehung der Mitarbeiter in den unternehmerischen Entscheidungsprozeß auf Abteilungs-, Betriebs- und Konzernebene
- **Verwirklichung materieller Gerechtigkeit** durch marktgerechte Entlohnung, erfolgsabhängige Vergütung der Führungskräfte sowie Beteiligung aller Mitarbeiter an Gewinn und Kapital des Unternehmens im Rahmen der Genußrechtskonzeption von Bertelsmann oder gleichwertiger Lösungen
- **Sozialverantwortliches Verhalten** durch das Bemühen um langfristige **Sicherung der Arbeitsplätze** und soziale Hilfestellung, wenn staatliche Regelungen nicht ausreichen

Deutlich wird hierbei auch, daß Kommunikationsprozesse wesentlich durch das geprägt sind, was oben unter den Begriff „Kultur" subsumiert worden ist. Da umgekehrt Kultur sich nur mittels Kommunikation äußern kann, stehen beide Begriffe in einem unauflöslichen Verweisungszusammenhang.

2.2.1 Kultur und Kommunikation

Die prägnantesten Belege für den engen Verweisungszusammenhang von Kultur und Kommunikation bietet im Bereich der Wirtschaftskommunikation die Geschichte der Marketingkommunikation. Wie eng sie mit Prozessen des Wertewandels und des Wandels gesellschaftlichen Selbstverständnisses verknüpft ist, dokumentiert

---

[9] Vorstand der Bertelsmann AG (Hrsg.), Unternehmenskonzeption. Gütersloh 1992, S. 5.

für Produkte der Automobilindustrie die Namensgebung, die letztlich selbstredend eine thematisch geraffte Sozialgeschichte der Bundesrepublik Deutschland entfaltet:

Tabelle 2

50er Jahre	50er/ 60er Jahre	70er/ 80er Jahre	90er Jahre
„Märchen, Mythos, Idylle": Janus, Prinz, Goliath, Taunus *„Wirtschaftswunder":* Rekord, Tempo, Blitz	*„Sozialprestige":* Kapitän, Kadett Admiral, Diplomat, Consul, Commodore, Senator	*„Freizeitgesellschaft":* Ascona, Capri, Monza, Fiesta, Scirocco, Passat, Vento, Sierra Golf, Derby, Polo	*„Postmoderne Techno-Klassik":* Orion, Astra, Vectra, Mondeo, Omega, Scorpio *„Erlebnisgesellschaft":* Monterey, Explorer, Galaxy, Tigra, Sharan

Da von Kultur zu Kultur neben den Wissensvorräten, Einstellungen und Werten auch die Kommunikationssysteme unterschiedlich sind, ist es naheliegend, daß in jeder Kultur auch spezifische kulturelle und kommunikative Stile existieren.

2.2.1.1 Kulturelle als kommunikative Stile

Vor diesem Hintergrund hat in neuerer Zeit die Theorie der „kulturellen Stile" Bedeutung erlangt. Sie besagt, daß Kommunikationssysteme wesentlich durch den lebensweltlichen Kontext der Kommunikanden oder ihr kulturelles Wissen bestimmt sind, bzw. dadurch, daß die jeweiligen Lebenswelten beispielsweise durch kommunikative Zeichensysteme wie Gesetze geregelt und geordnet werden.

Wie in Untersuchungen zur Wissenschaftskommunikation oder auch in bezug auf die Unternehmenskommunikation in verschiedenen Ländern festgestellt werden konnte, unterscheiden sich die jeweiligen Kommunikationssysteme erheblich voneinander.

So wirken amerikanische Texte in der Regel viel persönlicher, offener und dynamischer als vergleichbare deutsche oder russische Texte. Dies betrifft, weil es sich ja um Kommunikationssysteme handelt, alle Kommunikationsebenen gleichermaßen: Auf der verbalen Ebene werden in den USA kürzere Sätze, mehr Verben und Personalpronomen verwendet, im nonverbalen Bereich mehr Abbildungen bzw. ein größerer Anteil von Personendarstellungen und paraverbal z. B. eher der offener wirkender Flatter- als der strengere Blocksatz.

Diese Spezifik des „kommunikativen" Stils erlaubt es, gleichzeitig von „kulturellen" Stilen zu sprechen, weil kommunikative Stilelemente mit Verhaltensspezifika einer Kultur korrespondieren. Beide sind Teil der kulturellen Perceptas, und so lassen sich bestimmte Vertextungsmerkmale analog auch an Verhaltensweisen der jeweiligen Kultur belegen. So dokumentiert sich die Dynamik des US-Kommunikationsstils etwa in der für US-amerikanische Unternehmen und Institutionen typischen open-door-policy.

Die Gründe für die jeweils spezifische Art kommunikativen Handelns und damit für die Unterschiedlichkeit kommunikativer Stile sind mit Mitteln der Kulturanthropologie und -soziologie – teilweise zumindest – recherchierbar. Sie betreffen die kulturelle Konceptas, die sich damit gleichzeitig als kommunikative oder als „Tiefenstruktur" kultureller und kommunikativer Stile erweist.

2.3 Interkulturalität

Die Bedeutung der Begriffe „interkulturell", „Interkultur" und „Interkulturalität" läßt sich aus dem Gesagten und unter Einbeziehung der Bedeutung des Präfixes inter- scheinbar relativ einfach erschließen: Wenn Kultur als Orientierungssystem den kommunikativen Handlungszusammenhang einer bestimmten Lebenswelt auf der Grundlage bestimmter tradierter Wissensvorräte bezeichnet, kann Interkulturalität per definitionem nur das „Dazwischen", die Beziehung von in dieser Weise unterschiedenen Lebenswelten, bezeichnen.

Entsprechend den beiden dargestellten Bedeutungsspektren von „Kommunikation" resultieren allerdings wiederum zwei vollkommen unterschiedliche Definitionen von Interkulturalität: eine transmissionsorientierte (a) und eine interaktionale (b).

(a) Legt man den Transmissionsbegriff von „Kommunikation" zugrunde, steht die Frage im Vordergrund, wie das „Dazwischen" im Sinne der Verschiedenheit der Kommunikationspartner überbrückt werden kann. Es geht erneut in erster Linie um die Transmission von Kommunikationsinhalten und nicht um die Kommunikationsbeziehung. Der Unterschied zu kulturvergleichenden Forschungen besteht lediglich darin, daß jeweils für sich beschriebene Merkmale zweier Kulturen in Beziehung gesetzt werden. Was beispielsweise im Bereich der internationalen Unternehmensorganisation naheliegt, ist die Konstruktion einer abstrakten Synthese der optimalen Aspekte jeder der beiden Kulturen. Zu den bekanntesten Modellen dieser Art zählt die 1981 von Ouchi entwickelte „Theory Z". Den Ausgangspunkt der Überlegungen bildete die Tatsache, daß die Produktivität japanischer Unternehmen erheblich über derjenigen ihrer amerikanischen Konkurrenten liegt. Um ein Beispiel zu nennen: In den achtziger Jahren produzierte Toyota mit 37.000 Mitarbeitern 4 Mio. Fahrzeuge, während General Motors für die Produktion von 8 Mio. Fahrzeugen 750.000 Mitarbeiter einsetzte, ohne daß die Fertigungstiefe ebenfalls das Zehnfache betragen hätte. Kulturvergleichende Studien zum amerikanischen und japanischen Organisationsstil legten nahe, daß ein wesentlicher Grund für die höhere Produktivität japanischer Unternehmen in der Motivation und der Arbeitseinstellung der Mitarbeiter zu suchen sein muß. Während US-amerikanische Firmen durch kurzfristige Planung, kurze interne Qualifikationszeit der Mitarbeiter, häufigen Mitarbeiterwechsel und durch einen hohen Grad an Arbeitsteilung charakterisiert sind, gilt für japanische Unternehmen nahezu das Gegenteil: Mitarbeiter sind in der Regel lebenslang in ihrem Betrieb beschäftigt, haben eine lange Qualifikationszeit und werden durch die Job Rotation in ihrem Unternehmen eher zu Generalisten denn zu Spezialisten ausgebildet. Daß sich in diesen und weiteren Merkmalen japanischer Unternehmensführung wie Gruppenbewußtsein, Wertekonsens oder langfristiger Planung nicht zuletzt auch religiös begründete Kardinaltugenden wie Loyalität, Pietät und Höflichkeit materialisieren, war Ouchi durchaus bewußt. Ihm war auch klar, daß die Unterschiede zu der eher protestantisch-calvinistisch fundierten US-Weltanschauung zu groß waren, um alle Elemente der japanischen Managementkultur auf die USA zu übertragen. Die „Theory Z" ist daher ein Synthesemodell, das insgesamt zwar eher japanische Merkmale aufgreift, dabei aber immer auch einen Mittelweg sucht. So formuliert sich das „Dazwischen" von Verantwortungsdelegation einerseits an Gruppen (Japan) und andererseits an Einzelpersonen (USA) als „Verantwortungsdelegation an Gruppenmitglieder" (Theory Z). Ouchis Meinung nach war damit eine normative Theorie geschaffen, die unabhängig vom kulturellen Umfeld einsetzbar sei. Realisationsversuche hat es in der Praxis vor allem im Kontext der „Lean-"Konzepte gegeben, wobei die Probleme allerdings zeigen, daß Synthesen immer nur Postulatcharakter haben können, und daß eine Kulturunabhängigkeit dieser Konstrukte in keinem Fall gewährleistet ist.

Das Manko derartiger Modelle besteht darin, daß sie quasi vom grünen Tisch aus agieren und Inhaltselemente in ein Synthesekonstrukt transmittieren, ohne die beschriebenen Beziehungs- bzw. Interaktionsprozesse zu berücksichtigen. Zur Vermeidung definitorischer Mißverständnisse ist es daher sinnvoll, in diesen Fällen nicht von interkultureller, sondern von „transkultureller" Kommunikation zu sprechen.

(b) Verwendet man einen interaktionstheoretisch verankerten Kommunikationsbegriff, rückt außer der Inhalts- wiederum die Beziehungsebene in den Vordergrund. Die Frage lautet jetzt nicht in erster Linie, wie unterschiedliche Elemente verschiedener Kulturen zusammengeführt werden können, sondern welche Auswirkungen dies auf das Verhalten der Interaktionsbeteiligten hat und wie sich in diesem Zusammenspiel die jeweiligen eigenkulturellen Denk- und Handlungsvoraussetzungen verändern. Anstelle des Begriffs „Synthese" verwendet man in diesem Zusammenhang den Begriff „Synergie". Bezeichnet wird damit nicht das einmalige Zusammenfügen zweier Größen (These/Antithese) zu einer dritten (Synthese), sondern das kontinuierliche Erzeugen eines Handlungszusammenhangs, in dem gleichsam die Energiepotentiale der fremdkulturellen Kommunikationspartner zusammenfließen. Auf welche Weise und mit welcher Dominanzverteilung sie zusammenfließen, läßt sich im voraus nicht genau bestimmen, weil es sich um einen Prozeß handelt, dessen Eigendynamik durch eine Unzahl von interdependenten Faktoren wie Selbst-, Fremd-, Metabilder, Normalitätserwartungen, Entindexikalisierungsfähigkeit etc. bestimmt ist. Das „Dazwischen" als Interaktionsfeld wird in permanenten und zumeist unterschwellig ablaufenden „Aushandlungsprozessen" abgesteckt. Es repräsentiert damit eine Kette von untereinander verbundenen und in ihrer situationsgebundenen Spezifik nicht wiederholbaren Ereignissen. Um ein einfaches Beispiel zu nennen: Engländer gehen häufig davon aus, daß Deutsche bei der Begrüßung die Hand geben; Deutsche wissen aber, daß bei Engländern andere Begrüßungskonventionen wahrscheinlicher sind. Was in einer konkreten Begegnung tatsächlich passieren und welche Spezifik der „Interkultur" generiert wird, hängt von dem Zusammenspiel der genannten Faktoren ab, und nicht zuletzt auch davon, auf welcher Vorgeschichte die Kommunikationsbeziehung beruht.

Entscheidend für den Erfolg interkulturellen Handelns ist die Frage, inwieweit es gelingt, gemeinsame Handlungskontexte zu schaffen, ohne daß einer der Interaktionspartner Akzeptanzgrenzen des anderen überschreitet.

Aus interaktionstheoretischer Sicht hat E. Goffman hierfür mit seiner Beschreibung der „Territorien des Selbst" eine sehr pointierte Darstellung geliefert. Verkürzt ausgedrückt, besagt sie, daß Interaktionen in der Regel so ablaufen, daß das jeweilige Selbstkonzept der Individuen und die damit verbundenen Ansprüche nicht verletzt werden. Die Territorien sind hinsichtlich ihres Umfangs und ihrer Grenzen jedoch situationsabhängig und variabel, wie ein einfaches Beispiel aus dem Bereich des Alltagshandelns zeigt:

„Im kleinen kann man das alles beim Verhalten in einem Fahrstuhl erleben. Für die in einem Fahrstuhl Mitfahrenden ergeben sich zwei Probleme: sich den Raum gleichmäßig zu teilen und eine Position zu beziehen, die leicht zu verteidigen ist – was hier Orientierung zur Tür und zur Mitte hin bedeutet, und zwar möglichst mit dem Rücken an der Wand. Die ersten Personen können eintreten, ohne daß irgendeiner der Anwesenden seinen Platz verändern müßte, aber schon bald veranlaßt jeder neu Hinzukommende alle Anwesenden dazu, ihre Position zu verändern und sich neu zu orientieren. Diese Tendenz wird aber abgeschwächt durch den Wunsch, nicht als jemand zu erscheinen, der es als unangenehm empfindet, sich in einer einmal hergestellten Distanz zu jemand anderem zu befinden. In dem Maße, in dem sich der Fahrstuhl leert, stellt sich deshalb ein Gefühl des Unbehagens bei den Mitfahrenden ein, da sie von zwei einander widersprechenden Neigungen erfaßt sind – nämlich maximale Entfernung von den anderen einzuhalten und sich gleichzeitig nicht wie jemand zu verhalten, der andere meidet, was Anstoß erregen könnte".[10]

Grundsätzlich kann in bezug auf Alltagshandlungen unterstellt werden, daß Interaktionspartner das Territorium des anderen wie das eigene zu wahren suchen. „Grenz"verletzungen treten dann auf, wenn Selbstbehauptungsansprüche sich verändern oder wenn – bewußt oder unbewußt – Selbstbehauptungsansprüche beschnitten werden. Zwar bestehen auch hier Toleranzspielräume, die ihrerseits aber wieder kulturbedingten Regelungsmechanismen unterliegen und

---
[10] Goffman, E., 1984, S. 58f.

damit im interkulturellen Kontakt indexikalisch sind. Genannt sei der Kontext einer Entschuldigungshandlung, die beispielweise im Japanischen vollkommen anders bestimmt ist als im Deutschen.

Die Prozeßhaftigkeit der Bildung von Akzeptanzgrenzen einschließlich der resultierenden Konsequenzen hat in jüngster Zeit die Kooperation von Renault und Volvo vor Augen geführt: Der geplante Zusammenschluß zum Konzern „Renolvo" scheiterte am Nein der Mitgliederversammlung des schwedischen Unternehmens genau zu dem Zeitpunkt, als die Absatzzahlen bei Renault zu sinken und die bei Volvo überraschend zu steigen begannen. Ein wesentlicher Grund bestand darin, daß die französische Seite die veränderten Selbstbehauptungsansprüche des schwedischen Partners ignorierte und an der eigenen federführenden Rolle diskussionslos festhielt.

Schematisch dargestellt, vollzieht sich interkulturelle Kommunikation dementsprechend als „Spiel" fremdkultureller Lebenswelten, in dem permanent ein Dazwischen qua „Interkultur" erzeugt wird, für das gänzlich andere Akzeptanzgrenzen, Konventionen und Handlungsroutinen gelten können, als für kommunikatives Handeln innerhalb der Ausgangskulturen:

Abbildung 3

Eigenkultur	*Interkultur*	*Fremdkultur*
Lebenswelt, symbolische Ordnung A, Sinnhaftigkeit A	A"/B" generieren symbolische Ordnung C, Sinnhaftigkeit C	Lebenswelt, symbolische Ordnung B, Sinnhaftigkeit B

Interkulturelle Kommunikation als Interaktion

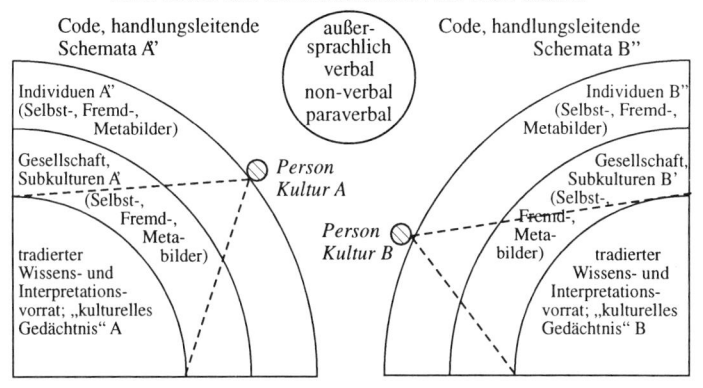

Für Prozesse interkultureller Kommunikation ist bezeichnend, daß sie – beispielsweise bei internationalen Kooperationen – in ihrer Anfangsphase zumeist relativ problemlos verlaufen, während nach zwei oder drei Jahren plötzlich ein Netz von Mißverständnissen oder gegenseitigem Unverständnis offenkundig wird, das zu erheblichen Reibungsverlusten und nicht zuletzt auch zum Scheitern der Kooperation führen kann. Der Grund hierfür liegt in der bereits beschriebenen Differenz von Oberflächen- und Tiefenstrukturen des Handelns: Oberflächenstrukturell bestehen zwischen den fremdkulturellen Kooperationspartnern in der Regel relativ viele Gemeinsamkeiten, die aus vergleichbarem Alter, Weltwissen, Berufspraxis oder gemeinsamen Kooperationstätigkeiten resultieren. Auf diese Weise konstituiert sich im gemeinsamen Handeln eine „Interkultur" die zudem dadurch geschützt ist, daß die Interaktionspartner aufgrund ihrer jeweiligen Andersartigkeitserwartungen erheblich selbstkontrollierter und reflexiver agieren, als sie es in ihrer eigenen Kultur tun würden. Mit zunehmender Dauer der Kooperationsbeziehung stellen sich allerdings Routinen ein, die Andersartigkeitserwartungen mindern und dazu verleiten, indexikalische Situationen auf der Basis des tiefenstrukturell verankerten eigenkulturellen Interpretationsvorrates zu entschlüsseln. Auf diese Weise enstehen Interpretationen, die dem tatsächlichen Sachverhalt der interkulturellen Interaktion gar nicht angemessen sind. Es baut sich – gleichsam hinter dem Rücken der Beteiligten – ein Mißverständnispotential auf, das gerade aufgrund seiner langwierig-latenten Entwicklung unter Umständen nicht mehr reparabel ist.

Intrakulturell treten Mißverständnisse natürlich genauso auf. Sie werden aber meistens eher bemerkt und können außerdem auf eine gemeinsame Tiefenstruktur zurückbezogen werden. Das ändert zwar nichts an dem „critical incident", läßt ihn aber erklärbar und damit in irgendeiner Weise plausibel erscheinen.

3. Bedarf, Forschungs- und Lehrgegenstände

Der Bedarf an tragfähigen Konzeptionen für die Praxis interkultureller Wirtschaftskommunikation ist insbesondere in größeren internationalen Unternehmen erheblich. So gelangt eine kürzlich veröffentlichte Studie, die auf einer Befragung von über 200 Managern in französischen und deutschen Mutter- und Tochtergesellschaften beruht[11], zu dem Schluß, daß über 50 % der französisch-deutschen Unternehmensprojekte durch kulturbedingte Reibungsverluste belastet und teilweise gefährdet sind. Ähnlich das Bild in den USA: Schätzungen zufolge müssen zwischen 20 und 50 Prozent der entsandten Mitarbeiter US-amerikanischer Unternehmen ihre Auslandstätigkeit aufgrund mangelnden Erfolges frühzeitig abbrechen. Dadurch entstehen der US-Wirtschaft jährliche Verluste von 2 Billionen Dollar an direkten Kosten[12].

Für Deutschland liegen entsprechende Zahlen nicht vor, aber die gegenwärtige Bedarfssituation läßt sich deutlich an dem veränderten Anforderungsprofil ablesen, dem Auslandsmanager gerecht werden müssen: Während in Befragungen der siebziger Jahre noch Vertriebs-, Produktions-, Markt- und Verwaltungskenntnisse als wichtigste Faktoren genannt wurden und Fremdsprachenkenntnisse bzw. die „Vertrautheit mit der Umwelt des Gastlandes" eher sekundären Stellenwert besaßen[13], rangieren Fremdsprachenkenntnisse heute vor Marktkenntnissen auf dem ersten Platz; beide gefolgt von „Kenntnissen der Mentalität der Partner"[14]. Entsprechend gestaltet sich auch der Bedarf bei Personalentwicklungsmaßnahmen für Führungskräfte, die ins Ausland entsandt werden sollen. An erster Stelle werden hier Fremdsprachen- vor Marktkenntnissen genannt, und bereits an dritter Stelle folgt „Interkulturelles Management". In absoluten Zahlen: 61% der befragten Unternehmen möchten Fremdsprachenunterricht anbieten, und 54% sprechen sich für interkulturelle Managementtrainings aus[15].

3.1 Interkulturelle Trainings

Die Zielsetzungen, die ein interkulturelles Management-Training verfolgen sollte, hängen eng mit dem zusammen, was als „interkulturelle Kompetenz" bezeichnet wird. Im Einklang mit dem oben Ausgeführten zählen hierzu neben guten synchronischen und diachronischen Kenntnissen der Eigen- und Zielkultur folgende grundlegende Fähigkeiten und Fertigkeiten:

---

[11] JPB – La Synergie Franco Allemande (Hrsg.), Deutsch-französisches Management. Paris 1992.
[12] Copeland, L./Griggs, L., 1985, S. XIX.
[13] Pausenberger, E., 1983, S. 44.
[14] Weiß, R., 1992, S. 96.
[15] Bayerisches Bildungswerk 1992, S. 40.

- Selbstkonzepte, Erwartungen (Fremdbilder) und Erwartungs-Erwartungen (Metabilder) in bezug auf bestimmte interkulturelle Interaktionskontexte formulieren und deren Zusammenspiel als Grundlage des eigenen Handelns erkennen zu können,
- Veränderungen des eigenen Verhaltens in interkulturellen gegenüber eigenkulturellen Kommunikationskontexten wahrnehmen und beschreiben zu können,
- Plausibilitätsdefizite und Unsicherheitssituationen in interkulturellen Kontexten im Sinne von Ambiguitätstoleranz „auszuhalten",
- Handlungs- und Kommunikationskonventionen in interkulturellen Kontexten aushandeln und realisieren zu können,
- Mißverständnis- und Synergiepotentiale in konkreten interkulturellen Situationen benennen zu können,
- Kommunikationsstile und Problemlösungsstrategien in Hinblick auf deren kulturelle Determiniertheit zu erkennen,
- Rollendistanz in bezug auf das eigene und Empathie in bezug auf das fremde Kommunikationsverhalten,
- mehrsprachigen Verhandlungen aktiv folgen zu können und
- metakommunikative Strategien anwenden zu können.

Interkulturelle Trainings, die diesem Anforderungsspektrum gerecht werden, existieren bislang kaum. Gleiches gilt für Personalauswahlverfahren, von denen verstärkt gefordert wird, daß sie als interkulturelle Assessment-Center konzipiert sein müßten, um die Auslandseignung von Mitarbeitern bereits vor der Entsendungsentscheidung bzw. Einstellung überprüfen zu können.

Für die meisten der (überwiegend aus den USA stammenden) Trainings gilt freilich, daß sie im wesentlichen noch dem Transmissionsbegriff von Kommunikation verpflichtet sind und damit strenggenommen „transkulturelle" Konzeptionen aufweisen.

3.2 Betriebswirtschaftliche Anwendungsgebiete

Aus den beschriebenen definitorischen Uneindeutigkeiten folgt, daß nicht alles, was in betriebswirtschaftlichen Veröffentlichungen als „interkulturell" deklariert wird, auch tatsächlich den damit verbundenen Ansprüchen gerecht wird. Im Gegenteil: Die meisten der Publikationen, die das seit Ende der achtziger Jahre zum Modewort avancierte „interkulturell" im Titel führen, unterscheiden sich in nichts von kulturvergleichenden Forschungen.

Aus diesem Grund wäre es wissenschaftsgeschichtlich verfrüht, den Stand interkultureller Forschungen in betriebswirtschaftlichen Untersuchungsbereichen skizzieren zu wollen. Es zeichnet sich allerdings ab, daß künftig insbesondere in den Bereichen Marketing, Unternehmensorganisation und Personalwesen mit entsprechenden Forschungsarbeiten und -ergebnissen gerechnet werden kann. Dabei wird in allen Fällen die Frage nach der Bestimmbarkeit bzw. Einschätzbarkeit von Akzeptanzgrenzen im interkulturellen Handeln eine vordringliche Rolle spielen.

In diesem Sinne sollen die genannten Bereiche abschließend anhand authentischer Fallbeispiele in ihrem interkulturellen Bezugsrahmen skizziert werden. Lösungen werden nicht genannt: zum einen weil es ohnehin nicht die jeweils „richtige", sondern jeweils verschiedene mehr oder minder angemessene Lösungen gibt; zum anderen, weil die Beispiele auch dazu anregen sollen, mit dem theoretischen Rüstzeug, das in den obenstehenden Ausführungen gegeben wurde, zu experimentieren und es auf seine Praxistauglichkeit hin zu überprüfen.

3.2.1 Interkulturelles Marketing

Zu den Kernbereichen internationaler Marketingarbeit zählt die Frage, inwieweit es möglich ist, z. B. einen Werbespot, eine Werbeanzeige, einen Produktnamen oder eine Produktverpackung weltweit oder zumindest für bestimmte Ländergruppen zu standardisieren. Dies gelingt nur unter der Voraussetzung, daß das standardisierte Marketingprodukt auch in allen Ländern, in denen es in gleicher Weise eingesetzt wird, auf ausreichende Akzeptanz der Konsumenten stößt. Ist dies nicht der Fall, entscheidet man sich für eine lokale Strategie, die speziell auf eine bestimmte Kultur zugeschnitten ist. So schmeckt „Nescafe" in Italien bitterer als in Deutschland, riecht „Vernell" in Frankreich anders als in den Niederlanden oder ist ein Werbespot für Volkswagen in Großbritannien anders aufgebaut als in Deutschland. Aus Kostengründen tendiert man allerdings in der Regel zu der größtmöglichen Standardisierung, wobei es natürlich wichtig ist, vor der Durchführung der Marketingmaßnahme abschätzen zu können, in welchen Ländern der durch die nicht akzeptierte Standardisierung entstandene Absatzverlust schwerer wiegt als die standardisierungsbedingte Kosteneinsparung. Aufgabe des interkulturellen Marketing ist es u.a., diese Grenze zu bestimmen. Darüber hinaus geht es auch darum, bei mißlungenen Standardisierungsmaßnahmen Konzepte bereitzustellen, wie der entstandene Verlust wieder aufgefangen werden kann. Hierzu das Fallbeispiel:

Bis zum Beginn der neunziger Jahre vertrieb die Henkel KGaA das Spülmittel „Pril" in Österreich in einer orangefarbenen, in Deutschland in einer blauen Flasche. Im Rahmen einer Standardisierungsentscheidung wurde beschlossen, künftig eine einheitliche blaue Verpackung zu wählen. Mit der Einführung der blauen Flasche auf dem österreichischen Markt war ein so großer Absatzeinbruch verbunden, daß Henkel sich entschied, die blaue Verpackung zunächst wieder zurückzuziehen und gegen eine andere (weder blaue noch orange) auszutauschen.

Warum ist ein so gravierender Absatzeinbruch entstanden, und zu welchen Handlungsmöglichkeiten hätten Sie dem Unternehmen geraten?

3.2.2 Interkulturelles Management

Managementtätigkeiten beziehen sich vor allem auf Aspekte der Unternehmensorganisation, wozu im internationalen Kontext vordringlich Aufgaben bei der Bildung von Joint Ventures, Unternehmenszusammenschlüssen oder auch Fragen der Führungsstrukturierung zählen. In jedem Fall geht es darum, kulturell unterschiedliche Gruppen und Interessen zu integrieren. So auch in dem Fallbeispiel, bei dem das Joint Venture zwischen einem deutschen und einem japanischen Unternehmen der Glasindustrie den Kontext bildet:

In Hinblick auf die Organisationsstruktur des Joint Ventures sollte ein sog. „Tandem-Verfahren" realisiert werden, bei dem Führungspositionen jeweils doppelt, mit einem Deutschen und einem Japaner, besetzt sind.

Befragungen unter den Führungskräften in bezug auf Grundprinzipien, die sie in ihrer Arbeit verwirklicht sehen wollten, ergaben sich folgende Ranglisten:

Tabelle 2:

Rang	Deutsche	Japaner
1	Sicherung des Unternehmens	Gute Zusammenarbeit im Team („wa")
2	Arbeitsplatzsicherung	Fleiß
3	Arbeitsdisziplin	Innovationskraft
4	Zuverlässigkeit	Verbesserung der Unternehmensumwelt

Zu überlegen ist in diesem Fall, wie die genannten Prinzipien in Hinblick auf die jeweiligen kulturellen Wissensvorräte erklärt werden können und wie gemeinsame Führungs- und Organisationsgrundsätze zu erarbeiten sind.

3.2.3 Interkulturelles Personalwesen

Internationales Personalmanagement bezieht sich primär auf die Aufgabenbereiche der Personalrekrutierung, der Personalauswahl, der Personalförderung, auf Maßnahmen, die den Auslandseinsatz begleiten sowie auf Reintegrationsprozesse nach der Rückkehr in das Stammhaus. Wie bereits in dem Abschnitt „Interkulturelle Trainings" erwähnt, sollte die Personalauswahl damit verbunden sein zu überprüfen, ob ein Kandidat grundsätzlich für eine Auslandsentsendung geeignet ist. Statt eines Fallbeispiels: Überlegen Sie anhand der Kriterien, die unter dem Stichwort „Interkulturelle Kompetenz" genannt sind, wie ein Einstellungsverfahren (z. B. Assessment-Center) konzipiert sein müßte, um interkulturelle Kompetenz von Bewerbern feststellen zu können.

Annotierte Auswahlbibliographie

Bergemann, Niels: Interkulturelles Management. Hrsg. v. *Bergemann,* Niels, A.L.J. Sourissaux. Heidelberg 1992. Die Beiträge des Bandes stecken wichtige Bereiche interkultureller Managementtätigkeit ab: Werte im interkulturellen Vergleich, Führungsverhalten, Personalauswahl, interkulturelle Trainings, Organisationsentwicklung, Reintegration von Auslandsmitarbeitern.

Bolten, Jürgen (Hrsg.): Cross Culture – Interkulturelles Handeln in der Wirtschaft. Sternenfels/ Berlin 1995. Sammelband zur interkulturellen Kommunikationstheorie, zu Fragestellungen des interkulturellen Marketing und Public Relations sowie zu länderspezifischen Aspekten (Frankreich, Niederlande, Großbritannien, Italien, Finnland, Japan, Entwicklungsländer).

Idem/Dathe, Marion/Kirchmeyer, Susanne/Roennau, Marc/Witchalls, Peter/ Ziebell-Drabo, Sabine: Interkulturalität, Interlingualität und Standardisierung bei der Öffentlichkeitsarbeit von Unternehmen. Gezeigt an britischen, deutschen, französischen, US-amerikanischen und russischen Geschäftsberichten. In: K. D. Baumann/ H. Kalverkämper (Hrsg.), Fachliche Textsorten. Komponenten – Relationen – Strategien. Tübingen 1995. Der Artikel analysiert am Beispiel der Textsorte „Geschäftsberichte" Spezifika kultureller Stile und weist den kulturellen Einfluß auf kommunikatives Verhalten nach.

Knapp, Karlfried/Knapp-Potthoff, Annelie: Interkulturelle Kommunikation. In: Zeitschrift für Fremdsprachenforschung 1. 1990, S. 62-93. Sehr komprimierter Übersichtsartikel zu Forschungsrichtungen und -ergebnissen der interkulturellen Kommunikationswissenschaft.

Grundlagen- und weiterführende Literatur

Adler, Nancy J.: International Dimensions of Organizational Behavior. 2. Aufl. Boston, Massachusetts 1991.

Assmann, Jan: Kultur und Gedächtnis. Hrsg. v. Assmann, Jan/Hölscher, Tonio, Frankfurt/Main 1988.

Assmann Aleida/Assmann, Jan: Das Gestern im Heute. Medien und soziales Gedächtnis. In: Merten, K. u.a. (Hrsg.), Die Wirklichkeit der Medien. Opladen 1994 1994, 114-140.

Bayerisches Bildungswerk: Binnenmarkt '92. Auswirkungen auf die Qualifikationsanforderungen der Mitarbeiter im Vertrieb – welche Qualifikationsstrategien sind erfolgreich. Hrsg. v. Bildungswerk der Bayerischen Wirtschaft e.V. München. München 1992.

Berndt, Ralph: Das Management der Internationalen Kommunikation. In : Handbuch Marketing-Kommunikation. Strategien – Instrumente – Perspektiven – Werbung – Sales Promotion – Public Relations – Corporate Identity – Sponsoring – Product Placement. Hrsg. v. Ralph Berndt, Arnold Hermanns. Wiesbaden 1993, S. 769-808.

Bolten, Jürgen: Fachsprachliche Phänomene in der interkulturellen Wirtschaftskommunikation. In: Hoffmann/ Kalverkämper/ Wiegand (Hrsg.), Fachsprachen. Languages for special purposes. Berlin/ New York 1995a.

Idem: Interkulturelles Management. Training und Consulting aus interaktionstheoretischer Sicht. In: Wierlacher, A. (Hrsg.), Akten der Tagung für Interkulturelle Germanistik 1995. München 1996.

Bungarten, Theo (Hrsg.): Sprache und Kultur in der interkulturellen Marketingkommunikation. Tostedt 1994.

Clyne, Michael:: Pragmatik, Textstruktur und kulturelle Werte. Eine interkulturelle Perspektive. In: Fachtextpragmatik. Hrsg. v. Schröder, Hartmut, Tübingen 1993, S. 3-18.

Derieth, Anke: Unternehmenskommunikation. Opladen 1995.

Dülfer, Eberhard: Internationales Management in unterschiedlichen Kulturbereichen. München, Wien, 2. Auflage 1992.

Galtung, Johan: Struktur, Kultur und intellektueller Stil. In: Das Fremde und das Eigene. Hrsg. v. A. Wierlacher. München 1985, S. 151-193.

Habermas, Jürgen: Theorie des kommunikativen Handelns. Bd. 2. Frankfurt/Main 1981.

Hansen: Kultur und Kulturwissenschaft. Tübingen/Basel 1995. Einführende Darstellung in die Kulturwissenschaft mit ausführlichen Erläuterungen zu wissenschaftshistorisch bedeutenden Funktionsbestimmungen von Kultur.

Helmholt, Katharina v./Müller, Bernd-Dietrich: Zur Vermittlung interkultureller Kompetenzen. In: Müller, B.-D. (Hrsg.), Interkulturelle Wirtschaftskommunikation. München ²1993, S. 509-548.
Hentze, J.: Kulturvergleichende Managementforschung. In: Die Unternehmung 41. 1987. Nr. 3. S. 170-185.
Höhne, Steffen: Vom kontrastiven Management zum interkulturellen. In: Jahrbuch DaF 21(1995), S. 72-103.
Hofstede, Geert: Culture's Consequences. Beverly Hills u. a. 1980.
Idem: Interkulturelle Zusammenarbeit. Kulturen – Organisationen- Management. Aus dem Engl. von Nadia Hasenkamp, Nadia/Lee, Anthon, Wiesbaden 1993.
Kirsch, Werner: Kommunikatives Handeln, Autopoesie, Rationalität. München 1992.
Loenhoff, J.: Interkulturelle Verständigung. Opladen 1992.
Macharzina, Klaus: Interkulturelle Unternehmensführung. In: Ders.: Unternehmensführung. Das internationale Managementwissen. Wiesbaden 1993, S. 735-768.
Merten, Klaus: Kommunikation. Eine Begriffs- und Prozeßanalyse. Opladen 1977.
Merten, Klaus: Wirkungen von Kommunikation. In: Merten, K. u.a. (Hrsg.), Die Wirklichkeit der Medien. Opladen 1994, S. 291-328.
Müller, Bernd-Dietrich: Die Bedeutung der interkulturellen Kommunikation für die Wirtschaft. In: Interkulturelle Wirtschaftskommunikation. Hrsg. v. Müller, Bernd-Dietrich. Studium Deutsch als Fremdsprache – Sprachdidaktik. Bd. 9. München 1991, S. 27-52.
Münch, Richard: Theorie des Handelns. Frankfurt/Main 1988.
Idem: Dialektik globaler Kommunikation. In: Transkulturelle Kommunikation. Hrsg. v. Reimann, H., 1991.
Patzelt, W.:. Ethnmomethodologie. Stuttgart 1987.
Perlitz, Manfred: Internationales Management. Stuttgart, Jena 1993.
Rehbein, J.: Interkulturelle Kommunikation. Hrsg. v. Jochen Rehbein. Tübingen 1985.
Reimann, H.: Transkulturelle Kommunikation und Weltgesellschaft. Hrsg. v. H. Reimann. Opladen 1992.
Schröder, Hartmut: Interkulturelle Fachkommunikationsforschung. Aspekte kulturkontrastiver Untersuchungen schriftlicher Wirtschaftskommunikation. In: Fachsprachentheorie: FST. Betreut und hrsg. v. Theo Bungarten. Bd. 1. Tostedt 1993, S. 517-550.
Schütz, Alfred/Luckmann, Thomas: Strukturen der Lebenswelt. 2. Bde., Frankfurt/ M. 1979.
Usunier, Jean-Claude: Interkulturelles Marketing. Wiesbaden 1993.
Keller, Eugen von: Management in fremden Kulturen: Ziele, Ergebnisse und methodische Probleme der kulturvergleichenden Managementforschung. Berlin 1982.
Watzlawick; Paul u. a.: Menschliche Kommunikation. 8. Auflage, Bern 1990.

III. Volkswirtschaftliche Fächer

Günter Hesse/Lambert T. Koch

Volkswirtschaftliche Theorie wirtschaftlichen Wandels

1. Wandel, Entwicklung und Wachstum: Reflexionen zum Erklärungsgegenstand

Aus gutem Grunde ist dem *wirtschaftlichen Wandel* im vorliegenden Lehrbuch ein eigenes Kapitel gewidmet. Denn dieser Gegenstand hat nicht nur eine weit zurückreichende Tradition im Rahmen volkswirtschaftlicher Theoriebildung,[1] sondern er gewinnt gerade in den letzten Jahrzehnten, die durch immer raschere Veränderungen der technisch-ökonomischen Bedingungen und Möglichkeiten gekennzeichnet sind, eine zunehmend offensichtlichere Bedeutung. Definieren könnte man wirtschaftlichen Wandel sehr allgemein als *Veränderung der Formen und Inhalte der gesellschaftlichen Produktion und Konsumption von Waren und Dienstleistungen*, womit sich eine nahe Verwandtschaft zu dem noch gebräuchlicheren Begriff der *wirtschaftlichen Entwicklung* ergibt. Der Unterschied liegt allein in der Bedeutungsweite. Während wirtschaftlicher Wandel nicht notwendig in eine erkennbare Richtung laufen muß, ist wirtschaftliche Entwicklung *gerichteter Wandel*: Von ihr sprechen wir dann, wenn die Veränderung von Werten einer Variable, mit deren Hilfe wir einen Zustand des wirtschaftlichen Alltages der Menschen beschreiben, eine Richtung aufweist. Die folgende Grafik verdeutlicht dies beispielhaft, indem sie empirische Datenreihen der Messung ökonomischen (Struktur-) Wandels abbildet, deren Trend je einer eindeutigen Richtung unterliegt.

---

[1] So war beispielsweise bereits für die heute zumeist als „Klassiker" bezeichneten Nationalökonomen *Anne Robert Jaques Turgot* 1750 und *Adam Smith* 1776 oder auch für *John Stuart Mill* 1848 und *Karl Marx* 1848 wirtschaftlicher Wandel ein Kernbereich ihres Forschungsinteresses.

Abbildung 1: *Wandel der Beschäftigungsstruktur in Deutschland (polynom. Trend)*[2]

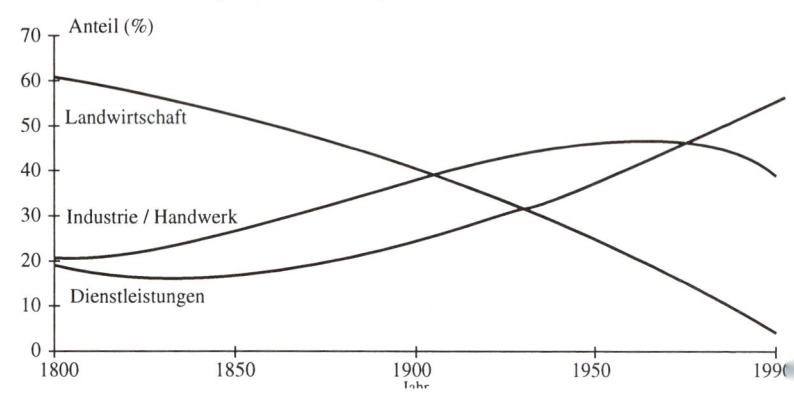

```
Anteil (%)
70
60 ─┐
50 ─┤ Landwirtschaft
40 ─┤
30 ─┤ Industrie / Handwerk
20 ─┤
10 ─┤ Dienstleistungen
 0 ─┴──────┬──────┬──────┬──────┬──────
   1800   1850   1900   1950   1990
                  Jahr
```

Kann man nun solche Prozesse gerichteten Wandels *intersubjektiv verbindlich* bewerten? Sind also Urteile über objektiven „Fortschritt" oder „Höher- bzw. Unterentwicklung" aus rein theoretischer Perspektive prinzipiell möglich? Einen Hinweis zur Beantwortung dieser Frage mag wiederum unser Beispiel geben. So ist mit der Feststellung einer zunehmenden „Industrialisierung", wie sie in Abbildung 1 zum Ausdruck kommt, meist auch ein deutlicher Anstieg des Pro-Kopf-Einkommens (PKE) in der betrachteten Volkswirtschaft verbunden. Dies wiederum läßt es gerade in entwicklungspolitischem Zusammenhang bei vielen Gewißheit sein, daß der Prozeß der Industrialisierung einer Volkswirtschaft in Verbindung mit dem Anstieg der PKE *per se* eine positiv zu bewertende Entwicklung wäre. Andererseits wird bei einer tiefergehenden Analyse, wie sie weiter unten folgt (siehe 4.), auch deutlich, daß es bei jeder sozio-ökonomischen Entwicklung darauf ankommt, wer sie bewertet und zu welchem Zeitpunkt eine Bewertung erfolgt. Wollte man etwa, um jede individuelle Einschätzung zu berücksichtigen, eine Befragung aller Betroffenen durchführen, so würde man feststellen, wie heterogen die Wirkung wirtschaftlicher Veränderungen auf die je eigene Wohlstandsposition beurteilt wird. Daraus ergäbe sich die Frage, nach welcher Vorschrift die jeweils individuell empfundenen Vor- und Nachteile ge-

---

[2] Quelle der zugrundeliegenden Daten: *Buchheim* 1994, S. 33.

geneinander aufzurechnen sind und über welchen Zeitraum in die Zukunft hinein mögliche Folgen der betreffenden Entwicklung in die Gesamtbeurteilung einbezogen werden sollten. Man hätte es also mit noch unbekannten Tatsachen zu tun, die von noch nicht lebenden Generationen zu bewerten wären. So ist in aller Regel der Industrialisierungsprozeß nicht nur mit steigenden PKE, sondern auch mit einem wachsenden Energieverbrauch pro Kopf verbunden. Vor allem mit dem Anstieg des Verbrauchs an fossilen Brennstoffen geht aber ein irreversibler Abbau endlicher, wesentlicher Ressourcen einher und auch die mit der Bereitstellung von Gütern und Dienstleistungen anfallenden Abfallstoffe haben zum Teil schwerwiegende Folgen für gegenwärtig und zukünftig lebende Menschen. Zudem ist bekannt, daß mögliche Konsequenzen der Umweltschädigung etwa für die menschliche Gesundheit keineswegs zu einem Zeitpunkt endgültig abgeschätzt werden können.

Damit zeigt das Beispiel, daß es vordergründig positive Entwicklungen gibt (steigendes PKE), die je nach individueller Betroffenheit sowie individuellem Zeithorizont und damit persönlicher Gewichtung der einzelnen Begleiterscheinungen und Folgewirkungen auch zu ganz anderen Urteilen führen können. Verallgemeinert man diese Erkenntnis, erscheint sogar die Behauptung sinnvoll zu sein, daß es *prinzipiell* nicht möglich sein kann, eine ohne jede Einschränkung immer gültige und von jedem zu akzeptierende Bewertung ökonomischer Entwicklungen abzugeben. Deshalb gehen wir im folgenden davon aus, daß wirtschaftliche Entwicklung als ein in der Sprache der Theorie *unbewerteter*, gerichteter Wandel aufzufassen ist.

Das schließt freilich nicht aus, daß die den Wandel vorantreibenden, wirtschaftenden Menschen diesen bewerten und so zum Beispiel im Rahmen einer auf Industrialisierung ausgerichteten *Entwicklungspolitik* die Zunahme der PKE in einer Volkswirtschaft anstreben. *In* solchen Fällen muß man jedoch in Kauf nehmen, daß nicht alle Betroffenen mit einer solchen Bewertung bzw. Politik übereinstimmen und kein *objektiver Maßstab* sie endgültig rechtfertigen kann. Für die Wissenschaft ergibt sich die Möglichkeit, von einer entsprechenden Zielsetzung ausgehend, die Träger der Entwicklungspolitik entsprechend den theoretischen Erkenntnissen und empirischen Beobachtungen über die Bedingungen und Gestaltungsmöglichkeiten „*modernen Wirtschaftswachstums*" zu beraten.

In diesem Kontext ist mit dem Begriff des *wirtschaftlichen Wachstums* also in aller Regel bereits eine positive Bewertung wirtschaftlichen Wandels verbunden. Denn meist wird er gleichgesetzt mit der Zunahme des PKEs (ohne Veränderung der Einkommenskonzentration) in einem Land oder einer Region über einen bestimmten Zeitraum. Das PKE wird dabei mit Hilfe der sogenannten *Volkswirtschaftlichen Gesamtrechnung* (VGR) gemessen, wobei wenig gegenwärtig ist, daß es sich hier um ein äußerst kompliziertes System von Annahmen und Schlußfolgerungen handelt, das zahlreiche (Vor-)Bewertungen enthält, die durchaus nicht intersubjektiv verbindlich zu machen sind. In grob verkürzender Weise kann man sagen, daß im Rahmen dieses Systems die volkswirtschaftliche Wertschöpfung (Sozialprodukt, Volkseinkommen) für einen bestimmten Zeitraum ermittelt wird, indem man vom Wert der in diesem Zeitraum erstellten Endprodukte den Wert der Vorprodukte subtrahiert und die Nettoinvestitionen addiert. Dabei ist weder die *Klassifizierung wirtschaftlicher Leistungen in Vor- und Endprodukte* intersubjektiv verbindlich bestimmbar, noch lassen sich in einem nicht-reproduzierbaren Prozeß, wie er zum Beispiel vorliegt, wenn endliche wesentliche Ressourcen (beispielsweise fossile Brennstoffe) verbraucht werden, die Nettoinvestitionen verbindlich angeben.

Das Konzept der VGR wirft somit nicht nur Quantifizierungsschwierigkeiten auf, worunter insbesondere Fragen der Erfassungsmethodik fallen; erheblicher noch sind die implizierten qualitativen Probleme. Ihre Reichweite richtig einzuschätzen, bedarf einer eingehenden Auseinandersetzung mit der qualitativen Dimension von Wandel und Entwicklung, wie sie in den nächsten Abschnitten erfolgt. Dabei liegt qualitativer Wandel dann vor, wenn sich nicht nur die Zahl jeweils identischer Elemente des Wirtschaftsprozesses ändert, sondern auch neue Elemente hinzukommen und zunächst existierende wegfallen.

2. Innovation und gerichteter Wandel aus mikroökonomischer Sicht

Für das Verständnis der qualitativen Dimension von Wandel und Entwicklung ist es notwendig, sich zunächst der Ebene *individuellen Handelns* zuzuwenden. Denn auch wenn wirtschaftlicher Wandel vielfach als gesamtwirtschaftliches Phänomen beschrieben werden kann, bezieht er seine Dynamik doch aus den interdependenten Handlungen vieler *einzelner Akteure*.[3] Um dies zu verstehen, soll der zusammenhängende Vorgang einer Handlung einmal in logisch (nicht unbedingt zeitlich) separierbare Teile gegliedert werden:

Ausgangspunkt sind die *Handlungsgrundlagen* eines Akteurs, die sich aus seinen gespeicherten Erfahrungen, seinem Wissen, seinen Fähigkeiten, seinen Zielen (Zwecken), seiner Zieleordnung (Präferenzen) und seinem ökonomischen Vermögen konstituieren. Vor dem Hintergrund dieser Handlungsgrundlagen nehmen die Akteure in jeder Handlungssituation bestimmte Handlungsalternativen wahr. Nach alten Vermutungen und neuen Forschungen[4] kann man die Erkenntnistätigkeit des Gehirns hierbei als aktiv, spontan und rhythmisch bezeichnen. Individuen erkennen keine bereits fertig in einer subjekt*unabhängigen* Umwelt existierenden, in jeder individuellen Wahrnehmung gleichbeschaffenen Alternativen. Vielmehr entsteht im Wahrnehmungsapparat jedes Akteurs aktiv, das heißt über *kreative Akte des Gehirns*, eine subjekt*abhängige* Wirklichkeit (Prinzip der kognitiven Kreativität). Die Tätigkeit des Wahrnehmungsapparates erfolgt dabei unwillkürlich, auch wenn der Gegenstand der Aufmerksamkeit bewußt angesteuert werden kann. Aus einer – in einer bestimmten Situation – wahrgenommenen Alternativenmenge wählt der Akteur dann diejenige Handlungsmöglichkeit, von deren Realisation er sich den höchsten Nutzengewinn verspricht (Rationalprinzip). Jede Einzelhandlung („Handlung in einer Gegenwart") enthält somit ein Element der *Schöpfung* und eines der *Auswahl*; oder in der Begrifflichkeit der Evolutionsbiologie: Elemente der *Variation* einerseits und der *Selektion* andererseits. Was jeweils in welcher Intensität als Nutzen empfunden wird, hängt zunächst wiederum von den individuellen Handlungsgrundlagen des Akteurs ab. In Erweiterung der Betrachtung spielen jedoch auch die Präferenzordnun-

---

[3] Aus dieser Feststellung heraus läßt sich der sogenannte „methodologische Individualismus", dessen Benennung vermutlich auf *Schumpeter* zurückgeht, begründen.

[4] Eine gesicherte theoretische Grundlage für die hier und im folgenden festgehaltenen wahrnehmungstheoretischen Zusammenhänge bieten die modernen Neurowissenschaften, vgl. zum Beispiel *Pöppel* 1985; *Oeser* 1987; *Roth* 1994.

gen der Mitakteure in diese Entscheidung hinein, da über *Kommunikationsakte* (zum Beispiel Beobachtung, Gespräch oder Lehr-Lern-Situationen) individuelle Wirklichkeiten aneinander angeglichen werden.

Qualitativer Wandel entsteht nun, wenn neue Handlungsmöglichkeiten erkannt und umgesetzt werden. Hierfür können *interne* und *externe* Anlässe verantwortlich sein, wobei „intern" bedeuten soll, daß sich die vom Beobachter wahrgenommenen Handlungsgrundlagen eines Akteurs nicht verändert haben; „extern" hingegen heißt, daß beispielsweise der empirisch arbeitende Wissenschaftler beim beobachteten Subjekt eine Veränderung der Handlungsgrundlagen konstatiert. Intendierte und unintendierte *Wissensänderungen* etwa führen dazu, daß neue Wahrnehmungen hinzukommen und wahrgenommene Alternativen neu geordnet werden. Beispielsweise könnte ein Wertpapierhändler eine neue Strategie wählen, wenn er vorher mit einem anderen Vorgehen nicht den erwarteten Erfolg hatte. Jede neu entdeckte und umgesetzte Handlungsmöglichkeit aber verändert wieder die eigene zukünftige Handlungssituation und diejenige anderer Akteure. Aufeinanderfolgende Handlungen Einzelner hängen somit logisch unabdingbar zusammen (Pfadabhängigkeit des Handelns): Sie ergeben im Ablauf der Zeit *Handlungsketten* und die wechselseitige Abhängigkeit der Handlungsketten miteinander kommunizierender Individuen läßt das Muster eines *Handlungsnetzes* entstehen. Abbildung 2 symbolisiert ein solches Handlungsnetz, in dem die Handlungen $H_{01} - H_{03}$ dreier Akteure in einem Zeitpunkt mit den Handlungen in einem Folgezeitpunkt interdependent verknüpft sind.

Qualitativen wirtschaftlichen Wandel kann man in Übereinstimmung mit dem bisher Gesagten auch als Abfolge von Problemwahrnehmungen und kreativen Problembeantwortungen sehen, die einen ex ante (aus Sicht des in die Zukunft schauenden Betrachters) *ergebnis-* und *zeithorizontoffenen* Prozeß kennzeichnen. Um auf möglichst einfache Weise diese prinzipielle Offenheit herausstellen zu können, standen bisher *einzelne* „Handlungen in Gegenwarten" im Vordergrund. Betrachtet man jedoch die von den einzelnen Akteuren erzeugten Problemlösungen näher, so fällt auf, daß diese selbst wieder als Ergebnis einer Kette von „Handlungen in Gegenwarten" verstanden werden müssen. Dieses Lehrbuchkapitel beispielsweise ist keineswegs in einem Moment entstanden, sondern resultiert aus einer langen Kette von Entscheidungen über die Stel-

Abbildung 2: *Die Vernetzung des Handelns*

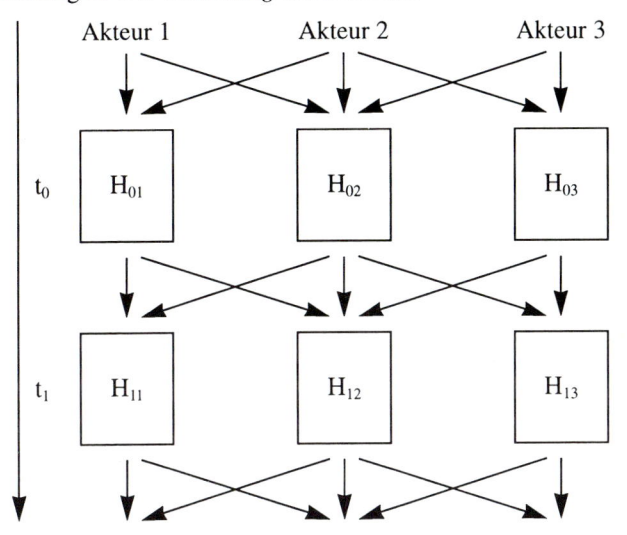

	Akteur 1	Akteur 2	Akteur 3
t_0	H_{01}	H_{02}	H_{03}
t_1	H_{11}	H_{12}	H_{13}

lung und den Gebrauch von Wörtern sowie die Anordnung von Sätzen. In *jeder Phase* eines solchen Entstehungsprozesses gibt es Einzelhandlungen, die im obigen Sinne die Elemente Schöpfung (Variation) und Auswahl (Selektion) beinhalten. Daß sich aus diesen einzelnen Variation-Selektions-Akten kein „Wirrwarr" ergibt, folgt nun aus der Ausrichtung aller dieser Akte auf die Behandlung eines bestimmten – in unserem Beispiel des im Thema formulierten – Problems. So kann man die Entstehung eines aus zahlreichen sinnvoll angeordneten Komponenten bestehenden Systems jedesmal als Resultat eines *kumulativen* Variation-Selektions-Prozesses erklären. Wichtiges Merkmal des Gesamtprozesses ist es, daß sich zumindest ein *Selektionsfaktor* über die einzelnen Phasen hinweg nicht ändert. So entstehende *Güter* im weiteren Sinne lassen sich in Analogie zur biologischen Evolutionstheorie (Organismen) als „angepaßte Systeme" denken.

Es wird noch zu zeigen sein, daß sich dieses hier auf mikroökonomische Probleme (Entstehung eines Gutes) angewandte Schema zur Erklärung *gerichteten* Wandels auch bei der Erklärung der Aufeinanderfolge von Gütern, also einer Folge angepaßter Systeme, einsetzen läßt. Hierbei muß man freilich gedanklich weitere Selektionsfaktor-Ebenen einführen, die der Veränderung von Selektionsfaktoren der „ersten Ebene" (Ausrichtung einer Folge von „Handlungen in Gegenwarten" auf eine bestimmte Problemstellung) selbst wieder eine bestimmte Richtung geben.

Ohne dieses hier bereits inhaltlich näher belegen zu wollen (siehe dafür 4.), kann man sich die zuletzt dargelegten Zusammenhänge mit Hilfe der Abbildungen 3a und 3b verdeutlichen: Für die Analyse von Prozessen qualitativen Wandels ist es entscheidend, solche Selektionsfaktoren zu finden, die für die Dauer eines Wandlungsprozesses im gerade dargelegten Sinne *invariant* sind. Sie bilden dann den äußeren Rand einer *Selektionsfaktor- oder Restriktionshierarchie*, welche die gehaltvolle theoretische Erklärung beobachtbarer Trends wirtschaftlichen Wandels ermöglichen soll. Man muß also, um in dieser Weise beobachtbare Spuren menschlichen Handelns in der *historischen Zeit*[5] zurückverfolgen zu können, Umstände oder Ereignisse benennen, welche dem menschlichen Problemlösungsverhalten die jeweils beobachtete Richtung gaben und geben. Um Mißverständnisse zu vermeiden, sei hervorgehoben, daß solche Restriktionen das menschliche Handeln nicht determinieren, sondern ihm lediglich bestimmte Grenzen setzen.

Die folgenden Abbildungen zeigen im ersten Unterfall (3a), wie das Handeln gewissermaßen in die Bedingungen einer ganz bestimmten natürlichen und sozialen Umwelt eingebettet ist, und im zweiten Unterfall (3b), wie diese Einbettung im Ablauf der *historischen Zeit* eine Spur menschlichen Handelns bestimmt, die wir als ökonomischen Wandel bezeichnen. In beiden Fällen deuten die Pfeile an, daß, je nachdem, ein- oder wechselseitige Beeinflussungsrichtungen dominieren. Denn das Handeln der Wirtschaftssubjekte wird nicht nur durch Restriktionen gleichsam „kanalisiert", es verändert seinerseits auch die hier als „variable Restriktionen" bezeichneten Handlungsbedingungen.

---

[5] Der Begriff *historische Zeit* steht in Unterscheidung zu dem der *logischen Zeit*. Die historische Zeit ist durch eine Abfolge von irreversiblen Momenten und singulären Geschehnissen gekennzeichnet, während man von logischer Zeit beispielsweise im Zusammenhang mit dynamischen Modellen, in denen Variablenveränderungen zwischen verschiedenen Zeitpunkten gemessen werden, sprechen kann.

Volkswirtschaftliche Theorie wirtschaftlichen Wandels 507

Abbildung 3a: *Handeln und Restriktionen (Selektionsfaktoren)*

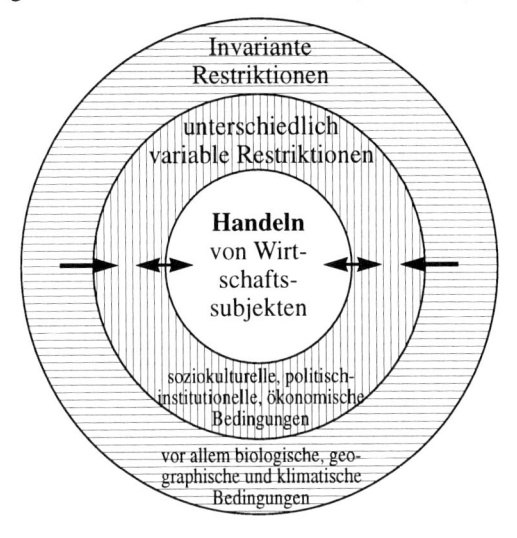

Invariante Restriktionen
unterschiedlich variable Restriktionen
Handeln von Wirtschaftssubjekten
soziokulturelle, politisch-institutionelle, ökonomische Bedingungen
vor allem biologische, geographische und klimatische Bedingungen

Abbildung 3b: *Restriktionen und Wandel (Selektionsfaktoren)*

Invariante Restriktionen

variable Restriktionen

Handeln von Wirtschaftssubjekten

variable Restriktionen

Invariante Restriktionen

Zeit (ökonomischer Wandel)

Die gerade entwickelte Denkweise ermöglicht nun das, was ein gehaltvoller evolutorischer Ansatz der Erklärung (sozio-) ökonomischen Wandels und der Erklärung seiner Richtung leisten muß. Sie erlaubt es bei Kenntnis relevanter Selektionsfaktoren oder Restriktionen, denkbare Handlungsmöglichkeiten auszuschließen und so *falsifizierbare Hypothesen* über vergangene, gegenwärtige und zukünftige Entwicklungen abzuleiten. Welchen Erklärungswert ein solcher Ansatz haben kann, soll im weiteren noch deutlich werden (siehe 4.).

3. Innovation und Diffussion auf Märkten

Bisher wurde vor allem der Zusammenhang zwischen Wandel, Innovationen und individuellem Handeln betrachtet. Wenden wir uns nun näher dem *Handlungsrahmen* zu, in dessen Kontext die immer neuen Impulse wirtschaftlichen Wandels entstehen. Hat man dabei ein modernes, hoch arbeitsteiliges marktwirtschaftliches System vor Augen, dessen Entstehung in Punkt 4 erklärt werden soll, so läßt sich dieser Rahmen zum einen als ein äußerst *komplexes Netz von Institutionen* (Normen, Verfassungsregeln, Gesetzen, Regelungen, Vorschriften sowie Organisationen) kennzeichnen, zum anderen als besonderes ökonomisches Umfeld, in dem Unternehmen zu überleben versuchen. Betrachten wir zunächst die handlungsrechtliche Komponente:

Marktbeziehungen zwischen Individuen sind gekennzeichnet durch eine *geregelte Rivalität* um die individuelle Verfügung über knappe Ressourcen. Dies wird mit Abbildung 4 veranschaulicht.

Abbildung 4: *Ressourcenknappheit, Rivalität und Markt*

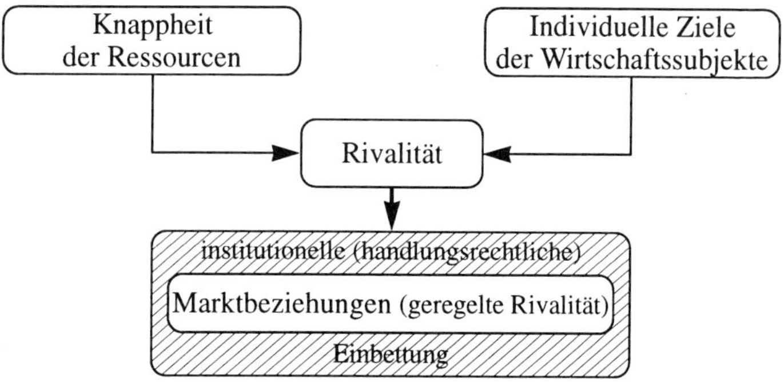

```
┌─────────────────┐         ┌─────────────────────┐
│   Knappheit     │         │  Individuelle Ziele │
│ der Ressourcen  │         │ der Wirtschaftssubjekte│
└────────┬────────┘         └──────────┬──────────┘
         │      ┌─────────────┐        │
         └─────▶│  Rivalität  │◀───────┘
                └─────────────┘
         ╱╱╱╱╱╱╱╱╱╱╱╱╱╱╱╱╱╱╱╱╱╱╱╱╱╱╱╱╱╱╱
        ╱ institutionelle (handlungsrechtliche) ╲
        │ Marktbeziehungen (geregelte Rivalität) │
        ╲         Einbettung                     ╱
         ╱╱╱╱╱╱╱╱╱╱╱╱╱╱╱╱╱╱╱╱╱╱╱╱╱╱╱╱╱╱╱
```

Vergegenwärtigen wir uns nun die Bedeutung *einer handlungsrechtlichen Regelung der Rivalität*. Im Prinzip könnte jede denkbare Handlung eines in einer Gruppe von Individuen lebenden Akteurs, mit der dieser versucht seine Wohlstandsposition zu erhalten oder zu verbessern, von anderen Gruppenmitgliedern als wohlstandsverändernd (-beeinträchtigend oder -befördernd) wahrgenommen werden. Für die Gruppenmitglieder stellt sich daher zum einen das Problem, über einen Kommunikationsprozeß zu klären, welche „anerkannten" Folgen Handlungen haben sollen; zum anderen ist die grundsätzlich unumgehbare wechselseitige Handlungsbeeinflussung regelnd zu thematisieren. Letztere Notwendigkeit kann man sich mit der Überlegung verdeutlichen, daß es nicht möglich ist, die Entscheidung über eine Zuweisung von Vor- und Nachteilen einfach zu umgehen, indem man beispielsweise eine Handlung von A verbietet, durch die sich B geschädigt sieht; denn dadurch würde jetzt für A ein Nachteil in Höhe des mit der betreffenden Handlung für ihn verbundenen Vorteils entstehen. Es wird somit deutlich, daß jede Regelung genauso wie jede Nicht-Regelung eine Verteilungsentscheidung beinhaltet. Werden nun Probleme der wechselseitigen, wohlstandsrelevanten Handlungsbeeinflussung durch Festlegung bestimmter Handlungsrechte entschieden, so kann man sagen, daß *Handlungsrechte* die in Gruppen erlaubten Schädigungen anderer regeln.

Güter kann man folglich auch als *Bündel von Handlungsrechten* definieren. Mit den jeweils mit einem materiellen Objekt verbundenen Handlungsrechten wechselt – unter sonst gleichen Umständen – auch der ökonomische Wert dieses Objektes. Ein Haus beispielsweise, das in einem Fall unter Denkmalschutz steht, in einem anderen Fall nicht, hat trotz sonst identischer Eigenschaften einen höchst unterschiedlichen ökonomischen Wert; oder für einen Waffenproduzent ergibt sich fallweise eine recht unterschiedliche Situation, je nachdem, ob eine bestimmte Waffe mit oder ohne Waffenschein erworben werden kann.

Aus dieser Überlegung heraus folgt, daß sich mit der *Änderung* von Handlungsrechten, die mit einem materiellen Objekt verbunden sind, auch der ökonomische Wert dieses Objektes *ändern* wird. Anlaß der Änderung von Handlungsrechten kann zum Beispiel sein, daß neues (akzeptiertes) Wissen über die mit dem Gebrauch dieses Objektes verbundenen Folgen gewonnen wurde.

Aus dieser Sicht dürfte es zudem einsichtig sein, daß man Güter auch als *Bündel von Handlungsrechten* verstehen kann. Von den jeweils relevanten Handlungsrechten hängt es ab, welche Handlungsmöglichkeiten mit der Verfügungsgewalt über ein Gut verbunden sind. Außerdem wird geregelt, in welcher Weise nicht-erlaubte Schädigungen anderer sanktioniert werden. Die Androhung und Realisierung von Strafen erhöht dabei die *Kosten der Realisierung* einer nicht-erlaubten Handlung.

Tritt nun ein neues Produkt auf den Markt, so können wieder neue, bisher ungeregelte Folgen für die Wirtschaftssubjekte auftreten, die deshalb aufs neue einer handlungsrechtlichen Regelung bedürfen. So gab zum Beispiel die Erfindung des heute bereits weit verbreiteten Mobil-Telefons Gelegenheit zu einer ganzen Reihe neuer, regelungsbedürftiger Beeinträchtigungen anderer Gesellschaftsmitglieder: Man denke zunächst einmal an die Möglichkeit, in öffentlichen Verkehrsmitteln vom eigenen Sitzplatz aus Fernverbindungen aufzunehmen, was von anderen als störend empfunden werden könnte; gewichtiger noch ist die mögliche Gefährdung anderer Straßenverkehrsteilnehmer durch Telefonieren des Wagenlenkers während der Fahrt; sehr gefährlich kann schließlich der ständige Aufenthalt im Bereich starker Strahlung eines Mobilfunksenders sein (was – wie es bezüglich der Folgen neuer Produkte oft der Fall ist – als nicht unumstritten gilt).

Die Beispiele verdeutlichen jedoch, daß Herstellung und Einsatz *neuer Güter* stets dazu führen können, daß sich die Wohlstandspositionen von Wirtschaftssubjekten unvorhersehbar interindividuell verschieben. Je nachdem, ob die Wirkungen dabei unmittelbar oder über Marktinteraktionen vermittelt auftreten, spricht man in der ökonomischen Theorie auch von „technologischen" oder „pekuniären Externen Effekten". Für die mit ihnen verbundenen relativen *Wohlstandsverschiebungen* können in diesem Fall vorher noch keine Regelungen existieren, die geeignet wären, beispielsweise einen monetären Ausgleich zwischen Innovator oder Nutzer einerseits und Geschädigten andererseits herbeizuführen. Denn die vorherige Unkenntnis über zukünftige Handlungsmöglichkeiten und Folgen ist ja gerade konstitutioneller Bestandteil der Definition von Innovation, was impliziert, daß auch notwendig werdende Regelungen nicht antizipiert werden können.

Wir sehen, daß der Wandel des Güterraums als Ausdruck des Hinzukommens neuer und des Wegfallens etablierter Güter mit institutionellem Wandel eng verflochten ist. Qualitativer Wandel (Evolution) der Formen und Inhalte der gesellschaftlichen Produktion von Waren und Dienstleistungen ist unumgänglich mit der Evolution von Handlungsrechten verbunden: Wirtschaftlicher Wandel ist gekennzeichnet durch die *Koevolution* von Güterraum und institutionellem Rahmen. Aus diesem Zusammenhang ergibt sich auch, daß die Gestaltung von Handlungsrechten das *Wandlungstempo* des Güterraumes mitbestimmt.

Wenden wir uns nun dem besonderen *ökonomischen Umfeld* zu, das geeignet ist, Akteure immer wieder zum Hervorbringung neuer Güter und Dienste zu motivieren. Betrachten wir zu diesem Zweck den *Aktionsparametereinsatz* der Unternehmen, mit dem diese relative Wettbewerbsvorteile zu erlangen suchen. Zu diesen Parametern gehören beispielsweise Preis, Menge, Qualität, Stückkosten sowie Produkt- und Verfahrensinnovationen. Für eine pointierende Hervorhebung unterschiedlicher Strategien zur Erlangung von Wettbewerbsvorteilen betrachten wir einmal nur zwei dieser Aktionsparameter, den Preis eines gegebenen Produktes nämlich und die Option der Einführung eines neuen Produktes. Gehen wir zudem von einem Markt für ein gegebenes Produkt aus, auf dem sich die Anbieter nach einiger Zeit soweit kennen würden, daß sie die Reaktion der Nachfrager auf Preisänderungen abschätzen könnten (hier würde man von einem oligopolistischen Markt sprechen). Versucht nun in einer solchen Situation einer der Anbieter, sich über eine relative Preissenkung Wettbewerbsvorteile vor seinen Konkurrenten zu verschaffen, so wäre dies – auch wenn es verdeckt, zum Beispiel über Preisnachlässe, geschehen würde – von jenen sehr schnell zu entdecken und über eigene Preissenkungen zu neutralisieren. Wird hingegen versucht, über eine Produktinnovation Vorteile zu erlangen, sieht die Lage anders aus: Zunächst einmal können Konkurrenten Produktinnovationen kaum so leicht nachahmen, wie Preisänderungen; zum anderen sind die Folgen solcher Innovationen nicht so einfach abschätzbar, wie diejenigen von Preisänderungen auf etablierten Märkten, so daß der Innovator nicht mit einer quasi „automatischen" Imitation seines Verhaltens rechnen muß. Letzteres trägt entscheidend dazu bei, daß Akteure immer wieder auf diesem Wege relative Positionsverbesserungen suchen. In Verbindung mit „äußeren Umständen", deren Entstehung, wie bereits angedeutet, im nächsten Abschnitt geschildert wird, führt es zu jenem typischen *Entstehen und Vergehen von Märkten*, das sich mit Hilfe der bekannten Marktphasenschemata darstellen läßt. Danach kann man im Verlauf der Marktentwicklung idealtypischerweise z. B. vier *Marktphasen* unterscheiden:

In der ersten, der sogenannten *Experimentierungsphase* tritt im Zusammenhang mit intensiven Forschungs- und Entwicklungsaufwendungen das den Markt konstituierende neue Produkt erstmals auf den Plan. In der folgenden *Expansionsphase* gewinnt das Produkt volkswirtschaftliche Relevanz. In der Ausreifungsphase sinken dann die relativen Wachstumsraten des Marktes wieder und in der *Stagnationsphase* bewegt sich das Produkt schließlich nur noch im Durchschnitt der volkswirtschaftlichen Wachstumsrate oder aber es verliert in einer *Rückbildungsphase* weiter an ökonomischer Relevanz.

Die Position eines Unternehmens in einem neuen Markt ist keineswegs gesichert. Empirische Untersuchungen zeigen vielmehr, daß im Durchschnitt ca. 50% der in den mittleren Phasen im Markt befindlichen Unternehmen später wieder verdrängt werden (*Gort/ Klepper* 1982). Die Akteure müssen daher ständig größte Anstrengungen unternehmen, um mittels produkt-, verfahrens- und kapazitätspolitischer Maßnahmen im Wettbewerb bestehen zu können. Wenn im Laufe der Marktentwicklung keine bedeutenden Produkt- und Verfahrensänderungen mehr möglich sind, gewinnt der Preis als Aktionsparameter zunehmende Bedeutung mit der Folge, daß der Anreiz, dem entstehenden *Preiswettbewerb* durch Innovationen auf anderen Gebieten *auszuweichen*, zunimmt. Bei dieser Konstellation eines handlungsrechtlichen Rahmens in der oben unterstellten Weise, zusammen mit bestimmten technisch-ökonomischen Bedingungen, muß man mithin ständig „laufen", um seine relative Position überhaupt nur halten zu können („Red-Queen-Effekt"). Deshalb ergibt sich unter solchen Umständen quasi „automatisch" eine *hohe Innovations- und Diffussionsrate* und somit ein hohes Wandlungstempo des Güterraumes.

Abbildung 5 soll das Argument visualisieren; sie veranschaulicht, wie aus der geregelten Rivalität heraus ständig *Vorsprungsgewinne* gesucht werden, über Aktionen, die qualitativen und/oder quantitativen Wandel im Güterraum auslösen.

Die Änderungen von Quantitäten kann man dabei auch mit den Begriffen *Arbitrage* und *Akkumulation*, diejenigen von Qualitäten mit denen der *Produktdifferenzierung* und *Innovation* belegen. Marktakteure suchen und entdecken zum einen Abweichungen zwischen den Wirtschaftsplänen anderer Wirtschaftssubjekte, indem sie etwa einem entstandenen Nachfrageüberhang mit Mehrangebot begegnen (Arbitrage), wobei die Entdeckung solcher Gewinnchancen zur Ausweitung erfolgreicher Produktionen drängt (Akkumulation). Zum anderen erfinden sie neue Möglichkeiten, Nachfrage zu befriedigen und zu wecken (Produktdifferenzierung und Innovation). Die Richtung des so beschriebenen Wandels ist eine Resultierende aus den jeweiligen technologischen und organisatorischen Möglichkeiten der Unternehmen (technology-push) einerseits und dem Verhalten der Nachfrager (demand-pull) andererseits.

Abbildung 5: *Marktprozeß und Innovationen*

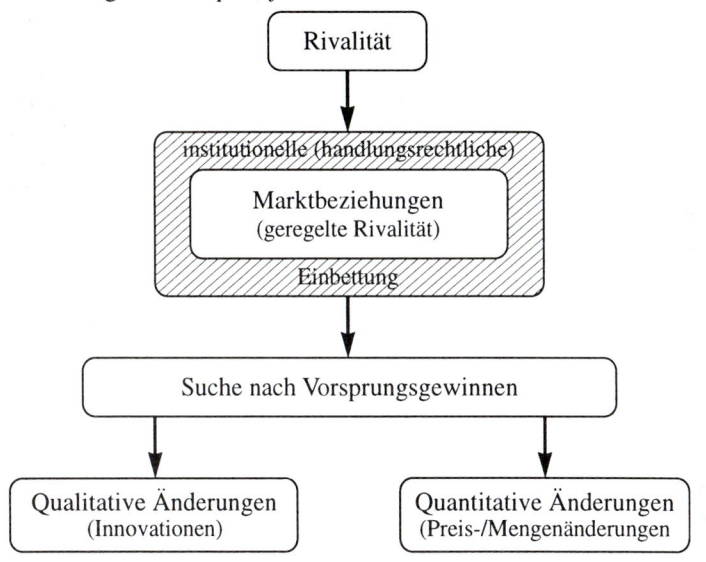

```
                    ┌─────────────┐
                    │  Rivalität  │
                    └──────┬──────┘
                           │
                           ▼
          ┌─────────────────────────────────┐
          │ institutionelle (handlungsrechtliche) │
          │    ┌─────────────────────┐      │
          │    │  Marktbeziehungen   │      │
          │    │  (geregelte Rivalität) │   │
          │    └─────────────────────┘      │
          │         Einbettung              │
          └────────────────┬────────────────┘
                           │
                           ▼
          ┌─────────────────────────────────┐
          │   Suche nach Vorsprungsgewinnen │
          └──────┬──────────────────┬───────┘
                 │                  │
                 ▼                  ▼
    ┌──────────────────────┐  ┌──────────────────────────┐
    │ Qualitative Änderungen│  │ Quantitative Änderungen  │
    │    (Innovationen)    │  │ (Preis-/Mengenänderungen)│
    └──────────────────────┘  └──────────────────────────┘
```

Die Betrachtung der Nachfragerseite führt daneben zu weiteren Gründen für die Diffussion neuer Güter. So ist ein in diesem Zusammenhang oft erwähntes Phänomen der sogenannte „Häufigkeits-Abhängigkeitseffekt" (*Witt* 1994), der den Mechanismus einer Selbstverstärkung („positive Rückkoppelung") beschreibt. Er besagt, allgemein ausgedrückt, daß die Wahrscheinlichkeit für den Erwerb eines neuen Gutes auch von der bisherigen Zahl der Käufer abhängt, was zur Folge haben kann, daß die Diffusionsgeschwindigkeit mit der Zahl der Konsumenten steigt. Die Gründe für ein solches Verhalten können vielfältig sein: Zum Beispiel kann der Wunsch, einfach „mitzuhalten" mit anderen, hinter einem solchen Phänomen stehen; oder es kann sein, daß mit der Zahl seiner Konsumenten allgemein das Vertrauen in die Zuverlässigkeit (bzw. Wirksamkeit) eines Produktes steigt, auch wenn es der einzelne Konsument nicht ausreichend beurteilen kann.

Die ständige kreative Auseinandersetzung der Akteure innerhalb von Unternehmen und Haushalten – aber auch außerhalb dieser Organisationen – mit wechselnden Problemstellungen, führt zu einem unaufhörlichen Prozeß der *Wissensänderung*. Vermittelt über gesellschaftliche Kommunikationsprozesse führt dies zu ständigen Wandlungen gesellschaftlich relevanter Wirklichkeiten und damit zu veränderten Einschätzungen der Folgen von Gütern (als „Bündel von Handlungsmöglichkeiten"). So kann beispielsweise von einem Zeitpunkt zum anderen aus einem „wertvollen Heilmittel" ein „gefährliches Medikament" werden. Das führt uns zurück zur Frage nach der intersubjektiv verbindlichen Bewertbarkeit des Güterraumwandels. Ganz allgemein ausgedrückt geht es darum, wie man Kosten und Nutzen der in einer Volkswirtschaft zu verschiedenen Zeitpunkten produzierten und konsumierten Güter berechnet und sie intertemporal vergleichbar macht. Der hierbei oft eingeschlagene Weg, zu diesem Zweck Marktpreise heranzuziehen, hat den Nachteil, daß in Konsequenz des eben Gesagten jeder Preis stets unter anderem „nur" eine Funktion der zum Zeitpunkt der Preisbildung vorherrschenden Wissensverteilung ist. Wie also will man beispielsweise zu einem späteren Zeitpunkt bekannt werdende Sachverhalte, welche die Kosten-Nutzen-Einschätzung für ein Gut erheblich verschieben, im nachhinein berücksichtigen? Wie hat man mit Umbewertungen von Gütern umzugehen, die allein das Resultat einer Veränderung von Handlungsrechten sind? Wie bezieht man immer neu entdeckte, durch Produktion und Konsum (zeitlich horizontal und vertikal) verursachte Externe Effekte in die Bewertung ein? Die in Punkt 1 betonte, letztlich nicht lösbare Problematik der intersubjektiv verbindlichen Bewertung wird hiermit unterstrichen.

4. Gerichteter Wandel von Volkswirtschaften

Im folgenden wird nun die Entstehung *des* Rahmens rekonstruiert, innerhalb dessen sich die im vorherigen Abschnitt behandelten Prozesse abspielen. Hinsichtlich der Argumentationsweise nehmen wir dabei die gegen Ende des 2. Punktes skizzierten, evolutionstheoretischen Überlegungen auf.

Das konkrete Explanandum ist die *Entstehung industrialisierter Volkswirtschaften* in Teilen der Welt. Die Entstehung modernen Wirtschaftswachstums wird vielfach als das bedeutendste sozio-ökonomische Phänomen der letzten 10.000 Jahre bezeichnet. Durch diesen

Prozeß (volks-)wirtschaftlichen Wandels haben sich nicht nur die Lebensbedingungen der Menschen in den heute industrialisierten Volkswirtschaften dramatisch geändert, sondern sind auch die derzeit die Menschheit beschäftigenden *Unterschiede in den relativen Wohlstandspositionen* der Weltregionen („armer Süden vs. reicher Norden") erst entstanden. Auch die immer wieder hervorgehobene „Globalisierung" ist ohne die im Zuge der Industrialisierung entstandene *Transport- und Kommunikationskostenrevolution* nicht denkbar.

Abbildung 6: *Auseinanderentwicklung der Beschäftigungsquote des Agrarsektors (LA) in ehemals reinen Agrarvolkswirtschaften*

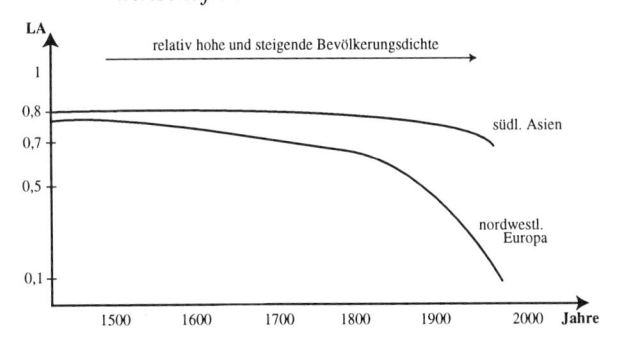

Abbildung 7: *Disparitäten im PKE zwischen industrialisierten Volkswirtschaften und Entwicklungsländern (Ländern der „Dritten Welt")*[6]

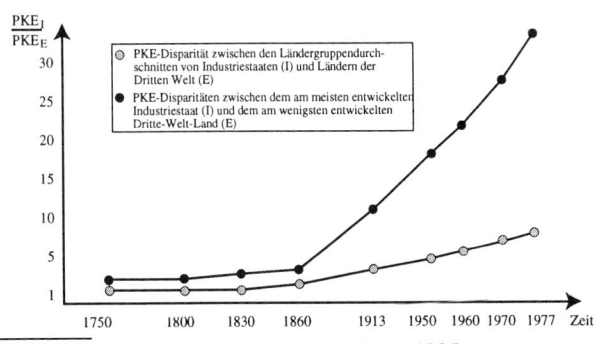

---
[6] Quelle der zugrundeliegenden Daten: Bairoch 1985.

Wie ist nun diese Auseinanderentwicklung der Weltregionen zu erklären? Im Rahmen eines evolutionsökonomischen Erklärungsansatzes vermeiden wir bei der Verfolgung dieser Fragestellung den Rückgriff auf Argumentationsfiguren, die solche Prozesse in Analogie zu informationsgesteuerten Veränderungen, wie zum Beispiel der Entwicklung eines Organismus, als Resultat der Realisierung eines genetischen Programmes, oder in Analogie zu teleologischen Ansätzen erklären wollen. Letztere lassen die Entwicklung einfach auf bestimmte Endzustände als dem Ziel (gr.: Telos) der Geschichte hinauslaufen, wobei das Ende sowohl durch jeweilige „Gegenwarten", als auch durch irgendeine näher beschriebene Zukunft markiert sein kann. Erkennen kann man solche Ansätze meist an bestimmten sprachlichen Wendungen, mit denen sinngemäß behauptet wird, daß das Vorangehende geschehen „mußte", damit das Folgende eintreten „konnte".

Im Rahmen des evolutorischen Ansatzes wird der beobachtete, gesamtgesellschaftliche Wandel, in Anknüpfung an das in Punkt 2 Gesagte, hingegen als Resultat der innovativen Anpassung an invariante Restriktionen erklärt. Die Auseinanderentwicklung der Human- und Sachkapitalinhalte in den verschiedenen Weltteilen ergibt sich dabei nicht dadurch, daß in einem Weltteil Innovationen, Akkumulationen usw. auftraten und in einem anderen Weltteil nicht, sondern daß sich als Folge differierender invarianter Restriktionen (oder Selektionsfaktoren) unterschiedliche volkswirtschaftliche Lernprozesse ergaben. Die logisch zusammenhängende Kette von Gründen für diese Auseinanderentwicklung von Lernprozessen soll im folgenden als Beispiel dafür nachgezeichnet werden, wie der evolutorische Ansatz zur Analyse von Prozessen gesamtwirtschaftlichen Wandels fruchtbar gemacht werden kann.

Zwei Variablenwertentwicklungen, auf die ebenfalls bereits abgestellt wurde, kennzeichnen in herausragender Weise das zu behandelnde Phänomen. Dies sind zunächst die wachsenden *Disparitäten im Pro-Kopf-Einkommen* der heutigen Industrieländer einerseits sowie der Entwicklungsländer andererseits und, es ist die *Auseinanderentwicklung* der *Beschäftigungsquote im Agrarsektor* (LA). Letzteres heißt für die heutigen Industrieländer, daß der Anteil des industriellen Sektors an der volkswirtschaftlichen Gesamtproduktion stark anwuchs, während sich der Teil der Bevölkerung, der unmittelbar mit der Nahrungsmittelproduktion beschäftigt war, drastisch reduzierte (siehe für Deutschland auch Abbildung 1). Für andere Regionen hingegen blieb LA über lange Zeit nahezu konstant und beginnt erst in neuerer Zeit relativ langsam zu sinken. Die unterschiedliche Veränderung der genannten Variablen über die Zeit sollen die folgenden beiden Abbildungen (beispielhaft für ausgewählte Regionen) aufzeigen.

Bei der zu betrachtenden Entwicklung ist eine ganz bestimmte Verteilung der heute so unterschiedlich mit Human- und Sachkapital ausgestatteten Volkswirtschaften über die Erde zu konstatieren: Während nahezu alle – nach Einteilungen der Weltbank und anderer Institute – am höchsten entwickelten Länder außerhalb der tropischen und subtropischen Regionen liegen, befindet sich der größte Teil der am wenigsten entwickelten Volkswirtschaften zwischen den beiden Wendekreisen.[7]

Für eine Erklärung dieses Befundes gehen wir zunächst zurück an den Beginn der Auseinanderentwicklung, als in den für uns relevanten Regionen der Erde agrarische Volkswirtschaften mit *steigender ökonomischer Bevölkerungsdichte*[8] zu finden waren, die sich in wesentlichen ökonomischen Merkmalen wenig voneinander unterschieden. Die zentrale Ressource für die landwirtschaftliche Produktion als Mittel- und Schwerpunkt ökonomischer Aktivität war in dieser Zeit allein der *Sonnenenergiestrom*. In einer solchen Ausgangssituation gewinnt die Art, wie der Sonnenenergiestrom anfällt, eine immer größere Relevanz. Schematisch kann man zwei Muster unterscheiden: zum einen den gleichmäßig über die Monate des Jahres verteilten Anfall der Sonnenenergie und zum anderen eine saisonal ungleiche „Energieeinstrahlung". Während im ersten Fall, bei kontinuierlicher künstlicher oder natürlicher Wasser- und Mineralversorgung, ununterbrochen Pflanzenwachstum möglich

---

[7] Vgl. etwa *Kamark* 1976.
[8] *Ökonomisch* meint in diesem Zusammenhang, daß bei *absolut begrenzter Erdoberfläche* die Anzahl der Personen pro genutzter Flächeneinheit steigt. Das Steigen der Bevölkerungsdichte ist selbst Folgeerscheinung einer innovativen Anpassung, deren Logik sich mit Hilfe der *Investitionstheorie des generativen Verhaltens* erklären läßt. Mit ihr erklärt Caldwell das Bevölkerungswachstum als Funktion der ökonomischen Vorteilhaftigkeit von Kindern, die sich wiederum anhand verschiedener Variablen feststellen läßt. Generatives Verhalten ist also nicht nur ein zufälliger Prozeß oder triebhaftes Geschehen, sondern (zumindest tendenziell) das Resultat von rationalen Entscheidungen, vgl. *Caldwell* 1982.

ist, kann im zweiten Fall nur in einem Teil des Jahres, der sogenannten „*thermal growing season*" (tgs), die hier deutlich kleiner als eins ist (tgs < 1), Pflanzenwachstum stattfinden. Es handelt sich mithin im obigen Sinne um eine *invariante Restriktion*, da der Mensch es (vorläufig) nicht vermag, diese durch die Stellung der Erde zur Sonne (Schiefe der Ekliptik) bedingten Unterschiede im saisonalen Temperaturgang innerhalb und außerhalb der Tropen zu ändern.

Ökonomisch relevant wird diese Restriktion jedoch erst in Verbindung mit dem *Anstieg der ökonomischen Bevölkerungsdichte*. Zur Begründung dieser Behauptung müssen wir wiederum eine Kette zusammenhängender Argumente nachvollziehen: Zunächst ergibt sich bei steigender ökonomischer Bevölkerungsdichte als innovative Anpassung an eine hier nicht näher abgeleitete Gesetzmäßigkeit, die besagt, daß bei einer Erhöhung des Anteils am Sonnenenergiestrom pro Flächeneinheit, der für den Menschen als Nahrungsenergie genutzt werden soll, der Aufwand an Energie stärker steigt als der Energieertrag, *eine Sequenz von Landnutzungssystemen*. Dies hat zur Folge, daß die aus der Gesetzmäßigkeit folgende Abnahme des sogenannten *Grenzertrages der Arbeit* abgeschwächt wird.

Mit der *Änderung der Landnutzungssysteme* aber geht ein Strukturwandel der Agrarproduktion dergestalt einher, daß der Anteil fleischlicher Produkte an der Ernährung sinkt und derjenige pflanzlicher Nahrungsmittel steigt. Um diese Verschiebung erklären zu können, unterstellen wir ausgehend von einer während der langen biologischen Evolution erworbenen Präferenzstruktur (in der Fleisch ein große Rolle spielt), daß das Wohlbefinden eines Menschen unter anderem von zwei Faktoren abhängt, der *Zusammensetzung und Menge der Lebensmittel* zum einen sowie der *Freizeit* zum anderen. Da aber mit steigender Bevölkerungsdichte und Intensität der Landnutzung der durchschnittliche Ertrag der Arbeit in der Lebensmittelproduktion sinkt, muß zu*un*gunsten der Freizeit ein immer größerer Teil der gesamten täglich zur Verfügung stehenden Zeit der Arbeit zufallen. Dabei bremst zunächst hauptsächlich eine quantitative Verschlechterung der Nahrungsmittelversorgung die Ausweitung der täglichen Arbeitszeit ab. Je mehr man sich jedoch einer gewissen Mindestversorgung mit Kalorien und Proteinen nähert, desto stärker wird der Anreiz, die Zunahme der Arbeitszeit durch eine zusätzliche Anpassung zu verlangsamen: Man ändert in steigendem Maße die Zusammensetzung der Nahrung durch eine Verkürzung der Nahrungskette. Dies bringt einen in Nahrungsenergie pro Arbeitseinheit zu messenden Vorteil, da mit der Zahl der Stufen (Länge der Nahrungskette) in trophischen Pyramiden immer weniger der ursprünglich in der Pflanzenmasse gebundenen Sonnenenergie in den organischen Substanzen verbleibt. Konkret heißt das, der Verzicht auf das „Energiekonzentrat" Fleisch zugunsten einer hauptsächlich pflanzlichen Ernährung hat eine Steigerung des reinen *Energieertrags je menschlicher Arbeitseinheit* zur Folge, was wiederum die notwendige Zunahme der täglichen Arbeitszeit zumindest abschwächt. So belegen denn auch empirische Auswertungen, daß nach einer Zeit üppigen Fleischverbrauchs im Europa des 15. Jahrhunderts der Fleischkonsum im 16. Jahrhundert bei schnell steigende Bevölkerungsdichte drastisch abgesunken ist. Heute wird daher das 16. auch als „Jahrhundert des Getreides" bezeichnet (*Abel* 1981). Eine zentrale Konsequenz des zunehmenden Anteils der pflanzlichen Nahrungsmittelproduktion in dieser Zeit ist die *zugleich steigende Relevanz der Temperatursaisonalität*.

Neben der Verlängerung des durchschnittlichen landwirtschaftlichen Arbeitstages und der Verkürzung der Nahrungskette ergeben sich weitere einschneidende ökonomische Veränderungen. Mit dem Anwachsen der Bevölkerungsdichte erhöht sich der auf Lohnarbeit angewiesene Anteil landarmer oder landloser Schichten an der Gesamtbevölkerung. Dadurch nimmt das Lohnarbeitsangebot zu, wobei angesichts sinkender Reallohnsätze zunehmend ganzjährig Arbeit angeboten werden *muß*, da das in der landwirtschaftlichen Saison erzielte Arbeitseinkommen sonst nicht mehr ausreicht, um sich das ganze Jahr über zu erhalten. Das gewissermaßen als Kuppelprodukt der Lebensmittelproduktion entstehende Arbeitspotential wird dabei bei steigendem Angebot in der Nichtsaison zu immer niedrigeren Lohnsätzen nachgefragt. Auch der berühmte Ökonom *Adam Smith* beispielsweise beschreibt die somit entstehende, *ausgeprägte Saisonalität der Lohnsätze* (*Smith* 1776/ 1910).

Nord-West-Europa war die Weltregion, in der bei steigender Bevölkerungsdichte erstmals eine dauerhafte Koexistenz von saisonal äußerst knapper landwirtschaftlicher Arbeit, die zu Spitzenlöhnen (Sommerlöhnen) angeworben werden mußte, und einem saisonalen Überschußangebot von Arbeit, das zu sehr niedrigen Winterlohnsätzen nur *Nicht-Nahrungsgüter* (NN-Güter) produzieren konnte, zu beobachten war.

Abbildung 8: *Saisonale Schwankungen der sektoralen Beschäftigungsquoten und des Lohnsatzes (in Prozent des Spitzenlohnsatzes)*

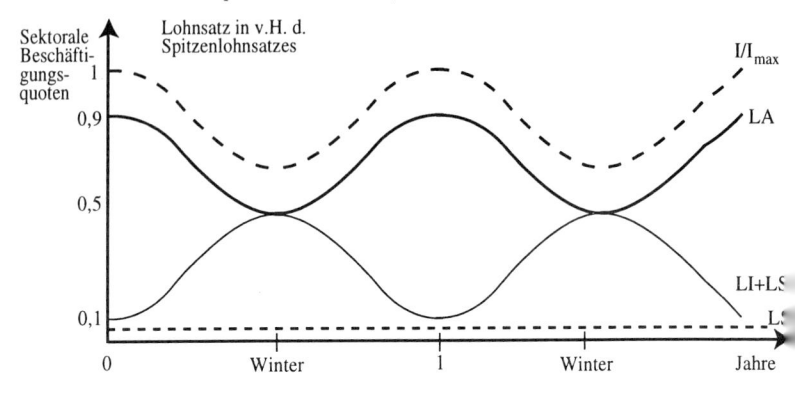

In Abbildung 8 ist diese Konstellation wiedergegeben: LA, die Beschäftigungsquote des Agrarsektors, schwankt infolge der tgs 1 im Jahresablauf stark; gegenläufig dazu bewegt sich die Beschäftigung außerhalb des Agrarsektors, im gewerblichen Sektor (LI) und bei den Dienstleistungen (LS). Während die Dienstleistungen über das Jahr aber relativ konstant bleiben, schwankt LI (die Fläche zwischen den beiden unteren Kurven) im Jahresablauf beträchtlich.

Die weiteren Folgen der beschriebenen Koexistenz von zu Spitzenlöhnen anzuwerbender landwirtschaftlicher und zu minimalen Lohnsätzen zu erhaltender gewerblicher Arbeit für die Nachfragen von Produktionsmitteln und *Nicht-Nahrungs-Konsumgütern* (NNK-Gütern) werden anhand der folgenden Übersicht präsentiert. Sie zeigt, wie aus den allgemeinen Folgen steigender ökonomischer Bevölkerungsdichte, die auch in tropischen Hochkulturen anzutreffen ist (erste Zeile), in Verbindung mit der zusätzlichen Restriktion des ausgeprägten saisonalen Temperaturgangs in den „gemäßigten" Zonen (tgs < 1) über viele Zwischenschritte die zu erklärenden Unterschiede in den Inhalten volkswirtschaftlicher Human- und Sachkapitalausstattung in tropischen und außertropischen Volkswirtschaften entstehen.

Da die erste Zeile der Abbildung und das dritte Feld der dritten Zeile bereits erklärt worden sind, wenden wir uns zunächst dem zweiten Feld der dritten Zeile („hoher Kapitalkoeffizient; relativ starke Nachfrage nach Gerätekapital") zu.

Volkswirtschaftliche Theorie wirtschaftlichen Wandels 521

Abbildung 9: *Entstehung des „modernen Wirtschaftswachstums"*
(Quelle: Hesse 1988 und 1991)

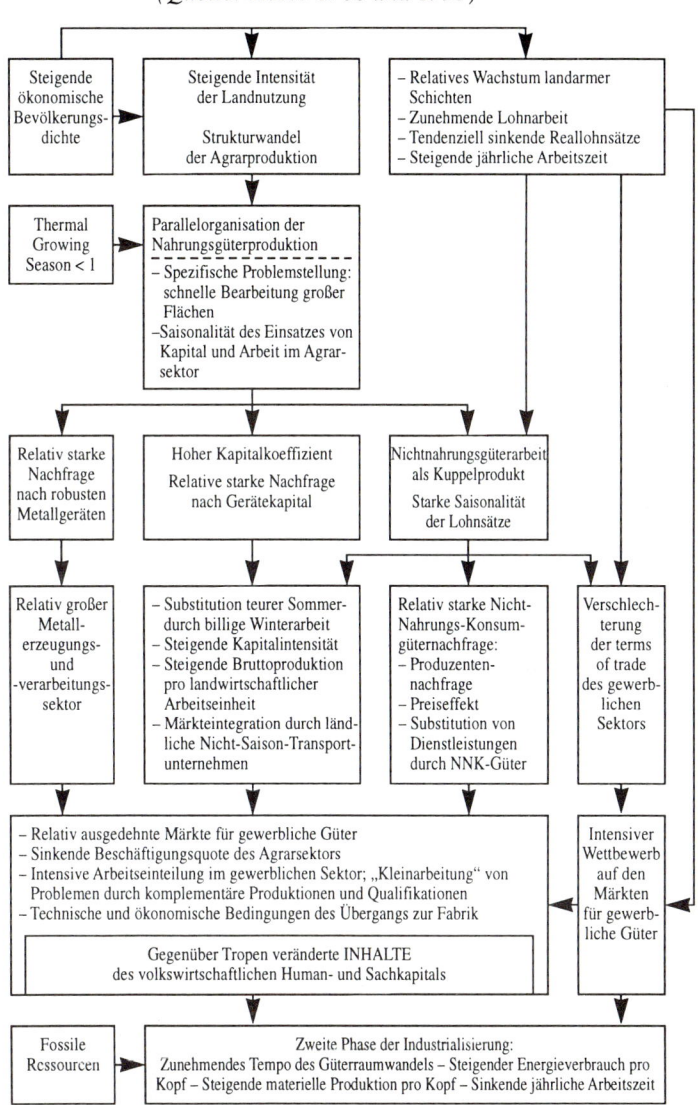

```
┌─────────────┬──────────────────────┬──────────────────────────────────────┐
│ Steigende   │ Steigende Intensität │ – Relatives Wachstum landarmer       │
│ ökonomische │ der Landnutzung      │   Schichten                          │
│ Bevölkerungs│                      │ – Zunehmende Lohnarbeit              │
│ dichte      │ Strukturwandel       │ – Tendenziell sinkende Reallohnsätze │
│             │ der Agrarproduktion  │ – Steigende jährliche Arbeitszeit    │
└─────────────┴──────────────────────┴──────────────────────────────────────┘
```

```
┌──────────┐  ┌───────────────────────────────────┐
│ Thermal  │  │ Parallelorganisation der          │
│ Growing  │→ │ Nahrungsgüterproduktion           │
│ Season<1 │  │ – Spezifische Problemstellung:    │
└──────────┘  │   schnelle Bearbeitung großer     │
              │   Flächen                         │
              │ – Saisonalität des Einsatzes von  │
              │   Kapital und Arbeit im Agrar-    │
              │   sektor                          │
              └───────────────────────────────────┘
```

```
┌──────────────┬──────────────────────────┬──────────────────────────┐
│ Relativ      │ Hoher Kapitalkoeffizient │ Nichtnahrungsgüterarbeit │
│ starke       │                          │ als Kuppelprodukt        │
│ Nachfrage    │ Relative starke Nachfrage│                          │
│ nach robusten│ nach Gerätekapital       │ Starke Saisonalität      │
│ Metallgeräten│                          │ der Lohnsätze            │
└──────────────┴──────────────────────────┴──────────────────────────┘
```

```
┌──────────┬──────────────────────────┬──────────────────┬───────────┐
│ Relativ  │ – Substitution teurer    │ Relativ starke   │ Verschlech│
│ großer   │   Sommer- durch billige  │ Nicht-Nahrungs-  │ terung    │
│ Metall-  │   Winterarbeit           │ Konsum-          │ der terms │
│ erzeugungs│ – Steigende Kapital-    │ güternachfrage:  │ of trade  │
│ und      │   intensität             │ – Produzenten-   │ des gewerb│
│ -verarbei│ – Steigende Bruttoprod.  │   nachfrage      │ lichen    │
│ tungs-   │   pro landwirtschaftl.   │ – Preiseffekt    │ Sektors   │
│ sektor   │   Arbeitseinheit         │ – Substitution   │           │
│          │ – Märkteintegration durch│   von Dienst-    │           │
│          │   ländliche Nicht-Saison-│   leistungen     │           │
│          │   Transportunternehmen   │   durch NNK-Güter│           │
└──────────┴──────────────────────────┴──────────────────┴───────────┘
```

```
┌───────────────────────────────────────────────────────────┬──────────┐
│ – Relativ ausgedehnte Märkte für gewerbliche Güter        │ Intensiver│
│ – Sinkende Beschäftigungsquote des Agrarsektors           │ Wettbewerb│
│ – Intensive Arbeitseinteilung im gewerblichen Sektor;     │ auf den  │
│   „Kleinarbeit" von Problemen durch komplementäre         │ Märkten  │
│   Produktionen und Qualifikationen                        │ für gewerb│
│ – Technische und ökonomische Bedingungen des Übergangs    │ liche    │
│   zur Fabrik                                              │ Güter    │
├───────────────────────────────────────────────────────────┤          │
│     Gegenüber Tropen veränderte INHALTE                   │          │
│     des volkswirtschaftlichen Human- und Sachkapitals     │          │
└───────────────────────────────────────────────────────────┴──────────┘
```

```
┌──────────┬────────────────────────────────────────────────────────────┐
│ Fossile  │ Zweite Phase der Industrialisierung:                       │
│ Ressourcen│ Zunehmendes Tempo des Güterraumwandels – Steigender       │
│          │ Energieverbrauch pro Kopf – Steigende materielle Produktion│
│          │ pro Kopf – Sinkende jährliche Arbeitszeit                  │
└──────────┴────────────────────────────────────────────────────────────┘
```

Um verstehen zu können, warum durch die tgs < 1 auch bei identisch gedachter Produktionstechnik und Produktionsmenge der Kapitalkoeffizient (Quotient aus Kapitaleinsatz und Produktionsoutput) wesentlich höher ist als in tropischen Regionen, muß man sich wenigstens einige elementare produktionstheoretische Überlegungen vergegenwärtigen. So führt der Ökonom *Georgescu-Roegen* (1976) den Begriff des *Elementarprozesses* ein. Er steht für den Prozeß mit der Produktionszeit T, in dem eine Produkteinheit produziert wird. Zwei Arten von Elementen gibt es, welche die zeitlichen Grenzen dieses Prozesses überschreiten: a.) solche, die hinein- *und* hinausgehen und Bestände genannt werden sowie b.) solche, die entweder hinein- *oder* hinausgehen und Ströme genannt werden – worunter auch der Strom von Outputgütern fällt.

In unserem Fall, da es sich um einen reproduzierbaren Ablauf handelt, verlassen die Bestände den Prozeß mit gegenüber dem Eintritt unveränderter ökonomischer Effizienz. Hierfür sorgt ein Inputstrom von Erhaltungsaufwendungen. Die Bestände Arbeit, Kapitalgüter und Land leisten während der Produktion Dienste, wobei nun wichtig ist, daß sie in unserem Zusammenhang einen Teil der Prozeßdauer – der Produktionszeit – *untätig* sind. Das wird zum Beispiel der Fall sein, wenn nur in bestimmten Phasen des Prozesses menschliche Einflußnahme möglich ist, oder wenn verschiedene Maschinen oder Werkzeuge für unterschiedliche Bearbeitungsvorgänge benötigt werden und den Rest der Produktionszeit stilliegen. Diese temporäre Untätigkeit läßt sich nur durch ein ganz bestimmtes *zeitliches* Arrangement einer größeren Anzahl (n) von Elementarprozessen beseitigen. Letztere startet man in einer Weise versetzt, daß zu jedem Zeitpunkt alle Bearbeitungsphasen durchgeführt werden und so alle Bestände *ständig beschäftigt* sind. Dies gelingt dann, wenn die Bestände immer zu den Elementarprozessen „wandern", bei denen gerade ihr Bearbeitungsschritt anfällt. Eine solche *temporale Allokation* von Elementarprozessen nennt Georgescu-Roegen *„in-line"* oder *„fabrikmäßige"* Organisation der Produktion. Sie ist in der folgenden Abbildung auf der linken Seite dargestellt.

Hier wird das zur Erhaltung der Produktion zwischen 1T und 2T eingesetzte Kapital (Vorschuß) durch das Dreieck (n · T/2) symbolisiert. Dieser Fall beschreibt – in stilisierender Weise – die Bedingungen der Agrarproduktion bei tgs = 1, also in den Tropen. Im rechten Teil der Abbildung ist der Fall dargestellt, in dem der Beginn der Produktionszeit nicht frei gewählt werden kann, sondern

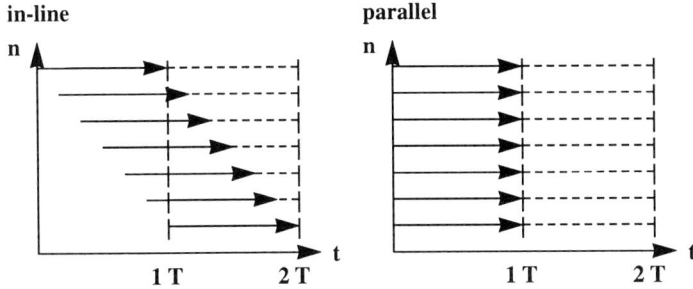

Abb. 10: *Temporale Allokation von Elementarprozessen*

in-line **parallel**

alle Elementarprozesse zum gleichen Zeitpunkt parallel starten müssen. Unter diesen Bedingungen wird das während der Produktionszeit T gebundene Kapital durch das Viereck (n · T) symbolisiert. Es zeigt sich, daß auch bei gleicher Anzahl von Elementarprozessen und identischer Produktionstechnik der Kapitalkoeffizient bei Parallelorganisation aufgrund der unterschiedlichen temporalen Allokation der Elementarprozesse um den Faktor 2 höher ist als bei in-line-Organisation. Man muß also, um das n-fache eines Elementarprozesses produzieren zu können, von allen Strömen und Diensten der Bestände das n-fache einsetzen. Die Bestände müssen in n-facher Größe zur Verfügung stehen und da die Untätigkeitszeiten der Bestände nicht beseitigt werden können, ist die nicht ausgenutzte Kapazität n-fach größer als im Elementarprozeß. Der letztgenannte Fall beschreibt damit – wiederum in stilisierender Weise – die Bedingungen der Agrarproduktion bei tgs < 1, also in einer außertropischen, „gemäßigten" Zone, wie Nord-West-Europa.

Die Tatsache, daß die Saisonalität des Pflanzenwachstums Folge einer nicht zu beseitigenden Restriktion ist, erklärt, daß auch *die Saisonalität des Faktoreinsatzes* nicht beseitigt, sondern nur verlagert werden kann. Eine Möglichkeit der Verlagerung bietet die Substitution direkter Arbeit durch vorgetane Arbeit, das heißt durch Kapitalgüter.[9] Sie wurde aus noch zu erläuternden Gründen in der Landwirtschaft der sich industrialisierenden „gemäßigten" Regionen gewählt, was dazu führte, daß heute die einzelne landwirtschaftliche Arbeitskraft über einen gewaltigen Maschinenpark ge-

---

[9] Nach der klassischen Kapitaltheorie stellen Kapitalgüter im wesentlichen „vorgetane" oder „geronnene" Arbeit dar, vgl. *Birchler* 1980 über *Rae* und *Fehl* 1973.

bietet, der freilich einen großen Teil des Jahres untätig ist. Letzteres belegt beispielsweise die große Zahl der Mähdrescher in Deutschland, die ca. 48 von 52 Wochen in der Scheune stehen.

Wenden wir uns nun dem linken Feld der dritten Zeile von Abbildung 9 („Relativ starke Nachfrage nach robusten Metallgeräten") zu. Die in den betrachteten außertropischen – relativ zu den tropischen – Agrarwirtschaften starke Nachfrage nach robusten Metallgeräten im dominierenden Sektor dieser Volkswirtschaften resultiert aus einer ganz spezifischen Problemstellung, die sich aus der Parallelorganisation der Elementarprozesse ergibt. Sie läßt es immer bedeutsamer werden, in der kurzen für die einzelnen Arbeitsschritte zur Verfügung stehenden Zeit möglichst große Flächen bearbeiten zu können. Die *Geschwindigkeit* wird zu einem entscheidenden Faktor, was beispielsweise erklärt, daß beginnend mit dem 16. Jahrhundert das für den Bauern vielfältig nutzbare Hornvieh zunehmend durch das Pferd als Zugtier ersetzt wird und sich unter anderem daraus resultierend vom 17. zum 18. Jahrhundert die pro Arbeitstag pflügbare Fläche verdoppelt. Die höhere Zuggeschwindigkeit erfordert aber zugleich robustere Geräte, die aus immer mehr Metallteilen und zuletzt, wie zum Beispiel bei Pflug und Egge, ganz aus Metall bestehen.

Die genannte spezielle Problemstellung der Landwirtschaft in den Außertropen trägt dazu bei, wie es in der vierten Zeile der Abbildung 9 angeführt ist, daß ein relativ zu tropischen Agrarwirtschaften größerer Metallerzeugungs- und vor allem Metallverarbeitungssektor entsteht. Neben vielem anderen läßt nicht zuletzt beispielsweise die Notwendigkeit des Hufbeschlages der Pferde die Metallbearbeitung zum ökonomischen Alltag – selbst auf dem Lande – werden. Die Erzverhüttung, sofern sie im dicht besiedelten Nord-West-Europa vorkommt, aber auch die Metallbearbeitung tragen zur relativ starken Zunahme der Nachfrage nach Brennstoffen bei. Beide fördern zudem, aufgrund zunehmender Knappheit von Brennholz und Holzkohle und somit steigenden Preisen dieser Ressourcen, die Bereitschaft, beim Verhüttungs- und Bearbeitungsprozeß mit anderen, zum Teil seit langem bekannten Brennstoffen zu experimentieren und Neuerungen zu übernehmen.

Zugleich ist zu bedenken, daß die Saisonalität der Lohnsätze die Kapitalbildung je nach Jahreszeit zu sehr unterschiedlichen Opportunitätskosten ermöglicht; die in der Nicht-Saison produzierten Produktionsmittel kosten nur in den Tropen den Verzicht auf die Produktion von Lebensmitteln, nicht jedoch zu dieser Zeit in Nord-

West-Europa. Unter sonst gleichen Bedingungen wird daher der relative Preis von Kapitalgütern in den Tropen höher sein als bei der Parallelorganisation. Somit aber wird konsequenterweise die Kapitalintensität der Agrarproduktion in den Außertropen höher sein als in den Tropen. Denn nur in den Außertropen bewirken die spezifischen Anreizstrukturen, daß teure Sommerarbeit durch die in Kapitalgütern geronnene billige Winterarbeit ersetzt wird.

Die verstärkte Ausrüstung der direkten landwirtschaftlichen Arbeit mit (Geräte-) Kapital kann zwar unter den Bedingungen einer ausgeprägten Temperatursaisonalität nichts an der Saisonalität der Agrarproduktion ändern, sie transformiert aber die Saisonalität des Einsatzes direkter Arbeit in die Saisonalität des Einsatzes von Kapitalgütern. Dadurch kann in der konkreten historischen Entwicklung, in der die hier gedanklich getrennten Prozesse zum Teil simultan ablaufen, die Saisonalität des Arbeitseinsatzes, welche sich im Prozeß des Strukturwandels der Agrarproduktion noch verstärkt, wenigstens teilweise kompensiert werden.

Zudem läßt die stärkere Ausstattung mit vorgetaner Arbeit die Bruttoproduktion pro direkter landwirtschaftlicher Arbeitskraft steigen und LA sinken. So kann trotz tendenziell sinkender Grenzerträge der einzelnen Arbeitseinheit (direkter und vorgetaner Arbeit) bei der Steigerung der Produktion pro Flächen- und Zeiteinheit die Produktion pro landwirtschaftlicher Arbeitskraft (Person) steigen. Das ist ein wesentlicher Teil der Antwort auf die Schlüsselfrage der *Theorie der frühen Phase der Industrialisierung*[10], wie es zu erklären ist, daß in der einen Sonnenenergiestromvolkswirtschaft LA bei steigender Bevölkerungsdichte und tendenziell sinkendem Lebensstandard sinkt, in der anderen aber konstant bleibt (oder sogar leicht zunimmt).

Blickt man nun über den Agrarsektor hinaus auf andere Märkte, läßt sich zunächst folgendes festhalten: Da die Landwirtschaft zum Einfangen der fein verteilt anfallenden Sonnenenergie ihr „Netz" über große Flächen ausbreiten muß und die „seßhaften" Bauern dabei erhebliche Entfernungen zu überwinden haben, kann sie mit *Thaer* auch als „Transportbetrieb wider Willen" bezeichnet werden.

---

[10] Die *frühe Phase der Industrialisierung* erstreckt sich vom Ende des 15. bis zur Mitte des 19. Jahrhunderts. Anschließend wird von der *zweiten Phase der Industrialisierung* gesprochen. Auf den Übergang und somit die Unterscheidung zwischen den beiden Phasen wird im weiteren noch eingegangen.

Mit steigender Intensität der Landnutzung wird nun dieses Netz immer öfter ausgebracht und immer intensiver gepflegt, was für den Bauern mit wachsendem *Aufwand für die Raumüberwindung* verbunden ist.[11] Zwar gilt dies für tropische und außertropische Bauern gleichermaßen, doch ist zum einen wegen der geringeren Strahlungsenergie pro Flächeneinheit bei gleicher Diät und gleichem vom Menschen genutzten Anteil am Sonnenenergiestrom pro Flächeneinheit die in der gemäßigten Zone zu bewirtschaftende Fläche pro Kopf größer als in den Tropen. Zum anderen fällt – auch bei sonst identischer Produktion – der in den Außertropen wesentlich *höhere Kapitalkoeffizient* ins Gewicht. Das hat zur Folge, daß immer mehr Bauern ihre außerhalb der Saison brachliegenden Transportkapazitäten nutzen und Frachtdienste anbieten. Wegen ihrer niedrigen Opportunitätskosten in der Nichtsaison bieten sie diese zu wesentlich niedrigeren Frachttarifen an, als die spezialisierten Frachtunternehmen. Güter, bei denen der Zeitpunkt des Transports im Jahreslauf nebensächlich ist, werden verstärkt von bäuerlichen Anbietern zu Billigtarifen transportiert. Damit haben wir unter sonst gleichen Umständen relativ zu tropischen Regionen eine höhere *Integration der Märkte*, die zudem bei sinkenden Transportkosten zunehmend größer werden (siehe auch zweites Feld, vierte Zeile, Abbildung 9).

Was eben bezüglich der relativ zu tropischen Regionen niedrigeren Preise für Kapitalgüter gesagt wurde, läßt sich auf andere NN-Güter (darunter auch NNK-Güter) übertragen. Generell fällt ja unter diesen Bedingungen mit der Erhaltung des für die Nahrungsgüterproduktion benötigten Arbeitspotentiales der Faktor Arbeit gewissermaßen als *Kuppelprodukt* an, welches dann – wenn überhaupt – nur für die NN-Güterproduktion eingesetzt werden kann. Es darf vermutet werden, daß dies umso eher zu erwarten ist, je stärker das Realeinkommen sinkt. Denn entsprechend dieser Maßgabe wird es wahrscheinlicher, daß „jede" Möglichkeit der Einkommenserzielung genutzt werden muß, selbst wenn der Lohnsatz oder der Erlös aus dem Verkauf eines selbst produzierten NNK-Gutes sehr niedrig sind. Unterstützt wird diese Entwicklung durch den *beschriebenen Strukturwandel der Agrarproduktion*.

---

[11] In Zeiten *hoher Transportkosten* pro Entfernungseinheit stellten die zu überwindenden Strecken für die Landwirtschaft einen herausragenden Kostenfaktor dar.

Der relative (teilweise auch absolute) Rückgang der Preise gewerblicher Produkte gegenüber den Nahrungsmitteln (Verschlechterung der terms of trade der NN-Güterproduzenten) war besonders ausgeprägt im Mitteleuropa des 16. Jahrhunderts zu verzeichnen, als die Bevölkerung kräftig anstieg und vermehrt zur Getreideproduktion übergegangen wurde. Während die Tendenz im 17. Jahrhundert dann, aufgrund unterschiedlicher Einflüsse (unter anderem als Folge des niedrigeren durchschnittlichen Bevölkerungswachstums), schwächer und regional unterschiedlich ausfällt, tritt sie im 18. Jahrhundert wieder ausgeprägt hervor. Die Realeinkommen der Produzenten gewerblicher Güter stehen wieder unter ständigem Druck und sind zumeist nur durch *eine Ausweitung der täglichen Arbeitszeit* zu halten. Die relative Zunahme des auf die NN-Güterproduktion verwiesenen Teiles des volkswirtschaftlichen Arbeitspotentials erklärt, warum es trotz dieser Verschlechterung der terms of trade der NN-Güterproduzenten, die in der Regel als geradezu tödlich für Industrialisierungsprozesse angesehen wird, zur Zunahme des Anteils der gewerblichen an der gesamten Produktion in Nord-West-Europa kommen konnte. Sie macht zudem begreiflich, wie es im rechten Feld der fünften Zeile von Abbildung 9 festgehalten ist, daß auf den Märkten für gewerbliche Güter ein relativ zu tropischen Regionen wesentlich intensiverer Wettbewerb herrscht, im Rahmen dessen die Akteure gezwungen sind, alle Aktionsparameter – einschließlich der Invention neuer Güter und Verfahren – einzusetzen, um ihre relative Position zu halten. Hier muß man, bildlich ausgedrückt, laufen, um auf der Stelle zu bleiben (Red-Queen-Effekt)[12].

Bei der Behandlung der relativen Wettbewerbsintensität auf dem Markt für gewerbliche Güter ist auch die gegenüber den Tropen unterschiedliche Wirtschaftspolitik der Herrscher hervorzuheben. Vereinfachend kann man sagen, daß – zunächst in tropischen und außertropischen Regionen gleichermaßen – eine Vermehrung der kontrollierten Bevölkerung und damit der Steuerkraft angestrebt wird. In den Tropen sind dabei die Förderung der Landwirtschaft und besonders der Bau von Bewässerungsanlagen ideale Mittel zur Vermehrung der Bevölkerung und zur Steigerung ihrer Kontrollierbarkeit. In den außertropischen Regionen fördern die Herrschenden zwar ebenfalls die Landwirtschaft, sie sind jedoch, um im Land Arbeitsmöglichkeiten zu erhalten und auszudehnen, zudem gezwun-

---

[12] Siehe hierzu auch Punkt 3.

gen, das Gewerbe und somit den Handel zu fördern. Rohstoffimporte zu erleichtern, Rohstoffexporte zu erschweren und die Verarbeitung im eigenen Land zu halten, sind wesentliche Mittel der *merkantilistischen Wirtschaftspolitik*. Vor allem versucht sie die Macht der städtischen Zünfte zu beschränken, für welche die zunehmende ländliche Gewerbeproduktion zu einer immer bedrohlicheren Konkurrenz wird. Gerne hätten die *Zünfte* zwar auch diese Produktion reguliert, sie scheiterten jedoch an den – angesichts der genannten Bedingungen der Agrargüterproduktion – entgegengerichteten Interessen der Herrscher und wurden letztendlich durch „Revolution von oben" aufgelöst.

Alle bisherigen Überlegungen münden im großen Feld der fünften Zeile (Abbildung 9). Spiegelbildlich zum Sinken von LA entsteht jetzt – relativ zu den tropischen Sonnenenergiestromvolkswirtschaften – eine immer größere Anzahl zunehmend ausgedehnterer Märkte für gewerbliche Güter, auf denen *intensivster Wettbewerb* herrscht. Wettbewerbsintensität und Größe der Märkte führen zu ständigen Versuchen, Vorteile über den Einsatz besonderer Fähigkeiten, Kenntnisse sowie Produkte und Verfahren zu erlangen. Die *Vermehrung der Wissens- und Gütervielfalt* bewirkt einerseits, daß durch die Kleinarbeitung von gegebenen Problemstellungen die „Aufgabenschwierigkeit" (*Röpke* 1977) bei der Lösung technischer Probleme für den einzelnen Unternehmer gegenüber tropischen Regionen sinkt. Denn man kann in der gewerblichen Produktion auf eine Fülle komplementärer Produktionen und Qualifikationen zurückgreifen. Auf der anderen Seite sinkt wegen des *Zeitbedarfs kognitiver Prozesse* der Anteil dessen, was der einzelne vom steigenden „Gesamtwissen" weiß. Der Spezialist weiß bekanntlich immer mehr von immer weniger und zuletzt alles von nichts. Die berufliche Spezialisierung führt, neben anderen Faktoren, zu einer zunehmenden wechselseitigen Abhängigkeit (Marktdependenz) der Wohlstandspositionen der Akteure, deren allgemeine Folgen ja bereits im vorigen Abschnitt analysiert wurden. Schließlich trägt der intensive Wettbewerb auch dazu bei, daß sich die zunächst hohen Kosten und Preise neuer Problemlösungen reduzieren, wodurch neue Käuferschichten erschlossen werden können, an denen sich dann unter Umständen wieder neue Kunden orientieren (siehe auch 3.). Das kostensenkende „learning-by-producing" erhält weitere Impulse, und die Chance steigt nochmals, stückkostenminimale Betriebsgrößen realisieren zu können. Diesen sich selbst verstärkenden Prozeß einer positiven

Rückkoppelung nennt Heuß „Selbstentzündung" der Nachfrage (*Heuß* 1965).

Die letzte Zeile der großen Übersichtsabbildung (Abbildung 9) verweist dann auf einen *einschneidenden Übergang* im Rahmen der hier beispielhaft sowie relativ knapp geschilderten Auseinanderentwicklung von Sonnenenergiestromvolkswirtschaften in verschiedenen Teilen der Welt. Der lange und für einen Großteil der involvierten Wirtschaftssubjekte an den Rand des Existenzminimums führende Prozeß unzähliger kleinerer und vieler weitreichender innovativer Anpassungen an spezifische Restriktionen läßt in der zweiten Hälfte des 19. Jahrhunderts in Nord-West-Europa die Bedingungen für diesen Übergang entstehen. Die beschriebene, spezifische Selektionsumgebung führt – und dies kennzeichnet wesentlich die *zweite Phase der Industrialisierung* – zu einer Änderung der Organisation der gewerblichen Produktion hin zur *fabrikmäßigen Organisation*. Wie gezeigt wurde, war bis dahin eine relativ zu tropischen Regionen ausgedehntere Beschäftigung und Produktion im gewerblichen „Sektor" entstanden. Letzterer existierte jedoch zunächst in bedeutendem Umfang nicht zeitlich neben dem Agrarsektor, sondern nach ihm, im jahreszeitlichen Rhythmus, so daß es zu einer saisonal bedingten, intersektoralen Wanderung von Arbeitskräften und damit – analog zum Agrarsektor – zu einer temporären Unterbeschäftigung vorhandene Produktionskapazitäten kam.

Jetzt fällt allerdings ins Gewicht, daß hier der gegenüber der in-line-Organisation erhöhte Kapitalkoeffizient nicht, wie in der Landwirtschaft, „naturbedingt" ist. Vielmehr besteht die Möglichkeit, zur fabrikmäßigen Organisation der Elementarprozesse überzugehen, dadurch den Kapitalkoeffizienten zu senken und selbst bei unveränderter Produktionstechnik *Stückkostensenkungen* zu erzielen (economics of scale). Nur ökonomische Gründe konnten Unternehmer bisher von dieser Umorganisation abhalten, wobei die entscheidende Variable die Größe des Marktes ist. Zum einen erfordert nämlich die Einrichtung der in-line-Organisation eine gewisse Mindestzahl von zu produzierenden Produkteinheiten, zum anderen muß die Produktion kontinuierlich ablaufen, da nur in diesem Fall über eine Senkung des Kapitalkoeffizienten Kostenvorteile gegenüber den saisonal operierenden (ländlichen) Kleinproduzenten realisierbar sind.

Unter den Bedingungen *sinkender Transportkosten* und damit wachsender Marktausdehnung beginnt in dieser Phase eine Verschiebung der komparativen Vorteile hin zur fabrikmäßigen NN-Produktion. Ein weiterer wichtiger Grund, unter den sicher vielfältigen Ursachen für die dramatische Verschlechterung der Wettbewerbsposition der ländlichen Heimindustrie, ist, daß die „neuen Kraftmaschinen" (Dampfmaschinen) in den entstehenden Fabriken so eingesetzt werden können, daß alle Vorteile der Fixkostendegression nutzbar werden. Die Nutzung von Beständen fossiler Energie in der Massenproduktion gewerblicher Güter verschafft der fabrikmäßigen NN-Produktion Produktivitätszuwächse, die entscheidend zu einer Deindustrialisierung des ländlichen Raumes und der dramatischen Verlagerung der unteren Bevölkerungsschichten vom Land in die Stadt beitragen.

Rückblickend waren so auch die ersten Jahrzehnte der zweiten Phase der Industrialisierung wenig paradiesisch. Gekennzeichnet waren sie durch eine deutliche *Beschleunigung des Güterraumwandels*, die sich im wesentlichen aus der wachsenden Vielzahl an neuen Geräten und Verfahren zur kontrollierten Erzeugung und Anwendung fossiler Energien ergab. Erst allmählich verbesserte sich die Ernährung, die Körpergröße begann zu steigen und die zwischen 3000 und 4000 Stunden liegenden jährlichen Arbeitszeiten (Clark 1960) im Armen- und Arbeitshaus der Welt, das Nord-West-Europa zu dieser Zeit noch war, gingen schrittweise zurück. Auch die Massenauswanderung flaute gegen Ende des 19. Jahrhunderts ab. Erst in dieser Phase beginnen zudem die PKE zu steigen und, es stellen sich die Wohlstandsverbesserungen ein, die heute in der Vorstellung vieler den gesamten Prozeß der sogenannten Industrialisierung begleiteten (siehe wieder 1.).

Auf die *empirische Prüfung* der behaupteten Zusammenhänge soll hier nur sehr knapp hingewiesen werden: In Querschnittsuntersuchungen für die Jahre 1960, 1970 und 1980, in die 90 v. H. der Weltbevölkerung einbezogen wurden, konnten bis zu 70 % der Unterschiede der Industrialisierungsgrade (LA) der Länder der Welt hochsignifikant mit einer Variablen (S) erklärt werden, welche die Temperatursaisonalität wiedergibt. Mit Hilfe einer Kompaktvariablen (S/EVpK), in der auch der fossile Energieverbrauch pro Kopf (EVpK) berücksichtigt wurde, konnten sogar bis zu 86 % der Unterschiede der Industrialisierungsgrade hochsignifikant erklärt werden (vgl. Hesse 1992).

Unser Beispiel sollte nicht nur zeigen, mit welchem Instrumentarium wirtschaftlicher Wandel und wirtschaftliche Entwicklung analysiert werden können, es kann auch belegen, was der *Ökonom*

Friedrich August von Hayek meint, wenn er wirtschaftlichen Wandel zwar als das Resultat menschlichen Handelns, keineswegs jedoch als das Ergebnis menschlichen Entwurfes ansieht. Wäre es den Menschen überhaupt möglich, über einen so langen Zeitraum, wie ihn der Prozeß des „modernen Wirtschaftswachstums" eingenommen hat, zu planen, darf u.E. zurecht daran gezweifelt werden, daß dieser für die Betroffenen so schmerzliche Geschichtsabschnitt „gewählt" worden wäre? Wieder zeigt sich hier unser Bewertungsproblem, ist doch der Ausgang einer solchen Wahl ganz offensichtlich von dem in einem bestimmten Zeitpunkt der Geschichte Urteilenden abhängig.

5. Ausblick: Wirtschaftspolitik, Wandel und Entwicklung

Faßt man die wichtigsten Punkte des bisher Gesagten zusammen, so stehen zwei Erkenntnisse im Mittelpunkt: Wirtschaftlicher Wandel, gerichtet oder ungerichtet, ist stets das Ergebnis menschlichen Handelns. Und er ist zugleich das Resultat veränderter Bedingungen der menschlichen Umwelt, denn Individuen richten ihr „Wirtschaften" an den Restriktionen aus, die sie jeweils vorfinden bzw. wahrnehmen. Dies gilt unabhängig davon, ob die Umweltbedingungen selbst wieder von Menschen bewirkt wurden oder subjektunabhängig entstanden sind.

Wie die Kette menschlichen Agierens und Reagierens auf jeweils vorgefundene Bedingungen zur nachvollziehbaren (Wirtschafts-)Geschichte wird bzw. welche analytischen Möglichkeiten die vorfindbare Geschichte wirtschaftlichen Wandels dem Theoretiker eröffnet, wurde im vorherigen Abschnitt aufzuzeigen versucht. Dabei erschien uns das „moderne Wirtschaftswachstum" ein besonders prägnantes Fallbeispiel dafür zu sein, wie es bei gleich rationalen und kreativen Menschen zu höchst unterschiedlichen Ergebnissen ihres Wirtschaftens kommen kann, weil eben die Ausgangs- und Randbedingungen differieren.

Der vorgestellte Ansatz kann nicht nur gehaltvolle Erklärungen liefern, er bietet auch *normative Ansatzpunkte*. Mit ihm lassen sich Fragen nach wirtschaftspolitischen Gestaltungsmöglichkeiten in einer Welt mit endogenem wirtschaftlichen Wandel behandeln. Das Interesse hieran wird beispielsweise verständlich, wenn man den beobachteten Zusammenhang zwischen Industrialisierung und Erhöhung der PKE betrachtet (siehe auch 1.). Gerade Entwicklungspolitiker wollen hier wissen, welche Steuerungsstrategien für die heutigen Entwicklungsländer eine ähnliche Steigerung des Lebensstandards, wie sie in der zweiten Phase der Industrialisierung in Nord-West-Europa stattfand, bewirken könnten. Sie interessiert, wie die Anreize oder Handlungsgrundlagen der Wirtschaftssubjekte in Volkswirtschaften mit hoher LA und niedrigem PKE gezielt verändert werden müßten, um eine nachholende Wirtschaftsentwicklung ingangzusetzen oder zu beschleunigen.

Auch wenn es an dieser Stelle zu weit führen würde, genauer auf diese Fragen einzugehen, sollen ausblicksartig noch einige Anmerkungen gemacht werden. Die Steuerungsidee einer *evolutorischen Wirtschafts- und Entwicklungspolitik*, also einer Politik, die den endogenen wirtschaftlichen Wandel im obigen Sinne einbezieht, basiert auf den folgenden Grundüberlegungen: Die offenbar vorhandene Grundfähigkeit des Menschen, sich an veränderte Umweltbedingungen innovativ anzupassen (siehe 2.), kann grundsätzlich behindert oder gefördert werden. Da es einer zentralen wirtschaftspolitischen Instanz niemals möglich sein kann, alle notwendigen Einzelanpassungen im komplexen Wirtschaftsablauf im voraus zu kennen, tut sie gut daran, die Anpassungsfähigkeit der Wirtschaftssubjekte zu fördern. Dies kann auf die unterschiedlichste Art und Weise geschehen. Besonders sind es die institutionellen Vorgaben (siehe 3.), die ein Instrument derartiger Steuerung darstellen. Sie können zum Beispiel solchermaßen gestaltet werden, daß ein Machtausgleichsmechanismus dann greift, wenn die Asymmetrien wirtschaftlicher Macht so groß werden, daß die Handlungen Weniger die Handlungsmöglichkeiten Vieler übermäßig behindern und deshalb die „Nettoanpassungsfähigkeit" einer Volkswirtschaft zurückgeht. Real ist dies etwa der Fall, wenn mächtige Interessengruppen, wie Gewerkschaften, den notwendigen Strukturwandel in einer Volkswirtschaft durch Forderungen nach Arbeitsplatz- und Standorterhaltungsgarantien für solche Industrien behindern, die gegenüber dem Ausland längst mit erheblichen Kostennachteilen produzieren.

Um andersherum den Strukturwandel und damit die erfolgreiche Suche nach wettbewerbsfähigen Wissensbestandteilen sowie Wirtschaftsleistungen wirtschaftspolitisch zu befördern, kann man den Bereich der Forschung und Entwicklung in allen Branchen einer Wirtschaft durch entsprechende handlungsrechtliche Regelungen stärken; man hat die Möglichkeit, steuerliche Anreize für sogenanntes „Risikokapital" zu schaffen und vieles andere. Bei alledem ist die Ausgangsfrage diejenige nach der richtigen Setzung und situationsgerechten Anpassung der Handlungsanreize. Dies setzt die Kenntnis relevanter Verhaltens- und Reaktionszusammenhänge voraus, so daß einerseits unerwünschte Verhaltensmöglichkeiten aus dem Spektrum möglichen Verhaltens ausgeschlossen und andererseits erwünschte Handlungsrichtungen gefördert werden können.

Grundlagen- und weiterführende Literatur

Abel, W., Stufen der Ernährung, Göttingen 1981.
Bairoch, P., The Main Trends in National Economic Disparities since the Industrial Revolution, in: Bairoch, P. et al. (Hrsg.), Disparities in Economic Development since the Industrial Revolution, Houndsmills 1985.
Birchler, W., John Rae (1796-1872). Seine Theorie der wirtschaftlichen Entwicklung, Bern 1980.
Boserup, E., Population and technological change, Chicago 1981.
Braudel, F., Sozialgeschichte des 15. – 18. Jahrhunderts, (3 Bände), München 1979/1990.
Buchheim, C., Industrielle Revolution. Langfristige Wirtschaftsentwicklung in Großbritannien, Europa und in Übersee, München 1994.
Caldwell, J. C., Theory of Fertility Decline, London 1982.
Clark, C., Conditions of Economic Progress, London 1960.
Fehl, U., Produktionsfunktion und Produktionsperiode, Göttingen 1973.
Gort, M. / Klepper, S., Time Paths in the Diffusion of Product Innovations, in: Economic Journal, Vol. 92., S. 630-653, 1982.
Harris, M., Wohlgeschmack und Widerwillen, Stuttgart 1988.
Hayek, F. A. von, Die Theorie komplexer Phänomene, Tübingen 1972.
Hesse, G., Innovative Anpassung, Manuskript, Würzburg 1988.
Hesse, G., A New Theory of „Modern Economic Growth", in: Witt, U. (Hrsg.), Explaining Process and Change, Ann Arbor, 1992.
Hoffmann, W. G., Das Wachstum der deutschen Wirtschaft seit der Mitte des 19. Jahrhunderts, Berlin 1965.
Kamark, A. M., The Tropics and Economic Development, Baltimore usw. 1976
Marx, K., Das Kapital, Berlin 1848.
Mill, J. S., Principles of Political Economy, London 1848.
Röpke, J., Die Strategie der Innovation, Tübingen 1977.
Röpke, J., Die unterentwickelte Freiheit. Wirtschaftliche Entwicklung und unternehmerisches Handeln in Indonesien, Göttingen 1982.
Smith, A., Inquiry into the Nature and the Causes of the Wealth of Nations. Einleitung und Plan des Werkes, Leipzig 1776/1910.

Turgot, A. R. J., Tableau philosophique des progres successifs des l´esprit humain, in: Schelle, G. (Hrsg.), Oeuvres de Turgot, Bd. 1, Paris 1750.
Witt, U., Wirtschaft und Evolution, in: WiSt, Nr. 10, S. 503-512, 1994.

Weiterführende Literatur zu 1.:

Hesse, G., Innovationen und Restriktionen, in: Borchert, M./Fehl, U./Oberender, P. (Hrsg.), Markt und Wettbewerb, Bern 1987.
Lippe, P. von der, Die Messung des Lebensstandards, in: Fischer, W. (Hrsg.), Lebensstandard und Wirtschaftssysteme, Frankfurt a.M. 1995.
Schumpeter, J. A., Theorie der wirtschaftlichen Entwicklung, 6. Aufl., Berlin 1911/1964.

Weiterführende Literatur zu 2.:

Hesse, G., Staatsaufgaben, Baden-Baden 1979.
Hesse, G., Evolutorische Ökonomik oder Kreativität in der Theorie, in: Witt, U. (Hrsg.), Studien zur Evolutorischen Ökonomik I, Berlin 1990.
Koch, L. T., Evolutorische Wirtschaftspolitik. Eine elementare Analyse mit entwicklungspolitischen Beispielen, Tübingen 1996.
Koertge, N., Popper's Metaphysical Research Program for the Human Sciences, in: Inquiry, Vol. 18, Nr. 4, S. 437-462, 1975.
Oeser, E., Psychozoikum, Berlin 1987.
Pöppel, E., Grenzen des Bewußtseins, Stuttgart 1985.
Roth, G., Das Gehirn und seine Wirklichkeit: Kognitive Neurobiologie, Frankfurt a.M. 1994.

Weiterführende Literatur zu 3.:

Fehl, U. / Oberender, P., Grundlagen der Mikroökonomie, München 1994.
Hesse, G., Zur Erklärung der Änderung von Handlungsrechten mit Hilfe ökonomischer Theorie, in: Schüller, A. (Hrsg.), Property Rights und ökonomische Theorie, München 1983.
Hesse, G., Liberale Wirtschaftspolitik im evolutorischen Prozeß, in: Nutzinger, H. G. (Hrsg.), Liberalismus im Kreuzfeuer. Thesen und Gegenthesen zu den Grundlagen der Wirtschaftspolitik, Frankfurt a.M. 1986
Heuß, E., Allgemeine Markttheorie, Tübingen 1965.
Heuß, E., Wettbewerb, in: Handwörterbuch der Wirtschaftswissenschaft, Bd. 8, Stuttgart usw., S. 679-697, 1980.
Kaufer, E., Industrieökonomik. Eine Einführung in die Wettbewerbstheorie, München 1980.

Kerber, W., Rights, innovations and evolution. The distributional effects of different rights to innovate, in: Review of Political Economy, 5.4, S. 427-452, 1993.

Oberender, P., Internationaler Handel und Marktökonomie. Eine markttheoretische Fundierung des internationalen Handels, in: Hamburger Jahrbuch für Wirtschafts- und Gesellschaftspolitik, 33. Jg., S.41-61, 1988.

Weiterführende Literatur zu 4.:

Bairoch, P., Die Landwirtschaft und die industrielle Revolution, in: Cipolla, C. M./Borchardt, K. (Hrsg.), Europäische Wirtschaftsgeschichte, Bd. III, Stuttgart usw. 1976.

Georgescu-Roegen, N., Energy and Economic Myths, New York usw. 1976.

Hesse, G., Die Entstehung industrialisierter Volkswirtschaften, Tübingen 1982.

Hesse, G., Die frühe Phase der Industrialisierung in der Theorie der langfristigen wirtschaftlichen Entwicklung, in: Pierenkemper, T. (Hrsg.), Landwirtschaft und industrielle Entwicklung, Stuttgart 1989.

Hesse, G., Landnutzungssysteme und sozio-ökonomische Entwicklung. Zur theoretischen Begründung komparativer Wirtschafts- und Sozialgeschichte, Sonderveröffentlichung des Bundesinstitutes für ostwissenschaftliche und internationale Studien, Köln 1991.

Hesse, G., Innovative Anpassung in sozio-ökonomischen Systemen – Ein Beispiel: Landnutzungssysteme und Handlungsrechte bezüglich Boden, in: Bievert, B./Held, M. (Hrsg.), Evolutorische Ökonomik: Neuerungen, Normen, Institutionen, Frankfurt/M. 1992.

Saalfeld, D., Lebensverhältnisse der deutschen Unterschicht im 19. Jahrhundert, in: International Review of Social History, Vol. 29, 1984.

Schöler, K., Räumliche Preistheorie, Berlin 1988.

Schumpeter, J. A., Schöpferisches Reagieren in der Wirtschaftsgeschichte (1947), in: Böhm, S. (Hrsg.), Schumpeter, J. A., Beiträge zur Sozialökonomik, Wien 1947/1987.

Weiterführende Literatur zu 5.:

Hesse, G., Liberale Wirtschaftspolitik im evolutorischen Prozeß, in: Nutzinger, H. G. (Hrsg.), Liberalismus im Kreuzfeuer, Frankfurt/M. 1986.

Hesse, G., Industrialisierung in tropischen Regionen: Ein Beitrag zur Lösung des Folgekostenproblems, in: Koch, W.A.S. (Hrsg.), Folgekosten von Entwicklungsprojekten: Probleme und Konsequenzen für eine effizientere Entwicklungspolitik, Berlin 1984.

Koch, L. T., Evolutorische Wirtschaftspolitik. Eine elementare Analyse mit entwicklungspolitischen Beispielen, Tübingen 1996.

Röpke, J., Möglichkeiten und Grenzen der Steuerung wirtschaftlicher Entwicklung in komplexen Systemen, in: Borchert, M. et al. (Hrsg.), Markt und Wettbewerb, Bern 1987.

Hans-Walter Lorenz

Makroökonomik, Konjunktur und Wachstum

1. Einleitung

Vor der Aufnahme ihres Studiums dürften alle zukünftigen Student Innen der Wirtschaftswissenschaften bereits mit einigen wirtschaftlichen Begriffen vertraut sein. Wenn dem Studium nicht gerade eine Bank- oder Industriebetriebslehre oder eine Ausbildung auf einem Wirtschaftsgymnasium vorausgegangen sein sollte, werden diese Begriffe vermutlich vorrangig jene sein, welche regelmäßig in den Medien zur Beschreibung der wirtschaftlichen Situation in einer Wirtschaftsregion verwendet werden. Während Ausdrücke wie *Inflationsrate* und *Arbeitslosenquote* unmittelbar einsichtig sein sollten, stellen Begriffe wie *Bruttosozialprodukt, Zahlungsbilanzdefizit* oder *Staatsquote* schon eher Ausdrücke dar, die zwar in öffentlichen Medien benutzt werden, aber häufig einen verschwommenen Eindruck hinterlassen und selten definiert werden. Auf jeden Fall dürfte jedoch durch die Popularität jener Begriffe deutlich werden, daß die mit ihnen angesprochen Zusammenhänge von besonderer wirtschaftlicher Bedeutung sind.

Allen genannten Begriffen ist gemein, daß sie zentrale Ausdrücke der *Makroökonomik* sind. Im Mittelpunkt dieses neben der Mikroökonomik wichtigsten Teilgebietes der Volkswirtschaftslehre stehen nicht die Einzelaktivitäten der beteiligten Individuen, sondern das Verhalten einer Wirtschaft verstanden als großes Gesamtsystem (griech. makrós: „groß"). Obwohl dieses System natürlich durch die einzelnen Aktivitäten jedes beteiligten Individuums definiert wird, betrachtet die makroökonomische Sichtweise lediglich das Resultat des Zusammenwirkens dieser individuellen Aktivitäten. Während eine *mikroökonomische* Sichtweise sich genau auf diese individuellen Aktivitäten, auf einzelne Güter und auf die Preisbildung bei einzelnen Gütern konzentriert, differenziert die makroökonomische Sicht in der Regel nicht zwischen einzelnen Gütern, Märkten und Preisen, sondern versucht, durch geeignete Indizes z. B. die gesamte Produktion eines Landes während eines Betrachtungszeitraumes oder den Umfang der Arbeitslosigkeit im gesamten untersuchten Gebiet zu erfassen.

Die Begründungen für diese Betrachtungsweise sind vielfältig und werden im Laufe dieses Beitrags mehrmals angesprochen. Wichtige Begründungen sind unter anderem, daß es 1) sinnvoll sein kann, die Leistungsfähigkeit einer Wirtschaft in einigen wenigen Zahlen zusammenzufassen, um Vergleiche mit wirtschaftlichen Situationen zu früheren Zeitpunkten oder anderen Wirtschaften durchführen zu können, und daß es 2) Interdependenzen zwischen Individuen geben kann, die mit einer mikroökonomischen und damit meist abstrakt-isolierenden Sichtweise nicht zufriedenstellend behandelt werden können. Eine eher kritische Aussage könnte hingegen lauten, daß durch die Betonung der gesamtwirtschaftlichen Aspekte wichtige strukturelle Veränderungen in der betrachteten Wirtschaft möglicherweise vernachlässigt werden.

Makroökonomik als wissenschaftliche Disziplin hat eine empirisch-deskriptive und eine theoretische Erscheinungsform. Beide Kategorien ergänzen sich gegenseitig und haben gemeinsame wissenschaftshistorische Ursprünge. Die empirisch-deskriptive Form versucht, die Leistungsfähigkeit einer Wirtschaft mit geeigneten Meßzahlen zu erfassen. Makroökonomische Theorien versuchen, mit Hilfe von (meist formalen) *Modellen* die Verhaltensweisen der gesamtwirtschaftlichen Gruppen von Akteuren wie Konsumenten, Investoren, usw. zu erklären und zu zeigen, wie die empirisch-deskriptiv gemessenen Größen zustande gekommen sind. Einerseits sollte die Theorie nur solche Phänomene erklären, die auch gemessen werden können (so daß die Richtigkeit der Theorie überprüft werden kann); andererseits beeinflußt die theoretische Behandlung eines Phänomens auch die Reflexion über das sinnvoll zu Messende in einer Wirtschaft.

Der folgende Beitrag versucht, einen Überblick über die moderne Behandlung makroökonomischer Fragestellungen zu liefern. Neben einer kurzen Einführung in die empirisch-deskriptive Ausprägung der Makroökonomik wird vor allem der theoretische Aspekt im Mittelpunkt des Interesses stehen. Der theoretische Teil wird hierbei gemäß des betrachteten Zeithorizontes unterteilt werden:

1. Die traditionelle *Makroökonomik* unterstellt eine sehr kurzfristige Betrachtungsweise, in der Veränderungen von wesentlichen, aber sich sehr langsam ändernden Größen wie dem Kapitalstock einer Wirtschaft vernachlässigt werden. Im Mittelpunkt dieser kurzfristigen Makroökonomik steht der Versuch, Erklärungen

dafür zu liefern, warum in einer bestimmten gesamtwirtschaftlichen Konstellation z. B. Arbeitslosigkeit auftreten kann.
2. Die *Konjunkturtheorie* versucht, Erklärungen dafür zu liefern, warum tatsächliche historische Zeitreihen des Bruttosozialprodukts, der Arbeitslosenzahlen oder des Preisniveaus Schwankungen im Zeitablauf aufweisen. Es handelt sich hierbei in der Regel um eine mittelfristige Sicht der wirtschaftlichen Entwicklung, in der langfristig relevante wirtschaftliche Größen wie Bevölkerungswachstum und technischer Fortschritt weiterhin als konstant angesehen werden.
3. Die *Wachstumstheorie* untersucht, wie die langfristige Entwicklung charakterisiert werden kann, wenn die betrachtete Wirtschaft z. B. Bevölkerungswachstum und technischen Fortschritt aufweist.

Obwohl der formal-analytische Aufwand bei der Behandlung der Fragestellungen vor allem in der Konjunktur- und der Wachstumstheorie zum Teil erheblich sein kann, wird im folgenden versucht, eine möglichst wenig formale Darstellung der Studieninhalte zu präsentieren. Im Mittelpunkt der Ausführungen wird die Beschreibung des Untersuchungsgegenstandes stehen; konkrete Fragestellungen werden in der Regel nicht beantwortet, da dies eine wesentlich formalere Beschreibung der unterstellten Verhaltensweisen und der aus ihnen folgenden Ergebnisse erfordern würde.

2. Zur Geschichte makroökonomischen Denkens

Die folgenden dogmengeschichtlichen Ausführungen sollen verdeutlichen, daß die moderne Makroökonomik lediglich eine von mehreren möglichen Denkansätzen zur Erklärung gesamtwirtschaftlicher Vorgänge darstellt.

2.1 Klassik und Neoklassik

Die Makroökonomik in ihrer heutigen Form ist erst in diesem Jahrhundert entstanden, historische Vorläufer sind jedoch bereits im 17. Jhdt. zu erkennen. Während der Zeit des sich in feudalistischen, zentralistisch organisierten Staaten entwickelnden Merkantilismus (vor allem in Frankreich) beschäftigte sich eine größere Zahl von Verwaltungsbeamten mit der Frage, wie das nationale Vermögen (d.h. das Vermögen des Herrschers) vergrößert werden könnte. François Quesnay (1694–1774) entwickelte mit seinem *tableau économique* eine Methode, die für die Politik wichtigsten wirtschaftlichen Vorgänge in einem Wirtschaftsgebiet systematisch zu erfassen. Eine solche Zusammenstellung stellt eine notwendige Voraussetzung dafür dar, den jetzigen Zustand einer Wirtschaft zu beschreiben und Ansatzpunkte für eine Erhöhung des Staatsvermögens zu finden. Quesnay kann als früher Vorläufer der Volkswirtschaftlichen Gesamtrechnung angesehen werden. Sein Schüler Robert Turgot (1727–1781) darf als einer der ersten theoretisch ausgebildeten Wirtschaftspolitiker bezeichnet werden.

Die sogenannten wirtschaftstheoretischen Klassiker des 18. und 19. Jahrhunderts – genannt seien hier nur Adam Smith (1723–1790), David Ricardo (1772–1823), Robert Malthus (1766–1834) oder Heinrich von Thünen (1783–1850) – beschäftigten sich zwar auch mit Fragestellungen, die heute zum Untersuchungsgegenstand der Makroökonomik gerechnet werden, ihre ökonomische Sichtweise unterscheidet sich jedoch in wesentlichen Punkten von moderneren Paradigmen. David Ricardo wird z. B. als einer der Begründer der Außenhandelstheorie angesehen, d.h. desjenigen Theoriengebäudes, welches sich mit Erklärungen des Zustandekommens von Wirtschaftsbeziehungen mit anderen Staaten beschäftigt und Wertungen der Vor- und Nachteile von Außenhandel überhaupt zu liefern versucht. Ricardo versuchte, die Vorteilhaftigkeit von Außenhandel mit einem Vergleich der Kostensituationen bei der Produktion von zwei ausgesuchten Gütern (das prominenteste Beispiel betrachtet die zwei Länder England und Portugal und Wein bzw. Tuch als tauschbare Güter) zu erklären. Dieser eigentlich mikroökonomische Ansatz wird auch in der modernen Außenhandelstheorie verfolgt, wenn im Mittelpunkt des Interesses die Frage steht, warum ein Land ein bestimmtes Gut exportiert oder importiert. Der neuere makroökonomische Ansatz der Außenhandelstheorie versucht jedoch darüber hinaus, den Einfluß des gesamten Exports und des gesamten Imports auf die Entwicklung des inländischen Preisniveaus, die gesamte inländische Produktion und Beschäftigung sowie den Wechselkurs zwischen den Währungen der betrachteten Länder zu bestimmen.

Diese klassische Konzentration auf einen mikroökonomischen Ansatz setzte sich in der Volkswirtschaftslehre des 19. Jahrhunderts verstärkt fort. Die sogenannte *Neoklassik* – genannt seien auch hier mit Alfred Marshall (1842–1924), Carl Menger (1840–1921), Vilfredo Pareto (1848–1923) und Léon Walras (1834–1910) nur einige der wichtigsten Vertreter – ist durch den Beginn der bis in die heutige Zeit anhaltenden Mathematisierung der Volkswirtschaftslehre gekennzeichnet. Diese Mathematisierung ist der Ausdruck des Versuches gewesen, die Volkswirtschaftslehre auf eine ähnlich solide Grundlage wie einige Naturwissenschaften – vor allem die Physik und hierbei besonders die klassische Mechanik – zu stellen. Neoklassische Autoren haben als erste das sogenannte *ökonomische Prinzip* („ein bestimmtes Ergebnis soll mit dem geringsten Aufwand erzielt werden" oder „bei einem vorgegebenen Aufwand soll das beste Ergebnis erzielt werden") für einzelne wirtschaftliche Gruppen wie Haushalte und Unternehmen formal präzise formuliert und es als mathematisches *Optimierungsproblem* definiert. Der Erfolg der sogenannten *Grenznutzenschule* in der Theorie des Haushalts ab etwa dem Ende des 19. Jahrhunderts (analog könnte von einer *Grenzkostenschule* in der Theorie der Unternehmung gesprochen werden) hat in der Folgezeit dazu geführt, daß alternative Ansätze, die sich nicht mit Optimierungsproblemen auf der mikroökonomischen Ebene beschäftigen, nicht als wissenschaftlich solide erachtet wurden.

Ein weiterer Grund für die Hervorhebung mikroökonomischer Ansätze bestand in der neoklassischen Ära in der Popularität der sogenannten *Partialanalyse*. Diese vor allem von Alfred Marshall praktizierte Analysemethode versucht bewußt, in Gedankenexperimenten aus der möglichen Vielzahl von Faktoren, die ein bestimmtes Ergebnis beeinflussen können, einige wenige Einflußfaktoren zu isolieren und die übrigen Größen als konstant anzunehmen (man spricht von der sogenannten *ceteris-paribus*-Methode). Durch Variation der isolierten Faktoren ist es dann u.U. möglich, präzise Aussagen über die Veränderungsrichtung des Ergebnisses zu treffen.

Von einer Partialanalyse kann aber nicht nur dann gesprochen werden, wenn lediglich einzelne Einflußfaktoren aus einer größeren Menge von Faktoren, welche auf das Endergebnis einwirken können, betrachtet werden. Um eine implizite Partialanalyse kann es sich auch dann handeln, wenn die Theorie sich auf das ökonomische Verhalten eines einzelnen Akteurs, also z. B. eines einzelnen Haushalts oder eines einzelnen Unternehmens, konzentriert und angenommen wird, daß die Aktivitäten des einzelnen Akteurs unabhängig sind von den Aktivitäten der weiteren Akteure in der betrachteten Wirtschaft. In der Neoklassik wird dies z. B. in der Theorie des

Haushalts durch die speziellen Annahmen an die Bedürfnisstruktur der Haushalte gesichert. Der *Nutzen,* den ein Haushalt erzielt, wird ausschließlich durch den eigenen Konsum von Gütern gestiftet; alternative Ansätze, die den Nutzen eines Akteurs z. B. auch von den Konsummengen anderer Haushalte abhängig sehen, konnten sich in der Neoklassik nie durchsetzen.

Mit Hilfe der Partialanalyse können zwar die Aktivitäten eines bestimmten Akteurs untersucht werden, indem angenommen wird, daß ein Akteur seine Entscheidungen unabhängig von den Aktivitäten anderer Akteure trifft. Andererseits gehen die einzelnen Akteure jedoch wirtschaftliche Beziehungen miteinander ein, so daß die Frage entsteht, wie die unabhängig voneinander aufgestellten Pläne der Akteure koordiniert werden. Neoklassische Autoren gehen davon aus, daß der *Preismechanismus* einen solchen Koordinationsmechanismus darstellt. Preise werden als zentraler Bestimmungsfaktor der individuellen Nachfrage- und Angebotsmengen der Akteure angesehen; diese Preise werden aber auf Märkten als Resultat des Zusammentreffens der verschiedenen Akteure gebildet.[1] Die Neoklassik geht davon aus, daß die Preise, die sich auf den Märkten bilden, in der Regel sogenannte *Gleichgewichtspreise* sind, d.h. solche Preise, bei denen die bei diesen Preisen insgesamt nachgefragten Mengen genau den insgesamt angebotenen Mengen entsprechen. Dies schließt nicht aus, daß es kurzfristige Störungen von Gleichgewichtslagen infolge von Änderungen der Umgebungsbedingungen oder der individuellen Verhaltensweisen geben kann. Preisanpassungsprozesse sorgen jedoch dafür, daß sich auf den betroffenen Märkten nach Ablauf einer Übergangsphase wieder Gleichgewichtslagen einstellen.

Es existiert demnach für die staatliche Wirtschaftspolitik kein Anlaß, aktiv in das Wirtschaftsgeschehen einzugreifen. Phänomene wie Unterauslastung der Kapazitäten und Arbeitslosigkeit werden als vorübergehende Erscheinungen interpretiert.

---

[1] Wie die Preise sich im einzelnen bilden, soll hier nicht weiter verfolgt werden und ist auch nicht immer konsistent beschreibbar. Es sei jedoch angemerkt, daß die oben beschriebene Unabhängigkeit der individuellen Akteure von den Aktivitäten der anderen Akteure bei Existenz eines Preismechanismus nicht vollständig vorhanden ist: individuelle Akteure bestimmen ihre Aktivitäten gemäß der Preise der einzelnen Güter; die Preise sind aber das Resultat des Zusammentreffens verschiedener Akteure.

2.2 Keynesianismus

Mit John Maynard Keynes (1883–1946) wird der Beginn des modernen makroökonomischen Denkens verbunden. Vor allem die wirtschaftspolitischen Implikationen der keynesianischen Theorie haben in den fünfziger und sechziger Jahren dieses Jahrhunderts zu einer Popularisierung des Gedankengebäudes und einer Neuorientierung der staatlichen Konjunkturpolitik geführt.

Die Weltwirtschaftskrise der späten zwanziger und frühen dreißiger Jahre kann als Initiator dieser Neuorientierung verstanden werden. Der neoklassische Ansatz des 19. Jahrhunderts ist zwar in der Lage, singuläre historische Phänomene wie die Aufbauphase nach dem ersten Weltkrieg, Reparationszahlungen und Börsenkrisen zu verarbeiten. Solche Phänomene werden von der Neoklassik als Störungen von Gleichgewichtslagen interpretiert, die sich durch Preisanpassungsprozesse selbständig wieder einrichten. Obwohl der neoklassische Ansatz nicht mit einer Aussage über die Länge solcher Anpassungsprozesse verbunden ist, wurde angesichts der anhaltenden Massenarbeitslosigkeit in allen entwickelten Industriestaaten jedoch deutlich, daß andere Erklärungsansätze zur Beschreibung einer gravierenden Depression erforderlich waren.

Es können verschiedene Zugänge zu einem Verständnis des keynesianischen Paradigmas gefunden werden. In neuerer Zeit ist dargestellt worden, daß keynesianische Szenarien auch in einem der Neoklassik sehr nahestehendem Gedankengebäude entstehen können, wenn berücksichtigt wird, daß optimierende Individuen erkennen, daß sie ihre ursprünglichen nutzenmaximalen Pläne nicht realisieren können und sie diese Restriktionen im Zuge eines erneuten Optimierungskalküls berücksichtigen. Die Rolle solcher Restriktionen (oder *Rationierungen*) wird von der *Rationierungstheorie* (oder *nicht-walrasianischen* Makroökonomik) aufgegriffen.

Hier soll ein anderer Zugang erwähnt werden, der besonders in den fünfziger und sechziger Jahren populär war. Die zu erwartenden Verhaltensweisen der am Wirtschaftsgeschehen Beteiligten werden nicht aus deren fiktiven Optimierungskalkülen abgeleitet; statt dessen werden *Hypothesen* über mögliche plausibel erscheinende Zusammenhänge zwischen makroökonomisch interessanten Größen wie gesamtwirtschaftlicher Nachfrage und Produktion, Beschäftigung usw. und Bestimmungsfaktoren wie Preisen, Zinssätzen oder Einkommen aufgestellt und mit Hilfe statistischer („ökonometrischer") Methoden überprüft. Die wichtigsten Bestimmungsgrößen werden dann in der theoretischen Analyse isoliert; statistisch weniger offensichtliche Zusammenhänge werden vernachlässigt.[2]

Für den privaten Konsum und die privaten Investitionen als zentrale makroökonomische Größen ergab sich mit dieser Methode eine Abhängigkeit des Konsums vom *tatsächlich* realisierten Einkommen bzw. einer Zinssatzabhängigkeit der Investitionen. Insbesondere für den Konsum stellt dies eine Abkehr von neoklassischen Prinzipien dar, da Preisen nicht mehr die Rolle des dominierenden Bestimmungsfaktors zugemessen wird – und folglich der Preismechanismus auch nicht mehr die zentrale Rolle in einem Koordinationsmechanismus spielen kann. In der keynesianischen Literatur ist diese unbedeutendere Rolle des Preismechanismus auch dadurch berücksichtigt worden, daß sehr langsam ablaufende Preisanpassungsprozesse unterstellt worden sind; üblicherweise ist vom Extremfall fester, sich in Ungleichgewichtssituationen nicht anpassender Preise ausgegangen worden (sogenannte „Fixpreis-Methode").

Ein einfachstes keynesianisches Standard-Szenarium wird im Abschnitt 3.2 mit Hilfe einer graphischen Darstellung beschrieben. Wenn Preisanpassungsprozesse sehr langsam sind bzw. überhaupt nicht stattfinden, dann kann gezeigt werden, daß es – bei Gültigkeit der statistisch abgeleiteten Verhaltensweisen – eine Art von „Gleichgewicht" auch jenseits des von der Neoklassik postulierten allgemeinen Gleichgewichts geben kann. Dieses als *Unterbeschäftigungsgleichgewicht* bekannte Szenarium ist beschrieben durch ein tatsächliches Einkommensniveau, bei dem die Güternachfrage gerade so groß wie das Güterangebot ist, dieses Angebotsniveau (d.h. Produktionsniveau) jedoch nicht Vollbeschäftigung impliziert. Die Unternehmen (Anbieter) erhöhen ihre Produktion nur dann, wenn die Nachfrage nach ihren Produkten zunimmt.

Da der Staat potentiell einen Nachfrager auf Gütermärkten darstellt (aber entsprechend der ideologischen Interpretation von Staatsaufgaben nicht zwangsläufig sein muß), erhält er im keynesianischen Gedankengebäude eine überragende Aufgabe. Wenn die Aktivitäten der Privaten zu einem Unterbeschäftigungsgleichgewicht aufgrund einer zu geringen gesamtwirtschaftlichen Nachfrage führen, dann obliegt entsprechend dem keynesianischen Paradigma dem Staat die Aufgabe, die Nachfragelücke durch eine

---

[2] Dies setzt voraus, daß die als makroökonomisch „interessant" definierten Größen mit dem vorhandenen statistischen Zahlenmaterial erfaßt werden können. Vgl. hierzu die Ausführungen in Abschnitt 3.1.1.

verstärkte staatliche Konsumgüternachfrage oder eine Steuerpolitik, die die private Nachfrage beeinflußt, zu schließen. Erleichtert wird dem Staat diese Aufgabe durch *Multiplikatoreffekte*, die eine stärkere Beeinflussung des tatsächlichen Einkommens versprechen, als die Staatsausgabenänderung tatsächlich betragen hat.

Dieses keynesianische Postulat einer erforderlichen Staatsaktivität im Falle eines zu geringen (oder zu hohen) Einkommensniveaus hat in den sechziger Jahren seinen institutionellen Niederschlag in einer Vielzahl von Stabilitätsgesetzen in den meisten westlichen Industrienationen gefunden und hat die Wirtschaftspolitik verpflichtet, bei Abweichungen von einem als „normal" empfundenen Einkommensniveau (unter Berücksichtigung eines Wachstumstrends) durch eine Änderung der Staatsausgaben aktiv zu werden. Eine *nachfrage-orientierte* Wirtschaftspolitik erkennt im staatlichen Ausgabenverhalten ein wirksames Instrument, konjunkturelle Schwierigkeiten wie z. B. Unterbeschäftigung zu bewältigen.

2.3 Neuere Entwicklungen und Alternativen zum Keynesianismus

Der Keynesianismus ist nie unwidersprochen geblieben. Eine frühe Kritik entwickelte sich im Rahmen des sogenannten Monetarismus. Die Zinssatzabhängigkeit der Investitionen im keynesianischen Gedankengebäude impliziert eine enge Beziehung zwischen der realen, güterwirtschaftlichen Ebene und dem monetären Bereich. Deshalb kann in keynesianischen Denkmodellen die Güternachfrage auch durch Steuerungen der von der Zentralbank eines Landes (z. B. der Deutschen Bundesbank) bereitgestellten Geldmenge beeinflußt werden („keynesianischer Transmissionsmechanismus"). Dies ist praktisch aber insbesondere nur dann möglich, wenn die erforderlichen Änderungen der Geldmenge unmittelbar durchsetzbar sind und keine weiteren Auswirkungen auf das Verhalten der an den Geldmärkten Tätigen nach sich ziehen. Im Zentrum der monetaristischen Kritik des Keynesianismus stand vor allem die Betonung von möglichen Wirkungsverzögerungen geldpolitischer Maßnahmen (und auch staatlicher Ausgabenprogramme), die u.U. erst dann ihre Wirksamkeit entfalten können, wenn sich die Wirtschaft bereits in einem anderen Entwicklungsstadium befindet. Eine Überwindung der Verzögerungs-Problematik soll durch eine *Verstetigung* des angestrebten Geldmengenwachstums erzielt werden. Eine möglichst genaue Zielvorgabe des für die Zukunft geplanten Geldmengenwachstums bedeutet jedoch zwangsläufig, daß die Geldpolitik keynesianischen Strategien zu einer bewußten Beeinflussung des Einkommensniveaus nicht mehr zur Verfügung steht.

Die *Neue Klassische Makroökonomik* knüpft an der Kritik des Monetarismus an, betont jedoch zwei weitere Aspekte. In der Lehrbuchdarstellung des keynesianischen Gedankengebäudes spielen Erwartungen über zukünftige Ereignisse eine untergeordnete Rolle. Obwohl insbesonders das Investitionsverhalten von Keynes mit Gewinnerwartungen verbunden wurde, haben geplante staatliche Aktivitäten zur Konjunkturstabilisierung keinen Einfluß auf das Konsum- und Investitionsverhalten zumindest in denjenigen keynesianischen Modellen, die zur Abschätzung der Auswirkungen staatlicher Aktivitäten untersucht werden. Die neuklassische Makroökonomik behauptet hingegen, daß die am Wirtschaftsgeschehen beteiligten Individuen sehr wohl in der Lage seien, die Effekte staatlicher Aktivitäten zu prognostizieren und ihr eigenes Verhalten entsprechend anzupassen. In bestimmten Modell-Szenarien ist es möglich aufzuzeigen, daß angekündigte staatliche Maßnahmen zur Beseitigung einer unerwünschten wirtschaftlichen Situation völlig unwirksam sein können.

Im Gegensatz zur keynesianischen Theorie, die von der Betrachtung gesamtwirtschaftlicher Aggregate ausgeht, betont die Neuklassik die mikroökonomische Fundierung der unterstellten Verhaltensweisen. Da eine Erfassung aller beteiligten Individuen unmöglich ist, wird das Verhalten eines fiktiven *repräsentativen Individuums* untersucht. Dieses Individuum verkörpert das typische, durchschnittliche Verhalten der am Wirtschaftsprozeß Beteiligten; es führt ein neoklassisches Optimierungsverhalten durch.

Entsprechend des neoklassischen Ansatzes stellen makroökonomische Phänomene wie Arbeitslosigkeit und Inflation entweder vorübergehende Anpassungsphänomene dar oder müssen – als Resultat des Optimierungsverhaltens – als Merkmal eines gleichgewichtigen Zustandes interpretiert werden. Anhaltende Arbeitslosigkeit wird von Teilen der Neuklassik demnach als gewolltes Ergebnis eines Optimierungskalküls bei zu geringen Lohnsätzen beschrieben (sog. „freiwillige" Arbeitslosigkeit).

Obwohl dieser neuklassische Ansatz einen Rückschritt in die vorkeynesianische Ära darzustellen scheint und keine zufriedenstellende Erklärung des in neuerer Zeit wieder akut gewordenen Phänomens der Massenarbeitslosigkeit liefert, ist es möglich, mit neuklassischen Modellen die tatsächlich beobachtbaren Zeitreihen des Sozialprodukts mit einer großen Genauigkeit abzubilden. Insbesondere der im Abschnitt 4 skizzierte Konjunkturverlauf kann mit neuklassischen Modellen erstaunlich genau wiedergegeben werden.

3. Die kurzfristige Makroökonomik

In diesem Kapitel werden einige Grundzüge des keynesianischen Gedankengebäudes intensiver dargestellt. Insbesondere soll die enge Verknüpfung von keynesianischer Theorie und statistischer Aggregatbildung betont werden.

3.1 Die Volkswirtschaftliche Gesamtrechnung

Die Volkswirtschaftliche Gesamtrechnung (VGR) in ihrer modernen Form kann als Ergebnis der keynesianischen Konzentration auf gesamtwirtschaftliche Aggregatgrößen verstanden werden. Gesamtrechnungen sind in verschiedener Form darstellbar; in diesem Beitrag sollen die Grundlagen der *Kreislauf- und Kontendarstellung* behandelt werden.

3.1.1 Kreislaufdarstellungen

Die Grundlage von Kreislaufdarstellungen des wirtschaftlichen Geschehens stellen sogenannte „Pole" dar. Zu einem Pol werden zusammengefaßt z. B. alle privaten Haushalte, alle privaten Unternehmen, das gesamte Ausland, oder der Bankensektor. Im einfachsten Fall existieren nur die Pole „Haushalte" (H) und „Unternehmen" (U).

Abbildung 1 zeigt die Kreislaufdarstellung von wirtschaftlichen Beziehungen zwischen den Polen H und U. Es können zwei Arten von Beziehungen unterschieden werden: 1) reale Beziehungen in Form von Güterlieferungen und des Erstellens von Dienstleistungen und 2) monetäre Beziehungen. Zu den realen Beziehungen zählen die Lieferungen von Konsumgütern durch die Unternehmen an die Haushalte einerseits und die Bereitstellung von Arbeitskraft durch die Haushalte an die Unternehmen andererseits. Stellt man sich vor, daß in den Pfeilen der Abbildung 1 etwas „fließt", dann liegt in der Tat ein „Kreislauf" vor. Zu der zweiten Gruppe zählen die Geldzahlungen der Haushalte für die empfangenen Konsumgüter an die Unternehmen und die Lohn- und Gehaltszahlungen der Unternehmen an die Haushalte für die empfangenen Arbeitsleistungen. Auch hier liegt ein Kreislauf vor. Die Geldleistung für Konsumausgaben entspricht offensichtlich dem Warenstrom an Konsumgütern, aber es ist sinnvoll, den Waren- und Dienstleistungsstrom vom monetären Strom zu trennen. Die Volkswirtschaftliche Gesamtrechnung beschäftigt sich mit den monetären Strömen, also z. B. den Konsumausgaben und den Arbeitseinkommen. Der Waren- und Dienstleistungskreislauf ist Gegenstand der sogenannten *Input-Output-Rechnung*.

Abbildung 1: *Eine Kreislaufdarstellung realer und monetärer Ströme*

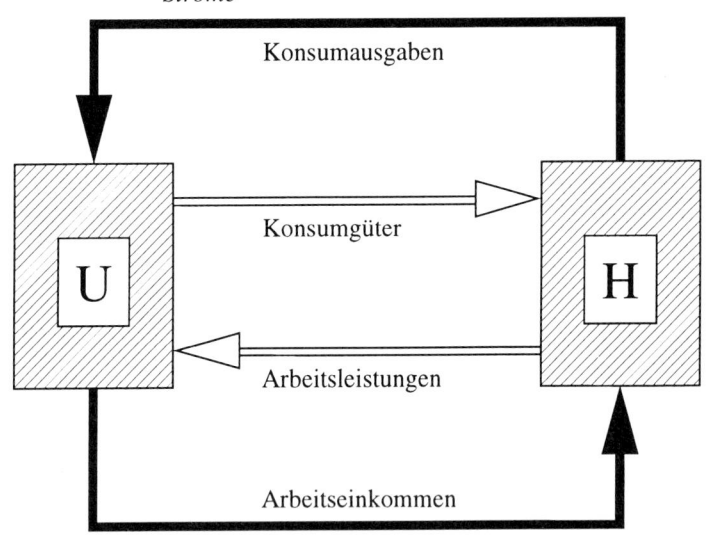

Die Abbildung 1 enthält also zwei verschiedene Kreisläufe. Wenn für jeden Pol innerhalb des Kreislaufs gilt, daß die Eingänge gleich den Ausgängen sind, also z. B. Konsumausgaben gleich Arbeitseinkommen sind, spricht man von einem *geschlossenen* Kreislauf. Wenn für einen Pol diese Gleichung nicht erfüllt ist, liegt ein *offener* Kreislauf vor.[3] Werden mehr als die zwei Pole U und H erfaßt,

---

[3] In der Abbildung wäre dies z. B. sofort dann gegeben, wenn die Haushalte sparen würden. Zur Erfassung des Sparens in einem geschlossenen Kreislaufmodell wäre die Einführung eines Banken-Pols oder eines Vermögensänderungs-Pols erforderlich.

werden Kreislaufdarstellungen sehr schnell unübersichtlich. Es ist dann sinnvoller, andere Darstellungsformen zu wählen.

3.1.2 Kontendarstellungen

Es gibt verschiedene Ausgangspunkte für die Darstellung der Gesamtrechnung in Kontenform. Die folgenden Ausführungen konzentrieren sich lediglich auf die Unternehmensseite. Der Ausgangspunkt liegt in dem sogenannten *Produktionskonto* einer einzelnen Unternehmung. Auf der linken Seite (Soll-Seite) dieses Kontos werden alle Transaktionen aufgeführt, die Aufwendungen (Auszahlungen) verursachen und auf der rechten Seite (Haben-Seite) solche, die Erträge (Einzahlungen) nach sich ziehen.

Abbildung 2: *Das Produktionskonto einer einzelnen Unternehmung*

	Soll	Haben	
Netto-produktionswert	Vorleistungen	Umsatz (Verkäufe)	Brutto-produktionswert
	Löhne und Gehälter		
	Zinsen und Mieten	Veränderung Lagerbestand an Halb- und Fertigwaren	
	Abschreibungen		
	Saldo: Betriebsgewinn	Selbsterstellte Anlagen	

Die Abbildung 2 zeigt ein typisches Produktionskonto eines Unternehmens. Die Aufwendungen sind im einzelnen: 1. Vorleistungen, d.h. die Summe all der Zahlungen, die das Unternehmen an andere Unternehmen zum unmittelbaren Zweck der Produktion leisten muß. Es kann sich z. B. um Käufe von Betriebsmitteln für die Maschinen, Halbfertigprodukte (Kugellager usw.) oder Reifen in der Pkw-Produktion handeln. Wichtig ist, daß es sich um Käufe bei anderen Unternehmen handelt. Ferner zählen zu den Aufwendungen 2. Löhne und Gehälter, 3. Zinsen für Kredite und Mieten für die Gebäude und 4. Abschreibungen, d.h. derjenige Teil des Kapitals (Anlagen), der im Zuge der Produktion verschlissen wird und ersetzt werden muß.

Auf der Haben-Seite werden verbucht 1. alle Umsätze (Verkäufe) an Fertigprodukten des Unternehmens an andere Unternehmen und an die Haushalte als Endkonsumenten. Es werden ferner erfaßt

2. die Veränderung des Lagerbestands an (vom betrachteten Unternehmen produzierten) Halb- und Fertigwaren, da diese so bewertet werden, als wenn sie bereits verkauft worden wären oder in die Produktion Eingang gefunden hätten und 3. die von dem Unternehmen selbst erstellten Anlagen, denn diese sind mit den auf der Soll-Seite erfaßten Löhnen, Gehältern und anderen Faktoreinkommen erzeugt worden.

Ein Konto ist immer ausgeglichen, d.h. die Summe der Einträge auf der Soll-Seite muß immer gleich der Summe der Einträge auf der Haben-Seite sein. Offensichtlich besteht aber kein Grund, warum dies zwangsläufig bei dem Vergleich der oben erwähnten Einträge so sein sollte. Um die Darstellung zu einem „Konto" zu machen, wird die linke mit der rechten Seite verglichen und ein „Saldo", d.h. die Differenz beider Seiten ermittelt. Aus Konventionsgründen wird dieser Saldo im Produktionskonto auf die Soll-Seite geschrieben. Ist der Saldo positiv, d.h. sind die Erträge größer als die Aufwendungen, liegt ein Betriebsgewinn vor. Andernfalls handelt es sich um einen Verlust.

Die Summe der Einträge auf der Haben-Seite des Kontos wird als *Bruttoproduktionswert* bezeichnet. Wenn von diesem die Vorleistungen abgezogen werden, erhält man den *Nettoproduktionswert* oder auch *Bruttowertschöpfung*. Die Vorleistungen werden abgezogen, um einen Hinweis darauf zu erhalten, wieviel das Unternehmen im Zuge der Produktion an selbstgeschaffenem „Wert" den Vorprodukten hinzugefügt hat. Bei einem Unternehmen, welches Rohstoffe fördert, wird die Differenz zwischen beiden Werten vermutlich groß sein; bei vielen Einzelhandelsunternehmen hingegen wird sie klein sein. Von der Bruttowertschöpfung gelangt man zur *Nettowertschöpfung,* indem die Abschreibungen, also der Anlagenverschleiß, abgezogen werden.

Sinn der Volkswirtschaftlichen Gesamtrechnung ist es, Informationen über die gesamte Volkswirtschaft zu liefern. Aus diesem Grunde wird durch Zusammenfassung („Aggregation") der einzelnen Produktionskonten das Nationale Produktionskonto gebildet. Es liegt nahe, alle linken und alle rechten Seiten aller einzelwirtschaftlichen Produktionskonten zu addieren, um zu der linken bzw. rechten Seite des Nationalen Produktionskontos zu gelangen. Im Zuge dieser Additionen würden aber offensichtlich auf der linken und rechten Seite jeweils gleiche Transaktionen erfaßt, da die Vorleistungen, die bei einem Unternehmen A auf der Soll-Seite verbucht werden, bei einem anderen Unternehmen B als Verkäufe von

Endprodukten auf der Haben-Seite erfaßt werden. Wenn nach Streichung dieser auf beiden Seiten aufgeführten Vorleistungen ein positiver Betrag von Verkäufen der Unternehmen an andere Unternehmen übrig bleibt, dann handelt es sich um die Lieferung von Gütern, die nicht unmittelbar in der Produktion verbraucht werden, sondern zu einem späteren Zeitpunkt teilweise oder ganz eingesetzt werden. Man spricht von *Investitionsgütern.* Sie umfassen sowohl Maschinen (Anlageinvestitionen) als auch Rohstoffe, die für eine spätere Verwendung in der Produktion gelagert werden (Lagerinvestitionen).

Abbildung 3: *Ein Nationales Produktionskonto*

Soll	Haben	
Summe der Faktoreinkommen	Privater Konsum (private Haushalte)	Bruttosozialprodukt
Abschreibungen	Bruttoinvestitionen	

Ein Nationales Produktionskonto ist in der Abbildung 3 dargestellt. Die gesamten Anlageinvestitionen (selbsterstellten Anlagen und Anlagenkäufe bei anderen Unternehmen) und die Lagerinvestitionen (eigene Halb- und Fertigprodukte sowie Lieferungen von anderen Unternehmen) sind zu den *Bruttoinvestitionen* zusammengefaßt. Nach der Streichung der Verkäufe an andere Unternehmen, die dort als Vorleistungen verbucht worden waren und der getrennten Darstellung der Lieferung von Investitionsgütern an andere Unternehmen verbleiben von den Einträgen „Verkäufe" in den einzelwirtschaftlichen Produktionskonten nur noch die Verkäufe an die privaten Haushalte, die als *Privater Konsum* bezeichnet worden sind. Auf der Soll-Seite des Kontos erscheinen die Abschreibungen und die Faktoreinkommen der in der Produktion eingesetzten Produktionsfaktoren, d.h. die Nettowertschöpfung der betrachteten Wirtschaft.

Die Summe der Einträge auf der Haben-Seite des Nationalen Produktionskontos wird als „Bruttosozialprodukt" bezeichnet. Die Einzelkomponenten sind also „Bruttosozialprodukt = Privater Konsum + Bruttoinvestitionen" oder $Y = C + I^{br}$. Diese Definition des Bruttosozialprodukts basiert auf der Annahme, daß in der betrachteten Wirtschaft lediglich die Pole „Unternehmen", „Haushalte" und – dies ist in der Abbildung 1 nicht dargestellt – ein Pol „Vermögensänderung" existieren, in der für die Koordination von Geldern für die Sparentscheidungen der privaten Haushalte und die Investitionsentscheidungen der Unternehmen zuständig ist. Entsprechende Kontendarstellungen können für den Fall aufgestellt werden, daß z. B. ein Sektor „Staat" und ein zusammengefaßter Sektor „Ausland" existieren. Wenn diese beiden Sektoren erfaßt werden sollen, sind insbesondere die folgenden Größen zu berücksichtigen:[4]

EX   Exporte des betrachteten Landes in das Ausland
IM   Importe des betrachteten Landes aus dem Ausland
C^{st} Der Konsum des Staates in Form von Beamtenentlohnung und öffentlichen Investitionen
T^{dir} Die direkten Steuern in Form von Einkommensteuern, Vermögensteuern, usw.
T^{ind} Die indirekten Steuern, die (in Form von Verbrauchssteuern) zwar von Unternehmen abgeführt werden, aber letztlich vom Verbraucher gezahlt werden.
Sub   Die Subventionen, die vom Staat aus verschiedenen Gründen an die Unternehmen gezahlt werden.
Tr   Die Transferzahlungen, die vom Staat (meist aus sozialen Gründen) an die privaten Haushalte gezahlt werden.

Die oben erwähnte Sozialproduktsdefinition ändert sich im Falle von Staatsaktivität und Außenhandel. Das *Bruttosozialprodukt zu Marktpreisen* ist dann definiert als

$$Y_M^{br} = C^{pr} + C^{st} + I^{br} + (EX - IM).$$

Zum *Nettosozialprodukt zu Marktpreisen* gelangt man, indem man von Y_M^{br} die Abschreibungen abzieht:

$$Y_M^{net} = C^{pr} + C^{st} + (I^{br} - Ab) + (EX - IM).$$

Das *Nettosozialprodukt zu Faktorkosten* (auch „Volkseinkommen" genannt) ermittelt man, indem man von Y_M^{net} die indirekten Steuern subtrahiert und die Subventionen addiert:

$$Y_F^{net} = C^{pr} + C^{st} + (I^{br} - Ab) + (EX - IM) - (T^{ind} - Sub).$$

---

[4] Die direkten Steuern und die Transferzahlungen werden in den hier vorgestellten Sozialproduktsgrößen nicht erwähnt; sie spielen jedoch bei der Darstellung der keynesianischen Modelltheorie eine Rolle.

Bei diesen Sozialproduktsdefinitionen (-gleichungen) handelt es sich um *Identitäten,* d.h. Beziehungen zwischen wirtschaftlichen Aggregatgrößen, die ex-post (= „rückblickend") immer erfüllt sind. Die Konzentration auf Aggregatgrößen in der VGR ist nicht selbstverständlich und muß vor dem Hintergrund der Entwicklung der modernen makroökonomischen Theorie in diesem Jahrhundert gesehen werden. Die Darstellung eines einfachen keynesianischen Modells im folgenden Abschnitt soll die enge Verbindung zwischen VGR und makroökonomischer Theorie beleuchten.

3.2 Das einfachste keynesianische Modell

Die Volkswirtschaftliche Gesamtrechnung repräsentiert eine statistische Zusammenstellung von makroökonomisch relevanten Größen in bereits abgelaufenen Perioden. Es wird hierbei kein Versuch unternommen zu klären, welche Bestimmungsfaktoren den Wert dieser Größen beeinflußt haben. In der makroökonomischen *Theorie* werden hypothetische Zusammenhänge zwischen diesen Größen und möglichen Bestimmungsfaktoren postuliert und mit Hilfe von *Modellen* das Zusammenwirken makroökonomischer Größen untersucht. Hiermit sollen einerseits in der Vergangenheit realisierte Werte erklärt werden, andererseits soll mit der makroökonomischen Theorie auch eine Prognose zukünftiger Größen ermöglicht werden.

Auf den folgenden Seiten wird das einfachste Modell in der keynesianischen Tradition dargestellt. Es handelt sich um das sogenannte *einkommenstheoretische Grundmodell* einer Wirtschaft, die keinen Außenhandel mit anderen Ländern betreibt. Es sei behauptet, daß der private Konsum, C^{pr}, ausschließlich vom verfügbaren Einkommen, Y^v, beeinflußt wird. Das verfügbare Einkommen ist definiert als derjenige Teil des Volkseinkommens, der den privaten Haushalten nach Zahlung der direkten Steuern, T^{dir}, und dem Erhalt von Transferzahlungen, Tr, zur Verfügung steht. Steigt das verfügbare Einkommen, dann steigt auch der private Konsum. Die Konsumsteigerung wird aber vermutlich kleiner sein als die Einkommenssteigerung; ein Teil des zusätzlichen Einkommens dürfte für Sparzwecke verwendet werden. Ferner darf davon ausgegangen werden, daß auch bei einem Einkommen von Null der Konsum nicht gänzlich eingeschränkt wird, sondern das Vermögen (Sparbuch, Kapitalbestände, usw.) zur Deckung des Grundbedarfs herangezogen wird. Die einfachste funktionale Form, die diese Annahmen wiedergibt, lautet

$$C^{pr}(Y^v) = a + bY^v = a + b \cdot (Y - T^{dir} + Tr)$$

mit $a > 0$ und $0 < b \leq 1$. Diese *Konsumfunktion* ist auch als keynesianische „absolute Einkommenshypothese" bekannt. Der Einfachheit halber sei davon ausgegangen, daß die Nettoinvestitionen, I^{net}, während des Betrachtungszeitraums konstant bleiben. Die gleiche Annahme gelte vorläufig für den staatlichen Konsum, C^{st}, die direkten Steuern, T^{dir}, und die Transferzahlungen, *Tr*. Ferner sei angenommen, daß es keine indirekten Steuern gebe.

Für diese Modellwirtschaft lautet gemäß der VGR die entsprechende Definitionsgleichung des Volkseinkommens

$$Y = C^{pr}_{tat} + C^{st}_{tat} + I^{net}_{tat},$$

wobei $Y = Y^{net}_F$ gesetzt wurde und der Index „tat" andeutet, daß es sich um *realisierte* Größen handelt. Die Übereinstimmung des Volkseinkommens mit der Summe aus privatem und staatlichem Konsum und den Nettoinvestitionen muß jedoch nicht zwangsläufig gelten, wenn anstelle der realisierten die *geplanten* Größen von Konsum und Investitionen berücksichtigt werden.

Mit der Abbildung 4 soll diese Aussage verdeutlicht werden. Die Konsumfunktion ist durch die unterste der ansteigenden Geraden dargestellt worden. Da der staatliche Konsum und die Nettoinvestitionen als konstante Größen angenommen wurden, kann die Summe aus privatem und staatlichem Konsum sowie der Nettoinvestitionen für jeden Wert des Volkseinkommens ermittelt werden, indem der Graph der Konsumfunktion parallel um den Betrag des staatlichen Konsums und der Nettoinvestitionen nach oben verschoben wird. Die in der Graphik ebenfalls eingezeichnete 45°-Linie hat die Funktion einer Hilfslinie: sie spiegelt den auf der Abszisse abgetragenen Wert des Volkseinkommens auf die Ordinate.

Wenn in Abbildung 4 von einem sehr kleinen Einkommen Y_1 ausgegangen wird, ist die Summe $C^{pr} + C^{st} + I^{net}$ zwar auch klein, aber immerhin größer als das Einkommen Y_1. Dies kann durch einen Vergleich des Abszissenwertes Y_1 mit dem entsprechenden Wert auf der Ordinate abgelesen werden. Ist das Ausgangseinkommen sehr groß, z. B. Y_2, dann ist die Summe ebenfalls groß, aber kleiner als

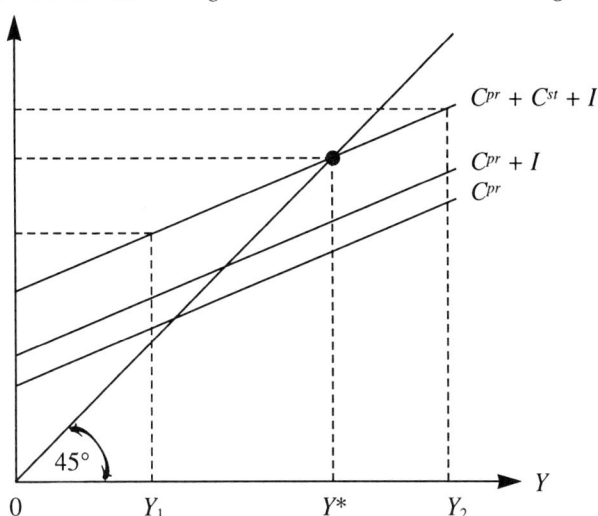

Abb. 4: *Die Bestimmung des makroökonomischen Gleichgewichts*

das Einkommen Y_2. Nur im Schnittpunkt von 45°-Linie und der Kurve für $C^{pr} + C^{st} + I^{net}$ gilt die Gleichung

$$Y = a + b \cdot (Y - T^{dir} + Tr) + C^{st} + I^{net}$$

Der Wert des Einkommens, bei dem diese Gleichung erfüllt ist, wird als „Gleichgewichtseinkommen" Y^* bezeichnet.[5]

Der Anlaß für die Beschäftigung mit solchen makroökonomischen Modellen besteht vor allem darin nachzuweisen, daß durch die Veränderung der als konstant angenommen Größen wie Staatsausgaben und Investitionen das gleichgewichtige Einkommen verändert werden kann. Dies sei exemplarisch mit der Abbildung 5 illustriert. Mit Hilfe der in Abbildung 4 praktizierten Methode ist das gleichgewichtige Einkommen Y_1^* für einen Staatskonsum in Höhe von C_1^{st} abgeleitet worden. Es sei jetzt angenommen, daß die Staats-

---

[5] Es sei beachtet, daß auch bei „Ungleichgewichtseinkommen" wie Y_1 und Y_2 die oben erwähnte ex-post-Identität der VGR gilt. Ermöglicht wird dies z. B. dadurch, daß die realisierten Werte von privatem Konsum und Nettoinvestitionen nicht mit den geplanten Größen übereinstimmen müssen. Differenzen zwischen geplanten und realisierten Größen treten als „Zwangssparen" oder ungeplante „Lagerinvestitionen" auf.

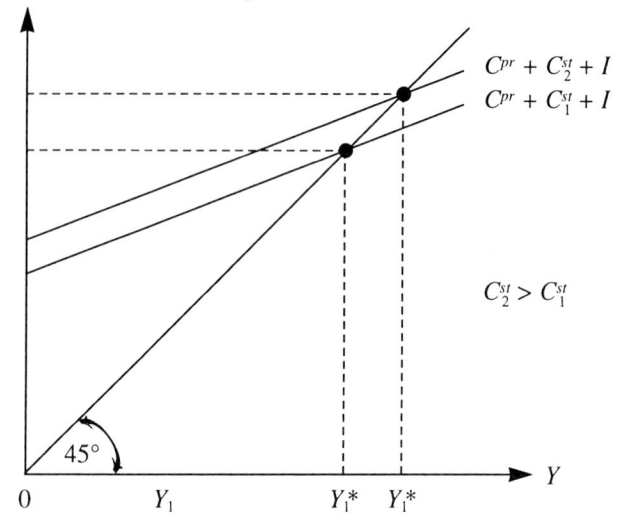

Abbildung 5: *Der Einfluß einer Änderung der Staatsausgaben auf das Gleichgewichtseinkommen*

$C^{pr} + C_2^{st} + I$
$C^{pr} + C_1^{st} + I$

$C_2^{st} > C_1^{st}$

45°

$0 \quad Y_1 \quad\quad Y_1^* \ Y_1^* \quad\quad Y$

ausgaben ansteigen, und zwar von C_1^{st} auf C_2^{st}. Damit verschiebt sich die Kurve $C^{pr} + C^{st} + I^{net}$ um den Betrag $C_2^{st} - C_1^{st}$ nach oben. Das neue Gleichgewichtseinkommen Y_2^* ist wieder im Schnittpunkt der Kurve $C^{pr} + C_2^{st} + I^{net}$ mit der 45°-Linie zu finden und ist größer als das ursprüngliche Einkommen Y_1^*. Eine Staatsausgabenerhöhung bedeutet somit, daß sich das Einkommen (Sozialprodukt) erhöht. Diese Aussage allein ist wirtschaftspolitisch interessant; bedeutsam ist aber auch die Beobachtung, daß das Einkommen sich um einen höheren Betrag vergrößert als die Staatsausgaben, d.h. $Y_2^* - Y_1^* > C_2^{st} - C_1^{st}$. Man spricht von sogenannten „Multiplikatoreffekten". Entsprechend würde sich das gleichgewichtige Einkommen verringern, wenn sich die Staatsausgaben gegenüber der Ausgangssituation verringern würden.

Ähnliche Betrachtungen können für Änderungen der direkten Steuern oder der Subventionen durchgeführt werden, die sich in Verschiebungen der C^{pr}-Geraden nach oben oder unten niederschlagen würden. Eine als „Haavelmo-Theorem" bekannte Aussage beinhaltet, daß eine Staatsausgabenerhöhung, die vollständig durch eine Erhöhung der direkten Steuern finanziert wird (man spricht von einer „Budgetverlängerung"), nicht etwa eine neutrale Wirkung auf das Gleichgewichtseinkommen besitzt, sondern das Gleichgewichtseinkommen um den Betrag der Staatsausgabenerhöhung erhöht. Wird die Konstanz weiterer Größen – wie zum Beispiel der Nettoinvestitionen – aufgehoben und werden ebenfalls funktionale Abhängigkeiten unterstellt oder wird angenommen, daß die betrachtete Wirtschaft Außenhandel mit anderen Wirtschaften betreibt, werden die Modelle entsprechend komplizierter und sind meist nicht mehr mit einfachen graphischen Mitteln analysierbar. Der Grundgedanke der keynesianischen Makroökonomik wird jedoch bereits in dem einfachen Grundmodell deutlich. Der Wert des Gleichgewichtseinkommens wird von Nachfragekomponenten wie dem privaten und staatlichen Konsum und den Investitionen beeinflußt. Verschiebt sich z. B. die Kurve des privaten Konsums aus irgendeinem Grund nach unten, verringert sich bei sonst gleichen Größen das Gleichgewichtseinkommen. Die Beschäftigung, die zur Erzeugung dieses Volkseinkommens (Sozialprodukt) notwendig ist, wird dann ebenfalls sinken. Arbeitslosigkeit erscheint dann als Folge einer Nachfrageschwäche auf dem Gütermarkt. Durch erhöhte staatliche Konsumausgaben oder niedrigere Steuereinnahmen kann diese Nachfrageschwäche jedoch kompensiert werden. Für den Keyesianismus stellt somit eine aktive Beeinflussung der gesamtwirtschaftlichen Nachfrage mit Hilfe seiner Ausgaben- und Einnahmenpolitik eine obligatorische wirtschaftspolitische Aufgabe dar.

4. Die mittelfristige Konjunkturtheorie

In der oben beschriebenen kurzfristigen Makroökonomik – besonders in der keynesianischen Variante – werden in der Regel Momentaufnahmen des makroökonomischen Geschehens betrachtet. Für gegebene Werte der Parameter der Modelle – wie z. B. der Form der Konsumfunktion oder der Werte von Staatskonsum, Steuern oder Investitionsbeträgen – wird untersucht, ob es ein Gleichgewicht in einem der genannten Bedeutungen gibt. Es kann dann festgestellt werden, ob es bei Änderungen der Parameter zu einer Änderung der Gleichgewichtslagen kommt (man spricht von einer „komparativ statischen" Analyse). Es ist zwar möglich, mit einer *dynamischen Analyse* den konkreten, möglicherweise komplexen Anpassungsprozeß von einer Gleichgewichtslage zur anderen zu beschreiben, im Mittelpunkt der kurzfristigen keynesianischen Makroökonomik stand jedoch immer die Stabilitätsfrage eines durch eine Parameteränderung verursachten neuen Gleichgewichts, d.h. die Frage, ob dieses neue Gleichgewicht letztlich auch erreicht wird. Die keynesianische Makroökonomik ist in einer besonderen wirtschaftshistorischen Situation – nämlich der großen Weltwirtschaftskrise der 30er Jahre – entstanden. Es ist oben gezeigt worden, daß die keynesianische Theorie der Wirtschaftspolitik Empfehlungen zu liefern vermag, wie in solchen Situationen die Massenarbeitslosigkeit und eine zu geringe Produktion mit Staatsausgabenerhöhungen oder Steuersenkungen tendenziell beseitigt werden können. Der Erfolg der keynesianischen Theorie in den 50er und 60er Jahren kann aber nicht mit dem vermutlich singulären Phänomen der Weltwirtschaftskrise erklärt werden. Keynesianische Politik-Empfehlungen bieten sich auch dann an, wenn der Rückgang der Beschäftigung weit weniger deutlich als während der Weltwirtschaftskrise ausfällt und mögen vor allem dann von Erfolg gekrönt sein, wenn der erforderliche Umfang der staatlichen Intervention geringer ist.

Theoretische Reflexionen über mögliche staatliche Interventionen bei Beschäftigungs- und Produktionsrückgängen wurden in fast allen marktwirtschaftlich organisierten Staaten in der Nachkriegszeit deshalb besonders willkommen aufgenommen, weil kleinere Rückgänge der Beschäftigung keinesfalls – wie die große Weltwirtschaftskrise – ein singuläres Phänomen waren. Vielmehr war es bereits den volkswirtschaftlichen Klassikern aufgefallen, daß das wirtschaftliche Geschehen nicht durch eine Stationarität, d.h. eine mehr oder weniger starke Konstanz der wesentlichen makroökonomischen Größen, gekennzeichnet ist, sondern sich durch ein beständiges Auf und Ab von Verkaufszahlen und Produktion und nachfolgenden Fluktuationen in der Beschäftigung und den Preisen auszeichnet. Für einige Klassiker stellte diese als *Konjunkturphänomen* bekannte Eigenheit empirisch feststellbarer Zeitreihen den Anlaß dar, sich überhaupt mit wirtschaftstheoretischen Fragen zu beschäftigen.

Die *Konjunkturtheorie* versucht, Erklärungen dafür zu liefern, warum wichtige empirische Zeitreihen im Zeitablauf beständig schwanken. Die Geschichte der Konjunkturtheorie verzeichnet eine Vielzahl unterschiedlichster Erklärungsansätze, die meistens – vor allem wegen ihrer Betonung singulärer Ursachen oder monokausaler Gedankenketten – nur noch von Dogmenhistorikern zitiert werden. Andere historische Ansätze konnten hingegen in umfangreichere moderne Gedankengebäude eingebettet werden.

Bevor einige wichtige Erklärungsansätze geschildert werden, ist es notwendig, das Konjunkturphänomen in allgemeiner, stilisierter Form zu beschreiben. Der Zweck dieser Darstellung besteht nicht darin, einen konkreten, historisch belegbaren Konjunkturverlauf zu beschreiben, sondern allgemein gültige Muster zu isolieren, von denen angenommen wird, daß sie auch in künftigen Konjunkturverläufen beobachtet werden können.

4.1 Das Konjunkturphänomen aus stilisierter Sicht

Wenn von einem Konjunkturverlauf gesprochen wird, ist es sinnvoll, eine Referenzgröße zu definieren, an der sich Begriffe wie „Verschlechterungen" oder „Verbesserungen" des Konjunkturlaufs orientieren können.[6] In der Abbildung 6 ist davon ausgegangen worden, daß in der betrachteten Wirtschaft ein Wert des Sozialprodukts existiert, welcher durch eine Normalauslastung der Kapazitäten der Unternehmen und eine gesamtwirtschaftliche Beschäftigung gekennzeichnet ist, bei der die öffentliche Meinung nicht von Arbeitslosigkeit sprechen würde.[7] Dieser Normalauslastungswert

---

[6] Es sei an dieser Stelle darauf hingewiesen, daß es eine Uneindeutigkeit im Sprachgebrauch des Wortes „Konjunktur" gibt. Während das Wort vom lat. Ausdruck „conjungere", d.h. „verbinden", abstammt und auf die vielfältigen, miteinander in Beziehung stehenden Einflußfaktoren eines bestimmten Phänomens hinweist, wird es sowohl für die Beschreibung der Existenz eines zyklischen Verhaltens einer wirtschaftlichen Variablen schlechthin als auch für die Bezeichnung eines vorteilhaften Geschäftsverlaufs verwendet („die Modebrache hat Konjunktur") oder auch nur zur Beschreibung der wirtschaftlichen Lage eingesetzt („die Konjunktur ist gut (oder schlecht)"). Im folgenden wird die Verwendung des alleinigen Wortes „Konjunktur" vermieden und zum Beispiel immer von „Konjunkturverlauf" oder „Konjunkturtheorie" gesprochen.

[7] Dieser Wert mag historisch und länderspezifisch schwanken. Im Durchschnitt darf von „Normalauslastung" gesprochen werden, wenn die Kapazitäten zu 90-95% ausgelastet sind. Von „Vollbeschäftigung" darf gesprochen werden, wenn nicht mehr als 1-3 Prozent der Erwerbspersonen, d.h. der arbeitswilligen und -fähigen Bewohner eines Staatsgebietes, ohne Beschäftigung sind. Man muß davon ausgehen, daß stets ein Teil der Erwerbspersonen vorübergehend arbeitslos ist, weil sie ihre Stellung oder ihren Wohnort wechseln oder aus ähnlichen Gründen daran gehindert sind, einen potentiell vorhandenen Arbeitsplatz einzunehmen.

des Bruttosozialprodukts (BSP) ist in der Abbildung 6 durch den mittleren der drei gestrichelten horizontalen Linien angedeutet.

Abbildung 6: *Die Phasen eines Konjunkturverlaufs*

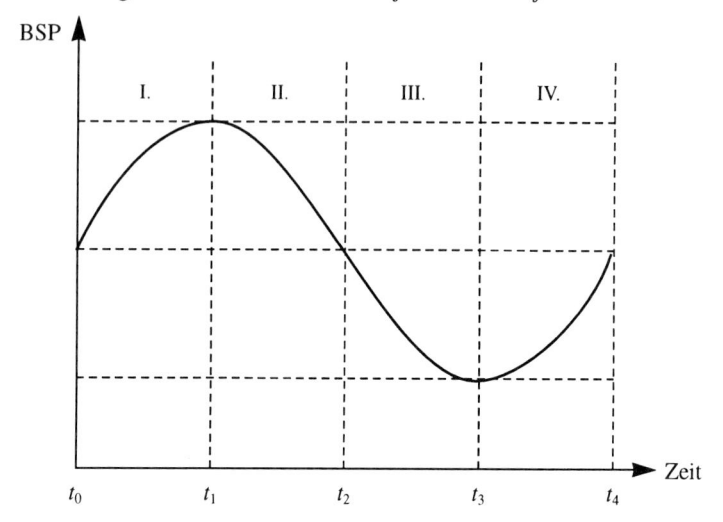

Ein vollständiger *Konjunkturzyklus* wird in Anlehnung an die klassische physikalische Mechanik – ein Konjunkturzyklus entspricht dem Ausschlag eines Pendels – meist als eine vollständige Sinusschwingung stilisiert dargestellt. Entsprechend dieser Analogie spricht man von „Phasen" des Konjunkturverlaufs.

In der Abbildung 6 beginnt ein typischer Konjunkturverlauf im Zeitpunkt t_0. In dem Intervall zwischen den Zeitpunkten t_0 und t_1 wächst das Bruttosozialprodukt und befindet sich auf einem Niveau oberhalb des Normalauslastungsgrades. Die Phase I des Konjunkturverlaufs zwischen diesen zwei Zeitpunkten wird als „Hochkonjunkturphase" oder „Boom-Phase" bezeichnet. Während dieser Phase ist das Verhalten von Unternehmen dadurch gekennzeichnet, daß übervolle Auftragsbücher existieren und Überstunden „gefahren" werden. Bei Aktiengesellschaften werden sich die Börsenkurse vermutlich äußerst vorteilhaft für das Unternehmen entwickeln. Der Arbeitsmarkt wird gekennzeichnet sein von der Suche nach qualifizierten Arbeitnehmern; möglicherweise wird das Unternehmen gezwungen sein, auch unterqualifizierte Arbeitnehmer einzustellen oder in Lohnforderungen einzuwilligen, die über dem gewöhnlicherweise akzeptierten Niveau liegen. Am Ende der Phase I erreicht der Konjunkturzyklus im Zeitpunkt t_1 seinen *oberen Wendepunkt*.

Die Phase II des Konjunkturverlaufs ist weiterhin gekennzeichnet durch ein Produktionsniveau oberhalb des Normalauslastungsgrads, aber die Produktion wächst im Zeitablauf nicht mehr. Da in vielen Medien wirtschaftliche Entwicklung mit der Existenz von *positiven Wachstumsraten* identifiziert wird, bewirken Meldungen über *negative* Wachstumsraten – obwohl noch über dem Normalauslastungsniveau produziert wird – einen Pessimismus über zukünftig zu erwartende Gewinnchancen. Unproduktiv aktive Arbeitsnehmer werden verstärkt entlassen, um die Gewinnlage des Unternehmens zu verbessern. Die Phase II wird gewöhnlich als „Abschwungphase" bezeichnet.

Setzt sich wie in der Abbildung 6 der Abschwung fort, wird die Wirtschaft einen Zustand erreichen, in dem eine Produktion unterhalb des Normalauslastungsgrades erzielt wird. Die Wirtschaft ist in der Phase III charakterisiert durch pessimistische Verkaufsaussichten der Unternehmen, durch Versuche, die Gewinnsituation durch Rationalisierungen und Personaleinsparungen sowie Stillegungen von Kapazitäten zu verbessern. Gewerkschaften werden bedacht sein, durch mäßige Lohnabschlüsse während möglicher Tarifverhandlungen nicht zu einem weiteren Abbau von Arbeitsplätzen infolge des Kapazitätsabbaus beizutragen. Man spricht bei der Beschreibung der Phase III von einer „Rezession". Hält die Rezession über einen länger als üblichen Zeitraum an und ist der wirtschaftliche Rückgang stärker als üblich, wird von einer „Depression" gesprochen. Am Ende der Phase III erreicht der Konjunkturzyklus im Zeitpunkt t_3 seinen *unteren Wendepunkt*.

Die Phase IV ist durch eine Wiederbelebung der wirtschaftlichen Aktivitäten gekennzeichnet. Die Auftragsbücher der Unternehmen werden allmählich wieder gefüllt. Es werden verstärkt Erweiterungsinvestitionen durchgeführt, um der anwachsenden Nachfrage entgegenzukommen; es werden im Zuge der Ausweitung oder verstärkten Nutzung vorhandener Kapazitäten verstärkt Arbeitnehmer eingestellt. Obwohl das Produktionsniveau sich weiterhin unterhalb des Normalauslastungsniveaus bewegt, ist die Wirtschaft beschrieben durch die Hoffnung auf einen weiteren Anhalt der positiven Wachstumsraten. Die Wirtschaft in Phase IV befindet sich in einer „Aufschwungphase". Vom Zeitpunkt t_4 an wiederholt sich der beschriebene Zyklus.

Der stilisierte Konjunkturverlauf entspricht einer *harmonischen* Schwingung und kann daher mit den gleichen Begriffen wie eine physikalische Oszillation charakterisiert werden. Als *Amplitude* der Schwingung wird der vertikale Abstand zwischen dem oberen und unteren Wendepunkt – d.h. der Abstand zwischen der oberen und unteren horizontalen gestrichelten Linie in Abbildung 6 – bezeichnet. Die *Frequenz* der Schwingung gibt die Zahl der vollständig durchlaufenden Zyklen innerhalb eines bestimmten Zeitraums an. In der Abbildung 6 hat der Konjunkturzyklus eine Frequenz von 1 innerhalb des Zeitraumes t_0 bis t_4. Würden innerhalb dieses Zeitraumes zwei vollständige Zyklen – mit kürzeren zeitlichen Abständen zwischen den Wendepunkten – durchlaufen, würde eine Frequenz von 2 vorliegen.

Tatsächliche Konjunkturverläufe zeigen natürlich nicht das in der Abbildung 6 angenommene stilisierte, reguläre und harmonische Muster. Historische Konjunkturverläufe haben sich durch unterschiedliche Amplituden und Frequenzen ausgezeichnet und wiesen auch nicht den angenommen harmonischen Verlauf auf. Es ist jedoch versucht worden, verschiedene Klassen von Konjunkturverläufen gedanklich zu isolieren, die jeweils ähnliche Frequenzen aufweisen.

4.2 Das Konjunkturphänomen auf unterschiedlichen Zeitskalen

Wenn vom „typischen" Konjunkturverlauf gesprochen wird, ist meist ein Zyklus makroökonomischer Größen wie Sozialprodukt oder gesamtwirtschaftlicher Beschäftigung mit einer Länge von 3 bis 5 Jahren gemeint. In der konjunkturtheoretischen Literatur werden jedoch mehrere Typen von Konjunkturzyklen unterschieden.[8]

Kitchin-Zyklus:	Zykluslänge: 2 bis 4 Jahre. Ursprünglich untersuchte Zeitreihe: Großhandelspreise
Juglar-Zyklus:	Zykluslänge: 5 bis 10 Jahre. Ursprünglich untersuchte Zeitreihen: Zinssätze, Preisreihen, Beschäftigung
Kuznets-Zyklus:	Zykluslänge: 15 bis 20 Jahre. Ursprünglich untersuchte Zeitreihe: Wohnungsbauinvestitionen

---

[8] Die Zyklus-Typen sind nach prominenten Konjunkturforschern benannt, die sich mit dem jeweiligen Typ besonders intensiv beschäftigt haben.

Kondratieff-Zyklus: Zykluslänge: 40 bis 60 Jahre. Ursprünglich untersuchte Zeitreihe: Stahlproduktion. Der K.-Zyklus wird oft mit der Einführung von Schlüsselinnovationen in Verbindung gebracht.

Besonders der letztgenannte Zyklus-Typ ist umstritten, weil der Zeitraum, für den gesicherte empirische Daten vorliegen, zu kurz ist, um die Existenz dieses Zyklus nachzuweisen.

Abbildung 7: *Die Überlagerung von Konjunkturzyklen mit unterschiedlichen Frequenzen (stilisierte Darstellung)*

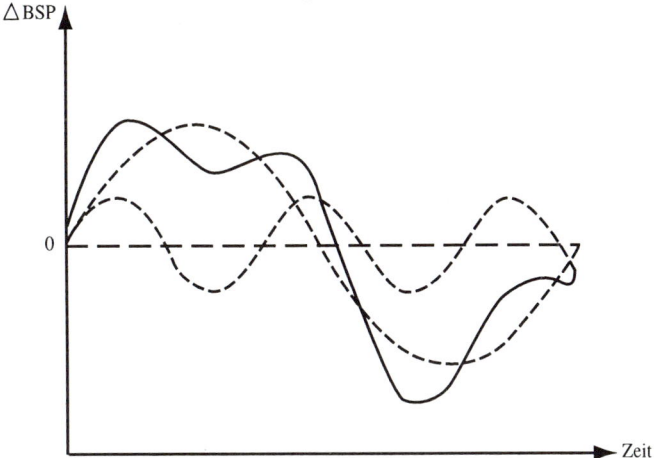

Die einzelnen Typen von Konjunkturzyklen können in ausgesuchten Zeitreihen nachgewiesen werden. Zyklen verschiedener Länge können sich jedoch auch überlagern. In der Abbildung 7 ist das Ergebnis der Überlagerung zweier Grundschwingungen mit unterschiedlichen Frequenzen dargestellt worden. In der Abbildung sind – anders als in der Abbildung 6 – lediglich die Abweichungen von dem Normalauslastungswert des Bruttosozialprodukts dargestellt worden. Es ist angenommen worden, daß beide Zyklen – dargestellt durch die gestrichelt gezeichneten Schwingungen – unabhängig voneinander existieren.

Das Resultat der Überlagerung beider Schwingungen ist durch die durchgezogene Linie in der Abbildung dargestellt worden. Obwohl beide Grundschwingungen harmonisch sind, scheint sich die Gesamtschwingung durch eine Unregelmäßigkeit auszuzeichnen.[9] Der Grund hierfür liegt darin, daß das Verhältnis der Frequenzen zueinander absichtlich als nicht ganzzahlig gewählt wurde.[10] Wäre z. B. ein Frequenzverhältnis von 2 unterstellt worden, dann wäre die Gesamtschwingung durch eine symmetrische durchgezogene Linie beschrieben worden, die zusätzlich zu den Wendepunkten des langen Zyklus weitere (lokale) Wendepunkte bei den Wendepunkten des kurzen Zyklus aufweisen würde. Überlagern sich weitere Zyklen mit unterschiedlichen Frequenzen, wird sich je nach Frequenzverhältnis die Komplexität der resultierenden Gesamtschwingung weiter erhöhen.

4.3 Theoretische Ansätze zur Erklärung des Konjunkturphänomens

Die Aufgabe der Konjunkturtheorie besteht darin, in abstrakten Denkmodellen Szenarien zu entwickeln, in denen die wirtschaftlichen Variablen im Zeitablauf oszillieren. Wenn in solchen Szenarien eine eindeutige Ursache für das Konjunkturphänomen isoliert wird, spricht man von einer *monokausalen* Konjunkturtheorie. Werden mehrere gleichzeitig wirkende Ursachen isoliert oder hängt das Konjunkturphänomen vor allem von dem Wirkungszusammenhang zwischen mehreren Variablen ab, wird von einer *multikausalen* Konjunkturtheorie gesprochen.

Theoretische Betrachtungen des Konjunkturphänomens existieren seit dem frühen 19. Jahrhundert. Viele der älteren Konjunkturtheorien – Beispiele sind die *Unterkonsumtionstheorien, Überproduktionstheorien* und *monetären Konjunkturtheorien* – müssen als monokausale Ansätze klassifiziert werden. Im Zuge der Mathematisierung der Konjunkturtheorie seit etwa den 30er Jahren dieses Jahrhunderts haben monokausale Konjunkturtheorien praktisch jede Bedeutung verloren. Ein wesentlicher Grund hierfür dürfte darin bestehen, daß die mathematische Konjunkturtheorie den Gedanken einer Wirtschaft als *System* sich gegenseitig beeinflussender Faktoren betont. Monokausale Konjunkturtheorien, die verbal unter Umständen überzeugend dargestellt werden können, offenba-

---

[9] Ein genaueres Urteil würde die Betrachtung eines längeren Zeitraumes erfordern.
[10] In der Abbildung ist ein Verhältnis von etwa 2,6 gewählt worden. In der Tat ist es dafür, ob ein wiederkehrendes Muster eintritt, wesentlich, ob das Frequenzverhältnis rational oder irrational ist.

ren in mathematisch präziser Formulierung häufig ihren eingeschränkten Erklärungswert. Ein weiterer Grund besteht darin, daß die von monokausalen Konjunkturtheorien beschriebenen Szenarien sich oft an historischen ökonomischen Umgebungen des 19. Jahrhunderts orientieren, die in jener Form heute nicht mehr gültig sind.

Die moderne Konjunkturtheorie ist ohne einen – teilweise erheblichen – formalen Aufwand nicht denkbar. Die Mehrzahl der existierenden Konjunkturtheorien bauen auf Ansätzen der kurzfristigen Makroökonomik auf. Während dort die Änderung von Gleichgewichtslagen infolge von Parameteränderungen im Mittelpunkt des Interesses steht, wird in der weiterführenden Konjunkturtheorie insbesondere der Frage nachgegangen, wie sich wirtschaftliche Variablen im Zeitablauf ändern, wenn eine Gleichgewichtslage gestört wird. Ein *dynamisches System* im mathematischen Sinne wird dann erzeugt, wenn die Werte ökonomischer Variablen in einer bestimmten Periode von den Werten der betrachteten oder anderer Variablen in vorausgegangenen Perioden abhängen. Je nach Art dieser zeitlichen Verknüpfung von Variablen entstehen dynamische Systeme, die unterschiedlichste Schwingungseigenschaften aufweisen. Sinusförmige Schwingungen wie in der Abbildung 6 können bereits von dynamischen Systemen erzeugt werden, die auf einfachsten Annahmen an die zeitlichen Verknüpfungen von Variablen in keynesianischen Makro-Modellen beruhen.

Mit der Idee der Darstellung von Konjunkturzyklen als Ergebnis des Wirkens eines dynamischen Systems ist der Untersuchung von zeitlichen Verknüpfungen wirtschaftlicher Variablen eine überragende Bedeutung zugemessen worden. Frühe mathematische Konjunkturmodelle von J. Hicks und P. Samuelson sahen in Annahmen über das Investitions- und Konsumverhalten der entsprechenden Akteure hinreichende Bedingungen für die Erzeugung von Konjunkturschwankungen. Wenn die innerhalb einer Periode getätigten Investitionen von der Veränderung des Sozialprodukts in früheren Perioden abhängt und der Konsum in einer Periode sich an dem Einkommen der Vorperiode orientiert, können in einem keynesianischen Modellrahmen ohne weitere Annahmen Oszillationen des Sozialproduktes entstehen. Andere zeitliche Verknüpfungen, die Schwankungen makroökonomischer Größen implizieren, können leicht konstruiert werden; große Teile der Konjunkturtheorie der 50er und 60er Jahre können als Versuch charakterisiert werden, solche hinreichenden Verknüpfungen zu entdecken.

In mathematischen Konjunkturtheorien ist der Kausalzusammenhang zwischen Ursache des Konjunkturphänomens und einsetzender Schwingung der Variablen nicht immer identifizierbar, da das Konjunkturphänomen als Eigenschaft des Wirkens eines mathematischen, dynamischen Systems folgt, d.h. einer besonderen zeitlichen Verknüpfung der Variablen. Obwohl bestimmt werden kann, ohne welche dieser funktionalen Zusammenhänge in einem gegebenen, Modell ein Konjunkturzyklus *nicht* eintreten kann, ist es in der Regel nicht möglich, wie in älteren monokausalen Konjunkturtheorien Ursache und Wirkung eindeutig voneinander zu trennen.

Es existieren verschiedene Möglichkeiten, moderne Konjunkturtheorien, zu klassifizieren. Ein Ansatz besteht darin, Theorien danach zu ordnen, ob Oszillationen vor allem das Ergebnis der Anpassung an äußere, sogenannte *exogene* Störgrößen sind oder ob Oszillationen wirtschaftlicher Variablen eine immanente, *endogene* Eigenschaft des betrachteten Modells sind.

1. *Exogene Konjunkturtheorien.* Eine Konjunkturtheorie stellt eine exogene Erklärung des Konjunkturphänomens dar, wenn wirtschaftliche Größen, die das Modell selbst nicht erklärt, von wesentlicher Bedeutung für das Anhalten von Schwingungen sind. Dies ist immer dann der Fall, wenn der von den dynamischen Systemen erzeugte Zeitpfad der relevanten Variablen eigentlich (in oszillierender Weise) gegen den Gleichgewichtswert des betrachteten Modell konvergiert, gelegentliche Störungen dieses Gleichgewichts aber notwendig sind, damit es überhaupt zu Abweichungen vom Gleichgewichtswert kommt. Voraussetzung hierfür ist, daß die funktionalen Beziehungen *linear* sind oder linearen mathematischen Beziehungen sehr ähnlich sind. Die Mehrzahl der älteren keynesianischen Konjunkturtheorien sowie alle Konjunkturmodelle der neuklassischen Makroökonomik zählen zu dieser Klasse von Konjunkturmodellen. In den letztgenannten Modellen werden exogene Störungen in Form von in jeder Periode auftretenden exogenen Zufalls-Störgrößen unterstellt.

2. *Endogene Konjunkturtheorien.* Eine Konjunkturtheorie kann dann als endogene Erklärung des Konjunkturphänomens bezeichnet werden, wenn Oszillationen das Resultat des dynamischen Zusammenwirkens funktionaler wirtschaftlicher Beziehungen darstellen. Voraussetzung für eine endogene Konjunkturtheorie ist, daß bei einer – möglicherweise größeren – Störung des Gleichgewichts die Modellwirtschaft nicht wieder gegen das Gleichgewicht konvergiert. Zusammen mit Dämpfungseffekten

weit entfernt von dieser Gleichgewichtslage kann die Instabilität des Gleichgewichts verantwortlich dafür sein, daß Oszillationen anhalten. Es kann sich dabei um reguläre, monotone Schwingungen wie in der Abbildung 6 handeln, es ist jedoch auch möglich, daß der zeitliche Ablauf völlig irregulär („chaotisch") ist, jedoch weiterhin innerhalb fester Unter- und Obergrenzen stattfindet. Im letzteren Fall ähnelt das Aussehen der erzeugten Zeitreihe derjenigen eines exogenen Konjunkturmodells, welches auf stochastische Störgrößen zurückgreift.

5. Die langfristige Wachstumstheorie

Die langfristige Wachstumstheorie soll an dieser Stelle nur ganz kurz beschrieben werden, da ohne größeren formalen Aufwand kaum Einsichten in die Methodik der modernen Erklärung des Wachstumsphänomens vermittelt werden können.

Die Wachstumstheorie beschäftigt sich mit dem in der Geschichte aller Industrienationen beobachtbaren Phänomen, daß – abgesehen von größeren Einbrüchen infolge von akuten politischen Ereignissen (Kriege, Revolutionen u.a.) oder Naturkatastrophen – das Sozialprodukt und andere makroökonomischen Größen wie Konsum, Sparen und in der Regel auch die Zahl der Beschäftigten im Zeitablauf gewachsen sind. Wird in einer stilisierenden Weise angenommen, daß das Sozialprodukt in jeder Periode (z. B. Jahr, Quartal oder Woche) um einen konstanten Prozentsatz größer als das Sozialprodukt der Vorperiode ist, handelt es sich um ein exponentielles Wachstum, welches in der Abbildung 8 durch die monoton steigende Kurve dargestellt worden ist.

Historisch beobachtbare Wachstumsraten weisen nicht die Konstanz auf, die in der Abbildung 8 zum Ausdruck kommt. Wenn sich die betrachtete Wirtschaft durch Konjunkturschwankungen auszeichnet, kann in wiederum stilisierter Weise das Wachstum durch die nicht-monoton steigende Kurve in der Abbildung 8 dargestellt werden. Man spricht bei dieser Kurve davon, daß *Wachstumszyklen* vorliegen. Es ist sogar möglich, daß die Wachstumsrate des Sozialprodukts während des gesamten Konjunkturzyklus positiv ist; Konjunkturschwankungen äußern sich dann in Schwankungen der positiven Wachstumsraten des Sozialprodukts. Existieren solche regulären Wachstumszyklen oder ist die Entwicklung durch kleinere Zufallsstörungen gekennzeichnet, kann die langfristige

Entwicklung des Sozialprodukts annäherungsweise weiterhin durch die Kurve exponentiellen Wachstums in der Abbildung 8 beschrieben werden, wenn die tatsächlichen Wachstumsraten in den einzelnen Perioden sich nicht zu stark von der durchschnittlichen Wachstumsrate unterscheiden. Das exponentielle Wachstum beschreibt in diesem Fall den *Wachstumstrend* der betrachteten Wirtschaft.

Abbildung 8: *Exponentielles monotones Wachstum und Wachstumszyklen (stilisiert)*

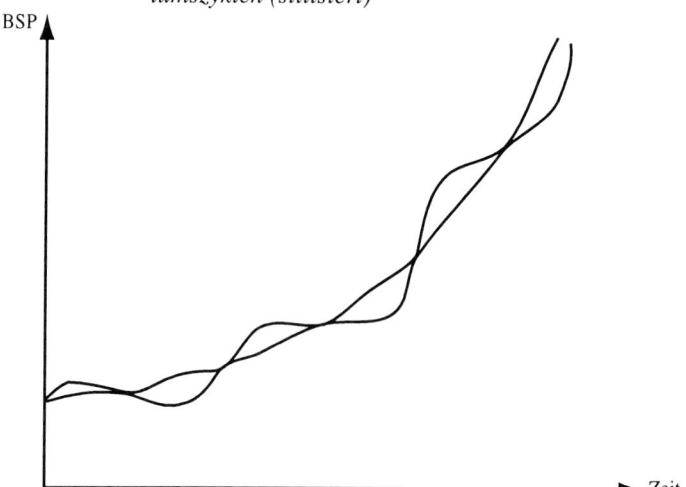

In der Wachstumstheorie wird versucht, theoretische Erklärungen für das statistisch dokumentierte Wachstum des Sozialproduktes und anderer Größen zu entwickeln. Den größten Stellenwert nimmt dabei die Berücksichtigung zweier Phänomene ein, die in der kurzfristigen Makroökonomik gänzlich und in der Konjunkturtheorie teilweise vernachlässigt werden:

1. Die *Bevölkerung* der meisten Industrienationen ist während der letzten Jahrhunderte – abgesehen wiederum von singulären Phänomenen wie Kriegen und Naturkatastrophen – mit einer im Durchschnitt positiven Wachstumsrate gewachsen. Damit wächst auch die Zahl der potentiell Erwerbstätigen in den betrachteten Wirtschaften.

2. In der kurzfristigen Makroökonomik werden zwar Investitionen berücksichtigt, jedoch lediglich ihre Eigenschaft als Nachfragekomponente betont. Die Tatsache, daß positive Nettoinvestitionen den Kapitalstock erhöhen (man spricht von dem „Kapazitätseffekt" der Investitionen) wird deshalb ignoriert, weil die Veränderung des Kapitalstocks innerhalb des von der kurzfristigen Makroökonomik betrachteten Zeitraumes relativ klein ist. Bei einer langfristigen Betrachtung muß die Veränderung des Kapitalstocks jedoch berücksichtigt werden.

Wenn Arbeit und Kapital als wichtigste Produktionsfaktoren somit im Zeitablauf wachsen, ist es möglich, daß die Produktion im Zeitablauf ebenfalls wächst. Voraussetzung für ein Wachstum des Sozialproduktes (und damit des Güterangebots) ist jedoch, daß die Güternachfrage ebenfalls wächst. Unterschiedliche Richtungen der Wachstumstheorie betrachten unterschiedliche Szenarien dieses Zusammenspiels von potentiellem Wachstum der Produktion und der gesamtwirtschaftlichen Güternachfrage.

In der *neoklassischen* Wachstumstheorie der 1950er und 1960er Jahre wird unterstellt, daß in jeder Periode ein Gleichgewicht auf dem Gütermarkt herrscht. Als *Wachstumsgleichgewicht* wird eine Situation bezeichnet, in der in jeder Periode das Sozialprodukt, die Erwerbsbevölkerung, der Kapitalstock und der Konsum mit der gleichen Wachstumsrate wachsen. In anderer Formulierung ist ein Wachstumsgleichgewicht dadurch gekennzeichnet, daß die Pro-Kopf-Größen von Sozialprodukt, Kapitalstock und Konsum im Zeitablauf konstant bleiben. In der neoklassischen Wachstumstheorie wird gezeigt, daß solche Wachstumsgleichgewichte für eine große Zahl von Modellvarianten existieren. Die *keynesianische* Wachstumstheorie beschäftigt sich mit ähnlichen Modellszenarien, unterstellt jedoch andere Zusammenhänge zwischen der produzierbaren Gütermenge und den zu dieser Produktion eingesetzten Faktormengen. Während in der neoklassischen Wachstumstheorie Wachstumsgleichgewichte in der Regel existieren und sich die Theorie vor allem auf die Charakterisierung dieser Gleichgewichte konzentriert, versucht die keynesianische Wachstumstheorie, Bedingungen dafür aufzuzeigen, wann ein Wachstumsgleichgewicht überhaupt existiert.

Beide Richtungen der Wachstumstheorie sind in vielfältiger Weise in den 1950er bis 1970er Jahren weiterentwickelt worden. Besonderes Augenmerk wurde dabei der Rolle des *technischen Fort-*

schritts in Form einer erhöhten Produktivität der Produktionsfaktoren gewidmet. Obwohl mit diesen verschiedenen Formen des technischen Fortschritts beschrieben werden kann, weshalb es im Wachstumsprozeß zu relativen Rückgängen oder Zunahmen der Beschäftigung von Produktionsfaktoren kommen kann, ist in frühen Wachstumsmodellen der technische Fortschritt selbst nicht erklärt worden, sondern als konstant wachsende Größe angenommen worden. Neuere Wachstumsmodelle versuchen, den technischen Fortschritt zu *endogenisieren,* d.h. den technischen Fortschritt selbst als Ergebnis eines wirtschaftlichen Prozesses zu erklären. Neoklassische Ansätze betrachten zu diesem Zweck häufig Optimierungsmodelle, in denen technischer Fortschritt als produzierbares Gut interpretiert wird, welches ähnlich der Produktion von physischen Gütern als Resultat des Einsatzes von Produktionsfaktoren entsteht. Alternative Ansätze betonen hingegen Zufallseffekte oder die Wettbewerbssituation, in der sich diejenigen Unternehmen befinden, die technischen Fortschritt in Form von Produkt- oder Prozeßinnovationen einführen.

6. Abschließende Bemerkungen

Die Ausführungen in den vorausgegangen Abschnitten hatten das Ziel, die LeserInnen mit einigen Grundgedanken makroökonomischen Denkens in der kurzfristigen Analyse, der mittelfristigen Konjunkturtheorie und der langfristigen Wachstumstheorie vertraut zu machen. Auf weitere gesamtwirtschaftlich relevante Teildisziplinen wie z. B. die Geld- und Währungstheorie oder die Außenwirtschaftstheorie konnte aus Platzgründen nicht eingegangen werden.

Es ist in dem Beitrag ausdrücklich versucht worden, die Grundlagen der Disziplin in einer möglichst wenig formalen Darstellungsweise zu präsentieren. Die praktizierte Ausbildung in diesen gesamtwirtschaftlichen Disziplinen geht jedoch auf universitärer Ebene teilweise deutlich über das in diesem Überblick angewandte formal-analytische Niveau hinaus. Während in der kurzfristigen Makroökonomik graphische und einfache analytische Methoden überwiegen, erfordert eine solide Ausbildung in der Konjunktur- und Wachstumstheorie, daß StudentInnen sich einer Beschäftigung mit anspruchsvolleren Analysetechniken – wie z. B. der qualitativen Untersuchung von Differenzen- und Differentialgleichungen – nicht entziehen.

Die Ausführungen sollten vor allem verdeutlicht haben, daß die Makroökonomik und ihre mittel- und langfristigen Erweiterungen kein einheitliches, geschlossenes Gedankengebäude darstellen. Bedingt auch durch Verlagerungen wirtschaftspolitischer Schwerpunkte muß die moderne Makroökonomik als eine Disziplin bezeichnet werden, die sich durch die Existenz verschiedener Denkrichtungen mit sich gelegentlich widersprechenden Aussagen über sinnvolle wirtschaftspolitische Maßnahmen auszeichnet. In dieser Vielfalt unterschiedlicher Erklärungsansätze und Politikempfehlungen wird aber auch der Charakter der Makroökonomik als eigentlich geisteswissenschaftlicher Disziplin deutlich, in der die Vermittlung vermeintlicher „Fakten" von der „Interpretation" wirtschaftlichen Geschehens dominiert wird.

Annotierte Auswahlbibliographie

Felderer, Bernhard; Homburg, Stefan: Makroökonomik und Neue Makroökonomik, 6. Auflage, Berlin, Heidelberg, New York 1994.
Die Autoren behandeln die wichtigsten modernen makroökonomischen Theorien und präsentieren auch fortgeschrittenen Stoff in didaktisch gelungener Weise. Das Buch kann zur Vertiefung des makroökonomischen Grundwissens empfohlen werden.
Gabisch, Günther: Konjunktur und Wachstum, in: Kompendium der Wirtschaftstheorie und Wirtschaftspolitik, Band 1, S. 275-332, München 1992.
Der Beitrag vermittelt einen kompakten Überblick über die gegenwärtigen Strömungen in der Konjunktur- und Wachstumstheorie. Entsprechend der Konzeption des Kompendiums können die Inhalte auch von StudentInnen verstanden werden, die noch keine Veranstaltungen für Fortgeschrittene besucht haben.
Kromphardt, Jürgen: Wachstum und Konjunktur, 3. Auflage, Göttingen 1993.
Auf einem verständlichen Niveau ohne zu großen formalen Aufwand werden die LeserInnen mit traditionellen und moderneren Ansätzen der Konjunktur- und Wachstumstheorie vertraut gemacht. Das Buch ist als Einstiegsliteratur für eine intensivere Beschäftigung mit dem Problemkreis geeignet.
Mankiw, N. Gregory: Makroökonomik, 2. Auflage, Wiesbaden 1995.
Das Lehrbuch stellt besonders für Anfänger eine leicht zugängliche Einführung in die Makroökonomik dar. Mit Hilfe von Fallstudien werden auch aktuelle makroökonomische Fragestellungen in didaktisch ansprechender Weise einem interessierten Leserkreis vermittelt.
Stobbe, Alfred: Volkswirtschaftliches Rechnungswesen, 8. Auflage, Berlin, Heidelberg, New York 1994.

Es handelt sich um ein bereits seit vielen Jahren bewährtes Standardwerk zur Volkswirtschaftlichen Gesamtrechnung in der Bundesrepublik Deutschland und macht den Leser auch mit allgemeineren wirtschaftlichen Sachverhalten vertraut. Die Monographie kann als fundierte Einführung in die Wirtschaftswissenschaften empfohlen werden.

Grundlagen- und weiterführende Literatur

Assenmacher, Wolfgang: Lehrbuch der Konjunkturtheorie, 4. Auflage, München, Wien 1990.

Gabisch, Günther; Lorenz, Hans-Walter: Business Cycle Theory, 2nd ed., Berlin, Heidelberg, New York 1989.

Krelle, W.: Theorie des wirtschaftlichen Wachstums, 2. Auflage, Berlin, Heidelberg, New York 1985.

Krelle, Wilhelm; Gabisch, Günther: Wachstumstheorie, Berlin, Heidelberg, New York 1972.

Maußner, Alfred: Konjunkturtheorie, Berlin, Heidelberg, New York 1994.

Richter, Rudolf; Schlieper, Ulrich; Friedmann, Willy: Makroökonomik, 3. Auflage, Berlin, Heidelberg, New York 1984.

Rose, Klaus: Grundlagen der Wachstumstheorie, Göttingen 1973.

Sargent, Thomas J.: Macroeconomic Theory, New York 1979.

Wohltmann, Hans-Werner: Grundzüge der makroökonomischen Theorie, 2. Auflage, München 1995.

Peter Oberender/Sabine Büttner

Was heißt und zu welchem Ende studiert man Mikroökonomie?

1. Einführung

Der Titel dieses Beitrages, angelehnt an die Antrittsvorlesung von Friedrich Schiller, an der Jenenser Universität gehalten am 26. Mai 1789, soll auch eine örtliche Bindung zum Ausdruck bringen. Ein Student der Wirtschaftswissenschaften in Jena muß sich in seinem ersten Semester unter anderem mit der „Mikroökonomie" auseinandersetzen. Je nach persönlicher Motivation treibt ihn die Neugier zu erfahren, was sich dahinter verbirgt und wozu dieses Wissen benötigt wird.

Das übliche Herangehen an Fragestellungen dieser Art beginnt mit einem Blick in verschiedene Lexika oder auch Einführungslehrbücher. Dort ist mehr oder weniger ausführlich zu erfahren, daß sich die Mikroökonomie als ein Teilgebiet der Volkswirtschaftslehre versteht und als ihren Gegenstand die Verhaltensweisen der einzelnen Wirtschaftssubjekte – wie Haushalte und Unternehmen – in ihrer gegenseitigen Abhängigkeit, die Preisbildung auf den Güter- und Faktormärkten sowie Fragen der Koordination und der gesamtwirtschaftlichen Effizienz und Optimalität betrachtet. Im gleichen Atemzug wird die Makroökonomie genannt, die sich von der Mikroökonomie insofern unterscheidet, als sie aggregierte gesamtwirtschaftliche Größen und ihre Zusammenhänge behandelt. Diese Abgrenzung ist nicht unproblematisch, da eine Vielzahl von Erscheinungen sowohl einzel- als auch gesamtwirtschaftliche Aspekte haben.

Im folgenden werden primär mikroökonomische Aspekte im Mittelpunkt der Betrachtungen stehen. Dabei werden einerseits die Haushalte in ihrer Rolle als Konsumenten und andererseits die Aktivitäten der Unternehmer in ihrer Funktion als Produzent betrachtet. Es geht also um das Handeln des Einzelnen in seiner Rolle als Konsument beziehungsweise Unternehmer. Abschließend wird untersucht, wie der Markt die Bedürfnisse der Konsumenten abbildet und mit den Interessen der Unternehmer koordiniert.

2. Die Konsumenten und ihre Bedürfnisse

Die menschliche Existenz war und ist begleitet von der Tatsache, daß die Bedürfnisse stets größer sind als die zu ihrer Befriedigung verfügbaren Ressourcen. Dieses Phänomen der relativen Knappheit von Ressourcen, letztlich des Unbefriedigtseins, ist damit ein wichtiger Antrieb für das Handeln der Menschen und somit ein entscheidender Motor der menschlichen Entwicklung überhaupt. Die Knappheit, d. h. der Umgang mit begrenzten Ressourcen zur Befriedigung grenzenloser Bedürfnisse, zwingt zu wirtschaftlichen Überlegungen. Die Erfahrung hat gezeigt, daß die Menschheit nicht dazu zu erziehen ist, sich mit dem Vorhandenen zu befrieden. Also erfordert die relative Knappheit, die Ressourcen möglichst effizient zu nutzen. Das macht die Anwendung des ökonomischen Prinzips – auch Wirtschaftlichkeitsprinzip genannt – erforderlich. Dieses besagt, entweder ein gegebenes Ziel mit dem geringsten Aufwand zu erreichen (Minimalprinzip) oder mit den vorhandenen Mitteln ein größtmögliches Ergebnis (Maximalprinzip) zu erzielen. Es handelt sich dabei um einen Tatbestand, der unabhängig vom jeweiligen Wirtschaftssystem gilt, kann also als ein systemindifferenter Tatbestand (Gutenberg) bezeichnet werden.

Weiterhin ist zu berücksichtigen, daß für die vorhandenen Ressourcen verschiedene Verwendungsmöglichkeiten bestehen. Das bedeutet, daß die Nutzung von knappen Ressourcen zur Erreichung eines bestimmten Zieles den Verzicht auf andere Verwendungsmöglichkeiten nach sich zieht. Diese Tatsache wird in der Ökonomie mit dem Begriff der Opportunitätskosten umschrieben. Mit diesem Terminus wird der Nutzenentgang erfaßt, der dadurch entsteht, daß die zweitbeste Verwendung der knappen Mittel nicht realisiert werden kann. So „kostet" eine Stunde, die beispielsweise zum Lesen eines Buches genutzt wird, eine andere vorstellbare zweitbeste Verwendungsmöglichkeit.

Diese allgemeinen Ausgangsüberlegungen sollen nun konkret auf das Handeln des Menschen als Konsument von Gütern (einschl. Dienstleistungen) angewendet werden. Dem Konsumenten steht während einer Zeitperiode i. d. R. ein bestimmtes Einkommen zur Verfügung. Dieses erhält er beispielsweise als Entgelt für Arbeitsleistungen. Der Konsument muß nun entscheiden, welchen Teil seines Einkommens er für Konsumgüter ausgibt und welche Konsumgüter er in welcher Menge erwerben will. Als Restriktionen für die Entscheidungen können dabei die Höhe des Einkommens und seine persönlichen Wünsche (Bedürfnisse) sowie die verfügbaren Mengen der Produkte betrachtet werden. Insgesamt kann davon ausgegangen werden, daß jeder Konsument bewußt oder unbewußt versucht, ein solches Güterbündel zu erwerben, die seinen persönlichen Nutzen maximiert, d. h., er strebt Nutzenmaximierung an. Das schließt sowohl den Zusammenhang zwischen Preis und Menge der Güter ein als auch die individuellen Präferenzen nach bestimmten Gütern, die von Person zu Person sehr unterschiedlich sind. Demzufolge wird sich die Nachfrage nach einem Güterbündel durch die Gesamtheit der Konsumenten nicht in einem Modell erfassen lassen. Dieser Frage nachzugehen, erscheint auch wenig sinnvoll. Relevanter ist es deshalb, die Nachfrage nach einem ganz bestimmten Gut zu untersuchen.

Allgemein kann zunächst festgestellt werden, daß zu einer gegebenen Zeit die Menge des gekauften Gutes i. d. R. von dessen Preis abhängt. Offensichtlich ist davon auszugehen, daß die Konsumenten ceteris paribus, d. h. bei sonst unveränderten Bedingungen, um so mehr von einem Gut nachfragen, je niedriger dessen Preis ist oder umgekehrt die Nachfrage geht zurück, wenn der Preis des Gutes steigt.

Dieser Zusammenhang zwischen Preis und Menge eines Gutes für einen bestimmten Zeitraum wird in der Ökonomie als Regelfall unterstellt und als Nachfragefunktion bezeichnet. Außerdem muß der Raum abgegrenzt werden, für den eine gegebene Nachfragefunktion gelten soll.

Bei der weiteren Darstellung der Nachfragefunktion wird davon ausgegangen, daß eine Vielzahl von Nachfragern erfaßt wird. Da die Nachfragefunktion das Verhalten einer Gruppe von Nachfragern bezüglich der Menge und in Abhängigkeit vom jeweiligen Preis beschreibt, kann sie auch als eine Verhaltensfunktion bezeichnet werden. Dieser Zusammenhang läßt sich mit Hilfe der Nachfragekurve auch grafisch erfassen (vgl. Figur 1).

Im folgenden wird aus Vereinfachungsgründen eine lineare Nachfragefunktion unterstellt. Auf der Abszisse wird die Menge (x) und auf der Ordinate der Preis (p) abgetragen. Da sich Menge und Preis umgekehrt proportional zueinander verhalten, hat die Kurve einen von links oben nach rechts unten fallenden Verlauf (vgl. Figur 1).

Die lineare Nachfragefunktion läßt sich ebenfalls in Form einer Gleichung ausdrücken, die dann lautet:

$p = a - bx$.

Figur 1

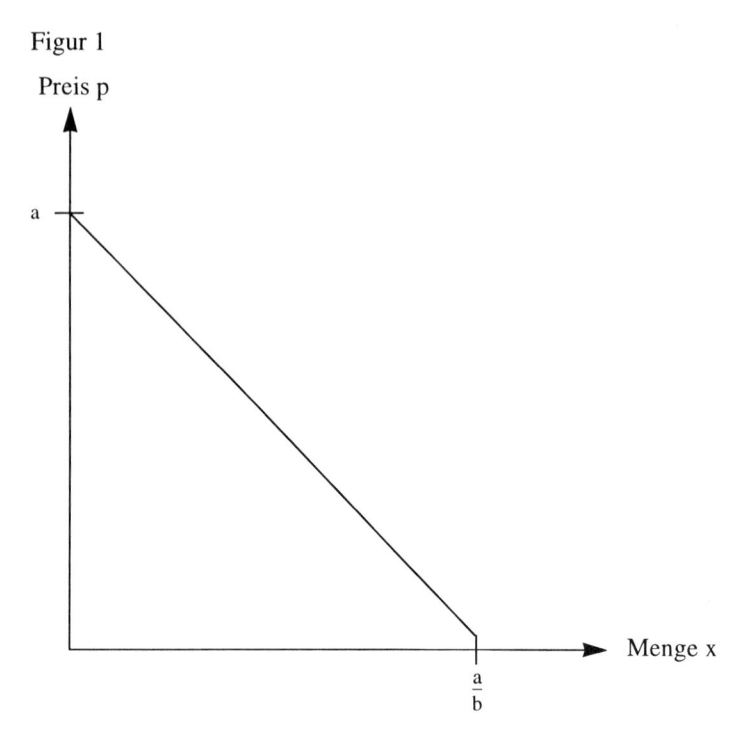

Preis p

a

Menge x

$\frac{a}{b}$

Bezogen auf die Figur 1 bedeutet die Größe a den Ordinatenabschnitt. In diesem Punkt ist die abgesetzte Menge gleich Null. Der Preis hat faktisch eine Höhe erreicht, die den Kauf des Gutes verhindert. Deshalb wird dieser Preis als Prohibitivpreis bezeichnet. Dieser Prohibitivpreis hängt von den individuellen Präferenzen und vom verfügbaren Nominaleinkommen ab. Der entsprechende Abschnitt auf der Abszisse beschreibt die nachgefragte Menge beim Preis von Null. Sie wird mit dem Begriff der Sättigungsmenge erfaßt. Bei einem Preis von Null kann jeder das Gut konsumieren, ohne auf den Konsum eines anderen Gutes zu verzichten. Gesetzt den Fall, der Preis des Gutes steigt an, so werden je nach der Höhe des Anstiegs einige Konsumenten auf die Nachfrage verzichten und möglicherweise Substitute wählen. Diese Reaktion der Konsumenten hängt ab von der Höhe ihres persönlichen Einkommens und von ihrer Präferenzstruktur.

Weiterhin bewirkt eine Erhöhung des Preises bei sonst gleichbleibenden Bedingungen eine Senkung der Kaufkraft des Einkommens: Mit einem gegebenen Einkommen können die Konsumenten weniger von diesem Gut kaufen. Analog umgekehrt wirkt eine Preissenkung wie eine Einkommenserhöhung. Die Nachfrager können unter sonst gleichbleibenden Bedingungen mehr von diesem Gut erwerben.

Zusammenfassend läßt sich festhalten, daß die Nachfrage nach einem speziellen Gut im wesentlichen abhängig ist:
– vom Preis des Gutes,
– vom Nominaleinkommen der Nachfrager sowie
– von den Substitutionsmöglichkeiten.

Alle drei Komponenten können in der Realität nicht isoliert betrachtet werden, sondern sie sind im Komplex Grundlage für die Entscheidungsmöglichkeiten der Haushalte. Weiterhin sind sie geprägt durch die Präferenzen der Konsumenten. Daraus kann gefolgert werden, daß eine Vielzahl weiterer verhaltenswissenschaftlicher Aspekte die konkrete Nachfrage beeinflussen.

Außerdem zeigt es sich im Zeitablauf, daß die Nachfragefunktion nicht starr ist, sondern sich im Zeitablauf verändern kann. Einkommen und insbesondere persönliche Präferenzen sind Größen, die einer Wandlung unterliegen und somit auch zu entsprechenden Veränderungen der Nachfragefunktion führen.

3. Die Rolle des Unternehmers

Die Nachfrage verlangt nach einer Befriedigung und eröffnet damit Betätigungsmöglichkeiten für einen interessierten Personenkreis. Diejenigen, die etwas unternehmen – produzieren und anbieten –, um der Nachfrage zu genügen, werden als Unternehmer bezeichnet. Sie machen sich ein subjektives Bild von den Wünschen der Nachfrager, damit sie letztlich auch gewinnbringend ihre produzierten Güter absetzen können. Als Motiv für das Handeln des Unternehmens kann das Streben nach Gewinn unterstellt werden.

Das Pendant für die Beziehung zwischen Menge und Preis eines Gutes auf der Nachfrageseite bildet auf der Angebotsseite die Angebotsfunktion. Unter der Bedingung, daß auch dort eine Vielzahl von Anbietern anzutreffen ist, kann davon ausgegangen werden, daß die einzelnen Anbieter sich bei ihrem Angebot am herrschenden Marktpreis orientieren. Das bedeutet, daß nicht jeder Anbieter selbständig einen Preis festlegt, sondern der Preis stellt für ihn ein Datum dar, an das er seine anzubietende Menge anpaßt. Aus diesem Grunde wird ein solcher Anbieter auch als Preisnehmer oder Mengenanpasser bezeichnet. Wenn sich viele Anbieter auf dem Markt befinden, wird von einem Polypol gesprochen.

Soll nun das Verhalten der Gesamtheit der Mengenanpasser analysiert werden, so kann davon ausgegangen werden, daß um so mehr von einem Gut angeboten wird, je höher der Preis ist. Begründen läßt sich dies anhand des Gewinnstrebens der miteinander konkurrierenden Unternehmer. Es ist zu vermuten, daß sie bei höheren Preisen mehr anbieten als bei niedrigeren, da die Gewinnerwartungen mit steigenden Preisen zunehmen. Umgekehrt geht das Angebot eines Gutes zurück, wenn die Preise sinken.

Figur 2

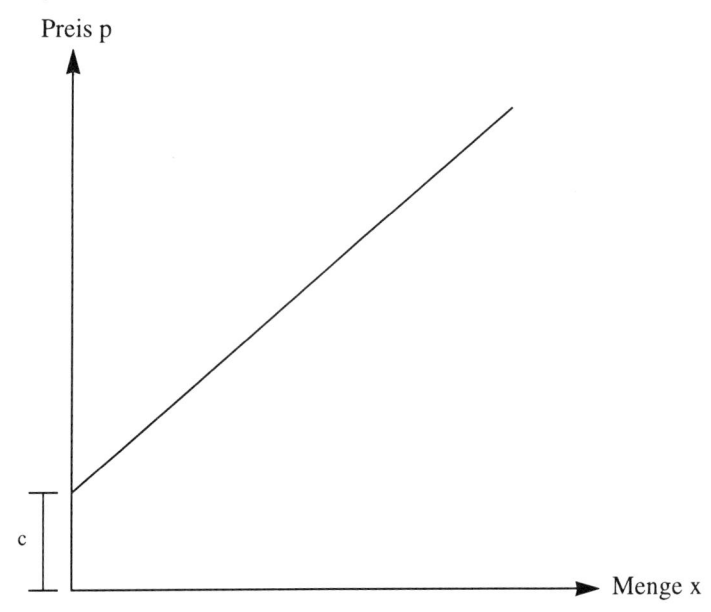

Der funktionale Zusammenhang zwischen Preis und angebotener Menge wird mit der Angebotsfunktion erfaßt. Da sie das Verhalten der Gruppe der Unternehmer in ihrer Funktion als Anbieter von Gütern beschreibt, kann sie gleichfalls als eine Verhaltensfunktion betrachtet werden. Der in der Figur 2 grafisch veranschaulichte Zusammenhang wird gleichsam aus Vereinfachungsgründen als ein linearer abgebildet. In einer Gleichung beschrieben lautet die Funktion:

$p = c + dx$.

Auf das Handlungsinteresse des Unternehmers einen möglichst hohen Gewinn zu realisieren, wurde bereits hingewiesen. Da von der Höhe eines Preises nicht unmittelbar auf die Höhe der Gewinne geschlossen werden kann, müssen weitere Überlegungen angestellt werden.

Das Angebot von Gütern setzt zwangsläufig deren Produktion voraus. Da die Produktion nicht im luftleeren Raum erfolgen kann, müssen Produktionsfaktoren wie – Arbeitskräfte, Maschinen, Roh- und Hilfsstoffe, Produktionsräume und vieles andere mehr – beschafft werden. Auch die Produktionsfaktoren stellen knappe Güter dar, weil verschiedene Unternehmer um ihren Erwerb konkurrieren. Das bedeutet, daß beim Erwerb von Produktionsfaktoren Kosten entstehen. Bei den Überlegungen zu möglicherweise entstehenden Gewinnen sind also auf einer Zwischenstufe die Kosten zu berücksichtigen.

Der Unternehmer wird folglich nur dann eine bestimmte Menge eines Gutes herstellen und anbieten, wenn er mindestens erwarten kann, einen Erlös (Menge x Preis) zu erzielen, der neben der Deckung der Kosten auch einen Gewinn enthält. Dieser Gewinn muß wiederum mindestens so hoch sein, wie er durch eine anderweitige Nutzung seiner Mittel (z. B. die Anlage seines Kapitals auf einem Bankkonto) erreicht werden könnte. Hinter diesen Überlegungen verbirgt sich ein Denken in Alternativkosten. Der Ökonom spricht hier von Opportunitätskosten.

Gleichsam zwingt die Knappheit der Produktionsfaktoren die Unternehmer, kostenungünstige Produktionsverfahren und Produktionsfaktoren durch vorteilhaftere im dargestellten Sinne zu substituieren. Das bedeutet, daß die Angebotskurve eine Größe ist, die laufenden Veränderungen unterliegt. So können beispielsweise durch die Anwendung eines neuen Produktionsverfahrens die Kosten für die Produktion eines Gutes gesenkt werden. Das würde eine Verschiebung der Angebotskurve nach unten zur Folge haben. Andere Modifikationen von Einflußgrößen auf das Güterangebot bewirken entsprechend andere Veränderungen der Angebotskurve.

4. Der Markt als Instrument der Koordination

In einer arbeitsteiligen Wirtschaft kommt der Austausch jedoch erst zustande, wenn Angebot und Nachfrage aufeinander treffen, was in aller Regel auf einem Markt geschieht. Der Sinn einer arbeitsteiligen Güterproduktion erfüllt sich nur, wenn die Produkte auch ausgetauscht werden. Das Merkmal einer modernen Wirtschaft ist jedoch nicht mehr der direkte Tausch eines Produktes gegen ein anderes. Vielmehr wird der Gütertausch durch die Existenz des Geldes als allgemeines Zahlungsmittel vermittelt. Die Unternehmer erlösen durch den Verkauf ihrer Güter einen bestimmten Geldbetrag und die Konsumenten erwerben gegen einen bestimmten Geldbetrag die gewünschten Güter zur Befriedigung ihrer Bedürfnisse.

Bei der Analyse der Marktprozesse mit Hilfe der Angebots- und Nachfragefunktion werden also lediglich die indirekten Tauschprozesse betrachtet und nicht der Tausch Produkt gegen Produkt, da die Güter mit einem Preis bewertet werden und dieser wiederum die Existenz von Geld als Maßstab der Bewertung voraussetzt. Das bedeutet gleichzeitig, daß das Geld die Tauschprozesse lediglich vermittelt, aber auch unendlich erleichtert.

Im folgenden soll nun untersucht werden, wie sich Marktpreise als Ergebnis von Tauschprozessen bilden und welche Funktionen diese Preise erfüllen, insbesondere soll gezeigt werden, welche Rolle sie bei der Koordination arbeitsteiliger Produktionsprozesse im Tauschzusammenhang spielen.

Da die Marktprozesse in der Komplexität ihrer Erscheinungen durch den einzelnen nicht zu erfassen sind, macht sich der Ökonom ein Bild von den für ihn wesentlichen Sachverhalten. Das heißt, er arbeitet mit Modellen. Mit Hilfe des Modells wird versucht, wesentliche Zusammenhänge in vereinfachter und überschaubarer Form darzustellen und der Tendenz nach richtig zu erfassen. Grundsätzlich muß bei der Arbeit mit Modellen berücksichtigt werden, daß die Erkenntnisse unter idealisierten Annahmen gewonnen wurden. Es handelt sich hierbei um hypothetische Konstrukte. Bei der Übertragung der Aussagen auf die Realität muß darauf hingewiesen werden, daß auch Ökonomen nicht vor Fehlinterpretationen gefeit sind.

In der folgenden Analyse des Marktgeschehens wird vom Modell des homogenen Marktes ausgegangen.

4.1 Der homogene Markt

Das Modell des homogenen Marktes enthält zunächst die Annahme, daß die Nachfrager die verschiedenen Produkte der konkurrierenden Unternehmer in ökonomischer und technischer Hinsicht als völlig gleichwertig (homogen) ansehen. Das heißt, daß die Konsumenten keine Präferenzen gegenüber einzelnen Unternehmern und umgekehrt haben. Diese Bedingungen werden unter dem Begriff der Produkthomogenität zusammengefaßt. Nur unter dieser Voraussetzung ist auch die erfolgte Abbildung der Angebots- und Nachfragefunktion möglich, denn nur für gleichartige Produkte können Mengen der unterschiedlichen Anbieter, die zu einem gegebenen Preis auf dem Markt angeboten werden, auch aggregiert werden.

Wenn der Annahme weiter gefolgt wird, muß auf diesem Markt eine Tendenz zur Beseitigung von Preisdifferenzen zu beobachten sein. Damit ist gemeint, daß die Konsumenten bei dem Unternehmer das Produkt erwerben werden, der es am günstigsten anbietet. Das setzt allerdings voraus, daß Nachfrager und Anbieter über Veränderungen des Marktgeschehens Kenntnis erhalten und unverzüglich entsprechend reagieren. Da jeder Akteur eine subjektive Vorstellung der real ablaufenden Marktprozesse hat, ist leicht nachzuvollziehen, daß sich hinter dieser Annahme ein immenses Informationsproblem verbirgt. Es wird im folgenden deshalb davon ausgegangen, daß die Marktteilnehmer kostenlos und unendlich schnell über die Marktvorgänge informiert werden und sofort auf Veränderungen der Preise entsprechend ihrer Verhaltensfunktionen reagieren. Das Modell des homogenen Marktes unterstellt damit sowohl eine vollkommene Markttransparenz als auch eine unendliche Reaktionsgeschwindigkeit, die zu einer Preiseinheitlichkeit führen.

Auch das Prinzip der Preiseinheitlichkeit wurde bereits bei der Ermittlung der Nachfrage- und Angebotsfunktionen impliziert. Die nachgefragten und die angebotenen Mengen, die einem bestimmt Preis zugeordnet sind, werden unter der Bedingung ermittelt, daß der Preis jeweils für alle Nachfrager und Anbieter derselbe ist.

Weiterhin muß angenommen werden, daß sich das Marktgeschehen räumlich und zeitlich konzentriert abspielt (räumlicher und zeitlicher Punktmarkt). Eine Verteilung von Nachfragern und Anbietern im Raum würde Transporte zur Überwindung der räumlichen Distanz erfordern. Diese verursachen Raumüberwindungskosten, die den zeitlichen Aufwand und den Transportaufwand in sich vereinen. Dadurch könnten unterschiedliche Präferenzen der

Marktteilnehmer entstehen, wodurch die Annahmen des homogenen Marktes nur noch bedingt erfüllt wären.

In enger Verbindung mit dem Begriff des homogenen Marktes steht die Modellvorstellung des vollkommenen Marktes. Das Modell des vollkommenen Marktes fügt den Annahmen des homogenen Marktes – Produkthomogenität, vollkommene Markttransparenz, unendliche Reaktionsgeschwindigkeit, Punktmarkt, jederzeitige Preiseinheitlichkeit – die Prämisse einer atomistischen Strukturierung der Anbieter- und Nachfragerseite hinzu. Das bedeutet, daß sich auf jeder Marktseite eine sehr große Zahl von Teilnehmern befinden. Auf der Anbieterseite wird dann von dem sogenannten Tropfenangebot gesprochen, der einzelne Unternehmer bedient nur einen winzig kleinen Teil der Nachfrage. Dadurch hat er nicht die Erwartung, durch das eigene Verhalten die Höhe des Preises beeinflussen zu können. Das erklärt gleichzeitig das Mengenanpasserverhalten der Anbieter. Das bedeutet, daß er zu einem gegebenen Marktpreis die Gütermenge wählt, die ihm einen maximalen Gewinn gewährleistet.

4.2 Das Gleichgewicht

Die Erwartungen des Unternehmers, der den Produktionsprozeß in Gang bringt, werden sich dann erfüllen, wenn die von ihm angebotene Menge eines bestimmten Gutes auch nachgefragt wird. Die erste Bedingung dafür besteht darin, daß Angebot und Nachfrage „zusammengebracht" werden. Grafisch wird das in Figur 3 dargestellt.

Die Übereinstimmung von Angebots- und Nachfragemenge ist nur in einem Punkt (Schnittpunkt der Angebots- und Nachfragefunktion), das heißt zu einem bestimmten Preis sowie einer bestimmten Menge, gegeben. In diesem Fall wird vom Gleichgewichtspreis $\bar{p}$ gesprochen. Der Gleichgewichtspreis $\bar{p}$ bringt die Wünsche der Unternehmer und Konsumenten bezüglich des Preises und der Menge eines spezifischen Gutes zum Ausgleich. Genau bei diesem Preis stimmt die Menge, die die Käufer abnehmen wollen, mit der Menge überein, die die Anbieter zur Verfügung stellen wollen. Mit dem Gleichgewichtspreis $\bar{p}$ korrespondiert die Gleichgewichtsmenge $\bar{x}$. Unter der Bedingung, daß die Angebots- und Nachfragefunktion ihren Verlauf nicht ändern, besteht im Gleichgewicht keine Veranlassung, Preise und Mengen zu ändern. Der Gleichgewichtspreis definiert demzufolge zugleich den maximalen Absatz unter gegebenen Marktbedingungen.

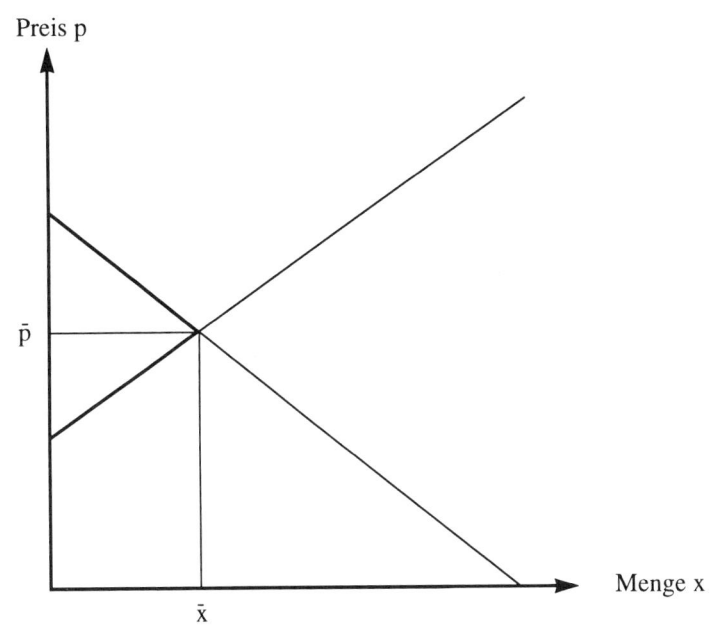

Was heißt und zu welchem Ende studiert man Mikroökonomie? 583

Figur 3

Preis p

$\bar{p}$

$\bar{x}$

Menge x

Außerdem ist zu erkennen, daß auch Nachfrager zum Gleichgewichtspreis kaufen, die durchaus bereit wären, einen höheren Preis für das Gut zu entrichten. Ihr persönlicher Vorteil, der sich aus der Differenz zwischen den Preisen, die sie jeweils im äußersten Fall bereit wären zu zahlen (maximale Zahlungsbereitschaft) und dem tatsächlich zu zahlenden Preis $\bar{p}$ ergibt, wird mit dem Begriff der Konsumentenrente erfaßt. Die Konsumentenrente ist in Figur 4 als das waagerecht schraffierte Dreieck oberhalb des Gleichgewichtspreises $\bar{p}$ zu erkennen. Demgegenüber wird der Vorteil, den einzelne Anbieter erzielen, weil sie ihr Produkt auch zu einem Preis unter dem Gleichgewichtspreis $\bar{p}$ verkaufen würden, mit der Kategorie der Produzentenrente beschrieben. Sie wird in der Figur 4 durch das senkrecht schraffierte Dreieck unterhalb des Gleichgewichtspreises dargestellt.

In den bisherigen Überlegungen wurde noch nicht der Frage nachgegangen, wie sich der Gleichgewichtspreis $\bar{p}$ herausbildet. Dem Modell der vollkommenen Konkurrenz ist es auf den ersten

Blick nicht zu entnehmen, wie die Marktteilnehmer zu einer Gleichgewichtssituation kommen, wenn sie sich zunächst in einem Ungleichgewicht befinden. Wegen der atomistischen Marktstruktur verhalten sich Nachfrager und Anbieter als Mengenanpasser, indem sie den Preis als gegeben hinnehmen. Das heißt, die Marktteilnehmer haben die Vorstellung, den Preis nicht selbst verändern zu können, um aus einer unbefriedigenden Situation „herauszukommen". Es tritt also die Frage auf, wer die notwendige Preisveränderung vornimmt, damit die Tendenz zur Preiseinheitlichkeit tatsächlich eintritt und folglich eine Bewegung zum Gleichgewichtspreis hin bewirkt. An dieser Stelle wird der Auktionator zur Hilfe genommen, der einen bestimmten Preis ausruft, um dann festzustellen, welche Mengen zu diesem Preis angeboten und welche nachgefragt werden. Stimmen die angebotene und die nachgefragte Menge nicht überein, handelt es sich offensichtlich noch nicht um die Gleichgewichtslage.

Es können nun grundsätzlich zwei Möglichkeiten existieren: Der Auktionator erhöht den Preis, wenn die nachgefragte die angebotene Menge übersteigt, oder er wird den vorgegebenen Preis reduzieren, wenn die nachgefragte Menge kleiner ist als die angebotene Menge. Auf diese Weise wird er sich schrittweise dem Gleichgewichtspreis nähern. Tatsächlich können derartige Prozesse an der Börse beobachtet werden. Zur Erklärung der Börsenpreisbildung ist das Modell der vollkommenen Konkurrenz durchaus tauglich. Es kann jedoch davon ausgegangen werden, daß die Anzahl der Märkte, die auch börsenartig organisiert sind, eher einen geringen Anteil unter den Märkten einnimmt. Trotzdem kann insgesamt gesagt werden, daß dieses Modell den Preisbildungsprozeß im wesentlichen erfaßt und insbesondere die Marktfunktionen der Preise im volkswirtschaftlichen Koordinationsprozeß in der Tendenz zutreffend beschreibt. Den Funktionen der Preise soll sich nun im weiteren zugewandt werden.

4.3 Funktionen der Preise

Wie bereits dargelegt, bildet sich durch das Zusammenspiel von Angebot und Nachfrage auf dem Markt der Preis im Gleichgewicht. Die Funktionen des Preises innerhalb des Marktmechanismus resultieren nun daraus, daß dieser Preis Knappheiten oder besser Knappheitsverhältnisse anzeigt. Unter dieser Voraussetzung stellt der Preis zunächst eine Informationsquelle für Konsumenten und (tatsächliche oder potentielle) Anbieter dar. Somit bildet der Preis auf beiden Marktseiten die Grundlage für weitere Entscheidungen.

Der Nachfrager trifft eine Entscheidung bezüglich des Erwerbs oder Nichterwerbs des betreffenden Gutes. Diese Entscheidung beruht sowohl auf den individuellen Einkommensverhältnissen als auch auf den persönlichen Präferenzen. Der Konsument teilt sein Einkommen auf die verschiedenen Verwendungsmöglichkeiten auf. Nach Ablauf des Tauschprozesses sind die knappen Güter auf die Nachfrager verteilt worden, die das Gut erwerben konnten und/oder wollten. Es wird in diesem Zusammenhang von der Rationierungsfunktion des Preises in dem Sinne gesprochen, daß letztlich die Höhe des Preises bewirkt, einen Teil der Nachfrager vom Erwerb des jeweiligen Gutes auszuschließen. Der Marktmechanismus bildet, vermittelt durch den Preis, ein anonymes Zuteilungsverfahren der knappen Güter auf die Wirtschaftssubjekte. Eine Alternative würde beispielsweise die Ausgabe von Bezugsscheinen darstellen.

Weiterhin realisiert der Preis die Auslese oder auch Selektion der Unternehmer. Will der Unternehmer seine Existenz erhalten, ist er gezwungen, durch den Verkauf seiner Güter zumindestens die Kosten zu decken. Nicht zuletzt treibt ihn jedoch die Aussicht auf einen Gewinn dazu, überhaupt unternehmerisch tätig zu werden. Das Interesse und auch die Notwendigkeit einen Gewinn zu erzielen, zwingt den Unternehmer, sich an den Bedürfnissen der Nachfrager zu orientieren. Die Wünsche der Verbraucher sind für den Unternehmer aus ihren Reaktionen auf dem Markt ablesbar. Nicht zuletzt gibt die Höhe des Preises, den die Verbraucher bereit sind, für ein bestimmtes Gut zu bezahlen, darüber Auskunft. Es kann also nur derjenige Unternehmer werden und als solcher überleben, der mit seiner Produktion die Wünsche der Konsumenten realisiert. Damit nicht genug, es ist ebenso notwendig, daß er auf Veränderungen der Präferenzen schnell und angemessen reagiert.

Durch das Gleichgewicht wird simultan die jeweils absetzbare Menge maximiert, das heißt, daß zum Gleichgewichtspreis die angebotene und nachgefragte Menge ausgeglichen werden. Insofern kann von einer Ausgleichsfunktion des Preises gesprochen werden.

Aus dem Modell wird schnell ersichtlich, daß zu allen Preisen, die über dem Gleichgewichtspreis liegen, die angebotene größer als die nachgefragte Menge ist. In diesem Fall begrenzt die tatsächlich wirksame Nachfrage die Absatzmenge, die kleiner sein wird als im Gleichgewicht. Liegt der Preis dagegen unter dem Gleichgewichtspreis, so wird die nachgefragte Menge die angebotene übersteigen.

Figur 4

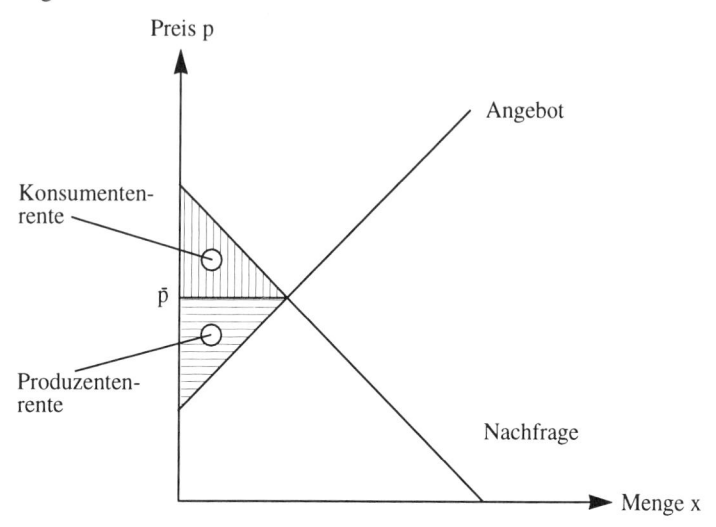

[Diagramm: Preis-Mengen-Diagramm mit Angebots- und Nachfragekurve, Gleichgewichtspreis p̄, Konsumentenrente und Produzentenrente markiert]

Jetzt begrenzt das Angebot den Absatz, der wiederum geringer ist als im Gleichgewicht. Aus derartigen ungleichgewichtigen Situationen erfolgt über Unter- oder Überbietungsprozesse eine Bewegung hin zum Gleichgewichtspreis, der Angebot und Nachfrage ausgleicht oder auch koordiniert.

Bei allen diesen Überlegungen muß bedacht werden, daß das Modell des homogenen Marktes lediglich das Geschehen auf einem Markt für ein ganz bestimmtes Gut erfaßt. In der Realität laufen gleichzeitig zahlreiche, dem Wesen nach zwar ähnliche aber doch sehr unterschiedliche, Prozesse ab. Bei der Vielzahl der arbeitsteiligen Marktprozesse wird nun über den Preis erreicht, daß die in der Produktion erbrachten Güter und Leistungen in der Tendenz einer effizienten Verwendung zugeführt werden. Worin die Verwendung schließlich besteht, wird auch dadurch entschieden, wer bereit und in der Lage ist, den entsprechenden Preis zu bezahlen. Auf diesem Weg erfüllt der Preis eine Koordinationsfunktion.

Die Voraussetzung für ein Angebot an Gütern ist ihre Produktion. Die Produktion, hier erfaßt als Umwandlung von Produktionsfaktoren mit Hilfe einer Technologie in Güter und Leistungen, setzt die Nachfrage nach Produktionsfaktoren voraus. Vermittelt durch den

Preis der Güter werden schließlich die Produktionsfaktoren in ihre effizientesten Verwendungsmöglichkeiten gelenkt. Zumindestens wird tendenziell gesichert, daß Produktionsfaktoren nicht verschwendet werden, sondern die Unternehmen erhalten, deren Produkte auch nachgefragt werden. Das wird dadurch gesichert, daß nur die Unternehmen am Markt existieren können, die aufgrund ihrer effizienten Produktion Gewinne erwirtschaften. Unter diesem Aspekt wird von der Allokations- oder Zuteilungsfunktion des Preises gesprochen.

In den bisherigen Betrachtungen stand immer die Bewegung hin zu einem Gleichgewicht im Mittelpunkt. In einem Gleichgewicht funktionierte der Markt schließlich vollkommen. Veränderungen der Verhaltensweisen und Anpassungsprozesse waren nicht erforderlich. In den vorangegangenen Betrachtungen war ausdrücklich auf die Möglichkeit verwiesen worden, daß unter bestimmten Bedingungen sich das Nachfrage- und Angebotsverhalten der Wirtschaftssubjekte verändert, was i. d. R. in den Preisen seinen Niederschlag findet. In diesen Fällen bildet der Preis eine Orientierungsgröße, die ein verändertes Verhalten der Unternehmer und/ oder Konsumenten bewirkt. Es wird dabei von der Signal- oder Orientierungsfunktion des Preises gesprochen. Auswirkungen von veränderten Knappheitsrelationen sollen im folgenden unter zwei Aspekten erläutert werden.

Zunächst soll eine Verschiebung der Angebotskurve diskutiert werden. Auf dem Kaffeemarkt läßt sich beispielsweise beobachten, daß als Folge einer schlechten Kaffeernte, die Kaffeepreise steigen. Fällt dagegen aufgrund günstiger Witterungsbedingungen die Kaffeernte gut aus, können die Anbieter den Kaffee in großen Mengen auf den Markt bringen und erzielen geringere Preise.

Nach einer schlechten Ernte geht die angebotene Menge zurück, was sich in einer Verlagerung der Angebotskurve nach oben ausdrückt (von A nach A1).

Wie wirkt sich diese Verschiebung der Angebotskurve aus? Die neue Angebotsfunktion A_1 schneidet sich mit der unveränderten Nachfragefunktion N in G_1 – oberhalb des alten Gleichgewichts G_0. Der ursprüngliche Gleichgewichtspreis p_0 konnte bei der neuen angebotenen Menge nicht gehalten werden, da er zu niedrig war. Also findet ein Preisanstieg bis p1 statt, bei dem sich die nachgefragten und angebotenen Mengen wieder ausgleichen. Ceteris paribus erhöht sich somit der Kaffeepreis, und die nachgefragte Menge geht zurück.

Figur 5

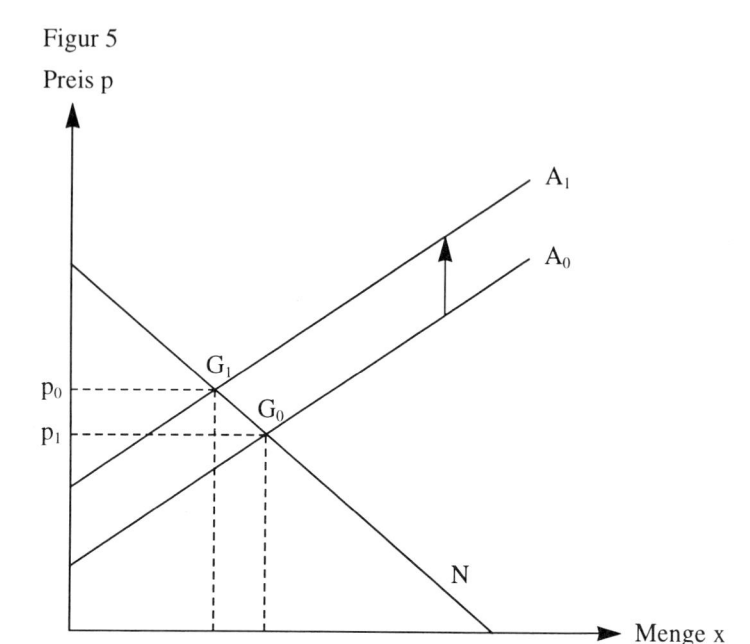

Preis p

[Diagramm: Angebotskurven A_0 und A_1, Nachfragekurve N, Gleichgewichte G_0 bei (x_1, p_1) und G_1 bei (x_0, p_0)]

Die Preiserhöhung veranlaßt die Konsumenten, auf andere Güter – wie möglicherweise Tee oder Kakao – auszuweichen. Letztlich werden Substitutionsmöglichkeiten erwägt und umgesetzt.

Wird nun angenommen, daß das verfügbare Nominaleinkommen steigt, so dreht sich die Nachfragekurve um die Sättigungsmenge nach rechts. Es steigt die Konsumentennachfrage bei einem bestimmten Preis. Die Angebotskurve bleibt unverändert.

Zum alten Gleichgewichtspreis p_0 würden die Konsumenten nun wesentlich mehr nachfragen als die Produzenten anbieten. Das bedeutet, daß der Kaffee zum Preis p_0 knapp wird. Die zusätzliche Nachfrage bewirkt ein Steigen des Preises bis im neuen Gleichgewicht G_1 der neue Gleichgewichtspreis p_1 angebotene und nachgefragte Menge übereinstimmen.

Einflußfaktoren, die das Nachfrageverhalten bestimmen, unterliegen im Zeitablauf Veränderungen, die zu veränderten Nachfragefunktionen mit Auswirkungen auf Preise und Mengen führen.

Figur 6

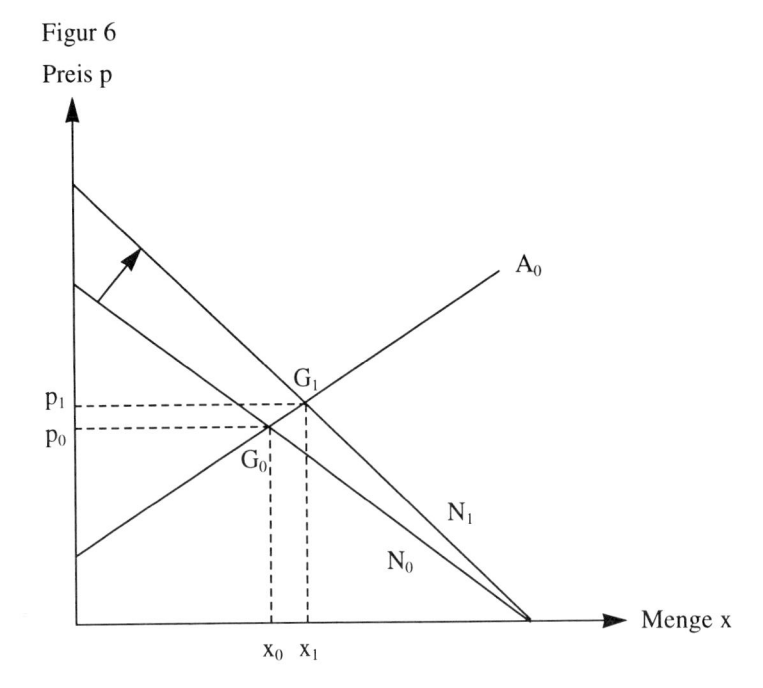

Preis p

[Diagramm: Angebotskurve A_0, Nachfragekurven N_0 und N_1, Gleichgewichtspunkte G_0 bei (x_0, p_0) und G_1 bei (x_1, p_1)]

Veränderungen von Knappheitsrelationen, wodurch auch immer verursacht, bewirken Preisänderungen, die wiederum zu Verhaltensänderungen der Wirtschaftssubjekte führen. Insofern besitzt der Preis auch eine Steuerungsfunktion oder Lenkungsfunktion.

In dem Sinne, daß der Preis auch Anreize setzt, gegebene Situationen zu verändern (z. B. wenn ein Unternehmer mit der Gewinnlage unzufrieden ist oder sich seine relative Wettbewerbsfähigkeit verschlechtert), indem er neue Produkte und/oder Produktionsverfahren auf den Markt bringt, kann von einer Anreizfunktion des Preises gesprochen werden.

Die Darstellung der Preisbildung im Rahmen eines Gleichgewichtskonzeptes ist insofern zweckmäßig als gezeigt werden kann, unter welchen Bedingungen ein gegebener Zustand andauern kann. Entscheidend ist jedoch, und in der kurzen Abhandlung zu den Funktionen der Preise wurde das auch deutlich, daß realiter niemals eine dauerhafte Gleichgewichtssituation erreicht werden kann, sondern die wesentliche Funktion des Marktes – vermittelt durch den

Preis – besteht darin, notwendige Veränderungen zu initiieren. Der Anreiz zur Veränderung von Verhaltensweisen der Marktteilnehmer entsteht jedoch nur in vorübergehenden Ungleichgewichten. Arbeitsteilige Marktprozesse in ihrer Vielfalt verlaufen gleichzeitig in Raum und Zeit und gründen sich auf Produktionsprozessen, die sowohl im zeitlichen als auch im räumlichen Ablauf unter ganz spezifischen Bedingungen stattfinden. Dabei ist besonders auf die Dimension der Zeit zu verweisen. Jeder weiß, daß die Produktion von Gütern unterschiedlicher Zeitspannen bedarf. Sogar ein scheinbarer, temporärer Zustand der Ausgeglichenheit, bei dem jedermann erfolgreich das verkaufen oder kaufen kann, was er beabsichtigt hatte, kann unabhängig von irgendwelchen Veränderungen der äußeren Bedingungen seiner Natur nach unwiederholbar sein, da einige Erwartungen der Unternehmer aus vergangenen Umständen resultieren, die sich inzwischen geändert haben. Oder anders ausgedrückt heißt das, ein Teil der Daten ist immer ein Ergebnis früherer Anpassungen an andere Daten, die nicht mehr existieren. Die Beziehungen zwischen Angebot und Nachfrage in ihrer Gesamtheit werden durch ständige Anpassung an vorübergehende örtliche Umstände aufrecht erhalten – durch Ausnutzung günstiger Gelegenheiten, die keine systematische Beziehung zum Rest der Struktur haben.

Es ist also erforderlich, daß Preise Knappheitsverhältnisse anzeigen können, sich frei am Markt bilden, damit Veränderungen der Preisrelationen auch die Unternehmer und die Konsumenten in ihrem Verhalten beeinflussen, in dem bisherige Verhaltensweisen überdacht und gegebenenfalls verändert werden, wenn sich Bedingungen gewandelt haben. Nur so wird eine effiziente Verwendung von Produktionsfaktoren und produzierten Gütern tendenziell erreicht.

Das Gesamtmarktsystem ist demzufolge auch als ein sich im Fluß befindliches Datensystem zu verstehen, dessen Stabilität nur dadurch erhalten wird, daß Informationen über veränderte Bedingungen zuverlässig weitergegeben werden und zu entsprechenden Veränderungen der Erwartungen und des Verhaltens führen.

Preise stellen somit eine wesentliche Voraussetzung für Entwicklungsprozesse des Marktsystems oder Such- und Entdeckungsprozesse dar. Wenn davon ausgegangen wird, daß Suchprozesse den Wettbewerb ausmachen, dann sind Preise auch eine zentrale Größe für den „Wettbewerb als Entdeckungsverfahren" (F. A. von Hayek).

Angesichts der hohen Komplexität der Marktprozesse wird ersichtlich, daß das Preissystem zentrale Funktionen in einer Marktwirtschaft besitzt. Häufig werden diese Funktionen jedoch beschränkt. Im folgenden werden deshalb die Effekte untersucht, die sich ergeben, wenn die freie Beweglichkeit der Preise eingeschränkt wird.

4.4 Staatliche Eingriffe in die Marktpreisbildung

Die Erläuterungen der Funktionen des Preises zeigten, daß Veränderungen der Preisrelationen die Wirtschaftssubjekte zu Aktionen und Reaktionen motivieren oder fallweise auch zwingen. Solche Veränderungen beruhen einerseits auf veränderten Daten, die infolge des Wissenszuwachses aus dem System heraus herbeigeführt wurden oder sich als Folge von Umweltereignissen zwangsläufig ergeben. Andererseits ergeben sich notwendige Veränderungen daraus, daß Entscheidungen jeweils auf solchen aus vergangenen Perioden resultieren, die wiederum unter anderen Umständen getroffen wurden.

Das Klagen über Härten und mögliche Unbilligkeiten notwendiger Anpassungen für die beteiligten Anbieter und Nachfrager können täglich bei der Lektüre von Nachrichten festgestellt werden. Je nach Möglichkeiten der Einflußnahme wird oft versucht, den Staat zum Eingriff in die Marktpreisbildung zu veranlassen. So beanstanden die Konsumenten auf bestimmten Märkten einen zu hohen Preis oder einen zu raschen Preisanstieg. Hier wird eine Begrenzung durch Höchstpreise (p_H) gefordert. Auf der anderen Seite beklagen Unternehmer den Marktpreis als zu niedrig oder zu schnell sinkend. In diesem Fall wird eine Begrenzung der Preise nach unten angemahnt. Wenn der Staat dem folgt, kommt es zur Festlegung von Mindestpreisen (p_M).

Die beiden Fälle werden in der Figur 7 grafisch dargestellt. Der Staat begründet sein Eingreifen in aller Regel damit, daß er durch Höchstpreise (z. B. p_H) wirtschaftlich schwächeren Nachfragern den Konsum des Gutes ermöglichen will und im Falle von Mindestpreisen (z. B. p_M) wirtschaftlich schwächeren Produzenten die Existenz sichern will.

Erste Auswirkungen derartiger Preisinterventionen lassen sich bereits aus der sehr vereinfachenden Grafik (Figur 7) erkennen. Wird zunächst der Mindestpreis betrachtet, so wird sichtbar, daß eine Lücke zwischen angebotener und nachgefragter Menge besteht.

Figur 7

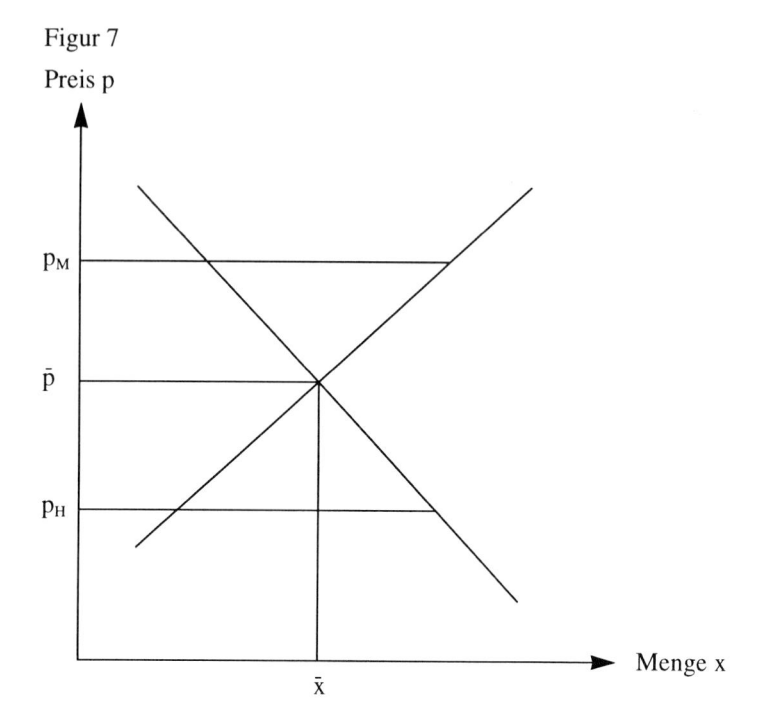

Preis p

p_M

$\bar{p}$

p_H

$\bar{x}$

Menge x

Konkret kommt es zu einem Angebotsüberhang. Durch sein Eingreifen verhindert der Staat nun, daß dieses Ungleichgewicht über Veränderungen des Preises wieder ausgeglichen wird. Er steht nun in der Pflicht, die Konsequenzen zu übernehmen, den Angebotsüberschuß aufkaufen, um das Preisniveau p_M zu stützen. Eine Intervention zieht also zwangsläufig weitere Interventionen nach sich, was zu einer Interventionsspirale führen kann. Zu beobachten sind diese Eingriffe im Agrarbereich der Europäischen Union. Letztlich setzt die Wirtschaftspolitik den wirtschaftlich schwachen Unternehmer in die Lage, sich dem starken Unternehmer gegenüber im Wettbewerb zu behaupten. Dies führt gleichzeitig dazu, daß Produktionsfaktoren auf den subventionierten Märkten verbleiben, obwohl die mit ihnen produzierten Güter zum freien Marktpreis nicht nachgefragt werden. Die Selektionsfunktion des Preises wird eingeschränkt, wodurch eine Verschwendung der knappen Produktionsfaktoren stattfindet.

Schwerwiegender erscheinen die mittel- und langfristigen Ergebnisse derartiger Eingriffe. Im Vertrauen auf den Bestandsschutz durch den Mindestpreis werden Investitionen zu Kapazitätserweiterungen vorgenommen, die in Verbindung mit Rationalisierungen zu einer zusätzlichen Ausdehnung der angebotenen Menge führen würden. Im zeitlichen Ablauf würde das einen starken Anstieg des Interventionsbedarfs bedeuten. Zunehmend wird es dann auch schwieriger, die Interventionen abzubauen, denn die Anbieter haben sich an den Marktschutz gewöhnt und machen erfahrungsgemäß geltend, daß sie zusätzliche Aufwendungen im Vertrauen auf weiteren Schutz getätigt haben. Erst eine Budgetkrise kann dann einen Politiker veranlassen, eine konsequente Deregulierung im Sinne der Abschaffung des Mindestpreises umzusetzen.

Entsprechend entgegengesetzt gerichtete Wirkungen sind bei der Setzung von Höchstpreisen zu beobachten. In diesem Fall kommt es zu einer Überschußnachfrage. Das bedeutet, daß zum geltenden Preis nicht alle Konsumenten ihre Nachfrage decken können. Es wird also notwendig, einen anderen Mechanismus zu finden, der die knappen Güter auf die Nachfrager verteilt. Wiederum ist ein nachgelagerter Interventionsschritt programmiert. Wird das Problem der Zuteilung nicht über Bezugsscheine gelöst, entstehen Warteschlangen. Auf dem Wohnungsmarkt wird eine Art des Höchstpreises in Form von Begrenzungen des Preisanstiegs angewandt (sozialer Wohnungsbau). Neben kurzfristigen Konsequenzen, auf die bereits verwiesen wurde, können langfristige Auswirkungen in Form verminderter Impulse zur Steigerung des Angebots wirksam werden. Wenn die Wirtschaftssubjekte gar die Vorschriften unterlaufen, können auch Schwarzmärkte entstehen.

Die bisherigen Überlegungen zum Setzen von Höchst- und Mindestpreisen beziehen sich auf Preisinterventionen auf einzelnen Märkten. In der Realität finden staatliche Preiseingriffe gleichzeitig auf vielen oder allen Märkten statt. Die Preise werden in der Regel auf einem bestimmten Niveau eingefroren, meist um eine Inflation zu bekämpfen. Diese Tatsache wird mit dem Begriff des Preisstopps erfaßt. Die Auswirkungen eines Preisstopps entsprechen der Fixierung von Höchstpreisen. Das heißt, daß die Ausschaltung der Preisfunktionen in diesem Falle viele oder gar alle Märkte erfassen. Entsprechend wird die Leistungsfähigkeit des Preissystems bei der Koordination arbeitsteilig erstellter Leistungen der Wirtschaftssubjekte wesentlich stärker beeinträchtigt als dies ein einzelner Höchstpreis vermag. Die Konsequenzen für das

Marktsystem insgesamt werden um so gravierender, je länger der Preisstopp anhält, da lediglich eine bloße Symptombehandlung stattfindet. Die eigentlichen Ursachen der Inflation bleiben bestehen.

Neben den Höchst- und Mindestpreisen gibt es ihrer Wirkung nach schwächere Eingriffe in die Marktpreisbildung. Sie lassen das Prinzip der freien Preisbildung unberührt. Gleichwohl wird Einfluß auf die Höhe des Marktpreises genommen. Darunter fallen beispielsweise Subventionen für Anbieter und Nachfrager. Als Beispiel soll eine Subvention dienen, die einem Produzenten gezahlt wird. In der Tendenz führt die Subvention zu einer Senkung der Kosten des betreffenden Unternehmens, dadurch wird die Angebotskurve nach rechts verschoben. Unter sonst gleichbleibenden Bedingungen sinkt nun das Marktpreisniveau.

Selbst eine derartige indirekte Beeinflussung des Marktpreisniveaus erzielt langfristig nicht unbedenkliche Effekte. Diese resultieren daraus, daß punktuell in den Wirtschaftsablauf eingegriffen wird und eine Gewöhnung bei den betreffenden Wirtschaftssubjekten eintritt, die auf die Forderung nach weitergehendem Schutz hinausläuft. Also auch in diesen Fällen werden Preisfunktionen teilweise beeinträchtigt, insbesondere die Anreizfunktion.

4.5 Die abgeleitete Nachfrage

Das Angebot von Gütern und Leistungen setzt ihre Produktion und diese wiederum Nachfrage von Faktoren auf vorgelagerten Märkten voraus. Diejenigen Güter und Leistungen, die der Unternehmer nachfragt, um damit andere Güter zu produzieren, werden Produktionsfaktoren (Arbeitskräfte, Anlagen, Energie, Rohstoffe, etc.) genannt. Auch sie sind knapp; sie werden auf Märkten gehandelt und haben also einen Preis. Die Nachfrage der Unternehmer nach Produktionsfaktoren wird als abgeleitete Nachfrage bezeichnet, da sie aus der Nachfrage nach Konsum- und Investitionsgütern (Endnachfrage) abgeleitet ist.

Die abgeleitete Nachfrage verbindet also zwei Märkte miteinander – einen Absatzmarkt und einen vorgelagerten Bezugsmarkt. Sie bildet somit ein Verbindungsstück oder auch Scharnier zwischen zwei Märkten. In diesem Sinne liegt eine vertikale Marktinterdependenz vor: Die Unternehmer übertragen die Nachfrage nach Gütern auf vorgelagerte Märkte, auf denen sie Produktionsfaktoren nachfragen.

Auf diese Weise werden sowohl verschiedene Unternehmen als auch unterschiedliche Märkte arbeitsteilig miteinander verbunden. Deren Koordination erfolgt über den anonymen Marktmechanismus.

Wenn von Lagerbeständen bezüglich der Produktionsfaktoren abgesehen wird, hängt ihre Nachfrage zunächst von der Angebotsmenge auf den Gütermärkten ab. Demzufolge kann die Nachfragefunktion, der die Unternehmung bezüglich ihres Produktes gegenübersteht, als erster Einflußfaktor auf die Faktornachfrage gelten. Daneben hängt die Nachfrage nach Produktionsfaktoren ebenfalls von den technischen Erfordernissen der Produktion ab. Das bedeutet, daß durch die technischen Bedingungen des Produktionsprozesses – oder das WIE der Produktion – die notwendigen Faktoreinsatzmengen mitbestimmt werden. Dieser Zusammenhang wird mit Hilfe der Produktionsfunktion abgebildet.

Die Produktionsfunktion erfaßt die funktionale (technische) Beziehung zwischen dem mengenmäßigen Einsatz von knappen Produktionsfaktoren (Input) und dem mengenmäßigen Ausstoß (Output). Die Möglichkeit der Erfassung dieses funktionalen Zusammenhangs darf nicht zu der Vorstellung verleiten, daß die Nachfrage nach Endprodukten zu einem konstanten Satz, berechnet mit Hilfe der Produktionsfunktion, auf die Nachfrage nach Produktionsfaktoren übertragen werden kann. Das ist lediglich bei einem statischen Betrachtungshorizont möglich. Tatsächlich handelt es sich auch hierbei um hochkomplexe Prozesse. Auf Variationsmöglichkeiten der Angebots- und Nachfragefunktion war bereits verwiesen worden. Gleichfalls befinden sich Produktionsprozesse in einem ständigen Entwicklungsprozeß, sei es durch Rationalisierung, infolge von Innovationen oder bedingt durch zahlreiche andere Faktoren. Wenn weiterhin berücksichtigt wird, daß die Unternehmen nicht nur Produkte für eine nachgelagerte Stufe, sondern für zahlreiche Märkte herstellen und ihrerseits verschiedene Vorprodukte von unterschiedlichen Märkten beziehen. Die unaufhörliche Koordination dieses komplizierten Gebildes kann nur über den Marktprozeß erfolgen, da die vielen Informationsströme, die in alle Richtungen laufen und sich vermischen, nur dezentral zu erfassen und zu verarbeiten sind.

Die Märkte für Produktionsfaktoren bedürfen gleichfalls der uneingeschränkten Führungsfunktion der Preise. Die relativen Preise sind letztlich die Informationsträger, die den arbeitsteiligen Produktions- und Absatzprozeß integrieren. Dem einzelnen ist zwar nur ein

Bruchteil an Informationen zugänglich, er orientiert sich auch lediglich an den für ihn subjektiv relevanten Informationen, jedoch steht er über die Gesamtheit des Informationsflusses mit allen übrigen Wirtschaftssubjekten in Verbindung.

Die vorangegangenen Ausführungen sollten einen Eindruck über den Betrachtungsgegenstand der Mikroökonomie vermitteln. Wesentlich detaillierter und ausführlicher kann man sich damit in den verschiedenen Ausbildungsstufen auseinandersetzen. Bleibt abschließend nur, Überlegungen zum Sinn oder Unsinn derartiger wissenschaftlicher Untersuchungen anzustellen.

5. Praxisrelevanz

Die Frage nach dem Sinn mikroökonomischer Studien ist unter anderen die Frage nach ihrer Praxisrelevanz. Die Ausführungen, in denen ein Eindruck über volkswirtschaftliche Zusammenhänge am Handeln einzelner demonstriert wurden, sollten vermitteln, daß sich das wirtschaftswissenschaftliche Studium nicht im bloßen Sammeln von Fakten und Tatsachen erschöpfen kann. Vielmehr geht es in der akademischen Lehre darum, die Kenntnis existierender Zusammenhänge im vorliegenden ökonomischen Fall zu schaffen und zu fördern und damit das Bewußtsein – ein Sensorium – für Probleme und ihre Ursachen zu entwickeln. Die Erkenntnis, daß die Probleme der Praxis zu komplex und zu differenziert sind und sich zu schnell verändern, verpflichtet zu einer gewissen Zurückhaltung und Bescheidenheit. Es bedarf der Einsicht, daß es für die Vielfalt der Probleme in der Praxis keine Patentlösungen gibt. Jedes Problem ist letztlich einzigartig und bedarf einer besonderen Analyse und Lösung. Schließlich liegen der Vielfalt doch allgemeine Grundmuster zugrunde. Um deren Erkennen geht es!

Der Vorteil der sehr engen Bindung zwischen Forschung und Lehre an einer Universität besteht zudem auch darin, daß das Erforschte immer wieder auf den Prüfstand kommt. Erkenntnisse müssen auch in Frage gestellt, eventuell verworfen und erneuert werden.

Theoretisches Wissen gilt es, bei der Lösung praktischer Probleme anzuwenden. Die Anwendung im konkreten Einzelfall muß jedoch jeder selbst leisten. Ferner ist es notwendig, Probleme der Praxis in theoretische Fragestellungen zu transformieren.

Um schließlich die Rückkopplung zu den einleitenden Überlegungen herzustellen, soll abschließend auf den Zusammenhang der Teilgebiete der Wirtschaftswissenschaften verwiesen werden. Das einseitige Studieren, gleichgültig welches der unterschiedlichen Gebiete, verschließt den Zugang zu Denkansätzen und die Anregungen anderer Disziplinen. Es ist deshalb unerläßlich, immer den Gesamtzusammenhang zu berücksichtigen, nur so ist eine wissenschaftliche Analyse der Problemstellungen möglich und glaubwürdig.

So läßt sich mit den Worten Ludwig von Mises sagen: „... Alle wollen reicher werden und glauben, daß der Weg, den sie gewählt haben, zum Ziele führt. Wenn die Nationalökonomie auch über die Ziele nichts zu sagen hat, so ist doch sie allein berufen, die Zweckmäßigkeit der gewählten Mittel zu prüfen. Soweit Politik Zielwahl ist, steht sie jenseits der nationalökonomischen Gedankengänge. Soweit Politik die Wahl der Mittel bestimmt, ist sie von der Nationalökonomie abhängig." (Vgl. von Mises, 1940, S. 8-9.) Und doch ist auch der Ökonom zumindestens angemahnt, auch auf die Implikationen zu verweisen, die die Wahl politischer Ziele beinhalten.

Grundlagen- und weiterführende Literatur

Fehl, Ullrich/Oberender, Peter: Grundlagen der Mikroökonomie, 6. Auflage, München 1994.
von Hayek, Friedrich A.: Der Strom der Güter und Leistungen, Tübingen 1984.
Heuß, Ernst: Grundelemente der Wirtschaftstheorie, 2. Auflage, Göttingen 1981.
Linde, Robert: Einführung in die Mikroökonomie, 2. Auflage, Stuttgart Berlin Köln 1988.
Mises, Ludwig von: Theorie des Handelns und Wirtschaftens, Genf 1940, unveränderter Nachdruck München 1980.
Oberender, P.: Interdependenzen der Märkte: die abgeleitete Nachfrage als Scharnier, in WISU 1/84, S. 29-35.
Idem: Was heißt und zu welchem Ende studiert man Wirtschaftswissenschaften?, Baden-Baden 1995.
Samuelson, Paul Anthony/Nordhaus, William D.: Volkswirtschaftslehre 1 und 2, Köln 1987.
Woll, Artur: Allgemeine Volkswirtschaftslehre, 11. Auflage, München 1993.

Wolfgang Kerber

Wirtschaftspolitik

1. Einführung

Die westlichen Volkswirtschaften stehen in den neunziger Jahren vor einer Anzahl von Problemen, die die Wirtschaftspolitik vor neue, schwierige Herausforderungen stellen: Hohe und dauerhafte Arbeitslosigkeit, große Defizite in den Öffentlichen Haushalten (wachsende Staatsverschuldung) und prinzipielle Probleme der künftigen Finanzierbarkeit der traditionellen Systeme der sozialen Sicherung. Verschärft wird diese Situation durch die Bedrohung bisheriger industrieller Standorte durch den globalen Wettbewerb. Hinzu kommt die weiterhin brisante Umweltproblematik und die aktuellen Probleme der europäischen Integration und der Transformation der ehemaligen Zentralverwaltungswirtschaften Mittel- und Osteuropas.

Bei der Suche nach wirtschaftspolitischen Lösungen für solche spezifischen Fragestellungen sind immer auch zwei zentrale Problemfelder zu berücksichtigen:

(1) Die praktische Wirtschaftspolitik ist Teil des allgemeinen politischen Geschehens und von diesem nicht zu trennen. Insofern wird die Wirtschaftspolitik vor allem geprägt von der Konkurrenz der Parteien um Wahlstimmen bei den nächsten Wahlen, was die Berücksichtigung der jeweiligen Wählerklientelen der Parteien und die diese unterstützenden Interessengruppen (Lobbyaktivitäten) bei der konkreten Ausgestaltung der Wirtschaftspolitik zur Folge hat. Eine wissenschaftliche Auseinandersetzung mit Wirtschaftspolitik muß deshalb die sich aus den *Eigengesetzlichkeiten des politischen Systems* ergebenden Beschränkungen und Gefahren systematisch miteinbeziehen.

(2) Industrialisierte, marktwirtschaftlich organisierte Volkswirtschaften sind *dynamische, arbeitsteilige Systeme* von hoher Komplexität, die in starkem Maße von *Selbststeuerungsmechanismen* geprägt sind, da die ökonomischen Aktivitäten von zigtausenden von Unternehmen und Millionen von Konsumenten und Arbeitskräften in vielfältiger Weise voneinander abhängig sind und sich wechselseitig über komplizierte Rückkopplungsprozesse beeinflussen. Sollen wirtschaftspolitische Maßnahmen

aufgrund nicht ausreichend berücksichtigter Neben- und Folgewirkungen nicht kontraproduktiv wirken, ist ein grundlegendes Verständnis dieser Selbststeuerungsmechanismen unerläßlich.

Sowohl um die wechselseitigen Beziehungen zwischen dem politischen und dem ökonomischen System als auch um die Selbststeuerungsmechanismen in marktwirtschaftlich organisierten Volkswirtschaften zu verstehen, ist eine intensive Auseinandersetzung mit den institutionellen Grundlagen arbeitsteiliger Gesellschaften unerläßlich.[1] Da weiterhin Wirtschaftspolitik selbst immer innerhalb eines institutionellen Rahmens betrieben wird und in der modernen Ökonomie Institutionen als die zentrale Determinante für wirtschaftliche Entwicklungsprozesse gelten,[2] wird in diesem kurzen Beitrag bewußt ein *institutionenökonomischer Blickwinkel* auf die Wirtschaftspolitik gewählt.[3]

2. Institutionelle Grundlagen arbeitsteiliger Gesellschaften

2.1 Knappheit, Arbeitsteilung und die Teilsysteme einer Gesellschaft

Gleichgültig von welchen konkret auftretenden ökonomischen Problemen man ausgeht, letztlich können sie alle auf die *Knappheit* als das Ausgangsproblem jeder Ökonomie zurückgeführt werden. Wirtschaften heißt, dieses Problem der Knappheit so weit wie möglich zu vermindern, sei es durch möglichst effizienten Einsatz der vorhandenen Produktionsfaktoren (Arbeit, Kapital, natürliche Ressourcen) oder durch die Kreation neuer besserer Produkte oder ra-

---

[1] Unter Institutionen sind hierbei die in einer Gesellschaft existierenden Regeln zu verstehen, die sich in formelle Regeln (Recht, Verfassung) und informelle Regeln (Sitten, Gewohnheiten, Traditionen) aufteilen lassen.

[2] Vgl. beispielsweise *North, Douglass C.:* Institutionen, institutioneller Wandel und Wirtschaftsleistung, Tübingen 1992.

[3] Vgl. als Überblick zur Institutionenökonomik *Richter, Rudolf:* Institutionen ökonomisch analysiert, Tübingen 1994, *Schenk, Karl E.:* Die neue Institutionenökonomie – Ein Überblick über wichtige Elemente und Probleme der Weiterentwicklung, in: Zeitschrift für Wirtschafts- und Sozialwissenschaften 1992, S. 337-378, sowie *Schüller, Alfred (Hrsg.):* Property Rights und ökonomische Theorie, München 1983.

tionellerer Produktionstechnologien. Im Laufe der historischen Entwicklung hat sich gezeigt, daß die Erhöhung der wirtschaftlichen Leistungsfähigkeit einer Volkswirtschaft eng mit der *Ausweitung der Arbeitsteilung* verbunden ist. Die einzelnen Menschen produzieren also nicht alle Güter für den eigenen Bedarf selbst, sondern spezialisieren sich auf die Erstellung von bestimmten Leistungen. Über die Entwicklung einer immer differenzierteren Struktur von spezifischen Fähigkeiten, Berufen, Unternehmen und Wirtschaftszweigen wird die Produktivität erhöht und damit die in einer Volkswirtschaft insgesamt zur Verfügung stehende Gütermenge vergrößert. Wie funktionieren nun aber solche hocharbeitsteiligen Volkswirtschaften? Wie wird vor allem das Problem gelöst, daß diese vielfältigen Produktions- und Konsumaktivitäten aufeinander abgestimmt werden müssen, d.h., wie kommt es zur Koordination der ökonomischen Aktivitäten von Millionen einzelner Menschen? Zu klären ist also, wie solche Volkswirtschaften organisiert sind, oder anders ausgedrückt, es wird nach der *Ordnung arbeitsteiliger Gesellschaften* gefragt.

Arbeitsteilige Gesellschaften können als aus verschiedenen *Teilsystemen* zusammengesetzt gedacht werden. Neben dem *ökonomischen System* lassen sich vor allem das politische System und das kulturelle System nennen. Während es im *ökonomischen System* vor allem um die Erstellung von Leistungen zur Befriedigung von Bedürfnissen geht, umfaßt das *kulturelle System* die in einer Gesellschaft vorhandenen Traditionen, Sitten und moralischen Werte (bspw. Toleranz, Rechtsbewußtsein), aber auch Denk- und Interpretationsmuster sowie Kommunikationsformen bis hin zu Sprache, Religion und Kunst. Im Mittelpunkt des *politischen Systems* steht dagegen der Staat, der sich in modernen Gesellschaften durch das sog. Gewaltmonopol definiert, d.h., daß nur der Staat in einer Gesellschaft auf eine legitimierte Weise Gewalt zur Durchsetzung der Rechtsordnung ausüben darf. Von zentraler Bedeutung ist, daß sich diese drei Teilsysteme einer Gesellschaft in vielfacher Weise wechselseitig durchdringen und beeinflussen, so daß das ökonomische System nicht unabhängig vom kulturellen und politischen System betrachtet werden kann.

Die folgenden Überlegungen sollen sich auf grundlegende Aspekte der Funktionsweise des ökonomischen und politischen Systems sowie ihrer Interdependenzen konzentrieren. Bereits hier läßt sich nun die Wirtschaftspolitik als an der Schnittstelle beider Systeme befindlich verorten, da mit ihr einerseits das politische System auf das ökonomische System einzuwirken versucht, andererseits aber umgekehrt ökonomische Kräfte auf das politische System Einfluß zu nehmen versuchen, um bestimmte wirtschaftspolitische Maßnahmen durchzusetzen.

2.2 Die ökonomische Ordnung

2.2.1 Die Zentralverwaltungswirtschaft

Betrachtet man eine hocharbeitsteilige Volkswirtschaft, in der die ökonomischen Aktivitäten von Millionen von Menschen wechselseitig voneinander abhängen und folglich in adäquater Weise ineinandergreifen müssen, so scheint die Idee naheliegend, das Knappheitsproblem in einer Volkswirtschaft dadurch zu lösen, daß an einer zentralen Stelle alle Informationen über die Bedürfnisse der Menschen sowie die produzierbaren Güter, die für ihre Herstellung zur Verfügung stehenden Produktionsfaktoren und Produktionstechnologien gesammelt werden und dann mit Hilfe mathematischer Verfahren berechnet wird, welche Güter in welchen Mengen mit welchen Produktionsfaktoren und Technologien hergestellt werden sollen, um den Wohlstand zu maximieren. Das Ergebnis wäre ein die ganze Volkswirtschaft umfassender *zentraler Plan*, in dem die gesamte Produktion und Verteilung aller Güter und Leistungen festgelegt würde. Da ein solcher Plan zwangsläufig implizieren würde, daß für jeden Betrieb und letztlich für jede Arbeitskraft bestimmt wäre, welche Leistungen sie jeweils zu erbringen hätten, wäre über eine solche zentrale Planung gleichzeitig das Problem der Koordination der einzelnen ökonomischen Aktivitäten gelöst.

Dieses Konzept der *Zentralverwaltungswirtschaft*[4] hat man in den osteuropäischen sozialistischen Staaten umzusetzen versucht. Auch in den westlichen Volkswirtschaften hatte die Idee, daß der Staat durch größere zentrale Planung das Knappheitsproblem rationaler lösen könnte als der Markt, zeitweise erheblichen Anklang gefunden (Investitionslenkung, „Planification" in Frankreich). Bevor kurz auf konkrete Probleme von Zentralverwaltungswirtschaften

---

[4] Lehrbuchartige Darstellungen finden sich in *Leipold, Helmut:* Wirtschafts- und Gesellschaftssysteme im Vergleich, Stuttgart ^{5}1988, und *Thieme, H.-Jörg:* Wirtschaftssysteme, in: *Bender, Dieter u.a.* (Hrsg.), Vahlens Kompendium der Wirtschaftstheorie und Wirtschaftspolitik, Bd. 1, München ^{6}1995, S. 1-48.

eingegangen wird, ist jedoch noch auf zwei wichtige Implikationen hinzuweisen. Da eine umfassende zentrale Planung aller ökonomischen Aktivitäten die unumschränkte Verfügung dieser zentralen Instanz über alle Produktionsfaktoren und Ressourcen erfordert, bedeutet dies notwendigerweise, daß es *kein Privateigentum an Produktionsmitteln* geben darf, denn letzteres würde bedeuten, daß einzelne Individuen selbst frei über die Verwendung ihrer Ressourcen entscheiden dürfen, womit diese aber der zentralen Planung entzogen wären. In analoger Weise könnten auch die Menschen nicht mehr die Freiheit besitzen, selbst über ihre ökonomischen Aktivitäten zu entscheiden, weil sie lediglich die im Plan für sie festgelegten Tätigkeiten auszuführen hätten *(Einschränkung der individuellen Handlungsfreiheit).*

Die jahrzehntelangen Erfahrungen aus den osteuropäischen Zentralverwaltungswirtschaften haben gravierende *Probleme* dieser Wirtschaftsordnung deutlich werden lassen:

- *Informationsproblem:* Es hat sich gezeigt, daß es unmöglich ist, alle Informationen, die für die Aufstellung eines solchen gesamtwirtschaftlich optimalen Plans notwendig wären, an einer Stelle zentral zu sammeln. Vielmehr verfügt die Planungsinstanz immer nur über sehr unzureichende Informationen über die zur Verfügung stehenden Produktionsmöglichkeiten sowie die Bedürfnisse der Menschen. Da in den Plan aber nur das in der Zentrale gesammelte Wissen eingehen kann, bleibt ein großer Teil des vorhandenen Wissens ungenutzt, weil dies nur bei den einzelnen Menschen vorhanden ist.[5]
- *Motivationsproblem:* Da die Arbeitskräfte lediglich vorgegebene Pläne ausführen sollen und ihre Entlohnung weitgehend von ihrer konkreten Leistung entkoppelt ist, haben die Menschen in einer solchen Wirtschaftsordnung nur eine geringe Motivation, eine hohe Leistung zu erbringen. Weiterhin ist aufgrund der unvollständigen Informationen der Zentrale die Kontrolle der Betriebe faktisch stark eingeschränkt (Informationsasymmetrie[6]), was zu feh-

---

[5] Auf diesen Punkt hat bereits früh *Friedrich A. von Hayek* aufmerksam gemacht; vgl. *Friedrich A. von Hayek:* The Use of Knowledge in Society, in: *American Economic Review* 35, 1945, S. 519-530.

[6] So haben Betriebe gegenüber der Zentrale auch bewußt geringere Produktionsmöglichkeiten als tatsächlich vorhanden angegeben, um dann die darauf aufbauenden Planvorgaben leichter (über)erfüllen zu können („weiche Pläne").

lenden Sanktionen beim ineffizienten Einsatz von knappen Ressourcen führt und damit langfristig eine zunehmende Verschwendung von Ressourcen impliziert.
- *Innovationsproblem:* Eng mit dem Informations- und Motivationsproblem verknüpft ist das enorme Defizit von Zentralverwaltungswirtschaften bei der Schaffung neuer Güter und Produktionsverfahren (Innovationen). Da in dieser Wirtschaftsordnung die einzelnen Menschen weder die Freiheit noch die Anreize haben, ihre eigenen Ideen aufgrund ihres jeweils eigenen Wissens auszuprobieren und umzusetzen, gleichzeitig Innovationen aber nicht zentral geplant und produziert werden können, haben sich Zentralverwaltungswirtschaften als äußerst innovationsschwach erwiesen.

Alle diese Gründe führten dazu, daß die real existierenden Zentralverwaltungswirtschaften im Vergleich zu marktwirtschaftlichen Industrieländern sehr ineffizient und wenig innovativ waren, und ihre Bürger(innen) somit über einen erheblich niedrigeren Lebensstandard verfügten. Interessanterweise zeigte sich, daß eine hierarchisch von oben (durch den Staat) erfolgende zentrale Steuerung um so größere Probleme hat, je arbeitsteiliger und dynamischer eine Volkswirtschaft ist.

2.2.2 Die Marktwirtschaft

In marktwirtschaftlichen Systemen wird ein prinzipiell völlig anderer Weg beschritten. Statt von der zentralen Steuerung aller Aktivitäten zur Verminderung des Knappheitsproblems wird in Marktwirtschaften davon ausgegangen, daß *unter geeigneten Regeln Selbststeuerungsmechanismen existieren*, durch die erstens die ökonomischen Aktivitäten der Menschen darauf gelenkt werden, die Möglichkeiten zur Bedürfnisbefriedigung zu erhöhen, und zweitens die auftretenden Koordinationsprobleme über spontane, direkte Abstimmung zwischen den Individuen selbst gelöst werden können, ohne daß eine hierarchisch übergeordnete Instanz tätig werden müßte. Die Grundidee besteht darin, daß der Staat im wesentlichen nur für die Etablierung und Durchsetzung einer Menge von Regeln im Sinne eines *institutionellen Rahmens* sorgt, durch die Individuen Freiheitsspielräume erhalten, die ihre – nur an ihrem Selbstinteresse orientierten – ökonomischen Aktivitäten in eine (auch aus Sicht des volkswirtschaftlichen Knappheitsproblems) produktive

Richtung lenken.[7] Im Mittelpunkt dieser marktlichen Selbststeuerung stehen dabei das System der *Preise* und der *Wettbewerb*.

Durch den in einer Marktwirtschaft zwischen je zwei Wirtschaftssubjekten stattfindenden freiwilligen Tausch werden Güter und Ressourcen jeweils denjenigen Verwendungen zugeführt, in denen sie den höchsten Nutzen stiften *(effiziente Allokation)*. Durch die sich in einer solchen Tauschwirtschaft frei durch Angebot und Nachfrage bildenden *Preise* wird allen Wirtschaftssubjekten die relative Knappheit der betreffenden Güter und Ressourcen angezeigt *(Signalfunktion),* so daß diese ausgehend von ihren eigenen Zielen und ihrem jeweils eigenem Wissen selbst darüber entscheiden können, ob und wieviel sie von den betreffenden Gütern entweder herstellen und anbieten (Produktion) oder für ihren privaten Konsum verbrauchen (oder für die weitere Produktion einsetzen) und folglich auf dem Markt nachfragen. Kommt es bspw. zu einer Verknappung bestimmter Güter, so zeigt sich diese marktliche Selbststeuerung darin, daß die dadurch ausgelösten Preissteigerungen sowohl zu einer Erhöhung der angebotenen als auch zu einer Verminderung der nachgefragten Mengen führen, wodurch es ohne Eingriff von staatlicher Seite von selbst wieder zu einem *Ausgleich von Angebot und Nachfrage* und folglich zu einer Koordination der wirtschaftlichen Aktivitäten von Anbietern und Nachfragern kommt.

Ein zweiter, eng mit dem Preissystem verbundener Selbststeuerungsmechanismus ist der *Wettbewerb*. Die Schaffung neuen, besseren Wissens über die Wünsche der Konsumenten und über die besten und kostengünstigsten Möglichkeiten, diese Bedürfnisse zu befriedigen, steht im Mittelpunkt der Wettbewerbsaktivitäten der Unternehmen, die in Konkurrenz um die Konsumenten immer wieder neue Produkte und Produktionsverfahren *(Produkt- und Verfahrensinnovationen)* kreieren und auf dem Markt ausprobieren. Diejenigen Unternehmen, die den Konsumenten attraktivere Angebote machen als andere, stoßen in diesem – mit einem Wettlauf vergleichbaren – Prozeß vor und erzielen aufgrund größerer Marktanteile höhere Gewinne *(Vorsprungsgewinne),* während ihre Konkurrenten Marktanteile verlieren und Gewinneinbußen oder gar Verlu-

---

[7] Diese ordnungspolitische (und aus heutiger Sicht institutionenökonomische) Sichtweise wurde in Deutschland vor allem von *Walter Eucken:* Grundsätze der Wirtschaftspolitik, Tübingen ⁶1990 (1. Aufl. 1952), *Friedrich A. von Hayek:* Die Verfassung der Freiheit, Tübingen ³1991 (1.Aufl. 1971) und ihren Schülern entwickelt.

ste in Kauf nehmen müssen. Dies motiviert letztere wiederum zu neuen innovativen Anstrengungen oder zur Imitation ihrer erfolgreicheren Konkurrenten. In diesen Wettbewerbsprozessen sind es die Konsumenten, die durch ihre Wahl zwischen den Angeboten darüber entscheiden, welche Leistungen sie als geeigneter für ihre Bedürfnisbefriedigung ansehen (Konsumenten als Schiedsrichter). Durch das ständige Ausprobieren neuer Innovationen und die durch die Konsumentenentscheidungen stattfindende Rückkopplung von Informationen findet bei den Unternehmen ein *ständiger Lern- und Erfahrungsprozeß* statt, der dazu führt, daß im Wettbewerb laufend neues Wissen über die jeweils bestehenden Konsumentenwünsche und ihre möglichst günstige Befriedigung geschaffen und durch Imitation verbreitet wird.[8]

Wettbewerb ist also in mehrfacher Hinsicht ein Selbststeuerungsmechanismus. Zum einen kann er das *Informationsproblem* wesentlich besser lösen als die Zentralverwaltungswirtschaft, da alle Individuen jederzeit auf dem Markt als Wettbewerber auftreten können, wenn sie glauben, die Wünsche der Konsumenten besser oder billiger als bisherige Anbieter befriedigen zu können. Nicht nur können hierdurch weit verstreute und nichtzentralisierbare Informationen besser genutzt werden, sondern damit wird gleichzeitig auch das *Motivationsproblem* gelöst, da die Unternehmen mit besseren Leistungen durch Gewinne belohnt werden, während dauerhaft ineffiziente Unternehmen Verluste machen, in ihrer Existenz bedroht werden und längerfristig aus dem Markt ausscheiden müssen. Insbesondere wird aber durch den Wettbewerb auch der technische Fortschritt vorangetrieben *(Innovationsproblem),* da die Unternehmen im Wettbewerb laufend Anreize haben, nach neuem besserem Wissen zu suchen, um im Wettbewerb vorzustoßen. Aufgrund dieses *wissenschaffenden Charakters des Wettbewerbs* handelt es sich bei Marktwirtschaften um ständig sich entwickelnde, *evolutorische Systeme*, die sich nicht nur schnell an sich ändernde Umwelten anpassen können, sondern durch den Innovationen hervorbrin-

---

[8] Zu dieser Konzeption von Wettbewerb vgl. *Friedrich A. von Hayek:* Der Wettbewerb als Entdeckungsverfahren, Kiel 1968, *Joseph A. Schumpeter:* Kapitalismus, Sozialismus und Demokratie, München [7]1993 (1. Aufl. 1950) sowie ausführlicher *Wolfgang Kerber:* Wettbewerb als Hypothesentest: eine evolutorische Konzeption wissenschaffenden Wettbewerbs, in: *Fehl, Ulrich; Delhaes, Karl v. (Hrsg.),* Dimensionen des Wettbewerbs (erscheint 1996).

genden Wettbewerb von einer endogen wirkenden Dynamik geprägt sind, die die wirtschaftliche Entwicklung vorantreibt.[9]

Die Selbststeuerungsmechanismen des Preissystems und des Wettbewerbs erfordern jedoch eine bestimmte Struktur der *Rechtsordnung,* d.h. des Regelsystems, unter denen die Tausch- und Wettbewerbsprozesse stattfinden. Insofern besteht eine unmittelbare Interdependenz zwischen der Ordnung des ökonomischen Systems und der Rechtsordnung. Da es für die Funktionsfähigkeit dieser Selbststeuerungsmechanismen notwendig ist, daß die Individuen selbst frei darüber entscheiden können, welche Güter sie kaufen und verkaufen oder welche Leistungen sie selbst erstellen und in Konkurrenz mit anderen auf dem Markt anbieten,[10] müssen in der Rechtsordnung die Grundprinzipien des *Privateigentums* (für die freie Verfügung über Ressourcen) und der *Vertragsfreiheit* (für den freien Tausch) verwirklicht sein. Sollen diejenigen Unternehmen sich im Wettbewerb als erfolgreich durchsetzen, die bessere Leistungen für die Konsumenten erbringen *(Leistungswettbewerb),* so dürfen nicht alle Mittel in dem von Rivalität gekennzeichneten Wettbewerb erlaubt sein, d.h., daß allgemeine Regeln existieren müssen, die bestimmte Verhaltensweisen (wie bspw. physische Gewalt, Betrug) verbieten. Weiterhin ist Sorge dafür zu tragen, daß nicht die Unternehmen – bspw. durch wettbewerbsbeschränkende Kartellbildungen – selbst die Funktionsfähigkeit dieser Selbststeuerungsmechanismen außer Kraft setzen.

Eine zentrale Fragestellung der Wirtschaftspolitik in marktwirtschaftlichen Systemen besteht folglich darin, welcher *institutionelle Rahmen* notwendig ist, damit diese marktlichen Selbststeuerungsmechanismen des Preissystems und des Wettbewerbs ihre Funktionen erfüllen können. Insbesondere ist dabei auch nach den *Grenzen dieser Mechanismen* zu fragen, d.h., unter welchen Bedingungen Marktpreise und Wettbewerb ihre Aufgaben nur unzureichend oder überhaupt nicht erfüllen können *(Marktversagen):*[11]

---

[9] Zur Theorie wirtschaftlicher Entwicklung aus evolutorischer Sicht vgl. in diesem Band den Beitrag von *Günter Hesse.*

[10] *Erich Hoppmann* hat hierfür den Begriff der Wettbewerbsfreiheit geprägt; vgl. *Erich Hoppmann:* Wettbewerb als Norm der Wettbewerbspolitik, in: *ORDO* 18, 1967, S. 77-94.

[11] Die *Theorie des Marktversagens* basiert auf der an der mikroökonomischen Theorie orientierten *Wohlfahrtsökonomik.* Nach ihr ist die maximale gesellschaftliche Wohlfahrt erreicht, wenn das Pareto-Kriterium erfüllt ist, d.h., wenn durch keine Maßnahme ein Individuum mehr besser

- *Öffentliche Güter:* Sie sind dadurch gekennzeichnet, daß diejenigen, die sich nicht an ihrer Finanzierung beteiligen, nicht von ihrer Benutzung ausgeschlossen werden können (wie bspw. bei der inneren und äußeren Sicherheit). Aufgrund des hieraus entstehenden *Trittbrettfahrerproblems* und den daraus folgenden Schwierigkeiten eines privatwirtschaftlichen Angebots solcher Güter kann dem Staat die Aufgabe der Finanzierung und Bereitstellung dieser Leistungen zukommen.
- *Externe Effekte:* Beim Vorliegen von *externen Effekten* führen die marktlichen Selbststeuerungsmechanismen zu verzerrten Ergebnissen. Negative externe Effekte liegen vor, wenn nicht alle Kosten, die bei der Produktion eines Gutes anfallen, von dem betreffenden Unternehmen getragen werden, weil ein Teil der Kosten (wie bspw. etwaige Gesundheitsschäden durch die bei der Produktion entstehenden Emissionen) von Dritten getragen werden, die hierfür nicht entschädigt werden. In solchen Fällen negativer externer Effekte, die besonders im Zusammenhang mit der *Umweltproblematik* auftreten, führt der marktliche Selbststeuerungsprozeß zu einer zu hohen Produktion solcher gesundheits- oder umweltschädlichen Güter. Ansatzpunkt für die Wirtschaftspolitik ist wiederum der institutionelle Rahmen, der in bezug auf diese externen Effekte Defizite aufweist, die jedoch oft durch eine andere Ausgestaltung rechtlicher Regelungen beseitigt werden können.
- *Unteilbarkeiten:* Probleme der Funktionsfähigkeit der marktlichen Selbststeuerung können auch auftreten, wenn bei der Produktion bestimmter Güter in einem so großen Ausmaß Größenvorteile – in Form sinkender Kosten bei steigender Produktionsmenge – auftreten, daß nur noch ein Anbieter auf diesem Markt existieren kann. Bei solchen letztlich aus Unteilbarkeiten bei der Produktion entstehenden *natürlichen Monopolen* kann gefragt

---

gestellt werden kann, ohne daß ein anderes schlechter gestellt wird. Vgl. zum folgenden ausführlich *Fritsch, Michael; Wein, Thomas; Ewers, Hans-Jürgen:* Marktversagen und Wirtschaftspolitik. Mikroökonomische Grundlagen staatlichen Handelns, München 1993, die eine instruktive lehrbuchartige Darstellung einer konsequent an dieser Theorie des Marktversagens orientierten Konzeption der Wirtschaftspolitik geben; kritisch gegenüber dieser Konzeption dagegen *Streit, Manfred:* Theorie der Wirtschaftspolitik, Düsseldorf [4]1991, S. 8ff. Vgl. zu den folgenden Problemen „öffentliche Güter" und „externe Effekte" auch den Beitrag von *Rupert Windisch* in diesem Band.

werden, ob nicht die sich bei solchen Monopolen ergebenden Probleme durch spezielle Regeln für solche Wirtschaftsbereiche vermindert werden können (Regulierungen).

Lassen sich Fälle von Marktversagen feststellen, so liegt es zunächst nahe, mit Hilfe von Änderungen des rechtlichen Rahmens die Funktionsfähigkeit der marktlichen Selbststeuerungsmechanismen wiederherzustellen. Erweisen sich solche Problemlösungsversuche als nicht ausreichend, so kann es notwendig sein, mit weiteren, spezifischen Maßnahmen in die ökonomischen Prozesse einzugreifen. Bevor aber Formen, Ablauf und Probleme des konkreten wirtschaftspolitischen Vorgehens näher betrachtet werden, ist zunächst auf die politische Ordnung und den Staat als den Träger dieser Wirtschaftspolitik näher einzugehen.

2.3 Die politische Ordnung

2.3.1 Staat, Demokratie und Diktatur

Weshalb gibt es überhaupt in menschlichen Gesellschaften den „Staat" und wie kann er legitimiert werden? Die *vertragstheoretische Begründung des Staates*[12] geht von der Idee aus, daß die Menschen ursprünglich in einem „Naturzustand" lebten, in dem weder das Leben noch die Güter der Menschen durch allgemein akzeptierte Rechte gesichert waren, so daß jeder die von ihm benötigten Güter auch durch Raub von anderen zu erlangen versuchen konnte (Umverteilung), was aber für alle sehr hohe Kosten der wechselseitigen Verteidigung der eigenen Güter vor dem räuberischen Zugriff anderer nach sich zog. Erst durch die *Einigung auf Regeln*, durch die die Menschen wechselseitig ihr Leben und ihre Güter als ihr „Eigentum" respektierten, konnten nach diesem Ansatz diese individuellen Verteidigungskosten in einer so „befriedeten" Volkswirtschaft wesentlich reduziert und die ökonomischen Aktivitäten der Individuen in eine produktive Richtung gelenkt werden. Ein solcher

---

[12] Buchanan hat die auf Hobbes und Locke zurückgehende Tradition einer vertragstheoretischen Begründung des Staates in der Ökonomie neu aufgegriffen und damit die „Constitutional Economics" (Verfassungsökonomie) begründet. Vgl. *Buchanan, James M.:* Die Grenzen der Freiheit. Zwischen Anarchie und Leviathan, Tübingen 1984, sowie das Lehrbuch von *Frey, Bruno S.; Kirchgässner, Gebhard:* Demokratische Wirtschaftspolitik. Theorie und Anwendung, München ²1994, die aus einer solchen Sicht ihre Konzeption von Wirtschaftspolitik entwickeln.

Schutz der Menschen vor der Gewalt anderer erforderte aber die Existenz einer Instanz, die über die Macht verfügt, diese Regeln auch faktisch durchzusetzen. Als diese Instanz wird aus vertragstheoretischer Sicht der Staat angesehen. Von diesem *Rechtsschutzstaat* (protective state) wird der *Leistungsstaat* (productive state) unterschieden, dessen Aufgabe darin besteht, den Individuen bestimmte Leistungen zur Verfügung zu stellen (bspw. öffentliche Güter).

In der *politischen Ordnung* einer Gesellschaft ist geregelt, wie der Staat (mit seinem Gewaltmonopol) organisiert ist, d.h., insbesondere wer darüber entscheidet, welche Regeln in dieser Gesellschaft gelten, welche Leistungen der Staat erbringt und welche Kompetenzen bzw. Mittel (einschließlich der Erhebung von Steuern) der Staat gegenüber den Individuen hierfür zur Verfügung hat. Die bekannte Unterscheidung zwischen *Demokratie* und *Diktatur* als zwei grundlegenden Formen der politischen Ordnung knüpft im wesentlichen daran an, ob alle Mitglieder einer Gesellschaft über die Regeln und die staatlichen Leistungen mitbestimmen dürfen (allgemeine Wahlen) oder ob einzelne oder eine kleine Gruppe der Mehrheit einer Gesellschaft Regeln ohne deren Zustimmung vorschreiben kann. Dies verweist auf die starke *Ambivalenz des Staates:* Auf der einen Seite erscheint eine den einzelnen Individuen übermächtige Instanz notwendig, um allgemeine Verhaltensregeln (zum Schutz aller) durchsetzen zu können, auf der anderen Seite aber besteht die Gefahr, daß einzelne Gruppen das staatliche Gewaltmonopol für ihre eigenen Sonderinteressen benutzen und damit auf Kosten anderer mißbrauchen. Im folgenden werden wir uns auf die Untersuchung von demokratischen, marktwirtschaftlichen Systemen beschränken, bei denen folglich die Individuen sowohl über Mitspracherechte in bezug auf für alle verbindliche Kollektiventscheidungen (allgemeines Wahlrecht) als auch über Rechte verfügen, selbst über ihre eigenen ökonomischen Aktivitäten zu entscheiden (Privateigentum und Vertragsfreiheit).

2.3.2 Politische Prozesse in der Demokratie: Parteienwettbewerb, Verfassung und Föderalismus

Auch die Funktionsweise demokratischer politischer Systeme kann mit Hilfe der ökonomischen Theorie untersucht werden (*Neue Politische Ökonomie*). Entscheidend ist dabei, daß die Ökonomie davon ausgeht, daß *Politiker, Parteien und Bürokraten* (als Entscheidungsträger in staatlichen Verwaltungen) ihr Handeln nicht an einem wie auch immer definierten Allgemeininteresse orientieren, sondern daß sie – wie auch sonst von der Ökonomie bei der Analyse menschlichen Verhaltens unterstellt – *nach ihrem Eigeninteresse handeln* (Nutzenmaximierung). Da nach dem vertragstheoretischen Staatsverständnis Politiker als von den Individuen bevollmächtigte Vertreter anzusehen sind, die in ihrem Interesse geeignete Regeln gestalten und durchsetzen sowie für eine ihnen angemessen erscheinende Bereitstellung staatlicher Leistungen sorgen sollen, kann das *Problem des möglichen Mißbrauchs des Staates* auch in der Weise formuliert werden, auf welche Weise die sich an ihrem jeweils eigenen Nutzen orientierenden Politiker dazu veranlaßt werden können, tatsächlich im Interesse der Individuen zu handeln und ihre Macht somit nicht zu ihrem eigenen Vorteil zu mißbrauchen.[13] In der historischen Entwicklung westlicher Demokratien sind hierzu vor allem drei *institutionelle Lösungsversuche* entwickelt worden, nämlich der Wettbewerb von politischen Parteien um Wahlstimmen, die Verfassungsregeln, denen Staat und Politiker unterworfen sind, sowie der Föderalismus als Strategie der Dezentralisierung staatlicher Funktionen.

Politische Märkte und Parteienwettbewerb

Der Wettbewerb der Parteien um Wahlstimmen[14] kann in begrenzter Analogie zum Wettbewerb auf Gütermärkten verstanden werden. So wie Unternehmen versuchen, möglichst attraktive und preisgünstige Güter auf dem Markt anzubieten, um Konsumenten zu gewinnen, so versuchen Parteien, für die Wähler und Wählerinnen möglichst attraktive *Wahlprogramme* zu entwickeln, um Mehrheiten zu gewinnen und damit die Regierung bilden zu können. Die Parteien können dabei unterschiedliche Bündel von Regeln, von staatlichen Leistungen und Besteuerungshöhen anbieten, während die Individuen als Wählende darüber entscheiden, welche der angebotenen Politikbündel ihren Wünschen am besten entsprechen

---

[13] In der ökonomischen Theorie wird dieses Problem, wie ein seinen eigenen Nutzen verfolgender bevollmächtigter Vertreter (Agent) dazu veranlaßt werden kann, so zu handeln wie es sein Auftraggeber (Prinzipal) will, als das „Prinzipal-Agent"-Problem bezeichnet.
[14] Dieser Ansatz geht insbesondere zurück auf *Anthony Downs:* Eine ökonomische Theorie der Demokratie, Tübingen 1968; vgl. zum folgenden auch den Beitrag von *Rupert Windisch.*

(*Wahlstimmenmarkt*). Der Wettbewerb der Parteien könnte damit ebenfalls als ein wissenschaffender Prozeß gesehen werden, in dem herausgefunden wird, welche Probleme die Bürger(innen) haben und wie diese am besten über staatliche Politik gelöst werden können.[15] Insbesondere aber stellen Wahlen und der Wettbewerb der Parteien ein zentrales Mittel der *Kontrolle* gegen ineffiziente Ausübung oder Mißbrauch staatlicher Macht dar.

Faktisch aber hat sich gezeigt, daß aus mehreren Gründen solche politischen Märkte *wesentlich schlechter funktionieren* als Gütermärkte. Ein Grund liegt darin, daß der einzelne Wähler nur einen sehr geringen Anreiz hat, sich über die Wahlprogramme der Parteien zu informieren, da seine Stimme nur eine unter Millionen ist (*rationale Unwissenheit*). Ein anderes Problem besteht darin, daß nur dasjenige Politikbündel verwirklicht wird, das die Mehrheit gewinnt, was die Parteien dazu veranlaßt, für möglichst viele Wählergruppen besondere Vergünstigungen in ihre Wahlprogramme aufzunehmen, um sich mit einer *breiten Koalition von Interessengruppen* eine Mehrheit an Wahlstimmen zu sichern. Es stellt sich die Frage, ob die bestehenden Formen der Demokratie nicht zu anfällig für die Gefahr sind, daß auf diese Weise Interessengruppen den Staat für ihre eigenen Zwecke instrumentalisieren und sich so – im Umweg über das politische System – nicht durch Leistung verdiente Einkommen (bspw. Subventionen, Steuervergünstigungen etc.) verschaffen können (*Rent-seeking Problem*). Sowohl Erfahrungen als auch theoretische Überlegungen sprechen dafür, daß Lobbyaktivitäten und das Begünstigen spezieller Gruppen zur Erlangung von Wahlstimmen in Verbindung mit der rationalen Unwissenheit der Wähler(innen) eventuell zu einer systematischen Verzerrung in Richtung auf eine zu starke *Ausweitung der Staatstätigkeit* führen, wie sie in den letzten Jahrzehnten in allen westlichen Industrieländern zu beobachten war.[16]

Verfassungsregeln

Die Etablierung einer Verfassung stellt die zweite Möglichkeit des Schutzes von Individuen vor staatlicher Macht und ihrem Miß-

---

[15] Das Ergebnis eines solchen Entdeckungsverfahrens könnte auch sein, daß die Probleme besser über den Markt als über staatliche Maßnahmen gelöst werden können (Deregulierung, Liberalisierung, Privatisierung).

[16] Vgl. für eine lehrbuchartige Zusammenfassung solcher Argumente auch *Blankart, Charles B.*: Öffentliche Finanzen in der Demokratie. Eine Einführung in die Finanzwissenschaft, München ²1994, S. 141-169.

brauch dar. Die Grundidee besteht darin, daß auch in einer demokratischen Gesellschaft die Regierung und die sie tragende *Mehrheit* im Parlament *nicht* über eine *unbeschränkte Macht* über alle Individuen verfügen sollen, sondern bei der Gestaltung der für alle verbindlichen Regeln sowie der staatlichen Leistungen einschließlich der Art ihrer Finanzierung bestimmte Grenzen zu beachten haben, die in der Verfassung festgelegt sind. Dieser Aspekt des *Schutzes von Minderheiten und Grundrechten* von Individuen (u.a. Menschenrechte) durch die Verfassung verweist darauf, daß auch demokratische Systeme nochmals danach zu differenzieren sind, inwieweit die *individuelle Freiheit* vor der Gesetzgebungsmacht der Mehrheit geschützt ist, d.h., wie groß die *Reichweite kollektiver Entscheidungskompetenzen* gegenüber Individuen ist.[17]

Angesichts der oben aufgezeigten Defizite des Parteienwettbewerbs in den westlichen Demokratien hat die Idee, durch stärkere *konstitutionelle Beschränkungen* die Handlungs- und damit Mißbrauchsspielräume von Politikern zu beschränken, eine neue Renaissance erfahren. In diesem Zusammenhang werden bspw. stärkere verfassungsmäßige Beschränkungen bei der Besteuerung diskutiert. Ein wichtiger Aspekt von Verfassungsbeschränkungen für die Gestaltungsspielräume der Politik besteht darin, daß dadurch der politische Druck von Interessengruppen auf die Politiker vermindert wird, spezielle, für sie günstige wirtschaftspolitische Maßnahmen zu veranlassen. Methodisch gesehen wird dabei analog zu den auf den Gütermärkten unter bestimmten Regeln funktionierenden Selbststeuerungsprozessen von der Idee ausgegangen, den *institutionellen Rahmen für politische Prozesse* (Verfassungsregeln) und damit die Anreize für Politiker so zu gestalten, daß sie bei der Verfolgung ihres Eigeninteresses ihre (wirtschafts-) politischen Aktivitäten auf die Interessen der Individuen richten, d.h., daß auch auf der politischen Ebene ein vom Eigeninteresse getriebener und durch Regeln geprägter Selbststeuerungsmechanismus existiert, der gesamtgesellschaftlich positive Ergebnisse hervorbringt.

Föderalismus und Standortwettbewerb

Die dritte institutionelle Möglichkeit, die Kontrolle der Politiker durch die Bürger(innen) zu verbessern vorzubeugen, besteht in einer Strategie der Dezentralisierung staatlicher Macht (*Föderalis-*

---

[17] Vgl. hierzu die kurze Darstellung in *Frey/Kirchgässner* (1994, S.45ff.; Fn.12).

mus[18]). Bekanntlich existiert in vielen Staaten eine *Hierarchie von territorialen Einheiten* (Gebietskörperschaften) mit jeweils eigenen Regierungen, Parlamenten und rechtlichen Regelungen (bspw. in Deutschland: Bund, Länder, Kommunen). Das schwierige Projekt der Europäischen Integration stellt nichts anderes dar als den Versuch, oberhalb der Ebene der bisherigen europäischen (National-) Staaten eine weitere politische Ebene mit einem eigenen politischen System zu etablieren. Das zentrale Problem jeder föderalen politischen Ordnung besteht darin, welcher Ebene dieses hierarchischen Systems welche Kompetenzen zugeordnet werden sollen. Die Idee des Föderalismus kommt im *Subsidiaritätsprinzip* zum Ausdruck, nach dem eine Aufgabe der niedrigsten staatlichen Ebene zugewiesen werden soll, die sie gerade noch erfüllen kann.

Es lassen sich mehrere Vorteile einer möglichst weitgehenden *Dezentralisierung staatlicher Wirtschaftspolitik* anführen. Nicht nur können sowohl die Rechtsordnung als auch die jeweils zu erbringenden staatlichen Leistungen differenzierter auf die regional unterschiedlichen Bedürfnisse der Individuen abgestellt werden, vielmehr könnte auch die Kontrolle der Politiker durch die Bürger(innen) in kleineren Gebietskörperschaften besser funktionieren. In den letzten Jahren hat noch ein weiteres, eng hiermit zusammenhängendes Phänomen zunehmende Aufmerksamkeit gefunden, nämlich der sog. *Standortwettbewerb*. Denn die Möglichkeit von Unternehmen, bei ihren Standortentscheidungen zwischen verschiedenen Kommunen oder Staaten zu wählen, führt zu einem intensiven *Wettbewerb zwischen Gebietskörperschaften* um Investoren, der mit Bemühungen zur Verbesserung der Attraktivität dieser Gebietskörperschaften als Standorte ausgetragen wird (attraktive Infrastruktur, gutausgebildete Arbeitskräfte, niedrige Steuern etc.). Dieser sowohl regional als auch global wirkende Standortwettbewerb könnte nun ebenfalls als ein Selbststeuerungsmechanismus begriffen werden,[19] der über die Drohung der Abwanderung den Ge-

---

[18] Vgl. zur Föderalismustheorie die Lehrbuchdarstellung bei *Blankart* (1994, S. 501ff.; Fn. 16).

[19] Es wäre allerdings wiederum zu klären, welche Regeln für solche Wettbewerbsprozesse notwendig wären, damit dieser Selbststeuerungsmechanismus in befriedigender Weise funktioniert. Vgl. zu diesem Problem *Viktor Vanberg; Wolfgang Kerber:* Institutional Competition Among Jurisdictions: An Evolutionary Approach, in: *Constitutional Political Economy* 5, 1994, S. 193-219.

staltungs- und damit auch Mißbrauchsspielraum staatlicher Macht begrenzt.[20]

3. Der Prozeß der Wirtschaftspolitik

3.1 Wirtschaftspolitik im institutionellen Kontext

Versteht man Wirtschaftspolitik als zielgerichtete Beeinflussung ökonomischer Aktivitäten durch staatliche Handlungsträger, so können aus den institutionellen Überlegungen des letzten Abschnitts zwei Folgerungen gezogen werden:

– *Wirtschaftspolitik kann* in einer föderal organisierten politischen Ordnung *von allen staatlichen Ebenen betrieben werden*, d.h. in bezug auf Deutschland gleichzeitig von der Europäischen Union, dem Bund, den Ländern und den einzelnen Kommunen. Da diese Gebietskörperschaften jeweils über eigene wirtschaftspolitische Ziele und Instrumentarien verfügen und in jeweils eigene politische Systeme eingebunden sind, können die von ihnen betriebenen Wirtschaftspolitiken sich gegenseitig ergänzen, aber auch von Konflikten, Kompetenzproblemen sowie Konkurrenzbeziehungen gekennzeichnet sein.

– Wirtschaftspolitik muß sehr weit gefaßt werden, da zu ihr bereits die Grundentscheidung zwischen Marktwirtschaft und Zentralverwaltungswirtschaft gehört. Insofern sind zu ihr nicht nur die Vielzahl von speziellen Wirtschaftspolitiken wie Geldpolitik, Arbeitsmarktpolitik etc. zu rechnen, sondern *der gesamte institutionelle Rahmen kann Gegenstand der Wirtschaftspolitik sein*, da jede Änderung des rechtlichen Rahmens die ökonomischen Aktivitäten der Menschen beeinflussen kann. Da die konkret betriebene staatliche Wirtschaftspolitik wiederum abhängig von der Ausgestaltung des politischen Systems ist, ist auch die Frage nach den richtigen Regeln für die politische Ordnung (Verfassungsregeln) Gegenstand wirtschaftspolitischer Überlegungen.

Die wissenschaftliche Auseinandersetzung mit Wirtschaftspolitik kann sich auf zwei verschiedene *Fragestellungen* beziehen:

---

[20] Allerdings wären auch die Nachteile solcher Dezentralisierungsstrategien zu berücksichtigen. Diese bestehen vor allem in den Kosten, die durch die Unterschiedlichkeit von Regelungen in verschiedenen Gebietskörperschaften entstehen.

(1) Mit welchen wirtschaftspolitischen Mitteln lassen sich am besten bestimmte wirtschaftspolitische Ziele erreichen?
(2) Wie kann man erklären, warum die Wirtschaftspolitik in der faktisch beobachtbaren Form betrieben wird?

Mit den im letzten Abschnitt gemachten Überlegungen über die ökonomischen Konsequenzen unterschiedlicher Wirtschaftsordnungen ist bereits zum Teil auf die erste Frage eingegangen worden. Auch die zweite Frage ist mit der obigen Argumentation, daß die faktisch realisierte Wirtschaftspolitik selbst wieder Ergebnis von politischen Prozessen ist, die mit dem ökonomischen Instrumentarium analysiert werden können, bereits thematisiert worden. Im folgenden Teil soll es darum gehen, die faktische Wirtschaftspolitik als einen in der Zeit ablaufenden Prozeß zu betrachten, wobei die einzelnen Elemente des Entscheidungsprozesses, seine verschiedenen Phasen sowie zentrale in der Praxis auftretende Probleme der Wirtschaftspolitik aufgezeigt werden sollen.

3.2 Elemente, Phasen und Probleme des wirtschaftspolitischen Prozesses

Rationale Wirtschaftspolitik bedeutet, daß die jeweiligen Träger der Wirtschaftspolitik ihre ihnen zur Verfügung stehenden wirtschaftspolitischen Mittel so einzusetzen versuchen, daß sie ihre wirtschaftspolitischen Ziele in einem möglichst hohen Grad erreichen *(Zweckrationalität)*. Der Prozeß der Entscheidung und Durchführung von wirtschaftspolitischen Maßnahmen läßt sich in mehrere Phasen unterteilen, die vom ersten Erkennen eines Problems bis zur Feststellung des Erfolgs oder Mißerfolgs der eingeleiteten Maßnahmen reichen (vgl. zum folgenden auch Schaubild 1).[21]

Voraussetzung jeder rationalen Wirtschaftspolitik sind *klar definierte und operationalisierbare*[22] *Ziele*. In der wissenschaftlichen

---

[21] Vgl. zum folgenden ausführlicher *Berg, Hartmut; Cassel, Dieter:* Theorie der Wirtschaftspolitik, in: *Bender, Dieter u.a.* (Hrsg.), Vahlens Kompendium der Wirtschaftstheorie und Wirtschaftspolitik, Bd. 2, München ⁶1995, S. 163-238.
[22] Operationalisierbarkeit bedeutet in diesem Zusammenhang, daß klare (und letztlich meßbare) Indikatoren angegeben werden können, anhand derer der Grad der Zielerreichung festgestellt werden kann.

Schaubild 1: *Elementeund Phasen des wirtschaftspolitischen Entscheidungsprozesses*

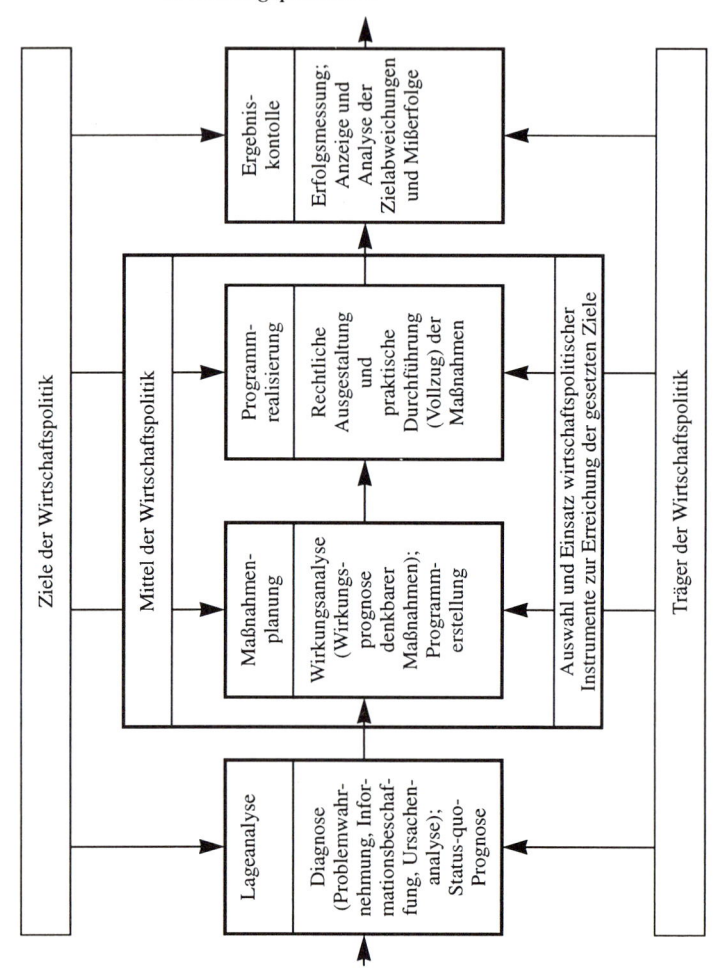

```
┌─────────────────────────────────────────────────────────────┐
│                                                             │
│   Ergebnis-       Erfolgsmessung; Anzeige und               │
│   kontrolle       Analyse der Zielabweichungen              │
│                   und Mißerfolge                            │
│                                                             │
│   Programm-       Rechtliche Ausgestaltung und              │
│   realisierung    praktische Durchführung                   │
│                   (Vollzug) der Maßnahmen                   │
│                                                             │
│   Maßnahmen-      Wirkungsanalyse (Wirkungs-                │
│   planung         prognose denkbarer Maßnahmen);            │
│                   Programmerstellung                        │
│                                                             │
│   Lageanalyse     Diagnose (Problemwahrnehmung,             │
│                   Informationsbeschaffung,                  │
│                   Ursachenanalyse); Status-quo-             │
│                   Prognose                                  │
└─────────────────────────────────────────────────────────────┘
```

Ziele der Wirtschaftspolitik — Mittel der Wirtschaftspolitik — Auswahl und Einsatz wirtschaftspolitischer Instrumente zur Erreichung der gesetzten Ziele — Träger der Wirtschaftspolitik

Quelle: *Cassel, Dieter:* Wirtschaftspolitik in alternativen Wirtschaftssysstemen: Begriffe, Konzepte, Methoden, in: *Cassel, Dieter (Hrsg.):* Wirtschaftspolitik im Systemvergleich. Konzeption und Praxis der Wirtschaftspolitik in kapitalistischen und sozialistischen Wirtschaftssystemen, München 1984, S. 7.

Diskussion herrscht ein breiter Konsens darüber, daß letztlich die Ziele der Wirtschaftspolitik nicht von der Wissenschaft bestimmt werden können (*Werturteilsfreiheit*), sondern als Ergebnis eines von den Regeln des politischen Prozesses geprägten öffentlichen Diskussions- und Entscheidungsprozesses anzusehen sind. In der Wissenschaft werden jedoch bestimmte (teilweise mit ökonomischen Theorien direkt verbindbare) Ziele vorgeschlagen. Sowohl der Ansatz, an *gesellschaftlichen Grundwerten* anzusetzen (Freiheit, Gerechtigkeit, Sicherheit, Fortschritt), als auch die Idee der *Maximierung der gesellschaftlichen Wohlfahrt* weisen jedoch aufgrund ihrer ungenügenden Operationalisierbarkeit so große Probleme auf, daß sich die praktische Wirtschaftspolitik meist an einem *Bündel wesentlich konkreterer Ziele* orientiert wie bspw. Vollbeschäftigung, Preisniveaustabilität, Wirtschaftswachstum, internationale Wettbewerbsfähigkeit, gerechte Einkommensverteilung oder individuelle Freiheit.

Ein rationaler Ablauf wirtschaftspolitischen Handelns läßt sich wie folgt verdeutlichen: Der Träger der Wirtschaftspolitik stellt zunächst aufgrund einer *Lageanalyse* fest, ob es Abweichungen gibt zwischen der tatsächlichen wirtschaftlichen Situation und den gewünschten Graden der Zielerreichung, so daß wirtschaftspolitische Maßnahmen angezeigt erscheinen. Wird diese Frage bejaht, so wird nach einer Wirkungsanalyse der zur Verfügung stehenden wirtschaftspolitischen Mittel eine Entscheidung für ein bestimmtes Bündel von Maßnahmen getroffen (*Maßnahmenplanung*). Dem folgt die Phase der *Programmrealisierung,* in der die rechtliche Ausgestaltung und die praktische Durchführung der Maßnahmen im Vordergrund stehen. Abgeschlossen sollte ein solcher Prozeß wirtschaftspolitischen Handelns mit einer *Ergebniskontrolle* werden, in der anhand einer erneuten Analyse der Abweichungen von den angestrebten Zielen der Erfolg der Maßnahmen gemessen und eine Analyse der Ursachen eventueller Mißerfolge vorgenommen wird, was dann Ausgangspunkt eines erneuten Durchlaufs dieser Phasen des wirtschaftspolitischen Prozesses sein kann.

In der konkreten Wirtschaftspolitik treten hierbei eine Fülle von Problemen auf:
- *Problementstehung und Problemdefinition:* Wann wird überhaupt eine bestimmte Situation als ein wirtschaftspolitisches Problem begriffen? Da die Träger der Wirtschaftspolitik meist über (aus politischen Gründen bewußt) nur vage formulierte Ziele verfügen, läßt sich bei der Lageanalyse oft nicht exakt klären, ob und

inwieweit die wirtschaftliche Situation von den angestrebten Graden der Zielerreichung abweicht und ob somit überhaupt ein Problem vorliegt. Insbesondere können auch erhebliche Diskrepanzen zwischen den in der aktuellen öffentlichen Diskussion (bspw. auch durch Medien) herausgestellten und wahrgenommenen Problemen und den tatsächlich vorhandenen Problemen bestehen.
- *Informationsproblem:* Oft liegen in dieser ersten Phase des wirtschaftspolitischen Prozesses auch nicht genügend aktuelle Informationen vor, so daß die Lageanalyse aufgrund zu geringer und/oder veralteter Informationen durchgeführt werden muß. Dies hat seinen Grund darin, daß die Beschaffung und Verarbeitung von (meist statistischen) Informationen sowohl Geld kostet als auch teilweise erhebliche Zeit benötigt. Auch können statistische Daten sehr unterschiedlich interpretiert werden. Dieses Informationsproblem bereitet in allen Phasen erhebliche Schwierigkeiten.
- *Prognoseproblem:* Als ein besonders schwieriges Problem gilt das Erstellen von Prognosen (Vorhersagen) über zukünftige wirtschaftliche Entwicklungen. Prognosen sind im wirtschaftspolitischen Entscheidungsprozeß notwendig, um Aussagen über die zukünftige Situation bei Abwesenheit von wirtschaftspolitischen Maßnahmen (Status-quo-Prognose) einerseits und bei Realisierung der verschiedenen wirtschaftspolitischen Handlungsalternativen (Wirkungsanalyse) andererseits machen zu können. Nicht zu Unrecht wird in der Ökonomie die Meinung vertreten, daß in sich evolutorisch entwickelnden, hocharbeitsteiligen und komplexen Volkswirtschaften prinzipielle Grenzen der Vorhersagbarkeit ökonomischer Phänomene bestehen.
- *Theorieproblem:* Das Prognoseproblem hängt wiederum eng damit zusammen, daß es der Ökonomie für viele ökonomische Phänomene noch an bewährten Theorien mangelt, d.h., daß noch keine eindeutigen, gesicherten Ursache-Wirkungs-Beziehungen gefunden werden konnten. Damit sind aber weder klare Ursachenanalysen noch gesicherte Aussagen über die Wirkung von wirtschaftspolitischen Maßnahmen möglich (Prognoseproblem). Unterschiedliche wirtschaftspolitische Handlungsempfehlungen sind deshalb auch oft auf die Ungeklärtheit von Kausalbeziehungen und folglich auf die gleichzeitige Existenz verschiedener und sich widersprechender wissenschaftlicher Theorien zurückzuführen.

- *Zeitverzögerungen:* Ein für die praktische Wirtschaftspolitik wichtiges Problem stellen auch die verschiedenen Arten von Zeitverzögerungen (time lags) in diesem wirtschaftspolitischen Prozeß dar. Jede einzelne Phase benötigt teilweise erhebliche Zeit: von dem Entstehen eines Problems bis zu seiner Diagnose, der Erstellung von Prognosen und Wirkungsanalysen, der anschließenden Planung von Maßnahmen sowie den manchmal langwierigen (oft etliche Regierungs-, Parlaments- und Parteigremien durchlaufenden) Entscheidungen bis hin zum Zeitbedarf der administrativen Durchführung; weiterhin ist nach dieser Innenverzögerung (inside lag) die Außenverzögerung (outside lag) zu berücksichtigen, d.h. die Zeit, bis wirtschaftspolitische Maßnahmen – wie bspw. bestimmte Steueranreize – bei den Adressaten die beabsichtigten Reaktionen auslösen und schließlich die wirtschaftliche Situation in der gewünschten Weise verändern.
- *Realisierungswiderstände:* Mitverantwortlich für Verzögerungen sind oft auch die vielfältigen Widerstände, die sowohl von Interessengruppen in der Phase der Planung und Entscheidung (Lobbyaktivitäten) als auch von den schließlich von den wirtschaftspolitischen Maßnahmen direkt Betroffenen (bspw. durch Bürgerinitiativen und/oder Klagen vor Verwaltungsgerichten oder dem Verfassungsgericht) ausgeübt werden. Das Problem, daß sich aufgrund von Widerständen wirtschaftspolitische Maßnahmen nicht in der beabsichtigten Weise voll realisieren und durchsetzen lassen, ist besonders aus der Problematik der Durchsetzung von Steuergesetzen bekannt.
- *Unbeabsichtigte Neben- und Folgewirkungen:* Eng mit dem Problem unzulänglicher Theorien und mangelhafter Prognosen verbunden ist das Problem, daß konkrete wirtschaftspolitische Maßnahmen oft eine Menge von zunächst nicht erkannten und beabsichtigten Neben- und Folgewirkungen nach sich ziehen. Bekannt sind die Beispiele, daß eine aus sozialpolitischen Gründen eingeführte Mietpreisbindung zum Rückgang des privaten Baus von Mietwohnungen führt oder eine Verstärkung des Kündigungsschutzes für ältere Arbeitnehmer die Einstellungschancen für diese Altersgruppe vermindert und damit für diese die Gefahr dauerhafter Arbeitslosigkeit eher erhöht. Nicht selten läßt sich auch beobachten, daß wirtschaftspolitische Eingriffe aufgrund solcher Neben- und Folgewirkungen weitere wirtschaftspolitische Maßnahmen nach sich ziehen, woraus sich „Interventionsspiralen" ergeben können.

In nahezu allen westlichen Industrieländern hatte sich insbesondere in den sechziger Jahren trotz eines zu beobachtenden starken wirtschaftlichen Wachstums eine wirtschaftspolitische Philosophie herausgebildet, die von starkem Mißtrauen gegenüber den Fähigkeiten der marktlichen Selbststeuerung gekennzeichnet war und eine wesentlich *größere Rolle des Staates* bei der Steuerung ökonomischer Aktivitäten forderte. Dies bezog sich nicht nur auf die auf der keynesianischen Makroökonomik basierende antizyklische Geld- und Fiskalpolitik zur Bekämpfung von Konjunkturschwankungen, sondern beinhaltete auch die Vorstellung, der Staat müsse in vielerlei Hinsicht *steuernd, regulierend oder korrigierend* in die konkreten Marktprozesse intervenieren, um bestimmte für wünschenswert gehaltene allokative und distributive (verteilungsmäßige) Ergebnisse herbeizuführen. Hierbei wurde oft vorschnell ein Versagen des Marktes diagnostiziert und daraus die Notwendigkeit staatlicher Maßnahmen abgeleitet.

Inzwischen ist jedoch aufgrund der Vielzahl der oben aufgezeigten praktischen Probleme, die in wirtschaftspolitischen Prozessen auftreten, eine erhebliche *Ernüchterung* bezüglich der real vorhandenen Möglichkeiten eingetreten, mit wirtschaftspolitischen Instrumenten gezielt in die ökonomischen Prozesse eingreifen zu können. Insbesondere der Anspruch, spezifische Detailergebnisse ansteuern bzw. den ökonomischen Prozeß auch kurz- und mittelfristig zielgerichtet beeinflussen zu können, läßt sich nicht länger aufrechterhalten. Verantwortlich ist hierfür hauptsächlich das *unzureichende Wissen* der wirtschaftspolitischen Akteure über die ökonomischen Prozesse und die Wirkungen der wirtschaftspolitischen Instrumente (Informations-, Prognose- und Theorieproblem). Auch ist erkannt worden, daß eine Vielzahl von auftretenden Problemen erst durch ungeeignete wirtschaftspolitische Eingriffe, die zu einer Beeinträchtigung der marktlichen Selbststeuerungsfähigkeiten führten, verursacht oder verstärkt worden sind. Weiterhin ist durch die Entwicklung der Neuen Politischen Ökonomie auch das Bewußtsein für die *Rent-seeking-Problematik* geschärft worden, d.h., daß Interessengruppen die Wirtschaftspolitik dazu benutzen, sich besondere Vorteile zu verschaffen (Subventionen, Steuervergünstigungen, protektionistische Maßnahmen gegen ausländische Konkurrenz etc.). Deshalb ist es inzwischen unumstritten, daß bei der Frage nach wirtschaftspolitischen Maßnahmen das Ausmaß eines eventuellen Marktversagens sorgfältig mit den Konsequenzen eines möglichen *Staatsversagens* abgewogen werden muß.

3.3 Ordnungs- und Prozeßpolitik als zwei Formen der Wirtschaftspolitik

In den neunziger Jahren tritt deshalb in der wissenschaftlichen Beschäftigung mit der Wirtschaftspolitik das Problem der *Grenzen der zielgerichteten Steuerbarkeit ökonomischer Prozesse* durch staatliche Wirtschaftspolitik in den Vordergrund.[23] Aufgrund dieser Problematik hat die bereits seit langem bekannte Unterscheidung in zwei grundsätzlich verschiedene *Formen der Wirtschaftspolitik*, nämlich Ordnungspolitik einerseits und Prozeßpolitik andererseits, eine neue Bedeutung gewonnen.[24] Unter *Ordnungspolitik* versteht man die Gestaltung der institutionellen Rahmenbedingungen wirtschaftlichen Handelns, d.h., es geht um die Gestaltung der Regeln, die die Wirtschaftssubjekte bei ihren ökonomischen Aktivitäten zu beachten haben (bspw. Haftungsrecht, Gesellschaftsrecht, Arbeitsrecht). *Prozeßpolitik* liegt dagegen dann vor, wenn staatliche Handlungsträger abhängig von der jeweiligen konkreten Situation mit spezifischen Maßnahmen in die ökonomischen Prozesse einzugreifen versuchen (bspw. durch Veränderungen von Steuersätzen, Diskontsatzänderungen, Mindest- und Höchstpreise, Förderprogramme, arbeitsmarktpolitische Fördermaßnahmen). Während Ordnungspolitik somit nur indirekt und längerfristig wirkt, indem sie die für alle geltenden Regeln gestaltet, die die Individuen bei ihren ökonomischen Aktivitäten beachten müssen, versuchen prozeßpolitische Maßnahmen die ökonomischen Aktivitäten der Individuen kurz- und mittelfristig und direkt zu beeinflussen.

---

[23] Diese Grenzen der Steuerbarkeit haben ihre Ursache in prinzipiellen Grenzen der Erklärung und Prognose ökonomischer Prozesse. Diese lassen sich darauf zurückführen, daß in Markt- und Wettbewerbsprozessen laufend nichtantizipierbare Neuerungen auftreten, was als die eigentliche Ursache des evolutorischen Charakters ökonomischer Prozesse angesehen werden kann. Vgl. zu dieser Steuerungsproblematik bereits *Friedrich A. von Hayek:* Die Anmaßung von Wissen, in: ORDO 26, 1975, S. 12-21, sowie *Jochen Röpke:* Möglichkeiten und Grenzen der Steuerung wirtschaftlicher Entwicklung in komplexen Systemen, in: *Manfred Borchert; Ulrich Fehl; Peter Oberender (Hrsg.):* Markt und Wettbewerb. Festschrift für Ernst Heuß zum 65. Geburtstag, Bern-Stuttgart 1987, S. 227-244.

[24] Vgl. zum folgenden ausführlicher *Cassel, Dieter:* Wirtschaftspolitik als Ordnungspolitik, in: *Cassel, Dieter; Ramb, Bernd-Thomas; Thieme, H.-Jörg (Hrsg.):* Ordnungspolitik, München 1988, S. 313-333.

Die oben aufgezeigten *Probleme der praktischen Wirtschaftspolitik* betreffen vor allem die Prozeßpolitik. Insbesondere die Probleme unzureichender aktueller Informationen, mangelhafter Prognosen, fehlender Theorien sowie die Probleme der Zeitverzögerungen und der unbeabsichtigten Neben- und Folgewirkungen sind um so größer, je *spezifischer* und *kurzfristiger* die Wirtschaftspolitik die ökonomischen Prozesse zielgerichtet beeinflussen möchte. Die Gestaltung von institutionellen Rahmenbedingungen, die auch längerfristig konstant gehalten werden, erfordert dagegen ein wesentlich geringeres Wissen der wirtschaftspolitischen Akteure über ökonomische Zusammenhänge und aktuelle Daten. Gleichzeitig können sich die Wirtschaftssubjekte besser auf diesen längerfristig *konstanten institutionellen Rahmen* einstellen, ohne laufend nicht vorhersehbare Veränderungen der Wirtschaftspolitik befürchten zu müssen. Weiterhin ist die Ordnungspolitik, da sie nur allgemeine, für alle geltende Regeln gestaltet, aber keine spezifischen wirtschaftspolitischen Maßnahmen durchführt, wesentlich weniger anfällig, für Sonderinteressen einzelner Gruppen instrumentalisiert und damit mißbraucht zu werden.

Die Grundidee der *Wirtschaftspolitik als Ordnungspolitik* besteht folglich darin, einen Rahmen von allgemeinen Regeln zu setzen, innerhalb dessen die Individuen ihre eigenen Zwecke nach ihrem eigenen Wissen verfolgen können (*Herrschaft des Gesetzes*[25]). Ordnungspolitik kann deshalb gleichermaßen auf der Ebene von Marktprozessen und auf der Ebene von politischen Prozessen betrieben werden. In beiden Fällen geht es um die Gestaltung von Regeln, die die Akteure bei ihren ökonomischen oder politischen Handlungen beachten müssen. Dieser institutionelle Rahmen ist dabei so zu gestalten, daß auf der Ebene von politischen Prozessen die Politiker ihre (wirtschafts-)politischen Handlungen auf die Interessen der von ihnen vertretenen Bürger(innen) ausrichten und auf der Ebene von Marktprozessen die Produzenten ihre Leistungen an den Bedürfnissen der Konsumenten orientieren. Auf beiden Ebenen geht es somit darum, *durch einen geeigneten institutionellen Rahmen den Prozeß der Erstellung und Weiterentwicklung von Leistungen auf die Präferenzen der Individuen zu richten.*

3.4 Die Rolle der Wissenschaft im wirtschaftspolitischen Prozeß

Welche Rolle kann nun der Wirtschaftswissenschaft in dem oben beschriebenen wirtschaftspolitischen Prozeß zukommen?

---
[25] Vgl. hierzu ausführlich *Hayek* (1991; Fn.7).

- Es wurde bereits darauf hingewiesen, daß nach dem Prinzip der *Werturteilsfreiheit* die von der Wirtschaftspolitik zu verfolgenden Ziele nicht von der Wissenschaft selbst bestimmt werden können, da es sich hierbei um Wertaussagen handelt. Sie kann jedoch die sich im politischen Prozeß herausbildenden Ziele daraufhin analysieren, ob etwa die stärkere Verfolgung eines Zieles (bspw. Preisniveaustabilität) zur Verminderung der Erfüllung eines anderen Zieles (bspw. Vollbeschäftigung) führt (Zielkonflikt), oder ob Zielneutralität oder gar Harmonie zwischen diesen Zielen vorliegt (*Problem der Zielbeziehungen*).
- Die Hauptaufgabe der Wissenschaft besteht jedoch zweifellos darin, durch theoretische und empirische wissenschaftliche Forschung *Theorien über ökonomische Zusammenhänge* zu entwickeln. Die Quantitätstheorie des Geldes, die besagt, daß eine Erhöhung der Geldmenge zu einer proportionalen Erhöhung des Preisniveaus führt, kann hierfür als Beispiel dienen. Aus solchen Theorien über Kausalzusammenhänge können dann *wirtschaftspolitische Handlungsempfehlungen* abgeleitet werden: Möchte man bspw. Inflation bekämpfen, so folgt aus der Quantitätstheorie, daß das Wachstum der Geldmenge zu bremsen ist. In gleicher Weise kann die Wissenschaft untersuchen, wie sich unterschiedliche institutionelle Regelungen (wie bspw. verschiedene Regelungen für die Haftung bei Unfällen) auf die ökonomische Effizienz bei der Vermeidung von Unfällen oder auf die Innovation neuer evtl. gefährlicher Produkte oder Technologien auswirken. Denn nur wenn ausreichend verläßliche Theorien über ökonomische Zusammenhänge und die Wirkungen wirtschaftspolitischer Handlungsmöglichkeiten vorhanden sind, kann überhaupt Wirtschaftspolitik betrieben werden.

Es ist somit vor allem die Wissenschaft, die die Aufgabe hat, das *für die praktische Wirtschaftspolitik notwendige Wissen* in Form allgemeiner Theorien und deren Anwendung für spezifische Problemanalysen und Wirkungsprognosen zu generieren und in diesen wirtschaftspolitischen Prozeß einzuspeisen. Allerdings machen Wissenschaftler oft die enttäuschende Erfahrung, daß in der realen Wirtschaftspolitik auch wissenschaftlich gut begründete wirtschaftspolitische Handlungsempfehlungen aus politischen Rücksichten auf einflußreiche Interessengruppen nicht (oder nur in verwässerter Form) realisiert werden. Hieraus sollte jedoch nicht der Schluß gezogen werden, daß die Wissenschaft keine Möglichkeit besäße, ihre Sachkenntnis in den wirtschaftspolitischen Prozeß einzubringen und somit zu einer erfolgreicheren Wirtschaftspolitik beizutragen. Denn die *direkte wissenschaftliche Beratung der Politiker* stellt nur einen solchen Weg dar. Langfristig wesentlich wichtiger und von der Wissenschaft bisher eher unterschätzt ist das Einbringen wissenschaftlicher Erkenntnisse und daraus folgender wirtschaftspolitischer Handlungsempfehlungen in den breiten Prozeß der öffentlichen politischen Diskussion. Da demokratische, politische Prozesse vor allem auch Kommunikations- und Diskussionsprozesse sind, darf sich die Wissenschaft nicht auf die Beratung der Politiker beschränken, sondern muß *ihre wissenschaftlichen Erkenntnisse auch an die Bürger(innen) selbst kommunizieren,* wenn diese ihre Kontrollaufgaben gegenüber der Politik erfolgreicher wahrnehmen können sollen.

4. Spezielle Bereiche der Wirtschaftspolitik

Nach diesen eher grundsätzlichen Überlegungen soll in diesem Abschnitt erstens ein kurzer Überblick über die Spannbreite der Bereiche sowie der Fragestellungen gegeben werden, mit denen sich die Wirtschaftspolitik konkret beschäftigt, und zweitens ein bestimmter Bereich, nämlich die Geld- und Währungspolitik näher vertieft werden.

4.1 Überblick

Einen zentralen Bereich der Wirtschaftspolitik stellt die Gestaltung des *Eigentums- und Vertragsrechts* dar, das den Kern des institutionellen Rahmens marktwirtschaftlicher Systeme bildet. Hierzu gehören neben zentralen strafrechtlichen Bestimmungen wie das Verbot von Diebstahl und Betrug alle Bereiche des Privatrechts, insbesondere das Wirtschafts- und Handelsrecht, das Gesellschaftsrecht, das Haftungsrecht sowie auch die stark regulierten Bereiche des Mietwohnungsrechts und des Arbeitsrechts bis hin zu reinen öffentlich-rechtlichen Regelungen. Innerhalb der Ökonomie sind hierfür vor allem die eng miteinander verknüpften Teilgebiete der *Property Rights-Analyse* und der *Ökonomischen Analyse des Rechts* (sowie weitere institutionenökonomische Ansätze) anzuführen, mit deren Hilfe rechtliche Regelungen daraufhin untersucht werden können, in welcher Weise sie die ökonomischen Prozesse beeinflussen, wobei vor allem auf die Auswirkungen in bezug auf die effiziente Allokation, auf die Verteilung und auf Innovationen abgestellt wird.

Die *Wettbewerbspolitik* hat die Aufgabe, den Selbststeuerungsmechanismus Wettbewerb möglichst breit durchzusetzen und in seiner Funktionsfähigkeit zu sichern. Sie besteht in der Gestaltung und Anwendung von Regeln zur Verhinderung von Wettbewerbsbeschränkungen. Sowohl das deutsche als auch das europäische Wettbewerbsrecht verfügen deshalb über ein Kartellverbot (mit Ausnahmen), über eine Mißbrauchsaufsicht über marktbeherrschende Unternehmen sowie über eine Kontrolle von Unternehmenszusammenschlüssen. Darüber hinaus ist zur Wettbewerbspolitik auch das Problem der *Regulierung natürlicher Monopole* zu rechnen sowie die Bemühungen um *Deregulierung* und *Liberalisierung* in bisher vom Wettbewerb ausgenommenen Bereichen (bspw. Telekommunikation). Die theoretischen Grundlagen für die Wettbewerbspolitik werden in der *Wettbewerbstheorie* (*Industrieökonomik*) und in der *Theorie der Regulierung* behandelt.

Ein großer wirtschaftspolitischer Gestaltungsbereich besteht in der *staatlichen Bereitstellung von Leistungen*, die entweder privat nicht angeboten werden können (Problem der öffentlichen Güter) oder bspw. aus verteilungspolitischen Überlegungen den Bürger(inne)n kostenlos zur Verfügung gestellt werden sollen. Die äußere Verteidigung, die Polizei, das Justizsystem, aber auch die kostenlose Bereitstellung von Straßen (Verkehrsinfrastruktur) oder Universitäten sind Beispiele hierfür. Für die Untersuchung dieser Fragen ist die *Finanzwissenschaft*[26] zuständig, die sich aber auch mit der Frage nach der Finanzierung dieser Leistungen (insbes. durch Steuern) beschäftigt, d.h., sie behandelt gleichermaßen die Ausgaben- wie die Einnahmenpolitik der Öffentlichen Haushalte (*Finanzpolitik*). Arten und Wirkungen verschiedener Steuern, das Problem der Staatsverschuldung, aber auch die Problematik des Finanzausgleichs innerhalb eines föderal gegliederten Staatswesens sind hierbei zentrale Fragestellungen.

Meist wird innerhalb der Finanzwissenschaft auch die ökonomische Analyse demokratischer politischer Systeme (*Neue Politische Ökonomie*) thematisiert. Während die *Ökonomische Theorie der Demokratie* insbesondere den Parteienwettbewerb, bspw. unter verschiedenen Wahlsystemen, analysiert, untersucht die *Öko-

---

[26] Vgl. hierzu in diesem Band den Beitrag von *Rupert Windisch*.

nomische Theorie der Interessengruppen das Problem der Organisierbarkeit von Gruppeninteressen und ihrer Durchsetzungsfähigkeit in politischen Prozessen. Dagegen beschäftigt sich die *Theorie der Bürokratie* mit dem Verhalten von (staatlichen) Verwaltungen. Gerade die sich aus diesen Untersuchungen ergebenden Probleme staatlichen, wirtschaftspolitischen Handelns sind dann Ausgangspunkt für die in der *Verfassungsökonomie* und in der *Theorie des fiskalischen Föderalismus* vorgenommenen Versuche, nach geeigneteren institutionellen Arrangements für staatliches Handeln zu suchen (Verfassungsregeln, föderaler Aufbau des Staates).

Eng mit der Finanzpolitik verbunden sind auch die *Verteilungs- und Sozialpolitik*. Oft wird die sich aus dem Markt ergebende Verteilung der Einkommen (Primärverteilung) als nicht gerecht empfunden, so daß die Wirtschaftspolitik auch verteilungspolitische Ziele verfolgt und durch unterschiedliche Maßnahmen eine *Umverteilungspolitik* betreibt (Sekundärverteilung). Sowohl die kostenlose Bereitstellung öffentlicher Leistungen einschließlich ihrer Finanzierung durch eine progressive Einkommensteuer als auch direkte Transfers wie Sozialhilfe, Wohngeld, Kindergeld etc. gehören ebenso dazu wie Maßnahmen zur Förderung der Vermögensbildung. Einen sehr bedeutenden und inzwischen sehr brisanten wirtschaftspolitischen Gestaltungsbereich stellen die *Systeme der sozialen Sicherung* dar, die aus der Renten-, Kranken-, Pflege- und Arbeitslosenversicherung bestehen. Auch die *Arbeitsmarktpolitik* mit ihren vielfältigen Regulierungen des Arbeitsmarktes sowie der Fülle von spezifischen Maßnahmen zur Gewährleistung eines hohen Beschäftigungsstandes (Aus- und Fortbildung, Umschulung, Förderung der regionalen Mobilität sowie spezifischer Problemgruppen des Arbeitsmarktes wie bspw. ältere Arbeitnehmer oder Langzeitarbeitslose) kann letztlich zu dem weiten Bereich der Sozialpolitik gerechnet werden.

Ein zentraler und mehrere Problemstellungen umfassender Bereich der Wirtschaftspolitik ist die *Stabilisierungspolitik*. Hierunter versteht man jene wirtschaftspolitischen Maßnahmen, die auf eine stetige Entwicklung der Wirtschaft bei gleichzeitiger, möglichst weitgehender Realisierung der gesamtwirtschaftlichen Ziele Wirtschaftswachstum, Vollbeschäftigung, Preisniveaustabilität und ausgeglichene Zahlungsbilanz abzielen. Stabilisierungspolitik kann zum einen als *Konjunkturpolitik* verstanden werden, die die periodisch auftretenden Schwankungen der wirtschaftlichen Aktivität der Gesamtwirtschaft (Konjunkturen) zu dämpfen versucht. Zum anderen kann sie jedoch aus dem Blickwinkel des Ziels der Vollbeschäftigung auch als *Beschäftigungspolitik* oder vom Inflationsproblem ausgehend als *Stabilitätspolitik* (Preisniveaustabilität) begriffen werden. Die Instrumente der Stabilisierungspolitik bestehen vor allem aus der von der Zentralbank betriebenen *Geldpolitik* und der von den Öffentlichen Haushalten verfolgten *Fiskalpolitik* (Budgetüberschüsse und -defizite). Die theoretische Basis der Stabilisierungspolitik stellt die *makroökonomische Theorie*[27] dar, die von der Auseinandersetzung zwischen keynesianisch orientierten Makroökonomen, die in der Steuerung der gesamtwirtschaftlichen Nachfrage den zentralen wirtschaftspolitischen Ansatzpunkt sehen (*nachfrageorientierte Wirtschaftspolitik*), und ihren Kritikern geprägt ist, die als entscheidende Ansatzpunkte vielmehr die einzelwirtschaftlich wirkenden Anreizbedingungen betrachten (*angebotsorientierte Wirtschaftspolitik*).

Zum Bereich der *Außenwirtschaftspolitik* gehört zum einen die *Währungspolitik,* die sich mit den monetären Problemen der internationalen Verflechtung von Volkswirtschaften beschäftigt. Ihre theoretische Grundlage ist die *monetäre Außenhandelstheorie*, in deren Mittelpunkt vor allem die Wechselkurstheorie und die Mechanismen des Zahlungsbilanzausgleichs stehen. Zum anderen ist diesem Bereich die *Außenhandelspolitik* zuzurechnen, die sich auf die Gestaltung der Regeln für den internationalen Austausch von Waren und Dienstleistungen richtet. Ihre theoretische Basis ist die *reale Außenhandelstheorie* als Theorie der internationalen Arbeitsteilung. Die außenhandelspolitische Diskussion ist geprägt einerseits von dem Bemühen vieler Länder, ihre eigenen Industrien durch typische außenhandelspolitische Instrumente wie *tarifäre und nichttarifäre Handelsbeschränkungen* (Zölle, mengenmäßige Einfuhrbeschränkungen, handelshemmende rechtliche Vorschriften etc.) zu schützen bzw. durch *strategische Handelspolitik* zu fördern, und dem gleichzeitigen ständigen Kampf zur Aufrechterhaltung bzw. Durchsetzung des freien Welthandels (*Prinzip des Freihandels*) gegen solche protektionistische Maßnahmen, da diese insgesamt allen Ländern Schaden zufügen. In diesen Zusammenhang gehört auch der Abbau von Handelsschranken und die Durchsetzung des *Binnenmarktes* innerhalb der Europäischen Union.

---

[27] Vgl. hierzu in diesem Band den Beitrag von *Hans-Walter Lorenz.*

Unter *Wachstumspolitik* lassen sich alle wirtschaftspolitischen Maßnahmen verstehen, die das wirtschaftliche Wachstum fördern sollen. Ihre theoretische Basis findet die Wachstumspolitik in den verschiedenen Ansätzen der *Wachstums- und Entwicklungstheorie*. Viele andere Bereiche der Wirtschaftspolitik wie bspw. die Wettbewerbspolitik, die Stabilisierungspolitik oder die Bereitstellung öffentlicher Güter (Infrastrukturpolitik) können auch unter dem wachstumspolitischen Blickwinkel gesehen werden. Wichtige zusätzliche Teilbereiche der Wachstumspolitik sind die *Innovationspolitik*, die entweder über das Patentrecht oder direkte finanzielle Förderung (Forschungs- und Technologiepolitik) der Förderung von Innovationen dienen soll, die *Industriepolitik*, bei der oft die Förderung der internationalen Wettbewerbsfähigkeit nationaler Industrien im Mittelpunkt steht, sowie die *Strukturpolitik*, die die Beeinflussung des wirtschaftlichen Strukturwandels zum Gegenstand hat. Unter dem Aspekt wirtschaftlicher Entwicklung spielt auch die *Bildungspolitik* eine besonders wichtige Rolle, da sie auf die Bildung von Humankapital in einer Volkswirtschaft Einfluß nimmt. Das speziellere Problem der regionalen Entwicklung ist Gegenstand des Bereichs der *Regionalpolitik*. Für die vielfältigen und teilweise sehr spezifischen Problemstellungen der Förderung der wirtschaftlichen Entwicklung in den sog. unterentwickelten Ländern hat sich der Begriff der *Entwicklungspolitik* herausgebildet.

Einen weiteren wichtigen Bereich der Wirtschaftspolitik stellt die *Umweltpolitik* dar. In der *Umweltökonomie* als ihrer theoretischen Basis wird gezeigt, daß viele Umweltprobleme auf die Existenz *negativer externer Effekte* zurückgeführt werden können, d.h., daß die Produktion oder Konsumtion von Gütern negative Auswirkungen auf die Umwelt haben, ohne daß die Verursacher hierfür die Kosten zu tragen haben. Zur Erfüllung der Aufgabe der Umweltpolitik, über die Internalisierung solcher externer Kosten den Raubbau an der natürlichen Umwelt zu beseitigen, steht eine Fülle von *umweltpolitischen Instrumenten* zur Verfügung, bspw. Auflagen für Produktionsbetriebe, Abgaben für Emissionen oder die Schaffung von Märkten für Emissionen (Verschmutzungsrechte). Einen weiteren Bereich stellt die *Ressourcenökonomik* dar, die sich mit dem spezielleren Problem der erschöpfbaren natürlichen Ressourcen (Rohstoffvorkommen) beschäftigt.

4.2 Geld- und Währungspolitik als Beispiel eines speziellen Bereichs der Wirtschaftspolitik

4.2.1 Geldfunktionen, Geldmenge und die Instrumente der Geldpolitik

Geld gilt gleichsam als Symbol für marktwirtschaftliche Systeme. Was ist jedoch überhaupt „Geld"? Historisch ist Geld in sehr verschiedenartiger Form aufgetreten, von dem aus Edelmetallen (Gold, Silber) bestehenden Münzgeld über von staatlichen Zentralbanken herausgegebenen Banknoten, die keinen Materialwert mehr aufweisen, bis hin zu dem abstrakten, im Bankensystem geschaffenen (Bankeinlagen). Entscheidend ist aus ökonomischer Sicht aber nicht die Form, sondern die *Funktionen*, die Giralgeld ausübt. So ist es bspw. ein zentrales Kennzeichen arbeitsteiliger marktwirtschaftlicher Systeme, daß die Wirtschaftssubjekte die von ihnen angebotenen/nachgefragten Güter nicht direkt (Gut X gegen Gut Y) tauschen (Naturaltausch), sondern indirekt, nämlich „Gut X gegen Geld" und „Geld gegen Gut Y" (*Tauschmittelfunktion des Geldes*). Als weitere wichtige Funktionen des Geldes wird seine Rolle als *Recheneinheit* (Preise werden in Geldeinheiten ausgedrückt) und als Mittel der *Wertaufbewahrung* angesehen. Der Vorteil der Verwendung von Geld besteht vor allem in der starken Verminderung der Kosten für die in einer arbeitsteiligen Gesellschaft notwendigen Tauschvorgänge (*Transaktionskosten*). Aus ökonomischer Sicht kann folglich als Geld alles das angesehen werden, was diese Funktionen ausüben kann.

Möchte man die in einer Volkswirtschaft vorhandene Geldmenge bestimmen, so ergeben sich erhebliche Abgrenzungsprobleme. Insofern arbeiten viele Zentralbanken gleichzeitig mit verschiedenen *Geldmengenkonzepten*. Die Deutsche Bundesbank bspw. unterscheidet die Geldmengen M1, M2 und M3. Während M1 nur den bei den Wirtschaftssubjekten umlaufenden Bargeldbestand (Banknoten und Münzen) und die auf Girokonten befindlichen Sichtguthaben umfaßt, werden bei der Geldmenge M2 nochmals die Terminguthaben (mit Befristung bis unter vier Jahren) und bei der Geldmenge M3 schließlich auch noch die Spareinlagen (mit bis zu dreimonatiger Kündigungsfrist) dazugerechnet. Für das Verständnis der Entstehung der Geldmenge ist es aber notwendig, den innerhalb des Geschäftsbankensystems stattfindenden *Prozeß der Geldschöpfung* einzubeziehen. Da die Geschäftsbanken immer nur einen kleinen Teil der bei ihnen eingezahlten Einlagen als Bargeld für eventuelle Auszahlungen bereit halten müssen (Kassenbestand), können sie den größten Teil ihrer Einlagen wieder für Kredite an Kreditnehmer verwenden, wodurch neue Sichtguthaben geschaffen werden, die wiederum für Zahlungszwecke verwendet werden können. Durch einen solchen Prozeß der *Kreditschöpfung* können die Banken auf der Basis einer bestimmten, im Umlauf befindlichen Bargeldmenge eine mehrfache Menge von für Zahlungszwecke geeigneten Giralgelds schaffen (*multiple Geldschöpfung*).

Mit Hilfe ihrer verschiedenen *geldpolitischen Instrumente* kann die Zentralbank versuchen, die in der Volkswirtschaft vorhandene Geldmenge und/oder die Zinssätze zu beeinflussen:

– *Mindestreservepolitik:* Die Geschäftsbanken sind verpflichtet, einen bestimmten Anteil (Mindestreservesatz) ihrer Einlagen zinslos als Guthaben bei der Zentralbank zu halten. Durch Veränderung dieser Mindestreservesätze kann die Zentralbank die Möglichkeiten der Geschäftsbanken, durch Kreditschöpfung zusätzliches Giralgeld zu schaffen, erhöhen oder vermindern.
– *Refinanzierungspolitik:* Durch Erhöhung oder Senkung der Zinssätze für den Kauf von Handelswechseln (*Diskontsatz*) oder für die Verpfändung von Wertpapieren (*Lombardsatz*) kann die Zentralbank die Kosten der Geschäftsbanken, sich bei der Zentralbank zu refinanzieren, erhöhen oder vermindern. Weiterhin kann sie auch die maximale Menge solcher Refinanzierungen beeinflussen (*Rediskont- und Lombardkontingente*).
– *Offenmarktpolitik:* Durch Kauf (bzw. Verkauf) von Wertpapieren auf den Märkten für kurzfristige und langfristige Kredite (Geld- und Kapitalmarkt) kann die Zentralbank die im Umlauf befindliche Bargeldmenge erhöhen (bzw. senken).

4.2.2 Geldpolitik als Mittel der Inflationsbekämpfung

Die *Sicherung des Geldwerts* und damit die Bekämpfung der Inflation wird im allgemeinen als ein zentrales wirtschaftspolitisches Ziel angesehen. Unter *Inflation* versteht man einen Prozeß der anhaltenden Erhöhung des Preisniveaus in einer Volkswirtschaft. Zur statistischen Messung der Preisniveausteigerungen werden Preisindizes herangezogen. So berechnet bspw. das Statistische Bundesamt den *Preisindex für die Lebenshaltung aller privaten Haushalte*, bei dem aus den Preisen für eine bestimmte Menge von Gütern, die typischerweise von den Haushalten gekauft werden (Warenkorb), die jährliche Preissteigerungsrate berechnet wird. Während Inflationsraten von bis zu 2% aufgrund der statistischen Meßprobleme als noch mit der Preisniveaustabilität vereinbar angesehen werden, beeinträchtigen höhere Inflationsraten die Wertaufbewahrungsfunktion des Geldes. Hierdurch wird Geldvermögen entwertet, was sich negativ auf die Sparbildung auswirken kann. Bei sehr hohen Inflationsraten kann das Geld dann auch seine Funktionen als Recheneinheit und Tauschmittel verlieren, wodurch die prinzipielle Funktionsfähigkeit von Märkten in Frage gestellt wird.

Die *Ursachen von Inflationen* werden in der ökonomischen Theorie entweder in einer im Vergleich zum Angebot zu hohen Nachfrage gesehen, die bspw. auf staatliche Haushaltsdefizite zurückzuführen ist und Preiserhöhungen nach sich zieht (*Nachfragesoginflation*), oder in Faktoren auf der Angebotsseite wie bspw. Erhöhungen von Löhnen und Rohstoffpreisen, die dann über Kostensteigerungen zu Preissteigerungen führen würden (*Kostendruckinflation*). Gleichgültig was man als die konkrete auslösende Ursache für eine zu beobachtende Inflation ansieht, relativ unumstritten ist, daß Steigerungen des allgemeinen Preisniveaus im allgemeinen nur durch eine entsprechende Ausdehnung der Geldmenge möglich sind. Auch wenn die *Quantitätstheorie des Geldes*, die einen proportionalen Zusammenhang zwischen Geldmenge und Preisniveau behauptet, in dieser einfachen Version nicht haltbar und weiter zu differenzieren ist, so läßt sich aus ihr trotzdem ableiten, daß die Begrenzung des Wachstums der Geldmenge eine erfolgversprechende Strategie zur Sicherung der Preisniveaustabilität ist. Folglich ist in den Mittelpunkt einer Stabilitätspolitik die *Steuerung der Geldmenge* durch die Zentralbank mit Hilfe des oben skizzierten Instrumentariums zu stellen.

Der Geldpolitik kann jedoch auch eine zentrale Rolle im Rahmen einer *Konjunktur- und Beschäftigungspolitik* zukommen (Stabilisierungspolitik). Ausgehend von einer keynesianischen Makroökonomik können der Geldpolitik wichtige Aufgaben im Zusammenhang mit der Steuerung der gesamtwirtschaftlichen Nachfrage im Konjunkturzyklus zukommen. Durch eine *antizyklische Geldpolitik*, die in der Rezession die Geldmenge ausweitet, um durch niedrige Zinsen die Investitionstätigkeit zu stimulieren (*expansive Geldpolitik*), und in der Hochkonjunktur durch Verknappung der Geldmenge die Kreditmöglichkeiten einschränkt und somit Investitionen erschwert (*restriktive Geldpolitik*), könnten in Kombination mit der Fiskalpolitik (Budgetüberschüsse und -defizite) Konjunktur- und damit auch Beschäftigungsschwankungen vermindert werden. Diese Konzeption einer sich an der jeweiligen Konjunktursituation orientierenden sog. *diskretionären Geldpolitik* hat sich – u.a. aufgrund des Problems von Wirkungsverzögerungen – als sehr problematisch erwiesen. Aufgrund dieser Erfahrungen und der generellen Kritik an der keynesianischen Makroökonomik hat sich inzwischen eher die Konzeption einer *regelgebundenen Geldpolitik* durchgesetzt, bei der sich die Zentralbank bei ihrer Geldpolitik an eine vorab bekanntgegebene Regel hält, bspw. die Geldmenge jedes Jahr um einen bestimmten Prozentsatz zu erhöhen. Dies geht einher mit einer Rückorientierung der Geldpolitik auf das Ziel der Preisniveaustabilität, wobei die neuere Diskussion sich darauf bezieht, unter welchen institutionellen Bedingungen (wie bspw. die *Unabhängigkeit der Zentralbank* von der Regierung) das Ziel der Geldwertstabilität von der Zentralbank glaubwürdig verfolgt werden kann.

4.2.3 Währungspolitik

Das Ausgangsproblem der Währungspolitik kann darin gesehen werden, daß in unterschiedlichen Ländern verschiedene Währungen gelten (DM, US-Dollar, Yen, Schweizer Franken etc.). Im internationalen Handel entstehen daraus vor allem drei Problemkreise. Erstens tritt das Phänomen der *Wechselkurse* auf, d.h. daß diese Währungen auf den sog. Devisenmärkten gehandelt werden, woraus sich die Preise für ausländische Währungen (Wechselkurse) bilden (bspw. DM 1,50 für 1 US-Dollar). Fremde Währungen werden angeboten oder nachgefragt, um bspw. Importe zu bezahlen, Exporterlöse in die eigene Währung umzutauschen oder auch, um durch Kauf ausländischer Wertpapiere Vermögen im Ausland anzulegen und damit Kapital zu exportieren. Aus der Notwendigkeit, importierte Waren und Dienstleistungen, aber auch Zinsen für ausländisches Kapital mit fremder Währung bezahlen zu müssen, ergibt sich zweitens der Problemkreis der *internationalen Zahlungsfähigkeit* eines Landes, d.h. daß im Inland durch den Export von Waren und Dienstleistungen genügend Devisen verdient werden müssen, um damit die gewünschten Importe bezahlen zu können. In der Wirtschaftspolitik wird deshalb eine *ausgeglichene Zahlungsbilanz* als ein wichtiges Ziel angesehen. Ein weiterer dritter Fragenkreis ergibt sich dadurch, daß durch den hohen Export- und Importanteil vieler Volkswirtschaften und der Globalisierung der Finanzmärkte, durch die Kapital leicht zwischen den verschiedenen Ländern und damit Währungen transferiert werden kann, die *inländische Geld-*

und Fiskalpolitik zur Stabilisierung der Konjunktur und/oder des Preisniveaus *nicht unabhängig von diesen internationalen Einflüssen* betrieben werden kann, sondern vielmehr von diesen mehr oder weniger abhängig ist.

Prinzipiell kann man zwischen mehreren Formen der Gestaltung der *internationalen Währungsordnung* unterscheiden. Nach dem endgültigen Zusammenbruch des bis 1914 recht erfolgreichen Systems der Goldwährung in der Zwischenkriegszeit wurde mit dem Vertrag von Bretton Woods (1944) ein *System fester Wechselkurse* mit dem US-Dollar als Leitwährung etabliert. Da sich auch in einem solchen System der Wechselkurs frei durch Angebot und Nachfrage auf dem Devisenmarkt bildet, müssen hier die Zentralbanken durch gezielten Kauf bzw. Verkauf von Währungen dafür sorgen, daß der Wechselkurs innerhalb der durch den festen Wechselkurs vorgegebenen engen Bandbreiten bleibt (*Devisenmarktinterventionen*). Solange die (letztlich politisch festgelegten) festen Wechselkurse den ökonomischen Realitäten entsprechen, was durch eine Koordinierung der jeweiligen Geld- und Fiskalpolitiken unterstützt werden kann, kann ein solches System prinzipiell stabil bleiben. Es ist jedoch oft versucht worden, nicht mehr durch die ökonomischen Basisdaten gerechtfertigte Wechselkurse aufrechtzuerhalten, was nach massiven Devisenspekulationen meist zu entsprechenden *Auf- oder Abwertungen von Währungen* führte oder wie 1973 durch die damalige grundlegende Schwäche des US-Dollars gar zum Zusammenbruch des gesamten Bretton Woods-Systems.

Seit diesen Währungsturbulenzen in den siebziger Jahren existieren zwischen den wichtigsten Währungen der Welt (DM, US-Dollar, japanischer Yen, englisches Pfund, Schweizer Franken) flexible Wechselkurse. In einem reinen *System flexibler Wechselkurse* bilden sich die Wechselkurse frei durch Angebot und Nachfrage *ohne* jede Intervention der Zentralbanken. Ein solches System weist einerseits erhebliche Vorteile auf, da die Zentralbanken aufgrund ihrer Befreiung von der Pflicht, bestimmte Wechselkurse stabilisieren zu müssen, wesentlichs besser eine eigenständige, bspw. stabilitätsorientierte Geldpolitik betreiben können, andererseits wird nicht zu Unrecht argumentiert, daß durch die tatsächlich beobachtbaren starken Schwankungen der Wechselkurse Investitionsentscheidungen im Exportgüterbereich mit erheblichen Risiken belastet werden, was zu einer Beeinträchtigung der internationalen Arbeitsteilung führen würde.

Seit dem Zusammenbruch des Bretton Woods-Festkurssystems hat es deshalb immer wieder Versuche in Richtung auf eine stärkere Stabilisierung der Wechselkurse gegeben. Traditionellere Strategien sind Versuche, die Wechselkurse durch gezielte Käufe und Verkäufe von Devisen (*managed floating*) oder durch die *Koordination nationaler Geld- und Fiskalpolitiken* zu beeinflussen und damit zu stabilisieren. Eine andere Möglichkeit besteht in der Etablierung von regional begrenzten Festkurssystemen wie bspw. dem *Europäischen Währungssystem* (EWS). In jeder Hinsicht ambitionierter und gleichzeitig aber auch mit wesentlich größeren Risiken verknüpft ist die Einführung der im Maastricht-Vertrag beschlossenen *Europäischen Währungsunion*, bei der die Währungen der Mitgliedstaaten durch eine *einheitliche neue Währung* völlig ersetzt werden sollen. Den mit der Währungsunion erwarteten Vorteilen wie ein verstärktes wirtschaftliches Wachstum durch die aus dem *Wegfall von Wechselkursrisiken und Transaktionskosten* ermöglichte Intensivierung der internationalen Arbeitsteilung stehen jedoch die Nachteile aus der *Gefahr einer weniger stabilen europäischen Währung* und aus dem Problem einer *eventuell erhöhten Arbeitslosigkeit* gegenüber, die durch den mit der Währungsunion verbundenen Verzicht entstehen können, mit Hilfe von Wechselkursänderungen die Anpassungsprobleme innerhalb der Europäischen Union abzumildern.

5. Zentrale Probleme heutiger Wirtschaftspolitik

Zusammenfassend kann festgestellt werden, daß die westlichen Volkswirtschaften einerseits vor *gravierenden wirtschaftspolitischen Herausforderungen* stehen, daß sich aber andererseits die *Wirtschaftspolitik in einer tiefen Krise* befindet, da sich die Möglichkeiten des Staates, bei auftretenden ökonomischen Problemen erfolgreich in die wirtschaftlichen Prozesse eingreifen zu können, als wesentlich begrenzter erwiesen haben, als man sich dies noch in den sechziger und siebziger Jahren vorgestellt hatte. Für die sich heute zeigenden *Grenzen wirtschaftspolitischer Handlungsmöglichkeiten* sind drei Problemkomplexe entscheidend:
– *Wissensproblem:* Die wirtschaftspolitischen Akteure verfügen oft nicht über genügend Wissen, um zielgerichtet in die ökonomischen Prozesse eingreifen und diese steuern zu können. Dies ist nicht nur ein Problem von bisherigen Defiziten wissenschaftli-

cher Forschung, sondern vielmehr sprechen theoretische Überlegungen dafür, daß es auch prinzipielle Grenzen der Steuerbarkeit von hochkomplexen, evolutorischen Systemen gibt, wie sie die heutigen arbeitsteiligen Volkswirtschaften darstellen.

- *Rent-seeking:* Ein inzwischen wesentlich besser erforschtes, aber immer noch nicht gelöstes Problem sind die Defizite der politischen Prozesse, die die Instrumentalisierung von Wirtschaftspolitik für spezielle Interessengruppen nicht wirksam verhindern. Die diesbezügliche mangelnde Kontrolle des Einsatzes wirtschaftspolitischer Instrumente zieht erhebliche Grenzen für die Möglichkeiten einer rationalen Wirtschaftspolitik.
- *Standortwettbewerb:* Die aus dem globalen Standortwettbewerb, bei dem Unternehmen einzelstaatlichen Wirtschaftspolitiken durch Standortverlagerungen ausweichen können, resultierenden Anpassungsnotwendigkeiten der Wirtschaftspolitiken der einzelnen Staaten führen zu einer erheblichen Einschränkung der Spielräume für eine eigenständige Wirtschaftspolitik.

Es bleibt zu hoffen, daß es einer stärker ordnungspolitisch ausgerichteten Wirtschaftspolitik, die vor allem auf die *Gestaltung von langfristig konstanten institutionellen Rahmenbedingungen zur Nutzung der Selbststeuerungsmechanismen des Marktes* setzt und deshalb weniger anfällig als die Prozeßpolitik für das Wissens- und das Rent-seeking-Problem ist, besser gelingen könnte, erfolgreiche Lösungsansätze für die heutigen, schwierigen wirtschaftlichen Probleme zu entwickeln. Da der *internationale Standortwettbewerb* vor allem auch als ein Wettbewerb der Staaten um die bessere Wirtschaftspolitik angesehen werden kann, dürfte die *Entwicklung überlegener institutioneller Rahmenbedingungen ein wichtiger Wettbewerbsvorteil in diesem globalen Wettbewerb* sein. Auch insofern ist es notwendig, die wissenschaftliche Analyse der Wirtschaftspolitik noch stärker auf die Analyse der ökonomischen Wirkungen von institutionellen Regelungen auszurichten.

Annotierte Auswahlbibliographie

Ahrns, Hans-Jürgen; Feser, Hans-Dieter: Wirtschaftspolitik. Problemorientierte Einführung, München-Wien ⁵1987.
  Ein didaktisch gut gelungenes, vom Aufbau eher traditionelleres Lehrbuch zur Wirtschaftspolitik.

Bender, Dieter u.a. (Hrsg.): Vahlens Kompendium der Wirtschaftstheorie und Wirtschaftspolitik, 2 Bde., München ⁶1995.
In diesem Kompendium finden sich viele Beiträge, in denen die wichtigsten Bereiche der Wirtschaftspolitik knapp und in leicht zugänglicher Form dargestellt werden.

Frey, Bruno S.; Kirchgässner, Gebhard: Demokratische Wirtschaftspolitik. Theorie und Anwendung, München ²1994.
Dieses sehr instruktive Lehrbuch behandelt die Wirtschaftspolitik konsequent aus der Sicht der Neuen Politischen Ökonomie.

Fritsch, Michael; Wein, Thomas; Ewers, Hans-Jürgen: Marktversagen und Wirtschaftspolitik. Mikroökonomische Grundlagen staatlichen Handelns, München 1993.
In diesem verdienstvollen Lehrbuch wird dagegen der Ansatz verfolgt, die Wirtschaftspolitik konsequent aus der Sicht der wohlfahrtsökonomischen Theorie des Marktversagens zu begründen.

Meier, Alfred; Slembeck, Tilman: Wirtschaftspolitik. Ein kognitiv-evolutionärer Ansatz, München-Wien 1994.
Ausgehend von einem evolutionären Ansatz wird versucht, durch Erweiterung des rationalen Individuums um kognitive Aspekte systematisch Wahrnehmungs- und Kommunikationsaspekte zu berücksichtigen und damit eine realistischere Analyse konkreter wirtschaftspolitischer Prozesse zu ermöglichen.

Peters, Hans-Rudolf: Wirtschaftspolitik, München-Wien ²1995.
Hierbei handelt es sich um ein empfehlenswertes ordnungspolitisch orientiertes Lehrbuch, das sowohl die traditionelle Methode der Ziel-Mittel-Analyse als auch die neueren Theorien der Neuen Politischen Ökonomie in sich vereinigt.

Streit, Manfred: Theorie der Wirtschaftspolitik, Düsseldorf ⁴1991.
In diesem modernen, ordnungspolitisch und evolutorisch orientierten Lehrbuch werden umfassend alle wichtigen Fragen der theoretischen Wirtschaftspolitik auf hohem wissenschaftlichen Niveau aufgearbeitet. Dabei wird auch das Problem des mangelnden Wissens von wirtschaftspolitischen Akteuren berücksichtigt.

Grundlagen- und weiterführende Literatur

Blankart, Charles B.: Öffentliche Finanzen in der Demokratie. Eine Einführung in die Finanzwissenschaft, München ²1994.
Cassel, Dieter; Ramb, Bernd-Thomas; Thieme, H.-Jörg (Hrsg.): Ordnungspolitik, München 1988.
Eucken, Walter: Grundsätze der Wirtschaftspolitik, Tübingen ⁶1990.
Hayek, Friedrich A. von: Die Verfassung der Freiheit, Tübingen ³1991.
Hoppmann, Erich: Prinzipien freiheitlicher Wirtschaftspolitik, Tübingen 1993.

Issing, Otmar (Hrsg.): Allgemeine Wirtschaftspolitik, München ³1993.
Issing, Otmar (Hrsg.): Spezielle Wirtschaftspolitik, München 1982.
Külp, Bernhard; Berthold, Norbert: Grundlagen der Wirtschaftspolitik, München 1992.
Leipold, Helmut: Wirtschafts- und Gesellschaftssysteme im Vergleich, Stuttgart ⁵1988.
Luckenbach, Helga: Theoretische Grundlagen der Wirtschaftspolitik, München 1986.
Schäfer, Hans-Bernd; Ott, Claus: Lehrbuch der ökonomischen Analyse des Zivilrechts, Berlin ²1995.
Teichmann, Ulrich: Wirtschaftspolitik. Eine Einführung in die demokratische und die instrumentelle Wirtschaftspolitik, München ⁴1993.
Woll, Artur: Wirtschaftspolitik, München ²1992.

Rupert Windisch

Finanzwissenschaft

1. Perspektiven finanzwissenschaftlicher Analyse des Wohlfahrtsstaates

1.1 Gegenstand der Finanzwissenschaft

Unter *Finanzwissenschaft* wird traditionell die wirtschaftswissenschaftliche Beschäftigung mit der *staatlichen* Steuer- und Ausgabenwirtschaft verstanden, gelegentlich die auch öffentliche Unternehmen und Regulierung einschließende Ökonomie des öffentlichen Sektors (engl.: „public finance", „public sector economics" oder „public economics"). Finanzwissenschaftliche Analyse ist *normativ* ausgerichtet und damit von Werturteilen abhängig, wenn sie sich mit wünschbaren Ergebnissen und Verfahrensweisen (Institutionen) staatlicher Aktivität beschäftigt. Sie ist *erklärend,* wenn sie deren Ergebnisse und Institutionen untersucht, wie sie sich nach Datenlage und den mikro- und makroökonomischen Einsichten des Analysierenden darstellen.

In der *Bundesrepublik Deutschland* rechnen gegenwärtig zum *Staat* – in Entsprechung mit dem Gesetz über die Finanzstatistik – die *Gebietskörperschaften* und die *Sozialversicherung.* Zu den *Gebietskörperschaften* gehören: der Bund und seine Sondervermögen (zu denen z.B. das „European Recovery Program" ERP, der Erblastentilgungsfonds und der Lastenausgleichsfonds zählen), die 16 Länder und ihre Sondervermögen (Hochschulkliniken und Landeskrankenhäuser mit kaufmännischer Rechnungslegung), ferner die Gemeinden und Gemeindeverbände sowie die kommunalen Zweckverbände und die kommunalen Krankenhäuser mit kaufmännischem Rechnungswesen[1]. Zu den Sozialversicherungen, deren Haushalte auch *Parafisci* genannt werden, gehören die Einrichtungen der gesetzlichen Krankenversicherung, der gesetzlichen Unfallversicherung, der gesetzlichen Rentenversicherung, der Alters-

---

[1] Die Gemeinden stellen verfassungsrechtlich keine eigene Ebene neben Bund und Ländern dar. Bezogen auf ihre verwaltungsmäßig-finanzwirtschaftliche Bedeutung bilden sie aber eine dritte Ebene im Verwaltungsaufbau der Bundesrepublik.

hilfe für Landwirte, der Arbeitslosenversicherung sowie der Zusatzversorgung für den öffentlichen Dienst. Zunehmend staatlichen Charakter gewinnt – als eine Art von vierter Ebene oberhalb der drei genannten Gebietskörperschaftsebenen – die Europäische Gemeinschaft (Europäische Union) nicht nur durch die Einnahmen, die ihr aus der Bundesrepublik Deutschland zufließen, und die Marktordnungsausgaben der EG an Inländer, sondern vor allem durch den wachsenden Bestand an regulierendem (sekundären) Gemeinschaftsrecht.

Übersicht 1 zeigt einige wichtige Größenordnungen des Finanzwesens der Bundesrepublik Deutschland. Soweit die staatlichen Einnahmen aus Zwangsabgaben – Steuern und Sozialbeiträge – nicht ausreichen, um die Staatsausgaben (= Realausgaben [Konsum + Investition] des Staates und staatliche Transferzahlungen) zu decken, muß sich der Staat Einnahmen aus (Netto)-*Kreditaufnahme* beschaffen, deren Betrag in der *Übersicht 1* durch den (negativen) *Finanzierungssaldo* des Staates ausgewiesen wird. Die über die Jahre akkumulierten Beträge der staatlichen Nettokreditaufnahme ergeben den *Staatsschuldenstand*; er ist die Bezugsgröße der *Zinszahlungen* des Gesamtstaates. Der in *Übersicht 1* ausgewiesene Wert umfaßt neben dem Schuldenstand der Gebietskörperschaften auch die Schuldenstände bestimmter Schattenhaushalte, so z.B. des Fonds Deutsche Einheit und des Bundeseisenbahnvermögens. Volkswirtschaftlich erheblich ist jedoch nicht der Staatsschuldenstand als solcher, sondern sein Verhältnis zum nominellen Sozialprodukt, die sog. *Staatsschuldenquote*.

Man kann zeigen: Die zeitliche (jährliche) Veränderung Δd der Staatsschuldenquote d genügt, wenn man die Zentralbankmenge als nicht zinstragende Staatsschuld vernachlässigt, der Beziehung $\Delta d = x + (r-g)d$. Hierin bezeichnet: x das Verhältnis des Primärdefizits zum nominellen Sozialprodukt, wobei das Primärdefizit als die Differenz zwischen den Staatsausgaben ausschließlich der Zinszahlungen auf die Staatsschuld und den Staatseinnahmen aus Steuern und Abgaben definiert ist; r den auf die Staatsschuld durchschnittlich zu zahlenden realen Zinssatz (= Nominalzinssatz minus Inflationsrate); g die Wachstumsrate des realen (= in konstanten Preisen gemessenen) Sozialprodukts.

Übersicht 1: *Das Finanzwesen der Bundesrepublik Deutschland in Zahlen*

Staatseinnahmen und -ausgaben (in Mrd. DM):

Jahr	Staats-einnahmen insgesamt	davon: Steuern	davon: Sozial-beiträge	Staats-ausgaben insgesamt	Finan-zierungs-saldo	Staats-quote (%)	Abgaben-quote (%)
1991	1301,18	689,22	513,1	1395,37	− 94,19	48,7	42,1
1992	1438,10	754,74	562,72	1524,79	− 86,69	51,2	42,8
1993	1489,71	772,48	596,32	1601,34	−111,63	52,4	43,4
1994	1581,12	811,00	639,36	1667,87	− 86,75	53,1	43,7

Jahr	Staats-ausgaben insgesamt	Staats-verbrauch	Einkom-mensüber-tragungen	Zinsen	Brutto-investi-tionen	Vermögens-über-tragungen
1991	1395,37	556,95	621,84	76,66	75,03	64,89
1992	1524,79	617,21	664,26	100,33	87,21	55,78
1993	1601,34	631,68	725,23	103,85	85,38	55,20
1994	1667,87	650,38	770,66	113,39	86,21	47,23

Kassenmäßige Steuereinnahmen (in Mrd. DM):

Jahr	Lohn-steuer	veran-lagte Einkom-men-steuer	Körper-schaft-steuer	Steuern vom Umsatz	Mineral-ölsteuer	Tabak-steuer	Ge-werbe-steuer	alle Steuern
1991	214,18	41,53	31,72	179,67	47,27	19,59	41,30	661,92
1992	247,32	41,53	31,18	197,71	55,17	19,25	44,85	731,73
1993	257,99	33,23	27,83	216,31	56,30	19,46	42,27	749,12
1994	266,52	25,51	19,57	235,70	63,85	20,26	44,09	786,16

Staatsschuldenstand (in Mrd. DM):

Jahr	Bund	Länder	Gemeinden	Insgesamt	Schuldenquote (in %)
1991	680,82	352,35	140,70	1173,86	41,1
1992	801,50	389,13	154,59	1345,22	44,7
1993	902,45	433,84	172,86	1509,15	47,8
1994	932,15	469,62	181,70	1654,64	49,8

Anteil des Staatsverbrauchs am BIP 1994

Land	Anteil des Staatsverbrauchs am BIP (in %)
Deutschland	19,58
Frankreich	19,57
Großbritannien	21,52
Italien	17,31
Japan	9,81
Vereinigte Staaten	17,44

Quelle: Jahresgutachten 1995/96 des Sachverständigenrates zur Begutachtung der gesamtwirtschaftlichen Entwicklung, eigene Berechnungen

1.2 Föderaler Staatsaufbau der Bundesrepublik Deutschland

Unterschiedliche Ebenen im Staatsaufbau ergeben sich aus dem Grundgesetz: Nach Art. 20 I GG ist Deutschland „ein demokratischer und sozialer Bundesstaat". Seine *föderale Struktur* – die Gliederung des Bundes in Länder und die grundsätzliche Mitwirkung der Länder bei der Gesetzgebung – gehört zu den nach Art. 79 III GG unantastbaren, auch gegen förmliche Verfassungsänderungen gesicherten Verfassungsgrundsätzen. Eine zweckmäßige Begriffsbestimmung des Föderalismus aus ökonomischer Sicht durch *Oates* sieht ein föderales Gemeinwesen als einen „Staat, in dem es sowohl zentralisierte als auch dezentralisierte Ebenen öffentlicher Entscheidungsgewalt gibt und die Bereitstellung öffentlicher Leistungen auf jeder Ebene hauptsächlich von der Nachfrage nach diesen Leistungen seitens der Einwohner der jeweiligen Gebietskörperschaft (bzw. derjenigen Wirtschaftssubjekte, die in ihr ökonomische Aktivitäten wahrnehmen) bestimmt wird"[2]. Ein zutreffendes Bild der Spannweite föderaler Gestaltung in einem Staatswesen gewinnt

---

[2] *Oates, Wallace E.:* Fiscal Federalism, New York 1972.

man durch die Vorstellung eines Kontinuums zwischen vollständiger Zentralisierung bzw. Dezentralisierung vor dem Hintergrund des *Subsidiaritätsprinzips,* wonach Aufgaben der jeweils niedrigsten staatlichen Ebene zugeordnet werden sollen, die eine angemessene Aufgabenwahrnehmung erwarten läßt.

In einem föderalen Staatswesen hat der *Finanzausgleich im weiten Sinne* als rechtlich-politisch-ökonomisches System der *Aufgaben-, Ausgaben- und Einnahmenverteilung* zwischen vor- und nachgeordneten bzw. gleichgeordneten Gebietskörperschaften des Staatsverbandes eine zentrale gesellschafts- und staatspolitische Bedeutung. Wie soll eine angemessene Verteilung der *Staatsaufgaben* auf die verschiedenen staatlichen Ebenen aus ökonomischer Sicht aussehen? Diese Frage behandelt die normative *Theorie des fiskalischen Föderalismus.*

1.2.1 Theorie des fiskalischen Föderalismus

Was die *makroökonomischen Funktionen* betrifft, ist es unbestritten, daß Budgetpolitik, soweit sie mit dem Ziel makroökonomischer Stabilisierung betrieben wird, bei der Zentralregierung liegen sollte. In der Regel sind die Finanzvolumina, die einzelne Bundesländer für sich genommen bewegen können, jeweils nicht groß und flexibel genug, um spürbare makroökonomische Wirkungen zu erzeugen. Das gilt erst recht für einzelne Städte und Gemeinden, deren Zugang zum Kapitalmarkt zudem Beschränkungen unterliegt, die für den Zentralstaat nicht gelten. Auch wäre es nicht sinnvoll, wenn etwa ein Land oder eine Gemeinde eigenes Geld ausgeben und eine unabhängige „Geldpolitik" verfolgen würde.

Nicht so einhellig sind dagegen die Meinungen hinsichtlich der wünschbaren Kompetenzverteilung im Hinblick auf *mikroökonomische Funktionen,* d. h. auf die *Effizienz* der Ressourcenallokation und eine als gerecht empfundene *Einkommensverteilung.* Im Fall gewichtiger räumlicher *externer Effekte* (spillovers, z. B. bei Umwelt- und Schulinvestitionen) oder *bei Größenvorteilen des Angebots von öffentlichen Leistungen* (economies of scale) *kann* Dezentralisation zu einer *ineffizienten* Ressourcenallokation führen. Allerdings sind Spillovers und Skalenerträge keine hinreichende Bedingung für einen höheren Grad der Zentralisierung: Bei mäßigen Transaktionskosten können kooperative Lösungen (einschl. Fremdbezug von privaten Unternehmen) vorteilhafter sein. Überdurchschnittliche Großzügigkeit bei lokal oder regional begrenzter

Umverteilung (Realtransfers oder Geldleistungen) stößt angesichts einer gestiegenen interregionalen Haushaltsmobilität („Abstimmung mit den Füßen"[3]) bald an die Grenzen lokaler bzw. regionaler Finanzierbarkeit – Begünstigte wandern zu, Belastete tendieren in spürbarer Zahl abzuwandern.

Derartigen Argumenten gegen eine (zu weitgehende) Dezentralisierung lassen sich qualitative Aussagen über *Vorteile* staatlicher Dezentralisierung gegenüberstellen. Dazu gehört vor allem die Leistungsausrichtung an lokalen Präferenzen. In einem dezentralisierten System kann institutioneller *„Wettbewerb als Entdeckungsverfahren"* (F. A. Hayek) zwischen Gemeinden bzw. Ländern fruchtbar werden, wenn sich einzelne Gemeinden oder Regionen auf Experimente einlassen, die in sozialethischer, gesellschaftlicher oder ökonomischer Hinsicht innovativ sind. Um dabei das „moralische Risiko" zu begrenzen, sollten sich die Gruppen der Nutznießer, Stimmbürger und Belasteten gemäß dem *Prinzip der fiskalischen Äquivalenz*[4] weitgehend überlappen, was in der Praxis allerdings eine entsprechende Autonomie kommunaler bzw. regionaler Ausgaben- *und* Einnahmengestaltung voraussetzt. Wegen der lokalen Begrenzung muß das mit einem solchen Experiment verbundene Risiko aber eben nicht zugleich auch auf andere Regionen oder gar die gesamte übrige Staatsbevölkerung übertragen werden. Damit ist im übrigen eine gewichtige Relativierung des Prinzips der Wahrung der *„Einheitlichkeit der Lebensverhältnisse"* (Art. 72 II Nr. 3 und Art. 106 III Nr. 2 GG) impliziert.

Die bisherigen Überlegungen machen klar, daß es geboten ist, öffentliche Aktivitäten mit *gesamtstaatlichen* Auswirkungen – *nationale* öffentliche Güter – durch den *Zentralstaat* für sein Staatsgebiet einheitlich bereitstellen zu lassen; Landesverteidigung und Außenpolitik, aber auch das Geld- und Meßwesen sind klassische Beispiele. Dagegen ist es angemessen, wenn *lokale* öffentliche Güter ihrem begrenzten Wirkungskreis entsprechend von *lokalen* Juris-

---

[3] Siehe grundlegend *Thibout, Charles:* A Pure Theory of Local Expenditures, in: *Journal of Political Economy* 64 (1956), S. 416-424; ferner *Dietmar Wellisch:* Dezentrale Finanzpolitik bei hoher Mobilität, Tübingen 1995, Kap. 7.

[4] *Olson, Mancur:* The Principle of „Fiscal Equivalence": The Division of Responsibilities among Different Levels of Government, in: *American Economic Review* 59 (1969), S. 479-487; modelltheoretisch hierzu *Wellisch* (Fn. 3).

diktionsbereichen bereitgestellt werden, und zwar theoretisch von ebensovielen Jurisdiktionsbereichen, wie es unterschiedliche Wirkungsbereiche gibt. Dies wäre jedoch eine allein deshalb praktisch hochgradig ineffiziente Lösung, weil sie den betroffenen Bürgern eine auch nur rudimentäre Kontrolle der jeweils zuständigen Bürokratien wegen zu hoher Informations- und Kontrollkosten verwehren würde. Die Anzahl der Jurisdiktionsbereiche, die ein Bürger überschauen kann, wird also durch Bündelung öffentlicher Aktivitäten zu komplexen kommunalen „Leistungspaketen" auf eine relativ geringe Zahl beschränkt bleiben müssen, so daß man sich tendenziell dem Minimum der Summe aus den Kosten wegen Nichtinternalisierung externer Effekte (Vernachlässigung lokaler Präferenzverschiedenheit) und den Informations-, Verwaltungs- sowie Kontrollkosten annähert[5].

1.2.2 Finanzverfassung der Bundesrepublik Deutschland

In der Bundesrepublik Deutschland gilt zwar nach Art. 30 und 70 I GG der *Grundsatz der Länderzuständigkeit*. Die vom Bund im Bereich der *Gesetzgebung* wahrgenommenen Aufgaben sind jedoch so vielfältig und umfangreich, daß ein unitarisches Übergewicht der Bundesgesetzgebung besteht. Abgesehen von der Machtbalance läßt die Existenz einer fachkompetenten Landesbürokratie es dagegen schon aus Gründen sachlicher und örtlicher Nähe sowie der Verwaltungsökonomie geboten erscheinen, daß das Schwergewicht der *Verwaltung* bei den Ländern (bzw. nach der Landesgesetzgebung bei den Gemeinden und Gemeindeverbänden) liegt. Der verwaltungsmäßige Träger einer öffentlichen Aufgabe hat nach dem in Art. 104a I GG verankerten *Konnexitäts-* oder *Lastenverteilungsgrundsatz* auch die finanziellen Lasten daraus zu tragen: Dieses im Zuge der Finanzreform von 1969 normierte Trennsystem der Finanzierungsverantwortung zwischen Bund und Ländern impliziert ein grundsätzliches Verbot für jede Seite, konkrete Aufgaben der anderen Seite zu finanzieren; damit wollte man vielgestaltige Formen eines „kooperativen Föderalismus" von juristisch und ökonomisch zweifelhafter Natur beschränken. Die *Ausnahmen* vom Lastenverteilungsgrundsatz, vor allem die *Finanzierungshilfen nach Art. 104a IV GG*, haben zunehmend Kritik an den Mitgestaltungs-

---

[5] *Tullock, Gordon:* Federalism: Problems of Scale, in: Public Choice 6 (1969), S. 19-29.

befugnissen hervorgerufen, die der Bund durch den „goldenen Zügel" der Mischfinanzierung und die im Planungs- und Finanzierungsverbund institutionalisierte Politikverflechtung gegenüber Ländern und Gemeinden faktisch für sich in Anspruch nimmt.

Die *Steuereinnahmenverteilung* zwischen den Gebietskörperschaften regelt der *Finanzausgleich im engeren Sinne* oder einfach Finanzausgleich. Dieser Finanzausgleichsbegriff umfaßt zwei Phasen: den *primären* oder *ertragszuweisenden* sowie den *sekundären* oder *umverteilenden* Finanzausgleich. Je nachdem, ob der Finanzausgleich zwischen vor- und nachgeordneten Ebenen oder zwischen Gebietskörperschaften derselben staatlichen Ebene erfolgt, spricht man von einem *vertikalen* oder einem *horizontalen* Finanzausgleich. Der *vertikale* Finanzausgleich im Sinne einer vertikalen Verteilung des Steueraufkommens (hauptsächlich zwischen Bund und Ländern) folgt in der Bundesrepublik Deutschland einem Mischsystem, das man zutreffend als *Trennsystem mit Einzelverbund* bezeichnet.

Das Trennsystem ist dabei für diejenigen Steuern verwirklicht, die gemäß der abschließenden Aufzählung in Art. 106 GG Bund, Ländern und Gemeinden nach der Ertragshoheit ausschließlich zugewiesen sind. In diesem Sinn spricht das GG von *Bundes-, Landes- und Gemeindesteuern*. Der sog. große Steuerverbund im Rahmen der vertikalen Steuerverteilung (typologisch ein Einzelverbund) umfaßt mit der Einkommen-, der Körperschaft- und der Umsatzsteuer – vom GG *Gemeinschaftssteuern* genannt – rund drei Viertel des gesamten Steueraufkommens. Für die Ertragsaufteilung zwischen Bund und Ländern sieht das Grundgesetz bei der Einkommen- und Körperschaftsteuer feste, bei der Umsatzsteuer im Interesse einer „Beweglichkeit" von Finanzmassen dagegen auszuhandelnde Quoten vor.

Der *horizontale* Finanzausgleich betrifft den Finanzausgleich zwischen den Ländern und hat das Ziel, im Endergebnis eine „angemessene" Finanzkraft der einzelnen Länder im Verhältnis zu dem ihren Ausgabenverpflichtungen entsprechenden „Finanzbedarf" herzustellen.

Das Verfahren ist im Art. 107 GG geregelt: Die Stufen [1] und [2] (*primärer horizontaler Finanzausgleich*) betreffen die Verteilung des *Länderanteils* an Gemeinschaftssteuern[6]. Der Umsatzsteuerausgleich hat dabei bereits Fi-

---

[6] Die Einkommen- und Körperschaftsteuer (Stufe 1) wird gemäß dem *Prinzip des örtlichen Aufkommens* aufgeteilt (nach dem Zerlegungsgesetz vom 25.2.1971 wird das Lohnsteueraufkommen nach dem *Wohnsitzprinzip* und das Aufkommen der Körperschaft- und der Gewerbesteuer nach dem *Betriebsstättenprinzip* entsprechend dem Verhältnis der in den einzelnen Betriebsstätten gezahlten Arbeitsentgelte aufgeteilt).

nanzausgleichswirkungen, weil er eine Annäherung der Steuereinnahmen der einzelnen Länder bezweckt und bewirkt[7]. Da die Ergänzungsanteile im Rahmen des Umsatzsteuerausgleichs jedoch Teil der originären Finanzausstattung der Länder und daher bei der Berechnung der Finanzkraft der Länder anzurechnen sind, schmälert sich ihre Ausgleichswirkung in Verbindung mit dem auf den nachfolgenden Stufen [3] und [4] stattfindenden *sekundären* (horizontalen) Finanzausgleich. Die Stufe [3] wird traditionell als *„Länderfinanzausgleich"* bezeichnet. Die Stufe [4] beinhaltet die Gewährung von *Bundesergänzungszuweisungen*. Das *Finanzausgleichsgesetz* bestimmt, daß die „ärmeren" am *Länderfinanzausgleich* teilnehmenden Länder auf mindestens 95 Prozent des länderdurchschnittlichen Steueraufkommens zu bringen sind. Um den Länderfinanzausgleich durchführen zu können, werden für jedes Land zuerst die *„Steuern der Länder im Finanzausgleich"* ermittelt, d. i. die Summe aus den „Steuern nach dem Aufkommen" dieses Landes, seinem Anteil an der Umsatzsteuer und den Einnahmen aus der Förderabgabe abzüglich der sog. Hafenlasten. Zu diesen „Steuern der Länder im Finanzausgleich" werden – allerdings nur zur Hälfte – die Steuereinnahmen der Gemeinden hinzugezählt, nämlich der Gemeindeanteil an der Einkommensteuer sowie die Gemeindesteuern (= Grundsteuer sowie Gewerbesteuer abzüglich der Gewerbesteuerumlage) bei denen eine Normierung mit länderdurchschnittlichen Hebesätzen stattfindet. Einzelne Länder sollen im Finanzausgleich nicht Vorteile deswegen erlangen können, weil ihre Gemeinden die Steuerkraft nur unterdurchschnittlich „anspannen". Der in der skizzierten Weise ermittelten *Finanzkraftmeßzahl* eines Landes ist nun sein Finanzbedarf gegenüberzustellen, wobei jedoch wegen der damit verbundenen Schwierigkeiten auf eine objektiv eigenständige Ermittlung verzichtet wird. Statt dessen definiert man für jedes Land eine *Ausgleichsmeßzahl* als „Finanzkraftsollzahl", indem man die Summe der bei der Berechnung der Finanzkraftmeßzahl berücksichtigten Steuern der Länder im Finanzausgleich und der Gemeindeeinnahmen nach Maßgabe der sog. *veredelten Einwohnerzahlen* auf die einzelnen Länder verteilt. Veredelung bedeutet dabei eine mit Agglomerationsnachteilen und Infrastrukturlasten begründete Ein-

---

[7] Der Aufteilungsschlüssel der Umsatzsteuer (Stufe 2) ist in bewußter Abkehr vom Prinzip des örtlichen Aufkommens zugunsten einer gleichmäßigeren Pro-Kopf-Versorgung festgelegt: Der Länderanteil am Umsatzsteueraufkommen steht den einzelnen Ländern nach Maßgaben ihrer *Einwohnerzahl* zu; für einen Teil, höchstens jedoch für 25 Prozent dieses Länderanteils, sind *Ergänzungsanteile* für finanzschwache Länder vorgesehen. Als finanzschwach gelten hier die Länder, deren *Steuern nach dem Aufkommen* (= Ländersteuern plus Länderanteile an Einkommen- und der Körperschaftssteuer sowie der Gewerbesteuerumlage) je Einwohner unter 92 Prozent des Länderdurchschnitts liegen. Das Ziel ist dabei, diese Länder auf mindestens 92 Prozent des Länderdurchschnitts zu heben.

wohnerwertung, welche die Einwohnerzahlen der Stadtstaaten Berlin, Bremen und Hamburg mit 135% und der Gemeinden eines Landes gestaffelt nach Gemeindegröße und Siedlungsdichte gewichtet. Entscheidend für die Zuweisungen an die *ausgleichsberechtigten* bzw. die Beiträge der *ausgleichspflichtigen* Länder ist nun der Vergleich von Finanzkraftmeßzahl und Ausgleichsmeßzahl: Einem wegen eines Fehlbetrags ausgleichsberechtigten Land wird, was ihm an 92 Prozent der Ausgleichsmeßzahl fehlt, vollständig ausgeglichen bzw. zu 37,5 Prozent, was ihm von 92 Prozent bis 100 Prozent der Ausgleichsmeßzahl fehlt. Zur Finanzierung des insgesamt aufzubringenden Ausgleichsvolumens haben die ausgleichspflichtigen Länder ihre Überschüsse der Finanzkraft- über die Ausgleichsmeßzahl anzusetzen, und zwar die Überschüsse zwischen 100 und 101 Prozent der Ausgleichsmeßzahl mit 15 Prozent, zwischen 101 und 110 Prozent der Ausgleichsmeßzahl mit 66 Prozent und über 110 Prozent der Ausgleichsmeßzahl mit 80 Prozent.

Die Steuerkraftunterschiede zwischen den in den Länderfinanzausgleich der *alten* Bundesrepublik einbezogenen Ländern liegen etwa zwischen 80% und 113% des Durchschnitts. Aus diesem Grunde wurde der Länderfinanzausgleich als Gemeinschaftshilfe *subsidiären* Charakters konzipiert, nämlich als *Spitzenausgleich* zur Milderung „natürlicher" Unterschiede der originären Finanzkraft der Länder. Dabei soll die Ausgleichsintensität jedoch keine *„Nivellierung"* zur Folge haben, weil eine Einebnung der Finanzkraftunterschiede einerseits den Willen (noch) finanzschwacher Länder zur Selbsthilfe schwächt bzw. namentlich kleine Länder dazu verleitet, den Beistand des Bundes und der anderen Länder für eine aufwendige Haushaltspolitik auszubeuten, und andererseits finanzstarken Ländern im föderativen Wettbewerb keinen Vorteil mehr von eigenen Anstrengungen zur Erhaltung bzw. Steigerung ihrer Finanzkraft beläßt. Die sofortige Einbeziehung der *neuen* Bundesländer, deren Steuerkraft auf nur rund 50 Prozent diesen Durchschnitts geschätzt wird, hätte in einem gesamtdeutschen Finanzausgleich zur Folge gehabt, daß praktisch alle (auch die „finanzschwachen") westdeutschen Länder ausgleichspflichtig geworden wären. Die von ihnen zu leistenden Transfers von mindestens 26 Mrd. DM jährlich (14,5 Mrd. DM über den Umsatzsteuerausgleich und 11,5 Mrd. DM über den Länderfinanzausgleich) hätten sie nicht nur völlig überfordert[8],

---

[8] Über den Länderfinanzausgleich sind bis dahin jährlich „nur" ca. 4 Mrd. DM von den „finanzstarken" (= ausgleichspflichtigen) alten Bundesländern (konkret: Baden-Württemberg und Hessen) an die „finanzschwachen" (= ausgleichsberechtigten) alten Länder geflossen.

sondern auch der politischen Vorgabe eines „Spitzenausgleichs" widersprochen. Deshalb haben die neuen Bundesländer nach der Wiedervereinigung zunächst nicht am Länderfinanzausgleich teilgenommen. Als Entschädigung erhielten sie Leistungen aus dem Fonds „Deutsche Einheit" mit einem Gesamtvolumen (1990 bis 1994) von rund 160,7 Mrd. DM[9]. Zwischen den neuen Bundesländern (ohne Berlin) fand ein Länderfinanzausgleich nach denselben Regeln wie im bisherigen Bundesgebiet statt. Die Sonderregelungen für die neuen Länder sind, um politisch Trennendes abzubauen, Ende 1994 ausgelaufen. Namentlich wegen der durch die Umsatzsteuerergänzungsanteile bewirkten Finanztransfers an die neuen Bundesländer wurde der Länderanteil am Umsatzsteueraufkommen von 37 auf 44 Prozent erhöht. Die Chance einer von Finanzwissenschaftlern angemahnten *grundlegenden* Neuordnung des Finanzausgleichssystems wurde durch die im Juni 1993 mit der Verabschiedung des Gesetzes zur Umsetzung des Föderalen Konsolidierungsprogramms vollzogene Neuregelung jedoch nicht ergriffen[10]. Es dürfte zwar – weitgehend zu Lasten des Bundes – gelungen sein, die noch weiterhin notwendigen Finanztransfers an die neuen Länder sicherzustellen, aber Desiderate wie der Abbau von Aufgaben- und Finanzierungsverflechtungen zwischen Bund und Ländern zusammen mit einer Stärkung der Länderautonomie bei den Ausgaben *und* Einnahmen sowie ein transparenter und einfacher (linearer) Finanzausgleichstarif sind *nicht* erfüllt worden.

1.3 Produktivitätsprobleme im Wohlfahrtsstaat: Zwei Beispiele

Zur Darstellung der globalen Größenordnungen staatlicher Aktivität ist der Vergleich mit dem Bruttosozialprodukt (BSP) des jeweiligen Jahres zweckmäßig. Hieraus lassen sich als Grobindikatoren staatlicher Aktivität Quoten berechnen, so z. B. die (ausgabenseitige) Staatsquote, d. i. der Anteil der öffentlichen Ausgaben (= Realausgaben + Transferzahlungen) am Bruttosozialprodukt, die Steuer- und Abgabenquote sowie die Schuldenquote (vgl. *Übersicht 1*). In den entwickelten Industriestaaten ist in den letzten 100 Jahren

---

[9] Von dem Gesamtbetrag wurden rund 66 Mrd. DM durch Zuschüsse aus den Haushalten des Bundes und der Länder sowie 95 Mrd. DM über Kapitalmarktkredite aufgebracht, deren Schuldendienst je zur Hälfte vom Bund und den alten Ländern getragen wird.
[10] *Peffekoven, Rolf:* Reform des Finanzausgleichs – eine vertane Chance, in: *Finanzarchiv,* 51 (1994), S. 281-311.

ein beständiges Wachstum der Staatsausgabenquote – in Deutschland von 10% um 1880 auf 50% um 1980 – zu verzeichnen, das mit einer mehr oder weniger stark ausgeprägten Entwicklung zum *Wohlfahrtsstaat* – die immer stärkere Inpflichtnahme des Staates für die Daseinsvorsorge und *Soziale Sicherheit* – einherging, wobei die Spannweite durch Länder wie namentlich Schweden einerseits und die Schweiz und Japan andererseits markiert wird. In der Bundesrepublik Deutschland bleibt die nominelle Staatsquote zwischen 1950 und 1970 im wesentlichen unverändert, nimmt zwischen 1974 (46,5%) und 1982 (52,1%) stark zu, sinkt dann bis 1989 (46,9%), um im Zuge der Wiedervereinigung wieder auf 50 Prozent anzusteigen. Wenn über gut die Hälfte des offiziellen Sozialprodukts als *Kollektiv*konsum (mit in etwa konstanter Quote) und als *Transfers* (mit steigender Quote) letztendlich aufgrund politischen Entscheids durch staatliche Institutionen oder Parafisci verfügt wird, dann wird die dem Filter der marktwirtschaftlichen Gewinn- und Verlustrechnung ausgesetzte primäre Verteilung der Lohn-, Gewinn- und Vermögenseinkommen einer sichtbaren Korrektur durch die sekundäre, d. h. die „sozial"-staatliche Umverteilung der Primäreinkommen unterworfen. Daß hieraus gewichtige Beeinträchtigungen ökonomischer Leistungsanreize und damit Effizienz- und Produktivitätsprobleme der *mixed economy* resultieren, ist eine für viele naheliegende Vermutung, deren analytische Begründung und empirische Stützung allerdings keine leichte Aufgabe darstellt. Diese effizienzorientierte, am Maßstab gesamtwirtschaftlicher Produktivität ausgerichtete Fragestellung soll an zwei *Beispielen* kurz erläutert werden.

Das *erste* Beispiel betrifft die Auswirkung hoher *Grenzbelastungssätze* mit Steuern und Sozialabgaben auf das *Arbeits(zeit)angebot*. Der fiskalische Besteuerungszweck ist die zwangsweise Übertragung von Kaufkraft an den Staat, falls Steuerpflichtige den Abgabetatbestand verwirklichen. Das Bestreben der Belasteten, den abgabebedingten Einkommens- bzw. Vermögensverlust wenigstens teilweise wettzumachen, veranlaßt sie, *mehr* zu arbeiten; dies ist der sog. *Einkommenseffekt* der Besteuerung auf das Arbeitsangebot. Aber jede *praktikable* Besteuerung ist darüber hinaus *nicht anreizneutral* mit der Folge, daß sie dem Steuerpflichtigen etwas an Nutzen nimmt, das sie dem Staat nicht gibt („*steuerliche Zusatzlast"*, „excess burden", „Totverlust"). Dafür ist die steuerbedingte Verzerrung von Preisrelationen, im vorliegenden Zusammenhang der *Keil*, verantwortlich, den die steuerliche

Grenzbelastung des Lohneinkommens[11] zwischen den *Brutto*lohn *vor* Besteuerung, der den volkswirtschaftlichen oder *sozialen* Wert signalisiert, welche die Arbeitsnachfrage der marginalen Arbeitsstunde zumißt, und den *Netto*lohn *nach* Besteuerung treibt, der die *private* marginale Zeitaufteilung zwischen Arbeits- und Freizeit bestimmt. Dieser Keil macht die – steuerlich nicht belastete – marginale Freizeitstunde implizit billiger und löst so einen Anreiz aus, zugunsten von mehr Freizeit weniger zu arbeiten; dies ist der sogenannte *Substitutionseffekt* der Besteuerung. Da somit Einkommens- und Substitutionseffekt einander entgegenwirken, ist bereits die Richtung der Gesamtwirkung einer steuerlich bedingten Nettolohnveränderung auf das Arbeitszeitangebot theoretisch unbestimmt, wenn auch Politiker häufig den Eindruck erwecken, sie wüßten über Richtung und Größenordnung dieser Gesamtwirkung genau Bescheid. Trotz umfangreicher empirischer Forschung ist unser Wissen um die Nettolohnelastizität des Arbeits(zeit)angebots verschiedener Arbeitnehmergruppen tatsächlich eher beschränkt: Sie dürfte bei männlichen Erstverdienern tendenziell um Null liegen, dagegen für verheiratete oder alleinerziehende weibliche Arbeitnehmer eine Größenordnung um 1 (d. h. eine 10%ige Nettolohnerhöhung hat eine 10%ige Zunahme der von diesen Arbeitnehmergruppen angebotenen Arbeitszeit zur Folge) erreichen können [12].

---

[11] Die Grenzbelastung des Lohneinkommens resultiert nicht nur aus dem tariflichen Grenzsteuersatz, sondern gegebenenfalls auch aus dem Grenzentzugssatz, wenn sich infolge Überschreitens bestimmter Einkommensgrenzen staatliche Transferzahlungen vermindern oder ganz wegfallen.

[12] Siehe etwa die Beiträge in *Atkinson, Anthony B./ Mogensen Gunnar V.* (Hg): Welfare and Work Incentives, (A North European Perspective, Oxford 1993. Obgleich die Gesamtwirkung in weiten Bereichen unterschiedlich hoher Steuerbelastung auf das Arbeitszeitangebot männlicher Erstverdiener vernachlässigter erscheint, kann – worauf U.S.-amerikanische Studien hinweisen – der *Substitutionseffekt für sich allein genommen* (d. h. ohne den ihn ungefähr aufhebenden Einkommenseffekt zu berücksichtigen) beträchtlich sein. Dann würde eine anreizfreundlichere Lohneinkommensbesteuerung bei gleichem Aufkommen zu einem größeren Arbeitsangebot und einem Nutzenzuwachs (= Abbau der Zusatzlast) führen. Auf der Basis des Substitutionseffekts analysiert die Theorie der sogenannten *Optimalbesteuerung* Gestaltungen von Steuern und Transfers (letztere als negative Steuern betrachtet), welche im Rahmen bestimmter vorgegebener Bedingungen hinsichtlich Besteuerungs-

Das *zweite* Beispiel für potentiell produktivitätshemmende Wirkungen des Wohlfahrtsstaates betrifft die Kontroverse, ob und in welchem Ausmaß die Existenz einer umlagefinanzierten *Sozialversicherung*, im besonderen der gesetzlichen Altersvorsorge, einen negativen Einfluß auf die Höhe der gesamtwirtschaftlichen *Ersparnis* und damit langfristig auf die Größe des Produktivkapitalstocks der Volkswirtschaft hat. Ein besitzloses Wirtschaftssubjekt, das selbst für seine Alterssicherung vorsorgen muß, würde während seiner Arbeitsperiode aus den verdienten Einkommen seiner Sparpräferenz entsprechend Fonds ansparen, die es dann samt den angefallenen Zinserträgen während der Ruhestandsperiode verzehrt. Im Prinzip dasselbe geschieht – allerdings aufgrund politischer Willensbildung – bei einer *kapitalmäßig „fundierten"* Sozialversicherung: Öffentliche Ersparnis tritt hier an die Stelle privater Ersparnis. Dagegen ist mit einer *umlagefinanzierten* Sozialversicherung keine gesamtwirtschaftliche Ersparnis verbunden: Die Zwangsbeiträge fließen abzüglich des Verwaltungsaufwands der Sozialbürokratie laufend an die Leistungsberechtigten, und die erworbenen Sozialversicherungsansprüche stellen insgesamt in Höhe ihres Barwerts eine *implizite Staatsverschuldung* exorbitanten Umfangs dar. Dieses Finanzierungsverfahren ist ökonomisch und politisch von erstrangiger Bedeutung: Von der Einführung des Systems bzw. einer Verbesserung seiner Leistungen (etwa „dynamische" Rente) haben den größten ökonomischen Vorteil diejenigen, die gerade das Ruhestandsalter erreichen oder kurz davor stehen: Bezogen auf die von ihnen tatsächlich geleisteten Beiträge ist

---

form und -aufkommen die Zusatzlast minimieren; siehe hierzu im einzelnen. *Atkinson, Anthony B./Stiglitz, Joseph E.:* Lectures on Public Economics, London et. al. 1980, Part Two, Lec. 11 ff. Ihre bekannteste *Empfehlung* lautet im wesentlichen, das Reineinkommen jener Faktoren bzw. die Nachfrage nach jenen Gütern marginal relativ hoch zu belasten, bei denen die Angebots- und Nachfrageelastizität vergleichsweise gering ist, d. h. welche der Steuerbelastung relativ schlecht ausweichen können. Empirische Analysen der *Wohlfahrtskosten staatlicher Umverteilung* untersuchen insbesondere die zusätzlichen Verzerrungskosten, die in Gestalt von monetär bewerteten Produktions- und Nutzeneinbußen entstehen, wenn die von ihren Empfängern wie Einkommen behandelten Transfers mittels einer Erhöhung der Steuerbelastung finanziert werden. Wird die marginale Zusatzlast einer Geldeinheit (GE) Transferzahlung – nicht unrealistisch – auf 1 GE geschätzt, dann „kostet" 1 GE Transferzahlung volkswirtschaftlich betrachtet 2 GE; siehe beispielhaft *Browning, Edgar K.:* On the Marginal Welfare Cost of Taxation, in: *American Economic Review* 77 (1987), S. 11-23.

die für sie nach der statistischen Lebenserwartung zu berechnende *Rendite dieser Beiträge* um ein Vielfaches günstiger als die bei privatwirtschaftlicher Anlage erzielbare Rendite. Langfristig jedoch können die Pflichtversicherten ceteris paribus lediglich mit einer Rendite ihrer Alterssicherungsbeiträge in Höhe der relativen Wachstumsrate des Systems, d. h. der Wachstumsrate der Versicherten plus der Wachstumsrate des Realeinkommens pro Versicherten, also im wesentlichen der *realen Wachstumsrate des Sozialprodukts*, rechnen. Da diese Wachstumsrate typisch *geringer* ist als die reale Kapitalertragsrate (*vor* Besteuerung) folgt dann, daß der erwartete Barwert der Alterssicherungsleistungen *kleiner* ist als der Barwert der Sozialbeiträge, mit anderen Worten, das *Netto*sozialversicherungsvermögen dieser Pflichtversicherten ist *negativ*. Solange aber das umlagefinanzierte Sozialversicherungssystem politisch auf *Expansion* „programmiert" ist, weil die Mehrzahl der Wähler von ihm für sich ein *positives* Nettosozialversicherungsvermögen erwartet, sagt die ökonomische Theorie für diesen „Generationenvertrag" eine geringere volkswirtschaftliche Ersparnis voraus als im Fall einer „fundierten" Sozialversicherung oder privater Vorsorge[13].

---

[13] Es gibt allerdings auch denkbare gegenläufige, also positive Einflüsse der Sozialversicherung auf die volkswirtschaftliche Ersparnis, so Anreize, früher in den Ruhestand zu treten und für die dann zu erwartende längere Ruhestandszeit auch durch privates Sparen vorzusorgen, sowie ein von Barro in die Diskussion gebrachtes, auf den rationalen Erwartungen beruhendes „*Nachlaßvorsorgemotiv*"; siehe *Barro, Robert J.:* Are Government Bonds Net Wealth? in: *Journal of Political Economy* 82 (1974), S. 1095-1117. Danach würden von „dynastischem Altruismus" getragene Eltern durchschauen, daß die Sozialversicherung Einkommen und damit Vermögen zu Lasten der jüngsten bzw. noch ungeborenen Generationen umverteilt. Sie würden deshalb dieser staatlich erzwungenen Belastung ihrer Kinder durch einen intrafamiliären Vermögenstransfer an letztere entgegenwirken, also im Ergebnis *mehr* sparen. Nach diesem im Kern schon *David Ricardo* bekannten, aber von ihm als zu rationalistisch verworfenen Argument, übt die Sozialversicherung insgesamt weder einen positiven noch einen negativen Einfluß auf die volkswirtschaftliche Ersparnis aus. Die Gesamtheit der bisher vorliegenden empirisch-ökonomischen Evidenz erlaubt allerdings keine klare Antwort auf die im Text behandelte Frage, wenn sie auch einen gewissen negativen Einfluß der Sozialversicherung auf die Ersparnis als wahrscheinlich nahelegt. Man muß einfach zugeben, daß *allgemein anerkanntes* Wissen über wesentliche Staatseinflüsse auf die volkswirtschaftliche Produktivitätsentwicklung bislang nicht existiert.

1.4 Finanzierungsprobleme des Wohlfahrtsstaates

Schumpeter hat die *Einkommensteuer* den „Höhepunkt der Steuerkunst des liberalen Bürgertums" genannt, geeignet, mit sehr mäßigen Sätzen den Staat zu finanzieren, wie ihn der Bürger der Privatrechtsgesellschaft des späten 19. Jahrhunderts „haben wollte", nämlich einen Staat, „der weder Produktionsform noch Lebensführung beeinflussen will, für den die Wirtschaft Privatsache ist, der grundsätzlich möglichst wenig regiert"[14]. Diese „staatsfinanzielle Methode wirtschaftspolitischer Enthaltsamkeit" ist augenscheinlich vom modernen Wohlfahrtsstaat, für den sie nicht konzipiert war, überfordert worden. Zwar wird häufig das Argument vorgetragen, die einzelnen Programme und Maßnahmen des Wohlfahrtsstaates hätten jeweils nur höchstens mäßige Effizienzeinbußen, namentlich Verluste an volkswirtschaftlicher Produktivität, zur Folge gehabt und dafür reichlich durch mehr „Verteilungsgerechtigkeit", also sozialen Frieden entschädigt. Dagegen ist jedoch zu sagen: Der Ausbau des Wohlfahrtsstaates hätte nicht ohne das *Vertrauenskapital einer hohen Steuermoral* vorangetrieben werden können. Kommt unablässig Sandkorn zu Sandkorn, dann drückt der entstehende Sandhaufen mit der Zeit immer schwerer auf seinen Untergrund, so leicht das einzelne Sandkorn auch sein mag. Dieses Bild legt nahe, daß ab einem gewissen, nicht exakt angebbaren Punkt – wahrscheinlich jenseits der 50%-Marke der Staatsausgabenquote – weiter zunehmende Belastung mit Steuern und Sozialabgaben einen sich beschleunigenden Abbau jenes Vertrauenskapitals zur Folge hat. Steuerbürger stellen zunehmend kritische Fragen, was sie für ihre Abgaben eigentlich insgesamt vom Staat „bekommen". Einstellungen beginnen kritische Masse zu gewinnen, daß es keineswegs unanständig sei, gegenüber den legalen Anforderungen im tatsächlichen Steuerverhalten das eigene Empfinden von Fairneß und Gerechtigkeit des „Austauschs" zwischen staatlichen Leistungen und dem individuellen Beitrag zur Geltung zu bringen. Die jeweilige politische Mehrheit empfängt dann von diesem Einstellungs- und Wertewandel gehäuft Signale, welche die Grenzen ihrer Macht aufzeigen, einen als gegeben vorausgesetzten „Kuchen" – das Sozialprodukt – entsprechend ihren Präferenzen beliebig umverteilen zu können. Der Kuchen ist nämlich nicht einfach „da": in-

---

[14] *Schumpeter, Joseph A.:* Ökonomie und Soziologie der Einkommensteuer in: *Der deutsche Volkswirt* vom 29.12.29, Wiederabdruck in; *Wirtschaftswoche* Nr. 49 vom 3. 12. 1979, S. 66-76.

folge der mannigfachen, ständig im Fluß befindlichen Widerstandsreaktionen auf eine als leistungsfeindlich empfundene Steuer- und Sozialabgabenbelastung verändert er sowohl seine Zusammensetzung als auch seine erfaßbare Größe. Mehr oder weniger große „reguläre" Stücke können „verschwinden", sei es legal durch mehr Freizeitkonsum für Erholungszwecke oder Eigenproduktion, sei es in den „grauen" und den illegalen Bereichen der Schattenwirtschaft, wie z. B. Nachbarschaftshilfe und Schwarzarbeit.

1.5 Konsequenzen zunehmender Sachtransfers

Der zum Versorgungsstaat ausgebaute Wohlfahrtsstaat wendet einen erheblichen Anteil seiner Ausgaben für *Sach- und Realtransfers* auf, d. h. für eine Vielzahl privat aneigenbarer spezifischer Güter und Dienstleistungen, etwa im Ausbildungs-, Wohnungs- und Gesundheitswesen sowie der Kinder- und Altenbetreuung, die er den begünstigten Zielgruppen zu stark subventionierten Preisen oder unentgeltlich anbietet. Sachtransfers sind der traditionellen *Kritik* der Nationalökonomen ausgesetzt, infolge der Preissubventionierung falsche Preissignale auszusenden, die zu Ressourcenverschwendung führen. Diese Zusatzlast der Sachtransfers könne beseitigt und der Nutzen für die Begünstigten erhöht werden, wenn ihnen die Subventionierungskosten als *ungebundene Geldtransfers* gewährt würden, oder umgekehrt gesagt: der mittels der Sachtransfers erzielte Nutzenzuwachs kann mittels ungebundener Geldtransfers *billiger* erreicht werden.

Zugunsten von Sachtransfers gibt es ebenfalls ökonomische bzw. sozialethische Argumente, etwa, daß die Begünstigten andernfalls, sei es wegen „falscher" Präferenzen, sei es aus mangelnder Information, „inkompetente" Entscheidungen für sich oder Familienangehörige treffen würden; oder, daß positive externe Effekte (Kollektivguteigenschaften) einen höheren Konsum, als er ohne Preissubventionierung stattfände, wünschbar machten; oder, daß die Gesellschaft für jedes Mitglied – unabhängig von seiner Kaufkraft auf Märkten – nach einem Prinzip des *Güteregalitarismus* eine „angemessene" Mindestausstattung an spezifischen „sozialen" Gütern der Gesundheitsvorsorge, der Erziehung oder des Wohnens gewährleistet sehen will. Das praktisch wahrscheinlich wichtigste Argument für Sachtransfers gegenüber Geldtransfers ist ihr möglicher Vorteil an *Treffsicherheit:* Wo die Nachfrage nach der subventionierten Leistung mit einem spezifisch identifizierbaren Bedürfnis, das die Rechtfertigung des Transfers bildet, verknüpft werden kann, stellt der Sachtransfers eine Art *„Selbstselektionsmechanismus"* der Begünstigten dar. Dieser Filter für berechtigte Leistungsinanspruchnahme tritt an die Stelle des aus verteilungspolitischen Motiven bewußt mehr oder weniger weitgehend ausgeschalteten Preisfilters der marktmäßigen Zuteilung von Gütern. Man kann auch sagen, daß Sachtransfers das wegen asymmetrisch verteilter Information von Transfergebern und -empfängern bei diesen unvermeidbare *moralische Risiko* in Grenzen halten sollen. Hierher gehört im übrigen auch der alte Vorschlag, mißbräuchlicher Inanspruchnahme staatlicher Sozialhilfezahlungen dadurch zu begegnen, daß man den Empfängern eine zumutbare, wenn auch möglicherweise von ihnen als unangenehm empfundene Arbeit abfordert.

1.6 Normative Ansatzpunkte für die Analyse der Staatstätigkeit

Ökonomisch-politische Sachverhalte lassen sich normativ aus zwei grundsätzlich verschiedenen Perspektiven betrachten. Die herrschende Sichtweise ist *resultatbezogen* und gibt individuellen Rechten keinen absoluten, sondern lediglich einen instrumentalen Wert mit Bezug auf Ziele, welche die Präferenzen der Individuen transzendieren. Sie beurteilt beispielsweise Besteuerung nach ihren Wirkungen auf Ressourcenallokation und- produktivität sowie auf die Einkommens- und Vermögensverteilung in Abwägung mit dem Nutzen, welche die Verausgabung des Steueraufkommens stiften kann. Für den wohlfahrtsökonomisch-utilitaristischen Kalkül – „Maximierung der Gesamtwohlfahrt" – sozialtechnologischer Blaupausen ist die Frage nach Umfang und Grenzen verallgemeinerungsfähiger Freiheit des Individuums von staatlichem Zwang prinzipiell ebenso irrelevant wie für einen „benevolenten" Diktator, der für nach wie vor viele Ökonomen das implizite Leitbild ihrer Politikberatung sein dürfte.

Von dieser Sichtweise hebt sich ein an ihr wesensmäßig konträrer *moralischer* Standpunkt ab, der vorstaatliche absolute – unverletzliche und unveräußerliche – Individualrechte auf Leben, Freizeit und Eigentum postuliert[15]. Bei rigoroser Anwendung dieses Standpunkts stellt jede Beeinträchtigung dieser Rechte, insbesondere durch Staatseingriffe, eine Verletzung der sittlichen Person des Individuums dar. Dann wäre z. B. eine *staatliche* Sozialversicherung schon deshalb abzulehnen, weil sie die dem Individuum die mit sei-

---

[15] *Nozick, Robert:* Anarchy, State and Utopia, Oxford 1974.

ner personalen Autonomie verbundene Freiheit nimmt oder wenigstens beschränkt, für sein Leben wichtige Entscheidungen selbstverantwortlich zu treffen.

2. Ökonomischer Wettbewerb und politischer Wettbewerb

In diesem Abschnitt wird ein Erklärungsansatz für den säkularen Anstieg der Staatstätigkeit anhand einer Erörterung von *wirtschaftlichem* und *politischem Wettbewerb und ihren Wechselbeziehungen* gegeben[16]. Zunächst kommt der ökonomische Wettbewerb zur Sprache, dem dann der politische Wettbewerb vergleichend gegenübergestellt wird.

2.1 Ökonomischer Wettbewerb

Ausgangspunkt für *wirtschaftlichen* Wettbewerb ist das Vorliegen von Knappheit, d.h. der Tatbestand, daß die menschlichen Bedürfnisse regelmäßig die Mittel, die zu ihrer Befriedigung zur Verfügung stehen, bei weitem übertreffen. Als Folge dieser Knappheit entsteht Konkurrenz um die Mittel zur Bedürfnisbefriedigung (z.B. Konsumgüter). Wird dieser Konkurrenzkampf durch keinerlei Regeln eingeschränkt, endet er in einem Krieg eines jeden gegen jeden, denn dann besitzt jeder ein „natürliches" Recht auf alles, den Körper und das Leben anderer eingeschlossen. In diesem von *Hobbes* in seinem „Leviathan" beschriebenen sogenannten Naturzustand mündet der Konkurrenzprozeß in Anarchie und ist damit extrem kontraproduktiv. Als rationale Antwort eigennütziger Individuen auf die Gesetzlosigkeit des Naturzustandes erkennt *Hobbes* die Errichtung einer Friedensordnung, in der sich alle dem Gewaltmonopol des Staates unterwerfen. Indem dieser Staat durch seine Rechtsordnung dem Einzelnen Privateigentum und andere exklusive individuelle Verfügungsrechte nicht nur über Konsumgüter, sondern auch über Produktionsmittel gewährleistet, leistungsorientierten Wettbewerb bei weitgehender Vertragsfreiheit sichert, angemessene Haftung erzwingt und eine stabile Währung bereitstellt, schafft er ein Transaktionskosten senkendes Vertrauenskapital und damit

---

[16] Siehe auch *Demsetz, Harold:* Economic, Legal, and Political Dimensions of Competition, Amsterdam et. al. 1982.

wesentliche institutionelle Voraussetzungen für die Erzeugung breitgestreuten Wohlstands in einer als Geldwirtschaft organisierten freien Marktwirtschaft. Dieser Staat ist ein wehrhafter *Minimalstaat* mit den Funktionen der Friedenssicherung nach außen und innen einschließlich Streitschlichtung, notwendiger Hoheitsverwaltung und sehr mäßiger Besteuerung. Zu keinem anderen Endzweck beschränkt er die Handlungsspielräume seiner Bürger – ihre *Freiheit von* staatlichem Zwang.

Jeder „großen" Gesellschaft stellt sich das zentrale Informationsproblem der bestmöglichen Koordination und Verwertung der in den einzelnen Gesellschaftsmitgliedern verkörperten Fähigkeiten und Wissensstände, ohne daß im voraus Kenntnis besteht über die gewünschten Leistungen und diejenigen, die diese Leistungen am besten erbringen können. In einer marktwirtschaftlichen Ordnung wird die Lösung dieses Informationsproblems den spontanen Kräften des *„Wettbewerbs als Entdeckungsverfahren"* (F. A. Hayek) überlassen. Seine Disziplinierungs- und Filterfunktion sorgt dafür, daß auf Dauer nur profitable Anbieter wirtschaftlich überleben und die Nachfrager entsprechend ihrer Zahlungsbereitschaft selektiert werden. Produzenten, die ineffiziente Verfahren bei der Umwandlung von Produktionsfaktoren in Endprodukte verwenden, weisen aufgrund der höheren Kosten Verluste aus und verschwinden langfristig vom Markt. Konsumenten mit zu geringer Zahlungsbereitschaft können keine Verfügungsrechte an den angebotenen Konsumgütern erwerben. Auf diese Weise gewährleistet der wirtschaftliche Wettbewerb, daß die Verfügungsrechte über knappe Ressourcen und Güter denjenigen zugeführt werden, die den wertvollsten Gebrauch davon machen. Dabei wird unter dem „wertvollsten Gebrauch" im Endergebnis die möglichst kostengünstige Bereitstellung einer breiten Vielfalt von Konsumgütern für kaufkräftige individuelle Nachfragewünsche verstanden. Diese *Konsumentensouveränität* erwächst aus dem Gewinnstreben effektiv konkurrierender Unternehmen, denn nur wer kaufkräftige Nachfrage auf Dauer zu Preisen bedienen kann, die sämtliche Kosten (nicht nur der laufenden Produktion, sondern auch der Forschung und Entwicklung, Reputationsbildung und einer attraktiven Kapitalverzinsung) decken, wird am Markt überleben.

An dem Konzept der Konsumentensouveränität ist aus verschiedenen Gründen Kritik geübt worden. So wird beispielsweise die Umweltverträglichkeit der Konsumentenwünsche und der zu ihrer Befriedigung eingesetzten Produktionsverfahren in Frage gestellt;

darauf ist weiter unten zurückzukommen. Weiterhin wird eingewendet, daß die Zahlungsbereitschaft der Konsumenten nicht nur von ihren Präferenzen abhängt, in denen die Dringlichkeit des Bedürfnisses nach einem Gut zum Ausdruck kommt, sondern darüber hinaus auch von der Einkommens- und Vermögensverteilung, d.h. der Zahlungsfähigkeit. Wird die gegebene Einkommens- und Vermögensverteilung als ungerecht empfunden, erwächst die Forderung nach staatlicher Umverteilung. Soweit eine solche Umverteilung, die sich hauptsächlich des staatlichen Steuer- und Transfermechanismus bedient, in der Realität mit negativen Anreizwirkungen für die Belasteten verbunden ist, zieht sie Produktivitäts- und Wohlfahrtsverluste nach sich – insoweit zeichnet sich ein *grundsätzlicher Konflikt zwischen allokativen und distributiven Zielen der Staatstätigkeit* ab.

Ebenso wie die Definition und Durchsetzung von Verfügungsrechten über Konsumgüter Voraussetzung für produktiven Wettbewerb auf der *Produktions*ebene ist, stellt die Festlegung und Durchsetzbarkeit von zumindest zeitweilig exklusiven Verfügungsrechten an Erfindungen eine Voraussetzung für einen produktiven Wettbewerb auf der *Innovations*ebene dar. Erst durch derartige Verfügungsrechte entsteht ein Anreiz, Kosten in Forschungs- und Entwicklungsaktivitäten zu *versenken*, weil diesen Kosten dann die Erwartung aneignebaren Gewinns gegenübersteht. Insofern stellen Patente, die dem Inhaber das temporäre und ausschließliche Recht an der Verwertung seiner Erfindung zusichern, eine im Hinblick auf Konsumentensouveränität prinzipiell produktive Markteintrittsbarriere dar, die kontraproduktivem Diebstahl immateriellen Eigentums vorbeugt.

Aber kein Anbieter und ebenso auch kein Nachfrager besitzt einen Rechtsanspruch auf bestimmte vorteilhafte Absatz- bzw. Bezugsmöglichkeiten oder einen Anspruch auf Entschädigung, falls ihm solche Möglichkeiten durch nach der „Kampfordnung" (F. Böhm) des Wettbewerbs zulässige Konkurrentenhandlungen genommen werden. Ist die Werbung eines Anbieters erfolgreicher oder bietet er aufgrund von Produkt- oder Verfahrensinnovationen ein besseres Preis-/Leistungsverhältnis an, so daß er kaufkräftige Nachfrage von einem anderen abzieht, muß letzterer die daraus resultierende Gewinneinbuße und die damit einhergehende Entwertung seines Kapitals hinnehmen – die Metapher *schöpferische Zerstörung* (J. A. Schumpeter) beleuchtet die letztgenannte Konsequenz des Wettbewerbs. Jedoch ist die Bindung von Ressourcen, also die Erzeugung versunkener Kosten unvermeidlich, damit im Wege arbeitsteiliger Spezialisierung von Fähigkeiten, Wissen und Verbindungen ein wettbewerbsfähiges Produktivitätsniveau erreicht werden kann. Wo und in welchem Umfang Kosten versenkt werden, um als Anbieter oder Nachfrager von Gütern und Diensten am Markt zu bestehen, bleibt der „unternehmerischen" Verantwortung jedes einzelnen Marktteilnehmers überlassen, sofern die staatlichen Regeln gegen den Mißbrauch wirtschaftlicher Macht beachtet werden. Auf der Grundlage solcher Regeln hat Wettbewerb eine Filter- und Disziplinierungsfunktion, die der Entstehung und Verfestigung von Monopolmacht vorbeugt. Monopolmacht bedeutet vor allem, daß Anbieter ein unangemessen ruhiges Leben (J. R. Hicks) führen können, indem sie relativ ineffiziente Produktionsverfahren verwenden und den Konsumenten kostenmäßig tragbare Preissenkungen vorenthalten, sie mit einer schlecht(er)en Produktpalette versorgen und auch auf längere Sicht überdurchschnittliche Gewinne erzielen können, ohne im Innovationswettbewerb ständig vorne liegen zu müssen.

Die oben skizzierte *dynamische* Wettbewerbskonzeption setzt allerdings voraus, daß die Konsumenten hinreichend genau über die Preis-/ Leistungsverhältnisse der einzelnen Anbieter informiert sind. Sind die Konsumenten auf Märkten mit komplexeren Produkten („Erfahrungsgütern") nicht in der Lage, sich selbst einen Überblick über die Angebotspalette zu verschaffen, wird längerfristige Gewinnmaximierung in der Regel die wünschbaren Informationen mittels der Etablierung von Reputation, Markennamen u. ä. bereitstellen, ohne daß es insoweit staatlicher „Nachhilfe" bedarf. *Staatseingriffe* mögen jedoch geboten sein, wenn wegen zu hoher Informations- und Transaktionskosten individuelle Haftung nicht effektiv werden kann, um schwerwiegenden Gefährdungen von Gesundheit und Vermögenswerten vorzubeugen.

Problematisch ist die weitere Voraussetzung, daß die Teilnehmer am wirtschaftlichen Wettbewerb seine Ergebnisse akzeptieren. Die Versuchung ist groß, daß potentielle Verlierer alle lohnenden Möglichkeiten des Einsatzes *politischer Verfügungsrechte* zur Verteidigung erreichter Besitzstände ausschöpfen. Legion sind die Beispiele von Instrumentalisierung staatlicher Macht, um die dem Wettbewerb zugrundeliegenden Regeln, z.B. durch Errichtung von Marktzugangsbeschränkungen oder durch Subventionen, gruppenegoistisch zu manipulieren. Solche auf Umverteilungswirkungen zielenden Staatseingriffe in die Spielregeln mindern allerdings die Leistungsanreize derjenigen, die ihre wirtschaftlichen Zukunftsaussichten mit der Einhaltung eben dieser Spielregeln verbunden haben. Es war und ist ein folgenschwerer Trugschluß zu meinen, Produktivität und Produktionsergebnis stellten sich gleichsam „natürlich" und unabhängig von den Regeln der Ergebnisverteilung ein. Staatseingriffe lenken die Aufmerksamkeit auf den politischen Wettbewerb. Zuvor ist jedoch ein kurzer Exkurs zur Rationalität der Kollektivwillensbildung angebracht.

2.2 Exkurs zur Theorie der politischen Willensbildung

Die Aufgabe von *Verfahren der politischen Willensbildung* besteht in einer Aggregation der den Entscheidungsgegenstand betreffenden individuellen Präferenzen. Dabei können überraschende Ergebnisse auftreten, wie das folgende berühmte Beispiel des *Condorcetschen Wahlparadoxons* illustriert: Angenommen, es gibt sieben Wähler, die drei Wählertypen angehören, und ferner drei Alternativen a, b und c (z.B. großer, mittlerer und kleiner Budgetumfang). Die drei Typ I-Wähler haben die individuelle Präferenzordnung a>b>c, die zwei Typ II-Wähler die Präferenzordnung b>c>a und für die zwei Typ III-Wähler gilt c>a>b. Nimmt man das Mehrheitsprinzip als Abbildungsfunktion, dann zeigt sich im vorliegenden Fall das Phänomen der sogenannten *zyklischen Majoritäten*. Obwohl jede der drei verschiedenen individuellen Präferenzordnungen in sich konsistent ist, gilt dies nicht für die aus dem Mehrheitswahlverfahren resultierende soziale Rangordnung: Alternative a schlägt b, b schlägt c, aber c schlägt a! Man erhält das etwas beunruhigende Resultat, daß es mittels des Mehrheitsprinzips im vorliegenden Beispiel nicht möglich ist, die sozial „beste" Alternative zu ermitteln, vielmehr die gewählte Alternative offensichtlich von der Reihenfolge der Abstimmungen abhängt.

Zyklische Majoritäten sind allerdings nur eine Ausprägung einer tiefliegenden Problematik, die als *Unmöglichkeitstheorem* von *Kenneth J. Arrow*[17] bekannt ist und besagt, daß bei drei oder mehr individuellen Präferenzordnungen über drei oder mehr Alternativen

---

[17] Siehe *Arrow, Kenneth J.*: Social Choice and Individual Values, 2nd ed. New York 1963. Für lehrbuchmäßige Darstellungen siehe etwa *Mueller, Dennis C.*: Public Choice II, Cambridge U.K. 1989, Kap. 20 und *Bernholz, Peter/Breyer, Friedrich*: Grundlagen der Politischen Ökonomie, Bd. 2: Ökonomische Theorie der Politik, 3. Aufl., Tübingen 1994, Kap. 10, vertiefend: *Kelly, Jerry S.*: Social Choice Theory, Berlin et. al. 1988.

kein Verfahren der Präferenzaggregation, das bestimmten wünschbaren Minimalanforderungen genügt, unter allen Umständen ohne „Dezision" i. S. eines diktatorischen Entscheidungselements auskommt. Verlangt man ferner, daß kein Teilnehmer einen Vorteil daraus ziehen können soll, daß er durch sein Abstimmungsverhalten andere als seine ehrlichen Präferenzen zum Ausdruck bringt – das Abstimmungsverfahren heißt dann individuell nicht manipulierbar –, so ergibt sich eine weitere Unmöglichkeitsaussage. Zusammenfassend ist festzuhalten, daß die Gestaltung attraktiver politischer Wahl- und Entscheidungsverfahren unauflösbaren Spannungen zwischen individualistischen Postulaten, demokratischer Teilhabe und unumgänglicher Dezision ausgesetzt ist. An die „Rationalität" der von diesen Verfahren hervorgebrachten Entscheidungen sollten nicht die Maßstäbe des Rationalkalküls eines homo oeconomicus oder auch eines wohlmeinenden Diktators angelegt werden.

2.3 *Politischer Wettbewerb*

Soweit es den Ökonomen gelingt, sich von dem etatistischen Leitbild des Staates bzw. der Regierung als einer Art von wohlmeinendem Diktator frei zu machen, ist es namentlich für demokratische Staatswesen naheliegend, den *politischen* Wettbewerb um Ämter und damit politische Handlungsspielräume in Analogie zum wirtschaftlichen Wettbewerb zu analysieren. *Demokratie* ist nach *K. R. Popper* die einzige Staatsform, welche die reale Chance eröffnet, Regierungen ohne Blutvergießen mittels Abstimmung in einem verfassungsmäßig geregelten Konkurrenzkampf um Wählerstimmen abzulösen. Diese Regierungen werden von Parteien bzw. Parteienkoalitionen getragen. Die an deren Spitze stehenden „politischen Unternehmer" müssen mit Programmen (als Opposition) bzw. mit der von ihnen verfolgten Politik (als Regierung) die Zustimmung von genügend vielen Wählern gewinnen, so daß sie bei der nächsten Wahl gewählt bzw. nicht abgewählt werden. Dieser Wettbewerb auf dem *Wählerstimmenmarkt* ist vergleichbar mit dem Wettbewerb, den Unternehmen auf Produktmärkten um kaufkräftige Nachfrage austragen. Genauso wie die Produktion von Gütern eine Nebenerscheinung des Gewinnstrebens der Unternehmen ist, ist – nach einem vielzitierten Wort von *Schumpeter* – die Umsetzung von Wählerinteressen und gegebenenfalls eine „gute" Regierung Nebenerscheinung des Strebens der Politiker nach Wiederwahl und damit nach Einfluß, Prestige und Einkommen.

Grundlage dieser von der „*Neuen Politischen Ökonomie*" vertretenen Sichtweise des politischen Willensbildungsprozesses ist der *methodologische Individualismus*. Damit wird hervorgehoben, daß immer nur Individuen handeln, nicht aber Kollektive wie „der Staat", „die Bürokratie", etc. Als politische Akteure werden also allein Individuen in den verschiedenen politischen Entscheidungsrollen – als Wähler, Kandidaten für politische Ämter, gewählte Repräsentanten, Angehörige von Bürokratien, Mitglieder oder Führer politischer Parteien – angesehen. Die Individuen, so wird weiter unterstellt, richten ihr Handeln primär nach einem eher eng zu definierenden Begriff des Eigennutzes aus, der allerdings gegebenenfalls auch übergesetzliche ethische Bindungen oder eine besondere staatsbürgerliche bzw. staatsmännische Gesinnung einschließen kann. Wichtig ist, daß diese Sichtweise konträr einer gerade im deutschen Kulturkreis weit verbreiteten Ansicht gegenüber steht, die politische Aktivität als Inbegriff des Wirkens von Ganzheiten (Staat, Regierung, Bürokratie) im Interesse des öffentlichen oder „Gemeinwohls" sowie der „sozialen Gerechtigkeit" begreift, oft ohne daß diese positiv belegten Begriffe näher definiert werden können. Derartigen idealistisch überhöhten Vorurteilen erteilt die „Neue Politische Ökonomie" eine klare Absage.

Analog zur vollständigen ökonomischen Konkurrenz und im Gegensatz zum imperfekten politischen Wettbewerb wird im Modell perfekten politischen Wettbewerbs hier von Informations- und Organisationskosten abstrahiert. Die Konsequenzen dieser Annahme werden anhand der sog. *Rationaltheorie staatlicher Umverteilung* erläutert[18]. Ausgangspunkt ist die Tatsache einer *rechtsschiefen* personellen Einkommensverteilung, die zur Folge hat, daß die *Median*einkommensposition – 50% der Haushalte haben ein niedrigeres, 50% ein höheres Einkommen – *unter* dem Durchschnittseinkommen aller Haushalte liegt. Identifiziert man die Medianeinkommensposition mit der *Medianwähler*position, die unter gewissen weiteren Voraussetzungen bei demokratischen Mehrheitsentscheidungen den Ausschlag gibt[19], dann wird eine Mehrheit für eine Umverteilung von oben nach unten – von einer relativ großen Minderheit zu einer gewinnenden Mehrheit – stimmen. Wie man sich leicht

---

[18] Nach *Meltzer, Allan H./Richard, Scott F.*: A Rational Theory of the Size of Government, in: *Journal of Political Economy* 89 (1981), S. 914-927.
[19] Zu diesem sog. *Medianwählertheorem* siehe etwa *Mueller* (FN 17), Kap. 10 oder *Bernholz/Breyer* (FN 17), Kap. 14.3.

klar macht, sind Mehrheitsentscheidungen über die Verteilung eines *vorgegebenen* „Kuchens" instabil. Das Sozialprodukt ist aber nicht vorgegeben, denn jede Umverteilung ruft potentiell negative Leistungsanreize hervor. So werden mit zunehmender Steuerbelastung immer mehr Einkommensbezieher immer intensiver nach legalen und illegalen Steuervermeidungsmöglichkeiten suchen. In Frage kommen etwa eine Reduktion der Arbeitszeit zugunsten der nicht besteuerten Freizeit, vermehrte Eigenproduktion und Schwarzarbeit. Diese Ausweichreaktionen lassen mit steigenden Steuersätzen zumindest eine Abflachung des Wachstums des Sozialprodukts und damit des Umverteilungspotentials erwarten. Unter der plausiblen Annahme, daß der Medianwähler bei der Verfolgung des Umverteilungsziels diese Produktivitätseinbußen berücksichtigen wird – kein rationales Wirtschaftssubjekt schlachtet das Huhn, das die goldenen Eier legt –, hat die Argumentation eine modellendogene Begrenzung der Steuer- und Staatsausgabenquote zur Folge. Die historische Linksverschiebung des Einkommens des Medianwählers relativ zum Durchschnittseinkommen liefert in diesem Modellrahmen eine Erklärung für den säkularen Anstieg der öffentlichen Budgets in 'den westlichen Demokratien auf der Basis eigennützig-rationaler Ausübung politischer Verfügungsrechte durch den Medianwähler.

An diesem einfachen Modell des perfekten politischen Wettbewerbs ist aus mehreren Gründen zutreffend Kritik geübt worden: So kann es nur den globalen Trend einer wachsenden Staatsquote, nicht aber wichtige Strukturmerkmale innerhalb dieses Trends erklären, weil das Medianwählertheorem nur auf eindimensionale Entscheidungen anwendbar ist. Weiterhin ist die in der Realität überwiegende Umverteilung innerhalb der Mittelklasse nur partiell mit der Modellaussage einer Umverteilung von oben nach unten vereinbar. Zu beobachten sind darüber hinaus v.a. Sachtransfers und nicht, wie nach dem Modell zu vermuten, die effizienteren Geldtransfers. Erwartet der Medianwähler für sich selbst in der Zukunft eine produktivitätsabhängige Einkommenssteigerung, so wird er möglicherweise auch dann gegen eine Umverteilung stimmen, wenn er gegenwärtig (noch) unterhalb des Durchschnittseinkommens liegt. Schließlich ist das Modell des perfekten politischen Wettbewerbs außerstande, das eigeninteressierte Wachstum von Bürokratien und der von ihnen ausgehenden regulierenden Staatseingriffe zu erklären.

2.4 Vergleich von wirtschaftlichem und politischem Wettbewerb

Es ist oft behauptet worden, daß zwischen den Zwängen, denen die Teilnehmer des ökonomischen Wettbewerbs im Vergleich mit den Akteuren im politischen Wettbewerb ausgesetzt sind, ein entscheidender qualitativer Unterschied bestehe. Während nämlich hinreichend kaufkräftige Minderheitenwünsche vom Marktangebot erfüllt würden, blieben die Wünsche politischer Minderheiten unerfüllt, wenn die Mehrheit die ihr genehmen Entscheidungen aufgrund des staatlichen Gewaltmonopols durchsetzt. Dennoch sollten wichtige Analogien zwischen wirtschaftlichem und politischem Wettbewerb keinesfalls übersehen werden. Auf der Basis von Verfassungsinstitutionen wie Verhältniswahlrecht und föderalistischen Strukturen, ferner durch expliziten und impliziten Stimmentausch und schließlich vermöge organisatorischer Schlagkraft bis hin zum Fanatismus kommen im politischen Wettbewerb auch Minderheiteninteressen zur Geltung. Umgekehrt wächst die Machtposition der Mehrheit mit der Zahl ihrer Stimmen, denn eine knappe Mehrheit von 51% der Stimmen kann praktisch entscheidend weniger ausrichten als eine nachhaltige Mehrheit von 65%. Deshalb kann der Einfluß einer Gruppe als mit der Wählerzahl zunehmend angesehen werden, die sie als Gegenleistung für die Berücksichtigung ihrer Partikulärinteressen verläßlich in den politischen Entscheidungsprozeß einbringen kann. Politische Unternehmer werden Programmpakete schnüren, die sie als mehrheitsfähig erwarten, weil sie die besonderen Interessen politisch einflußreicher Gruppen berücksichtigen, ohne die jeweils nicht an diesen Programmelementen interessierten Gruppen abzuschrecken. Tatsächlich gewählt werden sie den impliziten Stimmentausch (Bündelung von Programmelementen) durch expliziten Stimmentausch (verläßliche Verständigung über das Abstimmungsverhalten in aufeinander folgenden Abstimmungen) ersetzen[20], um ihre Wiederwahlchancen so groß wie möglich zu machen.

Im Modell des imperfekten politischen Wettbewerbs sind den politischen Unternehmern allerdings hinsichtlich ihrer Programmelemente gewisse Grenzen gesetzt. Parteien haben durch die Art ihrer Vertretung bestimmter Themenfelder in der Vergangenheit eine *Reputation* aufgebaut und Loyalitäten erworben. Verlieren nun Grundsatzpositionen einer Partei an Anziehungskraft, dann kann sie kaum

---

[20] Siehe für eine ökonomische Analyse des *Stimmentauschs ("logrolling")* *Mueller* (FN 17) Kap. 20 sowie *Bernholz/Breyer* (FN 17) Kap. 14.3.

sofort erfolgversprechendere Positionen aufgreifen, die außerhalb ihrer bisherigen ideologischen Bandbreite liegen und durch Konkurrenzparteien „besetzt" gehalten werden. Derartige Mobilitätsbarrieren eröffnen politische Spielräume, die wenigstens temporär auch zur Begünstigung von Partikulärinteressen genutzt werden können.

Wenn Manager einer börsennotierten Kapitalgesellschaft den Anteilseignern durch schlechte Unternehmensführung Vermögenseinbußen zufügen und unternehmensinterner Widerspruch nicht fruchtet, dann bietet der Verkauf der Anteile ein leicht handhabbares und wirksames Kontrollinstrument. Da „Anteile" der Stimmbürger am Staat nicht in vergleichbarer Weise handelbar sind, fällt hier dieses Kontrollinstrument im wesentlichen aus. Auch darf der einzelne Stimmbürger von seiner Stimme keinen signifikanten Einfluß auf politische Entscheidungen erwarten. Daraus folgert eine einflußreiche Aussage der Neuen Politischen Ökonomie, daß für einen rationalen Stimmbürger kein lohnender Anreiz bestehe, sich im allgemeinen gründlich über geplante politische Entscheidungen zu informieren, und er deshalb hinsichtlich der großen Mehrzahl politischer Themenfelder mehr oder weniger uninformiert – *rational ignorant* – sei. Dagegen könne es für kleine, homogene, politisch gut organisierte Gruppen äußerst lohnend sein, bestens informiert für sie vorteilhafte Programme in den politischen Entscheidungsprozeß einzubringen und diese durch Einflußnahme auf Bürokratie, Regierung und/oder Parlamentarier durchzusetzen. Dergestalt würden sich im politischen Raum typischerweise „konzentrierte" Produzenteninteressen gegenüber „diffusen" Konsumenteninteressen durchsetzen[21]. Die Finanzierung der gruppenspezifischen Programme erfolgt meistens so, daß eine möglichst verschleierte Belastungsverteilung eintritt (z.B. durch die marginale Erhöhung indirekter Steuern), denn weitgehende „Unmerklichkeit" der Belastungserhöhung (*„Fiskalillusion"*) minimiert andernfalls zu erwartende Widerstände.

Der These einer allgemeinen Uninformiertheit rationaler Stimmbürger hat jüngst *Donald Wittman* engagiert widersprochen[22]. Es liege im Gegenteil in der Konsequenz eines wirksamen – wenn auch

---

[21] Dies ist eine der Kernthesen eines der Pioniere der Neuen Politischen Ökonomie: *Downs, Anthony:* An Economic Theory of Democracy, New York 1957.
[22] *Wittman, Donald:* The Myth of Democratic Failure, Chicago 1995.

nicht vollkommenen – politischen Wettbewerbs, daß findige politische Unternehmer Verzerrungen und Defizite des Informationsstandes potentieller Wähler überall dort aufspüren und beseitigen, wo es sich gemessen an den erwarteten Stimmengewinnen lohnt, eine latente politische Nachfrage zu wecken und politische „Marktnischen" zu besetzen. Der politische Wettbewerb, so lautet *Wittmans* zentrale These, sorge tendenziell für *effiziente* staatliche Strukturen in dem Sinn, daß es durch eine Rekombination von Steuer-, Transfer- und anderen politischen Maßnahmen im Rahmen der konstitutionellen Grundordnung und unter Berücksichtigung von effektiven Organisationskosten *nicht möglich erscheint, die Vermögenslagen von Stimmbürgern mehrheitsfähig zu verbessern*. Damit wird nicht in Abrede gestellt, daß umverteilende Staatstätigkeit in Demokratien historisch zunehmend an Umfang und Gewicht gewonnen hat (siehe dazu unten Abschnitt 2.5). Aber es bestehe eine Tendenz, Umverteilungsprogramme möglichst *effizient* i. S. der Vermeidung vermeidbarer Wohlfahrtsverluste anzulegen, so daß die umverteilte ökonomische Rente tendenziell maximiert wird. Beispielsweise sind bei den heute gegebenen Möglichkeiten der Satellitenüberwachung Prämien für Flächenstillegung eine effizientere Methode der Umverteilung von Einkommen an Landwirtehaushalte als die frühere Politik künstlich hoher Preise, welche infolge schwer kontrollierbarer Produktionsmengensteigerungen zu teuer erzeugter Agrargüter immer schwerer tragbare und daher immer stärkerem politischen Widerstand ausgesetzte Subventionskosten zur Folge hatten.

2.5 Zum säkularen Wachstum der Staatstätigkeit

Im folgenden werden die oben erläuterten Funktionsweisen des wirtschaftlichen und des politischen Wettbewerbs für eine Erklärung der säkularen Ausweitung der Staatstätigkeit herangezogen[23]. Ausgangspunkt ist die Feststellung, daß die Suche nach gewinnträchtigen Märkten im Produktionsbereich fortschreitende Arbeitsteilung, berufliche Spezialisierung, d.h. in beträchtlichem Umfang irreversible firmen- und marktspezifische Ressourcenbindungen in Human- und Sachkapital erfordern. Diese Bindungen führen jedoch zu ökonomischer Verletzlichkeit in kurz- und mittelfristiger Sicht. Droht einer spezifischen Gruppe eine Entwertung

---

[23] Siehe zu weiteren Erklärungsansätzen: *Rosen, Harvey S./Windisch, Rupert:* Finanzwissenschaft I, München / Wien 1992, Kap. 6 III.

des von ihr gebundenen Kapitalstocks – sei es physisches oder Humankapital –, so ist für ihre Mitglieder der Rückgriff auf politische Verfügungsrechte naheliegend. Hohe Organisationskosten gegen eine derartige Einflußnahme auf Seiten der Belasteten und der eher kurzfristige Zeithorizont demokratischer Politik läßt eine Staatsintervention zum Schutz gegen drohende Kapitalentwertung als wahrscheinlich erwarten. Die Erfolgschancen der politischen Einflußnahme hängen dabei von dem Organisationsgrad der betroffenen Gruppe, der Überzeugungskraft ihrer Argumente bei indifferenten Wählern und der Effizienz der angestrebten Umverteilung ab.

Es besteht also eine permanente Nachfrage konkurrierender *rentenstrebender Interessengruppen* nach Staatsintervention. Die im Wettbewerb miteinander befindlichen politischen Unternehmer sind zur Sicherung ihres politischen Überlebens darauf angewiesen, kein Angebot auszuschlagen, im Wege bestimmter staatlicher Vorteilszuwendugen relativ „preisgünstig" Stimmen zu „kaufen". Sie werden also zumindest einen Teil der Nachfrage nach Staatsintervention befriedigen und dadurch den Bereich staatlicher Eingriffe Schritt für Schritt immer weiter ausdehnen.

Schwieriger als die Begründung des säkularen Wachstums der Staatstätigkeit ist die Erklärung und Prognose der strukturellen Entwicklung der Staatstätigkeit. Dazu muß untersucht werden, wann sich welche Nachfrage nach staatlicher Umverteilung durchsetzt. Eine ausgebaute Theorie zur Klärung dieser Frage existiert bisher nicht. Da der politische Wettbewerb ebenso wie der ökonomische Wettbewerb als Entdeckungsverfahren betrachtet werden muß, wird man ohnehin keine längerfristige spezifische Prognose erwarten können, sondern lediglich „Musterprognosen", die von den konstitutionellen Regeln abhängen, denen der politische Wettbewerb unterworfen ist.

Als Beispiel einer Hypothese für Musterveränderungen staatlicher Intervention sei die *Entwicklung der sozialen Sicherheit* kurz beleuchtet. Hier ist es in den gut hundert Jahren seit der Einführung einer sehr bescheidenen staatlichen Mindestversorgung bis in die jüngere Vergangenheit zu einer ständigen Ausweitung des Systems hinsichtlich der abgedeckten Risiken, des Leistungsumfangs und des versicherten Personenkreises gekommen. Die hauptsächlichen Gründe sind in dem politischen Druck zu sehen, der zu verschiedenen Zeiten von verschiedenen Interessengruppen ausgeübt wurde: von unmittelbaren Leistungsempfängern, von der die Leistungsprogramme administrierenden Sozialbürokratie, von Produktanbietern wie etwa Ärzteschaft und Pharmaindustrie. Durch die nachhaltige Verschlechterung der makroökonomischen Rahmendaten (gesunkenes Wirtschaftswachstum, geringeres Bevölkerungswachstum) läßt die soziale Zwangsversicherung für den überwiegenden Teil der neuen Mitglieder nunmehr jedoch eine negative Verzinsung erwarten. Hieraus wird ein zunehmend schärferer Konflikt mit den Interessen der älteren Versicherten sowie des administrierenden Personenkreises entstehen, den das Stimmengewicht der antagonistischen Gruppen und die Chancen der „Abwanderung" aus versicherungspflichtiger Erwerbstätigkeit entscheiden werden.

3. Produktive vs. redistributive Staatstätigkeit

3.1 Traditionelle Klassifikation der Staatstätigkeit

R.A. Musgrave hat sämtliche Staatstätigkeiten (einschließlich der Sozialversicherung) konzeptionell drei „Abteilungen" zugeordnet, nämlich der *Allokations-,* der *Distributions-* und der *Stabilisationsabteilung,* die er in jeweils spezifischer Weise auf das „Gemeinwohl" verpflichtet sah[24]. Die *Stabilisationsabteilung* ist mit der Überwachung der Einflüsse befaßt, die Ausgaben und Steuern auf Makro-Größen – Beschäftigung, Preisniveau, außenwirtschaftliches Gleichgewicht und wirtschaftliches Wachstum – haben. (Auf diese Aspekte wird im vorliegenden Beitrag aus Platzgründen nicht näher eingegangen.) Die *Allokationsabteilung* des öffentlichen Haushaltes bezieht ihre normative Rechtfertigung hingegen aus Kategorien des *Marktversagens.* Letztere umfassen Tatbestände wie öffentliche Güter, externe Effekte, „natürliche" Monopole, die in Informationsasymmetrien begründete Nichtexistenz von Märkten. Im Schema von Musgrave werden die Entscheidungen in der Allokationsabteilung auf der Basis einer Einkommens- und Vermögensverteilung getroffen, welche aus Korrekturen der primären Markteinkommensverteilung mit Hilfe von Steuer- und Transfer-Instrumenten der *Distributionsabteilung* resultiert. Da aber die Allokationsentscheidungen ihrerseits vermögenswerte Konsequenzen für die Verteilung des Lebensstandards haben, ist diese Trennung anfechtbar. Wiederum ist auf das schon mehrfach angesprochene Konfliktverhältnis zwischen produktivem und re-

---

[24] *Musgrave, Richard A.:* The Theory of Public Finance, New York 1959, Kap. 1.

distributivem Staat hinzuweisen, welches sich im Wohlfahrtsstaat aktualisiert.

3.2 Theorie des Kollektivgutes

In der Fassung der modernen Theorie des Kollektivgutes[25] wird ein reines Kollektivgut (synonym: öffentliches Gut, public good) als ein Gut definiert, das alle gemeinsam nutzen können in dem Sinn, daß die Nutzung durch den einen zu keiner Verminderung der Nutzung durch einen anderen führt. Die ein reines Kollektivgut gegenüber einem rein privaten Gut kennzeichnende Eigenschaft ist folglich Nicht-Rivalität im Konsum. Unter Effizienzaspekten sollte daher – *falls* das Gut einmal bereitgestellt worden ist – niemand durch die Hürde eines positiven Preises an der Nutzung gehindert werden. Daß ihre *Nutzung* nicht rationiert werden muß, bedeutet freilich *nicht*, daß Kollektivgüter nicht knapp wären. Die *Produktion* eines Kollektivgutes verbraucht knappe Ressourcen wie die eines privaten Gutes und erreicht den effizienten Umfang, wenn die *Summe* der (marginalen) Zahlungsbereitschaften der Nutzer den Grenzkosten der Produktion gleich ist. Dennoch kommt es zu Problemen in der Bereitstellung des Kollektivgutes. So hat der Nutzer gerade keinen Anreiz, seine Zahlungsbereitschaft den wahren Präferenzen entsprechend aufzudecken, wenn dies die Höhe seines Finanzierungsbeitrags, der als „personalisierter Steuerpreis" gedacht werden kann, positiv beeinflußt, er jedoch das Kollektivgut unentgeltlich nutzen kann. Dieses *Trittbrettfahrer -(„free-rider"-)* Verhalten wird als hauptsächlicher Grund dafür angeführt, die Entscheidung über die Bereitstellung von Kollektivgütern dem politischen Prozeß zu überantworten. Damit eröffnet das Kollektivgutkonzept, zusammen mit dem Trittbrettfahrerargument ein potentiell unabsehbares Feld für annahmegemäß wohlfahrtssteigernde Staatsintervention.

3.3 Öffentliche Bereitstellung von Kollektivgütern: Kritik

Von Anfang an sind Bedenken erhoben worden, ob es sich bei der Samuelsonschen Kollektivgutkategorie nicht eher um eine weitge-

---

[25] Die moderne Theorie des Kollektivgutes beruht auf einer Integration und Formalisierung älterer Beiträge von K. Wicksell und E. Lindahl durch *Samuelson, Paul A.,* The Pure Theory of Public Expenditure, in: *Review of Economics and Statistics* 26 (1954), S. 387-389.

hend „leere Schachtel" handele. An drei paradigmatischen Kollektivgutbeispielen lassen sich diese Zweifel gut illustrieren.

(a) Wenn strategische *Luftverteidigung* ein Kollektivgut ist, dann darf definitionsgemäß der Nutzen, den die bisher Geschützten aus den vorhandenen Waffensystemen ziehen, nicht durch weitere Schutzsuchende beeinträchtigt werden. Das ist auch nicht der Fall, wenn relativ wenige Schutzsuchende hinzukommen; sind es aber genügend viele, dann nimmt die mögliche Beute eines erfolgreichen Angreifers beachtlich zu und folglich wird für die bisher Geschützten ceteris paribus die Wahrscheinlichkeit steigen, Opfer eines Überfalls zu werden. Der Nutzen, den das „Kollektivgut" Luftverteidigung den bisher Geschützten gestiftet hat, wird folglich vermindert.

(b) Für das Lichtsignal eines *Leuchtturmes* ist das Kriterium der Nicht-Rivalität im Konsum evident. Die Kritik bezweifelt hier jedoch, ob das in Frage stehende „Kollektivgut" korrekt abgegrenzt ist. Wie *Coase* für die englischen Leuchttürme des 17. und 18. Jahrhunderts gezeigt hat, ist das Leuchtfeuer vielmehr als Teil eines umfassenderen Gutes aufzufassen[26]. So haben schutzgebende Häfen ein Eigeninteresse daran, ihre Erreichbarkeit zu sichern. Hierfür unterhalten sie Leuchtfeuer als privatwirtschaftliche Einrichtung, deren Kosten aus Hafen- und Umschlagsgebühren gedeckt werden. Eine derartige Konstruktion läßt sich auf den Kollektivgutcharakter von Lobbyaktivitäten, bspw. eines Automobilclubs, übertragen. Hier scheitert die Bereitstellung derartiger Lobbyaktivitäten nicht am Trittbrettfahrerproblem, da der Club als Kuppelprodukte des Kollektivguts private, dem Ausschlußprinzip unterliegende Güter anbietet, die eine Migliedschaft attraktiv machen (Schutzbriefe, Autozubehör etc.).

(c) Die Weihnachtsbeleuchtung des Geschäftsviertels in einer Innenstadt funktioniert als private Initiative, wenn und weil der Club der Geschäftsinhaber klein genug ist und deren Mitglieder einander gut kennen. Wer dann als Trittbrettfahrer am Kollektivgut Weihnachtsbeleuchtung partizipieren wollte, muß mit gesellschaftlichen Sanktionen rechnen; also gehorcht (fast) jeder „freiwillig" der Goldenen Regel („was du nicht willst ...") und bezahlt seinen anteiligen Beitrag. Entsprechend halten Pomme-

---

[26] Siehe *Coase, Ronald H.,* The Lighthouse in Economics, in: *Journal of Law and Economics* 17 (1974), S. 357-376.

rehne und Schneider als Ergebnis einer empirischen Studie fest, daß für eine „strenge" Trittbrettfahrerhypothese, wonach in einer größeren Gruppe überhaupt keine individuelle Leistungsbereitschaft bestehe, kaum Evidenz existiere, während die „schwache" Hypothese einer nach unten verzerrten Leistungsbereitschaft nicht zurückgewiesen werden kann[27].

Zudem lassen sich Güter, die bis zu einer jeweils spezifischen Kapazitätsgrenze Nicht-Rivalität im Konsums aufweisen (Theateraufführungen, Schulungsveranstaltungen etc.), unter Anwendung des marktmäßigen Ausschlußprinzips durch private Anbieter bereitstellen. Vorteilhaft ist hier, daß das Ausschlußprinzip kaufkräftige Präferenzen aufdeckt. Dies ist vor allem dann von Bedeutung, wenn Informationen über die an der Zahlungsbereitschaft gemessene Berechtigung einer längerfristigen Bereitstellung von Gütern mit Investivcharakter (Infrastrukturgüter) benötigt werden. Deshalb ist die private Produktion von Kollektivgütern unter Anwendung des marktmäßigen Ausschlußprinzips eine potentiell immer überprüfenswerte institutionelle Alternative, wenn die Kosten der Anwendung des Ausschlußprinzips niedrig genug sind und man die konkrete Anwendung für sozialethisch unbedenklich hält.

3.4 Kollektivgüter, Infrastruktur, Versicherung: Allokative Begründung

Als „Faustregel" läßt sich zusammenfassend angeben, daß legitime Agenda des produktiven Staates dann vorliegen, wenn die *Kollektivguteigenschaften* der Bereitstellung bestimmter Leistungen so gewichtig sind, daß der Anreiz für private Bereitstellung ungenügend ist und daher die marktmäßige Organisation im Vergleich mit dem von staatlicher Organisation zu erwartenden Ergebnis keine der Bürgermehrheit vorzugswürdig erscheinende institutionelle Alternative ist. Dies gilt sicherlich für jene Agenden, die Staatlichkeit schlechthin – den beschützenden Minimalstaat – begründen. *Adam Smith* fügte dieser Konzeption eine im engeren Sinn produktive Funktion hinzu, nämlich die Vorsorge für *Infrastrukturgüter*, soweit deren angemessene Bereitstellung nicht durch privatwirtschaftliche

---

[27] *Pommerehne, Werner W./Schneider, Friedrich,* Wie steht's mit dem Trittbrettfahren? – Eine experimentelle Untersuchung, in: *Zeitschrift für die gesamte Staatswissenschaft* 136 (1980), S. 286-308.

Initiative erfolgt. Schließlich läßt sich auch umverteilende Staatsaktivität insoweit allokativ als Konsequenz einer staatlichen *Versicherungsfunktion* begründen, wie sie in wohlstandsfördernder Weise für materielle Absicherung individueller Leistungs- und Risikobereitschaft sorgt, wo privatwirtschaftliche Versicherung an dem Phänomen der Negativauslese und des moralischen Risikos sowie der Abwesenheit statistischer Berechenbarkeit (z. B. künftige Inflationsraten) und Unabhängigkeit (z. B. von Katastrophenschäden) scheitert.

3.5 Externe Effekte als staatlicher Interventionsgrund

Gehen bestimmte Kosten bzw. Vorteile ökonomischer Aktivitäten nicht in den Kalkül der beteiligten Wirtschaftssubjekte ein, so sprechen die Ökonomen von negativen bzw. positiven *externen Effekten*. Der potentielle Interventionstatbestand „Internalisierung eines negativen externen Effektes" kann am besten an einem *Beispiel* erklärt werden. Unter Rechtslage L soll B das Recht haben, eine Tennisanlage zu betreiben. Gleichzeitig gehört es *nicht* zu den Rechten eines Anwohners A, Störungen seiner Ruhe, die vom Tennisbetrieb ausgehen, *nicht* hinnehmen zu müssen. Wenn A dennoch möchte, daß zu bestimmten Zeiten nicht Tennis gespielt wird, muß er B durch das Angebot einer Gegenleistung, z.B. in Form einer Geldzahlung z für einen entsprechenden Rechtsverzicht, gewinnen. Mit dem Angebot von z signalisiert A dem B Opportunitätskosten des Tennisbetriebs in den besagten Stunden. Wenn B das Angebot ausschlägt, dann hat die Zahlungsbereitschaft des A in Höhe von z nicht ausgereicht, sich die Kontrolle über das knappe Gut „Ruhe" gegenüber der konkurrierenden Verwendungsalternative des B zu sichern; in diesem Sinn macht B den vergleichsweise wertvollsten Gebrauch von der knappen Ressource Ruhe. Bei umgekehrter Rechtslage $\bar{L}$, welcher A das Recht verleiht, durch den Tennisbetrieb nicht belästigt zu werden, könnte A von B eine Entschädigungszahlung z für den Verzicht auf das Gut Ruhe verlangen. In diesem Fall stellt sich dieselbe Allokation wie unter Rechtslage L ein, so daß die Ausgangsverteilung der Rechtstitel zwar vermögensrelevant, aber unerheblich für die Allokation des Gutes „Ruhe" ist *(Coase-Theorem)*[28].

---

[28] *Coase, Ronald H.,* The Problem of Social Cost, in: Journal of Law and Economics 3 (1960), S. 1-44. Dieser Aufsatz (einer der meistzitierten der ökonomischen Fachliteratur) war wegbereitend für die ökonomische Analyse des Rechts.

Denkbar ist jedoch, daß Transaktionskosten die möglichen Vorteile einer Verhandlungslösung aufzehren. Dies könnte z. B. dann der Fall sein, wenn A eine Anwohnergruppe darstellt, welche unter Rechtslage L keine Einigung darüber erzielt, zu welchen Bedingungen sie das Recht auf Ruhe an B zum Verkauf anbietet. Wegen Schwierigkeiten in Gestalt strategischen Verhaltens, einer großen Anzahl von Verhandlungsbeteiligten und folglich hoher Transaktionskosten bietet sich als ein Transaktionskosten sparendes institutionelles Arrangement staatliche Intervention an. Diese kann z.b. in einer generellen und definitiven Regulierung bestehen, zu welchen Zeiten Tennisplätze benutzt werden dürfen. Eine derartige Regulierung, deren Zustandekommen zudem mit intensiven Lobby-Aktivitäten der beteiligten Akteure verbunden sein mag, spiegelt jedoch die sozialen Kosten nicht korrekt wider, welche die Begünstigung der Ruhe suchenden Anwohner den davon benachteiligten Tennisspielern zufügt: Diese Kosten würden durch ein finanzielles Angebot der benachteiligten Tennisspieler, den regulierten Rechtszustand zum wechselseitigen Vorteil zu verändern, signalisiert werden.

Nicht wenige halten einen „Handel mit dem Umweltgut Ruhe" für sozialethisch bedenklich. Dann ist es aber oft nur ein kleiner Schritt von der Meinung, daß die Präferenzen der Tennisspieler für die Benutzung eines bequem gelegenen Platzes zu angenehmen Stunden *nicht wichtig genug* seien, zu der *paternalistischen* Folgerung, daß diese Präferenzen *überhaupt nicht zählen* sollten, weil sie *„unvernünftig"* seien. In diesem Fall werden jedoch die sozialen Kosten übergangener Präferenzen ignoriert. Wird dagegen die Chance eingeräumt, für knappe Güter einen Preis zu bezahlen, haben auch solche Wünsche eine Möglichkeit, sich wirksam zu artikulieren, die im politischen Raum für „unwichtig" gehalten werden. Staatseingriffe namentlich im Bereich des Umweltschutzes *können* wohlstandsmehrend sein – inwieweit sie es im konkreten Fall sein werden, bedarf jedoch immer einer vergleichenden Institutionenanalyse *und* einer moralischen Wertung der widerstreitenden Interessen.

3.6 Verteilungsprobleme

Am Ende von Abschnitt 2 wurde ausgeführt, daß gut organisierte Gruppen, die im Vergleich zu den erwarteten Erträgen ihrer Teilnahme am Marktwettbewerb komparative Durchsetzungsvorteile für den Einsatz ihrer politischen Verfügungsrechte sehen, starke Anreize haben, mit den Etiketten des „Gemeinwohls", des „öffentlichen Interesses" sowie der „Sozialstaatlichkeit" versehene Verteilungsfeldzüge zu planen und durchzuführen. Der aneigenbare Gesamtvorteil der von einem Verteilungsfeldzug erwarteten Umverteilung zeigt an, bis zu welchem Umfang es sich lohnt, Ressourcen in die Planung und Durchführung solcher Vorhaben zu investieren. Doch kann der politische Wettbewerb rentenstrebender Gruppen um den Zugriff auf das Redistributionspotential des Steuerstaates wegen der in Verteilungsfeldzüge investierten Ressourcen und wegen der Wohlfahrtsverluste zunehmender Abgaben und Regulierung als ein gesamtgesellschaftliches *Negativsummenspiel „rentenstrebender Gruppen"* angesehen werden[29]. Tieferliegend kennzeichnet diese Sichtweise ein grundsätzliches Unwerturteil über den Einsatz staatlichen Zwangs, den man auf die beschützende Rolle und in Grenzen auch (Infrastruktur-)Leistungsfunktionen beschränkt sehen will, für Umverteilungsziele.

Es gehört zu den ökonomischen Grundeinsichten, daß *überdurchschnittliche Vorteile* Konkurrenzdruck erzeugen, der eben diese Vorteile auf längere Sicht zu *beseitigen* tendiert. Als Beispiel sei die Konzessionierung einer Berufssparte betrachtet, die mit dem Schutz der zu wenig informierten und daher von Übervorteilung bedrohten Kunden gerechtfertigt wird. Die durch die Konzessionierung bewirkte Marktzutrittsbeschränkung hat jedoch für die Betroffenen – vor dem Hintergrund eines nur geringen Risikogrades – ein überdurchschnittliches Auskommen zur Folge, das ökonomisch als Monopolrente einzustufen ist. Wenn eine solche Berufsposition faktisch übertragbar ist, so wird in der Konkurrenz der Bewerber um die Nachfolge *der* Anbieter gewinnen, welcher dem Erstinhaber den am höchsten bewerteten kapitalisierten Wert der Monopolrente bezahlt. Das bedeutet jedoch, daß trotz des Weiterbestehens der administrativen Marktzutrittsbeschränkung der Rechtsnachfolger in dieser Berufssparte *nur* einen *Normal*verdienst erwarten kann, denn er muß auch die in den Erwerb der Konzession versunkenen Kosten in Höhe des kapitalisierten Wertes der Monopolrente erwirtschaften. Zudem sitzt er in einer Art *Verteilungsfalle*[30]: Sollte nämlich

---

[29] Siehe die Beiträge in *Buchanan, James/Tollison, Robert/Tullock, Gordon* (Hrsg.), Toward a Theory of the Rent-Seeking Society, College Station 1980.
[30] Der Terminus „Verteilungsfalle" geht zurück auf *Tullock, Gordon,* The Transitional Gains Trap, in: *Bell Journal of Economics* 6 (1976), S. 671-678.

sein Vertrauen in den Fortbestand des Schutzes der Berufssparte früher oder später durch Deregulierung enttäuscht werden, so wird ihm eine Vermögenseinbuße drohen. Er kann dann nämlich die in die Rechtsnachfolge versenkten Kosten – die an den Erstinhaber der Monopolrente gezahlte „Ablösesumme" – nicht mehr in vollem Umfang amortisieren. Dies erklärt ökonomisch den „Besitzstandswahrung" genannten hartnäckigen politischen Widerstand, den die jeweiligen Betroffenen einer Deregulierung und allgemein der Abschaffung bzw. einer Verminderung jeder Art von Begünstigung entgegensetzen.

4. Ausblick: Wie können konstitutionelle Schranken staatlicher Wirksamkeit begründet werden?

4.1 Grenzen der Besteuerung?

Vertreter der sog. angebotsorientierten Wirtschaftspolitik haben die These formuliert, daß eine spürbare Steuer(satz)senkung sich selbst finanzieren könne, eine momentane Aufkommensminderung somit „alsbald" durch eine nachhaltige Aufkommensmehrung kompensiert würde. Diese Wirkungskette setzt jedoch voraus, daß die Finanzpolitik in dieser Volkswirtschaft das längerfristig erzielbare Steueraufkommensmaximum durch „Überdrehung der Steuerschraube" verfehlt hat. Wie kann der politische Prozeß in einer Demokratie bei unterstelltem rationalem Verhalten seiner Akteure einen derartigen Zustand herbeiführen? *Buchanan* und *Lee* versuchen diese Frage zu beantworten, indem sie das *Konzept der Lafferkurve*[31] mit einer *Hypothese über das Regierungsverhalten* verknüpfen[32]. Danach haben demokratische Regierungen einen typischerweise „kurzen" Zeithorizont und möchten während dieser Zeit vie-

---

[31] Die Lafferkurve – benannt nach dem amerikanischen Ökonomen *Arthur B. Laffer* – beschreibt eine nach unten geöffnete Parabel, die den für eine Volkswirtschaft als empirisch erfaßbar gehaltenen Zusammenhang zwischen „dem" jeweiligen Steuersatz und dem zugehörigen Steueraufkommen zeigen will. Besteht ein derartiger Zusammenhang, so entspricht jedem Steueraufkommen jeweils ein hoher und ein niedriger Steuersatz.

[32] *Buchanan, James M./Lee, Dwight R.*, Politics, Time, and the Laffer Curve, in: *Journal of Political Economy* 90 (1982), S. 816-820.

le einflußreiche Gruppenwünsche erfüllen, was ein kurzfristig möglichst hohes Steueraufkommen voraussetzt. Könnte die Regierung eine „lange" Amtsperiode erwarten, dann würde sie den Steuersatz in Höhe von t* wählen, welcher das langfristig maximal erzielbare Steueraufkommen sicherstellt. Da sie aber tatsächlich mit einer kurzfristigen Amtsperiode rechnet, wählt sie einen Steuersatz t'>t*, um damit ein noch höheres Steueraufkommen zu erreichen. So lange die Wirtschaftssubjekte jedoch lohnende individuelle Ausweichmöglichkeiten sehen, wird das mit t' erzielbare Steueraufkommen unter das langfristig mit t* maximal mögliche Aufkommen sinken. Die Politiker wiederholen dieses „Spiel" mit einem Steuersatz t''>t' solange, bis ein kurzfristig stabiles Aufkommensmaximum erreicht ist, bei dem weitere Ausweichreaktionen der Besteuerten nicht lohnen. Der diesem quasi-permanent stabilen politisch-ökonomischen Gleichgewicht zugehörige Steuersatz t^o ist höher als t*, das Steueraufkommen jedoch niedriger als das mit t* erzielbare Maximum. Die Steuerschraube erscheint „überdreht", ohne daß in diesem Modell ein Anreiz zu finanzpolitischer Korrektur angelegt ist.

4.2 Die Sklerose-Hypothese

Nach einer von *Mancur Olson*[33] und anderen entwickelten These neigen die Demokratien entwickelter Industrienationen mit wachsendem, durch Kriege, Revolutionen und Besetzungen ungestörten Alter zur *institutionellen Sklerose* – einer nachhaltigen Einbuße der Anpassungsfähigkeit sozialstaatlicher Institutionen an veränderte ökonomisch-politische Umstände. Der Befund der Sklerosethese ist in Grundzügen folgender: Etablierte Umverteilungsinteressen, hinter denen sich bestimmte „eiserne Dreiecke" von Politikern, Bürokratien und Verbandsfunktionären verbündet haben, dominieren die an volkswirtschaftlicher Produktivitätssteigerung ausgerichteten Kräfte. Emotional einnehmende Formeln wie „soziale Gerechtigkeit" und „Sozialverträglichkeit" sorgen für eine gewogene öffentliche Meinung. An Verbändeinteressen orientierte Regulierungen des Arbeitsmarktes diskriminieren arbeitslose „Outsider" zugunsten der „Insider", die (noch) Arbeit haben. Die Betonung von positiv definierter Freiheit in Gestalt vielfältiger *„Rechte auf"* spezifi-

---

[33] Siehe *Olson, Mancur,* The Rise and Decline of Nations – Economic Growth, Stagflation, and Social Rigidities, New Haven-London 1982; deutsche Übersetzung unter dem Titel: Aufstieg und Niedergang von Nationen, Tübingen 1985.

sche Güter und *konkrete* Lebenschancen ohne ausreichende Verknüpfung mit individueller Verantwortlichkeit für die Schaffung bzw. Erhaltung der produktiven Voraussetzungen geht auf Kosten *möglicher* Lebenschancen, welche negativ definierte *Freiheit von* staatlicher Einwirkung eröffnen kann. Das unübersehbare Eindringen öffentlich-rechtlicher Bindungen in viele Bereiche der Privatrechtsordnung ist nur ein weiteres – gewichtiges – Beispiel für die Tendenz, private Handlungsspielräume – die Grundlage jeder Innovation – durch Staatseingriffe zu beschneiden.

Man kann argumentieren, daß die Zumutbarkeit individueller Initiative und Veränderung aus politischen Rücksichten häufig zu eng gezogen wird. Sicherlich sind für den einzelnen Arbeiter, der ohne persönliches Verschulden seinen Arbeitsplatz verliert, die konkreten Ursachen, z.B. Strukturverschiebungen im internationalen Handel, häufig nicht einsehbar. Hieraus könnte die Einstellung resultieren, daß staatliche Intervention – wenn die Regierung nur wollte – diese Situation zu beseitigen vermag. Setzt sich diese Einstellung politisch durch, sind häufig kontraproduktive Maßnahmen wie etwa direkte oder indirekte (steuerliche) Subventionierung von „notleidenden" Unternehmen und eine *Externalisierung* interner Kosten die Folge: Subventionsbedingt falsche Preissignale gefährden auch die Existenz ökonomisch gesunder Konkurrenzunternehmen im eigenen Land und entziehen zudem Steuermittel potentiell produktive(re)n Verwendungen.

4.3 Chancen für ein Effizienzregime

Gary S. Becker nimmt im Gegensatz zur oben skizzierten Argumentationslinie an, daß – basierend auf dem Modell des politischen Wettbewerbs – Regulierungen, Steuern und Ausgaben *endogen* abgebaut werden. Dies geschieht, wenn neue technische oder institutionelle Entwicklungen Produktionsfaktoren mobiler, Angebot und Nachfrage belasteter privatwirtschaftlicher Aktivitäten elastischer oder gute Substitute in hinreichender Menge preiswerter verfügbar machen, so daß die Zusatzlasten (excess burden) bestehender Regulierungen, Steuern und Subventionen nunmehr als zu hoch empfunden werden[34]. Dann erscheint es möglich, die politischen Wider-

---

[34] *Becker, Gary S.*, A Theory of Competition Among Pressure Groups for Political Influence, in: *Quarterly Journal of Economics* 98 (1983), S. 371–400; ders.: Public Policies, Pressure Groups, and Dead Weight Costs, in: *Journal of Public Economics* 28 (1985), S. 329-347.

stände der potentiellen Verlierer einer Deregulierung, welche in einer Verteilungsfalle gefangen ihre Besitzstände verteidigen, durch produktivitätsorientierte Kampagnen zu überwinden. Die pessimistische Schlußfolgerung *Olsons* nach der letzten Endes nur schwerste „Reinigungskrisen" (Revolution, Krieg) einer umfassenden produktiven Verjüngung verkrusteter Gesellschafts- und Wirtschaftsstrukturen das Feld bereiten, kann vermieden werden.

Trotzdem ist zu fragen, ob und wie ein Effizienzregime längerfristig gesichert werden kann, um die Möglichkeiten und Folgen von Verteilungsfeldzügen rentenstrebender Gruppen zu begrenzen. Historische Erfahrung und ökonomische Erwägungen offenbaren ein grundsätzliches *Glaubwürdigkeitsdilemma:* Angenommen, eine „benevolente" Regierung setzt Zeichen einer stabilen Geld- und Fiskalpolitik, stellt leistungsfördernde Abgabensenkungen sowie den Abbau kontraproduktiver Subventionen in Aussicht etc. Darf ein rationaler Steuerbürger dann darauf vertrauen, daß sich besondere eigene Anstrengungen nachhaltig lohnen? Muß er nicht damit rechnen, daß aufs neue „malevolente" Anreize die Oberhand gewinnen werden, welche die von den Wirtschaftssubjekten längerfristig etwa durch Investitionen eingegangenen Bindungen ausbeuten?

Nach einem grundlegenden mikroökonomischen Paradigma handeln Wirtschaftssubjekte im Rahmen der von ihnen wahrgenommenen Belohnungen und Bestrafungen regelmäßig „rational" und „produktiv", vom Standpunkt ihres Eigennutzes aus betrachtet. So sehen sich z. B. Unternehmen durch andere, welche einen illegalen Wettbewerbsvorteil durch Arbeitskräfte aus der Schattenwirtschaft wahrnehmen, gezwungen, diese einzelwirtschaftlich vorteilhaften Praktiken zu imitieren oder unterzugehen. Geht man davon aus, daß es unter normalen Umständen wesentlich erfolgversprechender ist, die Anreize individuellen Verhaltens zu beeinflussen als zu versuchen, unmittelbar Präferenzen, deren Genese man bislang nur schlecht versteht, zu verändern[35], dann liegt es auf der Hand, daß *institutions matter.* Was die oben gestellten Fragen betrifft, geht es um Institutionen der Staats- und Wirtschaftsverfassung, deren Analyse das Anliegen der *constitutional economics* ist – eine moderne Version der in der deutschen Nationalökonomie geläufigen Theorie der Ordnungspolitik. Ökonomen versuchen insbesondere klarer zu begreifen, welche Art von konstitutionellen Bindungen die Aus-

---

[35] *Stigler, George J./Becker, Gary S.*, De Gustibus Non Est Disputandum, in: *American Economic Review* 67 (1977), S. 76-90.

übung privater und politischer Verfügungsrechte zu unterwerfen wäre, um auf Dauer ein Effizienzregime bzw. – aus der fundamentalen Sicht von Grundrechten – verallgemeinerungsfähige Freiheitsspielräume des Einzelnen gegen ihre Bedrohung durch den Mißbrauch namentlich staatlicher Macht zu sichern[36]. Bezüglich der öffentlichen Finanzwirtschaft stehen verfassungsmäßig geregelte Beschränkungen für öffentliche Ausgaben und Kreditaufnahme, die von der Sicherung einer stabilen Währung nicht getrennt werden können, ferner grundlegende Prinzipien der Besteuerung hinsichtlich Gegenstand, Bemessungsgrundlage und Tarif[37], die Verteilung von Ausgaben- und Besteuerungskompetenzen im föderalen Staat sowie die Abtretung von hoheitlichen Finanz- und Regierungsbefugnissen an supranationale Institutionen zur Debatte, um nur einige Themenfelder zu nennen.

4.4 Ausblick

Eine funktionstüchtige markwirtschaftliche Ordnung verlangt nach einer ordnungspolitischen Grundentscheidung für die Durchsetzung eines *Effizienzregimes*. Dies setzt zum einen die staatliche Respektierung entsprechender individueller Handlungsspielräume voraus, wobei die ökonomischen Anreize hinsichtlich Sparen, Investition, Risikobereitschaft und Innovation im Vordergrund stehen gegenüber den diversen Wünschen nach Besitzstandswahrung und Umverteilung. Zum anderen bedarf es einer *vertrauensbildenden Selbstbindung politischer Verfügungsrechte*, die eine internationale und eine nationale Komponente besitzt.

Auf *internationaler* Ebene bilden vertragliche Abmachungen über die Freiheiten des Güter-, Dienstleistungs-, Personen- und Kapitalverkehrs die Voraussetzung für eine Entfaltung wirksamen *Standortwettbewerbs* der nationalen „Angebote" von Institutionen der Wirtschafts-, Finanz- und Steuerordnung. Mit steigendem Intensitätsgrad der Faktormobilität schrumpfen die Spielräume zwangsweiser sozialstaatlicher Umverteilung und insoweit trifft die

---

[36] Siehe die Beiträge in *Kenzie, Richard Mc* (Hrsg.), Constitutional Economics: Containing the Economic Powers of Government, Lexington 1984; *Brennan, Geoffrey/Buchanan, James M.*, The reason of rules – Constitutional political economy, Cambridge U.K. 1985.

[37] *Brennan, Geoffrey/Buchanan, James M.*, The power to tax – Analytical Foundations of a fiscal constitution, Cambridge U.K. 1980.

Befürchtung einer zunehmenden *Erosion des Sozialstaates* zu[38]. Doch zugleich ist die Erwartung nicht unbegründet, daß dann das Engagement in der *freiwilligen organisierten Selbsthilfe* als eine Art von Versicherung deutlich zunehmen wird. Im Hinblick auf die *Besteuerung* wird der *Äquivalenzgedanke* – Steuern als Preis für den Zutritt zu regional oder national bereitgestellten Gütern der Infrastruktur in einem weiten Sinn (einschl. der Ausbildungsinstitutionen) – in den Vordergrund treten, wobei aus dieser Perspektive die steuererhebenden Gebietskörperschaften als „Firmen" erscheinen, über deren „Preis-Leistungsverhältnis" im Standortwettbewerb die Steuerlastträger als „Kunden" entscheiden[39].

Ein theoretisch interessanter Vorschlag für eine konstitutionelle politische Selbstbindung auf *nationaler* Ebene stammt von *Hayek*[40]. Danach soll über einer periodisch zu wählenden zweiten Kammer, welcher die laufende Gesetzgebung obliegt, eine *zweite* Kammer stehen, die alle generell gültigen Rechtsvorschriften („general rules of conduct") zu erlassen hat und damit die erste Kammer bindet. Zu den „general rules of conduct" zählen nicht nur Zivil- oder Strafrechtsnormen, sondern z. B. auch Besteuerungsgrundsätze oder Budgetausgleichsregelungen. Die materiellen Regelungskompetenzen dieser zweiten Kammer sind im einzelnen nicht klar; jedoch versucht *Hayek* durch ausgeklügelte Wahlregeln sowie Altersgrenzen sicherzustellen, daß diese Kammer – anders als die zweite – mit Persönlichkeiten besetzt wird, die maximale Gewähr dafür bieten, ohne Parteilichkeit und unabhängig von potentiellen eigenen ökonomischen Interessen politische Entscheidungen im Interesse des *Gemeinwohls* treffen zu können. Abgesehen von dem elitären Grundzug dieses Vorschlags muß dennoch in Frage gestellt werden,

---

[38] So *Sinn, Hans-Werner*, Implikationen der vier Grundfreiheiten für eine nationale Fiskalpolitik, in: *Wirtschaftsdienst* 1995, S. 240-249, der auch die Bereitstellung nationaler öffentlicher Güter durch „ruinöse Konkurrenz" gefährdet sieht; siehe hierzu analytisch grundlegend *Wellisch* (Fn 3).

[39] Dies ist die Argumentationslinie von *Blankart, Charles B.,* „Braucht Europa mehr zentralstaatliche Koordination", in: *Wirtschaftsdienst* 1996, S. 87-91 in seinen kritischen Bemerkungen zu dem in FN 38 zitierten Beitrag von *H.-W. Sinn*, der seinen skeptischen Standpunkt ebenda, S. 92-94, verteidigt.

[40] *Hayek, Friedrich A.,* Law, Legislation and Liberty, London-Henley, Bd.1: Rules and Order, 1973, Bd.2: The Mirage of Social Justice, 1976, Bd.3: The Political Order of a Free People, 1979, dort S. 111 ff.

daß der Einfluß rentenstrebender Interessengruppen von dieser Kammer wirksam ferngehalten werden kann. Somit ist man auf die Einsicht großer Staatsdenker zurückgeworfen, daß „*Tugend*" der Bürger für die Verwirklichung des „Gemeinwohls" unverzichtbar ist: Erst die geistig-moralische Verankerung bestimmter inhaltlicher Grundnormen menschlichen Zusammenlebens in der kulturellen Tradition einer überwiegenden Mehrheit der Mitglieder einer Gesellschaft macht eine gemäß diesen Normen erstrebte politische Ordnung funktionstüchtig.

Annotierte Auswahlbibliographie

Andel, Norbert/Haller, Heinz/Neumark, Fritz (Hrsg.): Handbuch der Finanzwissenschaft, Tübingen ^{3}1977 ff. Dieses von 1977 bis 1984 erschienene vierbändige Werk mit insgesamt 3719 Seiten spiegelt in umfassender Weise wesentlich den Stand der traditionellen deutschen Finanzwissenschaft zu Beginn der 1980er Jahre wider. In ihm macht sich, was die analytischen Grundlagen betrifft, ein starker Einfluß geltend von
Musgrave, Richard A.: The Theory of Public Finance, New York, 1959 dt. u. d. T.: Finanztheorie, Tübingen ^{2}1969.
Dieser Nestor der modernen angelsächsisch geprägten Finanzwissenschaft hat zusammen mit seiner Frau zuerst (1973) in den USA ein weitverbreitetes Lehrbuch herausgebracht, das in mehreren Auflagen auch in einer deutschen Bearbeitung vorliegt:
Musgrave, Richard A./Musgrave, Peggy B./Kullmer, Lore: Die öffentlichen Finanzen in Theorie und Praxis, Tübingen Bd. 1 ^{6}1994, Bd. 2 ^{5}1993, Bd. 3 ^{4}1982.
Neuere Entwicklungen, in denen insbesondere die Theorie des Marktversagens und die neoklassische Optimalsteuertheorie starke Beachtung finden, sind theoretisch ausgearbeitet in
Atkinson, Anthony B./Stiglitz, Joseph E.: Lectures on Public Economics, New York 1980 und im Überblick mit neuester Literatur kommentiert bei
Richter, Wolfram F./Wiegard, Wolfgang: „Neue Finanzwissenschaft", Teil I: Überblick und Theorie des Marktversagens; Teil II: Steuern und Staatsverschuldung, in: Zeitschrift für Wirtschafts- und Sozialwissenschaften 113 (1993), S. 169-224 (Teil I) und S. 337-400 (Teil II).
Auerbach, Alan J./Feldstein, Martin S.: Handbook of Public Economy, Amsterdam Bd. 1 (1985), Bd. 2 (1987). Dieses Werk, das den Stand der angelsächsischen analytischen Ökonomik staatlicher Aktivität um die Mitte der 1980er Jahre repräsentiert, enthält neben spezielleren Beiträgen auch einige für den fortgeschrittenen Studenten der Volkswirtschaftslehre sehr lesenswerte Darstellungen zu wichtigen, in diesem

Beitrag angesprochenen Themenfeldern. Dabei kommen Autoren sowohl neoklassisch – wohlfahrtsökonomischer Ausrichtung als auch solche zu Wort, die der Neuen Politischen Ökonomie nahestehen. Umfassende Information über die Ergebnisse der Neuen Politischen Ökonomie (Public Choice) bietet

Mueller, Dennis C.: Public Choice II, Cambridge U.K. 1989 und in deutscher Sprache

Bernholz, Peter/Breyer, Friedrich: Ökonomische Theorie der Politik, Tübingen ³1994.

Blankart, Charles B.: Öffentliche Finanzen in der Demokratie, München ²1994 ist eine Einführung in die Finanzwissenschaft unter besonderer Betonung der Sichtweise der ökonomischen Theorie der Politik im Vergleich mit der eher traditionellen einführenden Darstellung von

Henke, Klaus-Dirk/Zimmermann, Horst: Finanzwissenschaft, München ⁷1994.

Rosen, Harvey S./Windisch, Rupert: Finanzwissenschaft I, München/Wien 1992.

Dieses auf zwei Bände (Band II erscheint 1997) angelegte Lehrbuch will den gegenwärtigen Stand finanzwissenschaftlichen Wissens mit seinen wesentlichen analytischen Ergebnissen auf der Basis einer breit angelegten Darstellung deutscher finanzwirtschaftlicher Institutionen einschließlich der Sozialen Sicherheit vermitteln.

Ähnliche Ziele verfolgt auch das Lehrbuch

Stiglitz, Joseph E./Schönfelder, Bruno: Finanzwissenschaft, München/Wien ²1989.

Grundlagen- und weiterführende Literatur

Ballard, Charles L.; Fullerton Don; Shoven, John B.; Whalley John: A General Equilibrium Model for Tax Policy Evaluation, Chicago/London 1985.

Bradford, David F.: Untangling the Income Tax, Cambridge Mass. 1986.

Breyer, Friedrich: Ökonomische Theorie der Alterssicherung, München 1990.

Cornes, Richard; Sandler, Todd: The Theory of Externalities, Public Goods, and Club Goods, Cambridge U.K. 1986.

Gaube, Thomas; Nöhrbaß, Karl-Heinz; Schwager, Robert: Arbeitsbuch Finanzwissenschaft, Heidelberg 1996.

Grüske, Karl-Dieter: Personale Verteilung und Effizienz der Umverteilung: Analyse und Synthese, Göttingen 1985.

Homburg, Stefan: Theorie der Alterssicherung, Berlin, Heidelberg 1988.

King, Mervin A.; Fullerton, Don: The Taxation of Income from Capital, Chicago 1984.

Kirchgässner, Gebhard: Homo Oeconomicus: das ökonomische Modell individuellen Verhaltens und seine Anwendung in den Wirtschafts- und Sozialwissenschaften, Tübingen 1991.
Niskanen, William A.: Bureaucracy and Public Economics, Aldershot 1994.
Rose, Manfred (Hrsg): Konsumorientierte Neuordnung des Steuersystems, Berlin 1991.
Sandler, Todd: Collective Action – Theory and Application, Ann Arbor 1992.
Sinn, Hans-Werner: Kapitaleinkommensbesteuerung, Tübingen 1985.
Wellisch, Dietmar: Dezentrale Finanzpolitik bei hoher Mobilität, Tübingen 1995.

Sachregister

Ablauforganisation 313, 334f., 342, 344f.
Abschreibung 208, 211, 232f.
Abschreibungsfinanzierung 284f.
Abschwung 561
Administrationssystem 84
Agency 434
Agrarsektor 516ff.
Akkumulation 512
Aktiengesellschaft 265f.
Aktionsparametereinsatz 511
Aktionssysteme 335f.
Allianzen, strategische 445f.
Allokation
– effiziente 604
– sabteilung 668
– funktion des Preises 587
Amortisationsrechnung 289f.
Anforderungsprofil 193
Angebotsfunktion 577ff.
– kurve 587f.
– überhang 592
Anlagenwirtschaft 364
Anleihenfinanzierung 279ff.
Annuitätenmethode 297ff.
Anrechnungsverfahren, körperschaftsteuerliches 175
Anregungsfunktion 392
Anreiz- und Entgeltsysteme 318ff.
Ansatz
– autoprojektiver 75
– ein- u. mehrdimensionaler 329ff.
– evolutorischer 516
– kapitalmarktorientierter 432f.
– mikroökonomischer 540f.
Ansatz- und Bewertungsvorschriften 210f.
Anstrengungserwartung 326
Anwendungssystem 104ff.
Äquivalenz
– fiskalische 643
– faktor 299
Arbeitsbedingungen 321f.
– losigkeit 546
– marktforschung, betriebliche 310
– marktpolitik 626
– motivation 325
– platzanalyse 311, 322
– teilung 598f., 627, 633f., 666
Arbitrage 512
Assembler 93
Aufbauorganisation 334f., 338, 451
Aufschwungphase 561
Auftragsfertigung 359
Ausgleichsmeßzahl 647
Auslandsengagement 442
Ausschüttungsbelastung 176
Außenhandelspolitik 627
– theorie, 430, 540, 627
Außendienstunterstützung 110f.
Außenfinanzierung 230f., 260
Außenwirtschaftspolitik 627
Ausstattungskredit 269f.
Automation, flexible 367
Automatisierung 114
Automobilindustrie 484

Bankdarlehen, -kredit 270ff., 275ff.
Bauernbefreiung 42
Baukastentechnik 355
Befragung (Marketing) 393
Belastungsunterschiede 189ff.
Beobachtung (Marketing) 393f.
Bertelsmann AG 480
Beschaffung 368
Beschäftigungsdegression 364
– politik 627, 631
Bessemerverfahren 37
Bestellmenge, optimale 368
Bestellwesen, elektronisches 113f.
Bestimmungsfaktoren, inter- u. intrapersonale 395
Bestimmungslandprinzip 183
Beteiligungsfinanzierung 262ff.
Betriebsgrößendegression 364f.
– system 90f.
Bevölkerungsdichte, ökonomische 517ff.
Bewertungsfunktion 392f.
– vorschriften, handelsrechtliche 203ff.
Bezugsrahmen, transaktionskostentheoretischer 442

Sachregister

Bilanz 34, 197f.
Bildungspolitik 628
Black-Box-Modell 395
Börsenpreisbildung 584
Break-even-Analyse 250f., 362
Bretton Woods 633
Brutto-Methode 233
− investitionen 551
− produktionswert 550
− sozialprodukt 551f.
Buchdruck 39
Buchführung 34, 228
Buchwert 233
Bundesdatenschutzgesetz 126f.
Bundesfinanzhof 169

Cash Flow 239, 283
CAx-Technologien 117f.
ceteris-paribus-Methode 541
Coase-Theorem 672
Componentware 105
Computer Aided Design (CAD) 117
− Aided Engineering (CAE) 117
− Aided Manufacturing (CAM) 118
− Aided Planning (CAP) 118
− Aided Quality Control (CAQ) 118
− Integrated Manufacturing (CIM) 117ff.
Condorcetsches Wahlparadoxon 660
Controlling 220ff.
− operatives 224f.
− strategisches 224f.

Damnum 176
Dampfkraft 37
Darlehensfinanzierung 274ff.
Database-Marketing 111
Datenanalyse 62
− bankmodelle, (-systeme) 101f., 105
− beschreibungsmanipulationssprache 102
− organisation 98ff.
− schutz, (-sicherung) 126f.
− übertragungssysteme 95
Demokratie 609, 661
Depression 561
design to cost 354f.
Devisenmarkt 633
Dienstleistungsmarketing 385
Diktatur 609
Direktwerbung 404

Dispositionssystem 84f.
Diversifikation 358
Diversifikationsinvestition 288
Division 340

Europäische Artikelnummer (EAN) 116
economics, constitutional 608, 618
economics of scale 529, 642
Effekte, externe 510, 607, 628, 642, 644, 654, 672f.
Effizienzregime 679
Eigenfinanzierung (Einlagenfinanzierung) 261f.
Eigenkultur 489
Eigentumsrecht 42, 624
Eingleichungsmodell 76f.
Einkommen, verfügbares 553
Einkommenseffekt 649
Einkommenshypothese 554
Einkommensteuer 169ff.
− Ermittlungsschema 170f.
− Tarif 174
− Veranlagung 174
Einlagenfinanzierung 262ff.
Einlinienorganisation 338
Einrichtungskredit 269f.
Einsatz- und Leistungsbereitschaft 326
Einzelabschluß 200f.
Einzelunternehmung 263
Elementarprozeß 522
Eliminationsentscheidung 398
Entity-Relationship 100f.
Entscheidungsprozeß 353, 453f.
Entwicklungslogistik 435f.
Ergebniskontrolle 617
Ersatzinvestition 287f.
Erwartungs-Valenz-Modelle 326
Erweiterungsinvestition 288f.
Erwerb, innergemeinschaftlicher 184
Evaluationsforschung 313
Executive Information System 123
Expansionsphase 512
Experiment (Marketing) 394
Experimentierungsphase 511f.
Expertensystem 123ff.

Fertigungs-Regionalgesellschaften 461
− system, kurzfristiges 121
− tiefe 359

Festgehalt 319f.
Finanzamt 168
- ausgleich 642, 645f.
- buchhaltungsprogramme 106ff.
- gericht 169
- investition 286f.
- kraftmeßzahl 647
- verfassung 644f.
- wesen der Bundesrepublik 640
- wirtschaft 254ff.
- wissenschaft 625, 638
Finanzierung 231, 257ff.
First in first out (Fifo) 204
Fixpreis-Methode 544
Föderalismus 642f.
Formalziele 234ff.
Fremdfinanzierung 274ff., 261, 268ff.
Fremdkultur 489
Fristenkongruenz 262, 275
Führung 328
Führungs-Informationssysteme 85, 121ff.
- kreis 461
- stil 329f.
- struktur 461
- theorie 328f.

Gauss'sche Glockenkurve 69
Gebietskörperschaften 613, 638f.
Gegenstromverfahren 234
Geld 629
- menge 629
- politik 630f.
- schöpfung 629
- wirtschaften 254
General Motors 486
Gesamtkostenverfahren 212
Gesamtplanung 239f.
Gesamtrechnung, volkswirtschaftliche 502, 540, 547ff.
Gesellschaft 473f.
Gesellschaft mit beschränkter Haftung (GmbH) 264
Gesellschaftsdarlehen 277f.
Gesetz der Massenproduktion 364
Gestaltungsrechte 199
Gewerbeertragsteuer 178f.,187
Gewerbefreiheit 42
Gewinnausschüttung 176, 192
- planung, -kontrolle 464
- schuldverschreibungen 281f.

Gewinn- und Verlustrechnung 198, 212f.
Giralgeld 629
Gleichgewicht 555, 565, 668, 676
Gleichgewichtseinkommen 555ff.
- preis 542, 582f., 585f.
global manufacturing 384
Globalurkunden 279
Going Concern Princip 204
Gossensche Gesetze 45
Graf (Begriff) 32f.
Grafikprogramm 104
Greenfield Investments 442f.
Grenznutzenschule 541
Grenzwertsatz, zentraler 72
Grundkapitalerhöhung 266
Grundmodell, einkommenstheoretisches 553
Grundsatz
- der Bewertungsstetigkeit 204f.
- der Bilanzidentität 204f.
- der Einzelbewertung 204
Grundsätze
- ordnungsgemäßer Buchführung (GoB) 199
Güter
- öffentliche 607
- tausch 580

Haavelmo-Theorem 556f.
Handel
- individueller 502ff.
Handelsgesellschaft, offene (oHG) 263f.
- kredit 268
Handlungsrahmen 508
- rechte 509f.
Hardware 87f.
Hauptbuch 33
Hebesatzberechtigung 179
Henkel KGaA 494
Hermeneutik 40
Herstellungskosten 207f.
Herzog (Begriff) 33
Historische Schule der Nationalökonomie 43f.
Höchstpreise 591
Höchstwertprinzip 210
Illiquidität 232
Imparitätsprinzip 206

Sachregister

Individualismus, methodologischer 662
Industrialisierung 500, 525, 527, 529
Industrieobligation 279f.
− politik 628
Inflation 466, 631
Inflationsrate 66
Information Retrieval System 103f.
Informations- und Kommunikationssysteme 337f.
Informationsfunktion 210
− problem 602, 605, 618
− regeln 212
− systemebene 122
− verarbeitungssystem 84f.
Innenfinanzierung 231, 261, 282f.
Innovationen 36f., 603, 628
Input-Output-Rechnung 548
Inputleistung 364
Institutionenökonomik 35
Integration 426
− horizontale 357
− laterale 357
− vertikale 357
Intelligenz, künstliche 123ff.
Interdependenzen 185f.
Interimscharakter 177f.
Interkulturalität 475, 485ff.
Internationalisierung 411f., 415, 434
Internet 103
Intrakulturalität 475
Investitionen 230ff., 258ff.
Investititionsarten 286ff.
− beurteilung 289ff.
− budget 240
− güter 551
− gütermarketing 384f.
− objekt 286
− rechnung 290ff., 228, 230
− zweck 288
Investment 418

Jahresabschluß 197, 210, 217
Jahrmarkt 33
Joint Ventures 494
Juglar-Zyklus 562
Jurisdiktionsbereiche 643f.

Kalkulationszinssatz 294
Kapazitätsausgleich 119f.
− effekt 569
Kapital
− genehmigtes 267
− erhöhung 266
− ertragsteuer 173, 176f.
− gesellschaft 264ff.
− konsolidierung 216f.
− markt, vollkommener 291
− wertmethode 241
Kapitalisierungsformel, kaufmännische 294
Karstadt AG 480
Kaufmanns- und Handelstechnik 33
Kausalität 79
Keynesianismus 543, 545
Kitchin-Zyklus 562
Klassiker (VWL) 539f.
Knappheit 574, 599, 656
Knappheitsrelation 587, 589
Kollektivgut 669
Kommanditgesellschaft (KG) 264
− auf Aktien (KGaA) 265
Kommandosystem 91
Kommunikation 98, 483, 477ff., 480f.
Kommunikationsbegriff 477ff.
− politik 401f.
− systeme 484
Kondratieff-Zyklus 562
Konjunktur 559
− phänomen 558
− politik 626f.
− theorie 539, 557f., 564ff.
− verlauf 559
− zyklus 560f., 562
Konsolidierung 214f.
Konsum, privater 551
Konsumenten 574f.
− souveränität 657
− rente 583
Konsumgütermarketing 384
Kontendarstellung 549
Konto 33f., 550
Kontokorrentkredit 270ff.
Konzernabschluß 213f., 217
Koordination 451, 580
Körperschaftsteuer 174f., 187
Korrelationskoeffizient 64
Kosten
− druckinflation 631

Sachregister

– rechnung 223f., 368, 244ff.
– und Leistungsrechnungsprogramm 108f.
Kreditierungs- und Finanzierungsvorgänge 254ff.
Kreditschöpfung 630
– würdigkeit (Bonität) 225
Kreislauf 547
– darstellung 547ff.
Kultur (Begriff) 471ff., 483
Kundendatenbank 111f.
– dienst 399
– kredit 270
– nutzen 396
Kuznets-Zyklus 562

Lafferkurve 675f.
Lagebericht 198, 213
Lagerhaltung und Kapitalbindung 369
Laspeyres-Preisindex 65f.
Last in first out (Lifo) 204
Lebenswelt-Modell 474f.
Lebenszyklusmodell 437
Leistungsdeterminantenkonzept 327
– motivation 325
– staat 609
Liefererkredite 268f.
Liquidität 225f., 229
Local Area Networks 96
Lombardkredit 273f.
Lorenzkurve 62

Majoritäten, zyklische 660
make or buy 359
Makroökonomik 537ff., 546
Management
– interkulturelles 494f.
– internationales 410ff.
– holding 465
– informationssystem 121f.
– system 459f., 463
Marketing 110f.
– Aufgabenbereiche 381
– Definition 378
– Dominanzanspruch 382
– Entwicklungsphasen 378f.
– forschung 392f.
– instrumente 390

– interkulturelles 493f.
– internes 407
– kommunikation 112f., 483f.
– management (Prozeß) 387f.
– Merkmale 380f.
– mix 390
– strategie 390
– ziel 389
Markt 581
– homogener 581f., 586
– vollkommener 582
– eintritt 438, 447
– fertigung 359
– forschung, elektronische 112
– interdependenz 594
– phase 511
– preis 580, 591
– prozeß 589, 590
– reifezyklus 37
– segmentierung 386
– test, kontrollierter 394
– versagen 606f.
– wirtschaft 603
Maschinensprache 92f.
Maßgeblichkeit 200, 209
Materialbedarfsplanung 119
– wirtschaft 368
Matrixorganisation 340f.
Median 62
– wähler 662f.
Mehrgleichungssystem 76
Mehrheitsprinzip 660
Mehrlinienorganisation 340f.
Mehrsparten-Regionalgesellschaft 461
Mengenanpasser 578, 582, 584
Menschenbilder 332, 333
Merkantilismus 34f.
Metropolitan Area Networks 96
Mikroökonomie 573ff.
Mindestpreise 591
Mindestreservepolitik 630
Mitarbeiterführung 328
Mittelalter (Begriff) 32
Mittelwert 61
Modulbauweise 355
Monetarismus 545
Monopolmacht 659
Motivation 325f.
Motivationsprobleme 602f., 605
Multiplikatoreffekte 545, 556

Sachregister

Nachfrage 577, 594
– funktion 575, 595
– kurve 575f.
– soginflation 631
Neoklassik 539, 540
Neomerkantilismus 34
Netto-Methode 233
– produktionswert 550
– sozialprodukt 552
– wertschöpfung 550
Netz, neuronales 125
– leistung 97
– werkmodell, integriertes 454
Niederstwertprinzip 206
Normen 326
Normung 355

Oberfläche, graphische 91f.
Offenmarktpolitik 630
Öffentlichkeit 228
Ökonometrie 75f.
Ökonomie, Neue Politische 625f., 662
– politische 41, 665
Ökonomik, evolutorische 31
online-Übermittlung 114
Operations Research 359
Opportunitätskosten 574, 579
Optionsanleihen 281
Ordnungspolitik 621f.
Organisation 224, 451ff.
Organisationsbegriff 334
– entwicklung 345f.
– lehre 334ff.
Österreich (Name) 33
Outputmanagement 354

Paasche-Index 66
Panel 394
Parafisci 638f.
Parenting Advantages 456f.
Partialanalyse 541
Personalauswahl 314f.
– bedarfsdeckung 313f.
– bedarfsermittlung 312
– bereich 323
– controlling 324
– einführung 315f.
– einsatz 316
– entwicklung 316
– forschung 308f.

– freisetzung 317f.
– lehre 306ff.
– management 307f., 495
– organisation 322ff.
– planung 324
– systeme 307
– verwaltung 325
Planung 233ff.
Planungs- und Kontrollsysteme 85, 460
– rechnung 228
Pol (Kreislaufdarstellung) 547
Post-Akquisitionsproblem 444f.
Post-entry-Management 451
Potentialgestaltung (Inputmanagement) 364
Preis 542, 584ff., 588f., 592f.
– einheitlichkeit 581
– festlegung 400
– intervention 591f.
– mechanismus 542, 544
– nehmer 578
– politik 399f.
– strategien 400
Presse- und Öffentlichkeitsarbeit 404
Primärorganisation 338
Prinzip, ökonomisches 541, 574
Problementstehung 617f.
Produktgestaltung 354
– homogenität 581
– innovation 397
– politik 396
– präsentation 112f.
– verbesserung 397
Produktion 586
Produktionsfaktor 226, 579, 586f., 594
– funktion 595
– konto 549
– management 349, 353
– planungs und -steuerungssysteme (PPS-Systeme) 119ff.
– politik 353
Produktivitätsprobleme (Wohlfahrtsstaat) 648f.
Produzentenrente 583
Prognosefunktion 392
– problem 618
Programmbreite 357
– gestaltung 357, 359
– tiefe 357

Programmiersprache 92
— system 92ff.
Programmintegration, -tiefe 357
Prohibitivpreis 576
Prozeßkostenrechnung 246
— organisation 342
— politik 621f.
— schule 437
Prüfung (Jahresabschluß) 217

Qualifikation, Qualifizierung 312, 317
Quantitätstheorie des Geldes 631

Rationaltheorie staatlicher Umverteilung 662
Rationierungstheorie 543
Raumüberwindungskosten 581
Realgüter 254
— investition 286
Realisationsprinzip 206
Realisierungswiderstände 619
Rechnervernetzung 94
Rechnungsabgrenzungsposten 202f.
— legung 195ff.
— wesen (Programme) 106ff.
Red-Queen-Effekt 527
Refinanzierungspolitik 630
Regionalgesellschaften 461
— politik 628
Regressionsanalyse, lineare 63f.
Renault 489
Rent-seeking 620, 635
Rentenbarwertfaktor 294
Responsiveness, nationale 426
Ressourcenökonomik 628
Restriktion 506f.
Rezession 561
Rückbildungsphase 512
Rückstellungsfinanzierung 284f.

Sachtransfer 654f., 663
Sachmittelsystem 337
Sachziele 234, 236
Saisonkredite 271f.
Sättigungsmenge 576
Schnittstellen (Organisationslehre) 345
Schuldscheindarlehen 278f.
Selbstselektionsmechanismus 655
— finanzierung 284
— steuerungsmechanismen 598f. 603ff., 635

Sender-Empfänger-Modell 478
Serienfertigung 356
Sicherheit, soziale 667f.
Sklerose-Hypothese 676f.
Sonderposten mit Rücklageanteil 211
Sonnenenergiestrom 517f.
Sozialversicherung 638f., 651f.
Spitzenausgleich 647f.
Splitting-Tarif 173f.
Sponsoring 404
Sprache, deskriptive 93f.
Staatsintervention 667, 669
— quote 648f., 663
— schuldenquote 639
— tätigkeit 658, 666ff.
Stabilisationsabteilung 668
Stabilisierungspolitik 628, 631
Stagnationsphase 512
Standardisierungsansatz 355f.
Standardsoftware 104ff.
Standortwettbewerb 635
Statistik 58ff.
Steuerarten 165ff.
— belastung 174, 179, 185, 188f., 191
— bescheid 168
— gestaltungslehre 163
— kraftunterschiede 647
— lehre, Betriebswirtschaftliche 163ff.
— moral 653
— pflichtiger 167
— wirkungslehre 163
Steuerung (Controlling) 221, 242ff.
Stichtagsprinzip 205
Stil
— kommunikativer 484f.
— kultureller 484f.
Stille Gesellschaft 263
Structured Query Language 102
Struktur, -ierung (des Unternehmens) 222f.
— politik 628
Subsidiaritätsprinzip 613, 642
Substitutionseffekt 650
Subventionen 552, 556, 594, 654, 659, 666, 677f.
Synergieeffekte 358
System
— kulturelles 600
— ökonomisches 600
— politisches 600

Systemgestaltung 306f.
− programm 90ff.

Tabellenkalkulation 104
Tableau économique 540
Target-Costing 249f.
Teilnahmemotivation 325
Tensororganisation 341
Testen von Hypothesen 70ff.
Testmarkt, lokaler 394
Textverarbeitungsprogramm 104
Theorie der Bürokratie 626
− der Direktinvestition im Ausland 430ff.
− der Führungssubstitute 332
− des fiskalischen Föderalismus 626
− makroökonomische 538, 627
Theorieentwicklung 427f.
− problem 618
Theory Z 486
Thomasverfahren 37f.
time-lag 37, 619
Tochtergesellschaften 430, 438, 442ff.
Toyota 486
Training, interkulturelles 491f.
Transaktionskosten 440, 629
Transferpreise 464
Transformationsprozeß
− geldwirtschaftlicher 254ff.
− güterwirtschaftlicher 254ff.
− in Osteuropa 477f.
Translationsrisiko 465
Transmissionsbegriff 477f.
Transmissionsmechanismus, keynesianischer 545
Transportkosten 529
Trennsystem 645
Trennungsprinzip 175, 190
Triade 414
Trittbrettfahrerproblem 607, 669
Typnormung (Typung) 355

Überbrückungskredit 271
Überschußnachfrage 593
Übertragungsstandard 113
Umsatzkostenverfahren 212f.
Umsatzrendite 236, 238
Umsatzsteuer 180ff.
Umschichtungsfinanzierung 285
Umverteilungspolitik 626

Umweltpolitik 628
unique selling proposition 396
Unmöglichkeitstheorem 660f.
Unsichtbare Hand 42
Unteilbarkeiten 607f.
Unterbeschäftigungsgleichgewicht 544
Unternehmen, multinationale 416ff.
Unternehmenskommunikation 484
− zentrale 456
Unternehmung, Unternehmen 225
Unwissenheit, rationale 611
Ursprungslandprinzip 184

Valenz 326
Value analysis 356
− engineering 356
Variable, erklärende 75f.
Veranlagungszeitraum 174
Verfassung 611f.
Verhaltensmodelle 395
− steuerung 307
Verkaufsförderung 403f.
Vermögensgegenstand 201, 207, 230
− rendite 235
Verpackung 398f., 493f.
Verteilungsfalle 674f., 678
− probleme 673f.
Vertragsrecht 624
Vertriebspolitik 405
Volkseinkommen (Begriff) 552
Volkswirtschaft, industrialisierte 514
Volkswirtschaftslehre 540f.
Volkswohlstand 46
Volvo 489
Vor- und Schattensystem 464
Vorbehalt der Nachprüfung 168
Vorfinanzierungskredite 272
Vorsichtsprinzip 206
Vorsprungsgewinne 604
Vorsteuer 181

Wachstumsgleichgewicht 569
− politik 628
− theorie 539, 567f., 569
− zyklus 567f.
Wahlstimmenmarkt 611
Wahrscheinlichkeitstheorie 67ff.
Währungspolitik 632f.
Währungsunion, europäische 634
Wandelschuldverschreibung 280f.
Wechseldiskontkredit 272f.

Wechselkurse 73f., 465, 632f.
Werbung 403
Wettbewerb 604f., 643, 656, 661ff.
Wettbewerbspolitik 625
Wide Area Networks 96
Wirtschaftlichkeitsprinzip 221f., 225, 574
Wirtschafts- und Berufspädagogik 120ff.
Wirtschaftsinformatik 83ff.
− kommunikation, Interkulturelle 469ff.
− planung 463
− politik 527f., 531f., 545, 558, 592, 598ff., 615ff., 621f.
− wachstum, modernes 514f., 529
Wissensänderung 514
Wissensproblem 634f.
Wohlfahrtsstaat 648, 653f.
World Wide Web 103

Zahlungsstrom 258
Zahlungsverkehr 114
Zeitreihenanalyse 73ff.
− reihendaten 73
− verzögerungen 619.
Zentraleinheit 88
Zentralisierung 453f.
Zentralverwaltungswirtschaft 601ff.
Ziele
− operationalisierbare 615
− operative 234
− strategische 233, 236
Zielkostenrechnung 250
Zinsabschlagsteuer 173
Zinsfuß-Methode, interne 299 ff.
Zufallsvariable 69
Zünfte 528
Zuschlagskalkulation 245f.
Zwischenkredit 272

Namenregister

Abel, Wilhelm 53
Arrow, Kenneth J. 660

Barro, Robert J. 652
Baumstark, Edward 48
Becker, Gary S. 677f.
Buchanan, James M. 675

Coase, Ronald H. 670

Downs, Anthony 610
Dunning, John 432

Eucken, Walter 45

Feld, Friedrich 132

Gömmel, Rainer 52f.
Goshal, Summantra 459
Gossen, Hermann H. 45
Gutenberg, Erich 49, 50
Gutenberg, Johannes 39

Habermas, Jürgen 474
Hasenack, Wilhelm 51
Hax, Karl 51
Hayek, Friedrich A. v. 657, 680
Heckscher, Eli F. 430
Hentschel, Volker 54
Hicks, John R. 53, 565
Hildebrand, Bruno 44
Hobbes, Thomas 656
Hoffmann, Walther G. 53
Hofstede, Geert 429, 476
Hume, David 41
Hymer, Steven 427f.

Keynes, John M. 543
Knies, Karl 44
Koch, Helmut 51
Kosiol, Erich 51

Lee, Dwight R. 675
Lenin, Wladimir I. 415
Lindenlaub, Dieter 54
List, Friedrich 43

Malthus, Robert 41
Marshall, Alfred 540
Menger, Carl 540

Mensch, Gerhard 39f.
Metz, Rainer 52
Mill, John St. 41, 42
Mises, Ludwig v. 597
Müller, Adam 43
Musgrave, Robert. A. 668

Nicklisch, Heinrich 49f.
Nohria, Nitin 459

Oates, Wallace E. 641
Ohlin, Bertil G. 430
Olson, Mancur 676f.
Ouchi, William G. 486f.

Pareto, Vilfredo 540f.
Penrose, Edith 417
Peters, Lambert 54
Pommerehne, Werner W. 671
Popper, Karl R. 661

Quesnay, François 540

Rau, Karl H. 48
Ricardo, David 41, 42, 430, 540
Riebel, Paul 51
Rieger, Wilhelm 49
Roscher, Wilhelm 43

Samuelson, Paul A. 565, 669
Say, Jean B. 41
Schmalenbach, Eugen 48f., 51, 54
Schmoller, Gustav v. 44
Schneider, Dieter 54
Schneider, Erich 51
Schneider, Friedrich 671
Schröder, Wilhelm 39f.
Schumpeter, Joseph A. 36, 653, 661
Smith, Adam 34, 41, 671
Sombart, Werner 34
Spree, Reinhard 53

Tucher, Langhans 34
Thünen, Johann H. v. 41

Vernon, Raymond 437

Walras, Léon 541
Wittmann, Donald 665

Das Register haben erstellt: Olaf Backhaus, Jörg Erler, Kerstin Gerth, Sandra Lortz, Dr. Norbert H. Schneeloch

Autorenverzeichnis

Dr. Fred G. Becker, 1955, ordentlicher Professor für Betriebswirtschaftslehre, insbesondere Personal- und Organisationslehre an der Universität Bielefeld.

Dr. Jürgen Bolten, 1954, Professor für Interkulturelle Wirtschaftskommunikation an der Universität Jena.

Dr. Volkmar Botta, 1941, ordentlicher Professor für Betriebswirtschaftslehre, insbesondere Rechnungswesen und Controlling an der Universität Jena.

Dr. Manfred Bruhn, 1949, ordentlicher Professor für Betriebswirtschaftslehre, insbesondere Marketing und Unternehmensführung an der Universität Basel.

Dr. Sabine Büttner, 1963, Mitarbeiterin des Thüringer Wirtschaftsministeriums in Erfurt.

Dr. Reinhard Haupt, 1942, ordentlicher Professor für Betriebswirtschaftslehre, insbesondere Produktion und Industriebetriebslehre an der Universität Jena.

Dr. Günter Hesse, 1947, ordentlicher Professor für Volkswirtschaftslehre, insbesondere Volkswirtschaftstheorie an der Universität Jena.

Dr. Wolfgang Kerber, 1958, Professor für Volkswirtschaftslehre, insbesondere Volkswirtschaftspolitik an der Universität Bochum.

Dr. Peter Kischka, 1948, ordentlicher Professor für Wirtschafts- und Sozialstatistik an der Universität Jena.

Dr. Dodo zu Knyphausen-Aufseß, 1959, ordentlicher Professor für Betriebswirtschaftslehre, insbesondere Internationales Management an der Universität Jena.

Dr. Lambert T. Koch, 1965, wissenschaftlicher Assistent am Lehrstuhl für Volkswirtschaftslehre, insbesondere Volkswirtschaftstheorie an der Universität Jena.

Dr. Kurt-Dieter Koschmieder, 1946, ordentlicher Professor für Betriebswirtschaftslehre, insbesondere betriebswirtschaftliche Steuerlehre und Wirtschaftsprüfung an der Universität Jena.

Dr. Joachim Krag, 1946, ordentlicher Professor für Betriebswirtschaftslehre, insbesondere Wirtschaftsprüfung an der Universität Marburg.

Dr. Hans-Walter Lorenz, 1951, ordentlicher Professor für Volkswirtschaftslehre, insbesondere Makroökonomie an der Universität Jena.

Dr. Manfred Jürgen Matschke, 1943, ordentlicher Professor für Allgemeine Betriebswirtschaftslehre und Betriebliche Finanzwirtschaft, insbesondere Unternehmensbewertung an der Universität Greifswald.

Dr. Peter Oberender, 1941, ordentlicher Professor für Volkswirtschaftslehre, insbesondere Wirtschaftstheorie an der Universität Bayreuth.

Dr. Johannes Ruhland, 1955, ordentlicher Professor für Wirtschaftsinformatik an der Universität Jena.

Dr. Peter F. E. Sloane, 1954, ordentlicher Professor für Wirtschafts- und Berufspädagogik an der Universität München.

Dr. Rolf Walter, 1953, ordentlicher Professor für Wirtschafts- und Sozialgeschichte an der Universität Jena.

Dr. Rupert Windisch, 1943, ordentlicher Professor für Volkswirtschaftslehre, insbesondere Finanzwissenschaft an der Universität Jena.